SCHÖN · OSTSEE '45

DER UMFASSENDE DOKUMENTARBERICHT
ÜBER DAS GRÖSSTE RETTUNGSWERK DER
SEEGESCHICHTE:
DIE RETTUNG VON MEHR ALS ZWEI
MILLIONEN MENSCHEN MIT SCHIFFEN DER
DEUTSCHEN HANDELS- UND KRIEGSMARINE
1944/45 ÜBER DIE OSTSEE
UND DIE SCHIFFSUNTERGÄNGE
›WILHELM GUSTLOFF‹, ›GENERAL STEUBEN‹,
›GOYA‹, ›CAP ARCONA‹
1945 IN DER OSTSEE

HEINZ SCHÖN

OSTSEE '45

Menschen · Schiffe · Schicksale

MOTORBUCH VERLAG STUTTGART

Einband und Schutzumschlag: Siegfried Horn

ISBN 3-87943-856-0

1. Auflage 1983

Eine Abteilung des Buch- und Verlagshauses Paul Pietsch GmbH & Co. KG.

Satz und Druck: Becht-Druck, 7403 Ammerbuch 2.
Bindung: Großbuchbinderei E. Riethmüller, 7000 Stuttgart.
Printed in Germany.

Inhalt

MIT DANK GEWIDMET
DEN BESATZUNGSMITGLIEDERN
DER KRIEGS- UND HANDELSSCHIFFE
DIE UNTER DEM EINSATZ DES EIGENEN LEBENS
MEHR ALS ZWEIEINHALB MILLIONEN MENSCHEN
1944/45 ÜBER DIE OSTSEE RETTETEN UND DAMIT
DAS GRÖSSTE RETTUNGSWERK DER SEEGESCHICHTE VOLLBRACHTEN

ZUR ERINNERUNG GEWIDMET
DEN 33 000 KINDERN, FRAUEN UND MÄNNERN
DIE BEI DER FLUCHT ÜBER DIE OSTSEE
IHR LEBEN LASSEN MUSSTEN

Heinz Schön

VORWORT

Ostsee '45: Erinnerung – Mahnung – Dank an die Retter

Den Entschluß, dieses Buch zu schreiben, faßte ich, 19 Jahre alt, Anfang Mai 1945. Wenige Tage zuvor war ich in Kopenhagen auf dem Dampfer *General San Martin* interniert worden. Ich hatte die Todesfahrt des *M/S Wilhelm Gustloff* und danach zehn Flüchtlingsfahrten mit *General San Martin* über die Ostsee überlebt, hatte mein Elternhaus in Schlesien verloren und stand elternlos, heimatlos, allein am Kopenhagener Kai.

Wenige Wochen später begann ich niederzuschreiben, was ich beim Untergang der *Gustloff* und danach auf der mehrmaligen Flucht über die Ostsee erlebt, gesehen und gehört hatte. Damals ahnte ich nicht, daß ich mein halbes Leben, 35 Jahre, dazu benötigen würde, das Material zusammenzutragen, um »Ostsee '45« schreiben zu können.

Menschen, Schiffe und Schicksale während der Ostseeflucht 1944/45 stehen im Mittelpunkt dieses dokumentarischen Berichtes, in welchem es weder erfundene Namen noch erfundene Ereignisse gibt. Menschen und Schauplätze tragen ihre eigenen Namen mit nur einer Ausnahme: meinen eigenen Namen habe ich durch das Pseudonym Peter Schiller ersetzt.

Danken möchte ich allen, die mir bei meiner Dokumentarsammlung geholfen haben. Zwei Persönlichkeiten gilt mein besonderer Dank: Konteradmiral a.D. Konrad Engelhardt (†), mit dem ich viele Jahre eng zusammenarbeiten durfte und dem ich viele Informationen verdanke, und Prof. Dr. Jürgen Rohwer, dem Direktor der Bibliothek für Zeitgeschichte in Stuttgart, der meine Arbeit seit über zwei Jahrzehnten als wertvoller Ratgeber begleitet und der mir manchen Hinweis gab. In den Dank einschließen möchte ich meine Tochter Frau Jutta Shurety, die den größten Teil der Archivarbeiten erledigte, und Frau Irmgard Kottmann, die die Reinschrift des Manuskripts besorgte.

»Ostsee '45« will erinnern, aufrütteln und mahnen, damit das Elend der Ostseeflucht 1944/45, die Vertreibung übers Meer, nicht vergessen wird. »Ostsee '45« will den Männern der Marine, die in beispielhaftem Einsatz 2,5 Millionen Menschen, meist Frauen und Kindern, das Leben retteten, ein bescheidenes Denkmal setzen, denn kein Wehrmachtsbericht würdigte ihre Leistung oder nannte ihre Namen.

HEINZ SCHÖN

ERSTES KAPITEL

Ostsee 1939: Es begann in der Danziger Bucht

Alle Zeichen stehen auf Krieg – Der Marine-Stoßtrupp »Hennigsen« – Macht und Übermacht – Der 1. September 1939 – Der Kampf um die Westerplatte, Gdingen und Hela – Die Bilanz – Aus Gdingen wird Gotenhafen

In der Nacht vom 30. August zum 1. September 1939 liegt der polnische Soldat Edward Luszynski in tiefem Schlaf. Er gehört zu der 180 Mann starken polnischen Einheit, die auf der Westerplatte vor Danzig-Neufahrwasser kaserniert ist. Durch einen Beschluß des Völkerbundes wurde Polen die Westerplatte als ›Platz zum Löschen, Lagern und Transport von Sprengstoffen und Kriegsmaterial“ zuerkannt. Im Laufe der letzten 15 Jahre sind hier ein Hafenbassin mit Krananlagen, Vorrats- und Lagerschuppen und eine Kaserne für eine Mannschaft in Kompaniestärke entstanden.

Genau um 04.45 Uhr wird Edward Luszynski durch einen mächtigen Donnerschlag unsanft aus dem Schlaf gerissen. Als Sekunden später ein ebenso kräftiger Schlag folgt, ist er plötzlich hellwach und springt aus dem Bett, um die offenen Fenster zu schließen. Er glaubt, ein Gewitter sei heraufgezogen.

Augenblicke später weiß er, daß er sich geirrt hat.

Eine MG-Garbe zerschlägt über seinem Kopf die Fensterscheiben, Glassplitter prasseln auf ihn herab, den MG-Garben folgen Granateinschläge, es scheint, die Hölle bräche los.

Edward Luszynski liegt auf dem Fußboden. Er hat keine Gelegenheit mehr, aus dem Fenster zu sehen auf das im Morgennebel liegende deutsche

Schulschiff *Schleswig Holstein,* das vor einigen Tagen zu einem ›Freundschaftsbesuch‹ nach Danzig-Neufahrwasser gekommen ist und dicht neben der Westerplatte festgemacht hat. Mit seinen 19 Geschützen hat die *Schleswig Holstein* pünktlich wie befohlen das Feuer auf die Westerplatte eröffent. Mit den ersten Schüssen hat der zweite Weltkrieg in der Danziger Bucht begonnen.

ALLE ZEICHEN STEHEN AUF KRIEG

Das, was für den polnischen Soldaten in der Kaserne auf der Westerplatte überraschend kam, war für viele keinesfalls eine Überraschung. Seit Tagen und Wochen stand der Kriegsausbruch buchstäblich vor der Tür. Die militärische Auseinandersetzung zwischen Deutschland und Polen war propagandistisch wie militärisch vorprogrammiert. Auf die Rede von Propagandaminister Josef Goebbels am 17. Juni 1939 zur Eröffnung der Gau-Kulturwoche in Danzig hatte am 2. Juli aus Anlaß des polnischen ›Tag des Meeres‹ Staatspräsident Moscicki geantwortet und die Bedeutung von Danzig und Gdingen für Polen deutlich herausgestellt. Am 19. August schließt Polen den kleinen Grenzverkehr mit Deutschland.

Danach überstürzen sich die Ereignisse:

Am 23. August schickt Hitler seinen Außenminister von Ribbentrop nach Moskau, um einen überraschend ausgehandelten Nichtangriffspakt mit der Sowjetunion zu unterzeichnen und Geheimabsprachen über die beiderseitigen Interessensphären zu treffen.

Großadmiral Raeder kommentierte später diesen Nichtangriffspakt wie folgt:

»Der kurz vor Kriegsausbruch 1939 erfolgte Abschluß des deutsch-sowjetischen Paktes war für die deutsche Marine mit ihren schwachen Kräften besonders wichtig, weil sie nun von der Sorge um die Ostsee befreit wurde, sobald die polnischen Seestreitkräfte ausgeschaltet waren.

Die Ostseeküste und die im Sommer laufenden Erzausfuhren aus Schweden waren damit gesichert, ohne daß Streitkräfte aus der Nordsee abgezweigt werden mußten. Man ist im Stab des U-Boot-Führers der Ansicht, daß Dank des Hitler-Stalin-Paktes die im Osten gewonnene Rückenfreiheit es ermöglicht, notfalls auch einen längeren Handelskrieg mit England erfolgreich durchstehen zu können.«

Am gleichen Tage, dem 23. August 1939, setzt Hitler den Kriegsbeginn mit Polen auf den 26. August fest. Doch es folgen einige Überraschungen:

England und Polen schließen am 25. August 1939 ein beidseitiges militärisches Beistandsabkommen.

Mussolini teilt am gleichen Tage Hitler mit, daß Italien nicht kriegsbereit sei. Aufgrund dieser veränderten Situation wird von Hitler der Kriegsbeginn verschoben.

DER MARINE-STOSSTRUPP ›HENNIGSEN‹

Oberleutnant Hennigsen gibt am Abend des 23. August um 22.00 Uhr für seinen nach ihm benannten, 225 Mann starken Marinestoßtrupp ›Hennigsen‹ Alarm. Der Marinestoßtrupp ›Hennigsen‹ ist eine für handstreichartige Landeinsätze ausgebildete Eliteeinheit, die in diesen Augusttagen des Jahres 1939 in Memel stationiert ist.

Bereits eine Stunde später, gegen 23.00 Uhr laufen im Memeler Hafen sechs Minensuchboote ein, um im Schutz der Dunkelheit den Marinestoßtrupp ›Hennigsen‹ an Bord zu nehmen.

In der Nacht vom 24. auf den 25. August treffen die sechs Minensuchboote südlich von Bornholm das alte Linienschiff und jetzige Schulschiff *Schleswig Holstein*, das von Kapitän zur See Kleikamp geführt wird.

Wie vereinbart, wird der Stoßtrupp ›Hennigsen‹ unter Deck der *Schleswig Holstein* in den Stauräumen untergebracht, ebenso werden Waffen und schweres Gerät von den Minensuchbooten übernommen und unter Deck des Schiffes verfrachtet.

Am Nachmittag des 25. August 1939 gegen 16.00 Uhr, läuft die *Schleswig Holstein* in Danzig-Neufahrwasser ein, um dicht neben der Westerplatte, einer etwa zwei Kilometer langen und etwa 600 Meter breiten, flachen, sandigen Halbinsel festzumachen.

Tausende von Danzigern haben die *Schleswig Holstein* erwarter und winken ihr beim Einlaufen zu. An Deck sind die Kadetten des Schulschiffes in ihren schmucken Uniformen in Reih und Glied angetreten; sie freuen sich über die überaus freundliche Begrüßung durch die Danziger.

Dem Besuch des Schulschiffes *Schleswig Holstein* in Danzig-Neufahrwasser liegt eine Vereinbarung mit der polnischen Regierung zu Grunde. Offiziell stattet das Schulschiff dem unter dem Schutz des Völkerbundes stehenden, wirtschaftspolitisch aber Polen angeschlossenen Freistaat Danzig einen ›Freundschaftsbesuch‹ ab. Offizieller Anlaß hierzu ist der 25. Jahrestag des Untergangs des deutschen Kreuzers *Magdeburg*, dessen Besatzung in Danzig beigesetzt ist.

Unter Deck der *Schleswig Holstein* zeigt sich allerdings ein weit weniger friedvolles Bild. Hier ist der Marinestoßtrupp ›Hennigsen‹ zum Waffenappell angetreten und erfährt seinen Einsatzbefehl: Am nächsten Morgen, dem 26. August um 4.45 Uhr, soll der Stoßtrupp mit der massiven Feuerunterstützung der *Schleswig Holstein* die Westerplatte stürmen. Um 21.30 Uhr am gleichen Tage wird mit der Ausschiffung des Stoßtruppes begonnen. Doch wenige Minuten vorher wird der Ausschiffungs- und Angriffstermin zurückgezogen. Der Kriegsbeginn ist um einige Tage aufgeschoben.

Für den Stoßtrupp ›Hennigsen‹ ist dies eine unerwartete Situation, denn bisher waren die Männer von den Kadetten auf der *Schleswig Holstein* kaum bemerkt worden, was bei einem längeren Verbleib an Bord jedoch kaum auszuschließen ist.

Auch die Polen reagierten auf die seit Wochen sich immer mehr verschärfenden Spannungen mit Deutschland.

Bereits im Frühjahr 1939 hatten Polen und England eine Vereinbarung über militärische Zusammenarbeit im Falle eines deutschen Angriffs auf Polen getroffen. Aufgrund dieser Vereinbarung arbeitete die polnische Marineleitung drei Operationspläne für die Flotte aus. Einer davon, der Plan ›Worek‹ (deutsch: Sack) betraf den Einsatz der polnischen U-Boote, die vermutete Landeoperation auf der Halbinsel Hela oder in der Danziger Bucht stören sollten. Man erwartete eine deutsche Truppeninvasion von See aus auf Hela und in der Danziger Bucht. Nach dem Plan ›Worek‹ sollten die beiden im Kriegshafen Gdingen-Öxhöft liegenden polnischen U-Boote *Orzel* und *Wilk* in der Danziger Bucht operieren, die übrigen drei U-Boote *Sep, Rys* und *Zbik* vor der Küste von Hela.

Am Nachmittag des 25. August befiehlt der Kommandeur der polnischen U-Boot-Division, Fregattenkapitän Mohuczy, seinen Stab, sowie die U-Boote *Sep, Rys* und *Zbik* nach Hela zu verlegen. Hier befindet sich bereits das Hauptquartier des Befehlshabers der polnischen Flotte, Konteradmiral von Unrug.

In den letzten Augusttagen spitzt sich die internationale Lage weiter zu:

- Am 26. August erhalten alle deutschen Schiffe den Befehl, in ihre Heimathäfen zurückzukehren oder in deutschen Häfen zu bleiben, also nicht mehr auszulaufen.
- Am gleichen Tage wird jeglicher Luftverkehr über deutschem Sicherheitsgebiet untersagt.
- Frankreich unterrichtet an diesem Tage die deutsche Reichsregierung darüber, daß es seinen Beistandsverpflichtungen gegenüber Polen nachkommen wird.
- Einen Tag später stellt Frankreich den Eisenbahnverkehr mit Deutschland ein, sperrt die Einreise für Deutsche und evakuiert die Pariser Kinder.
- Holland, Belgien und die Schweiz mobilisieren einen Teil ihrer Truppen zum Schutze ihrer Neutralität.
- Die Deutsche Reichsbahn schränkt ihren Betrieb ein.
- Am 29. August rücken deutsche Truppen in der Slowakei ein.
- Am 30. August 1939 macht Polen mobil und unterbricht den Zugverkehr zwischen dem Reich und Ostpreußen durch den ›Korridor‹.

– Am 31. August 1939 setzt Hitler den Kriegsbeginn fest, auf Freitag den 1. September 1939, 04.45 Uhr.

Der Zweite Weltkrieg beginnt mit dem Beschuß der Westerplatte in Danzig-Neufahrwasser durch das Schulschiff *Schleswig-Holstein* und den Sturm der Westerplatte durch den Marinestoßtrupp ›Hennigsen‹.

Am 31. August um 18.15 Uhr gibt es, nachdem der Kriegsbeginn feststeht, auf der *Schleswig-Holstein* noch einmal einen Waffenappell für den Marinestoßtrupp ›Hennigsen‹, um 23.00 Uhr wird er an Land gesetzt und geht in die Ausgangsstellungen. Die 225 Männer warten auf die Stunde 0, auf die ersten Geschützsalven der *Schleswig-Holstein* auf die Westerplatte.

Langsam vergehen die Stunden der Nacht des 31. August 1939, die letzten Stunden vor Beginn des Krieges.

In der gleichen Nacht übernimmt das polnische Kanonenboot *General Haller* den Patrouillendienst in der Danziger Bucht.

Seit Beginn der Dämmerung pendelt es langsam zwischen Gdingen und Hela. Unweit des Kanonenbootes liegt der polnische Zerstörer *Wicher* auf der Reede von Gdingen. An Deck des Zerstörers hält der Maat L. Krassowski Wache. Er erinnert sich noch genau an diesen Abend des 31. August 1939:

»Der Abend war wirklich schön, leichter Nebeldunst lag über dem Hafen, der Wind brachte von weit her das Quietschen der Kräne im Handelshafen. Längsseits der *Wicher* machte ein Schlepper fest, der uns Wasser und Brot brachte. Ringsum herrschte Ruhe, und die ersten Hafenlichter schimmerten auf den Wellen!«

MACHT UND ÜBERMACHT

Doch das Bild war trügerisch. An diesem Abend des 31. August standen sich in der Ostsee Macht und Übermacht gegenüber und warteten auf den Einsatz.

Die polnische Marine unter dem Oberbefehlshaber Konteradmiral von Unrug verfügte über folgende Einheiten:

Den Zerstörer *Wicher*, den Minenleger *Gryf*, die Unterseeboote *Sep*, *Orzel*, *Wilk*, *Rys* und *Zbik*, zwei alte Torpedoboote, zwei Kanonenboote, sechs kleine Minensucher, sowie mehrere Hilfs- und Schulfahrzeuge, von denen ein Teil noch aus dem ersten Weltkrieg stammte.

Und das waren die auf deutscher Seite am 31. August 1939 in der Ostsee bereitgestellten Seestreitkräfte:

Der Gesamtleitung Marinegruppenoberkommando Ost, Generaladmiral Albrecht, Chef des Stabes: Konteradmiral Schmundt, waren unterstellt:

- der Befehlshaber der Aufklärungsstreitkräfte (B.d.A.), Vizeadmiral Densch, mit den leichten Kreuzern *Nürnberg, Leipzig* und *Köln,*
- der Führer der Torpedoboote (F.d.T.), Konteradmiral Lütjens, mit den Zerstörern *Leberecht Maaß, Georg Thiele, Richard Beitzen, Friedrich Ihn, Erich Steinbrinck, Friedrich Eckoldt, Bruno Heinemann, Wolfgang Zenker* und *Bernd von Armin,*
- die 1. Schnellboot-Flottille mit *S 10, S 11, S 12, S 13, S 18, S 19* und Begleitschiff *Tsingtau,*
- der Führer der Minensuchboote (F.d.M.), Kapitän zur See Ruge auf Torpedoboot *T 196* mit den Geleitbooten *F 8, F 7, F 9, F 10,*
- die 1. M-Flottille mit den Minensuchbooten *M 8, M 1, M 3, M 4, M 5, M 7, M 111, M 132,*
- der SVK-Verband mit den alten M-Booten *Nautilus, Otto Braun, Pelikan, Arkona* und *Sundewall,*
- die 3. R-Flottille mit dem Begleitschiff *Von der Gröben* und *R 33, R 34, R 35, R 36, R 38, R 39, R 40,*
- der Führer der U-Boote Ost, Fregattenkapitän Schomburg mit den Unterseebooten *U 31, U 32, U 35, U 5, U 7, U 14, U 18, U 22* und *U 57,*
- der Führer der Seeluftstreitkräfte (F.d.Luft Ost), Generalmajor Coeler mit 10 Marinefliegerstaffeln.

Der Marine standen außerdem Hafenschutzflottillen und das Schulschiff *Schleswig-Holstein* zur Verfügung.

DER 1. SEPTEMBER 1939

Der Oberbefehlshaber der deutschen Kriegsmarine, Großadmiral Raeder, erließ für den 1. Kriegstag, den 1. September 1939, folgenden Tagesbefehl:

»Der Ruf des Führers ist an uns ergangen.

Die Stunde der Entscheidung findet uns bereit, einzustehen für Ehre, Recht und Freiheit unseres Vaterlandes.

Eingedenk unserer ruhmreichen Tradition werden wir den Kampf führen in unerschütterlichem Vertrauen auf unseren Führer und im festen Glauben an die Größe unseres Volkes und Reiches. Es lebe der Führer!«

Nachdem befehlsgemäß die *Schleswig-Holstein* um 04.45 Uhr das Feuer auf die Westerplatte eröffnet hat, greift der Marinestoßtrupp ›Hennigsen‹ gemeinsam mit der SS-Sturmkompanie ›Danziger Heimwehr‹ die Besatzung der Westerplatte an. Man ist sicher, die relativ kleine Besatzung von 180 Mann ›im Handstreich‹ zu nehmen. Doch der Widerstand ist größer als erwartet, obwohl die Polen nur über eine relativ schwache Ausrüstung, bestehend aus einer 7,5 cm-Feldkanone, Modell 1897, zwei Pak 3,7 cm, vier Mörser 8,1 cm, 16 schweren und 25 leichten MG, 160 Gewehren und 1000 Handgranaten verfügen.

Der erste Sturm auf die Westerplatte mißlingt.

Um 6.00 Uhr greifen die Seeluftstreitkräfte erstmalig in den Krieg ein. Ein Bombenangriff zerstört in wenigen Minuten den Stützpunkt der polnischen Seefliegerdivision in Putzig. Bei diesem Angriff fällt der Chef der polnischen Seefliegerdivision, Lieutnant-Commander E. Szystowski; er ist der erste Marineoffizier, der im zweiten Weltkrieg den Tod findet.

Konteradmiral von Unrug, Befehlshaber der polnischen Flotte, hat in seinem Hauptquartier auf Hela bereits wenige Minuten nach den ersten Schüssen auf die Westerplatte den Notruf erhalten: »Wir werden angegriffen.« Sofort erteilt er den polnischen U-Booten den Befehl, den Plan ›Worek‹ auszuführen und getaucht in die vorgesehenen Einsatzräume zu laufen.

Um 14.00 Uhr fliegt die 1. deutsche Fliegerdivision mit Stukas den ersten Angriff auf den Kriegshafen von Gdingen-Oxhöft:

Das kleine Taucher-Werkstatt-Schiff *Nurek* sinkt nach wenigen Minuten. Nächstes Ziel ist das Torpedoboot *Mazur.* Ein Bombenhagel versenkt auch dieses Schiff, das noch aus seinen Bordkanonen schießt, als die Wellen über dem todwunden Schiffswrack zusammenschlagen. *Nurek* und *Mazur* sind die ersten beiden Schiffe, die im zweiten Weltkrieg durch Fliegerbomben versenkt werden.

Ein weiterer Angriff der deutschen Luftwaffe gilt dem Zerstörer *Wicher* und dem Minenleger *Gryf,* die zwar stark beschädigt werden, aber nicht sinken. Die polnische Bord- und Küstenflak versucht, den Luftangriff auf Gdingen-Oxhöft und Hela-Reede abzuwehren, was aber nicht gelingt. Die vor Hela getauchten polnischen U-Boote *Orzel* und *Wilk* können durch ihre Seerohre die deutschen Fliegerangriffe auf den Hafen von Hela beobachten, ohne selbst eingreifen zu können.

Nachdem am Nachmittag in Berlin Hitler vor dem deutschen Reichstag den Krieg gegen Polen begründet, verbreitet am Abend das Oberkommando der deutschen Wehrmacht den 1. Wehrmachtsbericht des zweiten Weltkrieges:

Das Oberkommando der deutschen Wehrmacht gibt bekannt:

». . . Teile der deutschen Seestreitkräfte haben Positionen vor der Danziger Bucht eingenommen und sichern die Ostsee. Das in Danzig-Neufahrwasser liegende Schulschiff *Schleswig-Holstein* nahm die von den Polen besetzte Westerplatte unter Feuer. In Gdingen wurde der Kriegshafen durch die Luftwaffe bombardiert.«

DER KAMPF UM DIE WESTERPLATTE, GDINGEN UND HELA

In den frühen Morgenstunden des 2. September wird der Befehlshaber der Aufklärungsstreitkräfte (B.d.A.) und *U 31, U 32, U 35* in die Nordsee verlegt.

Der F.d.T. (Führer der Torpedoboote) fährt mit den Zerstörern den ersten Angriff gegen Hela, nimmt das Gefecht mit dem polnischen Zerstörer *Wicher* und dem Minensucher *Gryf* auf. Eine polnische 15 cm-Batterie erzielt einen Treffer auf dem deutschen Zerstörer *Leberecht Maaß*. Das polnische U-Boot *Wilk* wird durch Wasserbomben beschädigt.

Um 09.35 Uhr greifen deutsche Wasserflugzeuge das polnische U-Boot *Rys* an, das beschädigt wird und Öl verliert.

Um 11.50 Uhr richtet die *Schleswig-Holstein* erneut das Feuer auf die Westerplatte. Aus Weichselmünde feuern zur gleichen Zeit 15 cm-Haubitzen, 8,8 cm-Geschütze und von den umliegenden Speicherdächern schwere MG auf die Westerplatte, die von einem Feuerhagel überschüttet wird.

Nachdem die *Schleswig-Holstein* und die Geschütze ihr Feuer eingestellt haben, greifen um 18.00 Uhr 60 Sturzkampfflugzeuge die Westerplatte an. Der angerichtete Schaden ist verheerend. Nach diesem Inferno von Geschossen und Bomben ist die Verteidigung völlig desorganisiert, jede Verbindung zur Außenwelt ist abgeschnitten, und alle Mörser sind ausgefallen. Da bereits am Vortag durch den Beschuß der *Schleswig-Holstein* das einzige 7,5 cm-Geschütz zerstört wurde, bleiben den Verteidigern nur noch leichte Abwehrgeschütze, MG, Handgranaten und Gewehre.

Doch weder die Westerplatte noch die polnischen U-Boote geben den aussichtslos scheinenden Kampf gegen die erdrückende deutsche Übermacht auf.

Das polnische U-Boot *Sep* greift in der Danziger Bucht den deutschen Zerstörer *Friedrich Ihn* an, der zur Zeit des Angriffs nur eine Geschwindigkeit von 7 Knoten fährt und nur etwas 400 Meter von dem Angreifer entfernt ist. Die Torpedos verfehlen ihr Ziel.

Der Zerstörer geht zum Gegenangriff über, wirft Wasserbomben und meldet, nachdem ein Rettungsring des U-Bootes auf der Wasseroberfläche treibt, die Versenkung an.

Doch das polnische U-Boot *Sep* ist nicht gesunken.

Am Abend des 2. September werden die im Hafen von Hela liegenden, stark beschädigten polnischen Kriegsschiffe, der Zerstörer *Wicher* und der Minenleger *Gryf*, in schwimmende Batterien umfunktioniert. Die beiden verankerten Schiffe, ohne jede Bewegungsmöglichkeit, werden damit zu einem bevorzugten Ziel der deutschen Artillerie und der Bomber.

Am Sonntag, dem 3. September, kommen England und Frankreich ihren Verpflichtungen gegenüber Polen nach, nachdem die Forderungen beider Länder auf Rückzug der deutschen Truppen aus Polen nicht erfüllt wurden, und erklären Deutschland den Krieg. Um 13.30 Uhr des gleichen Tages befiehlt das Oberkommando der deutschen Wehrmacht die sofortige Eröffnung der Feindseligkeiten gegen England.

Deutschland warnt neutrale Schiffe; der Deutsche Nachrichtendienst verbreitet die Meldung:

»In der westlichen Ostsee legen deutsche Schiffe Minen, um die britische Flotte abzusperren. Die Schiffe der neutralen Staaten werden hiermit gewarnt.«

Artillerie und Küstenflak können am 3. September Erfolge erzielen: Der 4. Trägergruppe 186 gelingt die Versenkung des polnischen Zerstörers *Wicher,* die 3. Küsten-Flak-Gruppe 706 versenkt den Minenleger *Gryf,* und die 3. K-Flakgruppe versenkt das Kanonenboot *General Haller* und einige kleinere Schiffe.

Am Abend des 3. September verbreitet der Deutsche Nachrichtendienst die Meldung:

»Die Seestreitkräfte vor der Danziger Bucht beschossen heute den Kriegshafen und die Befestigungen der Halbinsel Hela. Anschließend griffen Marinefliegerverbände mehrfach den Kriegshafen Gdingen mit Bomben an.«

Doch die Westerplatte war noch immer nicht in deutscher Hand.

Am nächsten Tag wird ein neuer Versuch gemacht, die Westerplatte einzunehmen. Bereits in den frühen Morgenstunden versuchen die *Schleswig-Holstein*, mehrere kleine Einheiten der Kriegsmarine und eine rasch aus Ostpreußen herbeigeschaffte Batterie mit schweren 21 cm-Haubitzen den polnischen Widerstand zu brechen. Durch den dauernden, fast pausenlosen Beschuß wird die Verteidigung der Westerplatte für deren Besatzung immer schwieriger. Durch die ständige Beschießung und die Angriffe ist die Mannschaft total erschöpft, mehr als ein Drittel der 180 Verteidiger, die den Auftrag hatten »bei einem Angriff den Angreifern zwölf Stunden lang Widerstand zu leisten« sind bereits verwundet. Die Versorgung mit Lebensmitteln ist total abgeschnitten, eine Funkverbindung nach draußen besteht ebenfalls nicht mehr. Trotzdem setzen sich die polnischen Soldaten auch am 4. September noch erfolgreich zur Wehr.

Das in Stockholm erscheinende schwedische Svenske Dagbladet berichtet am 4. September 1939:

»Die deutsche Marine hat den Großen Belt und den Öresund außerhalb der dänischen und schwedischen Hoheitsgewässer durch Minen gesperrt. Die Durchfahrt durch den Öresund ist nur mit Lotsen möglich, der Große Belt dagegen unpassierbar. Durch diese Minensperre hat Deutschland die Ostsee abgeriegelt. Dänische Marinestreitkräfte verminen zur Zeit den Großen und Kleinen Belt, um die Ostsee abzusperren. Die Bevölkerung der dänischen Insel Sprogoe im Großen Belt ist bereits evakuiert worden.«

Am Abend des 4. September berichtet das Oberkommando der Wehrmacht im Rundfunk über den Kampf in der Ostsee und in der Danziger Bucht.

». . . die Seestreitkräfte waren gestern und heute wieder erfolgreich. Zerstörer haben die im Kriegshafen von Hela liegenden feindlichen Schiffe unter wirkungsvolles Feuer genommen. Vor der Danziger Bucht wurde ein polnisches Unterseeboot versenkt. Luftangriffe gegen Gdingen und Hela wurden erneuert und brachten hierbei den polnischen Zerstörer *Wicher* und den Minenleger *Gryf* zum Sinken . . .!«

Am folgenden Tag, dem 5. September, beschießen erneut die *Schleswig-Holstein*, das Torpedoboot *T 196* und das Begleitschiff *Von der Gröben* die Westerplatte.

Die polnischen U-Boote *Wilk*, *Rys*, und *Zbik* legen nördlich der Weichselmündung, ostwärts von Hela und nordostwärts Heisternest, 50 Minen. Sie werden dabei durch Wabo-Angriffe der 1. MS-Flottille gestört, aber nicht ernsthaft beschädigt.

Die polnische Agentur PAT widmet den Verteidigern der Westerplatte folgende Meldung:

»Das ganze polnische Volk beobachtet mit Bewunderung und Sorge die heldenhafte Verteidigung der Westerplatte-Besatzung. Dort schlägt eine polnische Infanterieabteilung immer wieder Angriffe der überlegenen Kräfte, die durch Artilleriefeuer schwerer Geschütze des Linienschiffes *Schleswig-Holstein* unterstützt werden, zurück.«

Nachdem auch am Mittwoch, dem 6. September, die Westerplatte fast pausenlos beschossen wurde, entschließt man sich in der Nacht vom 6. zum 7. September zu einem Generalangriff, der um 04.15 Uhr beginnt.

Fast gleichzeitig nehmen die *Schleswig-Holstein* und eine Einheit der Feldartillerie in der Weichselmündung den Beschuß auf.

Außerdem beginnt eine Mörser-Batterie, die man direkt bis zur Westerplatte vorgezogen hat, mit der Beschießung. Zusätzlich wird eine große Anzahl schwerer MG eingesetzt.

Danach erfolgt der Angriff einer Marine-Sturmkompanie mit Heeres-Pionieren, des Marine-Stoßtruppes ›Hennigsen‹ und der SS-Sturmkompanie ›Danziger Heimwehr‹. Diesem massierten Angriff sind die 180 polnischen Soldaten nicht mehr gewachsen. Um 10.15 Uhr kapituliert die Westerplatte.

Einen Tag später gibt das Oberkommando der Wehrmacht bekannt: ». . . Die Besatzung der Westerplatte hat sich ergeben, ihr Widerstand wurde durch Marinekompanien, Pioniere, SS-Heimwehr, unter Mitwirkung der *Schleswig-Holstein* gebrochen . . .«

Fast sieben Tage lang haben die 180 Verteidiger den Angriffen standgehalten und den Plan vereitelt, die Westerplatte schon am ersten Kriegstag ›im Handstreich‹ zu nehmen.

An den folgenden Tagen konzentrieren sich die Angriffe der Marinestreitkräfte und der Luftwaffe in der Danziger Bucht auf die noch immer vor Hela operierenden polnischen U-Boote, von denen bisher noch keines versenkt werden konnte, auf Gdingen und auf die Halbinsel Hela.

Am 11. September erhalten die fünf polnischen U-Boote den Befehl, sich nach dem Aufbrauch der Vorräte nach Schweden abzusetzen und sich dort internieren zu lassen oder nach England durchzubrechen. Dieser Befehl wird von *Sep, Orzel, Wilk, Rys* und *Zbik* sofort ausgeführt.

Am gleichen Tage fallen Neustadt und Putzig in deutsche Hände, der Kampf um den Kriegshafen Gdingen wird fortgesetzt. Dies meldet auch der deutsche Wehrmachtsbericht vom 11. September:

». . . Die Einschließung des polnischen Kriegshafens Gdingen wurde fortgesetzt. Neustadt und Putzig sind in deutscher Hand. Seestreitkräfte unterstützen das Vorgehen des Heeres durch die erfolgreiche Beschießung polnischer Batterien sowie des Hafens Gdingen . . .!«

Am nächsten Tag, dem 12. September, gelingt es drei polnischen Minensuchern der Czajka-Klasse, südlich Hela 60 Minen zu legen; eine polnische Batterie auf Hela erzielt einen Treffer auf das deutsche M-Boot *Otto Braun.*

Am Freitag, dem 15. September, meldet das Oberkommando der Wehrmacht:

». . . die Stadt Gdingen ist in unserer Hand. Seestreitkräfte griffen in den Kampf um Gdingen und auf der Halbinsel Hela wirkungsvoll ein. Die Einfahrt in den Südhafen von Gdingen wurde erzwungen . . .«

Diese Meldung ist nicht ganz zutreffend, denn der Kriegshafen von Gdingen – Oxhöft ist noch nicht in deutscher Hand.

Am Sonntag, dem 17. September, rücken Truppen der Sowjetunion in Ostpolen ein. Am 19. September spricht Adolf Hitler in Danzig, die Bevölkerung bereitet ihm einen triumphalen Empfang.

Am 19. September wird der Angriff auf Oxhöft, den Kriegshafen von Gdingen, sowie auf Ostrowogrund und Hexengrund verstärkt. Unter Leitung von Kapitän zur See Ruge, dem Führer der Minensuchboote, beschießen *M 3, M 4, Nautilus, Nettelbeck, Otto Braun, Pelikan, Arkona, Sundewall* und *Drache,* unterstützt von der *Schleswig-Holstein*, die polnischen Stellungen.

Am Abend des 20. September verbreitet der Rundfunk folgende Meldung:

»Das Oberkommando der Wehrmacht gibt bekannt:

. . . die Kämpfe um Gdingen wurden gestern mit der Einnahme des Kriegshafens abgeschlossen. Auch hier fielen mehrere tausend Gefangene in unsere Hand. Das Schulschiff *Schleswig-Holstein* und Streitkräfte des Führers der Minensuchboote griffen wirksam in die Kämpfe ein . . .«

Nach der Einnahme von Gotenhafen und Oxhöft gelten jetzt die Angriffe der deutschen Streitkräfte konzentriert der Halbinsel Hela.

Am frühen Morgen des 25. September verläßt das Schulschiff *Schleswig-Holstein* gemeinsam mit dem Schwesternschiff *Schlesien,* von zwei Minensuch-Flottillen geschützt, den Danziger Hafen. Ihre Absicht ist es, die auf Hela stationierte starke polnische Batterie ›H. Laskowski‹ anzugreifen und auszuschalten. Der Gegner erweist sich wie erwartet als stark, erwidert das

Feuer und landet gleich mit der ersten Salve einen Treffer auf der *Schlesien.*

Sofort wird die *Schlesien* durch eine Kunstnebelwand abgeschirmt, um weitere Artillerietreffer zu verhindern. Dies gelingt auch. Jetzt konzentriert die ›Lakowski-Batterie‹ ihr Feuer auf die *Schleswig-Holstein* und erzielt einen Treffer an der Bordwand des Schulschiffes.

Als am 27. September Warschau kapituliert, nähert sich der von Hitler ohne Kriegserklärung begonnene Polen-Feldzug seinem Ende.

Doch Hela ist noch immer nicht in deutscher Hand.

Am Sonntag, dem 1. Oktober, einen Monat nach Beginn des zweiten Weltkrieges, bricht die Verteidigung der Halbinsel Hela unter dem Feuersturm eines massierten Angriffes zusammen. Gemeinsam mit Heeresbatterien und einer Marine-Eisenbahnbatterie beschießen die M-Boote *M 4, M 111* und *Nettelbeck* zur Vorbereitung eines Infanterieangriffes die Stellungen auf der Halbinsel Hela. Danach greift das III. Bataillon des Infanterie-Regimentes 374 die polnischen Stellungen an. Um 14.00 Uhr bittet der Befehlshaber der polnischen Flotte um Feuereinstellung und bietet Kapitulationsverhandlungen an.

Danach schweigen die Waffen. Auf Hela herrscht Ruhe. Der letzte Widerstand der Verteidiger ist gebrochen.

Wenige Minuten später, um 14.30 Uhr, sinkt in der Danziger Bucht unweit Hela das deutsche Minensuchboot *M 85.* Es ist auf eine Mine gelaufen, die das polnische U-Boot *Zbik* bei seinem Einsatz am 5. September gelegt hat. Dies ist der einzige Erfolg eines polnischen U-Bootes während des Polenfeldzuges. Während der Kommandant von *M 85* und 47 seiner Seeleute gerettet werden können, nimmt das Minensuchboot 23 Mann der Besatzung mit auf den Grund der Ostsee.

Am 2. Oktober kann das Oberkommando der Wehrmacht in den Frühnachrichten um 08.00 Uhr bekanntgeben:

»Der letzte Stützpunkt des polnischen Widerstandes in der Danziger Bucht, die befestigte Halbinsel Hela, hat sich gestern bedingungslos ergeben. Die Besatzung von 52 Offizieren, darunter der Oberbefehlshaber der polnischen Flotte, Konteradmiral von Unrug, und 4000 Mann, werden heute die Waffen strecken.«

Niemand ahnt an diesem 2. Oktober 1939, daß der zweite Weltkrieg mehrere Jahre dauern wird und daß 66 Monate später die Halbinsel Hela zum ›deutschen Dünkirchen‹ werden wird, zum ›Tor zur Freiheit‹ und daß hier an dieser Stelle, an der am 2. Oktober 1939 4000 polnische Soldaten in die Gefangenschaft marschieren, mehr als 50.000 deutsche Soldaten den endlosen Weg in die sowjetische Gefangenschaft gehen müssen, für viele ein Weg ohne Wiederkehr – – –.

Am 6. Oktober kapitulieren bei Kock und Lublin die letzten, unter dem Kommando von General Kleeberg stehenden polnischen Truppen. Damit findet das erste Kapitel des zweiten Weltkrieges, das mit den Schüssen der

Schleswig-Holstein am 1. September 1939 um 04.45 Uhr auf die Westerplatte in Danzig begann, seinen Abschluß.

DIE BILANZ

Nachdem der Kampf auf polnischem Boden beendet ist, ziehen Sieger und Besiegte Bilanz.

Die Sieger teilen die Beute.

Deutschland und die Sowjetunion gliedern den Raum zwischen ihren Grenzen auf: Ostpolen fällt an die Sowjetunion, Teile Westpreußens werden dem deutschen Reich eingegliedert, aus dem Rest wird ein Generalgouvernement gebildet.

Der Freistaat Danzig hat aufgehört zu existieren.

Danzig und Westpreußen werden zu einem ›Reichsgau Danzig-Westpreußen‹ unter der Führung des von Hitler eingesetzten Reichsstatthalters Forster vereinigt.

Aus Gdingen wird Gotenhafen, ein neuer Name für die Stadt, für einen Hafen, der in den letzten Kriegsmonaten des Jahres 1945 für mehrere hunderttausend Frauen, Kinder, Alte, Verwundete und Soldaten eine ganz besondere Bedeutung erlangen wird. Aber davon ahnt im Oktober 1939 noch niemand etwas.

Der Marsch in den Krieg hat soeben erst begonnen.

Doch auch die ersten vier Kriegswochen in Polen und in der Danziger Bucht haben bereits ihre Opfer gefordert.

Nach amtlichen deutschen Angaben verlor die deutsche Wehrmacht während des Polenfeldzuges 1939 insgesamt 10.572 Tote und hatte 3409 Vermißte zu beklagen. Die Zahl der Verwundeten betrug 30.322. In diesen Zahlen sind die Verluste der Luftwaffe enthalten, die im einzelnen 734 Gefallene und 285 Flugzeuge, darunter 109 Bomber und Sturzbomber, betragen.

Die unmittelbaren polnischen Verluste sind nicht genau bekannt. Festgestellt wurden folgende Zahlen: 694.000 polnische Soldaten gerieten in deutsche und 217.000 polnische Soldaten in sowjetische Gefangenschaft. Weitere 100.000 polnische Militärangehörige flüchteten nach Ungarn und Rumänien und wurden dort interniert. Nach Litauen und Lettland entkamen rund 50.000 polnische Soldaten.

ZWEITES KAPITEL

Ostsee 1944: Die Ostfront auf See

Bomben auf Flugabwehrkreuzer Niobe *– 50.000 fliehen aus Memel – Finnland verloren, Estland geräumt – Das fast menschenleere Reval – 655 sterben beim Untergang des Dampfers* Moero *– Dampfer* Nordstern, *das erste U-Boot-Opfer* RO 24 *fährt auf den Meeresgrund – Der große ›Brückenkopf‹ Windau-Libau – Dampfer* Bremerhaven *brennt und sinkt – Sicherheit geht vor Schnelligkeit – Die letzten 13 des* M/S Füsilier *– Der Verlust des Dampfers* Nordenham *– Wird die Ostsee zum Schiffs-Friedhof?*

Nach den relativ ruhigen Ostsee-Kriegsjahren 1940 bis 1943, deren Schauplatz vorrangig der Finnenbusen und das Ostseegebit zwischen Reval, Baltischport, den baltischen Inseln, Sworbe, Riga, Windau und Libau war,änderte sich zu Beginn des Jahres 1944 die Situation in der Ostsee schlagartig. Innerhalb weniger Monate wird aus dem ›Neben-Kriegs-Schauplatz Ostsee‹ ein ›Haupt-Kriegs-Schauplatz‹. Anlaß hierzu ist der Ausbruch der sowjetischen Leningrad-Front unter Armeegeneral Govorov aus dem Einschließungsring um die Stadt.

Bereits am 5. November 1943 beginnt die Baltische Flotte, (Admiral Tribuc) mit ihren Schiffen die 2. sowjetische Angriffsarmee von Leningrad zum Brückenkopf Oranienbaum zu transportieren. 44.000 Soldaten, mehr als 200 Panzer, über 600 Geschütze, 2400 Kraftfahrzeuge, 6000 Pferde und 30.000 t Material werden unter Leitung von Admiral Levcenko in den Brückenkopf befördert. Artillerie und Flotte unter Führung von Vizeadmiral Gren werden für die Unterstützung der Offensive eingesetzt. Drei Kampfgruppen werden gebildet.

Die erste Kampfgruppe ›Kronstadt‹ besteht aus den intakten Türmen des auf Grund liegenden Schlachtschiffes *Petropavlovsk* (ex *Marat*), den Zerstörern *Strasyj* und *Sil'nyj* und dem Kanonenboot *Volga*, die 2. Gruppe ›Leningrad‹ aus dem Schlachtschiff *Oktjabrskaja revoljucija*, den Kreuzern *Tallin* (ex *Petropavlovsk*, ex *Lützow*), *Maksim Gorkij*, *Kirov* und den Zerstörern *Leningrad* und *Svirepyj*, die 3. Gruppe aus den Zerstörern *Opytnyj*, *Strogij*, *Stojnyj* und *Grozjaseij*, sowie den Kanonenbooten *Zeja*, *Sestroreck* und *Oka*. Während ihres Einsatzes verfeuern die Schiffsgeschütze dieser Schiffe 24.000 Granaten.

Zu Beginn des Jahres ist die Überführung der sowjetischen Stoßarmee aus Leningrad auf den Brückenkopf Oranienbaum abgeschlossen.

Am 14. Januar 1944 greifen russische Armeen entlang der gesamten Front von Leningrad an und werfen die 18. deutsche Armee zurück. Alle schweren Geschütze, die aufgestellt waren, um die sowjetische Kriegsschiffe zu bekämpfen und die Festungswerke von Leningrad zu beschießen, müssen zurückgelassen werden. Mit großer Mühe gelingt es den deutschen Truppen, zwischen Narva und Peipussee eine neue Front zu bilden und eine Verbindung zu der weiter südlich operierenden Armee herzustellen.

Sowohl die Rote Flotte, als auch die Marineluftstreitkräfte werden wesentlich verstärkt. Im Januar 1944 sind auf sowjetischer Seite folgende Kräfte einsatzbereit:

Ein Schlachtschiff, zwei schwere Kreuzer, zwei Flottillenführer, 28 Unterseeboote, 6 Küstenverteidigungsschiffe, 13 Kanonenboote, 51 Schnellboote, 9 Minensuchboote und Netzleger, 55 Minensuchboote, 169 Motorminensucher, 85 U-Boot-Jäger, 9 Panzermotorboote und eine große Anzahl kleinerer Fahrzeuge. Dazu kommen 389 Flugzeuge der sowjetischen Marinestreitkräfte, die im Laufe des Jahres 1944 auf insgesamt 700 Maschinen aufgestockt wurden. Zu Wasser und in der Luft boten die Sowjets alles auf, um die Ostsee zurückzuerobern.

Die deutsche Marine verstärkt die Bewachung der Minensperren, die den Vorstoß russischer Schiffe in die östliche Ostsee verhindern oder zumindest aufhalten sollen. Erstmals am 9. März 1944 werden die Bewacher von sowjetischen Flugzeugen massiv angegriffen. Am 12. März 1944 greifen deutsche Zerstörer in den Kampf ein, die Zerstörer *Z 28* und *Z 39* beschießen sowjetische Stellungen bei Hungerburg. Einen Tag später, am 13. März, beginnt der Netzsperrverband mit der Auslegung des U-Boot-Netzes ›Walroß‹ zwischen Nargön und Porkkala. Marinefahrprähme der 24. L.-Flottille, M- und R-Boote ergänzen die Minensperre ›Nashorn‹, die Minenschiffe *Linz, Roland, Brummer,* die Zerstörer *Z 25, Z 28, Z 35, Z 39* erneuern gemeinsam mit den M-Booten *M 3* und *M 37* die ›Seeigel‹-Sperrungen.

Diese Aktionen bleiben nicht unbemerkt. Die sowjetische Luftwaffe versucht sie zu stören. So greifen am Nachmittag des 23. März 1944 etwa 150 russische Maschinen die Boote der 3. Minensuch-Flottille an und starten nicht weniger als 21 Angriffe. Da deutscher Jagdschutz kaum vorhanden ist, müssen sich die deutschen Schiffe selbst wehren. Sie sind auf sich allein gestellt. Und sie tun es mit Erfolg. Im Verlaufe des Monats März 1944 werden an diesem Abschnitt der Ostseefront nicht weniger als 7000 Bomben geworfen, dazu kommen Angriffe mit Bordwaffen und Luft-Torpedos. Es ist fast ein Wunder, daß nur vier Boote beschädigt werden, weitere sechs durch Bordkanonen und Flugzeuge. Es gab auf den Schiffen nur 15 Tote, 42 Schwer– und 39 Leichtverwundete.

Am 10. April 1944 folgt ein weiterer großer Luftangriff. Die Minensuchboote *M 459* und *M 413* werden von 70 sowjetischen Flugzeugen angegriffen, *M 459* sinkt nach Bombenteffern, *M 413* erhält ebenfalls mehrere Treffer, kann aber noch den nächsten Hafen erreichen.

In der Zeit vom 26. April bis zum 20. Mai legen deutsche Minenschiffe, kleinere Fahrzeuge und Zerstörer 7599 Minen und 2795 Sperrschutzmittel, vom 12. bis 20. Mai legen finnische Minenleger und kleinere Fahrzeuge Minensperren nördlich Suursaari, wobei sie von sowjetischen Schlachtflugzeugen gestört werden. Am 8. Mai stürzen sich 18 sowjetische Flugzeuge auf Boote der 17. Vorposten-Flottille und greifen sie mit Bomben und Bordwaffen an. Ein angeschossenes sowjetisches Flugzeug stürzt sich mit feuernden Bordwaffen auf das Vorpostenboot 1701 und versinkt mit diesem in der See.

Im Juni 1944 verschärfen sich die Kämpfe an Land und auf See zusehends; der erwartete sowjetische Angriff gegen die der karelischen Landenge vorgelagerten Inseln beginnt.

Das IV. finnische Korps wird von der 59. und 21. sowjetischen Armee aus der Mannerheim-Stellung geworfen und weicht zunächst nach Vyborg aus. Deutsche und Finnen versuchen, von See her die Vyborg-Bucht zu verteidigen. Bei einem Angriff sowjetischer Torpedokutter unter Leitung von Kapitän 2. Ranges Osipov geht das Torpedoboot *T 31* verloren, bei Luftangriffen am 20. und 21. Mai sinken *AF 32* und der Marinetransporter *Otter*, das R-Begleitschiff *Nettelbeck; M 29, R 119* und *R 120* werden beschädigt. An Land durchbrechen sowjetische Truppen die Front und nehmen Vyborg ein, sowjetische Landungen auf Koivisto können zwar verzögert, aber nicht aufgehalten werden. Am 23. Juni sind die Inseln geräumt und von den Sowjets besetzt.

Die Verluste der deutschen Marine im Juni und Juli 1944 in der Ostsee sind nicht unerheblich. Bei den laufenden Angriffen sowjetischer Schlachtflugzeuge und Jagdbomber der Baltflotte gegen die Sperrbewachung in der Narvabucht und die Einsatzhäfen in Finnland und Estland gehen im Juni der Zerstörer *Z 39*, die M-Boote *M 15, M 29, M 3112* verloren; der Fährprahm *F 194* und der Flakjäger *FJ 26* werden beschädigt. Im Juli gehen *M*

20, M 413, F 498, V 1707 verloren, neun M-Boote und drei Vorpostenboote werden beschädigt. Einer der schmerzlichsten Verluste ist der Flugabwehrkreuzer *Niobe*.

BOMBEN UND FLUGABWEHRKREUZER NIOBE

Am 16. Juli 1944 operiert der Flugabwehrkreuzer *Niobe* (ehemaliger holländischer Kleiner Kreuzer *Gelderland*) in seinem Einsatzgebiet in den Schären nördlich von Kotka. Hier wird die schwimmende Flakbatterie, 3500 to groß, mit acht 10,5 cm und mehreren kleinen Flakgeschützen bewaffnet, von der sowjetischen Luftaufklärung erfaßt und danach von sowjetischen Marinestreitkräften massiv angegriffen. Bei dem Angriff befindet sich *Niobe* auf einer Position zwischen Hallensaari und Hitanen.

Nicht weniger als 52 Maschinen Pe-3, weitere 42 des Typs Il-2, 8 Bonston-Bomber und 30 LaGG greifen von 15.45 bis 16.20 Uhr aus südlicher Richtung, aus der Sonne heraus, *Niobe* an. Der Angriff erfolgt in aufeinanderfolgenden Wellen und Höhen zwischen 5000 und 100 m mit Bomben, Torpedos und Bordwaffen.

Eine der ersten Angriffswellen erzielt einen direkten Treffer auf das 7. 10,5 cm-Geschütz achtern, dessen Bedienung auf der Stelle tot ist. Das Geschützrohr wird abgerissen und über Bord geschleudert, die Feuerleitung fällt aus und wird vom Feuerleitoffizier der *Niobe* mit dem Megaphon übernommen. *Niobe* verteidigt sich aus allen Rohren. Es gelingt, drei Flugzeuge vom Typ P 2 abzuschießen. Kurz danach erhält das Schiff einen zweiten und dritten Bombentreffer, die um das 4. 10,5 cm-Geschütz fallen. Bedienung, Geschütz und Feuerleitung fallen aus. Alle anderen Geschütze schießen trotz starken Bordwaffenbeschusses der angreifenden sowjetischen Flugzeuge weiter. Weitere direkte Treffer auf die Bug- und Heckbatterie schränken die Verteidigung des Schiffes weiter ein. Die Feuerleitung wird von den Geschützführern übernommen. Es gelingt, weitere sieben Flugzeuge abzuschießen. Mehrere Bomben fallen um die *Niobe* ins Wasser, haben aber eine beträchtliche Splitterwirkung. Danach fallen zwei Bomben in den Maschinenschacht und detonieren; es folgen zwei Treffer mittschiffs. Vier Bonston-Bomber werfen aus niedriger Höhe Torpedobomben und Torpedos, zwei treffen, *Niobe* erbebt und bekommt starke Schlagseite nach Steuerbord.

Der Kampf der Besatzung des Flugabwehrkreuzers *Niobe* um ihr Schiff ist hoffnungslos. Nur der Vierling am Heck liegt noch nicht im Wasser und feuert noch immer.

Um 16.08 Uhr befiehlt der Kommandant:

„Alle Mann vom Schiff“

Um höhere Verluste durch Bordwaffenbeschuß zu vermeiden und da die

Gefahr besteht, daß *Niobe* in den nächsten Minuten kentert, entschließt sich der Kommandant zu diesem Befehl.

Die *Niobe* hält sich jedoch länger als erwartet.

Um 17.40 Uhr verlassen die letzten sieben Mann und der Kommandant das Schiff, dessen Schlagseite kurz darauf auf 50° Steuerbord zunimmt. *Niobe* sinkt auf Grund; Mast, Schornstein und Brücke ragen noch aus dem Wasser

Von der 300 Mann starken Besatzung sind 60 gefallen und 30 verwundet.

Der Kampf des Flugabwehrkreuzers *Niobe* ist zu Ende.

Doch der Krieg in der Ostsee geht weiter und verschärft sich von Tag zu Tag.

Nicht nur auf See, auch an Land spitzt sich die Lage zu. Die Ostseehäfen Reval, Baltischport, Pernau, Riga, Windau, Libau – und nicht zuletzt Memel – geraten in Gefahr. Der Tag, an dem mit der Evakuierung der Zivilbevölkerung aus den Ostseehäfen begonnen werden muß, naht.

Bereits Ende Juni entschloß sich das Oberkomkmando der deutschen Kriegsmarine, alle noch verfügbaren Kreuzer, Zerstörer, Torpedoboote und sogar auch einige U-Boote in die Ostsee zu schicken. Nach der erfolgreichen Invasion anglo-amerikanischer Truppen in der Normandie konnte die deutsche Marine die Ereignisse in Frankreich nicht mehr aufhalten. In der Ostsee, dem ›Neben-Kriegsschauplatz‹, der plötzlich zu einem ›Haupt-Kriegsschauplatz‹ geworden war, wurden die Schiffe dringend gebraucht.

Großadmiral Dönitz hoffte noch immer, daß die vor der Fertigstellung stehenden neuen deutschen U-Boote mit ihrer hohen Unterwassergeschwindigkeit das Blatt noch wenden und Erfolge erzielen konnten. Für die Ausbildung der Besatzungen dieser neuen U-Boote wurde die mittlere Ostsee bis zu Küste Ostpreußens benötigt. Voraussetzung dafür war, daß die Rote Armee, vor allem auch die Rotbannerflotte, die immer weiter in die Ostsee vordrang, aufgehalten wurde.

Für diese Aufgabe sollten die in die Ostsee verlegten Streitkräfte der Marine eingesetzt werden.

Doch die Ereignisse an Land und auf See überschlugen sich. Im Dienstzimmer des Stabes des ›Admiral der Ostsee‹ in Reval jagte eine Besprechung die andere. Die Nachrichten, sowohl von den verschiedenen Kommandostellen der Marine, als auch den Landstreitkräften, waren eher besorgniserregend als beruhigend.

50.000 FLIEHEN AUS MEMEL

Was viele befürchtet, aber wenige geglaubt haben, tritt ein. Als erste Stadt an der Ostsee gerät Memel in Gefahr.

Ende Juli 1944 gelingt es einem sowjetischen Panzerkeil, bis zum litauischen Siauliai vorzustoßen und sich der alten preußischen See- und Handelsstadt im äußersten Nordwesten des ›Großdeutschen Reiches‹ bis auf 140 km zu nähern. In der den ganzen Krieg über als besonders sicher geltenden Stadt, in die viele Betriebe ausgelagert wurden, hört man bei Ostwind in den letzten Julitagen bereits den Geschützdonner der nahen Front. Die Memeler Bevölkerung glaubt heraufziehende Gewitter zu hören, die Dienststellen der Partei versuchen alles, die Lage zu verharmlosen, allen voran der Königsberger Gauleiter Koch.

Koch, ein untersetzter kleiner Mann, Hitler besonders treu ergeben, hat erst vor wenigen Tagen seinem Führer über den Bau des Ostwalls, der seinen Namen ›Erich-Koch-Wall‹ trägt, im Führerhauptquartier berichtet.

»Mein Führer«, begann er seinen Vortrag: »Der Ostwall ist in den befohlenen Grundzügen fertiggestellt. Die Heimat tritt nun in fanatischem Siegeswillen an die Seite der Front. Kein Meter deutschen Bodens wird den bolschewistischen Horden preisgegeben. Ostpreußen ist deutsch und wird immer deutsch bleiben!«

Erich Koch breitete seine Pläne aus, eine groß angelegte Karte, die den Verlauf des Ostwalls zeigte, an dem bereits einige hunderttausend Männer, aber auch Frauen und Hitlerjungen in den letzten Wochen und Monaten gebaut hatten.

Hitler zeigt sich beeindruckt.

Was der Führer des Großdeutschen Reiches ebensowenig weiß wie sein getreuer Gauleiter Erich Koch, spielt sich in genau diesen Tagen in und um Memel ab.

Da in Memel nichts über die Frontlage bekannt ist, ergreift der Chef der in Memel liegenden 24. U-Boot-Schulflottillle, Fregattenkapitän K.F. Mertens, die Initiative. Er schickt einige erfahrene U-Boot-Offiziere mit einem Funktrupp nach vorn, in Richtung Geschützdonner, um sich zu unterrichten, ob der Stadt Memel und deren Bevölkerung Gefahr droht. Auch für ihn ist diese Information wichtig, um sich zu vergewissern, daß der wichtige Ausbildungsbetrieb – die Schulung von U-Boot-Besatzungen – durch die 24. U-Boot-Schulflottille unter seiner Leitung weiterhin ungehindert fortgeführt werden kann.

Was Merten erfährt, erschrickt ihn. Memel ist in Gefahr.

Kurzerhand teilt er seine Ermittlungen über den Frontverlauf um Memel direkt dem Oberbefehlshaber der Kriegsmarine, Großadmiral Dönitz, mit. Dieser erteilt ihm alle Vollmachten, die Räumung der Stadt und des Hafens einzuleiten. Insbesondere erteilt er ihm die Genehmigung zum sofortigen Rücktransport von 6000 Hitlerjungen auf dem Seeweg in die Heimat. Die Männer von Merten hatten bei ihrer Lagevermittlung 6000 kaum über 14 Jahre alte Hitlerjungen entdeckt, die dicht hinter dem Schleier der deutschen Front den ›Erich-Koch-Wall‹ schanzten und sich der Gefahr nicht bewußt waren, in der sie sich befanden.

Die 6000 Hitlerjungen wurden auf die beiden, vom Befehlshaber der U-Boote sofort bereitgestellten Dampfer *Messina* und *Welheim* eingeschifft und aus der Gefahrenzone gebracht.

In den nächsten Tagen läuft planmäßig die erste Evakuierung der Bevölkerung der Stadt Memel an. Es ist die erste Großaktion der Evakuierung einer deutschen Stadt an der Ostseeküste. Den verantwortlichen und verantwortungsbewußten Männern der Marine gelingt es binnen weniger Wochen, mehr als 50 000 Memelländer die Flucht über die Ostsee nach Pillau, Danzig und Gotenhafen zu ermöglichen. Dieser erste große Flüchtlingstransport, der ohne jeden Verlust über die Ostsee erfolgt, wird von den Dampfern *Angelburg, Goya, Heinz Horn, Lech, Messina, Welheim, Nordland, Wega,* und *Wolta* bewältigt und von den Sowjets nicht gestört, die offensichtlich diesen Auszug einer ganzen Stadt noch nicht erwartet hatten.

Aber nicht nur über See, auch über Land flüchteten die Memelländer nach Süden und Westen, in geordneten Trecks.

Der Flüchtlingsstrom ebbt ab, als es am 20. August 1944 einem deutschen Panzerkorps bei einem Gegenstoß gelingt, die Russen zurückzuwerfen und wieder eine schmale Landbrücke nach Riga freizukämpfen. Dies ermutigt viele Memelländer, die bereits begonnene Flucht abzubrechen, in die Stadt und auf die Höfe zurückzukehren, um die Ernte einzubringen. Für Tausende wird diese Rückkehr in die Heimat zum Verhängnis, denn die Ruhe um Memel herum ist nur eine ›Ruhe auf Zeit‹. Der 7. deutschen Panzerdivision, Rommels ehemaliger ›Gespensterdivision‹ aus Afrika, der Panzerdivision ›Großdeutschland‹ und anderen Einheiten gelingt es zwar, einen Ring um Memel, der am weitesten vorgeschobenen Hauptstadt des deutschen Grenzlandes, zu bilden, aber niemand weiß, wie lange dieser Schutzwall halten wird.

Einige hundert Kilometer nördlich von Memel zwingen die Russen an der Front der Nawa die deutschen Truppen zum weiteren Rückzug, erreichen den Rigaischen Meerbusen, schneiden den Rückweg entlang des Südufers ab. Der größte Teil Estlands geht verloren. Reval, der Haupthafen, wird abgeschnitten und ist nur noch von See aus erreichbar.

Im September 1944 verschlechtert sich die Lage weiter. Entscheidend hierfür ist eine folgenschwere Tatsache:

Am 2. September 1944 kündigt der finnische Ministerpräsident Hackzell den Abbruch der diplomatischen Beziehungen zu Deutschland an und fordert den Abzug der deutschen Truppen aus Finnland. Am 4. Dezember stellt die finnische Wehrmacht, die bisher auf deutscher Seite kämpfte, an der gesamten Front die Kampfhandlungen gegen die Sowjetunion ein. Die Deutschen werden aufgefordert, innerhalb von zwei Wochen Finnland zu verlassen. Doch das ist fast unmöglich. In Südwestfinnland waren die deutschen Depots bis an den Rand mit Kriegsmaterial gefüllt, 4000 Soldaten und 3000 Verwundete mußten abtransportiert werden. Der Abzug gelingt, allerdings mit Zeitverzögerung, die auch zu Zusammenstößen zwischen den ehemaligen Verbündeten führten.

FINNLAND VERLOREN – ESTLAND GERÄUMT

Vom 4. bis zum 21. September 1944 werden aus den finnischen Ostseehäfen 4049 Soldaten, 3336 Verwundete, 332 Evakuierte, 746 Fahrzeuge und 42.144 Tonnen Kriegsmaterial auf dem Seewege über die Ostsee befördert. 13.064 Tonnen Wehrmachtsgut gehen allerdings verloren, weil einige Schiffe in schwedische Häfen ausweichen müssen.

Wegen fehlender Transportmittel werden 110.000 t Wehrmachtsgut an Ort und Stelle vernichtet.

Am 17. September 1944 holen Schnellboote die deutsche Besatzung der Insel Suur-Tytersaari ab, drei Tage später besetzen die Sowjets die Insel. Damit endet die deutsche Kontrolle der Minenfelder in diesem Bereich.

Unter dem Druck der weiter in den Süden nach Estland vorstoßenden sowjetischen Armee setzt sich das III. SS-Panzerkorps am 18. September aus der Narwa-Stellung nach Westen ab.

Das nächste Angriffsziel der Sowjets ist Reval. Eine Evakuierung der Stadt ist unvermeidbar. Innerhalb weniger Tage verlassen mehrere Geleitzüge mit einer Gesamttonnage von 1,8 Mill. BRT, geleitet von Minensuchern und Wachbooten, den Hafen von Reval und bringen 91.000 Soldaten, 85.000 Flüchtlingen und 82.000 Tonnen Kriegsmaterial über die Ostsee in deutsche Häfen.

Der letzte Geleitzug verläßt Reval am 23. September 1944. Das Großgeleit besteht aus den Dampfern *Eberhard Essberger, Peter Wessel, Tanga, Alette Noot* und dem ebenfalls vollbelegten Lazaretschiff *Oberhausen*. Vier Torpedoboote der 3.T.-Flottille sichern die Schiffe, die fast 10.000 Menschen an Bord haben. Sowjetische Flugzeuge stören die Einschiffung, richten aber keinen großen Schaden an.

DAS FAST MENSCHENLEERE REVAL

Der fast verlustlose Abtransport so vieler Menschen aus Reval ist ein Verdienst der Einheiten der Kriegsmarine, die mit ihrem Abwehrfeuer die sowjetische Luftwaffe an einem konzentrierten Angriff auf die im Hafen liegenden Transportschiffe hindern. Viele Soldaten sind, so wie sie von der Front kamen, im Laufschritt auf die Schiffe geströmt. Es war keine Minute zu verlieren. Und doch verlief alles in geordneten Bahnen, ohne jede Panik.

Der einzige Fluchtweg aus Reval ist der Weg über die Ostsee.

Am Abend des 22. Septembers 1944 ist Reval fast menschenleer. Während der ganzen Nacht sind Sprengkommandos unterwegs, zerstören wichtige militärische Einrichtungen und Anlagen. Das ist der Preis des Krieges: Zerstörung.

Da und dort schlagen sowjetische Granaten ein, ziellos, zerstören Straßen und Häuser, verwandeln ganze Stadtteile in Trümmerfelder. Bomber kommen zu Hilfe, vernichten, was noch steht.

Lastwagen rasen durch die Straßen, halten, Soldaten springen darauf oder werden hochgezerrt. Es gibt nur noch ein Ziel: den Hafen. Dort liegen noch einige Kriegsschiffe, die die Letzten aufnehmen.

Als der Tag anbricht, sind es nur noch ganz wenige. Die meisten Bürger Revals, zumeist Esten, befinden sich bereits auf See, auf der Reise in die Sicherheit. Sie haben alles zurückgelassen, um nur ihr nacktes Leben zu retten. Keiner von ihnen wollte den sowjetischen Eroberern in die Hände fallen.

Die jungen Soldaten im Hafen von Reval und die Matrosen auf den Schiffen, die zum ersten Male Flüchtlingselend sehen und miterleben, helfen wo sie können, zeigen Mitleid, trösten den einen oder den anderen. Zumeist sind es Frauen und Kinder und Greise, die flüchten, den Weg in die Freiheit suchen, Gehetzte des Krieges. Heute sind es die Esten, die fliehen, in wenigen Monaten werden es deutsche Frauen und Kinder sein. Die zu tausenden, zu zehntausenden die Flucht über die Ostsee wagen.

Doch so weit ist es noch nicht.

Am frühen Vormittag des 23. Septembers 1944 liegen nur noch einige Schnellboote im Hafen von Reval.

Als die Sprengkommandos am Kai eintreffen, werden sie im Eiltempo an Bord genommen. Dann rauschen die Schnellboote ab. Keine Minute zu früh, denn die letzten beiden deutschen Torpedoboote *T 23* uns *T 28*, die Reval verlassen, werden an der Hafeneinfahrt von russischen Panzern, die bereits bis hierher vorgestoßen sind, unter Beschuß genommen. An Bord der beiden Torpedoboote befindet sich das letzte Sprengkommando, welches den Auftrag hatte, das Revaler Wasser- und Elektrizitätswerk zu sprengen. Auf der Reede von Reval liegen noch einige M-Boote und eine Vielzahl kleinerer Fahrzeuge, die aus den Vororten von Reval die letzten Versprengten an Bord genommen haben. Panzer und Artillerie versuchen, die Schiffe zu treffen; die Torpedoboote und die M-Boote feuern zurück.

Eine ganze Armada von Schiffen und Schiffchen, vom Torpedoboot bis zum Hafenschutzboot, laufen ab in Richtung Westen.

Die letzten Schiffe verlassen Reval. Drei Jahre lang war dieser Hafen einer der wichtigsten Hauptstützpunkte der Kriegsmarine an der Seefront Ostsee. Mit Reval geht der gesamte Finnenbusen verloren, und weitere größere Katastrophen kündigen sich an. An Land und auf See.

Dessen ist sich auch Konteradmiral Böhmer, der Chef der 9. Sicherungsdivision, bewußt, der an Bord des Flottenbegleiters *F 3* den Auszug der letzten deutschen Schiffe aus Reval beobachtet. Sinnend blickt er von der Brücke seines Bootes hinüber zu der fast unübersehbar langen Reihe von Schiffen, die die Reval-Bucht verlassen.

Konteradmiral Böhmer erinnert sich in diesen Augenblicken an die letzten Augusttage des Jahres 1941. Damals mußten die Sowjets den Hafen von Reval räumen. Sie taten dies mit über 200 Kriegs- und Handelsschiffen, vom Fischkutter bis zum schweren Kreuzer. Mit dieser gewaltigen Flotte räumten sie Reval. Und sie fuhren in die Katastrophe mitten hinein, in eine dichte Minensperre, die die Deutschen und die Finnen einige Wochen zuvor gelegt hatten. Riesige Feuersäulen stiegen auf, als die ersten Minen detonierten, Schiffe zu brennen begannen und sich die Sonne des schönen Ausgusttages verdunkelte. Minensucher wurden vorgeschickt, um das Minenfeld zu räumen, das riesige Geleit mußte stoppen. An der Küste hatte man dieses erregende Kriegsschauspiel bemerkt, deutsche Batterien begannen mit ihrem Feuer. Und dann kamen die deutschen Stukas, stürzten sich auf die Schiffe . . .

Das war vor fast genau drei Jahren.

Heute verließen die Deutschen Reval, und der Konteradmiral wußte: Eine Rückkehr hierher würde es nicht mehr geben.

Reval war für immer verloren.

Und bald wird Riga folgen, das jetzt schon von den Russen bedroht wird. Und wenn erst hier die rote Fahne gehißt ist, werden Windau und Libau folgen.

Danach droht Gefahr für Memel und Königsberg, Pillau und die Danziger Bucht. Ein nicht aufzuhaltendes Schicksal!

Oder gab es doch eine Wende des Krieges?

Der Konteradmiral hatte Zweifel.

655 STERBEN BEIM UNTERGANG DES DAMPFERS *MOERO*

Zu den letzten Schiffen, die den Hafen von Reval am frühen Morgen des 22. Septembers verlassen, gehört der 6111 BRT große Dampfer *Moero*. Das 1937 erbaute Schiff, das unter dem Kommando des Handelsschiffskapitän Joachim Wiese stand, hat bereits am 11. August 1944 1000 OT-Männer von Riga nach Danzig gebracht und war dann nach Reval zurückgekehrt. Hier wurden in der Nacht vom 21. zum 22. September 1944 1273 Menschen an Bord genommen, 700 Verwundete und 573 Flüchtlinge.

Gegen 11.00 Uhr stand der Dampfer *Moero* westlich von Windau, als das Schiff von 17 Boston-Bombern angegriffen und von mehrerern Bomben schwer getroffen wurde.

Das Schiff ist tödlich getroffen und sinkt innerhalb von 55 Minuten.

Dem Dampfer *Lappland*, dem Schnellbootbegleitschiff *Hermann von Wissmann*, dem Torpedoboot *T 194* und einem Minensuchboot gelingt es, 618 Menschen zu retten, 655 Menschen, darunter 600 Verwundete, kamen beim Untergang des Dampfers *Moero* ums Leben.

Der Verlust des Dampfers *Moero* mit 655 Toten war der erste größere Verlust eines Flüchtlingsschiffes in der Ostsee, weitere folgten.

Bis Ende 1944 gingen vom Jahresbeginn an in der Ostsee durch Bomben, Minen und Sprengungen folgende Handelsschiffe verloren: *Helios* (2885 BRT), *Erfurt* (4201 BRT), *Artushof* (1478 BRT), *Lotte Leonhardt* (4167 BRT), *Altair* (2414 BRT), *Ingeborg* (895 BRT), *Hochsee* (2245 BRT), *Gran Canaria* (3862 BRT), *Swinemünde* (225 BRT), *Odin* (1137 BRT), *Otto-Alfred Müller* (1589 BRT), *Rügenwalde* (152 BRT), *Viadra* (947 BRT), *Grenadier* (2319 BRT), *Alexandra* (592 BRT), *Hanna Cords* (1891 BRT), *Wellburg* (1923 BRT), *Greifswald* (132 BRT), *Meyerledge* (868 BRT), *Oslo* (1412 BRT), *Anne Ohl* (582 BRT), *Hartmut* (2713 BRT) und *Moero* (6111 BRT).

Keines dieser Schiffe ist durch ein sowjetisches U-Boot versenkt, und keines der untergegangenen Schiffe hatte größere Verluste an Menschen bis auf den Dampfer *Moero*.

In den letzten September- und den ersten Oktobertagen veränderte sich die Kriegslage an der Ostseefront zu ungunsten der Deutschen weiter.

Die Sowjets starteten einen umfassenden Angriff gegen die baltischen Inseln. Als Landungsverbände wurden unter Leitung von Konteradmiral Svjatov 50 Torpedokutter, 13 Wachboote, 20 Hafenschutzboote, 20 Tender des Revaler Seeverteidigungsabschnittes und 8 Panzerkutter, als Landungseinheiten Verbände der 8. sowjetischen Armee mit Luftunterstützung der 13. sowjetischen Luftarmee eingesetzt.

Am 29. September 1944 landen Torpedokutter und 90 Amphibienfahrzeuge, die ersten Voraustruppen, auf der Insel Moon und bilden einen Brückenkopf, der durch die estnischen 247. und 7. Division verstärkt wird.

Den deutschen Verteidigern bleibt nichts anderes übrig, als sich auf Ösel zurückzuziehen, die Brücke zu sprengen. Doch auch Ösel kann nicht lange gehalten werden. Dagö geht am 5. Oktober 1944 verloren.

Die deutschen Truppen ziehen sich weiter auf die Halbinsel Sworbe zurück, die trotz heftiger Angriffe mit allen Mitteln gehalten wird.

Durch das Zurückweichen der deutschen Seefront, die Lücken in den Minen- und Netzsperren und den Verlust von Reval können erstmals sowjetische U-Boote aus dem Finnenbusen weiter in die Ostsee vordringen und bringen den deutschen Transporten über die Ostsee neue Gefahren.

Bisher waren nur Bomben und Minen die Feinde der Schiffe. Jetzt kommt ein neuer, dritter und weit gefährlicherer Feind hinzu: sowjetische U-Boote mit ihren Torpedos und U-Boot-Minen.

DAMPFER *NORDSTERN*, DAS ERSTE U-BOOT-OPFER

Das erste deutsche Schiff, das im Rahmen der Rückführung von Flüchtlingen, Verwundeten und Soldaten 1944 über die Ostsee von einem sowjetischen U-Boot angegriffen und versenkt wurde, ist der 1939 in Dienst gestellte 1127 BRT große Dampfer *Nordstern*, 71,62 m lang und 10,50 m breit.

Das von der Schiffbaugesellschaft Unterweser gebaute Schiff wurde 1940 bei der Bremer Vulkan für das ›Unternehmen Seelöwe‹ in ein Kriegsmarine-Lazarettschiff umgebaut, in *Minna* umgenannt, 1941 in *Nordstern* umgetauft und ist jetzt seit einigen Wochen zum ›Flüchtlingstransport‹ umfunktioniert. Das Kommando führt der Handelsschiffkapitän Profitlich, der mit seiner neuen Aufgabe in der Ostsee gut zurechtkommt.

Den ersten Flüchtlingstransport hat *D. Nordstern* gut überstanden. Gemeinsam mit dem etwa gleich großen *D. Nautik* werden die ersten Flüchtlinge aus Pernau abgeholt und nach Gotenhafen gebracht. Bis zum Rigaischen Meerbusen verlief die Fahrt ohne jeden Zwischenfall, danach aber griffen 20 sowjetische Flugzeuge mit Bordwaffen die beiden Schiffe an. Außer einigen Einschüssen wurde kein weiterer Schaden angerichtet. Die 600 eingeschifften Flüchtlinge wurden von *D. Nordstern* wohlbehalten in Gotenhafen gelandet.

Am 06. Oktober 1944 trifft Dampfer *Nordstern* im Hafen von Arensburg auf der Insel Ösel ein. Der Auftrag für das Schiff ist klar: So rasch wie möglich sollen 600 Flüchtlinge, vorwiegend Frauen und Kinder und einige ältere Leute, an Bord genommen und nach Westen befördert werden.

Am Abend des 06. Oktobers verließ Dampfer *Nordstern* den Hafen von Arensburg. An Bord befinden sich außer dem 600 Flüchtlingen 15 Zivilbesatzungsmitglieder und 10 Soldaten.

Es ist die letzte Reise, die Dampfer *Nordstern* angetreten hat. Auf dem Schiff ahnt davon niemand etwas. Es herrscht absolute Ruhe. Die Flüchtlinge fühlen sich sehr wohl an Bord, glauben sich gerettet, denn morgen werden sie schon am Ziel sein. Aber nicht alle werden es erreichen . . .

Reinhard Prahm, I. Offizier auf Dampfer *Nordstern*, hat das, was in den nächsten Stunden mit der *Nordstern* geschieht, in einem Bericht an seine Reederei festgehalten. In nüchternen Worten schildert er die Torpedierung des ersten Flüchtlingsschiffes in der Ostsee am 07. Oktober 1944 um 10.47 durch das sowjetische U-Boot *Schtscha-404* in Pos. 55,46 N, 19,45 O, südwestlich Windau:

„Am Vormittag des 7. Oktobers 1944 befand sich *M/S Nordstern* etwa 80 sm westlich von Memel. Ich hatte Freiwache und lag angezogen, mit umgebundener Schwimmweste in der Koje. Es konnte jeden Augenblick mit einem Fliegerangriff gerechnet werden, denn in letzter Zeit hatten die Angriffe russischer Flieger auf Kriegs- und Handelsschiffe wesentlich zugenommen. An einen U-Boot-Angriff dachte ich nicht, da bisher noch kein Transporter in der östlichen Ostsee durch Torpedos versenkt worden war.

Um 10.07 Uhr ging eine schwere Erschütterung durch das Schiff.

Ein gewaltiger Donnerschlag schleuderte mich aus der Koje. Ich wußte, das war keine Mine, das war ein Torpedo.

Wenige Augenblicke später war ich auf dem Bootsdeck. Der Torpedotreffer hatte das Schiff an der Backbordseite vor der Brücke getroffen.

M/S Nordstern war verloren und sank.

Das Vorschiff war bereits unter Wasser. In Schiffsnähe trieben bereits die ersten über Bord gesprungenen Fllüchtlinge und Besatzungsmitglieder. Keine Minute war zu verlieren. Das Schiff konnte in jedem Augenblick untergehen. Da keine Zeit zum Losmachen und Wegfieren der unbeschädigten Rettungsboote war, sprang ich mit einigen Männern am Heck des Schiffes über Bord. Es war buchstäblich der letzte Augenblick. *M/S Nordstern* versank in den nächsten Sekunden in den Fluten der Ostsee. Der Sog des untergehenden Schiffes zog mich für einen kurzen Moment unter Wasser, schleuderte mich dann aber wieder an die Oberfläche. Als ich die Augen wieder öffnete, war von meinem Schiff nichts mehr zu sehen. Um mich herum trieben nur noch Schiffbrüchige und Schiffstrümmer.

Mit anderen Schiffbrüchigen wurde ich an Bord der *Nautik* genommen. Dieses Schiff und ein anderes Kriegsfahrzeug hatten die Überlebenden geborgen. Wir wurden nach Gotenhafen gebracht, wo wir am Abend gegen 21.00 Uhr einliefen. Von den mehr als 600 Menschen konnten m.W. nur etwa 100 gerettet werden. All diejenigen, die sich bei der Torpedierung des Schiffes in unmittelbarer Nähe der Einschlagstelle des Torpedos unter Deck befunden haben, müssen sofort tot gewesen sein.

Unser I. Ing. August Kramer bezahlte seine Hilfsbereitschaft mit dem Leben. In seiner Kabine waren einige Frauen vom Rundfunksender Riga untergebracht. Als *M/S Nordstern* den Torpedotreffer erhalten hatte, eilte Kramer zur Kabine, wollte die Frauen retten, doch die Kabinentür hatte sich verklemmt und war nicht zu öffnen. Kramer holte eine Brechstange und eilte zurück, um die Kabinentür einzuschlagen und die eingeschlossenen Frauen zu befreien.

Doch die Ostsee war schneller und nahm Kramer und die Frauen mit in den Tod“.

Soweit der Bericht des I. Offiziers Prahm.

Während der kurzen Zeit des Untergangs des *M/S Nordstern* hatte *Nautik* zunächst versucht, das U-Boot zu rammen; der ebenfalls abgleitende *Sat Ostsee* warf Wasserbomben. Das danach aufgetauchte sowjetische U-Boot wurde durch den Artilleriebeschuß von *Sat Ostsee* immer wieder unter Wasser gedrückt, um *Nautik* die Rettungsarbeiten zu ermöglichen.

Von den insgesamt auf *M/S Nordstern* eingeschifften 625 Personen rettete *Nautik* 89 Schiffbrüchige. *Sat Ostsee* fischte noch 5 Überlebende aus der

Ostsee, 530 blieben verschollen, sie fanden den Tod in den Fluten.

Der Funkspruch vom Untergang des *M/S Nordstern* löst bei der an diesem Tag in Gotenhafen liegenden 2. Kampfgruppe unter Vizeadmiral Thiele Unbehagen und Sorge aus. Vizeadmiral Thiele liest den Funkspruch, den ihm der Kommandant des Schweren Kreuzers *Prinz Eugen* überreichte, zweimal.

»Das waren keine Minen, das waren Torpedos – das riecht nach U-Booten«, meint der Vizeadmiral. Der Kreuzerkommandant schließt sich dieser Meinung an.

Noch am gleichen Abend läuft die 2. Kampfgruppe unter Führung des Schweren Kreuzers *Prinz Eugen* nach Memel zurück, um in diesem Gebiet ihr nächstes Landzielschießen durchzuführen.

Etwas weiter nördlich, im Seegebiet vor Windau, bahnt sich das nächste Schiffs-Schicksal an.

RO 24 FÄHRT AUF DEN MEERESGRUND

6. Oktober 1944. Im Hafen von Windau liegt ein Schiff mit einem etwas merkwürdigen Namen: *RO 24*. Der Name, was wenige wissen, deutet auf den Heimathafen Rotterdam hin. Der ehemalige holländische Frachtdampfer von 4500 BRT wurde zum Transporter umgebaut und ist jetzt in der Ostsee-Fahrt eingesetzt. An Bord des Schiffes, das von Oberleutnant zur See d.R. Karl Schütt geführt wird, befinden sich 500 Urlauber und Leichtverwundete mit ihrem Pflegepersonal. Das Schiff ist nicht voll belegt. *RO 24* hat Auftrag, nach Libau auszulaufen und wartet auf Geleitschutz. Die Geleitsicherung soll *M 17* übernehmen, ein zur 3. Minen-Such-Flottille gehörendes M-Boot. Das M-Boot ist allerdings nicht mehr voll einsatzfähig.

Am Tage zuvor lag *M 17* auf der Reede von Arensburg, dem größten Hafen an der Südküste der Insel Ösel.

Hier war es in den letzten Tagen immer unruhiger geworden. Sowjetische Panzerspitzen bedrohten bereits die Stadt Arensburg von der Landseite aus. Die sowjetische Luftwaffe flog fast pausenlose Angriffe auf die Stadt, den Hafen, vor allem auf die Schiffe im Hafen und auf Reede.

Eines der Angriffsziele war auch *M 17* unter der erfahrenen Führung von Oberleutnant zur See d.R. Adolf Roosen. Bisher hatte *M 17* Glück gehabt und konnte sich den Angriffen der russischen Gardeflieger erfolgreich wehren. Doch dann geschah es:

Eine IL-2-Bombe fällt neben der Bordwand von *M 17* ins Wasser. Aber sie explodiert nicht. So schien es nur. Als an Bord bereits alles aufatmete, detonierte die Bombe direkt unter dem Heck des Bootes. Der Schaden war erheblich: die Schraubenwelle war angeknackt, der Propeller beschädigt, das Ruderblatt verbogen.

Nur mit Mühe gelang es *M 17*, den Einsatzhafen Windau zu erreichen.

Hier wird klar: *M 17* ist mit diesem Schaden nicht mehr einsatzfähig und bedarf der sofortigen Werftüberholung. Das soll in Königsberg geschehen. Doch auf dem Weg dorthin erhält der Kommandant von *M 17* den Auftrag, von Windau bis Libau ein kleines Geleit mitzunehmen. Dem ersten Anschein nach ist der Auftrag völlig ungefährlich. Und das aus mehrerlei Gründen: Zunächst erfolgt die Fahrt auf einem minenfreien Weg, dazu noch nachts bei Dunkelheit, und außerdem gehört zu dem Geleit das Schnellbootbegleitschiff *Hermann von Wissmann*, welches bisher die 5. Schnell-Boot-Flottille begleitete. Es soll wegen der starken Luftbedrohung von Windau nach Libau zurückverlegt werden.

Daß das zweite zum Geleit gehörende Schiff *RO 24* ist, erfährt der Kommandant von *M 17* erst kurz vor der Zusammenstellung des Geleites.

Nach Anbruch der Dunkelheit nehmen die drei Schiffe am Abend des 7. Oktober 1944 die Fahrt ins Ungewisse auf. Weder der Kommandant von *M 17*, noch Oberleutnant zur See d.R. Karl Jacobsen, der *Hermann von Wissmann* befehligt, oder gar der Kommandant von *RO 24*, ahnen Böses.

M 17 fährt an der Spitze, gefolgt von *RO 24*. *Hermann von Wissmann* bildet den Abschluß. Da das Wasser an der Küste zu flach ist, fahren die drei Schiffe zunächst einige Meilen auf See hinaus, um später die Fahrt in Richtung Süden fortzusetzen. Die Nacht ist dunkel und die See verhältnismäßig ruhig. Fast lautlos stehlen sich die drei Schiffe durch die Nacht, sind abgeblendet und wittern keinerlei Gefahr.

Die drei Kommandanten haben keine Ahnung davon, daß sowjetische Unterseeboote weit in die östliche Ostsee vorgedrungen sind und eines dieser Boote bereits sein erstes Opfer gefunden und versenkt hat, den Dampfer *Nordstern*. Das geschah einige Seemeilen südlich.

Um 23.30 Uhr zerreißt eine ohrenbetäubende Detonation die friedliche Stille der Ostseenacht . . .

Lähmendes Entsetzen bei den Brückenwachen auf *M 17* und *Hermann von Wissmann*. Den Männern stockt der Atem: eine riesige Feuer- und Wassersäule steigt an der Bordwand von *RO 24* auf, für Augenblicke wird die Nacht hell, dann ist der Spuk vorbei.

Kein Zweifel: *RO 24* hat Torpedotreffer.

Das war keine Mine, das war ein Torpedo.

RO 24 liegt still, neigt sich unfreiwillig zur Seite, das Schiff ist verloren und sinkt.

Für den Kommandanten von *M 17* ist das, was er zu tun hat, klar. Er zögert keine Sekunde. Das sowjetische U-Boot muß noch in der Nähe sein, und bevor es *Hermann von Wissmann* oder gar *M 17* angreift, sofort bekämpft werden.

»Wasserbomben klar«, befiehlt Oberleutnant z.S. Roosen. Mit der beschädigten Ruderanlage fällt es *M 17* schwer, auf Gegenkurs zu gehen, um das U-Boot zu bekämpfen. Der Kommandant von *M 17* hat auch keine Ahnung davon, wo das U-Boot stehen kann. Er hält es aber trotzdem für wichtig, Wasserbomben zu werfen, um das U-Boot vor weiteren Angriffen abzuschrecken.

Das nächste Kommando gilt dem Kommandanten von *Hermann von Wissmann*.

»Weiterlaufen« heißt dieses Kommando, es wird durch Blinkspruch abgesetzt.

Als die ersten Wasserbomben mit lautem Getöse krachen, ist der erste Funkspruch von *M 17* bereits abgesetzt:

»RO 24« sinkt nach Torpedotreffer auf Position 53°24'N, 21°20'Ost.«

Nach den Wasserbombenabwürfen läuft *M 17* soweit als möglich an *RO 24* heran. Die Schlagseite des Schiffes hat erheblich zugenommen. Offenbar sind die Schotten gebrochen und der Wassereinbruch so stark, daß das Schiff nicht mehr zu retten ist.

Ein Blinkspruch von *RO 24* bestätigt diese Vermutung:

»Wir sinken – können sie uns aufnehmen« blinkt es herüber zur Brücke *M 17*.

Das Rettungswerk der Mannschaft von *M 17* beginnt.

Inzwischen ist der Mond hinter den Wolken hervorgekrochen und hellt die Szene auf. Boote und Flöße von *RO 24* streiben bereits auf den Wellen, viele sind leer. Den schiffsungewohnten Soldaten auf *RO 24* ist offensichtlich die Gefahr nicht bewußt, in der sie schweben. Sie glauben möglicherweise, das todwunde Schiff würde sich noch einige Stunden halten.

M 17 fährt noch weiter an *RO 24* heran. Die Männer des Minensuchbootes halten ihre Hände trichterförmig vor den Mund, schreien einzeln, dann gemeinsam:

»Springt über Bord – schnell – wir holen euch aus dem Wasser!«

Doch der Aufforderung folgt niemand. Die im fahlen Mondlicht erkennbaren Soldaten stehen noch immer an Deck, unschlüssig, was sie tun sollen:

»Los – springt – das Schiff säuft ab. . .!«

Die ersten springen. Doch die meisten der über 500 befinden sich immer noch an Deck oder im Inneren des sinkenden Schiffes. Auf der Brücke von *M 17* rechnet man sich aus, wie lange es noch dauern kann, bis *RO 24* in den Fluten der Ostsee versinkt. Es können nur noch Minuten sein. Wenn die Wassermassen die Wände sprengen und die Laderäume füllen, wird sich das Schiff urplötzlich auf die Seite legen und binnen kurzer Minuten sinken, oder gar Sekunden. Und der Strudel des sinkenden Wracks, der zu erwartende Sog, wird alle die mit sich reißen, die sich im Augenblick noch an Bord befinden.

Und das sind die meisten der 500 auf *RO 24*.

Die Verwundeten haben vielleicht Angst, mit ihren Verbänden, geschienten Beinen und Armen oder gar mit ihren Krücken ins Wasser zu springen. Die Urlauber auf dem Schiff, die Landser, aber könnten es doch längst verlassen haben. Warum tun sie es nicht ?

Was nutzen die vielen Fragen? Es geht um Minuten oder gar Sekunden. – – –.

Die Aufforderung zu springen wird energischer. *M 17* geht noch näher an *RO 24* heran, Kutter werden ausgesetzt, große Netze über die Bordwand gehängt, Männer von *M 17* springen, Tampen um den Leib gewunden, ins Wasser, schwimmen den Schiffbrüchigen entgegen, entreißen sie dem Tod des Ertrinkens.

Jetzt wird es den Zögernden auf *RO 24* bewußt, daß es darum geht, das nackte Leben zu retten, bevor es zu spät ist –. Sie springen jetzt haufenweise. In ganzen Bündeln fallen sie ins Wasser.

Die Männer des Minensuchers haben alle Hände voll zu tun, fischen einen nach dem anderen aus der Ostsee. Die Boote werden geleert, fahren zurück, nehmen weitere Schiffbrüchige auf, legen an *M 17* an, geben die Geretteten an Bord, fahren wieder zurück.

RO 24 hält sich immer noch.

Das ist fast ein Wunder.

Unter Deck des Rettungsschiffes wird es immer voller, immer lebendiger. Die Geretteten werden in die Wohnräume gelegt, jeder freie Raum wird ausgenutzt. In der Kombüse stehen Riesenkessel auf dem Feuer, Tee wird zubereitet. Die letzte Flasche Schnaps wird aus dem Spind und der ›Eisernen Reserve‹ geholt, um ohnmächtige Gerettete wieder ins Leben zurückzurufen. Man staunt, woher die vielen helfenden Hände kommen.

Inzwischen macht sich *RO 24* zum Sterben bereit.

Immer mehr neigt sich das Wrack auf die Seite, sinkt tiefer und tiefer.

Die Rufe der im Wasser Schwimmenden: »Hilfe, Hilfe . . .!« werden lauter, ängstlicher.

Die Schiffbrüchigen, die im Wasser treiben, sehen, wie die Mannschaft von *M 17* um jeden einzelnen kämpft, ihn dem drohenden nassen Tod entreißt . . .

Nach genau 20 Minuten ist der Todeskampf von RO 24 vorbei.

Um 23.50 Uhr, zehn Minuten vor Mitternacht, kentert das Schiff, ein mächtiges Poltern dringt durch die Nacht, für Augenblicke ist der Boden des Schiffes über der Wasseroberfläche zu sehen, dann ist auch das vorbei.

RO 24, ex holländisch *Zonnewijk*, 4499 BRT groß, 1928 erbaut, zuletzt von der Hamburg-Süd bereedert, gibt es nicht mehr . . .

Im Augenblick des Untergangs war nach menschlichem Ermessen niemand mehr an Bord. Doch in der Ostsee, unweit der Untergangsstelle, schwimmen noch immer Überlebende. *M 17* tastet mit seinen Scheinwerfern die Wasseroberfläche ab, die Lichtkegel huschen über die leichten, sanften Wellenkämme, erfassen da einen und dort noch einen.

Dann werden die letzten zwei Schiffbrüchigen aus dem Wasser gezogen, wollen sich kaum helfen lassen, ermahnen die Retter:

»Bitte – nicht so grob anpacken . . .!«

Als die Matrosen von *M 17* die beiden letzten Geretteten über Deck gehoben haben und näher betrachtet, haben sie besonderen Anlaß zu Freude: Die zuletzt Geretteten sind die beiden Krankenschwestern von *RO 24*, die zur Betreuung der Verwundeten auf dieses Schiff kommandiert waren. Ihnen gilt nun die besondere Fürsorge der Besatzung. Die Damen erhalten Quartier in der innerhalb weniger Augenblicke für sie geräumten Fähnrichskabine. Da ihre Kleidung naß und zerissen war, erhalten sie Fähnrichsuniformen, mit denen sie tags darauf auch an Land gehen und Verwunderung auslösen.

Am Morgen des 8. Oktobers 1944 läuft das Minensuchboot *M 17* in den Hafen von Libau ein. Das Schnellbootbegleitschiff *Hermann von Wissmann* hat bereits noch in der Nacht im Hafen festgemacht.

M 17 hat eine bravouröse, beispielhafte Leistung vollbracht. Noch während der Nacht, als das Boot Kurs auf Libau nahm, ließ der Kommandant die Geretteten zählen.

Es waren 471 von 500, die die Besatzung von *M 17* gerettet hatte.

Oberleutnant zur See Adolf Roosen funkte dieses Ergebnis nach Libau. Hier erfuhr er, daß etwa 20 Überlebende von Schnellbooten aufgenommen wurden, die auf die Hilferufe des Funkers von *M 17* zur Unfallstelle gelaufen waren.

Wahrscheinlich kamen beim Untergang von *RO 24* nur zehn Menschen ums Leben. Sicher, das Wasser der Ostsee war vom Sommer her noch verhältnismäßig warm, die See war ruhig, und die Retter kamen sofort zur Hilfe.

Trotzdem bleibt die Rettungstat der Mannschaft des Minensuchbootes *M 17* beim Untergang des Dampfers *RO 24* beispielhaft. Nur 2 % der Schiffbrüchigen kamen ums Leben. Bei den großen Schiffskatastrophen 1945 in der Ostsee waren es manchmal nur 2 %, die gerettet werden konnten.

Doch wer ahnte schon am 8. Oktober 1944, daß noch weitere, größere Katastrophen folgen würden.

DER GROSSE ›BRÜCKENKOPF‹ WINDAU – LIBAU

Die Ende September von den sowjetischen Truppen eingeleitete Rückeroberung der baltischen Inseln wird im Oktober 1944 fortgesetzt: Moon geht verloren, dann Dagö. Die deutschen Verteidiger ziehen sich auf die

Halbinsel Sworbe zurück, die trotz wiederholter Angriffe verteidigt werden kann. Die schweren deutschen Batterien sind intakt geblieben. Dadurch werden die Russen gehindert, die Irben-Straße für ihre Transporte nach Riga zu benutzen. Riga ist bereits in sowjetischer Hand. Die Sowjets benötigen aber die Irben-Straße, um ihre Truppen versorgen zu können, die zwischen Libau und Memel bis an die Ostseeküste vorgestoßen waren, aber über keinen Hafen verfügten. Windau, Libau und Memel waren noch in deutscher Hand. Aufgrund dieser Situation entwickelt sich um die Halbinsel Sworbe und damit um die Irben-Straße eine Schlacht, in der sowjetische und deutsche Seestreitkräfte sich gegenüberstanden.

Unverständlich war, warum die Sowjets bei diesen Gefechten keines ihrer großen Schiffe, sondern nur kleinere Einheiten einsetzten. Dafür aber ist die sowjetische Luftwaffe sehr aktiv und greift fast pausenlos deutsche Schiffe an, zum Teil mit Erfolg.

Die von den Sowjets – Konteradmiral Piterskij – angegebenen Versenkungszahlen waren aber weit übertrieben. Danach sollte die 13. sowjetische Luftflotte in diesem Oktoberkampf 12 Transporter, zwei Zerstörer, zwei Wachschiffe, 23 Landungsboote, 14 Kutter, drei Motorminensucher, sechs Schlepper und elf Motorboote versenkt und einen Kreuzer, fünf Zerstörer, sieben Wachboote, 11 Transporter, 31 Landungsboote, vier Schnellboote und mehrere andere Kriegs- und Handelsschiffe beschädigt haben.

Tatsächlich aber sind die Verluste und Beschädigungen auf deutscher Seite wesentlich geringer.

Die Erwartungen der Russen, auch die Halbinsel Sworbe würde bald in ihrem Besitz sein, erfüllt sich nicht. Ende Oktober verteidigen die Deutschen noch immer erfolgreich diesen wichtigen Stützpunkt.

Auch der Rigaische Meerbusen wird noch von den deutschen Seestreitkräften beherrscht, obwohl hier nur kleinere Kriegsschiffe, Minensucher, Artillerieträger, Patrouillenboote und ab und zu einige Torpedoboote operieren. Die täglichen Luftangriffe können die deutschen Schiffe zwar beschädigen, aber nicht außer Gefecht setzen oder gar versenken. Da es den Russen nicht gelingt, die deutschen Kriegsschiffe im Rigaischen Meerbusen auszuschalten, schlagen an Land auch Versuche fehl, durchzubrechen und hinter den deutschen Truppen zu landen. Vom 02. bis 24. Oktober greifen zwei Torpedoboote, danach der Schwere Kreuzer *Lützow* (ex *Deutschland)* in die Kämpfe ein und beschießen mit zwei Zerstörern und weiteren fünf Torpedobooten gemeinsam vom Westen, von der offenen See her, die sowjetischen Stellungen an Land. Die Sowjets werden aufgehalten.

Auch weiter südlich greifen die deutschen Seestreitkräfte bei Memel in den Kampf ein. Sie beschießen russische Heeresverbände, die sich der Stadt Memel immer mehr nähern. Die Stadt Memel soll aber in jedem Fall gehalten werden. Die massive Feuerunterstützung von See her hilft den deutschen Verteidigern von Memel, Stadt und Hafen zu halten. Und das bis zum Frühjahr 1945.

Auch die Absicht der Russen, entlang des Südufers des Rigaischen Meerbusens und entlang der Ostseeküste auf Libau zu marschieren, wird durch den Beschuß von See her vereitelt. Die massive Beschießung durch deutsche Seestreitkräfte ist entscheidend dafür, daß im Oktober 1944 in diesem Raum eine Katastrophe verhindert wird, zu einem Zeitpunkt, als die deutschen Truppen in Kurland zurückgedrängt werden.

Die deutschen Truppen bilden um die Häfen Windau und Libau einen großen Brückenkopf, den 26 deutsche Divisionen, 600.000 Mann, bis zum Ende des Krieges erfolgreich gegen alle sowjetischen Angriffe verteidigen konnten. Nachdem im Frühjahr 1945 Königsberg, Pillau, Danzig, Gotenhafen längst in sowjetischer Hand waren, hielt der große Brückenkopf Windau-Libau immer noch. Für die deutsche Kurlandarmee war dies von ganz entscheidender Bedeutung. Der Weg über die Ostsee in die Freiheit blieb bis zur letzten Stunde des Krieges für sie offen.

Während die Verluste in der Ostsee im September noch relativ gering waren, beginnt die Ostsee im Oktober 1944 zu einem Schiffsfriedhof zu werden.

Nach *Nordstern* und *RO 24* lief Dampfer *Neptun* (2594 BRT) bei Memel auf eine Mine, *Maria Siedler* (438 BRT) wurde bei Ösel durch Fliegerbomben versenkt, ebenfalls bei Ösel versenkten sowjetische Flugzeuge den 3290 BRT großen Dampfer *Iller*, der vorher bereits mehr als 10.000 Flüchtlinge von Riga nach Gotenhafen gebracht hatte.

Es folgten – ebenfalls bei Ösel – durch Bombenangriffe Dampfer *Elbing I* (466 BRT) und *Inge Christophersen* (1353 BRT).

Kapitänleutnant Marinesko gelang es mit seinem U-Boot *S-13*, mit dem er im Januar 1945 den Dampfer *Wilhelm Gustloff* und im Februar 1945 das Verwundetentransportschiff *General Steuben* bei Rixhöft auf den Grund der Ostsee schickte, am 13. Oktober 1944 den kleinen Dampfer *Siegfried* (563 BRT) zu torpedieren. Durch ein sowjetisches U-Boot wurde am 13. 10. auch *Hilmar Lau* (2414 BRT) versenkt.

Doch das ist erst der Anfang.

Am 13. Oktober 1944 sinkt um 02.27 Uhr nördlich Rixhöft der kleine Fischdampfer *Taunus* (218 BRT), um 03.15 Uhr folgt der Motortanker *Terra* (1533 BRT) und einige Stunden später der Tanker *Thalatta* (3145 BRT). Das sowjetische Minen-U-Boot *Lembit* unter Kapitän 3. Ranges A. I. Matijasevic schrieb sich diese Versenkungserfolge zu.

Am 15. Oktober folgt *Inge Johanns* (1202 BRT), am 19. Oktober bei Ösel *Elbing I* (466 BRT), am 21. Oktober *Hohenhörn* (3026 BRT), am 23. Oktober der Dampfer *Ida* (6090 BRT), am 27. Oktober der Tanker *Vacuum* (622 BRT) bei Libau und am 29. Oktober 1944 der Tanker *Thann* (7412 BRT).

Eine stattliche Verlustliste, doch der Verlust an Menschen war relativ gering. Keines der verlorenen Schiffe war ein voll beladenes Flüchtlingsschiff.

Am 31. Oktober 1944 geht ein weiteres Schiff verloren, dessen Untergang weitreichende Folgen haben sollte, der Dampfer *Bremerhaven*. Für die Marine wird er zu einem ›Fall *Bremerhaven*‹.

DAMPFER *BREMERHAVEN* BRENNT UND SINKT

Am 29. Oktober 1945 um 17.30 Uhr verläßt der Dampfer *Bremerhaven* den Hafen von Windau. An Bord befinden sich 1200 liegende und 315 sitzende Verwundete, 680 Flüchtlinge, 511 Angehörige der Organisation Todt, 200 SS-Männer, 156 Wehrmachtsangehörige, 42 Mann Sanitätspersonal, 22 Soldaten der Bordflak und 45 Mann Zivilbesatzung. Das Schiff wird von Kapitän Grass geführt.

Als Geleitsicherung für das Schiff mit seinen 3171 Menschen wurden von der 9. Sicherungs-Division, die ihren Sitz in Windau hat, *M 155* und *M 435* abgestellt. Zielhafen des kleinen Geleits ist Gotenhafen, die Geschwindigkeit der drei Schiffe wird auf 11 Knoten festgelegt.

Die Fahrt verläuft ruhig, die Nacht geht vorüber, der Morgen des 30. Oktober zieht auf.

Um 09.30 Uhr tauchen fünf feindliche Flugzeuge auf und greifen die *Bremerhaven* und die beiden M-Boote mit Bomben und Bordwaffen an. Die Flakgeschütze der *Bremerhaven* versuchen vergeblich den Angriff abzuwehren. Zwei Bomben treffen das Achterschiff und richten erheblichen Schaden an. Eine Bombe hat die an Deck gelagerte Flakmunition entzündet, die explodiert und auf die hölzernen Luftschächte übergreift.

Sieben Minuten später erfolgt ein zweiter Angriff, die *Bremerhaven* brennt, das Begleitboot *M 155* setzt um 09.40 Uhr den ersten Hilfesruf ab.

Kapitän Grass und seine Männer bekämpfen das Feuer an Bord, das sich über die Holzwände, Korkisolierungen und die hölzernen Luftschächte immer rascher ausbreitet, die Wohnräume, Betten und Strohsäcke erfaßt. Durch Qualm und Rauch versuchen die Flüchtlinge und die Verwundeten an Oberdeck zu gelangen. Alle Passagiere werden auf das Vorschiff und das Mittelschiff beordert, da sich der Feuerherd zunächst auf das Achterschiff konzentriert und hier zunächst auch eingedämmt werden kann.

Um 11.00 Uhr trifft die erste Nachricht ein, daß Rettungsschiffe unterwegs sind. Bis jetzt hat noch niemand die brennende *Bremerhaven* verlassen.

Um 12.30 Uhr treffen die ersten Rettungsschiffe an der ›Unfallstelle *Bremerhaven*‹ ein und beginnen sofort mit der Übernahme von Menschen. Alle 3171 Passagiere befinden sich noch an Bord des lichterloh brennenden

Dampfers, dessen Schlagseite zugenommen hat. Und auch der Brand hat sich weiter ausgedehnt, trotz aller Bemühungen der Mannschaft, ihn einzudämmen.

Fast pausenlos verlassen die Menschen die brennende *Bremerhaven*. Von Stunde zu Stunde wird die Rettungsaktion schwieriger, da die Flammen auf die Rettungsschiffe übergreifen. Doch um 18.00 Uhr kann der letzte Verwundete von einem der Rettungsschiffe übernommen werden, eine halbe Stunde später gehen auch die letzten Soldaten und Flüchtlinge von Bord.

Kapitän Grass, einsehend, daß die *Bremerhaven* verloren ist, hatte auch seinen Männern den Befehl gegeben: »Alle Mann verlassen das Schiff«. Als allerletzter ging der Kapitän von Bord und stieg auf ein Torpedoboot über. Es war höchste Zeit für ihn, die brennende *Bremerhaven* zu verlassen. Er fand nicht einmal mehr Zeit, die Leinen loszuwerfen, so daß sie geschlippt werden mußten. Das T-Boot, das ihn aufnahm befand sich in höchster Gefahr.

Später, als Kapitän Grass sieht, daß sich die *Bremerhaven* noch länger hält, steigt er von dem T-Boot auf den Schlepper *Danzig* über und nimmt seinen I. Offizier, drei seiner Matrosen, einen Sanitäter und einen Signalgefreiten mit.

Erst am nächsten Morgen, dem 31. Oktober 1945 um 07.30 Uhr sinkt die immer noch brennende *Bremerhaven* auf der Position 55 Grad 3,8 Minuten Nord und 18 Grad 24,5 Minuten Ost, auf den Grund der Ostsee. Auf dem Schlepper *Danzig* stehend, sieht Kapitän Grass sein Schiff in den Fluten der Ostsee verschwinden.

Von den 3171 Menschen konnten 2795 gerettet werden. Der Untergang der *Bremerhaven* forderte nur 410 Opfer: 43 Verwundete, 70 Soldaten, 289 Flüchtlinge und OT-Männer und 8 Mann der zivilen Stammbesatzung.

Der Verlauf der letzten Reise des Transporters *Bremerhaven* hatte bereits während der Untergangsnacht und im Verlaufe der Rettungsaktion an verschiedenen Stellen heftige und zum Teil sehr unterschiedliche Reaktionen ausgelöst, die die Katastrophe zu einem ›Fall *Bremerhaven*‹ werden ließ, der mehrere Marinedienststellen viele Wochen beschäftigte. Auslösender Faktor der Diskussionen und Besprechungen in den verschiedenen Marinedienststellen zwischen Windau und Libau waren die Fahrtroute, die Nachrichtenübermittlung über den Hergang der Katastrophe und die damit verbundenen Hilfeleistungen.

Die 9. Sicherungsdivision in Windau, die das Geleit *Bremerhaven* in Fahrt gesetzt hatte, hätte als erste Stelle von der sich anbahnenden Katastrophe erfahren müssen, sie erfuhr aber erst am 31. Oktober um 09.30 Uhr durch einen Funkspruch von *M 453* von dem bereits erfolgten Untergang des Schiffes.

Weitere strittige Punkte waren die unbekümmerte Benutzung von U.K.-Geräten durch die verschiedenen Fahrzeuge im Verlauf der Rettungsaktion und vor allem der Geleitweg. Nach Meinung einiger Dienststellen wäre der Küstenweg gefahrloser gewesen als der große Umweg über die offene See. Die gravierenden unterschiedlichen Auffassungen entscheidender Marinedienststellen über Seewege, Transportmittel, Geleitschutz und Kompetenzen traten durch den ›Fall *Bremerhaven*‹ offen zu Tage und forderten eine Entscheidung von höchster Stelle geradezu heraus.

Diese Entscheidungen ließen auch nicht lange auf sich warten. Schon wenige Tage nach dem Untergang des Dampfers *Bremerhaven* trat die ›Ständige Geleitanweisung Nr. 1‹ in Kraft, die die Geleitbezeichnung, den Ausgangshafen und die Marschrichtung jeden Geleits erkennen ließ. Die 9. Sicherungsdivision forderte am 11. November fernschriftlich die Zuweisung einer speziellen Geleitführer-Welle, die noch im gleichen Monat eingerichtet wurde. Am 01. Dezember 1944 erfolgte die Neugliederung des Marineoberkommandos Ost. Als westlicher Partner der 9. Sicherungsdivision wurde durch Umbenennung des B.S.O. eine neue, 10. Sicherungsdivision gebildet und neben den Admiral Östliche Ostsee, der Admiral Westliche Ostsee gestellt. Damit waren aus dem ›Fall *Bremerhaven*‹ wichtige Entscheidungen hervorgegangen, die in den folgenden Monaten für die Flucht über die Ostsee große Bedeutung erhalten sollten.

DIE LETZTEN 13 DES *M/S FÜSILIER*

Nicht nur die Transporte über die Ostsee wachsen in den letzten drei Wochen des Jahres 1944, sondern auch die Verluste auf See, obwohl sie im November geringer sind als im Oktober.

Am 06. 11. 44 sinkt durch Minentreffer bei der Ansteuerungstonne Libau der 2158 BRT große Dampfer *Schiffbeck.* Das Schiff war leer. Es hatte zuvor 600 politische Leiter der Partei von Libau nach Pillau in Sicherheit gebracht und sollte jetzt in Libau weitere Flüchtlinge abholen.

Am 10. 11. torpedierte das sowjetische U-Boot *SC-309* zwischen Windau und Libau auf der Position 57°30′ N, 20°23′ O, den 905 BRT großen Dampfer *Carl Gords.*

Im Hafen von Memel lief in diesen Tagen der Dampfer *Phönix* von der Argo-Reederei, 999 BRT, auf und mußte aufgegeben werden. Durch Minentreffer gingen der kleine Dampfer *Spreeufer* (254 BRT), *Elie* (1873 BRT), *Strunda* (2414 BRT) und *Max Bornhofen* (1312 BRT) verloren. Im Gebiet zwischen Gotland, der Stolpebank und Bornholm versenkt *K-51* (Kapt. 3. Rg. Drozdov) am 24. November 1944 den schwedischen Dampfer *Hansa* (493) durch Torpedotreffer.

Ein tragisches Schicksal erwischt am 20. November 1944 das 6157 BRT große, 1939 in Dienst gestellte Motorschiff *Füsilier.* Das Schiff hatte erstmals am 06. Oktober 1944 Teile der 58. Inf. Div. von Riga nach Memel befördert und wurde danach fast pausenlos für den Nachschub eingesetzt, brachte Truppen und Urlauber von Pillau nach Memel und nahm Verwundete mit zurück.

M/S Füsilier lag auch am 13. und 14. Oktober 1944 in Memel, als die Sowjets erneut versuchten, mit einem konzentrierten Panzerangriff Stadt und Hafen einzunehmen.

Über See in die Stadt eingebrachte Truppen warfen mit Hilfe des Schweren Kreuzers *Prinz Eugen*, der die Panzeransammlungen unter Beschuß nahm, zurück. Mehr als 60 Panzer blieben liegen. Die Lage um die eingeschlossene Stadt Memel normalisierte sich nach diesem Angriff wieder.

Am 19. November 1944 liegt *M/S Füsilier* in Pillau. Es hat 250 Urlauber an Bord, die nach Memel zurückgebracht werden sollten. Die 50 Mann starke Besatzung wird von einem ›Ersatz-Kapitän‹ geführt, da der Kapitän ganz kurzfristig wegen schwerer Erkrankung abgelöst werden mußte.

Gegen 22.00 Uhr bringt der Pillauer Seelotse *M/S Fusilier* aus dem Vorhafen bis auf See. Ein kleines Räumboot der Kriegsmarine übernahm dann das Schiff, um es sicher nach Memel zu geleiten. Da bisher alle Fahrten ohne sonderliche Zwischenfälle verliefen, hofft man auch diesmal auf eine gute Reise.

Doch es sollte anders kommen.

Das Wetter ist mies, der Wind weht aus Süd, hat eine Stärke von 4–5, der Seegang etwa 4. Unter diesen Bedingungen laufen die beiden Schiffe, voran das R-Boot, auf dem Küstenweg mit nördlichem Kurs die Samlandküste hoch, an den stilliegenden Bernsteinwerken vorbei und nehmen nach dem Passieren des gelöschten Brüsterort-Feuers Kurs nach Nord-Ost.

In der winterlichen Nacht wird es kälter, die Sicht wird schlechter und schlechter. *M/S Füsilier* und sein Begleiter wollen noch in der Dunkelheit, also vor Anbruch des Tages, die eingeschlossene Stadt Memel erreichen, um jede Feindberührung zu vermeiden. Die außerordentlich schlechte Sicht und der Ausfall der Leuchtfeuer von Nidden und Memel waren wohl der Grund dafür, daß beide Schiffe weiter in die offene See gerieten, was nicht bemerkt wurde.

Gegen 07.00 Uhr steht das Schiff und sein Begleiter vor der Einfahrt Hafen Memel. Das nahm man jedenfalls an, zu sehen war nichts. Man wartet auf den Memelner Lotsendampfer *Von Schlickmann*, der den Seelotsen an Bord bringen soll. Man wartet vergeblich. Der Lotsendampfer kommt nicht.

Da meldet sich einer der Urlauber auf der Brücke. Der Mann war Memelner Seelotse, der sich auf einer Urlaubsreise befunden hatte und nun als Urlauber von Pillau nach Memel an Bord des *M/S Füsilier* zurückfuhr. Das ist ein reiner Zufall. Der Mann bietet seine Dienste an. Er macht dem Kapitän deutlich, daß nach seiner Ortskenntnis das Schiff bereits an Memel vorbeigelaufen sei und weit nördlich der Einfahrt stehen müßte. Das sei sicher darauf zurückzuführen, daß der seit Tagen von Südwesten kommende Wind eine Stromversetzung nach Norden verursacht habe, was von den beiden Schiffsleitungen nicht bemerkt und beachtet worden sei.

Der Kapitän befiehlt, die Wassertiefe zu messen, die mit 7,5 m gelotet wird und die Meinung des als Fahrgast an Bord befindlichen Lotsen bestätigt.

»Ruder hart backbord – Maschine voll voraus!« befiehlt der Kapitän. Das Schiff dreht von Land ab, um eine größere Tiefe zu erreichen, und die Maschinen, die vorher langsamer gefahren waren, laufen nach dem Kommando auf vollen Touren. Dieses Manöver war notwendig, weil man wußte, daß nördlich von Memel russische Batterien bereits die Küste besetzt hatten und Küstennähe hier für jedes Schiff das Todesurteil sein konnte.

Mitten in diese Überlegungen und Kommandos auf der Brücke kracht es. Blitze und Donner erfüllen die Luft, durchbrechen die morgendliche Stille. Da, wo die Blitze Bruchteile von Sekunden aufleuchteten, war die Küste. Aber diese Erkenntnis nutzt den Männern auf der Brücke wenig, denn in diesen Augenblicken schlagen zwei Artillerietreffer auf *M/S Füsilier* ein.

Bereits der erste Treffer trifft die Maschine und zerstört die Motorenanlage völlig. Das Schiff ist bewegungsunfähig und kann nicht mehr gesteuert werden. Der zweite Treffer hat ebenfalls großen Schaden angerichtet. Im ersten Augenblick wußte so recht niemand, was geschehen war und was nun geschehen würde. Alles war so überraschend über *M/S Füsilier* hereingebrochen.

Das zu Tode getroffene Schiff treibt mit Wind und Strom nordwärts parallel zur Küste. Der Wintermorgen hellt sich auf, läßt die an Deck geeilten Männer erschrecken: Die Küste ist nur etwa 1500 Meter entfernt, und man kann jetzt auch erkennen, wo sich das Schiff befindet: Etwa 5 sm nördlich der Hafeneinfahrt Memel am Fischerdörfchen Karkelbeck, an der sogenannten ›Holländischen Mütze‹.

Und an dieser Küste steht die russische Artillerie. Die schweren und leichten sowjetischen Batterien beschossen seit Tagen die eingeschlossene Stadt Memel. Nun aber, am frühen Morgen des 20. November 1944 bietet sich ihnen ein anderes, ebenfalls lohnendes Ziel: Das Motorschiff *M/S Füsilier*, das bewegungslos vor ihnen liegt.

Die Sowjets lassen sich dieses Ziel nicht entgehen, schießen sich ein, landen einen Treffer nach dem anderen . . .

Das kleine R-Boot, das das Motorschiff begleitet hatte, war für die Übernahme der Urlauber von *M/S Füsilier* völlig ungeeignet, setzte sich seewärts ab, um nicht selbst getroffen zu werden und lief in den Memeler Hafen ein.

M/S Füsilier ist nun ganz auf sich allein angewiesen und kann zu seiner Verteidigung nichts, auch gar nichts tun. Bereits die ersten Treffer haben die Munitionsbestände der Bordflak in Brand gesetzt, sie explodieren, es entsteht Feuer, das sich mehr und mehr ausdehnt.

Mit der Beschießung der Westerplatte in Danzig-Neufahrwasser am 1. September 1939 um 04.45 Uhr begann in der Ostsee der Zweite Weltkrieg. Die erste Kriegsaufnahme: Die Salven des alten Linienschiffes *Schleswig-Holstein* auf die Westerplatte.
(Foto: Drüppel 2888)

Am zweiten und dritten Kriegstage, dem 2. und 3. September 1939, beschießt *Schleswig-Holstein* erneut die Westerplatte, die Tag und Nacht brennt.
(Foto: Drüppel 2889)

Erst am Donnerstag den 7. September 1939, morgens um 10.15 Uhr, kapitulieren die 180 polnischen Soldaten, die die Westerplatte trotz mörderischen Feuers länger als sechs Tage halten konnten.
(Foto: Drüppel 2890)

Adolf Hitler beim Einzug in Danzig im September 1939. (*Foto: dpa 80077/B 100/ 625 0510 b*)

Am 30. Januar 1944, auf den Tag genau ein Jahr vor dem Untergang der *Gustloff*, lief der Dampfer *Hanau* (1040 BRT) vor Östersolm auf eine Mine und sank. (*Foto: HAL / Ostsee-Archiv Heinz Schön*)

Eine der ersten Phasen der Flucht über die Ostsee war die Räumung der Stadt Memel im Juli-August 1944. Flüchtlinge gehen an Bord des Flugsicherungsschiffes *Hans Albrecht Wedel* im Hafen von Memel. (*Foto: Bundesarchiv 72/72/39*)

Die beiden Kriegsschiffe *Prinz Eugen* (Bild oben) und *Lützow* (Bild Mitte) wurden bereits 1944 auf dem ›Nebenkriegsschauplatz Ostsee‹ auf der Neva, vor der finnischen Küste und vor Memel eingesetzt.
(Fotos: Drüppel 479 und 2382)

Am 16. Juli 1944 um 15.45 Uhr wurde in den Schären nördlich von Kotka der Flugabwehrkreuzer *Niobe* von mehr als einhundert Flugzeugen angegriffen und sank um 17.40 Uhr. Von der 300 Mann starken Besatzung starben 60. 30 wurden verwundet. Übrig blieb das Wrack der *Niobe*. *(Foto: Drüppel 2052)*

Der Dampfer *Nordstern* – früher Lazarettschiff – war das erste Flüchtlingsschiff, welches 1944 – am 6. Oktober – vor Windau von dem Sowjet-U-Boot *Schtscha-407* torpediert wurde und sank. Von den 625 Menschen an Bord fanden 531 den Tod.
(Fotos: Sloman-Neptun / Ostsee-Archiv Heinz Schön)

Roland L. M. Russ wurde am 10. Oktober 1944 vor Dünamünde als Blockschiff versenkt (Bild oben), der Dampfer *Seeburg* (12.181 BRT) lief am 4. Dezember 1944 in der Putziger Bucht auf eine Mine und sank (Bild unten). *(Fotos: Drüppel 3959 und 3214)*

Zu den Opfern des Luftangriffes der RAF-Bomber auf den Hafen von Gotenhafen am 18./19. Dezember 1944 gehörten u.a. der 4922 BRT große Lloyd-Dampfer *Warthe* (Bild oben) und das Zielschiff *Zähringen* (Bild Mitte). *(Fotos: Hapag-Lloyd (oben), Foto-Drüpel (Mitte) 4508)*

Flüchtlingsstau im Hafen von Pillau am 22. Januar 1945. Zu Tausenden kamen sie aus dem Raume Königsberg hierher und warteten in Pillau auf ihren Abtransport mit Schiffen nach dem Westen. Am 24. Januar ist es soweit: *Robert Ley*, *Pretoria* und *Ubena* nehmen Flüchtlinge an Bord. *(Foto: Bundesarchiv 72/93/63)*

Am 25. Januar 1945 liefen die ersten Schiffe von Pillau nach dem Westen. *Robert Ley*, das Flaggschiff der KdF-Flotte (Bild), der Afrika-Dampfer *Pretoria* und das Essberger-Schiff *Ubena* nahmen insgesamt 7100 Menschen an Bord und retteten sie über die Ostsee.
(Foto: Hapag-Lloyd / Ostsee-Archiv Heinz Schön)

Eines der ersten Schiffe, die im Januar 1945 bei mehr als 20 Grad Kälte Flüchtlinge aus Königsberg über die Ostsee brachten, war der ›Hamburg-Süd‹-Dampfer *General San Martin* (11.251 BRT), der bis zum Ende des Krieges zwischen der Danziger Bucht und Kopenhagen fast pausenlos im Einsatz war und den Krieg überlebte.
(Foto: Hamburg-Süd / Ostsee-Archiv Heinz Schön)

So rasch wie möglich werden von der Besatzung die vorhandenen drei großen Rettungsboote klargemacht. Drei Boote für 300 Menschen. Zu allem Unglück treibt das zuerst zu Wasser gelassene Boot Nr. 1, mit nur einem Mann besetzt, auf See ab, als das Schiff einen weiteren Treffer erhält.

Nun waren nur noch zwei Boote vorhanden. Sie konnten bis an die Grenze ihrer Aufnahmefähigkeit besetzt werden. Das Boot Nr. 2 wird vom I. Offizier geführt, das Boot Nr. 3 übernimmt der Memeler Lotse, der sich bemüht, mit seinem überladenen Boot die offene See zu erreichen. Boot 2 versucht, gegen Strom und Wind anzukämpfen, um den Hafen von Memel zu erreichen. Wer keinen Platz in einem der beiden Rettungsboote erhalten hat, scheint verloren! – Oder nicht?

Der Kapitän hat sein Schiff noch lange nicht aufgegeben. Er ist an Bord geblieben und beruhigt die noch an Bord gebliebenen Soldaten. Auch die meisten Besatzungsmitglieder, soweit sie nicht die Boote führen mußten, sind noch an Bord und geben durch ihren unermüdlichen Einsatz den Soldaten ein vorbildliches Beispiel. Pausenlos werden weitere Schwimmwesten verteilt und Schwimmflöße über Bord geworfen. Dazwischen krepierten weitere Granaten der Küstenbatterie.

»Runter vom Schiff – – – « heißt das Kommando. Die Gefahr, durch den dauernden Artilleriebeschuß und ein Kentern des Schiffes getötet zu werden, ist wesentlich größer, als die Gefahr des Ertrinkens in den Fluten der Ostsee. Trotzdem scheuen sich einige Landser noch immer, in das kalte Wasser zu springen, sich an ein Floß zu klammern und zu versuchen, die nahe Küste zu erreichen.

Als es noch heller wird, tauchen sowjetische Flugzeuge auf, greifen das Schiff mit Bordwaffen, dann mit Bomben an und erzielen einige Treffer.

Jetzt ist *M/S Füsilier* verloren, das Schiff sinkt.

Nicht genug.

Im Tiefflug rasen die Maschinen über die See und mähen mit ihren MG-Garben über die Wellen, töten die im Wasser treibenden Schiffbrüchigen.

Das ist kein Krieg mehr – das ist Mord.

Aber wer fragt schon danach.

Das Rettungsboot 2 unter Führung des I. Offiziers des *M/S Füsilier* ist das nächste Angriffsziel der sowjetischen Flugzeuge. Geschoßgarben zerfetzen das Boot und die Menschen, es sinkt in wenigen Augenblicken. Keiner überlebt.

Im Boot 3 befinden sich 22 Menschen, darunter der zweite Offizier des *M/S Füsilier* und zwei Nachrichtenhelferinnen. Als die Flugzeuge auch Boot 3 unter Beschuß nehmen, verliert einer der Männer die Nerven, springt über Bord und taucht nicht wieder auf. Boot 3 bleibt unbeschädigt und treibt weiter in die offene See. Weiter – – immer weiter.

Gegen Mittag befindet sich Boot 3 rund 11 m nördlich Memel, etwa 10 sm fernab der Küste, ungefähr auf der Höhe von Polangen. Die Bootsinsassen wissen dies allerdings nicht. Sie hoffen und hoffen, von einem deutschen Schiff oder von deutschen Flugzeugen entdeckt zu werden. Einige haben aber auch Angst, daß plötzlich neben dem Boot ein sowjetisches U-Boot auftauchen und durch Beschuß ihrem Leben ein Ende bereiten wird. Andere haben Angst vor russischen Fliegern, andere wieder vor dem Verdursten oder Verhungern, wenn sie nach Stunden immer noch nicht gefunden waren. Jeder in dem Boot hängt seinen Gedanken nach, klammert sich an Erinnerungen, Hoffnungen und Wünsche. In diesen Stunden zwischen Leben und Tod, zwischen Hoffnung und Hoffnungslosigkeit, lernt mancher, unauffällig und still, das Beten: »Lieber Gott, rette mich!« Niemand hörte diese Worte, doch einige sprachen sie leise vor sich hin . . .

Doch da ist wieder die rauhe Wirklichkeit, alle Träume und Hoffnungen zerstörend. Flugzeuge tauchen auf, keine deutschen, sondern sowjetische, nehmen mit ihren Bordwaffen das Boot unter Beschuß, einmal, zweimal, dreimal . . .

Achtmal greifen die Russen das Rettungsboot 3 an, das Treffer erhält. Zwei Schwerverletzte und zwei Leichtverletzte stöhnen vor Schmerzen, bitten um Hilfe . . .

So schnell die Flugzeuge gekommen, so rasch sind sie wieder verschwunden. Die Nerven der Bootsinsassen sind bis aufs äußerste gespannt. Wann würden die nächsten Flugzeuge erscheinen, wann die nächsten MG-Garben das Boot treffen? Trotz der Einschüsse ist es noch schwimmfähig, solange die See nicht zunimmt.

Der Nachmittag vergeht, der Abend bricht herein, es wird dunkel. Der Memeler Lotse, der das Boot steuert, ist ein erfahrener Seemann. Immer und immer wieder beruhigt der die Bootsinsassen. Er hat ein Ziel: Er steuert das Boot nach den Sternen, denn die Nacht ist sternenklar. Er verfügt über eine ausgezeichnete Ortskenntnis in diesem Gebiet und hofft, das Boot, begünstigt durch Wind und Strömung, in den etwa 5 km entfernt liegenden Hafen von Libau bringen zu können, der noch immer von der Kurlandarmee gehalten wird.

Die Männer der Besatzung lösen sich an den Riemen mit den im Boot befindlichen Soldaten ab, die rasch das Rudern lernen. Es klappt fast reibungslos, und man ist in Bewegung. Das ist gut, denn die Kälte nimmt im Verlaufe der Nacht erheblich zu. An Bord spricht niemand mehr ein Wort.

Inzwischen ist Mitternacht vorüber, der 21. November 1944 ist angebrochen.

Gegen 02.00 Uhr morgens ist Boot 3 am Ziel: Aus der eisigen Winternacht taucht die unbeleuchtete, haushohe Südmole des Libauer Hafens vor den Bootsinsassen auf.

Ist das die Rettung?

Nur für einige im letzten Rettungsbot des *M/S Füsilier.* Ein neuer Feind ist aufgetaucht: Die haushohe Mole, die meterhohe Wellen zurückwirft, das Boot erfaßt und zum Kentern bringt. Die 20 Männer und zwei Frauen nehmen, im eisigen Wasser schwimmend, das rettende Ufer vor Augen, einen unbarmherzigen Kampf gegen die Natur auf. Die beiden Marinehelferinnen, der 2. Offizier und sechs Soldaten und Matrosen überleben den Kampf mit den rissigen Steinblöcken der Libauer Mole nicht und ertrinken. Einer nach dem anderen.

Dreizehn Menschen sind es, die nach stundenlangem Kampf gegen die Wellen und die Mole von Libau am Leben bleiben. Als es hell geworden war, findet man sie, total erschöpft an der Mole an Steinen klammernd. Keiner der Dreizehn konnte auch nur noch ein Wort sagen. Es dauerte Stunden, bis sie, aufgewärmt, massiert, mit warmen Getränken versorgt, ins Leben zurückfanden.

Außer diesen 13 überlebte niemand mehr den Untergang des *M/S Füsilier* am 20. November 1944. Gegen Mittag sank das Schiff brennend im verhältnismäßig flachen Wasser. Nirgendwo wurden auf See Tote oder Überlebende aufgefischt, und nirgendwo wurden Tote an Land gespült. 287 Menschen nahm die Ostsee zu sich. Die meisten der Opfer gehörten der 58. Infanterie-Division und der 95. Infanterie-Division des XCVIMM, von General Gollnick geführten Armeekorps an.

In der Ostsee erfüllte sich ihr Schicksal.

Der Krieg in der Ostsee wird härter, unbarmherziger und fordert immer mehr Opfer:

Schiffe und Menschen.

Sowjetische U-Boote dringen immer weiter in die Ostsee vor. Am 02. Dezember wird zwischen Libau und Danzig der der Weichsel-Reederei Danzig gehörende kleine Dampfer *Dirschau* (762 BRT) versenkt.

Das sowjetische U-Boot *SC-407* (Kapitän 3. Ranges Boćarov), das bisher vor Memel operierte, ist bis in die Danziger Bucht vorgedrungen und versenkt am 04. Dezember den 12.181 BRT großen Dampfer *Seeburg* (ex. engl. *Adelaidestar)* der Hamburg-Amerika-Linie.

Am 10. Oktober kentert der Dampfer *Holstentor* (370 BRT), am 13. 12. wird bei Libau das Zollboot *Reporter* durch Bomben versenkt, am 14. Dezember sinkt bei Libau nach Bombenangriff der Dampfer *Minna Cords* (951 BRT). Ebenfalls in Libau bringen sowjetische Bomber den 1293 BRT großen Dampfer *Otterberg* zum Sinken. Bei einem Luftangriff am gleichen Tage auf den Hafen von Libau sinken *Erika Schünemann* (1177 BRT) und der Tanker *Inka* (427 BRT) sowie der Dampfer *Clara L-M. Russ* (1600 BRT).

DER VERLUST DES DAMPFERS *NORDENHAM*

Am 17. Dezember 1944 betritt Kapitän Kurt Lau, Jahrgang 08, geborener Bremerhavener, für seinen Ostseeeinsatz mit dem K.V.K. 2. Klasse ausgezeichnet, das Büro der Seetransportstelle in Windau. Der erfahrene Handelsschiffskapitän, bis September 1942 im Norwegeneinsatz, seitdem in der Ostseefahr Riga-Danzig, gehört ab heute zu den ›schiffslosen‹ Kapitänen. Alle Versuche, sein Schiff, den Dampfer *Nordenham*, der am frühen Morgen des 07. Dezember 1944 von einem sowjetischen U-Boot angegriffen und torpediert wurde, doch noch zu retten, schlugen fehl, er mußte sie heute endgültig aufgeben.

Noch einmal überfliegt Kapitän Lau seinen Bericht über das Schicksal des Dampfers *Nordenham*, bevor er die eng beschriebenen Seiten dem diensttuenden Marineoffizier mit den Worten: »Das wär's!« überreicht.

Und das ist sein Bericht:

06. 12. 44: Verließen um 23.05 Uhr Libau mit Bestimmungshafen Windau.
Besatzung: Stamm 59, Flak 49, Sanitätspersonal 36, total 144 Mann.
Ladung: 1200 Sack Feldpost von Libau nach Deutschland, 5 Kisten Wehrmachtsgut von Libau nach Windau.
Um 23.10 Uhr passieren Außenreede, 23.20 Uhr war das Geleit zusammengestellt. Es wurde Kiellinie befohlen. Hinter dem Grundminengeleit fuhr Geleitboot *M 15*, es folgten Dampfer *Nordenham* und Dampfer *Oberhausen*. Das Wetter war meist bedeckt, Schnee- und Regenschauer, SO, Windstärke 4–6, Böen, See mäßig bewegt bis ziemlich grob. Das Schiff arbeitete leicht.
Nach Beendigung des Grundminengeleits wurde Dwarslinie befohlen: *M 15* fuhr als Richtungsschiff, Dampfer *Nordenham* an Backbord-, Dampfer *Oberhausen* an Steuerbord-Seite.

07. 12. 44: Um 04.45 Uhr wurde Esskofen Leuchtfeuer rw. 103° passiert, Abstand 9 sm. Der Kurs war rw. 13°, Geschwindigkeit 12 Kn.
Um 05.35 Uhr erfolgte eine starke dumpfe Detonation an der Steuerbordseite der Back.
Schiffsort: 57°25′ N., 21°12,5′ O.
Die Maschine wurde sofort auf 2 × KVK beordert, der Geleitführer wurde durch akustische Signale verständigt (Dampfpfeife).
Das Vorschiff sackte sofort, das Schiff bekam Steuerbord-Schlagseite, die schnell zunahm. Als die Freiwache das Vorschiff verlassen und sich auf dem Bootsdeck versammelt hatte, wurde ›Klar bei Booten und Flößen‹ befohlen.
Nachdem das Vorschiff vollkommen überflutet war, die Steuerbordschlagseite 15° erreicht hatte und noch zunahm, wurde mit der Maschinenleitung Rücksprache genommen. Das Kommando erfuhr vom II. Ing., daß in den Kesseln kein Feuer mehr zu sehen sei und daß durch Ausglühen der Flammenrohre das Heizraumpersonal in große Gefahr kommen könnte.
Vom Kommando wurden nun folgende Überlegungen angestellt: Das vordere Kollisionsschott gebrochen, das gesamte Vorschiff unter Wasser, eine Neigung nach vorn um 12°, nach Steuerbord von 15°, Wind und Seegang zunehmend, mit dem Brechen des vorderen Bunkerschotts muß gerechnet werden, was dem Untergang des Schiffes gleichkäme.

Da das Geleit verständigt war und in unmittelbarer Nähe gestoppt lag, wurden um 06.00 Uhr die Boote, Schlauchboote und Flöße zu Wasser gelassen und bemannt, der Geleitführer in Kenntnis gesetzt.

Um 06.20 Uhr waren noch an Bord: Kapitän, I. und II. Offizier, II. Ing., Zimmermann, 5 Matrosen, 3 Heizer.

Als das Vorschiff durch eine überkommende schwere See sich merklich tiefer neigte und gleichzeitig schwere Erschütterungen spürbar und hörbar wurden, mußte angenommen werden, daß das Bunkerschott gebrochen war. Daraufhin wurde das Schiff verlassen.

Das Kommando begab sich auf die Boote des Geleites und wartete den Tagesanbruch ab.

Als beim Hellwerden das Schiff noch schwamm, wurde ein Arbeitskommando an Bord gesetzt und die erste Schleppverbindung mit *»M 15«* hergestellt.

Nach Reißen dieser Schleppverbindung wurde die Schlepptrosse des Marine-Bergungsschleppers *Selent* an Bord befestigt.

Das Schiff wurde über den Achtersteven nach Windau geschleppt, wo es auf Außenreede in 12 mtr. Wassertiefe mit dem Vorschiff festkam.

09. 12. 44: Die Wetterlage erlaubte am 07. und 08. 12. 44 keine Tauchuntersuchung. Die am 09. 12. 44 erfolgte Unterwasseruntersuchung ergab noch kein endgültiges Resultat. Festgestellt wurde bis jetzt eine Unterwasserbeschädigung von 7 mtr. Länge und Höhe auf beiden Seiten, der untere Teil des Vorstevens fehlt ganz. Es wird ein Torpedotreffer angenommen.

10. 12. 44: Bis zum 10. 12. abends waren wegen schlechter Wetterlage keine Taucherarbeiten möglich. Der zuständige Bergungsleiter der Kriegsmarine dringt auf eine zweite Unterwasserbesichtigung, bevor er weiteres veranlaßt. Nach Rücksprache des Kommandos mit den zuständigen Stellen ist die Lage des Schiffes ernst, aber nicht hoffnungslos.

Bei anhaltender guter Wetterlage besteht nach Aussagen des Bergungsleiters die Möglichkeit, das Schiff zu heben, allerdings unter Aufwendung erheblicher Mittel.

Am 10. 12. 44 abends lag das Schiff ohne Schlagseite auf ebenem Kiel, sämtliche Räume, einschließlich Maschine und Bunker, stehen bis zum Hauptdeck unter Wasser, die Lukenkimmings sind bei ruhiger See noch frei.

11. 12. 44: Auf Befehl der zuständigen Stellen in Libau wird am 11. 12. 1944 der größte Teil der Besatzung nach Danzig in Marsch gesetzt. Von der Gesamtbesatzung in Stärke von 144 Mann wurden 135 Mann gerettet. Tot geborgen wurden Heizer Keppert und Flaksoldat Nickel.

Vermißt werden I. Zahlmeister Vollers, Maschinist Scholtiseck, Heizer Lemke, Koch Richter, Matrose Kubacki, von der Flak Matrosen-Hauptgefreiter Schruteck und der Sanitäter Ruprecht.

Die wichtigsten Teile (Brücke, FT-Ausrüstung) sind geborgen. Diese Teile sind bei der Marine-Ausrüstungsstelle Windau untergebracht.

In Windau bleiben: Kapitän, I. und II. Offizier, II. Ing., Funk-Offizier, 2 Flaksoldaten, 1 Heizer, 5 Matrosen.

Im Verlauf des 11. 12. 1944 bestätigt eine zweite Taucheruntersuchung einwandfrei einen Torpedotreffer: Einschuß von Backbord, Detonation an Steuerbord. Waffen, Munition und Ausrüstung werden geborgen.

12. 12. 44: Bergen mit Taucherhilfe und eigenem Restkommando Wäsche und Geräte aus dem Inneren des Schiffes. Bei anhaltender hoher SW-Dünung zerschlagen die Deckaufbauten. Die Wetterlage ließ das Abbergen der Flak-Waffen mittels Schwimmkran noch nicht zu.
An der Backbordseite, Vorkante Schornsteinmantel, wurde ein Riß in der Decksbeplankung festgestellt. Deformierungen an Eisenteilen konnten noch nicht festgestellt werden.

13. 12. 44: Der Riß in der Decksbeplankung hat sich auf ca. 1 cm verbreitert. Mit eigenem Arbeitskommando und Taucherhilfe werden Wäsche, Ausrüstung und Inventar geborgen.

14. 12. 44: Schiffsseitig wurden alle beweglichen Gegenstände aus den Brücken- und Wohndecks geborgen.

15. 12. 44: Brück- und Offiziers-Wohndecks sind ausgebaut, die geborgenen Einrichtungsgegenstände werden an Land geschafft. Das Schiff vereist stark. Der Querriß auf dem Bootsdeck hat sich nicht mehr vergrößert. Um 14.00 Uhr wurden der Heizer Alfred Kebbert, Erkennungsmarke 25251 K.M.D. Hamburg, und der Matrose Nickel (5. Bordflakkomp. Danzig) mit militärischen Ehren auf dem Soldatenfriedhof in Windau beigesetzt.

16. 12. 44: Die Bergungsarbeiten sind, soweit mit schiffseigenen Kräften möglich, abgeschlossen.
1 Heizer, 3 Flaksoldaten und 5 Matrosen werden nach Danzig in Marsch gesetzt. Das Ergebnis der heutigen Lagebesprechung war: Heimreise sämtlicher Besatzungsangehöriger unter Mitnahme des geborgenen Gerätes nach Danzig.

17. 12. 44: Die abgeborgenen Sachen sind, soweit erforderlich, in Kisten verpackt. Es ist beabsichtigt, Kapitän, I. Offizier und II. Ingenier am 18. 12. 1944 nach erfolgter Lagebesprechung nach Danzig in Marsch zu setzen.
Der 3. Offizier Ruge ist beauftragt, das geborgene Inventar nach Danzig zu überführen, Bergungsleiter und Seetransportvertreter haben Arbeitskräfte und Schiffsraum zugesichert.

Windau am 17. Dezember 1944
Lau, Kapitän

WIRD DIE OSTSEE ZUM SCHIFFS-FRIEDHOF?

Doch der Dampfer *Nordenham* ist nicht das letzte deutsche Schiff, das im Jahre 1944 in der Ostsee verlorengeht.

In der Nacht vom 18. zum 19. Dezember fallen Bomben auf Gotenhafen. Insgesamt 824 ts. Ein Bomber-Kommando der RAF hat sich den Hafen als Ziel ausersehen. Dort liegt in dieser Nacht eine Vielzahl von Schiffen, die großen Handelsschiffe wie die *Wilhelm Gustloff* und die *Hansa* und viele andere. Aber diese beiden Schiffe werden nicht getroffen und versenkt. Der Angriff gilt den Kriegsschiffen, die in Gotenhafen liegen.

Als der Bombenhagel beendet, sind das Schulschiff *Schleswig-Holstein*, das Zielschiff *Zähringen*, das Torpedoboot *T 10*, das U-Boot-Begleitschiff *Waldemar Kophammel* und einige kleine Boote der Kriegsmarine, aber auch die Dampfer *Warthe* (4922 BRT), *Leverkusen* (1273 BRT), *Theresia L. M. Russ* (1694 BRT) und der Tanker *Blexnen* (715 BRT) gesunken. Die Zahl der beschädigten Schiffe ist noch weit größer.

Das waren aber noch nicht alle Schiffe, die im Dezember in der Ostsee verlorengingen. Kapitän 3. Ranges Popow versenkte mit *K-56* den Dampfer *Baltenland* (3042 BRT), die schwedische *Venersborg* (1044 BRT) und verfehlte den Hilfskreuzer *Hansa*. Durch Feindeinwirkung gingen ferner die Dampfer *Eberhard* (749 BRT), *Frederikus Rex* (249 BRT), *Walter Körte* (350 BRT), *Boltenhof* (519 BRT), *Castor* (519 BRT) und *Habicht* (1377 BRT) im letzten Monat des Jahres 1944 in der Ostsee verloren.

Die Bilanz der »Schiffsverluste Ostsee 1944« zeigte besorgniserregende Tendenzen.

Von Januar bis Dezember 1944 gingen in der Ostsee insgesamt 70 Schiffe der Handelsmarine, die unter Reichsdienstflagge fuhren und die als Transporter oder Verwundetentransportschiffe eingesetzt waren, mit einer Gesamt-Tonnage von 153.275 Bruttoregistertonnen durch Feindeinwirkung verloren.

Bis Ende August 1944 waren die Verluste noch relativ gering, sie betrugen in den ersten acht Monaten des Jahres 17 Schiffe mit insgesamt 30.999 BRT.

Von September bis Dezember 1944 gingen bereits 53 Schiffe mit einer Gesamttonnage von 122.276 BRT verloren. Das Vordringen sowjetischer U-Boote und ihre Angriffe auf deutsche Schiffe mit Minen und Torpedos machte sich deutlich bemerkbar, ebenso die Zunahme der Angriffe russischer Luftstreitkräfte in der Östlichen Ostsee. Allerdings war die Gefahr für deutsche Schiffe, durch U-Boote angegriffen zu werden, weniger gering als die Vernichtung durch Luftangriffe. 1944 wurden die meisten Schiffe durch Bomben versenkt, andere durch Minentreffer, die wenigsten durch Torpedotreffer.

Doch das kann in den ersten Monaten des Jahres 1945 ganz anders werden, denn die Aussichten für das neue Jahr sind mehr als düster.

Als letzter fester Platz in dem östlichen Bereich der Ostsee ging die Halbinsel Sworbe verloren. Sowjetische U-Boote können jetzt ungehinderter bis in die Danziger Bucht und weiter in die mittlere Ostsee vordringen. Ziele bieten sich genug. Die Transportaufgaben zwischen der Kurlandfront, den noch in deutscher Hand befindlichen Häfen Libau und Windau, wachsen. Auch Memel, noch in deutscher Hand, muß versorgt werden. Die Kurlandarmee braucht Nachschub, und der kann nur mit Schiffen erfolgen. Sind diese nicht ausreichend gesichert, drohen Gefahren.

Und die Landfront?

Die Frage, wie lange Memel noch zu halten sein wird, weiß man Ende 1944 ebenso wenig zu beantworten wie die Frage, wann der sowjetische Sturm auf Ostpreußen beginnen würde.

Noch hatten die Sowjets deutschen Boden nicht betreten.

Sind die russischen Armeen an den Grenzen Ostpreußens nicht aufzuhalten, wird Königsberg das nächste Ziel sein . . .

Und dann droht der Danziger Bucht Gefahr: Danzig, Gotenhafen und Hela, wo der Ostsee-Krieg 1939 begann.

Wird die Danziger Bucht 1945 wieder zum Kriegsschauplatz werden?

Viele Fragen und keine Antwort.

Doch eines ist sicher: In den nächsten Monaten werden sich in der Ostsee noch viele Schicksale entscheiden.

Schicksale von Menschen und Schiffen.

Wird 1945 die Ostsee zum Schiffs-Friedhof?

DRITTES KAPITEL

Pillau – Danzig – Gotenhafen: Letzte Rettung Ostseehäfen

Januar 1945 – Sturm über Ostpreußen – Flucht in die Häfen – Entscheidung im Führerhauptquartier – Die Flotte der Flüchtlingsschiffe – Mehr Menschen als Schiffe – ›Operation Hanibal‹ – Alle wollen auf die Gustloff *– 22.200 fliehen aus Pillau – Flüchtlingsdampfer* Hansa *– Kein Geleit für die Schiffe – Abschied von Gotenhafen.*

JANUAR 1945

Der letzte Akt des Krieges beginnt. Nahezu zweihundertfünfzig sowjetische Divisionen sind zum Sturm auf das Reich angetreten, durchbrechen die schütteren Wälle vor den deutschen Ostgrenzen, werfen mit einer Übermacht an Menschen und Waffen die deutschen Truppen zurück und stehen bereits vor den Grenzen Osteuropas.

Niemand vermag die russischen Soldaten in ihrem Siegestaumel aufzuhalten. Erbarmungslos, alles niedermachend, was sich ihnen in den Weg stellt, stürmen sie vorwärts. Es kann nur noch Tage dauern, bis sie deutschen Boden betreten. Dann wird der Sturm des Krieges über Ostpreußen hinwegfegen und die Massenvertreibung Deutscher aus ihrer angestammten Heimat in einem Ausmaß beginnen, wie es kein Ostpreuße jemals erwartet hat, denn vor einem Jahr noch lag Ostpreußen wie im tiefsten Frieden.

Doch die letzten Kriegsmonate haben die Ostpreußen gewarnt.

Sie erinnern sich an Nemmesdorf im ostpreußischen Grenzgebiet. Im Oktober 1944 war dieses Dorf vorübergehend in sowjetischer Hand. Als es deutsche Soldaten zurückeroberten, fanden sie auf Straßen, Plätzen und Häusern nur noch Tote und vergewaltigte, an Scheunentoren gekreuzigte Frauen.

Kein Ostpreuße will das erleben, was die Nemmersdorfer erlebten oder die Menschen in Goldap und Gumbinnen im Oktober 1944. Jetzt, in den ersten Januartagen 1945, da in jeder Nacht und an jedem Tag der Ruf laut werden kann »Die Russen sind da . . .!« gibt es kein Halten mehr.

Ostpreußen beginnt zu fliehen.

Kein Befehl, kein Funktionär, keine Partei, kein Landrat und kein Bürgermeister kann die Menschen mehr aufhalten, als die deutschen Truppen über die ostpreußische Grenze zurückwichen und der Geschützdonner immer näher rückt.

Ein ganzes Land bricht auf und flieht.

Noch sind in diesen Januartagen die Straßen nicht verstopft, der Fluchtweg nach Westen noch frei. Ganze Dörfer leeren sich. Endlos scheinende Trecks bilden sich, Wagen an Wagen, vollbepackt bis obenhin, darauf Frauen, Kinder und Greise. Noch einmal blicken die Fliehenden auf ihr Haus, ihren Hof, ihr Dorf, ihre Kirche, hoffend, bald wieder hierher zurückkehren zu können. Niemand glaubt an einen Abschied für immer.

FLUCHT IN DIE HÄFEN

Der Januar hat kalt begonnen. Der Schneefall behindert das Fortkommen der Trecks auf den spiegelglatten Straßen. Und die Menschen, die trecken, leiden Not. Nahrungsmittel fehlen, es gibt keine Kochgelegenheiten für warme Mahlzeiten, es gibt keine Milch für Kleinkinder.

Das Sterben beginnt.

Dafür sorgen auch die russischen Tiefflieger, die auch die langen Trecks zum Angriffsziel gewählt haben. Kein Wagen kann den MG-Garben und Bomben ausweichen. Für viele endet bereits hier die Flucht. Viele Flüchtlinge sterben. Doch nicht alle sterben.

Die meisten Trecks erreichen Westpreußen, werden in Elbing aufgenommen, andere in Danzig, wieder andere in Gotenhafen. Aus dem nördlichen Ostpreußen, aus dem Königsberger Raum und aus vielen anderen Orten bewegen sich die Trecks in Richtung Pillau, die Seestadt, die für die Königsberger zum »Tor der Freiheit« wird.

Es ist ein beschwerlicher Weg über das zugefrorene Frische Haff. 24 km sind es, die zurückgelegt werden müssen und normalerweise in sechs bis acht Stunden bewältigt werden können.

Der Weg über das Frische Haff ist gefährlich. Sehr gefährlich. Das Eis ist oft nicht so dick, daß es die schweren Treckwagen tragen kann, manche brechen ein . . .

Doch einen Weg zurück gibt es nicht, es gibt nur ein Vorwärts. Die Menschen auf den Wagen sind erschöpft, haben Hunger, frieren jämmerlich. Der Wind pfeift, der Schnee treibt den Flüchtenden die Eiskristalle ins Gesicht. Kinder und Alte sterben, können nicht einmal beerdigt werden, müssen auf dem Eis zurückgelassen werden. Da fällt ein alter Mann tot vom Wagen, dort kniet eine Frau auf dem Eis, den toten Säugling im Arm, will nicht weiter, will bei dem toten Kind bleiben, wird gerufen, wieder auf den Wagen zu kommen . . .

Da tauchen plötzlich aus dem verhangenen Nachmittagshimmel Flugzeuge auf. Gnadenlos hämmern die Maschinengewehre und Bordwaffen. Pferde scheuen, brechen aus, Bomben fallen auf das Eis, zerschlagen es, Wagen versinken.

Unvorstellbares Grauen überschattet den Treck.

Viele sind tot. Auch die Frau ist getroffen, stirbt mit dem toten Säugling im Arm auf dem Eis des Frischen Haffs. Die Lebenden legen die Toten auf das Eis, einen neben den anderen, bleiben Augenblicke stumm stehen, falten die Hände. Dann gehen sie wortlos zu ihren Wagen, steigen auf und ziehen weiter, bis sie endlich nach Stunden Pillau erreichen.

Zweitausend waren es, die sich mit diesem Treck aufmachten, um ihr Leben zu retten. Nur knapp die Hälfte von ihnen erreicht lebend das Ziel, den Hafen von Pillau.

Doch hier warten schon Zehntausende. Oder sind es schon Hunderttausend? Niemand zählt sie.

Täglich kommen weitere Menschen hinzu. Nicht nur mit Trecks über das Frische Haff, sondern mit Schiffen und Schiffchen kommen Flüchtlinge nach Pillau. Aus den Kurlandhäfen Windau und Libau und vor allem aus Memel bringen die Schiffe eine traurige Last, laden sie im Hafen aus, fahren zurück, holen weitere Flüchtlinge. Tausende sind es, die in den ersten Januartagen 1945 mit dem Schiff nach Pillau gebracht werden. Gottseidank sind es nur wenige Schiffe, die von Minen, Torpedos oder Bomben getroffen, den rettenden Hafen nicht erreichen. Meistens sind die Schiffe auf dem Rückweg und leer. Die geringen Verluste mögen auch daran liegen, daß die Fischkutter und kleinen Frachter, die Marinefahrprähme und Hafenboote, die die Flüchtlinge aus Memel holen, keine lohnenden Angriffsobjekte sind.

Denn die großen Schiffe, die großen Passagierdampfer, liegen noch im Hafenbecken I von Pillau; dort, wo einst die Seebäderschiffe ihren Platz hatten, da liegen die *Pretoria*, die *Robert Ley*, die *Ubena* und noch einige andere Schiffe. Doch keines darf in diesen Tagen Flüchtlinge an Bord nehmen. Der Befehl läßt noch auf sich warten.

Nicht nur der Hafen von Pillau gleicht einem Ameisenhaufen.

Dasselbe Bild bietet Gotenhafen.

Hier liegt eine ganze Flotte von großen Schiffen mit je über 20.000 BRT, von denen jedes mehr als 5000 Menschen auf einmal in Sicherheit bringen könnte. Doch auch hier gibt es noch keine entsprechenden Anweisungen der Partei oder von Marinedienststellen, Flüchtlinge aufnehmen zu dürfen.

Noch mehr als das wesentlich kleinere Pillau ist Gotenhafen das Ziel der Schiffe aus dem Kurlandgebiet und Memel. Schiff um Schiff nimmt Kurs auf Gotenhafen, die Stadt in der Danziger Bucht, die in den ersten Kriegstagen noch Gdingen hieß und dann den Namen Gotenhafen erhielt.

Hier, wo in den ersten Septembertagen 1939 die ersten Schüsse im zweiten Weltkrieg fielen, die ersten Menschen in diesem Krieg starben, hier zeigt sich der Unsinn eines totalen Krieges, das Elend, das ein Krieg heraufbeschwört, der jetzt kein Krieg mehr ist zwischen Soldaten, sondern ein Krieg gegen wehrlose Frauen und Kinder, mit all seinen Schrecken.

Mit eisüberkrusteten Decks laufen die kleinen Schiffe in Gotenhafen-Oxhöft ein, vollgepropft bis auf den letzten Platz, bis in den letzten Winkel; selbst an Deck standen sie während der Fahrt nach Gotenhafen. In aller Eile wird die Last ausgeladen, um so rasch wie möglich nach Libau oder Memel zurückzulaufen. Denn dort warten am Kai weitere Zehntausend in der Hoffnung, noch von einem Schiff über die Ostsee gerettet zu werden.

Und wie in Gotenhafen ist es auch in Danzig.

Hier stauen sich auf dem Bahnhof die Flüchtlingszüge, werden ausgeladen, umgeleitet oder weitergeschickt. Viele mit der Bahn angekommene Flüchtlinge strömen nach Neufahrwasser, in den Hafen, wollen auf ein Schiff, auf eines der vielen Schiffe, die im Hafen liegen.

Den meisten scheint die Flucht über die Ostsee der sicherste Weg in die Freiheit zu sein.

Doch noch ist nicht entschieden, ob die großen Schiffe für diese Flucht freigegeben werden.

ENTSCHEIDUNG IM FÜHRERHAUPTQUARTIER

Während in den Ostseehäfen Pillau, Danzig und Gotenhafen mehrere hunderttausend Flüchtlinge und Verwundete sich zusammendrängen, Elend, Hunger, Kälte und der Tod durch Straßen und Lazarette ziehen, die Verwundeten um Hilfe schreien und das Chaos überall an Türen und Lagerhäuser klopft, während die großen Handelsschiffe noch immer auf den Befehl warten, endlich Flüchtlinge und Schwerverwundete aufnehmen und die Flucht über die Ostsee beginnen zu können, fallen, fast eintausend Kilometer von der Danziger Bucht entfernt, tief im Inneren Deutschlands, die Würfel.

Es ist Dienstag, der 09. Januar 1945.

Ort der Handlung ist das Führerhauptquartier ›Adlerhorst‹ bei Ziegenberg, unweit Bad Nauheim.

Von hier aus versucht der Oberste Kriegsherr durch eine Wahnsinnsoffensive im Westen dem schon verlorenen Krieg eine entscheidende Wendung zu geben. Aber die Rundstedt-Offensive ist von vornherein zum Scheitern verurteilt.

Im Osten dagegen, in Ost- und Westpreußen, ist bei weitem noch nicht alles verloren. Noch hält hier die Front. Niemand weiß jedoch, wie lange noch.

General Gehlen, Chef der Abteilung »Fremde Heere Ost«, hat aufschlußreiche Unterlagen darüber zusammengetragen, wann, wo und in welcher voraussichtlichen Stärke die große sowjetische Winteroffensive mit dem Endziel Berlin beginnen wird. Generalstabchef Guderian ist persönlich im Führerhauptquartier erschienen, um anhand dieser Unterlagen dem Führer einen Lagebericht zu geben.

Die Besprechung findet im großen Arbeitsraum von Generaloberst Jodl statt. Zwanzig Männer sind es, die hier, in der Nacht vom 09. zum 10. Januar 1945, eine der größten Fehlentscheidungen Hitlers miterleben müssen, unter ihnen Himmler, Göring, Keitel, Generalmajor Christian, der Marineadjutant von Puttkammer, der Chef des Führungsstabes Südraum, General Winter, Burgdorf, der Chef des Heerespersonalamtes. Dönitz und Bormann fehlen.

Der Chef des Generalstabes, Heinz Guderian, hat auf einem großen Kartentisch alle Skizzen, Pläne und Unterlagen, die ihm Gehlen erarbeitet hat, ausgebreitet. Mit den Worten: ›Mein Führer!‹ beginnt er den für Hitler niederschmetternden Vortrag.

Mit aller Eindringlichkeit versucht Guderian, Hitler klarzumachen, daß die Ostfront nur zu halten sei, falls in den nächsten vierundzwanzig Stunden die ersten Verstärkungen aus dem Westen eintreffen. Mit Sicherheit steht fest, erklärt der Generalstabchef, daß die große Winteroffensive, die Berlin zum Endziel hat, in spätestens drei Tagen, also am 12. oder 13. Januar 1945 beginnen werde. Mit einer überwältigenden Übermacht an Menschen und Material stehe die Rote Armee bereit, den Durchbruch zur deutschen Hauptstadt zu erzwingen. Nach den Unterlagen der deutschen Abwehr, die sorgfältigste Arbeit geleistet habe, stehen zehn deutschen Infanteristen einhundertzehn sowjetische, einem deutschen Panzer sieben russische Panzer, und zehn deutschen Geschützen zweihundert des Gegners gegenüber. Generalstabchef Guderian schließt seinen Bericht mit den Worten: »Mein Führer, es ist fünf Minuten vor zwölf. Ich hoffe, daß Sie sich aufgrund meines heutigen Vortrages entschließen werden, der Ostfront die nötigen Verstärkungen zuzuführen, und zwar noch in dieser Nacht!«

In wütender Erregung, die beim Vortrage Guderians von Minute zu Minute gewachsen ist, springt Hitler auf und verlangt mit sich fast überschlagender Stimme, daß der Verfasser dieser Unterlagen, General Gehlen, sofort abzulösen sei. Er gehöre nach seiner Meinung in ein Irrenhaus. Alle Anwesenden halten nach diesem Wutausbruch von Hitler den Atem an, starren auf Gehlen, dann auf Guderian.

Doch Guderian ist zu allem entschlossen. Er bittet Hitler, wenn er Gehlen ablösen ließe, auch ihn – Guderian – abzulösen.

Noch nie hat ein Generalstabsoffizier Hitler so schroff und bestimmt widersprochen. Alle, die an dieser Lagebesprechung teilnehmen, fürchten nun, daß auch Guderian gehen müsse.

Doch Hitler winkt ab, fällt zurück in den Sessel, aus dem er sich vorher wütend erhoben hatte.

Für einige Minuten ist es still in dem großen Arbeitsraum von Generaloberst Jodl im Führerhauptquartier Ziegenberg.

Dann trifft Hitler seine Entscheidung.

Sie lautet: »Keine Verstärkungen für den Osten! Dort kann ich noch Boden verlieren, im Westen nicht. Der Osten muß sich allein helfen!«

Damit sind die Würfel gefallen.

Die Ostfront wartet vergeblich auf Verstärkung aus dem Westen. Hitler glaubt noch immer nicht an die Stärke der Russen, an die große sowjetische Winteroffensive, die kaum drei Tage später die deutsche Ostfront in einem Meer von Blut und Tränen ersticken wird.

Schon am nächsten Tag, dem 10. Januar 1945, meldet sich ein Abwehroffizier, ein Major im Generalstab, beim Oberbefehlshaber der 2. Armee, die nördlich von Warschau entlang des Narew bis zur ostpreußischen Grenze steht, mit einem Bericht über den Funkverkehr zwischen den russischen Generälen.

Mit einem fast starren Gesicht hört Generaloberst Weiß, der Oberbefehlshaber der 2. Armee, sich den Text dieser absolut korrekt entschlüsselten Funksprüche an:

»1. Weißrussische Front an Oberkommando der 2.: Es bleibt bei alter Einladung. Festbeginn 13. früh, Musik komplett. Tänzer ausgeruht und unternehmungsfreudig!«

Zwei Stunden später antwortete der sowjetische Marschall Rokossowsky:

»Danke für die Einladung. Werde mich pünktlich wie abgesprochen beteiligen. Auf Wiedersehen in Berlin!«

Die beiden Funksprüche werden am Nachmittag, dem 09. Januar 1945, aufgefangen, an dem gleichen Nachmittag, an dem sich im Führerhauptquartier Adlerhorst bei Ziegenberg, Generalstabschef Guderian bemühte, Hitler von der bevorstehenden russischen Winteroffensive zu überzeugen.

In der Nacht vom 09. zum 10. Januar 1945 wurde ein weiterer Funkspruch der Sowjets mit einem fast gleichlautenden Befehl an alle sowjetischen Armeen von der deutschen Abwehr mitgehört und aufgenommen. Der Text lautete:

»An alle! Endgültiger Termin 13. Januar. Laßt drei Stunden die Hörner blasen. Dann sechs Uhr pünktlich Gas geben. Erwarte genaueste Planeinhaltung. Schukow!«

Damit sind auch bei den Russen die Würfel gefallen. Der große sowjetische Vormarsch, den Hitler, als er rechtzeitig darauf hingewiesen wurde, mit den Worten abtat: »Der Russe greift nie an. Das ist der größte Bluff seit Dschingis-Khan«, steht kurz bevor.

Mit dem erwachenden Morgen des 13. Januar bricht in den ostpreußischen Grenzgebieten die Hölle los. An diesem Morgen, eine Stunde nach Mitternacht, beginnt der rote Sturm, zerreißen die Geschütze aller Kaliber mit ihrem tosenden Gebrüll, die schweren und überschweren Granatwerfer und die Stalinorgel mit ihren heulenden Geschossen die Stille des eiskalten Wintermorgens, überschütten mit vielen tausend Tonnen von Stahl und Sprengstoffen die dünn besetzten deutschen Stellungen.

Ein grausames Feuerwerk ohnegleichen prasselt auf die deutsche Front, als wolle man vor dem großen Sturm die gesamte Erde umpflügen.

Stunde um Stunde dauert dieser Beschuß, mäht die Sense des Todes die Männer in den deutschen Stellungen nieder.

Endlich, nach drei Stunden, ist es plötzlich still.

Den noch lebenden deutschen Soldaten, die diesen gewaltigen Feuerhagel unverwundet überstanden haben, stockt der Atem vor dieser unheimlichen, weiteres Unheil verkündenden Stille.

Die Feuerpause dauert einige Stunden.

Pünktlich um sechs Uhr beginnt der Höllenlärm von neuem.

Jetzt konzentrieren die Russen ihr Feuer auf schmale Land- und Waldstreifen entlang des ostpreußischen Grenzgebietes.

Sie schießen Sturmgassen.

Pausenlos dröhnt es, brüllt es, zittert die Luft.

Dann ist auch das vorbei.

Was danach kommt, ist weit schlimmer als erwartet.

Jetzt erst, in diesen Augenblicken der trüben frühen Morgenstunden des 13. Januars, wird die Übermacht der Russen deutlich. Mit Hunderten von Panzern und Sturmgeschützen, umgeben von Tausenden von Infanteristen, die gleich Ameisen aus dem Erdboden hervorquellen, rollt die russische Dampfwalze in die Sturmgassen, alles zermalmend, was sich noch in den Weg stellt.

Gegen eine solche Übermacht gibt es kaum noch Widerstand. Tackt da und dort noch ein deutsches Maschinengewehr, so wird es im nächsten Augenblick überwalzt. Unaufhaltsam stürmen die erdbraunen Gestalten im

Schutze ihrer Panzer vorwärts. In ihren Taschen und Herzen tragen sie den Aufruf des sowjetischen Schriftstellers Ilja Ehrenburg, den Aufruf zum Vergewaltigen, den Aufruf zum Morden, zum Auslöschen alles noch Lebenden:

»Tötet ihr tapferen Rotarmisten. Tötet.

Es gibt nichts, was an den Deutschen unschuldig ist. Die Lebenden nicht und die Ungeborenen nicht. Folgt der Anweisung des Genossen Stalin und zerstampft das faschistische Tier in seiner Höhle. Brecht mit Gewalt den Rassenhochmut der germanischen Frauen. Nehmt sie als rechtmäßige Beute.

Tötet ihr tapferen, vorwärts stürmenden Rotarmisten.

Tötet!«

Während die Rotarmisten, angestachelt von diesem Befehl, im Schutze der Panzer und Sturmgeschütze vorwärtsstürmen, ist die Luft über ihnen erfüllt vom Motorenlärm der russischen Flugzeuge, Schlachtflieger und Bomber. Hunderte von sowjetischer Maschinen fliegen an diesem Morgen des 13. Januar nach dem Westen, werfen ihre todbringenden Lasten auf die Reste der deutschen Truppen, fliegen weiter ins westliche Hinterland, verwandeln Städte und Dörfer, Bahnhöfe und Schienenstränge, Straßen und Häfen in Trümmerhaufen, ersticken alles in einem Meer von Feuer, Asche, Blut und Tränen.

DIE FLOTTE DER FLÜCHTLINGSSCHIFFE

Im Führerhauptquartier, beim Oberkommando der Wehrmacht und beim Oberfehlshaber der deutschen Kriegsmarine ist man sich in den letzten Tagen, in denen sich die Meldungen von der Front in Ostpreußen überstürzten, offensichtlich klar darüber geworden, daß es eine Frontberuhigung, ein Aufhalten der Sowjetarmee oder gar eine Gegenoffensive mit kurzfristig eintretenden Erfolgen nicht geben wird. Man weiß auch, daß die Zivilbevölkerung des Memellandes, Ostpreußens und Danzig-Westpreußens in den nächsten Tagen und Wochen fliehen wird. Mehr als zwei Millionen Menschen. Und man weiß auch, daß der wichtigste und vielleicht auch sicherste Fluchtweg der Weg über die Ostsee sein wird.

Spät kommt diese Einsicht, aber jetzt ist sie da.

»Die Stunde ist gekommen, die größe Evakuierungsaktion in der Seegeschichte einzuleiten«, ist die Meinung von Großadmiral Dönitz, und er setzt die Freigabe alles verfügbaren Schiffsraumes für die Ostseeflucht durch.

Bis ins Detail wird diese Evakuierungsaktion über die Ostsee organisiert.

Die Gesamtleitung der Operation wird dem M.O.K. – Marineoberkommando Ost, Generaladmiral Kummetz, übertragen, im Raume Danziger Bucht-Kurland der 9. Sicherungs-Division unter Fregattenkapitän Blanc, im Raume westlich davon bis Swinemünde der 10. Sicherungs-Division unter Fregattenkapitän Heydel. Die gesamte Steuerung der Schiffahrt im Ostseeraum wird dem Seetransportchef Konteradmiral Konrad Engelhardt übertragen. Das ist der Mann, auf dessen Schultern die Verantwortung für die Rettung von mehr als zwei Millionen Menschen über See gelegt wird.

Er hat breite Schultern, dieser 46jährige, hünenhaft wirkende Admiral, der seinen Sitz nicht etwa in irgend einem Hafen an der Ostseeküste hat, sondern in der ehemaligen Panzerkaserne in Eberswalde, einer Kleinstadt an der Bahnstrecke Berlin-Stettin.

Admiral Konrad Engelhardt, Sohn eines preußischen Landrates, in Lüneburg geboren, ist seit seiner Jugend ein Mann der Seefahrt. Als der Krieg begann, war er Chef des Stabes Nordfrankreich und mit der Aufgabe betraut, die nötige Tonnage für das ›Unternehmen Seelöwe‹ zusammenzustellen. Biarritz war einer seiner nächsten Einsatzorte. Hier sollte er das Unternehmen ›Ferdinand und Isabella‹ leiten, das auf Gibraltar zielte, dann aber in letzter Stunde abgeblasen wurde, wie zuvor das ›Unternehmen Seelöwe‹. Dann kam Konrad Engelhardt an die Ostseefront nach Reval, um den Nachschub für die Truppen bis nach Finnland zu organisieren. Dann mußte er wieder wandern, er kam zum italienischen Admiralstab als »Seetransportchef Italien«. Doch als Afrika, die Krim, Sizilien, Sardinien und Korsika verlorengingen, wurde er 1944 von Dönitz zum Konteradmiral befördert, ›Seetransportchef der Wehrmacht‹.

Seine Dienststelle in der ehemaligen Panzerkaserne von Eberswalde, die jetzt einige Ämter des Oberkommandos der Kriegsmarine beherbergte, ist die Schiffahrtsabteilung der Seekriegsleitung, kurz ›Seetra‹ genannt.

Bei den zu bewältigenden Transportaufgaben im Ostseeraum war der Konteradmiral schon sehr früh, Mitte 1944, mit dem Flüchtlingsproblem konfrontiert worden. Als die ersten deutschen Soldaten beim Rückzug aus Finnland darum baten, ihre finnischen Frauen und Angehörigen auf den nach Westen laufenden Schiffen mitnehmen zu können, stellte sich für ihn das Problem, neben Soldaten auch Zivilisten mitzunehmen, zum ersten Male.

Als die Truppen aus Reval, Riga, Windau und Libau abgezogen und mit Schiffen über die Ostsee zurückgeführt wurden, baten Esten und Letten, mitgenommen zu werden. Erst waren es einige hundert, dann einige tausend, zuletzt einige zehntausend. Der Admiral genehmigte auch dies. Er tat es, ohne darüber das Führerhauptquartier zu informieren, denn er mußte fürchten, daß die Gauleiter Erich Koch (Ostpreußen) und Albert Forster (Danzig-Westpreußen) solche ›Evakuierungsaktionen‹ strikt ablehnen und ihn möglicherweise sogar in Schwierigkeiten bringen würden. Admiral Engelhardt hatte für diese Aktionen eine Rückendeckung: Die ausdrückliche Genehmigung von Großadmiral Dönitz, der voll hinter ihm stand und dekken würde, wenn man ihn angriff.

Aufgrund der Erfahrungen und Erkenntnisse bei diesen ersten ›inoffiziellen‹ Flüchtlingstransporten machte sich Engelhardt seit einigen Monaten seine eigenen Gedanken über den Krieg im Ostseeraum. In seinem fast spartanisch eingerichteten Büro hing seit einiger Zeit eine große Karte des gesamten Ostseeraumes. Der Seetra-Chef wußte, daß dieses Gebiet irgendwann sein großes Aufgabengebiet werden würde, und er war sicher, daß dieses »irgendwann« Anfang Januar in der Luft lag.

Wie gewöhnlich betritt Admiral Engelhardt am 15. Januar 1945 pünktlich um 08.00 Uhr sein Büro, reißt das Kalenderblatt ab, der Tag ist ein Montag, und setzt sich hinter seinen Schreibtisch, auf dem die bereits geöffnete Post liegt.

Der breitschultrige Seetra-Chef blickt zum Fenster und stellt fest, daß es mit Eiskristallen überzogen ist. Dann greift er zum Telefon und führt ein Hausgespräch. Mitten im Satz wird er unterbrochen:

»Führungsblitzgespräch aus Berlin – ich verbinde!«

20 Minuten dauert dieses Gespräch, das der Admiral mit dem Satz beendet: »Sie können sich auf mich verlassen!«

Das ist mehr als eine Zusage, das ist ein Versprechen. Und es ging um vieles in diesem Telefonat, um nicht weniger als zwei Millionen Menschen, die über die Ostsee gerettet werden sollen.

Der Admiral ist jetzt in seinem Element, so, als habe er seit langem auf diesen Anruf gewartet. Noch weiß außer ihm niemand von dem Inhalt dieses Führerblitzgesprächs aus Berlin. Aber das wird sich in den nächsten Stunden ändern.

Durch die Sprechanlage ruft er seine Referenten in das Besprechungszimmer.

Bevor sich der Admiral zur Besprechung begibt, holt er aus seinem verschlossenen Schreibtisch einige Akten, die er offensichtlich für den »Tag X« in der Schublade bereitgelegt hat.

Erwartungsvoll blicken ihn seine engsten Mitarbeiter an, als er sich an die Stirnseite des großen rechteckigen Tisches setzt. Zunächst blickt er einen nach dem anderen an, um sich zu vergewissern, daß niemand fehlt. Der Seetra-Chef hat seine Dienststelle exakt organisiert und die Zuständigkeiten fachgerecht aufgegliedert. Seine Referenten sind: Kapitänleutnant Grössel (Truppentransporte), Leutnant zur See Petersen (Flüchtlingsschiffe), Leutnant zur See Fritzen (Binnenschiffahrt), Korvettenkapitän Pospischil (Handelsschiffe), Fregattenkapitän Fritze (Brennstoffe), Stabsarzt Dr. Kutscher (Lazarettschiffe und Verwundetentransportschiffe) und Oberstabsintendant Tennstedt (Verwaltung).

»Meine Herren«, eröffnet der Admiral seine Konferenz, »ich habe Sie mit einer neuen Aufgabe bekanntzumachen, die uns nicht nur die nächsten Wochen, sondern vielleicht die nächsten Monate beschäftigen wird und unseren vollen Einsatz, vielleicht rund um die Uhr, erforderlich macht.

Vizeadmiral Voß, der ständige Vertreter des Oberfehlshabers der Marine im Oberkommando der Wehrmacht/Führerhauptquartier hat mir soeben einen wichtigen Auftrag des Führers übermittelt.

Aus den Kurlandhäfen Windau und Libau sollen zum Entsatz der ostpreußischen Heimatfront fünf Divisionen, darunter eine Panzerdivision und die 31. Infanteriedivision, über die Ostsee zurückgeholt werden.

Von Memel soll die Panzerabteilung 511 abtransportiert werden, die Räumung des Stützpunktes Memel ist in den nächsten Tagen zu erwarten, was weitere Transporte erforderlich machen wird.

Zielhafen für die Transporte aus Windau, Libau und Memel soll Pillau sein.

In Pillau haben sich bereits rund einhunderttausend Flüchtlinge aus Ostpreußen gestaut, die auf Abtransport über See warten. Gleiche Situationen sind in Danzig-Neufahrwasser und in Gotenhafen festgestellt.

Mit der Freigabe der in Pillau, Gotenhafen und Danzig-Neufahrwasser liegenden großen Passagierschiffe, die zur Zeit noch von der U-Boot-Waffe als Wohnschiffe genutzt werden, ist durch den Führer der U-Boote (F.d.U.) kurzfristig zu rechnen.

Für den Transport der Flüchtlinge und Truppen ist jeder verfügbare Schiffsraum zu nutzen. Die Aktion soll sofort begonnen werden!«

Das also war die neue Aufgabe für die Männer der Dienststelle »Seetransport Wehrmacht«, eine Aufgabe, die man schon früher erwartet hatte. Denn nach dem Verlust von Reval und Riga hatte man sich an fünf Fingern abzählen können, welche Aufgaben bei der Räumung von Windau, Libau, Memel, noch anfallen werden. Jetzt kommt noch Pillau dazu, und dann folgen Danzig-Neufahrwasser und Gotenhafen.

Obwohl die Referenten des Seetra-Chefs nach Bekanntgabe des neuen Befehls genau wissen, was sie in den nächsten Stunden und Tagen zu tun haben, werden in den folgenden Stunden alle Maßnahmen im einzelnen besprochen.

Zunächst erläutert der Admiral die Liste der Handelsschiffe, die zur Zeit als Wohnschiffe oder in anderer Funktion in den Häfen von Pillau, Gotenhafen und Danzig, aber auch in einigen anderen Ostseehäfen liegen und als Flüchtlings-, Verwundeten- und Truppen-Transporter eingesetzt werden können.

Es sind dies die großen Passagierschiffe: *Cap Arcona* (27.561 BRT), *Robert Ley* (27.288 BRT), *Wilhelm Gustloff* (25.133 BRT), *Deutschland* (21.045 BRT), *Potsdam* (17.258 BRT), *Pretoria* (16.662 BRT), *Berlin* (15.286 BRT), *General Steuben* (14.660 BRT), *Monte Rosa* (13.882 BRT), *Antonio Delfino* (13.589 BRT), *Der Deutsche* (11.430 BRT), *General San*

Martin (11.352 BRT), *Winrich von Kniprode* (10.123 BRT), und die Frachter: *Ubena* (9554 BRT), *Moltkefels* (7862 BRT), *Wangoni* (7848 BRT), *Neidenfels* (7838 BRT), *Lappland* (7650 BRT), *Vega* (7287 BRT), *Volta* (7258 BRT), *Göttingen* (6267 BRT), *Sachsenwald* (6261 BRT), *Kononier* (6257 BRT), *Duala* (6133 BRT), *Vale* (5950 BRT), *Wiegand* (5869 BRT), *Urundi* (5791 BRT), *Tübingen* (5499 BRT), *Albert Jensen* (5445 BRT), *Brake* (5347 BRT), *Tanga* (5346 BRT), *Matthias Stinnes* (5337 BRT), *Goya* (5230 BRT), *Mendoza* (5193 BRT), *Cometa* (5124 BRT), *Eberhard Essberger* 5064 BRT).

Danach standen die kleinen Frachter und Passagierschiffe unter 5000 BRT auf der ›Flüchtlings-Schiffsliste‹ des Admirals, unter ihnen *Hestia* (2883 BRT), *Herkules* (2369 BRT), *Söderhamm* (1499 BRT), *Nautik* (1127 BRT), *Deike Rickmers* (1923 BRT).

Danach standen, nach dem Alphabet geordnet, weitere 200 Passagierschiffe, Frachter und ›sonstige‹ auf der Liste des Admirals, u.a. die Schiffe *Andros* (3048 BRT), *Bolkenburg* (3436 BRT), *Dieter Hugo Stinnes* (2545 BRT), *Dorpat* (3535 BRT), *Eifel* (1429 BRT), *Ellen Larsen* (1938 BRT), *Else Hugo Stinnes* (3291 BRT), *Emily Sauber* (2815 BRT), *Emsstrom* (4517 BRT), *Erika Fritzen* (4169 BRT), *Ernst Hugo Stinnes* (3295 BRT), *Frankfurt* (1186 BRT), *Gerrit Fritzen* (1703 BRT), *Gravenstein* (3205 BRT), *Hedwigshütte* (2221 BRT), *Heiligenhafen* (1923 BRT), *Henriette Schulte* (1923 BRT), *Henry Lütgens* (1141 BRT), *Huelva* (1923 BRT), *Inster* (4747 BRT), *Jersbeck* (2804 BRT), *Leda* (2415 BRT), *Memel* (1157 BRT) usw., usw., bis *Thielbeck* (2815 BRT).

Doch damit nicht genug: Auch die Schiffe unter 500 BRT hatte der Seetra-Chef ›erfaßt‹. Man konnte nie wissen, ob man nicht auch diese ›Schiffchen‹ eines Tages zum Transport von Flüchtlingen brauchte.

Der Admiral besprach mit seinen Referenten auch die Probleme, die sich aus dem Transport von Menschenmassen auf den großen Passagierschiffen und vor allem auf den Frachtern ergeben würden. Die verantwortlichen Männer waren sich darüber klar, daß die Passagierschiffe mit der drei-, vier- oder gar fünffachen Zahl der friedensmäßig vorgesehenen Fahrgastzahl belegt werden mußten. Dafür aber fehlten die nötigen Kabinen und die erforderlichen sanitären Einrichtungen. Da die Schiffe zum Teil über sehr große Säle und Gesellschaftsräume verfügten, zeigte sich für die Unterbringung von 5000 oder noch mehr Menschen kein Problem. Es mußten Bettgestelle, Matratzen und Strohsäcke beschafft werden, die man in den Sälen aufstellen und auslegen konnte, dazu Decken und sonstiges.

Wesentlich schwieriger stellte sich das Problem bei den Frachtern, die auf Personenbeförderung umgestellt werden mußten. Hier konnte kaum noch etwas getan werden, um die sanitären Einrichtungen zu verbessern, Toiletten einzurichten, Waschräume usw. Dazu fehlte die Zeit, und es fehlten auch das Material und die Arbeitskräfte hierfür. Das einzig Mögliche war die Auslegung der großen Laderäume mit Strohsäcken und Matratzen.

»Wir müssen in jedem Fall alles Menschenmögliche tun, den Menschen den Transport auf den Schiffen so angenehm wie möglich, zumindest aber erträglich zu machen«, schärfte der Admiral seinen Männern ein.

Etwas sorgenfreier machte ihn das Wissen, daß der Seetransport der Flüchtlingsschiffe nur einen oder zwei Tage dauern würde.

Der Admiral hatte allerdings noch eine andere Sorge, die vor allem die großen Passagierdampfer betraf.

Die meisten dieser Schiffe wurden von Kapitänen geführt, von denen viele zwar fast alle Weltmeere befahren, aber keinerlei Kriegserfahrung hatten. Einige Handelsschiffskapitäne auf den Wohnschiffen waren schon im Rentenalter. Jeder von ihnen war sicher ein erfahrener Nautiker und bewährter Schiffsführer. Reichte dies aber für einen ›Kriegsmarsch‹, bei dem Feindberührung nicht auszuschließen war? Die Aufgabe des Seetra-Chefs bestand darin, diese Handelsschiffskapitäne durch jüngere, kriegserfahrene ›Fahrkapitäne‹ zu ergänzen.

Es gab also Probleme genug, und es war nicht so einfach, die Aufgabe zu lösen, von heute auf morgen eine ganze ›Flüchtlingsflotte‹ auf die Beine zu stellen.

Noch eines war dabei zu bedenken. Viele große Passagierdampfer waren als sogenannte ›Wohnschiffe‹ eingesetzt und lagen in den Häfen, ohne in den letzten Jahren auch nur eine Seemeile gefahren zu sein. Das Maschinenpersonal dieser Schiffe war bis auf ein Minimum reduziert und hatte nur die Aufgabe der Wartung der Maschinen. Oft wurden diese Arbeiten von ausländischen Besatzungsmitgliedern ausgeführt, dienstverpflichteten Kroaten zum Beispiel. Die Frage war: Waren diese Schiffe von heute auf morgen ›fahrtüchtig‹ zu machen? Das mußte sein!

Der Seetra-Chef war sich klar darüber, daß er die großen Passagierschiffe nicht allein auf die Reise schicken konnte, sondern daß die Schiffe im Geleit fahren mußten mit entsprechender Sicherung gegen Fliegerangriffe, U-Boot-Angriffe und Minen. Deshalb informierte sich Admiral Engelhardt noch am gleichen Tage bei der Seekriegsleitung über die Geleitsicherung. Die Auskünfte, die er erhielt, stimmten ihn hoffnungsvoll.

Zur Sicherung der Geleite im Raum Danziger-Bucht, hinauf bis zu den kurländischen Häfen, stand die 9. Sicherungs-Division zur Verfügung, bestehend aus der 1., 3. und 25. M.-Flottille mit je sechs einsatzbereiten Booten, der 1. und 17. R-Flottille mit je sieben bis zehn R-Booten, der 3. und 17. Vorposten-Flottille mit sechs bis acht umgebauten Fischdampfern, die 3. und 14. Sicherungs-Flottille mit zahlreichen kleineren Fischereifahrzeugen und KFKs., die 31. M.-Flottille mit vier KFK-Gruppen, die 3. U-Jagd-Flottille mit zahlreichen kleineren Fischereifahrzeugen, die 13. und 24. L.-Flottille mit MFP-Marinefahrprähmen, sowie die 3. und 7. Artillerie-Träger-Flottille mit SATs, LATs, und SFs.

Zur Sicherung der Geleite im Raume Danziger-Bucht bis zur Pommern-Bucht stand die 10. Sicherungs-Division zur Verfügung, bestehend aus der 2. und 12. M.-Flottille mit modernen M.-Typen (Typ 43), der 15. R.-Flottille mit neun R-Booten, der 2. Sicherungs-Flottille mit zahlreichen kleineren Fischereifahrzeugen und KFKs, der 36. M.-Flottille mit umgebauten Loggern, der KFK-Schul-Flottille, der 6. U.-Jagd-Flottille, sowie der 11. L.-Flottille mit MFPs als Transportmittel.

Das war mehr, als der Seetra-Chef erwartet hatte.

Konteradmiral Engelhardt hat gute Verbindungen. Er erfährt auch, aus welchen Einheiten die sowjetische Ostseeflotte im Januar 1945 besteht: Aus einem Schlachtschiff, zwei Schweren Kreuzern, zwölf Zerstörern, 28 U-Booten, wovon nach deutschen Informationen aber nur 20 einsatzfähig sein sollen, fünf Küstenverteidigungsschiffen, 78 Schnellbooten, 73 Minensuchern, 204 Motorminensuchern, 47 Panzermotorbooten, 220 kleinen U-Jägern und Wachbooten und einer Luftarmee, bestehend aus 787 Flugzeugen.

Die sowjetischen U-Boote machten dem Seetra-Chef am wenigsten Kopfzerbrechen. Die letzten Monate hatten gezeigt, daß der Schwerpunkt des sowjetischen U-Boot-Einsatzes auf dem Weg nach Kurland lag. Im Raum Memel-Pillau, Danziger Bucht waren nur sehr vereinzelt sowjetische U-Boote aufgetaucht.

Sorgen hingegen bereitete dem Admiral die Luftwaffe, denn hier bedrohten gleich zwei verschiedene Luftflotten die Schiffstransporte über die Ostsee.

Zunächst die Sowjets.

Sie hatten mit ihren Gardefliegern schon im zweiten Halbjahr 1944 manches Handels- und Kriegsschiff auf den Grund der Ostsee befördert und in den Häfen erheblichen Schaden angerichtet. Würde man mit den Aufklärern die Ansammlung von Soldaten, Verwundeten und Flüchtlingen in den Häfen bemerken, wären diese sicher Ziele von Fliegerangriffen.

Dann die anglo-amerikanischen Luftstreitkräfte.

Sie beschränkten sich keinesfalls auf Landziele. Die britische Luftoffensive der RAF hatte in der westlichen Ostsee bereits eine Vielzahl von Angriffen geflogen, war am 18./19. Dezember bis nach Gotenhafen vorgedrungen und hatte hier mehrere Kriegs- und Handelsschiffe versenkt und beschädigt. Und was noch gefährlicher war: Die RAF hatte bis zum heutigen Tage, dem 15. Januar 1945, bereits 500 Minen in die Ostsee geworfen. Und jeden Tag waren weitere Abwürfe zu erwarten.

Es war fast Mitternacht an diesem 15. Januar 1945, als der Chef ›Seetransport Wehrmacht‹, Admiral Engelhardt, seine Recherchen und Überlegungen für seine neue, schwere Aufgabe beendet hatte.

Fast eine Stunde lang telefonierte der Admiral mit der Dienststelle Reikosee – der Bezeichnung für den ›Reichskommissar für die Seeschiffahrt‹ –

Gauleiter Kaufmann in Hamburg, um wichtige Fragen zu klären. Dieser Dienststelle unterstanden alle Handelsschiffe, die für Nachschubaufgaben in der Ostsee eingesetzt waren. Da auch diese Schiffe als ›Flüchtlingsschiffe‹ gebraucht werden, mußte er hierüber mit den beiden zuständigen Referenten Bertram und Path, beide vom Norddeutschen Lloyd als erfahrene Handelsschiffsleute für diese Aufgabe abgestellt, sprechen.

Viel Zeit verwendete er auch für die Information der der Seetra kooperativ angeschlossenen Kriegsmarinedienststellen (KMD). Davon gab es insgesamt fünf: In Libau unter Leitung von Korvettenkapitän Harries, in Danzig mit den Zweigstellen Gotenhafen, Hela und Pillau unter Leitung von Fregattenkapitän Bartels, in Kolberg, Saßnitz und Stettin unter Leitung der Fregattenkapitäne Kolbe, Koch und Nicol. Diese Offiziere der Kriegsmarine waren früher Handelsschiffskapitäne und verstanden ihr Handwerk, sie waren für den Seetra-Chef, Konteradmiral Engelhardt, die wichtigsten Stützen.

Der Admiral hat einen schweren Tag hinter sich, als er sich in dieser Nacht zu Bett legt.

Doch weit schwerere Tage, Wochen und Monate lagen noch vor ihm, bis zum bitteren Ende.

MEHR MENSCHEN ALS SCHIFFE

Am gleichen Tage, weit von Eberswalde, dem Sitz des Seetra-Chefs entfernt, tritt die sowjetische 2. Weißrussische Front aus dem Narev-Brückenkopf bei Pultsuk, unterstützt von der 4. sowjetischen Luftarmee, zum Angriff an. Die Spitze des Angriffskeils bildet die 5. Garde-Panzerarmee. Ziel des Angriffs ist, an Elbing vorbei bis zur Küste bei Tolkomit ans Frische Haff vorzustoßen und damit die Verbindung der 4. deutschen Armee in Ostpreußen mit der 2. deutschen Armee in Westpreußen zu unterbrechen.

Einen Tag später, am 16. Januar 1945, greift die 3. Weißrussische Front mit Untersützung durch die 1. sowjetische Luftarmee zum Angriff an, um nördlich von Gumbinnen vorbei auf Königsberg vorzustoßen. Gleichzeitig greift die 43. Armee der sowjetischen 1. Baltischen Front von Tilsit aus an und stößt entlang des Kurischen Haffs nördlich an Königsberg vorbei.

Der Kampf um Ostpreußen ist jetzt in vollem Gange. Ein Sturm von nie erwartetem Ausmaß fegt über das Land hinweg.

In wenigen Tagen sind Hunderttausende auf der Flucht.

Der Schrei: »Die Russen sind da«, treibt sie vorwärts über vereiste Straßen, durch Schneestürme, durch eisige Nächte, alles Hab und Gut zurücklassend.

Jetzt gilt es nur noch, das nackte Leben zu retten.

Das Leben?

Für Tausende bedeutet diese Flucht den Tod, Tod in den Eisstürmen der Trecks, Tod in den Geschoßgarben der Tiefflieger, Tod an den Kaimauern der Häfen.

Jetzt gibt es keine freien Fluchtwege mehr wie noch vor wenigen Wochen. Jetzt geht es mühsamer vorwärts. Lastkraftwagen mit Soldaten, die zur Front wollen, und meterhohe Schneewehen versperren oft die Straßen. Immer wieder brechen urplötzlich russische Panzer hervor, walzen alles nieder, zerstören alles sich noch Bewegende mit ihren Waffen.

»Der Russe ist da«, schreien dann die Menschen in den Trecks. Doch manchem erstirbt schon dieser Schrei, getroffen von einer tödlichen Kugel, auf den Lippen.

Manche, die Glück hatten, erreichten irgendwo noch einen Zug. Jeder versuchte, in den kalten Waggons noch einen Platz zu finden. Immer waren es aber viel mehr, die mit wollten. Selbst auf den Trittbrettern standen die Menschen.

Nur fort, nur fort, bevor die Russen kommen. Die nackte Angst starrte ihnen aus den Gesichtern.

Setzte sich dann endlich der Zug in Bewegung, beförderte dieser nicht nur Lebende. So mancher war in seinem Abteil oder in einem der Güterwagen für immer eingeschlafen. Die Strapazen der Flucht, die grimmige Kälte und der furchtbare Hunger hatten das Licht des Lebens ausgelöscht. Unterwegs, wenn Halt gemacht wurde, zog man ihn heraus. Manchmal war nicht einmal Zeit, oder es fehlte der Spaten, um den Toten ein Grab zu schaufeln.

Neben den Schienen blieben sie liegen . . .

Das Reiseziel der Züge war Danzig.

Dort – in Neufahrwasser und in dem wenig entfernt liegenden Gotenhafen sollen die großen Schiffe liegen, die die Flüchtlinge aufnehmen und über die Ostsee nach Westen bringen.

Das hoffen alle.

20. Januar 1945.

Es ist ein Sonnabend.

Über der Danziger Bucht lastet ein schwerer, dunkler Himmel. Der Sturm peitscht Wolken messerscharfer Eiskristalle über die Speicher und Lagerhäuser des Gotenhafener Hafens. Aufheulend verfängt er sich in den Masten und der Takelage der Schiffe, die unter seiner Gewalt wild auf den schweren Wellen hin und her tanzen.

Auf dem Gotenhafener Bahnhof stauen sich die Züge.

Die wenigen noch unzerstörten Schienenstränge nach dem Westen sind verstopft. Die noch aus Ost- und Westpreußen ankommenden Züge haben hier ihr vorläufiges Ziel erreicht. Die Waggons leeren sich, denn hier ist

Endstation. Der Weitertransport, die Flucht, kann jetzt nur noch über das Meer, die Ostsee, erfolgen.

Auf dem Bahnhofsvorplatz rotten sich die Vertriebenen zu Kolonnen zusammen und setzen sich durch die schneeverwehten Straßen in Marsch. Gaststätten, Schulen, Schuppen und Lagerräume sind ebenso überfüllt wie die Hausflure, die Schutz vor den Unbilden des Wetters, vor allem der grimmigen Kälte, bieten. Aber immer mehr Menschen strömen in die Stadt des Elends, die noch einen Hafen der Hoffnung besitzt. Die Parteidienststellen, die Wehrmacht, die Marinedienststellen und die NSV versuchen in gemeinsamer Arbeit, ein Chaos zu verhindern. Das Deutsche Rote Kreuz sieht sich einer kaum lösbaren Aufgabe gegenübergestellt.

Zehntausende haben Hunger, denn seit Tagen haben sie auf der Flucht kein warmes Essen mehr gehabt. Mütter, mit Säuglingen auf den Armen, flehen um Milch.

In den großen Hafenschuppen sind Auffangsstellen und Verpflegungsabgabestellen eingerichtet. In langen Schlangen stehen die Menschen geduldig mit Tellern und Näpfen und sind dankbar, wenn sie nach langem Warten ein Stück Brot oder etwas Suppe bekommen.

Aber nicht nur Flüchtlinge, Frauen, Kinder und ältere Menschen ziehen durch die Straßen der Stadt, sondern auch einige tausend Männer befinden sich auf dem Elendsmarsch und suchen noch nach einem Bett. Es sind verwundete Kurlandkämpfer, die – notdürftig verbunden – mit Schiffen und Zügen hierhergekommen sind in der Hoffnung, mit irgendeinem Schiff weiter nach Westen transportiert zu werden. Nur für die Schwerverwundeten hat man Platz in den Lazaretten in Gotenhafen gefunden. Längst sind alle Lazarette überfüllt. Provisorisch werden weitere Schulen und Turnhallen als Not-Lazarette eingerichtet. Aber auch sie reichen nicht aus, alle Verwundeten und Kranken einigermaßen erträglich unterzubringen. Zu groß ist die Zahl der Hilfsbedürftigen, die sich nicht mehr selbst helfen können. Immer noch stehen Verwundete und Kranke auf Treppen und Fluren und stöhnen nach einer Liegestatt.

Sie alle hoffen auf die Erlösung von der Qual des Wartens, der Schmerzen. Sie alle warten auf ein Schiff, das sie endlich in Sicherheit bringt.

Zu Tausenden ziehen sie in diesen Tagen nach Oxhöft, dem Gotenhafener Hafen. Ein Sturm auf den Hafen hat eingesetzt. Denn dort liegen die Schiffe, an die sich ihre Hoffnung klammert. Die Zahl derer, die schon an der Pier steht, wartend und hoffend, hoffend und wartend, Tag und Nacht bei eisiger Kälte, ist nicht zu schätzen, wird von Stunde zu Stunde größer. Immer neue Schiffe laufen ein und bringen weitere Flüchtlinge aus Königsberg, Pillau und aus dem Memelland, aus Windau und Memel. Dicht gedrängt stehen die Menschen auf den überfüllten Oberdecks der kleinen Schiffe. Sie haben keinen Platz mehr unter Deck gefunden und mußten die Überfahrt auf den Oberdecks erleben. Manche von ihnen liegen zusammengekrümmt und seltsam klein auf den vereisten nackten Schiffsplanken. Andere wieder sehen wie eigentümliche, gläserne Mumien aus, erstarrt unter den Brechern, der während der Seereise über die Decks rollenden Wellen. Als sich die Menschenknäuel auf den Schiffsdecks lösen, fallen sie um. Tot. Opfer der erbarmungslosen Flucht über die Ostsee.

Den Überlebenden starrt die Angst aus den Augen. Sie pressen die Leiber aneinander und sind stumm vor Erschöpfung, bringen kein Wort hervor. Besser hatten es die Mütter mit Kindern und Säuglingen und auch die älteren Menschen. Die meisten von ihnen hatten noch Platz unter Deck gefunden. Jetzt verlassen alle noch Lebenden die Schiffe, gehen an Land, werden getragen, gestützt oder an die Hand genommen wie kleine Kinder.

Der Hafen ist schwarz von Menschen, die hier mit ihrem letzten Hab und Gut, manchmal auch nur mit einer Tasche, dem Letzten, was sie noch besitzen, auf ihre Rettung warten. Oder auf ihren Tod? Niemand weiß das vorauszusagen.

Der Tod hält eine furchtbare Ernte an diesem 20. Januar des Jahres 1945 in Gotenhafen.

Niemand zählt seine Opfer. Keine Statistik erfaßt sie.

Es ist ein trostloses Bild des Elends, diese ermatteten Menschen an die eisigen, nassen Steinmauern der Lagerhäuser gekauert zu sehen. Doch die Hoffnung läßt den Willen zum Leben in ihnen nicht erlöschen.

Andere scharen sich am Kai des Hafens zusammen, um die ersten zu sein, die auf ein Schiff gelangen. Noch weiß jedoch niemand, welche Schiffe überhaupt Flüchtlinge an Bord nehmen dürfen und welche Schiffe zuerst auslaufen dürfen.

Es liegen viele Schiffe in Gotenhafen und auch in Danzig, die auf Einsatzbefehle warten.

Da liegt im Hafenbecken I die *Cap Arcona,* das Flaggschiff und der Stolz der Hamburg-Südamerikanischen Dampfschifffahrts-Gesellschaft. Vorläufig ist das Schiff noch Wohnschiff für Marinehelferinnen.

Unweit von der *Cap Arcona* liegt der 22.000 Tonnen-Dampfer *Deutschland,* und auch der Dampfer *Hamburg* ist zur Aufnahme von Flüchtlingen vorbereitet.

In Gotenhafen-Oxhöft sind des die Wohnschiffe der 2. Unterseeboots-Lehrdivision (ULD), alles große und schöne Passagierschiffe, die vor dem Krieg viele Urlauber gefahren haben und die sich in diesen letzten Tagen und Wochen des Krieges als Flüchtlingsschiffe und Verwundetentransporter bewähren sollen. Da liegt der Hapag-Dampfer *Hansa* und die etwas kleineren Passagierschiffe *Antonio Delfino* und *Ocena,* die *Potsdam,* das Walfangmutterschiff *Unitas* und nicht zuletzt auch das einstige Kraft-durch-Freude-Schiff, die *Wilhelm Gustloff.* Dazu kommt noch eine Vielzahl kleinerer Dampfer und Schiffe, die ebenfalls für die Flucht über die Ostsee eingesetzt werden können.

Zu den großen Kriegsschiffen, die in Gotenhafen stationiert sind, zählen u.a. die Schweren Kreuzer *Admiral Hipper* und *Prinz Eugen.*

Gotenhafen ist seit langem einer der wichtigsten Stützpunkte der deutschen Kriegsmarine und zum Sammelbecken für die restliche Tonnage der Handelsschifffahrt geworden. Mit seiner insgesamt 14 km langen Pier ist die Stadt zugleich der größte Ostseehafen. Darüber hinaus ist Gotenhafen immer noch einer der wichtigsten Hauptversorgungsplätze für die Kurlandfront.

Das ist eine große Bedeutung, die die einstige kleine polnische Hafenstadt Gdingen, die mit ihren würfelförmig gebauten Flachdachhäusern und den breiten Straßen und Plätzen noch nicht ganz fertig zu sein scheint, im Januar 1945 erhalten hat, eine Bedeutung, die sicher auch der Feind nicht unterschätzt. Täglich rechnet man mit einem zweiten großen Luftangriff der RAF oder der Russen. Denn nie in der Geschichte dieser Stadt haben sich im Hafen so viele Schiffe und Menschen versammelt wie in diesen Januartagen.

Die Ungeduld unter den Handelsschiffskapitänen, aber auch bei den Kriegsschiffskommandanten, wächst. Seit Tagen wartet man nun schon auf weitere Befehle, vor allem auf den Befehl, mit der Evakuierung der im Hafen wartenden Flüchtlinge und nicht zuletzt auch der Bevölkerung von Gotenhafen beginnen zu können. Die Entscheidung drängt, denn fast stündlich treffen mit Schiffen, Trecks und Zügen weitere Menschen ein.

Doch die Entscheidung läßt immer noch auf sich warten.

Wenn nicht bald etwas geschieht, werden die Flüchtlinge die im Hafen liegenden Schiffe stürmen. Lange dauert dies nicht mehr.

In der Zweigstelle Gotenhafen der Kriegsmarinedienststelle Danzig klingelt fast pausenlos das Telefon. Seetra-Chef Admiral Engelhardt drängt auf Anbordnahme der Flüchtlinge, fragt immer wieder nach, was los ist und informiert sich über die Lage in Gotenhafen.

Der Leiter der Zweigstelle Gotenhafen der KMD Danzig, ein energischer Korvettenkapitän und erfahrener Spezialist für das Räumungs- und Nachschubwesen, informiert sich über die Lage. Und das nicht vom Schreibtisch aus. Er fährt los in den Hafen und in die Stadt, er besieht sich das Elend in den Straßen, die Fülle der Lazarette, überzeugt sich von der Unmöglichkeit des Weitertransportes der Flüchtlinge oder Verwundeten mit der Bahn, er überhört nicht das Stöhnen der Verwundeten und Kranken, die auf kalten Fluren und in Kellern liegen, das Betteln hungriger Kinder, er sieht in die Augen hilfloser Mütter und Greise. Dem Korvettenkapitän wird bei dieser Lagebesichtigung deutlich, daß sich in aller Kürze ein unbeschreibliches Chaos entwickeln wird, wenn nicht unverzüglich die Schiffe für die Flucht nach dem Westen freigegeben werden. Es mußte schnell und unbürokratisch gehandelt werden.

Auch mit dem Gotenhafener Seekommandanten nahm der Korvettenkapitän Verbindung auf, mußte aber zu seinem Entsetzen feststellen, daß dieser sonst auf See so erfahrene Marineoffizier bereits die Nerven verloren hatte. Er berief zwar eine Besprechung nach der anderen ein, es wurde beraten und beraten, doch es geschah nichts Entscheidendes.

Alles, was er gesehen und gehört hatte, berichtete der Korvettenkapitän wenige Stunden später Admiral Engelhardt, dem Seetransportchef Wehrmacht in Eberswalde, der inzwischen Kenntnis davon hatte, daß Tilsit gefallen und in sowjetischer Hand war und tausende Tilsiter in Richtung Pillau strömten. Alleinstein war ebenfalls hart umkämpft und würde noch heute oder morgen aufgegeben werden müssen, so daß auch aus diesem Raum weitere Flüchtlinge zu erwarten waren. Sowohl für Pillau, als auch für Gotenhafen und Danzig wurden die Probleme stündlich größer.

Engelhardt, wie auch der Korvettenkapitän der KMD-Zweigstelle Gotenhafen wußten auch, warum die Einschiffung von Flüchtlingen noch nicht begonnen hatte. Der F.d.U. – der Führer der U-Boote – hatte die großen Wohnschiffe der 1. und 2. Unterseebootslehrdivisionen noch immer nicht für Flüchtlingstransporte freigegeben, den Befehl noch nicht gegeben, die U-Boots-Lehrdivisionen mit ihrem Personal in westlichere Häfen zu verlegen.

»Glauben die Herren vielleicht noch an ein Wunder?« kommentierter der Admiral diese ihm unverständlichen Verzögerungen und fügte hinzu:

»Wenn bis heute Abend nichts geschieht, wende ich mich direkt an Großadmiral Dönitz!«

Der Admiral tat dies auch. Noch am gleichen Abend des 20. Januars.

OPERATION ›HANIBAL‹

Das Kalenderblatt zeigt den 21. Januar 1945.

Als am Morgen dieses Tages die schwache Wintersonne hinter den schmutziggrauen Wolken für Augenblicke hervorlugt und die Danziger Bucht in einen milchigen Schleier hüllt, ahnt noch niemand der Flüchtlinge und Verwundeten in den Häfen in Danzig und Gotenhafen, in den Kasernen und Lazaretten, in den Schulen, Turnhallen, Häusern und Gaststätten, daß heute, an diesem Sonntag, die Entscheidung fallen wird.

Es gibt eigentlich nur zwei Möglichkeiten für diese Entscheidung:
– entweder – die Danziger Bucht, also der Raum Danzig-Gotenhafen, ist durch den Einsatz der vorhandenen Marineeinheiten, also auch der Angehörigen der Unterseeboots-Lehrdivisionen und der U-Boot-Besatzungen, zur Verstärkung der Landeinheiten, Infanterie und Volkssturm, zu verteidigen, um einen neuen Brückenkopf zu bilden,
– oder – Schiffe und Menschen sind nach westlicher gelegenen Ostseehä-

fen in Sicherheit zu bringen, was bedeutete, daß die große Flucht über die Ostsee gewagt werden mußte, trotz aller erkennbaren Gefahren aus der Luft und von der See.

Am frühen Morgen des 21. Januar trifft in Gotenhafen die Entscheidung ein. Sie kommt direkt vom Oberbefehlshaber der deutschen Kriegsmarine, Großadmiral Dönitz. Er hat das Entscheidende angeordnet.

Bereits eine Stunde nach dem Eintreffen des Befehls des OKM treffen sich im Stabsgebäude der 2. Unterseeboots-Lehrdivision in Gotenhafen-Oxhöft die Abteilungskommandeuere und Stabsoffiziere zum Befehlsempfang. Die Gesichter der erfahrenen Marineoffiziere sind ernst. Sie wissen alle: Das Leben von vielen Menschen, das Schicksal der großen Handelsschiffe, das Schicksal eines beachtlichen Teiles der deutschen U-Boot-Waffe und ihrer Männer, nicht zuletzt aber auch ihr eigenes persönliches Schicksal hängt von diesem Befehl ab.

Großadmiral Dönitz hat eine weitreichende, wichtige Entscheidung, die nicht nur in den nächsten Tagen, sondern bis Ende dieses Krieges über zwei Millionen Menschen das Leben retten wird, getroffen.

Sein Befehl hat folgenden Inhalt:

»Die Häfen der Danziger Bucht sind von den beiden Unterseeboots-Lehr-Divisionen aufzugeben.

Die Unterseeboots-Lehr-Divisionen sind umgehend in die Häfen der Lübecker Bucht zu verlegen, wo die Ausbildung schnellstmöglichst fortzusetzen bzw. abzuschließen ist. Auch die bereits ausgebildeten U-Boot-Besatzungen, die Marinehelferinnen und das Werftpersonal sind im Rahmen der Absatzbewegungen auf die Schiffe zu verladen und nach noch zu bestimmenden westlicheren Ostseehäfen zu verlegen. Die ausgebildeten U-Boot-Besatzungen sind dort auf neuen U-Booten einzusetzen.

Von diesem Befehl werden betroffen:

Die zwei Unterseeboots-Lehr-Divisionen in Danzig-Gotenhafen und Pillau,

die in diesen Häfen stationierten Unterseeboots-Flottillen, einschließlich aller ihrer Boote, Zielschiffe, Torpedofangboote und der großen Wohnschiffe *Wilhelm Gustloff, Hansa, Hamburg* und *Deutschland.*

Für die einzelnen Schiffe in Danzig-Gotenhafen gelten folgenden Anweisungen:

Das gesamte Lehrmaterial der zwei Unterseeboots-Lehr-Divisionen ist auf die *Hansa* zu verladen, die auch das Offizierskorps aufnimmt und zirka 3000 Flüchtlinge.

Die *Wilhelm Gustloff* nimmt außer den Angehörigen der II. Abteilung der 2. U-Boots-Lehr-Division, den Marinehelferinnen und einer bestimmten Anzahl Schwerverwundeter, deren Abtransport auf dem Seewege dringend notwendig erscheint, nach den von der Gauleitung Danzig-Westpreußen erlassenen Richtlinien die ›nichtkampffähige‹ Bevölkerung aus dem

Raum Gotenhafen-Danzig auf, sowie noch in Gotenhafen sich befindliche Flüchtlinge aus Ost- und Westpreußen.

Für die Zivilbevölkerung, die mit der *Wilhelm Gustloff* abtransportiert werden soll, sind nach den Anweisungen der NSDAP-Gauleitung besondere »Fahr-Ausweise« in doppelter Ausfertigung auszugeben. Die Ausgabe dieser »Ausweise« obliegt der Kreisleitung der NSDAP in Gotenhafen, die hierfür im Stadtgebiet besondere Ausgabestellen einrichtet. Mit der Ausgabe der »Fahr-Ausweise« ist unverzüglich zu beginnen.

Soweit vorhandener Laderaum auf den Dampfern *Hamburg* und *Deutschland* für Marineangehörige der U-Boot-Ausbildungseinheiten und U-Boot-Flottillen einschließlich Begleitpersonal und Marinehelferinnen nicht benötigt wird, ist jeder freie und verfügbare Raum für den Flüchtlingstransport zu räumen und freizugeben. Die Belegung der Schiffe mit Flüchtlingen hat ebenfalls nach den Anweisungen der Gauleitung der NSDAP zu erfolgen.

Mit allen erforderlichen Vorbereitungsarbeiten soll in den beiden Häfen und auf allen genannten Schiffen sofort begonnen werden!«

Das war ein klarer und eindeutiger Befehl.

Die Marineoffiziere, die im Stabsgebäude der 2. ULD in Gotenhafen-Oxhöft als erste von diesem Befehl Kenntnis erhalten, atmen auf.

Jetzt kann's losgehen.

Auch die Schiffsleitungen der Handelsschiffe, die am Vormittag dieses Sonntags umfassend über den Dönitz-Befehl informiert werden, sind erleichtert.

Endlich ist es soweit.

Aber bis die ersten Flüchtlinge an Bord genommen werden können, bis alle organisatorischen Vorbereitungen zur Flucht über die Ostsee getroffen sind, muß von den Angehörigen der Kriegsmarine und den Besatzungen der Handelsschiffe in Tag- und Nachtschichten ein Übermaß an Arbeit geleistet werden. Doch das stört niemanden. Alle wissen: Die Aufgabe, die der Dönitz-Befehl der Marine stellt, ist nur durch den pausenlosen Einsatz aller Kräfte zu lösen. Dabei ist es völlig unwichtig, ob die Männer der Kriegsmarine angehören oder den zivilen Handelsschiffsbesatzungen. In der Zusammenarbeit stellen sich überhaupt keine Probleme.

Nach dem Dönitz-Befehl sollen von den einzelnen Schiffen aufgenommen werden:

3000 Menschen auf die *Hansa*
5000 Menschen auf die *Hamburg*
6000 Menschen auf die *Deutschland*
6000 Menschen auf die *Wilhelm Gustloff*.

Das bedeutet also, daß etwa 20.000 Menschen mit diesen vier Schiffen in den nächsten Tagen aus Gotenhafen die Flucht über die Ostsee antreten können.

Am Kai, in den großen Lagerhallen, in den Schuppen, Speichern, den Häusern, den Lazaretten und auf den schneebedeckten Straßen Gotenhafens warten aber mehr als 20.000!

Allein in Gotenhafen sind es mehr als 100.000!

In Danzig sind es noch mehr, die warten und hoffen.

Noch weiß keiner von ihnen, daß nur 20.000 Menschen auf den vier Schiffen in Gotenhafen einen Platz finden werden und die anderen zurückbleiben müssen.

Wenn diese Tatsache unter den Flüchtlingen bekannt wird, droht ein Chaos. Wenn die wartenden Menschen nach Beginn der Einschiffung selbst sehen, daß weit mehr Menschen da sind als Schiffe, wenn ihnen die Angst im Nacken sitzt, nach so langem Warten und Hoffen nun doch noch zurückbleiben zu müssen,bei Hunger und Kälte und in der Angst vor dem nächsten Bombenhagel oder den Russen, die immer näher rücken . . .

Was wird dann geschehen?

Es wird einen Sturm auf die Schiffe geben. Und niemand wird dann noch nach einem ›Fahr-Ausweis‹ fragen, nach einem Fetzen Papier, der das Leben bedeuten kann.

Der Sturm auf die Schiffe muß in jedem Fall verhindert werden, soweit darf es nicht kommen.

Das oberste Gesetz in diesen Stunden heißt für alle auf den Schiffen Verantwortlichen ›Ruhe bewahren!‹ Denn jeder von ihnen weiß: es sind mehr Menschen in Gotenhafen als die Schiffe im Hafen fassen können.

ALLE WOLLEN AUF DIE *GUSTLOFF*

Der 21. Januar 1945 geht zu Ende. Mit der anbrechenden Dunkelheit setzt neuer Schneefall ein. Ab und zu, wenn die Dunkelheit etwas nachläßt, kann man an der Pier in Gotenhafen-Oxhöft die Umrisse eines großen Schiffes erkennen, an welchem ein Name steht, der vor Jahren einmal Frohsinn und Lebensfreude verkündete:

Wilhelm Gustloff.

Für 25 Millionen Mark wurde dieses Kraft-durch-Freude-Schiff gebaut und 1938 in Dienst gestellt. Das ›klassenlose‹ Passagierschiff 25.484 Bruttoregistertonnen groß, für 1463 Passagiere und 390 Besatzungsmitglieder gebaut, 208,5 Meter lang und 25 Meter breit und 15,5 Seemeilen schnell, hat den Krieg bisher gut überstanden. Zum Kriegsbeginn Lazarettschiff, wurde es 1940 ›schwimmende Kaserne‹ für U-Boot-Soldaten in Gotenhafen-Oxhöft. Graugestrichen, schmucklos, liegt es seit Jahren an der Pier und ist keine Seemeile mehr gefahren, seitdem es ›Wohnschiff‹ wurde.

Jetzt, in den letzten Januartagen des Jahres 1945 soll sich die *Gustloff* wieder fahrbereit machen und wird als ›Flüchtlingsschiff‹ und ›Truppentransporter‹ eine neue Aufgabe erhalten und eine neue Reise antreten.

Das diese erste Reise seit Jahren die letzte der *Wilhelm Gustloff* werden wird, ahnt sicher niemand auf dem Schiff.

Nur noch wenige Tage trennen es vom Antritt seiner letzten Reise.

Peter Schiller, seit einem Jahr zur zivilen Stammbesatzung der *Gustloff* gehörend, ahnt nichts von der herannahenden Katastrophe. Er hält, wie die anderen Besatzungsmitglieder, die *Gustloff* für ein sicheres Schiff. Dies auch deshalb, weil bisher keines der großen Passagierschiffe bei Transporten über die Ostsee verlorenging. Warum sollte ausgerechnet der *Gustloff* ein Unglück zustoßen?

Peter Schiller steht auf dem Oberen Promenadendeck der *Gustloff* und blickt hinüber in die Oxhöfter Höhen, die sich im dunkel werdenden Abendhimmel gerade noch an ihren Umrissen erkennen lassen. In nicht allzu weiter Ferne grollt ein dumpfer Donner. Es ist kein Wintergewitter. Es ist die Front, die von Tag zu Tag näher rückt. Danzig wird wohl das nächste Ziel der Russen sein. Es wird höchste Zeit, daß die *Gustloff* und die anderen Schiffe Gotenhafen verlassen und auslaufen. Diesen Gedanken hängt Peter Schiller in diesen Augenblicken nach. Er schaut auf die Uhr. Es ist gleich sechs und Zeit zum Abendessen.

Auf dem Gang zur Messe trifft Schiller den Steurer Smeilus.

»Dicke Luft beim Alten«, raunt er Schiller im Vorbeigehen zu. Mit dem ›Alten‹ ist der Kapitän gemeint.

Als Schiller in die Messe kommt, hört er die neuesten Gerüchte, die durch das Schiff schwirren:

»Der Russe steht 50 km vor Danzig. Wir müssen alle wieder runter, außer dem Brücken- und Maschinenpersonal, um mit der Marine, dem Heer und dem Volkssturm Danzig und Gotenhafen zu verteidigen.«

»Alles Quatsch«, kommentiert Peter Schiller diese Gerüchte. Und er hat recht. Nichts, auch gar nichts stimmt an diesen Parolen, die nur Unruhe unter den Besatzungsmitgliedern stiften.

Korvettenkapitän Wilhelm Zahn, ranghöchster Offizier der Kriegsmarine an Bord der *Gustloff*, hatte seine Offiziere in die Offiziersmesse befohlen und zu der beabsichtigten ›Lagebesprechung‹ auch Kapitän Friedrich Petersen, den I. Offizier Louis Reese, den Zweiten und Dritten Offizier, den Oberzahlmeister und den Leitenden Ingenieur eingeladen.

»Meine Herren«, beginnt Korvettenkapitän Zahn seine Ausführungen, »ich habe Sie hierher gebeten, um Sie mit Einzelheiten der ›Operation Hanibal‹ bekanntzumachen, einem Befehl des Oberbefehlshabers der Kriegsmarine, der die 2. U-Boot-Lehr-Division ebenso betrifft wie die *Wilhelm Gustloff* . . .«

Dann erläutert Zahn alle Einzelheiten des Dönitz-Befehls, der die Räumung der Häfen von Danzig und Gotenhafen vorsieht und für die *Wilhelm*

Gustloff eine konkrete und nicht ganz einfach zu lösende Aufgabe mit sich bringt. Die organisatorischen Vorbereitungen für die Anbordnahme von Schwerverwundeten und Flüchtlingen müssen sofort in Angriff genommen werden. In spätestens 48 Stunden muß mit der Einschiffung der Flüchtlinge und Anbordnahme der Verwundeteten begonnen werden. Das bedeutet restlosen Einsatz aller Kräfte rund um die Uhr.

»Die Aufgabe, die *M/S Wilhelm Gustloff* und damit uns allen, ganz gleich, ob wir Angehörige der Kriegs- oder Handelsmarine sind, zufällt, ist nicht leicht zu lösen und besonders verantwortungsvoll. Die kommende Fahrt der *Gustloff* wird sicherlich keine ›Kraft-durch-Freude-Fahrt‹ werden. Es ist unsere Pflicht, den Flüchtlingen, die wir an Bord nehmen, den Aufenthalt auf unserem Schiff so erträglich wie möglich zu machen. Jedes Besatzungsmitglied muß sich bemühen, diesen Menschen durch Hilfsbereitschaft, Zuvorkommenheit und Höflichkeit das Los ihrer Flucht und das Aufgeben der Heimat zu erleichtern . . .!«

Mit diesem Appell an die Hilfsbereitschaft entläßt Korvettenkapitän Wilhelm Zahn die Offiziere. Die meisten kennen sich bereits seit Jahren und jeder weiß um seine Aufgabe für die nächsten Tage. Ein beglückendes Gefühl hält die Männer in dieser und den folgenden Nächsten wach: die *Gustloff* wird wieder fahren.

Doch bis dahin muß Tag und Nacht gearbeitet werden, um die *Gustloff* auf die Aufnahme von Flüchtlingen vorzubereiten und das Schiff wieder fahrbereit zu machen.

Zu diesen Vorbereitungen gehören nicht nur die Anbordnahme von Verpflegung für rund 5000 Menschen für mehrere Tage, die Heranschaffung weiterer Rettungsboote, Flöße, Schwimmwesten usw., die Wiedereinrichtung der *Gustloff*-Funkstation, die Überprüfung der Alarmanlagen und der eisernen Schotten, die Überholung und Überprüfung der Maschinenanlagen, sondern auch die Verstärkung des Personals in der Maschine und auf der Kommandobrücke.

Kapitän Friedrich Petersen, der bereits vor dem Krieg die *Gustloff* einmal fuhr, ist inzwischen 63 Jahre alt geworden und hat in den letzten Jahren kein Schiff mehr gefahren. Das gleiche trifft für den 68jährigen I. Offizier Louis Reese zu. Weder Petersen noch Reese wollten die Alleinverantwortung für die nächste Reise der *Gustloff* tragen, sie forderten bei Kriegsmarinedienststelle Hamburg zwei erfahrene Wachkapitäne an sowie weitere Navigationsoffiziere, Obersteuerleute und Brückenpersonal, daß die Kriegsmarine stellte. Alleinverantwortlicher Kapitän der *Wilhelm Gustloff* war und blieb der Handelsschiffskapitän Friedrich Petersen.

Am späten Abend des 24. Januar 1945 sind auf der *Wilhelm Gustloff* die Vorbereitungsarbeiten für die Anbordnahme von Flüchtlingen und Verwundeten abgeschlossen, mit der in den ersten Morgenstunden des 25. Januar 1945 begonnen werden soll.

Die Männer und Frauen der zivilen Stammbesatzung aber auch die Angehörigen der Kriegsmarine auf der *Gustloff* haben in den letzten Tagen Vorbildliches geleistet. Gemeinsam hat man alles getan, um den Menschen die an Bord des Schiffes genommen werden sollen, die Flucht über die Ostsee, so leicht, angenehm und vor allem auch so sicher als möglich zu machen.

25. Januar 1945.
An diesem Tage ist es endlich soweit. Die Vorbereitungsarbeiten für die Anbordnahme von Flüchtlingen und Verwundeten sind abgeschlossen. Jetzt geht es los.

Der Ansturm auf die *Wilhelm Gustloff* beginnt schon am frühen Morgen. Peter Schiller, der zur Stammbesatzung gehört und in der Schiffszahlmeisterei tätig ist, wird an diesem Morgen unsanft geweckt. Nach fast pausenlosem Einsatz in den letzten drei Tagen hat er nur drei Stunden Schlaf gefunden. Ein lautes Pochen an seine Kabinentür reißt ihn aus dem Schlaf.

»Aufstehen – es geht los!«

Was geht los? – denkt er. Aber dann ist er plötzlich hellwach. Als Peter Schiller einige Minuten später, als es etwas heller geworden ist, durch das Bullauge seiner Kabine nach draußen sieht, erschrickt er: Über das breite hölzerne Fallreep schiebt sich eine Menschenmenge auf das Schiff, zumeist Frauen mit Kindern, ältere Frauen und ältere Männer.

Es zeigt sich sehr rasch, daß die ›Richtlinien der Gauleitung und auch alle anderen Anweisungen‹ gar nicht so einfach in die Praxis umzusetzen sind. Nach den ›Richtlinien‹ soll nur die ›nichtkampffähige Bevölkerung‹ evakuiert werden, vornehmlich Frauen und Kinder – und Greise. Gehört nun ein 16jähriger zur ›nichtkampffähigen Bevölkerung‹ oder nicht? Könnte er nicht in den nächsten Tagen schon Soldat sein oder ein Volkssturm-Mann? Und was ist mit den knapp 60jährigen? Sind das noch wehrfähige Männer oder ›alte Männer‹, die man in die ›nichtkampffähige Bevölkerung‹ einstufen könnte? Was heißt das eigentlich: ›Nicht kampffähig?‹ Dafür gibt es nirgendwo Erklärungen und Erläuterungen. Und die Angehörigen der Kriegsmarine, alles junge Männer, stehen diesen Dingen einigermaßen hilflos gegenüber. Sie interessieren sich am wenigsten für Anordnungen der Gauleitung der Partei. Die verhärmten Gesichter derer, die um Einlaß in das Schiff, um die Anbordnahme auf die *Gustloff* bitten, sprechen eine andere Sprache. Wer hat beim Anblick dieses Elendszuges am Oxhöfter Kai vor dem Fallreep den Mut, Menschen zurückzuweisen und ältere männliche Jungen oder alte Männer als ›noch kampffähig‹ einzustufen?

»Zurück - bedeutet den Tod!«

Das wissen die Zurückgewiesenen ebensogut wie die Männer am *Gustloff*-Fallreep. Auch die härtesten Matrosen beißen sich auf die Lippen beim Anblick der erschöpften Menschen, die sich jetzt in das Schiffsinnere schleppen. Viele von ihnen brechen schon nach wenigen Schritten zusammen.

»Geschafft – endlich geschafft!« stammeln sie vor sich hin.

Es ist wie ein Schrei der Erlösung. Ein leiser Schrei, der aus dem Herzen kommt.

So geht es pausenlos – stundenlang.

Der Andrang ist schlimmer als auf einem großen Bahnhof. Wenn die Matrosen am Fallreep gefragt werden, wohin die Reise eigentlich geht, müssen sie die Schultern zucken. Sie wissen es selbst nicht. Für die meisten ist das Reiseziel zunächst auch unwichtig. Viel wichtiger ist zunächst einmal, überhaupt auf der *Gustloff* zu sein.

Immer wieder, wenn Peter Schiller den Anbordkommnden am Schalter der Zahlmeisterei die Frage stellen muß: »Wer soll benachrichtigt werden – wenn Ihnen etwas zustößt?« – kommt plötzlich Leben in die oft starren und apathischen Gesichter.

»Wie bitte – was – wenn mir etwas zustößt?«

Manchen kommt jetzt wohl erst in den Sinn, daß die Flucht über die Ostsee mit der *Wilhelm Gustloff* auch Gefahren mit sich bringt, daß das Schiff draußen auf See bombardiert werden, auf eine Mine laufen oder sogar torpediert werden könnte. Aber es ist ja in den vielen Kriegsjahren noch nie ein so großes Schiff wie die *Gustloff* untergegangen und warum sollte ausgerechnet der *Gustloff* ein Unglück zustoßen . . .?

Diese Gedanken beschäftigen Bruchteile von Sekunden viele, die eine Antwort auf die Frage geben sollen:

»Wer soll benachrichtigt werden – wenn Ihnen etwas zustößt?«

Viele wissen gar keine Antwort zu geben, denn sie haben keine Adresse mehr. Die Männer sind an der Front, irgendwo in Rußland oder schon in Polen oder in Kurland – wer weiß? Und die Verwandten und Freunde aus der Heimat sind auf der Flucht. Wie sie hier auf *Gustloff*.

Die Adressenangaben werden die *Gustloff*-Passagierliste in der Schiffszahlmeisterei eingetragen. Bei vielen wird nur ein Strich gemacht. Das bedeutet: Keine Antwort – niemand mehr. Es sind viele, auf die niemand mehr wartet. Peter Schiller und die mit ihm in der Schiffszahlmeisterei tätigen Marinehelferinnen und Schreibgehilfen müssen oft aber auch längere Auskünfte geben. Da wollen es einige ganz genau wissen, was ›passieren‹ könnte. Doch es gelingt, alle Fragenden zu beruhigen.

Was kann der *Gustloff* und ihren Passagieren auf dieser drei- oder vielleicht viertägigen Reise über die Ostsee schon passieren?!

Wichtig erscheint, daß das Schiff bald ablegt und die Reise beginnt.

Aber soweit ist es noch lange nicht.

Die ›Sollzahl‹ ist noch nicht erreicht. Im Büro des Wohnschiffsoffiziers der *Gustloff* wird die Zahl der an Bord genommenen Passagiere ständig überprüft, um rechtzeitig das Stoppzeichen geben zu können. Hier im Büro des Wohnschiffsoffiziers wird auch Auskunft darüber gegeben, ob weitere Familienangehörige, die man unterwegs auf der Flucht verloren hat, oder ob Verwandte, Freunde und Bekannte ebenfalls an Bord der *Gustloff* sind. An dieser Stelle laufen auf dem Schiff alle Schicksalsfäden aller dieser Flüchtlinge zusammen, und hier wird die schier endlos scheinende *Gustloff*-Passagierliste, die eines Tages noch eine große dokumentarische Bedeutung erhalten soll, zusammengestellt. Von Stunde zu Stunde wird diese Liste länger und länger. Mit Riesenschritten nähert man sich der »Sollzahl« 4000. Soviele Flüchtlinge sollte das Schiff aufnehmen.

Wann wird der 4000. Passagier die *Gustloff* betreten?

22.000 FLIEHEN AUS PILLAU

Während der Tage, an denen in Gotenhafen-Oxhöft die Flüchtlinge an Bord der *Wilhelm Gustloff* und des Dampfers *Hansa* strömen, hat sich die militärische Lage in Ost- und Westpreußen weiter verschlechtert.

Der 23. Januar 1945 war ein rabenschwarzer Tag für Ostpreußen. Allenstein war in der Nacht vom 22. zum 23. Januar in sowjetische Hände gefallen. Die Russen hatten nichts Eiligeres zu tun, als zunächst das Tannenberg-Denkmal zu sprengen, aus dem allerdings vorher die Särge des ehemaligen Generalfeldmarschalls und Reichspräsidenten Paul von Hindenburg und seiner Frau von deutschen Truppen geborgen und abtransportiert waren.

An diesem 23. Januar stürmten die sowjetischen Truppen unter ungewöhnlichem Einsatz von Menschen und Waffen weiter in das deutsche Land. Das Krachen der Einschläge, das Rasseln der Panzer, das Hämmern der Maschinengewehre, das Dröhnen der Flugzeuge, das Bersten der Bomben, das Schreien der Verwundeten, erstickten das Stöhnen der Sterbenden.

An diesem Tag, an welchem die Panzerspitzen der 2. Weißrussischen Front unter dem Oberbefehl von Marschall Rokossowski von Südwesten her bis Elbing vorstießen und die Russen einen Keil zwischen die zerrissene Front der unter Generaloberst Weis in Westpreußen kämpfenden 2. Armee und der unter Führung von General Hoßbach in Ostpreußen kämpfenden 4. Armee trieben, vollzog sich das Schicksal vieler deutscher Soldaten. Die 4. deutsche Armee und die 3. deutsche Panzerarmee, die vor Königsberg und am Kurischen Haff kämpfte, befanden sich plötzlich mit ihren 40.000 Mann in einem riesigen Kessel eingeschlossen. Und nicht nur die Soldaten.

Von den rund 1,85 Millionen Menschen, die vor Beginn des sowjetischen Angriffs in Ostpreußen lebten und nach dem Befehl des Gauleiters Erich Koch ihre Heimat »mit der Faust verteidigen« sollten, konnten in aller Eile nur etwa 250.000 Menschen mit Pferden und Wagen in langen Trecks und mit Zügen fliehen.

Viele Flüchtlinge wählten den Weg an die Küste, nach Pillau.

Die Seestadt Pillau, vor dem Krieg wenig mehr als 12.000 Einwohner zählend, war für Königsberg und viele Ostpreußen das Tor zur Ostsee. Jetzt wird es für die Flüchtlinge zum Tor zur Freiheit. Bis vor kurzem war es in Pillau noch relativ ruhig, doch die letzten Monate hatten die Stadt und ihre Bürger in zunehmende Unruhe versetzt. Als die ersten Schiffe mit Flüchtlingen aus Memel eintrafen, war es mit der Ruhe vorbei. Dann kamen die ersten Flüchtlinge mit Trecks und Zügen.

Und am Dienstag, dem 23. Januar 1945 waren bereits doppelt soviele Flüchtlinge in Pillau, als die Stadt an Einwohnern zählte. Am 19. Januar war der erste große Schub gekommen, und seitdem hatte der Zustrom nicht mehr aufgehört. Der Chef der Pillauer Kriegsmarinekommandantur, Korvettenkapitän Dr. Schön, gab sich alle erdenkliche Mühe, Bürgermeister Scholz Marineunterkünfte zusätzlich als Notquartiere zur Verfügung zu stellen. Kapitän zur See Poske, Kommandeur der 1. Untersee-Boots-Lehrdivision, die in Pillau stationiert war, ließ mehrere große Baracken in den Lagern Himmelreich und Schwalbenberg, die vorher der Marine-Flak und der Marineartillierie als Unterkünfte dienten, für die Unterbringung von Flüchtlingen räumen. Niemand sollte auf der Straße übernachten müssen, jeder sollte ein warmes Quartier haben.

Worauf man bei der 1. U-Boots-Lehrdivision in Pillau genau so wartete wie bei der 2. ULD in Gotenhafen, war der Auslaufbefehl für die großen Wohnschiffe der U-Boot-Waffe. Im Hafenbecken von Pillau lagen das ehemalige KdF-Schiff *Robert Ley* (27.288 BRT), der 16.662 BRT große Überseedampfer *Pretoria* und der Afrikadampfer *Ubena.*

Daß die Soldaten der 1. U-Boots-Lehrdivision von Pillau in einen westlicher gelegenen Ostseehafen verlegt würden, war sicher. Nur der Zeitpunkt stand noch nicht fest, und sicher war auch nicht, ob die Schiffe Flüchtlinge mitnehmen dürften. Das wäre zwar grotesk angesichts der vielen im Hafen wartenden Menschen, aber – bei den Dienststellen der Partei war alles möglich.

Und so kam es auch.

Bürgermeister Scholz erhielt von der Königsberger Gauleitung der NSDAP einen kurzen knappen Anruf:

»Gauleiter Koch hat angeordnet, daß die Schiffe der ULD sofort auslaufen. Auf keinen Fall dürfen Flüchtlinge mitgenommen werden. Zwischen dem Reichsverteidigungskommissar und Großadmiral Dönitz ist die Anordnung abgesprochen!«

Kapitän zur See Fritz Poske, von Scholz über den Anruf informiert, kommentierte diesen mit den Worten:

»Totaler Quatsch. Der Gauleiter Koch kann der Marine überhaupt nichts befehlen. Mein Vorgesetzter ist der Führer der U-Boote, Admiral von Friedeburg. Er allein entscheidet!«

Das war eine klare Auskunft. Und der Kommandeur der 1. ULD bemühte sich, diese Entscheidung von höchster Stelle, dem OKM, zu erhalten und stellte fest, daß zwischen Koch und Dönitz nie eine Vereinbarung getroffen war.

Noch am gleichen Abend traf der Befehl des F.d.U. ein, die 1. ULD von Pillau nach Westen zu verlegen und jeden freien Schiffsraum mit Flüchtlingen zu belegen. Knapp eine Stunde später erhielten die zivilen Dienststellen einen Befehl der Gauleitung, der drei Anordnungen umfaßte:

1. Die Straße Königsberg-Fischhausen-Pillau muß unter allen Umständen für die Wehrmacht und andere kriegswichtige Transporte frei bleiben.

2. Sämtliche aus Königsberg kommenden Flüchtlinge werden in Pillau auf Schiffe verladen. In Pillau geht niemand an Bord, der nicht mit einem Sonderzug aus Königsberg gekommen ist.

3. Bevölkerung sowie die Trecks müssen im Samland verbleiben.

Der Gauleiter Ostpreußens und Reichsverteidigungskommissar wußte genau, warum er zunächst die Sonderzugfahrgäste auf die Schiffe haben wollte: Es waren Angehörige der Königsberger Parteiprominenz.

Der Gauleiter hatte die Rechnung allerdings ohne die Marine gemacht. Und die handelte nach eigenen Gesetzen. Für sie galten andere Kriterien der Flüchtlingsauswahl: Werdende Mütter, Mütter mit Kleinkindern und Mütter mit drei und mehr Kindern unter zwölf Jahren.

Die Einschiffung verlief reibungslos. Die Marinesoldaten versuchten zu helfen, wo sie nur konnten. Am 25. Januar nachmittags waren alle Schiffe beladen. An Bord der Schiffe war kein Platz mehr frei.

Pünktlich um 18.00 Uhr warf die *Pretoria* als erstes Schiff die Leinen los und wurde mit Schleppern aus dem Hafen in das Seetief geschleppt. Dann folgten die anderen Schiffe. Alle Schiffe fuhren total abgeblendet im Geleit, gesichert von Fahrzeugen der Kriegsmarine, die die 9. Sicherungs-Division zur Verfügung stellte. Das Geleit hatte Glück.

22.000 Menschen waren auf den Schiffen, die am Abend des 25. Januar 1945 Pillau verließen und schon am nächsten Tage wohlbehalten in Swinemünde eintrafen.

Der erste große Flüchtlingstransport über die Ostsee gelang ohne jede Feindeinwirkung.

Doch Gauleiter Erich Koch wollte den verantwortlichen Offizier, der entgegen seiner Anweisung Frauen und Kinder an Bord genommen hatte, vor ein Kriegsgericht stellen lassen.

Bereits am nächsten Tag dringen die 39. und 43. sowjetische Armee zwischen Königsberg und Cranz ins westliche Samland bis an Fischhausen heran vor und durchbrechen die Landverbindung Pillau-Königsberg.

War der erste gelungene große Flüchtlingstransport aus Pillau ein gutes

Omen für den zweiten Transport, der in diesen Tagen aus Gotenhafen über die Ostsee erfolgen würde?

Gotenhafen, 27. Januar 1945.

In Gotenhafen war es noch nicht so weit wie in Pillau. Noch immer liegt die *Wilhelm Gustloff* in Oxhöft an der Pier und noch immer werden Flüchtlinge an Bord genommen, obwohl die »Sollzahl« von 4000 längst überschritten ist.

Die Fähre, die im Pendelverkehr zwischen Gotenhafen und Oxhöft die Menschen hin und her befördert, hat an diesem Tage zwei wichtige Fahrgäste: die Wachkapitäne Heinz Weller und Karl-Heinz Köhler, die von der Kriegsmarinedienststelle Hamburg auf Anforderung von Kapitän Friedrich Petersen auf die *Gustloff* kommandiert worden sind. Als die beiden Kapitäne dem bewaffneten Posten am *Gustloff*-Fallreep ihre Ausweise zeigen und ihren ›Marschbefehl‹, meinte der Obergefreite:

»Dann kann's ja losgehen . . .!«

Doch die Zeit lief weiter. Den ganzen Tag über kommen weitere Flüchtlinge an Bord, in der Nacht vom 27. zum 28. Januar folgt ein Verwundetentransport und um Mitternacht kommt ein Zug Marinehelferinnen auf *Gustloff*. Die jungen Mädchen finden Unterkunft im Schwimmbad im untersten Deck des Schiffes und den danebenliegenden HJ-Räumen. Die *Gustloff* besaß die einzige ›schwimmende Jugendherberge‹. Als die Mädchen ihre Quartiere beziehen und todmüde auf die Matratzen fallen, wissen sie nicht, daß sie sich im untersten Schiffsdeck weiter unter der Wasseroberfläche befinden.

Inzwischen zeigt das Kalenderblatt einen neuen Tag, den 28. Januar 1945.

FLÜCHTLINGSDAMPFER *HANSA*

Nicht nur auf der *Wilhelm Gustloff*, auch auf der unweit der *Gustloff* liegenden *Hansa* wartet man an diesem 28. Januar noch immer auf den Auslaufbefehl.

Auf der 21.131 Bruttoregistertonnen großen *Hansa* zeigt sich fast das gleiche Bild wie auf der *Gustloff*. Bereits mehr,mehr 3000 Mütter, Kinder und Greise ›bevölkern‹ das frühere HAPAG-Schiff, das 1922 als *Albert Ballin* die erste Reise nach New York unternahm und das jetzt aufgrund des ›Dönitz-Befehls‹ wie die *Gustloff* ein ›Flüchtlingsschiff‹ geworden ist.

Im Rahmen der ›Operation Hanibal‹, die die Verlegung der 2. Unterseeboots-Lehrdivision in die Lübecker Bucht vorsieht, soll der Dampfer *Han-*

sa das gesamte Lehrmaterial der 2. ULD nach Westen befördern, das Offizierkorps der 2. ULD und zusätzlich noch 3000 Flüchtlinge an Bord nehmen.

Am 28. Januar befinden sich bereits 5000 Menschen auf der *Hansa*. Zuerst hatte man die Familien der Offiziere und Unteroffiziere des Stammpersonals der 2. ULD an Bord genommen, die in Gotenhafen oder Danzig ihren Wohnsitz hatten und nun Abschied nehmen mußten von ihrem liebgewonnenen Zuhause. Bis auf zwei Koffer mit Wäsche des täglichen Bedarfs muß alles zurückgelassen werden.

Die Angehörigen der Offiziere und Unteroffiziere der 2. ULD, zum größten Teil noch nie auf einem Schiff gefahren, fühlten sich vom ersten Augenblick an auf der *Hansa* sehr wohl und vor allem für die Kinder war das Leben an Bord ein ganz großes Abenteuer.

Dann waren die Flüchtlinge an Bord gekommen. Nach tagelangen Fußmärschen aus dem ostpreußischen Grenzgebiet oder aus dem Raum Elbing schleppten sie sich mit letzter Kraft über das Fallreep auf das Schiff und waren glücklich, als sie die wohlige Wärme im Schiffsleib empfing.

Sie waren alle sehr genügsam, still, zufrieden, waren froh, nicht mehr der Kälte und den Strapazen der Flucht ausgesetzt zu sein, sanken auf Gängen, in Sälen und Kabinen auf den Matratzen in sich zusammen und schliefen die ersten Stunden nach ihrer Ankunft an Bord. Manchmal hatten sie seit Tagen keinen Schlaf mehr gehabt.

»Nun sind wir auf dem Schiff. Nun sind wir gerettet!« sagte eine Mutter zu ihren drei Mädchen. Es war eine Mutter von vielen.

Diese Mutter glaubte, nun endlich gerettet zu sein und war überaus glücklich darüber.

Doch niemand weiß auf der *Hansa* an diesem Abend Näheres über das weitere Schicksal des Schiffes.

Noch niemand kennt den Zielhafen, noch niemand weiß, wann das Schiff ausläuft.

Und der Ansturm auf die *Hansa* hält noch immer an. Pausenlos drängen die Flüchtlinge über das Fallreep durch die breite Tür in das Schiff.

»Wir haben doch längst 3000 Flüchtlinge an Bord – und es kommen immer mehr!« – sagt der wachhabende Obermaat zu dem Einschiffsoffizier, einem Oberleutnant.

Der aber antwortet nur: »Weitermachen – wir können die Leute nicht draußen lassen – !«

Manchmal gibt es am Fallreep auch Tränen.

Da die *Gustloff* eine Krankenstation und auch eine Säuglingsstation eingerichtet hat, müssen Mütter mit Säuglingen auf die *Gustloff*.

»Die Oma mit den großen Kindern kann hierbleiben, die Mutter mit dem Säugling muß auf die *Gustloff*«, erklärt ein Obergefreiter am Fallreep einer sechsköpfigen Familie.

Vier Kinder hat die Mutter bei sich, zwei Mädchen und einen Jungen, alle zwischen vier und zehn Jahren alt, einen Säugling, sechs Monate alt, im Kinderwagen und die Oma.

»Sieh – Hilde«, sagt die Oma – »auf der *Gustloff* ist es vielleicht noch schöner und da hast Du dort noch eine bessere Pflege für die Kleine – da gibt's auch Milch für Kleinkinder . . .!«

Tränenüberströmt nehmen die sechs Abschied voneinander, denn sie trennen sich nicht gern. Und sie verabreden noch eine Adresse in Lübeck, bei einem Onkel. Falls die *Gustloff* nicht den gleichen Hafen wie die *Hansa* anläuft, wollen sie sich dort treffen.

Die Trennung wird ja nur einige Tage sein.

Daß es ein Abschied für immer wird, ahnt keiner der sechs.

In wenigen Tagen wird die Mutter mit dem Säugling mit dem Wrack der *Gustloff* auf dem Grunde der Ostsee ruhen.

Und die Oma mit den drei Kindern wird wochenlang vergeblich suchen und von Tag zu Tag hoffen, daß die Hilde und die kleine Barbara doch noch von irgendeinem Schiff beim Untergang der *Gustloff* gerettet wurden und leben. So grausam kann der Krieg doch nicht sein, denkt die Oma. Er hat ihr schon den Mann genommen, der auf der Flucht starb, und den Sohn, den einzigen, den Mann von Hilde, der am Tage der Geburt von Barbara an der Kurlandfront gefallen ist . . .

Aber – das ist nur ein Schicksal von vielen, die sich in diesen Tagen und Stunden zur Flucht über die Ostsee aufmachen. Doch noch ist es nicht soweit. Auch auf der *Hansa* wächst die Ungeduld vieler, die bereits seit Tagen an Bord sind. Das Schiff füllt sich immer mehr, und immer öfter wird die Frage gestellt:

»Herr Offizier – bitte sagen Sie mir, wann es endlich losgeht, wann wir endlich fahren, wir sind doch schon vier Tage hier auf dem Schiff –?«

Doch wann es los geht, weiß auf der *Hansa* an diesem Vormittag des 28. Januar noch niemand, ebensowenig wie auf der *Gustloff*. Beide Schiffe sollen Gotenhafen gemeinsam im Geleit verlassen.

Auf der *Gustloff* herrscht an diesem Sonntagmorgen große Aufregung. Soeben hat man festgestellt, daß bereits 4300 Flüchtlinge an Bord sind, dreihundert mehr, als aufgenommen werden sollten. Das Schiff ist total überfüllt. Und noch warten an der Pier mehrere Hunderte.

Kapitän Petersen läßt am späten Vormittag, nach Rücksprache mit seinen Offizieren und in Absprache mit dem Kommandeuer der II. Abteilung der 2. ULD, Korvettenkapitän Zahn, einen Funkspruch absetzen:

»Erbitten Auslaufbefehl. Einschiffung abgeschlossen. 4000 Flüchtlinge an Bord!«

Kurze Zeit später trifft bereits die Antwort ein:

Gustloff weitere Flüchtlinge einschiffen!«

Die Männer auf der Kommandobrücke sehen sich an. Sie wissen, daß die weitere Aufnahme von Flüchtlingen fast unmöglich ist. Auf der *Gustloff* ist jetzt schon kein Platz mehr frei.

Rückfragen ergeben, daß es auf anderen Schiffen, die mit Flüchtlingen beladen werden, nicht anders aussieht. Der Dampfer *Deutschland* hat zum Beispiel schon 8000 Flüchtlinge an Bord. Er ist eine Art ›Musterbeispiel‹ für die anderen Schiffe. Soll die *Gustloff* dem Beispiel der *Deutschland* folgen und ebenfalls 8000 Menschen an Bord nehmen?

Das ist völlig unmöglich!

Als gegen Mittag in den großen Sälen und Hallen unter den Flüchtlingen bekannt wird, daß sich das Auslaufen noch weiter verzögert und noch mehr Menschen an Bord genommen werden sollen, gleicht das ganze Schiff einer Gerüchteküche.

»Alle Soldaten und Männer müssen von Bord und Gotenhafen verteidigen«, erzählen die einen, andere verbreiten andere Parolen. Doch Genaues weiß niemand.

Auf der Kommandobrücke der *Wilhelm Gustloff* glaubt man immer noch nicht, daß der Dampfer *Deutschland* bereits 8000 Menschen an Bord hat, doch eine Rückfrage bestätigt dies.

Die *Deutschland* hat bereits 8000 Flüchtlinge aufgenommen und lädt pausenlos weiter. Der rund 21.000 BRT große einstige HAPAG-Dampfer will rund 10.000 Menschen an Bord nehmen.

Die gleiche Absicht hat auch der Hamburg-Süd-Dampfer *Cap Arcona* während die *Hamburg* weniger aufnehmen kann. Doch auch vor diesen beiden Schiffen drängen sich noch die Menschen.

Die *Gustloff* ist am Abend des 28. Januar inzwischen bis auf den letzten Platz besetzt. In den nächsten Stunden, in der Nacht zum 29. Januar, erwartet man den Auslaufbefehl.

Doch gegen das Auslaufen der *Gustloff* hat ein Mann ganz erhebliche Bedenken und will dies in jedem Fall verhindern.

KEIN GELEIT FÜR DIE SCHIFFE

Dieser Offizier ist Korvettenkapitän Leonhardt, Leiter der Zweigstelle Gotenhafen der 9. Sicherungsdivision. Sein Büro befindet sich auf dem Steinberg in Gotenhafen. In seiner spartanisch eingerichteten Dienststelle arbeiten fünf Offiziere und einige Seeleute, die im Kartenzimmer und im Funkraum Dienst tun. Diese kleine Mannschaft trägt eine große Verantwortung. Sie ist verantwortlich für einen Ostseebereich von etwa siebenhundert Seemeilen. Ihre Aufgabe besteht darin, für das entsprechende Sicherungsgeleit zu sorgen, wenn Handelsschiffe Pillau, Danzig und Gotenhafen verlassen. Korvettenkapitän Leonhardt trägt mit seinen Leuten die

Verantwortung für viele Schiffe und für Tausende von Menschen.

Die größte Sorge des erfahrenen Korvettenkapitäns besteht darin, den Handelsschiffen, die in immer größerer Zahl Flüchtlinge nach Westen befördern, die entsprechenden Geleitschiffe der Kriegsmarine: Minensuchboote, Torpedoboote, Vorpostenboote und andere Sicherungsschiffe zur Verfügung zu stellen.

In den letzten Tagen hatte er bereits von Pillau einen großen Geleitzug nach Westen geschickt, die *Robert Ley* (27.288 BRT), die *Pretoria* (16.662 BRT) und die *Ubena* (9554 BRT). Mit 7000 Flüchtlingen an Bord hatten die drei Schiffe unter dem Schutz der 9. Sicherungsdivision Pillau verlassen und waren auch unbeschadet im Zielhafen eingetroffen. Begleitet von einem Torpedoboot und zwei Minensuchbooten, hatte er auch die Frachtschiffe *Minden* (4737 BRT) und *Cometa* (5123 BRT) mit insgesamt zweitausendfünfhundert Soldaten sicher nach Westen geschickt.

Für ihn, den erfahrenen Geleitschutzmann, gibt es keinen Zweifel darüber, daß ihn die Bereitstellung der Geleitfahrzeuge für die Flüchtlingsschiffe *Wilhelm Gustloff, Hansa, Cap Arcona, Deutschland* und *Hamburg*, die in den nächsten Tagen Gotenhafen und Danzig verlassen werden, vor fast unlösbare Probleme stellen wird. Er weiß, welche Gefahren diese Schiffen, die insgesamt rund 30.000 Menschen nach Westen über die Ostsee befördern sollen, aus der Luft und von See, durch Minen und U-Boote drohen.

Diese großen Handelsschiffe brauchen nicht nur einen ausreichenden Geleitschutz, um sie vor möglichen U-Boot-Angriffen zu sichern, sie brauchen auch einen ausreichenden Flakschutz gegen Luftangriffe, also eine genügende Anzahl von Kriegsschiffen als Geleit.

Doch diese Geleitfahrzeuge sind im Augenblick weder in Danzig noch in Gotenhafen vorhanden.

Es wäre also nach Meinung des Korvettenkapitäns unverantwortlich, eines oder mehrere der großen Schiffe jetzt auslaufen zu lassen.

Leonhardt verkennt in keinem Fall die Situation der Schiffsleitungen. Er weiß, wie dringend es wäre, die vollbesetzten Schiffe so schnell wie möglich auslaufen zu lassen, möglichst morgen noch.

Aber er kann das Auslaufen der Schiffe nur freigeben, wenn das erforderliche Geleit zur Verfügung steht und damit die Sicherheit von Menschen und Schiffen einigermaßen garantiert ist. Immer noch hofft der Leiter der Zweigstelle der 9. Sicherungs-Division, daß auch die verantwortlichen Männer der 2. Unterseeboots-Lehrdivision seinen Standpunkt respektieren und sich zunächst so lange mit der momentanen Situation abfinden, bis die angeforderten Geleitschiffe und -boote in Gotenhafen eintreffen.

Während die *Cap Arcona*, die *Hamburg* und die *Deutschland* der 9. Sicherungs-Division mitgeteilt hatten, daß sie auslaufbereit wären, die Anbordnahme der Flüchtlinge abgeschlossen sei und man auf die Gestellung eines Geleites durch die 9. Sicherungs-Division warte, war eine solche Meldung von der *Gustloff* und der *Hansa* bei der 9. Sicherungs-Division noch nicht eingegangen. Korvettenkapitän Leonhardt wußte überhaupt nicht, wie weit die Anbordnahme von Flüchtlingen auf die Schiffe fortgeschritten war.

Nur durch einen Zufall erfuhr Leonhardt von der Auslaufbereitschaft der *Hansa* und der *Gustloff*, die im Hafenbecken IX des Oxhöfter Hafens lagen. Einer seiner Offiziere war an der *Gustloff* vorbeigegangen und hatte die Anbordnahme der Flüchtlinge festgestellt.

Dies veranlaßte Korvettenkapitän Leonhardt, bei einem leitenden Offizier der 2. ULD anzurufen und sich nach den Absichten von *Gustloff* und *Hansa*, die dem Kommando der 2. Unterseeboots-Lehrdivision unterstanden, zu erkundigen.

Leonhardt erfuhr zu seiner Bestürzung telefonisch, daß die *Gustloff* gemeinsam mit der *Hansa* in den nächsten vierundzwanzig Stunden auslaufen würde. Auf die Frage, ob die beiden Schiffe auch Geleitfahrzeuge der U-Boot-Waffe hätten, erhielt er keine definitive Antwort. Kurze Zeit später erhielt der Leiter der Zweigstelle Gotenhafen der 9. Sicherungs-Division eine telefonische Einladung von Kapitän zur See Neitzel, dem Kommandeur der 2. Unterseeboots-Lehr-Division. Eiligst begab sich Korvettenkapitän Leonhardt mit einem seiner Offiziere in das Hauptquartier der 2. ULD.

Hier überraschte ihn Kapitän zur See Neitzel mit der Mitteilung:

»Wir haben Befehl, die beiden Wohnschiffe der 2. Unterseeboots-Lehr-Division, *Gustloff* und *Hansa*, unverzüglich nach Westen zu verlegen. Die Einschiffung der Mannschaften und Offiziere der 2. ULD sind befehlsgemäß abgeschlossen, ebenso die Einschiffung der Flüchtlinge!«

Der Kapitän bat die beiden staunend zuhörenden Offiziere der 9. Sicherungs-Division um einen Bericht über die U-Boot-Lage in der östlichen Ostsee, andere feindliche Aktivitäten, insbesondere der feindlichen Luftaufklärung und Luftwaffe, über minenfreie Wege und andere Einzelheiten.

Als Korvettenkapitän Leonhardt diese Absichten und Mitteilungen hört, ist er zunächst bestürzt.

Er erkennt die Absicht der U-Boot-Leute, ohne Rücksicht auf das fehlende Sicherungsgeleit, auf eigene Faust die *Gustloff* und die *Hansa* mit insgesamt über 10.000 Menschen an Bord den Weg über die Ostsee allein antreten zu lassen.

Korvettenkapitän Leonhardt tut, was in seinen Kräften steht. Er versucht, den versammelten Offizieren der 2. ULD kurz und bestimmt zu erklären, daß er als Leiter der Zweigstelle Gotenhafen der 9. Sicherungs-Division die Absichten der 2. ULD keineswegs gutheißen könne, da die Gefahren auf See durch Flugzeuge, Minen und sowjetische U-Boote weit größer sei, als die 2. ULD offensichtlich annehme.

»Die 9. Sicherungs-Division ist im Augenblick nicht in der Lage, *Gustloff* und *Hansa* auch nur einen einigermaßen ausreichenden Geleitschutz zu gewähren, ich muß deshalb das Auslaufen von *Gustloff* und *Hansa* solange ablehnen, bis ausreichender Geleitschutz vorhanden ist«!

Doch damit geben sich die U-Boot-Leute von der 2. ULD nicht zufrieden. Auch der eindringliche Bericht von Leonhardt über die Feindlage in der östlichen Ostsee überzeugt sie nicht.

Kapitän zur See Neitzel, der Kommandeur der 2. ULD, antwortet dem erfahrenen Geleitschutzoffizier der 9. Sicherungs-Division nur:

»Ich bedaure sehr, Herr Korvettenkapitän, daß Sie uns ein ausreichendes Geleit für *Gustloff* und *Hansa* zur Zeit nicht zur Verfügung stellen können. Wir sind aber gezwungen, unverzüglich auszulaufen.«

Beide Standpunkte prallen hart aufeinander.

Die verantwortlichen Offiziere der 2. ULD weisen noch einmal mit Nachdruck darauf hin, daß die Ausbildung der an Bord genommenen U-Boot-Männer der 2. ULD befehlsgemäß unverzüglich, d.h. sofort, in einem westlicheren Ostseehafen fortgesetzt und abgeschlossen werden muß, damit diese wichtige Spezialtruppe der Kriegsmarine auf neuen Booten schnellstmöglich zum Einsatz zur Verfügung steht. Außerdem wachse die Unruhe unter den seit Tagen eingeschifften Flüchtlingen auf beiden Schiffen von Stunde zu Stunde. Sowohl auf der *Gustloff* als auch auf der *Hansa* sei jeder verfügbare Raum belegt. Eine weitere Verzögerung des Auslaufens der beiden Schiffe würde an Bord zweifellos zu panikartigen Szenen führen. Und das wolle und müsse man auf alle Fälle verhindern.

So urteilen die meisten Stabsoffiziere der 2. ULD, und man muß ihnen bescheinigen, daß auch sie nur das Beste für alle im Sinn haben: Für die beiden Schiffe und die Menschen, die darauf sind.

Doch für Korvettenkapitän Leonhardt von der 9. Sicherungs-Division gelten andere Kriterien, er kann sich der Meinung der Offiziere der 2. ULD keinesfalls anschließen.

Für ihn ist die Sicherheit der Menschen und der Schiffe das oberste Gebot. Und diese Sicherheit erscheint ihm sowohl für die Menschen, als auch für die Schiffe im höchsten Grade stark gefährdet. Er ist bestimmt kein Schwarzseher, doch er kann sich ausmalen, welche hervorragenden Ziele diese beiden Riesenschiffe mit ihren hohen Aufbauten für die russischen Flieger und die U-Boote, die schon weit in die östliche Ostsee vorgedrungen sind und sogar schon für die mittlere Ostsee vereinzelt gemeldet wurden, bieten – ganz abgesehen von der Minengefahr. Leonhardt will deshalb auf keinen Fall, daß die beiden Wohnschiffe der 2. ULD, *Gustloff* und *Hansa*, in den nächsten 24 Stunden auslaufen, zumindest will er aber das Auslaufen verzögern, bis entsprechendes Geleit zur Verfügung steht.

Kann Leonhardt aber das Auslaufen der beiden Schiffe überhaupt noch verhindern?

Sofort nach Rückkehr von der im Grunde genommen ergebnislos verlaufenen Besprechung im Stabsgebäude der 2. ULD am Abend des 28. Januar 1945 ruft Leonhardt seinen Chef, den Kapitän zur See von Blanc, an. Der Chef der 9. Sicherungs-Division hat seinen Sitz in Windau.

Kapitän zur See von Blanc ist bestürzt über die Absicht der U-Boot-Leute, die oft als ›vierter Wehrmachtsteil‹ bezeichnet wurden. Er sagt Korvettenkapitän Leonhardt zu, sofort entscheidende Schritte bei der Seekriegsleitung zu unternehmen mit dem Ziel, das Auslaufen der *Gustloff* und der *Hansa* zu verhindern, zumindest zu verzögern.

Doch der Leitungsweg von der Dienststelle des Chefs der 9. Sicherungs-Division bis nach Berlin zur Seekriegsleitung und zurück nach Windau und von da nach Gotenhafen war lang, zu lang.

Denn die U-Boot-Leute von der 2. ULD blieben von den Warnungen des Leiters der Zweigstelle Gotenhafen der 9. Sicherungs-Division, Korvettenkapitän Leonhardt, unberührt. Sie wollten in jedem Fall die *Gustloff* und die *Hansa* in den nächsten vierundzwanzig Stunden auslaufen lassen. Da die 9. Sicherungs-Division offensichtlich nicht in der Lage war, für ein entsprechendes Geleit zu sorgen, würde die 2. ULD auch diese Aufgabe noch übernehmen, denn schließlich standen der 2. ULD mehrere Torpedoboote, Minensuch- und Torpedofangboote und einige weitere Kriegs- und Zielschiffe zur Verfügung, die man für Geleitaufgaben einsetzen konnte.

Kapitän zur See Neitzel, der Kommandeur der 2. Unterseeboots-Lehr-Division ließ die Auslaufvorbereitungen auf *Gustloff* und *Hansa* treffen, ohne abzuwarten, welche Sicherungsfahrzeuge die 9. Sicherungs-Division möglicherweise noch bereitstellen konnte oder welche Ergebnisse bei den Gesprächen zwischen Kapitän zur See von Blanc und der Seekriegsleitung herauskamen.

Für *Gustloff*, die *Hansa* und die 2. ULD war jetzt höchste Eile geboten.

Man war nicht mehr bereit, noch länger in Gotenhafen zu bleiben und auf einen Auslaufbefehl zu warten.

Inzwischen war die Nacht hereingebrochen, der 28. Januar 1945 zu Ende gegangen.

Wird die *Gustloff* nun endlich am 29. Januar den Auslaufbefehl erhalten?

Auf der *Gustloff* hofft man dies.

Doch die Hoffnung bestätigt sich nicht.

Am Vormittag des 29. Januar kommt noch ein größerer Verwundeten-Transport an Bord. Ein Lazarettzug hat die Verwundeten direkt von der Front in Ostpreußen bis nach Gotenhafen gebracht. Von hier aus wurden sie mit Lkws und Krankenfahrzeugen bis zur *Gustloff* befördert. Nun stehen die Wagen vor dem Fallreep. Im Damensalon wird so gut es geht ein Behelfslazarett eingerichtet. Die Verwundeten kommen in frisch bezogene Betten. Man tut alles, damit sie sich geborgen fühlen.

Zur gleichen Stunde versammelt der Kommandeur der II. Abteilung der

2. Unterseeboots-Lehrdivision, Korvettenkapitän Wilhelm Zahn im Navigationsraum der *Gustloff* die Offiziere der Kriegs- und Handelsmarine. Wenige Minuten vorher hat Kapitän Zahn einen Befehl des Kommandeurs der 2. Unterseeboots-Lehrdivision erhalten, der für das Schicksal der *Wilhelm Gustloff* eine lebensentscheidende Bedeutung erhalten wird, die in ihrer Tragweite an diesem Vormittag des 29. Januar noch niemand etwas ahnt.

Der Kommandeur der 2. ULD hat entschieden, daß nicht auf eine Geleitsicherung durch die 9. Sicherungs-Division gewartet werden kann, sondern daß die *Gustloff* und die *Hansa* auf eigene Verantwortung der 2. ULD mit eigenen Schiffen der ULD als Sicherung den Weg nach Westen antritt.

Im Navigationsraum der *Wilhelm Gustloff* herrscht eine gewisse Spannung, als Korvettenkapitän Zahn den Raum betritt.

Neben Kapitän Petersen, den Fahrkapitänen Weller und Köhler, dem Ersten Offizier Reese, den Navigationsoffizieren, dem Chefingenieur Löbel und dem Oberzahlmeister Jensen nehmen von Seiten der Kriegsmarine außer Korvettenkapitän Zahn die vier Kompaniechefs der II. Abteilung der 2. ULD, die auf der *Gustloff* stationiert sind, teil.

Zahn erläutert kurz den Befehl des Kommandeurs der II. ULD.

»Die *Wilhelm Gustloff* wird morgen, am 30. Januar, auslaufen. Der genaue Auslaufzeitpunkt wird noch bekanntgegeben, der dürfte in den Mittagsstunden liegen.

Nach Angaben des Admiralstabsoffiziers, der über die Feindlage in der östlichen und mittleren Ostsee befragt wurde, besteht keine direkte und unmittelbare Gefahr.

Es ist kaum damit zu rechnen, daß die *Gustloff* auf ihrem Marsch nach Westen feindlichen Schiffen oder U-Booten begegnet.

Mit der *Gustloff* läuft gleichzeitig die *Hansa* aus.

Drei Sicherungsboote, die der U-Boot-Waffe unterstellt sind, werden das Geleit schützen«.

Korvettenkapitän Zahn schließt die Bekanntgabe des Befehls mit den Worten:

»Wir alle tragen die Verantwortung für Tausende, hauptsächlich für die Frauen und Kinder, die Kranken und Verwundeten und die alten Menschen an Bord – aber auch für unsere Männer.«

Die Offiziere der *Gustloff* atmen nach Kenntnisnahme dieses Befehls erleichtert auf.

Endlich.

Nun kann es nur noch vierundzwanzig Stunden dauern, dann wir die *Gustloff* ablegen und Gotenhafen verlassen. Dann endlich wird die Reise über die Ostsee beginnen, auf die jetzt schon über fünftausend Menschen auf dem Schiff sehnsüchtig warten. In diesen Augenblicken kommt eine Durchsage durch die Schiffslautsprecher:

»Achtung – Achtung –
wir führen jetzt eine Schottenschließübung durch –
das Schließen der Schotten wird durch drei kurze Klingelzeichen angekündigt – – –!«
Noch einmal wird die Durchsage wiederholt.
Dann schrillen die Alarmklingeln:
Dreimal kurz!

Die an Bord befindlichen Seeleute wissen, was dieses Kommando bedeutet und was das Schließen der Schotten auf sich hat. Doch die meisten Flüchtlinge, die Verwundeten und die Marinehelferinnen, die sich zum ersten Mal auf einem Schiff befinden, wissen das nicht. Sie ahnen auch nicht, daß, wenn sich die Schotten schließen, diese das Vorschiff vom Mittelschiff wasserdicht trennen, und wer hinter diesen Schotten im Vorschiff ist, rettungslos verloren sein wird.

Und Louis Resse, der I. Offizier der *Gustloff*, ahnt auch er nichts, glaubt er tatsächlich an die absolute Sicherheit seines Schiffes oder hat er Zweifel?

Denn eben hat er dem Borddrucker, der zur zivilen Stammbesatzung des Schiffes zählt und ihn um Genehmigung bat, seine in Gotenhafen wohnende Frau und sein zwei Tage altes Kind an Bord nehmen zu dürfen, geantwortet:

»Ich würde das nicht tun. Ich würde meine Frau und mein Kind nicht auf die *Gustloff* nehmen. Ich habe kein gutes Gefühl für die Reise. Aber bitte – Sie müssen selbst wissen, was Sie tun. Selbstverständlich können Sie – wie das auch Ihre Kollegen getan haben – Ihre Familie an Bord nehmen. Aber eines muß ich Ihnen sagen – und sagen Sie das bitte auch Ihren Kollegen: Ich lehne jede Verantwortung dafür ab. Jeder von Ihnen trägt die Verantwortung selbst . . .«

Der 37jährige Buchdrucker Eugen Jeissle aus Gotenhafen, Gotenstraße 7, nahm wenige Stunden später seine Frau und seinen erst 48 Stunden alten Sohn, sein einziges Kind, an Bord der *Gustloff*. – Als er sich bei Reese zurückmeldete, zuckte dieser die Schultern und schüttelte den Kopf. Er hätte anders gehandelt.

Wenn der Drucker der *Gustloff* in diesem Augenblick gewußt hätte, daß seine Frau, sein Sohn und er vierundzwanzig Stunden später auf der *Gustloff* den Tod finden würden, hätte er sicher auch anders gehandelt.

Aber wer kann schon seine Zukunft vorausahnen und seinem Schicksal aus dem Wege gehen?

Der 29. Janaur nähert sich seinem Ende.

An Bord des Schiffes wird es immer unruhiger. Das endlose, lange Warten zehrt an den Nerven vieler. Die meisten fragen sich immer wieder, warum die *Gustloff* nicht ablegt und die Reise beginnt.

Und dieses bange Warten, diese Ungewißheit, ist immer wieder der Nährboden für Gerüchte:

Gdingen-Gotenhafen-Gdingen: Im September 1939 nach dem Polenfeldzug wurde aus der polnischen Hafenstadt Gdingen in der Danziger Bucht Gotenhafen, nach der Besetzung durch russische Truppen in der letzten März-Woche 1945 wieder Gdingen. Blick über die Stadt mit ihren würfelförmigen Häusern. *(Foto: PR / Ostsee-Archiv Heinz Schön)*

Gotenhafen: Hermann-Göring-Straße mit dem Postamt (Bild oben) und fahnengeschmückter Adolf-Hitler-Platz (Bild unten). *(Foto: PR / Ostsee-Archiv Heinz Schön)*

Gotenhafen: Der Hafen (Bild oben) und Kirche an der Adolf-Hitler-Straße (Bild unten).
(Foto: PR / Ostsee-Archiv Heinz Schön)

Gotenhafen: Bahnhof (Bild oben) und Adolf-Hitler-Platz (Bild unten).
(Foto: PR / Ostsee-Archiv Heinz Schön)

Vor dem 1. September 1939 war der Hafen von Gotenhafen der wichtigste polnische Hafen (Gdingen), danach bis in die letzte Märzwoche des Jahres 1945 einer der wichtigsten Stützpunkte der deutschen Kriegsmarine in der Ostsee, bis Ende Januar 1945 auch der deutschen U-Boot-Waffe in der Ostsee. *(Fotos: Drüppel 4132 und 1615)*

Im Hafenbecken IV in Gotenhafen lagen die größeren Schiffe.
(Foto: Drüppel 1616)

Wilhelm Gustloff: Als ›Schiff der Lebensfreude‹ wurde die *Wilhelm Gustloff* im Auftrage der DAF – ›Deutschen Arbeitsfront‹ – als erstes ›Kraft durch Freude-Schiff‹ für 25 Millionen Reichsmark gebaut.
(Foto: PR / Ostsee-Archiv Heinz Schön)

M/S Wilhelm Gustloff unternahm die erste Kreuzfahrt als KDF-Schiff im März 1938 unter dem Kommando von unter dem Kommando von Kapitän Karl Lübke. Die 1465 Fahrgäste wurden auf dem einklassigen Schiff von 426 Besatzungsmitgliedern betreut. *(Foto: PR / Ostsee-Archiv Heinz Schön)*

M/S Wilhelm Gustloff im Sommer 1939 im Hamburger Hafen kurz vor dem Antritt der letzten Reise vor dem Ausbruch des Zweiten Weltkrieges. Hinter der *Gustloff* liegt das Flaggschiff der Hamburg-Süd, die *Cap Arcona,* ein stolzer Dreischornsteiner. *(Foto: PR / Ostsee-Archiv Heinz Schön)*

M/S Wilhelm Gustloff wurde am 10. September 1939 vom KDF-Schiff zum Lazarettschiff umgerüstet und am 27. September 1939 von Hamburg nach Danzig-Neufahrwasser verlegt und an der Westerplatte festgemacht. Hier wurden bis zum 4. Oktober 1939 685 polnische Verwundete und einige deutsche Verletzte des am 1. Oktober 1939 auf eine polnische Mine gelaufenen Minensuchbootes *M 85* übernommen, die nach Rendsburg gebracht wurden. Am 13. Oktober 1939 machte die *Gustloff* erneut in Danzig-Neufahrwasser an der Westerplatte fest. Die Ära der *Wilhelm Gustloff* als Lazarettschiff endete am 20. Oktober 1940. *(Foto: PR / Ostsee-Archiv Heinz Schön)*

M/S Wilhelm Gustloff wurde am 21. Oktober 1940 ›schwimmende Kaserne‹ in Gotenhafen-Oxhöft und diente von diesem Zeitpunkt an der in Gotenhafen stationierten 2. Unterseeboots-Lehrdivision als ›Wohnschiff‹. *(Foto: PR / Ostsee-Archiv Heinz Schön)*

M/S Wilhelm Gustloff am 5. Mai 1937 vom Stapel gelaufen, am 15. März 1938 in Dienst gestellt, bei Blohm und Voß in Hamburg gebaut, 208,5 Meter lang, 23,6 Meter breit, 25.484 Bruttoregistertonnen groß, Höchstgeschwindigkeit 15,5 Knoten. Ein-Klasse-Schiff der DAF/KdF. *(Foto: PR / Ostsee-Archiv Heinz Schön)*

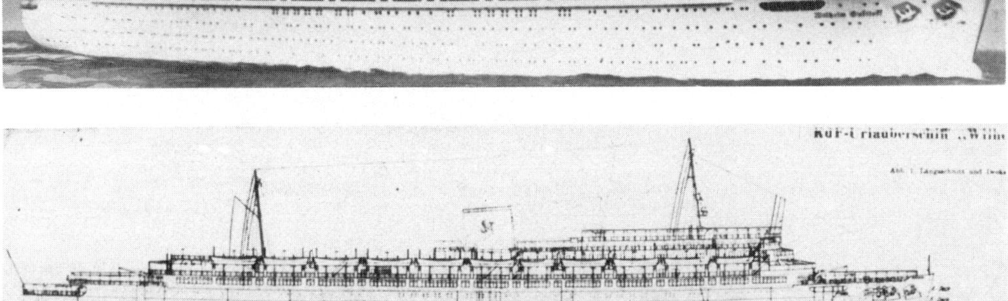

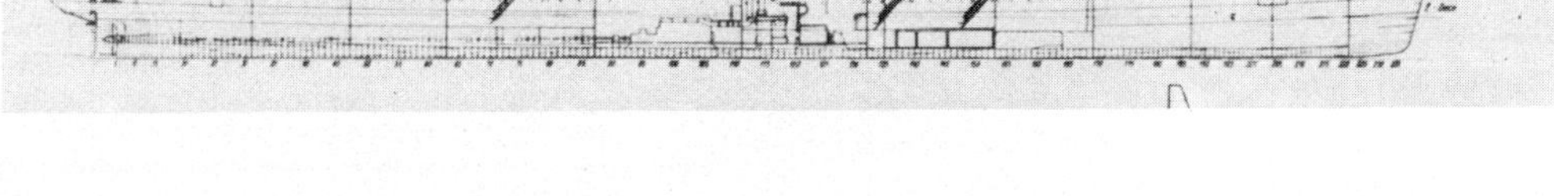

Als der Sturm auf Ostpreußen und Danzig Westpreußen beginnt, wird das inzwischen grau gestrichene Motorschiff *Wilhelm Gustloff* in Gotenhafen-Oxhöft ›Flüchtlingsschiff‹ und wieder fahrbereit gemacht.
(Foto: PR / Ostsee-Archiv Heinz Schön)

»Heute nacht kommen wir alle wieder von Bord.
Wir laufen überhaupt nicht mehr aus.
Die Russen sind schon vor Gotenhafen.
Wir müssen alle die Stadt verteidigen . . .!«

Das in siedender Atmosphäre entstandene Gerücht pflanzt sich in Windeseile im Schiff fort. Im wilden Aufbegehren stürzen sich einige der Flüchtlinge zu den Büros des Wohnschiffsoffiziers und der Zahlmeisterei:

»Stimmt das, daß . . .?«

Da entschließt sich die Schiffsleitung, über Lautsprecher bekanntzugeben:

»Die *Gustloff* ist fahrbereit – morgen laufen wir aus . . .!«

Überall in den Gängen und Sälen wird diese Botschaft gehört.

»Gottseidank . . .!« ringt es sich aus manchem Munde.

Es war zunächst beabsichtigt, den Auslauftag nicht bekanntzugeben, dafür hatte man seine Gründe, aber die wachsende Unruhe an Bord zwang zu dieser Mitteilung am Abend des 29. Januar.

Die letzte Nacht an der Pier in Gotenhafen-Oxhöft wird für die meisten *Gustloff*-Passagiere zum Tage. Kaum einer findet Ruhe. Unentwegt rattern Ladekräne, drängen immer noch Menschen auf das Schiff.

Ein neuer Flüchtlingstreck ist eingetroffen und wird noch aufgenommen. Wenig später folgt ein Zug verwundeter Infanteristen.

Schon sieht man in den Gängen Menschen auf Kisten und Koffern hokken, was unbedingt vermieden werden sollte. Trotz aller Bemühungen der Schiffsleitung erweist es sich aber als unmöglich, die Gänge freizuhalten und die Flüchtlinge ausschließlich in den Sälen und in den Kabinen unterzubringen. Nirgendwo ist mehr Platz.

Nur zwei große Räume sind noch frei, die sogenannte »Führerkabine« und eine Offizierskabine auf dem Oberen Promenadendeck. Dies war die »letzte Reserve«, die man für »besondere Fahrgäste« hatte freihalten müssen.

Die im B-Deck liegende »Führerkabine«, die bestausgestattete Kabine an Bord der *Gustloff*, die eigens für Adolf Hitler beim Bau der *Gustloff* eingerichtet worden war und nur von ihm belegt werden durfte, wird am Abend des 29. Januar 1945 für die letzte Fahrt der *Gustloff* »zweckentfremdet.«

Der Oberbürgermeister der Stadt Gotenhafen, Schlichting, kommt mit seiner 13köpfigen Familie an Bord und erhält die sogenannte »Führerkabine« zugewiesen. Der Oberbürgermeister begleitet seine Familie – Frau, Kinder, Großeltern, Personal – persönlich an Bord, verläßt selbst aber wieder das Schiff.

»Ich habe Gotenhafen mit zu verteidigen.«

Er tut dies auch und findet später dabei den Tod, während seine ganze Familie beim Untergang der *Gustloff* umkommt.

Für die bis zuletzt reservierte Offizierskabine auf dem Oberen Promenadendeck kommt am Vorabend der Abreise der *Gustloff* aus Gotenhafen noch die dafür bestimmte »Einquartierung« an Bord: Die Familie des Kreisleiters der Partei aus Gotenhafen mit fünf Kindern, einem Dienstmädchen, einem Kindermädchen und der Ehefrau des Kreisleiters.

Auch er geht wieder von Bord und bleibt in Gotenhafen zurück.

Damit ist auch die allerletzte Kabine auf der *Gustloff* belegt.

Gestern schon hatte man das ›Ortsgruppenleiterbüro‹ ausgeräumt, mit Strohsäcken ausgelegt und hier eine größere Flüchtlingsfamilie untergebracht. Die *Gustloff* war das einzige Schiff in der deutschen Handelsflotte, welches seine Besatzung in einer ›Ortsgruppe *Gustloff*‹ organisiert hatte und ein ›Ortsgruppenleiterbüro‹ besaß. Die *Gustloff* hatte auch einen uniformierten ›Ortsgruppenleiter der NSDAP‹. Dieser führte sein Amt aber nur im Nebenamt aus, war nur ganz selten in Uniform zu sehen; meist war Wilhelm Kaufhold in weiß gekleidet. Er war Leiter der Schiffswäscherei.

Mit der Umfunktionierung des ›Ortsgruppenleiterbüros‹ zu einer Flüchtlings-Wohn-Kabine hatte die *Gustloff* auch ihren letzten Nimbus als ›Parteischiff‹ verloren.

Jetzt war alles klar, jetzt konnte *M/S Wilhelm Gustloff* Abschied nehmen von Gotenhafen und seine Reise beginnen, eine Reise ins Ungewisse, eine Reise auf den Grund der Ostsee.

Doch am Abend des 29. Januar 1945 ahnte niemand etwas davon.

VIERTES KAPITEL

Die Gustloff-*Katastrophe:* *»Frauen und Kinder zuerst ...!«*

»An alle: Schwimmwesten anlegen, wir laufen aus!« – Hansa *hat Maschinenschaden und fällt aus – Der Wettlauf mit dem Tode beginnt – An Bord über 6600 Menschen – 21.16 Uhr: Drei Torpedotreffer – Die* Gustloff *sinkt – Kampf um die Boote: »Frauen und Kinder zuerst!« – Kein Entkommen aus dem gläsernen Sarg – Leere Rettungsboote an Backbord – Letzte Rettung ›Selbstmord‹? – Untergang mit Festbeleuchtung – Schiffbrüchig in der Ostsee – Die Schwangere im Rettungsboot –* T 36 *rettet* 564 *– Das Wunder auf* T Löwe: *Leo wird geboren – Flöße, Boote, Tote – Nach der Katastrophennacht: Tote und Überlebende*

Endlich ist der 30. Januar 1945 angebrochen.

Der Tag, an dem *Gustloff* aus Gotenhafen auslaufen soll, ist ein Dienstag.

Viele haben in der letzten Nacht keine Ruhe mehr gefunden. Die Aufregung, daß das vollbesetzte, ja fast überbelegte Schiff nun endlich Gotenhafen verlassen und seine Reise nach dem Westen antreten soll, hat viele Menschen auch über die Nachtstunden hinweg wachgehalten.

In den frühen Morgenstunden herrscht an Bord und an der Oxhöfter Pier vor der *Gustloff* noch einmal Hochbetrieb. Da die ursprüngliche Zahl der an Bord zu nehmenden Flüchtlinge bereits weit überschritten ist und man mit einer so langen Liegezeit an der Pier mit so vielen Menschen überhaupt nicht gerechnet hatte, muß weiterer Proviant an Bord genommen werden. Pausenlos wird geladen: Sechzig halbe Schweine werden an Bord geschleppt, viele Tonnen Mehl, Zucker, Milchpulver, Kartoffeln, Brot und vieles andere mehr. Über sechstausend Menschen einige Tage voll zu verpflegen, ist eine gewaltige Aufgabe.

Da treffen einige große Lastkraftwagen mit weiteren großen Kisten ein. Was darin ist, weiß niemand. Es hat auch niemand mehr Zeit, sie zu öffnen um nachzusehen. Man vermutet, daß Proviant darin ist. Allerdings sind die Kisten sehr schwer, aber es gelingt, sie an Bord zu bringen. Später vermutet man, daß in diesen Kisten das zerlegte »Bernstein-Zimmer« aus dem Zarenschloß Zarskoje Selo, das von dort nach Königsberg ausgelagert und von dort in einen Ostseehafen transportiert wurde, unbemerkt auf die *Gustloff* kam.

Dann kommen weitere Lastwagen, bringen zusätzliche Rettungsmittel, denn auch dafür muß gesorgt werden.

Von den zweiundzwanzig Rettungsbooten, die die *Gustloff* zu Friedenszeiten hatte, sind nur noch zwölf vorhanden. Die anderen waren im Gotenhafener Hafen als Nebelboote eingesetzt worden. Was wollte man auch auf dem Wohnschiff *Gustloff* mit Rettungsbooten? Sie waren total überflüssig. Nun aber war die *Gustloff* ein fahrbereites »Flüchtlingsschiff« und hatte nicht mehr, wie in Friedenszeiten, nur rund 1500 Passagiere an Bord, sondern weit über 6000. Das bedeutet: Selbst wenn alle 22 Boote an Bord wären, sie würden in keinem Fall bei einem ›Ernstfall‹ ausreichen für alle Frauen, Kinder, Marinehelferinnen und die Verwundeten, die an Bord waren. Nun wurden neue Rettungsboote beschafft und Schwimmwesten, denn jeder auf dem Schiff sollte für die Reise über die Ostsee eine Schwimmweste erhalten, ob Kind oder Greis, Frau oder Mann.

Pausenlos werden die Rettungsmittel an Bord geschafft und auf die Oberdecks gehievt: Schwimmwesten, große Kriegsmarineboote und eine Vielzahl grau und rot-weiß gestrichender Marineflöße aus Stahlblech, die, um Platz zu sparen, hochkant aufgestellt werden mußten. Boote und Flöße mußten zudem mit Leinen festgezurrt werden, damit sie bei Schiffsbewegungen nicht Bewegung gerieten.

Während des Anbordhievens der Boote und Flöße und die Anbordnahme einiger tausend Schwimmwesten werden durch die Schiffslautsprecher immer wieder Verhaltensmaßregeln bekanntgegeben:

»SCHWIMMWESTEN ANLEGEN – WIR LAUFEN AUS!«

»An alle Passagiere!
Achtung – Achtung –
An alle Passagiere!

Jeder Passagier muß im Besitz einer Schwimmweste sein.
Die Schwimmwesten werden im C-Deck, im B-Deck und dem Sonnendeck ausgegeben.
Achten Sie bitte auf die entsprechenden Hinweisschilder zu diesen Decks.
Die Schwimmwesten sind im Hafen am Kopfende der Matratze aufzubewahren und bei Auslaufen des Schiffes anzulegen.
Auch beim Schlafen dürfen die Schwimmwesten nicht abgelegt werden.
Niemand darf sich während der Fahrt entkleiden . . .!«

Immer wieder werden diese Durchsagen wiederholt. Die Kinder sprechen sie schon mit und können sie fast auswendig aufsagen.

Inzwischen sind noch zwei Vierlings-Flakgeschütze beschafft worden und an Bord gehievt. Man will auf der *Gustloff* auch auf Luftangriffe vorbereitet sein. Aber was nützen da schon zwei Vierlings-Flakgeschütze?

Über die Schiffslautsprecher werden in halbstündigem Abstand weitere Verhaltensmaßregeln bekanntgegeben:

»Achtung – Achtung!
Jeder Passagier muß eine Schwimmweste haben.
Bitte holen Sie sich eine Schwimmweste.
Es sind genügend Schwimmwesten an Bord.
Bitte beachten Sie: In den unteren Räumen darf nicht geraucht werden.
Bei Fliegeralarm kein Licht anmachen . . .!«

Je mehr Zeit vorrückt an diesem frühen Morgen des 30. Januar, desto unruhiger und lauter wird es auf dem Schiff.

Auch Korvettenkapitän Wilhelm Zahn ist an diesem Morgen des 30. Januar relativ unruhig. Er hat in der vergangenen Nacht kaum ein Auge zugemacht. Als andere noch schlafen, geht er von Bord und macht sich auf den Weg nach dem nur wenige hundert Meter vom Liegeplatz der *Gustloff* liegenden Stabsgebäude der 2. Unterseeboots-Lehr-Division in Oxhöft. Zahn hat seinen ständigen Begleiter bei sich, seinen Schäferhund Hassan, der ihn auf Schritt und Tritt sowohl an Bord als auch an Land begleitet. An der Pier vor dem Liegeplatz der *Gustloff* stehen und hocken noch immer einige hundert Flüchtlinge auf ihren Gepäckstücken; sie hoffen, noch an Bord zu gelangen.

Sein Weg zum Stabsgebäude der 2. ULD ist nicht umsonst. Zahn erfährt dort von Kapitän zur See Schütze, daß die *Gustloff* vermutlich gegen Mittag auslaufen kann. Auch die *Hansa*, die auf Anordnung von Fregattenkapitän Bartels noch immer Flüchtlinge aufnimmt, wird gegen Mittag auslaufbereit sein.

Nach Rückkehr an Bord der *Gustloff* nimmt kurz nach 09.00 Uhr Zahn erneut Verbindung mit dem Stabsgebäude der 2. ULD auf.

Er will wissen, ob schon ein konkreter Auslaufzeitpunkt festliegt und ob man Näheres zur Feindlage sagen könne. Zahn wird beruhigt:

»In jedem Fall – heute gegen Mittag läuft die *Gustloff* aus – genauer Zeitpunkt wird noch übermittelt.

Feindliche U-Boote sind für die östliche und mittlere Ostsee nicht gemeldet, die *Gustloff* kann also mit einem ruhigen Fahrtverlauf rechnen!«

Das ist die Auskunft, die Zahn erhält. Sie beruhigt ihn einigermaßen. Als erfahrener U-Boot-Kommandant fürchtet er ganz besonders einen U-Boot-Angriff. Aber von russischen U-Booten hat man in der Danziger Bucht offensichtlich noch nicht viel gehört und gesehen. Ihm ist auch kein großes Schiff bekannt, das bisher in der Danziger Bucht von sowjetischen U-Booten angegriffen oder gar versenkt worden war.

Ganz und gar nicht beruhigt ihn die ihm telefonisch gegebene Auskunft, daß *Gustloff* und *Hansa*, die gegen Mittag zusammen auslaufen werden, nur von drei Geleitbooten begleitet werden sollten.

»Nur drei Geleitboote für zwei so große Schiffe mit über zehntausend Menschen an Bord? Das ist weiß Gott nicht erhebend, denkt Zahn – aber besser als gar nichts.

Gegen 10.00 Uhr trifft auf der *Gustloff* der lang erhoffte Auslaufbefehl ein.

Um 12.30 Uhr läuft die *Gustloff* aus.

Allen fällt ein Stein vom Herzen, als sie die Stunde des Ablegens erfahren.

In den Sälen und auf den Gängen werden die letzten Schwimmwesten ausgegeben. Über die Bordlautsprecheranlage ertönen noch einmal, zum wiederholten Male, Verhaltensmaßregeln.

Die Seeleute gehen auf ihre Stationen und treffen die letzten Vorbereitungsmaßnahmen: Die Bullyes werden geschlossen und die Oberlichter dicht gemacht.

Auf der Oberdeck der *Gustloff* findet ein letzter Appell statt. Hierzu aufgerufen werden über die Bordlautsprecher nicht etwa die Angehörigen der Kriegsmarine oder der Zivilbesatzung, sondern alle männlichen Flüchtlinge zwischen 15 und 17 Jahren und zwischen 55 und 60 Jahren, die möglicherweise noch ›volkssturmtauglich‹ wären. Ob sie dies sind, will eine Kommandogruppe der Feldgendarmerie feststellen, die zu diesem Zweck an Bord gekommen ist. Die Männer von der Feldgendarmerie fühlen sich selbst nicht ganz wohl in ihrer Haut, als sie sich zwischen Menschen, Kisten, Koffern, Marinesoldaten, Marinehelferinnen, Stewards und Handelsschiffsleuten bis zum Sonnendeck durchzwängen, um befehlsgemäß ihren ›Appell‹ abzuhalten.

Ihr Einsatz auf der *Gustloff* verläuft ergebnislos; denn die noch nicht erwachsenen Jungen, große Kinder und die alten Männer, die sich hier auf dem Sonnendeck eingefunden haben, ihre Ausweise oder Wehrpässe fest in den Händen halten und bereitwillig vorzeigen, sind tatsächlich noch nicht oder nicht mehr ›wehrfähig‹ und für den Volkssturm ungeeignet. Deshalb ist der Appell auch sehr rasch beendet, zumal ein eiskalter Wind über das Deck fegt und den Aufenthalt hier wirklich zu keinem Vergnügen macht.

Ohne auch nur einen ›Deserteur‹ gefunden zu haben, verläßt wenige Minuten später das Kommando der Feldgendarmerie das auslaufbereite Schiff.

Inzwischen ist der Uhrzeiger weiter vorgerückt.

Bald ist es 30 Minuten nach zwölf.

Dann wird die *Wilhelm Gustloff* endlich ablegen.

Jeder auf dem Schiff sehnt diesen Augenblick herbei, an dem endlich die Trossen abgeschlagen werden und die Schlepper längsseitig gehen, um das Schiff aus dem Hafenbecken zu ziehen. Auch auf der Kommandobrücke sieht man diesen Augenblicken mit Spannung entgegen. Immerhin ist das Schiff seit Jahren nicht mehr gefahren und hat immer nur am Kai gelegen.

»Wie ein Auto, das jahrelang in der Garage gestanden hat«, sagt einer der Decksoffiziere auf der Brücke.

In der Schiffszahlmeisterei und im Büro des Wohnschiffsoffiziers werden in fieberhafter Eile die Passagierlisten abgeschlossen, die sicher nicht vollständig sind, weil der Andrang in den letzten vierundzwanzig Stunden zu groß war und viele Flüchtlinge sich nicht mehr mit Namen und Anschriften angemeldet haben. Die Zahlen werden addiert, jede Zahl auf dieser Liste steht vor einem Namen, einem Menschenleben.

Die Schiffsliste der *Gustloff* wurde in drei Ausfertigungen geschrieben. Eine Ausfertigung bleibt an Bord des Schiffes, zwei Listen werden pünktlich um 12.00 Uhr von Bord gegeben. Kapitänleutnant Ing. d.R. Emil Jauß, der mit einer Kompanie Marinesoldaten der 2. ULD in Gotenhafen zurückbleiben muß, um die Anlagen der 2. ULD zu sprengen, erhält die anderen beiden Ausführungen der *Gustloff*-Passagierliste. Er hat den Auftrag, eine Liste bei der Stabskompanie der 2. ULD abzuliefern und die dritte Liste der Kommandantur übergeben zu lassen.

Der Wohnschiffsoffizier der *Gustloff*, Kapitänleutnant Dr. Dieter Rauch, übergibt die für die *Gustloff* bestimmte Liste dem I. Offizier Louis Reese auf der Kommandobrücke. Louis Reese wirft einen Blick auf die letzte Seite der langen Liste, auf der die einzelnen an Bord befindlichen Passagiergruppen detailliert aufgeführt und addiert sind. Danach befinden sich an Bord:

918 Offiziere und Mannschaften der 2. ULD,
173 zivile Besatzungsmitglieder der Handelsmarine,
373 Marinehelferinen,
162 Schwerverwundete und
4424 Flüchtlinge,

insgesamt also 6050 Menschen und ein Hund: »Hassan«, ein prächtiger Schäferhund, den nahezu die gesamte 2. ULD kennt. Er gehört zum ›lebenden Inventar‹ des Schiffes und begleitet seinen Herrn, Korvettenkapitän Wilhelm Zahn, auf Schritt und Tritt, so auch auf dieser Reise.

Wenige Augenblicke vor 12.30 Uhr gellt ein langanhaltender Pfiff durch die *Gustloff*:

»Fremde von Bord – wir laufen aus!«

Dann kommt der große Augenblick, wo das Fallreep eingezogen und die breite Tür zum B-Deck, durch die in den letzten Tagen mehr als 6000 Menschen Zuflucht auf dem Schiff gefunden haben, geschlossen wird.

Am Oxhöfter Kai, dem Liegeplatz der *Gustloff*, bemühen sich Oberleutnant zur See Hans Ulbrich und sechs seiner Männer, die vereisten Trossen, mit denen das Schiff am Kai festgehalten wird, abzuschlagen. Die sieben Männer tun diese Arbeit mit sehr gemischten Gefühlen. Sie gehören zu der Kompanie Marinesoldaten der 2. ULD, die bis jetzt auf der *Gustloff* stationiert war und nun unter dem Kommando des Kapitänleutnants Emil Jauß als Sprengkommando in Gotenhafen zurückbleiben muß. Die Männer gehen einer ungewissen Zukunft entgegen und wären lieber mit der *Gustloff* nach Westen gefahren.

Mit drei kräftigen ›Hurras‹ verabschieden sie die *Gustloff*.

Vier Schlepper haben auf der Wasserseite an dem Schiff festgemacht, ziehen es vom Kai weg, der Abstand zwischen dem Kai und dem Schiff wird immer größer.

Die Schiffslautsprecher auf der *Gustloff* geben über alle Decks, Säle, Gänge und Kabinen den Befehl:

»Alle Passagiere Schwimmwesten anlegen – wir laufen aus!«

Jetzt gibt es kein Zurück mehr. Die vier Schlepper ziehen das 25.000 Tonnen-Schiff aus dem Hafenbecken. Noch hat die *Gustloff* selbst keine Fahrt aufgenommen. Das kann nur noch einige Minuten dauern.

Doch da geschieht etwas Unfaßbares – etwas völlig Unerwartetes!

Ein weiterer Schlepper ist plötzlich neben der *Gustloff* aufgetaucht. Nicht etwa ein weiteres Fahrzeug, das helfen will, das Schiff aus dem Hafen zu ziehen.

Nein! – Es ist ein kleiner Dampfer voller schreiender Menschen. Am Bug kann man deutlich den Namen dieses kleinen Schiffes erkennen.

Es heißt *Reval*.

In der letzten Nacht ist *Reval* mit 500 bis 600 Flüchtlingen – fünf- bis sechsmal soviel, als das Schiff normalerweise überhaupt fassen kann – aus Pillau ausgelaufen. Viele der fünf- oder sechshundert, niemand hat sie gezählt, und niemand weiß ihre genaue Zahl oder gar ihre Namen, haben die Fahrt in grimmiger Kälte auf Deck stehend erleben müssen. Einige davon, nicht wenige, stehen starr, eingeklemmt zwischen anderen, an Deck des Schiffes, stumm, leichenblaß, erstarrt und vielleicht schon tot.

Die aber noch leben, schreien laut, immer lauter:

»Nehmt uns mit – – –!«

Es ist ein Schrei von Verzweifelten.

Die *Gustloff*, zum Auslaufen bereit, dieses große Schiff, diese ›Arche Noah‹ für so viele tausend Menschen, ist ihre letzte Hoffnung.

Die Männer auf der *Gustloff* hören die Schreie. Man hört sie auf den freien Oberdecks, die trotz der eisigen Kälte voller Flüchtlinge sind, die an der Reling stehen und das Schauspiel des Auslaufens miterleben sollen, und man hört sie in den Kabinen und Sälen:

»Nehmt uns mit – – –!«

Und die Männer auf der *Gustloff* haben Erbarmen, obwohl das Schiff schon total überfüllt ist.

Zum letzten Male wird das *Gustloff*-Fallreep herabgelassen, noch einmal werden Menschen an Bord genommen. Mühsam klettern die völlig durchgefrorenen, ermatteten Gestalten an Bord. Einer stützt den anderen. Matrosen fassen zu, stützen die Anbordkommenden, helfen ihnen, die steile Gangway nach oben zu gelangen in das warme Schiff. Kein Mensch fragt nach einem Ausweis, nach Namen und Alter, nach Herkunftsort oder Reiseziel.

Es sind fünfhundert oder sechshundert Namenlose – oder sind es nur dreihundert?

Selbst das Zählen ist nicht mehr möglich. Dazu fehlt die Zeit.

Louis Reese, I. Offizier der *Gustloff*, steht kopfschüttelnd dabei, als die *Reval*-Passagiere an Bord kommen:

»Wir haben doch nur noch in den Gängen Platz – – –, spricht er vor sich hin. Aber damit sind die Menschen von der *Reval* sehr zufrieden. Sie sind froh, überhaupt noch aufgenommen zu werden. Endlich hat die Qual ihrer Flucht mit der *Reval* über die Ostsee ein Ende.

Nur zehn bis fünfzehn Minuten dauert dieses Zwischenspiel. Dann endlich ziehen die vier Schlepper wieder an, die *Gustloff* wird von der Kaimauer abgedreht in Richtung Molenkopf Oxhöft.

Nach einigen Minuten beginnen sich die Schrauben zu drehen, das 25.000-Tonnen-Schiff beginnt die Fahrt aufzunehmen. Die Sirenen heulen auf. Ihr Schall bricht sich hundertfach an den Gebäuden und Lagerhallen. Dumpf brummend schallt es kilometerweit über den Hafen dahin.

Drüben am Ufer stehen Polen. Stumm schauen sie der auslaufenden *Gustloff* nach. Wissen sie mehr über das Schicksal des Schiffes, wissen sie vielleicht schon in diesen Augenblicken, daß dies seine letzte Fahrt sein wird?

Die Zeiger der Uhr stehen auf 13.00 Uhr mitteleuropäischer Zeit.

Das Kalenderblatt zeigt einen historischen Tag, den 30. Januar 1945, den 11. Jahrestag der nationalsozialistischen Machtergreifung, den letzten 30. Januar des ›Tausendjährigen Reiches‹, aber auch einen besonderen Tag dieses Schiffes.

Denn an diesem Tag vor 50 Jahren, am 30. Januar 1895, wurde der Mann geboren, dessen Namen dieses Schiff trägt – *Wilhelm Gustloff* – der spätere Gauleiter der NSDAP in der Schweiz, der Mann, der wenige Tage nach dem 30. Januar 1936 in Davos erschossen wurde und den Hitler zum ersten Märtyrer des Dritten Reiches machte – – –.

Kaum einer auf der *Wilhelm Gustloff* weiß davon. Doch sollte dieses Datum, der 30. Januar, zu einem Schicksalsdatum für die *Wilhelm Gustloff* werden?

Trotz zunehmender Kälte und einsetzendem Schneetreiben ist das Oberdeck des Schiffes voller Menschen: Kinder, Frauen, ältere Männer, Marinehelferinnen, einige Eisenbahner in ihren blauen Uniformen. Für viele ist dies sicher die erste Seereise in ihrem Leben. Alle starren zum Festland hinüber, klammern sich an die vereiste Reling, halten sich an den Aufbauten fest oder blicken hinunter in das schmutziggraue Hafenwasser. Dann schauen sie unverwandt in die Ferne, über die langsam entschwindenden Höhen von Gotenhafen-Oxhöft, dorthin, wo ihre Heimat langsam am Rande des Horizonts verschwindet.

Der Abstand zum Festland wird immer größer und größer.

Und so mancher Flüchtling fragt sich in diesen Augenblicken – still in sich hinein –

»Werde ich das alles, was ich verlassen habe, jemals wiedersehen?«

Auch Peter Schiller steht an Oberdeck der *Gustloff* und sieht dem Treiben zu. In den letzten Tagen hatte er kaum Zeit, an Deck zu gehen oder zu schlafen. Die Schiffszahlmeisterei war Tag und Nacht geöffnet.

Peter Schiller friert. Das Barometer ist weiter gesunken. Weitere Wetterverschlechterung ist angekündigt. Als der Wind noch zunimmt und heftige Schneeböen über das Deck jagen, verschwinden die meisten schaulustigen Passagiere wieder im Inneren der *Gustloff*.

Auch Peter Schiller verläßt das Oberdeck. Wohlige Wärme empfängt ihn, als er seine Kabine betritt. Endlich kommt er nach so vielen fast schlaflosen Nächten wieder zur Ruhe. Der Lärm draußen auf dem Gang und das Heulen des Windes, das man bis in die Kabine hört, stört ihn nicht. Das milchige Tageslicht, das durch das Bullauge hereinfällt, läßt die weißen Kabinenwände grau erscheinen. Wie Schatten ziehen an seinen Augen die Ereignisse der letzten Tage vorüber. Aber er kann sie nicht mehr festhalten. Die Müdigkeit überwältigt ihn, er schläft ein.

Inzwischen hat die *Gustloff* Fahrt aufgenommen.

Die Maschinenwache im Hauptmaschinenraum ist verstärkt worden, damit hier alles wie am Schnürchen läuft. Die riesigen Motoren stampfen ihren Rhythmus so ruhig und gleichförmig wie in Friedenszeiten, wie bei einer der ersten Kraft-durch-Freude-Fahrten. Offensichtlich hat die lange Liegezeit dem Schiff nicht geschadet. Vorsichtshalber sind die Schotten zwischen dem Wellentunnel und dem Hauptmaschinenraum sowie zwischen dem Haupt- und Hilfsmaschinenraum geschlossen.

In der Funkstation der *Gustloff*, die vor Auslaufen des Schiffes neu besetzt wurde und die hoch auf dem Sonnendeck liegt, läuft der Betrieb auf vollen Touren. Jahrelang war die Station nicht besetzt, weil diese die *Gustloff* als Wohnschiff der 2. ULD nicht nötig hatte. Vor drei Tagen wurde die Funkstation wieder für den ›Fahrbetrieb‹ klargemacht und ist erstmals seit vielen Jahren wieder voll besetzt: Zwei Männer hinter jedem Gerät und zwei an den Schlüsselmaschinen. Drei Wellenlängen, eine U-Boot-Sicherungswelle, eine Flug-Sicherungswelle und eine Welle mit dem Decknamen ›Orange‹ sind geschaltet. Im Äther jagt zu dieser Stunde ein Funkspruch den anderen, aber nur die wichtigsten werden zur Kommandobrücke weitergegeben.

Die Funker erfahren erst jetzt, als erste auf dem Schiff, die Fahrtziele der *Gustloff*. Es sind zwei: Kiel und Flensburg. Jeweils die Hälfte der Passagiere soll in einem jeden der Häfen entladen, die Angehörigen der 2. ULD, Offiziere wie Mannschaften, sollen in Kiel entladen werden.

Gegen 13.30 Uhr beträgt die Funkdichte zwanzig Telegramme pro Stunde. Die Männer in der Funkstation kommen kaum zu einem persönlichen Gespräch. Es herrscht Hochbetrieb.

Der Landfunkstelle Oxhöft werden Auslaufzeit, Fahrtgeschwindigkeit und die Zahl der an Bord befindlichen Passagiere, aufgeteilt nach Marineangehörigen, Marinehelferinnen, zivilen Besatzungsmitgliedern, Verwundeten und Flüchtlingen, gemeldet.

Eine Stunde später stürzt ein Läufer von der Kommandobrücke in den Funkraum und bringt eine Anfrage von Korvettenkapitän Zahn an die Landfunkstelle Gotenhafen-Oxhöft zur Weitergabe:

»Habe beide Torpedo-Fangboote wegen zu schwerer See entlassen – wo bleibt Geleit?«

Die beiden Torpedo-Fangboote, die die *Gustloff* bisher begleitet haben, schafften es tatsächlich nicht. Und man ist noch nicht einmal auf der offenen See. Es blieb gar nichts anders übrig, als sie zu entlassen.

Dreißig Minuten später kommt im Funkraum eine Antwort an:

»Boote bei Brennstoffübernahme – Geleit kommt nach!«

Langsam nähert sich die *Gustloff* der Halbinsel Hela.

Auf der Kommandobrücke stehen der Kapitän des Schiffes, Friedrich Petersen, die beiden Fahrkapitäne Köhler und Weller, der I. Offizier Louis Reese und Korvettenkapitän Wilhelm Zahn. Die fünf Männer starren mit ihren Gläsern durch die dickwandigen Brückenfenster in den von böigen Schneeschauern aufgewirbelten Januartag.

Man spricht über das Wetter. Es ist mit entscheidend für diese Fahrt.

Es kann nicht schlecht genug sein.

Eiskristalle prasseln unaufhörlich gegen die Scheiben der Kommandobrücke. Es scheint, daß der Wind sich drehen will.

Kapitän Friedrich Petersen ist in Gedanken versunken. Er fühlt sich nicht ganz wohl mit seiner Aufgabe, über sechseinhalbtausend Menschen, davon mehr als fünftausend Frauen und Kinder, mit der *Gustloff* nach Westen zu befördern. Er hat in den vergangenen vierzig Jahren zwar viele zehntausend Seemeilen hinter sich gebracht, fast alle Meere der Welt befahren und mehrere Schiffe als Kapitän geführt. Die *Gustloff* aber fährt er zum ersten Male. Und noch nie in seiner langen Fahrenszeit hatte er eine so bunt durcheinandergewürfelte Masse von Menschen an Bord, vom Säugling bis zum Greis, von der blutjungen Marinehelferin bis zu den gutausgebildeten U-Boot-Leuten. Er denkt aber auch über seine Mannschaft nach, die eigene Handelsschiffsbesatzung. Sie ist total überaltert, denn von wenigen Ausnahmn abgesehen sind die meisten über fünfzig, und ein beachtlicher Teil sind Kroaten.

Wenn etwas passieren würde?

Friedrich Petersen hat bei seinen Gedanken das Glas abgesetzt. Daran darf er überhaupt nicht denken, daß etwas passieren würde.

Doch dieser Gedanke läßt ihn nicht los.

Er ist in den letzten Tagen zwar immer wieder beruhigt worden, und von allen Seiten hat man ihm versichert, daß eine direkte sowjetische U-Boot-Gefahr in der Danziger Bucht und in der mittleren Ostsee nicht besteht. Aber wer weiß schon, ob diese günstige Prognose noch für heute zutrifft, für die nächste Nacht.

Auch Korvettenkapitän Wilhelm Zahn hängt seinen Gedanken nach. Als fronterfahrener U-Boot-Kommandant weiß er weit besser als Handelsschiffskapitän Friedrich Petersen von den Gefahren eines U-Boot-Angriffs. Und er kann sich konkret vorstellen, was geschehen würde, wenn die *Gustloff* vor das Sehrohr eines sowjetischen U-Bootes liefe. Zahn hat in den letzten Tagen nichts unversucht gelassen, sich über die Feindlage, über sowjetische U-Boote, aber auch über mögliche Gefahren aus der Luft, bei den maßgeblichen Stellen zu informieren. Die Auskünfte, die er erhielt, waren für die *Gustloff* und ihr Vorhaben durchaus beruhigend. Und trotzdem blieb das kleine:

»Wenn aber . . .!«

Wenn aber wirklich U-Boote in der Danziger Bucht auf die *Gustloff* warteten – wenn auch nur eins – dann Gnade Gott den mehr als sechstausend Seelen auf diesem Schiff.

Beruhigend war, daß bis zur Stunde eine Vielzahl, auch großer Schiffe, von Pillau aus ohne jeden U-Boot-Angriff sicher einen westlichen Hafen erreicht hatte. Nur wenige kleinere Schiffe waren sowjetischen Angriffen zum Opfer gefallen. Aber auf diesen Schiffen waren oft nur einige hundert Flüchtlinge, von denen noch die meisten gerettet wurden.

Warum sollte ausgerechnet den beiden beiden Wohnschiffen der 2. ULD, der *Gustloff* und der *Hansa* etwas zustoßen – –?

Da wurden die Männer aus ihren Gedanken gerissen.

Die vor der *Gustloff* ausgelaufene *Hansa* kam in Sicht. Das Schiff lag auf der Reede von Hela. Es machte keine Fahrt.

Die Männer auf der *Gustloff*-Kommandobrücke sahen sich an. Was hatte das zu bedeuten? Die *Hansa* machte keine Fahrt?

Durch Winkspruch wird der *Gustloff* mitgeteilt:

»*Gustloff* ankern. Weitere Befehle abwarten!«

Als die Maschinen der *Gustloff* urplötzlich stoppen und der Anker mit lautem Getöse in den Grund der Ostsee rasselt, wacht Peter Schiller durch einen unsanften Ruck auf. Sein erster Blick fällt auf die Uhr. Es ist 14.07 Uhr. Erschrocken springt er aus der Koje.

Was ist los? Warum stoppt die *Gustloff*?

Was kann das bedeuten?

Peter Schiller wirft den Mantel über und hastet an Oberdeck. Unterwegs sieht er in den Gängen Menschen, die von ihren Liegestätten aufgestanden sind und sich ratlos anblicken. Andere stehen in kleinen Gruppen herum und unterhalten sich halblaut. Niemand kann sich erklären, warum das Schiff die Fahrt nicht fortsetzt und gestoppt hat.

Auf dem Weg zur Kommandobrücke trifft Peter Schiller den 3. Offizier. Dieser beruhigt ihn.

»Wir warten auf Geleitfahrzeuge. Deshalb haben wir gestoppt!«

Also kein Grund zur Panik.

Sicher geht es schnell weiter.

Die für das *Gustloff*- und *Hansa*-Geleit bestimmten Sicherungsfahrzeuge sind erst kurz nach dem Auslaufen der *Gustloff* in Gotenhafen eingetroffen. Sie liegen zur Zeit noch an der Pier zur Brennstoffübernahme. Bis Hela haben zwei Torpedo-Fangboote die *Gustloff* begleitet. Zur Fahrt über die Ostsee sind aber besser ausgerüstete Fahrzeuge mit den erforderlichen U-Boot-Ortungsgeräten notwendig.

Das plötzliche Abbrechen der Motorengeräusche und das Stoppen des Schiffes hatte also nichts Schlimmes zu bedeuten.

Peter Schiller geht wieder nach unten in seine Kabine.

Aber die Tausende auf dem Schiff, deren Spannung nach dem Auslaufen der *Gustloff* aus Gotenhafen gerade erst abgeklungen ist, werden jetzt erneut unruhig. Mehr und mehr Menschen suchen jetzt den Weg nach oben, wollen an Deck, wollen wissen, was eigentlich los ist, warum das Schiff stoppt, bestürmen Offiziere und Besatzungsmitglieder mit Fragen.

Wieder kriecht die Angst durch die Gänge, Kabinen und Säle. Kehrt das Schiff etwa wieder um?

Dieses nervenzermürbende Warten, dieses Gespenst der Ungewißheit zehrt an den Nerven vieler.

Schnell hat sich bis zur Kommandobrücke herumgesprochen, daß die Passagiere auf eine Erklärung des Kapitäns warten.

Fahrkapitän Weller nimmt das Mikrophon, die Lautsprecher tragen seine Stimme durch das ganze Schiff:

»Achtung – Achtung –
an alle Passagiere!
Es besteht kein Grund zur Beunruhigung. Bitte bleiben Sie ruhig. Befolgen Sie alles, was Ihnen vor Antritt der Reise gesagt worden ist. Halten Sie sich an diese Verhaltensmaßregeln. Behalten Sie Ihre Schwimmwesten an. Ziehen Sie sich nicht aus.
Die Fahrt wird in Kürze fortgesetzt.
Bitte behalten Sie Ruhe!«

Die Worte des 35jährigen Fahrkapitäns von der Kommandobrücke aus bewirken Wunder. Mehr als Sechstausend atmen erleichtert auf. Es geht nicht zurück nach Gotenhafen – Gott sei Dank!

Die Ruhe kehrt wieder ein.

Doch die Minuten vergehen. Und nicht nur Minuten. Die Uhr rückt unaufhaltsam weiter.

HANSA HAT MASCHINENSCHADEN UND BLEIBT ZURÜCK

Jeden Augenblick hoffen die Offiziere auf der Kommandobrücke der *Gustloff*, daß das Geleit endlich eintrifft und das Schiff wieder Fahrt aufnehmen kann.

Alle hoffen das auf diesem Schiff.

Doch da kommt schon die nächste böse Überraschung.

Hansa gibt durch seinen Signalgasten einen neuen Winkspruch zur *Gustloff*:

»*Hansa* hat Maschinenschaden.
Geleitzusammenstellung verzögert sich sich!«

Auch das noch.

Korvettenkapitän Zahn kann es sich nicht verkneifen, diese Hiobsbotschaft mit dem halblauten Ausspruch »verdammter Mist« zu kommentieren.

Auf der Kommandobrücke der *Gustloff* ist man jetzt lange nicht mehr so ruhig wie noch vor einer halben Stunde. Man ist sich klar darüber, daß in den nächsten Minuten etwas geschehen muß. Denn wenn das Schiff in wenigstens einer halben Stunde nicht weiterläuft, werden die Massen an Bord nicht mehr zu beruhigen sein. Alle Vertröstungen haben irgendwann mal ein Ende.

Außerdem wächst bei längerem Warten die Gefahr eines Fliegerangriffs. Sicher ist der sowjetischen Luftaufklärung nicht entgangen, daß gegen Mittag des Tages die *Hansa* und die *Gustloff* Gotenhafen verlassen haben.

Wenn erst entdeckt wird, daß auf Hela-Reede in aller Ruhe ein Geleitzug zusammengestellt wird, kann diese Tatsache einen Bombenangriff provozieren. Dann endet die Reise der beiden großen Schiffe bereits auf der Reede von Hela.

Ein schrecklicher Gedanke.

Bei einer stundenlangen Verzögerung des Weiterlaufens der *Gustloff* und der *Hansa* besteht aber auch die Gefahr, daß aus Gotenhafen weitere Schlepper und Boote mit Flüchtlingen auslaufen, um ihre Menschenfracht noch an die beiden großen Schiffe abzugeben. Denn die Zahl der Flüchtlinge, die in Gotenhafen noch auf ein Schiff warten, ist in den letzten Stunden sicher noch größer geworden.

Die Landfunkstelle Gotenhafen-Oxhöft hat auf der *Gustloff* bereits angefragt, wie lange das Schiff noch auf Hela-Reede liegt und ob es noch weitere Flüchtlinge aufnehmen kann.

Also muß so rasch wie möglich eine Entscheidung fallen.

So oder so.

Gustloff fragt bei *Hansa* an, wie lange die Reparatur der Maschine noch dauern kann.

Die Antwort läßt auf sich warten.

Auch auf der *Hansa* herrscht Unruhe.

Endlich ist der Maschinenschaden behoben, der Anker wird aus dem Grund gehoben, man will die Fahrt wieder aufnehmen und dies auch der *Gustloff* melden.

Doch da ist die nächste unangenehme Überraschung.

Die Ruderanlage der *Hansa,* sicher bedingt durch die lange Liegezeit im Hafen, beginnt zu streiken, reagiert überhaupt nicht mehr.

Die somit steuerlose *Hansa* wird vom starken Wind geradezu auf das Hela-Reede liegende Wrack des zerbombten Linienschiffes *Schleswig-Holstein* zugetrieben. In wenigen Minuten besteht Kollisionsgefahr. Die Menschen an Bord der *Hansa*, die an Oberdeck stehen und die Gefahr sehen, schreien in höchster Todesangst auf. Auf der *Hansa*-Kommandobrücke hat man sofort reagiert. In aller Eile sind Panikposten aufgestellt. Sie stehen mit entsicherten Pistolen vor den Rettungsbooten.

Minuten später ist die Gefahr vorüber.

Kaum 30 Meter treibt die *Hansa* am Wrack der *Schleswig-Holstein*, das aus dem Wasser herausragt, vorbei.

Es ist noch einmal gut gegangen.

Auch von der *Gustloff*-Kommandobrücke aus hat man das Abtreiben der *Hansa* erkennen können und für Augenblicke den Atem angehalten.

Jetzt trifft auf der *Gustloff* die Nachricht der *Hansa* ein:

»*Hansa* zur Zeit nicht fahrbereit.
Reparaturzeit unbestimmt.
Können Fahrt zunächst nicht fortsetzen.

Fahren Sie allein weiter.
Gute Reise!«

Für wenige Augenblicke herrscht auf der Kommandobrücke der *Gustloff* Ratlosigkeit.

Die Situation hatte niemand einkalkuliert.

Die *Gustloff* soll allein die Fahrt fortsetzen?

Was nun?

In den nächsten Augenblicken treffen die Geleitfahrzeuge ein. Wieder eine Überraschung. Von den angekündigten Fahrzeugen stehen nur zwei zur Verfügung: Das Torpedoboot *Löwe* und das Torpedo-Fangboot *TF 19.*

Der erste, der etwas sagt, ist Fahrkapitän Weller:

»Dann lieber bis morgen warten und mit der *Hansa* fahren als mit diesem kümmerlichen Geleit«, meint er.

Doch die Entscheidung liegt nicht bei ihm, sondern beim Kapitän der *Gustloff*, Friedrich Petersen.

Welche Entscheidung wird er treffen?

Die Vorgänge auf der *Gustloff* sind auch an Land nicht unbemerkt geblieben.

Korvettenkapitän Leonhardt von der Zweigstelle Gotenhafen der 9. Sicherungs-Division, der von Anfang an Bedenken gegen das Auslaufen von *Gustloff* und *Hansa* ohne den Schutz von Sicherungsschiffen der 9. Sicherungs-Division hatte, erhielt die Nachricht über die Situation von *Gustloff* und *Hansa* auf Hela-Reede durch seinen Kapitänleutnant Remien übermittelt.

Leonhardt atmet auf, als er den Funkspruch liest:

»*Hansa* und *Gustloff* ankern auf Weg 76 vor Hela.
Hansa hat Maschinenschaden und kann Fahrt nicht fortsetzen.
Von Gotenhafen sind Schlepper ausgelaufen, um *Hansa* zu helfen!«

Die Meldung ist für Leonhardt beruhigend. Die *Gustloff* wird also warten müssen, bis der Maschinenschaden der *Hansa* behoben ist. Das kann noch eine Nacht dauern. Und morgen sieht schon alles anders aus. Morgen werden der 9. Sicherungs-Division sicher Geleitfahrzeuge in ausreichender Zahl zur Verfügung stehen, so daß die U-Boot-Waffe *Hansa* und *Gustloff* nicht mit eigenen Schiffen, sondern mit Schiffen der 9. Sicherungs-Division nach Westen geleiten kann. Das Torpedoboot *Löwe*, 1940 beim Angriff auf Norwegen erbeutet, und das Torpedo-Fangboot *TF 1*, das bisher nur dafür eingesetzt wurde, verschossene U-Boot-Übungstorpedos einzufangen, aufzufischen, können sicher nicht als ›Geleit‹ für *Gustloff* und *Hansa* angesehen werden. So gesehen ist es ganz gut, daß *Gustloff* und *Hansa* auf Hela-Reede warten müssen. Das Warten hat auch eine positive Seite: Ein sicheres Geleit am nächsten Morgen.

Doch die nächste Meldung, die Korvettenkapitän Wolfgang Leonhardt in seinem Büro über den Schreibtisch zugereicht wird, läßt ihn erblassen: »*Gustloff* ist ankerauf gegangen und setzt Fahrt allein fort, *Hansa* bleibt zurück!«

»Wenn das nur gut geht – «, sagt Leonhardt vor sich hin.

Aber diese Fahrt der *Gustloff* unterliegt damit nicht seiner Verantwortung als Zweigstellenchef der 9. Sicherungs-Division, sondern ganz allein der U-Boot-Waffe.

Offensichtlich hat der Führer der U-Boote (F.d.U.) die Entscheidung getroffen, daß die *Gustloff* nicht länger auf die Reparatur der *Hansa* wartet und die Fahrt allein fortsetzt. Die Gründe hierfür kennt Leonhardt in diesem Augenblick nicht.

Kapitän Friedrich Petersen hat vor seiner Entscheidung, daß sein Schiff allein weiterläuft und nicht auf die *Hansa* wartet, das Für und Wider des Alleinauslaufens noch einmal gründlich mit den Offizieren auf der Brücke erörtert. Er weiß, er ist für die Menschen auf diesem Schiff verantwortlich, er ist der Kapitän dieses Schiffes und kein anderer. Aber gerade diese Verantwortung ist es, die es ihm unmöglich macht, die ihm anvertrauten Flüchtlinge noch weiter den erhöhten Gefahren des Stilliegens auf Hela-Reede für eine ungewisse Zeit auszusetzen, den Gefahren aus der Luft und den Gefahren der weiteren nervlichen Belastung dieser schon seit Tagen und Wochen gehetzten Flüchtlinge.

Und da ist noch eine andere Verantwortung: Die Verantwortung für die mehr als eintausend Soldaten und Marinehelferinnen der U-Boot-Waffe, die Elitemannschaften der 2. ULD, die – so der Befehl – »so rasch als möglich in einem westlicheren Hafen in der Ostsee ihre Ausbildung beenden sollen.« Dieser Teil der Passagiere der *Gustloff* macht das Schiff nicht nur zu einem ›Flüchtlingsschiff‹, sondern auch zu einem wichtigen ›Truppentransporter‹. Das Wort des Kommandeurs der II. Abteilung der 2. Unterseeboots-Lehr-Division, Korvettenkapitän Wilhelm Zahn, zu dem Problem: »Soll die *Gustloff* auf die *Hansa* warten oder allein weiterlaufen?« – ist für Kapitän Friedrich Petersen von allerhöchster Wichtigkeit.

Die Entscheidung, nicht auf die *Hansa* zu warten, sondern allein nach Westen zu laufen, wird von ihm in voller Übereinstimmung mit Korvettenkapitän Wilhelm Zahn getroffen.

Dieser hat seine Entscheidung ebenfalls nicht allein getroffen. Er nahm zunächst Verbindung auf mit dem Transportchef für das *Hansa-Gustloff*-Geleit, Kapitän zur See Karl Neitzel, der sich an Bord der *Hansa* befand. Zahn nahm auch Kontakt auf mit dem F.d.U. Ausb. und erhielt von Korv. Kapt. Schulz den ausdrücklichen Befehl übermittelt, die Fahrt mit der *Gustloff* allein fortzusetzen.

Eine Woge der Erleichterung geht durch das Schiff, als die Anker aufgehievt werden, das Klacken der Kettenglieder zu hören ist, die Maschinen zu arbeiten beginnen und die *Gustloff* sich wieder in Bewegung setzt.

Die *Gustloff* fährt in die Nacht hinaus.

Damit ist man auch der Gefahr entgangen, bei einem längeren Warten auf der Reede von Hela weitere 2000 Flüchtlinge an Bord nehmen zu müssen. Die Übernahme war bereits für den nächsten Morgen angekündigt worden.

Die Allein-Fahrt der *Gustloff* ist aber auf der Kommandobrücke des Schiffes nicht unumstritten. Hier ist eine lebhafte Diskussion über die Fahrtgeschwindigkeit und den Kurs zwischen dem Handelsschiffskapitän Friedrich Petersen und dem militärischen Transportleiter, Korvettenkapitän Wilhelm Zahn, entbrannt.

Die Fahrtgeschwindigkeit eines Schiffes ist von wesentlicher Bedeutung. Passagierschiffe sind im allgemeinen schneller als U-Boote. Das wissen nicht nur die Deutschen, sondern auch die Briten, die ihre größten Ozeanriesen als Truppentransporter eingesetzt haben und so auch die *Queen Mary* sicher über den Atlantik brachten. Noch nie gelang es einem deutschen U-Boot, ein solches Schiff zu torpedieren. Und auf dieser Reise mußte die *Gustloff* schneller sein als ein sowjetisches U-Boot.

Aber – wie schnell kann die *Gustloff* sein?

Sicher nicht so schnell wie in Friedenszeiten. Denn die lange Liegezeit im Hafen wird sich auf die Maschinen nicht gerade günstig ausgewirkt haben. Man wird also nicht sofort ›Äußerste Kraft‹ laufen können. Aber 12 Seemeilen pro Stunde, nun – das wird die *Gustloff* sicher noch schaffen.

Doch das ist Korvettenkapitän Wilhelm Zahn, dem erfahrenen U-Boot-Offizier und ehemaligen U-Boot-Kommandanten, viel zu langsam. Zahn kann die Gefahren eines U-Boot-Angriffes sehr gut beurteilen.

»Fünfzehn Knoten müssen wir laufen, also absolute Höchstgeschwindigkeit«, fordert er.

Doch Kapitän Petersen kommentiert diese Forderung nur mit einem Wort:

»Unmöglich!«

Und er hat dafür seine Gründe. Er kennt die *Gustloff*, und er weiß, was er von seinem Schiff verlangen kann. Die *Gustloff* ist nämlich nicht, wie man gerüchteweise oft hörte, als schneller Truppentransporter geplant gewesen und gebaut worden und vor dem Krieg nur für KdF-Fahrten zweckentfremdet worden. Die *Gustloff* ist tatsächlich nur als ›Ein-Klasse-Schiff‹, als ›Propaganda-Urlaubsschiff‹ der NSDAP gebaut worden. Und das nicht etwa für schnelle Atlantik-Überquerungen, für das begehrte Blaue Band, sondern nur für Ferienreisen in die Norwegischen Fjorde, im Mittelmeer und nach Madeira. In Friedenszeiten, bei optimalen Wetterbedingungen, mit voller bestausgebildeter Mannschaft, konnte die *Gustloff* vielleicht die Höchstgeschwindigkeit von 15,5 bis 16 Knoten erreichen. Heute aber, bei dieser Reise, war dies total unmöglich.

»Zwölf Knoten ist die absolute Spitze«, wiederholte Petersen.

Erschwerend kam hinzu, daß beim dem Bombenangriff auf Gotenhafen am 18. Dezember 1944 eine Bombe ein Loch in die Wellenhose der *Gustloff* gerissen hatte. Das Loch wurde auf der Werft nur notdürftig geflickt, wobei man bei der Reparatur davon ausging, daß die *Gustloff* weiter als Wohnschiff im Hafen liegen bleiben würde.

»Unter normalen Umständen hätten wir damit überhaupt nicht in See gehen dürfen«, stellte Kapitän Petersen fest. Doch wo gab es Ende Januar 1945 noch ›normale Umstände‹?!

Bei Höchstgeschwindigkeit lief die *Gustloff* in jedem Fall Gefahr, daß die Austrittswelle der Schraubenwelle an Steuerbord wieder aufriß. Und das konnte niemand verantworten.

Es bliebt deshalb bei der Entscheidung von Kapitän Petersen:

»Zwölf Seemeilen – und keine Meile mehr!«

Die Entscheidung des Kapitäns vermochte die etwas gespannte Stimmung zwischen den Handelsschiffsoffizieren und den Offizieren der U-Boot-Waffe keinesfalls zu verbessern. Zu viele Probleme waren in der Zeitnot nicht geregelt worden. Zu bunt war die Gruppe der Offiziere und Mannschaften auf der Kommandobrücke der *Gustloff* zusammengewürfelt. Und über die Verteilung der Kompetenzen gab es ebenso keine Regelung, wie auch für die Abgrenzung der Verantwortlichkeit zwischen den Offizieren der Kriegs- und Handelsmarine. Nur die Kompetenz von Friedrich Petersen war klar. Er war der Kapitän des Schiffes und kein anderer.

Aber am Steuerrad der *Gustloff* zum Beispiel stand ein Steuermannsmaat der Kriegsmarine, und der Maschinentelegraf wurde von einem Marinegefreiten bedient. Beide erhielten ihre Befehle vom Wachoffizier der Handelsmarine und dem Handelsschiffskapitän.

Eine kaum vorstellbare Situation.

Das alles würde sich schon einspielen im Laufe der Fahrt. So hoffte man auf beiden Seiten.

Inzwischen beschäftigte man sich auf der *Gustloff*-Kommandobrücke mit der Wetterprognose für die nächsten Stunden und die nächste Nacht. Sie sah schlecht aus, aber gut für die Fahrt des Schiffes.

»Wind West-Nord-West, Stärke 6 bis 7, abends nach Westen drehend und auf 5 fallend. Dünung 4. Schneetreiben, Sichtweite 1–3 Seemeilen. Leichter bis mittlerer Frost!«

Der Wind bedeutete: Zunahme von Seekranken an Bord, Schnee und Kälte zeigten die Gefahr auf, daß an Oberdeck Vereisungen auf Deck und Geräten zu erwarten sind.

An Deck versuchten bereits einige Matrosen, das Eis von den Flakgeschützen zu entfernen. Steif gefroren kamen sie unverrichteter Dinge zurück. Das Schneetreiben und die Vereisung nahmen ständig zu.

»In dieser Suppe, wo man kaum die Hand vor den Augen sieht, kann uns sowieso kein Flugzeug sichten«, kommentierte ein Flakobergefreiter den Abbruch der Arbeiten.

Völlig abgedunkelt stiehlt sich die *Gustloff* durch die hereinbrechende Winternacht. Kein Lichtschein dringt nach draußen. Die See wird immer unruhiger. Hohe Brecher schlagen über die Back. In den Brückennocks haben die Posten alle Mühe, sich aufrecht zu halten und ihre Gläser nicht zu verlieren. Ständig müssen sie die Gläser von den Augen nehmen und die Linsen putzen.

Das Schneetreiben nimmt weiter zu, je weiter der Uhrzeiger vorrückt. Über die Flakstände auf dem achteren Bootsdeck pfeift ein eiskalter Wind. Außer den Ausguckposten und der Flakbesatzung ist niemand an Oberdeck. Warum auch? Zu sehen gibt's hier sowieso nichts.

Kurz nach dem Passieren von Hela erhält die *Gustloff* einen Blinkspruch vom Geleitboot *TF 1*. Der Signalgast setzt den Spruch ab:

»Habe Riß in der Schweißnaht. Wassereinbruch festgestellt. Bitte um Entlassung aus dem Geleit!«

Die Umkehr von *TF 1* nach Gotenhafen mußte genehmigt werden.

Nun ist die *Gustloff* nur noch von einem Schiff begleitet, von dem Torpedoboot *Löwe*.

»Das hat uns gerade noch gefehlt«, meint Kapitän Petersen.

»Ein Hund führt einen Riesen durch die Nacht«, kommentiert Korvettenkapitän Zahn. Und er hat recht, vergleicht man die Größe der beiden Schiffe.

Und doch ist die *Gustloff* nicht ganz allein.

Noch in dieser Nacht, in wenigen Stunden, wird sich zeigen, wie wichtig die Begleitung durch das Torpedoboot *Löwe* war.

Die *Gustloff* hat den Wettlauf mit dem Tode aufgenommen.

DER WETTLAUF MIT DEM TODE BEGINNT

Am 30. Januar 1945 waren außer der *Gustloff* und dem Torpedoboot *Löwe* viele andere Schiffe in der Ostsee unterwegs.

Eines dieser Schiffe war das U-Boot der sowjetischen Rotbannerflotte *S-13*, geführt von seinem Kommandanten, Kapitän 3. Ranges, A. U. Marinesko.

S-13 war bereits seit dem 11. Januar 1945 auf ›Feindfahrt‹. Es hatte an diesem Tage den Hafen von Hangö verlassen. Marinesko war fest entschlossen, ohne einen Abschuß nicht wieder zurückzukehren. Die Räumung von Memel und Königsberg würden ihm sicher einen großen Transporter vor das Sehrohr bringen. Und Torpedos hatte *S-13* genug an Bord.

Gemeinsam mit zwei weiteren sowjetischen U-Booten, *Sch-310* und *Sch-307*, hatte es vor Memel in der Ostsee auf ein lohnendes Ziel gewartet. Vergeblich. Als es am 30. Januar morgens durch Funkspruch erfuhr, daß die Rote Armee den Hafen von Memel besetzt hätte, setzte es sich von den beiden anderen U-Booten ab und steuerte Hela an. *S-13* hatte ausreichend Treibstoff und Lebensmittel für einige Wochen an Bord.

Marinesko hatte sich ausgerechnet, daß aus den Ostseehäfen Pillau, Danzig und Gotenhafen in diesen Tagen die großen Handelsschiffe mit Soldaten, Verwundeten und Flüchtlingen an Bord auslaufen würden. Und – wenn er die Lage richtig einschätzte – würde man diesen Schiffen kaum ausreichendes Geleit zur Verfügung stellen können. Denn so viele Begleitfahrzeuge, die auch für die U-Boot-Ortung und U-Boot-Jagd geeignet waren, schien die deutsche Kriegsmarine in der Danziger Bucht nicht mehr zu haben.

Und wenn auch – ein Risiko mußte man immer eingehen.

Und Marinesko scheute als erfahrener U-Boot-Kommandant dieses Risiko nicht. Aus verschiedenen Gründen war er zum Erfolg verurteilt.

Marinesko glaubte fest daran, daß er diesen Erfolg auf dieser ›Feindfahrt‹ haben würde.

Er war stolz auf seine Besatzung, die sämtlich aus erfahrenen U-Boot-Leuten bestand. Da war zum Beispiel sein Navigationsoffizier, einer der Besten der sowjetischen Rotbannerflotte, Kapitänleutnant Nikolai Redkoborodow aus Leningrad, 24 Jahre alt. Da war der Oberbootsmann Michail Kolodnikow, der Telegraphist und gleichzeitiger Lebensmittelverwalter, da war sein erster Offizier Lew Jefremenkow, Kapitänleutnant und Träger des Ordens der Roten Fahne, am Horchgerät saß der Maat Iwan Schmapzew, 23 Jahre alt. Zur Besatzung von *S-13* gehörten ferner der Bootsmann 2. Klasse Anatoli Winogradow, der 28jährige Maat Andrej Pichut, der Torpedomechaniker von *S-13*, bereits mit dem Lenin-Orden ausgezeichnet, der Steuermann Nikolai Toropow und Kapitänleutnant Wladimir Krylow, der als politischer Kommissar an Bord von *S-13* war.

S-13 hatte zwölf Torpedos an Bord und hundertzwanzig Granaten für das 10 cm-Flakgeschütz, sowie ausreichende Flak-Munition.

Maat Andrej Pichut hatte bereits vor dem Auslaufen des *S-13* aus Hangö einige Torpedos mit Namen versehen oder Bezeichnungen. Er hatte dies nicht ohne Genehmigung von Kapitänleutnant Wladimir Krylow getan, denn die Reihenfolge mußte stimmen.

Den Torpedo im Rohr 1 hatte er mit der Aufschrift versehen: ›Für das Mutterland‹, im Rohr 2 befand sich ein Torpedo mit der Aufschrift ›Für Stalin‹, im Rohr 3 mit der Aufschrift ›Für das sowjetische Volk‹, im Rohr 4 schließlich ›Für Leningrad‹.

Als man an späten Nachmittag des 30. Januar mit *S-13* die Höhe von Hela erreichte, hingen alle vier Torpedos noch in ihren Rohren.

Auf *S-13* herrschte absolute Stille. Es war völlige Ruhe befohlen. Nur leise Kommandos und das eintönige Geräusch der Motoren waren zu hören.

S-13 blieb getaucht. Kapitän Marinesko fuhr das Periskop aus, durchstieß damit die Meeresoberfläche. Er sah nur einen Schlepper, der Mühe hatte, gegen die schwere See anzukämpfen. Sonst sah Marinesko nichts Außergewöhnliches um sich herum an diesem Abend des 30. Januar 1945. Die Ostsee schien völlig ruhig zu sein, was den Schiffsverkehr betraf. Weit und breit war durch das Sehrohr kein großer Transporter zu sehen, auch kein Kriegsschiff, das *S-13* hätte gefährlich werden können.

Kapitän Marinesko entschloß sich deshalb, *S-13* auftauchen zu lassen. Wenige Minuten später kletterte er in seinem schmutzigen Schaffellmantel aus dem Turmluk. Grimmige Kälte und ein eisiger Wind empfingen ihn. Das Thermometer zeigte 17 Grad unter Null.

Nach Marinesko kletterte auch sein erster Offizier Lew Jefremenkow, Kapitänleutnant der sowjetischen Rotbannerflotte, der mit Marinesko schon drei Jahre auf *S-13* fuhr, aus dem Turmluk. Sein Versuch, eine Zigarette zu rauchen, scheiterte. Danach kam auch noch der Bootsmann 2. Klasse, Anatoli Winogradow, an Deck mit seinem Kameraden, dem Maat Andrej Pichur. Beide bemühten sich vergeblich, durch ihre Gläser mehr zu sehen als mit ihren Augen. Gischt und Schnee machten die Gläser fast unbenützbar.

Marinesko hatte genug frische Luft geschöpft:

»Ich gehe hinunter, um etwas Heißes zu trinken. Übernehmen Sie hier das Kommando«, sagte er zu seinem Ersten Offizier Jefremenkow und verschwand durch das Turmluk wieder nach unten.

S-13 wartete auf seine Beute. Auf ein Schiff, ein möglichst großes Schiff, das man mit vier Torpedos auf den Grund der Ostsee schicken konnte.

Würde sich das Warten lohnen?

Als der Gong zum Abendessen ertönt, wird gerade Rixhöft passiert, der nördlichste Punkt der Halbinsel Hela. Nun kommt Bewegung in die Massen, alles strömt nach den Speisesälen und in die Messen. Für eine Weile machen die hier Untergebrachten Platz. Von den blankgescheuerten Tischen hört man nur noch das Klappern der Löffel.

Peter Schiller schmeckt es heute gar nicht, er weiß nicht, warum. Er spürt ein merkwürdiges Gefühl im Magen, für das er keine Erklärung hat. Seinem Nachbarn, einem weißhaarigen alten Mann, scheint es genau so zu gehen. Stumm sitzen sie nebeneinander, bis der Alte plötzlich das Schweigen bricht:

»Sagen Sie mal, Sie sind doch von der Besatzung. Wohin fahren wir eigentlich?«

»Und wann werden wir wohl dort sein — — ?«

Peter Schiller sieht auf.

»Soweit ich weiß, fahren wir nach Kiel und Flensburg, wo je die Hälfte der Passagiere ausgeladen werden soll«, antwortet er zögernd.

»Ich schätze, bis morgen Mittag werden wir es geschafft haben – wenn nichts dazwischenkommt!«

Und dann ist es wieder still zwischen den beiden.

Jetzt muß Peter Schiller über die drei Worte, die ihm fast gedankenlos über die Lippen gegangen sind, nachdenken: »Wenn nichts dazwischenkommt«. Aber das ist ja dummes Zeug, das sagt man so dahin. Bisher ist doch alles gut gegangen.

Der Alte neben ihm ist aufgestanden. Peter Schiller folgt ihm nach einer Weile langsam nach. Als sie sich am Aufgang wieder treffen, schlägt Schiller dem Weißhaarigen vor, für eine halbe Stunde zu ihm in die Kabine mitzukommen. Dort angelangt, erzählt ihm nach einer Weile der weißhaarige alte Mann zögernd seine Geschichte.

»Vor zwei Wochen bekamen wir den Räumungsbefehl, binnen 48 Stunden sollten wir unser schönes ostpreußisches Dorf verlassen.

Über sechs Jahrzehnte haben wir dort gelebt, und 32 Jahre waren wir verheiratet. Unsere beiden Jungen sind draußen geblieben, der eine in Rußland, der andere im Flugzeug über England. Da saßen wir nun eines Tages allein. Ganz allein. Ich bin Pfarrer, und wir hatten ein schmuckes Häuschen, gleich neben unserer Kirche.

Viel ist es nicht gewesen, was wir dann zusammenpackten, und ich wollte der Letzte sein, der aus dem Dorfe ging. Am Dorfausgang bin ich noch einmal stehen geblieben und habe zurückgeschaut.«

Er blickte eine Weile still zu dem fahlen Rand des Bullauges hinüber und fährt dann leise fort:

»Ja – und dann ging es über die vereisten Straßen, mit vielen Tausenden zusammen in einem schier endlosen Treck. Wir Alten spürten bald, daß wir den Strapazen nicht lange mehr gewachsen waren. Die Kälte und der Sturm machten uns schwer zu schaffen. Besonders meine Frau litt sehr darunter. Die Beine versagten ihr bald den Dienst. Oft sind wir stehengeblieben um auszuruhen, aber der große Strom riß uns immer wieder mit.

Überall, wohin wir auch sahen, nur Elend und Verzweiflung.

Dann fand ich für meine Frau einen Platz auf einem Pferdefuhrwerk, einem Wagen, der nur mit einer Plane überdeckt war. Ich marschierte mit vielen anderen hinterher. Wenn wir Pause machten, kletterte ich auf den Wagen, um mit meiner Frau zu sprechen. Ich merkte von Tag zu Tag, daß sie immer schwächer wurde. Sie ließ es sich kaum anmerken und wollte unbedingt durchhalten, aber dann war es doch zuviel für sie . . .«

Seine Stimme ist bei den letzten Sätzen immer leiser geworden, bis sie jetzt fast in ein Flüstern übergeht.

»Dann – ja dann kam wohl der furchtbarste Tag in meinem Leben.

Wir hatten wieder einmal eine Ruhepause gemacht, irgendwo am Straßenrand. Wir aßen ein Stückchen Brot, und meine Frau weinte still vor sich hin. Ich habe sie zu trösten versucht, als ich aber in ihre Augen sah, wußte ich, daß sie sich nun auf den Heimweg begab – – –

Dann haben wir noch einmal still miteinander gebetet . . .«

Seiner Brust entringt sich ein langer Seufzer.

Peter Schiller, der ihm gegenüber sitzt, weiß auf einmal nicht mehr, wo er hinsehen soll. Der alte Pfarrer hat seinen Kopf in die Hände gestützt und blickt mit leeren Augen vor sich hin.

Schiller wagt nicht, die Stille zu durchbrechen – – –

»Wir haben meine Frau vom Wagen genommen und an den Straßenrand gelegt. Es war um die Mittagszeit«, hebt der Pfarrer nach einer Weile wieder an. »Wie lange ich neben meiner Frau gesessen habe, weiß ich nicht. Die Vorbeiziehenden mögen wohl geglaubt haben, daß ich auch nicht mehr zu den Lebenden zählte. Später habe ich mir dann aus dem nächsten Haus eine Spitzhacke und einen Spaten geholt. Sie sollte nicht am Weg liegenbleiben, wie so viele . . .!«

»Und wohin wollen Sie nun?« – zwingt Peter Schiller sich nach qualvollen Minuten zu einer Frage.

»Wohin? – Ich weiß es nicht. Auf dieser Welt habe ich niemanden mehr, der auf mich wartet. Aber unser aller Leben steht in Gottes Hand!« Und nach einer Weile: »Ich habe das Gefühl, daß ich bald beim *ihm* sein werde . . .«

Bei diesen Worten sieht er Peter Schiller mit einem Blick an, der so voller Ruhe und Zuversicht ist, erhebt sich, bedankt sich für die Einladung, Bewirtung und Anteilnahme, geht beschwerlich auf die Kabinentür zu, reicht Peter Schiller die Hand:

»Ich bin müde« – sagt er, »leben Sie wohl – Gott schütze Sie – – –!«

Das ist ein Schicksal von sechstausend auf diesem Schiff, das einem unbekannten Ziel entgegenfährt.

Peter Schiller spürt nach diesem Gespräch das Bedürfnis, sich ins Freie zu begeben und frische Luft zu atmen.

Im B-Deck zeigt die große Uhr am Empfangsbüro 35 Minuten nach acht, 20.35 Uhr. Eine stürmische, eiskalte Nachtluft empfängt ihn. Auf dem Deck ist alles leer. Kein Wunder bei diesem Wetter. Das Schneetreiben ist so dicht, daß die Ausguckposten nichts mehr sehen können. Der eisige Wind pfeift über die Flakstände, die Boote und Flöße und dringt durch bis auf die Haut. Schwere Brecher klatschen gegen die Bordwand.

Morgen Mittag werden wir diese Reise hinter uns haben, denkt Peter Schiller, und zieht seinen Mantel fester um die Brust. Er ist nicht der einzige, der in diesem Augenblick an morgen denkt. So mancher wird jetzt die Hände falten und Gott bitten, daß alles gut vorübergehen möge.

Sein Blick geht zu den Aufbauten des Schiffes hinauf, die wie Türme in den Himmel ragen. Was mag Kapitän Petersen in diesem Augenblick denken? Sicher macht er sich große Sorgen, die *Gustloff* wohlbehalten über die Ostsee zu bringen.

Die Maschinen des Schiffes laufen auf vollen Touren, man holt alles aus ihnen heraus. Mit äußerster Kraft will man nach Westen, geradeaus auf dem minenfreien Wege.

Mit 12 Seemeilen Fahrgeschwindigkeit bahnt sich die *Gustloff* ihren Weg nach Westen durch die aufgewühlte Ostsee.

Das ist ein Wettlauf mit dem Tode.

Doch noch niemand auf diesem Schiff ahnt etwas davon.

Während Peter Schiller noch an Oberdeck steht und – sich an der vereisten Reling festhaltend – seinen Gedanken nachhängt, betritt ein Läufer die Kommandobrücke und bringt einen Funkspruch aus der Funkstation. Zahn nimmt ihn in Empfang und liest ihn mit nicht gerade freundlichem Gesicht.

»Auch das noch«, kommentiert er ihn.

»Ein aus sechs Fahrzeugen bestehender Minensuchverband befindet sich auf Gegenkurs. Es besteht Kollisionsgefahr.«

Die *Gustloff* muß also Positionslichter setzen.

Das muß sein!

Auf keinen Fall kann sich die vollbesetzte *Gustloff* einer Kollisionsgefahr aussetzen.

Auch Kapitän Petersen ist der Meinung, daß Positionslichter gesetzt werden müssen, bis der Minensuchverband vorüber ist. Wie lange das allerdings dauern kann, weiß niemand zu sagen. Hoffentlich nicht zu lange. Wenn auch die Positionslaternen, die grüne an Backbord und die rote an Steuerbord, auf schwach gestellt werden und eigentlich keinen allzu großen Beleuchtungseffekt erzielen, so wären sie jedoch für einen feindlichen U-Boot-Kommandanten die besten Anhaltspunkte für einen Torpedoangriff.

Über das Setzen von Lichtern hatte es bereits vor einer Stunde auf der Kommandobrücke der *Gustloff* eine heftige Diskussion gegeben. Der 2. Offizier Paul Vollrath, einer der erfahrensten Navigationsoffiziere, der Kriegserfahrungen im Mittelmeer und in Norwegen gesammelt hatte, zeigt sich entsetzt, als bei Dunkelwerden angeordnet wurde, Seiten- und Dampferlichter zu setzen.

Paul Vollrath hatte Kapitän Petersen darauf aufmerksam gemacht, daß es seiner Meinung nach vollkommen genügen würde, mit der schwach brennenden blauen Lampe über dem Heck, nach oben und den Seiten hin abgeblendet, zu fahren.

Auf diesen Einspruch hin ließ Petersen dann auch die Dampferlichter löschen, er konnte sich aber nicht entschließen, auch die Seitenlichter zu löschen.

Völlig unverantwortlich hielt der 2. Offizier das Setzen der Positionslichter aufgrund des auf Gegenkurs befindlichen Minensuchverbandes. Nach seiner Meinung war die Möglichkeit einer Kollision weit geringer als die Entdeckung des Schiffes durch ein U-Boot bei fahrlässiger Lichterführung.

Doch Kapitän Petersen blieb bei seiner Entscheidung und erklärte:

»Wenn wir Entgegenkommer haben, werden wir diese ohne Lichter auf die Hörner nehmen. Das ist nicht zu verantworten.«

Sicher war, jeder der beiden erfahrenen Handelsschiffsoffiziere wollte das Beste für das Schiff und die auf ihm befindlichen Menschen.

Auch Korvettenkapitän Zahn fühlte sich nicht ganz wohl in seiner Haut, als die Positionslichter gesetzt wurden. Er war lange genug U-Boot-Kommandant gewesen und kannte die Gefahren für ein Schiff, das Positionslichter gesetzt hatte. Zahn konnte sich gut vorstellen, wie sich die roten und grünen Positionslichter im Fadenkreuz des Sehrohrs eines U-Bootes ausmachten. Ein so großes Schiff wie die *Gustloff* mit einer solch grandiosen Festbeleuchtung abzuschießen, wäre für ein U-Boot eine Leichtigkeit.

Aber die Positionslichter müssen in der Situation, in der die *Gustloff* sich jetzt befindet, gesetzt werden. Daran gibt es auch für Zahn keinen Zweifel.

Zahn konnte in diesen Augenblicken nicht ahnen, daß das sowjetische U-Boot *S-13* in unmittelbarer Nähe der *Gustloff* war, und daß man vom Turm aus die Positionslichter der *Gustloff* mit dem Fernglas ausmachen konnte. *S-13* war nicht getaucht.

Bootsmann Winogradow entdeckte die Lichter als erster. Er machte Kapitänleutnant Jefremenkow, der in diesen Augenblicken das Kommando führte, darauf aufmerksam. Jefremenkow konnte sich im ersten Augenblick überhaupt nicht erklären, wo die Lichter herkamen. Er hatte vor dem Auftauchen von *S-13* die Seekarten studiert. Deshalb nahm er zunächst an, die Lichter kämen vom Leuchtfeuer Heisternest auf Hela. Es konnten aber auch die Leuchtfeuer Hela-Rixhöft sein. Um zu klären, woher die Lichter kamen, rief Jefremenkow Kapitänleutnant Nikolai Redkoborodow auf den Turm. Nach gründlicher Diskussion war man sich einig. Das waren nicht die Leuchtfeuer Hela-Rixhöft oder Heisternest.

Das waren eindeutig die Lichter eines Schiffes, wahrscheinlich eines großen Schiffes.

Diese Erkenntnis war Anlaß, den Kommandanten von *S-13*, Marinesko, auf den Turm zu rufen. Dieser gab sofort Befehl, die Alarmglocken läuten zu lassen.

»Alle Mann auf Gefechtsstand!«

Marinesko entschloß sich zu einem waghalsigen Unterfangen. Er ließ den Auftrieb von *S-13* reduzieren. Dadurch bot das U-Boot für die feindliche Radarerkennung eine wesentlich kleinere Silhouette. Feindliche Radargeräte würden *S-13* kaum ausmachen können, zumal ab und zu auch die Wellen über Deck zusammenschlugen.

Steuermann Nikolai Toropow mußte allerdings höllisch aufpassen, nicht die Kontrolle über *S-13* zu verlieren. Würde dies geschehen und würde *S-13* unter die Wellen schneiden, während die Turmluke noch geöffnet war, wäre das U-Boot verloren und würde sofort sinken. Das Schicksal von *S-13* und seiner Mannschaft hing jetzt ausschließlich von Steuermann Toropow ab. Doch Marinesko wußte, daß er sich auf diesen erfahrenen U-Boot-Steuermann verlassen kann.

Die Nerven aller Männer auf dem sowjetischen U-Boot waren zum Zerreißen gespannt. Sie warteten alle auf einen großen Augenblick, auf die Versenkung eines großen Schiffes.

Auf der *Gustloff* weiß indessen niemand, daß der Tod schon auf der Lauer liegt.

Er hat einen schlanken stählernen Leib und wartet.

Ahnungslos fährt ihm die Beute in den Rachen.

Auf der *Gustloff* schleichen weiter die Minuten dahin.

Die Ruhe auf der Kommandobrücke wird durch die Kommandos des Fahrkapitäns oder der Wachoffiziere unterbrochen.

»Wie steuert das Schiff?«

»Das Schiff steuert gut.«

Die *Gustloff* hat keine Probleme. Die Maschinen halten, Schäden sind bisher nicht aufgetreten. Man kann also guten Mutes sein.

Louis Reese, der Erste Offizier, ist auf die Kommandobrücke gekommen. Er ist unruhig und garnicht guten Mutes. Ihm ist immer noch völlig unerklärlich, warum man nicht den Küstenweg genommen hat, da das Zehn-Meter-Fahrwasser durchaus für die *Gustloff*, die vorn einen Tiefgang von 6 Metern und achtern einen Tiefgang von 7 Metern hat, völlig ausgereicht hätte. Er kann sich auch dem Argument nicht anschließen, daß dieser küstennahe Weg vermint sei, denn niemand garantiert, daß der Zwangsweg 58, der Tiefwasserweg fernab der Küste, den die *Gustloff* jetzt läuft, nicht ebenfalls vermint ist. Sein Argument, daß bei einem Minentreffer in Küstennähe die Gefahr für das Schiff und die Menschen halb so schlimm ist, weil man das Schiff viel leichter auf Grund setzen könne, bleibt ungehört.

Die *Gustloff* will so rasch wie möglich die Zielhäfen erreichen und schon am nächsten Tag aus der Gefahrenzone heraus sein.

Nach dem Fahrbericht ist dies auch durchaus möglich.

Gegen 21.00 Uhr wird das Schiff das Leuchtfeuer von Stilo erreichen, etwa gegen 01.00 Uhr am 31. Januar wird Kolberg querab liegen – und gegen 04.00 Uhr will die *Gustloff* vor Swinemünde stehen – – –

Aber es soll alles anders kommen.

Wenn nur erst diese Nacht vorüber wäre, diese eine alles entscheidende Nacht.

Peter Schiller steht auf dem Sonnendeck und starrt in die Nacht. Auch er findet keine Ruhe.

Das Thermometer ist weiter gefallen, die Quecksilbersäule zeigt jetzt 18 Grad unter Null.

Wieder treibt eine heftige Bö ihm eine Wolke von Eiskristallen ins Gesicht. Er geht nach achtern zu den Rettungsbooten. Da ist auch sein Boot, das Boot Nr. 5, dem er als Steurer zugeteilt ist. Groß und zum Greifen nahe, hängt es vor seinen Augen. Die Boote sind nicht ausgeschwungen, sondern hängen noch in ihren Davits, die total vereist sind.

Die Boote knarren, ächzen und schwanken in ihren Davits.

Genügen eigentlich die Rettungsmittel, die sich an Bord befinden, für alle Menschen auf diesem Schiff? Peter Schiller denkt sekundenlang darüber nach, wieviele Menschen eigentlich an Bord der *Gustloff* sind.

Die letzte Zählung hatte 6050 – alles in allem – ergeben. Dann war noch ein Verwundetentransport hinzugekommen und zuletzt die Flüchtlinge von der *Reval*, deren Zahl man nur geschätzt hatte. Insgesamt mochten 6600 Menschen auf dem Schiff sein, in keinem Fall weniger, eher mehr. Diese Zahl war durchaus realistisch. Namentlich erfaßt waren über tausend weniger. Zuletzt hatte man für die Erfassung von Personalien überhaupt keine Zeit mehr.

AN BORD 6600 MENSCHEN

6600 Menschen an Bord der *Gustloff*, davon über 5000 Flüchtlinge, zumeist Frauen und Kinder.

Und wieviele Rettungsmittel waren an Bord?

Der Erste Offizier, Louis Reese, hatte kurz vor dem Auslaufen mit seinen Decksleuten alle Rettungsmittel genau gezählt – die Boote, die Flöße, die Kutter und auch alle Schwimmwesten. Danach trat die *Gustloff* die Reise mit folgenden Rettungsmitteln an:

12 große schiffseigene *Gustloff*-Rettungsboote mit einer Tragfläche von je etwa 50 bis 60 Personen, insgesamt also für	700 Personen
18 große Marinekutter für je 30 Personen, insgesamt also für	540 Personen
380 Marineflöße für je 10 Personen, insgesamt also für	3800 Personen.

Für alle Flüchtlinge, ob Säugling oder Greis, also für rund 5000 Menschen war Platz in Booten, Kuttern und Flößen. Auch die Schwerverwundeten waren in diese Zahl eingerechnet.

Für alle Soldaten an Bord der *Gustloff*, die Männer der 2. Unterseeboots-Lehr-Division, aber auch für die Männer der Handelsmarine, soweit sie nicht Steuerleute in den Booten waren, gab es keine Plätze in Booten, Kuttern und auf Flößen.

Aber – jeder der Sechstausendsechshundert an Bord besaß eine Schwimmweste. Damit konnte man sich eine ganze Zeitlang über Wasser halten.

Man hatte also genug für die Sicherheit jedes Einzelnen getan. Jeder an Bord besaß ein Rettungsmittel, wenn tatsächlich ein ›Ernstfall‹ eintreten sollte.

Theoretisch konnte bei einem Unglück der *Gustloff* niemand umkommen.

Theoretisch!

An den auf dem Achterdeck übereinander aufgestapelten oder nebeneinander hochkant aufgestellten Rettungsflößen und den auf Deck aufgestellten Marinekuttern vorbei geht Schiller weiter. Er muß sich festhalten, um nicht auszurutschen. Die Eis- und Schneewehen der letzten Stunden haben das Deck an vielen Stellen in eine spiegelglatte Fläche verwandelt.

Auf dem zunächst menschenleer scheinenden Achterdeck haben sich einige Passagiere eingefunden. Es sind ausnahmslos Zivilisten und – wie Schiller beim Nähertreten erkennt – meist Frauen. Sie haben sich trotz der grimmigen Kälte nach draußen, an die frische Luft gewagt. Die Arme auf die vereiste Reling gestützt, lassen sie den Kopf über die Bordwand hängen. Schiller erkennt auch, warum . . .

›Wasserleichen‹ nennt man das ›Seekranke‹!

Immer mehr gesellen sich zu ihnen. Der Anblick der sich quälenden Menschen macht Peter Schiller fast selbst noch krank. Noch einmal geht er nach vorn zum Vorschiff, er will noch einen Blick in die ›Laube‹ werfen, das neu eingerichtete ›Schiffslazarett‹ für die an Bord genommenen Schwerverwundeten des Heeres.

Die ›Laube‹ ist ein wintergartenähnlicher Raum, direkt unter der Kommandobrücke. Von hier aus ist das gesamte Vorschiff zu übersehen. Bett an Bett steht aneinander. Der Raum ist bis auf den letzten Platz besetzt.

Als die *Gustloff* noch im Hafen lag, war die Stimmung unter den Kranken und Verwundeten gut. Man hatte sogar eine kleine Kapelle zusammengestellt, für die man sich von den *Gustloff*-Besatzungsmitgliedern die Instrumente geliehen hatte. Aber zu Beginn der Fahrt griff plötzlich eine merkwürdig gedrückte Stimmung in diesem ›Asyl der Hilflosen‹ um sich. Jeder wollte ungestört mit seinen Gedanken allein sein. Das kleine Orchester verstummte. Die Stille wurde nur noch vom Stöhnen der Verwundeten und den Worten der Schwestern unterbrochen.

Vielleicht dachten einige der Verwundeten darüber nach, daß sie zu den Hilflosesten auf diesem Schiff zählten und nichts, auch gar nichts allein zu ihrer Rettung tun konnten, wenn dem Schiff ein Unglück zustoßen würde.

Die Verantwortung für dieses ›Lazarett‹ liegt in den Händen von Marineoberstabsarzt Dr. Helmut Richter. Er ist der Leitende Sanitätsoffizier der 2. Unterseeboots-Lehr-Division und auf der *Gustloff* auch gleichzeitig der verantwortliche Schiffsarzt. Ein Oberassistenzarzt der Reserve, mehrere Sanitätsunteroffiziere, Sanitätsgasten und Krankenschwestern helfen ihm bei seiner Arbeit; in seiner Telefonzentrale sitzen zwei Marinehelferinnen, alles war wohl organisiert.

Zu seinem Arbeitsbereich gehört nicht nur die ›Laube‹, sondern auch das Krankenrevier der *Gustloff*, eine ständige Einrichtung bereits zur Liegezeit des Schiffes in Gotenhafen-Oxhöft. Auch die Krankenstation ist voll mit Verwundeten und Kranken belegt.

Aus der Überlegung heraus, daß sich höchstwahrscheinlich an der Bord *Gustloff* eine Reihe von Geburten und auch Fehl- und Früh-Geburten ereignen, hatte Dr. Richter bereits vor dem Auslaufen des Schiffes zusätzlich eine geburtshilfliche Station, also eine Entbindungsstation eingerichtet und daneben in einer großen Wohnkabine ein Kreißzimmer. Diese Station hat Dr. Richter selbst übernommen; seinem Assistenzarzt übertrug er die operative Tätigkeit für die ›Laube‹ und das Krankenrevier.

Oberstabsarzt Dr. Richter fühlt sich für die werdenden Mütter ganz besonders verantwortlich. Er will ihnen das Los auf diesem ungewohnten Schiff erleichtern. Vom Tage der Einschiffung an hat er bereits vier gesunde Knaben entbunden, die fünfte Mutter liegt bereits in der Station. Er rechnet damit, daß es bei ihr zwischen 21.00 und 22.00 Uhr soweit ist. Hinzu kommt noch eine sechste hochschwangere Frau.

Über die Entbindungen hat Dr. Richter Krankenblätter geführt und auch Taufurkunden ausgestellt, die für die Mütter und die geborenen Kinder eine besondere Erinnerung an die Geburt auf der *Gustloff* für das ganze Leben sein sollten. Auf diese Taufurkunden ist als Geburtsort *»M/S Wilhelm Gustloff«* angegeben mit Angabe des Längen- und Breitengrades, auf denen die Geburt stattfand. Dies war so üblich bei Geburten auf Schiffen, für die Mütter und Kinder auf der *Gustloff* allerdings sicher ungewöhnlich. Dr. Richter wollte die Dokumente den Müttern übergeben, wenn diese im Zielhafen ausgeschifft werden.

Die fünfte Hochschwangere, die in den nächsten Minuten auf die Geburt eines Kindes wartet, hat bereits Wehen, sie stöhnt vor sich hin.

Marineoberstabsarzt Dr. Richter beruhigt sie.

»Keine Angst – in einer Stunde ist alles vorbei!« Das beruhigt die junge Frau. Sie freut sich auf ihr Kind. Es ist ihr erstes Kind. Es soll ein Junge werden. Und er soll Joachim heißen. Das ist der Wunsch ihres Mannes, der irgendwo im Osten an der Front steht und jetzt sicher mit seinen Gedanken bei ihr ist.

Sein letzter Brief kam vor einer Woche. Er erreichte sie kurz vor ihrer plötzlichen Flucht aus Elbing. Die Schwangere hat diesen Brief unter ihrem Kopfkissen verwahrt. Noch am Nachmittag hat sie darin gelesen. Aus jeder Zeile spricht die Sorge ihres Mannes, daß alles gut geht. Noch weiß er nicht, daß sie plötzlich aus Elbing flüchten mußte, und daß sie das große Glück hatte, auf die *Gustloff* zu kommen, hier in diese Geburtsstation, wo alle so liebevoll und hilfreich sind, mit einem Arzt, zu dem man volles Vertrauen haben kann.

Die Schwangere beginnt plötzlich zu weinen, zu schluchzen. Eine Schwester tritt hinzu und fragt, wie stark die Schmerzen sind und ob sie eine Beruhigungsspritze wünscht.

Doch die junge Frau aus Elbing winkt ab. Sie weint nicht, weil sie Schmerzen hat. Sie sind auszuhalten. Sie weint vor Glück, geborgen zu sein, hier auf der *Gustloff*. Denn sie hat darüber nachgedacht, wenn sie nicht auf das Schiff gekommen wäre, was dann . . .? Wenn sie ihr Kind auf einem langen Marsch in einem Treck gebären müßte, oder im Abteil eines Eisenbahnzuges . . . Das wäre überhaupt nicht auszudenken. Aber sie hatte das Glück, auf die *Gustloff* zu kommen, liegt nun in einem weißen, weichen Bett, umgeben von Schwestern und einem Arzt. Deshalb weint sie.

Gut, daß sie weder ahnt noch weiß, daß ihr so erwartetes Kind nicht auf der *Gustloff* geboren wird, daß ihr Schlimmeres bevorsteht – etwas, was vielleicht alle hundert Jahre einmal einer werdenden Mutter geschieht oder alle dreihundert Jahre: Die Geburt eines Kindes während einer der größten Schiffskatastrophen der Menschheitsgeschichte. Sie wird diese Mutter sein. Wenn man ihr in diesen Augenblicken am 30. Januar 1945, wenige Minuten vor 21.00 Uhr, gesagt hätte: »Du wirst in einigen Minuten in ein Boot getragen werden und mit diesem überfüllten Boot voller Schiffsbrüchiger, voller schreiender und tobender Menschen, die nur das nackte Leben retten wollen, noch eine Stunde lang bei Nacht und Sturm in der eiskalten Ostsee treiben müssen, bei 18 Grad unter Null – und danach erst wird Deine Stunde da sein, dann erst wird Dein Kind, Dein Sohn, auf einem Rettungsschiff geboren werden, von einem Mann ans Licht der Welt gebracht, der Dir vor wenigen Minuten noch gesagt hat: »Keine Angst – in einer Stunde ist alles vorbei«, sie hätte es nicht geglaubt oder sie hätte vor Angst sogar den Verstand verloren.

Aber das, was der 21jährigen Frau aus Elbing in den nächsten Stunden bevorsteht, ist so erschütternd, daß es noch in Jahrzehnten unglaubhaft erscheint. Ein Wunder in einer Katastrophennacht steht ihr bevor . . .

Und auf diesem Schiff, der *Wilhelm Gustloff*, werden in den nächsten sechzig oder siebzig Minuten noch viele ungewöhnliche, fast unglaublich scheinende Dinge passieren, die mit dem menschlichen Verstand nicht zu fassen sind . . .

Peter Schiller ist noch immer unterwegs durch das Schiff. Über Wachende und Schlafende hinweg, über und vorbei an Gepäckstücken und Koffern, die in den Gängen stehen, bahnt er sich den Weg nach unten. Er will in seine Kabine.

Auch in den großen Sälen, in die er hineinschaut, sind alle Plätze belegt.

Trotz des ausdrücklichen Verbots der Schiffsleitung haben viele sich ausgezogen, um wohl seit Tagen endlich wieder einmal aus den Kleidern zu kommen. Nun schlafen sie hier fast wie die Toten, total übermüdet. Die Schwimmwesten, die sie eigentlich umgebunden haben sollen, dienen ihnen zum Teil als Kopfkissen. In der Ecke des großen Festsaales spielen einige Männer in Eisenbahner-Uniformen Karten. Es ist das Personal des Eisenbahnbetriebsamtes Goldap in Ostpreußen mit ihrem Amtmann. Auch diese Männer haben auf der *Gustloff* Zuflucht gefunden.

Irgendwo im A-Deck steht eine Kabinentür offen, eine Tür von vielen hundert auf diesem Schiff. Durch die Tür dringt eine Stimme auf den Gang heraus – eine Stimme –!

Peter Schiller bleibt stehen und lauscht. Sein Blick geht dabei den Gang entlang auf einen alten, gebückten Mann, der wie er auf die Worte hört, die offenbar aus einem Radiolautsprecher kommen.

Augenblicke lang hört man lauten Beifall, und dann ist sie wieder da, diese Stimme aus dem Nichts:

»Heute vor zwölf Jahren, am 30. Januar 1933, hat mir die Vorsehung das Schicksal des Deutschen Volkes in die Hand gelegt . . .!«

Mehr hört Peter Schiller nicht, denn plötzlich fällt krachend die Tür ins Schloß.

Der Alte steht da mit zitternden Händen und starrt Schiller mit flackernden Augen an. Was mag in diesem Augenblick im Innern des von Haus und Hof vertriebenen Mannes vorgehen? Denkt er jetzt vielleicht an die Worte, die noch vor kurzem der Gauleiter und Reichsverteidigungskommissar für Ostpreußen, Erich Koch, mit donnernder Stimme ausgerufen hat?

> »Der Führer ist in dieser Stunde mit all seinen Gedanken bei uns. Er wird Ostpreußen niemals preisgeben. Seine besten Divisionen werden Ostpreußen bis zum letzten verteidigen, und neu ausgebildete Armeen und neue Waffen werden die bolschewistischen Horden wieder bis hinter den Ural zurücktreiben. Ein Hundsfott, der jetzt als Ostpreuße sich nur eine Sekunde lang dem Gedanken hingibt, Ostpreußen werde jemals fallen, und wer daran denkt, nur sich selbst in Sicherheit zu bringen. Unsere Sicherheit liegt in der Heimat, unsere stärkste Sicherheit liegt im Glauben an unseren Führer . . .«

Nun, wo die Tür zugeschlagen ist, erscheint es Peter Schiller, als sei sie hinter einer ganzen Welt zugeschlagen worden.

Unten im Schwimmbad und den dazugehörigen Nebenräumen, den HJ-Räumen und der ›NS-Jugendherberge *Wilhelm Gustloff*‹ im E-Deck, viele

Meter unterhalb der Wasserlinie, wohnen 373 Marinehelferinnen, darunter die 17jährige Ingrid Bergfeld aus Erlangen, die 19jährige Gertrud Agnesens aus Neubeckum, die 20jährige Ursula Pautz aus Berlin und die gleichaltrige Anni Faust aus Hagen. Vier von Sechstausendsechshundert. Was denken diese jungen Mädchen wohl in diesen Augenblicken?

Diese Mädchen hören die heutige Führerrede nicht. Sie haben wie viele andere die Lautsprecher abgestellt und versuchen zu schlafen.

Viele Mädchen, die hier unten im E-Deck untergebracht sind, fühlen sich nicht wohl. Sie sind seekrank.

»Wenn nur endlich diese Fahrt vorbei wäre, wenn wir nur endlich wieder an Land gehen könnten . . .«, jammern sie vor sich hin.

Hier unten im Schiff, sieben Meter unter dem Meeresspiegel der Ostsee, schlägt auch das Herz des Schiffes. Hier befindet sich der Maschinenraum der *Gustloff*, singen die Dieselmotoren ihr fast gleichförmiges Lied.

Gegen 18.00 Uhr hatte der 2. Ingenieur Erich Göring, der seit der ersten Reise der *Wilhelm Gustloff* als Kraft-durch-Freude-Schiff an Bord ist, seine Wache beendet und hatte nun seine »Freiwache«. Als er den Maschinenraum verließ, ahnte er nicht, daß er diese Räume nie wieder betreten würde, die so viele Jahre, seit 1938, sein tägliches Arbeitsfeld gewesen waren und ihm nur die ›Freiwache‹ das Leben rettete . . .

Jetzt, kurz vor 21.00 Uhr, inspizierte sein Chef, der Leitende Ingenieur Bruno Loebel, die fast fabrikgroße Halle, um sich zu vergewissern, daß alles lief.

Im Maschinenraum war alles Erdenkliche für die Sicherheit des Schiffes getan, um eventuelle Schäden sofort beheben zu können. Die Wachen waren verstärkt, das Personal der Handelsschiffsbesatzung war durch erfahrene Maschinisten der Kriegsmarine wesentlich ergänzt worden. In der Zusammenarbeit ergaben sich überhaupt keine Schwierigkeiten oder Kompetenzstreitigkeiten. Jeder war auf seinem Posten, und jeder wußte um seine Aufgabe. Nach menschlichem Ermessen konnte also nichts schiefgehen.

Die vier achtzylindrigen Antriebsdiesel von je 9500 PS trieben die Dynamos an, die das Schiff mit elektrischem Strom versorgten. Der Maschinentelegraph zeigte die befohlene Fahrtstufe. Seit Stunden lief das Schiff eine gleichmäßige Geschwindigkeit von 12 Seemeilen, wie von Kapitän Petersen befohlen.

Befriedigt konnte der Leitende Ingenieur Bruno Loebel bei seinem Rundgang durch den Hauptmaschinenraum feststellen:

»Es läuft alles wie am Schnürchen!«

Durch den Hilfsmaschinenraum verläßt er sein Tätigkeitsfeld. Jetzt konnte er endlich zum Essen gehen. Er blickt auf die Uhr.

Es ist wenige Sekunden vor 21.00 Uhr – 20.59 Uhr.

Die Uhr rückt weiter. Die Minuten vergehen.

Es ist jetzt 21.10 Uhr, zehn Minuten nach neun.

Peter Schiller sitzt in seiner Kabine. Das Schlingern des Schiffes stört ihn. »Sind die denn verrückt«, murmelt er vor sich hin. Er hat das Gefühl, daß das Schiff eine sehr große Geschwindigkeit hat. »Hoffentlich halten wir das Tempo durch und es passiert nichts«, denkt er.

Vielleicht ist aber das merkwürdige Gefühl, das ihn befallen hat, eine Vorahnung.

Eine Vorahnung worauf?

In sechs Minuten wird sich das Schicksal der *Wilhelm Gustloff* und der Sechstausendsechshundert, die darauf sind, entscheiden.

Doch auf dem Schiff ist überall die Ruhe eingekehrt. Die meisten Menschen fühlen sich schon gerettet. Das Gefühl der Geborgenheit und der Sicherheit hat sich überall verbreitet. In Kabinen und Sälen, auf den Gängen und im Lazarett in der ›Laube‹, im Krankenrevier und auf der Geburtshilfestation, sind viele bereits in tiefen Schlaf versunken.

Die meisten sind mit dem Gedanken eingeschlafen: »Wenn wir wieder aufwachen, sind wir unserem Reiseziel schon ein gutes Stück näher . . .«

Doch bereits in sechzig Sekunden wird es für viele ein böses Erwachen geben.

Und viele werden niemals mehr aufwachen. Der Tod wird sie im Schlaf überraschen.

Doch der Tod hat noch Zeit. Noch einige Sekunden –

Auch auf der Kommandobrücke der *Gustloff* ist es in der letzten Stunde merklich ruhiger geworden. Die Hektik hat sich gelegt. Bis jetzt ist alles gut gegangen. Warum sollte dies nicht auf für den Rest der Reise der Fall sein. Warum sich unnötig Gedanken machen. Die *Gustloff* bahnt sich ihren Weg durch die Ostsee, als wäre sie in den letzten Jahren immer gefahren.

Der Schneesturm hat nachgelassen, die Sicht ist seit einer Stunde klarer geworden, und es ist auch nicht mehr so kalt, wie am späten Nachmittag.

In der Kabine des I. Offiziers Louis Reese haben sich Kapitän Friedrich Petersen und Korvettenkapitän Wilhelm Zahn zu ihrer ersten Mahlzeit seit dem Ablegen des Schiffes eingefunden. Sie haben nach den anstrengenden letzten Stunden eine warme Erbsensuppe wohl verdient. Auch ein guter Schnaps soll dabei sein.

Max Bonnet, der Steward von Kapitän Petersen, serviert mit gekonntem Schwung das Tablett mit den Cognak-Gläsern.

»Auf eine gute Fahrt, meine Herren«, sagt Korvettenkapitän Zahn.

Zur gleichen Zeit trägt Obersteuermann Rudolf Geiß die letzte Peilung am Kartentisch auf der Kommandobrücke ein.

Die Uhr zeigte in diesem Augenblick 21.15 Uhr.

Die *Gustloff* befindet sich jetzt querab Stolpmünde auf der Position 55 Grad 7,5 Nord und 17 Grad 42 Ost.

Niemand ahnt, daß sich hier an dieser Stelle in der Ostsee in den nächsten Minuten und Stunden eine der größten Schiffskatastrophen der Seefahrt abspielen wird.

Ein grausames Schicksal steht der *Gustloff* bevor.

Seit einigen Stunden ist das Schiff von der Außenwelt völlig abgeschnitten. Im Funkraum herrscht totale Stille. Die atmosphärischen Störungen haben so stark zugenommen, daß nur noch ganz vereinzelt völlig verstümmelte Funksprüche ankommen, mit denen man nichts anfagen kann. So empfängt man auf der *Gustloff* auch nicht die U-Boot-Warnung, die seit einigen Stunden für diesen Seeraum, in der sich jetzt das Schiff befindet, ausgestrahlt wird.

Auch das der *Gustloff* in etwa drei- bis vierhundert Metern vorauslaufende Begleitschiff, das Torpedoboot *Löwe,* ist in diesen Augenblicken höchster Gefahr total ahnungslos. Im Funkraum des *T Löwe,* das der U-Boot-Waffe gehört, ist eine andere Welle geschaltet als die, über die die 9. Sicherungs-Division in Gotenhafen die U-Boot-Warnung für die von ihr gestellten Geleitschutzschiffe ausstrahlt. *T Löwe* gehört nicht dazu, empfängt deshalb auch die U-Boot-Warnung nicht.

Zu allem Unglück kommt noch hinzu, daß das U-Boot-Ortungsgerät des Torpedobootes *Löwe* durch totale Vereisung ausgefallen ist. Das bedeutet: Das Schiff kann ein feindliches U-Boot nicht mehr orten. Praktisch bedeutet dies, für die *Gustloff* ist jetzt auch das letzte Sicherungsfahrzeug ausgefallen, denn ohne die erforderliche FT-Verbindung für U-Boot-Warnungen und ohne U-Boot-Ortungsgeräte, die funktionieren, ist *T Löwe* nichts anderes als ein kleines Schiff, das der *Gustloff* vorausfährt, kein Schiff mehr, das die *Gustloff* vor Angriffen rechtzeitig warnen kann. Allerdings weiß dies nur der Kommandant von *T Löwe* und einige Offiziere. Auch auf der Brücke der *Gustloff* weiß niemand etwas davon; man kann nur ab und zu über den Wellen das Hecklicht des vorauslaufenden T-Bootes erkennen. Das ist alles – – –

»Ein Hund führt einen Riesen durch die Nacht – «, hatte Kapitän Zahn beim Antritt der Reise auf der *Gustloff*-Kommandobrücke gesagt. Und jetzt zeigt sich, daß er recht hat.

T Löwe ist nur noch ein Wachhund. Aber wie wichtig auch dieser Wachhund noch ist, beweist sich schon kurze Zeit später. Denn das Schicksal der *Gustloff* ist jetzt nicht mehr aufzuhalten.

21.16 UHR: DREI TORPEDOTREFFER

Seitdem der Kommandant des Sowjet-U-Bootes *S-13* die Lichter eines großen Schiffes erkannt hat, befindet er sich in einer Art Jagdfieber. Für ihn scheint der größte Augenblick in seiner militärischen Laufbahn greifbar nahe. Bisher ist es noch keinem sowjetischen U-Boot gelungen, in der Ostsee ein großes Kriegs- oder Handelsschiff zu versenken.

Marinesko wittert diese Chance für sich und *S-13* innerhalb der nächsten Stunde.

Seine Nerven sind zum Zerreißen gespannt. *S-13* läuft noch immer aufgetaucht durch die Ostsee. Marinesko sieht auch keinen Grund zu tauchen. Nirgendwo droht Gefahr für sein Boot.

Von Land setzt plötzlich ein Schneesturm ein.

Die Männer auf dem sowjetischen U-Boot können nichts mehr erkennen. Als der Schneesturm etwas lichter wird, sind die Lichter verschwunden. Marinesko aber weiß, hier – irgendwo in der Nähe – läuft ein großes Schiff mit Kurs nach Westen.

Als die Sicht noch etwas besser wird, der Schneesturm für Augenblicke nachläßt, werden die Umrisse eines großen Schiffes ganz deutlich erkennbar.

Marinesko entdeckt es als erster. Er preßt sein Glas noch fester an die Augen.

»Donnerwetter – der Kasten hat mehr als 20.000 Tonnen – und er ist sicher bis obenhin vollgepackt mit Soldaten!« ruft er seinem Navigationsoffizier auf dem Turm zu.

Im nächsten Augenblick ist das U-Boot wieder in Schnee eingehüllt. Man sieht nichts mehr. Weder Marinesko noch sein Navigationsoffizier haben ausmachen können, ob das große Schiff ein Kriegsschiff ist oder Handelsschiff. Dafür war die Entfernung zu groß und die Sicht zu schlecht.

Eines ist jedoch absolut sicher:

Es ist ein großes feindliches Schiff.

Und dies allein ist für *S-13* wichtig.

Marinesko, ein erfahrener U-Boot-Kommandant, trifft in den nächsten Augenblicken zwei wichtige Entscheidungen.

Er entscheidet sich für einen Überwasserangriff.

Dieser birgt für sein Boot zwar ein ganz großes Risiko, aber Marinesko ist in diesen Augenblicken bereit, jedes Risiko für sich und sein Schiff einzugehen. Er will in jedem Fall von dieser Feindfahrt einen Abschuß-Erfolg mitbringen. Und dieser erscheint ihm bei einem Überwasserangriff auf das feindliche Schiff weit sicherer als bei einem Unterwasserangriff.

Seine zweite Entscheidung betrifft die Angriffs-Position.

Marinesko entschließt sich, das Schiff nicht von der Seeseite aus anzugreifen, sondern von der Küstenseite. Von dieser Seite würde man am wenigsten, wenn überhaupt, einen Angriff erwarten. Dessen ist sich Marinesko absolut sicher. Die Ausguckposten auf dem feindlichen Schiff werden sicher vor allem die Seeseite nach feindlichen U-Booten absuchen und weniger die Küstenseite. Auch mit dieser Vermutung liegt Marinesko richtig.

Allerdings erfordert der Plan, von der Küstenseite her anzugreifen, daß

S-13 achtern um das feindliche Schiff läuft, um auf die Küstenseite zu gelangen. Das aber ist bei der relativ hohen Geschwindigkeit des U-Bootes bei Überwasserfahr keine allzu große Schwierigkeit.

Auch das dem großen Schiff vorauslaufende kleinere Schiff, das Marinesko bei der schlechten Sicht nur ganz schwer hatte ausmachen können – sicher ein Begleitfahrzeug – würde einen Angriff auf sein Begleitobjekt keinesfalls von der Küstenseite her erwarten.

Mit all diesen Vermutungen hatte Marinesko richtig getippt.

Das Glück des Angreifers schien heute bei ihm zu sein.

Gegen 22.45 Uhr – Moskauer Zeit – war das Manöver geglückt. *S-13* lief jetzt in einer Entfernung von etwa 2000 Metern steuerbord von dem großen Schiff und seinem kleinen vorauslaufenden Begleitschiff.

Für *S-13* und die Mannschaft des sowjetischen U-Bootes waren die Entscheidungen des Kommandanten höchst gefährlich. Die Ostsee war an dieser Stelle nur etwa 30 Meter tief. Wenn *S-13* auf eine Mine laufen würde, und hier trieben genug Minen herum, war das Schiff verloren. Würde *S-13* durch einen Angriff gezwungen zu tauchen, war es ebenfalls verloren.

Aber: Marinesko hatte jedes Risiko einkalkuliert, er wagte alles und setzte auf Sieg.

Die Zeit des Angriffes war gekommen.

Jetzt wollte er keine Minute Zeit mehr verlieren.

Sein Navigationsoffizier Redkoborodow gab die entsprechenden Befehle zur Vorbereitung des Angriffs.

»Ziel steuert 280 Grad.
Geschwindkeit 12 Knoten.
Entfernung 2000 Meter!«

Die vier Torpedorohre auf *S-13* werden feuerbereit gemacht.

Wladimir Krylow, Kapitänleutnant und politischer Kommissar an Bord von *S-13*, informiert die Mannschaft über das Vorhaben des Kapitäns. Die Männer unter Deck sahen und hörten nichts von dem, was auf dem Turm des Bootes vor sich ging und was Marinesko vorhatte.

Auf die Minute genau um 23.00 Uhr Moskauer Zeit nimmt das U-Boot Schußposition ein.

S-13 hat sich auf etwa 1000 Meter dem Ziel genähert.

Marinesko hatte befohlen, die Bugtorpedos für den Überwasserangriff klarzumachen und auf eine Tiefe von drei Metern einzustellen.

Erst als der Bug des riesengroß erscheinenden feindlichen Schiffes im Zentrum des Fadenkreuzes im Periskop von *S-13* klar erkennbar war, gab Marinesko den Befehl:

»Feuer!«

Das ist das Todesurteil für die *Wilhelm Gustloff* und die Sechstausendsechshundert, die darauf sind.

Und Peter Schiller ist einer dieser Sechstausendsechshundert.

Seine Kabine liegt im Vorschiff, im B-Deck, oberhalb der Wasserlinie, zwei Decks über der Stelle, auf die in rascher Geschwindigkeit einer der drei Torpedos von *S-13* zusteuert.

Doch er ahnt nichts davon.

Er hat sich gerade ein Glas Cognak eingeschüttet und an den Mund gesetzt. Ihm ist übel im Magen, und er will auch die innere Unruhe vertreiben, die ihn befallen hat. Das starke Zeug brennt ihm in der Kehle.

Da trifft ein gewaltiger Schlag das Schiff – – –!

Bruchteile von Sekunden später dröhnt das Krachen einer Detonation an sein Ohr. Ein mächtiger Luftdruck schleudert ihn an die Wand der Kabine, raubt ihm Sekunden den Atem – – –

Da – ein zweiter Stoß – noch gewaltiger als der erste – dann – ein dritter –

Ein gewaltiger Schreck fährt Schiller durch die Glieder, lähmt ihn, macht ihn total bewegungsunfähig, schaltet das Bewußtsein ab.

Das jähe Entsetzen weicht, Gedanken rasen durch sein Gehirn –.

Das war keine Mine.

Das waren Torpedos.

Drei Torpedos.

»Drei Torpedos«, schießt es ihm durch das Gehirn.

Das alles ging so rasch, so unvorbereitet, daß Schiller sekundenlang überhaupt nicht begreifen kann, was um ihn geschieht. Das Licht ist aus. Dunkelheit umhüllt ihn. Er greift nach der Taschenlampe, die ihren festen Platz hat. Der Lichtkegel erhellt matt seine Umgebung. Der Schrank ist umgefallen, das Bücherregal mit seinen Marinebüchern hängt nur noch an einem Nagel. Die Bücher liegen verstreut auf dem Fußboden. Der Lichtstrahl der Taschenlampe bleibt an einem Buchumschlag hängen:

»Der Untergang der Titanic«. –

Seltsam – vor Tagen hat er noch darin gelesen, und die Bilder dieser Schilderung haben ihn nicht losgelassen. Bis zu diesem Augenblick –.

Mit einem Schlage ist er hellwach. Blitzschnell begreift er:

Die *Gustloff* ist von drei Torpedos getroffen und sinkt!

Auf einmal fällt alle Benommenheit von ihm.

Er stürzt nach draußen auf den Gang.

Plötzlich weiß er, daß es vielleicht um Minuten geht.

Draußen im Gang, nur drei Meter von seiner Kabinentür entfernt, befindet sich die eiserne Schottentür, die das Vorschiff hermetisch und wasserdicht vom Mittelschiff abdichtet. Wird diese Schottentür automatisch geschlossen, ist er verloren. Wer sich hinter der Schottentür im Vorschiff befindet, ist erbarmunglos dem Tod geweiht, sitzt in der Falle, aus der es kein Entrinnen gibt.

Die Notbeleuchtung ist angesprungen.

Die *Gustloff* hat Schlagseite.
Draußen im Gang ist die Hölle los!
Peter Schiller sieht die noch offene Schottentür. Er fliegt fast durch diese Tür, hört hinter sich ein summendes Geräusch, erschrickt, blickt zurück –
Das Schott ist dicht.
Die Menschen im Vorschiff, die noch leben, sind zum Tode verurteilt.
Hinter Peter Schiller lief einer der Stewards von der Besatzung. Fast die ganze Besatzung wohnte im Vorschiff. Der Steward kam nicht mehr durch, lief mit voller Wucht gegen die Eisentür.
Vergebens!

Als die elektrische Uhr auf der *Gustloff*-Kommandobrücke 21.16 Uhr zeigte, war Fahrkapitän Weller gerade auf dem Wege vom Kartenzimmer zur Kommandobrücke. Die Gewalt der ersten Detonation war bis hier oben zu spüren. Der plötzliche Ruck, der durch das ganze Schiff ging, schleuderte Weller mit dem Kopf gegen den Türrahmen.
Sein erster Gedanke: »Minen!«
Laut schrie er es in das Dunkel der Kommandobrücke, die nur von einer schwachen Notlampe erhellt war.
Mit beiden Händen riß Weller den Maschinentelegraphen auf »Stop«.
Da folgen zwei weitere Detonationen.
Das schrille Klingelzeichen der Alarmglocke ging im Getöse der zweiten und dritten Detonation unter.
Dem Kapitänssteward Max Bonnet, der in der Kabine des Ersten Offiziers Louis Reese gerade die Erbsensuppe serviert hatte und die Cognakgläser abräumen wollte, fiel das Tablett aus den Händen. Zersplittert stürzten die Gläser zu Boden.
»Hassan«, der treue Schäferhund des Korvettenkapitäns Zahn, sprang jaulend auf den Teppich. In der Kabine war es stockdunkel.
Bruchteile von Sekunden sprachen Petersen, Zahn und Reese kein Wort.
Dann hörte man wie aus weiter Ferne die plötzlich brüchig scheinende Stimme von Kapitän Petersen.
Er sagte nur drei Worte:
»Da haben wir's . . .«
Im Nu waren Petersen, Zahn und Reese auf der Kommandobrücke.
Der laute Ruf von Fahrkapitän Weller:
»Schiff sackt nach vorn weg!« erübrigte sich eigentlich.
Denn was die drei Offiziere, Kapitän Petersen, Korvettenkapitän Zahn und der Erste Offizier Louis Reese jetzt durch die dickwandigen Scheiben der Kommandobrücke der *Gustloff* sahen, ließ ihnen fast das Blut in den Adern erstarren.
Das Schiff tauchte den Bug tief ins Wasser, die ersten Brecher rollten bereits über das Vorschiff.

Es ging alles in Windeseile. Kapitän Petersen fuhr sich mit der Hand über die Augen. Er glaubte immer noch an eine böse Vision. Das konnte doch nicht möglich sein. Sein Schiff, die *Gustloff*, zu Tode getroffen, sinkend, mit sechstausendsechshundert Menschen an Bord.

»Mein Gott – – – die armen Frauen und Kinder . . .« stöhnte er vor sich hin.

Es bestand kein Zweifel, ein Torpedofächer hatte die *Gustloff* getroffen.

Drei Torpedos – – –

Das Schiff war zum Sterben verurteilt.

Wer würde dieser sinkenden Hölle entkommen?

Denn was jetzt, in diesen Augenblicken auf dem total überfüllten Schiff ausbrechen würde, konnte sich wohl jeder ausmalen, dazu brauchte man wenig Phantasie.

Sechstausendsechshundert verzweifelte Menschen auf einem sinkenden Schiff, in stürmischer dunkler Winternacht, bei einer Lufttemperatur von etwa 18 Grad unter Null und einer Wassertemperatur bei etwa Null Grad.– – –

Wer würde das überleben?

Auch Korvettenkapitän Wilhelm Zahn war sich über das Schicksal des Schiffes völlig im klaren. Drei Torpedos waren für die *Gustloff* tödlich. Die relativ leichte Bauweise des Schiffes ließ nicht erwarten, daß es sich würde lange halten können. Das aber war die Frage:

»Wie lange würde sich das todwunde Schiff halten können . . .?«

Niemand weiß das in diesem Augenblick, als die *Gustloff* bereits Schlagseite hat und sinkt –

Kaum zwei Minuten sind erst seit dem ersten Torpedotreffer vergangen. Vielleicht auch erst eine Minute.

Auf der Kommandobrücke ist man sich sofort einig, was jetzt geschehen muß. Zunächst muß man versuchen, Klarheit über den Schaden zu erhalten.

Der Versuch, mit dem Maschinenraum Verbindung aufzunehmen, scheitert. Das Telefon ist tot.

Die Maschinen laufen nicht mehr.

Keine.

Das Herz des Schiffes steht still.

Mit einem Ruck neigt sich die *Gustloff* weiter nach Backbord, die Schlagseite nimmt zu.

Dann gibt es plötzlich wieder einen Ruck nach vorn.

Tonnenweise bricht die Ostsee durch riesige Löcher in den todwunden Schiffsleib. Mit lautem Getöse brechen in den untersten Decks des Vorschiffes die Schotten. Die Technik unterliegt der Naturgewalt des Wassers. Schäumend und gurgelnd bricht die See in das über zweihundert Meter lange Schiff mit seinen elf Stockwerken.

Die Männer auf der Kommandobrücke der *Gustloff* können nur noch ahnen, was sich jetzt unter ihnen, in den zehn Stockwerken, bis hinunter zum Schwimmbad, sieben Meter unter dem Meeresspiegel, dort, wo die Torpedos die Schiffswände zerissen haben, dort wo die Marinehelferinnen wohnen, abspielt. Und was mögen die Männer von der Zivilbesatzung jetzt tun, die fast alle im Vorschiff ihre Kabinen haben, hinter den geschlossenen eisernen Schotten, die Männer, die eigentlich dafür bestimmt sind, die Boote und Flöße zu Wasser bringen und Frauen und Kinder zu retten –.

Die meisten von ihnen leben schon nicht mehr, sie wurden bereits durch den ersten Torpedo in den Tod geschickt.

In jedem Fall muß eine Panik unter den Sechstausendsechshundert auf der *Gustloff* verhindert werden!

Doch das ist gar nicht möglich! Oder doch?

Überall in den Gängen, Kabinen und Sälen sind die Menschen – aufgeschreckt durch die Detonationen – hochgesprungen, aus den Kojen und Betten gefallen.

Nur wenige können überhaupt begreifen und erfassen, was wirklich geschehen ist.

Nachdem das lähmende Entsetzen der ersten Augenblicke von ihnen gewichen, die blasse Notbeleuchtung angesprungen ist und sie spüren, daß die Maschinen still stehen, das Schiff keine Fahrt mehr macht und die Schlagseite ruckartig zunimmt, ergreift die meisten panische Angst – –

Hunderte brüllen, beten, fluchen, weinen, stöhnen – –. Die Hoffnung der Sechstausendsechshundert, mit der *Gustloff* über die Ostsee gerettet zu werden, zerbricht in Augenblicken, erstickt in einem Meer von Tränèn.

»Hilfe – Hilfe – wir sinken!«

Wie ein Orkan pflanzt sich dieser Schrei fort, vom untersten bis zum obersten Deck und bis hinauf zu Kommandobrücke.

Fahrkaptiän Weller hat den Signalgasten auf dem Peildeck bereit den Befehl gegeben:

»Rot schießen – rot schießen!«

Als die Raketen in den Nachthimmel des 30. Januar steigen, halten die Männer auf dem Begleitboot *Löwe* den Atem an:

»Die *Gustloff* ist getroffen und sinkt . . .!«

Krachend zischen die Leuchtraketen in den Himmel, bleiben Bruchteile von Sekunden in der Winternacht stehen, verkünden den Notruf eines sterbenden Schiffes:

Die *Gustloff* sinkt.

Nur rund fünfhundert Meter entfernt macht Kapitän Marinesko, Kommandant des sowjetischen U-Bootes *S-13*, folgende Eintragung in das Logbuch seines Bootes:

»23.08 Uhr: Drei Torpedos auf Backbordseite des Zieles gefeuert. Alles Treffer. Entfernung 400–600 Meter.

23.09 Uhr: Ziel beginnt zu sinken.«

Doch auch für *S-13* besteht noch große Gefahr. Der Torpedo aus Rohr 2 »Für Stalin« ist im Rohr hängen geblieben. Auch dieser vierte Torpedo sollte das feindliche Schiff treffen. Jetzt hängt er noch im Rohr. Bei der geringsten Erschütterung wird er *S-13* mit seiner ganzen Mannschaft in Stükke zerreißen, wenn es nicht ganz rasch gelingt, ihn zu entschärfen – – –

Die *GUSTLOFF* SINKT

Auf der *Gustloff* hat der Kampf ums Überleben, der Kampf ums nackte Leben, längst begonnen.

Während der erste Torpedo das Vorschiff aufgerissen und die Hälfte der zivilen Mannschaft bereits im ersten Augenblick in den Tod geschickt hat, ist der zweite Torpedo unmittelbar im Schwimmbad, der Notunterkunft der Marinehelferinnen, explodiert. Die meisten Opfer werden nicht einmal mehr das Krachen gehört haben, ihnen ist der Tod auf diesem Schiff am leichtesten geworden, er hat sie im Schlaf überrascht.

Im Bruchteil einer Sekunde hat er sie aus dem Schlaf heraus in seine Arme genommen – alle, bis auf zwei, die abseits in einem Nebenraum des Schwimmbades geschlafen haben, die 17jährige Sigrid Bergfeld aus Erlangen und die 20jährige Ursula Pautz aus Berlin.

Es ist ein Wunder, daß die beiden in nächster Nähe des Explosionsherde, in dem von Gas und Rauch erfüllten Raum, überhaupt noch atmen können. Herausgeschleudert aus ihren Kojen, eingeklemmt zwischen umgestürzten Schränken, Koffern und Stühlen, finden sie kaum Zeit, einen klaren Gedanken zu fassen.

Stockdunkle Nacht umgibt sie.

Doch da springt die Notbeleuchtung an.

Das Herz droht den beiden stillzustehen.

Unaufhaltsam strömt das Wasser in die Kabine.

Mit weit aufgerissenen Augen starren die Mädchen dem nassen Tod entgegen. Sie schreien:

»Wasser – Wasser – Wasser!«

Schon schäumt es um ihre Füße, steigt rasch an den Beinen empor.

Die erschütternden Schreie ihrer Kameradinnen in dem nebenanliegenden Schwimmbad reißen die Mädchen aus der starren Todesangst. Sie haben bisher kaum ein Glied gerührt. So sitzt ihnen der Schreck in den Beinen und in der Kehle.

Sigrid Bergfeld stürzt zur Kabinentür, reißt sie auf und weicht entsetzt zurück.

Heiße, beißende Gase, die aus dem neben dem Schwimmbad liegenden Maschinenraum kommen, rauben ihr den Atem, pressen ihr die Tränen in die Augen.

Das, was sich in diesem Augenblick im untersten Deck der *Gustloff*, im Schwimmbad, sieben Meter unter dem Wasserspiegel, unter den dreihundertzweiundsiebzig todgeweihten Marinehelferinnen abspielt, wird man nie bis in alle Einzelheiten rekonstruieren können.

So grauenhaft, so entsetzlich ist das.

Die einbrechende Ostsee hat Betten, Matratzen, Stühle, Bänke, Tische, Koffer und Menschen, ja alles in Bewegung gesetzt.

In diesem Chaos liegt, ja schwimmt, ein schreiender, betender Knäuel junger Mädchen, 17- bis 25jährige, sich vor Angst und Schrecken aneinanderklammernd wie ein Bienenschwarm.

Die noch nicht ertrunken oder erstickt sind, schreien und beten, beten und schreien:

»Hilfe – Hilfe – – –

»Mutter – Mutter – – –

»Ich will nicht sterben – nein – ich will nicht sterben –

»Gott hilf uns – – –!«

Zwei Worte sind es, die immer wieder aus dem Knäuel der sich windenden, qualvoll sterbenden jungen Menschenleiber hervorbrechen, nur geflüstert, dann aber auch laut geschrien, sogar das Rauschen des eindringenden Wassers übertönend, und zu einem letzten Stoßgebet der unschuldig sterbenden jungen Mädchen werden:

»Mutter« und »Gott«.

Diese beiden stehen über allem!

Hieran klammert sich der letzte Funke Hoffnung, der letzte Hauch des Lebens.

Doch hier im Schwimmbad der *Gustloff* nutzt kein Beten und kein Flehen mehr. Hier regiert der Tod. Mit einer unbarmherzigen Sichel mäht er die jungen Menschenleben dahin, denen die Zukunft gehören sollte, denen man immer wieder den Glauben an Führer, Volk und Vaterland eingeimpft hatte.

Die todbringende Ostsee löst diesen Glauben in ein Nichts auf.

Zurück bleibt der bittere Geschmack des Todes und das qualvollste Sterben, das es für einen Menschen wohl überhaupt gibt:

Ertrinken.

Aber noch waren nicht alle ertrunken oder erstickt, noch rangen einige um ihr Leben.

Einige?

Es waren nur wenige. Vielleicht eine Handvoll noch.

Verzweifelt stürzen sie zur Treppe, zum Aufgang nach oben.

Entsetzt weichen sie zurück.

Die Schotten sind geschlossen. Die schweren Eisentüren sind dicht.

»Eingesperrt – wir sind eingesperrt!«

Der Schrei schnürt den Mädchen das Herz ab, Todesangst überfällt sie.

»Eingesperrt – wir müssen ertrinken!« schreit eine Dunkelhaarige mit sich überschlagender Stimme, hämmert gegen die Eisentür, bricht zusammen, bleibt liegen.

In diesem Augenblick erlischt auch die Notbeleuchtung.

Es wird dunkel. Ganz dunkel.

Das ist das Ende, denken die Mädchen, die noch leben.

Doch in Sigrid Bergfeld und Ursula Pautz regt sich der allerletzte Lebensfunke, der Wille zum Leben, die Hoffnung, dieser Hölle noch lebend zu entkommen.

Mühsam zwängen sich die beiden Mädchen in den nebenan liegende Maschinenraum, dessen Tür weit offensteht. Sie fassen sich an der Hand. Das Wasser reicht ihnen schon bis zum Knie – – –.

Sigrid Bergfeld fühlt plötzlich unter ihren Füßen eine Leiterstufe, faßt mit der Hand an ein Geländer.

Es ist der Notaufstieg aus dem Maschinenraum nach oben. Er führt durch alle Decks des Schiffes bis zum Bootsdeck.

Nur wenige Stufen aus diesem Notaufstieg, dann sind die Mädchen mit den Füßen aus dem Wasser. Sie klammern sich an das Geländer, denn das Schiff hat schon starke Schlagseite.

Und dann stürmen sie nach oben. Sie klettern um ihr Leben.

Hunderte, vielleicht Tausende, stürzen in diesen Augenblicken zu den breiten Treppen in den Decks der *Gustloff* und zu den schmalen Notaufgängen, die zum Bootsdeck führen.

Ein Kampf auf Leben und Tod beginnt, ein Kampf um jede Stufe.

Es geht ums nackte Leben.

Wer überhaupt aus den Kabinen herauskam, drängt blindlings nach oben.

Die großen Säle werden mit einem Male zu grausigen Todesfallen.

Die fahle Notbeleuchtung, die in den Gängen, Treppernhäusern und Sälen noch funktioniert, erhellt ein gespenstisches Bild.

Es ist ein Bild des Grauens.

Die, die es sehen, werden es bis zu ihrem Tode, bis zu ihrem letzten Atemzug niemals vergessen – – –

Wohl der einzige auf der sinkenden *Gustloff*, der für seine Abteilung einen ›Katastrophenplan‹ ausgearbeitet hat, ist der auf der *Gustloff* eingeschiffte Leitende Sanitätsoffizier der 2. Unterseeboots-Lehr-Division. Marineoberstabsarzt Dr. Richter ist zuständig für das Krankenrevier der *Gustloff*, das in der ›Laube‹ eingerichtete Notlazarett und die von ihm selbst geleitete Geburtshilfestation.

Dr. Richter ist ein erfahrener U-Boot-Mann. Als die *Gustloff* die Treffer erhielt, sagte er nur:

»Torpedos – der Fächer saß!«

Dann machte er sich an seine Aufgabe.

In seiner Kammer, hoch oben neben dem Lazarett, war schon beim ersten Treffer alles durcheinandergeflogen, und die Tür hatte sich verklemmt. Mit voller Wucht trat er die Holztür ein, die zum Vorraum des Reviers führte.

Dort traf er seinen Sanitätsoberfeldwebel Till.

Ihn hatte Dr. Richter über alle Maßnahmen im Katastrophenfall eingehend unterrichtet, und dieser hatte seine Leute informiert.

Von den Verwundeten, Kranken, den jungen Müttern und den Schwangeren wußte niemand von diesem »Katastrophenplan«, er hätte sie auch nur beunruhigt.

»Es geht alles nach Plan!« ruft Dr. Richter dem Sanitätsoberfeldwebel Till zu. Der sagte nur:

»Jawohl!«

Das war alles.

Dr. Richter läuft zunächst in die Geburtshilfestation. Auf dem Tisch liegt die junge Frau aus Elbing, bereit für die Geburt. Mit dem Krachen der Explosion ist all ihre Hoffnung gewichen. Vor Schreck erstarrt, leichenblaß im Gesicht, starrt sie jetzt Dr. Richter an, der sich über sie gebeugt hat. Noch vor wenigen Minuten hat ihr dieser Arzt gesagt: »Seien Sie ruhig, liebe Frau, in einer Stunde ist alles vorbei.«

Und nun – was ist nun?

Dr. Richter sagt nicht viel.

»Ruhig bleiben – ruhig bleiben!« Er streicht der Frau über die Stirn und verabreicht ihr dann eine Spritze, die die Geburt stoppen soll.

Dann läßt der die Hochschwangere aus Elbing in Decken hüllen und von den Sanitätsgasten auf Deck tragen. Er selbst geht mit. Erst als die junge Elbingerin im Rettungsboot untergebracht ist, geht Dr. Richter zurück.

Sein ›Katastrophenplan‹ klappt tadellos. Seine Männer räumen rasch und minuziös das Krankenrevier, die ›Laube‹ und die Geburtshilfestation.

Die Geburtshilfestation wird von der Gruppe Eins geräumt. Alle Mütter und Säuglinge werden in Decken eingehüllt und zu den Booten gebracht.

Die Gruppe Zwei trägt die Schwerverwundeten in die Boote.

Die Gruppe Drei versorgt die Leichtverwundeten und Gehfähigen mit Schwimmwesten, die sie zum Teil abgelegt haben.

Das alles dauert nur wenige Minuten, als sei es hundertmal geübt worden. Der Sanitätsoberfeldwebel hat seine Leute im Griff. Und vor allem auch die Schwestern leisten in diesen Minuten Beispielhaftes.

Erst als sich Dr. Richter vergewissert hat, daß die ›Laube‹ ebenso geräumt ist wie das Revier und die Geburtshilfestation, begibt er sich auf das

Oberdeck, da bis jetzt immer noch fast menschenleer war.

Doch das ändert sich in Sekundenschnelle.

Denn jetzt stürzen die Massen aus den unteren Räumen auf die oberen Decks.

Dr. Richter atmet beruhigt auf. Seine Verwundeten, Kranken und Schwangeren sind in Sicherheit.

Was man Sicherheit nennen kann.

Und da bleiben seine Gedanken bei der jungen Frau aus Elbing hängen.

»Die arme Frau«, murmelt er vor sich hin. Wird sie diese Katastrophennacht lebend überstehen?

Das wäre ein Wunder Gottes.

Doch vielleicht gibt es auch in diesem Krieg noch Wunder!

Während er diesen Gedanken nachgeht, nur sekundenlang, ist das Rettungsboot mit der Schwangeren aus Elbing bereits abgefiert und treibt in der stürmischen Ostsee. Es war das erste Rettungsboot der *Gustloff*, das überhaupt zu Wasser kam.

In dem Boot liegt unter vielen anderen Frauen und Kindern, Verwundeten und Kranken, Gesunden und vor Angst fast Besinnungslosen, die 21jährige werdende Mutter aus Elbing.

Sie hat unter der Decke die Hände gefaltet und betet unaufhörlich vor sich hin:

»Gott hilf mir – bitte – Gott hilf mir – – – !«

Immer und immer wieder sagt sie diese drei Worte.

Zehn Minuten mögen inzwischen seit den Torpedotreffern vergangen sein.

Auf der sinkenden *Gustloff* rast die Panik.

Alle auf diesem sterbenden Schiff ahnen wohl, daß die nächsten Minuten über Tod und Leben entscheiden.

Und sie wissen auch: Wer überleben will, muß nach oben zu den Rettungsbooten, zu den Flößen.

Eine nicht zählbare, wie fast irrsinnig scheinende Menschenmasse kämpft um den Weg nach oben, ins Freie. Verzweifelte entwickeln Riesenkräfte. Stärkere schlagen brutal Schwächere nieder. Hunderte stampfen rücksichtslos über Zusammengebrochene hinweg.

Das ist das totale Chaos.

Das ist die Panik auf einem untergehenden Schiff, die mit Worten nicht beschreibbar und von keinem menschlichen Hirn im Bewußtsein erfaßbar ist.

Sind das überhaupt noch Menschen, die sich da gegenseitig von den mühsam erklommenen Treppenstufen herunterreißen, zu Boden trampeln und erbarmungslos über einen Teppich noch lebender oder schon toter Menschenleiber vorwärts, nach oben, stürmen?

Peter Schiller ist mitten unter ihnen.

Eingeklemmt in ein tobendes Menschenknäuel wird er nach oben auf das rettende Bootsdeck getragen.

Unmenschliche Laute gellen durch die Luft des Treppenhauses, durch die Gänge und Säle. Ein merkwürdiger Geruch strömt durch das Schiff.

Von unten her dröhnt das Brechen der Schotten unter der Stärke der einbrechenden See. Die Ostsee verschlingt langsam aber sicher die *Gustloff*.

Ein hemmungsloser Trieb zum Leben peitscht die Menschen durch das Schiff. Niemand scheint mehr einen Gedanken für den anderen zu haben.

Niemand?

Eine Rettung aus dieser Hölle kann nur noch von außen her, von anderen Schiffen kommen. Zwar reichen theoretisch die vorhandenen Rettungsmittel, die Boote, die Kutter, die Flöße und die Schwimmwesten aus, alle sechstausendsechshundert Menschen auf der *Gustloff* zu retten, aber all das erweist sich als bloße Theorie.

Denn die Männer der Zivilbesatzung der *Gustloff*, die fast ausnahmslos im Vorschiff ihre Unterkünfte hatten und nicht zufällig zur Zeit der Torpedierung Dienst in den oberen Decks taten, sondern Freiwache hatten, lebten nicht mehr. Sie waren tot oder im Vorschiff lebend zum Tode verurteilt. Denn die Schotten zwischen Vorschiff und Mittelschiff waren Sekunden nach dem ersten Torpedotreffer geschlossen worden.

Wer also sollte die Rettungsboote zu Wasser lassen, die schweren Metallflöße über Bord in die Ostsee werfen und die auf Deck aufgestellten zusätzlichen großen Marinekutter? – –

Wer?

Und wer sollte all die, die in ihren Schwimmwesten im eiskalten Wasser der Ostsee schwammen, von den Wellen hin- und hergeworfen wurden, und dem Tode durch Ertrinken oder Erfrieren preisgegeben waren, aufnehmen?

Wer?

Bei Tage hatte man bei offener See 18 Grad unter Null gemessen, gegen Abend hatte die Kälte nachgelassen, lag bei 15 Grad. Jetzt war es wieder kälter geworden.

Die Hoffnung liegt also bei den Funkern!

Wird es ihnen gelingen, rechtzeitig durch einen SOS-Ruf Hilfe zu holen, große Schiffe herbeizurufen, die die Menschen von der *Gustloff* retten?

Und sind überhaupt große Schiffe in der Nähe der Untergangsstelle der *Gustloff*?

Das sind alles Fragen, die in diesem Augenblick über das Leben aller Schiffbrüchigen entscheiden.

Aber niemand kann sie beantworten.

Auch auf der Kommandobrücke nicht – und auch nicht im Funkraum des Schiffes.

Bis vor kurzem haben die Männer vor ihren Geräten gesessen. Die *Gust-*

loff selbst hatte in den letzten Stunden nicht mehr gesendet, um feindlichen U-Booten keinen Anhaltspunkt über Standort und Kurs des Schiffes zu geben.

Um 21.16 Uhr, als die drei Torpedos die *Gustloff* trafen, sind im Funkraum des Schiffes mit einem Schlage alle Geräte verstummt.

Der Strom ist ausgefallen.

Damit ist jede Verbindung zur Umwelt abgeschnitten!

Jede?

Jede!

Denn auch das Notaggregat funktioniert nicht.

Die letzte Möglichkeit besteht darin, die Funkstation über die Akkus zu betreiben, denn die Funkgeräte selbst sind noch in Ordnung.

Gottseidank.

Jetzt müssen nur noch die Akkus angeschlossen werden, um endlich den SOS-Ruf der *Gustloff* absetzen zu können.

»Her mit den Akkus – schnell –!« brüllt der Oberfunkmeister. Er hat erst kurz vor dem Auslaufen die bis dahin nicht besetzte Funkstation der *Gustloff*, die während der Liegezeit als Wohnschiff in Gotenhafen nicht besetzt war, übernommen.

»Los ran – Akkus anschließen und dann rauf auf die Tasten. – –

Wir saufen ab – – –!« schreit er in den Funkraum.

»Haben drei Torpedotreffer – sinken auf Position 55 Grad 7,5 Nord und 17 Grad 42 Ost. An Bord über 6000 Menschen!«

»Was ist denn – warum funkt ihr denn nicht!« schreit der Oberfunkmeister. Ihm dauert das Anschließen der Akkus viel zu lange.

»Wir können nicht – die Akkus sind nicht geladen«, stößt der Mann am Gerät hervor: »Kein Saft drin – – –!«

Der Oberfunkmeister wird weiß wie ein Leichentuch. Das gibt's doch wohl nicht.

Die Akkus sind nicht geladen!

Die *Gustloff* kann nicht funken, keinen Notruf absetzen.

Die Männer im Funkraum starren sich gegenseitig an: Die Leute von der Handelsschiffsbesatzung wie auch die Funker der Kriegsmarine. Der kalte Schweiß steht ihnen auf der Stirn.

Was nun?

Sollen die Sechstausend auf dem Schiff elend ertrinken, nur weil die Akkus nicht geladen sind und das Schiff nicht funken kann?

Während im ganzen Schiff die Panik rast, herrscht im Funkraum des Schiffes einige Atemzüge lang lähmende Stille, Entsetzen.

Ist das das Todesurteil für alle, die auf der *Gustloff* und in den Wellen der Ostsee um ihr nacktes Leben kämpfen?

Wie lange werden es die Menschen im Wasser bei dieser Kälte, Seegang 5–6 und Windstärke 5, in den offenen Booten oder nur mit der Schwimm-

Wilhelm Gustloff:
Am 25. Januar 1945 erhält die *Gustloff* weitere Rettungsboote. Man will kein Risiko eingehen und für den ›Ernstfall‹ gerüstet sein, der bereits unerwartet fünf Tage später eintritt.
(Foto: PR / Ostsee-Archiv Heinz Schön)

Wilhelm Gustloff: Oberes Promenadenverdeck. Hunderte sprangen am Abend des 30. Januar 1945 über die Reling, als das Schiff, von drei sowjetischen Torpedos getroffen, zu sinken begann.
(Foto: PR / Ostsee-Archiv Heinz Schön)

Wilhelm Gustloff: Unteres Promenadenverdeck. Nur eine Mutter entkam dieser ›Todesfalle‹ auf der sinkenden *Gustloff*. Durch eine vom Wasserdruck des untergehenden Schiffes zersprengte Scheibe wurde sie aus dem Schiff gespült. *(Foto: PR / Ostsee-Archiv Heinz Schön)*

Wilhelm Gustloff: Das Schwimmbad im untersten Deck des Schiffes diente während der letzten Fahrt der *Gustloff* mehreren hundert Marinehelferinnen als ›Notunterkunft‹. Hier detonierte um 21.16 Uhr am 30. Januar 1945 der erste sowjetische Torpedo, der die *Gustloff* traf. Die meisten der Mädchen werden nicht einmal mehr die Detonation gehört haben. Vom Schlaf wurden sie in den Tod gerissen. *(Foto: PR / Ostsee-Archiv Heinz Schön)*

M/S Wilhelm Gustloff: Auch der große Speisesaal (Bild oben) und der Trachtensaal (Bild unten) waren während der letzten Fahrt ausgeräumt und in riesige Massenquartiere für Flüchtlinge verwandelt worden. *(Foto: PR / Ostsee-Archiv Heinz Schön)*

M/S Wilhelm Gustloff: Ob in der großen Halle (Bild Mitte) oder im Musiksaal (Bild oben), überall lagen während der Todesfahrt der *Gustloff* die Flüchtlinge: Frauen, Kinder, Greise. Sie glaubten sich auf diesem Schiff in Sicherheit und fuhren am Abend des 30. Januar 1945 in den Tod.
(Foto: PR / Ostsee-Archiv Heinz Schön)

M/S Wilhelm Gustloff Die ›Laube‹ wurde wenige Tage vor dem Auslaufen in ein Schiffslazarett verwandelt. Hier wurden die an Bord kommenden Schwerverwundeten einquartiert.
(Foto: PR / Ostsee-Archiv Heinz Schön)

M/S Wilhelm Gustloff: Diese ›Festhalle‹ wurde am Abend des 30. Januar 1945 zur ›Totenhalle‹ der *Gustloff*. Um 21.16 Uhr erlosch auch hier, dem Flüchtlingsmassenquartier, das Licht, begann das große Entsetzen, als das Schiff Schlagseite bekam, Koffer, Gepäck, Matratzen zu rutschen begannen und ein fürchterliches Geschrei einsetzte . . . *(Foto: PR / Ostsee-Archiv Heinz Schön)*

M/S Wilhelm Gustloff: Die Kommandobrücke des Kapitäns (Bild Mitte) und die Kommandobrücke des Leitenden Ingenieurs im Maschinenraum der *Gustloff* (Bild unten). *(Foto: PR / Ostsee-Archiv Heinz Schön)*

M/S Wilhelm Gustloff: Das Flüchtlingsschiff rüstet für die letzte Reise. Für 5000 Menschen wird Proviant an Bord gebracht, hier halbe Schweine.
(Foto: PR / Ostsee-Archiv Heinz Schön)

M/S Wilhelm Gustloff: Flüchtlinge an Bord. Der Sturm auf das Schiff hat begonnen. Zeichnung nach Angaben des Verfassers von H. Rathe.
(Foto: PR / Ostsee-Archiv Heinz Schön)

Drei Flüchtlinge aus Gotenhafen auf der *Gustloff*: Elsa Freymüller, geb. am 3. 9. 1912, Jutta Freymüller, geb. 15. 8. 1934 und der kleine Frank-Michael, geb. am 12. 8. 1943. Nur der ein Jahr und knapp sechs Monate alte Frank-Michael überlebte den Untergang der *Gustloff* und wurde als letzter Überlebender in eisiger Winternacht aus einem leeren Rettungsboot geborgen. Der Retter behielt den unbekannten elternlosen Jungen. *(Foto: PR / Ostsee-Archiv Heinz Schön)*

M/S Wilhelm Gustloff: Friedrich Petersen war der letzte Kapitän der *Gustloff*. Der 63jährige, der 1903 als Schiffsjunge in der christlichen Seefahrt begann und sich seit Februar 1944 als Kapitän des ›Wohnschiffes‹ *Gustloff* an Bord befand, zählte zu den Überlebenden der Katastrophe. *(Foto: PR / Ostsee-Archiv Heinz Schön)*

Unten links: Kapitänleutnant 3. Ranges A. I. Marinesco, Kommandant des sowjetischen U-Bootes S-13 der Baltischen Rotbannerflotte. Er versenkte mit drei Torpedotreffern am 30. Januar 1945 das Flüchtlingsschiff *Wilhelm Gustloff* und wenige Tage später fast an gleicher Stelle in der Ostsee das Verwundeten-Transportschiff *Steuben*. Er wurde für diese Verşenkungen zwar hoch dekoriert, doch sein Traum blieb unerfüllt, er wurde kein ›Held der Sowjetunion‹. *(Foto: PR / Ostsee-Archiv Heinz Schön)*

M/S Wilhelm Gustloff: Louis Reese, der I. Offizier der *Gustloff*, sorgte dafür, daß das Schiff für seine letzte Reise für 5000 Menschen Rettungsmittel bekam: Kutter, Boote, Flöße und Schwimmwesten. Reese, früher Zahlmeister, befand sich seit 1943 an Bord. Der damals 67jährige zählte zu den Überlebenden. *(Foto: PR / Ostsee-Archiv Heinz Schön)*

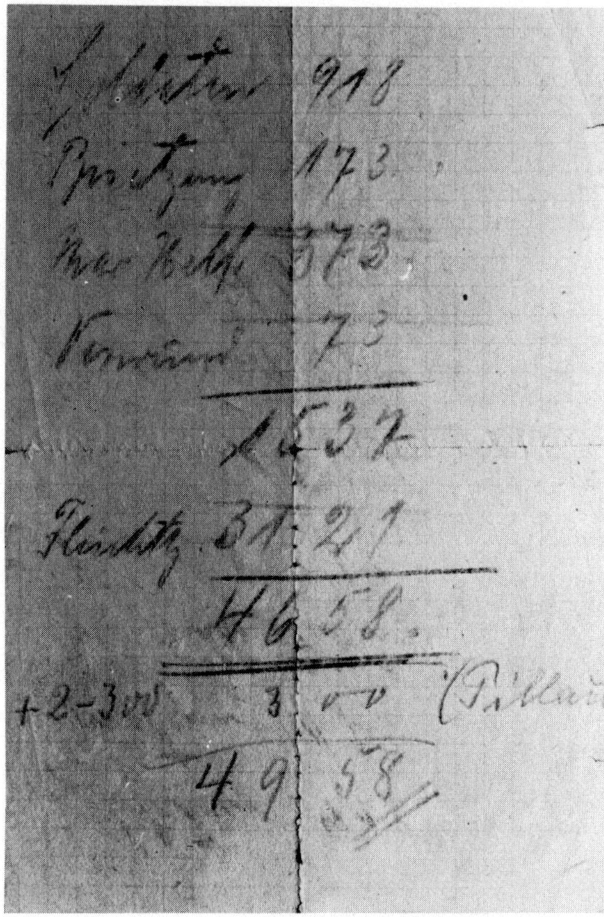

M/S Wilhelm Gustloff: Die letzte handschriftliche Notiz des I. Offiziers Louis Reese zwei Tage vor Auslaufen der *Gustloff*. Reese notierte laufend die Zahl der an Bord befindlichen Personen. Am 28. Januar 1945 waren es nach seiner Notiz 4.958 und damit die Sollzahl 5000 fast erreicht.
(Foto: PR / Ostsee-Archiv Heinz Schön)

M/S Wilhelm Gustloff: Das Schiff vor der letzten Reise im Hafenbecken von Gotenhafen.
(Foto: PR / Ostsee-Archiv Heinz Schön)

weste als Rettungsmittel bei null Grad Wassertemperatur aushalten können – wie lange?

Jede Minute, je jede Sekunde ist kostbar.

Denn jeder Augenblick kostet weitere Menschenleben.

Auf der sinkenden *Gustloff* und im Wasser, das bereits viele Schiffbrüchige aufgenommen hat.

Das blitzt durch das zermarterte Gehirn des Oberfunkmeisters ein Gedanke:

»Drüben auf der Kommandobrücke steht noch ein Ultrakurzwellen-Funkgerät mit eigener Batterieausrüstung. Das funktioniert sicher noch!«

Der Oberfunkmeister hat diese zwei Sätze kaum ausgesprochen, als er mit seinen beiden Männern schon drüben an der Brücke ist.

Hier erwartet sie eine Überraschung, eine angenehme Überraschung.

Hier sitzt ein Funkgefreiter der Marine, der nicht zur Funkstation gehört, und bedient bereits das UKW-Gerät. Und das schon seit einigen Minuten. Die nicht geladenen Akkus haben der *Gustloff* nicht eine Sekunde Verzögerung gekostet, den Notruf des sinkenden Schiffes abzusetzen – –

Scheinbar ruhig hat der 20jährige Funkgefreite Rudi Lange das Gerät eingeschaltet, den Kopfhörer aufgesetzt und das Mikrophon vor den Mund genommen.

Unaufhörlich spricht er mit fast ruhiger Stimme den Hilferuf der *Gustloff* in die kleine schwarze Muschel:

»*Gustloff* hat drei Torpedotreffer – –

Schiff sinkt sehr schnell – –

Haben über sechstausend Menschen an Bord – –

Brauchen sofort Hilfe – –

Bitte kommen – Bitte kommen – –!«

Der Funkgefreite weiß, daß sein Gerät nur eine Reichweite von maximal 2000 Metern hat, und daß er damit keine Funkstelle an Land erreichen kann.

Nur ein einziges Schiff kann er damit erreichen: Das der *Gustloff* vorauslaufende Torpedoboot *Löwe*. Gäbe es dies allerdings nicht, würde niemand den Notruf *Gustloff* hören.

Jetzt erst zeigt sich, wie wichtig es war, die *Gustloff* von *Löwe* begleiten zu lassen.

Auf dem Torpedoboot *Löwe* meldet sich noch niemand auf den Hilferuf von der *Gustloff*.

Der Funkgefreite wiederholt immer wieder seine Meldung.

Aber vergeblich, keine Gegenstimme meldet sich.

Noch immer schrillen auf der Kommandobrücke die Alarmglocken auf höchsten Touren. Sämtliche Notmeldefenster flackern auf, und jedes Fenster bedeutet einen ›unklaren‹ Raum. Der nervenzerreißende Lärm der Alarmglocke übertönt alles, ihr Abreißfunke wird hochfrequent auf das Ultrakurzwellen-Funkgerät übertragen und macht offensichtlich jede Übermittlung unmöglich.

Daran muß es liegen, daß der Hilferuf der *Gustloff* auf dem Torpedoboot *Löwe* nicht ankommt.

Rudi Lange will den Fehler beheben, aber es klappt nicht, die Glocke ist nicht zum Stillstand zu bringen. Da springt einer der Funker hinzu, klemmt sein Taschentuch unter den Hammer der Alarmglocke. Ein einfaches Mittel, aber es hilft!

Der Funkgefreite Rudi Lange, der jetzt zum »Funker der *Gustloff*« geworden ist, wiederholt seine Meldung:

»*Gustloff* hat drei Torpedotreffer – –

Schiff sinkt sehr schnell – –

Haben über sechstausend Menschen an Bord – –

Brauchen sofort Hilfe – –

Bitte kommem – Bitte kommen – –!«

Dieser eine Mann auf der *Gustloff* wird jetzt zur Stimme von Sechstausendsechshundert. Er weiß, daß es jetzt vielleicht nur auf ihn ankommt, daß von ihm vielleicht das Leben vieler abhängt – –

Aber noch immer scheint sein Hilferuf auf der *Löwe* nicht anzukommen.

Die Torpedierung der *Gustloff* ist auf dem Torpedoboot *Löwe* keinesfalls unbemerkt geblieben. Die drei kurz hintereinander liegenden Detonationen hatten auf der Kommandobrücke des *T Löwe* die Vermutung hervorgerufen, daß die *Gustloff* von drei Torpedos getroffen war. Die Dunkelheit der Nacht, das immer wieder einsetzende Schneetreiben mit schlechter Sicht und die unruhige See ließen jedoch nicht erkennen, welchen Schaden die Torpedotreffer auf der *Gustloff* angerichtet hatten.

Als die *Gustloff* kurz danach rot schoß, wußte der Kommandant des Torpedobootes *Löwe*, daß höchste Gefahr für das Schiff und die auf ihm befindlichen Menschen bestand.

Kapitänleutnant Prüfe gab Alarm.

Er befahl, nach Backbord abzudrehen und der *Gustloff* entgegenzulaufen.

Der Kommandat von *T Löwe* hatte die Absicht, mit seinem Boot an Backbord des untergehenden Schiffes längsseits zu gehen und Schiffbrüchige zu übernehmen.

Während *T Löwe* bereits der *Gustloff* entgegenläuft, trifft der UKW-Funkspruch ein.

Er kommt nicht in der Funkstation an, bei Funkmaat Richter, sondern auf der UK-Station auf der Kommandobrücke. Dieses UKW-Gerät ist mit dem Gefreiten Paul Huber besetzt.

Als Prüfe hört, was mit der *Gustloff* los ist, läßt er sofort über F.T. den Hilferuf der *Gustloff* absetzen, einmal – zweimal – immer wieder. Kapitänleutnant Paul Prüfe weiß, daß er mit seinem kleinen Torpedoboot nur einen Bruchteil der Schiffbrüchigen aufnehmen kann. Aber über sechstausend sollen auf der sinkenden *Gustloff* sein.

Auf Torpedoboot *Löwe* haben nur knapp 500 Überlebende Platz.

Deshalb müssen noch andere, viele größere Schiffe zur »Unfallstelle *Gustloff*« gerufen werden.

Die Funkstation von *T Löwe* versucht dies. Immer und immer wieder wird der Funkspruch abgesetzt. Die sterbende *Gustloff* braucht viele Schiffe, viele Helfer. Und sie müssen rasch kommen, sonst sterben die meisten, die jetzt noch hoffen, gerettet zu werden.

Da das Torpedoboot *Löwe* der U-Boot-Waffe untersteht und zur 27. Unterseebootsflottille gehört, wird der Funkspruch vom Torpedoboot *Löwe* auch auf der Welle der U-Boot-Waffe abgesetzt und nicht auf der Seenotwelle der 9. oder 10. Sicherungs-Division, die üblicherweise für die Geleitsicherung zuständig und verantwortlich sind. Daher erfahren die beiden Sicherungs-Divisionen erst viel später auf Umwegen von der Torpedierung der *Wilhelm Gustloff*.

Die *Gustloff* sinkt jetzt rascher.

Bis jetzt hat sich das Schiff eigentlich noch ganz gut gehalten. Die Schlagseite nach Backbord hat zwar weiter zugenommen. Das Schiff ist aber nicht gleich wenige Minuten nach den drei Torpedotreffern vollends in der Ostsee gesunken, wie viele fürchteten.

Doch das Schiff ist trotzdem verloren.

Die *Gustloff* ist nicht mehr zu retten.

Das sieht auch der Kommandant von *T Löwe*, als er näher an das Schiff herankommt.

Er erschrickt.

Im vorderen Drittel des Schiffsleibes klafft ein Loch, das fast bis zum unteren Promenadendeck reicht. Alle drei Treffer saßen offensichtlich zwischen Bug und Mittelschiff.

Die *Gustloff* hat bereits eine erhebliche Schlagseite nach Backbord und sackt über den Bug nach vorn weg. Ein Anlegen von *T Löwe* an der Backbordseite ist deshalb völlig unmöglich.

Kapitänleutnant Prüfe versucht nun, um das Heck der *Wilhelm Gustloff* herumlaufend, mit *Löwe* an der Steuerbordseite des sinkenden Schiffes in Luv längsseits zu gehen. Bis auf etwa 30 Meter läßt sich *Löwe* an die *Gustloff* herantreiben. Dann muß auch dieses Manöver aufgegeben werden. Es erscheint dem *Löwe*-Kommandanten sinnlos, an der *Gustloff* zu kleben, ohne selbst eingreifen zu können. Vor allem hätte das Torpedoboot *Löwe* mit Sicherheit dann das Fieren der Steuerbord-Rettungsboote der *Gustloff* behindert. Und dies sollte in jedem Fall vermieden werden.

Es blieb dem Torpedoboot *Löwe* nichts anderes übrig, als wieder um das Heck der *Gustloff* herumzulaufen, um an der Backbordseite mit der Rettung der zu Hunderten im Wasser treibenden Schiffbrüchigen zu beginnen.

Um 21.36 Uhr, genau 20 Minuten nach den Torpedotreffern, nimmt das Torpedoboot *Löwe* die ersten Schiffbrüchigen an Bord.

Alle verfügbaren Besatzungsmitglieder von *T Löwe* werden für die Rettungsaktion eingesetzt, die von Oberleutnant zur See Eggert, dem Oberfähnrich Weckerle und dem Bootsmann Kampmann geleitet wird.

Unter Ableuchten der Wasseroberfäche mit Scheinwerfern wird nach schwimmenden Menschen gesucht, die plötzlich zu schreien beginnen, als die Scheinwerfer gespenstisch über das Wasser huschen.

Dann erfassen die Scheinwerfer plötzlich ein Rettungsboot der *Gustloff*, das gerade abgefiert wird und entweder durch Brechen des Kutterläufers oder falsches Fieren durchsackt und nur im vorderen Läufer hängen bleibt.

Das *Gustloff*-Rettungsboot bleibt plötzlich senkrecht an der Schiffswand der *Gustloff* hängen, und alle Menschen, die darin waren, stürzen mit lautem Geschrei aus dem Boot auf die Wasseroberfläche.

Die aufgewühlte Ostsee erstickte ihre Schreie – – –

Der Hilferuf der sinkenden *Gustloff*, den das Torpedoboot *Löwe* weitergegeben hatte, erreicht in den nächsten Augenblicken mehrere Schiffe.

Darunter auch den Dampfer *Hansa*, der noch immer mit Maschinenschaden auf der Reede von Hela liegt.

Als der Funker der *Hansa* den Funkspruch liest, stockt ihm der Atem, er wird kreideweiß. Die neben seinem Empfangsgerät stehenden beiden Kameraden starren ihn an.

»Was ist los – sag schon was – – –!« sagt der eine.

»Die *Gustloff* säuft ab – – –!« antwortet der Funker der *Hansa* stokkend.

Es ist still zwischen den drei Männern.

Und dann sagt der Funker:

»Meine Frau und meine zwei Kinder sind auf der *Gustloff* – – – Ich habe sie drei Stunden vor dem Auslaufen auf das Schiff gebracht, weil mir die *Gustloff* sicherer schien als die *Hansa* – –«

Dann sagt er nichts mehr.

Er ist mit seinen Gedanken bei seinen beiden Kindern und seiner Frau, die jetzt vielleicht an Bord der sinkenden *Gustloff* um ihr Leben kämpfen oder schon in der Ostsee schwimmen.

Der Mann im Funkraum der *Hansa* kann nichts für seine in Todesgefahr schwebende Familie tun. Nichts.

Und auch die *Hansa* wird nicht helfen können.

Der Funker der *Hansa* gibt den Funkspruch auf die Kommandobrücke weiter. Dort entscheidet man, die Nachricht streng geheim zu halten. Denn auf der *Hansa* sind viele Familien, die getrennt wurden; einige Familienangehörige, vor allem Mütter mit Säuglingen, kamen auf die *Gustloff*, die älteren Kinder blieben auf der *Hansa*. Wenn diese Menschen erfahren, daß die *Gustloff* torpediert wurde und sinkt – das gäbe sicher eine große Unruhe.

Und die muß auf der *Hansa* unbedingt vermieden werden.

Die *Hansa* liegt vor Hela fest und kann nicht helfen.

Aber wer kann helfen?

Viele Schiffe empfangen ebenfalls die Nachricht vom Sinken der *Gustloff* und sind wie die *Hansa* zur Untätigkeit verurteilt, weil sie von der Untergangsstelle viel zu weit entfernt sind und ihre Hilfe zu spät kommen würde.

Glücklicherweise befinden sich jedoch noch ein paar Schiffe in der Nähe.

Da schwabbert wenige Seemeilen entfernt ein Minensuchboot. Bis eben noch tönte aus dem Lautsprecher im Funkraum leise Musik. Der Funkstellenleiter hat die Beine bequem auf den Tisch gelegt und liest. Was sollte er auch sonst tun in dieser langsam dahinschleichenden Nacht?! Plötzlich ein Klacken im Kopfhörer – automatisch schaltet er die Musik ab, reckt sich im Sessel hoch und horcht.

Wieder tönt es klack – klack.

Was mag das sein?

Dit – dit – da – da – da . . . Uhrzeit – Standort – Unterschrift.

Scheinbar ganz in der Nähe.

Verdammt – was ist das?

Wieder die Zeichen.

»Herrgott – da hat einer Torpedotreffer!« stößt der Funker hervor.

Aber noch kennt er den Namen des Schiffes nicht.

Seine Müdigkeit ist mit einem Male verflogen. In fiebernder Hast blättert er in der Namensliste der deutschen Handelsschiffe.

Wer ist g – t – f?

Da kommt der Steuermann von der Brücke in den Funkraum. Auch ihm wird die Nacht lang. Bevor er auch nur ein Wort sagen kann, ruft ihm der Funker bereits entgegen:

»Steuermann – wer ist denn heute Nacht unterwegs und ganz in unserer Nähe? Sieh mal im Kartenhaus nach – da hat einer Torpedotreffer und säuft ab!«

Auch der Steuermann ist plötzlich hellwach.

»Was – Torpedotreffer – und ganz in unserer Nähe – wer kann das nur sein?«

»Wer ist g – t – f?«

Immer wieder stellt sich der Funkstellenleiter auf *M 341* die gleiche Frage und hat noch immer keine Antwort gefunden.

Ist »g – t – f« vielleicht ein ganz kleiner Dampfer unter 500 BRT? Dann steht er nicht in der Liste.

Oder – ja – vielleicht die *Gustloff*?

Gedankenverloren kritzelt der Funker diesen Namen auf ein Stück Papier:

»gustloff – g – t – f!«

Der Funker von *M 341* ist sicher. Das Schiff mit den Torpedotreffern kann nur die *Gustloff* sein.

Im selben Augenblick ist er schon aufgesprungen, rast zur Kommandobrücke und schreit:

»Die *Gustloff* hat Torpedotreffer – ganz in unserer Nähe – vielleicht zwei Stunden entfernt – der Dampfer säuft ab!«

Henry Rickmers, Oberleutnant zur See, Kommandant des Minensuchbootes *341*, das mit einem anderen M-Boot den Dampfer *Gotenland* von Libau nach Swinemünde geleitet, verständigt sofort über F.T. die zum ›Geleit Orion‹ gehörenden Schiffe. Er läßt zwei Funksprüche absetzen:

»an alle torpedoboote . . .« Dann wird der Funkspruch noch einmal wiederholt.

Danach wird das zweite F.T. abgesetzt:

»an geleit orion – gustloff torpediert – sinkt mit 6000 menschen auf position 55.07 grad nord und 17.43 grad ost – braucht dringend hilfe – kurs auf unfallstelle nehmen –«

Der 43jährige Kapitän des Motorschiffes *M/S Gotenland*, Heinz Vollmers, registriert diesen Funkspruch mit gemischten Gefühlen. Er hat 3300 Menschen an Bord, meist Frauen und kleine Kinder. Sein Schiff hat am frühen Morgen des 30. Januar den Hafen von Pillau verlassen mit Ziel Swinemünde. Er stellt sich vor, daß sein Schiff von Torpedos getroffen wäre – – –

Furchtbar – überhaupt nicht auszudenken – – –.

Auf die Gefahr hin, die *Gotenland* selbst einem U-Boot-Angriff auszusetzen, befiehlt er, Kurs auf die ›Unfallstelle *Gustloff*‹ zu nehmen.

Die Rettung von Schiffbrüchigen geht über alles.

Wird *M/S Gotenland* noch rechtzeitig an der Untergangsstelle eintreffen können? Denn die Fahrt dorthin dauert mehrere Stunden. *M/S Gotenland* ist nicht so schnell wie *M 341*.

Wird sich die *Gustloff* so lange halten können?

Auch in Gotenhafen, dem Auslaufhafen der *Gustloff*, ist inzwischen der Notruf des sinkenden Schiffes angekommen.

Im Hafenbecken I hatte am frühen Abend dieses 30. Januar 1945 das zur 17. Vorposten-Flottille gehörende Vorpostenboot *1703* festgemacht. Kapitänleutnant Helmut Hanefeld, der Kommandant von *VP 1703*, hatte telefonisch seine Einlaufmeldung an die Flottille in Danzig-Langfuhr gegeben und danach »Feuer aus!« befohlen. Er wollte seinen Männern nach anstrengenden Tagen – das Boot war aus Libau gekommen – einige Tage Ruhe gönnen, sie hatten es verdient.

In den Mannschaftslogis sitzen sie zusammen: Die Seeleute, Heizer, Funker, Decksleute und Signalgasten. Viele von ihnen sind erfahrene Seeleute, die früher bei der Handelsmarine fuhren und zu Kriegsbeginn von der Kriegsmarine übernommen wurden. Zwei von ihnen haben ihre Handharmonikas aus dem Spind geholt, auf dem Tisch steht eine große Flasche Rum.

»Endlich einmal Ruhe . . .!«

Da schrillen die Alarmglocken.

»Alle Mann auf Stationen . . .!«

Das Vorpostenboot *1703* hat soeben Befehl erhalten, sofort zur ›Unfallstelle *Gustloff*‹ zu laufen. Sofort.

Als die Männer hören, daß 12 Seemeilen querab Stolpmünde die *Gustloff* nach Torpedotreffern sinkt und über 6000 Frauen und Kinder an Bord haben soll, ist jeder sofort auf seinem Posten. Man kann es kaum erwarten, daß *VP 1703* ablegt.

Dreißig Minuten später befindet sich das Vorpostenboot bereits auf der Fahrt zur ›Unfallstelle‹. Mit äußerster Geschwindigkeit bahnt sich das Schiff seinen Weg durch die Ostsee. Alle Männer an Bord wissen: Je früher wir ankommen, desto mehr Menschen werden wir noch retten können.

Doch der Weg bis zu der Stelle in der Ostsee, an der die *Gustloff* untergeht, ist weit, sehr weit . . .

An Oberdeck des Vorpostenbootes *1703* steht der Oberbootsmannsmaat Werner Gust. Die kommende Nacht wird ihm ein Erlebnis bringen, das eine einschneidende Veränderung in seinem Leben hervorrufen wird, ein Erlebnis, das ihn bis an das Ende seines Lebens begleiten wird. Ein fast unvorstellbares Erlebnis. Ihm wird in dieser Nacht vom 30. zum 31. Januar des Jahres 1945 ein Kind geschenkt, ein elternloses Findelkind; seine kinderlose Ehe wird damit einen neuen Inhalt bekommen. Sieben Stunden nach dem Untergang der *Gustloff* wird er einen eineinhalbjährigen Jungen aus der tobenden Ostsee fischen.

Lebend!

DER KAMPF UM DIE RETTUNGSBOOTE – »FRAUEN UND KINDER ZUERST . . .!«

Auf der *Gustloff* ist inzwischen der Kampf um die Rettungsboote entbrannt. Irrsinnig vor Angst drängen die Menschen an Deck. Viele haben sich trotz des ausdrücklichen Verbots vor dem Schlafengehen entkleidet und suchen jetzt halbnackt und ohne Schwimmwesten ihr Heil in der Flucht nach oben.

Das Schiff hat bereits eine bedenkliche Schlagseite nach Backbord, die von Zeit zu Zeit fast ruckartig zunimmt. Der Kampf um die Treppenstufen der Aufgänge zu den oberen Decks wird von Minute zu Minute brutaler.

Das Schiff ist für 1400 Menschen gebaut worden, für 1400 Passagiere. Jetzt befinden sich sechstausendsechshundert Menschen an Bord. Und alle wollen auf einmal nach oben, nur nach oben.

Alle vorher gegebenen Anweisungen für den Katastrophenfall sind in den Wind geschlagen.

Schwache Notlampen erhellen nebelhaft dieses Chaos.

Auch Peter Schillers Gedanken sind bei den Rettungsbooten. Wer wird darin noch Platz finden? Wenn er um sich herum die von Todesangst getriebenen Menschen sieht, kann er sich das Bild dort oben bei den Booten gut vorstellen.

In dem furchtbaren Gedränge bekommt er jetzt kaum noch Luft. Vorn geht es schwer weiter, und vom Inneren des Schiffes her nimmt der Druck der verzweifelten Menge unerträglich zu. Mit Ellenbogen und Fäusten bahnen die Stärksten sich rücksichtslos ihren Weg. Frauen weinen und schreien, weil sie ihre Kinder verloren haben, aber ihre Hilferufe verhallen ungehört. Hier braucht jeder Hilfe. Jeder.

Einige haben die Nerven verloren und lachen schrill. Ja, ein paar andere wollen sogar zurück!

Nur wenige Minuten noch, bis Peter Schiller oben ist. Willenlos wird er von dem Strom der Menschen mitgetragen und entgeht so der Gefahr zu stolpern oder gar zu fallen. Wer hier stürzt, ist des Todes, denn niemand vermag ihm zu helfen, und wieder aufzurichten. Ein markerschütternder Schrei, wie aus tausend Kehlen, erfüllt das Schiff, dringt in die Ohren.

Man wird gedrückt, geschoben, gezerrt, gestoßen.

Es scheint alles wie eine Ewigkeit und doch sind es nur wenige Minuten.

Plötzlich sieht Peter Schiller vor sich eine offene Tür. Endlich. Einem Spielball gleich wird er mit mehreren anderen mit einem wuchtigen Stoß auf das vereiste Bootsdeck geschleudert, so drückt die Menschenmasse nach.

Er blickt an sich herab. Seine Uniformjacke ist ihm auf dem Schreckensweg aus seiner Kabine bis hier nach oben fast vom Leib gerissen worden, sie hat nur noch einen Ärmel. Und er hat auch nur noch einen Schuh an. Irgendein Gestürzter hat ihn ihm, am Boden liegend, vom Fuß gerissen. Zum Anziehen eines Mantels hatte er keine Zeit mehr, bevor er seine Kabine verließ. Er konnte nur noch die Jacke anziehen und die Schwimmweste anlegen.

Mit gespreizten Fingern fährt sich Peter Schiller durch das wirr um seinen Kopf hängende Haar.

Ein eiskalter Wind pfeift ihm um die Ohren, als er, sich an der Reling festhaltend, sich bemüht, zum Vorschiff zu gelangen. Er kommt nicht weit.

Als er zum Vorschiff hinsieht, packt ihn noch einmal das Grauen. Entsetzt klammert er sich noch fester an die Reling. Vor seinen Blicken tut sich ein Abgrund auf, in den brausend die See einbricht.

Das also hat ein Torpedo vollbracht?

Vom Kiel bis zum Unteren Promenadendeck ist das Vorschiff meterweit aufgerissen und fast völlig vom Mittelschiff getrennt.

Die armen Menschen dort unten im Vorschiff – seine Kameraden von der Zivilbesatzung, die alle dort wohnen –

»Sie ertrinken wie die Ratten – – –«, muß Peter Schiller denken. Er wendet sich ab, kann den Anblick nicht mehr ertragen. Doch er wird noch vieles sehen und erleben müssen auf der sinkenden *Gustloff* in den nächsten fünfzig Minuten.

Denn das ist erst der Anfang der größten Schiffskatastrophe seit Menschengedenken.

Grauenhafteres kann es nicht mehr geben.

Von der Kommandobrücke her zischen erneut Leuchtraketen durch die Luft und tauchen die Szenerie sekundenlang in einen blutroten Schein. Ein grauenvolles Bild steigt aus dem Dunkel der Nacht auf. Mit jedem Aufleuchten der roten Sterne schwillt das Schreien der Menschen für Minuten wilder und verzweifelter an.

Peter Schiller spürt ein Stechen in der Brust, klammert sich an die Reling. Nur einen Augenblick dauert der Zustand. Dann ist er vorbei. Er erfaßt wieder das, was um ihn herum vorgeht.

Menschen hetzen an ihm vorbei, rutschen aus, stürzen auf das vereiste Deck, stehen auf, humpeln weiter.

Ein Mann trägt eine Frau auf dem Arm und läuft mit ihr nach achtern zu den Booten.

Da läuft eine Frau mit langen schwarzen Haaren, die im Winde wehen. Sie hat nur ein helles Nachthemd an, ist barfuß. Schreiend hastet sie über die vereisten Schiffsplanken, immerfort rufend:

»Wo ist meine Inge – wo ist meine Inge – – –!«

Wahrscheinlich eine Mutter, die ihr Kind verloren hat, wie so viele.

Es gibt wohl kaum jemanden in diesem Augenblick auf diesem Schiff, dem nicht die Todesangst aus den Augen starrt.

Auch Peter Schiller ist von der Angst befallen. Aber er wird zunehmend ruhiger, da sich die *Gustloff* immer noch hält und offensichtlich langsamer sinkt als anfangs. Sicher werden Schiffe kommen, die uns retten, denkt Schiller.

Bei diesen Gedanken sackt die *Gustloff* wieder weiter nach vorn. Die Schlagseite nach Backbord nimmt erneut zu.

Eine wuchtige Gestalt ist neben Schiller aufgetaucht, eine große Hand greift nach seinem Arm und preßt ihn wie ein Schraubstock. Schiller erschrickt, klammert sich fester an die Reling. Da zischt wieder eine Leuchtrakete nach oben. Schiller erkennt deutlich das Gesicht des Mannes neben ihm. Es ist der Obersteward der *Gustloff*, ein 1,90 Meter großer, breitschultriger Mann.

»Bloß runter vom Schiff – es ist gleich vorbei – – –!« schreit er und hastet, sich an die Reling klammernd, weiter.

»Runter vom Schiff!« klingt es Schiller noch im Ohr.

Aber wie?

Für die Rettungsboote, die Kutter und die Flöße gilt auf der *Gustloff* wie auf allen anderen Schiffen der Welt das unumstößliche Gesetz:

»Frauen und Kinder zuerst!«

Und es sind mehr als fünftausend Frauen, Kinder und Verwundete an Bord.

Plötzlich schießt es Peter Schiller durch den Kopf.

»Die Flöße!«

Auf dem Achterdeck stehen stapelweise große Metallflöße.

Nichts wie hin.

Doch das ist gar nicht so einfach. An Backbordseite, auf der sich Schiller befindet, drängen sich die Menschen zu Hunderten. Sie stehen vor den Booten, schreien, bitten, flehlen.

Alle wollen in die Boote. Doch nur für wenige ist Platz.

»Nur Frauen und Kinder in die Boote – nur Frauen und Kinder!«

Immer wieder hallt das Kommando über Deck.

Die Männer sind zum Tode verurteilt! Oder?

Während auf der sinkenden *Gustloff* der Kampf um die Rettungsboote bereits in vollem Gange ist, erfährt Korvettenkapitän Leonhardt, der Leiter der Zweigstelle Gotenhafen der 9. Sicherungs-Division, von der Torpedierung des Schiffes.

Wertvolle Zeit ist inzwischen verstrichen.

Korvettenkapitän Leonhardt kann sich im Augenblick nicht erklären, warum der Notruf der sinkenden *Gustloff* erst so spät bei ihm eintrifft und warum dieser SOS-Ruf auf einer Welle gesendet wurde, die die 9. Sicherungs-Division überhaupt nicht empfangen kann. Erst später erfährt er, daß die *Gustloff* nach den Torpedotreffern wegen Stromausfall nicht mehr selbst funken konnte, und daß der Hilferuf des Schiffes von dessen Begleitboot, dem Torpedoboot *Löwe*, gesendet und dann erst von den Leitfunkstellen auf Küstenkurzwelle wiederholt wurde.

Leonhardt tut sofort, was er kann und was überhaupt möglich ist.

Alle verfügbaren Schiffe werden zur ›Unfallstelle *Gustloff*‹, 12 Seemeilen querab Stolpmünde, 55.07 Grad Nord und 17.41 Grad Ost beordert.

Die Frage ist offen, wie schwer die *Gustloff* getroffen ist und wie lange sich das sinkende Schiff über Wasser halten kann. Daran schließen sich auch alle anderen Fragen und Hoffnungen an.

Werden die Rettungsschiffe, die sich jetzt, nachdem die Katastrophe bereits in vollem Gange ist, von Gotenhafen aus in Marsch setzen, noch rechtzeitig bei der Unfallstelle eintreffen? Werden dann überhaupt noch

Schiffbrüchige leben, wird nicht die Kälte und die Panik längst ihre Opfer gefordert haben?

Vielleicht sind nur noch wenige der Sechstausendsechshundert am Leben, wenn die Schiffe mit ihrer Rettungsaktion beginnen. Vielleicht auch hält sich die *Gustloff* noch einige Stunden.

Doch Korvettenkapitän Wolfgang Leonhardt hat noch einige große Hoffnung. Sie heißt:

Admiral Hipper!

Bei diesem Schiff, einem der größten Kriegsschiffe, welches die Marine im Januar 1945 noch besitzt, sind jetzt die Gedanken des Korvettenkapitäns.

Der Schwere Kreuzer *Admiral Hipper*, der eine Geschwindigkeit von 32 Knoten laufen konnte, und damit doppelt so schnell war wie *M/S Wilhelm Gustloff*, hatte erst am Nachmittag des 30. Januar Gotenhafen mit gleichem Kurs wie die *Gustloff* verlassen. Leonhardt hatte sich schon am Nachmittag ausgerechnet, daß der Schwere Kreuzer *Hipper* und sein Begleitschiff *T 36* etwas gegen Mitternacht, vielleicht auch etwas früher, die *Gustloff* überholen würden. Es war immerhin ein beruhigendes Gefühl für den Korvettenkapitän zu wissen, daß damit *Admiral Hipper* und *T 36* einige Stunden in der Nähe des *M/S Wilhelm Gustloff* waren.

Nun aber war seine Rechnung doch nicht ganz aufgegangen. Die zwar befürchtete, aber dennoch nicht erwartete Katastrophe war schon etwa drei Stunden vor Mitternacht eingetreten, nach den F.T.-Meldungen gegen 21.16 Uhr. Wie weit steht jetzt der Schwere Kreuzer von der sinkenden *Gustloff* noch ab? Wird *Hipper* noch rechtzeitig an der Katastrophenstelle eintreffen?

Das ist die einzige und letzte Hoffnung des Chefs der 9. Sicherungs-Division in Gotenhafen.

Und Leonhardt hofft nicht umsonst.

Der Schwere Kreuzer *Admiral Hipper* hat bereits Kurs auf die ›Unfallstelle *Gustloff*‹ genommen und läuft diese mit höchster Fahrtgeschwindigkeit an.

Genau fünfzehn Minuten nach den Torpedotreffern brachte der Funker des *Hipper* die Meldung zur Kommandobrücke.

Der Kommandant, Kapitän zur See Henigst, las die Meldung zweimal: »*Gustloff* sinkt nach drei Torpedotreffern . . .!«

»Mehr als sechstausend Menschen sollen auf der *Gustloff* sein«, sagt Kapitän Henigst zu seinem I. Wachoffizier.

Auf dem *Hipper* weiß man schon seit einer Stunde, was in dieser Nacht auf dem Spiele steht. Denn vor etwa sechzig Minuten traf im Funkraum des Kreuzers die erste U-Boot-Warnmeldung ein, dieselbe, die die *Gustloff* wegen atmosphärischer Störungen nicht empfangen konnte.

Das sowjetische U-Boot *S-13* ist also doch bemerkt worden! Oder sind in dieser Nacht mehrere sowjetische U-Boote in der Höhe von Stolpmünde und warten am Zwangsweg 58 auf weitere Schiffe – vielleicht auch auf den Schweren Kreuzer *Admiral Hipper*?

Der Kommandant des Schweren Kreuzers befiehlt sofort die höchste Fahrtstufe. Denn die *Gustloff* fährt genau den gleichen Kurs, den die *Hipper* hat.

Und noch einen Befehl gibt Kapitän zur See Henigst:

»Niemand – Keiner – an Bord des *Hipper* darf erfahren, daß die *Gustloff* torpediert wurde und sinkt!«

Der Kommandant ist sich der Verantwortung bewußt, die er für alle Menschen an Bord seines Schiffes trägt. Auch der Schwere Kreuzer *Admiral Hipper* ist in dieser Nacht ein ›Flüchtlingsschiff‹. Denn neben der eintausendfünfhundertköpfigen Besatzung sind ebensoviele Flüchtlinge an Bord: 1500 !

Auf der Kommandobrücke des *Admiral Hipper* haben sich neben dem Kommandanten die leitenden Offiziere, der I. Offizier, Fregattenkapitän Lell und der Navigations-Offizier, Fregattenkapitän Teubner, eingefunden. Sie haben die Gläser an die Augen genommen und starren in die stürmische, aber etwas aufgeklarte Nacht.

Plötzlich, nach etwa einer halben Stunde schon, ertönt vom Vormars durch das Sprachrohr der Ruf:

»Rote Sterne Steuerbord voraus!«

Es sind die letzten Lebenszeichen der sinkenden *Gustloff*!

Hart klingen die Kommandos des Kommandanten in das Mikrophon, die Maschinentelegraphen rücken auf ›Äußerste Kraft‹.

Auch das *Hipper* begleitenden Torpedoboot *T 36* sichtete zur gleichen Zeit die Seenotzeichen der sinkenden *Gustloff*.

Der Kommandant des *T 36*, Kapitänleutnant Hering, befindet sich vorübergehend in einem quälenden Zwiespalt, wie er sich verhalten soll. Ist es nicht in erster Linie seine Aufgabe, die dreitausend Menschen an Bord des Schweren Kreuzer *Admiral Hipper* zu schützen? Liegt nicht irgendwo unter der Küste ein russisches U-Boot auf der Lauer, um auch diesen ›fetten Brocken‹ auf den Grund des Meeres zu schicken? Immerhin: Der Schwere Kreuzer *Admiral Hipper* ist jetzt die noch größte kampffähige Einheit der deutschen Kriegsmarine in der Ostsee – und damit unersetzlich!

Aber bei allem Für und Wider: Hier befinden sich über sechstausend Menschen in Seenot, in Todesgefahr, und nur diejenige Hilfe kann erfolgreich sein, die rechtzeitig kommt.

Deshalb befiehlt auch Kapitänleutnant Hering:

»Äußerste Kraft voraus!«

Nach seiner Berechnung müßten *Hipper* und *T 36* gegen 22.00 Uhr die

Untergangsstelle der *Gustloff* erreichen.
Hoffentlich hielt sich bis zu diesem Zeitpunkt das sinkende Schiff.

Die *Gustloff* hält sich immer noch.

Und damit können einige hundert mehr hoffen, doch noch mit dem Leben davonzukommen und diese Katastrophennacht zu überleben.

Vielleicht werden es auch tausend sein oder noch mehr.

Denn viele Schiffe sind jetzt unterwegs, um Überlebende der *Gustloff* zu retten, aus dem Wasser, aus den Booten – –

Und auch auf dem Wrack des sinkenden Schiffes sind noch einige Tausend.

Während die Menschen auf dem Oberdeck der *Gustloff* verzweifelt nach irgendeiner Rettungsmöglichkeit suchen, ringen im Schiffsinneren immer noch Tausende mit einem furchtbaren Schicksal. Ein großer Teil, vielleicht sogar der größte Teil der über sechstausend Passagiere, ist überhaupt nicht bis auf das total überfüllte Oberdeck gelangt, sondern liegt verletzt oder von den Detonationsgasen betäubt in den Kabinen, Sälen und Gängen. Viele sind gestürzt, rennen völlig ratlos geworden, hin und her oder sitzen einfach starr und stumm irgendwo herum, lebend, jedoch hoffnungslos. Was hier in diesen Augenblicken die Menschen im Inneren der sinkenden *Gustloff* erleben müssen, ist mehr als der ›totale Krieg‹, dies ist die Entfesselung der Hölle gegen wehrlose Frauen und Kinder. Schrecklicheres kann es auf dieser Welt nicht mehr geben.

Verzweifelt bemühen sich die Schiffsleitung und die Mannschaft, ein Umsichgreifen der Panik zu verhindern. Doch auf die aufgestellten Panikposten in den Decks und an den Treppenausgängen sind völlig machtlos. Wer von diesen jungen Männern, die versuchen, mit entsicherten Pistolen Tobende und Rücksichtslose aufzuhalten, kann es über das Herz bringen, tatsächlich von der Schußwaffe Gebrauch zu machen und auf einen dieser hilflosen Menschen zu schießen?

Niemand kann das.

Und auch niemand gibt einen solchen Befehl.

Doch schon die Ankündigung zu schießen und der Anblick einer Pistole bringen den einen oder anderen, der sich nur mit Kraft durchsetzen will, zur Vernunft.

Immer, wenn ruckartig die Schlagseite nach Backbord zunimmt, werden die Menschen unruhiger, lauter, stürmischer, drängen noch stärker nach oben.

Die batteriegespeiste Uhr über dem Empfangsbüro im B-Deck, dort, wo die Flüchtlinge bei ihrer Einschiffung die *Gustloff* betreten haben, geht noch immer.

Sie zeigt 49 Minuten nach 21.00 Uhr, 21.49 Uhr.

33 Minuten nach den drei Torpedotreffern.

Die *Gustloff* stirbt in Zeitlupe.

Wie lange wird das Schiff noch leben?

Wie lange dauert es noch, bis es in den Fluten der Ostsee versinkt?

Sind es nur noch Sekunden oder werden es gar noch Minuten sein, eine Stunde oder zwei?

Niemand weiß das.

Das Schicksal der *Gustloff* und der Menschen, die darauf sind, liegt in Gottes Hand, nicht in der Hand eines Menschen!

Die Verzweifelten fassen neuen Mut.

Gerüchte schwirren durch das Schiffsinnere:

»Wir liegen auf einer Sandbank. Das Schiff sinkt nicht weiter. Schiffe sind unterwegs. Viele Schiffe. Sie retten uns alle – – –!«

Dies und vieles andere wird gesagt, geschrieen, geflüstert.

Doch nur eines stimmt: Schiffe sind unterwegs.

Alle anderen Beruhigungsmeldungen sind frei erfunden und entbehren jeder Grundlage. Die Wirklichkeit sieht anders aus.

Sechzig Meter Wassertiefe liegen unter dem todwunden Schiffswrack. Das Schiff liegt weder auf einer Sandbank, noch weiß man genau, wieviele Rettungsschiffe unterwegs sind und wann sie eintreffen werden. Und niemand kann sagen, wie lange sich die *Gustloff* überhaupt noch halten wird, ob nicht schon im nächsten Augenblick mit einem kräftigen Sog das Schiff in die Tiefe sinkt, auf den Grund der Ostsee.

Dann wäre alles vorbei.

Gut – daß niemand weiß, wann das Ende der *Gustloff* naht.

Während in den oberen Decks die Menschen noch Hoffnung auf Rettung haben, wütet in den unteren die Ostsee.

Längst sind die als wasserdicht geltenden eisernen Schotten durch den ungewöhnlich starken Wasserdruck gebrochen, längst rauscht das Wasser durch die Gänge, in die Kabinen. Bei den meisten an der Backbordseite gelegenen Kabinen lassen sich die Türen nicht mehr öffnen. Dort, wo noch Leben ist, hämmern die Insassen wild gegen die Türfüllungen. Aber wer soll ihnen noch helfen? Das ganze Schiff ist voller hilfloser Menschen. Eingeschlossen in diesem sinkenden Sarg aus Glas und Stahl müssen die, die noch in den Kabinen sind, einem grauenvollen Schicksal,einem qualvollen Tod, bei vollem Verstande entgegensehen.

Immer höher steigt das Wasser.

Jetzt dringt es schon in den breiten Betriebsgang im C-Deck ein, strömt über die hölzernen Planken und klettert langsam an den beigefarbenen Blechwänden empor.

Da steht mutterseelenallein ein kleines Mädchen im Gang. Stumm schlägt es die Händchen vor das Gesicht, als die dunklen Fluten auf es zukommen. Aber ein beherzter Matrose, der am hinteren Aufgang gerade noch eine Frau nach oben schleppt, kehrt kurz danach zurück, nimmt das Kind auf den Arm, versucht über einen Notaufgang nach oben zu gelangen.

Dort watet der 19jährige Wäschergehilfe Zokolowski, der zur zivilen Stammbesatzung gehört, durch das schon kniehohe Wasser des Betriebsganges. Er ist aschgrau im Gesicht. Die Augen scheinen ihm aus den Höhlen zu fallen. Gestern noch kam er sich wie ein Held vor. Heute ist es ihm, als sei er ein Totengräber.

Helmut Zokolowskis Familie und alle Verwandten wohnten in Danzig. Er hat sie alle an Bord gebracht. Nacheinander, damit es nicht so auffiel. Jeden Tag drei oder vier. Zuerst den beinamputierten kriegsbeschädigten Vater und die Mutter, dann seine fünf Geschwister, alle unter 17 Jahren. Später die Eltern seiner Mutter, dann den Großvater, den Vater seines Vaters. Am letzten Tag gelang es ihm noch, seine Tante mit drei Kindern, alles Mädchen, an Bord der *Gustloff* zu bringen. Es war nicht einfach. Aber er hat alles darangegeben, sie auf das Schiff zu bringen, ohne »Einweisungsschein« der Partei. Ingesamt 14 Personen. Das wollte schon was heißen. Er hatte seine ganze Familie gerettet – drei Generationen. Der Großvater hatte Tränen in den Augen gehabt, als er ihn an Bord brachte. Und auch die anderen hatten ihm mit feuchten Augen gedankt. Seine Kameraden in den Mannschaftslogis zeigten viel Verständnis, waren zusammengezogen, hatten in ihren Kabinen Platz gemacht. Dazu war ein Abstellraum ausgeräumt worden, und so waren alle zufriedenstellend untergebracht. Niemand von ihnen mußte auf dem Gang schlafen oder in einem der Massenquartiers in den großen Sälen. Sie konnten alle im Vorschiff schlafen, seelenruhig, denn hier waren sie sicher.

Das dachte Helmut Zokolowski gestern noch. Und heute?

Als die todbringenden Torpedos die *Gustloff* trafen, war er gerade an Oberdeck. Durch einen Zufall. Nur für einen Augenblick wollte er frische Luft schnappen und nach dem Wetter sehen.

Sie trafen ihn die drei Detonationen wie Keulenschläge.

Sein erster Gedanke: »Ich muß runter – ins Vorschiff – zu Vater, Mutter, Geschwistern . . .!«

Dann sackte das Schiff nach vorn weg, die ersten Brecher schlugen über das Vorschiff. Helmut Zokolowski sah das, wußte, was das zu bedeuten hatte.

Das Vorschiff war getroffen – das Wasser brach ein – – –

Gegen eine nach oben stürmende Menschenmenge kämpfte er sich nach unten. Die meisten schienen ihn für wahnsinnig zu halten. Wer läuft schon jetzt nach unten, ins Vorschiff, dorthin, wo wasserfallweise die See in das Schiff einbricht, wo der Tod wütet, die Menschen ertrinken? Das konnte doch nur ein Wahnsinniger sein.

Aber der 19jährige Wäschergehilfe war bei klarem Verstand.

»Ich muß sie retten – ich muß sie rausholen . . .«, hämmerte es in seinen Schläfen.

Plötzlich stand er vor einem Panikposten mit entsicherter Pistole.

Der Posten hielt ihn fest. »Nichts mehr zu machen – da unten – die Schotten sind dicht – ins Vorschiff kommt keiner mehr – und keiner mehr raus!«

Wie Peitschenhiebe trafen ihn diese Worte.

»Die Schotten sind dicht!«

Helmut Zokolowski wußte genau, was das bedeutet; alle, die noch im Vorschiff waren, mußten ertrinken – alle.

»Nein – nein – ich muß nach unten!« Mit einem wilden Aufbegehren riß er sich los, stürmte nach unten, versuchte den nächsten Niedergang zu erreichen, sprang Menschen an, die ihm entgegenliefen, die nach oben wollten, zu den Booten – –

Unendlich lange schien es ihm zu dauern, bis er endlich am Ende des Mittelschiffes war.

Doch dann stand er kurz vor der eisernen Tür, die das Mittelschiff vom Vorschiff trennte. Hier gab es kein Durchkommen mehr. Die eiserne Tür war dicht, sie blieb dicht. Da half kein Hämmern mehr und kein Fluchen, kein Beten und kein Flehen. Die Tür blieb geschlossen.

Und hinter diesen eisernen Schottentüren befanden sich die Kabinen der zivilen Stammbesatzung der *Gustloff*, der Männer, denen im ›Ernstfall‹ wohl eine der wichtigsten Aufgaben zufiel: Menschenleben retten. Ihre Aufgabe wäre es jetzt, die Rettungsboote zu fieren und auf dem Wasser zu steuern. Immer wieder hatten sie vor dem Auslaufen des Schiffes die Bootsmanöver für den ›Ernstfall‹ geübt.

Jetzt, wo der »Ernstfall« eingetreten war, waren sie die ersten, die auf dem sinkenden Schiff lebend zum Tode verurteilt waren.

Hier im Vorschiff hinter den Schotten wohnte auch der Drucker der *Gustloff*, der noch einen Tag vor dem Auslaufen des Schiffes entgegen dem Rat des I. Offiziers seine Frau und sein einen Tag altes Kind an Bord geholt hatte.

Alle diese Menschen, die im Augenblick der Torpedotreffer sich hier im Vorschiff befanden, konnten nichts mehr zu ihre Rettung oder gar der Rettung anderer tun. Sie konnten nur eines: Darauf warten, bis sie der Tod von den furchtbaren Qualen des Ertrinkens erlöste. Denn ein Entkommen aus dieser Todesfalle gab es nicht.

Die Schotten waren dicht.

Und sie mußten gleich im ersten Augenblick nach den Torpedotreffern geschlossen werden. Wären sie offen geblieben, wäre die Ostsee sofort mit ungeheurer Wucht in alle unteren Decks geströmt, hätte das Wasser schon in den ersten Minuten Hunderte ertränkt, und dann wäre die *Gustloff* innerhalb kurzer Zeit gesunken. Die Menschen im Vorschiff mußten geopfert werden, um hundert oder tausend andere zu retten.

Das war die grausame Wirklichkeit.

Doch solche nüchterne Überlegungen stellte der 19jährige Wäschergehilfe Helmut Zokolowski jetzt nicht an. Fieberhaft gingen seine Gedanken, er mußte ins Vorschiff, koste es, was es wolle. Vielleicht war ein Deck höher noch eine Tür offen, oder vielleicht kam er irgendwie durch einen Notaufstieg hinten ins Vorschiff. Seit fast drei Jahren war der Wäschergehilfe auf der *Gustloff*, er kannte jeden Gang, jedes Deck. Er mußte es versuchen, nach unten zu kommen, seine Familie zu retten, sie warteten doch auf ihn.

Während andere ihre letzte Hoffnung darauf bauten, doch noch nach oben zu kommen, zu den Booten, hastete Helmut Zokolowski duch die Gänge, um nach unten zu gelangen. Ganz nach unten in die *Gustloff*, in das Vorschiff, dorthin – wo die todbringenden Torpedos das Schiff getroffen hatten.

Er wußte nur eins: Wenn seine Lieben tot waren, dann wollte er auch nicht mehr leben, dann wollte er mit der *Gustloff* untergehen und sterben wie seine Familie. Drei Generationen.

Die Uhr rückte weiter.

Jetzt hörte man schon das Gurgeln des Wassers im B-Deck, hier, wo überall noch Leben ist, wo in den Gängen noch Menschen sind und zum Teil gewartet haben in der Hoffnung, daß sich die *Gustloff* doch noch hält, daß sie nicht weiter sinkt. Als jedoch das Wasser in den Gang strömt, zerfließt diese Hoffnung in ein Nichts.

Wie in den unteren Decks, sind auch hier, an Backbordseite des B-Decks, die meisten Türen verklemmt. Ein Matrose, der seine Verlobte an Bord hat und sie sucht, läuft von einer Tür zur anderen, versucht sie zu öffnen, aufzubrechen, um hilflos Eingeschlossene zu befreien.

Irgendwo kracht plötzlich ein Schuß!

Der Matrose bleibt stehen.

Da – dort muß es gewesen sein!

Schon ist er an der Kabinentür und wirft sich mit voller Wucht gegen die Türfüllung – noch einmal – und noch einmal – endlich gibt die Tür nach.

Entsetzt weicht der Mann zurück. Mitten in dem kleinen Raum liegt ein Kind am Boden und daneben die Mutter. Ein etwa fünfjähriger Junge hält sich mit der Hand an dem Hosensaum des Vaters fest, der anscheinend völlig geistesabwesend zu der aufgebrochenen Tür starrt. Der rauchende Revolver in der Hand des Mannes – eines älteren Offiziers – sagt alles.

Hier hat eine ganze Familie den Entschluß gefaßt, den Freitod zu wählen, anstatt elend auf diesem Schiff unterzugehen, zu ertrinken, qualvoll zu sterben – – –

Sekundenlang sehen sich die beiden Männer in die Augen, bleiben stumm, sagen nichts.

Dann richtet der Offizier die Pistole auf den Matrosen in der Tür und sagt nur ein Wort:

»Weg – – –!«

Mit einem Satz springt der Matrose von der Tür fort.

Entsetzt.

Kurz darauf hört er zwei Pistolenschüsse.

Das Leben von vier Menschen auf der *Gustloff* ist zu Ende.

Und wie sie starben, ist kein Einzelfall.

Es sind schon einige, die auf diesem Schiff ihrem Leben ein Ende bereitet haben. Sie haben es aufgegeben, um das nackte Leben zu kämpfen, sie wollen den Kampf um einen Platz in einem Rettungsboot oder das Ringen ums Leben in der eiskalten Ostsee nicht aufnehmen. Sie haben vorher aufgegeben.

Ihre letzte Hoffnung heißt: »Selbstmord«.

KEIN ENTKOMMEN AUS DEM GLÄSERNEN SARG

Die Menschen, die in den letzten Minuten nach oben geflüchtet sind, hat man nicht mehr auf das freie Oberdeck gelassen, sondern in das mit dicken Glasfenstern abgesperrte, 166 Meter lange Untere Promenadendeck. Hier sollen sie die Ankunft der Rettungsschiffe abwarten.

Das Oberdeck selbst darf niemand mehr betreten.

Grauenvolle Szenen spielen sich hier ab.

Hier ist ein erbarmungsloser Kampf um die Rettungsboote entbrannt. Längst haben die Menschen erkannt, daß die Boote bei weitem nicht ausreichen, alle aufzunehmen.

Überall stehen Panikposten mit entsicherten Pistolen. Sie haben Befehl, von der Schußwaffe Gebrauch zu machen und zu schießen, vor allem auf Männer, die in die Rettungsboote wollen. Ab und zu hallen auch Schüsse über Deck. Die meisten sind Schreckschüsse in die Luft.

Fast eintausend Menschen mögen es sein, oder auch einige hundert mehr, die in dem breiten Unteren Promenadendeck zusammengepfercht auf die Rettungsschiffe warten, die da kommen sollen. Doch ihre Geduld weicht bald der Verzweiflung. Manche scheinen zu fühlen, daß der Tod schneller sein könnte als die Schiffe. Sie fühlen plötzlich, daß sie in einer gläsernen Falle sind: Angst und Grauen ist in ihren Gesichtern zu lesen.

Plötzlich wieder ein lautes Krachen. Polternd dröhnt es aus dem unteren Schiffsleib herauf. Wahrscheinlich hat sich wieder eine der Schiffsmaschinen aus ihren Halterungen gelöst. Wieder neigt sich die *Gustloff* um einige Grade mehr nach Backbord.

Mit einem Schlage drängt alles wieder den Ausgängen zu. Jetzt peitschen Schüsse auf. Menschen brechen zusammen – zwei, drei, fünf auf einmal. Aus dem Getümmel heraus klingt die laute Stimme eines Offiziers, er versucht, sich Gehör zu verschaffen:

»Ruhe bewahren – es werden Wasserbomben geworfen – das Schiff hält sich!«

Aber nur wenige glauben dieser Beruhigungsparole noch. Viele ahnen, was das Krachen zu bedeuten hat – und das Rauschen, das dem Krachen folgt: Die Schotten brechen, das Wasser kommt, das Schiff sinkt!

Ein einziger Gedanke beherrscht jetzt Hunderte, die im Unteren Promenadendeck stehen und warten:

Raus – raus aus dieser Todesfalle, aus diesem gläsernen Gefängnis, das im nächsten Augenblick zu einem Massensarg werden kann.

Doch die Wachposten an den breiten Türen lassen keinen durch. Es ginge auch nicht. Denn die Aufgänge zum Oberdeck sind total verstopft. Hier steht Mensch an Mensch, dicht an dicht.

Da machen plötzlich ein paar Verzweifelte einen Ausbruchversuch. Sie reißen die Nebenstehenden um, stürzen über sie hinweg nach der anderen tiefer liegenden Stelle des Decks, klettern über die niedrigen Fensterbänke in die neben dem Unteren Promenadendeck liegenden großen und jetzt fast menschenleeren Säle. Sie rutschen fast durch die großen Säle, denn die Schlagseite nach der Backbordseite ist bereits sehr stark. Aber kaum sind sie verschwunden, da tauchen sie auch schon wieder auf, und hinter ihnen braust der Tod – das Wasser.

Wie ein Orkan pflanzt sich der Schrei von Mund zu Mund fort:

»Das Wasser kommt – das Wasser kommt!«

Jetzt neigt sich das Schiff immer stärker zur Backbordseite hinüber. Das verzweifelte Brüllen der Todgeweihten übertönt das dumpfe Gurgeln der Wassermassen.

Das sind keine Hilfeschreie mehr, die jetzt das Untere Promenadendeck erfüllen – – –

Als das einbrechende Wasser die Trennwände zwischen dem großen Saal und dem Unteren Promenadendeck stückweise aufreißt, fallen die ersten Menschen nach Backbord. In ganzen Knäueln fallen sie, sich fest aneinanderklammernd. Das Wasser reißt sie fort nach unten. Immer mehr werden es.

Auch die Männer, die bis jetzt noch standgehalten haben, verlieren die Nerven.

Was mögen wohl die Mütter in diesen Augenblicken der Todesangst leiden! So manches Kind faltet in diesem Moment noch einmal die Hände und schickt mit der Mutter zusammen ein letztes Gebet zu Gott. Die Qualen der Mütter beim Anblick der betenden Kinder sind mit Worten nicht wiederzugeben.

Noch einmal lehnen sich die Entschlossenen gegen das grausame Schicksal auf. Ein Mann schwingt sich auf die Schultern eines anderen, versucht, die Scheiben dieses gläsernen Sarges zu zertrümmern – doch vergebens. Er fällt zurück – die Scheiben sind dick wie Panzerplatten.

Maria Kupfer ist eine der Unglücklichen, die in diesen Augenblicken das Grauenhafte im Unteren Promenadendeck miterleben muß und die auf ihren Tod wartet. Neben ihr steht ihr kriegsbeschädigter, armamputierter Mann, und zwischen ihnen beiden stehen der siebenjährige Harald und die elfjährige Waltraud, ihre beiden Kinder.

Vier Menschen, die auf den Tod warten.

Vier von eintausend im Unteren Promenadendeck.

Unaufhaltsam steigt das Wasser an ihnen hoch. Jetzt spielt es schon dunkel und kalt um die Beine der Hilflosen.

Und nichts können sie zu ihrer Rettung tun.

Verzweifelt klammern sich die beiden Kinder an Vater und Mutter, wimmern, flehen, schreien:

»Mutti – Vati – so helft uns doch!«

Das Herz der Mutter dreht sich im Leibe um. Tränenüberströmt streicht sie über die Wangen der beiden Kinder. Und dann beugt sie sich zu ihnen herunter und sagt leise, so leise, daß es nur die beiden Kleinen hören können: »Seid still – gleich sind wir alle beim lieben Gott!«

Dann drückt sie noch einmal ihren Mann an sich. Keiner bringt ein Wort hervor. Sie nehmen Abschied für immer.

Maria Kupfer will noch etwas sagen – –

Doch der Tod ist schneller.

Grausam faßt er nach den Menschen, reißt die Kinder an sich, dann den Mann.

Maria Kupfer ist übrig geblieben, der Tod hat sie zurückgelassen.

Es geht alles in Sekundenschnelle.

Da steigen neben ihr ein paar Männer auf die Körper der Gefallenen, Ertrunkenen, Ertrinkenden und hämmern mit ihren Fäusten gegen die dicken Scheiben, die jetzt schon fast senkrecht über ihnen stehen.

Doch die Scheiben brechen noch immer nicht.

Urplötzlich kommt ihnen das Wasser zu Hilfe. Eine riesige Welle spült in das Untere Promenadendeck, zerbricht das Glas, ein Fenster ist offen – –

Doch nur ein einziger Mensch wird nach draußen geschleudert, entkommt wie durch ein Wunder den einbrechenden Wassermassen, treibt im nächsten Augenblick in der Ostsee:

Maria Kupfer.

Sie allein ist dem gläsernen Sarg entkommen, eine von über eintausend.

LEERE BOOTE AN BACKBORD

Fast zur gleichen Zeit, als der Tod die Tausend im Unteren Promenadendeck erreicht hat, hastet der Erste Offizier der *Gustloff*, Louis Reese, über das vereiste Bootsdeck. Sich an der Reling festhaltend, starrt er um sich und glaubt seinen eigenen Augen nicht zu trauen: Da hängen leere Rettungsboote.

Vom Wind bewegt, schwingen sie in den Davits.

Wie grotesk, denkt der Erste Offizier. Sechstausend Menschen kämpfen auf dem sinkenden Schiff um das nackte Leben, suchen verzweifelt nach Rettung, und hier an der Backbordseite hängen noch leere Rettungsboote in den Davits. Hunderte Frauen und Kinder würden in diesen stabilen Booten Platz finden.

Die Menschen, die an Louis Reese vorbeihasten, haben ein anderes Ziel: Sie wollen auf die höhergelegene Steuerbordseite, zu den dort noch hängenden Booten. Niemand scheint in die hier an Backbord hängenden noch leeren Boote Vertrauen zu haben, da das Schiff starke Schlagseite nach Backbord hat, eine Schlagseite, die auch jetzt wieder ruckartig weiter zunimmt.

Der Erste Offizier der *Gustloff* streicht sich über die Stirn, so – als wolle er die Gedanken fortwischen, die ihn jetzt überfallen. Er ist als Erster Offizier verantwortlich dafür, daß auch an Backbordseite der *Gustloff* die Rettungsboote im ›Ernstfall‹ ordnungsgemäß zu Wasser kommen.

Und nun hängen noch sieben leere Rettungsboote in den Davits.

Kaum zu glauben.

Louis Reese ist machtlos. Ohne seine Mannschaft, die seine Befehle ausführt, kann er nichts, auch gar nichts tun.

An den Davits müßten jetzt seine Leute stehen und die Boote abfieren, so wie sie es fast jeden Tag vor dem Auslaufen beim Bootsmanöver geprobt hatten, um für den ›Ernstfall‹ gerüstet zu sein. Bei diesen Probe-Manövern war jeder Mann auf seinem Posten. Und jetzt, wo der ›Ernstfall‹ eingetreten war, erwiesen sich alle vorausgegangenen Übungen als bloße Theorie: Die Fiermannschaften wohnten im Vorschiff der *Gustloff* und waren bereits tot oder lebend zum Sterben verurteilt.

Reese hastete weiter. Dort, im nächsten Boot, schienen Menschen zu sein. Tatsächlich – in dem Boot hockten einige Gestalten, doch es war keineswegs voll besetzt. Es konnte gut noch einmal so viele Menschen aufnehmen.

»Wartet noch!« rief der Erste Offizier dem Bootsführer zu, den er als Mann von der Zivilbesatzung erkannte: »Es haben noch mehr Platz in dem Boot – ich hole noch welche . . .!«

Über das Deck hastete der Erste Offizier, sich an den Bordaufbauten weiterhangelnd, auf die höher gelegene Steuerbordseite, wo einige hundert Menschen um die dort noch hängenden Boote kämpften. Er wollte einige Leute auf die Backbordseite herüberholen. Doch es blieb bei dem Versuch.

Genau in diesem Augenblick, als Louis Reese sich in Höhe des Schornsteins befand, tat das Schiff einen weiteren scharfen Ruck nach Backbord. Der plötzliche Ruck riß den Ersten Offizier von den Beinen, mit einiger

Geschwindigkeit sauste er über die vereisten Deckplanken, fand keinen Halt mehr, rutschte immer weiter und landete schließlich dicht neben dem halbbesetzten Boot an der Backbordseite krachend an der Reling.

Im ersten Augenblick war Reese wie benommen. Dann hörte er plötzlich seinen Namen rufen. Irgend jemand in dem Boot schien ihn erkannt zu haben und forderte ihn auf, in das Boot zu steigen. Doch der Erste Offizier konnte dieser Aufforderung nicht nachkommen. Er schien sich durch den Sturz verletzt zu haben, denn er fühlte plötzlich starke Schmerzen.

»Ich glaube, ich habe mir etwas gebrochen!« rief er den Bootsinsassen zu.

Da kletterten kurzerhand zwei Männer aus dem Boot, hoben den Ersten Offizier hinein, und einige Augenblicke später hob eine meterhohe Welle, die über die Backbordreling heranrollte, das Boot aus den Davits und trug es auf die offene See hinaus.

Ein Unfall hatte bewirkt, daß Louis Reese – 68 Jahre alt – in einem Rettungsboot unversehens und ohne eigenes Dazutun Aufnahme fand.

Aber nicht alle haben auf der *Gustloff* ein solches Glück im Unglück.

Nachdem es feststeht, daß das Schiff endgültig verloren ist und in wenigen Minuten für immer in den Fluten der Ostsee versinken wird, schallt von der sich immer stärker nach vorn backbord neigenden Kommandobrücke der *Gustloff* ein schauerliches Kommando:

»Rette sich wer kann!«

Es wird mit dem Typhon gegeben.

Schaurig hallt es über Deck: »Buuuu – Buuuu – Buuuu!« Dreimal lang: »Alle Mann von Bord – es rette sich, wer kann!« Der Kapitän hat seine Mannschaft von ihren Pflichten entbunden.

Zu denen, die sich in diesem Augenblick noch auf der sinkenden *Gustloff* befinden, gehört auch Peter Schiller.

Er klammert an der vereisten Reling, als der schauerliche Ruf des Horns zu hören ist: »Rette sich – wer kann!«

Etwa vierzig Minuten, gut eine halbe Stunde, ist seit der Torpedierung des Schiffes vergangen. Vierzig lange, bange Minuten, fast eine Ewigkeit. Unvorstellbares, kaum Begreifbares ist um Peter Schiller herum geschehen, hat sich in sein Gehirn oder sein Unterbewußtsein – für immer unvergeßlich – eingeprägt: Seine Augen haben Szenen erfassen müssen, die der Verstand kaum registrieren konnte, und seine Ohren haben Hilfeschreie gehört, die aus der Seele der in Todesgefahr schwebenden Menschen kamen, nicht von ihren Lippen. All das Grauenhafte, das im Unterbewußtsein schwelt, bricht bei diesem fürchterlichen »Buuuu – Buuuu – Buuuu!« plötzlich hervor: »Rette sich – wer kann! – Alle Mann von Bord!«

Peter Schiller kann das nicht mehr hören. Seine Nerven sind am Ende, er ist restlos erschöpft.

Vierzig Minuten auf einem Totenschiff, vierzig Minuten ansehen müssen, wie Kinder ertrinken, Mütter sterben, Greise beten, Soldaten und Offiziere sich mit ihrer Pistole erschießen, Frauen vor den Rettungsbooten schreiend knien: »Bitte – bitte – nehmen Sie mich mit – bitte!« Eine der Frauen faßte Peter Schiller am Arm: »Bitte – helfen Sie mir doch, Sie sind doch ein Mann . . .!«

Bin ich das überhaupt, denkt Schiller Bruchteile von Sekunden, mit meinen 18 Jahren und acht Monaten? Bin ich schon ein Mann oder noch ein Kind, ein Jugendlicher? Für den Heldentod bin ich alt genug. ›Gestorben für Führer und Vaterland‹, wird in der schwarzumrandeten Todesanzeige stehen. Und niemand wird jemals erfahren, wie jämmerlich hilflos ich hier in dieser Nacht gestorben bin . . .

Wie eine Vision sind diese Gedanken auf Peter Schiller eingestürzt, aber zum Träumen und Nachdenken ist hier keine Zeit, im Nu ist er wieder hellwach, begreift die Situation um sich, empfindet den Zwang, sich zu retten, wie auch immer – –

Doch schon wieder packt ihn das Grauen.

Für einen kurzen Moment schließt er die Augen, denn war er jetzt sieht, muß eine Vision sein, ein Gespenst. Doch als er die Augen wieder öffnet, ist dieses Gespenst noch näher auf ihn zugekommen – hält sich mit einer Hand an der Reling fest, rennt nicht, läuft nicht, geht nicht – es hüpft! Noch zwei Meter ist die Gestalt von ihm entfernt. Mit beiden Händen klammert er sich an die Reling und will schreien.

Doch das kann er nicht, seine Kehle ist wie zugeschnürt.

Er starrt in ein Gesicht, das einer Totenmaske gleicht. Und aus diesem Antlitz starren ihn zwei Augen an, deren Blick seltsam erloschen ist und dennoch kalt glüht.

Die hüpfende Gestalt trägt einen Marineoffiziersmantel. Peter Schiller versucht, seinen Blick aus den Fängen des anderen loszureißen, doch es gelingt ihm nicht. Erst, als jener den Mund öffnet, weicht das Entsetzen von ihm, als er die heiseren Laute hört, die noch nichts Menschliches verloren haben.

»Aus – aus – ich war unten – ganz unten – im Vorschiff – als es knallte – aus – aus . . .« Stockend, röchelnd kommen diese Worte aus dem Mund.

Was muß dieser junge Fähnrich, kaum wenig älter als Peter Schiller, erlebt haben?

Bevor dieser wieder klar zu denken, geschweige denn zu antworten vermag, hüpft die lebend-tote Gestalt weiter. Entgeistert starrt Schiller hinterher und erkennt jetzt erst das Grauenhaft des Geschehens. Der so merkwürdig Davonhüpfende hat nur noch einen Fuß, aus dem zweiten zerfetzten Hosenbein, das leer herabbaumelt, tropft Blut. Peter Schillers Blicke bleiben auf der breiten, dunklen Blutspur hängen, die der Unglückliche auf dem verschneiten Deck hinterläßt.

Diese Begegnung gibt ihm den Lebensmut zurück, so grotesk das auch klingen mag. Aber plötzlich ist er glücklich darüber, daß er noch alle Glieder hat und noch unverletzt ist.

Neuer Lebensmut strömt in ihn. Der Kapitän hat seine Mannschaft freigegeben. Auch Peter Schiller ist jetzt nur noch sich selbst verantwortlich. Seine Hoffnung ist das letzte Rettungsboot. Etwa fünfzehn Meter von ihm hängt es noch in den Davits.

Immer noch hallt das Horn von der Brücke her über das sterbende Schiff: »Alle Mann von Bord – es rette sich, wer kann!«

Aber die Aussichten, in das letzte Rettungsboot der *Gustloff* zu gelangen, stehen eins zu tausend. Denn Hunderte wollen wie er das gleiche. Jetzt, nachdem das Kommando ›Rette sich – wer kann‹ gefallen ist, weiß jeder Seemann auf diesem Schiff, was die Stunde geschlagen hat. Und es sind mehr als eintausend Seeleute von der Kriegs- und Handelsmarine an Bord des Schiffes. Dazu gehören auch die 918 Angehörigen der 2. Unterseeboots-Lehr-Division, die mit der *Gustloff* zu einem neuen Einsatzhafen gefahren werden sollten. Soweit sie überhaupt noch leben, müssen auch sie sich jetzt für die Rettung ihres eigenen nackten Lebens einsetzen.

Ein einziges Rettungsboot gibt es noch. Aber außerdem auch noch eine große Anzahl von Flößen und Schlauchbooten, die – weil zu schwer – von einzelnen oder auch von den Frauen überhaupt nicht über Bord geworfen werden können. Man muß also abwarten, bis das Schiff unter den Flößen absäuft und die Wellen die Flöße in die offene See hinaustragen. Wie aber, wenn das Schiff einen starken Sog hinterläßt? Dann werden die Flöße unbarmherzig in den Strudel hineingezogen werden. Dann war alle Hoffnung umsonst.

Viele der noch an Deck befindlichen Seeleute befassen sich mit diesen Gedanken.

Sicherer gerettet zu werden, wäre mit dem letzten Rettungsboot.

Dieses letzte Boot der *Gustloff* verspricht: Leben!

Und wer will schon kampflos sein Leben lassen? Keiner!

So stürzen sich alle, die sich noch bewegen können, auf jenes letzte Rettungsboot.

Doch nur etwa vierzig Menschen gelingt es, in das große Boot zu gelangen.

Noch einmal spielen sich grausame Szenen ab. Schüsse fallen. Da macht einer von der Pistole Gebrauch. Peter Schiller geht in Deckung, liegt flach auf den eiskalten Schiffsplanken, um nicht getroffen zu werden, richtet sich dann wieder auf.

Das Boot ist jetzt restlos überfüllt. Neben den vierzig Frauen, Kindern und Männern, die in das Boot gelangten, haben sich noch einige an den Bootsrand geklammert und hängen frei in der Luft. Rücksichtslos schlagen die Insassen auf deren Hände. Einer nach dem anderen stürzt ab, fällt in die

See. Noch immer schwebt das Boot über dem Wasser. Keiner gibt das Kommando: »Fiert weg!«

Endlich fassen sich einige der am nächsten Stehenden ein Herz, und langsam wird das Boot ins Wasser gelassen. Oben an Deck stehen die Zurückgebliebenen, klammern sich an die Reling und starren dem Boot nach. Unter ihnen auch Peter Schiller.

Da – ein markerschütternder Schrei.

Die Verzweifelten lassen vor Schreck die Reling los, versuchen einen anderen Halt zu finden. Ruckartig hat sich das Schiff weiter geneigt. Ein auf Deck aufgestelltes Flakgeschütz hat sich aus den Halterungen gelöst, rutscht über die vereisten Planken, reißt die Reling mit sich und stürzt über die Bordwand hinter – mitten auf das soeben gewasserte letzte Rettungsboot der *Gustloff*. Ein paar erstickte Schreie dringen noch von unten herauf, dann schlagen die Wellen über dem Boot zusammen.

Nun kann es eigentlich nur noch wenige Minuten dauern, dann wird auch die letzten Todgeweihten an Bord des sinkenden Schiffes die Ostsee verschlingen.

Mit dem letzten Boot ist auch Peter Schillers Hoffnung auf Rettung versunken. Ihm ist jetzt alles gleich. Er glaubt nicht mehr an seine Rettung, er wartet auf den Tod.

LETZTE RETTUNG ›SELBSTMORD‹?

Die Schlagseite wird jetzt so steil, daß auf dem eisüberkrusteten Deck kein Halten mehr ist, sofern es einem nicht gelingt, sich an Tauen, den Aufbauten oder an der Reling festzuklammern. Unzählige gleiten schreiend über Bord. Auch Schlauchboote und Flöße, eben losgebunden und klargemacht, setzen sich unerwartet in Bewegung und ziehen die daran Festgeklammerten nach sich. Denn noch sind Besatzungsmitglieder unter schier übermenschlichen Anstregungen dabei, Hilfe zu leisten, den Stürzenden Halt zu geben und die Flöße und Schlauchboote zu Wasser zu bringen. Kurz zuvor sind an Oberdeck die ›Blaukammern‹ aufgemacht worden. Das Blauzeug war im Nu weg. Viele Frauen, die teilweise nur Nachthemden anhatten, haben jetzt blaue Hosen und Jacken an, die sie vor der schlimmsten Kälte schützen.

Jetzt taucht die Reling des Vorschiffes völlig ins Wasser. Das Schiff neigt sich immer weiter nach vorn, das Heck richtet sich immer steiler aus dem Wasser.

Oben im Funkraum der *Gustloff* hat der Oberfunkmeister soeben den Befehl ausgegeben, die geheimen Schlüsselunterlagen zu verpacken, ein Grundgewicht daran zu binden und mit einem Gewicht beschwert über

Bord zu werfen. Alles klappt nach Vorschrift. Es ist eigentlich sinnlos, was da geschieht. Wer interessiert sich jetzt noch für ›militärische Geheimnisse‹?

Ein höherer Parteiführer, erkennbar an seiner Uniform, der mit seiner Frau und zwei Kindern an den Aufbauten Halt gefunden hat, zieht eine Pistole. Weiß er, daß sich das sinkende Schiff über einer Wassertiefe von 61 Metern befindet?

»Mach schnell ein Ende mit uns!« hat seine Frau ihm entgegengeschrien. Da hallen auch schon drei Schüsse durch die Nacht. Nur der Mann hängt noch an den Aufbauten. Jetzt drückt er die Pistole an die eigene Schläfe. Aber der Knall bleibt aus. Das Magazin ist leer. Verzweifelt setzt der Mann die Waffe ab. Hilfesuchend blickt er sich um. Kaum drei Meter entfernt klammert Peter Schiller an den Aufbauten, hat das Geschehene mitgesehen und mitgehört.

»Geben Sie mir Ihre Pistole!« – schreit der Mann ihn an.

»Ich habe keine!« – ruft Schiller zurück.

Da verliert der braun Uniformierte den Halt, rutscht aus, stürzt über Bord, fällt in die Ostsee.

Jetzt hört man weitere Pistolenschüsse an Deck. Heißt auch hier jetzt die letzte Rettung ›Selbstmord‹?

Peter Schiller kann sich nicht umbringen. Ihm würde der Mut dazu fehlen, und ihm fehlt auch eine Pistole. Sich an die noch an Deck befindlichen Flöße anklammernd, kriecht Schiller im Halbdunkel weiter. Irgendwo liegt ein verletzter Panzersoldat mit Kopfverband. Er hat sich offensichtlich das Bein gebrochen, denn er stöhnt vor sich hin: »Mein Bein . . . mein Bein«. Angstvoll hält er Peter Schiller fest und fleht: »Kamerad – bitte erschieß mich – bitte.« Doch Schiller tröstet ihn, macht ihm klar, daß sich die Flöße lösen werden, wenn das Schiff weiter sinkt, hilft ihm in ein Floß, er selbst kriecht in ein anderes Floß. Und beide warten darauf, daß die *Gustloff* unter ihnen sinkt und eine Welle sie hinaustragen wird in die offene See . . . Es kann nur noch Sekunden dauern, bis sich diese Hoffnung erfüllt oder der Sog des sinkenden Schiffes sie mit in die Tiefe reißt.

Doch der Tod läßt sich Zeit. Viel Zeit.

Peter Schiller erschrickt. Er spürt plötzlich, daß er in seinem Floß nicht allein liegt. Neben ihm regt sich etwas. Er sieht blanke, goldene Knöpfe an einer dunklen Uniform. Der andere scheint verletzt zu sein. Behutsam schiebt Peter Schiller seinen Unterarm unter den Kopf des Verletzten . . . da fällt langes, blondes Haar über seinen Arm. Es ist eine Frau, ein junges Mädchen, das neben ihm im Floß liegt, vielleicht eine der Marinehelferinnen, die auf der *Gustloff* Zuflucht gefunden hat. Peter Schiller greift nach der Hand des Mädchens, fühlt kaltes, fast lebloses Fleisch, rückt näher an das Mädchen heran und stützt den Kopf. Da stammelt ihr Mund auf einmal einige Worte . . . so leise, daß Peter Schiller ganz nahe mit seinem Gesicht herangehen muß, um sie zu hören: »Beten – « und noch einmal: »Beten – – –« Jeden Augenblick kann das Schiff versinken, und hier fleht ein junges Mädchen, den Tod im Angesicht: »Beten!«

Peter Schiller faßt die Hand des Mädchens, spürt ein Würgen in der Kehle, und dann stammeln diese beiden jungen Menschen das letzte Vaterunser: » . . . und Dein Wille geschehe, im Himmel wie auf Erden . . . denn Dein ist das Reich und die Kraft und die Herrlichkeit – . . . In Ewigkeit – Amen!«

Die letzten Silben sind noch nicht verklungen, da spült eine riesige Woge über Deck, hebt Peter Schiller aus dem Floß, reißt ihn über Bord und trägt ihn hinaus in die dunkle, eiskalte See, in Nacht und Sturm.

Fünfzig Minuten nach dem ersten Torpedotreffer steht der Pendelanzeiger im Kartenhaus der *Gustloff* auf 28 Grad – 28 Grad Schlagseite nach Backbord.

Korvettenkapitän Wilhelm Zahn, die Fahrkapitäne Weller und Köhler, den Navigationsoffizier, ein Obersteuermann und einige Signalgasten hängen noch immer in der Kommandobrücke. Stehen kann man nicht mehr, denn immer stärker neigt sich das Schiff nach Backbord über, immer höhere Wellenberge schlagen vorn an die dickwandigen Fenster der Kommandobrücke.

Trotz des Chaos, das im ganzen Schiff bereits seinen Höhepunkt erreicht hat, trotz des Sterbens von Hunderten oder Tausenden auf diesem Schiff, sind die Männer auf der Kommandobrücke noch ruhig. Sie sind wohl die einzigen auf diesem Schiff, auf die die Panikstimmung nicht übergegriffen hat.

Für einen kurzen Moment wird der Blick auf das Vorschiff wieder frei. Gerade können die Kapitäne und Offiziere noch erkennen, wie einige Männer ein unter der Brücke festgezurrtes Rettungsfloß besteigen – da stürzt ein neuer Wellenberg heran, hebt das Blechfloß wie eine Spielzeugschachtel hoch und wirft es mit voller Gewalt gegen die Fenster der Kommandobrücke.

Doch die Scheiben halten.

Jetzt kommen auch die anderen noch leeren Flöße in Bewegung, werden von den immer stärker rollenden Wellen hochgetragen und gegen die Kommandobrücke geschleudert.

Einmal – zweimal – dreimal!

Lange kann das nicht mehr dauern, dann werden die Scheiben brechen. »Jetzt wird's höchste Zeit«, sagt der Korvettenkapitän Zahn – »rette sich wer kann!«

Doch diesen letzten Befehl hört keiner der Männer mehr. Die letzte Woge hat die Fenster der Kommandobrücke zerschmettert, gurgelnd stürzt das Wasser über das Steuer, den Maschinentelegraphen, spült die Menschen hinaus.

Doch die Ostsee hat noch lange nicht alle Menschen vom Deck der *Gustloff* gespült.

Hoch oben, in der Nähe der Kommandobrücke, in einem Floß, das im Brückennock eingeklemmt ist, sitzt noch immer der Funkgefreite Rudi Lange mit seinem UKW-Gerät, derjenige, der den ersten Hilferuf des torpedierten Schiffes an das Torpedoboot *Löwe* weitergegeben hat.

Es ist ihm beinahe unmöglich, in dieser Lage das Gerät noch zu bedienen. Aber es ist niemand da, der ihm helfen könnte. Zum letzten Mal setzt der junge Funker den Kopfhörer auf und greift nach dem Mikrophon, um mit seinem Kameraden vom Torpedoboot *Löwe* zu sprechen. Es fällt ihm nicht leicht zu sprechen, denn er weiß, daß vielleicht auch sein Leben in einigen Augenblicken zu Ende ist. Er wird sterben müssen. Seine Schwimmweste hat er einer Frau gegeben, die halb angezogen, zwei Kinder an der Hand, gleich zu Beginn der Katastrophe über das Deck lief und um Hilfe schrie. Jetzt sieht der Funkgefreite das Wasser in der Kommandobrücke immer höher steigen. Er spürt es auch, denn schon spielt die kalte Ostsee um seine Füße. Das Wasser steigt mit großer Geschwindigkeit. Die Erregung in ihm läßt nach, als ihm das Wasser schon bis zu den Knien steht.

»Gleich ist es vorbei«, sagt er in die schwarze Muschel, »das Vorschiff sackt immer mehr ab, die Schlagseite nach Backbord wird noch stärker – das Wasser reicht mir schon bis zum Knie . . .«

Da wird der Funkgefreite von seinem Gesprächspartner auf dem Torpedoboot *Löwe* jäh unterbrochen, der nicht mehr hören kann, wie Rudi Lange im Zeitlupentempo stirbt und zu einem Reporter des Todes wird . . .

»Spring Kamerad – runter vom Schiff – wir holen Dich aus dem Wasser!« Ein scharfer Ruck geht durch das Schiffswrack, Rudi Lange stammelt noch einige Worte, eine Welle reißt ihm den Kopfhörer ab, eine schwarze Wand stürzt auf ihn herab, raubt ihm den Atem – – – da folgt eine zweite Woge, reißt ihn hoch, spült ihn in die Ostsee, drückt ihn unter Wasser. Erschreckt fahren seine Hände fast automatisch hoch, er wird an die Wasseroberfläche geschleudert, seine Hände finden über sich einen Halt – – – Es ist ein Floß. Rudi Lange klammert sich an das leere Floß, das seine Rettung bedeutet. Der Tod hat ihn dem Leben zurückgegeben.

Die *Gustloff* macht sich jetzt zum Sterben bereit.

Sechzig Minuten sind jetzt nach dem ersten Torpedotreffer vergangen. Eine ganze Stunde. Das todwunde Schiff liegt in seinen letzten Zuckungen. Noch sechs Minuten, dann wir die *Gustloff* für immer in ein sechzig Meter tiefes Grab sinken.

Wieviele Menschen jetzt noch, in diesen letzten sechs Minuten, an Bord dieses Totenschiffes sind, weiß niemand. Niemand wird auch jemals erfahren, wieviele in den letzten sechzig Minuten auf der *Gustloff* gestorben sind, auseinandergerissen von den krepierenden Torpedos, erstickt in den Detonationsgasen, erschlagen von umgestürzten Möbelstücken, zertreten auf den Treppen, ertrunken in den Gängen, umgekommen an Deck beim Kampf um einen Bootsplatz, elend ersoffen im Unteren Promenadendeck oder im Vorschiff. Und niemand weiß, wieviele hoffnungslose Menschen den Freitod wählten, um dem erbärmlichen Tod durch Ertrinken zu entgehen.

Tausend mögen schon in der See sein, oder sind es zweitausend?

Dann wären viertausend Menschen noch an Bord und noch mehr. Viertausend Lebende oder Tote?

Auch das weiß niemand.

Gibt es für die noch auf dem Wrack der *Gustloff* Lebenden überhaupt noch einen Funken Hoffnung auf Rettung? Sechs Minuten ist noch Zeit, das Leben zu retten, dreihundertsechzig Sekunden. Und die Zeit vergeht schnell, rasend schnell.

Noch immer ragt die *Gustloff* mit ihrer Steuerbordseite vom Heck bis zum Schornstein aus dem Wasser. Die spärliche Beleuchtung durch die Notlampen offenbart nur schemenhaft ein Bild des Grauens.

Es mögen vielleicht tausend Menschen sein, die in den letzten fünf Minuten noch an Oberdeck der *Gustloff* sind, an der Reling klammern, dort, wo sie noch intakt ist, in den Flößen hängen, die noch immer festgezurrt an Deck stehen. Niemand von ihnen kann etwas zur eigenen Rettung tun.

Welle auf Welle rollt über Deck, reißt die Menschen von ihren Halten, trägt sie aus den Flößen, zerschmettert sie an den Aufbauten, an der Reling, oder trägt sie hoch hinaus in die See.

Auf dem Bootsdeck stehen noch drei große Marinekutter, die zusätzlich vor dem Auslaufen an Deck gestellt wurden. In einem der Kutter sitzen über dreißig Menschen, einige Frauen, der Rest Männer. In dem zweiten, ebenfalls total besetzten Kutter sitzt der Handelsschiffskapitän Friedrich Petersen. Und auch der dritte Kutter ist voll besetzt. Alle warten auf den Augenblick, in dem das Schiff endgültig in den Fluten versinkt. In diesem Augenblick würden die drei Kutter in die See hinausgetragen.

Das jedenfalls hoffen die Bootsinsassen.

Die nächsten Sekunden werden über Glück oder Unglück, Leben oder Tod entscheiden.

Ein Marinesoldat kappte die Leinen des Kutters, in dem Petersen saß. Der Kutter löste sich, wurde von der ersten Woge über Bord getragen und schwamm im nächsten Augenblick auf den Wellen der Ostsee.

Die anderen beiden Kutter hatten das Glück nicht auf ihrer Seite. Der zweite Kutter rutschte über Deck, schlug auf das Wasser, kippte um und versank; der dritte zerschellte an der Reling. Die Bootsinsassen wurden hinausgeschleudert und verschwanden in der aufbrausenden Flut.

Als dies geschah, war der Kutter mit dem Kapitän schon so weit von dem todwunden Schiff entfernt, daß jede Hilfeleistung für die Schiffbrüchigen unmöglich wurde.

Korvettenkapitän Zahn, der militärische Transportleiter auf der *Gustloff*, befand sich zu dieser Zeit noch auf dem Schiff. Er versuchte, auf der Steuerbordseite über das Bootsdeck nach achtern zu gelangen. Das kostete ihm einige Kraftanstrengungen, denn jetzt lag das Schiff fast senkrecht, man konnte nur noch hangeln oder robben und sich festhalten, wenn eine Woge kam.

Zahn, der wußte, daß auf dem achteren Bootsdeck eine große Anzahl von Flößen, Schlauchbooten und Kuttern aufgestellt worden war, hoffte, daß noch nicht alle über Bord gegangen waren.

Wie ein Artist arbeitete sich der Korvettenkapitän nach hinten. Es war ein Wettlauf mit der Zeit, ein Wettlauf mit dem Tod. Denn jeden Augenblick mußte das Schiff sich endgültig auf die Seite legen und in den Fluten verschwinden. Wer dann noch an Bord war, war verloren.

Als Zahn endlich die Stelle auf dem Achterschiff erreicht hatte, an der er eine Vielzahl von Kuttern, Flößen und Schlauchbooten vorzufinden hoffte, sah er noch ein einziges Floß. Zwei Marinesoldaten bemühten sich, das Floß, das jetzt ins Rutschen kam, zu halten. Doch sie schafften es nicht.

Der Korvettenkapitän sah es mit Entsetzen.

Auf den vereisten Schiffsplanken liegend, halb hängend, griff Zahn zu – im letzten, allerletzten Augenblick.

Jetzt stürzte der Korvettenkapitän in ein Nichts, Sekunden später schlug er auf dem Wasser auf, tauchte unter, kam wieder hoch.

Die Schwimmweste trug ihn.

Jetzt ist die Todesminute der *Gustloff* gekommen.

Für alle, die noch an Bord sind, gibt es keine Rettung mehr.

Sie wollen nicht sterben, doch der Tod ist unerbittlich.

Aber einer ist an Bord, der sterben will. Er sitzt im Schornstein des Schiffes, der ja nur eine Attrappe ist, und wartet auf den Tod. Dieser Mensch will nicht gerettet werden, sondern er will sterben. Für ihn hat das Weiterleben jeden Sinn verloren.

Dieser Mann ist der 19 Jahre alte Wäschergehilfe, der seine ganze Familie, drei Generationen, vierzehn Menschen, an Bord im Vorschiff verloren hat.

Und er hat sie alle an Bord gebracht. Mit dem Tod seiner Lieben ist auch sein Mut zum Weiterleben stumpf geworden. Und ohne sich zu wehren, läßt er sich von der nächsten Welle umschlingen, sich aus dem Schornstein spülen, in die stürmische Winternacht hinaustragen.

Damit wird er zum Leben verurteilt sein!

UNTERGANG MIT FESTBELEUCHTUNG

Auch Peter Schiller ringt in der eiskalten Ostsee um das nackte Leben. Hunderte von Menschen treiben neben ihm im eisigen Wasser. Sie schreien um Hilfe, klammern sich an Bootsränder, kämpfen mit den Bootsinsassen und suchen nach irgendeinem Halt. Doch die Kälte läßt ihre Glieder schnell erstarren. Die See wirft die Menschen wie Spielzeug umher. Unter gurgelnden Hilferufen sind Unzählige bereits in den Fluten versunken oder hängen leblos in ihren Schwimmwesten. Manche haben diese trotz Unterweisung falsch angelegt, so daß der Kopf unter Wasser drückt, der Unterkörper jedoch vom Auftrieb emporgehoben wird.

Schiller wundert sich, daß er immer noch bei Besinnung ist. Seine Augen versuchen das Dunkel der Nacht zu durchdringen. Ab und zu bricht der Mond durch die Wolkenfetzen und beleuchtet mit seinem fahlen gelben Licht den grauenvollen Ort. Turmhoch wirft die Dünung ihn empor und läßt ihn dann wieder in tiefe Wellentäler sinken.

Bringt niemand Rettung?

Wenn nicht bald Schiffe erscheinen, sind alle, die hier im Wasser treiben, dem Tode preisgegeben.

Peter Schiller kann nicht wissen, daß in diesen Augenblicken jenseits – etwa hundert Meter vom Schiffswrack entfernt – das Torpedoboot *Löwe* bereits die ersten Schiffbrüchigen an Bord nimmt.

Viele Augenpaare starren jetzt hinüber zu dem sinkenden Koloß, der sich zum Sterben anschickt, denn die Todessekunde des Schiffes ist gekommen.

Ein lautes Dröhnen dringt von der *Gustloff* herüber, die letzten Schotten sind gebrochen. Immer weiter dreht sich das Schiff, das Brüllen der an Bord verbliebenen Passagiere schwillt zu einem Orkan an. Immer mehr neigt sich das Wrack.

Und da geschieht das Unfaßbare! Wie von Geisterhand bedient, ist mit einem Schlage die gesamte Schiffsbeleuchtung angesprungen – im vollen Glanz erstrahlt das Schiff.

Es scheint wie ein Spuk.

Doch es ist kein Spuk.

Die *Gustloff* sinkt mit Festbeleuchtung. In seinem Glanz der heiteren Friedensjahre erstrahlt der sinkende Sarg, spiegelt sich tausendfältig in der schäumenden See, neigt sich den Wellen zu, stürzt in ein nasses Grab.

Über das zwanzig Meter breite Sonnendeck fallen die Menschen – in Trauben zusammengeballt – in wilden Knäueln – von der Lichtflut geblendet – mit einem Schrei des Entsetzens auf den Lippen – klatschen auf dem Wasser auf.

Polternd sausen einige Flöße, durch die Schiffsdrehung losgerissen, über Deck, stürzen krachend über Bord in die Menschentrauben hinein.

Da – ein neuer Spuk?

Die Sirene setzt sich in Bewegung, allein.

Sie kündet den Untergang der *Gustloff* an.

Ein langgezogener Heulton erfüllt die Luft, wird leiser, heiserer.

Aus dem jetzt schon fast waagrecht zur Wasserfläche liegenden Schornstein wird ein Mensch herausgespült.

Dann erstickt das Heulen der Sirene, verlöscht das Licht.

Das Schiff ist tot – versinkt vollends in den gleißenden Fluten. Ein riesiger Wellenberg schlägt über der *Gustloff* zusammen, erstickt den allerletzten Todesschrei.

SCHIFFBRÜCHIG IN DER OSTSEE

Über dem Grab der *Gustloff*, zwölf Seemeilen querab Stolpmünde, fernab des großen Kriegsgeschehens, hat der letzte Akt des Dramas der Schiffbrüchigen begonnen und nähert sich einem bitteren Ende, einem Ende voller Schrecken.

Peter Schiller hatte gefürchtet, der Sog des sinkenden Schiffes würde ihn mit in die Tiefe hinabziehen, aber nichts davon ist zu spüren, obwohl er nur etwa hundert Meter entfernt treibt. Für kurze Zeit werden die Wellenberge etwas höher und die Täler etwas tiefer, das ist alles.

Oder empfindet er überhaupt nichts mehr?

Mit Stärke 5–6 treibt der Wind jetzt eine hohe Dünung auf. Die Rettungsboote, die sich noch halten können, sind nicht nur überfüllt, nein – zahllose Hände klammern sich auch von außen an die vereisten Bootsränder und drücken die Fahrzeuge fast unter den Wasserspiegel. Manch einer, der sich in den Booten mühsam einen schwankenden Stehplatz hart außen am Rand erkämpft hat, verliert dadurch das Gleichgewicht und geht über Bord.

Wann endlich werden die rettenden Schiffe da sein?

Das ist die Frage, die jetzt wohl durch die Köpfe aller noch lebenden Schiffbrüchigen zieht – soweit sie überhaupt noch bei klarem Verstand sind und noch denken können.

Es ist unmöglich, bei dem hohen Seegang in der dunklen Nacht, die nur ab und zu vom matten Mondschein erhellt wird, zu erkennen, daß die *Löwe* schon seit geraumer Zeit fieberhaft Schiffbrüchige birgt, und daß die ersten im eiskalten Walter Treibenden an Bord des Torpedobootes das erlösende Wort »Gerettet« gestammelt haben.

Die nicht in unmittelbarer Nähe des Torpedobootes im Wasser treiben, wissen nichts davon.

Um sie sind nur schlagende Wellen, über ihnen das Firmament, sonst nichts. Und doch hoffen sie noch auf Rettung.

Was hier geschieht, ist nichts anderes als ein elendes Dahinsterben in Zeitlupe, ein Verdämmern bei klarem Verstand und ein wehrloses Absinken in den Tod. Wann endlich kommt er als Erlöser für die, die noch in den Wogen hin und her gerissen werden?

Peter Schiller fühlt weder die Kälte des Wassers noch den eisigen Wind, allmählich legt sich ein Schleier über sein Bewußtsein. Ab und zu schrickt er wieder auf. So treibt er mutlos, willenlos, hoffnungslos durch die Nacht.

Der Tod scheint ihn aufgespart zu haben. Um ihn herum sinkt einer nach dem anderen ab. Irgendwo reckt sich ein Arm gegen den dunklen Himmel, klingt ein letzter Schrei.

Eine Zeitlang treibt ein Junge, dessen kleines Herz längst aufgehört hat zu schlagen, neben ihm. So schwimmt er mit einem stummen Begleiter durch das weite Feld der Lebenden und Toten, und fast fühlt er sich nicht mehr so verlassen. Manchmal fällt das Mondlicht auf das bleiche Gesichtchen, und dann spricht aus den gläsernen Augen die unendliche Qual seines Sterbens. Zuweilen ist es ihm, als vernähme er einen feinen, leisen Hauch von den fahlen Lippen des Kindes: »Hilfe! – Mutter!« Wie oft mag dieser Junge diese Worte wohl in die eiskalte, stürmische Winternacht hinausgeschrien haben.

»Hilfe – Mutter!«

Ja, wo war die Mutter dieses Jungen? Gehörte sie zu denen, die im Unteren Promenadendeck ertranken, oder war sie schon vorher im Gedränge auf den Treppen zertreten oder zerquetscht worden? Oder war seine Mutter jene Frau, die wenige Meter von ihm entfernt trieb – leblos – einen Säugling fest in den Armen haltend? Ganz fest hatten sich ihre Hände in das Deckenbündel verkrampft, als wolle sie sich ihren wertvollsten Schatz um keinen Preis der Welt aus den Armen reißen lassen. Der grausame Tod hatte sie beide vereint.

Andere aber, Hunderte, Tausende, schreien hier noch über dem Grab der *Gustloff*, und der Wind nimmt ihre letzten Lebenszeichen auf und trägt sie weit, weit über das Meer und läßt sie in der Einöde der Wassermassen verklingen.

Korvettenkapitän Wilhelm Zahn gehört auch zu den Schiffbrüchigen, die noch um ihr nacktes Leben kämpfen.

Er hatte den Untergang des Schiffes überlebt, aber noch war auch er nicht gerettet.

Wie durch ein Wunder war er noch im letzten Augenblick der sinkenden *Gustloff* entkommen. Seinem eigenen Befehl folgend, eine Schwimmweste zu tragen, verdankte er sein weiteres Glück. Sonst wäre es ihm viel schwerer geworden, sich in den ersten Augenblicken nach dem Untergang schwimmend über Wasser halten zu können. Seine Kleidung hätte sich sicher vollgesogen, und das schwere Zeug hätte ihn unweigerlich in die Tiefe gerissen. Aber die Schwimmweste hielt ihn.

Zahn saß jetzt in einem Zwei-Mann-Schlauchboot zusammen mit einem Matrosen. Um sie herum schrie und fluchte es.

Es kostete den Floßinsassen einige Mühe, das Gleichgewicht zu halten. Jeder der beiden saß auf einem Floßrand. So bestand am wenigsten Gefahr, daß das Floß kippte.

»Was machen wir bloß mit der Frau?« sagte plötzlich der Matrose.

Zahn war im Augenblick so in Gedanken versunken, daß er den Matrosen gar nicht hörte. Er verstand nur die letzten Worte und dachte, daß der Mann Selbstgespräche hielt. Beim zweitenmal hörte der Korvettenkapitän aber ganz deutlich, was der Matrose sagte:

»Was machen wir bloß mit der Frau?«

Dabei zeigte der Matrose mit dem einen Arm in das Floß.

Zahns Blick folgte dem ausgestreckten Arm. Was er jetzt sah, erfüllt ihn mit Entsetzen: Aus dem Boden des Floßes, der nur durch breite Gurte durchzogen war, ragte ein triefend nasser Frauenkopf, dem die Haare wirr ins Gesicht hingen.

Die Frau lebte, denn sie wimmerte vor sich hin. Der Körper der Frau war unter dem Floßboden – und nicht zu sehen. Sicher war sie bei der Katastrophe unter Wasser geraten, dann wieder hochgeschleudert worden und dabei mit dem Kopf durch das Geflecht der Gurte hindurchgeraten.

Sofort kniete der Korvettenkapitän nieder und versuchte mit Hilfe des Matrosen, die Frau aus der unglücklichen, lebensgefährlichen Lage zu befreien. Trotz allem Bemühen gelang dies den beiden Männern nicht.

»Man müßte ein Messer haben«, sagte Zahn, doch sie hatten ja keines.

»Sie muß wegtauchen, unter dem Floß wegtauchen«, meinte der Matrose, und dem Korvettenkapitän leuchtete das ein. Sofort kniete er sich nieder und starrte, nachdem er der Frau die Haare aus dem Gesicht gestrichen hatte, in zwei Augen voller Todesangst.

»Sie müssen wegtauchen!« – schrie Zahn der Frau zu. »Wegtauchen – mit dem Kopf unter das Floß – nur ganz kurz – einen Augenblick – wegtauchen unter das Floß – wir retten Sie dann!«

»Ich will nicht, nein – ich will nicht!«

Das waren die letzten Worte der Unglücklichen. Mit ganzer Kraft hatte der Matrose den Kopf der Frau aus den Gurten heraus unter das Wasser gedrückt. Er hatte sich dabei mit dem Bauch flach in das Floß gelegt, um die Unglückliche mit beiden Armen soweit als möglich unter das Wasser zu drücken, damit sie im nächsten Augenblick am Floßrand wieder zum Vorschein kommen sollte. Doch die Frau blieb verschwunden.

Vergeblich spähten die beiden Männer nach ihr aus.

Zahn fror plötzlich. Dieses Erlebnis war ihm auf die Nerven gegangen. Er war ein Mann und viel gewohnt – aber das ging über seine Kraft.

Da trieb an dem Floß ein Rettungsboot vorbei. Zahn traute seinen Augen nicht.

»Ein leeres Boot!«

Blitzschnell hechtete er mit einem weiten Sprung in das Wasser, hatte Glück, erfaßte den Bootsrand.

Doch die Hoffnung trog. Als er sich mit letztem Schwung kopfüber in das vermeintlich leere Rettungsboot stürzte, fiel er der Länge nach ins Wasser. Enttäuscht mußte er feststellen, daß dieses Boot nur noch ein Wrack war. Dem Boot fehlte der Boden.

Als er sich umblickte, gewahrte er, daß das Floß mit dem Matrosen schon weit entfernt war. Für ihn unerreichbar.

Nach längerer Zeit sah Zahn in unmittelbarer Nähe ein vollbesetztes Rettungsboot. Er sah seine Chance, sprang von dem Bootswrack ab, schwamm dem Rettungsboot zu. Doch es war weiter entfernt, als er vermutet hatte. Immer wieder trieben ihn die Wellen ab. Es schien so, als würde der Abstand zwischen ihm und dem Boot überhaupt nicht kleiner.

Doch als er schrie: »Nehmt mich mit – nehmt mich mit!« wurde man auf ihn aufmerksam.

Das Boot kam auf den Korvettenkapitän zu, ein Mann beugte sich über Bord. Die kräftigen Arme des Obermaschinisten Herbert Schulz zogen ihn über Bord. Schulz erkannte Zahn.

»Das ist ja unser Kapitän«, sagte er freudig, daß alle ihn hörten.

Korvettenkapitän Zahn erfährt erst später, daß er im gleichen Boot sitzt wie Handelsschiffskapitän Friedrich Petersen.

DIE SCHWANGERE IM RETTUNGSBOOT

Es ist die Hölle, was die Schiffbrüchigen der *Gustloff* in dieser Nacht in der wildbewegten Ostsee erleben müssen.

Wie Spielbälle von den meterhohen Wellen umhergeworfen, stürzen sie hinein in die Wellentäler und werden später von dem eiskalten Naß hochgeschleudert. Dann ist die See für kurze Augenblicke wieder scheinbar völlig ruhig, schon beginnt wieder das wilde Auf und Ab.

Hunderte haben den Kampf bereits aufgegeben, sind in den Wellen versunken oder treiben leblos inmitten dieses riesigen Feldes Lebender und Toter dahin.

Die wenigsten haben auf den Flößen, in den Schlauchbooten und Kuttern Platz gefunden. Auch in den Booten ist man noch lange nicht gerettet. Man schwebt dauernd in Gefahr, hinausgeschleudert zu werden, wenn man zu nahe am Bootsrand hockt, oder zerquetscht zu werden in diesem bestienhaften Kampf um die Erhaltung des eigenen nackten Lebens. Und viele, die in den Booten hocken, sind bei dieser grimmigen Kälte schon erfroren.

Ein Rettungsboot treibt dahin, eines der wenigen schiffseigenen *Gustloff*-Rettungsboote, die zu Wasser gekommen sind.

Fast fünfzig Menschen sind darin, alles Frauen und Kinder, nur zwei Männer. Der Befehl, nur Frauen und Kinder in die Boote zu lassen, rächt sich jetzt furchtbar. Hatten dieser Befehl und die entsicherten Pistolen der Wachmannschaften vor den Booten hier allzu radikale Arbeit geleistet, so daß nicht einmal der Bootsführer sich zu seinem Boot hatte durchschlagen können? Vielleicht hatte er es sogar versucht, und man hatte ihn dabei wie einen Hund über den Haufen geschossen.

Zwei Männer haben sich dann später vom Wasser aus in dieses Boot gerettet und nach und nach Ordnung zu schaffen versucht. Nicht einmal ein Ruder steht mehr zu Verfügung, so daß das Boot wehrlos von den Wellen hin- und hergeworfen wird. Aber die fünfzig sind auch viel zu erschöpft, um sich noch regen zu können.

Plötzlich schreit eine Frau, springt auf, fällt in sich zusammen, windet sich in Schmerzen. Die beiden Männer versuchen, die Bootsinsassen zu beruhigen, die – weil sie aufgeregt aufgesprungen sind – die Gefahr des Kenterns heraufbeschwören. Dann kümmern sie sich um die Frau, erschrecken: Die Schreiende ist hochschwanger. Bei der Fülle des Bootes hat das bisher keiner bemerkt, jeder hatte mit sich selbst zuviel zu tun. Bekleidet mit einem dicken Mantel, eingehüllt in zwei Decken, hatte die Frau bisher reglos im Boot gesessen und nur leise vor sich hingewimmert, wie das andere Frauen auch taten.

Nun aber war es offenbar: In dem Boot befand sich eine Schwangere, die ihre Stunde kommen sah, einem Kind das Leben zu schenken.

Keiner im Boot hatte von dem Schicksal dieser jungen Frau eine Ahnung: Es war die 21jährige aus Elbing, die noch am frühen Abend gehofft hatte, in der Geburtsklinik der *Gustloff* ihr Kind zur Welt bringen zu können. Noch kurz nach 21.00 Uhr hatte ihr der Arzt gesagt: »Na, liebe Frau, seien Sie tapfer, in einer Stunde ist vielleicht schon alles vorbei . . .«

Aber zehn Minuten später hatten drei Torpedos den Schiffsleib zerrissen.

Was dann geschah, konnte die junge werdende Mutter nur im Unterbewußtsein registrieren. Sie fühlte sich plötzlich aus dem Bett gerissen, mit einem Mantel bekleidet, in Decken gehüllt, von zwei Männern getragen – – – Erst auf dem Oberdeck, in der eiskalten Nachtluft, begriff sie für einen winzigen Augenblick das furchtbare Geschehen, die Katastrophe, dann saß sie schon in einem Rettungsboot.

In diesem Boot hier.

Und jetzt war der Augenblick gekommen, da sie gebären sollte.

Heiliger Himmel!

Das konnte doch nicht geschehen, das durfte einfach nicht sein. So dachte nicht nur die verzweifelte Frau, sondern auch alle anderen, die mit ihr im gleichen Boot saßen. Der Gedanke daran ließ ihnen das Blut in den Adern erstarren, trieb ihnen den Schweiß auf die Gesichter. Die Gedanken jagen durcheinander, suchen einen Halt. Nein – nein – und tausendmal nein! Hier, über dem Grab der *Gustloff*, über dem Grab Tausender, inmitten eines Leichenfeldes, inmitten dieser wahnsinnigen Fülle im Boot, unter freiem Himmel, bei 18 Grad unter Null – nein! Hab' ein Einsehen, Herrgott! Die Mutter würde das nicht überstehen und auch das Neugeborene nicht.

Aber gegen die Gesetze der Natur gibt es keinen Widerstand. Das wissen die Mütter am ehesten, die mit in diesem Boot sitzen. Kein Mensch wird verhindern können, daß diese Frau jetzt in diesem Rettungsboot gebären wird – wenn ihre Zeit gekommen ist und Gott es will.

Höchste Erregung bemächtigt sich aller in dem steuerlos auf der Ostsee treibenden Rettungsboot.

Wie soll der Ärmsten geholfen werden?

Kaum einhundert Meter entfernt schwimmt ein anderes Boot. Aber dort führt ein Seemann das Kommando. Außerdem hat man Ruder an Bord, so daß man sich verhältnismäßig gut in den Wellen behaupten kann. Auch hier herrscht nur Not und Elend. Ein altes fast unbekleidetes Mütterchen ist vor Kälte fast erstarrt. Aber da zieht schon der Mann neben ihr seinen Mantel aus, obwohl er selber nur mit einem dünnen Unterhemd und Hose bekleidet ist.

Im Scheine des minutenlang hervortretenden Mondes gewahrt man hier jetzt das manöverierunfähige Boot, das querab steuerlos dahintreibt. Aus der Masse der nur schattenhaft sichtbaren Gestalten ragt ein Mann heraus, hat die Hände wie eine Sprechmuschel an den Mund gelegt und ruft etwas durch die Nacht.

Der Bootsführer glaubt nicht richtig gehört zu haben.

Das ist doch heller Wahnsinn, was jetzt von dort herüberschallt. Aber nun hören es alle deutlich:

»Habt Ihr einen Arzt an Bord? –

Hier bekommt eine Frau ein Kind –

Wir können nicht helfen!«

Dieser Hilferuf läßt die Menschen im rudernden Boot einen Augenblick lang die eigene schwere Not vergessen.

Um Gottes Willen, hier auf dem Wasser, in der eisig kalten Ostsee entbinden, in einem steuerlos treibenden total überfüllten Rettungsboot bei 18 Grad unter Null? Eine Unmöglichkeit.

Und wo sollte hier ein Arzt herkommen – ein Gotteswunder wäre das. Und selbst, wenn einer im Boot wäre, hätte er keine Instrumente, keine Narkotika, keine warmen Tücher, nichts – nur seine kalten Hände. Undenkbar, daß – – –

Doch da geschieht das Unfaßbare, das kaum Glaubhafte.

Ein Mann im Boot macht sich bemerkbar, versucht auf die Steuerbank zu steigen, zwei Männer halten ihn fest. Dann hört man die feste, entschlossene Stimme des Mannes:

»Hier ist ein Arzt – wir kommen und helfen!«

Für einige Augenblicke hört man kein Wimmern mehr und kein Stöhnen, kein Beten und kein Fluchen. Totenstille herrscht in dem Boot. Und alle sehen den Mann an, der noch immer auf der Steuerbank steht und noch einmal seinen Ruf wiederholt:

»Hier ist ein Arzt – wir kommen und helfen!«

Niemand weiß, wer dieser Mann ist: Es ist der Marineoberstabsarzt Dr. Helmut Richter von der *Gustloff*, der gleiche Mann, der der 21jährigen werdenden Mutter kurz vor der Torpedierung Mut machte und sagte: »Seien Sie ruhig, liebe Frau, in einer Stunde ist alles vorbei!«

Und die Schwangere, die in dem seeuntüchtigen *Gustloff*-Boot in diesem Augenblick ein Kind gebären wollte, war die 21jährige junge Frau aus Elbing –

Niemand in den beiden Booten kannte diese Zusammenhänge.

Doch Gottes Ratschluß ist oft ebenso wunderbar wie unfaßbar.

Jetzt greifen die Männer in die Riemen, kämpfen sich meterweise an das manöverierunfähige zweite Boot, um den Arzt überzusetzen. Plötzlich schleudert eine große Welle das steuerlose Boot auf den nahenden Retter zu – In beiden Fahrzeugen klammern sich die Insassen zu Tode erschrocken an den Bootsrand. Stoßen die beiden Boote zusammen, werden sie kentern und untergehen.

Doch es geht alles gut. Etwa einen Meter voneinander treibt das steuerlose Boot mit der Schwangeren vorbei.

Aber der Versuch, den Arzt überzusetzen, muß aufgegeben werden, der Wellengang ist zu stark. Der von Wehen geschüttelten Schwangeren kann nicht geholfen werden.

Was nun?

In diesem Augenblick naht von anderer Seite Hilfe. Ein einziger Schrei ist aus den Booten zu hören:

»Ein Schiff – ein Schiff!«

T 36 RETTET *564*

Urplötzlich ist der Schatten eines riesigen Kriegsschiffes aufgetaucht. Mehrere Scheinwerfer flammen auf und lassen ihre Kegel gespensterhaft über das Wasser geistern. Hunderte von Augenpaaren folgen den grellen Lichtstrahlen, die über einen Schauplatz des Grauens huschen.

Mit einem Male ist die Unglücksstelle wieder voller Leben. Scheinbar Tote recken sich plötzlich höher aus dem Wasser empor und rufen um Hilfe. Minutenlang ist die Luft vom Schreien Hunderter erfüllt. Fieberhafte

Spannung belebt alle aufs neue. Jeder nimmt seine letzte Kraft zusammen, und mancher, der vor Erschöpfung kein Wort mehr vorbringen kann, jubelt im Innern: »Gerettet!«

Jetzt bleibt der Kegel eines Scheinwerfers an dem steuerlos treibenden *Gustloff*-Boot hängen und taucht es in ein gleißendes Licht. Die beiden Männer haben Mühe, die ungeduldigen Frauen zu beruhigen, die die Rettung nicht abwarten können, zumal das Jammern der Schwangeren an ihren Nerven reißt.

Da gellt eine Stimme über das Wasser:

»Das ist ja der Russe!«

Mit Windeseile pflanzt sich dieser Schrei fort.

»Das ist ja der Russe – das ist ja der Russe!«

Neues Entsetzen packt die Schiffbrüchigen. Die Angst, jetzt am Ende noch beschossen zu werden, läßt jede Regung erstarren.

Doch schon dreht das große Schiff bei, und aus den Lautsprechern dröhnt es: »Haltet aus – wir retten Euch!«

Das mächtige Kriegsschiff, das so plötzlich an der Untergangsstelle der *Gustloff* erschienen war und sich jetzt langsam in das Gewimmel von Booten, Flößen, Kuttern, Schlauchbooten, toten und lebenden Menschenleibern hineinschob, in dieses tobende brüllende, hilfeschreiendes Chaos, war der Schwere Kreuzer *Admiral Hipper.*

Die meisten Schiffbrüchigen haben ihn nicht einmal kommen sehen. Plötzlich war er da, aus der Dunkelheit heraus aufgetaucht. Turmhoch ragte der Bug des gewaltigen Schiffes aus den Wellen. Dieses Riesenschiff bedeutete für alle, die es sahen, die Rettung, das Leben.

Alle Boote, die Ruder besitzen, halten auf den Koloß zu, ein jeder will der erste sein.

Mit letzter Kraft kämpfen sich die im Wasser Treibenden, die noch keinen Platz in einem Boot oder Floß gefunden haben, an das Schiff heran.

Jetzt haben alle, die noch leben, ein Ziel: Das Riesenschiff, das plötzlich da ist, irgendwoher gekommen ist, das Rettungsschiff.

Schon lange, bevor der Schwere Kreuzer die Unglücksstelle erreicht, ist alles für die Aufnahme Schiffbrüchiger vorbereitet worden. Jetzt herrscht eine fieberhafte Tätigkeit an Deck des *Admiral Hipper.* Kapitän zur See Henigst erteilt seine Befehle.

Die schon früher übernommenen 1500 Flüchtlinge haben im Schiff gute Aufnahme gefunden. Man hat nicht verhindern können, daß einige Flüchtlinge die letzten Vorfälle bemerkt haben. Das orkanartig anschwellende Hilfeschreien der Schiffbrüchigen hat so manchen der an Bord des Kreuzers sicher geborgenen Flüchtlinge aus dem Schlaf gerissen. Der Kommandant des Kreuzers hat durch seine Offiziere und Mannschaften die Flüchtlinge beruhigen lassen und sie zur Disziplin ermahnt, um die Rettungsarbeiten nicht zu stören.

Doch als die Besatzung des *Admiral Hipper* mit den so sorgsam vorbereiteten Rettungsarbeiten beginnen will, machen sich die ersten fast unüberwindlich scheinenden Schwierigkeiten bemerkbar. Die hohen Aufbauten des Schweren Kreuzers machen die Bergung der im Wasser Treibenden unmöglich. Die Schiffbrüchigen sind viel zu erschöpft, als daß sie an der herabgelassenen Strickleitern noch aus eigener Kraft emporklettern könnten. Die Mannschaft müßte also die Erstarrten, einen nach dem anderen, aus dem Wasser heraufholen, bei dem hohen Seegang ein lebensgefährliches und zeitraubendes Unterfangen.

In diesem Augenblick erfolgt zu allem Unglück auch noch eine neue U-Boot-Warnung.

Das Begleitfahrzeug des *Hipper*, das Torpedoboot *T 36*, das schon vor dem Schweren Kreuzer die Unglücksstelle erreicht hatte, hat Motorengeräusche in allernächster Nähe ausgemacht. Jeden Moment können aufs neue die alles vernichtenden Torpedos heranschießen.

Der Kommandant des Schweren Kreuzers, Kapitän zur See Henigst, steht also der Tatsache gegenüber, daß auch nur eine Minute längeres Verweilen an dieser Stelle mit hoher Wahrscheinlichkeit den Untergang seines Schiffes bedeuten würde.

Daher gibt es für ihn trotz inneren Widerstrebens kein Zögern. Während *T 36* an der Unfallstelle verbleibt, gibt Kapitän zur See Henigst für den Schweren Kreuzer *Admiral Hipper* den Befehl:

»Äußerste Kraft voraus!«

Mit hoher Geschwindigkeit setzt sich das Schiff von der Katastrophenstelle wieder ab.

Für die ringsrum treibenden Schiffbrüchigen ist das der furchtbarste Augenblick seit dem völligen Versinken der *Gustloff* in den gleißenden Fluten.

Bei einem der soeben erst mühsam am Heck des Kreuzer festgemachten *Gustloff*-Rettungsboote reißt durch den jähen Ruck die Vertäuung. Das Boot kentert, begräbt seine Insassen unter sich und treibt kieloben in der Hecksee.

Die Verzweiflungsschreie der sich verlassen Glaubenden sind erschütternd, schallen dem davonlaufenden Kreuzer nach, klingen über das Deck des Kriegsschiffes, durchdringen die dicken Stahlwände des Schiffes. So mancher der unter Deck wohnenden Flüchtlinge ahnt jetzt erst etwas von dem furchtbaren Geschehen.

Aber noch besteht für die Schiffbrüchigen der *Gustloff* Hoffnung auf Rettung. Für viele jedenfalls, die den Tücken des Wassers und der Kälte widerstehen können.

Neben dem Torpedoboot *Löwe*, das die *Gustloff* begleitete und als erstes Schiff mit der Anbordnahme von Schiffbrüchigen begann, hat nun auch das

Begleitboot des Schweren Kreuzers *Admiral Hipper*, das Torpedoboot *T 36*, die Rettungsarbeiten aufgenommen.

Trotzdem – die Gefahr ist lange noch nicht vorüber. Noch immer ist das feindliche U-Boot in der Nähe. Noch immer hält es sich am »Tatort« auf und sucht ein neues Opfer. Wartet der russische U-Boot-Kommandant jetzt nur noch darauf, daß beide Torpedoboote die letzten Überlebenden aus der eiskalten Ostsee gerettet haben, um dann seine tödlichen Geschosse loszuwerden und die beiden T-Boote auf den Meeresgrund zu schicken, so wie die *Gustloff*?

Dann gibt es für alle, die jetzt hier an der Unglücksstelle sind, ob auf den Rettungschiffen oder im Wasser, keine Rettung mehr.

Aber soweit wird es hoffentlich nicht kommen. Der Himmel möge Erbarmen haben.

Schon lange, bevor das Torpedoboot *T 36* die Unglücksstelle erreichte, hat die gesamte Besatzung die Rettungsaktion vorbereitet. Auch das Brükkenpersonal ist hierfür bis auf wenige Ausguckposten an Oberdeck abgestellt. Fallreeps und Taue sind bereits ausgebracht, und alle Scheinwerfer befinden sich in voller Tätigkeit. Es hat viel Mühe gekostet, das Torpedoboot vom Eise zu befreien und Schiffslazarett und Kombüse für einen Massenandrang von Schiffbrüchigen und Verletzten herzurichten.

Nun ist man mitten im Katastrophenfeld.

Mit geringer Maschinenkraft gleitet das Torpedoboot durch das Feld der Treibenden. Dann packen die tapferen Seeleute wortlos zu und beginnen ein Rettungswerk, das in der Seegeschichte bis auf den heutigen Tag einmalig ist.

Hilferufe von allen Seiten. Kaum einer der Schiffbrüchigen kann mehr ein Glied rühren. Die grimmige Kälte hat eine furchtbare Wirkung gehabt. Niemandem gelingt es mehr, mit eigener Kraft die Bordwand zu erklettern, und es ist unendlich schwer, die auf Rettung Hoffenden über das Freibord des Torpedobootes zu bringen, obwohl das Torpedoboot erheblich weniger aus dem Wasser ragt, als der Schwere Kreuzer *Admiral Hipper*.

Aber es geht trotzdem nur sehr schwer.

Rings um das Torpedoboot sind meterhohe Seefallreeps angebracht, auf deren untersten Sprossen Seeleute stehen, die jeden einzelnen Schiffbrüchigen mit Tauen festbinden und ihn dann von drei, vier Mann an Deck hieven lassen.

Mancher Frau, die jetzt noch ihren Pelzmantel trägt, wird dieser nun zum Verhängnis, denn die nassen und vereisten Felle gleiten den Männern immer wieder aus den Händen. Zwei erschöpfte Frauen verlieren, eben geborgen, an der Bordwand die letzten Kräfte und stürzen wieder ins Wasser. Ein junger Matrose springt ihnen sofort nach und bringt sie erneut in Sicherheit.

Auch die Insassen des Kutters, in welchem Handelsschiffskapitän Petersen und zuletzt Korvettenkapitän Wilhelm Zahn Platz gefunden hatten, werden an Bord des Torpedobootes *T 36* genommen.

Zahn ist völlig durchnäßt. Seine Uniform ist steinhart gefroren. Trotzdem meldet er sich sofort nach seiner Anbordnahme beim Kommandanten des Torpedobootes, Kapitänleutnant Robert Hering auf der Kommandobrücke.

Kapitänleutnant Hering hat die Durchführung der Rettungsaktion seinen Offizieren überlassen, denn sein Augenmerk gilt jetzt mehr denn je der Sicherheit des Schiffes. Irgendwo in unmittelbarer Nähe liegt ein feindliches U-Boot und wartet anscheinend nur auf eine günstige Schußgelegenheit.

Da taucht vor der Kommandobrücke des Torpedobootes plötzlich eines der schiffseigenen *Gustloff*-Rettungsboot auf, überladen mit Schiffbrüchigen. An der Brücke vorbeigleitend, brüllt der Bootsführer hinauf:

»Brücke – wo kann ich längsseits gehen – um Bootsinsassen abzugeben – lege nachher wieder ab?!«

Der Mann weiß, daß noch viele im Wasser treiben und auf Rettung warten. Als das Boot leer ist und die Schiffbrüchigen *T 36* übergeben sind, legt es wieder ab. Fünf Männer sind in dem Boot, sie fischen einen nach dem anderen auf der Ostsee, bis das Boot wieder voll ist, legen dann wieder an *T 36* an.

Bald hat das Torpedoboot einige hundert Menschen mehr an Bord. Die Lage auf dem kleinen Schiff wird langsam bedenklich, denn schon vorher sind neben der 200 Mann starken Besatzung 250 Flüchtlinge in Danzig übernommen worden. Viele von ihnen haben sich ans Oberdeck begeben um mitzuhelfen, die Schiffbrüchigen an Bord zu nehmen. Alle Räume auf *T 36* sind mit Menschen überfüllt, sogar der Maschinenraum.

Inzwischen ist es 23.00 Uhr geworden.

Der Standort des feindlichen U-Bootes ist noch immer unverändert. Die Peilung hat ergeben:

»Backbord 15 Grad – 1400 Meter.«

Auf der Kommandobrücke des Torpedobootes meldet der erste Wachoffizier dem Kommandanten:

»Das Schiff ist überfüllt. Die Mannschaft ist erschöpft. Lange können wir nicht mehr durchhalten.

Was die Männer von *T 36* in den letzten 40 Minuten geleistet haben, ist beispiellos. Unter Einsatz des eigenen Lebens hingen sie an Strickleitern und Tauen über der Wasserfläche, fischten Tote und Halbtote aus der wildbewegten See, kletterten in Boote, Flöße, Schlauchboote und Kutter, um die kraftlosen Schiffbrüchigen herauszuheben und mit letzter Kraft an Bord zu hieven. So ging das schon seit einer Dreiviertelstunde. Und immer noch war *T 36* von Flößen, Booten und schwimmenden, schreienden Menschen umgeben, die von der See umhergeworfen wurden. Die Geretteten brachen an Oberdeck des Rettungsschiffes zusammen, blieben liegen, bis sie von anderen Männern unter Deck gebracht wurden.

Kapitänleutnant Hering wußte das. Er wußte aber auch, daß sein Schiff für die Schiffbrüchigen vielleicht die letzte Hoffnung war, ihr Leben zu retten.

Noch immer steht der Erste Wachoffizier im Brückenraum. Schweigend sehen sich die Männer an. An ihre Ohren dringt das nicht abklingend wollende Schreien der Schiffbrüchigen, die noch draußen in den eisigen Wellen treiben.

Da entscheidet der Kommandant mit ernster Stimme:

»Weitermachen – es geht um Menschenleben!«

Widerspruchslos geht der Offizier von der Brücke. Er hat keinen anderen Befehl erwartet, er hätte in der gleichen Lage genau so entschieden.

Peter Schiller hat jedes Gefühl für Raum und Zeit verloren. Wenn ein Floß vorüberkommt, versucht er heraufzuklettern, wird aber immer wieder von Stärkeren heruntergestoßen. Dann kämpft er weiter mit den Wellen, bis zum nächsten Floß. Doch jedesmal vergeblich. Nicht eines, an dem nicht ringsherum bereits Menschen hängen – hoffnungslos!

Auf einmal klammert sich jemand von hinten an ihn. Blitzschnell dreht er sich um, aber es ist schon zu spät. Eine Frau ohne Schwimmweste sucht an ihm Halt und zieht ihn mit hinab in die Tiefe. Ihre Hände krallen sich um seinen Hals. Mit letzter Kraft versucht er, sich zu befreien – da, endlich! Der Druck des Wassers wirft ihn wieder an die Oberfläche.

Er bekommt Luft, hat aber viel Wasser geschluckt. Ganz dicht ist neben ihm ein Boot aufgetaucht. Es ist ein Rettungsboot der *Gustloff*.

»Rettet mich – helft mir«, schreit Peter Schiller keuchend den Insassen zu – – – und wirklich – zwei Arme beugen sich über den Bootsrand und ziehen ihn an Bord. Er hört noch wie aus weiter Ferne die Stimme einer Frau, und dann wird es Nacht um ihn, die Sinne schwinden ihm.

T 36 wird bald darauf auch sein Rettungsschiff.

Während das Torpedoboot seine Rettungsaktion ohne Unterbrechung fortsetzt, setzt das russische U-Boot zum Angriff an.

Aber auch auf dem Torpedoboot ist man trotz allen Einsatzes für die Schiffbrüchigen auf der Hut. Von Anfang an haben die Unterwasserhorchgeräte des T-Bootes den Feind erfaßt. Auch über Wasser zeigen die Funk-Meßgeräte nun seine gefährliche Nähe an.

Das Verbleiben des T-Bootes an der Unfallstelle bedeutet für den Kommandanten eine harte Nervenprobe. Aber dieser Mann weiß, was auf dem Spiele steht. Bis zum allerletzten Augenblick will er mit seiner Besatzung ausharren und so vielen Schiffbrüchigen wie möglich das Leben retten.

Einen Angriff auf das U-Boot, der ihm wohl am ehesten im Sinne gelegen hätte, kann er nicht durchführen, denn seine Mannschaft ist dazu noch nicht genügend ausgebildet. Ein Kampf mit dem Gegner würde die Rettungsarbeiten und damit die Leiden der Treibenden unnötig verlängern.

Unausgesetzt bleibt Kapitänleutnant Hering über Standort und Lage des feindlichen U-Bootes auf dem laufenden. Keine Bewegung entgeht ihm.

Jetzt eben signalisieren die Geräte ein Herumholen des U-Boot-Bugs um 30–35 Hektometer.

Sofort dreht auch *T36* bei, genau der U-Boot-Bewegung entsprechend, um bei einem etwaigen Torpedoschuß keine Breitseite zu bieten.

Während sich das stumme Duell zwei einander unsichtbarer Gegner unter nervenzerreißender Spannung vollzieht, merken weder die Schiffbrüchigen noch die Besatzung, was sich hinter den rein zufällig scheinenden Bewegungen des Torpedobootes verbirgt. Niemand außer dem Kommandanten, dem danebenstehenden Korvettenkapitän Zahn und dem Befehlsübermittler ahnt, daß der Tod sich erneut zu einem Beutezug anschickt, daß jede Sekunde wieder eine Katastrophe bringen kann, wenn *T 36* nicht durch geschicktes Manöverieren den Angreifer vom Schuß abzuhalten vermag oder den Torpedos ausweicht.

Die Horchposten geben laufend die Entfernungen und Peilungen durch:

»1200 Meter . . .

Es ist ein gefährliches Katze- und Maus-Spiel – – –

»1000 Meter . . .«

Korvettenkapitän Zahn, der neben Kapitänleutnant Hering steht, hat seine Tasse mit dem heißen Kaffee, der ihn aufwärmen sollte, längst beiseitegestellt. Der Kaffee ist inzwischen kalt geworden. Zahn weiß als erfahrener U-Boot-Kommandant, in welcher Gefahr sich die Torpedoboot und die Menschen, die darauf sind, befinden.

»Um keinen Preis näher rankommen lassen als 800 Meter –
dann ist's passiert –
entweder angreifen oder abhauen . . .«

Für Sekunden blicken sich die Männer an. Sie wissen beide um die Verantwortung. Angreifen kann *T 36* nicht, also bleibt nur die Möglichkeit, die Unglücksstelle ganz schnell, mit äußerster Kraft, zu verlassen. Doch ein blitzschnelles Verlassen der Unfallstelle würde Tote und Verletzte fordern. Alle, die jetzt an *T 36* festklammern, würden weggefegt.

Hering nimmt das Megaphon an den Mund:

»Achtung – Achtung –
Weg vom Schiff –
U-Boot-Gefahr –
Wir fahren los –
Wir kommen wieder –
Haltet aus –
Wir retten Euch . . .!«

Nicht alle haben den Kommandanten verstanden. Aber die, die ihn verstanden haben, bekommen plötzlich eine heillose Angst, nun, kurz vor der Rettung, doch noch zurückbleiben zu müssen. Sie klammern sich an die Strickleitern, an Taue, halten die Matrosen fest, wollen noch mit, bitten, flehen, schreien, fluchen.

Doch jetzt geht es um Sekunden.

In diesem Augenblick meldet der Befehlsübermittler vom U-Boot-Ortungsgerät:

»Richtung 90 Grad – zwotes U-Boot!«

Hering und Zahn sehen sich entsetzt an. Jetzt ist das Unglück vollkommen. Blitzschnell läßt der T-Kommandant das Funkmeßgerät ansetzen, es besteht kein Zweifel, die Ortung ist einwandfrei.

Ein zweites feindliches U-Boot befindet sich gleichfalls in unmittelbarer Nähe – –

Wenn nicht blitzartig gehandelt wird, ist die Torpedierung von *T 36* mit nahezu eintausend Menschen sicher.

Robert Hering trifft den schwersten Entschluß seines Lebens. Hart und klar ertönt sein Kommando:

»Beide Maschinen 21 sm hart steuerbord.«

Kaum ist der Befehl hinausgegangen, als *T 36* auch schon blitzschnell dreht und höchste Fahrt aufnimmt.

Das Leben der Tausend auf *T 36* hängt in diesen bangen Sekunden am seidenen Faden.

Es war der letzte Augenblick, denn schon kommen zwei Torpedos angeschossen. Mancher der Schiffbrüchigen mag gespürt haben, daß irgend etwas im Wasser an ihm vorüberrauschte, aber er ahnte nicht, um welche tödlichen Aale es sich handelte.

Dicht unter der Wasserfläche schießen die beiden tödlichen Geschosse dahin. Deutlich kann man von der Kommandobrücke ihre Bahn verfolgen. Unwillkürlich gehen die Männer etwas in die Kniebeuge, als ein Torpedo an der Backbordseitenwand entlangschurrt, während der zweite steuerbord vorbeiläuft.

Dann sehen sie sich wortlos an.

Zu sagen gibt es hier nichts.

Sekunden später atmen alle erleichtert auf: *T 36* ist dem Angriff entkommen – buchstäblich in letzter Sekunde.

Als das T-Boot mit äußerster Kraft die Unfallstelle *Gustloff* verließ, nahm es alles mit, was vor den Bug kam: Boote, Flöße und schwimmende Menschen. Aber das mußte sein. Das Leben von tausend Menschen stand auf dem Spiel.

Nun folgte das nächste Kommando:

»Klar bei Wasserbomben«, befiehlt Kapitänleutnant Hering. Jetzt wagt er einen Angriff auf das gegnerische U-Boot. Das ganze Schiff vibriert, als die Wasserbomben fallen. Für Sekunden fällt das Licht aus.

Die soeben geretteten *Gustloff*-Schiffbrüchigen glauben an eine neue Katastrophe, ein neues Unglück. Frauen beginnen zu schreien, Kinder rufen nach ihren Eltern, Greise beginnen zu beten.

Doch dann ist auch dieser Schreck vorbei – –

Zwanzig Minuten dauert das Manöver. Ob das U-Boot getroffen wurde, weiß niemand zu sagen.

T 36 muß jetzt, kurz vor Mitternacht, die ›Unfallstelle *Gustloff*‹ verlassen. Das Boot ist überfüllt. Es hat sein Äußerstes getan. Über fünfhundert *Gustloff*-Überlebende sind an Bord, wie eine flüchtige Zählung ergab.

Sie liegen überall, vom Maschinenraum angefangen bis zur Kommandobrücke, in Gängen und Kabinen, in Abstellräumen und im Kabelgatt. An Oberdeck konnte man niemand lassen, dort wären sie unweigerlich erfroren.

So muß das Torpedoboot *T 36* das Grab der *Gustloff* verlassen. Mit 17 sm Fahrt läuft es mit Kurs Saßnitz davon.

Noch lange hallen Schreie und Flüche der noch im Wasser Treibenden dem davonlaufenden Rettungsschiff nach.

Erst in diesem Augenblick, da das Torpedoboot *T 36* die ›Unfallstelle *Gustloff*‹ verläßt und Kurs auf Saßnitz nimmt, fühlen sich die Schiffbrüchigen von der *Gustloff* sicherer. Manchem kommt erst jetzt die Rettung, das Überleben, zum Bewußtsein. Einige sind nach ihrer Anbordnahme zusammengebrochen, in tiefen Schlaf versunken und wachen erst jetzt auf. Manche fragen noch: »Wo bin ich?« – oder: »Wo fahren wir hin?« Und die Antworten, die sie erhalten, machen sie ruhiger.

Auch Peter Schiller begreift erst jetzt, daß er zu den Geretteten zählt. Nachdem ihm ein Sanitäter einen Becher mit Tee und Rum gegeben hatte, war er sofort nach seiner Rettung, in einem großen Raum zwischen zehn oder fünfzehn Menschen liegend, vor Erschöpfung in den Schlaf versunken. Auch er erfährt erst jetzt, daß er sich auf dem Torpedoboot *T 36* befindet, und daß dieses Schiff Kurs auf Saßnitz genommen hat.

Er fragt sich in diesem Augenblick, wieviele den Untergang der *Gustloff* wohl überlebt haben mögen. Er wußte, daß mehr als sechstausendsechshundert Menschen – vielleicht sogar fast 7000 – auf der *Gustloff* waren, als das Schiff die Reede von Hela verließ, einschließlich der zuletzt an Bord genommenen Flüchtlinge von der *Reval* . . .

Nun, zu diesem Zeitpunkt wußte noch niemand, wieviele die Katastrophennacht überlebt hatten.

Wieviele Menschen von *T 36* gerettet worden waren, stellte man in dieser Stunde in der Bootswachtmeisterei von *T 36* fest. Nach einer zunächst groben Zählung versuchte man, die Namen der Überlebenden festzustellen und deren genaue Zahl, um danach eine Liste der *Gustloff*-Geretteten zu erstellen, die noch vor Ankunft in Saßnitz fertig sein sollte.

Als sie fertig war, enthielt sie 564 Namen.

564 von 6600 oder mehr!

Bis zur Ankunft in Saßnitz muß allerdings vor einige Namen noch ein Kreuz und hinter die Namen der Vermerk geschrieben werden:

»Nach Rettung an Bord verstorben!«

Diese Unglücklichen werden dann in eine neue Liste eingetragen.

Die »Totenliste«.

Doch diese Liste enthält nur wenige Namen.

Die meisten Menschen auf dem Torpedoboot sind glückliche Menschen, vor allem die *Gustloff*-Überlebenden.

In allen Räumen des relativ kleinen Bootes, das einschließlich der Besatzung bereits 450 Menschen an Bord hatte, bevor der erste Schiffbrüchige von der *Gustloff* aufgenommen wurde, liegen die Geretteten: In den Kabinen der Offiziere, die spontan geräumt wurden, in den Unteroffiziers- und Mannschaftslogis, in den Nebenräumen, den Abstellkammern, selbst in der Küche und im Maschinenraum. Jeder auch nur kleinste Winkel wurde ausgenutzt. Es mußte sein. Und es stört niemanden.

Neben Peter Schiller, der in der geräumten Mannschaftsmesse liegt, zusammen mit weiteren fünfzehn Menschen, Frauen und Kindern – er ist er einzige Mann in diesem Raum – weint eine Frau, sie schluchzt. Peter Schiller versucht vergeblich, ihr Mut zuzusprechen. Die Frau hat alles verloren, was sie besaß: Die *Gustloff* hat ihr den Mann geraubt und die beiden Kinder. Und sie hat keine Hoffnung, daß die drei von einem anderen Schiff gerettet wurden . . .

Nun ist sie ganz allein in der Welt, fühlt sich einsam und verlassen. Und ihre Tränen wollen kein Ende nehmen.

Doch es fließen auf dem Torpedoboot *T 36* nicht nur Tränen des Leides, sondern auch Tränen der Freude.

Da sucht der Bordschneider der *Gustloff*, der zur zivilen Stammbesatzung zählte, seine Frau, die ebenfalls auf der *Gustloff* als Stewardess bedienstet war. Er hat wenig Hoffnung, sie zu finden und lebend wiederzusehen, nachdem sie sich auf der sinkenden *Gustloff* aus den Augen verloren hatten. Ganz plötzlich kam das – unerwartet. Keiner konnte mehr dem anderen helfen.

Aber ebenso plötzlich und unerwartet stehen sie sich wieder gegenüber. In diesem Augenblick auf *T 36*, fallen sich in die Arme, weinen vor Freude, blicken an sich herab. Jeder der beiden hat das Unglück äußerlich unversehrt überstanden.

Auch das ist ein Wunder.

In einer anderen Kabine stehen sich urplötzlich nach furchtbaren Stunden des Auseinandergerissenseins und der Hoffnungslosigkeit Mutter und Tochter gegenüber, umarmen sich überglücklich – –

Manche nennen dies ein glückliches Schicksal, andere eine Fügung Gottes, wieder andere einen Zufall. Doch für Mutter und Tochter ist das Wiedersehen mehr als Schicksal oder Zufall.

»Ich habe immer nur für Dich gebetet, die ganze Zeit gebetet, daß ich Dich wiederfinde . . .«, sagt die 12jährige tränenüberströmt.

Doch viele Gerettete suchen vergeblich nach Angehörigen, die sie vielleicht für immer verloren haben. So das siebenjährige dunkelhaarige Mädchen, das unweit von Peter Schiller auf dem Fußboden sitzt, die Hände vor ihr Gesicht haltend und immer wieder schluchzend ruft: »Wo ist meine Mutti – wo ist meine Mutti – – –?«

DAS WUNDER AUF *T LÖWE*: LEO WIRD GEBOREN

Glück in dieser Unglücksnacht hatte auch die hochschwangere junge Frau aus Elbing, die in dem steuerlos treibenden Rettungsboot der *Gustloff*, geschüttelt von Wehen, nach einem Arzt geschrien hatte. Der plötzlich an der Unfallstelle erschienene Schwere Kreuzer *Admiral Hipper* mußte zwar sehr schnell den Schauplatz wieder verlassen, aber kurz darauf hatte die Mannschaft des Torpedobootes alle Insassen des *Gustloff*-Bootes, zuerst die Schwangere aus Elbing, an Bord genommen.

Nun war sie endlich gerettet und konnt ihr Kind gebären.

Doch an Bord des *T Löwe* befand sich kein Arzt – – –

Kaum fünf Minuten später legte das zweite Boot der *Gustloff* an dem Torpedoboot an. Völlig durchnäßt und steifgefroren holte man auch den Marineoberstabsarzt der *Gustloff* an Bord. Kaum hatte man ihm die Kleider vom Leib geschnitten und ihm aus dem Spind eines Bootsmannsmaaten eine trockene Uniform in die Hand gedrückt, die er anziehen wollte, hörte er draußen auf dem Gang wieder einen Ruf:

»Ist unter den Geretteten ein Arzt – wir brauchen dringend einen Arzt – – –!«

Dr. Richter wußte zwar nicht, wer der Verwundete sein mochte, dem er helfen sollte, und er hatte auch keinerlei Instrumente, aber er wollte helfen. Er traute seinen Augen nicht, als er in der Kammer des Obermaschinisten die 21jährige junge Frau aus Elbing sah, bei der er die Geburt kurz vor der Torpedierung auf der Geburtshilfestation der *Gustloff* eingeleitet und nach der Torpedierung durch eine Spritze gestoppt hatte.

»Herr Doktor – Sie sind das – wie kommen Sie hierher?«

Die junge Frau glaubte zu träumen. Das kann es doch gar nicht geben, das kann doch nicht sein, daß dieser nette Arzt den Untergang der *Gustloff* überlebt hat und von dem gleichen Schiff wie sie gerettet worden ist – – –?

Es war so – –!

M/S Wilhelm Gustloff: Das letzte dokumentarische Foto. Mit mehr als 6000 Menschen an Bord verläßt das Schiff am Mittag des 30. Januar 1945 Gotenhafen und begibt sich auf eine Reise ohne Wiederkehr, eine Reise auf den Grund der Ostsee. Das gesamte Oberdeck der *Gustloff* ist voller Menschen von denen nur wenige mehr als eintausend die Reise überleben.
(Foto: PR / Ostsee-Archiv Heinz Schön)

Torpedoboot *Löwe* beim Einlaufen in Gotenhafen. Im Hintergrund die *Gustloff. T Löwe* war das einzige Geleitboot, das die U-Boot-Waffe für die Reise der *Gustloff* nach Westen bereitstellen konnte. *(Foto: PR / Ostsee-Archiv Heinz Schön)*

Minenexplosion in der Danziger Bucht. Kurz nach dem Auslaufen aus Gotenhafen detonierte in unmittelbarer Nähe der *Gustloff* eine Mine. War das ein schlechtes Omen für die erste Reise der *Gustloff* als Flüchtlingsschiff?
(Foto: PR / Ostsee-Archiv Heinz Schön)

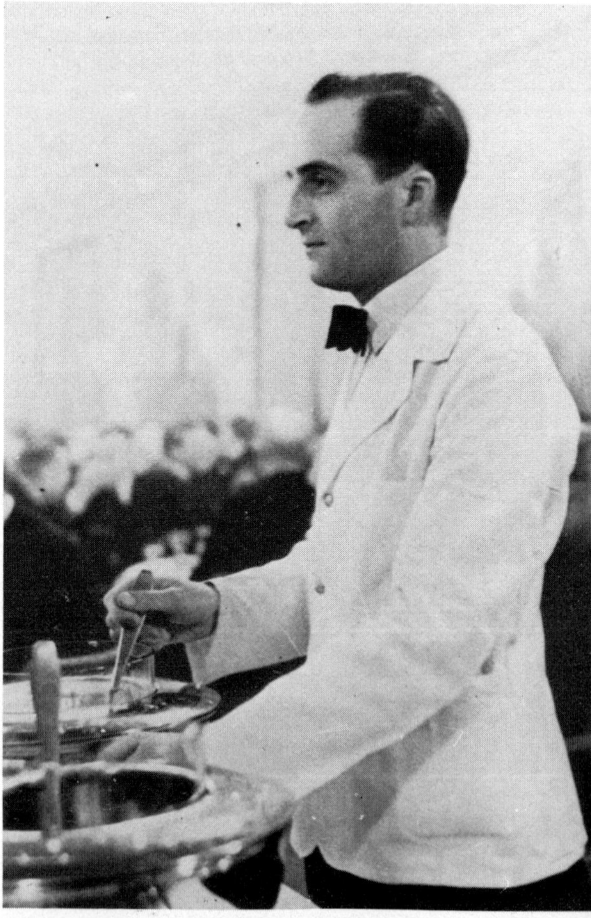

Bis zuletzt bei bester Laune: Kapitänssteward Max Bonnet von der *Wilhelm Gustloff*. Er überlebte die Nacht des Schreckens in der Ostsee.
(Foto: PR / Ostsee-Archiv Heinz Schön)

Der ›Funker der *Gustloff*, Funkgefreiter Rudi Lange. Mit seinem UKW-Gerät setzte er den Funkspruch der sinkenden *Gustloff* ab:
SOS – GUSTLOFF DREI TORPEDOTREFFER SCHIFF SINKT SCHNELL AN BORD SECHSTAUSEND MENSCHEN – KOMMT SCHNELL . . .
(Foto: PR / Ostsee-Archiv Heinz Schön)

Deutlich schreiben!

Ausweis
für
MS. „Wilhelm Gustloff“

Name:
Bisherige Wohnung:
Anschrift der nächsten Angehörigen:

Kommando
2. Unterseebootslehrdivision

M/S Wilhelm Gustloff: Dieser ›Ausweis‹ der zur Teilnahme an der letzten Reise der *Gustloff* berechtigte, wurde für mehr als 5000 Menschen zum ›Freifahrtschein‹ in den Tod.
(Foto: PR / Ostsee-Archiv Heinz Schön)

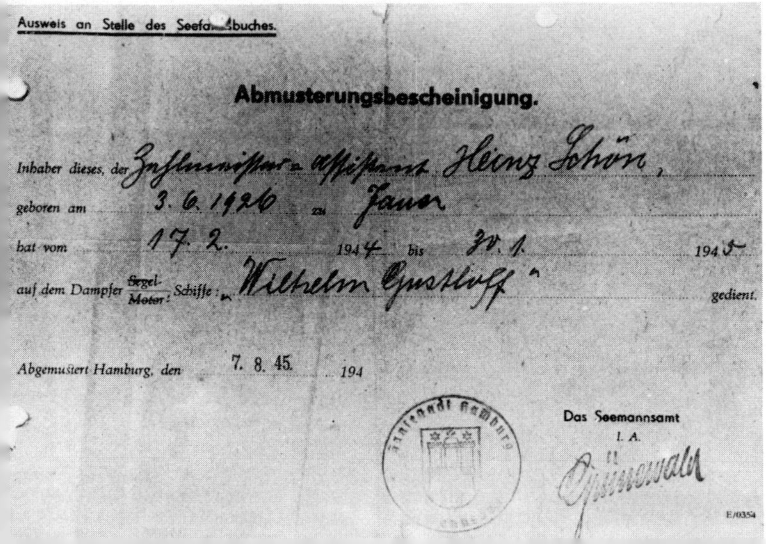

Ausweis an Stelle des Seefahrtsbuches.

Abmusterungsbescheinigung.

Inhaber dieses, der Zahlmeister-Assistent Heinz Schön,
geboren am 3. 6. 1926 zu Jauer
hat vom 17. 2. 1944 bis 30. 1. 1945
auf dem Dampfer Segel-/Motor-Schiffe „Wilhelm Gustloff“ gedient.

Abgemustert Hamburg, den 7. 8. 45 194

Das Seemannsamt
I. A.
Grünewald

E/0354

M/S Wilhelm Gustloff: Der ›Abmusterungsschein‹ des Verfassers, der sich am 17. Februar 1944 an bis zum Untergang an Bord befand und die *Gustloff*-Katastrophe überlebte.
(Foto: PR / Ostsee-Archiv Heinz Schön)

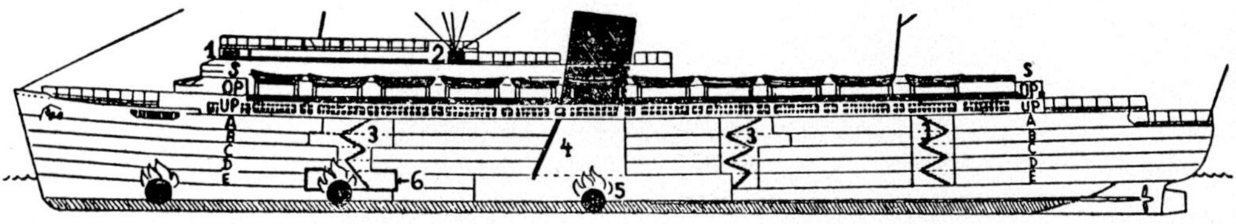

Wie die Torpedos die *Gustloff* trafen.
(Skizze des Verfassers Heinz Schön)

M/S Wilhelm Gustloff: Nach drei Torpedotreffern sinkt die *Gustloff* mit Festbeleuchtung bei 18 Grad unter Null, knapp eine Stunde nach den Treffern. Mehr als fünftausend Menschen fanden bei dieser wohl größten Schiffskatastrophe aller Zeiten den Tod in den Fluten der Ostsee.
(Zeichnung nach Angaben des Verfassern von H. Rathe, Foto: Ostsee-Archiv Heinz Schön)

Der Schwere Kreuzer *Admiral Hipper* befand sich am Abend des 30. Januar 1945 mit mehr als eintausend Flüchtlingen an Bord auf dem gleichen Kurs wie die *Gustloff* auf dem Weg nach Westen, begleitet vom Torpedoboot *T 36*, und gelangte als erstes Schiff an die ›Unfallstelle *Gustloff*‹. *Hipper* konnte keine Schiffbrüchigen aufnehmen, ließ aber *T 36* an der ›Unfallstelle‹ zurück.
(Foto: PR / Ostsee-Archiv Heinz Schön)

472 *Gustloff*-Schiffbrüchige rettete das Begleitboot der *Gustloff*, die Mannschaft des Torpedobootes *Löwe* in der Nacht vom 30. zum 31. Januar 1945, darunter eine Schwangere, die an Bord des *T Löwe* einen Jungen gebar und ihn Leo nannte. Der ebenfalls gerettete Schiffsarzt der *Gustloff*, Dr. Richter, kaum gerettet und an Bord gezogen, entband die Mutter, ohne jedes Hilfsmittel, von dem Knaben. Ein Wunder in der Katastrophennacht.
(Foto: PR / Ostsee-Archiv Heinz Schön)

Am frühen Morgen des 31. Januar 1945 traf der Dampfer *Gotland* an der ›Unfallstelle *Gustloff*‹ ein und konnte noch neun Schiffbrüchige lebend aus der Ostsee bergen und später in Swinemünde absetzen.
(Foto: Drüppel RM 2049)

Alarm auf Vorpostenboot *1703* am späten Abend des 30. Januar 1945 im Hafen von Gotenhafen. Die Mannschaft springt auf, als sie hörte „. . . draußen auf See sinkt die *Gustloff* mit sechstausend Menschen . . .!" Kapitänleutnant Hanefeld, Kommandant von *VP 1703,* befiehlt: „Wir laufen aus – Kurs Unfallstelle *Gustloff* (Bild oben), Vorpostenboot *1703* (Bild Mitte). *(Fotos: PR / Ostsee-Archiv Heinz Schön)*

Apell an Bord des Vorpostenbootes *1703* am Vormittag des 31. Januar 1945. Ganz links Obermat Werner Gust. Er barg aus einem leeren und steuerlos über dem Grab der *Gustloff* vorgefundenen Rettungsboot den eineinhalbjährigen Frank-Michael Freymüller als ›*Gustloff*-Findling‹, behielt ihn und gab ihm seinen Namen. Er wollte ihm zeitlebens ein guter Vater sein und nahm ihn mit nach Hause zu seiner Frau nach Rostock. Der heute 38jährige lebt heute in der DDR und weiß nichts von seinem Schicksal. *(Foto: PR / Ostsee-Archiv Heinz Schön)*

Ein Flüchtlingstreck auf dem Weg in einen Ostseehafen. Viele tragen die bange Sorge mit sich: Werden wir dort ein Schiff finden, das uns rettet und nach Westen bringt?
(Foto: Ullstein 48998)

Auch die *Hansa,* die neben der *Gustloff* in Gotenhafen-Oxhöft lag, wurde Mitte Januar 1945 ›Flüchtlingsschiff‹ und sollte gemeinsam mit der *Gustloff* auslaufen. Doch daraus wurde nichts, *Hansa* mußte wegen Maschinenschadens zurückbleiben, lief einen Tag später, vollbeladen mit Flüchtlingen und U-Boot-Leuten, nach Westen und kam durch.
(Foto: HAL / Ostsee-Archiv Heinz Schön)

Oberzahlmeister Zepplien mußte sich mit der neuen Aufgabe für den Dampfer *Hansa* vertraut machen: der Anbordnahme von 3000 Flüchtlingen aus Danzig-Westpreußen und aus Ostpreußen. *(Foto: PR / Ostsee-Archiv Heinz Schön)*

Der Dampfer *Deutschland* nahm auf seiner ersten Reise am 31. Januar 1945 rund 10.000 Menschen an Bord und rettete auf sieben Reisen insgesamt 69.379 Menschen, bis auch dieses Schiff am 3. Mai 1945 das Schicksal traf, Bomben in der Neustädter Bucht.
(Foto: HAL / Ostsee-Archiv Heinz Schön)

Nun wußte sie: Jetzt kann mir nichts mehr geschehen, jetzt werde ich meinen Sohn geschenkt bekommen, nach einer Nacht, die ich zeitlebens nicht vergessen werde.

Dasselbe dachte auch Dr. Richter. Auch für ihn schien dieses Wunder der Katastrophennacht kaum faßbar.

Dem Arzt fehlte fast alles, was er für eine Geburt brauchte, es war nichts an Bord, weder ein Instrument noch Verbandszeug, noch Medikamente, alles war restlos aufgebraucht. Halb knieend, halb liegend, ohne jedes Hilfsmittel, mit seinen eigenen bloßen Händen, entband er die 21jährige Frau aus Elbing von einem Kind. Es war ein Knabe.

Und die Mutter wollte, daß er Leo heißt, weil er auf dem Torpedoboot *Löwe* geboren war – –

Überglücklich streckte sie die Hände nach dem Arzt aus, ihrem Retter, der die abenteuerlichste Geburt seines Lebens vollbracht hatte.

Aber nicht allen ist das Schicksal so gnädig gewesen, nicht alle *Gustloff*-Schiffbrüchigen sind schon an Bord der Rettungsschiffe. Einige hundert schwimmen noch immer in der eiskalten Ostsee – und leben noch.

Auch der Funkgefreite von der *Gustloff*.

Rudi Lange hat kurz vor dem Untergang des Schiffes seine Schwimmweste einer Frau gegeben. So mußte er sich lange Zeit ohne Schwimmweste mit eigenen Kräften über Wasser halten. Er hat auch nicht den Mut gefunden, einem der vielen Toten, die um ihn herum in der Ostsee schwammen, die Schwimmweste abzubinden.

Neben dem so mit dem Tode kämpfenden Funker ist dann plötzlich eine aus Trümmern und Eis zusammengefrorene Scholle aufgetaucht. Rudi Lange erkennt seine letzte Rettungsmöglichkeit. Mit letzter Kraftanstrenung versucht er, dieses merkwürdige Rettungsfahrzeug zu besteigen. Und es gelingt ihm auch. Doch dann merkt er, daß er auf dieser Scholle nicht allein ist, denn drei Frauen liegen schon drauf.

Doch alle drei sind tot.

Ein eisiger Wind bläst über die Eisscholle.

Der Funker friert jämmerlich. Die Luft ist weitaus kälter als das Wasser, und da Rudi Lange kein Ruder besitzt und sich kaum bewegen kann, ist er der Gefahr ausgesetzt zu erfrieren.

Rudi Langes Rettungsfahrzeug tanzt wie eine Streichholzschachtel auf den Wellen. Neben ihm die toten Frauen und um ihn herum das Wasser, der Wind, die Nacht, die treibenden Menschen und die vielen Leichen. Es ist kaum zu begreifen, daß da ein Mensch noch Hoffnung auf Rettung hat.

Mit der Hand versucht der Funker, seine Haare, die querstehen und zu Eissträhnen gefroren sind, glattzustreichen. Dabei reißt er eine Wunde am Kopf auf, die er sich beim Verlassen des untergehenden Schiffes zugefügt hat. Warm fließt das Blut über sein Gesicht. Doch gleich ist es ihm, als sei die Wunde wieder zugefroren.

Rudi Lange überkommt immer stärker die Angst zu ermüden, dann einzuschlafen und zu erfrieren. Deshalb faßt er den Entschluß, sein Rettungsfahrzeug wieder aufzugeben. Doch das ist gar nicht so einfach; er ist nämlich auf der Scholle schon festgefroren; zu lange hat er schon darauf stillgesessen. Als er sich mit voller Gewalt losreißt, spürt er Schmerzen und erschrickt, sein Hosenboden bleibt auf der Eisscholle haften.

Die Ostsee nimmt ihn wieder auf.

Doch jetzt hat er eine Schwimmweste umgebunden, die ihn trägt.

Wieder vergeht die Zeit – und er schwimmt durch die Nacht.

Zuerst sind seine Schwimmbewegungen regelmäßig, werden dann aber immer langsamer und – ihm selbst unbewußt – legt sich eine erlösende Müdigkeit über ihn.

Plötzlich schreckt er auf. Unmittelbar neben ihm, nur zwanzig, dreißig Meter entfernt, wächst ein hoher Wellenberg aus dem Wasser, wird größer, höher und treibt Rudi Lange in ein Wellental hinein. Dann teilt der Wellenberg sich, und gespenstisch taucht vom Meeresgrund ein Schiff auf.

Der Funker traut seinen Augen nicht.

Ist das eine Vision, ein schrecklicher Traum, oder – was noch furchtbarer wäre – die Wirklichkeit?

Der Turm eines U-Bootes wird sichtbar.

Des U-Bootes, das die *Gustloff* versenkt hatte?

Doch ebenso schnell wie es aufgetaucht, verschwindet es wieder.

Nur kurze Augenblicke dauert der Spuk, dann ist die See wieder ruhiger.

Rudi Lange weiß immer noch nicht, ob das, was er eben sah, eine Vision, ober ob es wirklich ein russisches U-Boot war.

Wenige Minuten später taucht ein neuer Schatten auf, ein großes Schiff – ein Torpedoboot.

Scheinwerfer huschen über die Wasserfläche, bleiben an Booten, Flößen, Schwimmwesten hängen.

An der Reling des T-Bootes stehen Matrosen.

Jetzt erfaßt der Scheinwerfer auch Rudi Lange. Dieser reckt den Arm hoch und schreit:

»Werft mir eine Leine zu – nehmt mich auf – ich kann nicht mehr . . .!«

Hoffnungsvoll blickt der Funker hinüber zum T-Boot. Wie mit einem Zauberstab berührt, wachsen plötzlich seine Kräfte. Plötzlich spürt er, daß viele, die neben ihm schwimmen und die er längst für tot gehalten hat, doch noch am Leben sind. Denn jetzt, da das Schiff aufgetaucht ist, hat ein Flehen, Schreien und Wimmern eingesetzt – das ganze Meer schreit nach Hilfe.

Rudi Lange nimmt alle Kraft zusammen, schwimmt mit kräftigen Stößen dem rettenden Torpedoboot entgegen und ruft, näher gekommen, noch einmal den an Deck stehenden Matrosen zu:

»Werft mir eine Leine zu – zieht mich hoch – nehmt mich mit . . .!«

Trichterförmig hat ein Matrose die Hände vor den Mund genommen und ruft zurück:

»Hier nicht, alles vereist – laß Dich zum Schraubenschutz treiben – wir nehmen Dich dort auf . . .!«

Der Funkgefreite will diesem Rat folgen, schwimmt weiter, ist ganz nahe am Torpedoboot –

Doch blitzschnell, völlig unerwartet, nimmt dieses neue Fahrt auf, schießt jäh davon.

Wenige Augenblicke danach schwimmt zwischen Rudi Lange und dem Heck des Torpedobootes, das jetzt schon in etwa 100 Meter Entfernung davonsticht, irgend jemand sehr schnell hindurch.

Er erkennt dieses ›Etwas‹: Es ist ein Torpedo, und es kann sich nur um ein russisches Torpedo handeln. Hätte das T-Boot noch hier gestanden, wäre sein Schicksal besiegelt gewesen. Der Torpedo hätte mit Sicherheit getroffen.

Jetzt erst versteht Rudi Lange, warum das Torpedoboot *T 36* so überraschend die Rettungsarbeiten abgebrochen und mit äußerster Kraft davongelaufen ist. Wohl hat noch jemand von der Kommandobrücke herübergerufen:

»Haltet aus – wir kommen wieder . . .!«

Aber das ist ein schwacher Trost mehr für die, die zurückbleiben müssen.

Und das sind immer noch sehr viele.

Der Schock ist stärker als der schwache Trost: »Wir kommen wieder . . .!«

Zudem hat das plötzliche Abdrehen des T-Bootes manchem das Leben gekostet. Zwei Matrosen des Torpedobootes, die gerade auf einem Rettungsfloß im Begriff waren, eine völlig erstarrte Frau festzubinden, um sie dann an Bord hieven zu lassen, sind unter den *Gustloff*-Schiffbrüchigen zurückgeblieben – und seitdem verschollen. Sie bezahlten ihre tapfere Rettungstat mit ihrem eigenen jungen Leben.

Einige der Schiffbrüchigen sind in die Schrauben des abdrehenden Torpedobootes geraten und haben so einen schnellen Tod gefunden. Ein vollbesetztes Schlauchboot ist vom Bug des davonjagenden Schiffes buchstäblich aufgespießt worden. Die vielen, die einige Meter davon im Wasser trieben, mußten dieses schreckliche Schauspiel mit Entsetzen ansehen.

Und dann werden die im Wasser Treibenden von den Detonationen der Wasserbomben erschreckt, die *T 36* geworfen hat.

Doch auch diese bangen Minuten gehen vorbei.

Und mit ihnen stirbt auch langsam die letzte Hoffnung, doch noch zum guten Ende gerettet zu werden. Immer mehr erlahmen dem Funker die Glieder, und die Kräfte schwinden.

Es muß jetzt fast Mitternacht sein.

Doch da ist ein neuer Schatten aufgetaucht, ein Schiff kommt näher, wird größer.

Noch einmal nimmt Rudi Lange alle Kraft zusammen, reckt sich hoch, schreit aus Leibeskräften:

»Hierher – hierher – rettet mich . . .!«

Minuten später wird er gerettet. Mühsam zieht man ihn an Deck des Torpedobootes *Löwe*.

Rudi Lange, der Funker der *Gustloff*, ist einer der letzten, den die *Löwe* aufnimmt. Denn auch auf diesem Rettungsschiff ist längst jeder Platz belegt, jeder freie Winkel für die Unterbringung der Schiffbrüchigen ausgenutzt. Die Mannschaft hat ihr Letztes an Kraft und Kleidung hergegeben.

T Löwe bricht wenige Minuten vor Mitternacht die Rettungsaktion ab und nimmt Kurs auf Kolberg.

An Bord des Schiffes befinden sich 472 Überlebende, darunter der Erste Offizier der *Gustloff*, Louis Reese, Wachkapitän Heinz Köhler, Maria Kupfer, die einzige Überlebende aus dem Unteren Promenadendeck, die Mann und ihre zwei Kinder opfern mußte, und Gertrud Agnesens, eine der wenigen überlebenden Marinehelferinnen.

Als die Torpedoboote *T 36* und *T Löwe* die Unglücksstelle verlassen haben, kämpfen noch immer unzählige Schiffbrüchige mit den Wellen und der eisigen Kälte.

Es ist Mitternacht.

Seit der Torpedierung der *Gustloff* sind zwei Stunden und 45 Minuten vergangen, seit dem Verschwinden des Schiffswracks in den gleißenden Fluten etwa 100 Minuten.

Was ist in dieser Zeit geschehen?

Mit nüchternen Worten wird es am nächsten Morgen der Bordrundfunk des Schweren Kreuzers *Admiral Hipper* wie folgt bekanntgeben:

»Achtung – Achtung,

Hier ist der Bordrundfunk *Admiral Hipper* –

Wir geben eine kurze Übersicht über den bisherigen Verlauf der Reise und die Ereignisse der letzten Nacht:

Das Schiff legte um 15.03 Uhr in Gotenhafen ab und trat, begleitet von dem Torpedoboot *T 36*, den Marsch nach Kiel an, wo wir bei planmäßigem Verlauf am morgigen Vormittag eintreffen werden.

Gestern abend gegen 22.00 Uhr wurden nordwestlich von Rixhöft, etwa auf der Höhe von Stolpmünde, weit voraus Notsignale gesichtet und SOS-Rufe eines großen sinkenden Schiffes aufgenommen. Es wurde sofort Kurs auf die Unfallstelle genommen und diese mit äußerster Kraft angelaufen. Dort wurde das frühere KdF-Schiff *Wilhelm Gustloff*, von russischen U-Booten torpediert, sinkend angetroffen. Als unser Schiff die Unfallstelle erreichte, war das Sicherungsschiff der *Gustloff*, das Torpedoboot *Löwe*, damit beschäftigt, die Schiffbrüchigen zu bergen.

Das Begleitboot des *Admiral Hipper*, *T 36*, wurde ebenfalls an der Unfallstelle gelassen, um Schiffbrüchige aufzunehmen. *Admiral Hipper* mußte, ohne einen Überlebenden an Bord nehmen zu können, seine Fahrt fortsetzen, da an der Untergangsstelle erhebliche U-Boot-Gefahr bestand, so daß das Schiff, falls es dort verblieben wäre, selbst ein Opfer des U-Boot-Angriffes hätte werden können.

Wie wir inzwischen durch Funk erfahren haben, hat unser Begleitfahrzeug *T 36* mehrere hundert *Gustloff*-Schiffbrüchige aus der See bergen können und befindet sich bereits auf der Fahrt nach einem nahen Hafen.

Da auf die Meldung von dem Unglück zahlreiche weitere Fahrzeuge zu der Unfallstelle eilten, ist zu hoffen, daß eine große Anzahl der eingeschifften Flüchtlinge und der Besatzung gerettet werden konnten.

Ende der Durchsage!«

Aber diese nachträgliche Meldung wird nicht annähernd ahnen lassen, was jetzt, um Mitternacht des 30. zum 31. Januar 1945, zwölf Seemeilen querab Stolpmünde, in der sturmgepeitschten Ostsee, vor sich geht. Denn bis der letzte Überlebende geborgen, bis sich der letzte Mund mit einem qualvollen Seufzer schließt und das letzte Herz stillsteht, vollzieht sich noch so manch erschütterndes Schicksal.

In einem der Rettungsboote steht inmitten der sich eng aneinanderdrängenden Insassen eine Mutter. Ihr Kind hockt am Boden und hat die Arme um ihre Beine geschlungen. Die Frau ist seit Stunden in eine dumpfe Lethargie verfallen und hat gar nicht mehr gemerkt, daß allmählich Wasser in das Boot eingedrungen ist und langsam an ihren Beinen immer höher steigt. Auf einmal greift sie wie im Traum nach ihrem Kind – Aber nun, wo ihre tastenden Hände das eisige Wasser spüren, wird sie wach. Wild reißt sie den zweijährigen Jungen empor – zu spät. Das Kind ist bereits tot.

Ein Schrei dringt aus ihrer Brust, ein Schrei, der allen in die Glieder fährt. Die Frau gebärdet sich wie eine Wahnsinnige und droht das Fahrzeug jeden Augenblick zum Kentern zu bringen. Als sich zwei Männer ihrer entschlossen bemächtigen, reißt sie sich los und stürzt mit einem verzweifelten Aufschrei über Bord.

An einer anderen Stelle halten drei Männer mühsam ein Schlauchboot über Wasser. Eine Frau, die sich als vierte bei ihnen befindet, wimmert ohne Unterbrechung: »Wolfgang, unsere drei Kinder – Wolfgang, unsere drei Kinder . . .« Keiner vermag ihr zu helfen. Es ist, als habe sie den Verstand verloren. Ihr Ältester wurde in der Kabine durch einen herabstürzenden Koffer getötet, den Zweiten, einen Jungen von acht Jahren, zertraten die irrsinnigen Massen in den Gängen des Schiffes und das Jüngste riß die See aus ihrem Arm. Nun schreit sie immerfort nach ihrem Mann, der irgendwo an der Front steht – – –

Nach Stunden ersterben plötzlich die Worte auf ihren Lippen, und dann verlischt auch dieses Leben. Eine wie blind tastende Handbewegung noch, und der Körper der Frau sinkt in sich zusammen. Stumm starren die Männer vor sich hin.

Nach einer Weile ertönt außenbords ein schwacher Schrei. Dicht neben dem Boot treibt ein Körper in den Wellen. Wie auf ein Kommando greifen alle drei zu und ziehen ein junges, nur mit der Schwimmweste bekleidetes Mädchen aus dem Wasser, das völlig steif und kaum noch bei Bewußtsein ist. Einer der Männer zieht seine Jacke aus und hüllt die Ärmste notdürftig darin ein. Aber Ruhe ist gefährlich. »Nicht schlafen – Beine ins Wasser halten und dauernd bewegen!« schreien sie der Regungslosen ins Ohr. Aber dazu ist diese nicht mehr fähig. Kurz entschlossen binden sie das Mädchen darauf am Rand des Schlauchbootes fest, so daß die Beine ins Wasser hängen und von den Wellen hin und her geworfen werden. Während zwei die Erstarrte festhalten, bearbeitet der dritte ihr abwechselnd Rücken und Oberschenkel. Das bringt das Blut wieder in Bewegung und hält auch die Männer wach. Einige Zeit später werden alle vier geretttet.

Der Wind hat etwas nachgelassen, aber noch immer reicht er aus, um die wenigen Boote wie Nußschalen auf den Wellen herumtanzen zu lassen. Die Zahl der Überlebenden wird kleiner und kleiner. Mit dem neuen Tag setzt ein großes Sterben ein.

Alle Spannkraft, alle Hoffnung hat mit einem Mal ein Ende. Nirgends ist ein rettendes Schiff zu sehen. Von dem großen Geleitzug, der nicht weit entfernt zufällig Kurs auf das Grab der *Gustloff* genommen hat, ahnen die Schiffbrüchigen nichts. Aber auch auf den Schiffen selbst weiß infolge der Funkstörung noch niemand, welcher Unglücksstelle man sich jetzt nähert. So liegt nach wie vor Hoffnungslosigkeit über der Wasserwüste.

Der Wind hat die Boote allmählich voll Wasser geschlagen. Viele der Insassen sind eingeschlafen, um nie mehr aufzuwachen. In einem der kleinen Boote sind von 24 Insassen mit Sicherheit bereits sieben tot. Durch den heftigen Seegang und die Tieflage hat das Boot viel Wasser gefaßt und muß dringend entlastet werden. Die Leichen werden kurzerhand über Bord geworfen. Lautlos versinken die Namenlosen in den Wellen, drei Frauen und vier Kinder. Aber es scheinen noch mehr Tote im Boot zu sein. Man weiß überhaupt nicht recht, wer eigentlich noch am Leben ist und wessen Herz schon längst aufgehört hat zu schlagen.

Ein junges Mädchen sitzt steif und stumm da, als sei es bereits von allen irdischen Qualen erlöst. »Hier – die scheint auch hinüber zu sein«, meint ein Bootsmann. Vier Arme greifen zu, um die Erstarrte gleichfalls in das Wasser zu werfen. Da gellt ein verzweifelter Schrei auf: »Ich lebe doch noch!«

»Ist das überhaupt noch ein Leben? Oder sollte man sich lieber überwinden und in den Wellen den Tod suchen?« fragen sich viele der Bootsinsassen.

Wieder kommt Bewegung in die Menschen: Ein Schlauchboot ist aufgetaucht und treibt direkt auf das Rettungsboot zu. Nur ein Mann sitzt darin. Jetzt reckt er sich aus seiner Versunkenheit auf und brüllt: »Setzt einen

Mann herüber – ich bin allein – ich bin allein – setzt jemand über . . .!«

Aber niemand rührt sich.

»Ihr Feiglinge – Ihr feigen Hunde – warum will den keiner?!« tönt es noch einmal. Und so plötzlich, wie das Schlauchboot aufgetaucht ist, verschwindet es wieder im Dunkel der Nacht.

FLÖSSE – BOOTE – TOTE

Drei Stunden sind seit dem Untergang der *Gustloff* vergangen.

Ein neuer Tag ist angebrochen.

Das Kalenderblatt zeigt den 31. Januar 1945.

Die Uhrzeiger stehen auf 15 Minuten nach eins.

Die letzten noch lebenden Schiffbrüchigen der *Gustloff* glauben eine Erscheinung vor sich zu sehen, als jetzt, eine Stunde nach Mitternacht, an der Unfallstelle ein ganzer Geleitzug, mehrere Schiffe erscheinen.

Das größte Schiff dieses Geleits ist der Dampfer *Göttingen* unter Führung von Kapitän Segelken. Wie viele andere Schiffe, so war auch der Dampfer *Göttingen* zur Zeit als Flüchtlingsschiff eingesetzt. Von Pillau kommend, hatte er den Auftrag, 2436 Verwundete und 1190 Flüchtlinge, darunter 113 Säuglinge und Kleinkinder, und 5 An-Bord-Geborene nach Swinemünde zu bringen. An Rettungsmitteln befanden sich nur fünfhundert Schwimmwesten, 10 Rettungsflöße und die schiffseigenen Rettungsboote an Bord. Mehr hatte man in Pillau nicht mehr auftreiben können.

Das für ca. 500 bis 600 Menschen bestimmte Schiff hatte nunmehr über 4600 Menschen an Bord. Begreiflich, daß sämtliche Zwischendecks, beide oberen Bunkerdecks, sämtliche Gänge, Wohn- und Eßräume nebst sämtlichen Betten der Schiffsbesatzung und Flakmannschaften besetzt waren.

Die *Göttingen* war von einigen Minensuchbooten und TF-Booten begleitet, die ebenfalls bis in den letzten Winkel mit Verwundeten und Flüchtlingen vollgepropft waren.

Durch die starken atmosphärischen Störungen hatten weder der Dampfer *Göttingen* noch die Begleitschiffe etwas von der *Gustloff*-Katastrophe wahrgenommen.

Kapitän Segelken ist deshalb einigermaßen überrascht, als plötzlich gegen 01.30 Uhr sein Erster Offizier Küster meldet, daß das Geleitführerboot die Fahrt verlangsamt und auch die anderen Fahrzeuge des Geleits eigenartige Manöver machen.

Sofort eilt Kapitän Segelken auf die Kommandobrücke. Was er von dort aus sieht und hört, überrascht ihn noch mehr.

»Da – Flöße – Boote – Menschen – treibende Menschen!«

Schwache Hilferufe sind zu hören, die von Sekunde zu Sekunde stärker werden, immer stärker.

Was mag hier geschehen sein?

Während die Offiziere auf der Kommandobrücke der *Göttingen* diese Frage noch diskutieren, hat Kapitän Segelken bereits die entscheidenden Befehle an seine Mannschaft erteilt:

»Wachen an Deck – Rettungsboote klar!«

Der Wind bläst mit Stärke vier aus Nordwest, der Himmel ist bedeckt und dunkel. Auf dem Bootsdeck des Schiffes treten in fliegender Eile die Besatzungen der Rettungsboote an. Der Erste Offizier Küster, Führer des Rettungsbootes 1, ruft die Namen der Männer auf, die jetzt aufopferungsbereit und zäh eine fast aussichtslose Suche nach den wenigen, weit voneinander entfernt Treibenden beginnen werden:

Boot 1: Matrose Ehret, Schönfeld, Weile, Hashagen, Köhler, Stocklöw, Treumann, Göhnstedt, Schykowski, Schiffsjunge Ehling, Matrosen-Gefreiter Hölzner, Matrosen-Gefreiter Maarer,

Boot 2: Bootsführer 3. Offizier Schulz, 3. Offizier Scharringhausen, Matrose Meyer, Matrose Stadel, Obergefreiter Schänkels, Obergefreiter Weingerl, Obergefreiter Wistrach, Obergefreiter Fritzler, Obergefreiter Lampe, Gefreiter Damster.

Dann kämpfen sich die Boote durch die Wellen. Aber nur noch selten gelingt es, eine ohnmächtige Frau, einen erstarrten Mann, ein leblos scheinendes Kind zu bergen. Der Tod hat reiche Ernte gehalten. Zehn Ertrunkene auf einen Lebenden, das ist etwa das Verhältnis.

Fünfundzwanzig Menschen kann das Boot Nr. 1 den Wellen entreißen. Mehr haben auch nicht Platz, denn die Manöverierfähigkeit ist mit 38 Personen äußerst schwierig.

Am Horizont tauchen auf einmal die Leuchtzeichen eines der Sicherungsgeleitschiffe auf:

»U-Boot-Gefahr in Richtung der abgeschossenen Sterne!«

Noch immer befinden sich also feindliche U-Boote in der Nähe.

Die U-Boot-Warnung zwingt den Dampfer *Göttingen* zu einem Drehmanöver. Dadurch wird das soeben an der Luvseite anlegende Rettungsboot Nr. 1 wieder abgehängt und kann jetzt nur unter größten Schwierigkeiten das infolge seines geringen Tiefganges stark treibende Schiff wieder erreichen. Erst nachdem der Dampfer die Bemühungen des Bootsführers mit Maschinenkraft unterstützt, gelingt das gefährliche Manöver.

Ein Schiffbrüchiger nach dem anderen wird an Bord genommen.

Rettungsboot Nr. 2 aber ist noch draußen auf See und setzt die Suche nach Überlebenden fort.

Zur gleichen Zeit wie der Dampfer *Göttingen* hat auch das Minensuchboot *M 341* die ›Unfallstelle *Gustloff*‹ erreicht.

M 341, unter Führung von Oberleutnant zur See Henry Rickmers, hat bereits 144 Flüchtlinge aus Königsberg an Bord, außerdem eine etwa einhundert Mann starke Besatzung.

Gestoppt liegt das Minensuchboot am Rande der Unfallstelle.

An Oberdeck steht die Besatzung klar zum Einsatz.

Auf der Kommandobrücke gibt der Kommandant die notwendigen Befehle. Tiefes Dunkel liegt noch über dem Meer. Doch da huschen schon die Scheinwerfer über die See, erfassen ein Bild des Grauens in einer Nacht des Schreckens.

Überall liegen schwarze Schatten!

Eins, zwei, drei, vier! – Schiffe, Helfer – Retter!

Und in der See, auf dem bewegten Wasser, überall Köpfe, Flöße, Trümmer. Alles scheint tot, gestorben, ertrunken und erfroren. Die »Unfallstelle« scheint ein riesiges Leichenfeld, jetzt, mehr als drei Stunden nach dem Untergang.

Doch mit dem Aufblenden der Scheinwerfer wird die See noch einmal lebendig. Die ›Unfallstelle‹ beginnt plötzlich wieder zu leben, wird laut, immer lauter.

Die Luft ist plötzlich erfüllt von dem einen verzweifelten Schrei:

»Hilfe – Hilfe . . .!«

Kaum einer schreit mehr zwei Worte. Immer wieder nur das eine Wort:

»Hilfe – Hilfe!« klingt in den Himmel, über das Wasser herüber zu den Rettungsschiffen, von denen die Boote zu Wasser gelassen werden, abstoßen, hineintauchen in das Dunkel der Nacht, in das weite Feld der Lebenden und Toten.

Verzweifelte, fast tierische Schreie klingen noch einmal auf. Menschen in Todesangst schreien, beten, fluchen. Es ist ein unvergeßliches, erschütterndes Bild, das die ›Unfallstelle *Gustloff*‹ bietet: Gellende Schreie zwischen umgekippten Booten, Flößen, Kisten und dahintreibenden leblos scheinenden Körpern. An den Rettungsbooten hängen Menschentrauben – erfroren.

Dann wieder schreit es langgezogen aus der Ferne, kreischt gellend neben der Bordwand, lacht wahnsinnig, plumpst zurück in die See, versinkt lautlos.

Das ist ein schwimmendes Massengrab.

Und mitten hindurch bahnt sich der Rettungskutter des Minensuchbootes *341*, geführt von Oberbootmannsmaat Rennies, den Weg. Doch in diesem Kutter sitzt schon der Tod. Soeben Gerettete sterben, andere lallen, lachen, beten, Wahnsinn in den Augen. Von dreizehn Geborgenen, die der Kutter zurückbringt, leben nur noch neun.

Dann legt der Kutter wieder ab, fährt hinaus in das Trümmerfeld, hinein in das Leichenfeld. Jedes Boot, jedes Holzstück wird mit dem Scheinwerfer abgetastet.

Auf einem Floß hockt zusammengekauert ein Mann:

»Los Kuttergäste – der lebt noch . . .!«

Keinen Ton gibt der Einsame von sich. Steifgefroren, Wahnsinn in den

Augen, liegt er da. Zu zwanzig sind sie in dem großen Floß gewesen, die meisten halb im Wasser hängend, und ihre Hilfeschreie haben stundenlang über die Wogen geklungen. Dann ist einer nach dem anderen zurückgefallen und ertrunken – alle – bis auf einen – diesen hier – den letzten.

Weiter! – Ein Schlauchboot – drei Menschen, kein Laut, keine Bewegung – erstarrt – erfroren.

Gespenstisch treiben Boote und Flöße mit den stummen Passagieren auf den Wellen. Schwarze unförmige Menschenklumpen darauf. Totenschiffe! Überall das gleiche Bild: Flöße, Boote, Trümmer, Leichen.

Da treibt ein Floß. Ein Mensch steht darin. Ein Junge, sieben Jahre alt, mutterlos, allein. Der Junge hat mehrere Hosen an und zwei Mäntel. Um den Hals trägt er ein Holzschild mit seinen Personalien. Er ist noch quicklebendig. Für ihn war diese Nacht ein ganz großes Erlebnis, die Fahrt auf dem Floß sein größtes Abenteuer. Der kleine Kerl ahnt nicht, daß er in dieser Nacht die größte Schiffskatastrophe aller Zeiten erlebt hat . . . Er ahnt auch nicht, daß er mit der *Gustloff* seine Mutter und vier Geschwister verloren hat, ertrunken, erfroren. Sein Vater ist in Rußland vermißt. Allein ist er übrig geblieben. Der Siebenjährige wird zeitlebens an diese Nacht zurückdenken.

Er wird als letzter in den Kutter genommen.

Siebzehn lebend Gerettete sind in dem Kutter und fast ebenso viele Tote . . .

Siebenunddreißig Lebende kann das Minensuchboot *341* bergen – und viele, viele Tote.

Als der Kommandant des Bootes die Liste der Überlebenden aufstellt, hofft er, daß andere Schiffe mehr Lebende gerettet haben. Doch die Funksprüche, die in diesen Augenblicken durch den Äther jagen, sagen etwas anderes:

Es werden nur wenige lebend Geborgene, aber viele Leichen gemeldet:

»Habe einhundertzehn Leichen an Bord, laufe weiter . . .« funkt einer,

»Hunderteinundzwanzig Tote an Bord . . .« ein anderer.

Ein dritter setzt den Funkspruch ab: »Breche Rettungsaktion *Gustloff* ab, habe hundertsechsundzwanzig Tote an Bord . . .!«

Erschreckend sind diese Zahlen.

Und wieviele waren auf der *Gustloff*?

Sicher mehrere Tausend . . .

Um 03.30 Uhr bricht auch der Dampfer *Göttingen* die Rettungsaktion ab, nachdem das Boot Nr. 2 an Bord zurückgekehrt ist und die letzten noch Lebenden geborgen hat. Jetzt ist kein Schrei mehr zu hören. Einsam und verlassen liegt das Grab der *Gustloff* zwölf Seemeilen querab Stolpmünde.

Die Liste der vom Dampfer *Göttingen* lebend Geretteten enthält 28 Namen:

Lisa Kastner, Oberbootsmaat Wolfgang Fast, Maschinenmaat Max Helbing, Fungefr. Heinz Bienenbeck, Marinehelferin Hildegard Krasemann, Bootsmaat Arthur Schäfer, Funkmaat Ernst Hübner, Angestellte Gertrud Willuhn, Mech. Maat Conrad Winkelhofer, Oberltn. zur See Paul Ditberner, Mar. San. Ob. Fähnr. Karl Seitz, Masch. Maat Heinz G. Bertram, Matr. Gefr. Arthur Fischer, Funkmaat Eduard Rohlinger, Stenotypistin Erika Harder, Hilfsangestellte Hildegard Gross, Marinehelferin Clara Paus, Funkmaat Karl Lindemann, Verkäuferin Gerda Tobjinske, Ob. Steuermann Wilhelm Berger, Funkgefr. Heinrich Rocker, Winfried Hartun (7 Jahre), Schülerin Eva Luck, Maat Andreas Rollmann, Marinehelferin Ruth Rossow, Med. techn. Assistentin Irene Stender, DRK-Haupthelferin Leni Duckstein, Bootsmaat Günther Kuberka.

Doch schon eine halbe Stunde später, gegen 04.00 Uhr, während Dampfer *Göttingen* Kurs auf Swinemünde genommen hat, muß die Liste der Geretteten berichtigt werden. Hinter dem Letztgenannten, Bootsmaat Günther Kuberka, muß der Vermerk geschrieben werden:

»Gegen 04.00 Uhr an Bord der *Göttingen* an Erstarrung gestorben . . .!«

NACH DER KATASTROPHENNACHT: TOTE UND ÜBERLEBENDE

31. Januar 1945.

Ein neuer Morgen zieht herauf. Friede liegt über der Ostsee. Zwölf Seemeilen querab Stolpmünde, in sechzig Meter Tiefe, ruht ein Schiffswrack – und fünftausend tote Menschen.

Glutrot steigt die Sonne an diesem klaren Wintermorgen aus dem Meer. Der feurige Ball wird langsam größer, das Rot wird noch leuchtender. Es scheint, als sei dieser feurige Ball getränkt mit dem Blute der Fünftausend, die in dieser Nacht mit der *Gustloff* ihr Grab in der Ostsee fanden.

Die Sonne steht schon etwas höher am Horizont, als die Rettungsschiffe verschiedene Ostseehäfen anlaufen.

Mehr als 6600 Menschen haben mit der *Gustloff* die Flucht über die Ostsee gewagt, nur 1216 überlebten sie.

Mit 564 Überlebenden läuft das Torpedoboot *T 36* den Hafen von Saßnitz an. Die Hafenkommandantur wurde bereits über Funk benachrichtigt. Das im Saßnitzer Hafen liegende Lazarettschiff *Kronprinz Olaf* ist bereits auf die Aufnahme verletzter *Gustloff*-Schiffbrüchiger vorbereitet.

Für die Überlebenden der *Gustloff* ist es ein großer Augenblick, als sie ihr Rettungsschiff verlassen und über die schmale, hölzerne Stalling nach unten wanken und dann wieder festen Boden unter den Füßen fühlen.

Die meisten *Gustloff*-Geretteten sind nur notdürftig bekleidet, viele können aus eigener Kraft das Schiff nicht verlassen, werden gestützt oder an die Hand genommen. Als die Lebenden *T 36* verlassen haben, folgen die geborgenen Toten, mit Tüchern bedeckt, Opfer einer Katastrophennacht, die die Überlebenden zeitlebens nicht vergessen werden.

Als sich die Überlebenden am Kai versammelt haben, blicken sie noch einmal hinüber zu ihrem Rettungsschiff. Im Brückennock steht der Kommandant, Kapitänleutnant Robert Hering, der Mann, dem die 564 von der *Gustloff* ihr Leben zu verdanken haben. Neben dem Kommandanten steht eine betagte, weißhaarige Frau. Sie ist die Mutter des Kommandanten, er hat sie aus Danzig mitgebracht als Flüchtling unter vielen.

Bevor sich der traurige Pilgerzug der *Gustloff*-Geretteten in Bewegung setzt, blicken sich die Menschen an. So mancher wird vermißt, so mancher trifft sich wieder:

»Gottseidank – Du bist auch dabei – – –!«

Diese Worte hört man immer wieder. Sonst aber reden die Geretteten wenig. Sie müssen erst begreifen, daß sie dem Untergang der *Gustloff* entkommen sind.

Da hat einer der Überlebenden offensichtlich den Verstand verloren, kniet auf dem Boden, küßt die steinhart gefrorene Erde, faßt sie an, streicht mit der Hand darüber.

Der junge Mann ist Peter Schiller. Er hat keineswegs den Verstand verloren, sondern versucht, seine Rettung, sein Überleben zu begreifen – – –

Später, am Abend dieses Tages, gibt er im Postamt von Saßnitz ein Telegramm auf, das an seine Eltern in Jauer in Schlesien gerichtet ist. Nur drei Worte enthält dieses Telegramm: »Ich lebe noch – – –!«

Als er diese drei Worte mit zitternder Hand geschrieben hat, füllen sich seine Augen mit Tränen, er beginnt zu schluchzen – – –

Es stört ihn nicht, daß die Umstehenden ihn verwundert ansehen; sie wissen nicht, was letzte Nacht draußen in der Ostsee geschehen ist und was in einem Menschen vorgeht, der dem Tode so nahe war.

Peter Schiller ist nicht der einzige, der an diesem 31. Januar nach dem Untergang der *Gustloff* seinen Tränen freien Lauf läßt. Für viele Tausende wurde dieses Schiff, das einst als ›Schiff der Lebensfreude‹ die Meere befahren sollte, zu einem ›Schiff der Tränen‹. So manche Mutter weint an diesem Tage um ihr ertrunkenes Kind, manches Kind um die verlorene Mutter und manche Mutter um ihren Sohn, der draußen in der Ostsee geblieben ist, verschollen beim Untergang der *Gustloff*. Am Mittag des 31. Januars 1945 läuft in Gotenhafen *TF 19* ein. Auch dieses Schiff hat einige *Gustloff*-Überlebende an Bord. Sieben sind es, die gegen Mitternacht noch an der ›Unfallstelle *Gustloff*‹ lebend geborgen werden konnten. Hinter der Eintragung des Kommandanten von *TF 19*, Oberleutnant Walter Schick, »31. Januar 1945 – 13.15 Uhr, Ankunft in Gotenhafen, Ausschiffung von sieben *Gustloff*-Überlebenden . . .« verbergen sich die Schicksale von sieben Menschen.

Nur zwei der sieben Überlebenden können ohne fremde Hilfe *TF 19* verlassen und wanken an Land. Die anderen fünf müssen von Bord getragen werden. Unter ihnen auch die 17jährige Marinehelferin Sigrid Bergfeld, die als eine der wenigen der Schwimmbad-Unterkunft der *Gustloff* lebend entkommen ist. Mit erfrorenen Beinen wird sie in das Festungslazarett Gotenhafen-Oxhöft eingeliefert.

Die sieben *Gustloff*-Überlebenden auf dem Torpedofangboot *TF 19* sind froh, die letzte Nacht überlebt zu haben, sie sind überglücklich . . .

Bis auf einen. Er ist nicht froh darüber, überlebt zu haben.

Er wollte mit der *Gustloff* untergehen.

Es ist der 19jährige Wäschegehilfe, der alles verlor, was er in seinem jungen Leben besaß. Drei Generationen hatte er auf die *Gustloff* gebracht: Vierzehn Personen, Vater, Mutter, alle Geschwister, Großeltern und Verwandte. Und alle waren sie umgekommen, tot, ertrunken, erstickt im schottendichten Vorschiff – – –

Er aber war gerettet und mußte weiterleben.

Ein einmaliges Schicksal, das ein Schiff, die Ostsee und ein grauenvoller Krieg heraufbeschworen haben.

Fast zur gleichen Stunde legte das Torpedoboot *Löwe* im Hafen von Kolberg an. 472 Menschen konnte die Besatzung dieses Bootes unter Führung von Kapitänleutnant Paul Prüfe dem Tod in der Ostsee entreißen.

An der Pier, angestarrt von einer sich rasch versammelten Menschenmenge, formieren sich die Gehfähigen zu einem Marschzug. Es ist ein erschütternder Anblick, dieser Haufen Menschen, der durch den Schnee den Weg in die Stadt sucht. Den Umstehenden bleibt der Mund offen stehen. Sie wissen nicht, woher diese Menschen kommen und wohin sie wollen. Niemand gibt eine Auskunft darüber. Viele der Geretteten haben nicht einmal mehr Schuhe an den Füßen, auf Strümpfen marschieren sie, humpeln sie über das steinhart gefrorene Pflaster der bereits zur Festung erklärten Stadt Kolberg. An den Straßenrändern stehen Menschen, starren den Pilgerzug, der aus dem Hafen kommt, an. Mancher zieht die Jacke aus, hängt sie einer Frau um. Da zieht am Straßenrand eine Frau ihre Schuhe aus und gibt sie einer jungen Frau, die barfuß in der Kolonne des Elends mitmarschiert; dort holt eine Frau eine Decke aus dem Haus, gibt sie einer Mutter, damit sie ihr Kind, das sie auf dem Arm trägt, einwickeln kann – – –

Die Kolberger fühlen, daß diese Menschen Hilfe brauchen, obwohl sie nicht wissen, welches Unglück diese Menschen überlebt haben. Denn vom Untergang der *Gustloff* weiß noch niemand etwas.

Fast als Letzter in diesem langen Pilgerzug der 472 Überlebenden der *Gustloff*, die das Torpedoboot *Löwe* gerettet hat, geht ein Funkgefreiter. Es ist Rudi Lange, der mit seinem UKW-Gerät das Sterben des Schiffes weitergab – – –

TS II mit 98 Geretteten an Bord, der Dampfer *Göttingen* mit 28 Überlebenden der *Gustloff* und das Minensuchboot *M 341* mit 37 Geretteten erreichen am frühen Nachmittag des 31. Januar 1945 den Hafen von Swinemünde. Der Dampfer *Gotenland* folgte einen Tag später mit 9 Geretteten.

Noch am Abend des 31. Januar 1945 läuft in Gotenhafen das Vorpostenboot *1703* ein.

An Bord befinden sich zwei Tote – und ein Überlebender.

Der letzte Überlebende der *Gustloff* ist ein etwa einjähriger unbekannter Junge. Oberbootsmannsmaat Werner Gust hat diesen elternlosen *Gustloff*-Findling, der fast sieben Stunden nach der Torpedierung der *Gustloff* aus einem fast leeren Rettungsboot lebend geborgen wurde, an sich genommen und will ihn behalten . . .

Nach Einlaufen von *VP 1703* macht Kapitänleutnant Hanefeld seine Meldung an die VP-Flottille in Danzig-Langfuhr:

»Rettungsaktion *Gustloff* um 05.00 Uhr abgeschlosen. Unbekanntes Kleinkind lebend geborgen und zwei Tote, eine Frau und ein Mädchen . . .«

Am 31. Januar 1945 gehen aber nicht nur Überlebende der *Gustloff* an Land. Es werden auch viele, viele Tote von den Schiffen getragen. Eine große Lagerhalle im Hafenbecken I in Gotenhafen dient als Leichenhalle für die *Gustloff*-Toten. In langen Reihen legt man hier die Toten aus. Die Männer, die diese Arbeit verrichten müssen, wollen sie so rasch als möglich beenden. »Nur schnell wieder raus aus dieser düsteren Halle«, ist ihr Gedanke.

Längst sind die Leichenwagen wieder fortgefahren, als ein Mann um die Ecke kommt. Er spricht ein paar Worte mit dem Posten, der vor der Halle steht – ein Kopfnicken, und dann öffnet sich die große Tür einen schmalen Spalt. Der Mann zwängt sich hindurch und betritt zögernd die Halle. Vor zwei Tagen hat der 58jährige Sanitätssoldat Erich Lehmann seine Frau und seine Kinder an Bord der *Gustloff* gebracht, gestern hat er ihnen noch nachwinken können, und nun sucht er sie hier unter den Toten. Es ist der schwerste Gang im Leben dieses Mannes. Seine Füße sind wie Blei, als er in dem halbdunklen Raum von einem zum anderen geht. Plötzlich bleibt er stehen: »Helmut – mein Junge . . .!«

Dann sinkt er an der Leiche eines Zwölfjährigen nieder. Lange hört man nur den Sturm um das Haus brausen. Nach einer Weile wird die große Schiebetür geöffnet. »Heda – Sie müssen jetzt gehen!« ruft der Posten durch den Spalt.

Der Mann erhebt sich taumelnd, als ob er aus einer tiefen Betäubung erwacht und verschwindet im Nebel.

Am nächsten Morgen fahren Lastkraftwagen und Pferdegespanne vor der Lagerhalle vor, um die Toten zum Friedhof zu bringen. Einhundertunddreiundvierzig Opfer der Katastrophe werden in Gotenhafen, in Papiersäkke gehüllt, der winterharten Erde übergeben. Särge gibt es nicht, Holz ist knapp. Keiner der Soldaten, die diese Arbeit verrichten, spricht ein Wort. Für einige kurze Augenblicke stellt einer die Schaufel ab. Er hält ein kleines Bündel im Arm – einen toten Säugling, eines der vielen Kinder, denen die *Gustloff* den Tod brachte. Das Herz dieses Mannes krampft sich bei diesem Anblick zusammen. Behutsam legt er das Kind nieder – wenig später deckt es die Erde zu.

Der letzte Akt des *Gustloff*-Dramas findet in der Seestadt Pillau statt.

Hier ist es seit einigen Tagen mit der Ruhe vorbei, und es wird auch immer schwerer, Ordnung zu halten. Denn immer mehr Flüchtlinge strömen nach Pillau, dem Tor zur Freiheit, dem Tor zur Ostsee. Nachdem vor gut einer Woche das erste große Flüchtlingsgeleit mit mehr als 20.000 Menschen den Hafen von Pillau verlassen und wohlbehalten im Zielhafen angekommen ist und tagtäglich weitere, meist kleinere Schiffe, vollgepropft bis obenhin, Kurs nach Westen nehmen, sehen die in Pillau wartenden Flüchtlinge die Flucht über die Ostsee als sichersten und beschwerlichsten Fluchtweg an.

Alles wartet in Pillau auf Schiffe.

Und die Zahl der Wartenden wächst von Stunde zu Stunde, von Tag zu Tag. Längst sind alle Schuppen, Säle, Schulen, Gaststätten besetzt. Die Quartiersuche wird zum Problem. Gruppenweise schieben sich die Flüchtlinge durch die überfüllten Straßen, die zum Teil vereist und schneebedeckt sind, liegen an kalten Häuserwänden, suchen noch einen Platz in einem Flur oder eine windgeschützte Stelle, irgendwo.

Und alle haben nur eine Hoffnung: Ein Schiff.

Am späten Nachmittag des 31. Januar ist es anscheinend soweit:

»Schiffe kommen – Schiffe kommen!«

Wie ein Lauffeuer rast diese Meldung durch Pillau, schwirrt durch die Straßen, Häuser, Hallen, Lazarette, Bunker, Löcher und Ruinen. Die Augen der Menschen beginnen zu leuchten, Herzen schlagen schneller, neue Kräfte werden lebendig, Steifgefrorene spüren plötzlich die Kälte weichen, können gehen, laufen, rennen.

Und das alles durch die zwei Worte:

»Schiffe kommen – – –!«

Die noch nicht im Hafen sind, machen sich eilends auf den Weg. Zu Hunderten eilen sie durch die Straßen. Säcke, Kisten, Koffer, Wagen, Pferde türmen sich an den Straßenrändern auf, immer mehr kommt dazu. Alles lästige Gepäck wird fortgeworfen. Es gilt jetzt nur noch eines: Das nackte Leben retten.

Das nackte Leben retten!

Eine wahre Menschenwoge flutet zum Pillauer Hafen, eine wahre Völkerwanderung setzt ein.

Überall kriechen sie hervor, aus den Ruinen abgebrannter Häuser, aus feuchten, dunklen Kellern und Fluren, aus den Lagerhallen, Schulen, Gasthäusern und Lazaretten. Was noch gesunde Beine hat, rennt um das nackte Leben.

Und nichts mehr vermag diese Menschen aufzuhalten, denn im Hafen ist die Rettung, das Leben.

Keine Macht – keine Feldgendarmerie, kein Sonderkommando der Partei – kann den Strom kontrollieren oder gar aufhalten.

Man hört wieder das Keuchen der abgehetzten Frauen, die zum vierten oder fünften oder achten Male ihre Kinder auf den Arm oder an die Hand nehmen, Koffer und Rucksäcke auf den Rücken nehmen und zum Hafen hasten. Man hört immer wieder das gleiche, trappelnde, hastende, unsagbar traurige Geräusch ungezählter Füße. Wenn die Schiffe sichtbar werden, beschleunigen sie ihre Schritte, trennen sich noch von dem letzten Gepäck, um nur nicht zu spät zu kommen. Die nicht laufen können und vor dem Ziel ermattet auf ihren Bündeln zusammensinken, scheinen verloren. Jetzt heißt es: Alles aufgeben, nur das nackte Leben retten.

Vor den Fliehenden liegen die Schiffe – – –

Es sind nur Schiffchen!

Ein paar Minensuchboote, weiter nichts; die großen Schiffe sollen noch kommen.

Auf die Minensuchboote darf noch kein Passagier.

Die heranstürmenden Menschen werden zurückgedrängt, immer weiter, immer weiter.

Es werden Absperrmaßnahmen im Hafen getroffen. Und wieder warten die Menschen dicht aneinandergedrängt. Mit brennenden Blicken starren sie auf die See. Wo bleiben die Schiffe, wo bleibt die Rettung?

Paul Wehowski ist einer von denen, denen befohlen ist, die Flüchtlinge zurückzudrängen. Es macht ihm Mühe, sich durchzusetzen, denn er hat nur noch einen Arm, den linken, und in diesem steckt keine große Kraft mehr.

Das, was er sieht, erfüllt ihn mit Schrecken. Soweit sein Blick reicht: Menschen, Menschen, Menschen, und vor ihm an der Pier nur einige wenige kleine Schiffe. Sie werden nur Hunderte an Bord nehmen können . . .

Was wird aus den anderen?

Paul Wehowski ist glücklich darüber, daß seine Familei sich bereits in Sicherheit befindet. Gestern hat er sie mit dem kleinen Dampfer *Reval* nach Gotenhafen geschickt, und er hat Nachricht darüber, daß dieses kleine Schiff gerade noch vor dem Auslaufen der *Gustloff* vor Hela ankam und seine Lieben, seine Frau und drei Kinder, auf der *Gustloff* aufgenommen wurden.

Das war gestern. Und die *Gustloff* ist längst in Sicherheit – und seine Lieben auch – Gott sei Dank!

Was sich jetzt hier in Pillau tut, ist furchtbar. So schlimm kann es in Gotenhafen nicht gewesen sein. Und die *Gustloff*, das ist wenigstens ein Schiff. Wenn man hier dagegen diese kleinen Boote sieht – – Man müßte Angst haben, an Bord zu gehen, um mit Ihnen die Flucht über die Ostsee zu wagen.

Paul Wehowski starrt in das schmutziggraue Wasser, das ölig und drekkig an die Pier gespült wird, an der eben ein weiteres Minensuchboot festgemacht hat.

Eine Weile bleibt er stehen und hängt seinen Gedanken nach. Wie lange wird es dauern, bis auch dieser Hafen umkämpft wird? Wann werden hier die Kaimauern gesprengt, die Lagerhallen zerstört, niedergebrannt? Lange wird es nicht mehr dauern. Und was wird dann aus den Menschen, den Frauen und Kindern, die dann noch hier sind?

Paul Wehowski kann nicht weiterdenken, denn von dem Minensuchboot kommen plötzlich einige Sanitäter mit Tragbahren.

Eine Bahre, noch eine, noch eine – –

Die Reihe reißt nicht ab.

Neue Sanitäter kommen, ein ganzer Zug, gehen auf das Minensuchboot, kommen zurück. Zwei Mann tragen immer eine Bahre.

Dem Zuschauenden verschlägt es den Atem. Und nicht nur ihm, auch die in einiger Entfernung hinter einem Absperring aus Tauen wartenden Flüchtlinge starren herüber zu dem Minensuchboot.

Bahre auf Bahre verläßt das Schiff.

Das sind doch wenigstens schon fünfzig, denkt Paul Wehowski.

Sind das Verwundete?

Kaum – –

Denn jede Bahre ist zugedeckt, wenige mit einem weißen Tuch, viele mit einer Decke.

Immer noch kommen die Sanitäter mit Bahren über die Gangway, zählen kann er sie nicht mehr, es sind zu viele.

Dann kommen zwei Matrosen mit der letzten Bahre. Paul Wehowski tritt auf sie zu und spricht den Sanitäter an:

»Sag Kamerad – sind das Tote . . .?«

Der Angesprochene blickt sich um, und da er sieht, das niemand in Hörweite steht, erklärt er leise:

»Ja – alles Tote – die haben wir aufgefischt letzte Nacht auf der Stolpebank – einhundertdreiundzwanzig Tote – meist Frauen und Kinder – nur wenige Männer – schwammen alle auf dem Wasser – muß eine furchtbare Katastrophe gewesen sein, drei Torpedos hat der Kasten erhalten – und dann kein Licht im Schiff – und keine Rettungsboote – und ein kümmerliches T-Boot als Geleit für so ein Riesenschiff – sie schwammen alle obenauf, als wir hinkamen – ein einziges Leichenfeld – ein schwimmender Friedhof war das, kann ich Dir sagen . . .«

Paul Wehowski ist leichenblaß geworden. Er ahnt Furchtbares.

»Was war das für ein Schiff, das unterging?« fragt er zögernd, als hätte er Angst, eine Antwort zu bekommen, die ihn von den Beinen reißt.

Der Sanitäter hat die Bahre wieder aufgenommen, der Gefragte dreht ihm im Weggehen noch einmal seinen Kopf zu:

»Die *Gustloff* war's – sechstausend sollen drauf gewesen sein – soll aber niemand wissen – Schnauze halten . . .!«

Dann gehen die beiden Sanitäter weiter.

Wie versteinert steht Wehowski da - - -

Er kann das noch nicht fassen, was ihm der Matrose da gesagt hat.

»Die *Wilhelm Gustloff* also war's mit sechstausend Menschen«.

Und auf der *Gustloff* waren seine Frau und die drei Kinder, und er glaubte sie schon in Sicherheit.

Lange, lange Augenblicke vergehen. Dann rührt sich Paul Wehowski langsam vom Fleck. Es scheint, er wäre in wenigen Minuten viele Jahre älter geworden. Behutsam, ein Bein vor das andere setzend, geht er fast gebückt von der Pier. Sein Gesicht ist wachsbleich, seine Augen starr, sein Blick ist leer, so leer wie sein Herz.

Und dann geht er den Sanitätern nach - -

Er will die Decken und Tücher heben und die Leichen sehen, er will Gewißheit haben, vielleicht ist seine Frau dabei oder seine Kinder.

Doch er findet sie nicht.

Und das bedeutet noch ein letzter Funke Hoffnung, daß sie noch am Leben sind.

Die einhundertdreiundzwanzig Toten der *Gustloff* aber sind inzwischen fortgeschafft. Noch in der Nacht werden sie heimlich, daß kaum jemand es bemerkt, der Erde übergeben. Die meisten der Toten sind ›Unbekannte‹. Der Gefreite Paul Fürstenberg, Schreiber beim Gräber-Offizier der Seestadt Pillau, fertigt über dieses Begräbnis der *Gustloff*-Toten ein Protokoll.

Trotz aller Geheimhaltungsanordnungen läßt es sich nicht verhindern, daß in Pillau, Gotenhafen, Danzig, Swinemünde, Kolberg, Saßnitz und woanders schon nach 24 Stunden bekannt ist, daß die *Gustloff* torpediert wurde und mehr als 5000 Menschen den Tod in der Ostsee fanden. Obwohl zu diesem Zeitpunkt, am 31. Januar 1945, bereits mehr als 300.000 Menschen aus Pillau, Gotenhafen und Danzig mit kleinen und großen Schiffen die Flucht über die Ostsee lebend überstanden haben und vor dem Zugriff der Russen verschont blieben, überschattet die Katastrophe der *Gustloff* die Hoffnung von mehr als 300.000, die sich in den Ostseehäfen gesammelt haben und auf Schiffe warten, die sie über die Ostsee bringen sollen, eine Flucht, die doch nicht so gefahrenlos zu sein scheint, wie viele bisher immer glaubten.

Adolf Hitler, der bei dem Taufakt am 05. Mai 1937 dem neuesten KdF-Schiffbau den Namen seines 1936 in Davos erschossenen Freundes und

Gauleiters der NSDAP in der Schweiz *Wilhelm Gustloff* gegeben hatte und sich auf der *Gustloff* eine »Führerkabine« einrichten ließ, wurde am 31. Januar 1945 um 16.00 Uhr in Berlin anläßlich einer Führerkonferenz über Marineangelegenheit von Großadmiral Dönitz über den Verlust der *Gustloff* unterrichtet:

»Zum Verlust des Passagierschiffes *Wilhelm Gustloff* durch U-Boot-Torpedierung auf dem Außenweg nördlich der Stolpe-Bank führt der Oberbefehlshaber der Marine aus, daß bei den umfangreichen Transporten in der Ostsee Verluste von vornherein in Rechnung gestellt wurden, und daß man es, so schmerzlich der Verlust auch immer im einzelnen ist, als ein besonderes Glück ansehen muß, wenn bisher nicht mehr Verluste eingetreten sind. Trotzdem muß darauf hingewiesen werden, daß die russischen U-Boote in der Ostsee nur wegen des Fehlens deutscher U-Bootsjagd durch Flugzeuge so ungestört auftreten können. Wegen des Mangels an eigenen Sicherungsstreitkräften muß sich die Kriegsmarine auf die unmittelbare Sicherung der Geleite beschränken und kann flächenmäßige U-Bootsjagd nur in geringstem Umfange betreiben. Das hierfür allein geeignete Mittel ist das mit Ortungsgerät ausgerüstete Flugzeug, das ja auch auf der Seite unserer Gegner unseren U-Boot-Krieg lahmgelegt hat . . .

Der Führer unterstreicht die Ausführungen des Ob.d.M. und fordert Nachprüfung durch die Luftwaffe, wie hier geholfen werden kann.«

Soweit die Niederschrift über den Vortrag von Dönitz in der Führerkonferenz bei Hitler, die kein Wort über die Zahl der Toten und Überlebenden enthielt.

Die *Gustloff*-Katastrophe war in dieser Endphase des totalen Krieges nur eine Katastrophe unter vielen.

FÜNFTES KAPITEL

Das Schicksal der Steuben: *Gesunken in der Ostsee mit 3600 Verwundeten*

Januar-Bilanz des Seetra-Chefs – Die Memel *und die Kapitänsfamilie – Die Flucht im Kohlenbunker des Dampfers* Consul Cords *– Schöne weiße* Steuben *– Vom Luxusdampfer zum Verwundeten-Transport-Schiff – Verwundeten-Schicksale – An Bord 4267 Menschen – Vor der Katastrophe – Die tödlichen Torpedos – Die* Steuben *ist dem Untergang geweiht – Keine Rettung für die Schwerverwundeten?! – Das Boot mit den Krankenschwestern – »Rettet mich, habe Frau und fünf Kinder« – Die vier auf einem Floß – Im Hafen von Kolberg – Kapitän Marinesko kein ›Held der Sowjetunion‹ – ›Verlustfall* Steuben‹

JANUAR-BILANZ DES SEETRA-CHEFS

1. Februar 1945

Es ist ein Donnerstag.

Seetra-Chef Konteradmiral Konrad Engelhardt kommt erst an diesem Tage wieder einigermaßen zur Ruhe. Die letzten Tage waren anstrengend. Aber endlich ist nun der Umzug der ›Seetransportstelle Wehrmacht‹ von Eberswalde nach Hamburg in die Alte Rabenstraße abgeschlossen. Aus ganz verschiedenen, aber sehr wichtigen Gründen war relativ kurzfristig in der letzten Januarwoche der Umzug mehrerer Dienststellen des OKM angeordnet worden.

Verschiedene Dienststellen des OKM (Oberkommandos der Kriegsmarine) wurden in den Raum Varel/Wilhelmshaven verlegt, der Admiralsquartiermeister erhielt seinen neuen Sitz in Varel, der Stab der Seekriegsleitung in Sengwarden.

Admiral Engelhardt hatte dafür plädiert, daß er seinen neuen Sitz in Hamburg bekam, möglichst in der Nähe der Kriegsmarinedienststelle. Dieser Vorschlag wurde auch realisiert. Sein neues Büro lag in unmittelbarer Nähe der KMD Hamburg.

Hier fühlte sich der Admiral wohler als in Eberswalde. Denn Hamburg bot erhebliche Vorteile. Einmal wegen der weit besseren Nachrichtenverbindungen, zum anderen wegen der unmittelbaren Nähe der Reedereien und des ›Reikosee‹ (Reichskommissar für die Seeschiffahrt). Außerdem, und das schien Engelhardt besonders wichtig, verfügte er hier über eine Funkstation, die es ihm ermöglichte, die Sprüche der Handelsschiffe zu empfangen und diese auch selbst zu erreichen. Er war also wesentlich näher am Geschehen.

Nach wie vor war der Seetra-Chef direkt und unmittelbar dem Oberbefehlshaber der Marine, Großadmiral Dönitz, unterstellt und dem Chef der Seekriegsleitung, mit welchem er ständigen unmittelbaren Kontakt hatte.

Führerentscheidungen, soweit diese notwendig, wurden dem Admiral unmittelbar durch Vizeadmiral Voß aus dem Führerhauptquartier übermittelt. Aufgrund der täglich wachsenden Transportaufgaben wurde der Chef ›Seetransport Wehrmacht‹ weit öfter als bisher zu den Lagebesprechungen der Seekriegsleitung hinzugezogen. Dabei konnte er immer wieder feststellen, daß sein Chef, Großadmiral Dönitz, für die Arbeit der ›Seetra‹ ein außerordentlich großes Interesse zeigte und den Wünschen und Forderungen des Seetra-Chefs nach mehr Schiffsraum aufgeschlossen gegenüberstand. Wiederholt hatte der Großadmiral in Lagebesprechungen auf die vordringliche Aufgabe aufmerksam gemacht, jeden möglichen Schiffsraum, auch auf Kriegsschiffen, für den Rücktransport von Flüchtlingen und Verwundeten bereitzustellen. Das war für Engelhardt eine wesentliche Unterstützung seiner Arbeit.

Engelhardt hält aber auch ständige Verbindung mit dem Marineoberkommando Ostsee (MOK Ost), das seinen Sitz in Kiel hat. Das MOK Ost, das nach Angaben von Konteradmiral Engelhardt die Bewegungen der Flüchtlingsschiffe steuert, ist für ihn ein ebenso wichtiger Partner wie der Admiral östliche Ostsee mit Sitz in Gotenhafen und der Admiral westliche Ostsee mit Sitz in Swinemünde, die beide dem MOK Ost unterstellt sind. Die Zusammenarbeit dieser vier Stellen funktioniert tadellos.

Der Seetra-Chef hat an diesem Morgen des 1. Februar 1945 die ›Schiffsverlust-Liste Januar 1945‹ auf dem Tisch liegen. Die insgesamt 11 Schiffe umfassende Liste ist, verglichen mit den Verlusten von September bis Dezember 1944, nicht besorgniserregend – bis auf einen Verlustfall, der gestern wie eine Bombe bei dem Seetra-Chef einschlug, der Verlust der *Gustloff*. Dem Admiral ist unerklärlich, warum man dieses 25.000 Tonnen-Schiff ohne jede Geleitsicherung von Gotenhafen auf dem Weg schickte.

Das Torpedoboot *Löwe* konnte Engelhardt nicht als ›Geleitschutz‹ ansehen. Denn abgesehen von der Unmöglichkeit für *Löwe*, die *Gustloff* vor einem Luftangriff oder einem U-Boot-Angriff zu schützen, war die Minengefahr nicht unerheblich, und *T Löwe* war bei einem Unglücksfall nur in der Lage, maximal 500 Schiffbrüchige aufzunehmen. Man hatte sich gestern im Büro des Seetra-Chefs sehr kritisch zu diesem ›Alleingang‹ der U-Boot-Waffe geäußert, denn die *Gustloff* hatte ihre letzte Fahrt nicht unter dem Schutz der 9.Sicherungs-Division angetreten, was notwendig und zweckmäßig gewesen wäre, sondern in alleiniger Verantwortung des F.d.U. Ausbildung (Führer der Untersee-Boote-Ausbildung). Auch das Argument, ein weiteres Liegen vor Hela hätte die *Gustloff* gefährdet, war schwach, denn die *Hansa*, die aufgrund eines Maschinenschadens vor Hela liegen bleiben mußte, hatte inszwischen ohne Feindberührung einen westlichen Hafen erreicht.

Am Untergang der *Gustloff* war nun nichts mehr zu ändern, aber man mußte hieraus Lehren ziehen, das galt für die U-Boot-Waffe und deren Schiffe ganz besonders. Ohne ausreichenden Geleitschutz durften die großen Schiffe keine Transporte mehr durchführen. Das mußte durchgesetzt werden.

Engelhardt überflog noch einmal die ›Verlustliste Januar‹. Folgende Schiffe, fast ausnahmslos Schiffe unter 5.000 Tonnen, mußten für weitere Transporte abgeschrieben werden: *Lütjehorn* (1953 BRT), *Pollux* (518 BRT), *Henriette Schulte* (1.923 BRT), *Mimi Horn* (400 BRT), *Ferdinand* (167 BRT), *Steinburg* (1319 BRT), *Fritz Schoop* (1598 BRT), *Henry Lütgens* (1.141 BRT) und die *Nettelbeck* (580 BRT), die auf Hela gestrandet war. Dazu kam die *Wilhelm Gustloff* mit 25.484 BRT, der größte Verlust seit Beginn der Flüchtlingstransporte überhaupt und wahrscheinlich der Lloyd-Dampfer *Berlin* (15.286 BRT).

Gerade als Engelhardt sich mit diesem Schiff des NDL, dem Lazarettschiff *Berlin* beschäftigte, klingelte das Telefon. Am anderen Ende der Leitung war Korvettenkapitän Eschricht, der Seetransportreferent beim MOK Ost in Kiel. Engelhardt hatte diesen 40 Jahre alten drahtigen aktiven Offizier aus seinem Stabe dem MOK Ost als Seetransportreferenten und Verbindungsoffizier zum Seetra-Chef zur Verfügung gestellt. Engelhardt kannte Eschricht seit langem und hielt ihn für einen außerordentlich tüchtigen Offizier. Der Korvettenkapitän schien dem Admiral für seine Aufgabe beim MOK Ost besonders geeignet, weil er wie Engelhardt, seine Laufbahn bei der Handelsmarine begonnen hatte. Dies hatte den Vorteil, die Eigenheiten und die Eigengesetze der Handelsschiffsleute zu kennen.

Eschricht war einer der bestinformierten Leute, was Transporte über die Ostsee betraf. Er registrierte mit seinen Mitarbeitern alle Ansammlungen von Flüchtlingen, Verwundeten und Soldaten in den Ostseehäfen, wußte über die Wetterlage und damit verbundene Transportverzögerungen, über vorhandenes oder fehlendes Geleit, aber auch über Verluste und Beschädigungen ebenso Bescheid wie über zu erwartende Entwicklungen.

Sein heutiger Anruf bei Engelhardt hatte zwei Anlässe, über die er den Admiral informieren wollte.

Die vor dem Admiral liegende ›Verlustliste Januar‹ war unvollständig und bedurfte noch zwei wesentlicher Ergänzungen.

»Herr Admiral, wir müssen auch das Lazarettschiff *Berlin* abschreiben. Der Kapitän und die Mannschaft haben heute das Schiff verlassen müssen«, begann er das Telefongespräch. Und dann hörte sich Engelhardt den Kurzbericht über den Verlust des Dampfers *Berlin* an.

Der Dampfer *Berlin* sollte sich am 31. Januar auf der Reede von Swinemünde einem Geleitzug anschließen, dessen Zusammenstellung wegen Eisganges erhebliche Schwierigkeiten bereitete. Man hatte Eisbrecher und Schlepper angefordert, die auf sich warten ließen. Dabei lief *Berlin* auf eine Mine. Das Schiff war Gottseidank nicht mit Verwundeten belegt, so daß durch den Minentreffer nur ein Toter zu beklagen war. Der Schaden auf *Berlin* war erheblich; sowohl in die Maschine als auch in den hinteren Heizraum lief Wasser. Später eingetroffene Schlepper versuchten, den Dampfer im flacheren Wasser auf Grund zu setzen. Bei diesem Vorhaben lief *Berlin* auf eine zweite Mine und begann zu sinken. Gegen 23.53 Uhr, kurz vor Mitternacht des gestrigen Tages, lag *D. Berlin* in 13 Meter Tiefe auf Grund. Ein Teil des Schiffes blieb trocken. Die Besatzung konnte die Nacht noch auf dem Schiff verbringen, das heute morgen nach Aufkommen eines stärkeren Südwestwindes auf dem Auftreten weiterer Leckagen aufgegeben werden mußte.

Admiral Engelhardt nahm diese Information mit gemischten Gefühlen zur Kenntnis. Es war zwar nur ein Menschenleben zu beklagen, aber die *Berlin* stand als Flüchtlingstransporter nicht mehr zur Verfügung. Der 15.000 Tonnen-Dampfer hätte sicher noch einige zig-tausend Flüchtlinge und Soldaten transportieren können . . .

»Das ist noch nicht alles« – hörte man den Korvettenkapitän aus Kiel am Telefon – »heute morgen um 04.00 Uhr ist vor Swinemünde auch der U-Tender *Memel* verlorengegangen. Minentreffer. Er soll Flüchtlinge an Bord gehabt haben. Über Verluste liegen noch keine konkreten Zahlen vor.«

Admiral Engelhardt trug in seiner Liste auch noch *Memel* (1057 BRT) nach.

Somit waren es insgesamt 11 Schiffe mit insgesamt 55.033 BRT, die im Januar 1945 in der Ostsee verlorengegangen waren, wobei nur ein Schiff, die *Gustloff*, durch einen U-Boot-Angriff versenkt worden war. Alle anderen Schiffe hatten Minentreffer oder sanken nach Luftangriffen.

Der Seetra-Chef nahm eine zweite Liste zur Hand, die ihm während seines Telefonats mit dem MOK Ost auf den Schreibtisch gelegt worden war. Diese Liste enthielt alle Abtransporte im Januar aus den Ostseehäfen.

Danach wurden transportiert: Aus Libau 4213, aus Memel 19.437, aus Königsberg 25.019, aus Pillau 106.429, aus Danzig 21.770, aus Gotenhafen 58.229, aus Hela 850, aus Elbing 4812, aus Stolpmünde 500 und aus Swinemünde 150, insgesamt also 251.479 Menschen.

Mehr als eine Viertelmillion Menschen war über die Ostsee befördert worden.

Und die Verluste?

Selbst wenn die Vermutungen zutrafen, daß beim Untergang der *Gustloff* rund 5000 Menschen den Tod gefunden haben sollten, war dies nur ein gringer Prozentsatz zu der Zahl der Geretteten, die die Flucht über die Ostsee lebend überstanden hatten.

Hinzu kamen noch mögliche Opfer beim Untergang des U-Tenders *Memel.* Dies konnten aber nur einige hundert sein, wenn überhaupt. Vielleicht waren von der *Memel* alle gerettet worden.

DIE *MEMEL* UND DIE KAPITÄNSFAMILIE

Das U-Boot-Begleitschiff *Memel,* das am Morgen des 31. Januar 1945 um 4.00 Uhr vor Swinemünde nach einem Minentreffer innerhalb von zwanzig Minuten gesunken war, gehörte der 24. in Hela stationierten U-Boot-Flottille als Tender an.

Das Schicksal der *Memel,* das sich in der Nacht vom 30. zum 31. Januar 1945, in der gleichen Nacht, als die *Gustloff* unterging, entschied, war zugleich auch das Schicksal des Kommandanten, Oberleutnant zur See Wilhelm Scheurer, und seiner Familie.

Als Scheurer am 28. Januar 1945 erfahren hatte, daß *Memel* im Fischereihafen Hela einige hundert Flüchtlinge aufnehmen und diese im Geleit mit einigen anderen Schiffen über die Ostsee nach Saßnitz auf Rügen bringen sollte, entschloß er sich, ohne lange zu überlegen, auch seine in Gotenhafen-Oxhöft wohnende Familie, seine Frau Ilse und seine vier Kinder – 2, 5, 8 und 12 Jahre alt – mitzunehmen. Ihm schien die Flucht über die Ostsee auf einem so kleinen Schiff wie die *Memel* weit sicherer als auf einem so großen Schiff wie die *Gustloff,* die zur Zeit in Gotenhafen Flüchtlinge aufnahm und in den nächsten Stunden wohl ebenfalls nach Westen auslaufen würde.

Der Kommandant des U-Tenders war auch deshalb beruhigt, weil sein Schiff von einem Torpedofangboot und dem Topredoboot *Panther* begleitet werden sollte und daß als Fahrtroute der Küstenweg befohlen war.

Ilse Scheurer und ihre vier Kinder gehörten zu den insgesamt achthundert Flüchtlingen, die sich zur Stunde des Auslaufens an Bord des U-Tenders *Memel* befanden. Etwa zweihundert Flüchtlinge kamen aus Hela, sie waren Einwohner des Fischereidörfchens auf dieser Halbinsel, die anderen sechshundert kamen aus dem östlichen Ostpreußen, aus dem Grenzgebiet. Viele von ihnen waren mit der *Nettelbeck* auf Hela gestrandet und hatten schon aufregende Stunden hinter sich. Außerdem befanden sich noch 50 Wehrmachtsangehörige an Bord des kleinen Schiffes, das mit fast 900 Menschen total überladen war.

Aber die Gefahr in Hela war so groß, daß jeder Flüchtling möglichst schnell nach Westen gelangen wollte. Und auf dem U-Tender *Memel* fühlte man sich schon einigermaßen sicher, zumal das Schiff in einem Geleit fuhr und das Torpedoboot *Panther* sicher in der Lage war, einen möglichen U-Boot-Angriff abzuwehren.

Leutnant zur See, Heinz-Harald Rosemann, I. Wachoffizier auf dem Torpedoboot *Panther*, erlebte das Schicksal des U-Tenders *Memel* als Augenzeuge. Er berichtet über die ihm unvergeßliche Nacht vom 30. zum 31. Januar 1945:

»Am Sonntag, dem 28. Januar 1945, mußte das Torpedoboot *Panther*, ein erbeuteter Zerstörer der norwegischen *Sleipner*-Klasse, in Gotenhafen Hals über Kopf seeklar gemacht werden. *Panther* lag bis zu diesem Zeitpunkt dort in der Werft, wo es eine Panzerung des Brückendeckshauses bekommen hatte, während gleichzeitig die Artilleriewaffen zur Überholung von Bord gegeben waren. Das Wort ›Hals über Kopf‹ ist in diesem Zusammenhang sehr zutreffend, ich hatte zuvor noch kein alarmartiges Auslaufen erlebt, für das z.B. die 2 cm-Flak-Waffen stückweise von den Matrosen zusammengeklaubt werden mußten. Eigene wie fremde Teile wurden im Arsenal, wo sie zur Überholung lagen, ›organisiert‹ und an Bord gebracht.

Die Eile für *Panther* war deshalb geboten, weil noch in der folgenden Nacht vor Hela das Geleit für mehrere kleine Schiffe, die mit Flüchtlingen beladen nach Westen laufen sollten, übernommen werden sollte. Korvettenkapitän Ernst Bauer, Chef der 27. U-Flottille, hatte dem Kommandanten des Torpedobootes *Panther*, Kapitänleutnant Friedrich Meier, den Geleitbefehl übermittelt. Danach sollte auf Hela-Reede ein kleines Geleit, bestehend aus den U-Tendern *Memel* und *Leverkusen* und dem Dampfer *Uerdingen* gebildet werden.

Panther sollte als Geleitführer fungieren, außerdem sollte als weiterer Geleitschutz das Torpedofangboot *TF 5* abgestellt werden. Als Fahrtziel war Saßnitz auf Rügen angeordnet worden. Dort sollten die an Bord der drei Schiffe befindlichen rund 1500 Flüchtlinge ausgeschifft werden. Durch verschiedene Umstände, nicht zuletzt durch das Wetter, verzögerte sich die Zusammenstellung des Geleits.

Am Abend des 30. Januar war es endlich soweit. Der Marsch nach Westen begann. Es wurde auf minenfreiem Weg parallel zur pommerschen Küste westwärts gelaufen mit für *Panther* relativ langsamer Fahrt. Der schon beim Auslaufen scharfe und kalte Wind verstärkte sich, gleichzeitig trübte das Wetter ein, ohne durch Unsichtigkeit die Marschfahrt zu behindern. Späterer schwerer Sturm setzte jedoch den Schiffen und mehr noch den Flüchtlingen auf ihnen stark zu. Es gehörte keine Phantasie dazu sich vorzustellen, daß eine Vielzahl der Flüchtlinge von der Seekrankheit auf den drei Schiffen befallen und gequält wurde.

Bei weiter fallenden Temperaturen kristallisierte Eis aus dem Meerwasser aus, backte zu Klumpen zusammen, bildete Schollen und dämpfte danach den Seegang. Ich war sichtlich überrascht, daß in dem Seegebiet entlang der pommerschen Küste, das wir mit einer Marschgeschwindigkeit von ca. 10 sm durchliefen, sich in so wenigen Stunden so viele Eisschollen bildeten und das Gebiet innerhalb kurzer Zeit von einer fast einheitlichen Eisdecke bedeckt war. Durch diese Eisschicht lief das Geleit nun in Kiellinie mit Torpedoboot *Panther* an der Spitze.

Etwa um Mitternacht diskutierten *Memel* und *Panther* mit Morsezeichen, ob es zweckmäßig sei, nach Saßnitz durchzulaufen. Der Kapitän des U-Tenders *Memel* entschied, Swinemünde anzulaufen. Für diese Entscheidung gab es eine einleuchtende Erklärung:

Durch das ständige Anrennen gegen eine 4 bis 5 Zoll dicke Eisschicht hatte sich *Panther* Beschädigungen an seiner dünnen Bugbeplankung zugezogen, so daß er seinen Platz an der Spitze des Geleits mit *Memel* tauschen mußte, die jetzt vorauslaufen mußte, und das Torpedoboot *Panther* das Schlußlicht des Geleits bildete. Außerdem schien es erforderlich, die Flüchtlinge auf *Memel*, *Mosel* und *Uerdingen* nicht länger der eisigen Kälte auszusetzen und dem eisigen Sturm, zumal auf *Memel* wegen der hohen Zahl der an Bord genommenen Menschen viele Flüchtlinge die Reise auf dem offenen Deck über sich ergehen lassen mußten. Das war außerordentlich strapaziös und selbst für abgehärtete Menschen lebensbedrohend.

Nachdem *Memel* die Führung des Geleits übernommen hatte, meldete *Memel* einen Maschinenschaden und erklärte, nur noch 6 sm anstatt bisher 10 sm laufen zu können. Der inzwischen auf ca. 50 cm angewachsene ›Eisbrei‹ behinderte die Fahrt zunehmend.

Außerdem befahl der Kommandant von *Memel* eine Kursänderung um 180 Grad, Richtung Swinemünde. Zur Entschlüsselung dieses Funkspruches von der Brücke der *Memel* kam es bei uns auf *Panther* nicht mehr. Kurz vor Ende meiner Mitternachtswache, die um 24.00 Uhr begann und um 04.00 Uhr endete, wurde ich von der Kommandobrücke des *Panther* in den Funkraum gerufen: »Offizierfunkspruch«; der Kommandant von *Panther*, Kapitänsleutnant Meier, übernahm so lange meine Wache. Gerade als ich mit der Entschlüsselung des Funkspruchs begann, hörte ich eine ohrenbetäubende Detonation, die mich im nächsten Augenblick auf die Brücke zurückjagte.

Dort bot sich mir folgendes Bild:

Memel schoß Leuchtkugeln und lag etwa 500 m südlich von uns, auf Südkurs gestoppt und durch Beschädigungen tief im Wasser, jedoch ohne Schlagseite und nahezu auf ebenem Kiel. Die Notsignale besagten: *Memel* hat Minentreffer. Das Schiff sinkt.

Es war genau 04.00 Uhr morgens.

Sämtliche Fahrzeuge liefen sofort an das Wrack heran. *Mosel* und *Uerdingen* versuchten, in spitzem Winkel an die Backbordseite der sinkenden *Memel* heranzukommen, *Panther* ging rückwärts an den Havaristen heran, so daß sein Heck an die Steuerbordseite der *Memel*, etwa mittschiffs stieß. Die beiden Schiffskörper bildeten einen spitzen Winkel. Dieses Manöver des Torpedobootes hatte für sich, daß es das Achterdeck des T-Bootes und das Oberdeck des U-Tenders *Memel* in gleiche Höhe brachte. Dadurch konnte man einen fast waagerechten Steg zu dem sinkenden Schiff hinüberstecken. Über diesen lief ebenerdig eine größere Anzahl von Flüchtlingen und auch Besatzungsmitglieder herüber auf *Panther*, nachdem sich ihr erstes starres Entsetzen gelegt hatte.

Mit zeitweiligem Rückwärtsschlagen der Schrauben war ohne viel Leinenarbeit *Panther* gegen die Bordwand des Wracks zu halten. Unser Maschinenpersonal meldete zeitweilige Schwierigkeiten, weil sich bei dem Rückwärtsfahren durch die Eisdecke Auslauföffnungen des Kühlkreisellaufes mit Eisbrocken verstopft hatten. Das aber führte zu keinem nennenswerten Schaden.

Die im Vorschiff getroffene *Memel* sank in den ersten Minuten langsam, vielleicht bewirkt durch die Eispressung, nachher aber stärker, mit dem Bug nach vorn. Das erschwerte die Rettungsaktion, deren Leitung an den Kommandanten des Torpedobootes *Panther*, Kapitänleutnant Meier, übergegangen war, erheblich.

Die von der Torpedobootsbesatzung Geretteten wurden zunächst in die Kesselräume gebracht, dort wurden ihnen die Kleider abgenommen, sie wurden abfrottiert und vom Heizpersonal mit Tee und Grog versorgt. Immerhin war draußen eine Außentemperatur von 15 Grad unter Null gemessen worden, viele Gerettete waren unterkühlt.

Indessen ging an Deck des Torpedobootes die Rettungsaktion weiter. Eine ganze Anzahl von Flüchtlingen war sofort nach dem Minentreffer in erster Panikstimmung in das eiskalte Wasser gesprungen oder auf vorbeitreibende Eisschollen. Die Gefahr, zwischen großen Eisschollen zerquetscht zu werden, war groß und kostete manchem Schiffbrüchigen das Leben.

Das Aussetzen der Boote war wegen der Eisdecke nutzlos. Eines unserer großen Kriegsschiff-Beiboote blieb glatt auf der fast homogenen Eisschicht stehen und kam gar nicht erst zu Wasser.

Von *Panther* wurden mit allen vorhandenen Planken, Bohlen, Balken usw. Stege über das Eis zu den Schiffbrüchigen gelegt. Unsere Matrosen robbten den Schiffbrüchigen auf diesen auf den Schollen liegenden Stegen entgegen, seilten sie an und zogen sie an Bord. Einige andere Besatzungsmitglieder des Torpedobootes waren auf den Schraubenschutz geklettert, um von dort aus Schiffbrüchige an Bord zu ziehen, wobei versucht wurde, Schiffbrüchige mit Bootshaken zu erreichen oder ihnen Taue zuzuwerfen.

Die Mannschaft von *Panther* arbeitete umsichtig wie bei einem Rollenexerzieren. Ohne besondere Befehle oder Anweisungen bildeten sich von selbst Arbeitsgruppen, die systematisch vorgingen, sowohl bei der Bergung wie auch bei der Betreuung der Schiffbrüchigen unter Deck. Die Zahl der im Wasser Treibenden war immer größer geworden, nachdem die Flüchtlinge erkannt hatten, daß die *Memel* viel rascher als kurz nach dem Minentreffer sank.

Etwa 20 Minuten nach dem Minentreffer, um 4.20 Uhr, schnitt das ganze Oberdeck mit krachenden Geräuschen, sowohl aus dem Schiffsinneren wie auch durch berstendes Eis, unter Wasser.

Als *Memel* ganz abgesackt war und in unmittelbarer Nähe der Untergangsstelle kein Schiffsbrüchiger mehr zu entdecken war, ging das Torpedoboot dazu über, mit dem ganzen Schiff auf jeden noch abseits im Wasser Treibenden oder auf einer Eisscholle klammernden Schiffbrüchigen zuzusteuern. Nach und nach holte die Besatzung von *Panther* die letzten Schiffbrüchigen auf dem eiskalten Wasser und von den Schollen. Auf einer Eisscholle klammerten drei Frauen, die zäh aushielten, bis wir sie herunterholten und an Bord nahmen. Unter den Schiffbrüchigen, die im Wasser schwammen, befand sich eine etwa vierzigjährige Frau, die ein ihr zugeworfenes Seil ergriffen hatte und aus dem Wasser gehievt wurde. Ihr bereits gerettetes sechsjähriger Sohn stand bei der Rettungsmannschaft, die sich bemühte, die Frau an Bord zu holen und schrie immerfort: »Das ist meine Mutti, das ist meine Mutti . . .!« Doch die Kräfte der Frau, das Seil zu halten, reichten nicht aus, sie ließ es los, stürzte ins Wasser zurück, verschwand unter einer Scholle und tauchte nicht wieder auf. Ihr Sohn hatte das alles mit ansehen müssen, wie seine Mutter vor seinen Augen ertrank. Er war nicht mehr zu beruhigen und schrie unaufhörlich nach seiner Mutter.

Etwa vierzig Minuten nach dem Minentreffer und zwanzig Minuten nach dem restlosen Versinken der *Memel* in den Fluten der Ostsee wollte *Panther* die Rettungsaktion abbrechen, da offensichtlich lebende Schiffbrüchige nicht mehr im Wasser trieben.

Da wurden wir auf eine Eisscholle aufmerksam, auf der ein kleiner Junge saß, an der Eisscholle klammerte ein Mann in Wehrmachtsuniform.

Wir nahmen beide an Bord, und die erste Frage des Geretteten war: »Ist meine Frau gerettet?« Doch niemand konnte diese Frage im ersten Augenblick beantworten.

Dann hörten wir noch einen letzten Schrei aus dem Meer der Eisschollen:

»Hilfe – Hilfe – – – !«

Etwa 300 Meter von der Untergangsstelle *Memel* entfernt fanden wir auf einer Eisscholle liegend eine Frau. Als wir uns der Scholle näherten, merkten wir die Gefahr, daß die Schiffbrüchige bei weiterem Näherkommen von der Eisscholle rutschen würde. Einer unserer Matrosen rettete sie mittels einer Leiter; sie war total erschöpft. Als die gerettete Frau einige Zeit später, nachdem ihr Tee und Rum eingeflößt worden war, den Mund öffnete und eine Frage stellte, hielten die Umstehenden für einen Moment den Atem an:

»Haben Sie auch meinen Mann gerettet . . .?«

Und nach einer Weile: »Ich bin Ilse Scheurer, die Frau des Kommandanten der *Memel* – – – und war mit unseren vier Kindern auf dem Schiff meines Mannes – – –!«

Ilse Scheurer, die mit der *Memel* ihren Mann, ihren zweijährigen Sohn und die fünfjährige Tochter Edda verlor, wird jede Sekunde der Nacht vom 30. auf den 31. Januar 1945 bis zu ihrem letzten Atemzug in Erinnerung behalten, so tief haben sich die Erlebnisse in dieser Nacht in ihr Hirn eingeprägt:

»Ich war überglücklich, als mich mein Mann mit unseren vier Kindern an Bord des U-Tenders *Memel* holte, um uns mit nach Saßnitz zu nehmen. Wir packten ganz schnell einige Sachen zusammen und fühlten uns auf der *Memel* sehr geborgen. Man hatte für mich und meine Kinder auf dem Schiff eine Kammer ausgeräumt, in der ich eine gute Unterkunft hatte. Wegen der Überfülle auf der *Memel* wohnte noch eine Frau von Stein mit uns in der Kammer.

Es war zwar sehr eng, doch wir sechs waren in dieser Zweibett-Kabine sehr zufrieden.

Zeit, mich mit meinem Mann zu unterhalten, fand ich kaum. Er hatte in den letzten Tagen und Nächten kaum Schlaf gefunden. In der Untergangsnacht war ich bis gegen 1.30 Uhr auf der Brücke. Danach kam mein Mann noch einmal in unsere Kammer, um auch die Kinder noch einmal zu sehen, die alle vier sehr an meinem Mann hingen. Für sie war diese ›Seefahrt‹ ein ganz großes Erlebnis. Da ich total übermüdet war, wollte ich einige Stunden schlafen. Drei meiner Kinder unterhielten sich noch in der Koje, in der sie gemeinsam schliefen, der Achtjährige und ich schliefen auf dem Fußboden, Frau von Stein schlief in der zweiten Koje.

Als um 4.00 Uhr *Memel* auf eine Mine lief und eine gewaltige Erschütterung durch das Schiff ging, wurden wir sechs aus tiefem Schlaf gerissen und wußten im ersten Augenblick überhaupt nicht, was los war.

Mir fiel ein schwerer Gegenstand auf die Brust, Frau von Stein war aus der Koje geschleudert und klagte über Schmerzen, die Kinder schrien unaufhörlich . . .

Ich hatte mich als Erste vom Schreck erholt, versuchte die Tür aufzureißen, die klemmte und nur sehr schwer zu öffnen war, was mir aber doch gelang.

Auf meinem Weg zur Kommandobrücke sah ich, daß aus den Torpedoladeräumen Flammen schlugen.

Dann war ich schon auf der Brücke.

Es war ein entsetzliches Bild, das sich mir hier bot. Zwei oder drei Männer standen angelehnt, wir erstarrt, vier oder fünf Männer lagen auf dem Boden, darüber mein Mann.

Mit viel Mühe versuchte ich ihn aufzurichten.

Mit dem einen Arm machte er mir unerklärliche Bewegungen, der andere Arm hing schlaff an seinem Körper herunter. An einem Auge schien mein Mann verletzt, und mir war es, als sei er ohne Bewußtsein, da er auf meine Anrede überhaupt nicht reagierte.

Ich versuchte, Hilfe für meinen Mann zu holen, da die anderen Männer in dem Brückenraum offensichtlich tot oder ohne Bewußtstein waren. Nach Verlassen der Brücke sah ich, daß das Vorschiff bereits absackte und das Mittelschiff immer stärker unter Wasser geriet. Damit war mir auch der Weg zu meinen vier Kindern versperrt. Ich konnte nichts mehr zu ihrer Rettung tun.

In diesem Augenblick begegnete mir der Obergefreite Starke. Ich flehte ihn an, meinem Mann und mir zu helfen, was er auch sofort tat, obwohl er am Fuß verletzt war und starke Schmerzen zu haben schien. Gemeinsam gelang es uns, meinen Mann höher zu ziehen auf den Teil des Schiffes, der noch aus dem Wasser ragte. Das Schiff sank jetzt immer schneller. Ich wollte unbedingt bei meinem Mann bleiben, ich hoffte in jedem Augenblick, daß er das Bewußtstein wiedererlangen würde und ich noch einmal mit ihm reden konnte. Ich hatte auch noch einen letzten Funken Hoffnung, daß sich die *Memel* noch halten und wir beide vielleicht gerettet werden konnten – – –

Und dann dachte ich an meine vier Kinder, für die ich nichts mehr tun konnte – – –

Eine eiskalte Welle machte meinen Gedanken ein Ende. Losgerissen von meinem Mann, schwamm ich plötzlich in der Ostsee, umgeben von Eisschollen.

Von der *Memel* war nichts mehr zu sehen.

Mit letzter Kraft kletterte ich auf eine dicke Eisscholle, die mich auch trug.

Dann kam die Rettung durch die Matrosen vom Torpedoboot *Panther*.

Die Besatzung des Torpedobootes gab sich alle erdenkliche Mühe, uns unser Schicksal zu erleichtern, auch meines, als sie erfahren hatten, daß ich die Frau des Kapitäns der *Memel* war.

Wir glücklich war ich, als ich wenige Minuten später, nachdem ich mein volles Bewußtsein wiedererlangt hatte, meine elfjährige Tochter in die Arme nehmen durfte und einen Tag später meinen achtjährigen Sohn, der von der Besatzung der *Uerdingen* gerettet worden war.

Mein Mann aber hatte sein Grab in der Ostsee gefunden, wie auch mein zweijähriger Sohn, der vor den Augen seiner elfjährigen Schwester ertrunken war. Und auch von unserer fünfjährigen Edda hörten wir nichts mehr. Auch sie war ›verschollen in der Ostsee‹ wie so viele Flüchtlingskinder, die die Flucht über die Ostsee mit ihrem unschuldigen Leben bezahlen mußten.«

Unter den von *Panther* geretteten Schiffbrüchigen der *Memel* vollzog sich noch manch erschütterndes Schicksal.

Leutnant Heinz Harald Rosemann berichtet hierüber:

»Zu den geretteten Marineangehörigen zählte auch ein jüngerer Seeoffizier. Er war im Achterschiff *Panther* in einer unserer Feldwebelkammern auf eine Koje gelegt worden. Trotz einer gräßlichen Gesichtsverletzung war er voll bei Bewußtsein. Er kannte mich: ›Kamerad Rosemann, ich muß wohl fürchterlich aussehen, daß Sie mich nicht erkennen.‹ Ich habe gelogen und ihm beteuert, daß ich ihn wohl erkenne, aber ablenkende dringende Arbeit an Deck vorgeschützt. Ich schämte mich, ihm zu sagen, daß sein Gesicht nur noch eine unerkenntliche, zerschnittene und blutige Masse war. Mir wurde später berichtet, er sei mit dem Kopf ins Kompaßgehäuse geschlagen, als *Memel* den Minentreffer erhielt.

Leider habe ich nie mehr erfahren, welchem Kameraden ich da begegnet bin!«

Von einem glücklicheren Schicksal berichtet der Obergefreite Ewald Biere, der an Bord der *Memel* den Untergang miterlebte und von *Panther* gerettet wurde:

»Nach meiner Rettung wurde ich auf *Panther* in einen größeren Raum gebracht, wo man uns ausgezeichnet versorgte. Neben mir lag ein Mann in Wehrmachtsuniform, der auch zu den Überlebenden zählte, aber sich nicht beruhigen konnte, weil seine Frau nicht von *Panther* gerettet worden und offensichtlich umgekommen war. ›Ich konnte mich nur um meinen Sohn kümmern, den ich auf eine Eisscholle setzte und ihn so rettete‹, sagte der Mann. Der Kleine spielte neben uns und war froher Laune. Er ahnte noch nichts vom Schicksal seiner Mutter. Die ganze Katastrophe war für ihn sicher unbegreiflich.

Am nächsten Morgen im Hafen von Swinemünde legte sich der U-Tender *Leverkusen*, der ebenfalls Überlebende von *Memel* gerettet hatte, neben das Torpedoboot *Panther*. Ein Laufsteg wurde ausgelegt, und die *Memel*-Geretteten gingen von *Panther* über die *Leverkusen* an Land. Der

Mann mit seinem Sohn ging vor mir. Plötzlich ein Aufschrei. Am Laufsteg stand die Frau des Wehrmachtsangehörigen, sie war von *Leverkusen* gerettet worden. Das Wiedersehen dieser drei Menschen, Mutter, Vater und Sohn, werde ich zeitlebens nie vergessen!«

Zu den 300 Geretteten, die in den frühen Morgenstunden des 31. Januar 1945 in Swinemünde an Land gingen, gehörte auch ein Trupp von zwölf elternlosen Kindern zwischen drei und zwölf Jahren, die von NSV- und DRK-Schwestern in Empfang genommen, in einem traurig anzublickenden Zug, nur notdürftig bekleidet, in ein Waisenhaus marschierten, einer unbestimmten Zukunft entgegen.

Von den etwa 900 Menschen, die mit dem U-Tender *Memel* die hoffnungsvolle Flucht über die Ostsee wagten, blieben mehr als 600 in der Ostsee verschollen, darunter auch der Kapitän und zwei seiner Kinder.

DIE FLUCHT IM KOHLENBUNKER DES *D. CONSUL CORDS*

Mehr Glück hatten die 1200 Menschen, die mit dem fast fahruntüchtigen 900 BRT großen Dampfer *Consul Cords* die Flucht über die Ostsee gewagt hatten und in den frühen Morgenstunden des 1. Februar 1945 im Hafen von Kolberg an Land gehen konnten.

Unter den Glücklichen befand sich auch Eva Kuckuck aus Allenburg, Kreis Wehlau in Ostpreußen, die ihre fast abenteuerliche Flucht bis auf den Dampfer *Consul Cords* und mit diesem, im Kohlenbunker auf Stroh liegend bis nach Kolberg, in ihrem Tagebuch festgehalten hat:

»Am 26. Januar 1945 fuhr ich mit dem fahrplanmäßigen Zug von Königsberg nach Allenburg, Kreis Wehlau, um nach dem Hause meiner Eltern zu sehen und unsere dortige Einquartierung zu versorgen, da meine Eltern, die schon betagt waren, sich bereits seit Monaten bei meiner Schwester in Berlin befanden.

Zum Sonntag, den 21. Januar 1945, hatte ich eine Einladung nach dem Gut Gr. Plauen zu Herrn und Frau von Weiß angenommen und wurde von einem Fuhrwerk bereits zum Mittagessen abgeholt. Ich hatte gebeten, spätestens um 17.00 Uhr wieder in Allenburg sein zu dürfen, da ich noch Flüchtlingsgut für meine Eltern packen wollte, welches unsere Einwohner im Hause mitnehmen wollten. Es hieß, daß am Dienstag, dem 23. Januar 1945, bestimmt ein oder mehrere Räumungszüge die Bevölkerung des Kreises Wehlau in Sicherheit bringen sollten.

Es kam jedoch anders.

Herr Oberst a.D. von Weiß auf dem Gut Gr. Plauen, der gleichzeitig Bürgermeister der Gemeinde Plauen war, stand dauernd telefonisch mit dem Landrat und der Kreisleitung Wehlau der NSDAP in Verbindung, um den Treckbefehl für den Kreis Wehlau durchzusetzen. Aber alle seine Vorstellungen, daß es bald zu spät wäre, fanden kein Gehör; der Landrat sagte sogar einmal: ›Der Kreis Wehlau dürfe sich nicht auch noch auf die Landstraße begeben, denn an einer Stelle müßte ja schließlich damit Schluß gemacht werden.‹ Dies war etwa gegen 15.00 Uhr am 21. Januar 1945.

Ich hatte kurz danach Gelegenheit, mich mit einer Sekretärin des Postamtes Wehlau telefonisch zu unterhalten, die mir bestätigte, daß unweit von Wehlau die ersten Russen gesehen worden wären und daß ein etwa 8 km von Wehlau entfernt gelegenes Gehöft von den Russen in Brand gesteckt worden wäre. Etwa um 17.00 Uhr war ich dann wieder in Allenburg. Es mag etwa eine Stunde vergangen gewesen sein, während der ich packte, als eine junge Frau zu mir kam und mich davon unterrichtete, daß soeben vom Bürgermeister der Befehl an die Bevölkerung gegeben worden sei, daß Allenburg bis 19.00 Uhr geräumt werden müßte. Ein Eisenbahnzug stand nicht zur Verfügung, andere Fahrgelegenheit konnte nur schnell für die ältesten Einwohner von Allenburg bereitgestellt werden, alle anderen Allenburger sollten zu Fuß nach Friedland wandern und sehen, ob und wie sie von dort weiterkämen.

Die Telefonverbindung klappte noch, und so konnte ich Herrn von Weiß über die neueste Lage in Allenburg unterrichten. Ihm war nichts von dem Räumungsbefehl bekannt. Sofort setzte er sich wieder mit dem Landrat in Wehlau telefonisch in Verbindung und erreichte endlich wenigstens die Anordnung: ›Alles zum Treck vorbereiten und bereithalten!‹

Getreckt werden durfte aber immer noch nicht.

Ich bat Herrn von Weiß, mit den Plauern trecken zu dürfen und wurde deshalb am Sonntagabend wieder mit dem Fuhrwerk abgeholt.

In Gr. Plauen verbrachten wir dann die Nacht mit dem Packen wichtiger Kleider und Lebensmittel. Für den schlimmsten Fall besorgten wir uns Zyankali, um unter keinen Umständen den Russen in die Hände zu fallen.

Am 22. Januar 1945 um 9.00 Uhr war es dann endlich soweit, daß die Gemeinde Groß Plauen trecken durfte. Ein ganzes Dorf verließ die Heimat und machte sich auf die Flucht ins Ungewisse. Da auf dem uns vorgeschriebenen Weg nicht mehr durchzukommen war, mußten wir unwegsame Landwege einschlagen. Infolge des Tauwetters kamen wir nur schrittweise vorwärts. Wir brauchten 11 Stunden, um einen Weg von 10 km zurückzulegen. In Kl. Schönau übernachteten wir in einem Gasthof, der so überfüllt war, daß wir nur abwechselnd zu zweien auf einem Stuhl sitzen konnten. Beim Morgengrauen setzten wir unseren Weg fort. Als die Morgendämmerung wich und wir den Wald verlassen hatten, sahen wir, soweit das Auge reichte, daß jede Straße mit Flüchtlingswagen, wandernden Menschen und frei herumlaufenden Tieren übersät war. Das trostloseste Bild einer ›Völkervertreibung‹ prägte sich in mein Bewußtsein ein. Viele Wagen waren umgekippt und hatten die letzte Habe der von Haus und Hof Vertriebenen in die mit Wasser gefüllten Straßengräben verstreut. Zu Fuß mußten diese arme Menschen ihren Weg fortsetzen.

Fast den ganzen Tag über begleitete uns der Donner von Artilleriefeuer, wobei wir nicht wußten, ob deutsche oder russische Geschütze diesen Lärm verursachten.

Gottseidank blieb uns die direkte Begegnung mit russischen Truppen erspart, auch Tiefflieger griffen uns nicht an.

Die zweite Nacht verbrachten wir in Lisettenfelde, Kreis Gartenstein. Wir lagen – 40 Menschen – in einem winzigen Raum auf der Erde. Eingepfercht, konnten wir uns kaum rühren, aber wir waren trotzdem dankbar, daß wir uns ausstrecken und auch etwas Warmes zum Essen zubereiten konnten.

Noch in der Nacht wurden wir davon unterrichtet, daß russische Panzerspitzen bis Elbing vorgedrungen seien und uns der Rat erteilt, den Treck aufzugeben.

Herr von Weiß entschloß sich nach Lage der Dinge sofort dazu und erklärte seinen Leuten, daß Pferde, Wagen und Flüchlingsgepäck, außer Handgepäck und notwendigen Essensvorräten, der Wehrmacht übergeben würden und alle Vertriebenen mit den von der Wehrmacht zur Verfügung gestellten Lastwagen, die in Richtung Heiligenbeil-Zinten fuhren, mitgenommen würden. Zunächst erklärten sich die Plauer Leute und Siedlerfrauen damit einverstanden, aber etwa um 5.00 Uhr morgens erschien der Kämmerer bei Herrn von Weiß und bat für sich und die Siedlerfrauen um die Erlaubnis, weitertrecken zu dürfen trotz der großen Gefahr. Nach langem Zögern gab Herr von Weiß seine Einwilligung, da sich die Mehrzahl der Siedlerfrauen und der größte Teil der Plauer Leute dazu entschlossen hatte. Wer nicht weitertrecken wollte, fuhr mit uns mit den Wehrmachtslastwagen bis Königsberg (Pr.) oder in den Raum um Heiligenbeil-Zinten.

Der Lastwagen, auf dem ich fuhr, war so dicht besetzt, daß ich nur knapp auf einem Fuß stehen konnte. Entsetzlich war es zu hören, daß kleinste Kinder verhungern mußten, erdrückt wurden oder erfroren und ihre kleinen Leichen von ihren Müttern einfach aus dem Wagen geworfen werden mußten, da ein Aussteigen und Begraben einfach unmöglich war.

Das Schicksal des Trecks aus Plauen, dem es nicht gelang durchzukommen, wird wohl immer ein Geheimnis bleiben. Die Wagen des Plauener Trecks wurden von gefangenen Polen und Siedlerfrauen geführt. Die Polen waren sehr hilfsbereit, umsichtig und fleißig. Auch die Polenfrauen kamen mit, weil auch sie unter keinen Umständen den Russen in die Hände fallen wollten. Was aus ihnen allen, dem ganzen Treck geworden ist, weiß niemand.

Wir aber hatten es geschafft.

Sofort nach Ankunft in Königsberg (Pr) ging ich zu meiner Dienststelle. Ich war in jener Zeit nach der durch die NSDAP erfolgten Auflösung des

›Kyffhäuserbundes‹ kriegsdienstverpflichtet als Sachbearbeiterin beim Beauftragten des Reichsschatzmeisters für Revisionsangelegenheiten der NSDAP, Gau Ostpreußen. Ich hielt es für meine Pflicht, den ›Ahnungslosen‹ dort zu schildern, wie es in Wirklichkeit in unserer Provinz aussah, daß die Truppe nicht vorwärts noch zurück konnte infolge der durch die Flüchtlinge verstopften Straßen, weil niemand da war, der den Flüchtlingsstrom lenkte. Ich regte an, daß unverzüglich geeignete Parteimitglieder an den Straßenkreuzungen die Regelung des Verkehrs übernehmen müßten, um vielleicht doch noch eine Lösung zu finden, daß die Truppen sich frei bewegen könnten. Aber leider war alles schon zu spät.

Als ich in mein Arbeitszimmer kam, fand ich dort nur noch leere Aktenschränke und leere Schreibtische vor. Sämtliche Akten waren zwei Tage vorher mit einigen älteren Sachbearbeitern und zwei weiblichen Angestellten mit einem Dampfer nach Güstrow in Mecklenburg geschickt worden. Wer sich nicht absetzen konnte, mußte täglich neun Stunden vor seinem leeren Schreibtisch sitzen, damit ›das Gesicht gewahrt wurde‹.

Nachdem ich die hierfür verantwortlichen Herren mit Nachdruck auf dieses mir unverständliche Verhalten hingewiesen hatte, verabschiedete ich mich mit den Worten und dem Vorsatz, diese Räume nicht mehr zu betreten.

In diesen Tagen wurde der Ring um Königsberg immer enger, der Donner der Geschütze immer deutlicher hörbar. Herrn von Weiß, der mit mir nach Königsberg gelangt war, gelang es mit größter Mühe, einen Dampfer ausfindig zu machen, der uns mitnehmen wollte. Es war der etwa 900 BRT große Dampfer *Consul Cords*, ein kleiner Handelsdampfer aus Rostock, der zur Reparatur in der Schichau-Werft lag. Erst nachts um 02.00 Uhr durften wir an Bord dieses Schiffes gehen, das wenige Stunden später in das Hafenbecken I einlief, um dort weitere Flüchtlinge aufzunehmen. Bis zum Mittag waren – ohne und auch mit Berechtigungsschein – rund 1200 Flüchtlinge auf dem kleinen Dampfer.

Obgleich das Schiff, wie wir erfuhren, noch nicht vollkommen repariert war, bekam der Kapitän den Befehl, mit den an Bord befindlichen Flüchtlingen sofort auszulaufen. Alle seine Einwände, der Dampfer sei überhaupt noch nicht fahrtüchtig, und er müßte daher jede Verantwortung für diesen Flüchtlingstransport ablehnen, fanden kein Gehör. Vielleicht war die Fahruntüchtigkeit des Schiffes auch der Grund dafür, daß sich auf dem Dampfer *Consul Cords* keine Parteigrößen oder NSV-Leiter befanden. Aber auch kein Arzt und keine Krankenschwester befanden sich an Bord des total überfüllten Schiffes. Der Kapitän war ratlos und wandte sich mit der Bitte an Herrn Oberst a.D. von Weiß, sich der Flüchtlingsbetreuung anzunehmen, soweit dies in seinen Kräften stand. Herr von Weiß erklärte sich hierzu sofort bereit, ohne zu wissen, wie sich diese Betreuung auswirken sollte.

Nach dem Ablegen aus Hafenbecken I nahmen wir Kurs auf Pillau, das wir nachts endlich erreichten. Wir lagen im Kohlenbunker des Schiffes auf Stroh. Es war so dunkel in diesem Bunker, daß man nicht einmal seinen Nebenmann erkennen, noch überhaupt etwas sehen konnte. Erst als eine kleine Petroleumlampe angemacht wurde, kam man sich nicht mehr vor, als sei man in einem Gefängnis.

Der Dampfer *Consul Cords* bewegte sich, so war mein Gefühl, nur im Schneckentempo. Sicher wollte der Kapitän keinerlei Risiko eingehen. Wir hatten auch keine Ahnung über das Fahrtziel, als wir Pillau verlassen hatten.

In der Mittagszeit des nächsten Tages bat Kapitän Fretwurst Herrn von Weiß zu sich. Er eröffnete ihm, daß sich das Schiff nur noch eine oder zwei Stunden halten könnte, da ein nicht unbeträchtlicher Maschinenschaden aufgetreten sei. Alle Hilferuhe nach Gotenhafen seien, so erklärte der Kapitän des *Consul Cords*, vergeblich gewesen. Von den 1200 Menschen, die an Bord waren, wußte niemand von der Gefahr, in der wir alle schwebten. Herr von Weiß riet dem Kapitän, Hela anzusteuern und sprach ihm Mut zu, dies mit allen Kräften zu versuchen, was Kapitän Fretwurst auch tat.

Es gelang auch; wir erreichten Hela und schienen gerettet. Sofort nach Ankunft auf Hela-Reede kam ein Lotsenboot an den Dampfer *Consul Cords*, um den Steuermann des Schiffes und Herrn von Weiß in die Kommandantur von Hela abzuholen. Der Kapitän blieb an Bord des Schiffes. Der Kommandant von Hela sagte sofort zu, alle an Bord befindlichen Flüchtlinge aufzunehmen, bis der Dampfer wieder fahrbereit sei. Nach dem Einlaufen in den Hafen von Hela nahmen uns Marineangehörige in Empfang und sorgten für unsere Unterbringung und Verpflegung.

Vier Tage lang blieben wir auf Hela und wurden vorbildlich betreut. Wir konnten uns über nichts beklagen.

Am 30. Januar mittags, wohl zur gleichen Zeit, als die Todesfahrt der *Wilhelm Gustloff*, von der wir nichts ahnten, von Gotenhafen aus begonnen hatte, gingen wir wieder an Bord des inzwischen völlig reparierten Dampfers *Consul Cords*, der noch in den Mittagsstunden des 30. Januar Hela verließ und Kurs auf Kolberg nahm. Diese Fahrt verlief glatt und ohne jeden Zwischenfall, und das Schiff wurde uns in diesen Stunden viel vertrauter als bei unserer ersten Reise nach Hela. Doch trotz der Ruhe, die unter den 1200 Flüchtlingen an Bord herrschte, waren viele von einer inneren Unruhe befallen. Sie hatten Angst vor den Gefahren dieser Ostseeflucht, vor Minen, feindlichen U-Booten und Fliegern. Grauenhaft, sich auszumalen, wenn diesem kleinen Schiff mit dieser großen Zahl von Menschen etwas passieren würde . . . Doch es passierte nichts. Gottseidank.

Als wir am Morgen des 1. Februar 1945 nach dem Einlaufen im Hafen von Kolberg an Land gehen durften und wieder festen Boden unter den Füßen fühlten, waren wir alle überglücklich, diese Fahrt mit der *Consul Cords* lebend überstanden zu haben. Und eines schwor ich mir an diesem Morgen: Sollte jemals der Tag kommen, an welchem ich auch Kolberg verlassen müßte, dann nur über die Landstraße oder mit der Bahn, aber nie wieder mit einem Schiff, vor allem nicht mit einem so kleinen Schiff, wie es der Dampfer *Consul Cords* war, unser Lebensretter.

An diesem Morgen ahnte ich nichts davon, daß ich in kaum mehr als zwei Wochen wieder am Kai im Hafen von Kolberg stehen würde, bittend vor dem Kapitän des Dampfers *Consul Cords* und ihn anflehen würde: ›Nehmen Sie uns wieder mit – bitte –!‹«

Doch das konnte man an diesem Tage, dem 1. Februar, auch nicht ahnen, denn in Kolberg schien noch alles ruhig, für Kolberg schien keine Gefahr.

Zusammen mit ihrer Hausgehilfin, dem Ehepaar Weiß, ihrer Wirtin und deren achtjährigem Töchterchen fand Eva Kuckuck in Kolberg eine neue Bleibe. Wie die anderen Flüchtlinge vom Dampfer *Consul Cords*, wurde sie von den Bürgern der Stadt Kolberg und den Dienststellen der Marine freundlich empfangen und aufgenommen, denn Kolberg war in diesen Tagen noch eine sichere Stadt, in der man noch ruhig schlafen konnte.

SCHÖNE WEISSE *STEUBEN*

5. Februar 1945

Es ist ein Montag.

Die Seestadt Pillau hatte sich mit ihrem Schicksal, nun eine Flüchtlingsstadt zu sein, die ständig drei- oder viermal soviel Flüchtlinge beherbergte als sie an Einwohnern zählte, abgefunden. Die Probleme, die damit auf die kleine Stadt zugekommen waren, versuchten die verschiedenen Stellen, allen voran die Stadtverwaltung, aber auch die NSV und das DRK mit Unterstützung der Marinedienststellen so gut wie möglich zu lösen. Auch die Verpflegung der Flüchtlinge war einigermaßen gut geregelt. Während die Bewohner Pillaus Lebensmittelkarten erhielten, die jeweils für eine bestimmte Zuteilungsperiode ausgegeben wurden, verpflegte man die Flüchtlinge über die Gemeinschaftsküchen. Die NSV hatte zahlreiche Verpflegungsstellen eingerichtet, und die Flüchtlinge hatten sich an das Schlangenstehen gewöhnt. Im übrigen hofften sie jeden Tag, auf ein Schiff zu kommen und damit nach Westen zu gelangen.

Allerdings wußte keiner der Flüchtlinge, wieviele Menschen in diesen ersten Februartagen überhaupt in Pillau waren, ob es 40 oder 50.000 oder gar 60 oder 70.000 waren.

Es war eigentlich ein schöner, sonniger und friedlicher Wintertag, dieser Montag der 5. Februar 1945.

Bis gegen zwei Uhr mittags.

Ohne jede Vorwarnung fielen pünktlich um 14 Uhr Bomben. Fliegeralarm gab es nicht mehr, weil es in Pillau keinen Strom mehr gab. Nur von Neutief her hatte man den schwachen Ton einer Sirene hören können. Doch die meisten hörten ihn nicht.

Mit mehr als 60 Maschinen flogen die Sowjets einen Angriff. Sie wußten, daß der Pillauer Hafen voller Menschen war und sich auch in der Stadt Zehntausende von Flüchtlingen angesammelt hatten. Nicht militärischen Zielen, die in Pillau kaum vorhanden waren, sondern den Flüchtlingen am Kai und den kleinen Schiffen galt das Bombardement.

Die Menschen am Pillauer Kai suchten vergeblich nach einer Deckung, nach einem Hausflur oder Keller. Erstens kam der Bombenangriff total überraschend, und zweitens waren alle Fluren, Keller und Hallen bis auf den letzten Platz mit Menschen besetzt. Es gab deshalb nur für wenige einen Schutz, die meisten Menschen waren den Tieffliegerangriffen schutzlos ausgesetzt. Das galt besonders für die Kinder, die sich nicht, wie die Erwachsenen, auf das kalte Plaster legten, sondern laut schreiend durcheinanderliefen.

Von den insgesammt 150 Bomben, die die sowjetischen Kampfflieger abgeworfen hatten, ging der größte Teil ins Wasser. Das war ein Glück für die Menschen. Der Schreck war größer als die Verluste, wie man nach dem Bombenangriff feststellte. Insgesamt zählte man 54 Tote, 41 Männer, 8 Frauen, 2 Kinder und 3 Soldaten. Außerdem wurden 82 Verletzte gezählt.

Größer schon war der Materialschaden. Neben dem im Hafen liegenden Dampfer *Delphin* wurde ein Prahm, zwei Minensuchboote und in weiteres kleines Schiff versenkt, 28 Lastwagen, eine ganze Reihe städtischer Gebäude und die Pump- und Kläranlage des Wasserwerks waren in Schutthaufen verwandelt, das Sägewerk Pillau stand in Flammen, und auch sonst sah man in der Stadt nach dem Angriff mehr Ruinen als vorher. Der neuangelegte Fiedhof in Pillau wuchs von Tag zu Tag.

Es war begreiflich, daß durch den Luftangriff am 5. Februar an diesem und an den folgenden Tagen die Unruhe unter den Flüchtlingen wieder zunahm, man wartete fieberhaft auf die Rückkehr eines großen Schiffes, das bereits zweimal Pillau mit Verwundeten und Flüchtlingen verlassen hatte und nun, von Swinemünde kommend, erneut in Pillauer Hafen einlaufen sollte.

Dieses Schiff war die *Steuben.*

Der 13.325 Bruttoregistertonnen große Dampfer des Norddeutschen Lloyd in Bremen war eines der ältesten Handelsschiffe und hatte bereits eine bewegte Vergangenheit hinter sich.

Als Dampfer *München*, dem 3. Schiff dieses Namens des NDL, wurde es 1923 beim Stettiner Vulkan erbaut. Seine Jungfernreise unternahm Dampfer *München* am 26. Juni 1923 nach New York unter der Führung von Kapitän F. Rehm. Es war der erste deutsche Handelsschiffsneubau nach dem

1. Weltkrieg, der in den Hafen von New York einlief. Zwei Jahre später, im März 1925, nahm der Dampfer *München* die Hochsee-Gesellschaftsreisen mit einer Atlantik-Fahrt wieder auf, danach folgten Spitzberg-Reisen. Am 11. Februar 1930 brannte der Dampfer *München*, im Hafen von New York liegend, fast völlig aus. Eine Ladung von Kali und Torfstreu hatte sich selbst entzündet. Sonst wurde niemand verletzt. Ohne Passagiere kehrte Dampfer *München* nach Bremerhaven, seinem Heimathafen, zurück. Dort wurde das Schiff vollständig erneuert, erhielt eine völlig neue Kajüteneinrichtung, und die Kessel wurden auf Ölfauerung umgestellt. Am 18. Januar 1931 wurde das Schiff unter einem neuen Namen wieder in Dienst gestellt.

Es hieß jetzt *General von Steuben*.

Man hatte dem Schiff deshalb den Namen *General von Steuben* gegeben, weil man den Zwei-Schornstein-Dampfer auf der Nordatlantik-Route nach New York einsetzen wollte. Der Name *General von Steuben* war sowohl den Amerikanern als auch den Deutschen ein Begriff. Von New York aus machte *General von Steuben* zwei Westindienreisen und wurde ab 1933 bis Mitte 1938, nachdem die Passagierkapazität auf 500 Personen erhöht worden war, für Gesellschaftsreisen im Mittelmeer und in der Ostsee eingesetzt. Bei all diesen Fahrten, die zudem noch relativ preiswert waren – für eine 15 Tage Nordkap-Reise zahlte man 1935 auf der *General von Steuben* knappe 300 Reichsmark – erfreute sich das Flagschiff der Erholungsreiseflotte des Norddeutschen Lloyd mit seiner Länge von 168 m, einer Breite von 19,8 m und einem Rauminhalt von 14.660 Brutto-Registertonnen, größter Beliebtheit. Der den Passagieren zur Verfügung stehende Deckraum betrug 3126 qm. Die 1937 und zu Beginn des Jahres 1938 vorgenommenen Umbauten machten den Dampfer *General von Steuben* zu einem der geeignetsten und schönsten Dampfer dieser Art auf der ganzen Welt. Man hatte auf diesem Schiff an nichts gespart, um die Seereise zu einem unvergeßlichem Erlebnis werden zulassen. Die große, elegante Halle, der Ballsaal, das Rauchzimmer mit seiner reizenden Bar waren Räume, in denen sich jeder Fahrgast wohlfühlen konnte. Hinzu kamen zwei ebenso geräumige wie prachtvoll gestaltete Speisesäle, in welchen alle Fahrgäste gleichzeitig ihre Mahlzeiten einnehmen konnten, was nicht auf allen Passagierschiffen möglich war.

Die großen und geschmackvoll eingerichteten Kabinen, die bei den letzten Umbauten zum größten Teil mit Bädern oder Duschen versehen worden waren, vermittelten Behaglichkeit und Gemütlichkeit. Zu den letzten Neuerungen gehörte auch die Entlüftungsanlage, die es ermöglichte, sämtliche Kabinen im B-, C- und D-Deck, alle Innenzimmer sowie beide Speisesäle mit Frischluft zu versorgen. Man war stolz, darauf hinzuweisen, daß in den Kabinen alle 6 Minuten, in den Speisesälen alle 4 Minuten die Luft vollständig erneuert wurde. Stolz war man auch auf den Hinweis auf die

Größe der Räume und Decks. Jedem Fahrgast standen 7,5 qm offener Decksraum zur Verfügung. Keiner mußte sich auf *General von Steuben* beengt fühlen. Im Gegenteil, auf den Decks war viel, viel Platz. Das Spiel- und Sportdeck reichte von der Kommandobrücke bis zum Heck. Unter dem Bootsdeck befand sich das geschlossene Promenadendeck, das einer breiten Glasveranda glich und die Fahrgäste vor Wind und Regen schützte. Ein besonderer Anziehungspunkt war das an Oberdeck angelegt hellgrün gekachelte Schwimmbad. Ein für die Seereisen-Werbung herausgegebener Prospekt des Norddeutschen Lloyd trug den Aufdruck ›Schöne weiße Steuben‹.

Das Schiff hieß vom 20. Dezember 1938 an nur noch kurz und knapp *Steuben*.

Die oberste Parteileitung hatte den ehemaligen General von Steuben als ›Fremdenlegionär‹ eingestuft. So hieß es.

Bis zum 28. August 1939, drei Tage vor Beginn des 2. Weltkrieges, machte *Steuben* dann noch acht Reisen, vorwiegend Mittelmeer-Reisen. Die letzten Reisen 1939, vom 7. Oktober bis zum 4. Dezember 1939, waren ›Balten-Umsiedlungsreisen‹.

VOM LUXUSDAMPFER ZUM VERWUNDETENTRANSPORTER

Nach dem 4. Dezember 1939 diente der Dampfer *Steuben* zunächst einem höheren Stabe in Danzig-Neufahrwasser als Wohnschiff, wurde dann vom Norddeutschen Lloyd in Bremen am 31. Juli 1940 durch die KMD Hamburg an das EKK (Erprobungskommando für Kriegsschiffneubauten) übergeben, bis das Schiff am 31. Juli 1944 als ›Verwundeten-Transportschiff‹ in der Ostsee in Dienst gestellt wurde. Die von der KM eingerichteten ›Verwundetentransportschiffe‹ waren wie Lazarettschiffe eingerichtet, hatten Ärzte und Sanitätspersonal an Bord, genossen jedoch nicht den Schutz der Genfer Konvention wie Lazarettschiffe. Die ›Verwundetentransportschiffe‹, so auch *Steuben*, trugen keine weiße Farbe und das rote Kreuz, sondern waren grau gestrichen und mit Flakgeschützen ausgestattet.

Vom 1. August 1944 an war *Steuben* unter Führung von Kapitän K. H. Homannn als Verwundetentransportschiff eingesetzt und machte bis zum 22. Dezember 1944 achtzehn Ostsee-Reisen, auf denen insgesamt 26.445 Verwundete und 6694 Flüchtlinge, insgesamt 33.139 Personen befördert wurden. Sämtliche Fahrten erfolgten im Grundminengeleit mit U-Boots- und Flaksicherung. Die *Steuben* selbst war mit vier 3,7 cm, vier Vierlingen, zwei 2 cm-Doppellafetten, zwei 1,51 cm-MGs ausgestattet, die von einem Flakeinsatzleiter – einem Oberstückmeister –, fünf Unteroffizieren und

58 Mann Flakbesatzung bedient und gewartet wurden. Die 18 Reisen als ›Verwundetentransporter‹ machte der Dampfer *Steuben* zunächst von Danzig nach Swinemünde, dann von Pillau nach Swinemünde, einige Male auch von Riga nach Gotenhafen. 16 der 18 Reisen verliefen ohne besondere Zwischenfäll und Feindberührung. Bei der 11. Reise hatte Dampfer *Steuben* ein Gefecht mit russischen Fliegern, wobei ein Toter und vier Verletzte zu beklagen waren.

Auf der gleichen Reise wurde bei Riga Dampfer *Steuben* durch sowjetische Artillerie beschossen, danach bei Libau von vierzig sowjetischen Flugzeugen angegriffen. Auch bei diesem Angriff gab es vier Verletzte und einen Toten.

Völlig unerwartet für die Schiffsleitung, die zivile Stammbesatzung und das KM-Personal wurde die *Steuben* am 23. Dezember 1944 als Verwundeten-Transporter ›außer Dienst‹ gestellt und erhielt eine neue Aufgabe als Wohnschiff für den F.d.U. Ost (Führer der U-Boote Ost).

Dieses ›Zwischenspiel‹ dauerte allerdings nur ganze vier Wochen. Bereits am 23. Januar 1945 wurde der Dampfer *Steuben* in Danzig wieder als Verwundeten-Transport-Schiff – als VTS – in Dienst gestellt. Mit den Vorbereitungen wurde bereits am 21. Januar begonnen, da die *Steuben* schon am 23. Januar ihre erste Reise als neues VTS antreten sollte.

Die personelle Ausstattung des *VTS Steuben* bestand aus 160 Angehörigen der zivilen Besatzung der Handelsmarine und 270 Angehörigen der Kriegsmarine, unter ihnen die Sanitäts-Offiziere: Marine-Oberstabsarzt Lübben, die Marine-Stabsärzte Dres, Diehl, Kausch, Westmann und Sache, letzterer als Leitender Chirurg, ferner die Assistenzärzte Kircher und Gehse, die Sanitäts-Oberfähnriche und Fähnriche Fuhrmann, Eike, Krüger und Keller, letzterer als Adjutant, sowie das Sanitätspersonal, das von *Adler* und *Regina* übernommen wurde, und nicht zuletzt acht Schwestern der Kriegsmarine, außerdem Bordflak, Funk- und Signal-Personal sowie Verwaltungspersonal unter Führung von Oberleutnant (V) Berges, dem seemänischen Personal und 12 Schwestern vom DRK.

Zunächst mußten in Danzig Material und Verpflegung an Bord genommen werden, bevor am 23. Januar abends die erste Reise nach Pillau erfolgte. Hier wurden nachts und im Laufe des nächsten Tages 2800 Verwundete und 1000 Flüchtlinge an Bord genommen, sowie eine Sanitätseinheit der Luftwaffe, Neurochirurgische Abteilung, die sich an Bord gut einrichtete und die Kopfverletzungen versorgte. Die Versorgung der Flüchtlinge und Verwundeten auf Deck und im Op-Betrieb erfolgte unter Mithilfe von etwa einhundert zurückzuführenden Schwestern und Soldaten. Als Chirurgen im Op halfen Stabsarzt Wiemer (Heer) und Stabsarzt Sahm (Luftwaffe) mit dem außerdem eingeschifften Augenarzt (Prof.). Festgestellt wurden bei dieser ersten Reise sehr viele unversorgte Fälle – Gasbrand, mitgeschiente Schußfrakturen usw. – Mehrere werdende Mütter mußten entbunden werden, so daß auch einige Kinder an Bord des *VTS Steuben* geboren wurden. Die Arbeitsverteilung der Sanitäts-Offiziere erfolgte ohne Schwierigkeiten – P-Deck: Kausch, A-Deck: Diehl, B-Deck: Wortmann, C- und D-Deck: Kircher und Gehse, Op-Saal: Sachse, Wiener, Sahm, dazu Unterarzt Pluschke.

Das Sanitätsmaterial wurde in Pillau aus den zurückzuführenden Beständen, vor allem der Luftwaffeneinheit, ergänzt. Während der Reise konnten die wichtigsten und dringendsten Operationen und Verbandwechsel vorgenommen werden. 14 Verwundete starben während der Reise an ihren Verletzungen. In Swinemünde wurde *Steuben* bereits erwartet, die Übergabe der Verwundeten erfolgt rasch und ohne Schwierigkeiten. Nach Übernahme von Sanitätsmaterial von der Lazarettapotheke in Swinemünde und der Anbordnahme von acht Marineschwestern erfolgt am 29. Januar die Rückreise nach Pillau, wobei *VTS Steuben* nachts eine Kursänderung vornimnmt und zur ›Unfallstelle Gustloff‹ läuft, die frühmorgens am 31. Januar erreicht wird. Alle Schiffbrüchigen waren jedoch zu diesem Zeitpunkt schon geborgen. Am 31. Januar traf *VTS Steuben* wieder in Pillau ein.

Hier erfolgte sofort eine neue Beladung mit Verwundeten und Flüchtlingen. Während auf der ersten Reise 2537 Verwundete und 100 Flüchtlinge befördert wurden, waren es bei der zweiten Reise 3070 Verwundete und 372 Flüchtlinge. Diese hohe Zahl von Personen erforderte die Ausnutzung jeden freien Raumes, zum Teil auch auf den Gängen. Bei der ärztlichen Versorgung der Verwundeten helfen auf dieser zweiten Reise vier Professoren der medizinischen Fakultät Königsberg. Auch diese zweite Reise verläuft ohne Feindeinwirkung, die Übergabe der Verwundeten in Swinemünde ohne Zwischenfälle. Das in Swinemünde vorbestellte Sanitätsmaterial ist nicht vorhanden, vor allem fehlt es an Bord des *VTS Steuben* an Zellstoff und Papierbinden. Am 06. Februar 1945 wird Swinemünde verlassen, am 8. Februar 1945 trifft *VTS Steuben* wieder in Pillau ein.

VERWUNDETENSCHICKSALE

Das Schiff mit dieser ›bewegten Vergangenheit‹, die *Steuben*, liegt am Abend des 8. Februar 1945 im Hafen von Pillau und bereitet sich auf seine nächste Reise vor.

Obersteward Bruno Willkehr, der bei den letzten Reisen der *Steuben* schon viel Elend gesehen hat und zuständig ist für die Unterbringung und Verpflegung aller an Bord kommender Verwundeten und Flüchtlinge, steht an der Reling, als die erstenVerwundeten an Bord humpeln. Zunächst kommen die Leichtverletzten, offensichtlich direkt von der Front, nur auf einem Notverbandsplatz versorgt. Denn ihre Verbände sind zum teil durchblutet, ihre Gesichter schmutzig, ihre Bekleidung verdreckt.

Es ist ein trostloses Bild, das sich dem Obersteward offenbart. Einige betreten, auf Latten oder Besenstiele gestützt, das Schiff, wieder andere werden auf behelfsmäßig zusammengebundenen Bahren an Bord getragen. Dann kommen, Bahre für Bahre, die Schwerverwundeten an Bord und werden sofort von den Ärzten und dem Sanitätspersonal in Empfang genommen.

Währenddessen warten am Kai viele hundert oder tausend Flüchtlinge, ausschließlich Frauen mit Kindern und alte Leute. Auch sie wollen alle auf die *Steuben*, müssen aber warten, bis der letzte Verwundete auf dem Schiff ist. Das dauert Stunden.

Die ganze Nacht über wird geladen. Und auf der *Steuben* schläft niemand außer den Verwundeten, die auf Feldbetten, in Kojen oder auf Matrazen liegend, total erschöpft in den Schlaf gefallen sind.

Als der Morgen graut, werden die ersten Flüchtlinge an Bord gelassen. Die meisten von ihnen müssen an der Pier ihre letzte Habe, die sie oft tagelang und kilometerweit mitgeschleppt haben, zurücklassen. Für das Flüchtlingsgepäck ist auf der *Steuben* kein Platz. Das Schiff kann nur Menschen befördern, und dafür wird jeder Winkel gebraucht. Es sind nur wenige, die dies nicht einsehen, aber – da sie nicht zurückbleiben wollen, sich auch noch von dem letzten Koffer, der letzten Reisetasche trennen.

Immer mehr kommen an Bord des Schiffes. Obersteward Willkehr stöhnt: »Wo sollen wir nur mit den vielen Menschen hin – – – wir haben doch gar nicht so viel Platz!«

Die ganze Nacht über ist indessen auf der *Steuben* die Küche in vollem Betrieb. Viele Verwundete und auch Flüchtlinge haben seit Tagen nichts gegessen. Sie werden als erste versorgt. Und die Ausgabe des Essens geht reibungslos. Man hat sich an vieles gewöhnt und nahezu alle Ansprüche zurückgestellt. Hier geht es nur noch um die Rettung des Lebens, um nichts weiter, und hier in diesen Stunden und Tagen der Not lernt man warten, geduldig sein, zurückstehen, ein Gefühl für den anderen zu haben, der in noch größerer Not ist.

Auf der *Steuben* werden auch keine Passagierlisten mehr gefertigt, keine Essensmarken mehr ausgegeben und keine statistischen Erhebungen mehr angestellt, wer und wieviel Menschen an Bord sind. Auf der *Gustloff* war das noch möglich, da hatte man für die Einschiffung auch sechs oder sieben Tage Zeit. Die Einschiffung von mehreren tausend Menschen auf der *Steuben* muß aber in sieben Stunden abgewickelt sein oder in zehn. Da ist keine Minute Zeit mehr für Bürokratie, zumal jede Hand für die Versorgung der an Bord gekommenen Flüchtlinge und vor allem der Verwundeten gebraucht wird. Und manche Flüchtlingsfrau, die mit ihren Kindern an Bord gekommen ist, widmet sich jetzt noch der Pflege von Verwundeten und hilft, wo Hilfe nötig ist.

Und es gibt viele Hilflose auf der *Steuben*.

Auf der Kommandobrücke der *Steuben* sprechen der Zweite Offizier Johannes Grage und der Kapitän der *Steuben* Hermann Hohmann über den Zustand des Schiffes, die Rettungsmittel und die maximale Zahl von Passagieren, die an Bord genommen werden können. Bisher hatte man auf den Reisen jeweils 2000 bis 3000 Verwundete befördert, im Ausnahmefall einmal 3930. Bei viertausend Menschen lag die Grenze. Dann war die *Steuben* total überfüllt, und keine Maus hatte mehr Platz – 4000 Menschen einschließlich der Zivilbesatzung, der KM-Mannschaft mit den Ärzten und den Sanitätern und der Flak. Darüber waren sich die beiden Schiffsoffiziere einig. Doch niemand wußte, wieviele Menschen tatsächlich am Morgen des 9. Februars 1945 schon an Bord der *Steuben* waren, auch Obersteward Willkehr nicht.

»Wir haben das Zählen aufgegeben, es war und ist unmöglich . . .«

Auf der Brücke der *Steuben* macht man sich natürlich auch Gedanken über die Sicherheit des Schiffes, das sich zwar in einem absolut seetüchtigen Zustand befand, aber – was die Rettungsmöglichkeiten betraf, sehr gefährdet erschien.

Mit Sicherheit würden in dem Geleit außer der *Steuben* keine weiteren großen Schiffe mitlaufen. Das bedeutete, daß in einem Katastrophenfall sowohl die Verwundeten als auch die Flüchtlinge auf die kleinen Begleitboote der KM übergeben werden müßten. Aber wer wollte und wer sollte diese Arbeiten ausführen, 2000 oder gar 3000 Verwundete auf andere Schiffe zu transportieren, zumal diese kleinen KM-Boote sicher nur einen Bruchteil würden aufnehmen können?

Diese und andere Fragen bewegten den Kapitän und die Offiziere auf der Brücke der *Steuben*.

»Lassen Sie uns nicht an einen solchen Fall denken, das Denken daran bringt uns auch nicht weiter – – –«, meinte Kapitän Hohmann, und er hatte recht. Er machte sich wohl die meisten Gedanken darüber, was wohl an Bord geschehen würde, liefe die *Steuben* auf eine Mine, oder würde sie gar von einem U-Boot angegriffen, wie die *Gustloff* vor zehn Tagen . . .

Als einer der letzten Verwundeten kam am Vormittag des 9. Februars 1945 der Luftwaffen-Hauptmann Franz Huber auf die *Steuben*. Er erinnert sich:

»Am 3. Februar 1945 wurde ich in Fischhausen bei Pillau im Samland/Ostpreußen durch Granatwerferbeschuß zweimal an der Stirnseite des Kopfes und am Hinterkopf schwer verwundet. Zum Zeitpunkt der Verwundung saß ich in einer Beiwagenmaschine, und der Kradfahrer fuhr mit einer Geschwindigkeit von etwa 80 st/km infolge der Granatwerfereinwirkung gegen einen Baum. Hierbei erlitt ich zusätzlich einen äußerst schweren Bluterguß im Unterleib. Mit diesen Verwundungen wurde ich in das Feldlazarett Pillau eingeliefert und dort zunächst ärztlich versorgt. Wie ich danach von meinen Kameraden hörte, wurden mir die Granatsplitter durch starke Magnete aus der Stirnhöhle entfernt.

Am frühen Morgen des 9. Februars 1945 wurde ich für einen Transport nach Deutschland eingeteilt. Mit einem Sanitätsauto ging es einige Stunden später über unerhört holprige Straßen durch Pillau zum Hafen. Ich hatte infolge meiner erst sechs Tage alten Verwundung hohes Fieber und fast unerträgliche Schmerzen. Die Fahrt zum Pillauer Hafen, wo wir auf ein Schiff verladen werden sollten, kam mir wie eine Ewigkeit vor. Aber endlich wurden wir an Bord der *Steuben* getragen.

Da ich in Bayern zu Hause war, hatte ich bisher keine Gelegenheit gehabt, Schiffe kennenzulernen. Somit kam mir das Schiff, die *Steuben*, in seinen Ausmaßen wie eine kleine Stadt vor, wie sie es sicher mit ihren vielen Menschen an Bord auch war.

Ich wurde in das Schiffsinnere getragen und hörte von anderen Kameraden, daß ich mich in dem ehemaligen Tee-Raum der *Steuben* befand. Die Matratzen lagen auf dem Boden ausgebreitet, eine neben der anderen, sehr dicht beieinander, sicher um Platz zu sparen, damit möglichst viele Verwundete auf der *Steuben* untergebracht werden konnten. In dem Tee-Raum befanden sich fast ausschließlich Kopfverletzte. Wir waren alle froh, mit der *Steuben* in ein Lazarett im Westen verlegt zu werden und in den nächsten Stunden die Fahrt über die Ostsee antreten zu können.«

Fast gleichzeitig mit dem Luftwaffen-Hauptmann kam der am rechten Oberarm verwundete Obergefreite Alfred Burgner, Angehöriger der Volks-Gren.Div. 562, 11. Komp., an Bord der *Steuben*. Alfred Burgner hatte bereits einen langen Transportweg hinter sich, als er am 9. Februar gegen 11.00 Uhr mit dem Ausspruch »Endlich – – – !« die *Steuben* betrat. Wie er an Bord kam, hat er niedergeschrieben. Hier ist sein Bericht:

»Durch den russischen Großangriff im Januar 1945 wurde meine Einheit, die Volks-Gren.Division 562, 11. Komp., der ich derzeit als Obergefreiter angehörte, aus unserer Stellung im Narvebogen, östlich von Lonza in Polen, mit hohen Verlusten zurückgedrängt. In Eilmärschen setzten wir uns am 26. Januar 1945 über Jasgarka-Bach, wo unser Bataillon ›Major Koenen‹ durch feindliche Panzer fast aufgerieben wurde, über die polnische Grenze bei Friedrichdorf, über Wilmeshof und Puppen in die ostpreußische Befestigungslinie ab. In der Nacht vom 26. zum 27. Januar 1945 kamen wir auch nicht mehr zur Ruhe, und schon am Morgen des 27. Januar stürmte der Feind nach starkem Granatwerferbeschuß unsere Stellung und setzte sich stützpunktmäßig fest. Bei einem Gegenangriff, der wohl auch erfolglos geblieben ist, wurde ich am rechten Oberarm verwundet und mußte mich zum Hauptverbandsplatz nach Benten begeben. Dort erhielt ich die nötige

Betreuung und Verpflegung, und schon nach kurzer Zeit wurden wir mit neun Mann ›planmäßig‹ in einem Sanitätswagen, ausgestattet mit Liegepritschen, in das nächste Reservelazarett befördert.

Das Ziel dieser Fahrt war uns unbekannt und nach den vorausgegangenen Strapazen auch völlig gleichgültig. Meine Kameraden und ich schliefen während der Fahrt und wachten erst unsanft auf, als das Fahrzeug in einem Loch stecken geblieben war und es eine starke Erschütterung gab. Dann waren wir am Ziel: Im Reservelazarett in Heilsberg. Doch auch hier konnten wir nicht bleiben. Es wurde ein Transport aufgestellt, der uns über Königsberg nach Pillau bringen sollte. In einem Güterzug, ungeheizt natürlich, in grimmiger Kälte, nur auf Stroh liegend, wurden wir weiterbefördert. Doch die Fahrt endete überraschend schnell. In Ponarth, einen Vorort von Königsberg, mußte der Verwundetentransportzug plötzlich und unerwartet mehrere Stunden auf freier Strecke halten.

Der Grund: Königsberg war nicht mehr passierbar. Unserem Transportführer, einem Leutnant, gelang es durch Vorhalten der Pistole, den Lokführer zu einer Entscheidung zu zwingen – entweder nach Pillau zurück oder zurück nach Heiligenbeil.

Glücklich erreichten wir Heiligenbeil. Doch hier waren nicht nur die Lazarette total überfüllt, hier waren bereits neben Gasthäusern, Hotels, Gesellschaftsräumen auch die Kirchen als Not-Lazarette eingerichtet. Trotzdem fanden wir noch eine Bleibe, allerdings wieder nur für einige Tage.

Dann wurden wir mit Kuttern, nachdem Eisbrecher die Strecke passierbar gemacht hatten, nach Pillau gebracht. Hier wurden wir zunächst in einer großen Baracke betreut, und es wurde uns in Aussicht gestellt, mit dem nächsten Lazarettschiff von Pillau nach Swinemünde befördert zu werden. Das wurde jubelnd begrüßt. Doch als wir tags darauf vom Untergang der *Gustloff* hörten, deren Opfer zum Teil nach Pillau gebracht und hier beerdigt worden waren, wurden wir uns bewußt, daß unser Schiffstransport nach dem Westen doch nicht so ungefährlich war, wie wir anfangs geglaubt hatten, und daß die Flucht über die Ostsee auch mit einem großen Schiff ein Risiko war. Da es aber keinen anderen Fluchtweg gab, haben meine Kameraden und ich mit Gottvertrauen auf das eigene Glück gesetzt, und wir waren heilfroh, am Vormittag des 9. Februar 1945 auf der *Steuben* aufgenommen zu werden.

Als ich das Schiff an der Pier liegen sah, hatte ich den Vorsatz, nur an Oberdeck zu bleiben während der ganzen Fahrt, um bei einem möglichen Unglück gleich oben an Deck bei den Booten zu sein. Nachdem aber fast alle Verwundeten im Inneren des Schiffes untergebracht waren und sich an Oberdeck nur noch Flüchtlinge aufhielten, wurde ich von einem Sanitäter an Oberdeck ›entdeckt‹ und aufgefordert, in das Schiffsinnere, also unter Deck, mitzukommen. Der Sanitäter führte mich zwei Treppen hinunter, und ich erhielt auf einem Gang, dicht neben einer Toilettentür, einen Platz, nachdem mir eine Decke und eine Liegematraze zugeteilt worden waren. Alle Plätze in den Kabinen und Gängen waren bereits restlos besetzt, da ich einer der Letzten war, die noch auf der *Steuben* Aufnahme fanden.

So kam ich an Bord der *Steuben* und war froh darüber!»

AN BORD 4267 MENSCHEN

Bereits mit der Anbordnahme der ersten Verwundeten begann für das Sanitätspersonal, die Schwestern und die Ärzte auf dem Verwundetentransportschiff *Steuben* die harte Arbeit. Das Personal im Op-Raum war zwar durch einige Schwestern und Ärzte verstärkt worden, reichte aber bei weitem nicht aus. Im Op-Saal wurde in zwei Schichten von je acht Stunden, also rund um die Uhr und ohne Unterbrechung gearbeitet. Auch die Arbeitseinteilung in den verschiedenen Decks mußte neu erfolgen, da auch hier ›rund um die Uhr‹ gearbeitet werden mußte.

Gegen 11.00 Uhr versucht Dr. med. Hans Sachse, Marine-Stabsarzt d.R. und Leitender Chirurg auf der *Steuben*, sich eine Übersicht darüber zu verschaffen, wieviele Verwundete und sonstige Passagiere überhaupt an Bord der *Steuben* sind. In den Gängen und Sälen sind inzwischen grobe Zählungen vorgenommen worden, so daß man über die Zahl der Verwundeten einen etwa genauen Überblick hat, auch über das Sanitätspersonal und die KM-Besatzung. Die zivile Schiffsleitung hat auch eine überschlagmäßige Zählung der Flüchtlinge vorgenommen.

Alles in allem ergibt sich daraus folgende Übersicht kurz vor Auslaufen der *Steuben* am 9. Februar 1945 gegen 11.30 Uhr:

An Bord der *Steuben* befinden sich:

1600	Verwundete	(Liegende)
1200	Verwundete	(Sitzende)
800	Flüchtlinge	
100	Sonstige zurückzuführende (Soldaten)	
270	Angehörige der Kriegsmarine, incl. Sanitätspersonal, Ärzte und der Schwestern der Kriegsmarine	
12	in Pillau zugestiegene Schwestern des DRK	
64	Angehörige der Bordflak	
61	Mann KM-Personal, Seem. Personal, Funk- und Signalp., Verwaltungspersonal und	
160	Angehörige der Zivilbesatzung (Handelsschiffpersonal)	
4267	Personen insgesamt.	

Das sind mehr, als das Sanitätspersonal verkraften kann und weit mehr, als die zivile Schiffsleitung erwartet hat und für verantwortbar hielt.

Aber es mußten soviele Menschen an Bord genommen werden.

Als um 12.30 Uhr der Dampfer *Steuben* Pillau verläßt und von Schleppern gezogen aus dem Hafenbecken befördert wird, stehen noch immer einige tausend Flüchtlinge am Kai und sind tief enttäuscht, daß sie keinen Platz mehr auf dem Schiff gefunden haben. Sie trösten sich damit, daß – wie bisher – die *Steuben* wiederkommt und dann die nächste Ladung an Bord nimmt. Und daß sie dann vielleicht in drei oder vier Tagen das Glück haben, mit diesem großen Schiff mitgenommen zu werden.

Nachdem der Pillauer Lotse von Bord gegangen ist, steuert die *Steuben* auf Hela zu, nur von einem Kutter mit Grundminengeleit begleitet.

Vor Hela erhielt die *Steuben* ihren Geleitschutz, bestehend aus dem alten Torpedoboot *T 196* und dem noch älteren Torpedofangboot *TF 10.* Auf *T 196* hatte man im letzten Augenblick noch rund 200 Flüchtlinge aus Königsberg aufgenommen, obwohl auf dem kleinen Boot hierfür fast überhaupt kein Platz war. Die meisten der 200 lagen an Oberdeck, saßen auf den Niedergängen oder hockten in den schmalen Gängen.

Als Kapitän Hohmann und der II. Offizier Johannes Grage dieses klägliche Geleit sahen, meinten sie wie fast aus einem Munde: »Wir können nur dafür beten, das die *Steuben* heil durchkommt . . .«

Daß die Notwendigkeit bestand, der *Steuben* eine gute Reise zu wünschen, zeigte sich schon im nächsten Augenblick, als zwei russische Flugzeuge aus dem wolkenverhangenen Himmel stießen und das Torpedoboot *T 196* unter Beschuß nahmen. Gottseidank trafen die Bomben nicht, und da *T 196* sofort das Feuer auf die beiden Maschinen eröffnete, verschwanden diese so rasch wie sie erschienen waren, wieder in den Wolken.

Für die drei Schiffe, die *Steuben, T 196* und *TF 10* war dieser Vorfall jedoch Anlaß, auf dem minenfreien Weg Zick-Zack-Kurs zu steuern und die Höchstgeschwindigkeit von 12 sm aus den Maschinen herauszuholen.

Um 15.00 Uhr macht der II. Offizier Grage einen Rundgang. Er stellt fest, daß es auf dem überbelegten Schiff relativ ruhig ist. Die meisten Passagiere, ob Verwundete joder Flüchtlinge, scheinen sich auf der *Steuben,* die jetzt mit voller Fahrt ihrem Reiseziel Swinemünde zusteuert, sehr wohl zu fühlen. Es wird vom Sanitätspersonal, aber auch von der Zivilbesatzung alles getan, den hilfsbedürftigen Menschen auf diesem Schiff zu helfen, wo es nur geht. Selbst die Menschen, die in den Gängen liegen, und die Flüchtlinge an Oberdeck sind zufrieden.

Es ist auch nicht mehr so kalt wie in den letzten Tagen, das Barometer zeigt 0 Grad.

Der Zweite Offizier kontrolliert noch einmal alle Sicherheitseinrichtungen. Die Hauptschotten waren geschlossen, die Rettungsboote eingeschwungen, jedoch angeheißt und klar zum Fieren. Man war sich bereits vor Auslaufen mit dem Leitenden Sanitätsarzt auf der *Steuben* einig darüber geworden, die Boote nicht auszuschwingen, um die Fahrgäste nicht zu

Er verbrachte fast sein ganzes Leben auf dem Dampfer *Deutschland:* Leitender Ingenieur Adolf Kolster. Er machte auch die sieben Flüchtlingsfahrten mit und den Untergang der *Deutschland* in der Neustädter Bucht am 3. Mai 1945. Als einer der letzten verließ er mit dem Kapitän sein Schiff. *(Foto: PR / Ostsee-Archiv Heinz Schön)*

Wachablösung im Maschinenraum des Dampfers *Deutschland,* der als ›Musterschiff‹ unter den Flüchtlingsschiffen galt, da er auf jeder Reise annähernd zehntausend Menschen an Bord nahm. *(Foto: PR / Ostsee-Archiv Heinz Schön)*

So sah es auf dem Dampfer *Deutschland* aus: Der Speisesaal 1. Klasse (Bild oben) und der Damensalon der Touristenklasse (Bild unten). Beide Säle waren während der Flüchtlingsfahrten Unterkünfte für die Flüchtlinge. *(Foto: HAL / Ostsee-Archiv Heinz Schön)*

Auch das Gesellschaftszimmer auf dem Dampfer *Deutschland* wurde in ein Flüchtlingsquartier umgewandelt (Bild oben) und in den Luxuskabinen (Bild unten) die für zwei Personen bestimmt waren, wurden 10 und mehr Personen untergebracht.
(Foto: HAL / Ostsee-Archiv Heinz Schön)

Im Rahmen der ›Operation Hanibal‹, der Verlegung der 2. Unterseeboots-Lehrdivision Gotenhafen-Oxhöft aus der Danziger Bucht in einen westlicher gelegenen Ostseehafen, wurde auch die *Hamburg* vom ›Wohnschiff‹ der ULD zum ›Flüchtlingsschiff‹ umfunktioniert. Bis das Schiff am 7. März vor Saßnitz auf zwei Minen lief, rettete es in drei Flüchtlingsfahrten 23.057 Menschen über die Ostsee.
(Foto: HAL / Ostsee-Archiv Heinz Schön)

Am 31. Januar 1945 um 4 Uhr morgens lief der U-Tender *Memel* auf eine Mine und sank innerhalb von zwanzig Minuten. An Bord des aus Hela kommenden U-Boot-Begleitschiffes befanden sich 900 Menschen.
(Foto: Früppel 3043)

Das Torpedoboot *Panther* rettete 300 Schiffbrüchige des U-Tenders *Memel.* 600 Menschen, darunter auch der Kommandant und zwei seiner Kinder, fanden den Tod. Zu den Geretteten gehörte die Frau des Kapitäns mit den beiden anderen Kapitänskindern.
(Foto: PR / Ostsee-Archiv Heinz Schön)

Das Wohnschiff *Berlin* (15.286 BRT), das vorübergehend auch als Lazarettschiff Verwendung fand, sollte sich am 31. Januar 1945 auf der Reede von Hela einem Geleit anschließen, lief dabei auf eine Mine, beim Einschleppversuch auf eine zweite Mine und sank um 23.53 Uhr. Das Schiff war noch nicht beladen, die Besatzung konnte sich retten. *(Foto: HAL / Ostsee-Archiv Heinz Schön)*

Am 31. Januar 1945 versuchte der Kommandant des russischen Unterseebootes *L-3*, Kapitänleutnant 3. Ranges Konovalov, zweimal vergeblich, die *Cap Arcona* nach verlassen der Danziger Bucht, beladen mit über 8000 Menschen, zu torpedieren. Die *Cap Arcona* kam durch, machte noch zwei weitere Flüchtlingsfahrten und rettete über 27.000 Menschen über die Ostsee. *(Foto: Hamburg-Süd / Ostsee-Archiv Heinz Schön)*

Der ›Hamburg-Süd‹-Dampfer *Antonio Delfino*, der wie die *Gustloff* und die *Hansa* in Gotenhafen als Hilfsbeischiffe der Kriegsmarine in den letzten Kriegsjahren als ›Wohnschiffe‹ eingesetzt war, brachte als Flüchtlingsschiff von Ende Januar bis Kriegsende in 5 Einsätzen 20.552 Menschen in Sicherheit. *(Foto: ›Hamburg-Süd‹ / Ostsee-Archiv Heinz Schön)*

Der Dampfer *Oceana* (8791 BRT), Eigentum der ›Deutschen Arbeitsfront‹ und vor dem Krieg zur KdF-Flotte gehörend, zuletzt als Wohnschiff in Gotenhafen-Oxhöft liegend, gehörte 1945 ebenfalls zur ›Flotte der Flüchtlingsschiffe‹ und rettete vielen die Freiheit. *(Foto: Drüppel 942)*

Die Ostseehäfen füllen sich. Zu Tausenden strömen die Flüchtlinge nach Pillau, Gotenhafen und Danzig und wollen hier auf Schiffe, die sie in den Westen bringen. *(Foto: dpa 80077A9 626528 b)*

Schöne weiße *Steuben*. So sah der Dampfer des ›Norddeutschen Lloyd‹ *General von Steuben* lange vor dem Krieg aus. 1944/45 diente die *Steuben* zunächst als Lazarettschiff und wurde dann Flüchtlingsdampfer und Verwundetentransportschiff (VTS). Mit 4267 Menschen an Bord lief das Schiff am frühen Morgen des 10. Februar 1945 53 Minuten nach Mitternacht vor die Torpedorohre des Sowjet-U-Bootes *S-13*. Kapitänleutnant Marinesco, der am 30. Januar bereits die *Gustloff* versenkt hatte, schickte an fast gleicher Stelle in der Ostsee auch die *Steuben* auf den Meeresgrund, 3608 Menschen wurden Opfer dieser Katastrophe. *(Foto: NDL / Ostsee-Archiv Heinz Schön)*

Kapitän Hohmann an Bord der *Steuben* kurz vor dem Antritt der letzten Reise, die auch den Kapitän mit auf den Grund der Ostsee nahm. *(Foto: PR / Ostsee-Archiv Heinz Schön)*

Sie probten den ›Ernstfall‹: Zivilbesatzungsmitglieder der *Steuben* bei einem Bootsmanöver. *(Foto: PR / Ostsee-Archiv Heinz Schön)*

Letzter Apell der militätischen *Steuben*-Besatzung vor dem Schiff im Hafen von Pillau. Die Besatzung war guten Mutes, als die Fahrt in den Westen begann. Doch für viele der Männer wurde die *Steuben* zum Grab. *(Foto: PR / Ostsee-Archiv Heinz Schön)*

Die guten Geister der *Steuben:* die DRK-Schwestern die die an Bord genommenen Verwundeten betreuten. Nur wenige von Ihnen überlebten die Tragödie der *Steuben* in der nacht vom 9. zum 10. Februar 1945.
(Foto: PR / Ostsee-Archiv Heinz Schön)

Noch einmal kurz vor dem Auslaufen Rettungsübung des gesamten Personals der *Steuben.* Durch den Untergang der *Gustloff* gewarnt, fand diese letzte Probe vor der Anbordnahme der Flüchtlinge und Verwundeten statt, die man durch ein solches Manöver sicher beunruhigt hätte.
(Foto: PR / Ostsee-Archiv Heinz Schön)

Die *Steuben* auf ihrer letzten Reise. Noch hängen die Rettungsboote in den Davits und wenige auf dem Schiff ahnen, wie lebenswichtig diese Boote für alle werden, die in der nächsten Nacht ihr Leben retten wollen.
(Foto: PR / Ostsee-Archiv Heinz Schön)

beunruhigen. Im übrigen schien die Vorbereitung besonderer Rettungsmaßnahmen, insbesondere für die an Bord befindlichen Verwundeten, sowohl die Sitzer als auch die Lieger, zwecklos und wenig sinnvoll, da ein Bergen der Verwundeten planmäßig überhaupt nicht möglich war. Zudem war das begleitende Torpedoboot restlos mit Flüchtlingen besetzt, und das alte Torpedoboot *TF 10* konnte wegen Platzmangels kaum einen Schiffbrüchigen aufnehmen. Wenn etwas passieren sollte, konnte die Hilfe nur von anderen großen Schiffen kommen. Doch auch dann hatten die an Bord befindlichen Verwundeten kaum eine Überlebenschance. Der einzige Befehl, der im Falle einer Panik ausgegeben war: Auch die Sanitäts-Offiziere hatten sich mit Pistolen zu versehen, wenn ein ›Ernstfall‹ während der Fahrt eintreten sollte. Aber niemand erwartete einen solchen ›Ernstfall‹, auch der Zweite Offizier nicht, als er nach seinem Rundgang wieder auf der Kommandobrücke eintraf und dem Kapitän erklärte: »Alles in Ordnung, keine besonderen Vorkommnisse!«

Die Brückenwache, die jeweils alle sechs Stunden wechselte, besteht aus dem Kapitän, zwei Wachoffizieren, einem Rudermann, einem Telefon— und szwei Ausguck-Posten; die Flakwaffen waren gefechtsmäßig besetzt.

Etwa zur gleichen Zeit, als der Zweite Offizier der *Steuben* seinen ersten Rundgang beendet hatte, stand der 2. Ing. Karl Kollwitz, der Freiwache hatte, an Deck der *Steuben* und besah sich das Flüchtlingselend. Er war durch das ganze Schiff gegangen, hatte die Menschen in den Gängen liegen und auf den Niedergängen sitzen sehen und sah jetzt viele Flüchtlinge an Oberdeck hocken. Obwohl die meisten froren, war er sicher, daß diese Menschen hier an Deck noch die größte Chance des Überlebens haben, wenn etwas passieren würde. Alle ›Neulinge‹, die unten in den Decks untergebracht waren, würden bei einer Katastrophe, einem Minen- oder Torpedotreffer und einem möglichen Lichtausfall wohl kaum einen der Aufgänge und Ausgänge nach oben zu den offenen Decks finden . . . Und an die Schwerverwundeten auf den Bahren, die sich selbst überhaupt nicht helfen konnten — — — daran wollte der 2. Ing. in diesen Augenblicken überhaupt an nicht denken.

Obwohl er erst 22 Tage an Bord war, kannte der Signal-Obergefreite Heinz Portmann die *Steuben* schon besser:

»Die *Steuben* war das erste Passagierschiff solchen Ausmaßes, auf das ich während meiner Kriegsmarine-Dienstzeit kommandiert wurde, und ich freute mich riesig, als ich mit zwei anderen Signalisten und einem Signalmaaten auf die *Steuben* abgestellt wurde. Der Aufenthalt auf diesem gut ausgestatteten Schiff war für mich ein besonderes Erlebnis, und es dauerte lange, bis ich alles an Bord ›entdeckt‹ hatte, ›ortskundig‹ geworden war und auch die Gewohnheiten auf einem so großen Schiff einigermaßen kannte. Überrascht war ich, als ich in den ersten Tagen an Bord an Deck einigen

Chinesen begegnete und auf mein Fragen erfuhr, daß diese zur Zivilbesatzung gehörten und in der Wäscherei der *Steuben* tätig waren.

Meine Unterkunft befand sich im unteren Schiffsteil, in der sogenannten ›Touristenklasse‹. Es war immer ein mühsamer Weg von hier unten bis hinauf zur Kommandobrücke, er führte durch enge Schiffsgänge und über viele Treppen und Niedergänge. Allerdings stellte ich fest, daß die Gänge keinesfalls überbelegt waren, daß man noch gut hindurchgehen konnte und daß die meisten Verwundeten in den großen Sälen und Gesellschaftsräumen untergebracht waren und hier von Schwestern und dem Sanitätspersonal sehr umsorgt wurden.«

Die Zeit verging fast wie im Fluge.

Inzwischen war die Nacht angebrochen.

Es ist 20.00 Uhr

Auf der Brücke der *Steuben* ist man über das Wetter nicht gerade glücklich. Draußen ist gutes Wetter. Und das ist nicht gut. Der Wind hat nachgelassen, es herrscht fast völlige Windstille, der Seegang ist sehr mäßig, und der Himmel ist fast sternenklar, allerdings ist kein Mondschein wahrzunehmen.

Für einen U-Boot-Angriff ist das ein ideales Wetter.

Aber wer denkt schon in dieser Stunde, da sich die *Steuben* mit 12 sm Fahrt ihrem Ziel immer mehr nähert, an einen U-Boot-Angriff.

Im Op-Saal kommen die Ärzte überhaupt nicht auf solche Gedanken. Der Leitende Chirurg, Dr. Sachse, hat alle Hände voll zu tun. Pausenlos wird operiert, ein Verwundeter nach dem anderen wird aufgearbeitet, die sechs Op- bzw. Verbandstische sind noch voll belegt, zwei Tragen standen noch im Vorbereitungsraum.

Allerdings waren auch drei Todesfälle zu verzeichnen. Die Toten wurden auf Bahren gelegt, zugedeckt und neben dem Schwimmbad an Oberdeck aufgebahrt.

Inzwischen hatten an Bord der *Steuben* auch drei Kinder das Licht der Welt erblickt mit dem seltenen Geburtsort ›Dampfer *Steuben*‹.

VOR DER KATASTROPHE

Gegen 21.00 Uhr macht der schwerverwundete, kopfverletzte Luftwaffen-Hauptmann Franz Huber nach einigen Stunden erholsamen Schlafes den ersten Versuch, sich auf seiner Liegestatt aufzurichten und seinen Kopfverband abzunehmen. Mit Mühe gelingt ihm dies. Huber hat die Absicht aufzustehen, zur Toilette zu gehen und sich dort im Spiegel mit eigenen Augen seine Verwundung anzusehen. Es kostet ihm einige Mühe aufzustehen. Doch auch das gelingt ihm. Gerade steht er auf seinen noch gesunden zwei Beinen und hat den ersten Schritt in Richtung Toilette getan, als ihm die Nachtschwester begegnet. Erschrocken starrt sie ihn an. Sie hätte Huber nie das Aufstehen erlaubt, aber sie hat es weder gesehen noch wahrgenommen. Der Schwerverletzte erklärt ihr, der Kopfverband habe sich von alleine gelöst, was ihm die Schwester nicht so recht glauben kann. Als die Schwester den Verband neu anlegen will, fragt Huber sie, ob er sich nicht zuvor vor dem Toilettenspiegel die Verwundung einmal ansehen dürfte. Nach einigem Zögern läßt sie ihn gehen. Auf der Toilette versucht Franz Huber, sich das sieben Tage alte Blut aus dem Gesicht zu waschen und Schmutz und Dreck zu entfernen. Danach ist ihm wesentlich wohler. Während die Schwester ihm anschließend einen neuen Verband anlegt, fragt Huber, ob sie wisse, welcher Hafen von der *Steuben* angelaufen wird und ob von dort noch Lazarettzüge nach Süddeutschland laufen. Die hilfsbereite Schwester sagt zu, sich danach zu erkundigen. Frischgewaschen, mit einem neuen Verband, legt sich der Luftwaffen-Hauptmann wieder auf seine Liege, deckt sich zu und schläft rasch ein. Sein Erwachen aus diesem Schlaf wird ein böses Erwachen sein – – –

Während der Luftwaffen-Hauptmann Franz Huber schläft, fährt die *Steuben* mit Höchstgeschwindigkeit der Katastrophe entgegen.

Doch davon ahnt auf diesem Schiff keiner etwas.

Inzwischen ist es Mitternacht

Auf der Kommandobrücke der *Steuben* wird die Wache übergeben, die sogenannte ›Hundewache‹ von 24.00 Uhr bis 06.00 Uhr, mit Angabe von Kurs, Geschwindigkeit, Standort des Schiffes und den sonst üblichen Angaben. Kapitän Hohmann und seine Offiziere – der I. Offizier Groth, der I. Offizier Kalisch, der II. Offizier Grage und der III. Offizier Jahn – sind mit dem bisherigen Verlauf der Reise zufrieden. Das einzige, was sie störte, waren die Lichtfunken, die das begleitende Torpedoboot *TF 10* bündelweise ausspie, um die befohlene Fahrtgeschwindigkeit von 12,5 sm zu halten. Der alte Kahn gab das wohl kaum noch her. Aber trotzdem fürchteten die Decksoffiziere auf der *Steuben* nichts Schlimmes, denn bis um Mitternacht hatten die beiden Begleitboote noch keinerlei feindliche Fahrzeuge geortet.

»Dann will ich mich mal aufs Ohr legen«, meinte der Zweite Offizier Johannes Grage, als er sich von der Brücke verabschiedete. Er freute sich auf die ›Freiwache‹ und auf einige Stunden Schlaf. Die Außentemperatur von 0 Grad hatte ihn durchfrieren lassen, und er fühlte eine wohlige Wärme, als er unter Deck in seine Kabine kam. Hier zog er zunächst seinen schweren Wachmantel aus, dann die Schuhe und dann die Jacke. Mit einer Wolldecke zugedeckt, legte er sich danach auf das Sofa, nachdem er vorher noch nach seiner Gummi-Schwimmweste gesehen hatte, die griffbereit über einem Stuhl am Schreibtisch hing. Mit ausgestrecktem Arm konnte er die Schwimmweste auch bei Dunkelheit erreichen. Aber er dachte jetzt nicht daran, daß er in weniger als einer Stunde diese Schwimmweste dringend brauchen würde, um sein Leben zu retten. Er dämmerte erst vor sich hin, schlief dann aber ein.

Keine Zeit zum Schlafen fand in dieser Zeit der Leitende Chirurg im Op-Saal der *Steuben*, Dr. Hans Sachse. Doch in einer knappen Stunde würde auch er sich zur verdienten Nachtruhe begeben können. Nur noch eine Operation hatte er vor sich, eine hohe Oberschenkeloperation, die noch eine halbe oder eine ganze Stunde seine konzentrierte Aufmerksamkeit erforderlich machte; alle anderen dringenden Operationen waren erledigt. Die Leitende Schwester Marianne, die seit 22.00 Uhr Dienst hatte, kümmerte sich um die Operierten.

Einige Etagen unter der Kommandobrücke, ganz unten im C-Deck des Schiffes, schimpfte der Sanitätsmaat Kurt Dammann mit einigen Verwundeten. Dammann war verantwortlich für die Krankenstation des C-Decks Backbordseite. Bei einem Kontrollgang hatte er laute Stimmen in einer Kabine gehört und wollte nachsehen, was los ist. Dabei stellte er fest, daß die Verwundeten trotz strengen Verbots die Bulleys geöffnet hatten. »Wir halten es vor Hitze nicht aus«, sagten sie zu ihrer Entschuldigung. Und es war tatsächlich sehr heiß in dem engen und überbelegten Raum. Die Ventilatoren schafften es einfach nicht mehr.

»Trotzdem – die Bulleys müssen geschlossen bleiben«, ordnete der Sanitätsmaat an. »Stellt Euch vor, wir laufen auf eine Mine, dann seid Ihr die ersten, die absaufen, weil Eure Kammer volläuft!« meinte er scherzhaft.

»Mal den Teufel nicht an die Wand«, meinte ein verwundeter Unteroffizier, als die Bulleys wieder dicht waren.

Noch ein Deck tiefer, im D-Deck, lag der Sanitäts-Obergefreite Adolf Ruppert angezogen in seiner Koje. Er konnte zunächst keinen Schlaf finden. Um noch einmal frische Luft zu schöpfen, hatte er während seiner Freiwache die *Steuben* durchwandert, wie schon oft in den letzten Tagen, seitdem er auf dieses Schiff kommandiert war. Auch er hatte vor einigen Tagen vom Untergang der *Gustloff* gehört, nachdem er zufällig gesehen hatte, wie ein an der Rettungsaktion beteiligtes Schiff am Kai in Pillau mehr als hundert Leichen entladen hatte. Dieses Erlebnis beschäftigte ihn seit Tagen, und er wurde das Gefühl nicht los, daß das gleiche Schicksal wie der *Gustloff* auch der *Steuben* widerfahren konnte. Bei seinem Rundgang durch alle Decks der *Steuben* hatte er allerdings feststellen müssen, daß die meisten auf diesem Schiff keinerlei Angst hatten. Im Gegenteil. Er hatte beobachtet, daß im unteren Prommenadendeck gefeiert wurde. Bei Musik und Schnaps wurde sogar getanzt. Der Lärm war so laut geworden, daß ihn ein schwerverwundeter Offizier im A-Deck an Backbordseite bat, im Deck darüber, also im Unteren Prommenadendeck, für Ruhe zu sorgen, was er auch – leider vergeblich – versucht hatte. Bei seinem Rundgang hatte der Sanitäts-Obergefreite ganz instinktiv noch einmal erkundet, wie er von seiner Kammer am schnellsten an Oberdeck gelangte, hatte aber auf dem Bootsdeck feststellen müssen, daß die Rettungsboote nicht ausgeschwungen waren, was er eigentlich erwartet hatte. Auf eine entsprechende Frage antwortete ihm sein vorgesetzter Stabsarzt, den er im Schiff traf und ihm seine Beobachtung mitteilte: »Bei einem U-Boot- oder Fliegerangriff bleibt jeder auf seinem Posten!« Das war eine Antwort, aber nicht die, die der Sanitäts-Obergefreite Adolf Ruppert erwartet hatte. Im übrigen hatte er festgestellt, daß sich das freie Oberdeck merklich von Flüchtlingen geleert hatte. Sowohl die Angehörigen der Zivilbesatzung als auch seine Kameraden von der Kriegsmarine hatten – da sie Dienst taten – ihre freien Kammern und Kojen den Flüchtlingen zur Verfügung gestellt. Daß sie manchen damit keinen guten Dienst erwiesen hatten, sondern im Gegenteil in Todesgefahr brachten, ahnten sie nicht. Überhaupt schienen viele auf der *Steuben* sorglos, sie hatten keine Schwimmweste umgelegt, sondern benutzten diese als Kopfkissen, oder sie hatten sich bei den Ausgabestellen überhaupt keine Schwimmwesten geholt. Das konnte ihnen zum Verhängnis werden. Der Sanitäts-Obergefreite Ruppert war nicht so sorglos. Bevor er einschlief, sah er noch einmal nach seiner Schwimmweste, die in Griffnähe an seinem Spind hing.

Ganz oben auf der Kommandobrücke der *Steuben* hatte um 24.00 Uhr der Signal-Obergefreite Heinz Portmann seine Wache angetreten und blickte jetzt, nachdem bereits eine gute halbe Stunde nach seiner Wachübernahme vergangen war, auf die Uhr.

Es war 00.45, Dreiviertelstunden nach Mitternacht.

Diese Uhrzeit stellte in diesem Augenblick auch der Obersteward der *Steuben* Bruno Willkehr fest, der in der vorderen Halle gerade den diensthabenden Arzt, der seine Runde machte, traf und mit ihm einige Worte wechselte.

Beide Männer waren guten Mutes, da die *Steuben* jetzt aus der Gefahrenzone heraus sein müßte und nach dem bisherigen Fahrtverlauf am nächsten Vormittag in Swinemünde einlaufen würde.

Sie ahnten beide nicht, daß sich das Schicksal der *Steuben* bereits acht Minuten später, genau um 00.53 Uhr, wenden würde und sie vor einer Katastrophe standen, die sie im Leben nicht vergessen würden, wenn sie überlebten, wenn . . .

DIE TÖDLICHEN TORPEDOS

In diesen Minuten in der ersten Morgenstunde des 10. Februar 1945, in denen die meisten der über viertausend auf dem Verwundetentransportschiff *Steuben* – in tiefen Schlaf versunken – glaubten, dem rettenden Hafen von Swinemünde entgegenzufahren, entschloß sich der sowjetische U-

Boot-Kommandant Alexander Marinesko, der Fahrt der *Steuben* ein plötzliches Ende zu setzen.

Der ehrgeizige sowjetische U-Boot-Kommandant der Rotbanner-Flotte wollte seinem großen Versenkungserfolg, der geglückten Torpedierung der *Gustloff* am 30. Januar 1945, einen weiteren großen Erfolg hinzufügen, zumal man ihm in Kronstadt noch immer nicht zu glauben schien, das er ein Schiff versenkt hatte.

Marinesko und seine Leute auf *S-13* erinnerten sich noch genau an die Nacht, die erst zehn Tage zurücklag und die das Boot und seine gesamte Mannschaft an den Rand des Todes gebracht hatte. Nicht nur der im Rohr stecken gebliebene vierte Torpedo hatte Marinesko Kopfzerbrechen gemacht – aber es gelang, ihn zu entschärfen – sondern die vier Stunden dauernde Jagd auf *S-13* in der Nacht vom 30. zum 31. Januar 1945. Die die *Gustloff* begleitenden Schiffe und auch andere später an die Unfallstelle gelangten Kriegsschiffe hatten massenweise Wasserbomben in die Ostsee geworfen, um das sowjetische U-Boot, das die *Gustloff* versenkt hatte, zu treffen. Marinesko lag mit *S-13* zwischen dem untergehenden Schiff und der Küste in einem Gebiet von nur 15–20 m Wassertiefe, für seine Manöver hätte er aber am liebsten eine Wassertiefe von 40 Metern gehabt. Es gehörte viel Erfahrung, Intelligenz, Mut und Intuition dazu, den massierten Angriffen zu entkommen.

Keine der 234 von den deutschen Schiffen abgeworfenen Wasserbomben traf S-13. Der politische Kommissar an Bord von *S-13* hatte über die Wasserbombenabwürfe eine Strichliste geführt und in Zehnergruppen aufgeteilt. Da das die *Gustloff*-Schiffbrüchigen rettende *T 36* nur Schreckwasserbomben an Bord hatte, wurde kein Schaden angerichtet. Nach Beendigung des Angriffes zählte Kapitänleutnant Wladimir Krylow, der politische Kommisar an Bord von *S-13*, die Wasserbomben-Strichliste zusammen und kam auf 234. Einen solchen Angriff hatte *S-13* noch nie erlebt und war froh, als das Boot am 31. Januar morgens um 04.00 Uhr von der Küste ablaufen konnte und wenig später das sichere offene Meer erreichte.

Marinesko wagte nicht, am 31. Januar 1945 mit *S-13* wieder aufzutauchen, um die Batterien aufzuladen und – was ihm noch wichtiger erschien – seine Erfolgsmeldung abzusetzen und nach Kronstadt zu funken. Erst nachdem die Nacht angebrochen war, wagte *S-13* aufzutauchen.

Kapitän Kurnikow, der wenige Stunden später in Kronstadt die Meldung von Marinesko empfing, las den Funkspruch mehrere Male: »30. Januar, 55° 02′ 02″. 18° 11′ 05″, 2308. Aufgetaucht drei Torpedos abgefeuert. Mit Bestimmtheit Dampfer etwa 20.000 Tonnen versenkt. Vier Stunden lang Gegenangriffe von verschiedenen Schiffen. Kein Schaden. Bleibe im Einsatz.«

Kurnikow glaubte Marinesko nicht, sondern war der Meinung, er habe übertrieben und das versenkte Schiff wäre ein viel kleineres Schiff gewesen.

Denn in Kronstadt war nicht bekannt, daß in der Danziger Bucht ein mehr als 20.000 Tonnen großes Schiff versenkt worden war. Und man war gut informiert. Und es gab auch noch einen anderen Grund für den Argwohn und das Mißtrauen von Kapitän Kurnikow der Meldung Marinesko gegenüber:

Am 14. Oktober 1944 hatte Alexander Marinesko die Versenkung eines großen Dampfers von mindestens 5000 Tonnen in der Danziger Bucht gemeldet. Tatsächlich war der versenkte große Dampfer nur der 563 BRT große kleine Dampfer *Siegfried*, der außer der eigenen Besatzung keine Menschen an Bord hatte, als er nördlich von Hela sank. Während der Kapitän in Kronstadt noch immer überlegte, was er mit der Versenkungsmeldung von Marinesko machen sollte, setzte *S-13* seine Fahrt in der Danziger Bucht fort. *S-13* lief in ruhigere Gewässer, um die notwendigsten Arbeiten ausführen zu können, wozu vor allem der ausgefallene Kompaß gehörte, den Maat Juri Iwanow jedoch wieder rasch funktionsfähig machte. Eine ganz wichtige Arbeit war das neue Laden der Torpedorohre, und es kostete Mühe, jedes Rohr mit je einem anderthalb Tonnen wiegenden Torpedo aus Stahl und Sprengstoff zu füllen. Dabei hatte es der Kommandant von *S-13* sehr eilig, er fieberte seinem nächsten Erfolg, an den er fest glaubte, entgegen.

Nach einigen Tagen war *S-13* wieder voll einsatzfähig, lief am Tage parallel zum Tiefenwasserweg, der aus der Danziger Bucht nach Westen führte. Des Nachts nahm *S-13* Position in der Nähe der Stolpe-Bank. Marinesko wartete auf ein großes Schiff, so groß wie der letzte 20.000 Tonnen-Dampfer, der – so hoffte er – ebenfalls mit nur geringem Geleitschutz fahren würde.

Marinesko wußte zu diesem Zeitpunkt ja immer noch nicht, daß sein erster Erfolg die Versenkung der *Gustloff* war. Er war sich nur über eines sicher, er hatte in der Nacht vom 30. zum 31. Januar einen Dampfer von mehr als 20.000 Tonnen versenkt, ob ihm das jemand glaubte oder nicht.

Am Abend des 6. Februar erlebte *S-13* eine böse Überraschung, die aber gut ausging. Am Abend dieses Tages war die See verhältnismäßig ruhig, das Wasser von Nebelschwaden überdeckt. *S-13* fuhr aufgetaucht, im Turm stand der Erste Offizier Jefremenkow. Diesem blieb vor Schreck fast das Herz stehen, als aus einem Nebelschwaden plötzlich neben ihm ein deutsches U-Boot auftauchte und in einem Abstand von fünf Metern an *S-13* vorbeilief – – Nichts geschah, die beiden Boote hatten volle Fahrt und liefen in entgegengesetzter Richtung.

Das war am 6. Februar, dem 10. Tage der Patrouille von *S-13*.

Heute war der 9. Februar 1945, der 13. Tag der Patrouille von *S-13*, und es sollte ein Erfolgstag werden, das glaubte der Kapitän 3. Ranges Alexander Marinesko schon seit fast einer Stunde.

Kurz vor 24.00 Uhr deutscher Zeit hatte *S-13* zwei ganz wichtige Beobachtungen gemacht.

Man hatte einen Feuerschein, eine Art Feuerregen erkannt, der mit dem Glas gut sichtbar war und der sich in westliche Richtung fortbewegte. Marinesko und sein Erster Offizier wußten zwar nicht, daß dieser Feuerregen aus dem Schornstein des Torpedofangbootes *TF 10* kam, das sich bemühte, die Fahrtgeschwindigkeit von etwa 12 sm mitzuhalten, aber man ahnte auf *S-13*, daß dieser Funkenregen von einem Schiff herrühren mußte.

Die zweite Feststellung hatte Maat Iwan Schnapzew am Horchgerät gemacht. Er hatte kurz vor Mitternacht eindeutig das Geräusch von Schiffsschrauben gehört und gab diese Meldung sofort an Marinesko weiter. *S-13* fuhr aufgetaucht, Marinesko befand sich zu diesem Zeitpunkt im Turm; der Bordarzt Leutnant Georgi Stepaneko und der Maat Georgi Zeljentsow befanden sich ebenfalls im Turm. Als Zeljentsow erneut den merkwürdigen Lichterregen knapp über der Wasseroberfläche sah, Marinesko darauf aufmerksam machte und auch dieser die gleiche Feststellung traf, stand für die Männer fest: Das war ein kleiner Konvoi von mehreren Schiffen. Marinesko gab unverzüglich das Kommando:

»Alle Mann auf Gefechtsstation!«

Der sowjetische U-Boot-Kommandant entschloß sich, aufgetaucht näher an den Konvoi heranzukommen. Bevor er jedoch diese Absicht verwirklichen konnte, lief plötzlich eines der Begleitschiffe mit Höchstgeschwindigkeit auf *S-13* zu.

Marinesko gab sofort Tauchbefehl und lief ab.

Dreißig Minuten später tauchte *S-13* wieder auf und näherte sich den drei Schiffen, die jetzt schattenhaft erkennbar waren. *S-13* näherte sich den Schiffen bis auf etwa 4000 Meter. Marinesko und seine Offiziere im Turm bemühten sich, das große Schiff mit den beiden Schornsteinen auszumachen. Nach längerer Diskussion und nach Durchsicht des Schiffshandbuches waren sie sich einig, einen Kreuzer vom Typ *Emden* vor sich zu haben.

»Der hat mindestens 15.000 Tonnen“, sagte Marinesko mehrere Male zu seinen Leuten.

»Den werden wir versenken – jetzt!« fügte er hinzu.

Allerdings wagte Marinesko nicht, das große Schiff zu versenken. Das schien ihm zu gefährlich. Er entschloß sich, mit *S-13* zu tauchen, so nahe wie möglich an das feindliche Objekt heranzukommen und mit den beiden Hecktorpedos anzugreifen. Das bot ihm die Möglichkeit, bei einem möglichen Angriff der beiden Begleitboote, sofort nach dem Angriff tief getaucht abzulaufen.

Genau um 00.52 Uhr waren die beiden Hecktorpedorohre klar, *S-13* war getaucht, Alexander Marinesko hatte das Ziel im Sehrohr und befahl:

»Feuer– – – !«

Er konnte noch erkennen, wie beide Torpedos vor- und mittschiffs trafen und das getroffene Schiff zu sinken begann – – –

Um kein Risiko für sein Schiff und seine Mannschaft einzugehen, ging er auf eine größere Tauchtiefe und lief von der Torpedierungsstelle ab.

Das Schicksal des getroffenen Schiffes schien für ihn unaufhaltsam. Von zwei Torpedos getroffen, würde es innerhalb kurzer Zeit sinken.

DIE *STEUBEN*, DEM UNTERGANG GEWEIHT

Die Uhr auf der Kommandobrücke der *Steuben* zeigte genau 00.53, 53 Minuten nach Mitternacht, als die beiden Torpedos die Schiffswände zerrissen.

Der erste Torpedo traf die *Steuben* an der Steuerbordseite, Vorkante Brücke unter der Mannschaftsküche, der zweite etwa mittschiffs.

Mit der Detonation des Vorschifftreffers stieg eine fast masthohe Wasserwand auf und versperrte Kapitän Hohmann und dem Brückenpersonal für Augenblicke die Sicht.

Die auf dem Küchendeck aufgestellten Flakgeschütze wurden mit ihren Flakbesatzungen durch die Luft geschleudert, fielen auf das Deck zurück oder über Bord ins Wasser.

Kapitän Hohmann befiehlt, sich klar darüber, daß *Steuben* von zwei Torpedos getroffen war:

»Maschinen stopp!«

Die Beleuchtung brannte noch, der Strom war nicht ausgefallen, auch der Maschinenraum schien nicht betroffen.

Erstes Gebot war: »Ruhe bewahren.«

Der Zweite Offizier Grage, durch die Torpedotreffer unsanft aus dem Schlaf gerissen, sprang in seinen Mantel, zog die Schuhe an, band die Schwimmweste um und war im nächsten Augenblick auf der Brücke. Dort hatte die Wasserfontäne des ersten Torpedotreffers ganze Arbeit geleistet: Die Wachgänger standen knöcheltief im Wasser.

Grage sah Kapitän Hohmann neben dem Telefonisten auf der Brücke stehen. In ruhiger Form, ohne eine Spur von Erregung sich merken lassend, gab der Kapitän eine Lagebericht an die Kommandanten der beiden Geleitfahrzeuge, *TF 10* und *T 196*. Danach beriet der Kapitän mit den auf der Brücke befindlichen nautischen Offizieren, was in der augenblicklichen Situation des Schiffes zu tun sei. Da die Maschinen noch liefen, faßte man den Entschluß, die *Steuben* in flacheres Wasser zu manövrieren, um möglichst alle Menschen von Bord zu bergen. Die ›Stolper Bank‹ lag etwa 12 Seemeilen südlich vom augenblicklichen Standort des Schiffes und schien für dieses Unternehmen am geeignetesten.

Nach dieser Entscheidung und einer Rückfrage beim wachhabenden Ingenieur mußte dieser Plan aufgegeben werden: Das Maschinenschott war gebrochen und die Hauptmaschinen ausgefallen.

Das bedeutete mit Sicherheit den Untergang des Schiffes, der sich in diesen Augenblicken bereits dadurch ankündigte, daß das Vorschiff sehr rasch tiefer und tiefer sank und das Heck sich immer stärker aus dem Wasser heraushob.

In dieser Situation befahl der Kapitän, SOS abzusetzen und Notsignale zu schießen.

Die Offiziere erhielten Befehl, die Brücke zu verlassen und sich um das Herabfieren der Rettungsboote zu bemühen.

Während der Funker der *Steuben* den SOS-Ruf absetzte mit genauer Angabe der Schiffsposition, war der Signal-Obergefreite Heinz Portmann dabei, mit seiner Sternsignalpistole alle an Bord befindlichen Notsignale zu verschießen. Das dauerte nur einige Minuten. Dann bemühte er sich mit anderen Kameraden, festgeklemmte Rettungsboote klarzumachen.

Dr. Sachse im Op-Saal wurde von den Torpedotreffern überrascht, als er gerade seine schwierige Oberschenkeloperation hinter sich hatte und die Gummihandschuhe auszog.

Die durch die Detonation hervorgerufene Erschütterungen blieben im Op-Saal nicht ohne Folgen: Die kleinen Op-Tische fielen um, sämtliche Instrumente fielen auf den Boden, ebenso das Verbandsmaterial. Im ersten Augenblick gab es ein heilloses Durcheinander. Gottseidank brannte das Licht noch – und nach den Treffern liefen auch noch die Maschinen. Das schien ein gutes Zeichen.

Dr. Sachse behält Nerven. »Ruhe bewahren, nichts als Ruhe!« Das erscheint ihm – und auch für seine unmittelbare Umgebung – wichtig.

Er befiehlt zunächst den zehn Personen, die sich in seiner Nähe im Op-Saal befinden, sich um ihre eigenen Schwimmwesten zu kümmern. Dann geht er nach draußen, um die aufgeregten Verwundeten im A-Deck und im Kino-Saal zu beruhigen, obwohl er selbst noch nichts Konkretes über die Situation des Schiffes weiß. Er betrachtet es in diesem Augenblick aber als seine Hauptaufgabe, Ruhe zu verbreiten und eine Panik zu verhindern. In seiner Kabine zieht er in Windeseile sein Jackett an, nimmt den Mantel vom Haken und die Schwimmweste und geht in den Op-Saal zurück. Hier wäscht er sich kurz die Hände und verbindet mit der zurückgekommenen Op-Schwester Marianne und zwei weiteren Sanitätsangehörigen den operierten Patienten, der sich noch in Flachnarkose befindet. Danach entläßt Dr. Sachse die Mitarbeiter aus dem Op-Saal, zieht sich selbst den Mantel an und legt die Schwimmweste um.

In diesem Augenblick kommt sein Kollege, Marine-Stabsarzt Dr. Kausch in den Op, Ledermantel an, Schwimmweste umgebunden. Dr. Sachse sagt ihm, daß er das Personal entlassen habe und hier nicht mehr zu retten sei und daß er nach oben wolle, um zu sehen, was los sei. Diese Absicht hat auch Dr. Kausch.

Nachdem Dr. Sachse den Op verlassen hat, entschließt er sich, nochmals in seine Kammer zu gehen, doch auf dem Weg dorthin kommt ihm ein großer Menschenstrom entgegen. Er gibt auf, dreht um und wählt den Weg zur Brücke.

In diesen Minuten herrscht im Treppenhaus, an den Aufgängen, noch einigermaßen Ruhe und Ordnung. Die gehfähigen Verwundeten und auch das Personal gehen am Op-Saal vorbei weiter hinauf zum Promenadendeck und zum Bootsdeck.

Von einer panikartigen Stimmung ist nichts zu spüren, sicher deshalb auch nicht, weil die *Steuben*, die zwar Schlagseite hatte, sich noch hielt und offensichtlich bis zu diesem Augenblick nicht weiter sank und – was ganz wichtig erschien – das Licht noch brannte und die Menschen sich noch orientieren konnten.

Wie es allerdings in den unteren Decks aussah, im A-Deck, B-Deck, C- und D-Deck, konnte der Marine-Stabsarzt weder wissen noch ahnen.

Ganz unten im D-Deck wohnte der Sanitäts-Obermaat Otto Stöter. Seine Kabine, die er mit einigen Kameraden teilte, lag im Achterschiff. Im Nu waren die Männer in ihren Jacken und Mänteln, hatten die Schwimmwesten umgebunden und stürmten an Oberdeck. Das Ganze dauerte keine drei Minuten, bis sie auf dem Bootsdeck waren. So schnell waren sie die Aufgänge bis nach oben noch nie gelaufen.

Im D-Deck wohnte auch der Sanitäts-Obergefreite Ruppert, der – wie die meisten – von den Detonationen im Schlaf überrascht wurde. Die gewaltige Erschütterung der Treffer hatte ihn rasch wach gemacht. Sein erster Eindruck war, die *Steuben* hätte ein anderes Schiff gerammt. Im Spind klirrten Gläser, aber das Licht brannte und die Maschinen liefen.

»Kann also so schlimm nicht sein«, redete sich Ruppert ein. Als er aus der Nachbarkabine, in der Flüchtlinge wohnten, Schreie hörte, ging er nach draußen um nachzusehen, was los sei. Als er sah, was los war, wurde er schon unruhiger. Etwa 50 Frauen und Kinder, die im Treppenhaus des D-Decks Unterkunft gefunden hatten, waren trotz Verbots fast entkleidet und suchten mit lautem Geschrei nach ihren Kleidern und den Schwimmwesten.

Als der Sanitäts-Obergefreite sich anschickt, ein Deck höher zu gehen, klammern sich einige Frauen und Kinder an ihn. Doch ohne allzu große Mühe steht er Augenblicke später im C-Deck. Hier zeigen einige Leichtverwundete schon Panikstimmung an: Sie haben sich die Schienen von Armen und Beinen gerissen, um so besser vorwärts zu kommen. Die Schmerzen spüren sie wohl nicht. Ruppert steigt noch ein Deck höher. Im A-Deck wird er von einem Marine-Stabsarzt im Ledermantel mit umgebundener Schwimmweste empfangen, der ihn anfährt:

»Was wollen Sie hier?«

»Ich bitte um Auskunft, Herr Stabsarzt, was passiert ist.«

»Nichts ist passiert – gehen Sie nach unten und beruhigen Sie die Leute.«

Der Sanitäts-Obergefreite tat, wie ihm befohlen, ging nach unten und beruhigte die Leute. Es blieb allerdings bei dem Versuch. Denn in diesem Augenblick ging ein Ruck durch die *Steuben*, und die Schlagseite nahm erheblich zu.

Jetzt hatte Ruppert keine Ruhe mehr und wollte wissen, was los ist. Das konnte er nur auf dem Oberdeck erfahren.

Auf dem Weg dorthin blickte er auf seine Uhr: Es war sieben Minuten nach 1 Uhr. Seit den Detonationen waren also etwa 10 Minuten vergangen.

Dem Sanitäts-Obergefreiten gelang es, in das A-Deck zu kommen. Hier versperrte ihm ein Bootsmaat den Weg mit dem Befehl: »Befehl vom Oberstabsarzt – alles bleibt auf seinem Posten – niemand darf das offene Deck betreten!«

Ruppert befolgte diesen Befehl nicht, lief über das A-Deck, stolperte dabei über das hier aufgestapelte Flüchtlingsgepäck, fand den Aufgang zum Promenadendeck und zum Bootsdeck.

Endlich war er oben, dort wo die Boote hingen, eingeschwungen.

Und als die Schlagseite weiter zunahm, verzichtete er darauf, sich weiter zu erkundigen, was mit der *Steuben* los sei.

Er fühlte instinktiv, daß das Schiff sank.

Der Matrose Josef Leusch, der zur Zivilbesatzung des Schiffes gehörte, bezahlte seine Hilfsbereitschaft in diesen Minuten zwischen der Torpedierung und dem Untergang fast mit dem eigenen Leben. Als die Torpedos die *Steuben* trafen, lief er, nur mit Pantinen? Hose und Hemd bekleidet, sofort an Oberdeck um festzustellen, ob der Schaden so groß sei, daß Gefahr bestand.

Die Auskunft, die er von einem der Schiffsoffiziere an Deck erhielt, versetzte ihn in Schrecken:

»Mann, ziehen Sie sich richtig an und holen Sie sich Ihre Schwimmweste – und das ziemlich schnell – – – –!«

Josef Leusch lief, was er konnte.

Doch als er durch das D-Deck rannte, hielt ihn ein im Gang auf einer Matratze liegender Verwundeter am Bein fest und flehte ihn an:

»Bitte Kamerad, gib mir etwas zu trinken – nur etwas Wasser – ich habe so Durst – – – –«

Josef Leusch hatte plötzlich Zeit, kniete sich nieder und wollte den Verwundeten an der Hand fassen – – –

Da packte ihn das kalte Grausen: Dieser Mann hatte beide Beine verloren – und was noch schlimmer war – das Augenlicht. Er erfuhr dies, als er ihm die Binde von den Augen nahm und der Verwundete sagte:

»Ich wußte gleich, daß ich nie wieder sehen kann.«

Der Matrose Leusch bemühte sich, diesem Kameraden seinen letzten Wunsch zu erfüllen, lief los, suchte einen Becher, suchte nach Wasser und gab es ihm zu trinken . . .

»Danke – danke«, sagte der Verwundete und fügte nach einem Augenblick hinzu:

»Was ist eigentlich los, warum ist es so unruhig, warum laufen die Menschen so an mir vorbei, ist es Tag oder Nacht . . .?« Leusch war sich unschlüssig, ihm eine Antwort zu geben und sagte nur:

»Einen Augenblick – Kamerad – ich komme gleich wieder – – –!«

Er kam nicht wieder, denn er konnte diesem Ärmsten der Armen auf der sinkenden *Steuben* doch nicht mehr helfen. Für ihn galt es jetzt, das eigene Leben zu retten. Und dazu war es höchste Zeit. Er hatte keine Zeit mehr, in seine Kammer zu gehen, sich richtig anzuziehen und seine Schwimmweste zu holen.

Er stürmte nach oben, zu den Booten – – –

KEINE RETTUNG FÜR DIE SCHWERVERWUNDETEN

Die *Steuben* hielt sich immer noch über Wasser, aber die Schlagseite nahm fast von Sekunde zu Sekunde zu. In den großen Sälen begannen die Betten zu rutschen. Die Matratzen, Kästen, Tische, Schränke setzten sich in Bewegung, erdrückten und erschlugen die Schwerverwundeten, die sich ohne fremde Hilfe nicht von ihren Liegestätten erheben konnten oder dafür viel zu schwach waren.

In die unteren Decks strömten immer riesigere Wassermassen, erstickten die Hilfeschreie, die immer stärker und lauter wurden, nur noch unterbrochen von den Pistolenschüssen, die erst vereinzelt, dann immer mehr wurden: Schwerverwundete, hoffnungslos Verlorene, machten ihrem Leben selbst ein Ende. Sie wollten nicht bei lebendigem Leib und klarem Verstand ertrinken.

In den Gängen und auf den Aufgängen nach oben zu den Decks raste jetzt die Panik, die immer schlimmer wurde mit dem steigendem Wasser, das langsam von Deck zu Deck stieg, alles mit sich reißend, was noch in den Gängen lag und lief.

Von dem gewaltigen Wasserdruck sprangen in den unteren Decks die ersten Bullaugen. Es hörte sich an, als ob Kisten oder Flaschen in Scherben gingen.

Die *Steuben* machte sich zum Sterben bereit.

Vor wenigen Minuten hatten der Sanitäts-Obergefreite Stöbe, der bis zuletzt Dienst im Op-Saal gehabt hatte, und sein Kamerad Karl Müller die

Absicht aufgeben, aus ihrer im D-Deck liegenden Kammer Nr. 428 die Schwimmwesten zu holen, die sie im Op-Saal nicht bei sich hatten. Doch die beiden kamen nur bis zum C-Deck. Hier stand das Wasser bereits einen halben Meter im Gang, auf dem Wasser schwammen nur noch Tote und Verwundete mit ihren Matratzen, laut um Hilfe schreiend. Auch der Niedergang vom C-Deck war von den einströmenden Wassermassen bereits weggerissen.

Müller und Stöbe taten nichts Eiligeres, als auf das Bootsdeck zu gelangen. Und das kostete ihnen einige Mühe, denn wieder hatte die Schlagseite des Schiffes zugenommen.

Doch sie schafften den Weg bis ans freie Oberdeck.

Nur diejenigen, die jetzt in den letzten fünf Minuten vor dem Untergang auf dem Oberdeck der *Steuben* waren, hatte noch eine Chance des Überlebens.

Alle unter Deck, die Schwerverwundeten und die Flüchtlinge, die Mütter, Greise und Kinder, die den Weg nach oben nicht geschafft hatten, waren zum Tode verurteilt. Die immer stärker in den todwunden Schiffsleib strömenden Wassermassen erstickten die letzten Hilferufe, das letzte Stöhnen und das letzte Gebet – – –

Als Dr. Sachse auf das Bootsdeck der *Steuben* gelangt, hat das Schiff, das anfangs Schlagseite nach Steuerbord hatte, starke Schlagseite nach Backbord.

Der Marine-Stabsarzt, der sich an die Steuerbord-Reling klammert, bemerkt, daß auf dieser Seite des Schiffes Boote zu Wasser gelassen werden, von einer planmäßigen Rettungsaktion gewahrt er allerdings nichts. Hier ist offensichtlich jeder auf sich selbst angewiesen nach dem ehernen Gesetz der See:

»Rette sich – wer kann!«

Die ihm gegenüberliegende Backbordseite wird laufend von Scheinwerfern erhellt, anscheinend von den beiden Geleitschiffen. Immer wieder huschen die Lichtkegel über das freie Deck und enthüllen erschütternde Szenen.

Einen Augenblick paßt der Arzt nicht auf und verliert plötzlich den Halt an der Reling. Über die freie Bahn am Schwimmbad entlang schießt er förmlich über das ganze Deck hinunter auf die tiefer liegende Backbordseite. Hinter ihm gelangen verschiedene Gegenstände, die noch an Deck standen – Kisten, Flöße, eine Bank und eine Bahre – in Bewegung, sausen ebenfalls über Deck und schlagen neben den Arzt an die Backbordreling, die nur noch etwa eine Meter über Wasser war.

Vor sich sieht der Arzt ein ausgeschwungenes Rettungsboot, es war ebenso voll besetzt wie die Boote davor. Die Bootsinsassen schrien immerfort:

»Fiert uns ab – fiert uns ab!«

Doch es war niemand da, der die Boote abfierte – und sie schienen alle verklemmt. Wenn die *Steuben* restlos unterging, würden die Boote von allein auf dem Wasser schwimmen.

Dem Marinearzt war es zu riskant, in ein überfülltes Boot zu steigen. Sein Interesse konzentrierte sich vielmehr auf die Flöße, die in diesen Augenblicken entweder in das Wasser geworfen wurden oder durch Rutschen über Bord schlugen.

Da sich die *Steuben* in diesem Augenblick weiter nach vorn und nach Backbord neigt, befürchtet Dr. Sachse ein Kentern des Wracks. Da entschloß sich der Arzt, ein noch vorhandenes Floß, das einzige, was er noch sah, über Bord zu werfen und dem Floß nachzuspringen. Augenblicke später nahm ihn die Ostsee auf.

Fast neben dem Arzt sprang der Signal-Obergefreite Heinz Portmann über Deck und versuchte, in ein Floß aufgenommen zu werden.

Der Sanitätsmaat Kurt Dammann befand sich an einer anderen Stelle an Oberdeck der *Steuben*. Er versuchte mit einem seiner Kameraden vergeblich, eines der Boote herabzulassen. Doch da ihm die Handhabung der Davitspindel unbekannt war, gelang den beiden Sanitätsleuten ihr Vorhaben nicht.

Als Dammann sieht, daß die noch überlebenden Flaksoldaten, aber auch Seeleute über Bord springen in dem Glauben, sie würden im Wasser die vorausgeworfenen Blechflöße erreichen, fassen sie den gleichen Plan. Doch die Kameraden, die vorausgesprungen waren, suchten im Wasser vergeblich ihre Flöße, die längst abgetrieben waren. Sie hätten die Flöße mit Tauen an der Reling befestigen und dann die Taue durchschneiden müssen – – –

Kurt Dammann und sein Kamerad sehen um sich, halten Ausschau nach einem Floß. Da kommt ein auf Deck aufgestellter schwerer Sandkasten mit Feuerlöschsand in Bewegung, dann ein Flakgeschütz; beide rutschen über Bord auf die Backbordseite, durchbrechen die Reling und schlagen auf das Wasser auf, auf welchem in diesem Augenblick Boote und Flöße versuchen, vom Wrack der *Steuben* freizukommen. Boote und Flöße werden von den Geschützen mitgerissen.

Dann ist auch für die Sanitätsmaaten Kurt Dammann und Hans Köhler der Augenblick gekommen. Es ist den beiden gelungen, ein Floß über Bord zu werfen, das sie vorher an die Backbordreling angebunden haben. Die beiden Männer springen nach. Dammann sitzt wenige Augenblicke später in dem Floß, sein Kamerad Köhler auch. Doch schon im nächsten Moment fällt Müller – wahrscheinlich infolge völliger nervlicher Überbelastung – vom Rand des Floßes und versinkt im Wasser.

Obersteward Bruno Willkehr, der sich zur Zeit der Torpedotreffer mit dem diensthabenden Arzt in der vorderen Halle unterhielt, geht in diesem

Augenblick ebenfalls von Bord, das heißt, er springt von Bord. Nachdem er sah, daß die *Steuben* sich immer stärker nach vor neigt, das Heck immer höher aus dem Wasser steigt und die Schraube bereits sichtbar wird, springt er um sein Leben. Die eiskalte Ostsee nimmt ihn auf.

Unweit von Willkehr faßte der Sanitäts-Obergefreite Stöbe den Entschluß, die *Steuben* zu verlassen und in die See zu springen. Ihm war, als stehe das Wrack bereits senkrecht, so stark neigte sich jetzt das Schiff nach vorn. Stöbe sprang, fiel in die Dunkelheit und klatschte Augenblicke später auf das Wasser.

Der als Verwundeter an Bord des Schiffes befindliche Obergefreite Alfred Burgner sieht, als er auf das Bootsdeck kommt, wie Matrosen Flöße über Bord werfen und Menschen den Flößen nachspringen.

Doch Burgner scheint das zu riskant. Er entschließt sich statt dessen, einen etwa drei Meter langen Bootshaltemast hinaufzuklettern, wobei ihm ein Matrose half, der wohl die gleiche Absicht hatte. Dann rutschte der Obergefreite horizontal bis zur Halterung des Bootes und ließ sich am Flaschenzug in das Boot hinunter. So kam Burgner in ein Rettungsboot und hatte Glück, daß dieses Boot, inzwischen voll besetzt, auch noch zu Wasser kam.

Der 2. Ing. Karl Kollwitz befand sich in den letzten Minuten vor dem Untergang auf dem Achterschiff, das immer steiler aus dem Wasser herausragte und immer wieder von den Scheinwerfern des Begleitbootes angestrahlt wurde. In diesem Scheinwerferlicht sieht Kollwitz, wie die Menschen auf dem Achterschiff über Bord springen, direkt auf die aus dem Wasser herausragenden Schiffsschrauben – – – und buchstäblich zerfleischt werden. Er kann das nicht mit ansehen, kriecht nach mittschiffs und springt über Bord.

Während die meisten Männer der Zivilbesatzung warm angekleidet sind, als sie ins Wasser springen, hat der Matrose Josef Leusch nur ein Hemd und eine Hose an, als er ohne Schwimmweste über Bord springt. Er kann immer noch nicht den beinamputierten Blinden im C-Deck vergessen – – –

Ob diesen armen Menschen der Tod wohl schon erlöst hatte ?

Auf der Steuerbordseite des achteren Bootsdecks waren jetzt noch drei Mann: Der Sanitäts-Obergefreite Adolf Ruppert, ein Mann von der Handelsmarine und ein Leichtverwundeter. Die Drei hofften noch auf Rettung.

Ruppert war schon längere Zeit auf dem Oberdeck, hatte aber noch nicht den Mut gefunden, in das eiskalte Wasser zu springen. Im ersten Augenblicken hatte er auch geglaubt, die *Steuben* würde sich noch längere Zeit halten, bis große Rettungsschiffe an der Unfallstelle waren.

Aber nach und nach hatte er diese Hoffnung aufgegeben. Zunächst war es auf dem Oberdeck noch ziemlich leer, aber auf einmal, als die Schlagseite zunahm, quollen die Menschen durch die breiten Türen auf das Deck und suchten nach Rettung, nach Booten und Flößen.

Irgendwo und irgendwann hatte Ruppert das Kommando gehört: »Alles auf die Steuerbordseite!«

Ein anderer schrie einige Zeit später: »Wir liegen auf einer Sandbank . . . !«

Das war totaler Unsinn.

Für die halbangezogenen und wild schreiend über Deck hastenden Frauen und Kinder war diese Schreiparole vielleicht ein Trost, nicht aber für die Männer.

Die auf der Steuerbordseite über die Reling springenden Menschen waren Selbstmordkandidaten, ohne daß sie das wußten. Denn die meisten schlugen auf der Außenhaut des Schiffswracks auf und rutschten dann tot ins Wasser.

Einige Frauen warfen ihre Kinder über Bord in der Hoffnung, daß diese in den bereits gewässerten Flößen aufgefangen würden, doch sie fielen ins Meer.

Das alles hatte sich in das Bewußtsein des Sanitäts-Obergefreiten eingeprägt.

Jetzt nahm die Schlagseite noch weiter zu. Die Munitionskisten der Flak sausten über Deck und zerschlugen die Backbordreling – –

Ruppert sah sich nach den beiden Männern um, die hinter ihm an der Steuerbordreling klammerten und schrie:

»Wir müssen runter – hier müssen doch noch Flöße sein!« Und sie fanden auch noch ein Floß. Es hatte sich beim Rutschen über Deck an der Schwimmbadkante festgeklemmt. Die drei Männer versuchten das Floß loszumachen, was auch gelang, und rutschten mit dem Floß bis zur Backbordreling. Gerade als sie das Floß über die Reling kippen wollten, kam eine Munitionskiste von der Steuerbordseite angeschossen und zerquetschte einen der drei Männer an der Reling. Die übrig gebliebenen zwei – Ruppert und der Mann von der Zivilbesatzung – sahen sich für Momente an. Dann warfen sie das Floß über die Backbordreling, sprangen nach und ließen sich ins Leere fallen.

Adolf Ruppert sah im Wasser weder das Floß noch seinen Kameraden. Er war allein im Wasser – und doch nicht allein, denn die See war bedeckt von hilfeschreienden Menschen.

DAS BOOT MIT DEN KRANKENSCHWESTERN

Auch der Sanitäts-Obermaat Otto Stöber war gemeinsam mit seinem Kollegen, dem Obermaat Hofmann, ins Wasser gesprungen. Sie wollten nicht das Risiko eingehen zu warten, bis das Schiff restlos gesunken war und möglicherweise die Boote aus den Davits riß.

Kaum hatten die beiden Männer sich an das eiskalte Wasser gewöhnt, soweit das möglich war, als unmittelbar neben ihnen die Scheinwerfer des Begleitbootes *TF 10* die Backbordwand der *Steuben* huschten und an einem Rettungsboot hängenblieben. Dieses Boot wurde gerade vom Bootsmann der *Steuben* und einigen Leuten von der Zivilbesatzung abgefiert. In dem Boot befanden sich zwanzig oder mehr Schwestern. Die beiden Männer konnten dies gut erkennen. Offensichtlich befand sich kein Mann an Bord. Wahrscheinlich wollten diese das Boot zunächst abfieren und dann nachspringen und in das Boot einsteigen.

Doch dazu sollte es nicht mehr kommen.

Genau in diesem Augenblick klatschte der vordere Schornstein der *Steuben* auf das Wasser, genau auf das Boot, und drückte es unter die Wasserfläche.

Nur ein markerschütternder Schrei war noch zu hören. Dann war dieses Schauspiel im grellen Scheinwerferlicht vorbei.

Zu dieser Zeit befinden sich der Kapitän des Schiffes, Hohmann, noch immer – jetzt allein – auf der Kommandobrücke, währenddessen seine Offiziere und Mannschaft noch immer versuchen, auf dem Oberdeck des Schiffes Boote und Flöße zu Wasser zu bringen, unter ihnen der Zweite Offizier Grage.

Johannes Grage hat das Gefühl, das die *Steuben* sich nicht mehr lange hält. Eile scheint deshalb geboten.

Mit drei Matrosen von der Zivilbesatzung versucht er, die große Barkasse an Steuerbordseite achtern flott zu machen. Um ihn herum stehen Kinder, Frauen, Greise und viele Leichtverwundete, schreiend, schimpfend, heulend. Andere wollen helfen, das Boot mit auszusetzen, doch ist dies keine Hilfe – im Gegenteil. Die Seeleute werden nur behindert.

Nachdem Grage den Leuten die Lage klargemacht hat, tritt für einige Augenblicke Ruhe ein.

Da rollt bereits die erste Welle über das Bootsdeck – – –

Vom ›Dom‹, dem Schornsteindeck, saust plötzlich ein ›Etwas‹ herab und erschlägt zwei Kinder und eine Frau, die neben Grage stehen. Die Körper sind nur noch Brei – – –

Dann kommt wieder etwas auf den Zweiten Offizier zugeschossen, es sind die Bahren mit den Toten, die am Schwimmbad aufgestellt waren, durch die Schlagseite des Schiffes ins Rutschen gekommen sind, über Deck schießen und außenbords in die Ostsee klatschen.

Das Boot war inzwischen voll besetzt, war ausgeschwungen und hing in den Davits. Beim Abfieren ergaben sich Schwierigkeiten, offensichtlich hatte sich etwas verklemmt. Den Bootsinsassen blieb also nichts weiter übrig als zu warten, bis die *Steuben* restlos versunken war und das Boot aus den Davits hob.

Jetzt hallten Schüsse über Deck – und auch aus dem Schiff.

Die Matrosen in dem Boot hatten inzwischen die Bootsstaljen auspicken können und versuchten, von dem sinkenden Schiff freizukommen. Doch das gelang nicht, der Sog des immer stärker sinkenden Schiffes hielt das vollbesetzte Boot am Schiffskörper fest. Grage stieg wieder aus, sprang an Oberdeck zurück und drückte das schwere Boot mit einem langen Bootshaken von der sinkenden *Steuben* ab.

Das glückte.

Die drei Matrosen legten sich kräftig in die Riemen, um mit dem Boot nicht noch in den Sog des sinkenden Wracks zu gelangen, was zweifelsfrei den Tod der Bootsinsassen bedeutet hätte. Der Zweite Offizier sprang dem Boot nach, erreichte mit letzter Kraft die Barkasse und wurde von den Matrosen hineingezogen.

Zu den Letzten, die der sinkenden *Steuben* noch entkamen, gehörte der Luftwaffen-Hauptmann Franz Huber, der seine Erlebnisse zwischen den Torpedotreffern und seiner Rettung tagebuchartig festgehalten hat. Die letzten Augenblicke auf der sinkenden *Steuben* schildert er aus eigenem Erleben, erschütternd und ohne Übertreibung:

»Ich erwachte aus tiefem Schlaf durch ein furchtbares Getöse. Der ganze Schiffskörper zitterte, und man hatte im ersten Moment das Gefühl, als ob wir in den nächsten Minuten zerbersten sollten. Alles schrie und brüllte in sämtlichen Räumen, die Sanitäter und Krankenschwestern standen an den Türen, das Schiff schaukelte mächtig hin und her, wohl überlegend, auf welche Seite es sich legen und versinken sollte. Die Verwundeten, die aufstehen konnten, standen auf, flogen aber unmittelbar gegen die Wände, je nach der Seite, nach welcher sich das Schiff in dem Moment des Aufstehens eben neigte. Die übrigen Verwundeten rutschten mit ihren Betten aneinander und wiederum gegen die Wand, und wir überschlugen und erdrückten uns gegenseitig, beschädigten und verletzten uns noch mehr, als wir vorher schon verletzt waren.

Als erste Maßnahme kündigten die Sanitäter an, daß man unmittelbar sich gegenseitig helfen müsse, die Schwimmwesten anzulegen. Dies geschah auch. Ich zog meine Jacke an, darüber die Schwimmweste, ein anderer neben mir stehender Kamerad half mir dabei, die Schwimmweste zuzubinden. Es begannen dann Gespräche in großer Aufregung, wobei ich erstmals von anderen Kameraden die Zahlen hörte und daß dieses Schiff nicht so schnell untergehen würde, da es sich immerhin um ein Schiff mit 15.000 Bruttoregistertonnen handelt. Auch diese Zahl war mir lediglich bekannt aus der Flugzeugkunde der Luftwaffe. Ich hatte aber von der Größe keine Vorstellung, da ich das Schiff beim Einladen selbst kaum zu Gesicht bekommen habe.

In dieser panikartigen Stimmung versuchte ich, mit anderen Kameraden die Treppe zu erreichen, um auf das Oberdeck zu kommen. Leider war uns dies im Moment nicht möglich, da sich das Schiff gegen unsere Seite neigte.

Wir warteten einen Moment ab, bis das Schiff wieder eine andere Neigung einnahm, und versuchten dann, die Treppe zu erreichen. Wir hatten erfahren, daß das Schiff von zwei Torpedos getroffen war, wobei die Schotten jedoch noch dicht gemacht werden konnten. Trotz der Treffer hoffte man, daß das Schiff sich auch weiterhin selbst fortbewegen konnte.

Nun gelang es mit, barfuß aufs Oberdeck zu kommen, und ich stand erstmals mit meinen Füßen auf Eisen und merkte, wie schrecklich kalt es draußen war. Zudem war die Nacht stockdunkel, und das Schiff bewegte sich von der einen zur anderen Seite.

Zu Hunderten sah ich Verwundete, Ärzte, Personal und Schwestern vom Deck ins Meer springen. Ich versuchte, die höchste Stelle des Schiffes zu erreichen in der Hoffnung, daß dieser Teil des Schiffes sicher auch zuletzt untergeht.

Ich saß dort lange im Dunkeln allein und hörte die Schreie auf dem untergehenden Schiff. Ich hörte sie das Vaterunser beten mit einer Stimme, wie man sie selten oder kaum jemals im Leben vorher gehört hat. Ich hörte die Schreie im Wasser und sah, wie das Schiff an einer Stelle brannte und somit sich Silhouetten im Wasser und auf dem Schiff bildeten.

Ich sah mehrere Menschen aus den einzelnen Bullaugen herausquellen, die dann ins Wasser plumpsten. In diesen kurzen Momenten dachte ich mir, wenn ich jetzt springen würde wie viele andere, dann bleibt nur wenig Möglichkeit offen, hier zu überleben, weil ich bei dem Sprung in das Wasser mich selbst totspringen würde, indem ich auf der Außenhaut des Schiffes aufschlage, oder aber nach der anderen Seite auf einen anderen im Wasser treibenden Menschenkörper springen würde.

Ich wartete noch und wußte eigentlich nicht, warum und worauf ich noch wartete, bis ich in unmittelbarer Nähe von mir eine Stimme hörte:

»Jetzt müssen wir springen, sonst ist es zu spät – dann kommt der Sog!«

Diese Aufforderung überzeugte mich, und ich sprang aus einer Höhe von schätzungsweise 20 Metern. Ich glaubte, in der Luft das Bewußtsein zu verlieren, vielleicht auch infolge der Angst, und bekam meine volle Besinnung erst wieder, als ich meinte, tief im Wasser zu sein.

Mit viel Bewegung erreichte ich die Wasseroberfläche, war aber unmittelbar neben dem stärker sinkenden Schiff und sah, wie sich dieses immer mehr auf meine Seite neigte und glaubte, daß das Schiff mich im nächsten Augenblick unter sich begraben würde.

Ich machte die tollsten Anstrengungen, soweit wie möglich vom Schiff wegzuschwimmen, bis ich glaubte, vom Sog nicht mehr erfaßt werden zu können.

Aber der Sog erfaßte mich doch noch, zog mich aber nicht mit hinunter in das Wasser, sondern ich konnte mich neben vielen anderen hundert Schiffbrüchigen in meiner unmittelbaren Nähe an der Wasseroberfläche halten.

Als dann das Wasser aus dem untergehenden Schiffskörper herausquoll und es gurgelte und krachte, begann ein furchterregendes Schreien der noch Überlebenden, noch viel schlimmer als zuvor. Es war ein überwältigendes, erschauerndes und erzitterndes Schauspiel, das ich nie in meinem Leben vergessen werde. Alles, was hier noch lebte, schrie um Hilfe. Die noch an Deck befindlichen Toten und Verwundeten, Frauen und Kinder, wurden von Deck gespült und schwammen im Wasser. Bei meinem sich Vorwärtsbewegen stieß ich mit den Händen auf tote und lebendige Körper!«

RETTET MICH, HABE FRAU UND FÜNF KINDER

Die *Steuben* hielt sich immer noch, als der Sanitätsmaat Dammann einen nach dem anderen in sein Floß zog. Im Nu waren etwa 15 Mann in dem Floß, darunter auch sein Kamerad, Sanitätsmaat Heinz Mettge. Was den Männern fehlte, war ein Messer, denn das Floß hing noch immer mit dem Seil an der Reling. Das konnte gefährlich werden, wenn der Dampfer im Wasser versank. Da niemand im Boot ein Messer bei sich trug, versuchte man es mit lauten Rufen.

»Schneidet das Floß los – schneidet das Floß los!“

Das half. Ein Landser im Tarnanzug beugte sich über die Reling, sah was los war und knüpfte das Tau von der Reling. Das Floß war frei.

Dies war wohl auch höchste Zeit. Beide Schrauben der *Steuben* ragten bereits mit dem Ruder weit aus dem Wasser. Das eine Schraubenblatt war, wie man deutlich erkannte, abgebrochen. Fast senkrecht stand jetzt das Heck im Wasser und blieb einige Augenblicke so stehen.

Die Männer in dem Boot erkannten, daß es höchste Zeit war, sich von dem sinkenden Wrack weiter zu entfernen. Aber es fehlte an Paddeln oder sonstigen Gegenständen, um das Floß in Bewegung zu setzen. Dammannn und sein Kamerad versuchten, sich außen in die Greifleinen zu hängen und das Floß schwimmend fortzubewegen.

Inzwischen veranstalteten die Landser in dem Floß einen Höllenspektakel – sie hatten Angst, doch noch unterzugehen. Dammann forderte die Männer – fast ausnahmslos Verwundete – auf, mit den Händen, falls sie überhaupt noch welche hatten, zu paddeln anstatt zu schreien.

Da schwamm ein Brett vorbei. Der Sanitätsmaat packte zu. Jetzt hatten sie ein Paddel und kamen rasch vom Wrack weg. Weiter in der See trieben mehrere Flöße, und auf den Wellenkämmen konnte man im Wasser viele Schiffbrüchige ausmachen, zumal die Scheinwerfer der beiden Begleitboote systematisch die See absuchten und man bereits mit der Anbordnahme der Schiffbrüchigen begonen hatte. Einige Zeit später trieb wieder ein Floß vorbei. Dammann sah darauf einen ihm bekannten Sanitäts-Obermaaten. Sie banden die beiden Flöße aneinander.

Etwa einhundert oder einhunderfünfzig Meter von den zusammengebundenen Flößen entfernt sah Dammann jetzt die *Steuben* endgültig in der Ostsee versinken, von einem Sog spürten sie nichts. Der Untergang des Schiffes dauerte auch einige Minuten, es sank fast in Zeitlupe. Unterhalb der Kommandobrücke knickte die *Steuben* durch, es sah so aus, als bräche sie in zwei Teile auseinander, denn im Augenblick des Untergangs kam das Vorschiff wieder hoch, ragte einige Meter über dem Wasser, und das Achterschiff ragte hinten ebenfalls mit Schrauben und Ruder fast senkrecht aus der Ostsee. Und an der Reling des Achterschiffes klammerten noch immer Frauen, Kinder und Männer, laut um Hilfe schreiend.

Es waren grausige Minuten, diese Zeit des endgültigen Unterganges der *Steuben*, den viele der Hunderte von Schiffbrüchigen, die im eiskalten Wasser schwammen, mit eigenen Augen mitansehen mußten . . . Viele wandten sich auch ab, sie wollten nichts mehr sehen und nichts mehr hören.

Als die *Steuben* nicht mehr zu sehen war, spürten die Männer in dem Boot von Dammann die Kälte der klaren Winternacht, sie froren. Der eine empfahl, Seemannslieder zu singen um sich wachzuhalten, der andere versuchte, sich mit beißen in Hände und Arme, mit kneifen und wild um sich schlagen vor der Erstarrung zu bewahren.

Doch die Erschöpfung, die Aufregung des Unterganges und die Kälte forderten ihre Opfer; einer nach dem anderen fiel leblos von dem Floß.

Als um 01.50 Uhr, fast eine Stunde nach der Torpedierung und etwa eine halbe Stunde nach dem restlosen Untergang des Schiffes um 01.26 Uhr, der Sanitätsmaat Dammann von Besatzungsmitgliedern des *TF 10* geborgen wurde, waren nur noch fünf Mann auf dem Floß. Dammann kam erst wieder voll zum Bewußtsein, als er splitternackt im Maschinenraum von *TF 10* lag, mit Glühwein und Zigaretten versorgt. Neben ihm, mit einer blutenden Platzwunde am Kopf, lag der Verwaltungsoffizier der *Steuben*, Oberleutnant Wilhelm Berges, der gegen 01.30 Uhr geborgen war, und auf der anderen Seite sah Dammann eine ebenfalls splitternackt ausgezogene Wiener Arbeitsmaid, die einen Kindertransport nach Ostpreußen gebracht hatte, sich von dort auf die Flucht begeben mußte, auf abenteuerliche Weise auf die *Steuben* gelangte und nun glücklich war, gerettet worden zu sein. Im nächsten Augenblick wurde ein Kamerad Dammanns, Obermaat Kolloch, total unterkühlt und zähneklappernd hereingetragen, mit Schaum vor dem Mund. Dammann holte ihn mit einer Walkmassage, heißem Grog und gutem Zureden ins Leben zurück.

Nachdem sich Dammann einigermaßen erholt hatte, machte er den Versuch, nach weiteren Kameraden zu suchen. Das war auch erfolgreich. Er fand den Obergefreiten Klaus-Peter Krumczik, der ihm erzählte, daß er bis zuletzt auf der Brücke der *Steuben* den Untergang abgewartet habe und, nachdem das Schiff unter ihm weggesackt sei, auf einer abgebrochenen Leiter in die See gelangt und von dieser Leiter dann gerettet worden sei. Unter den Geretteten fand Dammann auch seinen Kameraden Sanitätsmaat Heinz Mettge aus Bremen-Huchting und den Obergefreiten Hullmeier. Laut weinend traf er in einer Kammer die geretteten Chinesen von der *Steuben*, die als Wäscher auf dem Schiff gewesen waren und den Tod ihres Autau Scha beklagten. Auch der Friseur und die Friseuse der *Steuben*, die Dammann gut kannte, waren unter den Überlebenden. Als er sich danach an Oberdeck begab, wurden dort gerade zwei weitere Leichen aufgebahrt, ein Sanitäts-Oberfeldwebel und eine Krankenschwester, wie er erfuhr, eine Medizinstudentin, die beide Blut gespendet hatten und danach an Bord verstarben.

Auch der Zweite Offizier, Johannes Grage, sah von seinem Boot aus die *Steuben* restlos in den Fluten der Ostsee verschwinden. Dann galt seine ganze Aufmerksamkeit der Barkasse, in der er sich befand, und den Insassen.

Die Nacht war ruhig und sternklar. Das empfand Grage angenehm.

Um die Barkasse herum schrie und brüllte es. Grage überlegte, wie all diesen Menschen geholfen werden könnte.

Da war wieder einer der Verwundeten, der sich an den Rand der total überfüllten Barkasse klammert und immerfort schrie:

»Nehmt mich mit, ich habe Frau und fünf Kinder . . . bitte . . . nehmt mich mit!«

Und dann ein zweiter, ein ganz junger Kopfverletzter, er mochte nicht älter als 18 Jahre sein:

»Ich möchte leben, ich möchte nach Hause, ich möchte meine Mutter wiedersehen – – – !«

Zwei Matrosen sprangen über Bord und holten die beiden in die Barkasse.

Da schwamm ein Floß vorbei, unmittelbar an der Barkasse. Auf dem Floß lag, mit dem Gesicht nach oben, der weißhaarige Bootsmann der *Steuben*.

Leblos.

Der Tod hatte diesen Mann, der an Oberdeck unermüdlich Boote abgefiert und Menschen gerettet hatte, zu sich genommen und ihn von seinen Qualen erlöst.

Dann erfaßt ein Scheinwerfer die Barkasse der *Steuben*. Das war die Rettung. Alle Insassen wurden an das Rettungsschiff *TF 10* abgegeben, bis auf drei: Grage und die zwei Matrosen von der *Steuben*. Sie fuhren erneut in das Meer der Schiffbrüchigen, fischten sie auf, einen nach dem anderen, legten wieder an dem Rettungsschiff an, übergaben die Geretteten, fuhren wieder hinaus, suchten weiter nach Überlebenden.

Drei Stunden ging das so, bis die drei Männer total erschöpft waren. Sie schätzten, daß sie 160 bis 200 Menschen allein mit ihrer Barkasse dem Tode entrissen hatten.

Der Zweite Offizier wußte, warum er das getan hatte.

Als er sich sofort nach Anbordnahme auf der Kommandobrücke des Rettungsschiffes meldete und man ihn bat, die Brückenwache zu übernehmen, da die Rettungsaktion weiter fortgeführt werden sollte, um auch noch die letzten noch lebenden Schiffbrüchigen zu retten, übernahm Johannes Grage auch diesen Auftrag. Er wußte, daß der Kommandant jetzt zu seiner Mannschaft ging, um sie zu bitten, die jetzt schon über drei Stunden dauernde Rettungsaktion noch weiter fortzusetzen, bis auch der letzte noch Lebende aus der Ostsee geborgen war. Und Grage, der Zweite Offizier der *Steuben*, der jetzt um 04.00 Uhr morgens mit einem anderen Nautiker Brückenwache auf *TF 10* machte, obwohl er selbst total erschöpft war, wußte noch mehr. Er wußte, was es heißt, nur mit Schwimmweste angetan, stundenlang in der See zu liegen. Er hatte das nämlich schon einmal erlebt, am 4. Dezember 1944, in eisiger Winternacht, als der Dampfer *Seeburg* in der Putziger Wik auf eine Mine lief und sank und er lange in der eiskalten Ostsee schwamm, darauf hoffend, daß ihn noch einer aus dem Wasser zog – –

Zu dieser Zeit, um 04.00 Uhr, waren viele Schiffbrüchige der *Steuben* schon gerettet, unter ihnen der Marine-Stabsarzt Dr. Sachse, der Signal-Obergefreite Portmann, der Obersteward Bruno Willkehr, der 2. Ing. Karl Kollwitz und der San. Obergefreite Stöter.

Der Obergefreite Alfred Burgner und der Matrose Josef Leusch waren inzwischen von dem Torpedoboot *T 196* an Bord genommen worden.

Der Sanitäts-Obergefreite Ruppert befand sich noch im Wasser und hoffte noch auf Rettung.

Nachdem er über Bord gesprungen war, hielt er sich einige Zeit an einem Schließkorb fest, den vermutlich ein Flüchling mit an Bord der *Steuben* geschleppt hatte, dann fand er Aufnahme in einem Floßfahrzeug, drei aufeinander liegenden, zusammengebundenen Flößen. In diesem Fahrzeug waren noch mehrere Schiffbrüchige, die aber alle sehr still waren. Kaum einer sagte ein Wort. Vielleicht waren auch einige schon tot.

Die Nacht verging, hier und da hörte man noch Hilferufe, einzeln, dann im Sprechchor, dann verstummten auch diese.

Dann kam ein Boot auf das Floß zu. Die Floßinsassen stiegen in das Boot um, und wenig später befanden sie sich auf dem Rettungsschiff. Viele haben ihre Rettung nur im Unterbewußtsein erlebt, denn es mochte bereits 04.30 Uhr sein.

In einem stark geheizten Raum wurden Rupperts Lebensgeister mit heißem Grog wieder geweckt; neben ihm lag eine Stewardess, die ihm erzählte, sie habe bereits vier Schiffsuntergänge überlebt.

DIE VIER AUF EINEM FLOSS

Noch nicht entschieden war um 04.30 Uhr am Morgen des 10. Februar 1945 das Schicksal des Luftwaffenhauptmanns Franz Huber, der mit seiner schweren Kopfverletzung theoretisch die geringsten Chancen hatte, dem Untergang der *Steuben* lebend zu entkommen. Wie er dies schaffte, hat er aufgezeichnet:

»Da schwamm ich nun in der Ostsee, der *Steuben* entkommen, aber noch lange nicht gerettet.

Nach längerer Zeit hörte ich neben mir eine Frauenstimme um Hilfe rufen, und ich schwamm zu ihr, ohne zu wissen, ob ich ihr überhaupt etwas helfen konnte.

Als ich bei ihr war, sagte ich zu der Schwester:

›Kommen Sie, schwimmen Sie mit mir‹, und sie sagte:

›Sie gehen ja auch unter, ich habe noch eine Mutter, und ich will nach Hause!‹

Ich redete ihr Mut zu und sagte ihr:

›Entweder wir ertrinken beide, oder wir kommen beide raus !‹

Sie schwamm einige Zeit mit mir, und ich merkte, daß die Kräfte sie verließen. Ich legte sie mit ihrem Kopf auf meinen verwundeten Bauch und zog sie, auf dem Rücken schwimmend, etwas mit mir mit. Nach einiger Zeit merkte ich jedoch, daß meine Hände steif zu werden drohten, und ich sagte zu der Schwester, sie müsse sich jetzt selbst bewegen und auch selbst helfen, um nicht steif zu werden, wie es bei mir sicher der Fall sein würde. Ich sagte ihr auch noch die Adresse meiner Mutter mehrere Male, damit sie sich diese merken konnte und bat sie, für den Fall, daß sie gerettet werden würde, meine Mutter zu benachrichtigen und ihr vom Untergang der *Steuben* zu berichten.

Nach einiger Zeit hörte ich in unmittelbarer Nähe Schimpfworte und Streitgespräche, Auseinandersetzungen, die mich veranlaßten, darüber nachzudenken, worum es sich handeln könnte. Und ich dachte, wenn hier um etwas gestritten wird, dann kann es sich doch nur darum handeln, daß man dort eine Rettung findet.

Ich schwamm in der Dunkelheit – in der Zwischenzeit war der Mond verschwunden, und es war wieder sehr finster geworden – auf die Stelle des Stimmengewirrs zu. Plötzlich sahen wir vor uns ein großes Rettungsboot.

Dieses Rettungsboot war übervoll, und die draußen am Rettungsboot hängenden Menschen wurden von den Bootsinsassen einzeln nacheinander schwer geschlagen. Das geschah mit harten Gegenständen, zum Beispiel mit Pistolen. Schlimmer konnte man sich den Selbsterhaltungstrieb von Menschen nicht mehr vorstellen.

Wir erkannten, daß es keinen Zweck hatte zu versuchen, in dieses Boot aufgenommen zu werden, schwammen weiter und ließen uns von dem Wellengang treiben. Dann versicherte ich der neben mir schwimmenden Schwester noch einmal:

›Entweder wir überleben beide, oder wir ertrinken beide!‹

Nach längerer Zeit begann ich, die Hoffnung aufzugeben, jemals wieder Festland unter meine Füße zu bekommen. Plötzlich stieß ich mit meinen schon steifen Händen gegen ein Weichteil. Ich wußte zunächst nicht, ob es sich um einen Menschen oder einen Tierkörper handelte, denn sehen konnte ich nichts, ich fühlte nur einen ganz dicken Gegenstand. Im nächsten Augenblick hatte ich eine Leine in der Hand und sagte der Schwester, auch sie solle sich an der Leine festhalten, die sicher zu einem Boot oder Floß gehörte. So war es auch.

Vor uns schwamm ein leeres Zweimann-Schlauchboot. Doch wir hatten keine Kraft mehr, in das Schlauchboot einzusteigen, so sehr wir uns auch darum bemühten und uns gegenseitig helfen wollten. Ich wendete alle meine Energie auf, aber es war vergeblich. Da schwamm plötzlich ein Schiffbrüchiger auf uns zu, der ebenfalls – von der anderen Seite – das Schlauchboot entdeckt hatte. Der Mann versuchte ebenfalls, in das Boot zu gelangen, fiel mit wohl letzter Kraft über den Floßrand in das Floß. Ich bat und flehte diesen Kameraden an, wenigsten der Schwester, einer deutschen Frau, einer Rote-Kreuz-Schwester, die doch wahrhaftig schon viel für uns getan hatte, zu helfen und sie in das Boot zu ziehen. Aber der Kamerad in dem Floß sagte kein Wort, rührte sich nicht, war wie tot. Entweder war er bei der letzten Kraftanstrengung, in das Boot zu gelangen, gestorben oder er war ohnmächtig infolge Erschöpfung.

Immer und immer wieder versuchte ich, in das Schlauchboot hineinzugelangen. Wieviele Versuche ich machte, weiß ich nicht, die Zeit verging wie eine Ewigkeit. Doch dann gelang es mir endlich. Das Schlauchboot nahm mich auf. Ich war total erschöpft und konnte in den nächsten Augenblicken überhaupt nichts tun.

Dann nahm ich alle meine Kraft zusammen, um auch die Schwester in das Floß zu ziehen. Da meine Hände aber schon steif waren, konnte ich sie nicht bewegen. Ich konnte sie lediglich auf den Floßrand legen und sagte der Schwester, sie möge meine Handgelenke fest umklammern und sich daran an dem Floßrand hochziehen. Es sah auch so aus, daß dies gelang, als aber die Schwester in Brusthöhe über dem Schlauchboot lag, schlug diese, mir völlig unerklärlich, plötzlich ihre Hände über dem Kopf zusammen und plumpste wieder zurück ins Wasser.

Ich ermutigte sie, den Versuch zu wiederholen. Dann bat ich sie, sich in jedem Fall an dem Seil, das um das Schlauchboot lief und an ihm festgemacht war, festzuhalten. Wir ruhten einige Zeit aus und erneuerten dann denn Versuch, sie ins Floß zu ziehen. Ich kniete mich in das Floß, beugte mich weit über den Floßrand hinaus, versuchte sie mit den Armen zu umklammern und so ins Floß zu ziehen, aber wieder vergeblich. Als ich sie soweit hatte, warf sie den Kopf in den Nacken und fiel erneut in das Wasser zurück.

Jetzt war auch ich mit meinen Kräften am Ende. Und ich wollte – koste es, was es wolle – die Schwester retten. Ich hatte es ihr versprochen.

Kurze Zeit später hörte ich einen Hilferuf.

Ich schrie sofort zurück:

›Hier Schlauchboot!‹

Dann rief es wieder zurück:

›Wo Schlauchboot?‹

Und ich rief erneut in Richtung des Rufes:

›Hier Schlauchboot!‹

Und kurze Zeit danach erreichte ein Mann das Schlauchboot, ein Obergefreiter, ebenfalls ein Verwundeter mit Lungensteckschuß. Er hatte außerdem beim Untergang an einer Hand noch einen oder zwei Finger verloren, weil von oben herab an Deck der *Steuben* ein schweres Eisenstück auf seine Hand gefallen war.

Der Obergefreite bat mich, aus dem Floß zu steigen, damit wir gemeinsam zunächst die Schwester in das Floß heben. Er bat uns dann, ihm unsere Taschentücher zu geben, band meine Hände und meine Füße an dem Floßseil fest, so daß sich waagerecht im Wasser lag, getragen von meiner Schwimmweste. Danach schwamm er über mich hinweg, wobei er mich einen Augenblick unter Wasser drückte, war dann aber schon im Schlauchboot. Anschließend zog er der am Seil hängenden Schwester das Kleid über den Kopf, zerriß es, knüpfte daraus mehrere Teile, machte einige Schlaufen und steckte in diese Schlaufen die Beine und auch die Hände der Schwester. Das Mittelstück des Kleides legte er über sein Genick, nachdem er beide Enden festgebunden hatte, und zog so die Schwester in das Floß.

Danach mußte sich der Obergefreite etwas ausruhen, da ihn die Anbordnahme der Schwester doch einige Kraft gekostet hatte und er kaum noch Luft bekam. Währenddessen schwamm ich immer noch, waagerecht auf dem Wasser liegend, an der Floßleine angebunden, neben dem Floß.

Dann, nach einiger Zeit, war auch ich dran. Mit einem unerhörten Kraftaufwand zog er mich in das Floß.

Jetzt waren wir zu viert im Floß: Der stumme Unbekannte, der noch immer keinen Ton von sich gab, die Schwester, der Obergefreite und ich.

Nun, nachdem ich zur Ruhe gekommen war, merkte ich, wie mich ein Schüttelfrost befiel, ich spürte auch meine Kopfverwundung und meine Bauchverletzung. Die Anstrengungen der letzten Stunden waren offensichtlich zu groß gewesen. Und es war empfindlich kalt. Ich meinte zu meinen Floß-Kameraden, wir sollten uns alle vier auf das Schlauchboot setzen, dicht aneinander, uns fest umklammernd, damit wir Körperwärme bekommen und nicht erstarren. Ich forderte alle auf, diesem Rat zu folgen. Hierbei hörte ich zum erster Male die Stimme des Unbekannten in der Floßmitte, der erklärte, daß er gar nicht daran denke, sich auf das Schlauchboot zu setzen. Er fühle sich da, wo er liege, prima wohl.

Ich war mehr als zornig, als ich das hörte.

Ich sagte ihm, wenn er nicht unmittelbar meinem Befehl folge, sich auf das Floß zu setzen wie wir drei, würden wir ihn gemeinsam aus dem Floß werfen.

Das zog. Der Mann, es war ein Feldwebel, setzte sich mit uns auf, und wir hofften in dieser Lage auf baldige Rettung. Diese schien auch nicht allzu fern. Denn am Horizont des hereinbrechenden Morgens waren plötzlich Lichter aufgetaucht, vermutlich Scheinwerfer.

Der bis dahin so stille Feldwebel war es wiederum, der uns in Aufregung zu setzen versuchte:

›Das ist das russische U-Boot, sie holen uns ab, nach Sibirien, hinter den Ural, in Gefangenschaft – – – !‹

›Totaler Blödsinn‹, sagte ich und forderte ihn auf, den Mund zu halten. Pessimismus wäre das letzte, was wir in unserer Situation gebrauchen könnten.

Dann kamen die Scheinwerfer des Schiffes näher an uns heran, erfaßten uns aber immer noch nicht. Wir wollten rufen, aber wir hatten keine Kraft mehr dazu. Dann wollten wir die an den Schwimmwesten hängenden Trillerpfeifen benutzen, aber daraus kam kein Ton mehr hervor.

Wieder entfernten sich die Scheinwerfer und das Schiff, das offensichtlich die See noch nach Überlebenden absuchte. Drei-, viermal wiederholte sich dieser Vorgang, immer näher kamen die Scheinwerfer, aber nicht nah genug an uns heran. Es war nervenzermürbend, immer wieder zu hoffen und zu hoffen und dann doch nicht entdeckt zu werden.

Dann endlich war es soweit: Der Scheinwerfer hatte unser Floß voll im Kegel. Jetzt kam noch einmal Kraft in uns vier, und wir schrien gemeinsam:

›Hilfe – Hilfe – – – Verwundete!‹

Und dann hörten wir die uns erlösenden zwei Worte über die See schallen:

›Wir kommen – – –!‹

Als das Schlauchboot an unserem Rettungsschiff, dem Torpedoboot *T 196,* unter Führung von Oberleutnant zur See Hartig, anstieß, verlor ich das Bewußtsein.

Es war 30 Minuten nach 5 Uhr morgens, 5.30 Uhr.

Wir waren die letzten vier, die das Torpedoboot noch lebend in der Ostsee gefunden hatte.

Auf Tragen gelegt, wurden wir auf das Torpedoboot gezogen und sofort mit Kaffee, Tee, Cognac und Zigaretten und allem, was wir uns wünschten, versorgt. Als mir der Cognak, den man mir einflößte, im Mund brannte, wachte ich auf.

Von meiner Kopfverwundung und auch meiner Bauchverletzung spürte ich in diesem Augenblick überhaupt nichts mehr, nur die Beine taten mir fürchterlich weh, und ich glaubte, sie erfroren zu haben. Ein Obergefreiter aus München, ein junger Mann, Besatzungsmitglied von *T 196* nahm sich meiner sofort an, massierte mich wie seinen eigenen Bruder, der Schweiß lief ihm nur so herunter, doch meine Schmerzen in den Beinen wurden immer größer. Dann kam ein Arzt und gab mir einige Spritzen, so daß ich einschlief und die Schmerzen im Moment nicht spürte. Vorher hatte ich noch gehört, das *T 196* die Rettungsaktion beendet hatte und nun Kurs auf den Hafen Kolberg nahm.«

Auch das zweite Rettungsschiff, das Torpedofangboot *TF 10* brach gegen 06.00 morgens die Rettungsaktion ab und nahm Kurs auf Kolberg.

Die Mannschaft hatte alles gegeben, auch noch die letzten Überlebenden der *Steuben* aus der Ostsee zu bergen.

An Bord wurden die Geretteten sofort betreut, insbesondere erhielten die geretteten Verwundeten neue Verbände. Als kein Verbandszeug mehr vorhanden war, wurde Unterwäsche aus den Spinden der Mannschaft geholt, zerrissen und damit verbunden. Verpflegung wurde ausgegeben, bis auch der letzte Vorrat aufgebraucht war.

Der Sanitätsobermaat Otto Stöter lag auf dem Torpedofangboot *TF 10* während einer Fahrt nach Kolberg in einer Kammer, in der man auch einen geretteten Verwundeten untergebracht hatte. Diesem Mann waren kurz vor der Torpedierung beide Unterschenkel operiert worden. Frisch operiert, war er von Sanitätern in ein Rettungsboot getragen worden und gehörte nun zu den Geretteten. Die Operation der beiden Unterschenkel war wegen Gasbrand dringend erforderlich gewesen. Trotz der großen Schmerzen und der schweren Verwundung hatte der Mann überlebt.

TF 10 hatte aber auch einige Tote aus dem Wasser gefischt. Der Verwaltungsobermaat Alois Graßl, der an Deck des Torpedofangbootes gegangen war, um einige Minuten frische Luft zu haben und eine Zigarette zu rauchen, sah die Toten an Deck aufgebahrt. Einer der Toten war sein Kamerad von der *Steuben*, Verwaltungsobermaat Hans Wilhelm. Er hatte den Kampf mit der See nicht überstanden und wurde später auf dem Friedhof in Kolberg beigesetzt.

Am späten Morgen und am Vormittag die Unfallstelle *Steuben* anlaufende Schiffe fanden nur noch Tote und Trümmer. Von den vielen Schiffbrüchigen, die noch die Wasserfläche bedeckten, lebte keiner mehr.

IM HAFEN VON KOLBERG

Das letzte Kapitel des Unterganges der *Steuben* spielt sich im Hafen von Kolberg ab. Hier laufen am frühen Nachmittag des 10. Februar 1945 die beiden Rettungsschiffe – das Torpedofangboot *TF 10* unter Führung von Oberleutnant zur See Werner Danz und das Torpedoboot *T 196* unter der Führung von Oberleutnant zur See Hartig – ein. Jetzt erst, als die Gehfähigen von Bord gehen und wieder festen Boden unter den Füßen fühlen und die Schwerverwundeten mit Sankas abgefahren werden, fühlen sie sich gerettet.

Doch auch in Kolberg erwartet viele Überlebende der *Steuben* noch eine angenehme oder unangenehme Überraschung. Eine der unangenehmsten: Die Marinekleiderkammer ist total ausgeräumt.

›Vor zehn Tagen haben wir hier die *Gustloff*-Überlebenden eingekleidet‹, lautete der Kommentar des Chefs der Kleiderkammer. Und einige der Überlebenden der *Steuben* erfahren damit zum ersten Mal, daß auch die *Gustloff* fast an der gleichen Stelle wie die *Steuben* torpediert wurde. Daß die Torpedierung der *Steuben* sogar durch das gleiche sowjetische U-Boot erfolgte, weiß allerdings zu diesem Zeitpunkt noch niemand.

Dr. Sachse, der leitende Chirurg von der *Steuben*, hat über Funk von seinem Rettungsschiff aus den Kolberger Standortarzt informieren lassen, der beim Einlaufen der beiden Schiffe mit Trägern und LKWs zur Stelle ist und die Schiffbrüchigen bereits am Kai erwartet.

Dr. Sachse stellt fest, daß das Torpedofangboot 512 Überlebende der *Steuben* an Bord hat, das Torpedoboot *T 196*, das bereits neben der Besatzung Flüchtlinge an Bord hatte, 147 *Steuben*-Schiffbrüchige übergeben kann, außerdem 15 Tote, die entweder bereits tot geborgen wurden oder nach der Rettung an Bord der Rettungsschiffe verstorben sind.

Die zivile und die KM-Besatzung der *Steuben*, soweit nicht lazarettbedürftig, wird in die Jägerkaserne geleitet. Assistenzarzt Dr. Gehse und Oberleutnant Berges, der Verwaltungsoffizier der *Steuben*, übernehmen diesen Auftrag, der nicht ganz einfach ist. Es bedarf energischer Vorstellungen der beiden Offiziere, bis die *Steuben*-Überlebenden warmes Essen und Quartier erhalten. Da die Kleiderkammer der Jägerkaserne geräumt ist, erfolgt die Einkleidung der Überlebenden am anderen Tage in der 2. Torpedoschule.

Die übrigen, lazarettbedürftigen Überlebenden der *Steuben* wurden auf die Lazarette verteilt:

129 Personen in das Kriegs-Lazarett 1/181, 129 Personen in das Reserve-Lazarett I, 63 Personen in das Reserve-Lazarett V und 40 Personen in das Reserve-Lazarett VI. Alle Personen, bis auf die des Kriegs-Lazarettes, wurden namentlich erfaßt, die Namensliste wurde von Marine-Stabsarzt Dr. Sachse der KMD Swinemünde zugeleitet.

Dr. Sachse überzeugte sich später davon, daß die Aufnahme der *Steuben*-Überlebenden in den Lazaretten gut und fürsorglich war.

Bereits am Sonntag, dem 11. und Montag, dem 12. Februar 1945 wurden die nicht lazarettbedürftigen *Steuben*-Geretteten von Kolberg aus weitergeleitet.

Die Fähnriche und Oberfähnriche zu ihren Stammkompanien nach Würzburg und Stralsund, das Sanitätspersonal Nordsee zum Sanitäts-Ergänzungs-Zug Nordholz/Ostsee, Kiel-Hasse, die geretteten vier Schwestern zu den Stammlazaretten, das Seemännische Personal zur 2. M.E.A. Flensburg und Kiel, die Bordflak unter Führung des Oberstückmeisters reiste nach Swinemünde, die Signäler kamen nach Flensburg, die Funker zum F.D.U. (Führer der U-Boote) nach Gotenhafen, die Sanitäts-Offiziere zu ihren Stamm-Lazaretten, der Verw.-Oberleutnant Berges nach Kiel und die zivile Handelsschiffs-Besatzung, die überlebt hatte, zur K.M.D. Hamburg.

Dr. Sachse stellte ferner fest, daß der leitende Arzt auf dem Verwundeten-Transportschiff *Steuben*, Marine-Oberstabsarzt Dr. Lübben nicht bei den Überlebenden war und offensichtlich, wie auch der Kapitän des Schiffes, Hohmann, den Tod gefunden hatte. Auch die Marine-Stabsärzte Dr. Kausch, Dr. Werthmann, Dr. Diehl waren nicht bei den Geretteten. Der Sanitäts-Oberfähnrich Fuhrmann wurde auf einem der Rettungsschiffe als Leiche identifiziert.

Einen Tag später machte der Marine-Stabsarzt Dr. Sachse einen ausführlichen Bericht über den Verlust der *Steuben* an das MOK-Ost und wurde später zur Berichterstattung nach Berlin zum OKM beordert.

Der Luftwaffenhauptmann Franz Huber gehörte zu denjenigen Verwundeten, die in ein Reserve-Lazarett in Kolberg eingeliefert wurden.

Er erinnert sich noch ziemlich genau an diese letzte Episode:

»Ich kam mit anderen Kameraden in die Turnhalle in Kolberg. Mit sieben Mann lagen wir in der Turnhalle und wurden dort von deutschen Frauen mit warmer Milch versorgt, die uns als Wunderkinder betrachteten, daß wir von soviel Verwundeten, die sich auf der *Steuben* befanden, nur noch herausgekommen waren. Die Frauen glaubten wahrscheinlich, wir wären die einzigen verwundeten Überlebenden der *Steuben*.

Dann erschien ein Oberarzt mit einem Notizbuch vorne in der Jacke steckend. Ich fragte ihn, wann er wohl glaubte, daß wir hier behandelt und ärztlich versorgt würden. Anstatt einer vernünftigen Antwort schrie er mich an und sagte, was ich denn eigentlich glaubte, wir müßten doch zunächst erst einmal entlaust werden.

Das verschlug mir fast die Sprache.

Ich zog meine Uniform unter der Decke hervor mit meinen Orden und Ehrenzeichen und erklärte ihm, daß mich hier die Entlausung nicht interessieren würde, sondern daß es mich zunächst interessiert, wann wir behandelt würden. Ich gab ihm den dienstlichen Befehl, dafür umgehend zu sorgen.

Das zog.

Innerhalb weniger Minuten wurden wir auf Tragbahren gelegt und in einen Baderaum gebracht. Hier wurde uns zunächst einmal der Schmutz und das Öl vom Körper gewaschen, damit wir wieder richtig atmen konnten.

Eine ärztliche Betreuung fand allerdings in dieser Nacht nicht mehr statt, weil auch die Ärzte total überfordert waren und auch nicht wußten, welche Behandlung wir nötig hatten, denn jedwede Krankenpapiere fehlten.

In der gleichen Nacht überfiel mich noch einmal ein Schüttelfrost mit hohem Fieber, und in einem Trancezustand glaubte ich, den Untergang der *Steuben* und all die schrecklichen Bilder und Ereignisse noch einmal zu erleben. Wenige Tage später wurden wir mit dem Zug nach Hamburg-Blankensee befördert.

Bereits auf dem Schiff, nach der Rettung in Kolberg und danach in Blankensee, stellten sich bei mir Lähmungserscheinungen ein, und ich konnte keinen Schritt mehr laufen. Die Ärzte versuchten alles Mögliche – mit Galvanisation, mit Heißluftmassagen, mit elektrischen Strömen und vielem anderen – um die Bewegung meiner Beine wieder herzustellen. Aber alles Bemühen war erfolglos.

»Niemand glaubte mehr, daß ich jemals wieder laufen konnte.«

Auch dem Zweiten Offizier der *Steuben*, Johannes Grage, stand nach seiner Rettung noch ein besonderes Schicksal bevor.

Zunächst mußte er sich mit Nachdruck dafür einsetzen, daß die überlebenden Handelsschiffsmänner nach Hamburg reisen konnten, nachdem der Kolberger Standortkommandant befohlen hatte:

»Alle wehrfähigen Männer bleiben hier, sie werden für die Verteidigung Kolbergs gebraucht!«

Dann fuhr er mit seinen Leuten in einem Sonderzug zunächst einmal nach Swinemünde. Hier traf er am Mittag des 12. Februar 1945 ein und freute sich, den I. Offizier der *Steuben* wiederzusehen. Groth gehörte auch zu den Überlebenden. Er traf dann auch noch drei Ingenieure, mit denen er im Dezember auf der *Seeburg* war, als sie unterging.

Grage, Groth, die drei Ingenieure und auch der gerettete 2. Ing. der *Steuben*, Karl Kollwitz, wurden bereits zwei Tage später auf dem Lotsendampfer *Ditmar Koel* eingeschifft. Doch das war ein neues Todeskommando.

Noch am gleichen Tage lief der Lotsendampfer *Ditmar Koel* auf eine Mine. Der I. Offizier der *Steuben*, Groth, war sofort tot, der II. Offizier Grage kam mit einigen Rippenbrüchen und schweren Prellungen der Arm- und Kniegelenke ins Wasser, konnte sich gut halten, da er eine Gummischwimmweste trug. Einer neben ihm schwimmenden schiffbrüchigen Mutter mit zwei Kindern nahm er ein Kind ab und hielt es in seinem gesunden rechten Arm, bis nach einer Stunde Umhertreibens die Mutter mit dem einen Kind und er mit dem anderen Kind von dem Küstenmotorschiff *Alma* auf genommen und danach nach Saßnitz ins Lazarett eingeliefert wurde. Drei Schiffsuntergänge in drei Monaten hatte Grage hinter sich. Der Untergang des *Ditmar Koel* war für ihn der letzte.

KAPITÄN MARINESKO – KEIN ›HELD DER SOWJETUNION‹

Am Dienstag, dem 13. Februar 1945 befand sich das sowjetische U-Boot *S-13* bereits auf der Heimreise. Kapitän Alexander Marinesko war, nachdem er ein weiteres großes Schiff von mindestens 15.000 Tonnen, das er in der Nacht vom 9. zum 10. Februar mit zwei Torpedotreffern versenkt hatte und das er für einen Kreuzer vom Typ *Emden* hielt, mit dem Erfolg seiner ›Feindfahrt‹ zufrieden. Seiner Vermutung, daß das Schiff ein Kreuzer gewesen sein mußte vom Typ *Emden*, stützte er darauf, daß *S-13* mit seinen Horchgeräten deutlich zwei Schrauben gehört hatte und weil man trotz schlechter Sicht zwei Schornsteine erkannt zu haben glaubte.

Diese Beobachtungen telegrafierte er auch seinem Chef, Kapitän L. A. Kurnikow, Stabschef im Sowjetischen Hauptquartier in Kronstadt, dem er bereits die Versenkung eines mindestens 20.000 Tonnen-Schiffes in der Nacht vom 30. zum 31. Januar 1945 gemeldet hatte. Und im Sowjetischen Hauptquartier in Kronstadt hatten Stabschef Kurnikow und der unmittelbare Vorgesetzte Marineskos, der Kapitän der I. Klasse Alexander Jewstafjewitsch Orjel, inzwischen festgestellt, daß das von Marinesko versenkte 20.000 Tonnen-Schiff das rund 25.000 Tonnen große Motor-Schiff *Wilhelm Gustloff*, ein Schiff, das der 2. Unterseeboots-Lehr-Division in Gotenhafen gehörte, gewesen war und das sich zur Zeit des Unterganges etwa 7000 Menschen, darunter Spezialtruppen der U-Boot-Waffe, darauf befanden.

Der letzten Meldung von Marinesko, einen Kreuzer vom Typ *Emden* versenkt zu haben, ging man in Kronstadt zunächst zwar mit einiger Skepsis, aber mit großer Sorgfalt nach. Man war im Hauptquartier selbst einigermaßen gespannt darauf, welches große Schiff *S-13* am frühen Morgen des 10. Februar 1945 auf den Meeresgrund geschickt hatte. Und man hatte schnell herausgefunden, daß es sich um den etwa 15.000 Tonnen großen Dampfer *Steuben* handelte, der »bis oben hin vollbeladen mit verwundeten Soldaten« war.

Man erteilte deshalb Marinesko, der deswegen angefragt hatte, sehr schnell die Erlaubnis, in den Heimathafen von *S-13* zu seiner U-Flottille zurückzukehren.

Der ehrgeizige Marinesko trat diese Heimreise in seinen Stützpunkt nach Turku mit geschwellter Brust an. Er wußte zwar noch nicht, daß er die

Gustloff und die *Steuben* versenkt hatte. Aber er war sich sicher, zwei Schiffe mit insgesamt mindestens 40.000 Tonnen versenkt zu haben, was ihn zweifellos zum ›Tonnage-König‹ der Sowjetischen Rotbannerflotte machte. Daran zweifelte er überhaupt nicht. Und er war auch der Meinung, daß auf diesen beiden Schiffen zusammen mindestens 10.000 Faschisten gewesen sein mußten, die er mit seinen Torpedos in das Ostseegrab geschickt hatte. 10.000 Faschisten, gut ausgebildete Soldaten und Hitleristen, das war mehr als eine ganze Division, die er auf den Grund des Meeres geschickt hatte.

Dieser Erfolg mußte ausreichen, ihn persönlich und sein Boot, aber auch seine Mannschaft ganz besonders auszuzeichnen und mit der höchsten Ehre zu dekorieren.

Marinesko glaubte fest daran, daß man ihn nach seiner Rückkehr zum ›Helden der Sowjetunion‹ machen würde, und er träumte schon davon, den fünfstrahligen goldenen Stern mit dem roten Band, der über allen Auszeichnungen stand und der nur selten verliehen wurde, zu tragen.

Und auch *S-13* mußte eine besondere Auszeichnung haben. Es mußte in den Rang der Elite-U-Boote der Sowjetunion erhoben und in die Gruppe der ›Garde-U-Boote‹ eingereiht werden, von denen es bisher nur fünfzehn gab.

Daß auf den beiden Schiffen, die *S-13* versenkt hatte, möglicherweise auch Kinder und Frauen, alte Leute und schwerverwundete Soldaten gewesen sein konnten, die man aus dem Kampfgebiet in Ost- und Westpreußen nach Westen über die Ostsee befördern wollte und daß deren Vernichtung wohl kaum eine Heldentat war, die eine Auszeichnung verdiente, daran dachte der Kommandant des sowjetischen U-Bootes *S-13* nicht oder nur ganz schwach. Für ihn waren alle Deutschen ›Faschisten‹, die vernichtet werden mußten, so wie es Ilja Ehrenburg immer wieder gefordert hatte. »Blut um Blut«, denn was die Faschisten drei Jahre lang Rußland und den russischen Menschen angetan hatten, verdiente nicht Mitleid, sondern Rache. Und mit dieser Meinung stand Marinesko sicher nicht allein in der sowjetischen Armee.

Diese und andere Gedanken beschäftigten Marinesko, als er wenige Tage später sich Turku näherte. Es war auch Zeit, daß *S-13* in den Hafen seiner Flottille zurückkehrte. Das Boot war überholungsbedürftig, die Männer erschöpft, Treibstoff und Verpflegung fast am Ende.

Als sich *S-13* Turku näherte, ließ er zwei Schüsse abfeuern, um die Erfolge von *S-13* anzukündigen. Hinter einem Eisbrecher, der seinem Boot eine Fahrrinne öffnete, lief das Boot in den Hafen ein. Fast alle Kommandanten der U-Boot-Flotte, der *S-13* angehörte, hatten sich zur Begrüßung eingefunden. Von Kapitän I. Klasse Orjel erfuhr Marinesko, daß er die *Gustloff* und die Steuben versenkt hatte.

Mit einem großen Dinner wurde dieser Erfolg gefeiert. Die gesamte Besatzung und alle U-Boot-Kommandanten und Offiziere nahmen daran teil.

Doch die große Enttäuschung für den erfolgreichen Kommandanten Alexander Marinesko kam einige Tage später.

Er wurde weder als ›Held der Sowjetunion‹ gefeiert und ausgezeichnet, noch erhielt er den Leninorden. Man bedachte ihn lediglich mit einem weiteren ›Orden der Roten Fahne‹, einer Auszeichnung, die bereits zweihundertfünfzigtausendmal verliehen worden war und die aus einem roten Stern mit Hammer und Sichel und der Medaillenaufschrift ›Proletarier aller Länder vereinigt Euch‹ bestand.

S-13 wurde auch nicht in die Klasse der ›Garde-U-Boote‹ erhoben, sondern wurde nur mit der kollektiven Auszeichnung ›Rote-Flagge-Boot‹ bedacht.

Der Abschuß der *Wilhelm Gustloff* und der *Steuben* wurde zu keinem Meilenstein in der Karriere Marineskos als U-Boot-Kommandant, er wurde zur bittersten Enttäuschung in seiner militärischen Laufbahn und seinem persönlichen Leben, von der er sich nie wieder erholte.

›VERLUSTFALL *STEUBEN*‹

Bereits einen Tag nach dem Untergang der *Steuben* hat der Oberbefehlshaber der Kriegsmarine, Großadmiral Dönitz, bei der Lagebesprechung im Führerhauptquartier Gelegenheit, den Führer über den ›Verlustfall *Steuben*‹ kurz zu unterrichten.

Der Ob.d.M. führt aus:

»Zum Verlust des Lazarettschiffes *Steuben* meldet der Ob.d.M., daß trotz der bedauerlichen Verluste auf die Benutzung der großen Schiffe zum Abtransport von Verwundeten aus dem Ostseeraum nicht verzichtet werden kann, da damit die Abtransportmöglichkeit von Verwundeten um etwa 40.000 im Monat sinken würde, während mit den zur Verfügung stehenden kleinen Schiffen insgesamt etwa 17.000 Verwundete befördert werden können. Es ist richtiger, alle verfügbaren Mittel zum Abtransport von Verwundeten einzusetzen und dabei hin und wieder Verluste in Kauf zu nehmen, als von vornherein auf den Abtransport einer großen Zahl von Verwundeten zu verzichten. Bisher seien immerhin insgesamt 76.000 Verwundete aus dem Ostseeraum transportiert worden, so daß der Verlust nur einen kleinen Prozentsatz darstelle.

Der Führer stimmt zu.«

Der Seetransportchef, Konteradmiral Konrad Engelhardt, erfährt in seiner Dienststelle in der Alten Rabenstraße in Hamburg vom Untergang der *Steuben* bereits am frühen Vormittag des 10. Februar 1945. Einen Tag später, nachdem die an der Rettung beteiligten Schiffe in den Häfen eingelaufen und die Überlebenden des Unterganges zahlenmäßig und namentlich erfaßt sind, kann sich der Admiral auch schon ein konkretes Bild über das Ausmaß der Katastrophe und den Verlust an Menschen machen.

Nach den ihm vorliegenden verläßlich erscheinenden Meldungen befanden sich während der Unglücksfahrt 4267 Personen an Bord, einschließlich der Handelsschiffsbesatzung und des gesamten Sanitäts- und sonstigen Personals der Kriegsmarine.

Als ›Gerettet‹ wurden gemeldet vom Torpedofangboot *TF 10* 512 Personen und vom Torpedoboot *T 196* = 147 Personen. Damit wurden insgesamt 659 Personen gerettet, 3608 Personen müssen damit als ›Verschollen in der Ostsee‹ gelten.

Das sind die nüchternen Fakten.

Da am frühen Morgen und auch im Laufe des Vormittags des 10. Februar noch mehrere andere Schiffe die ›Unfallstelle *Steuben*‹ passierten und nur noch Tote und Trümmer sichteten, ist kaum damit zu rechnen, daß sich die Zahl der Überlebenden noch erhöhen würde.

Was dem Admiral allerdings völlig unverständlich erschien, war die Tatsache, daß die *Steuben*, wie die *Gustloff*, ohne ausreichendes Geleit aus Pillau losgeschickt wurde, ohne den Schutz der 9. Sicherungs-Division. Dies wurde von den zuständigen Stellen jedenfalls so dargelegt. Danach soll auch die *Steuben* nicht unter der Verantwortung der 9. Sicherungs-Division ausgelaufen sein, sondern unter der Verantwortung der U-Boot-Waffe, also des F.d.U. Dies ist auch daraus zu schließen, daß beide Geleitboote, für die Sicherung der *Steuben* nach Meinung des Admirals völlig ungeeignet, Schiffe waren, die der U-Boot-Waffe gehörten und dem F.d.U. unterstanden.

Diese Eigenwilligkeit der U-Boot-Waffe mußte aufhören, um weitere größere Verluste an Menschen und Schiffen zu verhindern. Sicher war das rasche Auslaufen der *Steuben* aus Pillau sehr dringend, aber so dringend wiederum nicht, um mehr als 4000 Menschen und deren Leben zwei völlig überalterten Begleitbooten anzuvertrauen.

Die *Steuben* war nach der *Gustloff* der zweite große Schiffs- und Menschenverlust während der ›Rettungsaktion *Ostsee*‹ 45.

Erschwerend kam hinzu, daß sich die Untergänge dieser beiden Schiffe mit weit übertriebenen Darstellungen und Verlustzahlen in den Ostseehäfen trotz aller Geheimhaltungsmaßnahmen viel rascher herumsprachen und hochgespielt wurden als die Tatsache, daß von Anfang Januar bis zum 10. Februar bereits mehr als 30.000 Flüchtlinge, Verwundete und Soldaten aus Pillau-Königsberg und rund 250.000 Menschen aus dem Raum Danzig-Gotenhafen über die Ostsee gerettet wurden, also mehr als eine halbe Million Menschen, und daß die Verluste von zwei großen Schiffen und mehreren kleinen Schiffen mit maximal 10.000 Opfern nur etwa 2% ausmachten. Allein den Hafen von Pillau hatten bis zum heutigen Tag 73 Schiffe der Kriegs- und Handelsmarine mit Flüchtlingen und Verwundeten verlassen, darunter die großen Dampfer und Fahrgastschiffe *Robert Ley, Deutschland, Pretoria, General San Martin, Ubena,* die Lazarettschiffe *Monte Rosa, Glückauf, Berlin, Marburg* und die Frachter *Göttingen, Wartheland, Westpreußen* usw., usw. Und alle diese Schiffe hatten ihre Zielhäfen erreicht.

Vom 1. bis 10. Februar, dem Verlusttag der *Steuben,* waren zwar auch noch einige andere Schiffe verlorengegangen, aber alle ohne wesentliche oder überhaupt keine Verluste an Menschen. In der ›Verlustliste‹ aufgenommen werden mußten am 2. Februar der Dampfer *Planet* (5821 BRT), der vor Swinemünde durch Minentreffer sank, der nur 643 große Dampfer *Hiddensee,* der an der baltischen Küste durch das sowjetische U-Boot *SC-318* torpediert wurde am 4. 2., der Schlepper *Camstigall,* der am 5. Februar durch Bombentreffer in Pillau verlorenging, der U-Tender *Ammerland* (2452 BRT), der am 10. Februar in Libau nach einer Kollision gesunken war. Das war alles. Und diese Verluste gaben zu keiner großen Sorge Anlaß. Bis auf den ›Verlustfall *Steuben*‹.

Die großen Schiffe brauchten einen sicheren Geleitschutz. Das wurde zu einer immer mehr zwingenden Notwendigkeit. Denn die Transporte über die Ostsee nehmen von Tag zu Tag zu.

Zum Problem ist in den letzten Tagen auch die Frage geworden: Wohin mit den vielen zehntausend Menschen, die über die Ostsee aus Pillau, Danzig und Gotenhafen abtransportiert werden? Auf der Reede von Warnemünde und auch vor Swinemünde und Saßnitz lagen viele Schiffe voller Menschen, die nicht entladen werden konnten, da in den Häfen kaum noch eine Aufnahmemöglichkeit bestand.

Es mußte nach einem Ausweg gesucht werden, nach einem neuen, großen Hafen, den die Flüchtlingsschiffe anlaufen konnten und der die Sicherheit dafür bot, daß man von hier aus nicht noch einmal über die Ostsee flüchten mußte.

Dieser neue, große Hafen hieß: Kopenhagen.

Nachdem der Reichsbevollmächtigte in Dänemark, der SS-Obergruppenführer Dr. Werner Best, Anfang Februar ermittelt hatte, daß in Dänemark rund 150.000 Flüchtlingsplätze vorhanden seien, hatte Adolf Hitler am 4 .Februar 1945 entschieden:

»Zur sofortigen Entlastung der Transportlage im Reich befehle ich, daß aus dem Osten des Reiches vorübergehend zurückgeführte Volksgenossen außer im Reich auch in Dänemark unterzubringen sind!«

Damit war der Weg für die Flüchtlingsschiffe in dänische Häfen, vor allem in den Hafen von Kopenhagen, offen.

Bemerkenswert in dem Führerbefehl war die Vermeidung des Wortes ›Flüchtlinge‹. Im Sprachgebrauch der Partei gab es keine Flüchtlinge, sondern nur ›Volksgenossen, die vorübergehend zurückgeführt‹ werden mußten.

Der neue Anlaufhafen Kopenhagen brachte allerdings für den Seetransportchef Engelhardt in Hamburg eine ganze Reihe von Problemen, deren Bewältigung gar nicht so einfach war. Der Weg von Pillau, Gotenhafen oder Danzig nach Swinemünde war kurz, auch nach Kolberg und Saßnitz, nicht aber nach Kopenhagen. Die Schiffsreise dorthin dauerte wesentlich länger und auch die Rückreise in die Häfen Ost- und Westpreußens und die pommerschen Häfen. Längere Fahrt mit vollbesetzten Schiffen bedeutete mehr Verpflegung, Verschärfung des sanitären Problems auf den Schiffen, mehr Gefahren aus der Luft.

Aber zu Kopenhagen als Hafen der Rettung gab es im Reich keine Alternative mehr. Saßnitz hatte nur einen kleinen Hafen, war für große Schiffe, die auf Reede entladen werden mußten, völlig ungeeignet, Kiel wurde laufend bombadiert und andere Häfen standen nicht mehr zur Verfügung.

Und es mußte in diesen Tagen, Mitte Februar 1945, damit gerechnet werden, daß in den nächsten Wochen, falls eine Kriegswende nicht mehr eintrat, noch weitere fünfhunderttausend Menschen über die Ostsee befördert werden mußten, vielleicht auch eine Million oder zwei.

Niemand konnte das Geschehen der nächsten Monate vorausahnen.

SECHSTES KAPITEL

Ertrunken – Verbrannt – Gerettet: Das Drama der Ostsee-Flucht

Consul Cords *gesunken, nur 49 Überlebende – Flüchtlingstransport im Pendelverkehr – Saßnitz brennt,* Hamburg *verloren,* Deutschland *gerettet – Die blitzartige Räumung von Stolpmünde – Swinemünde: 700 Bomber gegen 70 Schiffe – Das Schicksal der* Andros *– Dienststelle Engelhardt ausgebombt – Die Festung Kolberg fällt – Der Endkampf um die Danziger Bucht –* Ubena, *letztes Schiff aus Danzig – ›Unternehmen Walpurgisnacht‹: Die Räumung der Oxhöfter Kämpe – Der ›tödliche Unfall‹ des Dampfers* Neuwerk *– Königsberg kapituliert – 500 verbrannten auf der* Moltkefels, *300 auf dem Lazarettschiff* Posen *– 113 überlebten den Untergang des Dampfers* Karlsruhe *– Der mißglückte Versuch, das Lazarettschiff* Pretoria *zu versenken – In 33 Tagen sanken 53 Schiffe*

CONSUL CORDS GESUNKEN – NUR 49 ÜBERLEBENDE

Das Kalenderblatt zeigt den 15. Februar 1945.

An der Pier im Hafen von Kolberg steht Eva Kuckuck, an ihrer Seite das Ehepaar Weiß, die Wirtin dieses Ehepaares mit ihrer achtjährigen Tochter und das Hausmädchen von Eva Kuckuck, insgesamt sechs Personen. Sechs Menschen, die erneut flüchten wollen. Und vor ihnen, an der Pier festgemacht, liegt der Dampfer *Consul Cords.*

Die Sechs haben in den letzten Tagen alles mögliche versucht, um mit der Bahn oder einem Fahrzeug Kolberg nach Westen verlassen zu können. Alles war umsonst. Es blieb nur noch ein Weg offen: Die Flucht über die Ostsee, die Flucht mit einem Schiff. Und dieses Schiff lag vor ihnen, der Dampfer *Consul Cords*.

Schon am Abend zuvor hatte Oberst a.D. Weiß vom Kapitän der *Consul Cords* die Genehmigung erhalten, am nächsten Tag an Bord kommen zu dürfen. Wie alte Bekannte begrüßte Kapitän Fretwurst die an Bord Kommenden. »Da sind wir wieder«, sagte Eva Kuckuck. Sie war froh, daß *Consul Cords* diesmal nicht 1200 Menschen an Bord nehmen mußte, sondern mit Flugzeugmotoren und einer Getreideladung nach Warnemünde laufen sollte. Außer der Besatzung sollten nur 45 Personen an Bord genommen werden.

Doch als das Schiff am Sonnabend, dem 17. Februar 1945 endlich den Auslaufbefehl bekam, befanden sich einschließlich der Besatzung und des Kapitäns Erich Fretwurst 155 Personen an Bord.

Was Eva Kuckuck in den nächsten drei Tagen während der Todesreise des Schiffes erlebte, wird ihr ihr ganzes Leben lang unvergeßlich bleiben. Sie schrieb in ihr Tagebuch:

»Bei mildem Wetter und relativ ruhiger See verlief die Fahrt zunächst sehr ruhig. Da wir gehört hatten, daß wir auf einem minenfreien Weg nach Warnemünde laufen würden, hatten wir auch keinerlei Angst vor einem möglichen Unglück.

In der Nacht vom 18. zum 19. Februar erhielt Kapitän Fretwurst plötzlich den Befehl übermittelt, das Schiff zu stoppen und auf ein Geleit zu warten. Kapitän Fretwurst durfte dann aber doch die Fahrt ohne Geleit fortsetzen. Wie er uns erzählte, hatte er diese Genehmigung deshalb erhalten, weil *Consul Cords* nur eine begrenzte Menge Kohle an Bord hatte und sich deshalb lange Wartezeiten nicht leisten konnte. Da er sich auch an den vorgeschriebenen Seeweg halten wollte, bestanden wohl keinerlei Bedenken, das Schiff allein weiterlaufen zu lassen.

Die Fahrt während der Nacht und auch am folgenden Vormittag verlief ruhig, und wir hofften, bald am Ziel zu sein.

Kurz vor 12.00 Uhr meinte Kapitän Erich Fretwurst auf der Brücke: ›In etwa zwei Stunden sind wir in Warnemünde.‹

Doch es kam alles anders.

Fast auf die Minute genau um 12.00 Uhr gab es eine heftige Explosion.

Der Dampfer *Consul Cords* war auf eine Mine gelaufen.

Im Augenblick der Explosion lag ich in einer kleinen Kajüte der Bordflak. Man hatte mir in dieser Kajüte eine Koje zur Verfügung gestellt, und ich wollte die zwei Stunden bis zur Ankunft in Warnemünde etwas ausruhen.

Doch aus der Ruhe wurde nichts.

Ein ohrenbetäubendes Krachen machte mich plötzlich hellwach. Alles um mich herum schien zu versinken. Eine laute Stimme drang an mein Ohr: ›Schnell raus!‹ Ich sprang auf, wollte nach meiner Tasche greifen, die ich auf den Boden neben die Koje gestellt hatte. Ein Schreck durchfuhr mich. Die Tasche war weg, der Fußboden wie zermahlen, schien porös.

Ich wagte kaum aufzutreten, weil ich fürchtete, durch den Fußboden der Kajüte hindurch in die Tiefe des Schiffes abzusinken.

Als ich nach draußen kam, sah ich, daß von den Aufenthaltsräumen der Flak an Deck überhaupt nichts mehr zu sehen war.

Es stand nur noch eine Bretterwand. Unter den Trümmern sah ich emporgestreckte Arme eines uniformierten Mannes, der sich erfolglos bemühte, aus den Trümmern herauszukommen. Ich versuchte ihm zu helfen, was auch gelang. Es war ein Feldwebel der Fallschirmtruppe.

Einen unweit von mir eingeklemmten Heizer des Schiffes konnte ich trotz aller Kraftanstrengung nicht mehr befreien. Es ging alles viel zu schnell.

Mit großer Mühe versuchte ich, die Kajüte des Kapitäns zu ereichen. Dort wußte ich das Ehepaar Weiß, ihre Wirtin mit deren Tochter und meine Hausgehilfin. Doch die Kajüte war nur noch ein Trümmerhaufen, eingedrückt, zusammengeschoben, leer.

Nie vergesse ich das Bild, das ich im nächsten Augenblick in mich aufnehmen mußte.

An einer Bretterwand sich festhaltend, sah ich eine alte Dame aus Insterburg, die ich an Bord kennengelernt hatt. Sie hatte eine blutende Wunde an der Stirn, sagte kein Wort, starrte auf das Wasser. Sie suchte wohl ihre Tochter, die bereits in der Ostsee schwamm und nichts mehr für sie tun konnte.

Ich war von dem Anblick dieser Frau so erschüttert, daß ich kein Wort hervorbringen konnte.

In den nächsten Augenblicken stürzte bereits die Ostsee über das Deck. Auf den Strümpfen laufend, rutschte ich aus, stürzte über Deck und klammerte mich an ein Rettungsboot, das sich fast unmittelbar am sinkenden Schiff befand.

Ich versuchte, über die Bootskannte in das Boot zu klettern. Doch da gab es plötzlich einen scharfen Ruck, die Leine war gerissen, das Boot schlug um und begrub mich unter sich. Ich fühlte nur noch Wasser um mich und über mir. Todesangst überkam mich.

Mein Versuch, unter dem Boot wegzutauchen, mißlang. Ich schlug mit dem Kopf gegen das Boot.

Ich wagte einen zweiten Versuch. Es gelang. Ich kam mit dem Kopf an die Wasseroberfläche und erblickte wieder Himmel über mir. Das war ein sonderbares, ein herrliches Gefühl, ein Gefühl, das mit Mut und neue Überlebungskraft gab.

Nicht weit von mir schwamm ein Gummifloß. Mein Versuch, dieses Floß zu erreichen, glückte. An dem Floß hing bereits ein Feldwebel. Er versuchte mit letzter Kraft, auf das Floß zu gelangen. Als er dies erreicht hatte, sah ich, das er stark blutete. Ich sprach ihn an und erfuhr, daß ihm in der Bordflak-Unterkunft auf dem Schiff der eiserne Ofen gegen die Brust geschleudert worden war.

In dem Floß saßen oder hingen noch eine ältere Frau und ein kleiner Junge, der immerfort weinte. Es war ein erschütterndes Bild.

Jetzt erst fand ich Zeit, mich umzuschauen.

Ein Bild des Grauens tat sich vor mir auf. Nicht weit von mir schwamm das Ehepaar Weiß. Sie hielten sich an einer Tonne fest, die unweit des immer mehr versinkenden Dampferwracks schwamm. Es war mir unmöglich, sie schwimmend zu erreichen. Die ganze See war voller Trümmer, Kisten, Bretter, Koffer, Kleiderbündel, Gepäckstücke und schwimmender Menschen, die schrien, brüllten, weinten, beteten oder fluchten. Für viele endete in diesen Augenblicken die so hoffnungsvoll begonnene Flucht über die Ostsee.

Ich schöpfte Hoffnung auf Rettung, als ich sah, daß ein großer Dampfer an der Unfallstelle aufgetaucht war und offensichtlich mit der Bergung von Schiffbrüchigen begonnen hatte. Es war der Dampfer *Margarethe.*

Mich wieder nach dem Ehepaar Weiß umblickend, stellte ich zu meinem Entsetzen fest, daß die beiden alten Leute nicht mehr an der Tonne hingen. Hatten sie den Tod gefunden? Waren sie gerettet?

Ich wußte es nicht.

Ich empfand in diesen Minuten, es mochte etwa eine halbe Stunde nach dem Unglück des Dampfers *Consul Cords* vergangen sein, fast überhaupt nichts mehr, wurde immer apathischer. Aus diesem Zustand wurde ich plötzlich aufgeweckt, als ein Rettungsboot neben mir aufgetaucht war, das ich vorher überhaupt nicht mehr wahrgenommen hatte.

Ich sah nur noch das Boot, fühlte Hände, die nach mir faßten, dann wurde es trotz der Mittagsstunde, in der das alles geschah, tiefe Nacht um mich.

Erst am späten Nachmittag, etwa fünf Stunden nach dem Untergang des *Consul Cords*, begann ich, wieder meine Umwelt zu begreifen, machte die Augen auf, sah in das Gesicht eines Matrosen, der mir beruhigend sagte: ›Keine Angst – Sie sind gerettet – es ist alles vorbei.‹

Der Matrose bot mir Kaffee oder Tee an, aber als ich um einen Cognak bat, bekam ich auch diesen. Man war rührend um mich bemüht. Da man mir alle Bekleidung vom Leib gerissen hatte, um mich zu trocknen, erhielt ich von meinen Betreuern eine weiße Leinenhose und einen Swaeter. Passende Schuhe fand man nicht. Barfuß, in eine Decke gehüllt, verließ ich im Hafen von Warnemünde mein Rettungsschiff, ein Vorpostenboot.

Meine Flucht über die Ostsee war zu Ende.«

Zu denen, die die Unglücksfahrt des Dampfers *Consul Cords* ebenfalls miterlebt hatten, gehört auch Ursula Hartwig. Sie war Ende 1944 dem Bombenhagel in Berlin entflohen und hatte zusammen mit ihrer 53jährigen Mutter und ihrer 83jährigen Großmutter in Kolberg eine neue Bleibe gefunden. Doch auch hier merkte sie zum Jahresbeginn 1945, daß sie bald wieder fliehen müßten, denn die Front rückte immer näher. Und eines Tages würde der Russe auch in Kolberg sein.

In der letzten Januarwoche begann Ursula Hartwig dann mit der Suche nach einem Flüchtlingsschiff. Sie lief im Hafen von einem Schiff zum anderen. Aber alles Fragen war umsonst. Bis sie dann endlich am 16. Februar auf dem Dampfer *Consul Cords* für sich, ihre Mutter und ihre Großmutter in der Offiziersmesse buchstäblich den letzten Platz auf diesem Schiff fand.

Ursula Hartwig erinnert sich:

»Es war tatsächlich der letzte Platz, den ich nach dreiwöchigem erfolglosem Suchen auf einem der Schiffe im Kolberger Hafen fand. Der Kapitän hatte Mitleid mit mir und meinen Angehörigen. Von Bekannten erhielt ich noch einen gepolsterten Stuhl, den ich in der Offiziersmesse für meine Großmutter aufstellen konnte. Sonst war kein Platz mehr vorhanden, so vollgepfropft war das Schiff. Auch ich selbst hatte keinen Platz, lief während der ganzen Fahrt auf dem Schiff herum, soweit dies überhaupt möglich war, denn jede Stufe, jede Ecke war besetzt. Einmal am Tag stieg ich hinab in den Kohlenbunker und schlief auf dem dort neben der Kohle gelagerten Stroh. Wenn es hier einmal brennen würde? Ich stellte diese Frage auch einmal dem Kapitän. ›Dann sind wir verloren‹, antwortete er mir. Dessen war ich ebenfalls sicher, denn immerhin hatte das Schiff, wie ich erfuhr, 1000 Tonnen Getreide und 20 Flugzeugmotoren geladen und war – mit den Flüchtlingen – total überladen. Aber wer fragte in diesen Tagen schon danach.

Ich versuchte, mir die Zeit zu vertreiben, um nicht nachdenken zu müssen: ›Was würde passieren, wenn . . . ?‹

Ich half dem Koch beim Kartoffelschälen und bekam dafür warmes Essen für mich und meine Angehörigen. Eine systematische Verpflegung aller Passagiere auf dem Dampfer war überhaupt nicht eingerichtet. Babys und Kleinkinder und auch alte Menschen hatten den Vorrang. Damit war auch jeder zufrieden. So vergingen die Stunden.

So kam der 19. Februar, und die Stunde rückte immer näher, in der wir unser Reiseziel – Warnemünde – erreichen sollten.

Und da passierte es.

Es war um die Mittagszeit gegen 12. Uhr. Ich hatte drei Teller Erbsensuppe organisiert, die wir stehend in einem kleinen Raum neben der Offiziersmesse einnahmen. Platz zum Sitzen gab es nicht. Uns fielen buchstäblich die Löffel aus der Hand, als eine furchtbare Detonation das Schiff erschütterte. Die Erschütterung riß uns zu Boden. Ich mußte einen Augenblick bewußtlos gewesen sein. Wie ich erst später wahrnahm, muß ich mit dem Gesicht auf die Marmorplatte des kleinen Tisches, auf dem unsere Teller standen, geschlagen sein, denn meine Vorderzähne waren schräg abgesprungen. Ich riß im nächsten Augenblick die Tür unseres kleinen Raumes auf. Gottseidank – sie ließ sich öffnen und war nicht verklemmt. Ein ohrenbetäubender Lärm war zu hören. Durch die Explosion – der Dampfer war auf eine Mine gelaufen – hatte sich offensichtlich das Nebelhorn gelöst, es tutete unaufhörlich. Das war ein schauerliches Geräusch. ›Die Sirene des Untergangs‹, dachte ich. Ein unbeschreibliches Durcheinander empfing mich an Deck des Schiffes. Man konnte kein Wort mehr verstehen, sich nicht mehr verständigen. Da drängten sich Mütter in das Schiff, um ihre Kinder holen zu wollen, da schrien Kinder unaufhörlich nach der Mutter, da lag eine Frau auf der Erde, andere stürzten darüber hinweg, da bat ein alter Mann: ›So helft mir doch . . .!‹

Da faßte mich ein anderer Mann, ein Greis, leichenblaß im Gesicht, am Arm. ›Haben sie meine Frau gesehen, sie ist doch fast blind und so hilflos . . !‹

Aber ich konnte nicht helfen, ich war selber hilflos. Ich stürzte zurück in die kleine Kammer, in der meine Mutter und Großmutter noch immer auf dem Boden lagen. Meine Mutter schien den Arm gebrochen zu haben, die Großmutter hatte eine blutende Wunde am Kopf. Ich kämpfte mit den Tränen, als ich das Bild der beiden hilflosen Frauen sah. Aber ich mußte tapfer sein. Mit größter Mühe nahm ich – in der Mitte – beide am Arm, umfaßte sie und versuchte, mit ihnen noch ein Deck höher zu gelangen. Dabei ging ich von der Vorstellung aus, das Schiff würde langsam vollaufen und nicht so rasch sinken, und es wäre deshalb am besten, auf die höchste Stelle des Schiffes zu gelangen. Es gelang mir auch, Mutter und Großmutter auf das Oberdeck zu schaffen. Ich setzte sie dort auf eine Kiste und stellte drei Schwimmringe darum, die an Deck herumlagen. Dann machte ich mich auf den Weg, um Schwimmwesten zu holen. Doch das Kommandohaus war nur noch ein Trümmerhaufen. Da lief ein Junge an mir vorbei. Er hatte eine Schwimmweste in der Hand. Ich hielt ihn an, nur einen Augenblick, sah in seine Augen, aus denen Glück strahlte, eine Schwimmweste organisiert zu haben. Ich ließ ihn weiterlaufen. Er hatte sein Leben noch vor sich.

Ich stürmte zurück an Oberdeck zu Mutter und Großmutter, die neben der Kiste an Deck saßen und sich festhielten. Wie versteinert saßen sie da. Da der Lärm auf dem sinkenden Schiff immer größer wurde und auch das Nebelhorn noch immer schauerlich brüllte, schrie ich den beiden ins Ohr: ›Ich rette Euch!‹ Mutter tat alles ohne Widerspruch, ließ sich den Schwimmring umhängen, doch Großmutter mit ihren 83 Jahren wehrte ab. Sie schüttelte nur unaufhörlich den Kopf und sah mich an. Ich nahm nun beide an der Hand, und wir versuchten gemeinsam, nach der noch höher gelegenen Stelle auf dem Schiff zu gelangen. Dort hatten wir vielleicht noch die größere Chance, gerettet zu werden, wenn sich das Schiff noch länger im Wasser hielt und die Rettungsschiffe näher herankämen. Die Rettungsaktion war bereits in vollem Gange.

Wir waren es nicht allein, die weiter nach oben wollten. Neben uns stand ein alter Mann, auf jedem Arm ein Baby. Auch er wollte weiter nach oben.

Zuerst half ich meiner Mutter über die schmale Treppe nach oben. Als sie die letzten Stufen vor sich hatte, drehte ich mich um, faßte meine Großmutter am Arm.

In diesem Augenblick verlor ich den Boden unter den Füßen, stürzte, sah nur noch den Himmel über mir, spürte das Schiff unter mir im Wasser versinkend. . .

Das Schiff hatte sich auf die Seite gelegt und mich über Bord gespült. Mein erster Blick galt meiner Umgebung. Ich sah weder Mutter noch Großmutter. Ich spürte nur Wasser, immer Wasser. Dann sah ich einen Rettungsring unmittelbar neben mir und packte zu. Ich sah um mich herum nur schwimmende Menschen und Trümmer. Aus den Trümmern ragten Köpfe. Köpfe von Frauen und Männern und von Kindern. Jemand klammerte sich an mir fest. Es war ein Junge, er krampfte sich an mich. Ich faßte in sein Blondhaar. Er schien schon tot.

Als ich seine Hand von meinem Arm lösen wollte, rutschte er ab und versank in der See.

Der Dampfer *Consul Cords* schwamm in diesen Augenblicken immer noch. Verschiedene Schiffe waren inzwischen an der Untergangsstelle eingetroffen und retteten, was noch zu retten war.

Auch in meiner unmittelbaren Nähe war jetzt ein Schiff aufgetaucht. Man hatte Strickleitern über Bord gelassen, an denen Matrosen hingen, die einen nach dem anderen aus dem Wasser fischten. Mein Versuch, die Hand eines Matrosen zu fassen, scheiterte. Ich rutschte wieder ins Wasser und trieb nach hinten ab. Da überfiel mich die Angst, hinten in die Schiffsschraube zu treiben und zermahlen zu werden. Ich schrie aus Leibeskräften. Dann konnte ich eine Kiste fassen und mit der anderen Hand ein Brett. Ich hielt mich daran fest und konnte meine Angst überwinden. Das Rettungsschiff hatte sich inzwischen etwas gedreht und war wieder in meiner Nähe. Noch einmal griffen mich zwei Matrosen und zogen mich die Strickleiter hoch. Ich stürzte an Deck des Schiffes. Stehen konnte ich diesem Augenblick noch nicht, fiel in mich zusammen, wieder auf die Planken des Schiffsdecks. Langsam kam ich wieder voll zu Bewußtsein. Von der Mannschaft konnte sich im Augenblick niemand um mich kümmern. Alle von der Besatzung waren im Einsatz, die letzten Menschen aus dem Wasser zu bergen und zunächst einmal an Deck zu holen. Ich fror erbärmlich und suchte nach Wärme. Im Maschinenraum fand ich eine warme Unterkunft. Dort saß schon ein Mädchen. Wir zogen uns beide die nassen Sachen aus und rieben uns gegenseitig warm.

Bis wir in einen rettenden Hafen gelangten, vergingen noch einige Stunden. Man umsorgte uns sehr. Beim Essen saßen neben mir drei Kinder, ein 15jähriges Mädchen und zwei Jungen, 12- und 14jährig. Das Mädchen versuchte, die beiden weinenden Jungen zu beruhigen: ›Sicher ist Mutti auch gerettet‹. Ich erfuhr, daß die Mutter mit den zwei jüngsten Geschwistern in einer Kajüte war, als das Schiff den Minentreffer erhielt, die drei älteren Kinder waren an Deck.

Die drei Kinder haben ihre Mutter und Geschwister auch nie wiedergesehen, sie gehörten zu den Opfern dieser Katastrophe.

Auch mir erging es so. Von meiner Großmutter fand ich nur noch das Grab. Sie war tot geborgen worden und in Rostock beigesetzt.«

Von den insgesamt 155 Personen, die sich auf dem kleinen Dampfer *Consul Cords* befanden und in einer Schiffsliste fast ausnahmslos namentlich erfaßt wurden, konnten 49 lebend geborgen werden, 106 kamen dabei um. Nur 17 Menschen wurden als Leichen geborgen, nach Rostock gebracht und dort im Pathologischen Institut zur Identifizierung aufgebahrt. Unter den geborgenen Leichen befanden sich auch die knapp 1 1/2 Jahre alte Brunhilde Metzdorf und ihre 4 Jahre alte Schwester-Heide-Marie, während Vater und Mutter gerettet wurden, ferner die 2jährige Brigitte Emme aus Hamburg, der 3jährige Karl-Heinz Legband aus Kolberg, die 3 1/2-jährige Heide Riemann, ein unbekannter 3jähriger Jungs, der Matrosen-Gefreite Rudolf Fortum und der Kapitän Erich Fretwurst. Während die 50jährige Gertrud Bötticher aus Kolberg gerettet werden konnte, blieben ihre 7 und 16 Jahre alten Kinder verschollen oder wurden als Leichen geborgen, auch die 8Ojährige Großmutter befand sich unter den Toten.

Die wenigen Überlebenden dieses Schiffsunterganges wurden von den Rettungsschiffen nach Warnemünde gebracht.

FLÜCHTLINGSTRANSPORTE IM PENDELVERKEHR

Der Verlust des Dampfers *Consul Cords* wurde vom Seetransportreferenten beim Marineoberkommando Ost in Kiel registriert. Daß Schiffe verloren gingen, war alltäglich. Da sich die Menschenverluste bei diesen Untergängen in Grenzen hielten, erregten sie kein Aufsehen mehr. Nur der Verlust der ganz großen Schiffe fand stärkere Beachtung auch dann, wenn sie auf einem Leertransport sanken. Ihr Ausfall für den weiteren Flüchtlings- und Verwundetentransport war schmerzlich. Man brauchte viele Schiffe, um die Transportaufgaben bewältigen zu können, die von Tag zu Tag wuchsen.

Korvettenkapitän Eschricht beim MOK Ost hatte am 19. Februar 1945 große Sorgen. Er hatte Nachricht erhalten, daß in Königsberg noch 50.000

bis 60.000 Einwohner auf ihren Abtransport über See warteten, der stündlich dringender wurde.

Vom Generalstab war angeordnet worden, Königsberg, Danzig und Gotenhafen für drei Monate im voraus mit Lebensmittelvorräten aufzufüllen. »Das kann nur der Wunsch eines Verrückten sein‹, kommentierte Konteradmiral Engelhardt, als er von diesem Befehl erfuhr. Der Admiral und Eschricht konnten kaum die Aufgabe bewältigen, die kämpfende Truppe an der Kurlandfront und in Ost- und Westpreußen über die Häfen mit Lebensmitteln – von Woche zu Woche – zu versorgen. Und es fehlte vor allem auch an Kohle und Öl für die Schiffe.

Offensichtlich machte man sich bei den verschiedenen militärischen Kommandostellen und auch Dienststellen der Partei ein völlig falsches Bild von der Lage in den Ostseehäfen. Das verdeutlichte auch ein Schreiben des Gauleiters Koch an Reichsleiter Bormann:

»Der Abtransport von Frauen und Kindern aus Königsberg ist in vollem Gange, daher ist ein Flüchtlingsstau im Raum Fischhausen/Pillau mit 250.000 Menschen zu erwarten. Der Abtransport von mindestens 15.000 bis 20.000 Flüchtlingen täglich ist erforderlich. Konteradmiral Engelhardt gibt an, er hätte genug Schiffsraum. Es fehle aber ein Zusatzkontingent an Kohle für diese Flüchtlingstransporte. Führerentscheidung erbeten!«

Die Antwort der Parteikanzlei lautete kurz und bündig:

»Angaben werden bezweifelt. Seetransportchef wird um Mitteilung gebeten, ob Zusatzkohle notwendig. Grundsätzlich ist der Abtransport von Flüchtlingen aus dem Danziger Raum vordringlich!«

Als ›Chefsache‹ ist aus dem Führerhauptquartier, unterzeichnet von Vizeadmiral Voß, folgende Mitteilung eingetroffen:

»Gauleiter Koch hat Führer gegenüber auf militärische Notwendigkeit des Abtransports von Flüchtlingen aus Pillau hingewiesen und diese Notwendigkeit damit begründet, daß bei überraschender Lageentwicklung Flüchtlingsmassen zwischen Verteidigern Pillau und dem Gegner stehen, damit Widerstandskraft der Besatzung Pillaus lähmen würden. Habe nach Rücksprache mit dem Oberbefehlshaber der Marine dem Gauleiter mitgeteilt, daß für den gesamten ost- und westpreußischen Raum das Mögliche getan würde, aber je nach Lage Einschiffungsplätze berücksichtigt werden müßten. Gauleiter bittet das ObdM nochmals, möglichst Abtransport von etwa 50.000 Flüchtlingen aus Pillau, durch deren Einschiffung Lage im Samland in kurzer Zeit behoben werden könnte, überprüfen zu wollen. Reichsleiter Bormann schließt sich dieser Bitte an.«

Hitler folgt Bormanns Bitte und befiehlt, Pillau den Vorzug zu geben. Im Pendelverkehr Pillau-Gotenhafen wurden am 19. Februar 17 Schiffe mit über 20.000 BRT eingesetzt, weitere 9 Schiffe mit 16.000 BRT sind auf dem Weg nach Pillau. Ziel des Seetransportchefs und seines Referenten vom MOK Ost ist es, aus dem stark gefährdet erscheinenden Pillau so rasch wie möglich einige zehntausend Flüchtlinge nach Gotenhafen zu bringen, das Mitte Februar noch ungefährdeter erscheint. Für den Pendelverkehr Pillau-Gotenhafen werden alle Fahrzeuge eingesetzt, die zur Zeit in der Danziger Bucht überhaupt verfügbar sind: Fischkutter, Schlepper, Flugsicherungsschiffe, Navigationsschiffe, selbst Sturmboote der Landungspioniere. Zwischen Pillau und Gotenhafen entwickelt sich in diesen Tagen Mitte Februar eine wahre ›Seeschlange‹.

Doch nicht nur in Pillau, auch viel weiter nördlich, im Hafen von Libau, der noch immer fest in deutscher Hand ist, warten noch Verwundete und Flüchtlinge auf ihren Abtransport.

Eines der Schiffe, das auf dem Weg ist, von Libau Flüchtlinge und Verwundete über die Ostsee nach Westen zu bringen, ist der Dampfer *Göttingen*.

Diese Reise soll die letzte Reise der *Göttingen* sein.

DIE TORPEDIERUNG DES DAMPFERS *GÖTTINGEN*

Am frühen Morgen des 23. Februar 1945 – es war ein Freitag – genau um 04.00 Uhr, erwischte es auch den 6200 BRT großen Dampfer *Göttingen* des Norddeutschen Lloyd Bremen. Ein Torpedotreffer des sowjetischen Unterseebootes *S-4* schickte das mit Soldaten vollbelegte Schiff auf den Grund der Ostsee.

Josef Schuster hat die letzten Fahrten des Dampfers *Göttingen* miterlebt und sie in Tagebuchaufzeichnungen festgehalten:

»Die Nacht, in der die *Gustloff* unterging und wir die letzten 28 Überlebenden aus der eiskalten Ostsee holten – einige Schiffbrüchige trieben tot auf Eisschollen, zu Eisklumpen erstarrt – steckte uns allen noch in den Knochen, als wir nach Ausschiffung der 28 Überlebenden der *Gustloff* und unserer Flüchtlinge und Verwundeten in Swinemünde auf Reede vor Anker gehen konnten. Wir warteten auf einen neuen Einsatzbefehl. Zunächst hieß es, wir sollen am 8. Februar nach dem Osten, Danzig als Ziel gehen. Da in der Nacht britische Flugzeuge den Raum zwischen Swinemünde und der Danziger Bucht erneut vermint hatten, mußte der Auslauftermin verschoben werden, da man zunächst erst die Minen wieder räumen mußte. Erst am 11. Februar verließen wir die Reede von Swinemünde, gingen in Danzig-Neufahrwasser auf Reede vor Anker und liefen dort am Morgen des 12. Februar ein.

An der Pier in Danzig-Neufahrwasser übernahmen wir Material für Truppentransporte, Pferdeboxen, Holzbohlen usw. und Verpflegung.

Am 13. Februar hieß es: ›Anker auf – Kurs Libau!‹ Wegen einsetzenden Schneesturms mußten wir das Auslaufen abbrechen und zurückkehren.

Rettungsschiffe am Morgen des 10. Februar 1945 unterwegs zur Untergangsstelle der *Steuben*. Doch die Schiffe kommen zu spät. Das Meer und die Kälte haben ihre Opfer gefordert. 3608 Menschen fanden auf der untergegangenen *Steuben* den Tod.
(Foto: PR / Ostsee-Archiv Heinz Schön)

Gesunken in der Ostsee: *MRS 11* ex *Osnabrück* lief am 15. Februar 1945 auf eine Mine und war nicht mehr zu retten. Bei dem Untergang des 5095 BRT großen Schiffes des NDL kam jedoch niemand ums Leben. *(Foto: PR / Ostsee-Archiv Heinz Schön)*

Die *Scheer* am 18. Februar 1945 bei der Beschießung russischer Stellungen bei Fischhausen (Pillau). *(Foto: PR / Ostsee-Archiv Heinz Schön)*

Am Freitag, dem 23. Februar 1943 torpedierte das sowjetische U-Boot *S-4* morgens um 04.00 Uhr den Lloyd-Dampfer *Göttingen,* der mit 1500 Soldaten und 600 Sack Post von Libau nach Stettin unterwegs war. *(Foto: PR / Ostsee-Archiv Heinz Schön)*

Kapitän Segelken vom Dampfer *Göttingen* hatte mit seiner Besatzung in der Nacht vom 30. zum 31. Januar 1945 Schiffbrüchige der untergegangenen *Wilhelm Gustloff* gerettet. Am 23. Februar 1945 wurde er selbst schiffbrüchig, als die *Göttingen* torpediert wurde. Doch der Kapitän wurde gerettet. *(Foto: PR / Ostsee-Archiv Heinz Schön)*

Ein Besatzungsmitglied eines Rettungsschiffes hielt den Untergang des Dampfers *Göttingen*, bei dem etwa 500 Soldaten den Tod fanden, in zwei dokumentarischen Fotos fest. *(Foto: PR / Ostsee-Archiv Heinz Schön)*

Am 7. März sank der Dampfer *Hamburg* auf der Reede von Saßnitz, er wurde das Opfer von zwei Magnetminen. Die letzte Aufnahme vom Dampfer *Hamburg* von der unweit davon liegenden *Deutschland aus gemacht. (Foto: PR / Ostsee-Archiv Heinz Schön)*

Schiffe auf der Reede von Saßnitz nach dem Bombenangriff am 6. März 1945.
(Foto: PR / Ostsee-Archiv Heinz Schön)

Vor Warnemünde wird am 6. März 1945 der HAPAG-Dampfer *Hansa* (21.133 BRT) das Opfer eines Minentreffers und sinkt. Nur die Besatzung war an Bord und konnte sich retten. *(Foto: HAL / Ostsee-Archiv Heinz Schön)*

Flüchtlinge werden im Hafen von Kolberg von Einheiten der Kriegsmarine an Bord genommen. Schwere Brandwolken aus der brennenden Stadt stehen über den Kaianlagen. *(Foto: Ullstein 477450)*

Sie warten auf Schiffe: Überall das gleiche Bild, ob in Pillau oder Danzig, in Gotenhafen oder auf der Halbinsel Hela. Nur ein einziger Fluchtweg ist noch offen, der Fluchtweg über die Ostsee.
(Foto: Ullstein 477450 u)

Auf der Reede von Swinemünde sinken am 12. März 1945 im Bobenhagel der Dampfer *Cordillera* (12.055 BRT – Bild Mitte) und der Dampfer *Heiligenhafen* (1923 BRT – Bild unten), die beide der ›Hamburg-Amerika-Linie‹ gehörten.
(Foto: HAL / Ostsee-Archiv Heinz Schön)

Der Afrika-Dampfer *Ubena* unter Führung von Kapitän Lankau war das letzte Schiff, das Danzig verließ. *(Foto: Deutsche Afrika-Linien / Ostsee-Archiv Heinz Schön)*

Das 5600 BRT große Torpedoschulschiff *Hugo Zeye,* auch als Flüchtlingstransporter eingesetzt, sank am 14. März 1945 westlich Fehmarn nach Minentreffer (Bild Mitte), *Sat Robert Müller VII* (985 BRT) erwischte es am 22. März 1945 in der östlichen Ostsee. Das Schiff lief auf eine U-Boot-Mine (Bild unten). *(Foto: Drüppel 1568 und 1034)*

Mit der Räumung der Häfen von Danzig und Gotenhafen in der letzten Märzwoche 1945 erreichte die Flucht über die Ostsee ihren Höhepunkt. Bis auf den letzten Platz auch an Oberdeck besetzt verließen die Schiffe die Häfen. *(Foto: Bundearchiv 72/92/35)*

Die letzten Truppen verlassen Gotenhafen und werden auf Schiffe verladen. Nach der Räumung wird aus Gotenhafen wieder Gdingen. *(Foto: C. Henrich, Traben-Trabach)*

Doch am 14. Februar, als sich das Wetter wesentlich gebessert hatte, liefen wir aus und waren am 15. Februar morgens vor Libau. Nach dem Hellwerden liefen wir ein, und *Göttingen* ging im Kanal gegenüber der Hafenkommandantur an die Pier.

Kaum hatten wir festgemacht, begann die Übernahme eines Luftwaffen-Flak-Regiments samt Fahrzeugen und Gerät. Da in Libau den ganzen Tag ununterbrochen Fliegeralarm herrschte, waren die Flakwaffen dauernd besetzt, so daß ich als Flakführer den ganzen Tag über auf den Beinen war. Erst mit Einbruch der Dunkelheit wurde es ruhiger.

Am Abend des 16. Februar verließen wir Libau mit Kurs Stettin. Die Fahrt verlief ohne Feindberührung. Am 18. Februar trafen wir in Stettin ein und machten im südlichen Hafenbecken fest, wo sofort mit dem Ausladen des Luftwaffen-Flakregiments samt Fahrzeugen und Geräten begonnen wurde. Nachdem das Schiff entladen war, verholten wir weiter stromabwärts in ein anderes Hafenbecken. Hier übernahmen wir 600 Sack Post und 1500 Soldaten aller Dienstgrade und Waffengattungen, darunter Urlauber und Lazarettentlassene, die alle an die Kurlandfront zurück sollten.

Am 20. Februar liefen wir aus Stettin aus und gingen danach auf Swinemünde Reede vor Anker.

Am Donnerstag, dem 22. Februar begann die Reise nach Libau. Mit uns lief ein kleiner ehemaliger norwegischer Tanker von etwa 500 BRT aus. Als Geleitschutz der 9. Sicherungs-Division begleiteten uns zwei M-Boote und ein Räum-Boot der 25. MS-Flottille. Mit Rücksicht auf den ›Kleinen‹ wurde eine Marschfahrt von 10-11 sm empfohlen. Die See war ruhig, die Nacht mondhell.

Meine Wache in dieser Nacht begann um Mitternacht – 24.00 Uhr. Als ich auf die Brücke kam, merkte ich, daß die Fahrt des Schiffes merklich nachgelassen hatte; sie betrug, wie ich erfuhr, nur noch 7 sm. Der Grund für die Fahrtminderung: Der ›Kleine‹ hatte Maschinenstörung, man sprach von Wasser im Treibstoff. Für *Göttingen* war die Herabsetzung der Fahrtgeschwindigkeit nicht gerade günstig, sondern eher gefährlich. Mondhell, eine ruhige See, und ein hoch aus dem Wasser ragendes Schiff von über 6000 BRT war ein geradezu ideales Ziel für ein feindliches U-Boot. Sollte in dieser Nacht ein russisches U-Boot hier in der Nähe sein, wäre es mit der *Göttingen* vorbei.

Die beiden M-Boote fuhren mit uns in Drawslinie im Abstand von rund 500 m, das Räumboote war bei dem kleinen Tanker.

Es war genau 04.00 Uhr, als wir uns der Ansteuerungstonne Libau näherten, ca. 30 sm vor der Hafeneinfahrt.

Ich stand auf der Steuerbord-Brückennock, als von dem Backbord fahrenden M-Boot eine rote Leuchtkugel aufstieg. Das war das Zeichen dafür, daß sich an Backbordseite Gefahr näherte.

Ich rannte auf die Backbordbrücke. Doch zu sehen war nichts außer dem

M-Boot, das bereits Höchstfahrt aufgenommen hatte und von unserem Schiff wegsteuerte.

Wenige Sekunden später gab es einen Ruck, als ob das Schiff aufgelaufen wäre, ihm folgte ein krachender Schlag. Mich hob es vom Boden, und das von oben kommende Wasser riß mich umher wie in einem Wasserfall.

Der Dampfer *Göttingen* war an Backbordseite, vor der Brücke in Luke III von einem Torpedo getroffen worden.

Als ich über die Brückenverkleidung an Deck sah, stand das Wasser in der Luke, in der eben noch einige hundert Soldaten lagen, bereits bis obenhin. Von der Lukenabdeckung war nichts mehr vorhanden, die schweren Scherstücke samt Lukendeckel waren verschwunden, ein 5 to Ladebaum war abgebrochen. Aus der getroffenen Luke waren noch einzelne Schreie zu hören. An Deck gekommene Soldaten bemühten sich, die glücklich davongekommenen aus Luke III herauszuziehen. Die schwere Holztreppe aus der Luke lag auf der Steuerbord-Brückennock und versperrte den Niedergang an Deck.

Bei der Flakbesatzung gab es keine Ausfälle. Ein Leutnant zur See, der als Begleitoffizier eingesetzt war, wurde durch einen herabstürzenden Lukendeckel am Arm verletzt.

Das Schiff sackte mit dem Vorschiff schnell tiefer, in Höhe des Oberdecks hielt es sich dann ohne Schlagseite. Die beiden M-Boote kamen nahe an das tief liegende Vorschiff heran, um zuerst die überlebenden Heeressoldaten zu übernehmen. Wahrscheinlich sind drei- bis vierhundert Soldaten bereits bei dem Torpedotreffer in den Luken der *Göttingen* ums Leben gekommen.

Bedauerlicherweise kamen bei der Übernahme noch mehrere Soldaten ums Leben, die zwischen die Bordwände fielen und mit ihren geschulterten Rucksäcken elend ertranken, bevor man sie herausziehen konnte.

Als sichtbar war, daß das Schiff nicht mehr zu retten war, ließ ich auch die Flakbesatzung von Bord gehen.

Ich wagte mich noch einmal in die Flakunterkunft im Zwischendeck, um nachzusehen, ob die Flakwohnräume unter Deck alle verlassen waren.

In der Flakführerkammer saß noch alleine und vollkommen verstört ein Heeresstabsarzt. Er schlief während der Fahrt in einer Oberkoje. Er hatte mich gebeten, als er in Stettin an Bord kam, ob er nicht in unserer Kammer während der Überfahrt bleiben könne. Es war ein älterer gemütlicher Reserve-Offizier, der aus dem Lazarett kam. Als ich ihn sah, kam mir trotz der ernsten Situation ein Lächeln. Beim Torpedotreffer brach die Oberkoje durch, und fiel mit allem nach unten, wo er eingeklemmt war und sich selbst nicht helfen konnte. Deshalb war er sehr verstört, zumal er überhaupt nicht wußte, war eingentlich mit dem Schiff passiert war. Ich machte ihm klar, daß das Schiff verloren sei und er an Deck müsse. Ich brachte ihn sofort an Deck, wo auf dem Vorschiff noch einige Soldaten auf die Übernahme auf das M-Boot warteten. Zum Abschied schenkte er mir eine Schachtel Zigaretten und bedankte sich vielmals bei mir.

Auf der *Göttingen* wurde es jetzt langsam ruhig. Das Steuerbord-Rettungsboot hatte man noch zu Wasser bringen können. Es lag längsseits und war mit Besatzungsmitgliedern besetzt.

Das Schiff sackte langsam tiefer. Einzelne lose Gegenstände an Deck machten sich jetzt selbständig, da die Schlagseite zusehends zunahm.

Mit Kapitän Segelken, einigen Offizieren der Handelsmarine und Mitgliedern der Zivilbesatzung verließ ich dann das Schiff. Wir wurden aus dem Rettungsboot der *Göttingen* vom Räumboot übernommen.

Inzwischen war es hell geworden.

Da tauchten einige russische Flugzeuge auf und umkreisten die Untergangsstelle.

Das Schiff war weiter nach vorn gesunken und bis zur Brücke bereits unter Wasser, das Achterschiff ragte noch heraus. Da die beiden M-Boote durch die an Deck dieser Boote stehenden Soldaten nicht mehr voll gefechtsfähig waren, wurde es höchste Zeit, die Untergangsstelle zu verlassen.

Um das weithin sichtbar im Wasser stehende Schiff unter Wasser zu bringen, beschoß das M-Boot mit 10,5 cm-Granaten den sichtbaren Schiffsteil. Die dadurch entweichende Luft nahm dem Schiff den Auftrieb, es drehte sich nach Steuerbord und versank.

Nach etwa zwei Stunden Fahrt gingen wir im Hafen von Libau an Land. Meine Flakbesatzung fand sich vollzählig ein.‹

SASNITZ BRENNT, *HAMBURG* VERLOREN, *DEUTSCHLAND* GERETTET

Sonntag, 25. Februar 1945.

Am Kai in Gotenhafen liegt der Dampfer *Hamburg*, in der Vorkriegszeit eines der schönsten Fahrgastschiffe der Hamburg-Amerika-Linie, 1926 gebaut, also knapp zwanzig Jahre alt, 22.117 Brutto-Registertonnen groß, bis vor kurzem noch Wohnschiff der Kriegsmarine in der Danziger Bucht und seit Ende 1945 ›Flüchtlingsschiff‹, wie so viele andere große Passagierdampfer.

Vor wenigen Stunden ist das Schiff, aus Saßnitz kommend, nach Gotenhafen zurückgekehrt. Es hatte auf der Reede von Saßnitz 7650 Flüchtlinge und 1496 Verwundete ausgeladen, die wenige Tage vorher, am 20. Februar 1945, hier am gleichen Kai in Gotenhafen an Bord genommen wurden.

Heute nimmt die *Hamburg* wieder Menschen an Bord, die die Flucht über die Ostsee wagen wollen: 6300 Flüchtlinge, 1500 Verwundete und

1200 Gotenhafener Werftarbeiter. Das sind abgerundete Zahlen. Vielleicht kommen sogar einige hundert mehr an Bord. Zum Zählen hat niemand mehr Zeit. Man hat es eilig, Gotenhafen zu verlassen. Denn die Tage dieses wichtigen Hafens in der Danziger Bucht scheinen gezählt.

Mit der zivilen Besatzung, den Kriegmarineleuten und dem Sanitätspersonal werden, wenn der letzte Passagier an Bord ist, rund 9500 Menschen auf der *Hamburg* sein. Eigentlich war ein so große Zahl von Menschen auf der *Hamburg* überhaupt nicht zu verantworten. Aber wer wollte und sollte verantworten, die vielen Tausend, die noch immer in Gotenhafen geduldig auf ihren Abtransport warteten, auf dem Kai stehen zu lassen?

Niemand!

Kapitän Harzheim ist sich der Verantwortung voll bewußt, die er mit der Anbordnahme von neuneinhalbtausend Menschen auf sich nimmt, und er unterschätzt die Gefahren keineswegs, die seinem Schiff drohen. Aber die Aufgabe, so viele Menschen wie möglich mit seinem Schiff über die Ostsee zu retten, hat den absoluten Vorrang. Dabei muß ein Sicherheitsrisiko in Kauf genommen werden. Man muß auch auf sein Glück vertrauen. Und der Kapitän der *Hamburg* tut das.

Seine Offiziere und seine Mannschaft, die reibungslos mit den Kriegsmarineleuten und dem Sanitätspersonal zusammenarbeiten, geben sich alle Mühe, den Menschen an Bord die relativ kurze Seereise von 20–24 Stunden, je nach Wetterlage, zu erleichtern und mit der anormalen Situation auf dem Schiff fertig zu werden.

An Mütter mit Kleinkindern, die in der Offiziersmesse Unterkunft finden, werden Verpflegungsmarken für Flaschennahrung ausgegeben. Die Mütter erhalten Weißbrot und Butter. Alle anderen Flüchtlinge und die Werftarbeiter werden durch mehrere an Bord eingerichtete Verpflegungsausgabestellen mit Kaffee und Suppe versorgt. Allerdings kann die Ausgabe nur in Raten geschehen, da nicht genug Teller, Tassen und Löffel vorhanden sind.

Welches Schiff hat schon für neuneinhalbtausend Menschen ausreichend Geschirr und Bestecke an Bord – –

Kopfzerbrechen bereitet der Schiffsleitung und dem verantwortlichen Sanitätsoffizier die Versorgung der Verwundeten, ganz besonders der Schwerverwundeten, die in den großen Sälen zwar zufriedenstellend untergebracht werden konnten, aber das Bedienungs- und Betreuungspersonal ist völlig überfordert, auch beim Einsatz rund um die Uhr.

Die Anbordnahme der Verwundeten und Flüchtlinge verläuft rasch und ohne große Schwierigkeiten. Man hat aus den Erfahrungen der bisherigen Reisen schon viel gelernt. Gegen 14.30 Uhr ist die Einschiffung abgeschlossen, um 15.00 Uhr verläßt die *Hamburg*, bis auf das Bootsdeck gefüllt, Gotenhafen und nimmt Kurs auf Saßnitz. Den Geleitschutz stellt die 9. Sicherungs-Division, die seit dem Untergang der *Gustloff* kein Schiff mehr aus

Gotenhafen oder Danzig ohne eine ausreichende Geleitsicherung auf die Fahrt nach dem Westen entläßt.

Bereits am Nachmittag des 27. Februar 1945 trifft der Dampfer *Hamburg* außerhalb der Molen, auf der offenen Saßnitzer Seereede ein und wirft den Anker.

Doch mit dem Ausladen der Menschen kann wider Erwarten nicht sofort begonnen werden. Seit der letzten Ankunft hier in Saßnitz hat sich die Situation sehr verändert.

Die *Hamburg* ist nicht das einzige Schiff, das auf der Außenreede ankert.

Unterhalb der kreidefelsigen Steilküste liegen an diesem späten Nachmittag des 27. Februar 1945 noch vier weitere Großschiffe mit Flüchtlingen und Verwundeten an Bord: Der Dampfer *Der Deutsche*, die *Pretoria* von der Afrika-Linie, die *Potsdam* und der *General San Martin* von der Hamburg-Süd.

Auch diese vier ›Flüchtlingsschiffe‹ bemühen sich, zum Teil seit Tagen, ihre Menschenfracht loszuwerden, um so rasch wie möglich wieder nach Danzig-Neufahrwasser oder Gotenhafen zurückzulaufen und neue Fracht an Bord zu nehmen.

Aber auf der Reede von Saßnitz ist es gar nicht so einfach, die Flüchtlinge und Verwundeten von Bord zu geben.

Der kleine Fischerei- und Fährhafen Saßnitz, den man als Ausweichhafen für Swinemünde bestimmt hatte, war für die großen Schiffe ungeeignet. Keines der großen Schiffe konnte in den Hafen einlaufen und die Menschen am Kai von Bord geben. Die Entladung konnte nur auf der Außenreede erfolgen. Das bedeutete: Die Flüchtlinge mußten auf kleinere Boote ›umsteigen‹. Aber so viele kleine Schiffe gab es in Saßnitz nicht, um die insgesamt über 30.000, die auf den fünf großen Schiffen waren, innerhalb weniger Tage ›umsteigen‹ zu lassen. Hinzu kam, daß das ›Umsteigen‹ nur bei gutem Wetter und geringem Wellengang möglich war. Das waren aber nicht die einzigen Schwierigkeiten.

Saßnitz war überfüllt. Bereits mehr als 60.000 Menschen befinden sich in den letzten Februartagen des Jahres 1945 in dieser kleinen Badestadt, die nach dem Willen der Partei in ein repräsentatives KdF-Bad verwandelt werden sollte. Der Rohbau dafür stand bereits. Das MOK Ost wollte in diesem Rohbau ein großes Lazarett einrichten, aber als man den Bau in Augenschein nahm, war er bereits mit 5000 Ausgebombten und Helferinnen von DRK, NSV und anderen Organisationen besetzt. Diese waren nicht mehr aus dem Bau herauszukriegen.

Wichtig war auch, daß der Weitertransport der Verwundeten und der Flüchtlinge mit der Bahn von Saßnitz aus zügig erfolgte, denn in der Stadt selbst war kein Platz für soviele Menschen. Aber auch dies gestaltete sich schwierig, da Saßnitz nur mit einem einzigen Schienenstrang mit seinem Hinterland verbunden war.

Und auf diesen Schienen standen am letzten Februartag nicht weniger als 22 Lazarettzüge, eine kilometerlange Schlange, die auf das Abfahrtsignal wartete.

Als Kapitän Harzheim vom Dampfer *Hamburg* das alles erfahren hatte, wußte er, daß er diesmal lange Geduld haben mußte, um seine neuneinhalbtausend Passagiere ausschiffen zu können.

Zunächst ist jetzt der Dampfer *General San Martin* an der Reihe, der seit dem 25. Februar wartet, um seine 2550 Verwundeten und Flüchtlinge loszuwerden. Das Schiff hatte schon zwei Flüchtlingsfahrten hinter sich, eine Reise im Januar von Pillau nach Swinemünde, und eine zweite Reise, die am 13. Februar begann, von Gotenhafen nach Swinemünde. Auf beiden Reisen wurden jeweils zweieinhalbtausend Flüchtlinge und Verwundete befördert. Jetzt hat der 11.250-Tonner 2550 Verwundete und 150 Flüchtlinge an Bord, die bei der Betreuung der Verwundeten helfen. Und wenn man sieht, wie lange das ›Umsteigeverfahren‹ auf den längsseits des *Generals* gegangenen Dampfer *Jochen Wullenwever*, das Artillerieschulschiff *Stettin* und das Motorschiff *Binz* dauert, kann man sich an einer Hand abzählen, wieviele Tage allein *General San Martin* benötigt, um seine zweieinhalbtausend Leute abzugeben.

Ganze 850 Verwundete holte man in zwei Tagen bis zum Mittag des 28. Februar von Bord, 1700 Verwundete und 150 Flüchtlinge befanden sich immer noch auf dem Schiff. Wenn die Ausschiffung weiter so langsam geht, wird das Schiff am 3. oder 4. März immer noch auf der Reede liegen.

Kapitän Buuck und Zahlmeister Wurl stellten am Abend des 28. Februar fest, daß die Verpflegung nur noch einen oder zwei Tage reichen würde. Man brauchte ›Nachschub‹ und zwar ganz dringend.

In einem Motorboot, das am nächsten Morgen, dem 1. März, von dem Dampfer des *General San Martin* ablegte und Saßnitz zusteuerte, saßen der Proviantmeister Ströcker und der Zahlmeister-Assistent Peter Schiller, der nach dem überlebten Untergang der *Gustloff* auf *General San Martin* kommandiert worden war. Nun hatte er den Auftrag, mit dem Proviantmeister und einigen Besatzungsmitgliedern in Saßnitz Verpflegung zu ›organisieren‹. Denn wenn man mit dem leeren Schiff nach Danzig-Neufahrwasser zurückkehrte, waren dort die Verpflegungsläger sicher bereits restlos geräumt.

Doch Peter Schiller und seine Leute mußten am 1. März gegen Abend ohne Verpflegung auf das Schiff zurück. In Saßnitz war nicht einmal mehr ein Brot zu haben.

Erst am Abend des 5. März 1945 um 20.35 Uhr konnte der Dampfer *General San Martin* die Außenreede von Saßnitz im Geleit verlassen. Es war kein Proviant mehr an Bord, und auch das Öl und das Wasser gingen zu Ende. In Swinemünde sollte alles noch vorhanden sein: Öl, Wasser und auch Proviant. Deshalb hieß das nächste Reiseziel zunächst Swinemünde.

Doch bevor das Schiff dann Swinemünde verließ, um nach Danzig-Neufahrwasser zu dampfen, erlebte es den Tod von Swinemünde, den Tod im Bombenhagel und den Untergang mehrerer Schiffe.

In der gleichen Nacht, in der der Hamburg-Süd-Dampfer *General San Martin*, der während der Reise von Saßnitz über Swinemünde nach Danzig von der eigenen Besatzung unter Leitung von Marine-Oberstabsarzt Dr. Ernst Stutz zu einem ›Verwundeten-Transport-Schiff‹ (VTS) umgebaut wurde, Saßnitz verließ, steuerte ein weiteres großes Schiff mit 10.000 Menschen an Bord, von Gotenhafen kommend, Saßnitz an.

Diese Schiff war das Schwesternschiff der *Hamburg*, die *Deutschland*.

Der 21.046-Brutto-Register-Tonnen große Dampfer *Deutschland* der Hamburg-Amerika-Linie, in der Ostsee-Flüchtlingsfahrt unter Führung von Kapitän Bruno Feindt oft als ›Musterschiff‹ bezeichnet, weil er auf jeder Reise rund 10.000 Menschen beförderte, war bis Ende Januar eine ›schwimmende Kaserne‹ für U-Boot-Leute in Danzig, ähnlich wie die *Gustloff* zur gleichen Zeit in Gotenhafen. Am 30. Januar 1945 machte die *Deutschland* wie die *Gustloff* den ersten Flüchtlingstransport, nur mit einem lebensentscheidenden Unterschied. Während die *Gustloff* torpediert wurde und sank, kam die *Deutschland* durch und landete die ersten 10.000 Flüchtlinge wohlbehalten in Kiel. Hier wurde die zivile Mannschaft ergänzt, zum Teil durch Kroaten, die kein einziges Wort Deutsch verstanden, was ihre Einbeziehung in die Mannschaft nicht gerade erleichterte. Mit dieser Besatzung machte die *Deutschland* zwei weitere Fahrten und hatte auf diesen drei Reisen insgesamt schon 28.000 Menschen über die Ostsee gerettet. Das Schiff war wirklich ein ›Musterschiff‹.

Am Abend des 28. Februar 1945 hatte die *Deutschland* erneut in Gotenhafen angelegt und am 1. und 2. März bis in die Nacht hinein wieder 8000 Flüchtlinge und 1400 Verwundete, dazu einige andere Gruppen, deren ›vorübergehender Transport in das Reich‹ angeordnet war, aufgenommen. Es befanden sich rund 10.000 Menschen an Bord, als Kapitän Bruno Feindt am Vormittag des 3. März Gotenhafen verlassen wollte. Es war ihm am Vortag noch gelungen, 15.000 Brote und 8000 Kilo Speck an Bord zu nehmen. Gern hätte er noch mehr Verpflegung auf sein Schiff genommen, doch es fehlte an Lagermöglichkeiten. Der größte Laderaum des Dampfers war bis obenhin mit einer Ladung U-Boot-Batterien blockiert. Schon seit der ersten Reise schleppte man diese Ladung mit und wurde sie nicht los. Für U-Boot-Batterien interessierte sich keiner mehr.

Mit dem Auslaufen am 3. März und auch am Tage darauf, dem 4. März 1945, wurde es nichts. Ein Nordoststurm mit einer Stärke von 8 bis 9 ließ das Auslaufen nicht ratsam erscheinen. Und dieser ungünstigen Wetterlage war auch kein Sicherungsschiff gewachsen. Ohne ausreichende Sicherungsfahrzeuge wollte der Kapitän die *Deutschland* nicht über die Ostsee führen.

Die Verantwortung schien ihm zu groß.

Die zwei Tage unfreiwilligen Aufenthaltes an der Pier in Gotenhafen zehrten an den Lebensmittelvorräten. Was sind schon 15.000 Brote für 10.000 Menschen?!

Endlich, am 5. März besserte sich das Wetter, und man konnte um die Mittagszeit die Schlepper bestellen und sich in die Danziger Bucht schleppen lassen. Und dann ging es mit allem, was die Maschinen hergaben, in Richtung Saßnitz.

Nur zwanzig Stunden dauerte diese Ostseeflucht. Dann hatte es die *Deutschland* geschafft.

Am Dienstag, dem 6. März morgens um 8.00 Uhr stand das Schiff auf der Außenreede von Saßnitz.

Das Oberdeck des Dampfers ist voller Menschen, als das Schiff an diesem sonnigen Märzmorgen die Anker wirft. Das Bild, das sich den Ankommenden bietet, ist überwältigend. Mehrere Geleitzüge mit Schiffen jeder Größenordnung liegen auf der Reede. Ganz in der Nähe der *Deutschland* liegt das Schwesternschiff, die *Hamburg*, die heute morgen endlich die letzten Passagiere von Bord geben konnte. Unweit davon ankert der Dampfer *Der Deutsche*, nicht weit davon weitere große Schiffe: Die *Pretoria*, die *Potsdam*, die Lazarettschiffe *Pieta* und *Robert Möhring*, das Flakschiff *Sofia*, der Zerstörer *Z 28* und eine ganze Anzahl kleinerer Kriegs- und Handelsschiffe. Die Morgensonne des frühen Tages erhellt ein sehenswertes Panorama, begrenzt durch die malerischen Kreidefelsen der Insel Rügen.

Doch das friedliche Bild trügt.

Saßnitz erlebt in diesen Tagen die Schrecken des Krieges mit all seinen Härten.

Die Saßnitzer Reede ist zu einem ›Abstellgleis‹ für die großen Flüchtlingstransporter geworden, einem ›Abstellgleis auf See‹. Denn hier läuft nichts mehr.

Bis gestern haben die Frühjahrsstürme den großen Schiffen zu schaffen gemacht. Vor wenigen Tagen erst riß der Sturm dem 28.000 Tonner der Hamburg-Süd *Cap Arcona* beide Anker ab.

Und die Ausladung der Verwundeten von den großen Schiffen auf kleine Schiffe und Boote dauerte Tage. Durch das zeitraubende ›Umsteigen auf See‹ und vor allem das lange Warten darauf, werden die großen Schiffe zu schwimmenden Gefängnissen.

Und niemand hat mehr Zeit, niemand hat mehr Geduld, weder die Schiffe, die so rasch wie möglich entladen werden wollen, um wieder nach Gotenhafen oder Danzig zurückzulaufen, noch die Menschen an Bord dieser Schiffe, die glauben, die Ostseeflucht überstanden zu haben und sich nichts sehnlicher wünschen, als sofort nach Ankunft von Bord zu gehen.

Doch gerade dies erweist sich als unmöglich.

Nur etwas mehr als einhundert Frauen, die ganz kleine Kinder haben, dürfen am späten Nachmittag des 6. März den Dampfer *Deutschland* verlassen. Alle anderen Flüchtlinge, die seit der Ankunft auf der Reede von Saßnitz bereits mit aufgeschnallten Rucksäcken und mit Taschen in den Händen an den Aufgängen und an Oberdeck stehen in der Hoffnung, sofort von Bord zu dürfen, müssen warten.

Dieses zermürbende Warten hebt keinesfalls die Stimmung an Bord, zumal viele der Flüchtlinge und Verwundeten jetzt schon seit dem 1. oder 2. März, also vier bis fünf Tage auf dem Schiff sind.

Und damit hat weder die Schiffsleitung gerechnet noch der für die Verwundetenbetreuung verantwortliche Marine-Stabsarzt Dr. Hans Pilz.

Weder auf die zweieinhalbtägige Wartezeit in Gotenhafen noch auf die Wartezeit hier auf der Reede von Saßnitz ist die *Deutschland* eingerichtet und vorbereitet.

Der Marine-Stabsarzt Dr. Pilz, der seine 1400 Verwundeten nun schon seit dem 1. März an Bord hat, steht vor einer schier unlösbar erscheinenden Aufgabe.

Ihm fehlt ausreichendes und geschultes Personal zur Betreuung der Verwundeten. Allein im großen Speisesaal liegen über 600 Verwundete. Viele kamen aus aufgelösten Feldlazaretten auf das Schiff, andere direkt von Notverbandsplätzen. Manche waren vor Anbordnahme tagelang nicht behandelt worden, bei einigen stellte der Arzt unter den alten Verbänden sogar Würmer fest.

In einem anderen Raum neben dem Speisesaal lag eine ganze Station Hirnverletzter, die dringend der Betreuung bedurften.

Auch unter den Flüchtlingen gab es Kranke, sie waren im Krankenrevier untergebracht. Die Betreuung hatten zwei Flüchtlinge, eine Kinderärztin aus Gerdauen und ein Zivilarzt aus Elbing, übernommen. Auf zerlegenen und zerwühlten Matratzen und Strohsäcken im Krankenrevier lagen mehrere total unterernährte und erschöpfte alte Menschen, die schon jede Hoffnung auf Erhaltung ihres Lebens aufgegeben hatten und in den Tod dahindämmerten. Ein herzergreifender Anblick – – Menschen, die auf ihren Tod warteten. Sie waren die Geduldigsten auf diesem Schiff.

Tote gab es bereits genug an Bord. Über einhundert. Man hatte sie in Papiersäcke eingenäht und in der letzten Nacht auf das Bootsdeck geschleppt, wo sie mit einer Persenning zugedeckt wurden. Kein Mensch wußte, was in den Papiersäcken war – außer den Männern, die sie an Deck gebracht hatten und außer dem Zahlmeister der *Deutschland*, der in den letzten Tagen ganze Vormittage damit beschäftigt war, die Totenscheine auszustellen und die Wertsachen der Toten in große braune Umschläge zu stecken, die später dem Deutschen Roten Kreuz übergeben werden sollten. Denn von den meisten Toten befanden sich keine Angehörigen an Bord. Jede dieser großen braunen Tüten, die sich im Zahlmeisterbüro langsam stapelten, beinhaltete das Schicksal eines Menschen, der die Flucht über die Ostsee nicht lebend überstandcen hatte.

Vor einem anderen Raum auf der *Deutschland* mußte der Arzt Dr. Pilz Posten stellen. Unauffällige Posten. In dem Raum lagen sechs Kinder mit Diphterie und Scharlach. Niemand sollte von diesem Gefahrenherd erfahren. Nur er, der Arzt, der Kapitän und die Posten wußten davon.

Dr. Pilz hat aber noch andere Sorgen.

Er hat kein Verbandsmaterial mehr. Die Erneuerung der Verbände ist nicht mehr möglich. Auch an Medikamenten fehlt es, vor allem an schmerzstillenden Drogen und Opiaten. Der Arzt muß alle seine Erfahrungen und Fähigkeiten aufbieten, um chirurgischen Eingriffe, die dringend notwendig sind, vornehmen zu können. Da ihm Narkotika fehlen, muß er zu einer Notlösung greifen, einem Mischpräparat von Scopolamin-Eukodal-Ephetonin, das er aus der Psychiatrie kannte und rasch intravenös spritzte. Normalerweise würde er ein solches Mittel nie anwenden, aber was war in dieser Situation auf der *Deutschland* schon noch normal?

Die sanitären Einrichtungen zum Beispiel sind ebenfalls nicht normal, sondern katastrophal.

Der Gestank der Toilette, die vielleicht für 800 oder im Höchstfall 1000 Menschen ausreichen, aber nicht für 10.000 zieht durch die Gänge und Säle und vermischt sich mit dem Eitergestank tagealter Verbände und dem Geruch ungewaschener Menschen.

Aber nicht nur der Marine-Stabsarzt hat am Abend des 6. März an Bord der *Deutschland* Sorgen.

Sorgen hat auch der Kapitän Bruno Feindt. Er hat sich soeben über die Lage an Land informiert. Er wollte wissen, mit welcher Wartezeit er maximal rechnen mußte, bis der Letzte der Zehntausend von Bord war. Die Auskünfe, die er erhalten hatte, waren genau so katastrophal wie die Lage. Er gab seine Informationen auf der Brücke an seine Offiziere weiter:

»Es fehlt nicht nur an kleinen Schiffen und Booten zur Übernahme der Verwundeten, der Kranken und der Flüchtlinge. Es fehlt auch an Weitertransportmitteln, also an Lazarettzügen für die Verwundeten, Eisenbahnzügen für die Flüchtlinge oder Lkws. Saßnitz ist überfüllt. Es gibt keinen Platz mehr in Gebäuden, einschließlich der Flure. Um die Flüchtlinge von der Straße zu bekommen, hat hat man Güterwagen – ausgestattet mit Stroh, auf dem sonst das Vieh liegt – aufgestellt und Flüchtlingsnotunterkünfte eingerichtet. Verpflegung gibt es natürlich bei der Masse von Menschen in der Stadt auch nicht mehr.«

»Chaotisch« nannten Marinedienststellen in Saßnitz die Lage an Land. Und das war auch die Meinung des Kapitäns der *Deutschland* und seiner Offiziere.

»Es sieht nach Lage der Dinge so aus, daß wir mit vier oder fünf Tagen rechnen müssen, bevor wir unsere Leute los sind«, schloß der Kapitän Feindt die Besprechung.

Und welche Probleme diese Wartezeit für die *Deutschland* mit sich bringen würde, wußte jeder seiner Offiziere.

Nachdem die bis zum Abend geduldig wartenden Flüchtlinge die Einsicht gewonnen haben, daß sie an diesem Tage sicher nicht mehr von Bord kommen, müssen sie sich wohl oder übel damit abfinden, auch die nächste Nacht noch auf der *Deutschland* zu verbringen. Daß aus dieser einen Nacht noch mehrere werden, davon ahnt keiner der Flüchtlinge etwas.

Gegen 22.00 Uhr ist es auf dem Schiff ruhiger geworden. Die Spannung hat bei den meisten der Zehntausend an Bord nachgelassen. Viele schlafen bereits.

Kurz vor halb elf, um 22. 25 Uhr, beginnen einige Besatzungsmitglieder eilig durch die Gänge zu laufen. Man hört halblaute Kommandos, man sieht die ersten Besatzungsmitglieder mit Schwimmwesten. Und einige Flüchtlinge fragen sich ratlos:

»Was soll das?«

Um 22. 30 Uhr wissen sie es.

»Fliegeralarm!«

In Saßnitz heulen die Sirenen. Man hört es bis unter die Decks der *Deutschland*. Die Menschen schrecken auf. Unruhe kriecht durch das Schiff.

Kapitän Bruno Feindt gibt über die Lautsprecher bekannt:

»Wir haben Fliegeralarm.
Jeder bleibt auf seinem Platze
Die Gänge sind unbedingt freizuhalten.
Das erste Gebot für alle an Bord befindlichen heißt:
Ruhe bewahren!«

Um 23.00 Uhr, eine Stunde vor Mitternacht dieses 6. März 1945, ist es mit der Ruhe vorbei, Flugzeuggeräusche werden hörbar.

Auf der Kommandobrücke und auf dem Oberdeck wird es plötzlich heller. Die ersten Flugzeuge fliegen über die Außenreede von Saßnitz und über den Badeort. Sie werfen keine Bomben; sie werfen Leuchtfallschirme, die ein bläulich-weißes Licht verbreiten und den nachfolgenden Bombern das Zielgebiet markieren.

Auf den Kommandobrücken der auf der Außenreede liegenden Schiffe starren die Decksoffiziere durch ihre Nachtgläser in den aufgehellten Himmel.

Die *Potsdam*, die *Pretoria* und die *Pieta*, die bereits entladen waren, hatten sich bereits gegen 21.00 Uhr fertig zum Auslaufen gemacht. Als der Fliegeralarm kam, dampften sie mit äußerster Kraft ab und befanden sich bereits außerhalb der Angriffszone.

Auch die *Hamburg* hatte im Laufe des Tages die letzten Leute von Bord gegeben.

Nur der Dampfer *Der Deutsche* hatte noch Flüchtlinge an Bord und die *Deutschland* fast 10.000.

Diesen beiden großen Schiffen und dem Lazarettschiff *Robert Möhring* drohte die größte Gefahr. Und natürlich auch den Kriegsschiffen, dem Zerstörer *Z 28* und den vielen kleineren Einheiten.

Der Bombenangriff kurz vor Mitternacht des 6. März war der Vernichtungsangriff auf Saßnitz, die Stadt, den kleinen Hafen und die Schiffe auf der Reede.

150 Lancaster Bomber der 5. Gruppe des Alliierten Bomberkommandos griffen den Hafen von Saßnitz und seine Einrichtungen an, wobei Stadt und Hafen nicht zu trennen waren.

Weitere 41 Lancaster Bomber stürzten sich, von sieben Mosquitos als Jagdschutz begleitet, auf die auf Reede liegenden Schiffe.

Innerhalb einer Stunde fallen auf den Hafen, den Bahnhof mit dem Bahngelände und auf die Stadt 4913 Tonnen Bomben. Über den Schiffen auf See werden 173,7 Tonnen Bomben, darunter 4,8 Tonnen Brandbomben und Luftminen abgeworfen. Die Luftminen sind Magnetminen, die an Fallschirmen hängen, rings um die auf der Reede ankernden Schiffe geworfen werden, die damit in einer Minenfalle sitzen.

Obwohl sofort bei Angriffsbeginn die Flak aus allen Rohren schießt, ist der Angriff nicht abzuwehren. Zehn Lancaster-Bomber greifen gezielt die beiden größten Schiffe an, die Schwesternschiffe *Hamburg* und *Deutschland*.

Auf der *Deutschland* herrscht Todesangst. Zitternd, mit angstvollen Blicken liegen die Flüchtlinge auf ihren Matratzen und Liegen, auf Decken und Fußböden. Einige Offiziere, von Kapitän Feindt abgeordnet, beruhigen die Menschen mit sichtbarem Erfolg. Denn gegen diesen massierten Bombenangriff ist jeder auf diesem Schiff, vom Kapitän bis zum jüngsten Matrosen, wehrlos.

Am Eingang des mit Verwundeten dicht belegten großen Speisesaals im A-Deck steht der Marine-Stabsarzt Dr. Hans Pilz, ruhig, gelassen, als störe ihn das Bombardement überhaupt nicht. Er strahlt Ruhe aus. Und das wirkt auf die Verwundeten.

Die Bordflak der *Deutschland*, die aus allen 28 Rohren schießt, verursacht unter dem Deck, das darunter liegt, einen Höllenlärm.

Die Bomben fallen neben die *Deutschland*. Man spürt auf dem Schiff nur die nahe an der Bordwand liegenden Treffer durch Druckwellen. Doch keine Bombe trifft die *Deutschland*.

Auch die *Hamburg* wird nicht getroffen.

Doch dann wird ein Schiff getroffen:

Das Lazarettschiff *Robert Möhring*, (3344 BRT) mit 737 Verwundeten und 20 Flüchtlingen beladen, geht nach einem Bombenvolltreffer in Flammen auf und sinkt. 353 Verwundete sind nicht mehr zu retten und finden den Tod.

Den nächsten Volltreffer erhält das Flakschiff *Sofia*, das ebenfalls sofort brennt und sinkt. Das Schiff hatte keine Flüchtlinge an Bord.

Die brennenden Schiffe machen die Nacht zum Tage.

Dann plötzlich ein fürchterlicher Knall. Ein ganzer Bombenteppich ist auf den Zerstörer *Z 28*, der die *Deutschland* von Gotenhafen nach Saßnitz begleitet hat, niedergegangen.

Der Zerstörer sinkt. Im Feuerschein der danebenliegenden, brennend untergehenden Schiffe sieht man die Zerstörbesatzung ins Wasser springen.

Kapitän Bruno Feindt kommandiert:

»Boote aussetzen!«

Die Decksleute der *Deutschland* haben so rasch wie nur möglich die Boote abgefiert und fischen die in einer Öllache schwimmenden Zerstörer-Besatzungsmitglieder aus der Ostsee. Dr. Pilz und seine Helfer nehmen sie an Bord in Empfang und waschen ihnen mit Seife die Verätzungen an den Augen und im Gesicht aus.

Der Angriff auf die Schiffe dauert eine Stunde.

Der Angriff auf Saßnitz zwei Stunden länger.

Als das Feuerwerk vorbei ist, brennt Saßnitz lichterloh.

Nicht nur der Hafen und die Eisenbahnlinie, der Bahnhof und die Schuppen stehen in Flammen, auch die Güterwagen mit den Flüchtlingen auf ihrem Stroh. Sie verbrennen am lebendigen Leibe.

Der Hafen von Saßnitz hat in dieser Nacht aufgehört zu existieren – und die Stadt ist tot.

Die *Deutschland* aber hat überlebt.

Und die *Hamburg* lebt auch noch, als der Angriff vorüber und kein Flugzeug mehr am Himmel ist.

Kapitän Bruno Feindt ist heilfroh, daß alles vorüber ist und sein Schiff mit den zehntausend Menschen bewahrt geblieben ist. Es ist fast ein Wunder.

Doch jetzt, wo die Schiffe auf der Reede mit einem lückenlosen Gürtel von Magnetminen umgeben sind und in einer tödlichen Falle sitzen, wird die Lage für den Dampfer *Deutschland* noch ernster.

Todernst.

Davon werden die Menschen auf der *Deutschland* schon am nächsten Tage Augenzeugen.

Der Kapitän der *Hamburg* hatte sich entschlossen, den Ankerplatz des Schiffes um einige hundert Meter seewärts zu legen. Nachdem der Anker hoch ist, zieht die *Hamburg* am Heck der *Deutschland* vorbei, um ihren neuen Ankerplatz einzunehmen. An Oberdeck der *Deutschland* stehen an diesem sonnigen 7. März viele Flüchtlinge und schauen sich das harmlos erscheinende Manöver an. Auf ihrem neuen Ankerplatz wirft die *Hamburg* ihren Anker.

Doch da passiert es.

Zwei gewaltige Detonationen, ganz kurz hintereinandr, erschüttern die Luft, eine gewaltige Wasserfontäne schießt unter dem Schiff, dessen Schraube vor wenigen Augenblicken noch rückwärts lief, an der Bordwand hoch. Für Sekunden hebt sich der Bug des Schiffes und sackt dann weg.

Die *Hamburg* ist verloren.

Ganz offensichtlich ist das Schwesternschiff der *Deutschland* das Opfer von zwei Magnetminen geworden, die in der Nacht abgeworfen wurden.

Eine Stunde lang hat die Besatzung der *Hamburg* Zeit, das Schiff zu verlassen und in die von der *Deutschland* ausgesetzten Boote zu steigen.

Nach Ablauf einer Stunde gibt es keine *Hamburg* mehr. Das Schiff hat sein Grab in der Ostsee gefunden. Die Besatzung befindet sich an Bord der *Deutschland*.

Noch am gleichen Tag gelingt es dem Kapitän der *Deutschland*, mit einem hölzernen Rettungsboot 58 Schwangere und einige ganz dringende Notfälle an Land zu bringen.

Am 8. und 9. März 19456 kann niemand das Schiff verlassen. In Saßnitz versucht man zunächst aufzuräumen. Der Bahnhof ist völlig zerstört, die Waggons verbrannt und aus den Schienen gehoben, viele Schienen sind verbogen. Überall schwelen noch Brände, Brandgeruch liegt in der Luft, und es riecht nach toten Menschen.

Unter pausenlosem Einsatz von Soldaten und unter Hilfe derer, die sich noch kräftig genug fühlen, der chaotischen Lage nach dieser Bombennacht Herr zu werden, wird aufgeräumt. Auf einem eilig hergerichteten Notgleis wird ein langer Flüchtlingszug bereitgestellt, der im Nu bis auf den letzten Platz besetzt ist und sich im Schneckentempo in Bewegung setzt.

Saßnitz ist tot. Aber es muß weitergehen.

Zwischen dem Hafen und der Reede werden die Minen geräumt. Zunächst wird der Pendelverkehr zur *Deutschland* mit Rettungsbooten aus Holz und hölzernen Fischkuttern, die auf Magnetminen nicht ansprechen, aufgenommen, nach der Minenräumung mit größeren Schiffen.

Am 10. März gelingt es, 81 Tote abzugeben, die in Sasßnitz beigesetzt werden sollen. Dann folgen in den nächsten zwei Tagen die Verwundeten, danach die Flüchtlinge. Es wird auch höchste Zeit. Der Proviant ist zu Ende, das Trinkwasser muß rationiert werden. Am 11. März sind alle Flüchtlinge und Verwundete von Bord. Doch die *Deutschland* kann das Minengefängnis auf der Reede von Saßnitz erst am 15. März 1945 verlassen, begleitet von einigen Sicherungsschiffen.

Das Ziel der *Deutschland* ist Gotenhafen. Hier warten noch einige Zehntausend auf Schiffe, die sie nach Westen bringen sollen. Und vor den Toren der Stadt stehen sowjetische Truppen, die Hafen und Stadt halbkreisförmig umschließen. Aus Gotenhafen gibt es nur noch einen Weg.

Den Weg über die Ostsee.

Und über die Ostsee kommen auch die Schiffe, die die Menschen aus Gotenhafen holen. Eines dieser Schiffe ist die *Deutschland*, die unermüdlich ist, Menschen zu retten, bis sie eines Tages selbst das Schicksal erreicht, ein bitteres Schicksal. . .

DIE BLITZARTIGE RÄUMUNG VON STOLPMÜNDE

Anfang März 1945 sind auch die Pommernhäfen in Gefahr. Kolberg ist bereits von russischen Truppen eingeschlossen. Einziger Weg in die Freiheit ist noch der Weg über die Ostsee. Mehr und mehr Menschen suchen im Hafen nach Schiffen, die sie nach Westen bringen können, nach Saßnitz – oder noch besser nach Kopenhagen, dem neuen Zielhafen der Ostsee-Flüchtlings-Flotte. In keinem andern Hafen scheint man sicherer als im Hafen von Kopenhagen. Das hat sich unter den Flüchtlingen in den Ostseehäfen längst herumgesprochen.

Die Flucht aus den Pommernhäfen, vor allem aus Kolberg und Stolpmünde, ist von Seetransportchef Konteradmiral Konrad Engelhardt bereits ebenso planmäßig wie sorgfältig und dazu noch im Eiltempo vorbereitet. Das Admiral hat keinerlei Illusionen mehr. Er weiß die Lage in den Ostseehäfen richtig einzuschätzen und glaubt an keine Wunder mehr.

Engelhardt hat für den ›Abtransport von Flüchtlingen und Verwundeten aus den Pommernhäfen‹ einen seiner besten Männer abgeordnet, den dreiundfünfzigjährigen Fregattenkapitän Kolbe. Dieser erfahrene ehemalige Handelsschiffskapitän hat sich schon in den ersten Stunden seines neuen Kommandos ›vor Ort‹ in Kolberg über die Lage informiert. Obwohl noch keine akute Gefahr besteht, daß Kolberg in den nächsten Tagen fällt, hält er den sofortigen Beginn der Evakuierung der Bevölkerung für notwendig. Mit einigen kleinen Schiffen, die im Hafen liegen, *Heluan*, *Heidelberg*, *Saar* und *Merkur*, setzt er die ersten zweienhalbtausend Menschen ›mit geringstem Gepäck‹ über die Ostsee nach Westen in Marsch.

Am Mittag des 6. März 1945 trifft Fregatenkapitän Kolbe in Stolpmünde, dem noch östlicher gelegenen Pommernhafen ein. Hier ist die Menschenansammlung im Hafen und in der Stadt in den letzten Tagen immer größer geworden. Von Stolp aus, wo sich inzwischen bereits mehr als 100.000 Flüchtlinge angesammelt haben, drängen Zehntausende zur Küste. Nach wie vor erscheint den meisten Flüchtlingen die Flucht über die Ostsee weniger strapaziös, schneller und sicherer als die beschwerliche Flucht über die Straßen oder in Güterwagen der Eisenbahn.

Noch am gleichen Abend läßt Fregattenkapitän Kolbe das Stolpmünder Hafengebiet absperren. Matrosen der Sicherungs-Division, Flaksolaten, Zollbeamte und zwei Polizisten helfen ihm, die jetzt schon einige Tausend zählende Flüchtlingsmenge von der Bollwerkkante zurückzudrängen.

Kolbe, der die Situation rasch erkannt hat und beherrscht, kündigt die Ankunft von Schiffen an. Er hat sie am späten Nachmittag angefordert.

Es sind zwar nur kleine Schiffe zwischen zweihundert und fünfzehnhundert Brutto-Register-Tonnen, die am Morgen des 7. März 1945 nacheinander am Stolpmünder Bollwerk festmachen, aber sie reichen aus, einige tausend, vielleicht sogar zehntausend Flüchtlinge aufzunehmen. Vierzehn Schiffe sind es, bunt zusammengewürfelt und verschiedenartig groß und ausgestattet, die von den im Hafen von Stolpmünde wartenden Flüchtlingen fast jubelnd begrüßt werden.

Das größte der Schiffe ist der Dampfer *Söderhamm* mit 1499 BRT, gefolgt von *Reiher* mit 1304 BRT und dem Schulschiff *Nautik* mit 1127 BRT. Die anderen Schiffe sind schon wesentlich kleiner. *Pickbuben* hat 999 BRT, der Dampfer *Karlsruhe* 897 BRT, das Navigationsschiff *Nadir* ex *Schwalbe* 842 BRT, das Navigationsschiff *Oktant* 800 BRT, die *Kolberg* 693 BRT und *Anrum* 670 BRT. Die anderen noch kleineren Schiffe haben nur 500 BRT und darunter: *Martha Geiss*, noch das größte unter den Kleinen, hat 531 BRT, das Schulschiff *Nordpol* ex *Siegfried* 500 BRT, das Navigationsschiff *Sextant* nur 198 BRT und die beiden letzten – *Bernd* und *Vicking* – sogar noch weniger.

Als diese 14 Schiffe und Schiffchen festgemacht haben und einige Flüchtlinge nun doch fürchten, daß sie nicht alle Wartenden aufnehmen können, beginnt das Schieben, Drängen und Stoßen und gelegentlich, wenn auch vereinzelt, das Schlagen. Denn niemand will zurückbleiben, jeder will mit. Das vorgesehene Ausleseverfahren, zuerst Mütter mit kleinen Kindern, dann die Kinderreichen, dann die Alten, die Schwangeren und die Kranken and dann alle anderen, erweist sich als Utopie und nicht mehr praktikabel. Zu groß ist das plötzliche Gedränge, obwohl zunächst alles sehr ruhig und geordnet aussah.

Unter den vor den Schiffen Wartenden, aber auch auf den Schiffen, sucht der ›Auffangstab Heldenklau‹ dann auch noch nach ›wehrfähigen Männern‹, die noch geeignet erscheinen, Pommern verteidigen zu helfen. Diese Suchaktion ist nicht geeignet, beruhigend auf die Flüchtlinge einzuwirken. Das Gegenteil ist der Fall.

Bald zeigt sich, daß die 14 Schiffe und Schiffchen doch nicht ausreichen, um alle Menschen aufnehmen zu können, die an Bord wollen. Der Fregattenkapitän erkennt das frühzeitig und fordert Kriegsmarineeinheiten an, bevor es unter den Flüchtlingen am Kai Unruhen gibt. Einige Schnellboote laufen ein und nehmen ebenfalls sofort Flüchtlinge an Bord.

Am Abend des 7. März 1945 ist die Evakuierungsaktion immer noch in vollem Gange. Der immer näher kommende Geschützdonner, der in den letzen Stunden des Tages immer lauter und stärker geworden ist, macht die herannahende Gefahr immer deutlicher. Die Russen kommen anscheinend Stolpmünde immer näher, und niemand vermag sie offensichtlich mehr aufhalten zu können.

In der Nacht wird es empfindlich kalt. Sturm kommt auf. Er pfeift aus Nordost und verspricht nichts Gutes. Es wird Zeit, daß die Schiffe ablegen. Aber noch immer wälzen sich einige hundert erschöpfte Menschen auf die Schiffe und drängen nach. Man weiß überhaupt nicht, woher plötzlich noch einmal so viele Menschen kommen. Obwohl schon einige Tausend an Bord sein mögen, werden es von Stunde zu Stunde mehr, die an Bord wollen. Auf allen Schiffen wird weiter zusammengerückt, um Platz zu schaffen, um noch mehr Menschen aufnehmen zu können.

Mitten in der Nacht erschrecken heftige Detonationen die vor den Schiffen noch Wartenden und die keine Ruhe findenden Menschen auf den Schiffen. Die Marine-Nachrichteneinheit in Stolpmünde sprengt ihre Funkstation. Das kann nur eines bedeuten: Der Russe steht buchstäblich vor der Tür. Es scheint nur noch ein Frage von Stunden, bis auch hier der Schreckensruf durch die Straßen und Hafen schallt:

»Die Russen sind da – – – !«

Vor wenigen Tagen hat noch kein Stolpmünder daran geglaubt.

Jetzt aber ist es soweit.

Am frühen Morgen des 8. März 1945, es ist ein Donnerstag, legt ein Schiff nach dem anderen, bis an die freien Obderdecks voller Menschen, ab. Dicht an dicht stehen sie, trotz der Kälte und des eisigen Sturmes. Lieber Kälte und Sturm ertragen, als den Russen in die Hände fallen, denken die Frauen an Bord der Schiffe. Es sind fast nur Frauen und Kinder und einige Greise, die sich an Bord der 14 Schiffe befinden.

Nach den großen und kleinen Schiffen setzten sich Fischkutter, Fahrprähme der Marine, Motorboote, ja alles was noch fahren kann und noch seetüchtig scheint, in Bewegung und verläßt den Hafen von Stolpmünde in der Kiellinie der großen Schiffe. Als die Schiffe und Fahrzeuge die Mole erreichen und voll der See und dem Nordoststurm ausgesetzt sind, schlägt bei vielen kleinen Fahrzeugen das kalte Wasser über die Decks. Doch auch das wird ertragen. Ein vollbesetzter Fahrprahm, der sich als Letzter der langen Kette der Schiffe und Schiffchen angeschlossen hat, schneidet plötzlich unter, taucht wieder aus dem Wasser auf; noch einmal sieht man die Köpfe der sich auf dem flachen Prahm aneinander klammernden Menschen, dann sieht man nichts mehr. Die Ostsee hat den Fährprahm verschluckt wie ein großer Fisch das Wasser . . . Für die Menschen auf dem Prahm ist die Flucht über die Ostsee in diesem Augenblick schon zu Ende.

Die auf dem vorletzten Schiff an Oberdeck stehenden Menschen, die den Untergang des Prahms mit ansehen mußten, wenden sich schauernd ab,

Angst in den Gliedern, daß ihnen Gleiches im nächsten Augenblick widerfahren könnte . . .

Ohne jeden Geleitschutz, der nicht zur Verfügung stand, da die Räumung von Stolpmünde zu blitzartig kam, nimmt die Stolpmünder Flüchtlingsflotte Kurs nach dem Westen.

Als das letzte Schiff außer Sicht geraten ist, verläßt auch Fregattenkapitän Kolbe an Bord des U-Jägers 120 Stolpmünde. Er ist froh, daß es ihm gelungen ist, innerhalb von zwei Tagen 18.310 Menschen auf 14 kleinen und kleinsten Schiffen auf den Weg nach dem Westen zu bringen. Als er dies noch am Abend des Tages telefonisch dem Seetra-Chef berichtet, sagt der Admiral:

»Bravo, eine Meisterleistung. Das war die kürzeste Räumung eine Ostseehafens!«

Rund dreitausend Menschen sind noch in Stolpmünde zurückgeblieben. Vielleicht hatten sie Angst, auf ein Schiff zu gehen oder glaubten gar noch an ein Wunder, das ihnen von der Partei versprochen war. Doch Wunder gab es nicht mehr.

Noch am gleichen Tag werden sie von einer Parteidienststelle an der Küste entlang zu Fuß in Richtung Westen in Marsch gesetzt.

Danach ist Stolpmünde menschenleer. Was sich retten konnte, ist fort. Am Bollwerk im Hafen und an den Straßenrändern stehen oder liegen nur noch Reste von Flüchtlingsgepäck, von der Tasche bis zum Koffer,vom Kinderwagen bis zum Fahrrad.

In den verlassenen Hafen und die wie tot daliegende Stadt schlagen die ersten Granaten ein und sollen einen Gegner vernichten, der nicht mehr da ist. Dann brennt es irgendwo am Stadtrand, später steigt dichter Qualm aus dem brennenden Bahnhof, dann huschen die ersten erdbraunen Gestalten durch die Straßen entlang an den Hauswänden.

Die Russen sind da . . .

Doch keiner schreit dies. Die Stadt ist still und stumm.

In den menschenleeren Hafen läuft in diesem Augenblick ein deutsches U-Boot ein, um einen Tauchschaden zu beheben. Niemand an Bord des Bootes ahnt, daß in diesen Minuten die Russen den Hafen besetzen. Doch die U-Boot-Leute haben Glück. Einige Offiziere einer Kriegsmarinedienststelle, die gerade im Begriff sind, sich über das Hafengelände zu Fuß an der Küste entlang abzusetzen, sehen das anlegende U-Boot, springen an Bord, klären mit wenigen Worten über die Lage auf, und im nächsten Augenblick läuft das U-Boot mit äußerster Kraft aus dem Hafen.

Das war buchstäblich der letzte Augenblick.

Stolpmünde ist von dieser Minute an in sowjetischer Hand.

14 Schiffe mit 18.310 Menschen und eine große Anzahl kleiner Fahrzeuge mit nochmals rund 2000 Menschen haben inzwischen Kurs auf Swinemünde genommen. Nichtsahnend, was sie dort erwartet.

SWINEMÜNDE: 700 BOMBER GEGEN 70 SCHIFFE

Montag, 12. März 1945

Auf der Reede von Swinemünde liegen etwa 50 Schiffe. Soweit das Auge reicht, nichts als Schiffe, darunter auch der Dampfer *General San Martin*, der seit dem 28. Februar unter Leitung von Marine-Oberstabsarzt Dr. Ernst Stutz von der eigenen Besatzung, während des Einsatzes und der Liegezeiten auf Reede und in Häfen, vom ›Flüchtlingsschiff‹ zum ›Verwundetentransportschiff‹ umgebaut wird.

Seit dem 6. März um 01.00 Uhr nachts liegt das Schiff hier auf der Swinemünder Reede. Es ist wegen Wasser-, Öl- und Proviantmangel nicht einsatzklar. Am 8. März hat *General San Martin* zwar 80 tons Öl und Wasser erhalten, aber diese Mengen decken gerade den Bedarf für zwei Tage. Eine Fahrt von hier nach Danzig-Neufahrwasser und von da nach Kopenhagen ist unmöglich. Gestern hat endlich ein Verpflegungskutter angelegt und die ersten Nahrungsmittel, vor allem Brot, Fett und Teigwaren, angeliefert. Aber auch das war nur ein Tropfen auf den heißen Stein.

Am Morgen des 12. März erhält der Zahlmeister-Assistent Peter Schiller den Auftrag, mit dem Verkehrsboot nach Swinemünde zu fahren und dort an Ort und Stelle zu klären, wann mit der nächsten Verpflegungslieferung zu rechnen ist. Um 9.00 Uhr legt das Boot mit Schiller ab, fährt auch noch andere Schiffe an, von denen Marineleute einsteigen, und gegen 10.00 Uhr erreicht es den Hafen von Swinemünde

Hier ist – wie auf der Reede – Hochbetrieb. Am Kai liegt ein Schiff neben dem anderen, und auch die 14 Schiffe und Schiffchen aus Stolpmünde sind heute in den frühen Morgenstunden hier eingetroffen, liegen irgendwo im Hafen herum oder haben schon einen Liegeplatz am Kai gefunden.

Vom Kai aus kann Schiller die Ansammlung der Schiffe auf der Reede erkennen. Dort liegen die großen Schiffe, neben dem *General* die Dampfer *Moltkefels*, *Mars*, *Masuren*, auf der anderen Seite ist das Lazarettschiff *Oberhausen* zu erkennen, dicht dabei andere kleinere Schiffe, eins neben dem anderen. Insgesamt mögen es 70 Schiffe im Hafen und auf Reede sein, die sich hier versammelt haben.

Während Peter Schiller im Swinemünder Hafen das Marineverpflegungsamt aufsucht, hat der Zerstörer *Z 34*, von Kolberg kommend, Kurs auf Swinemünde genommen. Der Kommandant des Zerstörers, Korvettenkapitän Hetz, hat am frühen Morgen des Tages Auftrag erhalten, Kolberg zu verlassen und sofort nach Swinemünde zu laufen, da sich hier die Lage bedrohlich zugespitzt hat. Die Kämpfe um das Stettiner Haff haben sich verschärft, Tausende von Flüchtlingen strömen nach Swinemünde, das völlig überfüllt ist. Auf der Reede und im Hafen warten die Schiffe auf Öl, Wasser und Proviant, um nach Danzig, Gotenhafen oder Hela laufen zu können oder gar nach Pillau, um dort weitere Flüchtlinge und Verwundete abzuholen. Von Pillau, Danzig, Gotenhafen und Hela in Swinemünde einlaufende Schiffe mit Verwundeten und Flüchtlingen können nicht ausgeladen werden, weil es an den Weitertransportmitteln fehlt. Auf dem Bahnhof in Swinemünde stehen nicht genügend Züge bereit, um die Zigtausende aus der Gefahrenzone zu bringen. Man schätzt die Zahl der in Swinemünde Wartenden auf rund 30.000. Auf der Insel Wollin, am jenseitigen Ufer der Swine, sollen sich weitere 30.000 angesammelt haben. Und weitere 30.000 Menschen erwartet man in den nächsten Tagen in Swinemünde. Es gibt auch nicht mehr genug Hallen, Schuppen, Säle, Häuser und andere Unterkünfte, die den wartenden Flüchtlingen und auch Verwundeten ein Dach über dem Kopf bieten. Der Hunger geht um, und Typhus ist ausgebrochen. Zur Unterstützung der Kampfhandlungen an der Landfront im Raum Swinemünde-Stettin wurden der Schwere Kreuzer *Lützow* und einige Zerstörer und Torpedoboote dem Admiral Westliche Ostsee unterstellt, der seinen Sitz in Swinemünde hat. Zu diesen Kriegsmarineeinheiten gehört auch der Zerstörer *Z 34* unter seinem Kommandanten Korvettenkapitän Hetz, der Swinemünde und die Swine bereits aus der Vorkriegszeit kennt und sich hier fast wie zu Hause fühlt.

Um 04.00 Uhr morgens hat *Z 34* Kolberg verlassen. An Bord befinden sich neben der 320-köpfigen Besatzung rund 1000 Flüchtlinge, die in dem ebenfalls bedrohten Kolberg an Bord genommen wurden. Es ist nicht ganz einfach, mit einer so großen Zahl von Menschen an Bord, den Zerstörer gefechtsbereit zu halten. Die Flüchtlinge müssen in Swinemünde so rasch wie möglich von Bord. Der Kommandant will auch die Verantwortung für diese Menschen los werden. Das aber ist dann erst der Fall, wenn sich an Land in Sicherheit sind. Swinemünde wird ihnen diese Sicherheit bieten.

Das glaubt Korvettenkapitän Hetz.

Als *Z 34* die Reede von Swinemünde erreicht und der Kommandant die große Zahl von Schiffen und Schiffchen sieht, die sich hier versammelt haben und warten, wird sein Glaube an die Sicherheit von Swinemünde merklich erschüttert.

Das hat er nicht erwartet. Und im Hafen dürfte es wohl kaum anders aussehen als hier auf der Reede.

Um 11.00 Uhr passiert *Z 34* die Swinemünder Ansteuerungstonne, läßt Augenblicke später die Molenköpfe hinter sich und läuft in den Hafen von Swinemünde ein.

Doch da geschieht Unvorhergesehenes.

Für Sekunden halten die Männer auf der Brücke des Zerstörers den Atem an. Was sie sehen und hören, läßt nichts Gutes erwarten.

Am Mast der Signalstelle an Land werden in Windeseile drei bunte Flaggen aufgezogen mit drei verschiedenen Buchstaben, einem F, einem L und einem I.

Das Signal für Fliegeralarm.

Zur gleichen Zeit meldet die UKW-Welle:

»Starke Bomberverbände im konzentrischen Anflug auf Swinemünde!«

An Land haben die Sirenen zu heulen begonnen:

»Fliegeralarm!«

Die Kommandanten und Kapitäne aller im Swinemünder Hafen festgemachten Schiffe erhalten Befehl:

»An alle Schiffe: Verlassen Sie sofort den Hafen. Ein Verband schwerer feindlicher Bomber befindet sich aus Richtung Westen im Anflug auf Swinemünde. Verlassen Sie bitte sofort den Hafen . . .!«

Zweimal, dreimal wird dieser Befehl wiederholt.

Schon im nächsten Augenblick setzt eine Massenflucht der Schiffe aus dem Hafen ein. Die kleinsten sind die ersten, die fliehen, leer oder noch voller Menschen. Nur weg von hier aus dem Hafen, bevor die Bomber kommen.

Es ist 11.30 Uhr, halb zwölf.

Im nächsten Augenblick ist schon Dröhnen der anfliegenden Bomber zu hören.

Doch auf der Brücke des Zerstörers herrscht für Augenblicke Totenstille.

Der Alarm kommt für *Z 34* im ungünstigsten Augenblick.

Denn in dem engen, viel zu schmalen Fahrwasser kann das 127 Meter lange Schiff nicht wenden, nicht einfach kehrtmachen und, wie die vielen anderen Schiffe, auf die Reede flüchten.

Würde der Kommandant einen solchen Befehl geben, wäre dies das Todesurteil für das Schiff und seine Besatzung, aber auch für die 1000 Flüchtlinge an Bord. Und auch die entgegenkommenden, aus dem Hafen laufenden Kleinfahrzeuge würden dadurch gefährdet und zum Untergang verurteilt.

Blitzschnell jagen die Gedanken des Zerstörerkommandanten.

Dann fällt seine Entscheidung.

Jetzt kommt ihm zugute, daß er die Swine und Swinemünde ganz genau kennt, daß er in diesem einen entscheidenden Augenblick weiß, wo eine breite Stelle ist, an der er mit seinem Zerstörer wenden kann.

Längst hat er den Befehl erteilt: »Alle Frauen und Kinder unter Deck!«

Jetzt läuft er mit Höchstgeschwindigkeit nach Swinemünde.

Die ihm entgegenkommenden Schiffe warnen den Zerstörer auf jede denkliche und mögliche Art, wollen ihn vor Gefahr warnen weiterzulaufen, nicht wissend, daß *Z 34* nicht wenden kann . . .

Der Korvettenkapitän dankt für die Warnungen und läuft weiter.

Er weiß genau, was er will.

Er will so rasch wie möglich an der Badeanstalt sein. Dort ist die Swine so breit, daß er mit *Z 34* wenden kann. Die bange Frage ist nur: Sind die Bomber eher da als er?

Korvettenkapitän Hetz weiß, daß es um Minuten, vielleicht um Sekunden geht.

Seine Offiziere auf der Brücke wissen, was er vorhat. Worte sind hier überflüssig. Es geht um 1320 Menschen und ihr Schiff. Dies zu retten – das Schiff und alles, was darauf ist – ist jetzt ihre Aufgabe.

Und es gelingt.

Kaum ist die Badeanstalt in Sicht, kommen die Kommandos.

Ruhig und gelassen wie bei einem Manöver, so – als stehe überhaupt nichts auf dem Spiel, erteilt der Kommandant seine Befehle.

Z 34 zieht herum, steht quer zum Fahrwasser, hat dann die Nase wieder nach vorn und rauscht mit 15 Seemeilen Fahrt in Richtung Leuchtturm und Molen. Alle anderen Schiffe sind schon draußen.

Korvettenkapitän Hetz atmet auf und blickt sich um. Nur wenige Minuten hat das ganze gedauert. Doch diese Minuten wurden ihm zur Ewigkeit.

Hetz und seine Männer auf der Brücke blicken zurück in Richtung Badeanstalt. Dort, wo *Z 34* eben noch stand, fällt der erste Bombenteppich. In riesigen, haushohen Fontänen wird das Wasser in die Luft geschleudert. Wäre das Wendemanöver nicht geglückt, wären *Z 34* und die 1300 Menschen auf ihm jetzt in die Luft geschleudert worden.

Korvettenkapitän Hetz, ein kriegserfahrener Marineoffizier, erinnert sich an diesen Augenblick:

›Allmählich nur löste sich die lähmende Spannung an Bord.

Als wir die Molen wieder auslaufend passierten, erschienen auf dem Außendeck zwei Flüchtlingskinder, die sich an den Händen hielten und ahnungslos fröhlich lachten. Dieses Lachen war für uns wohl der glücklichste Augenblick seit langer Zeit; es schien mit der unbewußte Dank für die Rettung aus höchster Gefahr, in der wir – Menschen und Schiff – nur Werkzeuge einer höheren Macht waren!‹

Z 34 ist dem Bombardement entkommen. Doch die 1435 Tonnen Bomben von siebenhundert Bombern der 8. USAAF-Luftflotte vom Typ *B 17* und *B 24* fordern in Swinemünde-Stadt, im Hafen und auf der Reede ihre Opfer.

Sieben Handelsschiffe gehen im Bombenhagel unter: *Jasmund* (276 BRT). *Hilde* (491 BRT), *Ravensberg* (1069 BRT), *Heiligenhafen* (1923 BRT), *Tolina* (2000 BRT), das Wohnschiff *Cordillera* (12.055 BRT) und der Frachter der Levante-Linie *Andros*.

Das Schicksal der *Andros* ist besonders tragisch.

DAS SCHICKSAL DER *ANDROS*

Der Dampfer *Andros*, 2995 Brutto-Register-Tonnen groß, erreichte den Hafen von Swinemünde am 12. März 1945 kurz vor 11.00 Uhr. Sechs Tage und Nächte lang war der Frachter unterwegs gewesen. Er hatte am 6. März in Pillau abgelegt. Zweitausend Flüchtlinge waren an Bord, eine kaum zu verantwortende Zahl. Es war eine unbeschreibliche Enge an Bord dieses kleinen Schiffes. Und die ganze Reise war eine Qual.

Schon nach zwei Tagen war die Verpflegung ausgegangen. Es gab nichts mehr zu Essen.

Am dritten Tag war auch das Trinkwasser zu Ende. Es gab kein Wasser mehr.

Viele Flüchtlinge hatten sich noch etwas zum Essen und Trinken mitgenommen. Man teilte, solange man konnte. Einer half dem anderen. Es bildete sich eine Art Notgemeinschaft an Bord.

Viele von denen, die auf der *Andros* waren, beteten während der Sechstage-Reise um Schutz, daß diesem Schiff nichts passieren möge, daß es bewahrt bliebe vor Torpedos und Minen – und vor Bomben.

Die 2000 auf der *Andros* atmeten auf, als am Morgen des 12. März Swinemünde in Sicht kam und sie auf einen Hafen und eine Stadt im ersten Frühlingsgrün blicken konnten.

»Endlich gerettet . . .!« hörte man an Deck der *Andros*.

Es ist 20 Minuten nach 11.00 Uhr, als die *Andros* am Kai im Swinemünder Hafen festgemacht, die Leinen an Land gibt und die Männer am Kai die Leinen über die Poller legen. Dann wird das Schiff zum Ausladen geöffnet, die Seitenpforten des Schiffes werden aufgemacht, und die Gangways werden herausgeschoben.

Einer, der dies am Kai beobachtet, ist Peter Schiller von der *General San Martin*. Er hat erfahren, daß sein Schiff heute noch weitere Verpflegung erhält und wartet in diesem Augenblick auf das Verkehrsboot, das ihn wieder auf den auf Reede liegenden Dampfer zurückbringt. Aufmerksam betrachtet Schiller das Anlegen der *Andros*.

An Deck stehen Frauen und Kinder und freuen sich, von Bord gehen zu können; über die Gangway verlassen die ersten das Schiff, bleiben am Kai stehen, warten auf Angehörige und Kinder.

»Wo ist denn die Oma mit der Hilde?« hört er eine unmittelbar neben ihm stehende Frau sagen, die ein etwa zehnjähriges Mädchen an der Hand hat.

»Siehst Du nicht – die stehen da oben auf dem Deck, die kommen noch, laß uns hier warten, damit wir uns nicht verlieren«, antwortet das Mädchen.

Da heulen plötzlich die Sirenen auf:

»Fliegeralarm!«

Peter Schiller bleibt am Kai stehen und denkt: ›So schlimm wird es schon nicht werden, erst einmal abwarten . . .‹

Doch dann sieht er, wie die ersten Boote losmachen, sich vom Kai lösen und hafenauswärts davonlaufen.

Die *Andros* aber bleibt am Kai liegen, die Menschen gehen nicht mehr von Bord, sie laufen, rennen, stürmen über das Hafengelände.

»Wo bleibt bloß die Oma mit der Hilde . . .!« schreit die Frau neben ihm ganz verzweifelt.

In diesem Augenblick hört man Flugzeuglärm, laut – immer lauter . . . Die Bomber kommen. Schiller sieht sich um. Da war doch irgendwo ein Bunker – da, hundert Meter von ihm entfernt.

»Kommen Sie – schnell!« ruft er der Frau und dem Mädchen zu, die immer noch neben ihm stehen.

Als die drei den Bunkereingang erreichen, fallen die ersten Bomben. Schiller, der sich noch blitzschnell umdreht, weil es hinter ihm fürchterlich kracht, kann das gar nicht fassen, was er für Bruchteile von Sekunden aufnehmen kann: Eine Bombe fällt genau neben die *Andros*, direkt auf die Gangway, auf der die Menschen vom Schiff stürmen – – – Die Menschen und die Gangway wirbeln durch die Luft . . .

Im sicheren Bunker kann er nur ahnen, was jetzt dort draußen geschieht und welches Schicksal der *Andros* und den Menschen, die darauf sind, beschert ist.

Ein grauenhaftes Schicksal.

Während die erste Bombe unmittelbar vor der *Andros* am Kai niedergegangen ist, trifft kurz darauf die zweite das Achterschiff.

Die *Andros* brennt im Nu lichterloh.

Das Licht ist erloschen.

Das Schiff ist verloren.

Der Rettung so nahe, greift der Tod grausam um sich.

Aus den Laderäumen des Schiffes, in denen die Flüchtlinge untergebracht sind, führen nur breite, hölzerne Leitern nach oben. Die Leitern und die Menschen, die darauf nach oben stürmen, beginnen zu brennen. Als lodernde Fackeln kommen Frauen und Kinder an Oberdeck. . .

Die an Oberdeck stehen, springen vom Schiff.

Manche in das Wasser, das das Schiff umgibt, die anderen auf den steinigen Kai, ohne Rücksicht darauf, daß sie sich bei dem Sprung Beine und Glieder brechen.

Nur runter von der brennenden *Andros*.

Eine dritte Bombe fällt am Bug neben dem Schiff ins Wasser.

Der Schiffsbug klafft auseinander, das Wasser strömt in den Schiffskörper und ertränkt die Menschen in den Laderäumen.

Während dieser Schicksalsminuten ist die Mannschaft des Dampfers unermüdlich dabei, die Menschen von Bord zu holen. Anstatt der Gangways führen jetzt Bretter aus dem Schiff auf den Kai.

»In Ruhe und ohne Gepäck das Schiff verlassen. . . . !« lautet das Kommando.

Im Bombenhagel verlassen die Menschen die brennende *Andros*. Da und dort wird zu löschen versucht, um möglichst viele Menschen noch von dem Schiff zu holen.

Und das alles begleitet von einem Geschrei, das vermuten läßt, hier gehe die ganze Welt unter. Wem es noch gelingt, von Bord zu kommen, sucht irgendwo Schutz vor Bomben und den Splittern.

Überall liegen Tote.

Eine halbe Stunde nach Bombentreffern glüht das Vorschiff der *Andros*, das Schiff nimmt immer mehr Wasser und sinkt zusehends.

Jetzt ist niemand mehr zu retten.

Die *Andros* hat ihr Ende gefunden und mit ihr 570 Menschen, meist Frauen und Kinder.

Um 12.45 Uhr ertönt das Entwarnungssignal.

Der Luftangriff ist beendet.

Peter Schiller verläßt den Bunker im Swinemünder Hafen. Er geht zur *Andros*, die noch rotglühend mit dem Heck aus dem Wasser ragt.

Neben ihm ist wieder die Frau aufgetaucht mit dem Mädchen. Ungläubig starren sie auf die Stelle, an der vor einer Stunde noch die *Andros* lag. Dann hält sich die Frau beide Hände vor das Gesicht und schreit:

»Mutter – Mutter – wo bist Du – – wo ist meine Hilde . . . ?«

Das Mädchen klammert sich an die schluchzende Mutter und sagt zögernd:

»Vielleicht ist die Oma mit der Hilde noch vom Schiff gekommen . . .«

Ein schwacher Trost, aber eine Hoffnung.

Schiller wird aus seinen Gedanken gerissen.

Neben ihm ist ein Fahrzeug aufgetaucht, ein Lastwagen mit zurückgeklapptem Verdeck. Sanitäter sind ausgestiegen. Ein Unteroffizier spricht ihn an:

»Hier Kamerad, fassen Sie mal mit an . . .!«

Es sind Tote, die weggeräumt werden sollen. Schiller faßt zu, schließt dabei oft die Augen. Da liegt eine Frau, dort noch eine. Dort ein alter Mann, er hat nur noch einen Arm. Da ein Kind, dem ein Bein abgerissen ist. Es mag zwei Jahre alt sein. Er hebt das Kind auf, gibt es einem Sanitäter mit den Worten: »Vorsicht – Vorsicht!« Doch der wirft den kleinen Körper auf den großen Haufen auf der Plattform des LKWs.

»Wieso – das Kind merkt doch nichts mehr . . .«

Die Sanitäter sind härter geworden in diesem Krieg. Für sie ist das Fortschaffen von Toten fast zur täglichen Pflicht geworden.

Für Peter Schiller ist das ein grauenhaftes Erlebnis.

Andere Sanitäter gehen von einem zum anderen der am Boden Liegenden, suchen nach noch Lebenden, die in Sankas verladen werden.

Als der LKW mit den Toten verschwunden ist, beginnt Schiller erst zu begreifen, welches Bild sich um ihn herum zeigt. Überall brennt es. Ganz Swinemünde scheint ein Flammenmeer zu sein. So sieht er das von hier aus.

Über dem Hafen liegen dicke schwarze Rauchwolken, die Tanks brennen lichterloh.

Schiller setzt sich für einen Augenblick auf einen Poller. Es ist ihm kaum möglich, einen klaren Gedanken zu fassen. Er denkt in diesen Augenblikken gar nicht darüber nach, wie er auf sein Schiff, die *General San Martin*, die draußen auf Reede liegt, zurückkommen soll . . .

Da ist der Lastwagen mit den Sanis wieder zurück. Noch immer liegen Tote und Veletzte herum. Wieder beginnt das Aufladen. Als der Wagen voll ist, fragt Schiller den Unteroffizier:

»Können Sie mich ein Stück mitnehmen, ich muß zur Kriegsmarinedienststelle . . .«

»Wenn die man noch steht«, sagt der Unteroffizier.

Schiller kann mitfahren.

Doch was er auf dieser kurzen Fahrt sieht, läßt ihn erschaudern. Er kennt Swinemünde nicht wieder.

Ganze Straßen liegen in rauchenden Trümmern, Bäume sind zersplittert, und überall liegen tote Menschen . . .

Am Kaiserbollwerk hatte es einen abfahrbereiten Eisenbahnzug, der voll besetzt war, erwischt. Ein ganzer Bombenteppich war genau über dem Personenzug heruntergegangen.

»Die müssen wir auch noch herunterholen«, sagte der Unteroffizier im Führerhaus des LKWs und wies auf die Baumkronen neben dem Kaiserbollwerk.

Schiller sieht in die Richtung der ausgestreckten Hand: Da hingen Leichen in den Baumkronen. Der Volltreffer auf den Zug hatte die Menschen bis in die Bäume geschleudert . . .

Schiller stieg aus.

Er wollte keinen Meter mehr mitfahren.

Gedankenverloren ging er zum Hafen zurück.

Er hatte zuviel gesehen.

Aber er hatte noch lange nicht alles gesehen, was die siebenhundert Bomber an diesem 12. März 1945 in Swinemünde angerichtet hatten.

Der Kurpark glich einem frisch umgepflügten Acker. Und dieser Acker war übersät mit Armen, Beinen, Köpfen, Toten. Ungeordnet lag alles herum, wie nach einer großen Schlacht. Allerdings war kein Soldat unter den Toten. es waren nur Frauen und Kinder und alte Leute . .

An anderer Stelle der Stadt hatten die Tiefflieger einen soeben in Swinemünde ankommenden Flüchtlingstreck unter Beschuß genommen. Was nach dem Bombenabwurf noch lebte, wurde mit Bordwaffen niedergemäht.

Auch hier waren die Toten nur Kinder, Frauen und Greise. Die Jungen und die Männer hatte man zum Volkssturm geholt.

Wieviele Menschen an diesem 12. März 1945 in Swinemünde starben, wieviele zeitlebens zu Krüppeln wurden – niemand weiß das, keine Statistik hat sie gezählt.

Und niemand hat an diesem Tage und später danch gefragt, welchen Sinn dieser Bombenangriff auf wehrlose Frauen und Kinder hatte, denn die wenigsten Toten waren Soldaten.

Und niemand fragte nach den Verantwortlichen für diese Massaker der Menschen in Swinemünde und den Tod der 570 auf der *Andros* . . .

Als Peter Schiller am Abend dieses ereignisreichen Tages auf die *General San Martin* zurückkam, nahm er zur Kenntnis, daß sein Schiff den Angriff gut überstanden hatte, obwohl einige Bomben ganz nahe, in etwa hundert Meter Entfernung, in die See gefallen waren.

Auf die Frage »Wie sieht's an Land aus . . .?« sagte er nur zwei Worte:

»Grauenhaft – – – Unvorstellbar – – –!«

Das, was er gesehen hatte – darüber konnte er nicht sprechen. Er mußte die Erlebnisse dieses Tages erst selbst verarbeiten.

Zwei Tage später, am 14. März 1945, nachts um 02.45 Uhr, lichtete *General San Martin* die Anker und fuhr einem neuen Ostseehafen entgegen, um Verwundete aufzunehmen.

Dieser Ostseehafen war Danzig-Neufahrwasser.

Und dort sah es nicht viel anders aus als in Swinemünde vor dem Bombenangriff. Zehntausende warteten auf Schiffe, auf viele Schiffe . . . darunter auch auf die *General San Martin.*

DIENSTSTELLE ENGELHARDT »AUSGEBOMT«

Nicht nur auf die Stadt, den Hafen und die Reede von Swinemünde fielen am 12. März 1945 Bomben, sondern auch auf viele andere Städte. Auch auf Hamburg. Und hier trafen sie auch eine Dienststelle, die für die Rückführung von Flüchtlingen und Verwundeten über die Ostsee eine entscheidende Aufgabe hatte, das Büro des Seetransportchefs Konteradmiral Konrad Engelhardt in der Alten Rabenstraße.

Der Admiral war am 12. März, wie so oft, auf Reisen und hatte bereits vor Antritt seiner Reise angekündigt, daß er am Abend nicht nach Hamburg zurückkehren, sondern in Cuxhaven übernachten werde. Selbstverständlich hatte er seinen Leuten in Hamburg seine Cuxhavener Telefonnummer hinterlassen, um für ›besonders dringende Fälle‹ erreichbar zu sein.

Am Abend des 12. März 1945 diskutierten die Mitarbeiter des Admirals im Büro in der Alten Rabenstraße in Hamburg die Lage in den Ostseehäfen, um Engelhardt am nächsten Morgen über den aktuellen Stand der Transporte und alle damit zusammenhängenden Fragen informieren zu können. Der Admiral legte Wert darauf, immer umfassend unterrichtet zu sein.

Wohl keines der Mitglieder der Diskussionsrunde, die sich im Besprechungszimmer des Seetra-Chefs zusammengefunden hatte, ahnte, daß dies die letzte Besprechung in dieser Runde sein würde und daß einige von ihnen diesen 12. März nicht überleben würden.

Sie beschäftigten sich vielmehr mit dem Leben der Menschen, die in den letzten vier Wochen über die Ostsee gerettet werden konnten und mit denjenigen, die in den Ostseehäfen Pillau, Danzig-Neufahrwasser, Gotenhafen, Kolberg und Swinemünde noch auf ihre Rettung warteten.

Nach den eingegangenen Meldungen zeigte sich den Offizieren der Seetransportstelle Ostsee für den Zeitraum vom 10. Februar, dem Untergangstag des Verwundetentransportschiffes *Steuben*, bis zum heutigen 12. März folgendes Bild:

Große Katastrophen mit hohen Menschenverlusten, wie am 30. Januar *Gustloff* und am 10. Februar *Steuben*, hatten sich Gottseidank nicht wiederholt. Es waren zwar in den letzten vier Wochen 29 weitere Schiffe verlorengegangen, allerdings hielten sich die dabei eingetretenen Verluste an Menschen außerordentlich niedrig und machten, gemessen an den über die Ostsee geretteten Flüchtlingen und Verwundeten, noch nicht einmal 1% aus.

Verlorengegangen waren folgende Schiffe:

Der Dampfer *MRS 11* ex *Osnabrück* (5095 BRT), der vor Swinemünde vollbeladen auf eine Mine lief, aber nur 60 Verletzte hatte, die *Hedwigshütte* (2221 BRT), die südl. Langeland nach Minentreffer sank, wobei 96 Menschen den Tod fanden, *Ditmar Koel* (670 BRT), der nach Ausfahrt aus Saßnitz auf eine Mine lief und sank. Hierbei fanden 133 Menschen, darunter auch einige Überlebende der *Steuben*, den Tod. Ferner der Spüler *Holstein* (10268 BRT), der vor Stolpmünde im Sturm strandete, der Schlepper *Elbing VI* (178 BRT), der Verkehrsdampfer *Gotenhafen*, der Dampfer *Dieter Hugo Stinnes* (2545 BRT), der Dampfer *Emsstrom* (4517 BRT), der leer von Gotenhafen nach Libau fuhr, um dort Truppen abzuholen, dabei durch einen Luftangriff versenkt wurde. Die gesamte Mannschaft konnte jedoch gerettet werden, der Dampfer *Eifel* (1429 BRT), ein Truppentransporter, der mit 923 Soldaten an Bord vor Libau bei einem Bombenangriff unterging, wobei nur 138 Menschen gerettet werden konnten, der Dampfer *Göttingen* (6267 BRT), der vor Libau nach Torpedotreffer sank, wobei etwa 500 Soldaten den Tod fanden, der Dampfer *Ellen Larsen* (1938 BRT), der vor Warnemünde nach Minentreffer sank, *Erika Fritzen* (4169 BRT), ebenfalls vor Warnemünde nach Minentreffer gesunken, der 100 BRT Schlepper *Mary Lee*, der bei Anholt auf eine Mine lief, sowie *Gerda* (342 BRT), die in der westlichen Ostsee sank und *Spitzberg* (268 BRT), der in Stettin bei einem Luftangriff verlorenging. Weit schwerer wogen der Verlust des Dampfers *Hamburg* (22.117 BRT), der vor Saßnitz in ein Minenfeld geriet und sank und des Dampfers *Hansa* (21.131 BRT), der nach Minentreffer vor Warnemünde nicht mehr zu retten war. *Robert Möhring* (3344 BRT) sank vor Saßnitz nach Bombentreffern, wobei 350 Tote zu beklagen waren. Verloren gingen weiter: *Ostermoor* (602 BRT) in Kiel, das Lazarettschiff *Meteor* (3717 BRT), das nach Fliegerangriff in Pillau kenterte, wobei 21 Verwundete und 3 Besatzungsmitglieder starben. Die *Borbek* (6020 BRT) wurde leer südw. Hela durch eine U-Boot-Mine von *S-303* versenkt. Beim Luftangriff auf Swinemünde-Reede und Hafen gingen *Heiligenhafen* (1923 BRT), *Hilde* (491 BRT), *Jasmund* (276 BRT), *Ravensberg* (1069 BRT), *Tolina* (2000 BRT), *Cordillera* (12.055 BRT), und die *Andros* (3048 BRT) mit 570 Toten verloren. Auf der Fahrt von Libau nach Lübeck, das war die letzte Meldung vom heutigen Tage, sank bei Fehmarn nach Luftangriff der Dampfer *Gerrit Fritzen* ex. schwedisch *Bohus*. Ob und wieviele Menschen bei diesem Untergang umkamen, war noch nicht bekannt; die Verlustmeldung *Gerrit Fritzen* war soeben erst über Funk eingetroffen.

Die Bilanz der letzten vier Wochen: 29 Schiffe mit insgesamt 117.800 BRT waren in der Ostsee verlorengegangen. Besonders die großen Schiffe über 20.000 BRT – die *Hamburg*, die *Hansa* und die *Cordillera* – würden künftig als Flüchtlings- und Verwundetentransporter fehlen.

Zufrieden stimmen die Transportzahlen der letzten vier Wochen. In der zweiten Hälfte Februar waren 228.240 Flüchtlinge und Verwundete über die Ostsee transportiert worden, bis gestern, dem 11. März, nochmals rund 222.000, insgesamt also rund 450.000, fast eine halbe Million, denn die Meldungen der letzten Tage waren noch lückenhaft oder fehlten vollständig.

Die Bedrohung der Ostseehäfen hatte sich in den vergangenen Wochen erheblich verschärft. Nach den der Dienststelle des Seetra-Chefs in Hamburg vorliegenden Meldungen ergab sich folgendes Situationsbild:

Die Armeen der 1. Weißrussischen Front waren am 26. Februar aus dem Raum ostwärts Stargard in Richtung auf das Stettiner Haff mit Zielrichtung Kolberg angetreten, aus dem Raum Friedland war einTeil der 2. Weißrussischen Front in Richtung Köslin vorgestoßen, das am 5. März vom 3. Kav.Korps der Sowjets eingenommen werden konnte.

Am 3. März erreichte die 2. Garde-Panzerarmee der Sowjets das Stettiner Haff, die 1. Garde-Panzerarmee der Sowjets und die polnische 1. Armee stießen in das Gebiet um Kolberg vor, die 3. sowjetische Stoßarmee versuchte bei Dievenow den Übergang nach Wollin zu erzwingen. Zur Deckung des Brückenkopfes gegenüber Wollin wurde zwar am 9. März die Kampfgruppe 2 mit dem Kreuzer *Admiral Scheer*, dem Zerstörer *Z 38* und dem Torpedoboot *T 36* eingesetzt, jedoch schien es nur eine Frage der Zeit, wann auch dieser Brückenkopf fallen würde.

Bei dieser ›Frontlage‹ schienen die Pommernhäfen sehr gefährdet, mit dem Verlust von Kolberg mußte bereits in den nächsten Tagen gerechnet werden. Für Stolpmünde und Swinemünde waren die Aussichen kaum besser.

Am 7. März war die 2. Weißrussische Front aus dem Raum Köslin-Weichsel bei Marienwerder zum Angriff auf den Raum Danzig-Gotenhafen angetreten, wurde aber von der 2. deutschen Armee auf die Linie Rixhöft-Neustadt-Karthaus zurückgeworfen. Mit Hilfe der Schiffsartillerie war es gelungen, den Angriff der Russen auf dieser Linie zu lokalisieren. Damit wurde wertvolle Zeit für den Abtransport von Flüchtlingen und Verwundeten aus Gotenhafen und Danzig-Neufahrwasser gewonnen. Bei nüchterner Betrachtung der Lage mußte man davon ausgehen, daß die Häfen Danzig-Neufahrwasser und Gotenhafen Ende März verlorengingen trotz der Unterstützung der deutschen Landeinheiten durch eine Vielzahl von Kriegsschiffen, die mit konzentriertem Landzielschießen die Sowjets an ihrem weiteren Vordringen hinderten.

Die in Gotenhafen, Danzig-Neufahrwasser und Hela pausenlos vorgenommenen Einschiffung von Flüchtlingen und Verwundeten wurden laufend durch die sowjetische Luftwaffe gestört. Allein die 9. Schlachtflieger-Division der Sowjets und die 8. sowjetische Minen-Torpedoflieger-Division flogen in den letzten Wochen 2023 Einsätze in diesem Raum. Trotzdem gelang es den großen Passagierschiffen in Gotenhafen und Danzig, bei jeder Fahrt zwischen 5000 und 10.000 Menschen an Bord zu nehmen und nach Westen zu bringen. Selbst kleinere Frachter beförderten jeweils, je nach Größe und Aufnahmevermögen, bis zu 5000 Flüchtlingen und Verwundeten je Fahrt.

Fest stand für die Mitarbeiter und Referenten des Seetransportchefs Konteradmiral Konrad Engelhardt, daß die nächsten Wochen noch mehr Arbeit und Einsatz erforderlich machen würden, denn in allen Ostseehäfen zusammen warteten vielleicht noch 800.000 bis eine Million Menschen auf Schiffe, die sie über die Ostsee bringen sollten.

Das schienen gigantische Zahlen, die kaum jemand ahnte. Doch die Offiziere des Seetra-Chefs waren keine Träumer, sondern Realisten und wußten, was sie alle noch erwartete.

Den eigenen Tod erwartete jedoch keiner von ihnen.

Er kam noch in dieser Nacht, der Nacht vom 12. zum 13. März 1945.

Es ist kurz vor Mitternacht, als in Hamburg die Sirenen heulen:

»Fliegeralarm!«

Nichts Außergewöhnliches in Hamburg.

In der ersten Meldung hieß es, Bomberverbände der Angloamerikaner befänden sich im Anflug auf Berlin.

Doch die Bomben fielen auf Hamburg. Und einige davon in die Alte Rabenstraße, direkt auf das Gebäude, in welchem die Dienststelle des Admirals Engelhardt untergebracht war.

Um 01.00 Uhr nachts klingelte im Zimmer von Admiral Engelhardt in Cuxhaven das Telefon. Er hatte sich erst vor einer halben Stunde hingelegt und war noch im ersten Schlaf.

Die Mitteilung, die ihm von einem seiner Offiziere übermittelt wurde, machte ihn mit einem Schlage hellwach.

»Herr Admiral . . .

unser Büro hat Bombenvolltreffer. Das Gebäude brennt.

Die Referenten für Hafen-, See- und Binnenschiffahrt, unsere Kameraden Kapitänleutnant Grössel und die Leutnante Jacobus, Fritzen und Petersen sind tot – –

Einige andere Offiziere und weibliche Angestellte sind verwundet – – –

Bitte kommen Sie sofort – – !‹

Einige Stunden später, zwischen der Nacht und dem anbrechenden Tag, steht Konteradmiral Konrad Engelhardt in Hamburg in der Alten Rabenstraße vor den rauchenden Trümmern seiner Dienststelle. Nichts konnte gerettet werden. Alle Unterlagen, alle Nachrichtenmittel liegen unter den Trümmern.

Es gibt an diesem Morgen des 13. März keine Dienststelle ›Seetransportchef‹ mehr.

Ein Leutnant, ein Stabsarzt, ein Korvettenkapitän, einige weibliche Angestellte und der Admiral sind die Reste der Dienstelle; sie stehen auf der Straße.

Admiral Engelhardt gibt aber nicht auf.

Noch am gleichen Tage verhandelt er wegen einer neuen Bleibe für sich und seine Leute. Seine Vorschläge werden akzeptiert.

In Sonderborg erhält er ein neues, schwimmendes Büro auf dem Dampfer *Malaga* der Hamburger Reederei Robert M. Sloman. Das Schiff war vor dem Krieg in der Linienschiffahrt, hatte seit einiger Zeit eine defekte Maschine und war nicht mehr manöverierfähig.

Der Dampfer war zwar nicht mehr im besten Zustand, aber Engelhard machte etwas daraus. Immerhin bot das Schiff für seine Dienststelle ausreichende Büro- und Wohnräume und vor allem eine intakte Funkstation, die ihn mit den verschiedenen Dienststellen der Marine und der Wehrmacht, den Häfen und den Schiffen verband. Das war für ihn außerordentlich wichtig.

Nur der Standort des Schiffes, der Liegeplatz Sonderburg, gefiel ihm nicht.

Aber auch dieses Problem löste der Admiral schnell und unbürokratisch.

Er ließ sich mit der *Malaga* nach Flensburg abschleppen und hier gleich an das Telefon- und Fernschreibnetz anschließen. Jetzt war er wieder die ganze Ostsee entlang, bis zu den kurländlischen Häfen Libau und Windau und bis nach Kopenhagen, also in jeder Richtung, eingeschaltet.

Daran änderte auch die Tatsache nichts, daß nach dem Ausfall der Zentrale in der Alten Rabenstraße in Hamburg die Leitung des Seetransporters in der Ostsee dem MOK Ost in Kiel (Qu III), Korvettenkapitän Eschricht übertragen wurde, der nun selbständig operierte. Trotzdem behielt der Seetra-Chef Konteradmiral Engelhardt die Kontrolle über die Schiffsbewegungen und konnte erforderlichenfalls, wenn er dies für notwendig hielt, auch von sich aus in die Geschehnisse eingreifen. Nach wie vor war der Admiral auch das ausführende Organ der Seekriegsleitung und des Oberbefehlshabers der Marine, diesem persönlich unterstellt, und berichtete diesem auch über Erfolge oder Mängel, wobei es ihm überlassen blieb, auch einige Vorschläge zu machen.

Engelhardt war auch nicht der Mann, der sich die Fäden aus der Hand nehmen ließ und auch nicht die ihm einmal übertragene Verantwortung für den Transport über die Ostsee, den Transport von mehr als zwei Millionen Menschen, wie sich später zeigen sollte.

DIE FESTUNG KOLBERG FÄLLT

Anfang März wächst die Gefahr für Kolberg verlorenzugehen, Kolberg, die Stadt, die Reichspropagandaminister Josef Goebbels am 1. Juni 1943 für den Film entdeckte. Nach der Kapitulation der deutschen 6. Armee in Stalingrad beauftragte Goebbels den UFA-Film-Regisseur Veit Harlan, einen Kolberg-Film zu schaffen, dessen Aufgabe es sein sollte, so schrieb der Propagandaminister an Harlan – »am Beispiel der Stadt, die dem Film den Titel gibt, zu zeigen, daß ein in Heimat und Front geeintes Volk jeden Gegner überwindet«. »Ich ermächtige Sie«, schrieb Goebbels weiter, »alle Dienststellen von Wehrmacht, Staat und Partei, soweit erforderlich, um ihre Hilfe und Unterstützung zu bitten und sich darauf zu berufen, daß der hiermit von mir angeordnete Film im Dienste unserer geistigen Kriegsführung steht.«

Veit Harlan schuf diesen Film, dessen Thema die Belagerung der pommerschen Stadt Kolberg durch eine Armee des Kaisers Napoleon vom 19. März bis zum 2. Juli 1807 und die erbitterte Abwehr der Angreifer durch preußische Soldaten unter dem Kommando des Majors Neithard von Gneisenau und der Bürger der Stadt unter dem Bürgermeister Nettelbeck war.

In und um Kolberg wurde 1943 und 1944, in den wohl schwersten und entscheidensten Kriegsjahren, in denen jeder Soldat im Westen wie im Osten dringend gebraucht wurde, dieser Film, der nach dem Willen Goebbels ›der größte Film aller Zeiten‹ werden sollte, gedreht, wobei 187.000 Soldaten und 6000 Pferde als Statisten mitwirkten.

Als der für die ›geistige Kriegsführung‹ sich verantwortlich fühlende Reichspropagandaminister diesen Film anordnete, ahnte er wohl kaum, daß am 19. März des Jahres 1945, sechs Wochen nach der Premiere des Films, die Festung Kolberg bereits in sowjetischer Hand sein würde. Nach Stalingrad, im Juni 1943, glaubte Goebbels immer noch an die von ihm angekündigten Wunderwaffen, an die Wende des Krieges und an den Endsieg.

Am Abend des 30. Januar 1945 fand im Berliner UFA-Palast vor Joseph Goebbels, den Größen von Partei und Militärs, die Kolberg-Film-Premiere statt. Und dies zur gleichen Stunde, als in der Ostsee, von drei russischen Torpedos getroffen, das erste vor dem Krieg gebaute ›Partei-Schiff‹, die *Wilhelm Gustloff*, die unter der Hakenkreuz-Flagge als ›Schiff der Lebensfreude‹ die Meere befahren sollte, mit mehr als 5000 Flüchtlingen in eisiger Winternacht unterging und damit fast symbolisch auch das Dritte Reich, dessen Ruf dieses KdF-Schiff einst verkündet hatte.

Knapp vier Wochen nach der Kolberg-Film-Premiere in Berlin erklärte Adolf Hitler die Stadt Kolberg zum ›festen Platz‹, der bis zum letzten Mann, bis zur letzten Patrone, verteidigt werden muß.

Am 1. März 1945 wird Oberst Fullriede, Ritterkreuzträger, zum neuen Festungskommandanten nach Kolberg kommandiert. Der erfahrene Frontoffizier sieht auf den ersten Blick, daß diese Stadt nicht mehr zu retten ist. Seine Aufgabe bleibt, sie so lange wie möglich zu halten.

Das ist nicht einfach.

Nur 3300 Mann stehen für die Verteidigung der Festung zur Verfügung: Ein Maschinengewehr-Bataillon der Festungspioniere, ein nur mangelhaft bewaffnetes Bataillon des Volkssturms mit einem Werferzug, Reste einer Flak-Batterie und sechs reparaturbedürftige Panzer, die – nicht mehr fahrbereit – mit LKWs zu ihrem Einsatzort geschleppt werden müssen.

Diese ›Verteidigungsarmee‹ leistet seit Tagen einen zähen Abwehrkampf gegen drei russisch-polnische Schützen-Divisionen, ein Panzer-Artillerie-Regiment und mehrere Panzerverbände. Ein Feuerhagel aus 20 schweren Batterien, vielen Stalinorgeln und Granatwerfern geht tagtäglich über die Stadt nieder, die an vielen Stellen brennt.

Da Kolberg rings eingeschlossen ist, gibt es nur noch ein Tor zur Freiheit: Die Ostsee.

Der letzte Eisenbahnzug fiel den Russen in die Hände. Auf Schiene und Straße ist kein Durchkommen mehr.

Den Seeweg aus Kolberg heraus halten die Schiffsgeschütze der Zerstörer *Z 34* und *Z 43*, die auf der Reede liegen, frei. Sie sichern mit ihrem Feuer auf die sowjetischen Stellungen und Angreifer den Weg für die Schiffe, die ›Flüchtlingsschiffe‹.

Wie notwendig es ist, den Hafen und damit den Zugang zum Fluchtweg Ostsee freizuhalten, erkennt der Festungskommandant sofort. Er stellt fest, daß in Kolberg, das vor dem Krieg von etwa 35.000 Menschen bewohnt war, jetzt etwa 80.000 hausen. Denn von ›wohnen‹ kann nur noch bei wenigen die Rede sein. Die Wohnungen sind auf das Drei- und Vierfache belegt. Viele Flüchtlinge liegen in Hallen, Sälen, Schulen, Gaststätten, Böden, Kellern, in Treppenhäusern, hausen in kalten Güterwagen, abgestellten Zügen, in Pferdewagen, Garagen, kaputten Omnibussen und selbst in Kirchen, um nur ein Dach über dem Kopf zu haben.

Das ist Kolberg in den ersten Märztagen des Jahres 1945.

Die Geschichte der größten Völkerwanderung aller Zeiten, die Vertreibung der Deutschen aus ihrer Heimat, nimmt ihren Lauf.

Die erste große Fluchtwelle, die nach dem Sturm auf Ost-und Westpreußen Mitte Januar begann, schwemmte fast eine Million Menschen in die Danziger Bucht, nach Pillau, Danzig, Gotenhafen und Hela.

Jetzt hat die pommersche Tragödie begonnen. Und wieder zeigt sich, daß die Menschen, gutgläubig den Parteiparolen gegenüber, viel zu spät fliehen, auf den Straßen von der Front überrollt werden, mit den überfüllten Eisenbahnzügen in Tieffliegerangriffe hineinfahren und sterben. Und auch in Pommern sehen die Flüchtenden nur noch einen offenen Weg, den Weg in die Pommern-Häfen, nach Stolpmünde und Rügenwalde, nach Kolberg und Swinemünde, nach Stettin und schließlich zuallerletzt auch noch nach Stralsund und Saßnitz.

80.000 Menschen warten in Kolberg darauf, über die Ostsee nach dem Westen fliehen zu können.

Und Kolberg muß solange verteidigt werden, bis auch der letzte Flüchtling, das letzte Schiff den Hafen verlassen hat.

Wird das gelingen?

Für Oberst Fullriede, den Festungskommandanten, scheint zunächst die vordringlichste Aufgabe, daß die Menschen auf die Schiffe und die Schiffe aus dem Hafen kommen. Denn die Verteidigungslage verschlechtert sich von Tag zu Tag.

Am frühen Morgen des 4. März gegen 05.00 Uhr besetzen die Russen das Wasserwerk Koppendieksgrund. Damit ist Kolberg von der Trinkwasserzufuhr abgeschnitten. Wenige Stunden später erreichen sowjetische Soldaten den Rand der Gelder Vorstadt.

Die Russen sind damit am Stadtrand.

Der Festungskommandant sieht sich gezwungen, das Standrecht zu verhängen. Das bedeutet: Alle Dienststellen, auch die der Partei, sind ab sofort dem Festungskommandanten unterstellt. Kein Mann darf ohne seine Einwilligung die Stadt Kolberg verlassen. Ohne Rücksicht auf das Alter.

Jetzt ist höchste Eile geboten, die Frauen und Kinder aus der Stadt zu schaffen.

Am 5. März beginnen die Russen, die am Stadtrand weitere Geschütze in Stellung gebracht haben, mit einer fast pausenlosen Beschießung. Nur nachts läßt sie etwas nach.

Am 6. März versucht eine Kampfgruppe auf den Befehl des Festungskommandanten, die Eisenbahnstrecke nach dem Westen freizukämpfen. Die Russen in der Übermacht, wehren den Angriff ab und bleiben Herr der Schienen.

Es bleibt dabei: Kein Zug kommt mehr aus Kolberg heraus.

Am 9. März trifft Fregattenkapitän Kolbe, der Beauftragte für den ›Abtransport der Flüchtlinge und Verwundeten aus den Pommernhäfen‹, mit dem U-Jäger *119* wieder in Kolberg ein. Er hat zuvor dem Admiral Westliche Ostsee über die Räumung von Stolpmünde berichtt. Jetzt widmet er sich der Räumung Kolbergs über See. Über Funk fordert er Schiffe an. Alles, was noch fahren kann, soll Kolberg anlaufen, vom Fischkutter bis zum großen Transporter.

Und die Schiffe kommen.

Auf der Reede ankern der Dampfer *Westpreußen* (2877 BRT), der Dampfer *Heinz Horn* (3994 BRT), der nicht mehr ganz junge Bananendampfer *Nordenham* (4952 BRT), der 10.000 Tonner *Winrich von Kniprode* (10.132 BRT), die *Hestia* (2883 BRT) und die *Nautik* (1127 BRT). Aber das sind bei weitem noch nicht alle. Die Kleinen und Kleinsten laden im Hafen, die großen Schiffe auf der Reede. Im Pendelverkehr werden die Flüchtlinge an Bord gebracht. Ist ein Schiff voll, läuft es aus mit Kurs Swinemünde, lädt dort aus und kehrt zurück. So schnell wie möglich.

So geht es Tag für Tag, Nacht für Nacht. Meistens wird am Tag geladen, und nach Anbruch der Dunkelheit nehmen die Schiffe Anker auf und fahren los, den Schutz der Nacht ausnutzend. Denn eine ausreichende Geleitsicherung für jedes Schiff ist organisatorisch und zeitlich nicht mehr möglich.

Damit wird die Flucht aus Kolberg über See zum Risiko.

Doch das Glück ist mit den Schiffen und den Menschen.

Als der 15. März anbricht, sind noch immer 20.000 Flüchtlinge in Kolberg, einschließlich der noch nicht geflüchteten Bewohner, die bis zuletzt ausharren.

Und die Russen sind jetzt fast bis zur Stadtmitte vorgedrungen.

Jede Straße, jeder Platz, jedes Haus wird verteidigt, bis zum letzten Mann und bis zur letzten Patrone. Der einzige Sinn dieser Verteidigung liegt darin, den Hafen freizuhalten, bis das letzte Schiff draußen auf See ist.

Deshalb müssen die Stadt und der Hafen solange wie möglich gehalten werden.

In der Nacht vom 15. zum 16. März sind weitere Schiffe eingetroffen, darunter Fischkutter, Motorboote, Fahrprähme und andere fahrbare Untersätze, mit denen man zumindest die Menschen aus dem Hafen auf die Reede bringen kann, wo sie von großen seetüchtigen Schiffen aufgenommen werden.

Die letzten Frauen und Kinder werden an Bord genommen.

Fregattenkapitän Kolbe, verantwortlicher Einschiffungsoffizier, bemüht sich mit Erfolg, im Hafen Ordnung zu halten. Er weiß, wie wichtig es ist, daß keine panikartige Stimmung aufkommt. Er weiß auch, daß der Hafen nur noch Stunden zu halten ist, bis die Russen auch hier sind.

Als die letzten Boote und Prähme beladen sind und Kurs auf die Reede nehmen, stehen noch etwa 1200 Frauen und Kinder an der Pier. Und es ist kein Boot mehr da.

Kapitän Kolbe beruhigt die Wartenden.

Über Funk bittet er den Kommandanten des Zerstörers *Z 34*, der auf Reede liegt, die letzten 1200 aufzunehmen. Das geschieht. *Z 34* schickt seine Verkehrsboote und holt die Leute ab. Der Hafen liegt bereits im Feuer der sowjetischen Geschütze. Doch niemand wird bei der Einschiffung verletzt. Die Boote fahren zu dem Zerstörer, der in Feuerlee, auf der dem Artilleriefeuer abgewandten Seite, liegt. Dort klettern sie an Bord.

Der Kommandant des Zerstörers hat 1200 Menschen das Leben gerettet. Als *Z 34* Kolberg verläßt, kann sich auf dem Schiff kaum noch jemand rühren. So dicht stehen die Menschen nebeneinander, auch auf dem freien Deck. Nur noch rund um die Geschütze mußte Platz freigehalten werden. Denn *Z 34* muß noch gefechtsklar bleiben. Insgesamt sind jetzt alles in allem 2000 Menschen an Bord.

Und Kolberg ist geräumt.

Jetzt sind nur noch Männer in Kolberg, Knaben und Greise eingeschlossen, und – ein Festungskommandant.

Oberst Fullriede hat gemeinsam mit Fregattenkapitän Kolbe die wohl wichtigste Aufgabe erfüllt: 70.915 Flüchtlinge und etwa 2000 Verwundete sind auf dem Seeweg aus Kolberg abtransportiert worden.

Jetzt gilt es, wenn möglich, das Leben der 3300 Soldaten zu retten.

Wird dafür die Zeit noch reichen, bevor die Russen im Hafen sind?

Noch am 17. März treffen der Zerstörer *Z 43* und das Torpedoboot *T 33* wieder vor Kolberg ein und nehmen Feuerunterstützung auf. Oberst Fullriede beschließt, sich nach Anbruch der Dunkelheit mit seinen Männern an den Strand abzusetzen und bittet die Kommandanten der Kriegsschiffe, seine Leute dort abzuholen.

Fast wäre dieser Plan mißlungen. Denn als der Abend beginnt, versuchen die Russen mit allen Kräften, den Strand zu besetzten. Konzentriertes Feuer des Zerstörers und des Torpedobootes verhindern dies.

Mit fortschreitender Nacht werden die Soldaten, die Verteidiger Kolbergs, vom Strand abgeholt.

Gegen 04.00 Uhr steht nur noch ein Zug Soldaten am Strand. Die Männer scharen sich um den Festungskommandanten. Sie wollen hierbleiben, wenn der Oberst nicht ebenfalls Kolberg verläßt.

Um 05.30 Uhr legt die Motorjolle von *Z 43* am Strand an. Als letzter

Soldat der Verteidiger wird der Festungskommandant in die Jolle gezogen. Als diese Fahrt aufnimmt, um den Zerstörer anzusteuern, streikt der Motor der Jolle. Den Russen am Strand bleibt dies im hellen Morgenlicht nicht verborgen. Sie bringen Granatwerfer und Maschinengewehre in Stellung und schießen sich auf das Fahrzeug ein.

Kapitänleutnant Hecht, der das vorauslaufende überfüllte Verkehrsboot von *Z 43* kommandiert, befiehlt sofort:

»Kehrtmachen – – !«

Seine Leute holen die Männer von der Jolle, nehmen diese in Schlepp und laufen rasch auf den Zerstörer zu. Hinter ihnen zischen die Granaten in See.

Mit dem Festungskommandanten ist aber noch lange nicht der letzte Mann aus Kolberg heraus.

Einer hält noch immer aus: Fregattenkapitän Kolbe.

Er hatte damit gerechnet, daß gegen 04.00 Uhr der letzte Mann den Strand verlassen würde. Aber es ist später geworden.

Mit einem Vp.-Boot wartet er auf Nachzügler. Doch es kommen keine. In zwei Schlauchbooten, die offensichtlich Schwierigkeiten haben, in die See zu kommen, findet er noch zwei Offiziere und acht Mann. Er nimmt sie auf.

Danach legt das Vorpostenboot *2005* ab.

Es ist das letzte Schiff, das Kolberg verläßt.

Kolbe und die Männer auf dem Boot blicken hinüber zur Festung Kolberg.

Es ist jetzt 06.00 Uhr, und ein herrlicher Sonntagmorgen ist angebrochen. Hell scheint die Sonne, doch sie verdunkelt sich rasch. Kolberg brennt. Der Qualm über der Stadt verdichtet sich zu einer schwarzen Wolke, verdunkelt die Sonne und kündet davon, daß jetzt Tod und Vernichtung in der Stadt regieren, die noch vor Tagen von 85 000 Menschen bevölkert war, die sich dem Zugriff des Feindes und damit der Vernichtung durch ihre Flucht über die Ostsee retten konnten.

Das Bild des brennenden Kolbergs wird Kolbe und seine Männer ein Leben lang begleiten.

Vp 2005 läuft der Flüchtlingsflotte hinterher, die die Letzten aus Kolberg rettete und nach Swinemünde läuft.

Als die Einschläge der sowjetischen Artillerie im Kielwasser des Vorpostenbootes verklungen sind, legt sich sonntägliche Stille über die ruhige See.

Kolbe blickt in den Himmel, in die wärmende Frühlingssonne, vergißt für Augenblicke seine Umgebung und den Krieg – – –

Doch Stunden später wird er in Swinemünde wieder den Krieg vor Augen haben und seine Aufgabe, Menschen über die Ostsee zu retten.

Am gleichen Nachmittag, nachdem die Kolberger Flüchtlingsflotte in Swinemünde gelandet ist, erfährt der Oberbefehlshaber der Marine, daß das ›Rettungswerk Kolberg‹ an diesem Morgen des 18. März 1945 erfolgreich abgeschlossen werden konnte.

Noch am gleichen Abend verschickt Großadmiral Dönitz zwei Fernschreiben.

Er dankt zunächst den Einheiten der Kriegsmarine, den Kommandanten der Schiffe, aber auch den Landeinheiten für ihren Einsatz beim ›Rettungswerk Kolberg‹ über die Ostsee.

Das zweite Fernschreiben deutet darauf hin, daß der Abtransport von Flüchtlingen aus Kolberg über See nicht überall begrüßt worden ist. In einem Fernschreiben an den zweiten Adressanten, den Reichsführer SS und Oberbefehlshaber Heeresgruppe Weichsel, Heinrich Himmler, schrieb Dönitz u.a.:

». . .Ich habe Transportleistungen bei gegebener Lage als ausgezeichnet anerkannt und Vizeadmiral Lange, dem Kommandierenden Admiral westliche Ostsee, für Durchführung volle Anerkennung ausgesprochen . . .«

In dem Bericht des letzten Festungskommandanten der Stadt Kolberg, Ritterkreuzträger Oberst Fullriede, heißt es abschließend:

»Dem Feind fiel eine völlig niedergebrannte, verwüstete Stadt in die Hand. Der Dom ist eine ausgebrannte, schwerbeschädigte Ruine, sämtliche Persante- und Holzgrabenbrücken sind gesprengt. Der Bahnhof mit Gleisanlagen ist zerstört, die Verladeeinrichtungen am Hafen sind für lange Zeit unbrauchbar. Dies ist der Gewinn, den der Feind mit sehr hohen Verlusten erkaufte, aber auch der Preis, um den es gelang, 75.000 Menschen dem Reich zu erhalten.«

Das, was Hitler erst einen Tag später, am 19. März 1945, mit seinem Befehl ›Verbrannte Erde‹ anordnete, dem Feind nichts anderes in den Städten und Dörfern zurückzulassen als ›verbrannte Erde‹, hatte der Kolberger Festungskommandant schon ausgeführt, bevor es befohlen war.

Oberst Fullriede wurde für die Verteidigung Kolbergs mit dem Eichenlaub zum Ritterkreuz ausgezeichnet.

Viele Kolberger haben sich später gefragt, wem eigentlich das ›Verbrannte Kolberg‹ genutzt hat . . .

DER ENDKAMPF UM DIE DANZIGER BUCHT

Die sowjetische März-Offensive ist nur noch begrenzt aufzuhalten. Sie ist gegen die Ostseehäfen gerichtet und kommt rasch voran. Die Häfen in der Danziger Bucht – Gotenhafen und Danzig und die Pommernhäfen – sollen ausgeschaltet werden. Gelingt dies, hätte die Massenflucht der Deutschen über die Ostsee ein Ende.

Dies ist das Ziel der sowjetischen Offensive.

Um es zu erreichen, geht man zweigeteilt vor.

Marschall Schukow hat Hinterpommern überrollt und drängt zur pommerschen Küste. Nach Stolpmünde und Kolberg ist Swinemünde das nächste bedeutende Angriffsziel. Doch dieser wichtige Ausschiffungshafen für Verwundete und Flüchtlinge wird den sowjetischen Angreifern bis in die allerletzten Kriegstage erbitterten Widerstand leisten – –

Marschall Rokossowski setzt fünf Stoßarmeen auf Gotenhafen und Danzig an. Mit einer Übermacht an Menschen und Material dringen die Sowjets vor. Mitte März sind sie ihren Angriffszielen in der Danziger Bucht schon sehr nahe. Mit ihren Spitzen stehen sie bereits 10 km vor Gotenhafen und 15 km vor Danzig, und bei Zoppot, das etwa in der Mitte liegt, trennen sie nur noch ganze 500 Meter von der Küste.

Damit sind die Tage von Gotenhafen und Danzig gezählt.

Unter dem Oberbefehl des Generals der Panzertruppen von Saucken baut die 2. deutsche Armee einen Brückenkopf auf. Er beginnt nördlich der Oxhöfter Kämpe, führt im Bogen um die Häfen herum und stößt im Osten auf das Frische Haff. Zu dieser Zeit befinden sich auch noch Königsberg und Teile des Samlandes in deutscher Hand, und was sehr wichtig ist: Pillau, die Frische Nehrung und die Halbinsel Hela.

Die deutschen Truppenverbände an Land werden von der Marine wirksam unterstützt. Zu der fast im ständigen Einsatz befindlichen Kampfgruppe von Vizeadmiral Bernhard Rogge gehören der Schwere Kreuzer *Prinz Eugen*, der auf wechselnden Kursen mit seiner Schiffsartillerie in die Kämpfe eingreift, das alte Linienschiff *Schlesien* und der Leichte Kreuzer *Leipzig*. Später werden diese Marinestreitkräfte durch die Kampfgruppe von Vizeadmiral Thiele mit dem schweren Kreuzer *Lützow*‹ und mehreren Zerstörern verstärkt.

Die Geschütze dieser Kriegsschiffe unterstützten mit ihrem Landzielschießen die Einheiten der deutschen 2. Armee wirksam und erfolgreich und geben darüberhinaus den Häfen und Schiffen bei den ständig zunehmenden Luftangriffen Flakschutz.

Nur diesem Zusammenwirken von Heer und Marine ist es zu danken, daß die Häfen in der Danziger Bucht, Gotenhafen und Danzig, aber auch die Halbinsel Hela, das letzte Sprungbrett nach dem Westen, im März 1945 noch immer fest in deutschen Händen waren.

In Danzig-Neufahrwasser werden pausenlos, rund um die Uhr, bei Tag und bei Nacht, Schiffe beladen und auf die Reise geschickt. Durch zwei große Hafenschuppen, die Kapitän Heinrich Schuldt als ›Flüchtlings-Auffangläger‹ eingerichtet hat, wurden in den letzten zwei Monaten bereits über 500.000 Menschen geschleust, eine halbe Million. Unglaublich, unvorstellbar. Manchmal werden am Tag zehntausend Frauen und Kinder auf Schiffe verladen, öfter sind es sogar zwanzigtausend, und es gab auch schon Tage, da der Kapitän 30.000 Menschen an die Schiffe abgeben konnte.

Die ›Flotte der Flüchtlingsschiffe‹, die tagtäglich Danzig-Neufahrwasser anläuft, um hier Menschenfracht abzuholen, ist bunt durcheinandergewürfelt. Es sind große und kleine Schiffe, ganz große Passagierschiffe, die einst die Meere der Welt befahren haben, und kleine Schiffe, die früher nur im Seebäderdienst eingesetzt waren.

Die ›Großen‹ fassen jedesmal bis zu 8000, 9000 oder gar 10.000 Menschen. So zum Beispiel die *Deutschland*, die anderen weniger, aber jedesmal auch um die 5000. An der Räumung von Danzig beteiligten sich aber nicht nur die *Deutschland*, die *General San Martin* und die *Potsdam*, die Lazarettschiffe *Pretoria*, *Posen* und *Glückauf*, sondern auch viele Frachter: *Moltkefels*, *Vale*, *Matthias Stinnes*, *Goya*, *Wartheland*, *Eberhard Essberger*, *Ubena*, *Urundi*, *Askari*, *Wangoni* und die ›kleinen alten‹ *Ida Blumenthal*, *Karin K. Bonhofen*, *Duisburg*, *Otterberg*, *Södenhamm*, – und nicht zuletzt das Walfangmutterschiff *Walter Rau*.

Für den Transport von Flüchtlingen über die Ostsee wird bei den Flüchtlingsschiffen nicht mehr nach Größe und Alter und der ursprünglichen Bestimmung gefragt, wichtig ist allein, daß das Schiff noch seetüchtig ist und irgendwo an Bord Menschen Platz finden.

Am 15. März 1945 ist zusammen mit den Frachtern *Malgache* (6903 BRT) und *Masuren* (2383 BRT) auch der Hamburg-Süd-Dampfer *General San Martin* in Danzig Neufahrwasser eingetroffen und hat am Kai festgemacht. Das Schiff hat den Auftrag, etwa 3000 Schwerverwundete an Bord zu nehmen.

Sofort nach dem Festmachen am Kai wird mit der Beladung begonnen. Zuerst kommen die Lieger, die Schwerverwundeten, dann die Sitzer. Dazwischen werden zwei Unteroffiziere und 15 Mann Bordflak eingeschifft. Später werden Flakgeschütze an Bord gehievt und festgemacht.

Bis zum Abend um 21.30 Uhr sind erst 1270 Sitzer und 1111 Lieger an Bord. In der Nacht wird weitergeladen und auch am nächsten Tag noch, dem 16. März.

Am Nachmittag werden noch 100 ›Betreuerinnen‹ an Bord genommen, die bei der Betreuung der Verwundeten während der Reise nach Kopenhagen helfen sollen. Auch der Zahlmeister-Assistent Peter Schiller geht mit von Bord. Es soll strengstens darauf geachtet werden, daß nur voll einsatzfähige Frauen ohne Kinder als Betreuerinnen ausgewählt und an Bord genommen werden. Und dies ist keine leichte Aufgabe. Denn nicht nur in den Schuppen des Kapitäns Schuldt, sondern auch am Kai stehen viel hundert oder tausend Frauen, die mitgenommen werden wollen, die sich immer wieder anbieten, betteln, flehen:

»Bitte nehmen Sie mich mit . . .«

Am Fallreep des *VTS General San Martin* stehen Besatzungsmitglieder und zählen die Frauen. Auch die unten stehenden Frauen achten darauf, daß sich keine Frau mit Kind an Bord schmuggelt.

Als Peter Schiller an Bord zurückgehen will, hält ihn eine junge Frau am Ärmel fest. »Sie sind doch von der Besatzung – bitte – bitte – nehmen Sie mich mit!«

Peter Schiller blickt in das Gesicht dieser Frau, in ihre Augen. Ihr Haar ist durch ein Kopftuch verdeckt. Sie mag nicht älter als 20 oder 21 Jahre sein.

Peter Schiller zögert –

Da bittet ihn die junge Frau noch einmal . . .

Als Peter Schiller einen Blick zum Fallreep wirft, sieht er, daß die beiden Matrosen gerade die letzte der einhundert Frauen ohne Anhang an Bord lassen und die nächste zurückdrängen.

»Schluß jetzt – wir dürfen nur hundert mitnehmen . . .!«

Die nachdrängenden Frauen gehen zurück auf den Kai, gehen weiter, als sie sehen, daß neben *General San Martin* ein weiteres Schiff festmacht.

»Wir müssen noch einen Augenblick warten«, sagt Schiller zu der Frau. »Bitte geben sie mir ihre Tasche.«

Schiller greift zu, nimmt der Frau die Tasche aus der Hand. In der anderen Hand hat sie noch eine Tasche, die sie aber abgestellt hat.

»Nein – bitte – seien Sie vorsichtig – bitte – !«

Peter Schiller hat sich die ganze Zeit über schon gewundert, warum die Frau die eine Tasche abgestellt, die andere aber krampfhaft getragen hat. Aber er fragt nicht nach dem Grund. Als er die Tasche abstellen will, ist es eine große Tragetasche, greift die Frau wieder zu –

»Bitte stellen Sie die Tasche nicht auf das Pflaster – –«

Jetzt wird Schiller neugierig:

»Haben Sie da etwa Porzellan drin?«

»Nein, noch etwas viel Wertvolleres!«

Schiller fragt nicht weiter, geht mit der Frau an Bord.

Der Posten am Fallreep, der ihn kennt, sagt mit einem Lächeln:

»Na – auch noch eine gefunden?!«

»Meine Cousine aus Danzig – hat etwas länger gedauert, bis ich sie gefunden habe«, sagt Schiller.

»Schon gut«, meint der Posten.

»Was machen wir jetzt mit Ihnen?« spricht Schiller die Frau an, als sie an Bord sind. »Wie heißen Sie eigentlich?«

»Sagen Sie Ilse zu mir – da ich ja Ihre Cousine bin . . .« – – – Ich danke Ihnen, daß Sie mich noch an Bord genommen haben!«

Schiller hört schon nicht mehr hin; er überlegt, wo er die Frau unterbringen kann. Da fällt ihm ein, daß man in die Aktenkammer des Zahlmeisterbüros eine Matratze legen könnte. Hier hätte die junge Frau für die Reise eine Bleibe.

Gedacht – getan, und die 22-jährige Danzigerin mit dem Vornamen Ilse ist zufrieden.

Schiller fällt auf, daß die junge Frau sehr nervös ist, sich immer wieder um die Tasche bemüht, die sie nicht auf den Fußboden, sondern auf den Schreibtisch gestellt hat, als er fort war, um die Matraze zu beschaffen. Aber was soll er sich darüber den Kopf zerbrechen, was in der Tasche sein mag — — —

In diesem Augenblick gibt es wieder Fliegeralarm.

Peter Schiller muß nach oben.

Nach dem Alarm ist es bereits 22.00 Uhr.

Die Einschiffung dauert immer noch an.

Der Leiter der Seetransportstelle Danzig, Fregattenkapitän Bartels, soll angeordnet haben, daß weitere 500 Verwundete aufgenommen werden . . .

Das kann noch die ganze Nacht dauern. Und das bedeutet: Wieder eine Nacht ohne Schlaf, denkt Schiller. Denn sofort nach Abschluß der Einschiffung legt *General San Martin* ab und geht auf Reede und dann sofort mit Geleit nach Kopenhagen. Und wenn das Schiff auf See ist, ist Peter Schiller nachts meistens an Oberdeck. Das hat er bisher auf allen Fahrten so gemacht. Der Untergang der *Gustlof* ist ihm noch in zu frischer Erinnerung. Er will nicht noch einmal unten im Schiff sein, wenn es krachen sollte . . .

Gegen 23.00 Uhr geht Schiller noch einmal ins Zahlmeisterbüro. Ihm ist eingefallen, daß er sich gar nicht darum gekümmert hat, daß die Frau etwas zu essen bekommt. Das ist zwar nicht seine Pflicht, aber er hätte ihr wenigstens sagen können, was sie an Bord zu tun hat.

Als er das Zahlmeisterbüro betritt und gerade hinter seinem Schreibtisch Platz nehmen will, um zuerst noch ein Telefongespräch zu führen, fällt ihm fast vor Schreck der Telefonhörer aus der Hand . . .

In der Aktenkammer schreit ein kleines Kind . . . Man hört es deutlich — es muß ein Säugling sein — — —

Peter Schiller steht auf, öffnet die Tür zu der Aktenkammer und findet seine Vermutung bestätigt.

Auf der Matratze sitzt die junge Frau und stillt ihr Kind . . .

Die Frau sieht ihn an.

»Bitte machen Sie mir keine Vorwürfe — und lassen Sie mich auf dem Schiff — — — !«

Das war also das Geheimnis der Tasche, ist Schillers erster Gedanke.

Und er macht der Frau auch keine Vorwürfe. Sie hat nur aus Liebe zu ihrem Kind gehandelt . . .

Noch am gleichen Abend bezieht die junge Danzigerin mit ihrem drei Monate alten Wolfgang die Kabine Schillers, die gegenüber dem Zahlmeisterbüro liegt, und Schiller bezieht das Notquartier in der Aktenkammer. Und er fühlt sich irgendwie wohl und zufrieden, dieser jungen Frau und ihrem Kind helfen zu können.

Später während der Reise nach Kopenhagen, erfährt er, daß der Vater des

Kindes als Leutnant zur See auf einem Torpedoboot ist. Vor einem Jahr war er mit seinem Boot in Gotenhafen und bekam einige Tage Urlaub. Seitdem hat sie ihn nicht wieder gesehen, und sie weiß auch nicht, wo er im Augenblick ist. Vielleicht auf einem der Boote, die als Sicherungsfahrzeuge die Flüchtlingsschiffe begleiten und sie vor Angriffen schützen.

Am nächsten Morgen, dem 17. März um 6.00 Uhr, ist die Einschiffung der Verwundeten beendet. An Bord sind 3356 Menschen, darunter 1221 Lieger und 1705 Sitzer. Nicht nur alle Kabinen und Säle, sondern auch alle Niedergänge und Gänge sind voll belegt.

Um 08.00 Uhr geht die *General San Martin* von der Pier auf die Reede.

Dort wird sie sofort nach Ankunft von der sowjetischen Artillerie unter Beschuß genommen. Unmittelbar in der Nähe des Schiffes schlagen die Granaten ein. Als *Prinz Eugen* und die *Schlesien* das Feuer erwidern und die sowjetischen Stellungen unter Beschuß nehmen, wird es ruhiger. Doch bis 17.00 Uhr muß *General San Martin* auf das Geleit und die Sicherungsfahrzeuge warten.

Drei M-Boote und drei S-Boote begleiten den Konvoi der Flüchtlingsschiffe nach Kopenhagen.

Peter Schiller findet auf dieser Reise keine Ruhe mehr. Am 18. März morgens um 6.45 Uhr gibt es U-Boot-Alarm, die Begleitboote werfen Wasserbomben.

Als das Spektakel vorbei ist, greifen Bomber an.

Doch die *General San Martin* kommt durch.

Die Reise ist nicht langweilig, denn Peter Schiller hat den kleinen Wolfgang irgendwie lieb gewonnen, obwohl dieser nur mit den Augen sprechen kann.

Am Morgen des 20. März werden im Freihafen von Kopenhagen die Verwundeten an Land gegeben, einer nach dem anderen – und 15 Tote, die während der Überfahrt gestorben sind.

Die letzte der Frauen, die das Schiff verlassen, ist die 22jährige Danzigerin, die junge Mutter mit dem drei Monate alten Wolfgang. Peter Schiller trägt ihr die Tasche mit dem Kind von Bord.

»Gott beschütze Sie . . .«, sagt die junge Frau zum Abschied. Peter Schiller wird diesen Schutz nötig haben. Denn bereits drei Tage später liegt das Verwundetentransportschiff *General San Martin* schon wieder abfahrbereit auf der Kopenhagener Reede, um gemeinsam mit dem Dampfer *Westpreussen*, *MRS 12*, sowie *Thalatta*, *Adler* und *Valbek*, gesichert durch ein Flugsicherungs-Schiff und *T 190*, erneut nach Osten zu laufen, über das Grab der *Gustlof* und der *Steuben* hinweg nach Danzig oder Gotenhafen.

Doch als das Geleit ankommt, kann kein Schiff mehr Danzig oder Gotenhafen anlaufen.

Die Menschen müssen jetzt auf der Reede von Hela an Bord genommen werden, auch die Verwundeten.

Der Endkampf um die Danziger Bucht nähert sich seinem bitteren Ende.

Während das *VTS General San Martin* Kurs auf Kopenhagen nahm, ist es den Sowjets am 23. März 1945, vierzehn Tage nach dem Beginn der März-Offensive gelungen, westlich Zoppot mit einer Panzereinheit eine Lücke in die deutsche Verteidigungsfront zu reißen und bis zur Küste vorzustoßen. Auch die Schiffsartillerie, die aus allen Rohren die Angreifer unter Feuer nahm, konnte den Vorstoß nicht mehr aufhalten.

Noch am gleichen Tage, dem 23. März, wird das Ostseebad Zoppot von sowjetischen Truppen besetzt. Zunächst hatte es so ausgesehen, als könnte die Schiffsartillerie des Zerstörers *Z 34* die Russen doch noch aufhalten. *Z 34* hatte die feindlichen Panzer, nachdem sich der Zerstörer bis auf 1000 Meter dem Strand genähert hatte, mit dem 15 cm-Doppelturm unter Feuer genommen. Die Panzer zogen sich, von dem gezielten Feuer überrascht, zunächst zurück, kamen später aber in noch größerer Zahl zurück und besetzten Zoppot endgültig.

Nachdem Zoppot eingenommen ist, stoßen die sowjetischen Truppen von hier aus auf Danzig vor und in der anderen Richtung auf Gotenhafen.

Gotenhafen liegt seit langem fast unter ständigem Artilleriebeschuß. Am 23. März greift ein sowjetischer Bomberverband Stadt und Hafen an.

Doch den Kapitän des Walfangmutterschiffes *Walter Rau* stören weder die Artillerie noch die Bomben. Er läuft am Nachmittag des 23. März 1945 in Gotenhafen ein. Das 13.700 Brutto-Register-Tonnen große Schiff macht im Hafenbecken IV fest. Tausende stehen am Kai. Doch nur 5000 bis 6000 Verwundete und Flüchtlinge kann das Schiff, das nur für 300 Menschen Kojen hat, aufnehmen. Die meisten werden sich mit einem ›Stehplatz‹ oder einem Notquartier begnügen müssen. Am Kai stehen aber nicht 5000, sondern 10.000 und mehr Menschen. Und *Walter Rau* ist möglicherweise das letzte große Schiff, das in den Hafen eingelaufen ist.

Die *Walter Rau* wird gestürmt.

Nur mit Mühe gelingt es, soweit Ordnung zu schaffen, daß wenigstens die Verwundeten zuerst an Bord genommen werden können. Doch auch das ist schon sehr schwer.

Alle wollen auf die *Walter Rau*, doch nur Sechstausend gelingt dies. Dann ist das Schiff voll. Nicht mehr ein Mensch hat Platz. Neben der *Walter Rau* legen jetzt Boote und Fahrprähme der Marine an und nehmen Menschen auf. Man bringt sie im Fährverkehr über das Haupthafenbecken nach Oxhöft, das weiter nördlich von Gotenhafen liegt und noch nicht in Gefahr ist. Von Oxhöft aus will man die Flüchtlinge später nach Hela übersetzen, danach auf Hela-Reede bringen, und von dort mit großen Schiffen nach dem Westen.

Im Nu ist diese Mitteilung das Gesprächsthema der am Gotenhafener Kai wartenden Flüchtlinge. Es wird wieder ruhiger. Wenn sie nur erst einmal aus Gotenhafen heraus wären, denn hier wird bald der Russe sein.

Inzwischen hat *Walter Rau* abgelegt. Innerhalb von vier Stunden wurden 6000 Menschen an Bord genommen. Mit der dröhnenden Schiffssirene nimmt *Walter Rau* Abschied von Gotenhafen. Es war das letzte große Flüchtlingsschiff, das diesen Hafen angelaufen und Flüchtlinge an Bord genommen hat.

Die Schreie der am Kai Zurückbleibenden gehen im Lärm einschlagender Granaten und Bomben unter.

Schiffsarzt Dr. Jesse hat diese letzte Fahrt von Gotenhafen mit der *Walter Rau* miterlebt. Er erinnert sich noch sehr genau daran:

»Auf der Pier standen unzählbare verzweifelte Menschen, Frauen und Kinder, von denen nur ein Bruchteil von *Walter Rau* mitgenommen werden konnte. Die Szenen beim Auslaufen des Schiffes waren fürchterlich, wußten doch die meisten der Unglücklichen, daß dieses für sie die letzte Chance war.

Die Zustände auf der Fahrt nach Kopenhagen waren charakteristisch durch die unglaubliche Überfüllung des Schiffes, das allenfalls für 300 Menschen Kojen hatte. Ausreichende Verpflegung war nicht vorhanden, insbesondere keine Frischmilch. Die zahlreichen an Bord übernommenen Säuglinge starben fast ausnahmslos.

Da das Schiff angeblich nur gesunde Flüchtlinge aufnehmen sollte, war die Sanitätsausrüstung in jeder Weise unzulänglich. Personell standen eine Schiffsschwester und zwei Sanitätssoldaten für sechstausend Menschen zur Verfügung. Medikamente, besonders Betäubungsmittel, waren im Nu verbraucht. Die operative Versorgung der bis dahin unversorgten Verwundeten konnte dementsprechend nur einen Bruchteil der Unglücklichen erfassen, zumal auch der Transport zum Schiffslazarett an Oberdeck mit nur wenigen freiwilligen Helfern nicht ausreichen konnte.

Auf den eisernen Decks des Walfangmutterschiffes und in den Laderäumen lagen Flüchtlinge, Frauen und Kinder, Schwerverwundete und Sterbende, tobende Hirnverletzte und Tote durch- und nebeneinander. Dazwischen spielten sich wilde sexuelle Orgien Verzweifelter ab.

Es war ein grauenhaftes, fast unbeschreibliches Inferno.

Während der Reise nach Kopenhagen wurden wir mehrfach von Fliegern angegriffen. Deshalb mußte immer wieder Fliegeralarm gegeben werden. Bemerkenswert war dabei die völlig gleichgültige und stumpfe Resignation der Flüchtlinge gegenüber einer so gefährlichen Situation, sie hatten wohl schon Ärgeres erlebt.

Als *Walter Rau* in Kopenhagen ankam, wurde rasch entladen, um wieder zurückzulaufen. Allerdings nicht mehr nach Gotenhafen und Danzig, die – wie wir hörten – schon in russischen Händen waren. *Walter Rau* lief nach Hela. Dort sollten bereits hunderttausend Menschen warten.«

UBENA – LETZTES SCHIFF AUS DANZIG

Palmsonntag, 25. März 1945.

Der alten Hansestadt Danzig naht das Ende der Freiheit. Seit zwei Tagen rollen russische Panzer durch das nur 8 km entfernte Seebad Zoppot. Tags darauf sind die Russen an der Küste entlang bis zur Strandhalle in Brösen vorgedrungen. Nur noch knapp 2000 Meter trennen sie von der Südseite des Freihafens in Danzig-Neufahrwasser. Hier, in den großen Lagerschuppen und Hallen am Kai warten noch mehrere tausend Menschen auf Rettung. Sie warten auf das letzte Schiff. Und sie haben die Hoffnung fast aufgegeben.

Gestern hat sich die Kriegsmarinedienststelle Danzig nach Hela absetzen müssen, die Kriegsmarine hat ihren Transport nach Gotenhafen und Hela eingestellt. Im Freihafen liegen nur noch zwei Munitionsschiffe, die *Bille* und die *Weser*.

Die Hoffnung, daß noch ein Schiff nach Neufahrwasser kommt, schwindet von Stunde zu Stunde.

Am frühen Morgen nähern sich zwei Schiffe der Danziger Bucht, die *Otterberg* (1293 BRT) und der Dampfer *Fangturm*. Sie wollen nach Neufahrwasser, doch sie dürfen nicht. Ein Schnellboot der Kriegsmarine, das gerade dabei war, die Ansteuerungstonne vor Neufahrwasser zu löschen, was ein Stop für alle Schiffe bedeutete, hat seine Arbeit unterbrochen und die beiden Schiffe zurückgeholt. Sie werden auf die Reede von Gotenhafen beordert.

Dort liegen bereits die *Deutschland* (20.607 BRT) und die Dampfer *Herkules* und *Licentia*. Diese drei Schiffe hatten den Auftrag, Verwundete und Flüchtlinge in Gotenhafen abzuholen. Doch Gotenhafen lag pausenlos unter Artilleriebeschuß. Die Schiffe mußten die Nacht abwarten, um in Gotenhafen einlaufen zu können.

Dasselbe sollte auch der frühere Afrika-Dampfer *Ubena*, 9554 BRT groß, für 124 Passagiere der Luxusklasse, 78 der II. Klasse und 132 der III. Klasse sowie 165 Besatzungsmitglieder im Jahre 1928 gebaut. Bis 1941 diente die *Ubena* der Kriegsmarine als Hilfsbeischiff in Kiel, als Wohn- und Zielschiff der 7. U-Boots-Flottille, 1942 wurde es Wohnschiff der 21. U-Boot-Flottille in Pillau, und seit dem 2. Februar 1945 ist die *Ubena* als Verwundetentransporter in der Ostsee eingesetzt und hat schon einigen tausend Menschen aus West- und Ostpreußen das Leben gerettet.

Am Palmsonntag des Jahres 1945 ist die *Ubena* in der Danziger Bucht zur Untätigkeit verurteilt, für einen Tag aufs Abstellgleis gestellt. Das Schiff soll, wie die anderen, auf der Reede von Gotenhafen den ganzen Tag über warten und erst nachts in Gotenhafen einlaufen.

Dem *Ubena*-Kapitän Lankau gefällt das überhaupt nicht.

Er möchte sein Schiff auch nicht zur Zielscheibe für die sowjetischen Bomber und Jabos machen, die an diesem Sonntagmorgen, wie jeden anderen Tag, erwartet werden. Die Russen kennen keine Sonntagsruhe.

Kapitän Lankau fackelt nicht lange. Er ist ein Mann der raschen Entscheidung.

»Wir warten nicht – wir laufen den Freihafen Neufahrwasser an!« befiehlt er.

Die Männer auf der Brücke sehen sich an. Sie haben keine andere Entscheidung erwartet.

Die Leuchtfeuer und die Ansteuerungstonne vor Neufahrwasser sind gelöscht. Kapitän Lankau stört das nicht. Er denkt an die Menschen, die in Neufahrwasser noch auf Rettung warten, auf ein Schiff – – auf sein Schiff.

In dem nicht sehr breiten Weichselarm kommt die *Ubena* mit dem Heck auf Grund. Auch das noch. Doch auch dieses Mißgeschick wird behoben. Mit eigener Kraft macht sich das Schiff wieder frei. Wer hätte auch helfen sollen?!

Es ist noch früh am Morgen, als sich die *Ubena* dem Freihafen Neufahrwasser nähert und für die wenigen Menschen, die am Kai stehen, sichtbar wird. Doch mit einem Schlage ändert sich das Bild. Wie die Ameisen kommen die Menschen aus ihren Löchern, aus den Schuppen, Kellern, Ruinen, und Häusern, in denen sie sich versteckt hatten und schon damit rechneten, in russische Hände zu fallen.

Jetzt aber, an diesem Morgen des Palmsonntags, sind die unzähligen Gebete erhört, das Flehen vieler Mütter und sterbenskranker Verwundeter.

»Da kommt ein Schiff – ein großes Schiff – – – !«

Wie ein Sturm rast dieser Ruf über die Kais bis in den letzten Winkel:

»Ein Schiff – ein Schiff!«

Minuten dauert es nur, dann ist der Kai schwarz von Menschen. Die Männer auf der Brücke der *Ubena* sehen es mit bloßen Augen.

Noch bevor die *Ubena* anlegt, hat Kapitän Lankau Ladenetze über die Bordwand hängen lassen. Da der Freihafenkai von der russischen Artillerie direkt eingesehen werden kann, legt die *Ubena* im Hafenkanal an.

Die Trossen werden an Land gegeben, die Ladebäume ausgeschwenkt, das Fallreep heruntergelassen, so als wäre dies alles eine Selbstverständlichkeit.

Dabei ist der Russe nur 2000 Meter entfernt.

Für Kapitän Schuldt, Handelsschiffsmann und Sonderführer, der in Neufahrwasser als Letzter die Stellung hält, ist es keine Selbstverständlichkeit, daß die *Ubena* noch angelegt hat. Er ist der erste, der an Bord des Schiffes geht und Kapitän Lankau wortlos die Hand drückt. Die beiden alten Fahrensleute reden miteinander, ohne zu sprechen. Schuldt hat nicht mehr gehofft, daß noch ein Schiff kommt, um die letzten Viertausend, die hier noch warten, abzuholen, nachdem die Ansteuerungstonne gelöscht wurde. Kapitän Lankau hätte viel mehr Gründe gehabt, Neufahrwasser nicht mehr anzulaufen, und es wäre auch niemand gewesen, der ihm deswegen einen Vorwurf gemacht hätte, denn seine erste Verantwortung gilt dem Schiff und der Mannschaft. Aber der *Ubena*-Kapitän, der schon einigen Zehntausend die Flucht über die Ostsee ermöglicht hat, hat weniger an sein Schiff, seine Leute und sich selbst gedacht, sondern mehr an die Menschen, die den Russen in die Hände fallen, wenn er sie im Stich läßt.

Schuldt und Lankau sehen von der Brücke der *Ubena* auf die Köpfe am Kai, auf die Menschen, die in Bewegung geraten sind. Aber es gibt keine Panik, keinen Sturm auf das Schiff. Sie alle, die warten, haben das Gefühl, mitgenommen zu werden. Nur die jüngeren Leute, Jungen und Mädchen, aber auch einige junge Frauen und Soldaten klettern an den Ladenetzen wie Katzen an Bord.

Schuldt geht an Land zurück, um die letzten Reste des Verpflegungslagers – einige Säcke Reis und Zucker und eine große Anzahl von Kisten mit Dosenmilch – an die *Ubena* abzugeben. Für einige Milchsuppen-Mahlzeiten würde das reichen.

Der Kapitän und die Decksoffiziere sehen auf den Kai herab und schätzen die Menge der Menschen, die unten warten.

»Drei- bis viertausend!«

Das ist die übereinstimmende Meinung.

Es sind fast ausnahmslos Frauen und Kinder, viele Kinder, die da unten warten, Hunderte, mehrere Tausend. Eine ganze Entbindungsstation wartet auf die Einschiffung samt Kinderwagen, die sich bereits an Oberdeck türmen.

Aber noch ist alles ruhig. Man hört zwar das Grollen der nahen Front, und über Zoppot und dem Danziger Süden stehen Rauchpilze, aber die Einschiffung läuft wie am Schnürchen.

Doch plötzlich setzt Artilleriebeschuß ein. Die Russen sind aufgewacht an diesem Palmsonntagmorgen. Gottseidank können sie nicht zielen. Die Granatsalven treffen weder den Kai noch das Schiff, sie schlagen in die gegenüberliegende Böschung ein. Nur einige Splitter verirren sich auf die *Ubena* und durchschlagen die Promenadendeckswände.

Von diesem Augenblick an wird der Artilleriebeschuß stärker, aber noch nicht wirkungsvoller. Die Granaten fallen entweder ins Wasser oder wieder in die dem Schiff gegenüberliegende Böschung.

Doch dann schießt sich eine sowjetische Werferbatterie ein. Ihr Ziel ist die *Ubena* und der Kai voller Menschen davor. Und sie treffen.

Eine Granatsalve schlägt unmittelbar vor der *Ubena* auf den Kai. Wer nicht in Deckung gehen konnte, wird zerrissen, wirbelt durch die Luft, plumpst in das Hafenwasser, stirbt im eigenen Blut auf dem Pflaster.

Die *Ubena* wird nicht getroffen.

23. März 1945 in Gotenhafen. Als letztes Schiff legte das Walfangmutterschiff *Walter Rau* (Bild oben) im Hafen an und wird von Soldaten und Flüchtlingen buchstäblich gestürmt. An Oberdeck drängten sich mehr als tausend Menschen (Bild unten).
(Fotos: Walter Rau-Reederei / Ostsee-Archiv Heinz Schön)

Als *Walter Rau* buchstäblich bis auf den allerletzten Platz besetzt war, mußte der Kapitän befehlen: „Ablegen – wir laufen aus“ (Bild oben). Doch an der Pier standen noch viele, die zurückbleiben mußten. (Bild unten).
(Fotos: Walter Rau-Reederei / Ostsee-Archiv Heinz Schön)

Gesunken in der Ostsee: Nach einem Bombenangriff auf den Kieler Hafen sank am 3. April 1945 der ›Hamburg-Süd‹-Dampfer *Monte Oliva* (13.750 BRT).
(Foto: ›Hamburg-Süd‹ / Ostsee-Archiv Heinz Schön)

Gesunken in der Ostsee: Ein weiteres Opfer des Bombardements auf den Hafen von Kiel wurde am 3. April 1945 der Dampfer *New York* (22.337 BRT) der ›Hamburg-Amerika‹-Linie.
(Foto: HAL / Ostsee-Archiv Heinz Schön)

Am 4. April 1945 sank in der westlichen Ostsee der als Flüchtlingsschiff eingesetzte Dampfer *Feodosia* (3075 BRT). Zur Zeit des Untergangs waren keine Flüchtlinge an Bord.
(Foto: HAL / Ostsee-Archiv Heinz Schön)

Vor Pillau ging am 8. April 1945 der Flüchtlingsdampfer *Mendoza* (5193 BRT) der ›Hamburg-Süd‹ verloren.
(Foto: ›Hamburg-Süd‹ / Ostsee-Archiv Heinz Schön)

Flüchtlinge auf einer Landstraße in Pommern. Ihr Ziel ist der Hafen Stolpmünde. Werden sie ihn lebend erreichen und dort noch ein Schiff finden?
(Foto: Herbert Hoffmann / Bildarchiv Preußischer Kulturbesitz)

250 Menschen starben beim Untergang des Dampfers *Vale* (5950 BRT) der Seereederei Frigga am 9. April 1945 bei Pillau, als das Schiff nach Bombenvolltreffern verlorenging.
(Foto: Seereederei Frigga / Ostsee-Archiv Heinz Schön)

Auf der Reede von Hela: Das war ein Bobenvolltreffer auf einen Frachter, der brannte und nicht mehr zu retten war.
(Foto: Drüppel 3813)

Der Dampfer *Moltkefels,* ein ehemaliger Ostindienfahrer (7862 BRT), war seit 1944 fast pausenlos im Ostseeinsatz und hatte 1944/45 bereits 69.861 Soldaten aus Finnland und Lappland und später aus Pillau, Danzig und Gotenhafen nach dem Westen über die Ostsee befördert, als er vor Hela am 11. April 1945 im Bombenhagel brannte und unterging. Nach 78 Ostseereisen hatte das Schicksal des Krieges auch die *Moltkefels* erreicht.
(Foto/ DDG Hansa / Ostsee-Archiv Heinz Schön)

Am 11. April 1945 um 16 Uhr bricht auf der Reede von Hela die Hölle los. Bomberverbände greifen die auf der Reede liegenden Schiffe an. Die *Moltkefels* brannte sofort nach einigen Bombenvolltreffern. Im Vordergrund der Aufnahme, die von einem Minensuchboot aus gemacht wurde, die brennende *Moltkefels,* dahinter das ebenfalls brennende Lazarettschiff *Posen.*
(Foto: PR / Ostsee-Archiv Heinz Schön)

Fahrprämie, Logger und Fischkutter bargen Verwundete und Flüchtlinge von der brennenden untergehenden *Moltkefels,* die mehr als 4000 Menschen an Bord hatte.
(Foto: PR / Ostsee-Archiv Heinz Schön)

Dreieinhalbtausend Menschen konnten von der brennenden *Moltkefels* gerettet werden, 500 verbrannten oder starben in der Ostsee. Beim Untergang des Lazarettschiffes *Posen* verbrannten 300 Verwundete, nur wenige der 729 die auf der *Posen* waren, konnten sich durch einen Sprung über die Reling retten.
(Foto: PR / Ostsee-Archiv Heinz Schön)

Am 15. April 1945 versuchten sowjetische Bomber immer und immer wieder den Afrika-Dampfer *Pretoria* auf der Reede von Hela zu versenken. Doch dies mißlang. Stark beschädigt, aber noch fahrbereit fuhr das Schiff mit Verwundeten und Flüchtlingen nach dem Westen und kam durch. *Foto: Deutsche Afrika-Linien / Ostsee-Archiv Heinz Schön)*

Viele tausend Verwundete verdanken dem Afrika-Dampfer *Wangoni* ihr Leben. Der 7848 BRT große Dampfer war als Verwundetentransportschiff und Flüchtlingstransporter 1945 in der Ostsee eingesetzt und überstand den Krieg fast ohne Schaden.
(Foto: Deutsche Afrika-Linien / Ostsee-Archiv Heinz Schön)

Eines der großen, als Flüchtlingsdampfer in der Ostsee eingesetzten ›Hamburg-Süd‹-Schiffe war die *Monte Rosa* (13.882 BRT), der am 16. Februar 1945 durch Minentreffer vor Hela stark beschädigt wurde, jedoch noch gerettet werden konnte. Die Schäden konnten notdürftig behoben werden und das Schiff die Fahrt fortsetzen.
(Foto: ›Hamburg-Süd‹ / Ostsee-Archiv Heinz Schön)

Nach dem Minentreffer gingen die ersten Flüchtlinge auf der *Monte Rosa* in die Boote, sie konnten jedoch wieder aussteigen, da sich das Schiff hielt und wieder notdürftig fahrbereit gemacht werden konnte.
(Foto: PR / Ostsee-Archiv Heinz Schön)

Während die Sanitäter von Bord laufen, Bahren hinuntergetragen werden, sich durch die Menge einen Weg bahnend, setzt ein furchterregendes Geschrei ein – –

Jetzt stürmen die Menschen das Schiff. Es gibt kein Halten mehr, keinen Befehl, der noch gehört werden würde. Jetzt nehmen viele noch ihre letzte Kraft zusammen, klettern an Netzen und Tauen an Bord, drängen über das Fallreep.

»Schnell – schnell – nur auf das Schiff – schnell – schnell!«

Die *Ubena* scheint den Wartenden wie eine Burg, wie eine Festung. Noch kein Treffer ist auf dem Schiff gelandet.

Auf der Brücke stehen Kapitän Lankau und die Decksoffiziere und zählen die Minuten. Wann endlich wird der Letzte vom Kai an Bord sein – wann endlich? Dreieinhalb Stunden wird schon ununterbrochen geladen. Jetzt geht es doppelt so schnell wie vor einer halben Stunde. Die Menschen gehen nicht mehr auf die *Ubena*, sie fliehen, alles zurücklassend, was sie daran hemmt.

Der *Ubena*-Kapitän fürchtet, daß ein längeres Verbleiben am Kai für das Schiff ganz gefährlich werden kann. Ein Volltreffer, ein Brand – und alle Mühe wäre umsonst gewesen. Eine brennende *Ubena* hätte niemand mehr retten können!

Genau vier Stunden nach dem Anlegen ist der letzte Flüchtling, das letzte Kind an Bord. Während die *Ubena* ablegt, hängen noch zahlreiche Menschen in dichten Trauben an den ausgehängten Netzen an der Bordwand, jetzt über dem Hafenwasser. Seemänner der *Ubena* holen sie herauf an Deck, keiner fällt herunter.

An Land bleibt nur ein Mann zurück, Kapitän Schuldt, einer der Männer, auf den sich Konteradmiral Engelhardt, der Seetra-Chef in Flensburg, absolut verlassen kann. Er hat Schuldt für seinen Stab persönlich ausgesucht.

Kaum ist die *Ubena* – noch in Sichtweite – einige hundert Meter von Kai entfernt, erzittert hier die Erde. Nicht nur zehn oder zwanzig, hundert oder mehr Granaten schlagen am Kai ein, dort – wo eben noch die *Ubena* lag. Erdbrocken fliegen in die Luft, Eisenstücke, Holz, Steine. Kapitän Heinrich Schuldt, der in diesem Augenblick im Keller des Leuchtturms Schutz gefunden hat, glaubt, die Welt gehe unter. So ein Lärm ist draußen. Dann ist wieder Stille.

Doch dann noch einmal ein Höllenlärm. Die beiden im Freihafen von Neufahrwasser liegenden Munitionsschiffe *Bille* und *Weser* sind in die Luft geflogen.

Jetzt ist der Hafen leer. Kein Mensch wartet hier mehr und kein Schiff. Nur noch 30 zurückgelassene deutsche U-Boote liegen im Hafen, eine willkommene Beute für die Sowjets.

Kapitän Heinrich Schuldt setzt sich nach Anbruch der Dunkelheit mit einem Motorboot nach Hela ab. Er ist der Letzte, der Neufahrwasser verläßt.

Kapitän Lankau ist froh, sein Schiff als letztes Schiff aus Neufahrwasser noch herausbekommen zu haben. Die *Ubena* liegt am Abend auf der Gotenhafener Reede bei den anderen Schiffen.

»Wir nehmen noch Verwundete auf, das Schiff ist noch nicht voll. Wir haben erst viertausend Flüchtlinge an Bord, und für tausend Verwundete haben wir noch Platz«, war die Meinung des Kapitäns.

Und die *Ubena* wartete auf weitere Menschenfracht.

Am nächsten Morgen in der Frühe sollte die Einschiffung beginnen, auf der *Ubena* und den anderen Schiffen. Doch nach Gotenhafen kamen sie nicht mehr.

Am frühen Morgen stiegen Fesselballons hinter Gotenhafen auf. Als Kapitän Lankau den ersten Ballon aufsteigen sah, wußte er, was die Glocke geschlagen hatte:

Die Ballons sollten das Artilleriefeuer auf die auf Gotenhafen Reede liegenden Schiffe steuern. Genau so war es auch.

Lankau befiehlt sofort: »Anker auf!« Sein Schiff soll bei einem Angriff beweglich sein. Die erste Salve kam bereits angerauscht, als der Anker noch nicht ganz hoch war. Drei Einschläge lagen dicht neben der Bordwand. Die zweite sofort folgende Salve schüttete Wasser und Splitter über dem Schiff aus. Eine Granate zerriß den Splitterschutz des Ruderhauses und pfiff am Kopf des Kapitäns, handbreit am Gesicht vorbei. Er hat das Granatenstück als Erinnerung aufgehoben.

Dann hieß sein nächstes Kommando: »Voll voraus!«

Ubena verließ den Ankerplatz. Und das rechtzeitig, bevor die dritte Salve genau auf diesem Platz einschlug, aber die *Ubena* dort nicht mehr antraf. Ein listiger Kapitän war den Geschossen ausgewichen. Wieder einmal kamen die Viertausend an Bord mit dem Schrecken davon.

Bereits bei der ersten Salve eröffneten die Schweren Kreuzer *Prinz Eugen* und *Lützow*, das Torpedoboot *T 28* und weitere kleinere Kriegsschiffe das Feuer auf die sowjetischen Batterien. Jetzt war die Luft nur noch erfüllt von einem ohrenbetäubenden Dröhnen von Geschossen und Einschlägen.

Doch keines der Geschosse traf die *Ubena*.

Nachdem es wieder einigermaßen ruhig geworden ist, läuft unmittelbar am Torpedoboot *T 28* der kleine Dampfer *Neufahrwasser* vorbei. Der Torpedobootskommandant, Kapitänleutnant Temming, sieht an Oberdeck des kleinen Dampfers keinen Menschen. Ein leeres Schiff? Er stutzt und fragt an:

»Wo wollen Sie hin – haben Sie Flüchtlinge an Bord?«

Die Antwort überrascht nicht nur den Kommandanten und die Brückenoffiziere:

»Hier Gauleiter Forster an Bord – auf dem Weg nach Hela!«

Ein Gauleiter auf einem Schiff – und kein Flüchtling.

Der Kommandant von *T 28*, dessen Boot bis an Deck mit Flüchtlingen überfüllt ist, fordert den Dampfer *Neufahrwasser* auf, längsseits zu gehen und Flüchtlinge zu übernehmen.

Doch Gauleiter Forster denkt nicht daran, auch nur einen Flüchtling an Bord zu nehmen.

Da macht der Torpedobootskommandant kurzen Prozeß:

»Wenn Sie nicht sofort stoppen, eröffne ich das Feuer!«

Matrosen besetzen ein Geschütz. Auf der *Neufahrwasser* merkt man jetzt, der Torpedobootskommandant macht tatsächlich Ernst, er will den Gauleiter abschießen – – –

Neufahrwasser stoppt und erhält eine volle Ladung Flüchtlinge, soweit sie das Schiff fassen. Von Gauleiter Forster ist allerdings nichts zu sehen. Wahrscheinlich scheut er sich davor, in dieser Stunde den Flüchtlingen gegenüberzustehen.

Auch die *Ubena* setzt sich nach Hela ab. Als sie sich der Südspitze genähert hat, werden Verwundete an Bord genommen. An den Ladeluken kommen Marinefahrprähme längsseits, vollbeladen mit Verwundeten. Mit dem Ladebaum werden Plattformen in die Prähme gelassen, zwei Verwundete daraufgelegt, ein *Ubena*-Besatzungsmitglied hielt sie fest. So werden sie an Bord geholt. An Deck stehen Seemänner und Helfer, um die Verwundeten unter Deck zu bringen. Bis zu dreihundert Verwundete bringt jede Fähre. Wer noch gehen oder kriechen kann, kommt über das heruntergelassene Fallreep an Bord.

Am Spätnachmittag sind rund 1200 Verwundete an Bord.

Am Abend wird vor Hela der Geleitzug zusammengestellt. Gemeinsam mit der *Deutschland*, den Dampfern *Herkules* und *Licentia*, *Ottenburg* und *Fangturm* verläßt die *Ubena*, mit starkem Geleitschutz die Danziger Bucht mit Ziel Kopenhagen.

Während der Nacht herrscht auf dem Schiff keine Ruhe. Rund 5500 Menschen sind an Bord, auf einem Schiff, das für nur knapp 500 bestimmt war. In den Großkesseln der Küche wird pausenlos gekocht, Durcheinander – und Milchsuppe für die Kinder. Denn es sind viele Kinder an Bord, über zweihundert, die aus dem Entbindungsheim und die, die von den Flüchtlingsfrauen mitgebracht wurden. Und an Bord sind bereits wieder ein Dutzend geboren worden in den letzten Stunden.

Und einige Mütter, die Mädchen zur Welt gebracht haben, bitten den Kapitän, den Mädchen den Vornamen *Ubena* geben zu dürfen, zur lebenslangen Erinnerung an eine glückhafte Rettung.

An diesem Palmsonntag des Jahres 1945 hat Kapitän Lankau mit seiner *Ubena* weiteren 5500 Menschen das Leben gerettet.

Als er in Kopenhagen seine Fracht losgeworden ist und viele sich mit Tränen in den Augen stumm verabschiedet haben, läuft *Ubena* wieder aus.

Das Ziel ist Hela.

Dort warten noch Zehntausende auf Schiffe.

RÄUMUNG DER OXHÖFTER KÄMPE: ›UNTERNEHMEN WALPURGISNACHT‹

Mit kleinen und kleinsten Schiffen, Booten und Prähmen werden in den letzten Märztagen Flüchtlinge, Verwundete und Soldaten aus den bedrohten Häfen Danzig und Gotenhafen zur Oxhöfter Kämpe gebracht, einem Höhenzug, der oberhalb von Gotenhafen beginnt und sich etwas mehr als zehn Kilometer an der Küste entlang nach Norden und nordwestlich ins Land hinein erstreckt. Bis zu 85 Meter hoch ist die Steilküste zum Meer, die nur durch ein paar Buchten zerrissen wird. Auf der anderen Seite der Hänge, in den Wäldern, haben sich die Reste der deutschen Truppen festgesetzt, Reste der deutschen 2. Armee, die mit allen noch zur Verfügung stehenden Kräften versucht, dieses Stückchen Land – es sind nur ein paar Quadratkilometer – zu halten. Aber diese wenigen Quadratkilometer sind in den letzten Tagen sehr wichtig geworden. In Buchten sind Flüchtlinge angelandet worden. Viele Tausende. Sie fühlen sich erst einmal in Sicherheit, aber sie können hier nicht bleiben. Es sind schon 20.000 bis 30.000.

In einem alten Munitionsbunker hat die 32. Infantrie-Division ihren Gefechtsstand eingerichtet. Die in dem Bunker lagernden Granaten liegen aufgestapelt rund um den Bunker. Erhält dieser einen Volltreffer, fliegt der Gefechtsstand in die Luft.

Der Divisionskommandeur, Generalleutnant Boekh-Behrens, liest gerade ein Flugblatt, unterschrieben von Marschall Rokossowski, das man über Danzig, Gotenhafen und Oxhöft abgeworfen hat. Es mag bereits einige Tage alt sein:

»Generale, Offiziere und Soldaten der deutschen 2. Armee!

Meine Truppen haben Zoppot genommen und Eure eingeschlossene Kräftegruppe in zwei Teile aufgespalten . . .

Unsere Artillerie beschießt die Häfen von Danzig und Gdingen.

Der eherne Ring meiner Truppen um Euch verengt sich immer mehr. Unter diesen Umständen ist euer Widerstand sinnlos und wird zum Untergang von hunderttausenden Frauen, Kindern und Greisen führen.

Ich fordere Euch auf, unverzüglich den Widerstand einzustellen und Euch mit weißen Fahnen gefangenzugeben. Allen Gefangenen garantiere ich das Leben und die Belassung des persönlichen Eigentums.

Alle Offiziere und Soldaten, die die Waffen nicht strecken, werden bei dem bevorstehenden Sturm vernichtet.

Euch wird die volle Verantwortung für die Opfer der Zivilbevölkerung treffen!«

Das also ist die Lage.

Doch der sowjetische Marschall irrt.

Sein Flugblatt-Aufruf bewirkt das Gegenteil. Die Verteidigung der Oxhöfter Kämpe wird verbissener.

Doch eines ist sicher: Auch diese Verteidigung kann nur noch Tage dauern, sie muß solange dauern, bis die Flüchtlinge nach Hela abtransportiert sind und auch die Truppe. Wenn die Oxhöfter Kämpe leer ist, völlig geräumt, kann der Russe kommen, vorher nicht.

Weder der Divisionskommandeur noch die verantwortlichen Marineoffiziere machen sich Illusionen, die ›Oxhöfter Kämpe‹, die zum ›festen Platz‹ erklärt wurde, auf lange Sicht halten zu können. Schnellste Räumung ist geboten.

Dabei leistet die Marine Unvorstellbares.

An einem Tage, dem 25. März, transportieren Schiffe der 9. Sicherungs-Division 35.000 Menschen von der Oxhöfter Kämpe nach Hela. Am gleichen Tage kommen aber fast 30.000 aus Gotenhafen und Danzig in Oxhöft an. Immer wieder landen Boote und Kutter, Prähme und Siebelfähren.

Am 26., 27. und 28. März hält der Zustrom von Gotenhafen und Danzig noch an, und in den Nächten werden weitere 40.000 Menschen von der 9. Sicherungs-Division nach Hela gebracht.

So geht das auch noch eine Nacht.

Am 28. März kommt keine Fähre und kein Boot mehr nach Gotenhafen. Gotenhafen ist in die Hand der Russen gefallen und heißt jetzt wieder Gdingen.

Am 29. März kommen die letzten Flüchtlinge mit Booten und kleinen Schiffen aus Danzig.

Am 30. März wird auch über der freien Hansestadt Danzig die rote Fahne gehißt.

Wie lange wird sich jetzt noch die Oxhöfter Kämpe halten lassen?

30.000 und mehr Flüchtlinge müssen noch abtransportiert werden und etwa 8000 Soldaten. – – –

Der Divisionskommandeur, Generalleutnant Boekh-Behrens, und der Chef der 9. Sicherungs-Division haben vereinbart, unter dem Stichwort ›Walpurgisnacht‹ im Rahmen eines Großeinsatzes der Marine die letzten 38.000 Menschen von der Oxhöfter Kämpe nach Hela zu bringen.

In der Nacht vom 4. zum 5. April 1945 ist es soweit.

Mit 25 KFK, 27 MFP, 5 SAT und fünf anderen Schiffen werden in einer Nacht 30.000 Flüchtlinge und 8000 Soldaten, der Rest des VII. Panzerkorps von der Oxhöfter Kämpe abgeholt.

Diese Operation wird durch den Kreuzer *Lützow*, die Zerstörer *Z 38*, *Z 31*, *Paul Jacobi*, das Torpedoboot *T 36* und die SATs *Ostsee*, *Soemba*, *Robert Müller 6* und andere Kriegsmarineeinheiten gedeckt. Kein Prahm, kein Kutter, kein Schiff geht verloren.

Auch der letzte Mann wird gerettet.

Als die Russen nach stundenlanger Feuervorbereitung die Oxhöfter Kämpe besetzen, finden sie außer durch Granaten und Bomben fast abeholzte Wälder und umgepflügten Boden nicht mehr einen Soldaten und keine Frau . . .

Die Oxhöfter Kämpe ist in sowjetischer Hand.

Die letzte Rettung für Soldaten und Flüchtlinge ist jetzt nur noch die Halbinsel Hela.

Hier wird unter dem Flakschutz der Kriegsschiffe und unter ständigem Beschuß der an der Küste aufgestellten Batterien pausenlos auf große Schiffe verladen.

Nacheinander verlassen die Schiffe Hela.

Die *Deutschland* hat wieder 10.000 an Bord genommen, die *Cap Arcona* 9000, die *Pretoria* 7000, *Robert Essberger* 4750. Mehr als 30.000 Menschen auf vier Schiffen. Aber nicht nur vier, vierzehn Schiffe liegen vor Hela und laden und laden . . .

Hela wird in diesen Apriltagen zum deutschen Dünkirchen.

Am 6. April, morgens um 05.00 Uhr, trifft der Dampfer *General San Martin* wieder auf der Außenreede von Hela ein, um 3000 bis 4000 Verwundete zu laden, was sich auf See bei dauerndem Artilleriebeschuß und Bombenangriffen als äußerst schwierig erweist und zwei Tage dauert. Peter Schiller erinnert sich daran:

Es war schlimmer als je zuvor. *General San Martin* brauchte zunächst einmal Öl und Wasser. Ohne Öl mußte das Schiff auf der Reede von Hela liegenbleiben. Es wäre für Bomber und die Artillerie ein willkommenes Ziel gewesen. Die 9. Sicherungs-Division bewilligte sofort Öl und Wasser. Die Fahrzeuge kamen.

Auf der anderen Seite wurden die Verwundeten an Bord genommen. Die Lieger mußten auf Holzplattformen an Bord gehievt werden. Das war umständlich und dauerte lange.

Den ganzen 6. April ging das so, und Hela Reede machte den Eindruck eines großen Schiffsbahnhofes. Zwischen Hela und den Schiffen sah man kaum noch Wasser, soviele Boote, Prähme, Kutter und Schiffe brachten die Menschen heran, Frauen, Kinder, Verwundete und Soldaten.

Am 7. April, morgens um 10.30 Uhr, versuchte eine sowjetische Batterie am Gotenhafener Kai, sich auf die *General San Martin* einzuschießen. Wir mußten den Anker lichten und den Liegeplatz verlegen, um nicht getroffen zu werden. Da das Ankerlichten rund eineinhalb Stunden dauerte, kamen die Granateinschläge immer näher. Doch das Schiff wurde nicht getroffen.

Nachmittags um 16.00 Uhr kamen die Bomber. Wie jeden Tag: Neun davon nahmen sich *General San Martin* zum Ziel. Die Bomben klatschten um das Schiff herum ins Wasser, hohe Fontänen spritzten auf, aber keine Bombe traf.

Danach frischte die See auf. Jetzt wurde ein Einladen der Verwundeten noch schwieriger. Wegen Spillschwierigkeiten konnte nicht mehr geankert werden. Das Schiff trieb und kam außerhalb des Flakschutzes der Kriegsmarineeinheiten. Und immer noch wurden Verwundete an Bord genommen.

Um 19.00 Uhr mußte die Beladung beendet werden, ein neuer Bomberverband war im Anflug. *General San Martin* verließ die Reede von Hela. An Bord befanden sich 800 Lieger, 1300 Sitzer, 1400 Flüchtlinge, mit Besatzungs- und Sanitätspersonal, Flak und Helferinnen etwa 4000 Menschen. Zwei M-Boote und ein R-Boot führten den *General* sicher nach Kopenhagen.

Währenddessen wurde in Hela weiter geladen. Schiff auf Schiff nahm Menschen an Bord. Es warteten noch so viele.

Am Morgen des 9. April 1945, morgens um 08.05 Uhr, traf der Dampfer *General San Martin* von Hela kommend auf der Kopenhagener Außenreede ein und ankerte.

Den ganzen Vormittag über bemühte sich die Schiffsleitung um dänische Schlepper, die das Schiff in den Freihafen schleppen sollten, damit es entladen werden konnte. Erst gegen 16.00 Uhr teilte der Hafenkommandant mit, daß sich die dänischen Schlepper weigerten, weitere Flüchtlings- und Verwundeten-Transportschiffe in den überfüllten Hafen zu schleppen. Erst der energische Hinweis des leitenden Marinearztes auf die Schwerverwundeten an Bord half. Um 18.00 Uhr zogen dann deutsche Schlepper das Schiff in den Hafen.

Zunächst wurden jedoch die Flüchtlinge ausgeladen, was sehr rasch vor sich ging, um Platz zu schaffen für den Transport der Verwundeten, der weit schwieriger und zeitraubender war.

General San Martin war eines der Flüchtlings- und Verwundeten-Transportschiffe, das bei der Rückführung von Flüchtlingen und Verwundeten über die Ostsee eingesetzt war. Wie fast alle anderen sogenannten ›Flüchtlingsschiffe‹ war es kein Kriegsschiff, sondern ein Handelsschiff, das unter dem Kommando eines Handelsschiffskapitäns stand, den Status eines ›Hilfsbeischiffes der Kriegsmarine‹ hatte und unter der Reichsdienstflagge fuhr. Das militärische Personal, das Sanitätspersonal und die Bordflak unterstanden auf den Verwundeten-Transportschiffen dem Leitenden Marinearzt.

DER ›TÖDLICHE UNFALL‹ DES DAMPFERS *NEUWERK*

Nicht alle Schiffe hatten bei ihrem Einsatz in der Ostsee soviel Glück wie die *General San Martin*, die am 9. April an der ›Langen Linie‹ in Kopenhagen Flüchtlinge und Verwundete nach glückhafter Fahrt auslud.

Weit weniger Glück hatte ein Schiff, das am gleichen Tage, dem 9. April 1945, im Hafen von Pillau festgemacht hatte und Flüchtlinge an Bord nahm.

Dieses Schiff war der Dampfer *Neuwerk*, dem noch an diesem Tage ein ›tödlicher Unfall‹ auf der Ostsee bevorstand, ein im Rahmen der Ostsee-Flucht 1944/45 einmaliger Unfall.

Montag, 9. April 1945.

An der Pier im Hafen von Pillau liegt der kleine, nur 807 BRT große Dampfer *Neuwerk*, Baujahr 1912, der Reederei Knöhr & Burchardt NFL in Hamburg gehörend, jetzt unter Reichsdienstflagge fahrend und zu den der KMD unterstellten ›Flüchtlingsschiffen‹ gehörend, und wartet auf eine neue Ladung.

Auf eine Ladung Menschen.

Das verhältnismäßig kleine Schiff, verglichen mit den 5000 oder 10.000 Tonnern oder den ganz großen mit über 20.000 BRT, hatte bereits auf zwei Fahrten von Pillau nach Stolpmünde jedesmal 300 Flüchtlinge befördert. Heute soll der kleine Dampfer *Neuwerk* aber mehr Menschen an Bord nehmen, mindestens das Dreifache wie bisher, vielleicht sogar 1000 oder mehr. Denn die Tage in Pillau waren gezählt. Es kann nicht mehr lange dauern, dann ist die Seestadt in den Händen der Russen, die sie bereits eingeschnürt haben wie zuvor Gotenhafen und Danzig, in denen seit Tagen bereits die rote Fahne der Eroberer weht.

Im Pillauer Hafen drängen sich an diesem Montagmorgen die Menschen wie nie zuvor. Zehntausende sind es, die warten, obwohl tagtäglich kleine und große Schiffe einlaufen, Menschen an Bord nehmen, auslaufen, zurückkommen, wieder Menschen an Bord nehmen und wieder auslaufen. Und immer noch müssen viele zurückbleiben, die keinen Platz auf einem Schiff gefunden haben. Sie drängen, haben es immer eiliger wegzukommen. Die Zeit läuft weiter. Und Zeit hat niemand mehr. Verlorene Zeit kann verlorenes Leben sein. Denn die Tage der Freiheit sind für Pillau gezählt.

Auch der Kapitän des Dampfers *Neuwerk* hat dies erkannt und fühlt, daß er heute zu letzten Mal mit seinem Schiff in Pillau ist. Und er will mit seinem Schiff soviel Menschen wie möglich mitnehmen, am liebsten würde er nicht einen zurücklassen. Aber die *Neuwerk* ist ja nur ein Schiffchen. Nicht mehr, doch für viele der letzte Funke Hoffnung.

Selbst wenn dies fast unmöglich erscheint, will Kapitän Hermann Kähler heute eintausend Menschen aus Pillau mitnehmen.

»Wir müssen jeden Zentimeter ausnutzen, jeden Zentimeter«. sagt er seinen Leuten.

Seine Besatzung ist genau so klein wie das Schiff, ganze 13 Mann, ihn eingeschlossen und den 1. Offizier Otto Voelger, den 3. Offizier Wilhelm Maack, den 1. Ingenieur Paul Ohle, den 2. Ingenieur Bouwe Reyenga, einen Holländer aus Amsterdam, bis hin zu seinem zweiten Ausländer an Bord, dem sympatischen Heizer Giovanni Zuccum aus Mandolina in Italien, 39 Jahre alt und Vater von zwei Kindern, deren Bilder er immer bei sich trug . . . Auf alle seine Leute konnte sich der Kapitän der *Neuwerk* verlassen.

Schon am frühen Vormittag beginnt die Einschiffung. Zuerst kommen die Verwundeten an Bord, Leichtverwundete, denn für Schwerverwundete fehlt auf der *Neuwerk* der Platz und die Betreuung. Erst zum Schluß dürfen Flüchtlinge an Bord genommen werden, die mithelfen, die Verwundeten zu betreuen. Immer wieder wird die Anbordnahme durch Artilleriefeuer und Fliegerangriffe gestört. Den ganzen Tag über ist Fliegeralarm. Das Warten in Pillau ist gefährlich geworden, es ist fast ein Spiel mit dem Tod, ein Glücksspiel. Jeden Augenblick kann man der Verlierer sein.

»Wir müssen so schnell wie möglich hier raus!« sagte gegen Mittag Kapitän Kähler zu seinem 1. Offizier.

Vor Anbruch der Dunkelheit ist es so weit. Die *Neuwerk* war bis an den Rand voller Menschen. Keine Maus hatte mehr Platz in den Räumen, Gängen und auf Deck.

Bei der Anbordnahme hatten die Matrosen Reisland und Maresch unter Aufsicht des 3. Offiziers Maack jeden gezählt, der an Bord kam.

Gegen 18.15 Uhr befanden sich 854 Verwundete, 100 Flüchtlinge, 60 Eisenbahner, 6 Mann Wehrmachts-Sanitäts-Personal und ein DRK-Helfer an Bord, insgesamt 1021 Menschen und 13 Köpfe der Besatzung.

Um 20.00 Uhr verläßt die *Neuwerk* Pillau.

Das ist gar nicht so einfach.

Denn immer noch beschießt die russische Artillerie den Hafen und die Hafenausfahrt, jagen Tiefflieger mit Bomben und Bordwaffen über den Hafen, immer und immer wieder. Um diesem Beschuß und diesen Angriffen auszuweichen, laufen kleine Kriegsschiffe, Boote und Handelsschiffe kreuz und quer durch die Hafenausfahrt, um kein festes Ziel zu bieten. Dies erschwert für *Neuwerk* die Ausfahrt ungemein.

Dann ist es doch geschafft.

Der Dampfer *Neuwerk* wird von einem Sicherungsschiff begleitet, das vorausläuft. Die Marschgeschwindigkeit der beiden Schiffe beträgt 6–7 sm, Zielhafen ist Hela. Hier sollen die 1021 an Bord befindlichen Menschen ausgeladen werden.

Der 1. Offizier Otto Voelger, der auf der Brücke Dienst tut, hat weder vor dem Auslaufen noch kurz danach Kapitän Kähler gefragt, ob *Neuwerk*

ES (Erkennungssignale) an Bord hat. Die Anbordnahme der mehr als tausend Menschen, der ständige Beschuß, die Schwierigkeiten bei der Ausfahrt und die Unruhe an Bord, dazu das sich nach Auslaufen verschlechternde Wetter haben ihm überhaupt keine Zeit gelassen, nach ES zu fragen. Auch bei der vorletzten Fahrt hatte *Neuwerk* kein ES an Bord, und als er dies bemerkte und den Kapitän darauf ansprach, hatte ihm dieser geantwortet: »Brauchen wir nicht, wir fahren ja im Geleit!«

Der 1. Offizier ahnte in diesem Augenblick noch nicht, daß das fehlende ES noch in dieser Nacht das Schicksal des Schiffes besiegeln und zu einem ›tödlichen Unfall‹ führen würde, der fast eintausend Menschen das Leben kosten sollte.

Denn seit der letzten Reise der *Neuwerk* hatte sich die Situation in der Danziger Bucht merklich geändert. Danzig und Gotenhafen waren im Besitz der Russen. In Danzig-Neufahrwasser waren nicht nur sowjetische Torpedokutter stationiert, sondern auch sowjetische Schnellboote, und andere Kleinkampfverbände in Gotenhafen. Bei dem regen Verkehr deutscher Schiffe zwischen Libau, Pillau und Hela mußte man jetzt des Nachts Freund und Feind unterscheiden können. Deshalb hatten auch die Schiffe ›Parolen‹, sogenannte ES – Erkennungssignale –, die man bei Begegnungen austauschte. Die Erkennungssignale waren farbige Leuchtkugeln mit verschiedenen Farben, deren Zusammenstellung täglich gewechselt wurde. Die Farben und Zusammensetzung der ES-Signale waren auf ES-Tafeln zusammengefaßt, aus denen man das jeweilige Tagessignal erkennen konnte. Bei Schiffsbegegnungen mußte man diese Licht-Parolen beantworten. Blieb das ES aus oder wurde mit einer falschen Licht-Parole geantwortet, also mit einem falschen ES, konnte es sich nur um ein feindliches Schiff handeln. Das aber konnte die Versenkung eines Schiffes zur Folge haben. Kriegsschiffe hatten grundsätzlich ES an Bord, Handelsschiffe nicht immer. Oft überließ man die ES-Signale im Geleit den Geleitfahrzeugen bzw. dem Geleitführer, also ausnahmslos Schiffen der Kriegsmarine. Da die *Neuwerk* an diesem 9. April 1945 in Begleitung eines vorauslaufenden Sicherungsfahrzeuges war, schien es nicht so schlimm zu sein, kein ES an Bord zu haben. Der Kapitän hatte dies auf der laufenden Seite im Schiffstagebuch vermerkt. Daran erinnerte sich der 1. Offizier später noch. Einen solchen Eintrag auch am 9. April gesehen zu haben, daran konnte er sich nicht mit Bestimmtheit erinnern.

Die Fahrt des Dampfers *Neuwerk* forderte von Otto Voelger auch alle Aufmerksamkeit. Die Nacht war grau, später etwas häsig, aber das ca. 300 m vorauslaufende Sicherungsfahrzeug war deutlich erkennbar. Nicht nur der 1. Offizier, auch der Rudergänger behielt das Sicherungsfahrzeug ständig im Auge.

Um 24.00 Uhr war die Wache des 1. Offiziers vorbei. Er hatte vier Stunden Freiwache und war froh, noch ein paar Stunden schlafen zu können.

Pünktlich meldete sich der 3. Offizier Wilhelm Maach zur Wachablösung. Otto Voelger übergab die Wache mit den Worten:

»Sicherungsfahrzeug läuft zwei Striche an Backbord ca. 300 m voraus. Sehen Sie es?«

Der 3. Offizier bestätigte dies:

»Ja – ich sehe es!«

Auch der ablösende Rudergänger wurde auf das Sicherungsfahrzeug aufmerksam gemacht und erklärte ebenfalls:

»Ich sehe es!«

Als Voelger seine Wache verließ, sprach er noch den ältesten Matrosen auf dem Schiff, Arthur Reinke – einen Danziger – an, der als Ausguckmann seinen Dienst tat. Auch dieser sah das Sicherungsfahrzeug deutlich vor sich.

Zu dieser Zeit, um Mitternacht, befand sich auch Kapitän Hermann Kähler noch auf der Brücke. Er verzichtete in dieser Nacht auf Schlaf. Er würde erst wieder zur Ruhe kommen, wenn er die tausend Leute in Hela abgeliefert hatte.

Kurz vor 04.00 Uhr meldet sich der 1. Offizier wieder zur Wachübernahme. Der 3. Offizier Maack informierte bei der Wachübergabe um 04.00 Uhr den 1. Offizier darüber, daß die Tonne Position 2 Weg 76 bald in Sicht kommen müßte.

Als der 1. Offizier ins Ruderhaus kommt, fragt der Kapitän:

»Hat Ihnen der 3. Offizier auch gemeldet, daß er das vorauslaufende Sicherungsfahrzeug verloren hat?«

Davon weiß der 1. Offizier nichts. Er erschrickt bei dieser Nachricht.

Gerade will er Kapitän Kähler fragen, wo das Schiff steht, da erklärt ihm dieser:

»Wir müssen ca. 1,5 bis 2 sm vor der Positionstonne sein, achten Sie gut darauf. Der Kompaß-Kurs ist 270°–275°.«

Der 1. Offizier starrte voraus. Höchste Aufmerksamkeit war jetzt geboten. Kurze Zeit später sieht er die Spierentonne dicht voraus an der Steuerbordseite. Er macht den Kapitän darauf aufmerksam.

»Wir müssen die Tonne an Steuerbord halten!« ruft er dem Kapitän zu. Doch *Neuwerk* passiert die Spiere an Backbord, da sich das Schiff nicht halten läßt.

Durch das Glas erkennt Voelger einen Vertikalbalken der Positonsziffer, kann aber nicht feststellen, ob es ein 4 oder eine 1 war.

Kapitän Kähler blickt auf die Uhr und sagt:

Wir können auf keinen Fall die Spiere bereits passiert haben.«

Kähler und Voelger nehmen an, daß die Spiere zum Nord-Süd-Weg nordöstlich Hela gehört. Sie überlegen zu loten, aber wegen der gleichen Wassertiefe versprechen sie sich nicht viel davon. An sich wurde auf Dampfer *Neuwerk* viel gelotet. Das lag auch daran, daß das Schiff kein Kartenhaus besaß, sondern der Kartentisch im Ruderhaus stand. Es wurde beim Schein einer Taschenlampe mitgekoppelt nach Zeit und Distanz, und im Zweifelsfall wurde gelotet. Doch in diesem Fall, morgens um 4 Uhr, wurde nicht gelotet, das hätte die 1000 Menschen auf dem Schiff nur beunruhigt.

Fest stand: *Neuwerk* hatte das Sicherungsfahrzeug, seinen Beschützer, verloren, und mit an Sicherheit grenzender Wahrscheinlichkeit hatte sich das Schiff auf dem Weg nach Hela buchstäblich verlaufen. Man wußte auf der Brücke der *Neuwerk* überhaupt nicht, wo sich das Schiff im Augenblick befand.

Vorsichtshalber wurde 290° gesteuert, dann wieder 275°. Das etwa konnte die Richtung Hela sein. Das mußte sie sein – oder nicht? Wer wollte das in dieser dunstigen Nacht genau sagen?!

Als sich der 1. Offizier umsieht, bemerkt er plötzlich zwei Schnellboote, die gut erkennbar sind.

»Deutsche Schnellboote!« ruft Voelger dem Kapitän zu. Dieser schien wie beruhigt. Jetzt konnte ja nichts mehr passieren.

Kurz danach glaubte der 1. Offizier einen dritten Schatten an Backbord zu erkennen. Er nahm an, daß dies das außer Sicht geratene Sicherungsfahrzeug war.

»Sollen wir anfragen, ob es unser Geleit ist?« fragte Voelger Kapitän Kähler. Doch dieser lehnte ab.

»Wir haben uns immer zurechtgefunden – wir werden uns auch diesmal zurechtfinden«, meinte er.

In diesem Augenblick zischten Sternsignale in den Himmel. Doch die beiden Handelsschiffsoffiziere auf der *Neuwerk* konnten diese Signale nicht deuten.

Plötzlich erhielt *Neuwerk* Schüsse vor den Bug.

»Also doch russische Schnellboote«, schießt es dem 1. Offizier durch den Kopf.

Jetzt prasselt ein Feuerhagel auf Dampfer *Neuwerk* nieder ein fürchterlicher Beschuß setzt ein.

Voelger sieht den Kapitän zusammensinken, er schien verwundet. Der Rudergänger fiel aus. Tot?

Kapitän Kähler übernimmt das Ruder trotz der Verwundung, der 1. Offizier, noch unverletzt, springt hinzu, nimmt ihm das Ruder ab, bringt das Schiff auf Nord und darüber hinaus, um das vermutlich weiter nördlich stehende Sicherungsfahrzeug anzusteuern.

Kapitän Kähler liegt vor dem Kartentisch und fragt den 1. Offizier, was er steuert.

»Ich steuere Nord«, sagt dieser. Kähler befiehlt, nicht mehr als West-Nord-West zu steuern. Er ist immer noch in dem Glauben, der Dampfer *Neuwerk* befindet sich auf der angenommenen Position. In diesem Augenblick zerreißt eine fürchterliche Detonation das Schiff.

Die kleine *Neuwerk* ist von einem Torpedo zerrissen.

Otto Voelger springt in das Steuerbord-Brückennock und sieht, daß das Schiff rasch sinkt, springt ins Ruderhaus und ruft:

»Wir müssen runter, wir saufen ab – – – !«

Als das Schiff noch rascher sinkt, springt der 1. Offizier über Bord.

Augenblicke später taucht er auf, sieht sich um. Von der *Neuwerk* ist nichts mehr zu sehen. Das Schiff ist mit Mann und Maus gesunken. Nur die an Deck Stehenden und Liegenden kamen ins Wasser. So rasch ging alles.

Otto Voelger treibt im Wasser. Er schwimmt in die Richtung, in der er Hela vermutet. Doch plötzlich erschrickt er.

Was das im Morgennebel des 10. April 1945 vor ihm auftaucht, ist keinesfalls Hela, sondern die Küste von Gotenhafen. Er kennt sie genau, so oft ist er schon hier gewesen. Vielleicht 2 sm ist die Küste, von den Russen besetzt, von ihm entfernt. Jetzt wird dem 1. Offizier der *Neuwerk* klar, daß sie den Bestimmungsort Hela meilenweit verfehlt hatten – – –

Bevor er noch zu Ende denken kann, wird er aus dem Wasser gefischt – und nicht von Seemännern eines sowjetischen, sondern eines deutschen Schnellbootes – und es war kein russischer Torpedo, der den Dampfer *Neuwerk* traf, sondern ein deutscher Torpedo.

Es dauerte lange, bis der 1. Offizier der *Neuwerk* das begriff.

Wenig später besprach er mit dem Kommandanten des Schnellbootes *S 708*, Oberleutnant zur See Karl Silies, wie es zu dem ›tödlichen Unfall‹ des Dampfers *Neuwerk* gekommen war.

Oberleutnant zur See Karl Silies war Rottenführer von zwei S-Booten, *S 708* und *S 225*, die zur 1. Schnellbootflottille gehörten und in der Nacht vom 9. zum 10. April 1945 in der Danziger Bucht patroullierten. Das von dem Oberleutnant befehligte *S 708* mußte den Dampfer *Neuwerk* für ein feindliches Schiff halten, weil es sich nicht zu erkennen gegeben hatte. Die Schuld des ›tödlichen Unfalls‹ lag ganz eindeutig bei der Schiffsleitung des Dampfers *Neuwerk*.

Der von Oberleutnant zur See Karl Silies, Kommandant des Schnellbootes *S 708*, für die Nacht vom 9. zum 10. April 1945 gefertigte Gefechtsbericht enthält genau die Tatsachen, die zum Untergang der *Neuwerk*, zu diesem in der Ostsee einmaligen ›tragischen Unfall‹ eines Schiffes führten:

09.04.45

21.00 Uhr *S 708* und *S 225* von Position nord-östl. Hela nach Gotenhafen Ansteuerungstonne. Von dort mit 70 Grad bzw. 250 Grad Aufkärungsstreifen.

03.43 Uhr Eigener Standort 1,5 sm östl. Ansteuerungstonne Gotenhafen, Schatten in Sicht, Dampfer steuert Westkurs. Da in diesem Seegebiet keine eigenen Fahrzeuge sind und der Dampfer Gotenhafen ansteuert, muß es sich um ein feindliches handeln. Dampfer fährt jedoch ohne Sicherung, daher versuche ich vorher ES-Austausch. Buchstaben ES, Sternbündelpatrone und ES-Patrone werden nicht beantwortet.

04.03 Uhr Laufe ich an zum Torpedoschuß. Gegnerfahrt 5 sm, Lage 80 Grad, Torpedokurs 350 Grad. Fehlschuß kurz vor den Bug des Dampfers. Anschließend Kiellinie auf Parallelkurs gegangen zum Artillerieanlauf. Seitenabstand zum Dampfer etwa 300 m. Die ersten Schüsse wurden vor den Bug und über die Brücke gehalten. Vom Dampfer wird kein Erkennungszeichen gegeben. Daraufhin mit allen Waffen zum Wirkungsschießen übergegangen. Dampfer versucht immer wieder, mit erhöhter Fahrt nach Norden und Süden auszuweichen. Der Generalkurs bleibt Westkurs Gotenhafen. Von dort aus sofort beim Beginn des Gefechts Artilleriebeschuß. Dadurch verstärkte sich der Eindruck, daß der Dampfer dort bereits erwartet wird. In einer Gefechtspause laufe ich zum 2. Torpedoschuß an. Gegnerfahrt 8 sm, Lage 70 Grad. Torpedokurs 10 Grad. Da inzwischen Dämmerung vorgeschritten, wird Angriff von Dampfer erkannt und durch Hartruder ausgewichen. Torpedoschuß von *S 225* mit Lage 80 Grad, Fahrt 7 sm, Torpedokurs 20 Grad wird ebenfalls erkannt und ausgewichen. Anschließend greife ich mit den Heckrohren an. Torpedoschuß wird wegen Unzulänglichkeit Abfeuerungsanlage zum Fehlschuß. Ich halte elektrische Abfeuerung von der Brücke für die Heckrohre dringend erforderlich. Nach Torpedofehlschüssen wieder Artillerieanlauf mit allen Waffen. Seitenabstand zum Teil 100 m und weniger. Dampfer wird bewegungsunfähig geschossen. Anschließend durch Torpedofangschuß versenkt.

05.04 Uhr Um Nachrichten und Angaben über den Dampfer zu erhalten, gehe ich zur Untergangsstelle, um einen Überlebenden zu bergen. Ich stelle dabei fest, daß es sich um einen eigenen Dampfer handelt, der mit 850 Verwundeten und Frauen an Bord von Pillau nach Hela gehen soll. Der Dampfer hatte kein ES an Bord. Nach Aussagen des 1. Offiziers, der geborgen wurde, hielt man unsere Boote für eigene Schnellboote. Obwohl Marine-Signalgäste an Bord waren, wurde nichts veranlaßt, um sich als deutscher Dampfer bemerkbar zu machen. Er hatte nachts das eigene Geleit verloren, nahm an, östlich der Halbinsel Hela zu stehen und wollte mit Westkurs die eigene Küste ansteuern. Der Dampfer wäre beim Durchhalten des Kurses kurze Zeit später auf die Minensperre vor Gotenhafen gelaufen. Ich nehme sofort die Rettung der Schiffbrüchigen auf. Dieses ist sehr schwierig, da alle verwundet sind. Von Land erhalten wir starken Artilleriebeschuß. Entfernung etwa 2–3 sm. Mittlerweile Sonnenaufgang. Durch *S 225* lasse ich eine Nebelwand legen. Es werden alle Schiffbrüchigen – insgesamt 78 – an Bord genommen.

06.15 Uhr laufe ich von der Untergangsstelle ab.

06.45 Uhr Hela ein und fest.

1034 Menschen einschließlich der 13 köpfigen Besatzung waren an Bord, als der Dampfer *Neuwerk* Pillau verließ. 78 Menschen, viele davon verwundet, wurden von den S-Booten aus der See geborgen. Der ›tödliche Unfall‹ des Dampfers *Neuwerk* kostete 956 Menschen das Leben. Unter den Opfern befindet sich auch Kapitän Kähler, der 3. Offizier Wilhelm Maack, der 1. Ingenieur Paul Ohle, der 2. Ingenieur Bouwe Reyenga, der nach der Rettung seinen schweren Verletzungen erliegt, der Koch Hermann Sattler und der Matrose Wolfgang Reisland. Zu den Geretteten zählt auch der italienische Heizer Giovanni Zuccon aus Mandolino.

Gottseidank blieb der ›tödliche Unfall‹ des Dampfers *Neuwerk* während der monatelang dauernden Flucht über die Ostsee 1944/45 ein ›einmaliger Unglücksfall‹.

KÖNIGSBERG KAPITULIERT

Am Ostersonntag, dem 1. April 1945, einem herrlichen Frühlingstag, naht das Ende der Festung Königsberg. Die Übermacht der Sowjets ist erdrückend. Ein neuer Angriff der Russen auf die Festung wird erwartet.

Am Ostermontag hält General Müller, der den Befehl über die Truppen im Samland und in Königsberg übernommen hat, eine Kommandeur-Besprechung in Königsberg ab.

Zu letzten Mal ist Gauleiter Koch am 4. April 1945 in der Festung Königsberg zu sehen.

Einen Tag später, am 5. April, wird das Feuer der russischen Artillerie stärker. Im westlichen Nordabschnitt und im westlichen Südabschnitt schicken die Sowjets Stoßtrupps vor, die sich gegen einige Bunker richten.

Am 6. April, morgens um 04.00 Uhr, verläßt der letzte Lazarettzug Königsberg mit Ziel Pillau. Unterstützt von starken Luftstreitkräften und starkem Artilleriefeuer setzt die 3. Weißrussische Front zum letzten Angriff auf Königsberg an. Schwerpunkte des Angriffs sind zunächst das Gebiet südlich Ponarth und Charlottenburg. Zwischen Trankwitz und Charlottenburg gelingen Einbrüche; Haffstrom, Prappeln und Kalgen gehen verloren. Gleichzeitig führen die sowjetischen Truppen Angriffe gegen die Samlandfront durch zwischen Galtgerben und Wargen. Noch in der Nacht geht Spandienen verloren.

Am nächsten Tag, dem 7. April, folgt der erwartete Generalangriff. Unter massiertem Artilleriefeuer dringen die sowjetischen Angreifer im Süden über Ponarth hinweg und erreichen den Nassen Graben und den Pregel. Gegen Abend wird die Eisenbahnbrücke gesprengt. Im Norden dringen die Sowjets bis zum Abend bis zum Hafen und Juditten vor.

Am 8. April wird der Angriff verstärkt fortgesetzt. Vormittags noch gelingt es den Angreifern, bei Kosse einen Brückenkopf zu bilden und am Nachmittag die Verbindung zu den von Norden vorstoßenden Truppen herzustellen. Zwischen Holstein und Moditten bilden Teile der 561. Volks-Grenadier-Division eine neue Hauptkampflinie. Noch am 8. April erreicht der Gegner im ostwärtigen Südteil den Pregel. Der auf Veranlassung der Partei gegen Mitternacht befohlene Ausbruch nach Westen unter Führung von Generalmajor Sudau scheitert.

Am Morgen den 9. April entschließt sich der Kommandant der Festung Königsberg, General Otto Lasch, mit Rücksicht auf die aussichtslose Lage und die noch in der Stadt befindlichen mehr als 100.000 Bewohner, fast ausnahmslos Frauen und Kinder, zur Kapitulation. Zum Zeitpunkt dieser Entscheidung sind nur noch Sackheim – Roßgarten – Tragheim – Schloß und Steindamm in deutscher Hand. Am Mittag fällt jede Nachrichtenübermittlung aus, die Verteidiger werden weiter eingeengt und splittern sich in Kampfzonen auf. Die vom Festungskommandanten ausgesandten Parlamentäre bekommen erst am Abend eine Verbindung. Gegen Mitternacht werden die Kapitulationsverhandlungen abgeschlossen.

Am Dienstag, dem 10. April 1945, morgens um 01.00 Uhr, geht General Otto Lasch, begleitet von seinen engsten Offizieren, in die Gefangenschaft. Fünf Stunden später geben die Truppen ihre Waffen ab und folgen dem Festungskommandanten in die Gefangenschaft. General Müller wird am gleichen Tage zur Berichterstattung nach Berlin befohlen, General von Saucken übernimmt den Oberbefehl über die ›Armee Ostpreußen‹.

Am 12. Februar 1945 gibt der deutsche Wehrmachtsbericht bekannt:

> »Die Festung Königsberg wurde nach mehrtägigen starken Angriffen durch den Festungskommandanten, General der Infantrie Lasch, den Bolschewisten übergeben. Trotzdem leisteten Teile der pflichttreuen Besatzung, in mehrere Kampfgruppen aufgesplittert, den Bolschewisten noch erbitterten Widerstand. General der Infantrie Lasch wurde wegen der feigen Übergabe an den Feind durch das Kriegsgericht zum Tode durch den Strang verurteilt. Seine Sippe wird haftbar gemacht!«

Stalins Tagesbefehl zum Fall Königsberg hatte folgenden Wortlaut:

> »Nach harten Straßenkämpfen haben die Truppen der 3. Weißrussischen Front am Montag die Einnahme der Festung und Stadt Königsberg, der Hauptstadt und des größten Hafens von Ostpreußen vollendet. Königsberg bildete für die deutsche Verteidigung einen äußerst wichtigen Stützpunkt. Bei den Kämpfen am Montag wurden bis 20 Uhr 27.000 Gefangene gemacht. Außerdem wurde eine umfangreiche Beute an Kriegsmaterial eingebracht. Die Überreste der deutschen Garnison, an der Spitze der Kommandant der Festung, General der Infantrie Lasch und sein Stab, stellten den Widerstand am Montag Abend um 22.30 Uhr ein und legten die Waffen nieder.«

Während der General mit seinen Männern in die russische Gefangenschaft marschiert, die ihn erst nach elf Jahren in seine deutsche Heimat entlassen wird, erfahren die in Königsberg verbliebenen 111.000 Bewohner – von denen 1947 nur noch rund 25.000 in dem in ›Kaliningrad‹ umbenannten Königsberg leben – was es heißt, russischer Besatzung ausgeliefert zu sein, nachdem die Stadt zur Plünderung und Brandschatzung freigegeben wurde. Was diese Menschen erleben mußten, ist aus zwei Briefen sowjetischer Soldaten zu ahnen, die wenige Tage vor dem Fall Königsbergs, nachdem die Russen bereits in die Vorstadt eingedrungen waren, geschrieben wurden:

»Wir stehen in Ostpreußen, vor Königsberg. Uns geht es gut, haben sehr viel erbeutet, essen sehr gut und viel, in Königsberg warten noch größere Schätze auf uns. Ich habe der Mutter und der Freundin 8 Meter Seide geschickt, und Schuhe und Mantel, Stiefel und Strümpfe, Stoff für Anzüge und Kleider . . . Wenn wir Königsberg genommen haben, dann kann ich mehr schicken! Wir können essen, was das Herz begehrt. Zuweilen sind wir mit Füßen über die guten Sachen getrampelt.«

Ein anderer Soldat schrieb u.a.:

»Ich befinde mich jetzt in der Nähe der Stadt Königsberg. Nun will ich Dir schreiben, wir unsere Slaven mit den deutschen Frauen umgehen. Die Frauen haben nichts Gutes. Den Männern geht es nicht so schlecht, aber das Leben der Frauen ist schwer. Denn sie machen es so mit ihnen. Einer hält sie, und der andere macht mit ihnen, was er will. Es waren auch solche Frauen, die das nicht überleben konnten und es nicht aushielten und starben . . .!»

Frauenschicksale im gefallenen Königsberg!

DER UNTERGANG DES FRACHTERS *MOLTKEFELS*

Am 10. April, dem Tag, an welchem die Festung Königsberg in sowjetische Hände fiel, verließ der Frachter *Moltkefels*, 7862 Tonnen groß, seinen Ankerplatz Stettiner Bucht vor Swinemünde, um wieder nach Hela zu fahren.

Die *Moltkefels*, ein ehemaliger Indienfahrer, hatte seit Frühjahr 1944 eine zweite Heimat: Die Ostsee. Bis zum Jahresende brachte das Schiff bereits 78 Ostsee-Fahrten als Truppentransporter hinter sich und beförderte beim Abtransport der Lappland-Armee 69.861 Soldaten, 7823 Pferde, 4452 Fahrzeuge, 44.300 Tonnen Kriegsmaterial, über 10.000 Sack Feldpost und 44 Hunde. Bis auf einen Minentreffer, dessen Schaden schnell repariert war, hatte Kapitän Peter Voss auf allen Ostseefahrten Glück, ganz gleich, welche Order er auszuführen hatte – ob er die Division ›Greif‹ nach Estland bringen und wieder zurückholen mußte, ob er aus Libau von der Kurlandfront Verwundete zum Genesungsurlaub in die Heimat bringen durfte und sie später an die Front zurückbrachte, ob er Soldaten von Pillau nach Windau oder von dort nach Swinemünde beförderte, die *Moltkefels* hatte den Krieg bisher gut überstanden. Das galt auch für die ersten drei Monate des Jahres 1945 mit weit größeren Gefahren durch Minen, Torpedos und Luftangriffe. Die Ostsee war zu Beginn des Jahres 1945 unruhiger geworden, das hatte auch die *Moltkefels* schon zu spüren bekommen. Aber auch in den letzten 13 Wochen war alles gut gegangen.

Nun zeigt das Kalenderblatt den 10. April 1945.

Es ist ein Dienstag.

Die *Moltkefels* ist wieder auf einer Ostsee-Reise.

Auf der Brücke steht der 2. Offizier Henry Lange. Er hat Wache. Sie begann um Mitternacht und endet um 04.00 Uhr.

Die Nacht ist ruhig und sternenklar.

Lange freut sich, als er unter mehreren entgegenkommenden Schiffen, die vermutlich aus Hela kommen und voll beladen sind, das Schwesternschiff der *Moltkefels*, die *Neidenfels* erkennt.

Er morst es an und erhält auch prompt eine Antwort:

»In Hela ist die Hölle los – Gute Reise!«

»Da können wir uns ja auf einiges gefaßt machen«, murmelt Lange vor sich hin.

Und das ist auch so.

Gleich bei der Ankunft in Hela-Süd kommt die erste unangenehme Überraschung:

Flugzeuge, russische Bomber erwarten das kleine Geleit kurz nach 04.00 Uhr morgens, aber es ist schon sehr hell. Die Bordflak schießt aus allen Rohren, aber das der *Moltkefels* vorauslaufende Geleitführerboot erhält einen Bombenvolltreffer und fliegt – buchstäblich in tausend und mehr Teile zerrissen – durch die Luft – – – Nur noch Trümmer prasseln auf die See zurück.

Das also war die Begrüßung in der ›Hölle von Hela!‹

Henry Lange muß unwillkürlich an den Morsespruch seines Kollegen von der *Neidenfels* denken.

Da folgt die zweite Überraschung.

Die *Moltkefels* läuft auf dem flachsandigen Strand mit dem Bug buchstäblich auf Dreck. Es dauert einige Zeit, bis das Schiff mit Hilfe eines Räumbootes der Marine freikommt.

Inzwischen ist es 08.00 Uhr, die Sonne strahlt, ein herrlicher Frühlingstag ist da, die Einschiffung kann beginnen. Um die *Moltkefels* herum wimmelt es von Booten, Prähmen und Flößen, alle vollbeladen, und alle wollen auf das Schiff. Das ist bei allen Schiffen so, die an diesem Morgen auf der Reede von Hela liegen. Sind es zwanzig Schiffe, oder dreißig oder gar noch mehr? Überall sieht man Schiffe aller Größen und noch mehr Menschen. Hela-Reede wimmelt nur so von Menschen.

Gerade als die ersten an Bord kommen, schickt die Artillerie die ersten Morgengrüße vom Land herüber. Das bringt Unruhe unter die Flüchtlinge, zumal die Granateinschläge, die ins Wasser gehen, immer näher kommen und hier und da ein vollbesetztes Boot treffen.

Wie die Ameisen kommen die Menschen auf das Schiff. Viele ohne Gepäck. Denn es gilt jetzt nur noch, das nackte Leben zu retten. Alle Habe bleibt zurück. Und sie kommen in Scharen an Bord, die Menschen zu zählen ist fast unmöglich: Flüchtlinge jeden Alters, vom Säugling bis zum Greis, Kinder und Frauen, Greise und Wehrmachtsgefolge, Verwundete mit dreckigen Gesichtern und Verbänden, Zollbeamte und NS-Funktionäre. Alles, was noch Beine hat, versucht, eilends auf das Schiff zu kommen und sich den besten Platz an Bord zu sichern, soweit überhaupt Platz vorhanden ist.

Der 2. Offizier Henry Lange versucht, mit einigen Besatzungsmitgliedern wenigstens etwas Ordnung an Bord zu schaffen, nachdem er sieht, wie Soldaten und Leichtverwundete, aber auch mehrere Jungen das Schiff entern und an Tauen, Tampen, der Ankerkette und an Netzen, ja an allem, was über Bord hängt, an Deck zu klettern.

Kurz nach 11.00 Uhr taucht direkt aus der Sonne heraus ein russischer Bomberverband auf. Er läßt keine Flugblätter fallen, sondern Bomben. Nicht weit vom Schiff fallen einige ins Wasser. Meterhohe Wasserfontänen steigen auf und prasseln danach über Boote und Menschen.

Ein Höllenlärm setzt ein.

Die Bordflak der Flüchtlingsschiffe schießt aus allen Rohren, die der Kriegsschiffe, die auf Hela Reede liegen, ebenfalls – und mit Erfolg. Da stürzt ein Bomber brennend ab, dann ein zweiter. Der Verband dreht ab, verschwindet im strahlend blauen Mittagshimmel. Kein Schiff ist getroffen.

Doch die Bomber werden wiederkommen.

Jeder weiß das, der nicht zum ersten Male die ›Hölle von Hela‹ erlebt.

Gegen 12.00 Uhr ist die *Moltkefels* bis auf den letzten Platz besetzt und die Einschiffung abgeschlossen. Das Schiff könnte auslaufen. Vergeblich versucht Kapitän Voss, einen Auslaufbefehl – zumindest bis auf Reede – zu erhalten. Doch die *Moltkefels* darf Hela nicht verlassen. Vom Befehlsbunker auf Hela wird dem Kapitän mitgeteilt, daß er bis 19.00 Uhr zu warten habe und dann erst das Geleit zusammengestellt wird. Diese Befehlsübermittlung geschieht mit Winkflaggen.

Der 2. Offizier Henry Lange hat für diesen Befehl kein Verständnis.

»Wir liegen hier wie auf dem Präsentierteller.

Totaler Blödsinn, hier zu warten; mit unseren 18 Knoten wären wir schnell weg!«

So kommentiert er die Lage. Aber Befehl ist Befehl.

Dann kommt noch ein Befehl. Dieser versetzt den Bootsmann der *Moltkefels* nicht nur in Aufregung, er ist ›sauer‹.

Zwei ehemalige Fähren legen an der Bordwand an, um zwei 12-Tonnen-Kübel-Tankwagen, beladen mit Benzin, abzugeben. Auf ausdrücklichen Befehl des Hafenkommandanten von Hela sollen diese beiden Tankwagen vom Transporter *Moltkefels* ›zurückgeführt‹ werden. Es kostete dem Bootsmann und seinen Leuten einige Mühe, mit dem eigenen Ladegeschirr die beiden Tankwagen an Bord zu befördern und an Deck aufzustellen, wo sowieso kaum noch Platz vorhanden war. Auch an Deck hatten viele

Flüchtlinge bereits ihr ›Quartier‹ bezogen, und sie schimpften fürchterlich, als die stinkenden Benzinwagen neben sie auf das Deck gestellt wurden.

»Das hat uns gerade noch gefehlt«, meinte auch Bootsmann Müchler über die ungewollte Ladung. Aber was half schon das Meckern.

Gegen 14.00 Uhr begibt sich der 2. Offizier Lange in seine Kabine, die er sich mit einigen Müttern mit Kleinkindern teilt. Kaum ist er in dem Raum, explodiert eine Granatwerfersalve unmittelbar an der Bordwand. Die Kinder beginnen zu schreien, die Frauen sehen den Schiffsoffizier angstvoll an.

Im nächsten Augenblick ist Lange draußen und auf der Kommandobrücke.

Kapitän Voss, der auf der Brücke ist, gibt in dieser Minute den Befehl, die Anker zu lichten. Doch da kommt aus dem Maschinenraum die Meldung des Leitenden Ingenieurs:

»Armaturen streiken!«

Anscheinend sind durch die Granateinschläge neben und hinter dem Schiff, die das Schiff erzittern ließen, Schäden verursacht worden.

Mit schleppendem Anker dampft die *Moltkefels* nordwärts, um den Einschlägen zu entgehen.

Doch der Artilleriebeschuß von der Oxhöfter Kämpe her hält weiter an, eine Hauptmaschine und die Lichtmaschine fallen aus. Ein Motorenhelfer wird abgeordnet, um per Telefon die Ruderlage durchzugeben.

In der Maschine versuchte man unterdessen, die Schäden zu beheben, was auch gelingt, doch der Ruderlager-Anzeiger ist immer noch defekt.

Die *Moltkefels* fährt jetzt in größerem Abstand zum Land auf und ab. Der Kapitän will sein Schiff beweglich halten, damit sich die russische Artillerie auf der Oxthöfter Kämpe nicht auf sein Schiff ›einschießt‹. Und es liegt die Vermutung nahe, daß in nicht allzu ferner Zeit der nächste Luftangriff zu erwarten ist.

Inzwischen kommen weitere Flüchtlinge an Bord, obwohl die *Moltkefels* normalerweise niemanden mehr aufnehmen kann. Doch die anlegenden Landungsboote werden noch entladen.

Gegen 15.00 Uhr ergibt eine oberflächliche Zählung, daß jetzt 2700 Flüchtlinge, 1000 Verwundete und 300 Soldaten an Bord sind. Bei den Flüchtlingen können es sogar einige hundert mehr sein, sie waren nicht so genau zu zählen. Jedenfalls sind mehr als 4000 Menschen an Bord des Frachters *Moltkefels*. Und das sind mehr als genug.

Inzwischen ist es 16.00 Uhr.

Henry Lange hat Brückenwache.

Aus Norden fliegt ein Bomberverband an. Der 2. Offizier gibt Fliegeralarm. Im nächsten Augenblick stürzt Kapitän Voss auf die Brücke und gibt seine Kommandos:

»Voll voraus – Zick-Zack-Kurs!«

Gottseidank waren die Anker schon oben.

Aber das half nichts mehr.

Der erste Bomberpulk hatte bereits seine Bombenlast abgeladen und die begleitenden Jäger die *Moltkefels* unter Bordwaffenbeschuß genommen.

Die ersten drei Bomben schlugen voll auf die *Moltkefels*.

Henry Lange sah durch die Scheiben der Kommandobrücke auf der Back Platten, Winden und Ankerteile in die Luft fliegen. Er spürte, wie sich unter den Bombertreffern unter ihm das Schiff hob und wieder senkte, dann flogen ihm die Scheiben der Kommandobrücke um die Ohren.

Neben ihm riß Kapitän Peter Voss am Maschinentelegraphen, aber keine Antwort. Nichts funktionierte mehr.

Da schlugen die nächsten Bombenvolltreffer auf der *Moltkefels* ein und verwandelten den Transporter von diesem Augenblick an in einen schwimmenden Sarg.

Bootsmann Karl Müchler befand sich an Oberdeck, als die ersten Bomben das Schiff trafen.

Er hielt sich an der Reling fest, um nicht gleich beim ersten Treffer über Bord gefegt zu werden. Er hat Glück und bleibt unverletzt.

Doch was er sieht, läßt ihm das Blut in den Adern erstarren: Beide Tankwagen brennen, das brennende Benzin läuft in den Laderaum, in welchem 300 Verwundete und eine Gruppe von Volkssturmmännern liegen. Hoch zischen die Flammen aus dem Laderaum, in dem die Verwundeten auf Matratzen und Strohmatten liegen. . .

Fast alle verbrennen am lebendigen Leib.

Einigen Leichtverwundeten gelingt es, an Oberdeck zu gelangen. Als brennende Fackeln hasten sie über Deck, springen ins Wasser, um sich zu löschen, versinken . . . Ein gnädiger Tod hat sie erlöst.

Auch die Maschine hat einen Bombenvolltreffer erhalten. Aus dem Niedergang zum Maschinenraum steigt eine dicke Rauchwolke, Flammen schlagen heraus. Wahrscheinlich sind alle Männer im Maschinenraum bei lebendigem Leib verbrannt.

Einer lebt noch, der Leitende Ingenieur Rosonow. Er versucht an Deck zu kriechen. Bootsmann Müller bemerkt das, springt hinzu, sieht, daß der Leitende Ingenieur schwer verletzt ist, Verbrennungen überall. Müchler versucht, ihn an die Reling zu tragen, wo die ersten Boote angelegt haben und zu retten beginnen.

Doch Rosonow erliegt seinen Verletztungen.

Als die erste Bombe die *Moltkefels* trifft, hat der Funkoffizier Heinz Balzer gerade die Brücke verlassen und befindet sich auf der Achtertreppe. Da hört er, wie es kracht. Der Deckel der Luke 3, in welcher die Verwundeten liegen, wölbt sich hoch, dann stürzt der Lukendeckel zurück, begräbt die Verwundeten. Die Bombe hat das Deck durchschlagen und ist in der Luke explodiert. Die Verwundeten in Luke 3 hatten wohl den leichtesten Tod auf diesem Schiff, sie werden nicht einmal mehr die Detonation der Bombe gehört haben . . .

Balzer rast nach vorn, auf dem Brückennock hängt die tote Flakbesatzung, aus dem Maschinenraum schlagen Flammen, dringt Rauch, das Feuer breitet sich nach achtern aus, aus den Luken dringen fürchterliche Schreie brennender Menschen, unter den Flüchtlingen an Bord rast die Panik.

Besatzungsmitglieder versuchen, aus der Luke des Vordecks Verwundete zu bergen und an einen längsseits gegangenen kleinen Dampfer abzugeben. Doch eine dichte Flammenwand verhindert diese Rettungsvorhaben. Die Schreie in der Luke verstummen nach und nach. Wer nicht verbrannt ist, erstickt im Rauch.

Zu löschen gibt's hier nichts mehr.

Fünf Bombenvolltreffer haben das Schicksal des Dampfers *Moltkefels*, der überall brennt, besiegelt.

Jetzt gilt es nur noch, soviele Menschen wie nur möglich zu retten.

Über viertausend sind an Bord.

An beiden Bordwänden sind Schiffe längsseits gegangen, müssen wieder ablegen, weil sie Gefahr laufen, selbst in Brand zu geraten, setzen Boote aus, nehmen alles auf, was von der brennenden *Moltkefels* über Bord springt. Und das werden immer mehr.

»Rette sich – wer kann!«

Doch viele können sich nicht mehr retten. Vor allem die Verwundeten nicht. Ihr Leben wurde durch die Bomben ausgelöscht, die mit Zeitzündern versehen, die Decks durchschlugen und erst in den Zwischendecks und den Unterräumen detonierten. Scherstöcke, Lukendeckel und die eingebauten hölzernen Treppen, die aus den Luken nach oben führten, wurden durch die Luft geschleudert und fielen dann zurück, zerquetschten, was noch lebte und wimmerte, schrie und brüllte. Und dann kam das Feuer . . . das Feuer der Hölle.

Vier Stunden lang wütete der Brand auf der *Moltkefels*, und vier Stunden lang bemühte sich die Besatzung unter Einsatz des eigenen Lebens, Menschen zu retten und vom Schiff zu bringen.

Der 2. Offizier Henry Lange schildert dies mit eigenen Worten: »Unbeschreibliche Dinge spielten sich ab. Für uns gab es nur eine Parole: Helfen – Retten!

Aus dem brennenden Brückendeck holten wir die noch lebenden verwundeten Soldaten. Unser 3. Offizier kletterte mit der Wurfleine um den Bauch in den rauchenden Unterraum Luke II. Er mußte sich aber in Sicherheit bringen, da Schwerverwundete, die keine Hoffnung auf Rettung mehr hatten, auf ihn schossen.

Das Vorschiff war übersät mit verkohlten Körpern, Toten und Verletzten. Überall, wohin man trat – Menschen. Zwischen Toten und noch Lebenden war kaum noch zu unterscheiden.

Überall brannte es, wohin man sah: Das Mittschiffhaus über dem Maschinenraum, das Brückenhaus und die Back.

Was noch lebte und schrie, gaben wir über Bord an die Schiffe, die rings um die *Moltkefels* retteten, was noch zu retten war.

Unweit von uns sah man, wenn die Rauchwolken einen Augenblick verzogen, das brennende Lazarettschiff *Posen*.

Der brennende Schornstein fiel ausgeglüht auf die Seite, an den Flakständen explodierte die Bereitschafts-Munition. Splitter fegten über Deck, rissen Wunden und Glieder ab, töteten den einen und den anderen.

Aus den Querschotten schoß das brennende Öl, breitete sich an Deck und in den Unterräumen aus.

Nur das Achterschiff brannte noch nicht. Von hier aus sprangen die Menschen haufenweise in die Ostsee, es plumpste unaufhörlich.

Überall hockten noch Flüchlinge. Verängstigt, total mit den Nerven fertig – Frauen, die ihre kleinen Kinder umklammerten, mit rauchgeschwärzten Gesichtern, unverletzt, nur verstört. Die Ärmsten wurden hochgerissen und über Bord gegeben.

Über das brennende Deck hastete ein Mädchen, vielleicht 12 oder 13 Jahre alt, dahinter die Mutter. Sie kamen von unten aus dem Schiff, hatten die Flucht durch die Feuerwand gewagt und brannten. Mit Decken wurden die Flammen erstickt. Die Haarkämme der Frau waren in einer Stichflamme aufgegangen, sie hatte Brandverletzungen am Kopf und am Rücken. Und das Feuer hatte auch das vor ihr den Niedergang hochkletternde Mädchen erfaßt, dessen Beine verbrannt waren. Ein Matrose sprang zu, half den beiden. Das Mädchen hatte noch die Kraft, die Netzbrock hinunterzuklettern und sich auf Zuruf eines Matrosen dann außenbords nach unten fallen zu lassen, in die Arme helfender Männer auf dem Rettungsschiff. Zwei Sanitäter trugen die schwerverletzte Mutter über das ausgebrachte Fallreep in einen Leichter, der an dem brennenden Schiff festgemacht hatte.«

Der Decksjungs Heinz Wallat, kaum 15 Jahre alt, wird die Minuten auf der brennenden *Moltkefels* nicht vergessen:

»Auf dem Schiff raste ein Chaos, es brannte lichterloh. Als ich über das Deck lief, sah ich überall brennende Menschen. Wild schreiend liefen sie umher. Ich half mit, die Leute zu löschen, so gut das ging, und an Tampen in die längsseits gegangenen Boote und Schiffe hinabzulassen. Einige ließen sich einfach fallen, fielen ins Wasser oder in die Boote.

Dann versuchte ich, in die Matrosenmesse zu kommen, um mir aus meiner Unterkunft noch einige wichtige Habseligkeiten zu holen. Doch einige Jugendliche, jünger als ich, hatten die Unterkünfte und das Flüchtlingsgepäck durchwühlt.

Als das Schiff immer mehr zu brennen begann und es an Deck immer heißer wurde und der Rauch in die Augen biß, so daß ich kaum noch etwas sehen konnte, ging ich von Bord.«

Kapitän Peter Voss, der 1. Offizier Herman Ottjes, der 2. Offizier Henry Lange, der 3. Offizier Herman Höpker, der Funk-Offizier Heinz Balzer, der Bootsmann Kurt Müchler, der Koch Max Maibaum, der Matrose Heinrich Kräft und ein Flak-Unteroffizier befanden sich drei Stunden nach den Bombentreffern immer noch an Bord der brennenden *Moltkefels*.

Der Kapitän, der 1. Offizier und der Bootsmann hatten am Achterschiff, das noch nicht brannte, einen zu Hilfe geeilten Schlepper *M/S Albert Förster* und danach einen weiteren Schlepper festgemacht. Diese zogen gegen den Wind das brennende Wrack in Richtung Hela. Der Plan von Kapitän Voss glückte: Am seichten Strand setzte die *Moltkefels* auf, der Anker wurde geworfen, das Schiff saß fest und konnte nicht mehr sinken. Jetzt konnten auch noch die letzten Lebenden geborgen werden.

Die meisten Menschen auf der *Moltkefels* hatten dieses Rettungsmanöver kaum bemerkt. Feuer, Rauch und Qualm verhinderten die Sicht, und jeder hatte mit sich und der Rettung anderer genug zu tun. Die Rettungsschiffe hatten die Absicht des Kapitäns sofort erkannt und die langsame Fahrt mitgemacht.

Gegen 19.00 Uhr waren die letzten lebenden Flüchtlinge und Verwundeten von Bord gegeben. An Tauen, Netzbrocken und Strickleitern hatte man sie in die Rettungsschiffe gegeben. Eine ganze Flotte kleiner Boote lag rund um das Heck der *Moltkefels* und nahm die Unglücklichen auf.

Um 20.00 Uhr sind immer noch einige Besatzungsmitglieder auf dem Wrack: der 1. Offizier Ottjes, der Matrose Kräft, der Bootsmann Müchler und ein Flak-Unteroffizier. Die vier Männer suchen Schutz auf dem Achterdeck hinter der Rudermaschinenanlage. Hinter dem stabilen Deckshaus sind sie vor dem Feuer und dem Qualm geschützt. Auf dem Vorschiff krepiert immer noch Flakmunition. Immerhin hatte die *Moltkefels* 9 Flakstände und 72 Mann Flakbedienung.

Gegen 21.00 Uhr, als es ruhiger geworden ist und einige Boote zurückkehren, um die letzten Männer von der *Moltkefels* zu bergen, meint Bootsmann Müchler:

»Wir müssen Kapitän Voss suchen – er ist bestimmt noch nicht von Bord gegangen.«

Bootsmann Müchler schildert, wie sie den Kapitän fanden:

»Der Kapitän konnte nur auf dem Achterschiff sein, denn das Vorschiff und das Mittschiff brannten lichterloh. Am Heck, im Schein einer Batterielampe, erkannten wir ihn. Er saß auf einem Flunken der Schiffsschraube. Der Kapitän hatte sich während des Rettungsmanövers auf das brennende Vorschiff begeben und war dann nicht mehr nach Achtern gelangt, weil ihm das brennende Mittelschiff den Weg versperrte. Er hatte sich dann an einem Seil außenbords nach unten gelassen. Doch das durch Feuer versengte Tau riß, und der Kapitän fiel ins Wasser. Er ist dann nach achtern zu der

Schraube geschwommen und hatte uns von da gerufen. Doch durch die Explosionen der Flakmunition hatten wir sein Rufen nicht gehört.

Nun, da wir ihn entdeckt hatten, war es für uns kein Problem, ihn an Deck zu holen. Da seine Uniform total versengt war – Ärmel waren überhaupt nicht mehr dran, und von den Hosen sah man nur noch Fetzen – suchten wir noch nach Kleidung für ihn. In einem Verschlag auf dem Achterdeck hatten wir noch Heeresgut und konnten unseren Kapitän mit Schuhwerk, Wäsche und einem Mantel versorgen.

Etwa eine Stunde danach holte uns eine Barkasse aus Hela ab, und wir fanden Schutz auf einem in Hela liegenden alten Raddampfer.«

Der 2. Offizier der *Moltkefels*, Henry Lange, berichtet über seine Rettung:

»Ich wurde, im Wasser treibend, von einer Siebelfähre an Bord genommen, die von Angehörigen des Heeres, Pionieren, besetzt war. Da die *Moltkefels* sich noch immer hielt und ich nicht sicher war, daß bereits alle Verwundeten und Flüchtlinge angeborgen waren, wollte ich noch einmal auf das Schiff zurück. Der Führer der Fähre lehnte es aber ab, am Achterschiff der *Moltkefels* längsseits zu gehen, da sein Schiff durch Ausfall eines Motors manöverierbehindert und außerdem mit lebenden und sterbenden Menschen überladen war. Ich stieg deshalb mit dem 3. Offizier Hermann Höpker und einigen anderen Besatzungsmitgliedern der *Moltkefels*, die sich ebenfalls auf der Siebelfähre befanden, auf einen kleinen Schlepper über, um damit noch einmal auf das Wrack zu gelangen. Inzwischen war die Dunkelheit hereingebrochen, und es erschien uns nutzlos, noch einmal auf die *Moltkefels* zurückzukehren.

Während der Schlepper Hela-Süd zusteuerte, wurden wir und die anderen Bergungsfahrzeuge trotz der Dunkelheit, die durch das brennende Schiffswrack erhellt wurde, von der russischen Artillerie von Oxthöft aus beschossen.

Im Fischereihafen Hela machte der Schlepper fest und erst hier, Land unter den Füßen, stellte ich fest, daß die Sohlen meiner U-Boot-Stiefel einschließlich der Korksohlen verbrannt waren bis auf das Oberleder.

Hela war restlos überfüllt mit Soldaten und Flüchtlingen. Wir fanden für die Nacht Unterkunft in einem Schiffswrack, das dauernd unter Beschuß lag und deshalb nicht sicher war. Schließlich ergatterten wir im Morgengrauen ein Boot und ließen uns auf den vor Hela liegenden Dampfer *Lappland* übersetzen, der uns sicher nach Kopenhagen brachte. Als wir am folgenden Tag Hela verließen, brannte die *Moltkefels* immer noch. Die lodernde Fackel begleitete uns noch lange auf See, bis wir sie aus den Augen verloren.«

Der Funkoffizier der *Moltkefels*, Heinz Balzer, der mit als einer der letzten das Schiff verließ, erinnert sich an diese Stunden:

»Mit dem R-Boot, das mich an Backbordseite der brennenden *Moltkefels* aufgenommen hatte, fuhren wir dann noch einmal um das Achterschiff, um zu sehen, ob es dort noch irgend etwas zu helfen gäbe. Dort war es verhältnismäßig ruhig, da der Brand über den Maschinenraum nach achtern nicht vorgedrungen war. Es brannte also zu dieser Zeit lediglich das gesamte Vorschiff einschließlich der Maschine.

Ich selbst bin dann nicht mit nach Hela zurückgefahren, sondern mit mehreren Besatzungsmitgliedern der *Moltkefels* auf ein kleines Marine-Ausbildungsschiff übergestiegen. Dieses kleine Schiff war mit Flüchlingen völlig überladen. Wir sind dann ohne Geleit von der Danziger Bucht bis nach Rostock immer entlang der Küste gefahren, ohne von russischen Flugzeugen oder Schiffen angegriffen zu werden. Ein anderes Geleit, in dem u.a. das Walfangschiff *Unitas* fuhr und uns überholte, war dagegen wiederholt Flugzeugangriffen ausgesetzt, die wir gut beobachten konnten. Unsere einzige Sorge war, die vielen Menschen auf dem kleinen Schiff zu der Einsicht zu bringen, daß sie auf keinen Fall, z.B. bei Flugzeuganflügen, von einer Seite auf die andere laufen dürften, da das Schiff sonst mit Sicherheit kentern würde. Wir kamen jedoch ohne Schwierigkeiten nach Rostock, wo die Flüchtlinge dann an Land gingen.«

Auch der Decksjunge Heinz Wallat verließ in Rostock das Rettungsschiff.

Kapitän Peter Voss diktierte am Morgen des 12. April im Büro des Marinebefehlshabers auf Hela seinen Bericht über den Totalverlust des Truppentransporters *Moltkefels*. Bevor der Schreiber ihm einen Federhalter zur Unterschrift reichte, las er die stichwortartige Schilderung noch einmal laut vor:

»Bericht des Kapitäns Voss über den durch Feindeinwirkung verlorengegangenen Truppentransporter *Moltkefels* auf der Reede von Hela.

Ankunft Hela Reede: 11.4.45 05.00 Uhr. Wir begannen um 08.00 Uhr mit der Einschiffung von Verwundeten und Flüchtlingen. Um 11.05 Uhr Fliegeralarm mit Bomben und Bordwaffenbeschuß, keine Ausfälle und Schäden. Die Einschiffung wurde für diese Zeit unterbrochen. Gegen 14.00 Uhr setzte Artilleriebeschuß ein, wodurch wir gezwungen wurden, unseren Ankerplatz aufzugeben und hin- und herzufahren, weil die Einschläge ganz in der Nähe vom Schiff lagen. Gegen 14.30 Uhr war die Einschiffung und Übernahme von Fahrzeugen beendet. Gegen 16.00 Uhr wurde Fliegeralarm ausgelöst, und gleich daruf erfolgte Angriff von etwa 35 Flugzeugen. Schiff erhielt mehrere Treffer in der Back und Luke 2, kurz danach in den Maschinenraum, wodurch die Maschine ausfiel und das Schiff manöverierunfähig wurde. Es entstanden mehrere starke Brände, und durch Ausfall der Maschine war keine Löschmöglichkeit gegeben. Gleich darauf kamen von allen Seiten Rettungsfahrzeuge längsseits, und es wurde mit der Ausschiffung der Verwundeten und Flüchtlinge auf die Rettungsfahrzeuge begonnen. Am Heck wurden zwei Schlepper festgemacht, die das Schiff zum Strand zogen, um ein mögliches Absinken zu verhindern. Das Abbergen der Flüchtlinge und Verwundeten ging flott vonstatten und war gegen 19.00 Uhr beendet. Nach Schätzung befanden sich an Bord: 2700 Flüchtlinge, 1000 Verwundete und 300 Kommandierte. Verluste der Besatzung noch nicht festgestellt, vermutlich 4 Mann Maschinenpersonal tot, mehrere Verwundete unter der Besatzung, da es vollständig ausgebrannt ist.«

Dieser nüchterne Sachbericht läßt nur erahnen, welche menschlichen Schicksale und Tragödien sich auf der brennenden *Moltkefels* abgespielt haben mögen: Flüchlingsschicksale und Soldatenschicksale.

Wieviele Menschen auf der *Moltkefels* in den Flammen umgekommen sind und wieviele noch nach ihrer Rettung an den Brandverletzungen starben, weiß niemand genau. Die Schätzungen schwanken zwischen 400 und 500 Toten. Demnach gelang es aber, mehr als dreieinhalbtausend Menschen von dem brennenden Schiff zu retten. Eine bravoröse Leistung der Besatzung unter Kapitän Peter Voss und den vielen Helfern auf den Rettungsschiffen.

Am gleichen Tage, dem 12. April 1945, erstattet im Büro des Marinebefehlshabers auf Hela noch ein anderer Schiffskapitän einen ›Verlust-Bericht‹. Es ist der Kapitän Hansen vom Lazarettschiff *Posen*, das bei dem gleichen Bombenangriff ein fast gleiches Schicksal erreicht hat. Auch die *Posen* erhielt Bombenvolltreffer, brannte völlig aus und sank.

Seit dem 18. März 1945 hatte das Lazarettschiff *Posen*, nur 1069 Brutto-Register-Tonnen groß, 20 Jahre alt, Verwundete und Flüchtlinge aus Pillau geholt und diese zunächst nach Gotenhafen, später nach Hela gebracht, insgesamt bis vor Antritt der letzten Reise 3932 Verwundete und etwa 3000 Flüchtlinge.

Am 10. April hatten die *Posen* in Pillau nochmals 544 Verwundete, 12 Schwestern, 27 Soldaten und 96 Flüchtlinge zur Betreuung der Verwundeten an Bord genommen. Außerdem befanden sich noch 20 Mann Zivilbesatzung an Bord und 30 Mann Sanitätspersonal, die dem Marine-Oberstabsarzt Dr. Guth unterstanden, der als Chefarzt des Lazarettschiffes *Posen* für die Betreuung der Verwundeten verantwortlich war. Insgesamt befanden sich damit 729 Personen auf der kleinen *Posen*, als diese am 11. April auf der Reede von Hela eintraf, um hier die Verwundeten auf einen größeren Verwundetentransporter oder an ein Lazarettschiff abzugeben. Die kleine *Posen* wurde in Pillau zurückerwartet.

Über die Vorgänge, die zum Totalverlust des Lazarettschiffes *Posen* führten, berichtete den zuständigen Dienststellen der Sanitätsoberfeldwebel Kurt Pinkau:

Am 10. April 1945 kamen wir von Pillau mit ca. 400 bis 500 Verwundeten und einigen Flüchtlingen nach Hela. Am 11. April sollten die Verwundeten und Flüchtlinge an ein anderes Lazarett- oder Verwundeten-Transport-Schiff abgegeben werden. Nachmittags gegen 16.00 Uhr erhielten wir von mehreren russischen Fliegern vier Volltreffer, wovon einer auf Steuerbordseite in das Achterschiff, der zweite in die Maschine, der dritte in den Operationssaal und der vierte in das Vorderschiff ging. Die Stammbesatzung betrug ungefähr 50 Mann, wovon 30 militärisches und 20 Mann ziviles Personal waren.

Der überwiegende Teil der Verwundeten und Flüchtlinge ist hauptsächlich durch Verbrennung ums Leben gekommen.«

Kapitän Hansen gab in seinem Bericht bei den Marinedienststellen an, daß mehr als 400 Menschen gerettet werden konnten und etwa 300 Tote zu beklagen sind. Aber beides sind nur geschätzte Zahlen. Über die von vielen kleinen Schiffen Geretteten wurden keinerlei Aufzeichnungen angefertigt. Da auch die eingeschifften Flüchtlinge und Verwundeten nicht namentlich erfaßt wurden, wird es in den meisten Fällen ein Geheimnis bleiben, wer auf dem Lazarettschiff *Posen* am 11. April 1945 vor Hela verbrannte.

NUR 113 ÜBERLEBTEN DEN UNTERGANG DER *KARLSRUHE*

Gotenhafen, Danzig und auch Königsberg sind seit Tagen oder sogar Wochen schon in russischen Händen, doch Pillau ist noch fest in deutscher Hand. Hier drängen sich in den Tagen des Monats April immer mehr Menschen in den Hafen, um noch mit einem Schiff nach Westen zu kommen.

Einer der Wartenden ist der Lehrer Otto Fritsch, der mit seiner Frau, seiner Tochter und drei Enkelkindern aus Königsberg geflohen ist. Seit Wochen ist er in Pillau, und noch immer sind die sechs nicht gerettet, noch immer sind sie auf der Flucht. Vor Tagen mußte der Königsberger Lehrer zwei seiner Lieben der Erde übergeben. Seine Frau und seine jüngste Enkelin haben die Strapazen der Flucht nicht überstanden – – –

Nun sind sie nur noch zu viert.

Es ist der 11. April 1945.

Und sie stehen im Hafen von Pillau wieder vor einem Schiff und wieder hoffend, noch mitgenommen zu werden. Und das Schicksal meint es an diesem Mittwochmorgen gut mit ihnen. Der kleine, nur 900 BRT große Dampfer *Karlsruhe*, ein schon fast vierzig Jahre altes Schiff, nimmt sie noch auf.

Zweihundert Flüchtlinge wollte der Kapitän mitnehmen, aber als das Schiff abends um 20.00 Uhr den Hafen von Pillau verläßt, sind es über eintausend. Unter den 888 Flüchtlingen sind über 100 Kinder und 32 Säuglinge, meist Ostpreußen, die von der Oberschwester Anna Krueger und dem Arzt Dr. Koslowski aus Liebstadt in Ostpreußen liebevoll umsorgt werden. Außerdem befinden sich noch etwa 150 Soldaten an Bord, Angehörige des Regiments ›Hermann Göring‹, davon sind etwa 100 verwundet, 25 Eisenbahner und 20 Mann Besatzung – vom Säugling bis zum Greis 1083 Köpfe.

Auf dem kleinen Schiff herrscht eine unvorstellbare Enge. Aber das stört niemanden. Hauptsache, man ist auf einem Schiff. Und das ist schon die halbe Rettung. Dichtgedrängt sitzen die Menschen – ob Mann, Frau oder Kind – in den Laderäumen, Gängen, auf den Niedergängen und an Deck, auf Taschen, Rucksäcken oder Beuteln oder anderer noch mitgebrachter letzter Habe. Die meisten aber haben nur das, was sie auf dem Leibe tragen, und das ist oft wochenlang nicht gewaschen, ist verschmutzt, verdreckt.

Das überladene Schiff kriecht buchstäblich nach Hela. Bei der geringen Geschwindigkeit kann man von ›fahren‹ nicht mehr reden. Aber am Morgen des 12. April trifft es wohlbehalten auf der Reede von Hela ein. Hier soll ein Geleit zusammengestellt werden, in das auch der kleine Dampfer *Karlsruhe* aufgenommen werden soll. Das bedeutet, warten bis zum Abend.

An Deck steht die 30jährige Dora Blady aus Königsberg mit ihrer 5jährigen Nichte Gudrun, nicht weit von ihr entfernt der 14jährige Ulrich Kalcher aus Schloßberg-Pillkallen in Ostpreußen. Ihn hat mit seiner Mutter und seinen beiden Schwestern das Schicksal auf die *Karlsruhe* verschlagen. Und noch an Deck steht der Königsberger Lehrer Otto Fritsch mit seiner Tochter und seinen beiden überlebenden Enkeln.

Alle an Oberdeck des Schiffes blicken in eine bestimmte Richtung, in Richtung der brennenden *Moltkefels*, die immer noch wie eine Fackel lodert, und auf ein zweites Schiffswrack, das rot glühend im Wasser liegt und zischende Laute von sich gibt, das ausbrennende Lazarettschiff *Posen*.

Mancher der Betrachter wird sich in diesem Augenblick fragen, ob da wohl noch Menschen an Bord waren, als das Schiff zu brennen begann . . .

Furchterregend dieser Gedanke.

Begleitet von zwei Minensuchbooten, *M 294* und *M 341*, setzt sich dann am Abend des gleichen Tages ein kleines Geleit mit Kurs nach Westen in Bewegung. Da die *Karlsruhe* die wohl geringste Geschwindigkeit von allen Schiffen im Geleit hat, wird sie in die Mitte genommen.

Als die Nacht vorbei ist und der Morgen anbricht, atmen viele auf. Man ist der Rettung ein gutes Stück näher.

Es ist kurz vor 09.00 Uhr.

Auf dem Oberdeck steht die 30jährige Dora Blady mit ihrer 5jährigen Nichte Gudrun Wassill und spricht den vorbeigehenden 2. Offizier der *Karlsruhe* an, der es sehr eilig hat. Sie hört von dem Schiffsoffizier, daß etwa vor einer Stunde Aufklärer beobachtet wurden und daß möglicherweise mit einem Luftangriff gerechnet werden müsse.

Die Königsbergerin erschrickt.

Sie hat schon in den letzten Minuten beobachtet, daß die *Karlsruhe* nicht mehr in der Mitte des Geleites fährt, sondern als letztes Schiff. Offensichtlich konnte es mit seiner Höchstgeschwindigkeit von sieben Knoten in der Stunde, das sind umgerechnet knapp dreizehn Stundenkilometer, das Tempo der anderen wesentlich schneller fahrenden Schiffe nicht halten. Deshalb fährt es jetzt als letztes Schiff im Geleit, und der Abstand zum Geleit scheint immer größer zu werden.

Sie blickt auf ihre Uhr: Es ist 09.15 Uhr.

In diesem Augenblick tauchen drei Flugzeuge auf, die von den Schiffen sofort unter Feuer genommen werden, wobei ein Flugzeug brennend ins Meer stürzt. Augenblicke später erscheinen fünf Flugzeuge und werfen Torpedos ab. . .

Im nächsten Augenblick ist die Königsbergerin von einem Höllenlärm umgeben, klammert sich an die Reling fest – – –

Dampfer *Karlsruhe* hat einen Volltreffer erhalten, Vorkante Brücke im H. B. Hochtank.

Das Schiff ist verloren.

Der 30jährigen Königsbergerin Dora Blady bleiben diese Augenblicke unvergeßlich:

»Ich befand mich zu dieser Zeit mit meiner 5jährigen Nichte mittschiffs an Oberdeck, im Gegensatz zu den meisten Menschen, die sich zu dieser Zeit im Innern des Schiffes aufhielten. Das Vorschiff war in Dunst, Rauch und Feuer gehüllt. Was sich dort Grauenhaftes abspielte, konnte ich nur ahnen, als mir im Qualm und Rauch schwarze und blutige Gesichter entgegenkamen.

Als ich mich umdrehte, sah ich gerade noch, wie sich das Heck des Schiffes in die Höhe hob und das Schiff wohl in der Mitte auseinanderbrach. Blitzschnell jagten meine Gedanken, doch bereits in diesem Augenblick verlor ich den Halt unter den Füßen und versank mit meiner Nichte an der Hand im Wasser. Durch den Strudel des untergehenden Schiffes wurden wir sofort auseinandergerissen.

Als erfahrene Schwimmerin hatte ich nicht viel Wasser geschluckt und automatisch Wasser getreten. So gelangte ich rasch, gestoßen von Balken und Brettern, wieder an die Wasseroberfläche. Trotz der Schwere der Kleidung konnte ich mich zunächst an einem Balken festhalten.

Das Schiff war nicht mehr zu sehen.

Vom Treffer bis zum Untergang dürften höchstens drei Minuten vergangen sein.

Es herrschte Gottseidank nur leichter Wellengang. Um mich herum trieben noch einige weitere Schiffbrüchige. Als mich meine Kräfte infolge der Schwere der Kleidung und der Kälte des Wassers – es hatte nur eine Temperatur von 4 Grad über Null – zu verlassen drohten, sah ich ein Schiff auf mich zukommen, was mir wieder Mut gab. Inzwischen hatte ich eine Brettertür zu fassen bekommen, an der ich mich besser festhalten konnte. Mit einem Bootshaken und einer kräftigen Matrosenhand wurde ich von einem Mannschaftsmitglied des Minensuchbootes *M 294* aus der Ostsee gezogen. Ich war gerettet. Meine Nichte hab ich nicht wiedergesehen.«

Auch der Königsberger Lehrer Otto Fritsch stand mit seiner Tochter und den beiden Enkeln an Oberdeck des Schiffes, als der Lufttorpedo die *Karlsruhe* in zwei Stücke riß und sie innerhalb von drei Minuten auf der Höhe von Stolpmünde auf den Grund der Ostsee schickte.

Die Katastrophe brach so schnell über das Schiff und die Menschen herein, daß sie überhaupt nicht begriffen, was im Augenblick geschah. Otto Fritsch fand sich plötzlich in der kalten Ostsee treibend, klammerte sich an einem Rettungsfloß fest, das nach seinem Wiederauftauchen an ihm vorbeischwamm, sah nur noch Schiffbrüchige auf dem Wasser, alle ohne Schwimmweste, von der *Karlsruhe* sah er nichts mehr.

Matrosen zogen ihn an Deck des Minensuchbootes *294*.

Es dauerte lange, bis der Königsberger Lehrer begriff, daß er jetzt ganz allein war. Aber er hatte noch Hoffnung, daß er seine Tochter und seine beiden ihm noch verbliebenen Enkel noch finden würde. So hart konnte das Schicksal nicht sein: Er hatte schon seine Frau verloren und seinen jüngsten Enkel. Hatte er nicht schon genug geopfert?

Er machte sich auf den Weg durch das Schiff, sah in jeden Raum, in jeden Gang, suchte überall, drehte Frauen herum, um ihre Gesichter zu sehen, und Kinder, um sie zu erkennen.

Seine Lieben waren nicht dabei, die Hoffnung, sie wiederzusehen, wurde von Minute zu Minute kleiner, geringer.

Da ist noch ein Raum, in den der Lehrer noch nicht gesehen hat. Er geht hinein. Viele Menschen befinden sich darin. Gerettete von der *Karlsruhe*.

In eine Decke eingewickelt findet er ein Kind, macht die Decke auseinander und sieht seinen zweieinhalbjährigen Enkel. Otto Fritsch ist überglücklich.

Ein Gotteswunder ist geschehen – – –

Noch vor einer halben Stunde hat er das Kind an Deck der *Karlsruhe* an der Hand gehabt, dann krachte es. Das Kind kann zwar nicht erzählen, wie es gerettet wurde, doch ein Matrose, der es aus dem Wasser zog, erzählt dem Großvater:

»Das Kind hat rittlings auf einem kurzen Balken gesessen, es hat sich mit beiden Händen daran festgehalten und fürchterlich geweint!«

Die wundersame Rettung eines zweieinhalbjährigen Kindes.

Doch die Tochter und das andere Enkelkind hat der Königsberger Lehrer Otto Fritsch beim Untergang der *Karlsruhe* verloren. Eine siebenköpfige Familie zog aus Königsberg auf die Flucht: Großmutter, Großvater, Tochter und vier Kinder. Überlebt haben zwei: Der Opa und sein zweieinhalbjähriger Enkel.

Flüchtlingsschicksal bei der Flucht über die Ostsee, e i n Schicksal von hunderttausenden – – –

Die gerettete Königsbergerin Dora Blady und die ebenfalls überlebende Oberschwester Anna Krueger bitten den Kommandanten des Minensuchbootes *M 294*, eine Liste der Geretteten zusammenzustellen und helfen ihm dabei. 63 Namen enthält diese Liste, als sie fertig ist. Um 11.00 Uhr und um 19.45 Uhr des gleichen Tages müssen zwei Namen gestrichen werden. Otto Enschkat aus Gottschallen bei Wehlau und Erika Bettels aus Fischhaben haben die Flucht über die Ostsee nicht lebend überstanden, sie sind gestorben.

Enttäuscht waren die *Karlsruhe*-Geretteten, als sie erfuhren, daß *M 294* nicht, wie beabsichtigt, nach Kopenhagen läuft, sondern wegen einiger an Bord befindlicher hoher Heeresoffiziere Swinemünde anläuft, wo auch die Geretteten ausgeschifft werden sollen.

In Swinemünde erwartet die Überlebenden des Untergangs der *Karlsruhe* ein neuer Schrecken. Sie sollen wieder ein Schiff besteigen, den Dampfer *Schauenburg*. Dieses durch einen Minentreffer stark beschädigte Schiff – es war durch Bombensplitter auch am Bug durchsiebt, und man hatte die Löcher mit Holzpfropfen zugestopft – löste bei den 61 geretteten Schiffbrüchigen der *Karlsruhe* kein Vertrauen aus.

Aber es gab keine Möglichkeit, anders als mit der *Schauenburg* aus dem schon bedrohten Swinemünde, dem einzigen noch im deutschen Besitz befindlichen Pommernhafen, herauszukommen.

Erst an Bord und auf der Fahrt nach Rendsburg über Kiel, unterbrochen von mehreren U-Boot- und Fliegeralarmen, merkten die Menschen, daß es auf der *Schauenburg* weder ein Rettungsboot noch eine Schwimmweste gab.

Viele der 61 haben auf der ganzen Reise kein Auge zugemacht.

Der Schock des überlebten Unterganges der *Karlsruhe* saß ihnen noch zu tief in den Gliedern.

Für den seit dem Untergang des Dampfers *Karlsruhe* vermißten Kapitän gab der 1. Offizier Fiedler nach dem Verlust des Schiffes folgende Meldung:

»Der Dampfer *Karlsruhe* verließ den Hafen von Pillau am 11. April 1945 um 19.30 Uhr mit Bestimmung nach einem westlichen Ostseehafen mit ca. 360 Tonnen Rückfuhrgütern, 860 Flüchtlingen und 150 Soldaten. Am 12. April 1945 erreichte der Dampfer gegen 04.00 Uhr die Reede von Hela und wartete auf Geleit. 19.00 Uhr Fortsetzung der Reise im Geleit. Am 13. April 1945 09.15 Uhr Fliegerangriff von drei Torpedoflugzeugen, wobei ein Flugzeug abgeschossen wurde. 09.20 Uhr erneuter Angriff von fünf Torpedoflugzeugen, wobei der Dampfer *Karlsruhe* einen Treffer Vorkante

Brücke im H. B. Hochtank erhielt. Das Schiff ist binnen 3 Minuten gesunken.«

Die Meldung enthält keine genaue Angaben über die tatsächlich an Bord befindlichen Personen und auch keine Angaben über die Zahl der Überlebenden.

Von den tatsächlich an Bord gewesenen 1083 Menschen wurden vom Minensuchboot *M 294* = 63 Personen gerettet, vom Minensuchboot *M 341* = 50 Personen, insgesamt 113 Personen.

970 Menschen fanden beim Untergang des Dampfers *Karlsruhe* am Freitag, den 13. April 1945 auf der Höhe von Stolpmünde ihr Grab in der Ostsee.

DER MISSGLÜCKTE VERSUCH, DAS LAZARETTSCHIFF *PRETORIA* ZU VERSENKEN

Der 15. April 1945 ist ein Sonntag.

Um 04.00 Uhr morgens, bevor die Sonne den wolkenlosen Nachthimmel aufhellt und als feuerroter Ball aus der See aufsteigt, ist es auf der Reede von Hela noch ruhig. Diese trügerische Sonntagsruhe ausnutzend, hat das Fährschiff *Deutschland* den Kriegshafen von Hela verlassen und schiebt sich langsam auf eine Position östlich von Hela. Hier wartet das Schiff im Landschutz auf Geleit, das im Laufe des Tages zusammengestellt werden soll. An Bord des Fährschiffes befinden sich 2031 Soldaten der 7. Panzerdivision und der 4. SS-Polizei-Division, die im Kriegshafen Hela in der Nacht eingeschifft wurden. Außerdem wurden 42 Wehrmachtsfahrzeuge und 15 Feldhaubitzen an Bord des Fährschiffes genommen.

Zwei Stunden später, um 06.00 Uhr, scheint bereits die Sonne, ein schöner Frühlingssonntag ist angebrochen.

Auf der Reede von Hela liegen vier große Transporter: Die *Eberhard Essberger*, die *Matthias Stinnes*, die *Askari* und der einstige Stolz der deutschen Afrika-Linie, der Dampfer *Pretoria*, 1936 bei Blohm & Voß gebaut, 167 m lang, 22,1 m breit und seit dem 22. Februar 1945 als anerkanntes Internationales Lazarettschiff im Ostseeeinsatz. Die Schiffe warten auf Menschen: Auf Verwundete, Soldaten und Flüchlinge, Frauen, Kinder und Greise, die zu Zehntausenden in Hela auf ihren Abtransport nach Westen warten.

Die Reede von Hela ist seit Tagen ein Hexenkessel. Seitdem die russische Artillerie ihre Stellungen an der Oxhöfter Steilküste bezogen hat, wird jede Einschiffungsaktion auf der Reede von Hela durch Artilleriefeuer gestört. Dazu kommen die Luftangriffe – einmal, zweimal, dreimal täglich.

Heute morgen liegt noch Friede über der See.

Doch es wird nur noch Minuten dauern, bis der Kriegslärm diesen Sonntagsfrieden mit einem Hagel von Stahl wegfegt, bis die ersten Granaten im Wasser oder auf Schiffen einschlagen, bis die Jabos und die Bomber ihre vernichtende Last abwerfen und ihre Geschoßgarben im Tiefangriff über die Schiffsdecks jagen.

Aber auf diesen Augenblick ist man vorbereitet.

Die 9. Sicherungs-Division tut alles in ihren Kräften stehende, die Handelsschiffe während der Anbordnahme der Verwundeten, Soldaten und Flüchtlinge zu schützen. Auch an diesem Sonntagmorgen.

Alle Kriegsschiffe, vom Kriegsfischkutter bis zum Zerstörer, vom Minensuchboot, dem Artillerieträger bis zum Torpedoboot, sind aufgeboten, die Angreifer mit einem konzentrierten Flakfeuer zu begrüßen. Bereits weit draußen, um die Handelsschiffe herum, bilden der Zerstörer *Z 34* und das Torpedoboot *T 36* einen Halbkreis um die Schiffe. Sie werden die schweren Bomber schon mehrere Kilometer von ihrem Angriffsziel beschießen. Wenige hundert Meter von den Handelsschiffen entfernt bilden die Artillerieträger, die Kriegsfischkutter, die Minensuchboote und einige weitere kleinere Einheiten einen Flak-Schutz-Gürtel.

Dieses Empfangskomitee für den feindlichen Angriff an diesem Aprilsonntag ist nicht umsonst, es bekommt viel Arbeit.

Um 08.00 Uhr blitzen am Oxhöfter Steilufer die ersten Abschüsse der russischen Batterien auf und schlagen wenig später zwischen den Schiffen auf der Reede von Hela ein. Die meisten gehen ins Wasser, doch manche ziemlich bordwandnah. Gefährlich wird es, wenn sich die Batterien eingeschossen haben. Die bewegungslos im Wasser liegenden großen Handelsschiffe bieten bei diesem Wetter ideale Ziele.

Der Zerstörer *Z 34* erkennt die Gefahr. Mit äußerster Kraft läuft er in Richtung Oxhöfter Steilküste. In 12 km Abstand eröffnet er das Feuer aus seinen drei 15 cm-Rohr-Geschützen. 35 Schuß verlassen *Z 34*, der Einschlag der Granaten im Gefechtstand der russischen Batterie ist erkennbar. Drei Minuten später folgt eine zweite Salve. Volltreffer. Die Batterie schweigt. Jedenfalls für diesen Tag. Auch auf *Z 34* gab es Verwundete durch einen Rohrkrepierer am Geschütz 3. Nachdem die russische Batterie an der Oxhöfter Steilküste für die nächsten Stunden außer Gefecht gesetzt ist, kehrt der Zerstörer an seinen Platz unweit von *T 36* zurück. Es ist auch höchste Zeit dafür.

Um 09.30 Uhr kommen die Flieger. Zunächst werden Jagdbomber sichtbar. Sie kommen über die Osthöfter Höhen. Es sind 20 oder gar 30. Es geht alles sehr schnell. Ziel des Jabo-Angriffs sind die Kriegsschiffe und die Flakstände auf diesen Schiffen. Sie sollen ausgeschaltet werden, damit die Bomber ungestört ihre Last auf die Handelsschiffe abwerfen können. Doch die Flak schießt aus allen Rohren, wehrt den Angriff ab.

Dann kommen die Bomber, ein ganzer Verband, 40 Maschinen. Sie fliegen in 2000 m Höhe, setzen dann zum Sturzflug an. Ein Feuerhagel empfängt sie. In die Ostsee fällt ein ganzer Teppich.

Das Ziel der Bomber sind nicht die Kriegsschiffe und auch nicht alle Handelsschiffe. Der Angriff gilt einem Schiff, dem weißen Lazarettschiff *Pretoria*, das deutlich als internationales Lazarettschiff mit großen roten Kreuzen auf den Decks, an den Schornsteinen und an der Bordwand und mit grünen Band auf weißem Grund rund um das Schiff gekennzeichnet ist.

Im Sturzflug stoßen die Pe-2 Bomber der Sowjets auf die *Pretoria*, lassen ihre todbringende Last fallen, steigen auf, bis die nächste Welle niederstößt mit der gleichen Absicht:

Tod der *Pretoria* – Tod der *Pretoria*!

Doch so schnell stirbt die *Pretoria* nicht.

Um das Schiff herum steigen Wasserfontänen hoch, und Fontänen von hochgeschleuderter Gischt sprühen über die Decks.

Doch nicht nur neben das Schiff, auch auf die *Pretoria* fallen Bomben. Drei treffen das Vorschiff, mehrere Treffer sind über die ganze Länge des Schiffes verteilt.

Nur wenige Minuten dauert dieser Bombenüberfall.

Der Kapitän und die Decksoffiziere an Bord des Lazarettschiffes registrieren die Schäden:

Die Zerstörungen auf dem Sonnendeck, dem Bootsdeck und in der Touristenklasse sind erheblich, aber reparabel. Das Schiff brennt an mehreren Stellen: Leergut ist entbrannt und die 100 Kapok-Rettungsflöße, die an Luke 3 gestapelt sind. Mit dem Löschen des Feuers wird sofort begonnen. Wichtig ist: Maschine, Kompaß und Ruderanlage sind heil geblieben. Die *Pretoria* ist noch fahrbereit.

Doch der Tag hat erst begonnen.

Während die Brände gelöscht werden, beginnt die Einschiffung von Verwundeten und Flüchtlingen. Kein Bombenangriff kann dies aufhalten.

»Wir müssen schnell laden und schnell weg!« Das ist die übereinstimmende Meinung des Kaptäns und des Leitenden Chefarztes des Lazarettschiffes.

Um 11.00 Uhr folgt der nächste Angriff: Jagdflugzeuge voraus, Bomber danach, wie gehabt.

Wieder ist das Lazarettschiff *Pretoria* Ziel des Angriffs.

Erneuter Bombenhagel. Das Schiff wird empfindlich getroffen.

Bordwaffengeschosse durchlöchern die Außenhaut des Schiffes und die Rettungsboote, die nur noch hängende Hoplzsiebe sind: Treffer in den Ladeluken verursachen neue Brände. Es wird gelöscht, gelöscht – das Feuer eingedämmt. Und es gelingt, die Brandherde zu stillen.

Die Schiffsleitung entschließt sich nach diesem Angriff, das Schiff näher an Hela heranzubringen, um im Notfall die bereits an Bord befindlichen Verwundeten abzugeben, sollte die *Pretoria* total in Brand geworfen werden, was niemand hofft. Außerdem erhält dadurch das Schiff zusätzlichen Flakfeuerschutz von Land.

Sowohl der Kapitän der *Pretoria* als auch die Kommandanten der Kriegsschiffe rechnen mit weiterenAngriffen, während die Anbordnahme von Verwundeten und Flüchtlingen auf *Pretoria* und die anderen auf Reede liegenden Schiffe weitergeht.

Das nächste Feuerwerk auf Hela Reede beginnt um 14.30 Uhr.

Während an Oberdeck des Lazarettschiffes noch die Brandherde provisorisch beseitigt werden und Besatzungsmitglieder die Löcher in der Bordwand mit Holzpfropfen abdichten, fallen die nächsten Bomben auf das Schiff. Einige Männer an Oberdeck, die nicht gleich unter Deck liefen, werden vom Detonationsdruck der Bomben über Bord gefegt oder von Splittern durchsiebt. Dann fällt eine Bombe direkt neben die Bordwand. Der Kapitän und die Decksoffiziere auf der Brücke halten sich fest: Das Schiff macht einen Sprung nach vorn. Jedenfalls spürt man es so. Der Treffer reißt einen 50 cm breiten und fünf Meter langen Riß in die Bordwand, unterhalb der Wasserlinie auf der Backbordseite. In den Laderaum V strömt das Wasser.

Der nächste Treffer setzt das achtere Aufbaudeck in Brand, ein weiterer die Brücke und das Schornsteindeck, auch in die Luken III, IV und V sind Bomben gefallen.

Doch die Maschine ist noch intakt.

»Die *Pretoria* ist noch fahrbereit!« meldet der Kapitän. Er gibt nicht auf. Auch jetzt noch nicht.

Drei Angriffe hat das Lazarettschiff an diesem Tage überstanden, 11 Tote und 24 Verwundete sind zu beklagen.

Einen vierten Angriff wird die *Pretoria* aber wohl kaum überstehen.

Und dieser Angriff wird am frühen Abend vor Eintritt der Dunkelheit erwartet. Die Sowjets werden nicht eher Ruhe geben, bis sie das Lazarettschiff versenkt oder in Brand geschossen haben.

Das aber muß verhindert werden, denn auf dem Lazarettschiff befinden sich über 2000 Menschen.

Um 17.30 Uhr ist die Beladung der vier Schiffe: *Askari*, *Eberhard Essberger*, *Matthias Stinnes* und *Pretoria* auf der Reede von Hela abgeschlossen, sie verlassen den Angriffsplatz. Nachdem noch das Fährschiff *Deutschland* zu ihnen gstoßen ist, nimmt das Geleit Kurs nach Westen, gesichert von den Zerstörern *Z 34*, *Z 39* und *Paul Jacobi*, den Torpedobooten *T 23*, *T 28* und *T 36* und einigen M-Booten.

Nicht zu spät.

Denn kurz nach 18.00 Uhre fliegen noch einmal 20 Jagdbomber die Reede von Hela an, werden aber von dem Flakfeuer der Begleitschiffe zur Umkehr gezwungen. Keine der geworfenen Bomben trifft, nur eine Bombe fällt in der Nähe des mit über 7000 Menschen beladenen Dampfers *Eber-*

hard Essberger ins Wasser, ein paar Splitter treffen das Oberdeck, ohne Schaden anzurichten oder jemand zu verletzen.

Dann ist auch das vorbei und der letzte Angriff abgewehrt.

So friedvoll dieser Sonntag begonnen hat, endet er. Still legt sich der Abendhimmel über die fast spiegelglatte See dieses Aprilsonntags. Auf vier Schiffen, die Hela verlassen haben und Kurs auf Kopenhagen nehmen, fiebern mehr als 22.000 Menschen der Rettung entgegen.

Und eines dieser vier Schiffe ist das Lazarettschiff *Pretoria.*

Es ist fast ein Wunder, daß dieses Schiff diesen 15. April überlebt hat.

Überall an Bord versucht man, in diesen Abendstunden die Wunden zu heilen:

Die Verwundeten erhalten – soweit möglich und erforderlich – frische Verbände, im OP-Raum werden notwendige Operationen vorgenommen, und nacheinander bekommen die mehr als zweitausend Menschen eine warme Mahlzeit.

Ganz unten im Schiff kämpfen Männer der Besatzung und Festungspioniere, die aus Hela mitgenommen wurden, darum, das Schiff fahrtüchtig zu halten. Bis zum Bauch im Wasser stehen die Männer im Wellentunnel und versuchen, das Leck zu dichten. Ununterbrochen laufen die Pumpen, um die *Pretoria*, die bereits Schlagseite hat, zu retten. Achtern taucht das Schiff schon 9,5 Meter ein und am Bug 5 Meter. Das ist anormal.

Andere Seeleute stopfen noch immer Holzpfropfen in die Löcher der Außenhaut des Schiffes, die die Geschosse der Flugzeuge verursacht haben.

Viele an Bord des Schiffes beten an diesem Abend und in der folgenden Nacht, daß der *Pretoria* nicht ein weiteres Unglück zustößt – durch eine Mine oder Torpedos . . .

Auf der Brücke erkundigt sich der Kapitän, wieviele Menschen überhaupt auf seinem Schiff sind, das kein Schiff mehr ist, sondern nur noch ein fahrbereites Wrack.

Es sind 120 liegende Verwundete, zum Teil sehr schwer verletzt, 1724 sitzende Verletzte, 144 Flüchtlinge, etwa 100 Soldaten, dazu die Handelsschiffsbesatzung und das Sanitätspersonal, insgesamt 2333 Personen.

Für das Lazarettschiff *Pretoria* ist mit dieser letzten Fahrt nach Kopenhagen, wo Bergungsfahrzeuge dem Schiff entgegenkommen und die Verwundeten und Flüchtlinge an Land in Sicherheit bringen, der Krieg zu Ende.

35.044 Menschen hat die *Pretoria* über die Ostsee gerettet, gemessen an der Zahl, die Einwohner einer ganzen Stadt.

Noch in der Nacht vom 15. zum 16. April 1945 trifft die Rache der Russen den Zerstörer *Z 34*, der am Morgen des 15. April die sowjetische Batterie auf dem Oxhöfter Steilhang zum Schweigen gebracht hatte. *Z 34* hatte noch in der Nacht das Geleit verlassen und war nach Hela zurückgekehrt. Hier wurde es von zwei sowjetischen TKA unter Oberleutnant Krotokev angegriffen und torpediert. Der Kommandant des Zerstörers, Korvettenkapitän Hetz, konnte den Zerstörer noch in Landnähe bringen, mußte sich dann aber von dem ebenfalls zurückgekehrten Torpedoboot *T 36* und dem Minensuchboot *M 204* nach Swinemünde schleppen lassen.

Damit verließ am frühen Morgen des 16. April 1945 das letzte große Kriegsschiff die Reede von Hela und die Danziger Bucht. Und an diesem neu anbrechenden Tage, dem 16 April 1945, sollte auf der Reede von Hela die nächste Katastrophe ihren Anfang nehmen, deren Ende zu der größten Schiffskatastrophe aller Zeiten führen sollte, zum Untergang des Motorschiffes *Goya* mit über siebentausend Menschen . . .

IN 33 TAGEN SANKEN 53 SCHIFFE

Am frühen Morgen des 16. April 1945 führte der Seetra-Chef Konteradmiral Engelhardt in seiner neuen ›schwimmenden‹ Dienststelle in Flensburg, vom Dampfer *Malaga* aus, ein langes Telefongespräch mit dem MOK Ost in Kiel. Er hatte in diesem Gespräch, das er soeben beendete, nicht nur die ihm per Fernschreiben übermittelte ›Schiffsverlustliste‹ für die letzten 33 Tage – 13. März bis 15. April 1945 – mit den bei ihm eingetroffenen Meldungen abgestimmt, sondern sich auch über die aktuelle Lage im Ostseeraum informiert. Der Admiral war in letzter Zeit sehr viel unterwegs, da es überall ›brannte‹, man nach ihm rief und der Seetransport über die Ostsee wohl den Höhepunkt in der erwarteten Endphase des Krieges erreicht hatte.

Im Laufe der letzten 33 Tage hatte sich im Ostseeraum viel ereignet, und die Lage war ernster denn je.

Die Kurlandhäfen Libau und Windau waren noch immer in deutschem Besitz. Daran würde sich wohl in den nächsten Tagen, vielleicht auch Wochen nichts ändern. Aber es mußte Vorsorge dafür getroffen werden, daß – wenn rasch notwendig – genügend Schiffsraum zum Abtransport der Kurlandarmee zur Verfügung stand.

Woher diese Schiffe nehmen, da immer mehr auf Grund der Ostsee sanken?

Königsberg war in sowjetische Hände gefallen, der Hafen und die Stadt Pillau zwar eingeschlossen und bedrängt, aber noch fest in deutscher Hand.

Wie lange noch, war nicht vorauszusagen.

In Pillau warteten noch einige Zehntausend auf Schiffe. Abtransport dieser am stärksten gefährdeten Menschen mußte so rasch wie möglich erfolgen.

Die beiden wichtigsten Häfen in der Danziger Bucht, Gotenhafen und Danzig, waren ebenfalls verlorengegangen. Die letzten Flüchtlinge und

Soldaten waren nach Oxhöft und Hela transportiert worden. Da inzwischen auch die Oxhöfter Kämpe geräumt werden mußte, drängten sich jetzt mehr als einhunderttausend Flüchtlinge und Soldaten auf Hela, das jetzt zum letzten Sprungbrett aus der Danziger Bucht nach dem Westen geworden war.

Auch in den Pommernhäfen wehte bereits die rote Fahne. Neben den kleinen Häfen waren Stolpmünde und vor allem Kolberg in sowjetischem Besitz. Swinemünde würde sich sicherlich noch einige Zeit halten können. Dieser wichtige Hafen mußte gehalten werden.

Das war die Lage in den Ostseehäfen, wie sie sich am Morgen des 16. April abzeichnete.

Diejenigen Häfen, aus denen noch Flüchtlinge und Soldaten abtransportiert werden konnten, waren ständigem Beschuß durch sowjetische Artillerie und Angriffen durch die Luftwaffe ausgesetzt. Das galt vor allem für Pillau und Hela. Kein Tag verging ohne Luftangriffe und Artilleriebeschuß.

Swinemünde und Kiel wurden von den anglo-amerikanischen Bomberverbänden angegriffen. Die Angriffe am 12. März auf Swinemünde und am 3. April auf Kiel hatten hohe Verluste, auch an großen Schiffen, gefordert. Mit einer Verstärkung der Luftangriffe auf die Häfen mußte gerechnet werden.

Und wenn der Admiral die ›Schiffsverlust-Liste‹ für die letzten 33 Tage nüchtern betrachtete, wurden seine Sorgen nicht geringer. Folgende Schiffe waren verlorengegangen:

Hugo Zeye, Straus (1756 BRT), *Rixhöft* (5378 BRT), *Margarete Cords* (1912 BRT), *Kiel* (250 BRT), *Robert Müller VI* (399 BRT), *Orion* (1722 BRT), *Usambara* (8690 BRT), *Renate* (218 BRT), *Robert Müller VII* (985 BRT), *Frankfurt* (1186 BRT), *Erni* (105 BRT), *Else* (107 BRT), *Monbaldo* (6214 BRT), *Gravenstein* (3505 BRT), *Leda* (2415 BRT), *Bille* (685 BRT), *Weser* (999 BRT), *Sasnitz* (400 BRT), *Arcona* (261 BRT), *Cleopatra* (1305 BRT), *Jersbek* (2804 BRT), *Elbing IV* (314 BRT), *Mendoza* (5193 BRT), *Franken* (10.850 BRT), *Franz-Jürgen* (2166 BRT), *New York* (22.337 BRT), *Monte Olivia* (13.750 BRT), *Mexphalte* (2578 BRT), *Seefalke* (570 BRT), *Feodosia* (3075 BRT), *Julius* (553 BRT), *Wilma* (175 BRT), *Wedel* (Flusi), *Längssee* 998 BRT), *Falkenstein* (132 BRT), *Schafstedt, Vale* (5950 BRT), *Albert Jensen* (5446 BRT), *Kurt Ramien, Ilmenau (1201 BRT), Posen* (1069 BRT), *Weserstein* (1923 BRT), *Wiegand* (907 BRT), *Karlsruhe* (897 BRT), *Simon* (105 BRT), *Amicizia* (1796 BRT), *Moltkefels* (7862 BRT), *Neuwerk* (803 BRT), *Wilhelm Bauer* (5600 BRT), *Wotan* (357 BRT), *Gauleiter Bürkel* (489 BRT).

Damit waren erneut rund 138.392 BRT Schiffsraum verlorengegangen.

Bei einer Analyse der Verlustliste überraschte die Feststellung, daß die meisten Schiffe durch Luftangriffe und die wenigsten durch sowjetische U-Boot-Torpedos verlorengegangen waren. Die nach der Torpedierung der

Wilhelm Gustloff und kurz danach der *Steuben* befürchtete Offensive sowjetischer U-Boote in der östlichen und mittleren Ostsee war also ausgeblieben. Dafür war aber die sowjetische Luftflotte weit aktiver geworden als Ende Januar und in der ersten Hälfte des Monats Februar 1945.

Noch eine Feststellung schien erfreulich: Nur bei fünf der insgesamt 53 verlorenen Schiffe waren Menschenverluste in größerer Zahl zu beklagen, bei dem Verlust des Dampfers *Vale*, des Lazarettschiffes *Posen*, des Dampfers *Moltkefels* und des Frachters *Karlsruhe*, dann noch bei dem bedauernswerten Unfall des Dampfers *Neuwerk*. Katastrophen wie *Gustloff* und *Steuben* mit einigen tausend Toten hatte es nicht mehr gegeben.

Und dem gegenüber stand die Tatsache, daß im gleichen Zeitraum, in dem 53 Schiffe verlorengingen, rund 570.000 Menschen über die Ostsee gerettet werden konnten, allein aus Pillau 103.606, aus Kolberg 104.872 und aus Gotenhafen sogar 166.719.

Konteradmiral Konrad Engelhardt hoffte, daß auch in den nächsten Tagen und Wochen der Menschentransport über die Ostsee ohne große Verluste vorgenommen werden konnte. Der Admiral ahnte an diesem Morgen des 16. April 1945 nicht, daß sich noch an diesem Tage eine dritte große Tragödie auf der Ostsee abspielen würde, eine Katastrophe, die die voraufgegangenen noch weit übertraf.

Auf der Reede von Hela bahnte sich in diesem Augenblick diese Katastrophe an.

SIEBENTES KAPITEL

Ein Schiff, zwei Torpedos und 7000 Menschen: Der Untergang der Goya

Hela, 16. April 1945: Sturm auf die Goya *– An Bord 7000 Menschen – Der Einsatz des* M/S Kurisches Haff *– Die Todesfahrt der* Goya *beginnt – Zwei Torpedos zerreißen das Schiff – Untergang in sieben Minuten – Ein schwimmender Friedhof – Nur 334 Menschen überleben – Die letzten Tage von Pillau – Retten, was noch zu retten ist – In Hela warten noch 200.000*

Hela, 16. April 1945.

Es ist ein Montag.

Nur zögernd weicht die Nacht, hebt sich der milchige Schleier von den dunklen Schiffsleibern, steigt nach oben, zerfließt in ein Nichts.

Auf der Halbinsel Hela hoffen Tausende: Flüchtlinge, Verwundete und Soldaten, heute auf ein Schiff zu kommen und über die Ostsee gerettet zu werden.

Heute, am Montag, dem 16. April 1945.

Neue Schiffe sind in der Nacht angekommen und haben an der Südspitze von Hela festgemacht. Viele kleine Schiffe. Und ein großes Schiff:

Die *Goya*.

Der bizarre Tarnanstrich, der das Schiff fast unkenntlich macht, läßt nicht ahnen, daß die *Goya* ein sehr neues und modernes und vor allem schnelles Schiff ist, erst wenige Jahre alt, 1941/42 auf einer Osloer Werft gebaut und 1943 von der Kriegsmarine übernommen. Zunächst war es Zielschiff für die U-Boot-Schule in Memel. Hier diente es der Ausbildung von

U-Boot-Kommandanten, die Übungs-Torpedos auf die *Goya* verschossen. Als Memel ›Brückenkopf‹ wurde, erhielt *Goya* Transportaufgaben, beförderte Soldaten und Flüchtlinge. Mit ihren 7600 PS-Motoren und einer Höchstgeschwindigkeit von 18 Seemeilen lief die *Goya* allen feindlichen U-Booten davon und brachte bereits 1944 mehr als 15.000 Flüchtlinge und Verwundete von Memel und Libau nach Gotenhafen und Swinemünde.

Heute Nacht war die *Goya* aus Swinemünde kommend auf der Reede von Hela eingetroffen. In Swinemünde wurden die einige Tage zuvor in Pillau an Bord genommenen Flüchtlinge und Soldaten ausgeladen.

Nun, im Morgengrauen des 16. Aprils 1945 wartet das Schiff am Ausgang der Danziger Bucht vor der Halbinsel Hela auf eine neue Ladung Frauen, Kinder, Verwundeter und Soldaten.

Längst sind die Flüchtlinge nicht mehr so ruhig wie noch vor Wochen. Die Angst vor den Russen, der Selbsterhaltungstrieb und Erlebtes haben sie härter gemacht und auch rücksichtsloser. Viele haben zu lange den Parteiparolen geglaubt und zu spät die Heimat verlassen. Die Nachrichten über Plünderungen, Vergewaltigungen und Mord der vorwärtsstürmenden sowjetischen Soldaten haben die Flüchtlinge in den letzten Wochen vorangetrieben, bis hierher nach Hela.

Draußen auf der Reede liegt ein großes Schiff: die *Goya*.

Man kann es von Hela aus gut erkennen. Es ist das größte unter den Schiffen, die vor Hela-Süd liegen.

Auf der *Goya* ist alles für die Aufnahme von Verwundeten, Flüchtlingen und Soldaten vorbereitet. Verwundete kann das Schiff aber nur in geringer Zahl aufnehmen, da es als Transporter hierfür keine Räume hat und auch keine Ärzte an Bord sind.

Seit Tagen ist der Kapitän des Schiffes, Plünnecke, fieberhaft erkrankt und gesundheitlich nicht in der Lage, das Schiff zu führen. Die Kriegsmarinedienststelle hat sofort für Hilfe gesorgt. Zunächst wurde Korvettenkapitän Felix Hahn, erfahrener Handelsschiffmann, vor dem Krieg Lotse in Danzig-Neufahrwasser, als Begleitoffizier auf die *Goya* kommandiert. Vor wenigen Tagen kam zusätzlich noch Kapitänleutnant Paul Sigmund in Swinemünde als zweiter Begleitoffizier an Bord; er wurde von der 25. U-Flottille auf die *Goya* kommandiert. Außerdem befinden sich noch der 1. Offizier Jonas und weitere Handelsschiffoffiziere an Bord, so daß für die Bewältigung der Transportaufgaben gesorgt ist.

Was die *Goya* in Hela erwartet, wußten die Brückenoffiziere aus den Geschehnissen der Vortage. Hela liegt dauernd unter Artilleriebeschuß, und die Schiffe im Hafen und auf der Reede müssen den ganzen Tag über mit Luftangriffen rechnen.

Am 16. April morgens um 07.05 Uhr erfolgt der erste Angriff.

Aus dem noch grau verhangenen Himmel stoßen urplötzlich sowjetische Bomber. Sofort setzt schwere und leichte Flak ein. Nutzlos. In mehreren

Wellen stürzen sich die Flugzeuge mit ihrer Bombenlast auf Menschen und Schiffe. Alles, was auf der Reede von Hela schwimmt, ist das Ziel der Angreifer. „Vernichtung" heißt die Parole der Angreifer: „Totale Vernichtung von Kindern, Frauen und Männern." Für die russischen Bomberpiloten sind das alles nur ›Hitleristen‹, die den Tod verdienen.

Wie die Fliegen sterben die Menschen: Kinder, Mütter, Greise, Verwundete, Soldaten – alle verenden im Bombenhagel.

Viele Boote und Prähme sind von Hela aus schon unterwegs zu den Schiffen auf der Reede, werden getroffen, kentern versinken, alles unter sich begrabend. Den Rest besorgen die Bordwaffen der Flugzeuge. Im Tiefangriff jagen sie über die Wasserfläche, schießen auf alles sich noch Bewegende, ziehen wieder nach oben. Dann fallen wieder Bomben. Sie haben empfindliche Zünder, die beim Aufschlag auf der Wasseroberfläche krepieren. Tausende von Splittern zischen über die See, zerreißen Schiffe, töten Menschen – – –

Der Tod hat es eilig an diesem Morgen des 16. April.

Er zeigt sich unersättlich von seiner grausamsten Seite. Hilflos sind ihm die Menschen ausgeliefert. Nichts, auch gar nichts können sie zu ihrem Schutz tun.

Doch die *Goya* hat bei diesem ersten Angriff an diesem Morgen großes Glück.

Kaum haben sich die Überlebenden von diesem ersten Bombenschock erholt, stößt um 08.30 Uhr ein neuer Bomberverband aus den Wolken und wirft seine todbringende Last ab.

Oberbootsmaat Heinrich Rothlübbers, für die vorderen drei Flakgeschütze auf der Back der *Goya* verantwortlich:

„In Wellen von sechs bis neun kamen sie heran. Wir eröffneten sofort das Feuer. Die ersten Bomben detonierten neben der *Goya*. Sie hatten starke Splitterwirkung. Bei der dritten oder vierten Welle traf eine Bombe das Schiff zwischen Back und Brücke. Mehrere meiner Leute von der vorderen Geschützbedienung fielen durch Verwundung aus. Das Oberdeck der *Goya* war aufgerissen, Kapitän Plünnecke kam mit blutender Wunde im Gesicht aus seiner Brückenkammer gestürzt ..."

Nach zehn Minuten ist der Angriff vorbei.

Der Schaden, den der Bombentreffer auf der *Goya* angerichtet hat, ist größer als man im ersten Augenblick feststellen kann.

Nach zwanzig Minuten berichtet Kapitänleutnant Sigmund Kapitän Plünnecke und Korvettenkapitän Hahn über die Lage nach dem Angriff:

„Der Bombentreffer kleineren Kalibers an Backbord Vorkante Brücke hatte große Splitterwirkung. Back– und Aufbauten sind siebartig durchlöchert. Sämtliche Glasscheiben auf der Kommandobrücke sind zertrümmert. In dem unter der Brücke liegenden Raum für die Horch– und MES-Anlage hängen die Verschalung und die Kabel herunter, die Stromzufuhr ist unterbrochen, auch zum Umformer im Vorschiff, die MES-Anlage (Minen-Eigen-Schutz) und das moderne Peilgerät für die U-Boot-Warnung sind zerstört.

Von den vier Verletzten, darunter Obersteuermann Looser, muß der schwerverletzte Signalobergefreite Nenne sofort ausgeschifft werden."

Die drei Männer auf der Brücke der *Goya* sehen sich an: Das, was die *Goya* gegenüber anderen Schiffen auszeichnete, die moderne Peilanlage für U-Boote und die MES-Anlage, sind zerstört. Das Schiff wird also auf der nächsten Reise auf moderne Sicherungsfahrzeuge angewiesen sein, weil es selbst keine MES-Anlage und U-Boot-Warnanlage mehr hat.

Daß sich dieser Umstand noch in der Nacht dieses Tages verhängnisvoll für die *Goya* auswirken wird, ahnt weder der Kapitän noch seine beiden Begleitoffiziere Hahn und Sigmund.

Das Schicksal der *Goya* nimmt seinen Lauf – – –

So schnell die Todesflieger erschienen, sind sie auch wieder verschwunden, zurück aber bleibt in Hela auf der Reede ein Chaos: Wimmernde Kinder, schluchzende Mütter, betende Greise, Verletzte, die um Hilfe rufen – und viele Tote.

STURM AUF DIE GOYA

Die Bomber scheinen das Signal für den Sturm auf das Schiff gegeben zu haben. Mit der Ruhe an Land unter den Wartenden ist es vorbei. Jede weitere Vertröstung, jeder Versuch, die Einschiffung in geordnete Bahnen zu lenken und militärisch exakt zu organisieren, geht in Drängen, Schieben und Brüllen unter. Die Menschen im Helaer Hafen haben schon zu viele Mühen, Entbehrungen und Enttäuschungen hinter sich und zu große Qualen erleiden müssen. Jetzt ist auch ihre Geduld am Ende. Diese letzte Nacht auf Hela, stehend oder auf enem Gepäckstück hockend, irgendwo liegend, frierend, ohne Decke den Unbilden der Nacht ausgesetzt, soll endgültig die letzte Nacht an Land gewesen sein. Jetzt wollen die Menschen auf ein Schiff, wollen endlich über das Meer in Sicherheit gelangen, wie Zehn– und Hundertausende vor ihnen. Niemand, keiner will mehr warten, bis die nächste Bombenkette auch ihr Leben auslöscht – und das ihrer Kinder...

Jetzt gibt es kein Halten mehr.

Zu Hunderten stürmen sie in Hela die Leichter, Prähme, Kutter und Boote, die sie an Bord der draußen liegenden *Goya* bringen sollen, die in Sichtweite vor ihnen liegt, die fast glatte See haushoch überragend. Manche stürzen, gestoßen von den Nachdrängenden, ins Wasser, drohen zu ertrinken, da sie nicht schwimmen können, werden wieder herausgezogen, klatschnaß, aber lebend... Jeder Platz auf einem Fahrzeug wird umkämpft. Vor den Augen liegt die *Goya*, sie bedeutet Sicherheit, Geborgenheit, Rettung – – –

Das glauben alle, die auf die *Goya* wollen. Und nichts kann diesen Glauben erschüttern – – –

Es ist eine traurige Last, die der *Goya* übergeben wird: Seelisch und körperlich zerschlagene Menschen, denen das Grauen und die Angst des überlebten Bombenangriffs noch aus den Gesichtern zu lesen ist.

Unaufhörlich rattern die Ladekräne, Verwundete schleppen sich an Bord oder werden hochgehievt. Über die ausgeschwungenen Fallreeps und die über Bord hängenden Strickleitern ziehen sich die Flüchtlinge mit letzter Kraft nach oben. In wenigen Stunden gelangen so Tausende an Bord, darunter zweihunder oder dreihundert Verwundete, Schwer– und Leichtverletzte. Es riecht nach Eiter, durchbluteten Verbänden, ungewaschenen Menschen – – –

Doch niemand stört das.

Die *Goya* ist ein Frachter und kein modernes Passagierschiff mit Kabinen und Sälen, Salons und breiten Gängen. Seine Fracht sind für diese Reise Menschen. Sie werden in den übereinander liegenden Laderäumen verstaut wie lebloses Frachtgut, wie Kisten übereinander.

Doch auch das stört niemanden. Hauptsache ist, auf der *Goya* und damit in Sicherheit zu sein.

In den fensterlosen Laderäumen macht sich das Elend breit: Hohlwangige, ausgehungerte, hustende Kinder, hoffende helfende, tröstende Mütter, betende Greise und stöhnende Verwundete, die sich kaum noch rühren können.

So manche Frau, die jetzt, nach tage– oder wochenlanger Flucht über Straßen, durch Dörfer und Städte, endlich Ruhe findet, blickt gedankenverloren vor sich hin, denkt an die verlassene, verlorene Heimat, an das auf der Flucht gestorbene Kind, an den Mann an der Front – – – und dankt Gott für die Gnade, auf der *Goya* zu sein.

Wer diese armen Menschen in den dunklen Laderäumen der *Goya* sieht, glaubt die letzten menschlichen Trümmer des Dritten Reiches, die Opfer eines ausweglosen totalen Krieges vor sich zu sehen. Sie scheinen wie das Reich, das tausend Jahre halten sollte, im letzten Atemzug zu liegen.

Bei diesem Menschensturm auf die *Goya* konnten die an Bord kommenden Flüchtlinge, Soldaten und Verwundete weder mit Namen noch sonstigen Angaben erfaßt werden, es wurden auch keine Schiffslisten angelegt. Dazu war weder Zeit, noch ließen dies die Umstände zu.

Das einzige was geschah: Am Fallreep standen der Funkgefreite Fred Büttner und zwei seiner Kameraden und zählten die an Bord kommenden, allerdings nur die, die über das Fallreep kamen. Die an Bord gehievt wurden oder über die Netze und Taue an Deck kletterten, waren für sie ›blinde Passagiere‹, die zahlenmäßig nicht erfaßt wurden.

„Wieviel haben wir denn?“ rief ein Kamerad Büttner zu. Die Uhr zeigte kurz vor halbdrei mittags.

„Runde 5000 !“ antwortete Büttner.

Und es wurde weiter geladen.

Die Uhr auf der Kommandobrücke der *Goya* zeigt 14.30 Uhr, als zum dritten Male an diesem Tag sowjetische Bomberverbände den Hafen und die Reede von Hela angreifen.

Der erste Verband, bestehend aus 22 Flugzeugen, konzentriert seinen Angriff zunächst auf den Hafen von Hela, auf die Menschen, die im Begriff sind, Boote, Kutter, Prähme und kleine Schiffe zu besteigen, die sie auf die Reede zur *Goya* und zu den anderen Schiffen bringen sollen, oder noch am Kai auf ihren Abtransport warten.

Es sind Tausende, die am Kai stehen: Frauen, Kinder, Greise und auch Soldaten, darunter viele Leichtverwundete. Sie stehen wie eine Mauer, Körper an Körper. Keiner weicht auch nur einen Schritt zurück. Wer vorn steht, nahe am Wasser, hat die größte Chance, noch auf ein Boot, ein Schiff oder einen Prahn und damit noch auf die *Goya* zu gelangen.

„Das ist das letzte große Schiff – – und danach kommt keines mehr nach Hela – – –“, raunt man sich unter vorgehaltener Hand zu.

Fest steht die Menschenmauer auf der Kaimauer, als die Bomben fallen – – –

Dann fallen die Menschen – – –

Die Menschenmauer wankt – zerbricht.

Übrig bleibt: Mauerreste – Menschenreste!

In wenigen Augenblicken erstickt ein Meer von Blut und Tränen die Hoffnung Hunderter, endet im qualvollen Leiden und Sterben.

Minuten später, nach Augenblicken lähmenden Entsetzens, bricht eine Panik aus. Sie erfaßt auch die am Kai in Hela wartenden Männer. Für Augenblicke verlieren auch Soldaten und Leichtverwundete die Nerven, springen einfach in das kalte Wasser, ohne nach einem ›Marschbefehl‹ zu fragen, versuchen, die so nahe vor ihnen liegende *Goya* schwimmend zu erreichen.

Im Nu sind Boote, Prähme, Kutter und Schiffe voll, legen ab, laufen überladen zur wenige hundert Meter entfernt liegenden *Goya* – –

In diesem Augenblick stößt der nächste Bomberverband aus den Wolken und greift die *Goya* an, das Schiff, das ringsherum von Booten, Kuttern und kleinen Schiffen umgeben ist, die ihre Menschenfracht loswerden wollen.

In dieses Gewimmel von Menschen und Booten, Prähmen und Schiffen, die die *Goya* umgeben, fallen die Bomben.

Die Hölle bricht los.

Oberbootsmaat Rothlübbers erinnert sich an diese Minuten:

Als die Bomben in das Gewimmel von Menschen und Fahrzeugen fielen, brach buchstäblich die Hölle los.

Die bis dahin noch krampfhaft aufrechterhaltene Ordnung endete in einem totalen Chaos. Fahrzeuge vollbesetzt, die in einem dichten Schwarm um unser Schiff lagen, wurden getroffen und sanken in Sekunden. Von Splittern getroffene Frauen, Kinder und Soldaten schrien verzweifelt um Hilfe. Die noch lebten, versuchten mit verbissener Anstrengung, auf das Schiff zu gelangen. Soldaten verschiedenster Waffengattungen bahnten sich rücksichtslos einen Weg auf das Schiff, die Stärksten unter ihnen kletterten sogar an der Ankerkette und herabhängenden Tauen an Oberdeck. Das Wachkommando der Feldgendarmerie konnte sich nicht mehr durchsetzen. Mehrere Besatzungsmitglieder waren entweder verwundet oder standen an den Geschützen und Winschen und konnten auch nicht helfend eingreifen. Und inmitten dieses Chaos überschütteten sowjetische Jäger die Menschen mit MG– und Bordwaffenfeuer ...!"

Im Fischereihafen von Hela hatte das kleine Motorschiff *Kurisches Haff* 600 Frauen, Kinder und ältere Leute an Bord genommen, um sie zur *Goya* zu bringen. Gegen 14.15 Uhr hatte man endlich, nachdem man an der *Goya* längsseits gegangen war, festmachen können. *M/S Kurisches Haff* lag vertäut an dem großen Schiff und begann, die 600 Menschenn über die Gangway an Bord zu geben. Alles schien gut zu gehen.

Doch da erscheinen die Bomber über der *Goya*.

Drei kleine Splitterbomben fallen etwa 10 Meter neben der Bordwand ins Wasser, krepieren beim Aufschlagen ... Die Splitter durchschlagen die Bordwand des *M/S Kurisches Haff*, zerfetzen Greise, Kinder und Mütter ...

Dann fällt die nächste Bombe, detoniert unter Wasser wenige Meter vom Steven des kleinen Motorschiffes. Eine gewaltige Wasserfontäne schießt hoch, spült die auf dem Vorschiff stehenden Menschen von Deck – –

Eine anrollende Welle zerreißt die Leinen, mit denen das Motorschiff an der *Goya* festgemacht hat, die Gangway zur *Goya* rutscht ab, die Daraufstehenden stürzen ins Wasser, ein Geschrei ohnegleichen bricht an . . .

Ein solches Elend hat das kleine Motorschiff *Kurisches Haff* noch nie erlebt: Schreiende Mütter und Kinder, umgestürzte Kinderwagen, tote Säuglinge, blutende Menschen, Menschenteile, die herumliegen, Greise, die auf den nackten blutverschmierten Planken liegen und beten, flehen, schreien:

„Gott, erbarme Dich unser . . . !"

Kapitän Wilhelm Sudmeier, der das alles sah und miterlebte:

„Diese Augenblicke werde ich nie in meinem Leben vergessen !"

Auch auf der *Goya* gibt es mehrere Tote und viele Verwundete. Ein Flüchtling wird durch einige Bombensplitter an Deck zerfetzt, worauf er sich vor wenigen Augenblicken, an einem Tau hochkletternd, mühsam gerettet hatte.

Um die Verwundeten bemüht sich ein vor einer Stunde eingeschiffter, auf Krücken gehender Stabsarzt, der ein Bein in Gips hat.

Der Sachschaden an Bord – eine kleine Bombe brach 1 Meter vor der Brücke auf Backbordseite durch das Deck und entzündete die Zimmerei-Werkstatt, die aber gelöscht werden konnte – ist bei diesem Angriff geringer als der Schaden, den die Menschen erlitten haben.

Denn, nach diesem Angriff bricht unter den Menschen, die schon auf der *Goya* sind, die Panik aus, so wie an Land und auf den Booten, die jetzt auf die *Goya* zusteuern.

Über die ausgehangenen Strickleitern ziehen sich die Soldaten an Bord des Schiffes, verschwinden unerkannt in den Ladeluken, um der Feldgendarmerief zu entgehen. Die Ärmsten ahnen nicht, als sie in den dunklen Laderäumen verschwinden, daß sie nie mehr das Tageslicht erblicken sollen, daß sie noch in dieser Nacht hier unten, in den untersten Decks der *Goya*, elend umkommen werden – –

Oben am Fallreep hat man das Zählen aufgegeben – –

Längst ist die Zahl von 6000 überschritten, nicht mitgezählt die illegal an Bord gelangten ›blinden Passagiere‹, die mit den Ladebäumen an Bord geholten Schwerverwundeten und die zivile und militärische Besatzung.

AN BORD SIEBENTAUSEND MENSCHEN

Gegen 17.00 Uhr ist das Schiff so voller Menschen, daß niemand mehr an Bord dürfte. In allen Luken und Räumen, in Gängen und auf dem Oberdeck, dem Bootedeck und bis hinauf zum Schornstein der *Goya* stehen, liegen oder sitzen die Menschen, jede Unbequemlichkeit auf sich nehmend, nur von dem einen Wunsch beseelt, mit diesem Schiff über die Ostsee gerettet zu werden.

Die *Goya* ist zu einer ›Arche Noah‹ des Jahres 1945 geworden, an diesem 16. April auf der Reede von Hela.-

Aber immer noch strömen die Menschen auf das Schiff: Gläubige und Ungläubige, Kinder und Greise, Mütter und Verwundete, Kranke und Gesunde. Manchmal liegen bis zu sechs Fähren nebeneinander an der Bordwand des Schiffes und geben ihre Menschenfracht ab, da klettern die Menschen von einer Fähre auf die andere, um nur an Bord zu gelangen.

Und zuletzt kommen noch die Reste der Sanitäts-Kompanie 1/58 der 7. Panzerdivision auf die *Goya*.

Dann aber ist sie wirklich voll bis obenhin.

Um 18.OO Uhr meldet der Verladeoffizier dem Kapitän auf der Brücke:

„Wir haben mindestens siebentausend Menschen an Bord, eine genaue Zählung konnte von 6000 an nicht mehr erfolgen, Namen wurden nicht erfaßt, Listen nicht angelegt, wer an Bord ist, weiß jeder nur selbst !"

Siebentausend Menschen auf der *Goya* !

Am 16. April 1945 wurde der Frachter *Goya* (5230 BRT) auf der Reede von Hela mit über 7000 Menschen beladen, zumeist Verwundeten und Soldaten und einigen hundert Flüchtlingen.
Um 19.00 Uhr verließ die *Goya* Hela-Reede nach Westen. Doch seinen Zielhafen erreichte der Frachter nicht.
(Foto: HAL / Ostsee-Archiv Heinz Schön)

Das als *Kurisches Haff* für die Memeler Dampfschiffahrtsgesellschaft erbaute, nur 362 BRT große Schiff war unter Kapitän Sudmeier in der östlichen Ostsee als ›Zubringer-Schiff‹ für die großen Flüchtlings- und Verwundeten-Transporter eingesetzt.
Am 16. April 1945 hatte *Kurisches Haff* wieder eine Menschenladung an Bord und übergab diese der *Goya*.
(Foto: HADAG)

Am Abend des 16. April wurde auf Hela-Reede das *Goya*-Geleit aus den Schiffen *Kronenfels* (2834 BRT), *Mercator* (4661 BRT) und dem Wassertanker *Ägier* (676 BRT) zusammengestellt. Die vier Schiffe hatten insgesamt über 15.000 Menschen an Bord und wurden von *M 256* und *M 328* nach Westen geleitet.
(Foto: PR / Ostsee-Archiv Heinz Schön)

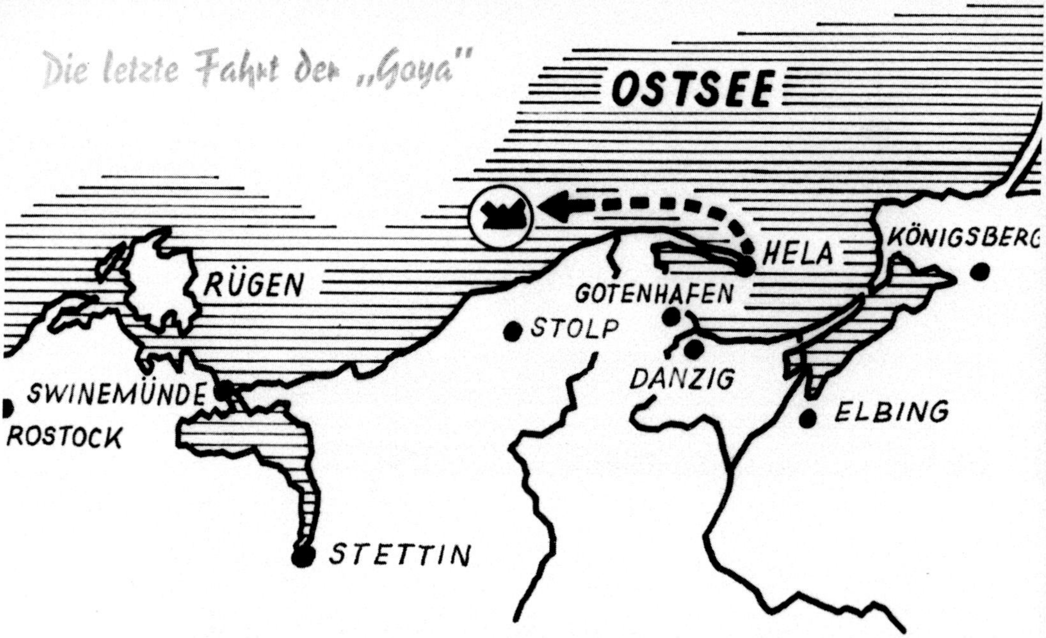

Die letzte Fahrt der *Goya* endete am 16. April 1945 um 23.52 Uhr, acht Minuten vor Mitternacht. Zwei Torpedos, abgefeuert von dem sowjetischen Unterseeboot *L 3*, zerrissen das Schiff. Es sank innerhalb von sieben Minuten in ein 78 Meter tiefes Grab auf den Grund der Ostsee. *(Zeichnung: Ostsee-Archiv Heinz Schön)*

Links: Ein Dokument des Grauens: Zwei von insgesamt 334 Überlebenden der *Goya*. *6666 Menschen nahm das Schiff mit in die Tiefe.*
(Foto: PR / Ostsee-Archiv Heinz Schön) – Rechts: „Mit äußerster Kraft zur Unfallstelle *Goya*" lautete für diesen Minensuchverband am frühen Morgen des 17. April 1945 der Befehl. Doch auf dem Grab der *Goya* querab Stolpmünde schwammen nur noch tote Menschen, leere Flöße, Kutter und Trümmer. 6666 Mensche hatten ausgelitten.
(Foto: PR / Ostsee-Archiv Heinz Schön)

Über dem Grab der *Goya* lebt keiner mehr. „Breche Rettungsaktion *Goya* ab – habe 18 Tote an Bord und keinen Überlebenden . . .“ gibt eines der Rettungsschiffe durch Winkspruch weiter. *(Foto: PR / Ostsee-Archiv Heinz Schön)*

Am 8. April 1945 wurde auf der Reede von Hela das Flugsicherungsschiff *Hans Albrecht Wedel* versenkt, am 16. April 1945 das Flugsicherungsschiff *Boelke*. Beide fielen Bombenangriffen zum Opfer. Sie hatten vorher viele Flüchtlinge gerettet. *(Foto: Drüppel 1532 und 2970)*

Am 8. April 1945 sank auf der Reede von Hela nach einem Bombenangriff das Troßschiff *Franken* (10.850 BRT), es gehörte der Reederei John T. Essberger und hatte zur Stunde des Untergangs keine Flüchtlinge an Bord.
(Foto: Essberger-Reederei / Ostsee-Archiv Heinz Schön)

Ein weiteres Opfer: der Dampfer *Usambara* der Deutschen Afrika-Linien (8690 BRT), er wurde am 20. April 1945 im Hafen von Stettin durch sowjetische Bomber versenkt.
(Foto: Deutsche Afrika-Linien / Ostsee-Archiv Heinz Schön)

Selbst das Walfangmutterschiff *Unitas* wurde 1945 in der Ostsee als ›Flüchtlingsschiff‹ eingesetzt. *(Fotos: Unitas / Ostsee-Archiv Heinz Schön)*

Zu den Schiffen, die am 3. Mai 1945 vor Fehmarn Opfer britischer Bomber wurden, gehörte auch der Dampfer *Swakopmund* (6133 BRT). *(Foto: Deutsche Afrika-Linien / Ostsee-Archiv Heinz Schön)*

Kurmark ex *Orion* ex *Hektor* wurde kurz vor der Räumung des Hafens Swinemünde am 4. Mai 1945 durch Bomben versenkt. *(Foto: Hapag-Lloyd / Ostsee-Archiv Heinz Schön)*

Die brennende *Kurmark* ex *Orion* ex Hilfskreuzer *Hektor* am 4. Mai vor Swinemünde.
(Foto: Drüppel 1512)

53891 Menschen brachte der Dampfer *Potsdam* (17.528 BRT) in sieben Flüchtlingsreisen über die Ostsee in Sicherheit.
(Foto: NDL / Ostsee-Archiv Heinz Schön)

„Flüchtlinge umsteigen". Ein Minensuchboot gibt seine Flüchtlinge an einen größeren Dampfer ab, um rasch zurückzulaufen und weitere Flüchtlinge aus Hela-Kriegshafen zu holen.
(Foto: PR / Ostsee-Archiv Heinz Schön)

Für viele Flüchtlinge gibt es auf den kleinen Schiffen, die nicht für die Beförderung von Passagieren eingerichtet waren, nur Stehplätze an Oberdeck.
(Foto: PR / Ostsee-Archiv Heinz Schön)

Auch die kleinsten Kriegsschiffe nehmen in den ersten Maitagen auf ihren Fahrten nach dem Westen Flüchtlinge mit.
(Foto: PR / Ostsee-Archiv Heinz Schön)

Sechs Flüchtlingsfahrten über die Ostsee machte der Dampfer *Lappland* (7644 BRT) und rettete 34.235 Menschen. *(Foto: Drüppel 1576)*

Mitte April 1945 wurde die *Cap Arcona* als ›Flüchtlingsschiff‹ entlassen, nachdem sie auf drei Reisen fast 30.000 Menschen gerettet hatte. Die *Cap Arcona* erhielt Befehl, KZ-Häftlinge in der Neustädter Bucht an Bord zu nehmen. *(Foto: ›Hamburg-Süd‹ / Ostsee-Archiv Heinz Schön)*

Soviel hatte sie noch nie auf einer Reise als ›Flüchtlingsschiff‹ oder ›Truppentransporter‹. Und da die *Goya* nur ein ›Transporter‹ ist und kein Passagierschiff, ergeben sich bei siebentausend Menschen an Bord viele Probleme: Da fehlt es an Toiletten, an sanitären Einrichtungen, an Verpflegung, an ärztlicher Betreuung der Kranken und Verwundeten, an Entbindungsräumen für die Schwangeren – es fehlt an vielem.

Aber danach darf man jetzt nicht fragen.

Und die Siebentausend auf der *Goya* kümmern sich auch nicht um diese Probleme. Sie wollen nur eins: Heute noch gerettet werden aus der Hölle von Hela. Sie sind genügsam geworden und finden sich in das härteste Schicksal, wenn nur noch ein einziger Funke Hoffnung besteht, dem Schrecken an Land durch die Flucht über das Meer zu entkommen.

„Siebentausend Menschen, kein Arzt, nur zwei Hilfsschwestern, Schwimmwesten für dreieinhalbtausend, also nur für jeden zweiten, Rettungsmittel für dreihundert, maximal vierhundert . . .“

„Da kann uns nur noch der liebe Gott helfen“, sagt Kapitän Plünnecke, den ein Bombensplitter leicht am Kinn verletzt hat, auf der Brücke der *Goya*.

„Es kommt niemand mehr an Bord, das Schiff ist überfüllt, ich kann keinen mehr als siebentausend verantworten, das sind schon dreitausend zuviel . . .“

In Übereinstimmung mit seinen beiden Begleitoffizieren, Korvettenkapitän Hahn und Kapitänleutnant Sigmund, trifft um 18.10 Uhr Kapitän Plünnecke die Entscheidung:

»Fallreeps und Strickleitern einziehen – – –

Wir laufen aus.

Ich kann niemand mehr an Bord nehmen!«

Das Schicksal der *Goya* liegt jetzt in Gottes Hand.

Der Kapitän, seine Begleitoffiziere, die ganze Mannschaft haben alles getan, soviele Menschen wie möglich an Bord des Schiffes zu nehmen.

Letztes Aufbäumen bei den Zurückbleibenden, als die Fallreeps und die Strickleitern eingezogen werden, der Anker gelichtet wird und die Schiffsmaschinen ihr monotones Geräusch aufnehmen, um die *Goya* in Bewegung zu setzen. Für die Siebentausend an Bord ist dies ein erhebender Augenblick. Jetzt geht es endlich los.

Jetzt wird ihre Hoffnung, über das Meer gerettet zu werden, Wirklichkeit. Das Schiff beginnt zu fahren. Die Flucht über die Ostsee beginnt für die Siebentausend auf der *Goya*.

Und die Zurückbleibenden?

Die *Goya* ist noch umringt von Dutzenden von Booten und Prähmen, Fähren und Kuttern, vollbeladen – – – Die Menschen springen in den Fahrzeugen auf oder brechen tränenüberströmt zusammen.

Die *Goya* fährt los – ohne sie – – –

Auch die Tausende, die noch in Hela im Hafen stehen, sehen, daß die *Goya* jetzt Fahrt aufnimmt und weiter auf See hinaus – läuft.

Als sie das gewahr werden, Szenen der Verzweiflung auch hier, jetzt, da man sieht, daß das vermeintliche letzte Schiff davonläuft und sich die Hoffnung auf Rettung in ein Nichts auflöst.

Das Auslaufen der *Goya* wird begleitet von einem fürchterlichen Aufschrei der Zurückbleibenden: Auf den Fähren und den Prähmen, in den Kuttern, Booten und Leichtern, am Kai – überall tönt ein schauerlicher Abschiedsgesang über das Wasser und dringt bis zur *Goya*, die sich immer rascher entfernt . . .

Arme mit geballten Fäusten recken sich hoch, Verwünschungen werden laut, und aus der Masse der Zurückbleibenden hallt ein Schrei, wird lauter und schriller, wiederholt sich, die Stimmen überschlagen sich fast, so als mache sich hier einer zum Rufer für Tausende:

»Fahrt zur Hölle . . . !« schreit er der *Goya* nach.

Ungewollt, willenlos, folgt das Schiff nichtsahnend diesem grausamen Befehl eines Verzweifelten – – – –

Um 19.00 Uhr ist der Geleitzug vor Hela komplett. Es hat noch einige Zeit des Wartens gekostet. Man will aber kein Risiko eingehen und hat die beiden modernen Minenboote *M 256* und *M 328* als Sicherungsfahrzeuge abgestellt.

Mehr Schiffe hat die auf Hela stationierte 9. Sicherungs-Division nicht mehr zur Verfügung.

M 256, im Jahre 1935 gebaut, 717 ts., ist zwar eines der alten M-Boote, verfügt aber über ausgezeichnete Geräte an Bord und über ausreichende Geleiterfahrungen in der Ostsee.

M 328, das zweite Geleitboot, ist kein Minensuchboot üblicher Art, sondern ein sogenanntes ›Kampfboot‹. Von diesem Typ gab es nur drei Boote, zwei waren in Kiel gebaut und *M 328* in Stettin. *M 328* war zwar äußerlich ein M-Boot, hatte aber keinerlei Suchgeräte an Bord. Hauptaufgabe dieses Kampfbootes war es, Geleitzüge zu begleiten. *M 328* war technisch und personell bestens ausgestattet, hatte 90 Mann Besatzung, ein Funkmeßgerät, ein Unterwasserhorchgerät und eine hervorragende Bewaffnung zur Abwehr von Flieger-, U-Boot- und Schnellboot-Angriffen, bestehend aus zwei 10 cm-Geschützen, drei 4 cm-Geschützen, einer 2 cm-Vierling, zwei 2 cm-Zwillingen, zwei 15 mm-Maschinengewehren und 50 Wasserbomben. U- und Schnellboote hatten am Tage bei *M 328* kaum Erfolgschancen. Das hatte einige sowjetische Schiffe schon zu spüren bekommen. *M 328* versenkte in der Ostsee zwei U-Boote, einen sowjetischen Hilfszerstörer und mehrere Schnellboote und schoß auch schon einige Flugzeuge ab. Ein besseres Geleitfahrzeug für das *Goya*–Geleit konnte es überhaupt nicht geben als *M 328* , 543 ts., Ende 1940 in Dienst gestellt, also erst vier Jahre jung.

Aber *M 356* und *M 328* haben eine verantwortungsvolle Aufgabe, denn das *Goya*-Geleit hat insgesamt 15.000 Menschen an Bord: 7000 auf der *Goya*,, die mit 5230 BRT das größte Schiff im Geleit ist, gefolgt von *Mercator* von der Atlas-Reederei mit 4661 BRT und 5000 Menschen an Bord und dem erst ein Jahr alten Dampfer *Kronenfels* mit 2834 BRT von der Reederei DDG.Hansa, der 2500 Menschen an Bord hat.

Schließlich gehört zu dem Geleit der kleine nur 676 BRT große Wassertanker *Ägier*, der im April 1943 von der Marinewerft in Kiel in Dienst gestellt wurde und jetzt nach dem Westen ›zurückgeführt‹ werden soll, nachdem er zuletzt in der östlichen Ostsee im Einsatz war.

Nicht nur die drei Handelsschiffe, die als ›Flüchtlingsschiffe‹ unter der Reichsdienstflagge fahren, auch *Ägier* und die zwei Minensuchboote haben Flüchtlinge mitgenommen, soweit dies auf dem beengten Raum auf den Schiffen überhaupt möglich war. Das ist ein Handicap, denn sollte einem der Schiffe auf der Reise etwas zustoßen, kann keines der anderen vollbeladenen Schiffe helfen.

Welches Schiff wollte zum Beispiel die Tausenden von der *Goya* übernehmen, wenn dieses Schiff unglücklicherweise in der Nacht auf eine Mine laufen sollte oder gar von einem Torpedo eine sowjetischen U-Bootes getroffen würde – – – ?

Aber wer denkt schon an das Schlimmste!

Kapitän Plünnecke hatte recht, als er beim Verlassen der Reede von Hela sagte:

»Das Schicksal der *Goya* liegt jetzt in Gottes Hand . . .«

Das dachte in diesem Augenblick auch ein anderer Kapitän, der Kapitän des kleinen Motorschiffes *Kurisches Haff*, das gegen Mittag seine Menschenfracht an Bord der *Goya* gegeben hatte.

DER EINSATZ DES *M/S KURISCHES HAFF*

Zu den Schiffen, die dem Dampfer *Goya* Flüchtlinge zum Weitertransport nach Westen auf Hela-Reede gebracht hatten, gehörte auch das Motorschiff *Kurisches Haff*, eines der kleinsten ›Flüchtlingsschiffe‹, das in diesen Monaten in der Ostsee eingesetzt war.

Es hatte nur 383 BRT, war 48,5 m lang, 7,10 m breit und hatte einen Tiefgang von 1,4 m, war nur für die ›höchste Klasse für Wattenfahrt‹ zugelassen und durfte maximal bei solchen Wattenfahrten 600 Personen befördern. Aber in diesen Tagen und Wochen fragte niemand danach, für welche Zwecke ein Schiff gebaut war und wieviele Personen mit diesem Schiff befördert werden durften. Es galt Menschenleben über die Ostsee nach Westen zu retten.

Als am Abend des 16. April 1945 die *Goya* die Reede von Hela, vollgepfropft mit etwa 7000 Menschen, verlassen hatte und außer Sichtweite geraten war, saß Wilhelm *Sudmeier*, der Mitte März 1945 das M/S *Kurisches Haff* in Gotenhafen als Kapitän übernommen hatte, in seiner kleinen Kammer und nahm sein privates Schiffstagebuch zur Hand um die Eintragungen des zu Ende gehenden ereignisreichen Tages vorzunehmen.

Er schrieb:

„16. April 1945

Für unser Schiff war dieser Tag, der 16. April 1945, wieder ein besonders ›schwarzer Tag‹. Um 11.00 Uhr übernahmen wir im Fischereihafen Hela 600 Frauen, Kinder und ältere Männer mit dem Auftrag, sie zum Dampfer *Goya* zu bringen, der auf Hela-Reede lag. Gegen 13.00 Uhr gingen wir an *Goya* längsseits. Wir hatten das Schiff vertäut und die Gangway der *Goya* befestigt. Danach begannen wir mit der Ausschiffung unserer Flüchtlinge, die über die Gangway an Bord der *Goya* gingen. Alles schien gut zu gehen. Ein Teil der Flüchtlinge war bereits auf der *Goya* verschwunden, da erschienen urplötzlich mehrere russische Flugzeuge und setzten zum Angriff auf die *Goya* an. Bomben fielen auf das Schiff und neben die Bordwand.

Drei kleinere Splitterbomben fielen nur etwa 10 Meter neben die Bordwand an der Steuerbordseite ins Wasser. Beim Aufschlagen explodierten sie, die Splitter durchschlugen die Bordwand, zerfetzten Greise, Kinder und Mütter. Im nächsten Augenblick schlug eine große Bombe etwa 10 m vom Steven des M/S *Kurisches Haff* ins Wasser, detonierte unter Wasser. Eine gewaltige Wasserfontäne schoß plötzlich hoch und spülte die auf dem Vorschiff unseres Schiffes stehenden Menschen über Bord. Durch eine anrollende Welle brachen alle Leinen. Wir fielen in ein tiefes Wasserloch. Ich glaubte selbst, jetzt wäre alles vorbei, und wir würden sinken. Aber unser Schiff hob sich wieder und blieb schwimmfähig.

Entsetzliche Minuten kamen. Die Gangway der *Goya* rutschte von unserem Oberdeck ab, klappte gegen die Bordwand der *Goya*. Die Menschen, die da standen, stürzten ins Wasser. Ein Geschrei ohnegleichen brach aus.

Auf meinem Schiff hatte sich ein nie gesehenes, nie erlebtes Chaos ausgebreitet, das mich selbst zutiefst erschütterte. Ergreifende Szenen spielten sich vor mit ab: Schreiende Frauen und Kinder, umgestürzte Kinderwagen, tote Säuglinge, zu Tode verletzte Greise, blutende Menschen, Kinder, die nach der Mutter schrien, Greise, die auf den Planken knieten, das Gesicht nach unten und betend. Dieses Bild wird mich bis zur letzten Stunde meines Lebens verfolgen. Grauenhafteres kann es nicht mehr geben.

Obwohl ich sicher kein Weichling bin, habe ich die Ausschiffung unserer Flüchtlinge auf die *Goya* nicht mehr selbst überwacht. Diesem Elend machtlos gegenüberzustehen, ging über meine Kräfte.

Mein Steuermann, der die Ausschiffung der Flüchtlinge übernommen hatte, berichtete mir:

›Wir hatten 14 Tote an Bord und 40 Schwerverletzte, außerdem wurden drei Besatzungsmitglieder verwundet.‹

Das ist die Bilanz des heutigen Tages."

Als Kapitän Wilhelm Sudmeier seine Tagebuch-Eintragungen für den 16. April 1945 beendet hat, ist es gegen 19.00 Uhr.

Er blickt hinüber zur *Goya*, die in diesen Augenblicken mit drei anderen Schiffen und zwei Geleitsicherungsfahrzeugen die Reise nach dem Westen, eine Reise ins Ungewisse, antritt.

»Das Schicksal der *Goya* liegt jetzt in Gottes Hand«, sagt Kapitän Sudmeier vor sich hin. Er hat gehört, daß sieben- bis achttausend Menschen auf der *Goya* sein sollen, die Einwohnerzahl einer Kleinstadt in Westpreußen – unvorstellbar! Und der in der Flüchtlingsfahrt erfahrene Kapitän weiß auch, daß der *Goya* niemand helfen kann, wenn sie auf eine Mine läuft oder vor die Torpedorohre eines sowjetischen U-Bootes. Dann ist das Schiff verloren und die meisten, die darauf sind – – –

Aber es sind schon so viele Schiffe durchgekommen, mit mehr als siebentausend Menschen, so die *Cap Arcona* und die *Deutschland*. Und seit der *Steuben* ist kein großes Schiff mehr torpediert worden. Warum sollte ausgerechnet der *Goya* ein Unglück zustoßen?!

Das sind die Gedanken von Heinrich Sudmeier, dem Kapitän des Motorschiffes *Kurisches Haff*, als er sich auf der Reede von Hela am frühen Abend des 16. April 1945, früher als sonst, nach einem harten Tag in seiner kleinen Kammer in die Koje legt und bald einschläft – –

Währenddessen läuft die *Goya*, ohne es zu wissen, vor die Torpedorohre eines sowjetischen U-Bootes, das seit langem auf dem Grunde der Ostsee auf eine Beute wartet.

Die *Goya* mit ihren Siebentausend wird diese Beute sein.

DIE TODESFAHRT DER *GOYA* BEGINNT

Völlig abgeblendet stiehlt sich das *Goya*-Geleit durch die fortschreitende Aprilnacht. Die Marschgeschwindigkeit des Geleites ist zunächst auf 11 Seemeilen festgesetzt, verlangsamt sich vorübergehend auf neun Meilen, da der Dampfer *Kronenfels* die befohlene Geschwindigkeit nicht halten kann.

Die *Goya* aber könnte doppelt so schnell sein, 18 Knoten.

Das hat ihr schon auf mehreren Ostseefahrten das Leben gerettet.

Kapitän Plünnecke und den beiden Begleitoffizieren Hahn und Sigmund auf der Brücke der *Goya* gefällt dieses ›Schleichen‹ mit neun Knoten überhaupt nicht. Wären sie allein auf Fahrt, würde die *Goya* mit einer Fahrtgeschwindigkeit von 18 oder gar 18 einhalb schon ein gutes Stück weiter sein.

Und vor allem: Je geringer die Fahrtgeschwindigkeit des Schiffes, desto mehr erhöht sich die Gefahr eines U-Boot-Angriffes, eines erfolgreichen Angriffs – – –

Auf der Kommandobrücke ist es relativ ruhig. Die Matrosen Heinrich König, ein Hamburger, und Volker Agena, ein Ostfriese, schon lange zur zivilen Stammbesatzung der *Goya* zählend, lösen sich jeweils nach einer Stunde am Ruder ab. Das Schiff steuert gut den befohlenen Kurs. Der Wind kommt aus NNW und hat eine Stärke von 1–2, der Seegang ist ebenso schwach, 1–2, die Sicht 1–2 Seemeilen.

Für einen U-Boot-Angriff gute Bedingungen.

Das weiß man auf der *Goya* besonders gut, weil das Schiff jahrelang als Zielschiff für angehende U-Boot-Kommandanten diente und auf das 145 Meter lange und 17,4 Meter breite Schiff schon viele Übungstorpedos abgeschossen wurden.

Nach Anbruch der Dunkelheit wird Dwarslinie mit jeweils 400 m Zwischenraum gefahren. Zielhafen des Geleits ist Swinemünde.

Längst ist die Silhouette der Halbinsel Hela mit der Dunkelheit der anbrechenden Nacht verschmolzen, stiller Friede hat sich auf die Ostsee gelegt, und nichts erinnert mehr an den lärmenden Bombenhagel auf Hela und das Wasser, auf die Menschen und die Schiffe.

Das alles, erst wenige Stunden alt, ist schon Vergangenheit.

Nur ab und zu, wenn am Horizont der Küste das Feuer von Geschützen Bruchteile von Sekunden aufzackt, wird man erinnert, daß nicht der Friede, sondern der Krieg über den Häfen und Schiffen liegt – und über der Ostsee.

Die *Goya* gleicht einem Bienenhaus.

Siebentausend Menschen bevölkern das Schiff vom untersten Laderaum bis zur Kommandobrücke. Überall nichts als Menschen jeden Alters, liegende, sitzende, hockende, stehende Menschen zwischen Säcken, Koffern, Kisten, schäbigen Kartons, von Schnüren mühsam zusammengehalten, das letzte Hab und Gut bergend . . .

In einem der schmalen Gänge liegen ein Mann und eine Frau.

Er hat im Krieg ein Bein verloren und wurde schon 1943 wieder in seine ostpreußische Heimat entlassen. Sie ist schwanger, trägt ein Kind unter dem Herzen, will bald gebären. Diese beiden jungen Menschen waren die letzten, die an Bord der *Goya* gelassen wurden. Mit einem übervollen Leichter hatten sie am Fallreep angelegt. Es war kurz vor 6 Uhr abends. Vor ihnen standen die Eltern der Frau, Mutter und Vater, hochbetagt, von der Flucht über das Land stark geschwächt, mit abgehärmten, zerfurchten Gesichtern. Zu viert wollten sie auf die *Goya*, aber nur noch zwei durften mit, bevor der Fallreep hochgezogen wurde.

Und die beiden Alten waren die Nächsten, diejenigen, die noch mitgenommen werden sollten. Da trat der Vater zurück, nahm die Mutter an der Hand, stellte sich mit ihr hinter die beiden und sagte nur:

»Geht Ihr man an Bord – Ihr habt das Leben noch vor Euch, wir haben es hinter uns – – – Behüte Euch Gott!«

Erst als der Matrose am Fallreep den kriegsversehrten Mann auf der Krücke stehend zum zweitenmal aufforderte, an Bord zu kommen oder zurückzubleiben, gingen die beiden jungen Leute auf das Schiff. Die beiden Alten blieben zurück, Tränen in den Augen. So hart war das Schicksal, trennte die Menschen auf dieser gnadenlosen Flucht – – –

Die schwangere Frau ist jetzt an Bord der *Goya* immer noch mit ihren Gedanken bei Mutter und Vater, sieht die beiden noch vor sich stehen mit ihren ausdruckslosen Gesichtern, als sie zurückbleiben mußten, vergißt das Gesicht der Mutter nicht, den Blick, aus dem soviel Liebe sprach, soviel Liebe zu ihrer Tochter, das eigene Leben dafür zu opfern.

Der Vater stand daneben. In diesem Augenblick, als sie das Schicksal auseinanderriß, hatte er die Hand auf die Schulter der Mutter gelegt.

Nun sich in Sicherheit wägend, weint die Frau vor sich hin, schluchzt immer wieder und sagt:

»Herbert – wir hätten sie nicht zurücklassen dürfen – die Augen meiner Mutter – ich seh sie immer noch vor mir . . .«

»Sei still«, sagt ihr Mann beruhigend, »bald sehen wir uns alle wieder.«

Doch für die vier war es ein Abschied ohne Wiedersehen.

Das Schicksal einer ostpreußischen Flüchtlingsfamilie hatte sich am Fallreep der *Goya* entschieden.

In einer der wenigen Kabinen in den oberen Decks des Schiffes sitzen drei Menschen: Ein junger verwundeter Leutnant, den Arm in Gips, ein etwa 18jähriges Mädchen und ein Mann in der braunen Uniform eines NS-Leiters; der Mann könnte der Vater der beiden sein:

»Ich bin sicher, daß es noch eine Wende in diesem Krieg gibt, daß auch andere einsehen, daß wir den Bolschewismus aus unserem Land vertreiben müssen, bevor er Europa überflutet. Der Führer weiß genau, was er tut und was er will . . .«

Der Leutnant und das Mädchen hören nur noch halb auf die Worte des NS-Amtsleiters, haben sich unter dem Tisch die Hände gereicht, zeigen damit ihre Zuneigung zueinander. Das ist ihnen im Augenblick wichtiger als das, was der Führer will . . .

Schon wenige Tage später wird der Führer tot sein, und der Amtsleiter der Partei, der hier auf der *Goya* noch an den Führer glaubt, wird noch früher sterben müssen, noch in dieser Nacht auf diesem Schiff – – –

In einem der unteren Laderäume ist die Luft zum Zerschneiden. Wie die Heringe liegen die Verwundeten nebeneinander auf den Strohsäcken, bartstoppelig, schmutzstarrend, verlaust, verdreckt, in erdfarbenen, durchbluteten, verkrusteten, stinkenden Verbänden, von Würmern schon angefressen. Kein Quentchen frische Luft kommt in diese Räume, in denen es keine Toilette gibt, wo man vergeblich nach einer Ecke sucht, um seine Notdurft zu verrichten, weil alles mit Körpern belegt ist. Und in diesen Räumen, übereinander bis nach oben, jeweils nur durch die offenen Luken verbunden, leben Menschen.

Leben?

Kann man das noch »leben« nennen?

Es ist vielmehr ein Vegetieren. Mehr nicht.

Es sind nicht nur einige Hunderte, es sind einige Tausend, die in den Laderäumen der *Goya* die letzte Reise dieses Schiffes erleben müssen.

Hier unten ist es zum Ersticken heiß. Die meisten Verwundeten liegen ganz unten, in den untersten Laderäumen. Sie stöhnen, versuchen sich zu bewegen, manche dösen, schlafen oder sind schon tot. Niemand stellt das fest. Denn seitdem sie hier unten wie Frachtgut verstaut wurden, hat sich niemand mehr um sie gekümmert. Es gibt keinen Arzt an Bord und keine Sanitäter, keine Krankenschwestern oder Menschen, die noch helfen wollen oder können. Hier ist das Asyl der Hilflosen.

Über die aufgerissenen und geschwollenen Lippen der Ärmsten kommt kein Wort mehr, nur noch ein leises Stöhnen. Hier unten im Bauch der *Goya* können die Verwundeten nur noch hoffen und beten, daß die Reise bald vorbei, das Schiff bald in einem Hafen ist, man von Bord getragen wird, in ein Lazarett, in weisse Betten – – – Doch dieser Traum wird für keinen, nicht einen einzigen der Männer im untersten Deck der *Goya* in Erfüllung gehen. Der Tod wird sie gnädig von ihren Qualen erlösen – – –

Auch für die in den oberen Laderäumen liegenden Soldaten und Flüchtlinge ist die Reise eine Qual. Hier ist die Luft nicht besser, und der Gestank von unten dringt herauf. Denn alle Ladeluken sind nur durch Treppen und Leitern, die oben auf das freie Oberdeck führen, miteinander verbunden.

Auf dem Oberdeck der *Goya* ist es genau so voll wie unten in den Laderäumen.

Da stehen an der Reling ein Mann und eine Frau. Sie haben jeder eine Tasche bei sich, anscheinend ihr letztes Gepäck. Beide beugen sich über die Reling und starren auf die See.

»Es kann nicht mehr weit sein bis zu der Stelle, an der die *Gustloff* gesunken ist«, sagt die Frau.

»Denk nicht mehr daran. Das ist vorbei. Und eine solche Katastrophe wird es nicht mehr geben«, antwortet der Mann.

»Ich habe trotzdem Angst, daß was passiert«, sagt die Frau nach einer Weile . . .« und ich bleibe hier an Deck, bis wir im Hafen sind.«

Der Mann ist Steward auf der *Goya*. Er wohnte in Gotenhafen. Am 30. Januar brachte er seine Frau auf die *Wilhelm Gustloff*. Sie sollte es besser haben als andere und nicht erst so lange warten, bis die Russen in Gotenhafen waren. Wie ein Wunder kam die Frau von der sinkenden *Gustloff*, rettete das nackte Leben.

Danach war sie nach Hela geflüchtet. Und hier hatte sie der Steward, ihr

Mann, an Bord geholt. Sie wollte nicht auf die *Goya*, sträubte sich immer wieder. Doch da ihr Mann dabei war, wich zunächst ihre Angst.

Nun waren sie beide an Deck der *Goya*, und die Frau wollte nicht unter Deck, in keine Kabine, sie wollte die Reise in der Nähe eines vor ihr hängenden Rettungsbootes an Oberdeck erleben und hatte sich entsprechend warm angezogen.

Sie wies ihren Mann auf die eingeschwungenen Boote: »Wenn das nur gut geht – so viele Menschen und so wenig Rettungsboote – gebe Gott, daß nichts passiert – – – !«

»Es wird schon alles gut gehen, Du wirst sehen«, beruhigte sie ihr Mann. »Bis jetzt sind wir mit der *Goya* immer durchgekommen, warum sollte ausgerechnet heute etwas passieren – – – und – wir haben ja noch unsere Schwimmweste!«

Um eine Schwimmweste geht es wenige Meter weiter in einem Gespräch an Oberdeck.

Ein humpelnder Leichtverletzter bietet einen Ehering für eine Schwimmweste. Er hat keine und ist sich offenbar der Gefahr bewußt, in welcher die *Goya* sich auf dieser Fahrt befindet.

Aber seine Bitten sind umsonst.

Keiner der Passagiere, zumeist Frauen, ist bereit, die eigene Schwimmweste abzugeben. Aber der junge Feldwebel ist nicht der einzige Mann an Bord, der eine Schwimmweste erwerben will.

»Tausend Mark für eine Schwimmweste« bietet ein anderer, ein Panzer-Unteroffizier mit Orden und Ehrenzeichen an der Brust.

»Meinen Wehrsold von drei Monaten« – der Nächste.

Doch niemand verkauft seine Schwimmweste.

Da ist eine Frau, auch sie hat keine Schwimmweste. Sie bietet sogar einen Brillantring, das letzte wertvolle Stück, das sie auf der Flucht gerettet hat. Jetzt ist sie bereit, sich auch noch von diesem letzten Stück wertvoller Erinnerung an ihre Heimat zu trennen.

Doch auch ihr Angebot bleibt ohne Erfolg. Sie geht weiter, wiederholt:

»Ich biete meinen Brillantring für eine Schwimmweste . . .«

Jeder zweite an Bord hat keine Schwimmweste. Nur 3500 Stück waren an Bord und wurden ausgegeben – ausnahmslos für Frauen und Kinder. Und noch nicht einmal alle Frauen konnten eine Schwimmweste erhalten. Vor allem die letzten, die an Bord kamen, gingen leer aus.

Und auch die Männer. Für sie gab es keine.

Eines ist sicher: Stößt der *Goya* ein Unglück zu, werden auch die wenigen Boote, Blech- und Korkflöße nicht ausreichen, Kinder, Verwundete, Mütter, Greise und Soldaten zu retten. Bei siebentausend Menschen stehen die Chancen auf Rettung 1 zu 100.

Doch mit diesen Gedanken dürfte sich wohl jetzt, um 22.00 Uhr, noch keiner an Bord der *Goya* beschäftigen.

Aber knapp zwei Stunden später werden dies einige Hundert tun.

Um 22.00 Uhr ist Wachablösung.

Den Ausguckposten auf der Kommandobrücke der *Goya* fallen vor Müdigkeit fast die Augen zu. Die meisten Männer haben seit mehr als 24 Stunden keinen Schlaf mehr gehabt.

Kapitänleutnant Sigmund, der sich gerade auf die Wachablösung vorbereitet, bemerkt um 22.00 Uhr plötzlich einen Schattenriß an der Steuerbordseite. Das Geleitboot *M 328* schießt Leuchtspurgeschosse.

Im Nu ist auf der Kommandobrücke der *Goya* alle Müdigkeit verflogen, ist man hellwach.

Nahen sowjetische Schnellboote, oder sind russische U-Boote in der Nähe?

Minuten später ist alles wieder ruhig. Auf den Geleitschiffen wurden sowjetische Schnellboote festgestellt, die aber keinen Angriff wagten. Die Gefahr scheint abgewendet.

Unten im Schiff hat niemand etwas von den aufregenden Minuten an Oberdeck bemerkt.

Kurz nach 22.00 Uhr beendet der Begleitoffizier, Kapitänleutnant Sigmund, die Mittelwache und wird von Korvettenkapitän Felix Hahn abgelöst. Sigmund verläßt mit einem ›Gute-Nacht-Gruß‹ die Brücke, geht die wenigen Stufen abwärts in die Brückenkabine, die er mit drei Ritterkreuzträgern des Heeres, Verwundeten, für diese Nacht teilt.

Währendessen beginnen die etwa eintausend Menschen, die in den unteren Decks der *Goya* keinen Platz mehr gefunden haben oder es vorgezogen haben, an Oberdeck zu bleiben, die hier liegen, sitzen oder gar stehen, mit zunehmender Nacht und Kälte zu frieren. Aber niemand murrt deswegen. Man hat sich schon an vieles gewöhnt. Auch an die Kälte einer Nacht. Und man hofft, daß auch diese eine Nacht bald vorüber ist.

Langsam rückt der Uhrzeiger weiter.

Um 22.30 Uhr muß die *Goya* plötzlich und unerwartet stoppen. Auf der Kommandobrücke stehen Kapitän Plünnecke, die beiden Begleitoffiziere Hahn und Sigmund und der 1. Offizier Jonas.

Der wachhabende Begleitoffizier Hahn erklärt:

»*Kronenfels*, dieser müde Schlitten, macht nicht mehr mit, er hat Maschinenschaden.

Was jetzt?«

Durch UK-Austausch wird zunächst erwogen, *Ägier* vor das Geleit zu spannen. Doch die mißliche Situation klärt sich schneller als erwartet. Schon nach 20 Minuten hat man auf der *Kronenfels* mit eigenen Bordmitteln den Schaden notdürftig behoben, und das Geleit kann seine Fahrt fortsetzen.

Gegen 23.00 Uhr erneute Unruhe auf der Kommandobrücke.

Ein FT ist eingetroffen.

Doch dieses Funk-Telegramm löst Freude aus. Es befiehlt Kursänderung für das gesamte Geleit:

Kopenhagen statt Swinemünde.

Ein Aufatmen bei allen, die auf der Kommandobrücke sind. Das ist die erste erfreuliche Nachricht seit Tagen. Mit Rücksicht auf die Verwundeten und die vielen Flüchtlinge auf den vier Handelsschiffen und den zwei M-Booten und auch auf den notdürftig behobenen Maschinenschaden des Dampfers *Kronenfels*, der nur in Kopenhagen repariert werden kann, um das Schiff für weitere Transporte einsatzfähig zu machen, hat man sich beim MOK Ost in Kiel in Übereinstimmung mit dem Seetra-Chef in Flensburg zu dieser Geleitzug-Kursänderung entschlossen.

Auch unter der Zivil- und Kriegsmarinebesatzung löst die Nachricht, die rasch bekannt wird – Zielhafen Kopenhagen statt Swinemünde – freudige Überraschung aus.

Es ist jetzt 50 Minuten vor Mitternacht, 23 Uhr und 10 Minuten.

An Oberdeck der *Goya* macht Bernhard Sandmann, Heereswerkmeister bei der Sanitäts-Kompanie 1/58 der 7. Panzerdivision, einen letzten Rundgang. Er hatte die Absicht, sich danach in die Koje zu begeben, denn der Tag war aufregend genug gewesen, und er ist müde. Einen Augenblick steht er an der Reling; blickt in die dunkle Ostseenacht und überdenkt noch einmal die Ereignisse der letzten beiden Tage und besonders den heutigen Tag, der ihn auf die *Goya* führte und den er lange im Gedächtnis behalten wird. Bernhard Sandmann erinnert sich:

»Am Abend des 15. April, mit meiner Truppe in Hela liegend, erhielt ich den Auftrag, am frühen Morgen des 16. April den Rest der Sanitätskompanie 1/58 der 7. Panzerdivision mit Gerät auf die *Goya* zu bringen, die etwa 2 km vom Hafen Hela entfernt auf See vor Anker lag.

Ich war am nächsten Morgen einer der ersten, der mit einem Prahm, mehreren meiner Leute und Gerät an der *Goya* anlegte und an Bord ging. Das war gegen 8.00 Uhr.

Auf dem Schiff befand sich zu diesem Zeitpunkt noch kein Verwundeter oder Soldat und auch keine Flüchtlinge, die Einschiffung hatte noch nicht begonnen.

Der Bootsmann der *Goya*, Adolf Steer, konnte mir für die Bedienung des Krans, mit dem wir unser Gerät an Bord hieven wollten, zwar keine Leute zur Verfügung stellen, machte aber zwei meiner Männer mit der Bedienung des Krans vertraut. Das Umladen des Gerätes klappte gut, und ich leitete, den ganzen Morgen an der Reling stehend, das Beladen von den Prähmen ins Netz und das Entladen an Deck. Nur durch die Bombenangriffe wurde unsere Arbeit mehrfach unterbrochen.

Gegen Mittag hatten wir alles Gerät an Deck. Dann kamen unsere Soldaten, die vom Mittag an an Bord genommen wurden. Die meisten verschwanden sofort im Inneren des Schiffes, vermutlich in der Annahme, daß sie dort vor weiteren Bombenangriffen am sichersten wären.

Schon am Nachmittag wunderte ich mich, als immer noch mehr Schiffe anlegten und Flüchtlinge ausluden, wieviele Menschen auf der *Goya* Platz fanden.

Gegen 18.00 Uhr, als die Beladung des Schiffes abgeschlossen wurde, war tatsächlich für keinen mehr Platz. Die letzten an Bord genommenen fanden nur noch an Oberdeck eine Bleibe. Als Gepäck führten die Flüchtlinge meistens Betten, Koffer, kleine Kisten oder Taschen mit sich.

In unmittelbarer Nähe an Oberdeck, wo wir unser Gerät verladen hatten, befand sich die Kabine des Bootsmanns. Er nahm mich mit in seine Kabine, die zwar sehr klein war, aber doch ein besseres Quartier bot als draußen auf Deck, wo es am Abend kalt und etwas diesig wurde.

Mehrere Male verließ ich den Raum, um an Deck nach dem Rechten zu sehen. Wir hatten bei unserem Gerät viele Decken dabei. Und als ich sah, wie die Flüchtlinge an Oberdeck zu frieren begannen, vor allem die Kinder, gab ich Decken aus, um den Flüchtlingen die Reise an Deck zu erleichtern.

Der Bootsmann erklärte sich auch noch mit meinem Vorschlag einverstanden, in seine kleine Kabine einen Stabsarzt Metzel aus Gera und einen Unterarzt Hironimus aus Bielefeld sowie einen Oberfeldwebel Heck aus Gießen, die zu meiner Truppe gehörten, aufzunehmen. Als ich die drei in der Bootsmannskammer untergebracht hatte, ging ich wieder an Deck und stellte fest, daß viele Leute an Deck, eingehüllt in die Decken, bereits schliefen.

Offensichtlich waren die Flüchtlinge so erschöpft, daß sie sich beim besten Willen nicht mehr wachhalten konnten, was einige sicher gern getan hätten.«

Gegen 23.40 Uhr betrat der Heereswerkmeister Bernhard Sandmann wieder die Bootsmannskammer und stellte fest, daß keiner der vier Kammerinsassen einschließlich des Bootsmannes sich zum Schlafen niedergelegt hatten . . .

Um 23.40 Uhr machte sich der Funkgefreite Fred Büttner, der bis 24.00 Uhr Wache hatte, für seine Ablösung bereit und freute sich schon auf seine Koje . . .

Um 23.40 Uhr lag der Motorenhelfer Bertold Rehfeld, ein Mann der Zivilbesatzung, der in seiner Kammer Flüchtlinge aufgenommen hatte, bereits in tiefem Schlaf. Er hatte vier Stunden Freiwache.

Um 23.40 Uhr saß der Funkmaat Theodor Kempkes noch in seiner Station. Das letzte FT, das er gegen 23.00 Uhr empfangen hatte, war die Kursänderung Kopenhagen statt Swinemünde. Er freute sich auf seine Wachablösung in 20 Minuten . . .

Um 23.40 Uhr stand die Frau des Stewards der *Goya*, die die *Gustloff*-Katastrophe überlebt hatte, noch immer an der Reling, ihren Mann neben sich, und lehnte es zum zigsten Male ab, mit unter Deck in die Kabine zu gehen – – –

Um 23.40 betrat der Feldwebel Joachim Hannemann, Angehöriger des Panzerregiments 35, das Oberdeck, um frische Luft zu schnappen. Er hatte es in dem stickigen Gang, in dem er lag, einfach nicht mehr aushalten können . . .

Um 23.40 Uhr hatte Hauptmann Rabeck, Verladeoffizier eines Divisionsstabes, gerade seinen Rundgang beendet und machte den vergeblichen Versuch, sich an Oberdeck eine Zigarette anzuzünden. Es hatte ihm bei seinen Rundgängen in den letzten dreieinhalb Stunden Mühe gemacht, zwischen den Menschen und dem Gepäck an Oberdeck herumzusteigen und immer wieder nachzusehen, ob sich nicht jemand an den noch wertvoll erscheinenden Ausrüstungsgegenständen seines Stabes zu schaffen machte. Man konnte ja nie wissen – überall wurde geklaut, was nicht niet- und nagelfest war. Aber er konnte immer wieder feststellen, für die von ihm zu beaufsichtigenden Ausrüstungsgegenstände interessierte sich niemand. Fünfzehn Minuten nach Mitternacht würde er abgelöst werden und konnte sich dann ruhig schlafen legen. Einen Schlafplatz hatte er sich schon besorgt. Doch ob er Ruhe finden würde? Ihn beschäftigte die Tatsache, daß er mit seinen Leuten in Swinemünde ausgeladen werden sollte. Sein Marschbefehl sagte, daß die Division, die im Raum Danzig-Gotenhafen aufgerieben worden war, in Swinemünde neu aufgestellt werden sollte. Deshalb sollte der Stab in Swinemünde an Land gehen. Doch das Geleit fuhr jetzt, wie er gehört hatte, nach Kopenhagen. Vielleicht traf noch in der Nacht der Befehl ein, daß auch er mit seinen Leuten mit nach Kopenhagen fahren konnte. Denn in Swinemünde würden sie ja sowieso wahrscheinlich nur den Russen in die Hände laufen . . . Der Hauptmann machte erneut einen Versuch, sich eine Zigarette anzuzünden.

Um 23.40 Uhr klopfte es an die Kammertür des Matrosen Walter Carstens, der mit seinem Kameraden von der Zivilbesatzung gemeinsam eine Kammer bewohnte. Die beiden Männer der Zivilbesatzung hatten Freiwache von 20 bis 24 Uhr und mußten ab 24 UIhr wieder ihren Dienst antreten.

»Los aufstehen – in 15 Minuten ist Wachablösung !« hörten die beiden den Kameraden an der Tür, den Matrosen Heinrich König.

Die beiden standen auf und zogen sich an.

Um 23.40 Uhr stand der Funk-Gefreite Heinz Hoppe auf dem Achterdeck und machte Dienst als Ausguck. Es brieste ein kalter Wind, und er war durchgefroren bis auf die Haut. Er blickte auf die Uhr. Bald war seine Wache vorbei. Um Mitternacht würde er abgelöst werden.

Um 23.40 Uhr, als viele noch wach waren, lag der Oberbootsmaat Rothlübbers bereits im Schlaf. Er war um 22.00 Uhr abgelöst worden und hatte vier Stunden Ruhe. Er hatte diese Ruhe auch verdient, denn der Tag war besonders anstrengend. Als er um 22.00 Uhr seinen Posten an den Flakgeschützen auf der Back verlassen hatte und zu dem hinter den Aufbauten liegenden Wohndeck ging, mußte er bei der Dunkelheit mehrere Male auf Menschen treten oder über sie hinwegstolpern. Er hatte die an Deck Liegenden bei der Dunkelheit nicht sehen können. Fast jeder freie Platz an Oberdeck schien besetzt, und die Menschen schliefen unter freiem Himmel in kalter Nacht den Schlaf der Erschöpfung. Entkleidet hatten sich nur die, die in den unteren Räumen und auch in den Gängen lagen. Hier war auch eine unerträgliche Hitze. Unangenehm fiel dem Oberbootsmaat auf, daß trotz des ausdrücklichen Verbots viele Leute an Oberdeck rauchten. Überall sah man glühende Pünktchen. Obwohl ständig Streifen über Deck gingen und jeden Raucher aufforderten, sofort die Zigarette auszumachen, wurde das ausdrückliche Rauchverbot nicht befolgt. Anscheinend waren sich die Landser und auch einige Flüchtlingsfrauen nicht darüber klar, daß die geringsten Lichtfunken an Oberdeck dem Schiff zum Verhängnis werden konnten.

Eine Frau, die der Oberbootsmaat traf, klagte ihm ihr Leid. Sie suchte seit drei Stunden nach einem Arzt. Zwei der drei Kinder, mit denen die Frau aus Ostpreußen auf die Flucht gegangen war, waren bereits auf dem Treck umgekommen.

Das dritte, das sie noch bei sich hatte, war schwer krank und hatte hohes Fieber. Und es war kein Arzt an Bord, der ihr hätte helfen können. Der Oberbootsmaat konnte ihr auch nicht helfen und war froh, als er endlich in seiner Kammer war und sich angekleidet auf seine Koje legen konnte, die Schwimmweste neben sich griffbereit – – –

Um 23.40 Uhr, zwanzig Minuten vor Mitternacht, fragt der fieberhaft erkrankte und durch einen Bombensplitter am Kinn verletzte Schiffskapitän Plünnecke nach dem Standort des Schiffes. Als er ihn erfährt, erschrickt er. Er wiederholt die Antwort mit seinen Lippen:

»Etwa 12 Seemeilen querab Stolpmünde . . .«

Wenige an Bord außer ihm wissen, daß an dieser Stelle am 30. Januar 1945 die *Wilhelm Gustloff* von einem sowjetischen U-Boot torpediert wurde und mit mehr als 5000 Menschen sank und daß das gleiche Boot wenige Tage später, am 9. Februar fast an der gleichen Stelle, einige Seemeilen weiter, das Verwundetentransportschiff *Steuben* durch zwei Torpedotreffer mit 3000 Verwundeten auf den Grund der Ostsee schickte . . .

Und nun fährt die *Goya* über dieses Grab der Achttausend – –

Hier in siebzig Meter Tiefe liegen die *Gustloff* und die *Steuben* auf dem Grunde der Ostsee und achttausend tote Menschen.

Der Kapitän der *Goya* bittet im Stillen darum, daß seinem Schiff und den Siebentausend, die darauf sind, ein so grauenhaftes Schicksal erspart bleiben möge – – –

Doch auf die *Goya* wartet bereits der Tod –

ZWEI TORPEDOS ZERREISSEN DAS SCHIFF

Seit Stunden liegt an dieser Stelle in der Ostsee das sowjetische Garde-U-Boot *L-3* auf der Lauer und wartet auf das Geleit, welches am frühen Abend die Halbinsel Hela verlassen hat.

L-3 ist keines der gewöhnlichen Unterseeboote der Rotbanner-Flotte. Wegen seiner bisherigen Erfolge wurde das Boot in die Reihe der ›Garde-U-Boote‹ der Sowjetunion eingereiht, eine Auszeichnung, die nur wenige sowjetische Unterseeboote erhielten. Der letzte Angriff von *L-3* am 31. Januar 1945 auf die aus Gotenhafen ausgelaufene, mit 8000 Menschen besetzte *Cap Arcona* war allerdings ein Mißerfolg. Die Torpedos verfehlten ihr Ziel. Einen zweiten Mißerfolg kann sich der Kommandant des *L-3*, einer der U-Boot-Asse der Sowjetflotte, Kapitän 3. Ranges Vladimir Konovalov, nicht leisten.

Um 23.52 Uhr, acht Minuten vor Mitternacht deutscher Zeit, hat er die *Goya*, das größte Schiff des Geleites, das seewärts als äußerstes Schiff fährt, im Fadenkreuz des Periskops.

Der Kommandant gibt in diesem Augenblick das todbringende Kommando:

»Feuer – – –!«

Wenig später zerreißen zwei Torpedos die Schiffswände der *Goya*.

Das Schiff ist verloren.

Nur ganze sieben Minuten, 420 Sekunden, wird es dauern – dann wird das getroffene Schiff in ein 78 Meter tiefes Grab sinken.

Siebentausend Menschen sind dem Tode geweiht.

Die nächsten sieben Minuten werden darüber entscheiden, wer sich noch retten, wer noch sein Leben erhalten kann, wieviele der Siebentausend.

Mit den Torpedotreffern ist auf der *Goya* das Licht erloschen. Vom Kiel bis zur Mastspitze ist es stockdunkel.

Der erste Torpedotreffer hat das Vorschiff meterweit aufgerissen, der zweite Torpedo traf mittschiffs und zerstörte den Maschinenraum.

Jetzt stürzt die Ostsee tonnenweise in das todwunde Schiff.

Die Torpedoexplosionen haben viele Verwundete, die ganz unten in den Ladeluken im Vorschiff und mittschiffs untergebracht sind, buchstäblich zerrissen. Diese Menschen werden nicht einmal mehr das Krachen der Explosion gehört haben. Wieder andere ersticken in den nächsten Augenblikken an den Detonationsgasen, wieder andere ertrinken in den eindringenden Wassermassen.

Doch nicht alle sind schon tot.

Die noch Lebenden halten Bruchteile von Sekunden den Atem an, werden sich dann schlagartig bewußt, was passiert ist, falls sie das Geschehen in seiner ganzen Tragweite überhaupt noch mit menschlichem Verstand zu erfassen vermögen und vielleicht begreifen, daß sie hoffnungslos verloren sind und daß es für sie, hier unten im Schiff, keine Rettung vor dem Tode mehr gibt und daß ihr Leben in den nächsten Augenblicken zu Ende geht – bei klarem Verstand.

Wer kann jemals ermessen, was in diesen Menschen, die so urplötzlich vor den Toren des Todes stehen und die noch nicht wissen, wieviele Sekunden oder Minuten ihnen das Leben noch schenkt, vorgeht?

Niemand.

In den Ladeluken darüber hört man nur, wie darunter die See rauscht, das Wasser in das Schiff einbricht und letzte Schreie erstickt. Und man ahnt, daß das Wasser höher steigt, rasch, in Sekunden, immer höher . . .

Als das erste Entsetzen gewichen ist, blitzen Taschenlampenkegel auf, huschen über zerfetzte Leiber, kalkweiße Gesichter und bleiben an scheinbar erstarrten Augen und Körpern hängen.

Dann bricht es wie ein Orkan aus Tausenden von Kehlen hervor:

»Hilfe – wir ertrinken!«

Die gellenden Hilferufe vermischen sich mit lautem Wasserrauschen. Die See holt ihre Opfer, eines nach dem anderen.

Der wohl grausamste aller Tode, der Tod durch Ertrinken auf einem sinkenden Schiff, erstickt letzte menschliche Laute. Von den Ladeluken unten im Schiff bis zu den mit Menschen überfüllten Oberdecks rast die Panik. Jeder scheint zu fühlen, daß das Schiff verloren ist und daß es nur noch gilt, das nackte Leben zu retten.

Nichts weiter als das nackte Leben.

Und dazu ist nicht mehr viel Zeit.

Auch der Kapitän der *Goya* kann nichts mehr für die Menschen auf seinem Schiff tun. Als der Begleitoffizier Sigmund, von den Torpedotreffern in seiner Kabine überrascht, auf die Brücke stürzt, findet er weder Kapitän Plünnecke noch Korvettenkapitän Felix Hahn. Beide hat niemand mehr gesehen.

Kapitänleutnant Sigmund über diese kurzen Augenblicke auf der sinkenden *Goya*:

»Die Kommandobrücke ist leer, der Bug des Schiffes schon unter Wasser. Ich versuchte, Verbindung zur Maschine zu bekommen. Vergeblich. Die Panik unter den Flüchtlingen und Soldaten durch beruhigende Zurufe zu dämpfen, gelingt ebenfalls nicht, auch nicht durch Hinweis auf die Boote und Flöße. Selbst kaum zur Besinnung kommend, was geschehen, stürze ich nach draußen an Deck, sehe die See über den Bug kommend auf mich zurasen, werde durch den Strudel fortgerissen, bin unter Wasser, werde durch ein Luftpolster nach oben gedrück, stoße mit dem Kopf ggen einen harten Gegenstand, eine Kiste, versuche mich daran festzuhalten. schwimme in einem Feld schreiender Schiffbrüchiger . . .«

Drei Minuten sind seit dem Torpedotreffer inzwischen vergangen.

In Sekundenschnelle nimmt die Schlagseite des sinkenden Schiffes weiter zu und verhindert jedes vernünftige Rettungsmanöver. Alles Erprobte zerbricht vor der Gewalt der Wirklichkeit, eine Katastrophe ohne Beispiel.

Kommandos gehen im Orkan der Hilferufe unter. Hier hilft kein Kommando mehr. Hier hat der Tod das Kommando übernommen. Er regiert unerbittlich und fragt weder nach Alter noch Vermögen, nicht nach Arm oder Reich, er macht alle gleich.

Und hier, in diesem Chaos, ist sich jeder selbst der Nächste, will sein eigenes Leben retten, das kleine bißchen Leben, an dem jeder hängt. Und dieser Trieb zum Leben macht in diesen Momenten manchen auf der *Goya* unbewußt zum Totschläger und zum Mörder – – –

Schon sind die ersten 180 Sekunden der Katastrophe vorüber. Und was ist nicht alles in diesen ersten drei Minuten nach den Torpedotreffern auf der sinkenden *Goya* schon geschehen?

Der Steward der *Goya*, der mit seiner Frau, der *Gustloff*-Überlebenden, an der Reling stand, als die Torpedos trafen, schwimmt schon drei Minuten in der Ostsee. Beide sprangen zur gleichen Zeit, warteten keinen Augenblick, wollten nicht in den Sog des sinkenden Schiffes kommen und durch den Strudel den Tod finden.

Hauptmann Rabeck kam nicht mehr dazu, sich seine Zigarette anzuzünden. Die Torpedoexplosionen rissen ihn von den Beinen, da er sich in diesem Augenblick nicht an die Reling hielt, sondern beide Hände vor dem Gesicht hatte, damit sein Feuer, mit dem er sich eine Zigarette anzünden wollte, nicht ausging. Der Hauptmann sah plötzlich Kisten, Koffer und Gerät über Deck auf sich zurasen, die Reling durchbrechen, und dann schwamm er schon in der See.

Der Funk-Gefreite Heinz Hoppe, der noch bis Mitternacht auf dem Achterschiff Wache hatte, spürte plötzlich, wie eine Riesenfaust das Schiff stoppte, hörte es krachen, sah, wie sich der Bug nach vorn neigte und das Achterschiff steil in die Höhe ragte, und er fand sich an Deck wieder. Bei den Treffern der Torpedos war er in die Luft geschleudert worden. Er sah auch noch, wie die Menschen zusammen mit Kisten, Koffern, Gepäck, Flößen und allem, was sich an Deck befand, buchstäblich von Deck gefegt wurden. Aber auf dem Achterschiff, das immer steiler aus dem Wasser ragte, war er sicher. Als schon die Schraube zu sehen war, war plötzlich ein Mann der Zivilbesatzung neben ihm. Beide wollten über Bord springen, aber sie schreckten vor der Höhe zurück. Dann sahen sie ein festgezurrtes Rettungsfloß, machten es los, warfen es über Bord. Und bevor der Funk-Gefreite nachsprang, zog er seinen Pelzwachmantel aus. Im Wasser treibend stellte er fest, daß er auch die Stiefel hätte ausziehen sollen.

Der Funk-Maat Theodor Kempkes versuchte vergeblich, nach den Torpedotreffern einen Ruf abzusetzen. Funk- und Sprechverkehr waren aber nicht mehr möglich. Die *Goya* konnte kein SOS geben, das mußten die Begleitschiffe tun. In der Dunkelheit der Funkkabine packte er noch die Geheimsachen ein, um sie draußen über Bord zu werfen, war im nächsten Augenblick draußen, wo das Wasser bereits bis zur Brücke stand, blieb an der Doppellafette in der Brückennock hängen, aber eine Welle befreite ihn und spülte ihn von Bord.

Der Matrose Walter Carstens wußte, daß die *Goya* vier wasserdichte Schotten hatte und glaubte deshalb, das Schiff würde sich trotz der Torpedotreffer einige Zeit halten. Er wollte deshalb noch einige Sachen aus seinem Spind holen. Doch in seiner Kammer stand schon das Wasser. Er zog sich über den Niedergang nach oben auf das Bootsdeck, wo er die Flöße wußte, machte eines davon los, stellte ein Bein auf einen Poller, das rechte auf die tiefer liegende Reling und wollte so das schwere Floß über die Reling stemmen. Da kam eine Welle, spülte das Floß über Deck, schlug ihn selbst aber mit voller Wucht an die Reling. Mit einem gebrochenen Unterschenkel rutschte er – ohne Schwimmweste – in die See.

Der Motorenhelfer Bertold Rehfeld erlebte die Detonation der Torpedos in seiner Kabine, forderte die bei ihm wohnenden Flüchtlinge auf, sofort die Schwimmwesten anzulegen, half ihnen dabei und war im nächsten Augenblick schon an Deck, das starke Schlagseite nach Steuerbord hatte. Als er sich umsehen wollte, rutschte er aus, stürzte über Bord, war schon im Wasser.

Die Torpedotreffer überraschten den Funkgefreiten Fred Büttner kurz vor der Wachablösung. Ehe er überhaupt zur Besinnung kam, rutschte er schon über das schräge Deck. Als er den ohrenbetäubenden Lärm aus den Ladeluken vernahm und sah, daß das Schiff sehr schnell sank, gab es für ihn kein langes Überlegen. Mit der Schwimmweste angetan, sprang er über Bord.

Für Heereswerkmeister Bernhard Sandmann zeigte es sich als Vorteil, daß er sich längere Zeit an Oberdeck aufgehalten hatte und auch wußte, wo die Flöße und Boote waren, als ihn die Torpedotreffer in der Kabine des Bootsmannes überraschten. Sie waren zu fünft in der Kammer und liefen sofort an Deck. Er sah noch, daß nur ein einziges Boot der *Goya*, total überfüllt, zu Wasser kam.

Unten angekommen bemerkte er, sich über die Reling beugend und daran festhaltend, wie sich unzählige schon im Wasser treibende Menschen an das Boot klammerten und hinein wollten. Aber dazu kam es nicht mehr. Das Boot kippte um und begrub alle Insassen unter sich. Beherzt riß der Heereswerkmeister eine Holztreppe ab, die sich an Deck festgeklemmt hatte. Gemeinsam mit dem Stabsarzt Metzel und dem Unterarzt Hyronimus aus der Bootsmann-Kabine brachte er die Leiter über Bord. Die drei sprangen in voller Uniform nach und wollten sich auf die Leiter setzen oder daran festhalten. Beim Auftauchen war der Unterarzt nicht mehr da. Nur noch der Stabsarzt und der Heereswerkmeister hielten sich an der schwimmenden Treppe fest. Von dem Bootsmann, der mit ihnen an Deck gelangt war, sahen sie nichts mehr.

Nachdem der Matrose Heinrich König seine beiden Kollegen geweckt hatte, lief er die Treppe wieder nach oben. Da krachte es. Er fiel die Treppe wieder hinunter. Doch gleich war er wieder oben und an Deck. Als er sah, daß der Bug des Schiffes schon in der See verschwand, sprang er über Bord.

Zu dieser Zeit, drei Minuten nach den Torpedotreffern, befanden sich auch schon der Funk-Obermaat Hans-Egon Bollinger und der Feldwebel vom Panzer-Regiment 35, Joachim Hannemann, unter den in der Ostsee treibenden Schiffbrüchigen.

Noch aber war der Oberbootsmaat Rothlübbers auf der sinkenden *Goya*. Er hatte furchtbare Bilder in sich aufgenommen, Szenen, die er wohl nicht so schnell vergessen wird. Er hörte die Menschen in den Laderäumen schreien, die, als die Holztreppen eingestürzt waren, nicht mehr an Oberdeck gelangen konnten, hörte danach in den Luken Pistolenschüsse, erst einzeln, dann verstärkt, sah, wie Soldaten mit der Waffe in der Hand über die eisernen Leitern aus den Luken krochen, sah, wie Kinder und Hilflose an Oberdeck niedergetrampelt wurden und spürte plötzlich, daß er nicht genau so sterben wollte, daß er leben wollte, und er kämpfte um sein Leben. Rothlübbers:

»Meine Füße plantschten schon im Wasser, als ich versuchte, den Niedergang nach oben zu erreichen. Ganz schwach sah ich durch die Luke hoch über mir den Nachthimmel. Hunderte von Menschen drängten sich unter der Lukenöffnung, wollten hinaus nach oben, schrien verzweifelt um Hilfe, da ihnen dies nicht gelang. Das Wasser stieg immer höher, immer stärker neigte sich der Boden, die Schlagseite nahm zu. Noch einige Sekunden, dann mußte alles vorbei sein. Ein heulender Chor, so erwarteten neben mir die Ratlosen den Wassertod, eingesperrt wie in einer Falle. Sollte ich einer von denen sein, die sterben sollten? Nein – ich wollte nicht! Da, ein rettender Gedanke. Das Geländer der Treppe, ein eisernes Rohr, befand sich noch am gewohnten Ort. Es war nicht einfach, durch das Gewühl der Menschen hindurchzukommen, und ich hatte keine Sekunde Zeit mehr zu verlieren. Schließlich schaffte ich es doch und erreichte das Geländer. Ein Schwung – und ich enterte daran hoch bis zum Lukenrand. Ich war nie ein guter Turner, aber hier haben mir in diesem Augenblick höchster Not übermenschliche Kräfte geholfen. Die Schwimmweste, immer noch über den Arm gestülpt, hing an mir herab.

Nun erreichte ich das Ende des Geländers und konnte soeben den Lukenrand erfassen. Ein anstrengender Klimmzug – und ich stand auf dem Oberdeck. Ich hatte gerade noch Zeit, meine Schwimmweste anzulegen, als eine Woge über das Deck auf mich zukam und mich über Bord in die Ostsee riß.«

Der Oberbootsmaat zählt zu den ganz wenigen, die sich aus einer Luke an Oberdeck retten konnten.

Inzwischen sind seit der Torpedierung fünf Minuten vergangen. Es ist jetzt zwei Minuten vor 24 Uhr. Und genau um Mitternacht wird die *Goya* mit lautem Getöse auf den Grund der Ostsee fahren und sich in ihr 78 Meter tiefes Grab legen.

Vieles, was in den vergangenen fünf Minuten und den nächsten zwei Minuten, der Gnadenfrist von 120 Sekunden, die den Menschen an Oberdeck des Schiffes noch zur Rettung des nackten Lebens übrig bleibt, geschehen ist und geschieht, was Augenzeugen nie vergessend in sich aufgenommen haben, läßt sich mit menschlichen Worten nicht beschreiben. Manches läßt sich nicht ausdrücken, vieles kann man nur ahnen. Gnädig verhüllt oft die Dunkelheit das grausame, oft sehr qualvolle, ja fast unmenschliche Ende der Säuglinge, Kinder, Mütter, Greise und der hilflosen Verwundeten. Hier, in diesen Augenblicken auf der todwunden zum Untergang verurteilten *Goya* offenbart sich mit erschreckender Deutlichkeit, daß der moderne Krieg nicht mehr ein Krieg der Männer ist, sondern die Entfesselung der Hölle gegen wehrlose Frauen und Kinder und Verwundete.

Wer will solches Tun jemals vor Gott und den Menschen verantworten? – Wer?

Aber danach fragt in diesen Augenblicken, da die Welt des Krieges eine Welt vieler Katastrophen ist, niemand mehr.

Doch was die Menschen auf der *Goya* in dieser Schreckensnacht erleben müssen, werden sie wohl nie in ihrem Leben vergessen. Jede Phase, jeder Sekundenbruchteil, wird unvergeßlich in ihren Hirnen eingemeißelt bleiben. Bis zum letzten Atemzug werden sie von den Bildern der untergehenden *Goya* begleitet werden.

Immer noch befinden sich Menschen an Oberdeck des sinkenden Schiffes, und immer noch gelingt es Menschen, aus den unteren Räumen und Luken nach oben zu gelangen, die allerletzten Kräfte aufbietend.

Doch für die meisten in den unteren Laderäumen gibt es keine Rettung mehr. Hier spielt sich in den letzten zwei Minuten Fürchterliches ab.

In Taschenlampenkegeln grausige Momentaufnahmen: Wie Stockwerke liegen die Laderäume übereinander, verbunden von ganz unten bis zum Oberdeck nur durch eine schmale eiserne Treppe, eine schmale senkrecht nach oben führende Leiter mit einigen hundert Stufen. Sie war nur für die Männer bestimmt, die die Ladeluken kontrollieren, denn hier, wo jetzt Menschen untergebracht waren, lagen sonst nur Kisten oder anderes Frachtgut. Die bei der Einschiffung der Flüchtlinge und Verwundeten provisorisch in den Lucken aufgestellten breiten Holztreppen sind bei den Torpedotreffern und der nachfolgenden starken Schlagseite umgestürzt oder unter der Last der anstürmenden Menschen zusammengebrochen, viele unter sich begrabend – –

Nun führen nur noch die schmalen beiden Leitern, auf jeder Seite eine, von Luke zu Luke bis ans Oberdeck. Ganz unten sind die Leitern schon meterhoch im Wasser, denn die unteren Luken sind seit langem überflutet, und das Wasser steigt immer höher und höher.

Da schießt sich einer mit der Pistole den Weg auf der Leiter frei. Die über ihm waren, stürzen zurück, fallen bis nach unten, klatschen ins Wasser. Totschlag, Mord, Selbsterhaltungstrieb ?!

Auf der anderen Seite fallen Verwundete und Frauen von den mühsam erklommenen Leitersprossen, werden von den nachfolgenden an den Füßen gepackt und heruntergezogen, fallen, werden im Dunkeln getreten, zertreten, sterben elend unter beschlagenen Soldatenstiefeln.

Gibt es Grauenhafteres, Unmenschlicheres?

Alle Ideale von Heldentum, Nächstenliebe, von Anständigkeit und Ritterlichkeit gehen im Aufbrechen des Selbsterhaltungstriebes unter.

Hier gibt es nur noch ein Leitmotiv für das Handeln: Überleben! Er oder ich – Ich oder er?

UNTERGANG IN SIEBEN MINUTEN

Hinter den rücksichtslos über Sterbende und Tote nach oben Stürmenden rauscht das Wasser, steigt nach oben, füllt die Laderäume, schlägt über den liegenden Schwerverwundeten zusammen, verschlingt rascher und rascher das ganze Schiff.

Die Todesminute der *Goya* ist gekommen.

Gurgelnd steigt das Wasser jetzt mit rasender Geschwindigkeit höher und höher, erstickt die letzten Laute Ertrinkender, läßt die letzten Worte, den letzten Ruf nach Mann, Frau, Mutter, Vater und Gott erstarren.

Mit weit aufgerissenen Augen starren die noch Lebenden in die grausige Fratze des Todes.

Ein letztes Aufbäumen gegen das unerbittliche Schicksal.

Da kämpfen drei oder vier Mann um ein Floß, dort zieht ein Verwundeter, der sich mühsam bis hierher geschleppt hat, die Pistole, drückt ab, macht seinem Leben ein Ende. Dort liegt ein Greis, barhäuptig, graubärtig, auf dem hölzernen Deck, Arme und Hände erhoben gegen den Himmel, laut betend:

»Herr – Gott – erlöse mich . . .!«

An die Reling geklammert steht ein Mann in brauner Uniform und will über Bord springen. Er kann nicht. An seinem breiten schwarzen Koppel hat sich eine Frau festgeklammert, hält ihn fest, verbissen, läßt ihn nicht los. Sie ist barfuß und nur mit einem dünnen weißen Nachthemd bekleidet. Ihr blondes offenes Haar reicht ihr bis über die Schultern. Sie kniet auf dem eiskalten, abschüssigen Decksboden. Ihre rechte Hand ruht auf einem kleinen leblosen Bündel, das noch vor wenigen Minuten ein lebendiger, menschlicher Körper war – ihr Kind, ein Säugling. Sie hat es bei dem heillosen Durcheinander an Deck fallen lassen. Und bevor sie sich bücken und das Bündel aufheben konnte, trampelten die Stiefel der Männer, die Füße der Flüchtenden darüber hinweg. Viele, viele. Jetzt ist es leblos, tot, nur noch ein blutender Haufen Fleisch, ein Menschenrest – – –

Die Mutter ist verzweifelt, hat in diesem Augenblick anscheinend den Verstand verloren, ist nicht mehr bei Sinnen. Laut, mit unmenschlich schriller Stimme schreit sie dem Braununiformierten ins Gesicht:

»Ihr – Ihr seid die Mörder – und der Führer – wo ist er jetzt – er soll sich mein totes Kind ansehen – – –!«

Dann verläßt sie die Kraft, ihre Hand gleitet wie leblos von dem Koppel des Mannes, sie sackt zusammen, fällt mit ihrem Körper auf das blutige Bündel . . .

Da rollte eine Welle über Deck, spült die junge Frau über Bord und das Bündel und den Mann mit der Hakenkreuzbinde um den Arm.

Viele, die jetzt auf der falschen, höher liegenden Seite des Schiffes über Bord springen, schlagen auf der bereits sichtbar aus dem Waaser ragenden Außenhaut des Schiffes auf, plumpsen benommen ins Wasser, ertrinken – – –

Die Todessekunde der *Goya* bietet nichts Menschliches mehr. Bei diesem Untergang hat auch das in der Seefahrt traditionelle Gebot: »Frauen und Kinder zuerst!« seine Gültigkeit verloren. Hier hieß es vom ersten Augenblick an: »Rette sich wer kann!« Und viele konnten nicht. Die in den Ladeluken und die Verwundeten. Sie konnten sich nicht einmal rühren.

Noch hängen an Oberdeck festgezurrt zwei Flöße. Wie die Ameisen stürzen die Menschen darauf, fallen übereinander, liegen zuhauf, stoßen sich, treten sich, wissen nicht, was sie tun, fluchen, brüllen, beten. Einer hilft dem anderen und behindert ihn zugleich.

Und alle wollen nur ihr Leben retten.

Zehn Sekunden noch, dann ist alles vorbei.

Doch die Menschen auf der *Goya* wissen nicht die Zeit ihrer Erlösung von den schrecklichen Qualen, hoffen noch immer zu überleben. Ihre Rufe erfüllen die Nacht des Grauens, die alles übertrifft, was jemals Menschen in dieser Welt auf einem sinkenden Schiff erlebt haben, und trägt sie über die Ostsee.

»Zurück – macht den Weg frei – oder ich schieße!« Mit der Pistole in der Hand bahnt sich einer den Weg zu einem Floß.

Und da fleht eine Mutter: »Bitte – retten Sie wenigstens mein Kind – bitte – – –!«

Ein Älterer greift einen Matrosen an:

»Kerl, gibt mir Deine Schwimmweste – los – ich muß sie haben – ich habe Frau und Kind –!«

Hilflos klammert ein kleines Mädchen an der Reling und schreit:

»Wo ist meine Mutti – ich suche meine Mutti!«

Und nicht weit davon sucht eine Mutter nach ihrer Tochter:

»Haben Sie mein Kind gesehen – Ilse – Ilse – !!!«

Und da liegt eine junge Frau an Deck und wimmert vor sich hin, den Kopf auf dem Boden:

»Ich will noch nicht sterben – ich will noch nicht sterben!«

Keiner will sterben. Aber das hängt nicht vom Wollen ab. Hier ist menschlicher Wille nichts mehr wert.

Jetzt, um Mitternacht des 16. April 1945, stirbt ein Schiff, die *Goya*, und mit ihr alle Menschen, die noch darauf sind.

Mit lautem Getöse bricht das Wrack in der Mitte auseinander, sinkt mit zischenden Lauten in die Tiefe, fährt auf den Meeresgrund, alle Gebete, Flüche und Schreie erstickend, sinkt in 78 Meter Tiefe in ein ewiges Grab – –

Nun ist auch das Drama der Verwundeten, der Mütter, Kinder und Soldaten in den Laderäumen zu Ende.

Der Tod hat sie zu Tausenden mitgenommen in dieser Nacht vom 16. zum 17. April des Jahres 1945.

Auf dem die *Goya* begleitenden Minensuchboot *M 256* trägt unter dem Datum 16. April der Wachoffizier in das Kriegstagebuch des Schiffes folgende Notiz ein:

»*Goya* sinkt um 24.00 Uhr auf Breite 55 Grad, 13,5 Minuten Nord, Länge 18 Grad, 20 Minuten Ost. Wassertiefe 78 Meter. Mit der Rettung Schiffbrüchiger wurde begonnen.«

Hinter diesen 27 Zahlen und Worten, die in keinem deutschen Wehrmachtsbericht erwähnt, von keinem Nachrichtensprecher verbreitet, von keiner Zeitung gedruckt und von keinem Rundfunksender gestrahlt werden, verbirgt sich die größte Schiffskatastrophe aller Zeiten, militärisch exakt in 27 Worten und Zahlen ausgedrückt.

EIN SCHWIMMENDER FRIEDHOF

Von den Siebentausend der *Goya* sind vielleicht eintausend in die Ostsee gelangt oder einige hundert weniger oder mehr. Niemand kennt ihre Zahl. Aber in den sieben Minuten, die zwischen den Torpedotreffern und dem Untergang lagen, hatten nur wenige, vielleicht nur jeder siebente, die Chance, an Oberdeck zu sein oder von unten auf das Oberdeck und von da in die Fluten der Ostsee zu gelangen. Die meisten starben auf dem untergehenden Schiff und liegen jetzt in 78 Meter Tiefe.

Das Wasser ist empfindlich kalt – plus 3 Grad – und die Luft nicht viel wärmer – 6 Grad plus – Und in der mäßig bewegten See schwimmen wenige Minuten nach dem Untergang die Schiffbrüchigen. Was an Bord der *Goya* begann, setzt sich hier fort: Das zähe Ringen um das nackte Leben.

Auch in den Fluten der Ostsee wartet der Tod – durch Erfrieren, Erstarren, Ertrinken. Auch hier versuchen Kinder und Greise, Mütter und Verwundete, Arme und Reiche und junge Soldaten, ihr Leben zu retten.

Wer noch atmen kann, schreit:

»Hilfe – Hilfe – – –!«

Und jeden Augenblick erstirbt ein Schrei, schließt sich ein Mund mit einem qualvollen Seufzer für immer, rafft der Tod wieder einen dahin.

Da röchelt ein Soldat mit einem Kopfverband sein Leben aus. Er stirbt den Heldentod auf See, ertrinkt elend, hilflos, wehrlos über dem Grab der *Goya* treibend. Gut, daß seine Mutter das nicht sehen kann, was für einen Heldentod ihr Sohn stirbt. Sie wird es nicht ahnen, wenn sie Tage oder Wochen später die Nachricht des Kompaniechefs in den Händen hält und lesen muß:

»Ihr Sohn starb für Führer und Vaterland den Heldentod.«

Was für ein Tod ist dieser Heldentod!

Der Tod fragt nicht in diesen Augenblicken: Wer ist Soldat oder Zivilist, jung oder alt? Er nimmt der Mutter den Sohn, den Kindern die Mutter, den Mann der Frau, rottet ganze Familien aus, die Heimat und Hof verlassen mußten, streicht ihre Namen für immer.

Und keiner der Schiffbrüchigen weiß, ob er nicht der nächste ist, der elend sterben muß. Die See wirft die Menschen wie Spielzeug umher, die Toten und die Lebenden. Sie schwimmen miteinander und nebeneinander.

Dort schwimmt eine Mutter. Die Schwimmweste trägt sie noch. Krampfhaft hält sie ein Bündel im Arm, einen etwa drei Monate alten Säugling, ihr einziges Kind. Es ist längst tot. Die Mutter weiß das noch nicht, hält es weiter fest ans Herz gedrückt. Erst nach ihrer Rettung wird es für sie ein schreckliches Erwachen geben.

Nicht weit davon schwimmt ein kräftiger Junge, 13 Jahre alt. Er hält seine kleine 5jährige Schwester mit der rechten Hand an ihren langen Haaren fest. Sie schwimmt mit einer Schwimmweste, das Gesicht nach oben. Der Junge hat der Mutter versprochen, auf sie aufzupassen, als sie an Deck standen. Dann wurden sie von Deck gespült, die Mutter, der Junge und das Mädchen. Wo die Mutter ist, wissen die beiden nicht. Und daß das Mädchen schon tot ist, weiß der Junge auch noch nicht. Er wird es erst später erfahren.

Von Minute zu Minute wird die Zahl der Lebenden, die noch im Wasser treiben, kleiner und die Zahl der Toten, der Ertrunkenen und Erstarrten größer und größer.

Über dem Grab der *Goya* breitet sich ein schwimmender Friedhof aus.

Hier vollendet sich in den ersten Minuten nach dem Untergang des Schiffes so manches Schicksal. Und so manche Hoffnung, lebend davonzukommen, erlischt. Anderen wiederum ist das Glück auf der Seite, das Schicksal und der liebe Gott, der sie am Leben hält.

Da schwimmt inmitten des Trümmerfeldes der Begleitoffizier der *Goya*, Kapitänleutnant Sigmund. Er hat sich zunächst an eine Kiste geklammert, dann ein Floß entdeckt. Mit letzter Kraft ist er in das Floß gelangt, zieht noch andere hinein. Zuletzt, als sie zu acht auf dem Floß sind, sitzen sie bereits bis zur Brust im Wasser und können niemanden mehr aufnehmen. Aber sie schwimmen und fühlen sich sicherer. Sie stört auch der von oben einsetzende naßkalte Sprühregen nicht. Sie klammern sich aneinander, wärmen sich so. Ringsum hören die Floßinsassen ohrenbetäubende Schreie, Hilferufe aus wasserschluckenden Kehlen. Hier und da flackert die spärliche Flamme einer Nachtrettungsboje auf, an die sich zahlreiche Schiffbrüchige klammern. Doch von einem rettenden Schiff sehen die Acht auf dem Floß noch lange nichts. Erst in zwei Stunden werden sie gerettet. Dann aber sind es nicht nur Lebende, die man vom Floß holt. Einige sind schon tot.

Auch Funk-Maat Theodor Kempkes gehört zu den Glücklichen, die noch ein Floß im Wasser erwischten. Das Floß schwamm völlig leer genau neben ihm, als ihn die ausströmende Luft des untergehenden Schiffes wieder an die Wasseroberfläche hochschnellen ließ. Automatisch reckte er die Arme hoch und faßte mit der linken Hand plötzlich den Tampen eines Rettungsfloßes. Das bedeutete für ihn die Rettung. Theodor Kempkes schildert seine Rettung so:

»Es gelang mir, mich auf das Floß zu retten, auf dem sich allerdings nur ein Paddel befand. Damit versuchte ich, zunächst aus dem Durcheinander der herumtreibenden Trümmer und Sachen herauszukommen. Im Schein der am Floß befindlichen Karbidlampe sah ich nach kurzer Zeit unseren Steuermannsmaat von der *Goya*, den ich anrief und auf das Floß holte. Danach konnten wir noch eine der zwei auf der *Goya* befindlichen DRK-Schwestern aus dem Wasser fischen und später noch fünf Heeresangehörige aufnehmen. Damit war das Floß schon überbesetzt. Einem an uns vorbeitreibenden Zivilbesatzungsmitglied der *Goya* warfen wir einen Rettungsring zu, einem Angehörigen der militärischen Besatzung, der beim Luftangriff auf die *Goya* Schulterverletzungen davongetragen hatte und der auf einer Schiffsplanke liegend an uns vorbeitrieb, konnten wir nicht helfen, da er auf unseren Zuruf nicht reagierte und wir nicht an ihn herankamen. Zwei Stunden lang trieben wir so durch die Nacht, bis Lichter auf uns zukamen, ein Rettungsschiff, und wir an Bord genommen wurden.«

Der zur Zivilbesatzung der *Goya* gehörende Matrose Walter Carstens, der sich bei seinem Rettungsversuch an Deck den Unterschenkel gebrochen hatte, trieb ebenso auf einem Floß, wie weitab von ihm der Motorenhelfer

Bertold Rehfeld, der mehrere Flüchtlingsfrauen auf sein Floß zog.

Der Heereswerkmeister Bernhard Sandmann, der sich zunächst gemeinsam mit einem Stabsarzt an eine Leiter klammernd retten wollte, fand noch einen treibenden Rettungsring, der ihm das Leben rettete.

Das Glück, Platz auf einem Floß zu finden, hatten auch der Bootsmann Adolf Steer, der Matrose Heinrich König, der Funk-Obermaat Hans-Egon Bollinger und der Feldwebel Joachim Hannemann. Sie alle wurden in den ersten zwei Stunden nach dem Untergang der *Goya* gerettet.

Der Oberbootsmaat Rothlübbers mußte noch eine Stunde länger auf seine Rettung warten. Hierüber berichtet er:

»Als ich in das eisig kalte Wasser kam, glaubte ich, mein Herz bliebe stehen. Die Aprilnacht war feucht und kalt, die See von einer leichten Dünung bewegt. Durch kräftige Schwimmstöße versuchte ich, aus der Nähe des sinkenden Schiffes zu kommen, um nicht vom Sog mit in die Tiefe gerissen zu werden.

Ich war noch nicht weit weg, als die *Goya* unter lautem Getöse mit schwerer Schlagseite in die Tiefe ging.

Übertönt wurde das Ganze von einem gellenden, furchtbaren Todesschrei der Menschen, denen das Schiff zum eisernen Sarg wurde. Der Strudel, den das sinkende Schiff hinterließ, trieb Wellen über meinen Kopf.

Dann konnte ich wieder sehen und fand mich mitten drin in einem Gewirr von schreienden Menschen, die mit letzter Kraft um sich schlugen, sich an Kisten, Koffern und Bündeln festklammerten. Wie von Magneten angezogen, schwammen sie aufeinander zu, um gemeinsam in die Tiefe zu sinken. Die Gesichter voll Entsetzen, hielten sich viele an schwimmenden Gegenständen und Gepäckstücken fest.

Auch jetzt hörte man noch vereinzelte Pistolenschüsse über das Wasser peitschen. Todgeweihte töteten bedenkenlos, solange die Hoffnung bestand, sich an einem Brett, einem Rettungsring oder auf einem Floß noch retten zu können.

Es war wohl den meisten klar, daß sich trotz Schwimmweste in diesem eiskalten Wasser niemand lange am Leben halten konnte.

Von einem sicheren Instinkt getrieben, versuchte ich, aus dem Gewühl der verkrampften Leiber Ertrinkender herauszukommen. Da gewahrte ich auf einmal einen Schatten vor mir. Ich hielt darauf zu und erkannte bald ein kleines Rettungsfloß. Ein Mann saß darauf, nur mit einer Badehose bekleidet. Er reichte mir in aller Ruhe die Hand, und mit seiner Unterstützung war ich bald auf dem Floß.

Jetzt sah ich erst, daß mein Retter einen dicken Verband um seinen Fuß trug. Er stellte sich als Stabsarzt vor. Als Verwundeter mit einem amputierten Zeh hatte man ihn auf die *Goya* eingeschifft.

Dann nahmen wir einen weiteren Mann auf das Floß, einen Steward von der Zivilbesatzung der *Goya*. Er sprach immer von seiner Frau, die er beim

Sprung von Bord im Wasser verloren hatte und um die er sich Sorgen machte. Erst später erfuhren wir, daß die Frau des Stewards bereits mit der *Gustloff* untergegangen war, diese Katastrophe aber überlebt hatte. Ob sie auch den Untergang der *Goya* überleben würde, wußte der Steward in diesem Augenblick noch nicht. Er fürchtete Schlimmstes, hatte aber noch Hoffnung, sie lebend wiederzusehen.

Dann schwamm ein völlig erschöpfter Feldwebel des Heeres an unserem Floß vorbei. Der arme Kerl drohte unterzugehen. Wir packten ihn gemeinsam und zogen ihn in das Floß.

Nun waren wir zu viert in dem Zweimann-Floß, das zwar überladen war, uns aber trug. Um nicht unterzugehen, knieten wir nach der Floßmitte hin und sackten dabei so tief ein, daß das Wasser fast ständig unsere Hüften erreichte.

Doch da zeigten sich neue Gefahren für uns vier auf dem Floß. Es trieb wieder in einen Menschenhaufen hinein, in einen Haufen Verzweifelter, die mit erstarrten Gliedern in den Schwimmwesten hingen oder mit versagenden Fingern in irgendeinem schwimmenden Gegenstand klammerten. Hände griffen nach unserem Floß.

Jede weitere Belastung mußte für uns vier den Untergang bringen. Deshalb waren wir fest entschlossen, das Floß zu verteidigen. Das war nicht einfach.

Wieder und wieder griffen Hände nach dem Floßrand und drückten das schon überlastete Floß noch weiter in die Tiefe. Man versuchte, unsere Kleider zu fassen, uns zu packen und ins Wasser zu ziehen.

Aber das Floß hatte uns vier in wenigen Minuten zu einer verschworenen Einheit zusammengeschweißt, in der einer dem anderen zur Seite stand. So konnten wir einander immer wieder vor den Zugriffen retten und blieben die alleinigen Insassen auf dem Floß.

Allmählich trieben durch die Dünung die einzelnen Menschengruppen auf dem Wasser immer mehr auseinander. Ringsum sah man das Aufblitzen von Taschenlampen. Mit den an verschiedenen Schwimmwesten angebrachten Trillerpfeifen versuchten einige der Unglücklichen, auf sich aufmerksam zu machen. Es waren sicher nur wenige, die ein Floß erwischt hatten.

Wir fragten uns, warum der Dampfer *Kronenfels*, die *Ägier* und die beiden Begleitboote nichts zur Rettung unternahmen.

Nun – wir wußten, daß alle Fahrzeuge bis obenhin mit Flüchtlingen vollgestopft waren, und daß die großen Schiffe Gefahr liefen, bei weiterem Verbleiben an der Untergangsstelle selbst noch torpediert zu werden.

Doch auch für uns würde es sicher noch eine Rettung geben.

Immer wieder trieben Körper in Schwimmwesten an uns vorbei. Die meisten Menschen in den Schwimmwesten schienen schon tot oder waren bewußtlos, denn sie rührten sich nicht. Die Westen hielten die leblos wirkenden Körper in der Schwebe über Wasser.

Ab und zu hörte man auch noch Kinderschreie.

Die Hoffnung, daß uns ein Schiff unseres Geleits aufnehmen würde, wurde geringer, je mehr Zeit verstrich. Das Gefühl in unseren Gliedern ließ merklich nach. Die Kälte kroch uns in die Knochen hinein, und wir spürten langsam aber sicher, daß wir steif wurden.

Da trieb direkt an unserem Floß ein Feldgrauer mit Schwimmweste vorbei. Er lebte noch. Da wir ihn beim besten Willen nicht mehr auf das Floß nehmen konnten, erlaubten wir ihm, sich an die das Floß umgebende Leine zu hängen.

Doch nach einiger Zeit erlahmten die Kräfte des Feldgrauen. Er war am Ende und bat, ihn durch einen Schuß aus seiner Pistole von den Qualen zu erlösen. Wir taten das natürlich nicht, sprachen ihm Mut zu, munterten ihn auf, so gut das ging. Plötzlich verlor er die Besinnung. Oder war er tot? Wir konnten dies nicht feststellen. Er blieb aber, da sich seine Hände um die Floßleine verkrampft hatten, als stummer Begleiter am Floß hängen.

Wie lange Zeit trieben wir schon in der See? Eine Stunde, zwei Stunden oder gar drei?

Wir hatten keine Uhren mehr, oder sie waren stehen geblieben.

Plötzlich vernahmen wir ein Motorengeräusch. Da wir nichts sahen, glaubten wir zunächst an ein auftauchendes U-Boot. Uns war jetzt alles gleich – wir riefen, was unsere Lungen noch hergaben. Mochte es auch ein russisches U-Boot sein, uns war jetzt alles gleich.

Dann war nichts mehr zu hören.

Das nahm uns wieder die Hoffnung.

Wir waren jetzt so erschöpft von der hockenden Stellung im kalten Wasser, daß wir uns gegenseitig halten mußten, um nicht entkräftet vom Floß zu fallen und zu ertrinken.

Wieder glaubten wir ein Geräusch zu hören. Oder träumten wir? Doch plötzlich war das Geräusch lauter und lauter, und wir sahen einen großen Schatten auf uns zukommen.

Noch einmal riefen wir im Chor um Hilfe. Mit einem Brett und einem Holzstück, das wir in unserem Floß hatten, versuchten wir vergeblich, auf den Schatten zuzupaddeln. Doch alle Mühe war vergebens.

Plötzlich wurde der Schatten größer und größer, wuchs in fast Haushöhe vor uns auf, hielt gerade auf uns zu, stieß sanft gegen unser Floß – –

Hätten wir nicht so laut gebrüllt, so gellend geschrieen; man hätte uns stevenrecht gerammt. Doch so wurde man auf uns aufmerksam, drehte nach Steuerbord, und wir stießen mit unserem Floß heftig gegen die Backbordseite. Zivilseeleute packten uns, holten uns an Bord und trugen uns unter Deck. Auch der Feldgraue an unserem Floß wurde besinnungslos geborgen.

Wir waren die letzten, die die Seeleute vom Wassertanker *Ägier* herausgefischt hatten, denn wir waren gerade an Deck, da rasselten die Maschinentelegraphen, und aus dem schnellen Stampfen der Maschine konnte man entnehmen, daß das Schiff jetzt höhere Fahrt machte.

Wohlige Wärme empfing uns, als wir in einen kleinen Raum gebracht wurden. Ich fragte nach der Zeit.

Es war 03.30 Uhr morgens und der 17. April 1945.«

Zu denen, die morgens um 03.30 Uhr ebenfalls noch auf Rettung warteten, gehörte auch der Feldwebel Willy Lietz. Er war nicht mehr der Jüngste und hatte, an der Reling des Achterschiffes klammernd, bereits vor dem Untergang der *Goya* seine Hoffnung auf Rettung aufgegeben. Er hatte Angst vor dem kalten Wasser und wollte lieber mit dem Schiff untergehen, wurde dann aber doch von Deck gespült. Lietz berichtete über seine Rettung:

»Ehe ich mich versah, erfaßte mich eine Welle, als die *Goya* unterging, und spülte mich vom Achterdeck. Plötzlich schwamm ich im eiskalten Wasser zwischen Leichen und dem Notklosett, das man auf dem Achterschiff aufgestellt hatte und das mit mir über Bord ging. Das war meine Rettung. Denn ich konnte mich an dem Holzklosett festhalten, als mich der Sog des Schiffes, der mich zwei bis drei Meter unter Wasser drückte, wieder an die Wasseroberfläche schleuderte. Beinahe wäre ich noch von dem Flakstand und den Munitionskisten erschlagen worden, die ebenfalls vom Achterdeck rutschten und neben mir ins Wasser schlugen, um sofort zu versinken.

Obwohl ich eine Schwimmweste trug, hatte ich anscheinend nicht nur etwas Seewasser, sondern auch etwas Öl geschluckt. Mir drehte sich der Magen um, als ich im Wasser lag und nun meinem Schicksal überlassen war.

Gottseidank waren auch die Flöße, die stapelweise auf der *Goya* lagen, aber so festgemacht waren, daß man sie nicht los bekam, in Bewegung geraten, hatten sich abgerissen und waren über Bord gefallen. So erreichte auch ich ein Zweimann-Floß, in das ich mich setzte und nach einem Rettungsschiff Ausschau hielt. Doch ich sah keines.

Da trieb ein grauhaariger Mann neben mein Floß, ebenfalls mit einer Schwimmweste, wahrscheinlich ein Flüchtling über sechzig Jahre oder noch älter. Vor sich hielt er ein Bündel. Er rief mir zu: »Hilf mir doch!« Ich wollte ihm auch helfen, kniete mich auf die äußerste Kante meines Floßes und rief dem Mann zu: »Reich mir die Hand!« Seine Antwort: »Ich kann nicht!« Er wollte auf keinen Fall sein Bündel loslassen.

Als ich ihm danach nochmals zurief: »Laß das Bündel los, was willst Du denn noch damit?« erhielt ich zur Antwort: »Ich kann nicht, da ist mein ganzes Geld drin . . .!«

Mir war dies unverständlich. Aber ich konnte dem Armen wirklich nicht helfen, setzte mich wieder in mein Floß, das keinen Boden hatte, sondern

Korkbalken, so daß ich inmitten des Floßes bis zu den Knien im Wasser saß. Ich sah zu dem Mann, der weiter in die See trieb. Ich mußte trotz des Ernstes der Lage still lächeln über einen Menschen, der lieber ertrinkt, als sich von seinem Geld zu trennen.

Als einige Zeit vergangen war, trieb ein junger Soldat neben mir. Er hatte eine Verwundung am Arm, der in Gips war. Er hatte eine Schwimmweste um und hielt sich mit dem gesunden Arm an einem Balken fest. Er war heilfroh, als ich ihn auf mein Floß zog.

Es war 04.00 Uhr und vier Minuten, ich fragte sofort nach der Zeit, als ich von der *Ägier* gerettet wurde. Es war nicht einfach, mich an Deck zu ziehen, denn ich war stocksteif. Der Verwundete mußte mit Stricken hochgezogen werden, die ein Matrose der *Ägier*, der ins Wasser gesprungen war, am Körper des Mannes befestigt hatte.

Mit uns beiden wurde auch noch eine Frau und ein vielleicht 10jähriges Mädchen gerettet, die auch in einem Floß gewesen waren, das aber bei Annäherung der *Ägier* gekentert war. Die Mutter rief fortwährend: »Helga – wo bist Du . . .?« Und nach einiger Zeit rief das Mädchen: »Mutti – hier – aber ich gehe unter – hilf mir – ich ertrinke . . .!« Ihr wurde geholfen.

Mutter und Tochter wurden gerettet. Das Mädchen gab allerdings keinen Laut mehr von sich. Mit einigen anderen Männern versuchten wir es mit künstlicher Beatmung. Einer riß ihr die Kleider vom Leib und massierte sie. Uns standen fast die Tränen in den Augen, als sie die Augen aufschlug und nach ihrer Mutti rief, die neben ihr lag.

Eine halbe Stunde später mußte ich an Deck meines Rettungsschiffes, um mich zu übergeben. Das Öl in meinem Magen machte mir zu schaffen. Später, am frühen Morgen, als ich noch einmal an Oberdeck ging, sah ich den Grauhaarigen, den ich auf mein Floß nehmen wollte, tot an Deck liegen. Neben ihm lag das Bündel, aufgerissen. Und auf einem ganzen Stapel Toter, die auf der kleinen *Ägier* auf dem Oberdeck übereinander aufgestapelt waren, sah ich obenauf den Verwundeten aus meinem Floß liegen.

NUR 334 MENSCHEN ÜBERLEBTEN

Viele, die von der *Goya* ins Wasser gesprungen waren, trauten ihren Augen nicht, als sie sahen, daß das Begleitboot *M 328* nicht mit der Bergung der Schiffbrüchigen begann, sondern mit höchster Fahrt die Katastrophenstelle verließ. Die im Wasser Treibenden konnten nicht wissen, daß das Kampfboot *M 328* zunächst das sowjetische U-Boot angreifen mußte, das die tödlichen Torpedos auf die *Goya* abgeschossen hatte und das sich noch immer in der Nähe befand, wahrscheinlich mit der Absicht, auch noch die beiden anderen großen Schiffe des Geleites, die *Kronenfels* und den Dampfer *Mercator*, zu torpedieren.

Hans Beckmann, Leutnant zur See und 2. Wachoffizier auf dem Kampfboot *M 328*, berichtet über den Einsatz von *M 328* bei der Geleitsicherung *Goya* und der Rettung der Schiffbrüchigen:

»Wir liefen, die *Goya* und das Geleit sichernd, mit dem Kampfboot *M 328* ziemlich genau nach Norden, um zur pommerschen Küste, die ja schon von den Russen besetzt war, einen möglichst weiten Abstand zu haben. Ich hatte Wache auf der Brücke von 20.00 bis 24.00 Uhr. Etwa um 23.34 Uhr verlangsamte eines der Schiffe des kleinen Geleitzuges die Fahrt wegen Maschinendefekt. Die *Goya* fragte bei uns durch Blinkzeichen an, was los sei. Dabei benutzte sie m.E. eine viel zu helle Blinklampe. Wir blinkten ihr zurück, sie möge mit voller Geschwindigkeit weiterlaufen und keine so helle Lampe benutzen. Ganz kurze Zeit später, es war ziemlich genau 23.53 Uhr, und ich hatte die *Goya* gerade im Glas, hörten wir zwei Detonationen, und ich sah zwei für Torpedotreffer typische Wasserfontänen mittschiffs der *Goya* aufsteigen. Fast ziemlich genau im gleichen Moment gab es an Bord der *M 328* Alarm, weil wir mit unserem Ortungsgerät ein U-Boot erfaßt hatten. Wir liefen sofort auf die Ortungsstelle zu und warfen Wasserbomben nach dem U-Boot.

Erst nach einigen Minuten liefen wir wieder auf die *Goya* zu, um zu sehen, was mit ihr passiert war. Dabei stellten wir fest, daß das Schiff schon untergegangen war, und daß an der betreffenden Stelle eine Unzahl von Trümmern, Brettern usw. herumschwamm. Außerdem hörten wir die Schreie von Menschen, die sich an den Trümmern festklammerten. Die *Goya* mußte bereits wenige Minuten nach den Torpedotreffern untergegangen sein.

Die meisten Menschen waren nicht mehr aus dem Schiffsrumpf herausgekommen. Schätzungsweise konnten sich nur etwa 500 Menschen schwimmend von dem untergehenden Schiff entfernen, es können aber auch mehr gewesen sein. Es gelang nicht, ein einziges Rettungsboot zu Wasser zu bringen. Lediglich die Flöße, die an Oberdeck gelegen hatten, waren im Wasser.

Wir haben dann sofort begonnen, die Leute aus dem kalten Wasser zu ziehen. Das war sehr schwierig, weil die meisten mehrere Kleider und Jakken übereinander angezogen hatten und schon ziemlich erschöpft waren. Es gelang uns in sehr harter Arbeit, bei der die gesamte Besatzung mithalf, zwischen 155 und 160 Menschen an Bord zu ziehen. Davon waren neun schon tot oder starben unmittelbar nach der Rettung. Die anderen kamen durch. Glücklicherweise hatten wir einen Arzt an Bord, der den schon halb Erfrorenen mit Spritzen wieder auf die Beine half. Unsere Rettungsaktion wurde sehr erschwert, weil das sowjetische U-Boot immer noch da war und uns umkreiste. Wir mußten dem U-Boot immer den Bug zeigen, damit das Risiko eines Treffers verringert wurde, und daher dauernd manöverieren.«

Einer, der auf dem Kampfboot *M 328* unmittelbar an der Rettung der *Goya*-Schiffbrüchigen beteiligt war, ist der Heizer Gotthardt Könitzer. Ihm bleibt diese Nacht vom 16. zum 17. April, deren Ereignisse er aufgezeichnet hat, unvergeßlich:

»Stockdunkel war diese Nacht, wie ich feststellte, als ich gegen halb zwölf einmal an Oberdeck ging, um frische Luft zu atmen. Dann begab ich mich wieder ins Heizerdeck und legte meine Schwimmweste ab, um mich besser bewegen zu können. Ich passierte geraden den Niedergang zum U-Raum, als es kurz hintereinander zweimal rumste. Sofort schnappte ich mir meine Schwimmweste und legte sie um. Da ertönte die Alarmanlage: U-Boot-Alarm! Alles stürzte an Oberdeck auf die Gefechtsstationen. Als ich an Oberdeck kam, hörte ich in der Finsternis gellende Schreie, Gepolter, Schüsse und Hilferufe.

Von der Brücke hörte ich, daß der in unserem Geleit fahrende ›Dicke‹ am Sinken wäre. Gemeint war die *Goya*. Unser Boot nahm sofort die Verfolgung des U-Bootes auf, das den ›Dicken‹ torpediert hatte. Das dauerte nur einige Minuten.

Dann liefen wir zurück zur Unfallstelle. Einer der Dampfer im Geleit war mit Höchstfahrt davongelaufen, von dem ›Dicken‹ war schon nichts mehr zu sehen. Er war bereits von der Bildfläche verschwunden. Das muß höchstens fünf bis sieben Minuten gedauert haben.

Mit langsamer Fahrt stießen wir in den Pulk der Schiffbrüchigen. Wir richteten mehrere Male unseren Scheinwerfer als Richtungsscheinwerfer auf das Wasser. Die Hilferufe wurden immer gellender, und fürchterliche Szenen spielten sich im Scheinwerfer ab. Um jeden Rettungsring, jedes Floß und jeden Balken wurde hart gekämpft.

Wir schrieen uns fast die Lunge aus dem Hals, um den Schiffbrüchigen klarzumachen, daß sie an unser Boot rankommen sollten. Und dann begannen wir zu retten, was zu retten war.

Mit einem Bein auf der Scheuerleiste, das andere an die Reling gelegt, so konnten wir jeweils zwei Mann, weit über die Bordwand hängend, die im Wasser Schwimmenden ergreifen und an Bord ziehen. Trotz der kalten Nacht lief uns dabei der Schweiß bächeweise am Körper herab. Nur unsere Hände wurden immer steifer. Andere Besatzungsmitglieder kamen hinzu, um die Überlebenden zu bergen. Da die Kleider der Schiffbrüchigen immer schwerer und ihre Körper immer steifer wurden, je länger sie im Wasser waren, wurde es für uns immer schwieriger, sie an Bord zu ziehen.

Gerettete Frauen und Kinder kamen sofort unter Deck in den U-Raum.

Unter vielen anderen sah ich einen Jungen auf unser Boot zuschwimmen, der ein Mädchen im Schlepp hatte. Wir zogen beide an Deck. Das Mädchen war bewußtlos und wurde in den Maschinenraum gebracht. Ich brachte sie, auf beiden Armen tragend, nach unten und legte sie auf die Gröting. Wir gaben uns alle Mühe, mit Wiederbelebungsversuchen das Mädchen zu retten. Auch der Arzt versuchte es. Leider vergeblich. Das Mädchen war tot. Der Junge lebte noch. Auch seine Mutter fand er nicht wieder. Sie war wahrscheinlich umgekommen, was sich später bestätigte.

Unsere Rettungsaktion, die kurz nach 24.00 Uhr begonnen hatte, dauerte viele Stunden. Der Tag graute schon, als wir in Höhe der Steuerbordschraube ein Rettungsfloß beim Wickel hatten. Eine ganze Menschentraube hing an dem Floß. Erhebliche Arbeit machte es, die immer steifer werdenden Menschen aus den Leinen zu befreien, da sich die Hände der Schiffbrüchen um die, die Flöße umgebenden Tampen, so verkrampft hatten, daß sie sie selbst nicht mehr lösen konnten. Wir mußten die Tampen zerschneiden, um die Menschen zu retten.

Eine Frau war mit beiden Armen in den Tampen um ein Floß so unglücklich hängengeblieben, daß ich sie beim besten Willen und unter Einsatz aller Kräfte nicht lösen konnte. Mit den Fingern hatte ich einen Fetzen ihres Kleides in der Hand . . .

Ich schrie ihr zu, sie sollte sich mit den Armen aus der Verschlingung lösen. Sie sah mich nur mit ihrem bleichen Gesicht, in das wirr die Haare hingen, an, bewegte die Lippen, brachte aber keinen Laut hervor. Sie konnte nicht mehr sprechen, und sie konnte sich nicht mehr rühren. Doch sie lebte noch. Sie sah mich nur an, fortwährend. Und aus ihrem Blick sprach Hilflosigkeit, sie bat mich mit den Augen, sie zu retten – und ich verstand diese Bitte. Ich rief einen Kameraden zu Hilfe. Und gerade in dem Augenblick, als wir die Frau gemeinsam anpacken wollten, senkte sich das Heck unseres Bootes, was für uns ein untrügliches Zeichen dafür war, daß wir Fahrt aufnahmen und die Unfallstelle verließen. Ich konnte die Frau nicht mehr halten. Ihre Augen, ihr hilfesuchender Blick, wie sie mit bewegenden Lippen, aber sprachlos im Wasser versank, das über ihr zusammenschlug, werden mich zeitlebens verfolgen.«

Inzwischen war es 04.00 Uhr morgens, als *M 328* mit einem übervollen Schiff und einer völlig erschöpften Mannschaft die Untergangsstelle verlassen wollte. Doch einige hundert Meter weiter lief das Boot in ein weiteres Feld treibender Flöße. Die Rettungsaktion wurde fortgesetzt.

Auch *M 256* und *Ägier* bergen noch immer Schiffbrüchige aus der See, obwohl mehr als vier Stunden nach dem Untergang der *Goya* vergangen sind.

Die Mannschaften auf den Rettungsschiffen leisten schier Übermenschliches. Da helfen alle mit. Hier bei der Rettung Schiffbrüchiger zeigt sich spontan der Wille zu helfen, die Nächstenliebe. Ob Greis, ob Frau, ob Mann, selbst die Hilflosen unter den Flüchtlingen bieten ihre Hilfe den noch Hilfloseren, den Verwundeten, den total Erschöpften, den auf Rettungsschiffen Geborgenen, an. Da werden unter Deck Wiederbelebungsversuche gemacht, da wird massiert, Tee gereicht oder Kaffee oder eine Zigarette. Da werden einer fast erstarrten Frau die Kleider vom Leib geschnitten, da ein Kind in eine Decke gehüllt, da einer soeben geretteten und danach gestorbenen Frau die Augen zugedrückt.

Unterdessen kämpfen die Besatzungen oben an Deck weiter um jeden Schiffbrüchigen. Tote und Lebende werden aus dem Wasser gezogen und von den Flößen geholt. Die Geborgenen werden unter Deck getragen, denn keiner von ihnen kann auch nur einen Schritt gehen.

»Der lebt noch – die da scheint tot zu sein – – –!«

So werden viereinhalb Stunden nach der Katastrophe der *Goya* die Schiffbrüchigen sortiert – in Überlebende und Tote. Jeder vermeintlich Tote kommt zunächst nach unten, wird beatmet und massiert. Und mancher Totgeglaubte wird unter der heißen Dusche plötzlich wieder lebendig, hellwach, stammelt nackt:

»Ich lebe noch . . .!«

Auf allen drei Rettungsschiffen das gleiche Bild. Doch je mehr die Zeit vorrückt, je größer wird die Zahl derjenigen, die nur noch tot geborgen werden können. Zu Hauf liegen bereits die Toten auf den Oberdecks der Rettungsschiffe.

Als der Morgen anbricht, der neue Tag an Helligkeit gewinnt, der Wind nachgelassen hat, die See wieder ruhiger geworden ist und dann noch die Sonne die Wolken der Nacht vertreibt, liegt wieder Friede über der Ostsee, der Stelle des Meeres, an der in 78 Meter Tiefe die *Goya* ruht und mehr als sechseinhalbtausend tote Menschen, unter ihnen der Kapitän und die meisten seiner Seeleute.

Um 08.00 Uhr morgens sind die Schiffe des Geleitzuges wieder auf der Fahrt nach Westen:

Nur zwei Schiffe fehlen:

Die *Goya*, die nie mehr ein Meer befahren wird, und der Dampfer *Mercator*, der – mit 5500 Flüchtlingen beladen – sofort nach den Torpedotreffern auf die *Goya* vom Geleitführer den Befehl erhielt, mit voller Fahrt und wechselnden Kursen nach Kopenhagen weiterzulaufen, um nicht selbst noch das Opfer eines sowjetischen U-Boot-Angriffes zu werden. Kapitän Bohlen hatte bei dieser Weiterfahr auf seinem Schiff alle Mühe, den Ausbruch einer Panik unter den Flüchtlingen zu verhindern, nachdem diese von der Torpedierung der *Goya* erfahren hatten. Viele Eltern, Kinder und Verwandte waren bei der Einschiffung auf der Reede von Hela auf *Mercator, Goya* und *Kronenfels* getrennt worden, und einige auf der *Mercator* wußten ihre Angehörigen auf der sinkenden *Goya*.

Am Nachmittag des 17. April 1945 erreichten die vier Schiffe – der Dampfer *Kronenfels*, der Wassertanker *Ägier*, das Kampfboot *M 328* und das Minensuchboot *M 256* – die Insel Rügen.

Hier erhielten die Kapitäne und Kommandanten die Anweisung, was mit den Überlebenden der *Goya* geschehen sollte. Das große ›Umsteigen‹ begann.

Ägier nahm, soweit nicht von ihr selbst gerettet, alle zivilen Besatzungsmitglieder an Bord, um sie nach Warnemünde zu bringen.

Alle Verwundeten, Flüchtlinge und Soldaten mußten auf den Dampfer *Kronenfels* umsteigen, der danach Kurs auf Kopenhagen nahm.

Die Angehörigen der Kriegsmarine von der *Goya* kamen, soweit sie nicht bereits von diesen gerettet worden waren, auf *M 328* und *M 256* und wurden in Swinemünde angelandet.

Als das ›Umsteigen‹ beendet war, gab es manches Wiedersehen, aber auch mancher Kamerad, mancher Familienangehörige wurde vermißt.

So mußte der Begleitoffizier der *Goya*, Kapitänleutnant Paul Sigmund, feststellen, daß sich unter den Überlebenden weder Kapitän Plünnecke, noch Korvettenkapitän Felix Hahn, noch der I. Offizier Jonas, noch der II. Offizier der Zivilbesatzung befanden, und auch der größte Teil der zivilen Besatzungsmitglieder fehlte.

Ein Wiedersehen mit seiner Frau konnte der Steward der *Goya* feiern. Er wurde vom Wassertanker *Ägier* gerettet, die Frau, die glücklich den zweiten Schiffsuntergang überlebte, zog die Mannschaft eines M-Bootes aus dem Wasser.

Der Soldat Wilhelm Schimpf von der Sanitätskompanie 1/58 der 7. Panzer-Division stellte fest, daß von dieser Einheit nur fünf Mann überlebt hatten: Der Stabsarzt Dr. Werner Metzel aus Thüringen, Bernhard Sandmann aus Stedersdorf bei Peine, Wilhelm Hausen aus Limburg an der Lahn, Karl Herbert aus Störtebach in Unterfranken und er selbst.

Und die Zahl der Geretteten?

Der Wassertanker *Ägier* rettete 58 Personen, davon 8 Frauen, ein Mädchen und einen Jungen, und barg viele Tote.

Das Kampfboot *M 328* entriß 151 Schiffbrüchige dem Tode durch Ertrinken oder Erstarren.

Das Minensuchboot *M 256* meldete 121 Gerettete.

Am späten Vormittag des 17. April 1945, als das Restgeleit schon auf dem Marsch nach Rügen war, passierten sieben Räumboote und mehrere Schnellboote die ›Unfallstelle *Goya*‹. Sie fanden nur noch Tote und Trümmer.

Doch ein Schnellboot fand noch ein *Goya*-Floß mit vier Menschen, lebenden Menschen, unter ihnen der Funkgefreite Fred Büttner, der über seine Rettung, 11 Stunden nach dem Untergang der *Goya*, berichtet:

»Als ich von Bord der *Goya* gesprungen war, versuchte ich sofort, mich mit kräftigen Schwimmstößen vom untergehenden Schiff zu entfernen. Ich wollte nicht in den Sog des sinkenden Wracks geraten.

Während dieses Bemühens hörte ich hinter mir bereits ein ohrenbetäubendes Pfeifen und Rauschen, drehte mich um und sah noch, wie die *Goya* in Bruchteilen von Sekunden in den Fluten verschwand.

Der Sog, dem ich entkommen wollte, zog mich doch unter Wasser, gab mich aber rasch wieder frei, da ich schon einige zig Meter vom Wrack entfernt schwamm.

Um mich herum wimmelte es von treibenden Menschen, die sich zum Teil verzweifelt an mir festzuhalten versuchten. Ich schwamm deshalb so rasch ich konnte aus dem Feld der Schiffbrüchigen.

Als ich sah, daß kurz nach dem Untergang das Geleitsicherungsschiff mit der Rettung Schiffbrüchiger begann, machte ich mich mit einer Trillerpfeife, die an meiner Schwimmweste hing, bemerkbar.

Vergeblich. Ich wurde nicht gehört und bemerkt.

Jetzt hatte ich das Glück, ein im Wasser treibendes Rettungsfloß zu erreichen, in welchem sich ein 12jähriger Junge, ein verwundeter Infanterist und ein 17jähriges Mädchen befanden.

Mit vier Personen war das Floß zwar überladen, hielt uns aber über Wasser. Versuche weiterer Schiffbrüchiger, in das Floß zu kommen, wehrten wir ab, wir wären selbst dabei umgekommen, hätten wir auch nur noch einen Menschen auf das Floß gelassen.

Minuten vergingen, Stunden vergingen, die Nacht verging. Am Morgen, als es hell wurde, war von der Katastrophe nichts mehr zu sehen, nirgendwo sahen wir Hoffnung auf Rettung. Nur ab und zu war uns noch ein Floß begegnet, aber niemand der Floßinsassen gab noch ein Lebenszeichen von sich. Waren es noch Lebende oder waren es Tote, die auf den Flößen lagen? Wir konnten es nicht feststellen.

Dann wurden wir von zwei Flugzeugen überflogen, konnten aber nicht erkennen, ob es deutsche oder sowjetische Maschinen waren. Gottseidank war die See ruhig, fast spiegelglatt, und am Morgen wurde es erheblich wärmer.

Es war kurz nach 11.00 Uhr, als wir plötzlich in der Ferne Schiffe sahen, die sich uns schnell näherten. Ich erkannte mehrere Schnellboote.

Das schien unsere Rettung zu sein.

Ich zog meine Jacke aus, stellte mich in das Floß und winkte immer und immer wieder. Das hatte Erfolg. Ich war mir allerdings zu diesem Zeitpunkt immer noch nicht klar, ob dies sowjetische oder deutsche Schnellboote waren, denn die pommersche Küste war bereits in sowjetischer Hand.

Gottseidank – es waren deutsche Schnellboote. Wir erkannten die Flagge. Eines der Boote kam auf uns zu und nahm uns auf. Wie ich erfuhr, hatte man an der Untergangsstelle der *Goya* nur noch Trümmer, Tote und Gepäckstücke, leere Flöße, Balken, Schiffsteile und Schwimmwesten gefunden – und keinen Lebenden mehr. Wir waren in den letzten 11 Stunden einige Seemeilen von der Untergangsstelle abgetrieben worden, und nur durch einen Zufall hatte man uns durch das Glas auf dem Wasser erkannt. Man zog uns aus und packte uns in Kojen, und wir vier, alle noch am Leben, fielen in einen tiefen Schlaf. Einigermaßen erschrocken waren wir aber, als wir im Zielhafen ankamen. Nicht etwa in Swinemünde oder Warnemünde oder gar im sicheren Kopenhagen: Wir landeten dort, wo wir auf die *Goya* eingestiegen waren, auf der Reede von Hela.

Hier wurden wir für eine Nacht auf ein altes T-Boot gebracht, das als Sicherungsschiff für ein kleines Geleit bestimmt war. Noch in der Nacht setzte sich dieses Geleit mit Zielhafen Kopenhagen in Bewegung, und wir erlebten noch einmal von vorn die Flucht über die Ostsee.

Erst am 20. April 1945, wir waren am späten Abend des 19. April in Kopenhagen angekommen, konnte ich mich als letzter militärischer Angehöriger der Kriegsmarine, der den Untergang der *Goya* überlebt hatte, beim Kopenhagener Standortkommandanten melden. Zunächst schaute man mich etwas ungläubig an, dann aber glaubte man mir meine Geschichte, zumal mir meine Rettung vom Schnellboot-Kommandanten schriftlich bestätigt worden war.

Eine Rettung aus Seenot nach 11 Stunden hielt man für ein Wunder. Und an Wunder glaubte man in diesem Krieg, auch in Kopenhagen schon nicht mehr. Ich war heilfroh, in Kopenhagen gelandet zu sein und nicht in Warnemünde oder Swinemünde wie meine Kameraden, denn dort brannte es, wie ich erfuhr, bereits lichterloh.

Doch meine Freude war nur kurz: Mit einer neuen Uniform, neuen Papieren und auch Geld ausgestattet, erhielt ich meinen ›Marschbefehl‹ in die Hand gedrückt, einen Marschbefehl nach Swinemünde auf das Führerschiff *Reiher,* den Befehlsstand des Admirals Östliche Ostsee. Damit standen mir noch harte Tage und schreckliche Ereignisse bevor.«

Bereits zwei Tage früher, als der Funkgefreite Fred Büttner sich beim Standortkommandanten in Kopenhagen meldete, meldete am Morgen des 18. April 1945 der Oberbefehlshaber der Marine, Großadmiral Dönitz, im Führerhauptquartier den Verlust der *Goya*, der kaum noch Beachtung fand, da man sich im Führerhauptquartier in den letzten Wochen an Katastrophenmeldungen gewöhnt hatte. Doch man unterließ es nicht, bei der Lagebesprechung im Führerhauptquartier, übrigens der letzten Lagebesprechung, über die es in den deutschen Archiven noch Unterlagen gibt, auch mit wenigen Sätzen auf den Verlust der *Goya* einzugehen.

Die Meldung des Großadmirals lautete:

»Der Verlust von einigen tausend Menschen beim Untergang des Dampfers *Goya* veranlaßt den Oberbefehlshaber der Marine zu einem Hinweis auf den außerordentlich geringen Prozentsatz von nur 0,49 % Personalverlusten bei den bisherigen Transporten im Ostraum. Während die schmerzlichen Verluste beim Untergang einzelner Schiffe stark in Erscheinung treten, wurde leicht vergessen, daß zu gleicher Zeit eine große Anzahl von Schiffen mit zahlreichen Verwundeten und Flüchtlingen an Bord den Ausschiffungshafen sicher erreichen.«

Trotzdem: Der Untergang der *Goya* war die größte Schiffskatastrophe nicht des zweiten Weltkrieges, sondern der Seefahrt überhaupt, gemessen an der Zahl der Opfer.

Siebentausend Menschen war auf der *Goya*, als sie am Abend des 16. April 1945 die Reede von Hela verließ. 6666 Menschen überlebten die Torpedierung des Schiffes nicht, 151 Schiffbrüchige rettete das Kampfboot *M 328*. Das Minensuchboot *M 256* entriß 121 Menschen lebend dem Tod des Ertrinkens, und die Mannschaft des Wassertankers *Ägier* nahm 58 in der Ostsee Treibende an Bord. Schließlich gelang es noch einem Schnellboot, 11 Stunden nach dem Untergang der *Goya* vier Menschen lebend von einem Floß zu bergen, so daß 334 der Siebentausend mit dem Leben davonkamen.

Sechstausendsechshundertsechsundsechzig Menschen fanden beim Untergang der *Goya* den Tod.

Zu den Opfern der Katastrophe gehörte auch der Gefreite Paul Pott, der mit seiner Einheit 1./500 Großdeutschland nach den Kämpfen auf der Oxhöfter Kämpe bei Gotenhafen auf die *Goya* eingeschifft wurde.

In den ersten Maitagen des Jahres 1945, wenige Tage vor dem Ende des Krieges, traf bei den Eltern des Gefreiten ein mit dem Datum vom 30. April 1945 versehener Brief ein, unterschrieben vom Hauptmann und Kompaniechef des Gefreiten Pott, der mit keiner Silbe ahnen läßt, wie schrecklich der Heldentod des 20jährigen war, der auf der *Goya* für Führer und Vaterland gestorben ist. Zwischen dem Datum, der Anrede und der Unterschrift hatte dieser Brief, der bei den Eltern des jungen Soldaten viele Hoffnung zerstörte, folgenden Wortlaut:

»Ich habe Ihnen die traurige Mitteilung zu machen, daß nach schweren Kämpfen in Gotenhafen-Oxhöft-Kämpe beim Abtransport von der Halbinsel Hela nach Swinemünde sich mit vielen anderen Kameraden der Kompanie auch Ihr lieber Sohn, der Gefreite Paul Pott, auf dem Dampfer *Goya* befand, der im Geleit in der Nacht vom 16. zum 17. April 1945 etwa 100 km von Hela entfernt durch zwei Torpedos getroffen wurde und innerhalb weniger Minuten sank. Es konnten nur wenige gerettet werden, da sich die meisten infolge der starken Belegung und des rauhen Wetters unter Deck befanden.

Alle Nachforschungen über die seitdem vermißten Kameraden sind bisher erfolglos geblieben. Es ist anzunehmen, daß auch Ihr lieber Sohn in treuester Pflichterfüllung für Volk und Vaterland in den Fluten der Ostsee den Seemannstod gefunden hat.

Mit tiefem Bedauern fühlen die wenigen noch verbliebenen Angehörigen der Kompanie mit Ihnen den Verlust Ihres lieben Sohnes, der Freud und Leid auch in ernsten und schweren Stunden immer mit uns geteilt hat.

Möge das Schicksal noch gnädig sein und Ihnen doch noch ein Lebenszeichen Ihres lieben Sohnes zuleiten.«

Ein Lebenszeichen des Gefreiten Paul Pott ist nie mehr eingetroffen. Die Eltern ließen ihn nach Jahren der Hoffnung für tot erklären. Paul Pott ist einer der 6666, die seit dem Untergang der *Goya* in der Ostsee verschollen sind.

Für das qualvolle Leiden und Sterben dieser sechstausendsechshundertsechsundsechzig Menschen, zumeist Frauen, Kinder und Greise, wurde Vladimir Konovalov, Kommandant des sowjetischen Unterseebootes *L-3* und Kapitän 3. Ranges der Baltischen Rotbanner-Flotte, die höchste Auszeichnung, die die Sowjetarmee zu vergeben hatte, verliehen, er wurde ›Held der Sowjetunion‹. Für ihn waren die siebentausend Menschen auf der *Goya* nichts anderes als ›Hitleristen‹, die den Tod verdienten. Mit zwei Torpedos hatte er die meisten von ihnen kurz vor Mitternacht des 16. April 1945 in ein kühles Grab auf den Grund der Ostsee geschickt.

DIE LETZTEN TAGE VON PILLAU

Nicht nur in den Häfen, in denen die *Goya*-Rettungsschiffe die Schiffbrüchigen ausladen – in Swinemünde, Warnemünde, Kopenhagen und Hela – wird der Untergang der *Goya* bekannt. Die Nachricht erreicht am Abend des 17. April auch Pillau. Gerüchte schwirren durch die ringsum von den Sowjets belagerte und hart umkämpfte Stadt, daß die *Goya* neuntausend Menschen an Bord gehabt haben soll, von denen nur einhundert den Untergang überlebt hätten. Niemand ist da, der diese weit übertriebenen Zahlen richtigstellt. Genaues weiß niemand. In jedem Fall aber schafft die Nachricht vom Untergang der *Goya* Unruhe unter denen, die noch auf Rettung über See warten. Und obwohl allein in der ersten Aprilhälfte über 60.000 Menschen aus Pillau über die See fortgeschafft werden konnten, warten immer noch über 20.000 auf ihren Abtransport.

In den letzten Wochen und Tagen hat sich die Lage der Festung Pillau und der Menschen, die noch hier sind, dramatisch zugespitzt.

Das begann schon in der zweiten Märzhälfte, als die Flüchtlinge merkten, daß kaum noch Schiffe nach Pillau kamen und die Flucht über die Ostsee aus Pillau fast völlig gestoppt war. Anlaß hierzu waren Befehle der Seetransportstellen und des M. O. K. Ost in Kiel, zunächst die Flüchtlinge und Verwundete aus den weit gefährdeteren Häfen Danzig und Gotenhafen abzutransportieren. Alle verfügbaren Schiffe wurden zunächst in diese beiden Häfen in der Danziger Bucht beordert, was sich auch als richtig erwies, denn beide Häfen gingen noch Ende März verloren.

In der ersten Aprilhälfte waren dann zwar wieder mehr Schiffe nach Pillau gekommen, aber nicht genug, um alle hier noch wartenden Flüchtlinge, Verwundeten und Soldaten abzuholen. Hinzu kam, daß sich die sowjetischen Luftstreitkräfte in der östlichen Ostsee jetzt auf zwei Ziele konzentrierten: Auf die Halbinsel und die Reede von Hela und auf Pillau, die Stadt, den Hafen und die Schiffe auf Reede.

Auch die sowjetische Artillerie, die Anfang April ihre Stellungen rings um Pillau wesentlich verstärkt hatte, schoß sich immer mehr und stärker auf Stadt und Hafen ein, die fast ständig unter Beschuß lagen.

Am 10. April, einem sonnigen Frühlingstag, war noch einmal ein kleines Geleit nach Pillau gekommen, bestehend aus vier Schiffen: Dem Dampfer *Herkules* (2369 BRT), der *Satander* (1923 BRT), der *Adele Traber* (2575 BRT) und der kleinen *Nautik*, die nur 127 Brutto-Register-Tonnen groß war. In relativ langsamer Fahrt mußten die Schiffe das Seetief passieren, um nicht durch ihre hohen Heckwellen die vielen Landungsboote und Fahrprähme zu gefährden, die vollbesetzt auf die Schiffe warteten, um ihre Menschenfracht abzugeben.

Kaum auf der Reede von Pillau angekommen, wurde das kleine Geleit von zwölf sowjetischen Bombern angegriffen. Von Osten her flogen sie an, wurden aber durch das konzentrierte Flakfeuer der Schiffe zum Abdrehen gezwungen. Doch wenige Minuten später kamen die Bomber wieder, diesmal aus der Sonne heraus, und luden ihre Bomben ab. Sie fielen ausnahmslos ins Wasser. Die die Bomber begleitenden Jagdflugzeuge griffen die Schiffe mit Bordwaffen an, ebenfalls ohne sichtbare Erfolge.

Schon glaubte man, den Angriff ohne jeden Schaden überstanden zu haben, da meldete der Bootsmann des Dampfers *Herkules* ein Leck in Luke IV unter Wasser, sicher verursacht durch Bombensplitter. Infolge des Wassereinbruchs, der achtern einen Tiefgang des Schiffes von acht Metern zur Folge hatte, konnte der Dampfer *Herkules* nicht in den Pillauer Hafen einlaufen. Kapitän Klein ließ zunächst das Leck provisorisch abdichten, das Wasser auspumpen und sich erst nach Anbruch der Dunkelheit in den Hafen einschleppen.

Hier sorgte Korvettenkapitän Schön mit seiner Kompanie Marinesoldaten für eine zügige Beladung der *Herkules*, wie er dies mit seinen Leuten bereits bei den anderen drei Schiffen getan hatte. Noch in der Nacht konnten *Herkules, Satander* und *Adele Traber* mit insgesamt 9250 Menschen an Bord – 6500 Flüchtlingen, 2350 Verwundeten und 400 Soldaten – Pillau mit Westkurs verlassen.

Einen Tag später, am 11. April, läuft der 5981 Brutto-Register-Tonnen große Dampfer *Vale* in Pillau ein. Er hat eine Ladung Munition an Bord, die für die Verteidiger von Pillau bestimmt ist und die bereits sehnsüchtig erwartet wird. Doch als man mit dem Ausladen der gefährlichen Fracht im Marinehafen beginnen will, schießt sich die Artillerie ein. Wenige Meter vom Schiff entfernt schlägt eine Granate in den Kai. Vorübergehend läuft das Schiff wieder aus, kehrt nachts zurück und kann dann endlich die Munition ausladen. Danach verholt *Vale* weiter nach draußen, ankert und nimmt Flüchtlinge auf, die mit Booten und Prähmen angeliefert werden. Die Beladung ist noch in vollem Gange, als im Morgengrauen eine Bomberstaffel erscheint und das Schiff angreift. Drei Bombenvolltreffer, davon zwei in Luke IV, in der soeben 250 Verwundete untergebracht waren, vernichten die *Vale*, die Leinen reißen, der Wind treibt das Schiff zum Hafen, es gerät auf Grund und ist verloren. 250 Verwundete sterben bei dieser Katastrophe.

Am 12. April wurde noch ein weiteres Schiff in Pillau versenkt. Die *Weserstein* (1923 BRT) und der Dampfer *Wiegand* (5869 BRT) waren eingelaufen, hatten im Pillauer Hafen festgemacht und nahmen Flüchtlinge und Verwundete an Bord. Die Russen, denen offenbar nichts mehr entgeht, was im Hafen und auf Reede geschieht, greifen mit einem Bomberverband die beiden eingelaufenen Schiffe an. Der Dampfer *Weserstein* sinkt nach mehreren Bombentreffern dicht neben der Stelle, an der im März der Dampfer *Meteor* von der russischen Artillerie versenkt worden war.

Der Dampfer *Wiegand* erhielt ebenfalls einen Bombenvolltreffer, der das Deck durchschlug, aber in den unteren Räumen hängen blieb und nicht explodierte. Als man an Bord den ersten Schreck überwunden hatte, es waren zu diesem Zeitpunkt noch keine Flüchtlinge an Bord des Schiffes, versuchte man, die Bomben zu entschärfen. Doch dies gelang nicht.

Was nun?

»Kein Wort mehr von der Bombe – wir tun so, als sei sie überhaupt nicht vorhanden«, entschied der Kapitän des Dampfers *Wiegand,* nahm 2800 Flüchtlinge auf sein Schiff und fuhr mit diesen – und einer Bombe an Bord – nach Westen. Das Glück war mit dem Schiff und den Menschen. Wohlbehalten kam die *Wiegand* in Rendsburg an, und dort erst erfuhren die Flüchtlinge beim Aussteigen von der Gefahr, in der sie sich während der ganzen Reise befunden hatten.

Gleiches Glück hatte am Freitag, dem 13. April auch der Dampfer *Mars* (2469 BRT), der im Pillauer Hafen fünf Bombenangriffe überlebte, ohne Schaden zu nehmen, und der noch am späten Abend des Tages mit 2000 Flüchtlingen und Verwundeten ohne jede Geleitsicherung den Hafen verließ und sicher Kopenhagen erreichte.

Am 14. April lag noch immer der kleine Dampfer *Erna,* ganze 757 Brutto-Register-Tonnen groß, 1904 gebaut, also schon 41 Jahre alt, im Pillauer Hafen. Seit zwei Wochen versuchte Kapitän Gütschow, seine Ladung Briketts loszuwerden, die er für die Feldküchen in Pillau geholt hatte. Doch immer, wenn er seine Ladung löschen wollte, kamen die Bomber, oder die Artillerie schoß sich auf die *Erna* ein, so daß er den Hafen wieder verlassen mußte. Die Bordwände und auch die Brücke waren bereits von Splittern durchsiebt, und die Rudermaschine war inzwischen unbrauchbar geschossen worden. Er konnte sein Schiff nur noch über die Handruderanlage steuern. Aber an diesem Tage wurde die *Erna* endlich ihre Briketts los.

Kaum war das letzte Brikett ausgeladen, verholte *Erna* an den Seedienstkai in Pillau und übernahm Flüchtlinge und auch Soldaten, insgesamt rund 1000 Menschen. Dann war das Schiff voll, und der Kapitän der *Erna* sah auch einen leeren Seedienstkai. Er war sicher, die letzten Menschen abgeholt zu haben. Und die 1000 auf seinem Schiff fühlten sich recht wohl, obwohl sie bald wie die Mohren aussahen. Denn zwischen dem Ausladen der schwarzen Briketts und dem Einladen von Menschen blieb keine Zeit für die Reinigung des Frachters.

Doch die *Erna* war nicht das letzte Flüchtlingsschiff, das Pillau verlassen hatte, und es waren auch noch einige tausend Menschen in Pillau, vor allem Behördenbedienstete, Volkssturmmänner und Parteifunktionäre. Es gab immer noch Stabsleiter und Organisationsleiter der NSDAP, die noch an ihre eigenen Durchhalteparolen glaubten, unter ihnen auch Kreisleiter Grau. Sie hatten auch nicht den Mut sich abzusetzen, weil sie immer noch fürchteten, dabei erwischt zu werden, als Defätisten am nächsten noch stehenden Laternenmast oder Baum von eigenen Leuten aufgehängt zu werden. Bald aber gab es ja in Pillau keinen noch stehenden Baum oder Laternenpfahl mehr.

Heute nun ist der 20. April, ein besonderer Tag, Führeres Geburtstag, ein nationaler Feiertag.

Doch daran denken die Flüchtlinge nicht, die sich am frühen Morgen dieses Tages an Bord des Nachschubtankers *Lisa Essberger* schleichen, der nachts in Pillau eingelaufen war, entladen hatte und nun zurücklief. Und der Tanker hatte nur für wenige Menschen Platz. Als das Schiff die offene See erreichte, merkten die Flüchtlinge bald, daß das Schiff nicht nach Westen steuerte, sondern einen entgegengesetzten Kurs einschlug. Und sie wunderten sich noch mehr, als sie anstatt nach Swinemünde, nach Libau fuhren und dort nur vier Männer abholten, danach wieder sofort ausliefen. Die vier Männer führten nur jeder eine Tasche mit sich und einige Säcke, die rasch in den unteren Räumen verstaut wurden. Erst auf der Fahrt nach dem Westen erfuhren die Flüchtlinge, daß es Bankbeamte waren, und daß sich in den vier Säcken acht Millionen Reichsmark befanden. An der Kurlandfront hatte man für das Geld keine Verwendung mehr. Die Deutsche Reichsmark war hier nicht mehr gefragt.

Am 20. April, zu Hitlers Geburtstag, bescheren die Sowjets Pillau den stärksten Luftangriff der letzten Monate. Eine Bomberwelle nach der anderen lädt über der Stadt und dem Hafen Hunderte von Bomben ab. Die Luft ist von Explosionen erfüllt. Und machen die Bomber einmal eine Pause, wird diese von der sowjetischen Artillerie ausgefüllt. Kaum kann man an diesem Tage noch unterscheiden, ob Bomben oder Granaten einschlagen. Es kracht unaufhörlich. Der Russe schießt Pillau sturmreif.

Die Luft in Pillau ist an diesem 20. April buchstäblich eisenhaltig. Das hält Kapitän zur See Strobel, den neuernannten ›Seekommandanten Ostpreußen‹ aber nicht ab, sein neues Domizil in Pillau zu beziehen. Mit einem Räumboot hat sich der Kapitän über die Danziger Bucht, von Hela aus, nach Pillau bringen lassen. Mit einem Schlauchboot läßt er sich am späten Vormittag inmitten eines Bombenangriffs an Land bringen. In der früheren Hafenschutzbatterie, am Ende der Nordmole, befindet sich der Gefechtsstand des ›Seekommandanten Ostpreußen‹. Sein Befehlsbereich ist allerdings nur sehr klein, denn ›Ostpreußen‹, das sich noch in deutscher Hand befindet, ist bis auf ein Stückchen Land an der Pillauküste und den Nehrungsstreifen zusammengeschmolzen. Sofort nach seiner Ankunft nimmt Kapitän Strobel mit dem Festungskommandanten Pillau, Generalleutnant Chill, Verbindung auf, der diesen Posten Ende März übernommen hat.

Was Kapitän Strobel in Pillau sieht, übertrifft allerdings seine Erwartungen bei weitem. Trotz der Bombenangriffe und des ständigen Artilleriefeuers macht er am späten Nachmittag eine Fahrt durch die Stadt, in deren Straßen es von Flüchtlingen wimmelt. Überall lodern Brände, überall Trümmerhaufen und zerfetzte Bäume, kaputte Lampen und Fahrzeuge.

Und was der ›Seekommandant Ostpreußen‹ vom Festungskommandanten erfährt, läßt kaum erwarten, daß die ›Festung Pillau‹ noch lange gehalten werden kann. Die Ostsee, das Fischhausener Wiek und das Frische Haff schützen von drei Seiten die Pillauer Landzunge. Von Norden her stoßen die Russen zunächst auf den Tenkittenriegel vor, der von Heereseinheiten und Marineflakbatterien verteidigt wird. Es muß damit gerechnet werden, daß den Russen noch in der nächsten Nacht ein Durchbruch gelingt. Diese Vermutung bestätigt sich dann auch. Die ersten sowjetischen Panzer durchbrechen in der Nacht vom 20. zum 21. April die deutschen Verteidigungslinien. In der gleichen Nacht versuchen Flüchtlinge, zur Fähre am Seetief zu gelangen, um die Frische Nehrung zu erreichen. Die brennenden Häuser machen die Nacht in Pillau zum Tage. Polizisten, Soldaten und NS-Funktionäre versuchen in einer Feuerpause, in dieser Nacht noch mehr Sandsäcke vor die Fenster des Heldenkellers, in dem sie Zuflucht gefunden haben, zu schaffen.

Am nächsten Tage, dem 21. April, regnete es zeitweilig, der Himmel war bedeckt, und die Luftangriffe blieben aus. Für den Stadtbürodirektor Hugo Kaftan, der Pillau noch nicht verlassen hatte, war dies ein Anlaß zur Stadtbesichtigung. Was er an diesem Tage sieht, läßt ihn erblassen. Pillau ist ausgelöscht, das Pillau, wie er es seit seiner Jugend kennt. Überall Bombentrichter, Trümmerhaufen, Granateinschlaglöcher, Fahrzeugwracks, Pferdekadaver, Fenster, Türen. Alles liegt auf der Straße herum. Überall dasselbe Bild, ob vor dem Rathaus oder in der Haffstraße. Es steht fast kein Haus mehr. Selbst die öffentliche Latrinenanlage in der Raulestraße ist von Artilleriegranaten zerfetzt worden. Ein fürchterlicher Gestank breitet sich aus.

So zeigt sich Pillau dem Betrachter am 21. April.

Nachdem es den Sowjets in der Nacht vom 21. zum 22. April gelungen war, den Tenkittenriegel zu durchbrechen, obwohl die Batterien der Marineartillerie in Lochstädt und Adalbertkreuz sie heftig unter Feuer genommen hatten und sich die Einheiten des Heeres zu beiden Seiten der Batterien absetzen mußten, rollte von dieser Stunde an der sowjetische Angriff immer breiter werdend auf das Pillauer Zentrum. Mit Marinefahrprähmen und anderen Fahrzeugen werden Geräte und Soldaten über das Seetief zur Nehrung gebracht. Nicht zu früh, denn schon am Abend des 22. April stürmen die Sowjets den Neuhäuserriegel, die deutschen Verteidiger müssen weichen, der Russe dringt weiter vor.

In dem Gefechtsbericht des Seekommandanten von Pillau werden die Ereignisse am 22., 23. und in der Nacht zum 24. April 1945 festgehalten:

». . .mit dem Fall der Batterie Neuhäuser beginnt die Endphase des Kampfes um die Seestadt Pillau. Die Munition der deutschen Truppen wird immer knapper, die Menschenverluste werden immer größer. Der Gegner hat Artillerie und Granatwerfer in unmittelbarer Nähe der Stadt in Stellung gebracht. Die Stalinorgeln vollführen unentwegt ihr übles Konzert. In der Luft ist der Teufel los. In niedrigster Höhe fliegen die Schlachtflieger den ganzen Tag über dem Stadtgelände. Die noch vorhandenen Gebäude und Gebäudereste sinken in Trümmer. Die Kasematten der Zitadelle sind ein einziges umgepflügtes Trümmerfeld. Mein Gefechtsstand erhält mehrere schwere Treffer und stürzt zum größten Teil zusammen. Aber noch wird die Stadt gehalten. Die Batterie auf der Nordmole jagt Schuß um Schuß auf den längs des Strandes mit Panzern und Infantrie vorrückenden Feind . . .«

Am Montag, dem 23. April, wurde auch dem Betriebsdirektor des Wasserwerkes Pillau, Paul Kewitz, klar, daß Pillaus letzten Tage gekommen waren, und daß es Zeit war, sich abzusetzen, wenn man noch über See weg wollte. Aber ohne Marschbefehl des Kreisleiters ging das nicht. Am Sonntag hatte der Kreisleiter schon einigen seiner Leute vom Wasserwerk einen Marschbefehl erteilt. Jetzt saß er mit sechs seiner Leute im Wasserwerk am Hinterhafen und fragte sich, wie es weitergehen sollte.

Kewitz machte sich auf den Weg zur Zitadelle, traf dort auch den Kreisleiter an. Dieser gab ihm und seinen Leuten keinen Marschbefehl, sondern deutete dem Betriebsdirektor an, weiter auszuhalten.

Mit dieser enttäuschenden Nachricht traf Kewitz wieder im Wasserwerk ein, gerade noch rechtzeitig, bevor seine Leute sich von selbst absetzten. Die Männer beschlossen, noch eine Nacht in den Schutzräumen des Wasserwerkes zu verbleiben, was eigentlich sinnlos war, denn Wasser gab es seit Wochen nicht mehr.

Am Dienstag, dem 24. April, machen die Sowjets Pillau dem Erdboden gleich. Mit allen verfügbaren Bombern und Jagdflugzeugen greifen sie die Festung an. Von Osten nach Westen überfliegen sie, Welle auf Welle, immer und immer wieder das gesamte Stadtgebiet, solange, bis sie erkennen, daß sich kaum noch ein Stein auf dem anderen befindet, hier und da nur noch Fassaden stehen, daß es überall lichterloh brennt, und daß Pillau buchstäblich ausgelöscht ist.

Die Bomben treffen auch das Pillauer Wasserwerk. Es ist kurz nach 16.00 Uhr, als eine Bombe das Werk, eine weitere die Trafostation trifft. Das auslaufende Trafoöl entzündet sich, fängt Feuer und läuft in den Schutzraum, in welchem sich der Betriebsdirektor und seine Leute befinden. Den sieben Männern bleibt nichts anderes übrig, als den Schutzraum fluchtartig zu verlassen und zwischen den Rohren der Vorkammer zum Wasserbehälter Schutz zu suchen. Als dann aber gegen 20.00 Uhr das Bombardement endlich aufhört, nehmen die Männer mit ihrem Direktor ihre Proviantrucksäcke auf ihre Fahrräder und schieben diese durch brennende Trümmer bis zum Hinterhafen. Sie hoffen, noch bis zu den Anlegestellen der Fähren am Seetief durchzukommen. Das ist nicht leicht, aber sie schaffen es, obwohl die Nacht von den vielen Feuern, der Leuchtspurmunition, die die Sowjets dauernd verschossen, und auch den russischen Scheinwerfern fast taghell erleuchtet ist.

Die Männer vom Wasserwerk trauen ihren Augen nicht, als sie an der Pier zwei Boote mit tuckernden Motoren finden, die scheinbar auf sie gewartet haben, denn sie wollen gerade ablegen. Das eine Boot ist der Schlepper *Adler,* das andere der kleine Öltanker *Kolk.*

Kewitz und seine Männer haben nichts Eiligeres zu tun, als an Bord zu springen. Außer der Besatzung ist niemand an Bord der beiden Schiffe, die sich fast lautlos, nur mit halber Kraft aus dem Hafen schleichen.

Doch der Russe bemerkt sie und nimmt *Adler* und *Kolk* sofort unter Feuer. Beim Auslaufen erkennen die an Deck stehenden Männer noch, daß sie nicht von der Artillerie beschossen werden, sondern von sowjetischen Panzern, die neben der Hafeneinfahrt aufgefahren sind.

Die beiden Schiffe beeilen sich, so rasch wie möglich aus dem Hafen zu kommen. Der kleine Öltanker *Kolk* macht sofort volle Fahrt, doch der Schlepper *Adler* ist noch schneller und zieht an *Kolk* vorbei. Es ist ein Wettlauf mit dem Tode. Hinter den beiden Schiffen fallen die Geschosse der Panzer ins Wasser. Nach etwa zehn Minuten erreichen sie die offene See. Im Seetief fahren sie noch an vielen überladenen Fähren vorbei.

Es ist 23.00 Uhr, als *Adler* und *Kolk* Pillau verlassen.

Damit waren die letzten Zivilisten aus Pillau in Sicherheit.

Pillau ist zu dieser Zeit aber immer noch hart umkämpft. Im Pendelverkehr werden die zurückweichenden deutschen Truppen zur Nehrung übergesetzt, und auch der Festungskommandant geht nach Neutief. Die beiden deutschen Batterien Camstigall und Nordermole halten die Russen noch auf, und in der Stadt sind die Truppen in Nahkämpfe verwickelt. Dabei findet auch der Chef der 83. Infanterie-Division, Generalmajor Wengler, gemeinsam an der Seite seiner Soldaten kämpfend, den Tod.

Was die Marine in dieser Nacht leistet, ist beispielhaft. Mit Marinefahrprähmen werden fast 20.000 Soldaten, genau 19.200, zur anderen Seite übergesetzt. Weitere 7000 Verwundete werden mit den Marinefahrprähmen nach Hela gebracht. Rund 27.000 Menschen sind es, die so vor sowjetischer Gefangenschaft bewahrt bleiben. Was in dieser Nacht in Pillau geschieht, ist kaum zu beschreiben. Nur mit Waffengewalt kann die Einschiffung der etwa 27.000 Soldaten erzwungen werden, denn viele fürchten, zurückbleiben zu müssen. Die Panik bricht aus, als russische Artillerie die Einschiffungsaktion stört. In Massen springen Soldaten ins Wasser und versuchen, das andere Ufer zu erreichen.

In der Nacht vom 24. zum 25. April befindet sich Korvettenkapitän Schön von der Hafenkommandantur noch in Pillau in der Zitadelle. Dort erreicht ihn der Befehl, mit dem Rest der Festungskompanie die Zitadelle zu räumen und mit seinen 80 Männern zum Hinterhafen zu marschieren, wo ein Schiff für sie bereitliegt.

Kurz bevor Schön mit seinen Leuten die Zitadelle verläßt, erhält er noch einen Funkspruch, den er rasch überfliegt: »Batterie Camstigal Munition verschossen – Geschütze zerstört – Melden uns ab!«

Das bedeutet: Die Russen stehen in der Stadt, es kann nicht mehr lange dauern, bis sie im Hafen sind.

Der Korvettenkapitän und seine Männer haben es eilig, in den Hinterhafen zu kommen, was auch gelingt. Doch von einem Schiff ist weit und breit nichts zu sehen. Die Männer gehen in Deckung und beobachten die Anlegestelle. Doch da tut sich überhaupt nichts. Statt dessen kommt aber das Artilleriefeuer immer näher. Maschinengewehrfeuer wird hörbar, dann Gewehrfeuer. Die Werft, das Hafenamt und die Häuser am Russendamm brennen lichterloh.

Der Korvettenkapitän blickt auf seine Uhr.

Es ist drei Uhr morgens.

»Die haben uns vergessen«, sagt einer der Soldaten zu dem Korvettenkapitän.

»Wir warten noch«, entscheidet dieser. Doch als kurz vor vier Uhr morgens die Kettengeräusche von Panzern hörbar werden, gibt Schön den Befehl, sich in Gruppen oder auch einzeln zum Vorderhafen durchzuschlagen. Die Männer springen auf. Immer wieder Deckung suchend, gelingt es ihnen, über die Holzwiese, über die Hindenburgbrücke und über die brennende Königsberger Straße zum Gasthaus ›Goldener Anker‹ zu gelangen, von dem nur noch die Fassade steht.

Davor aber liegt ein Marinefahrprahm.

Er sammelt die Nachzügler, darunter auch Korvettenkapitän Schön und seine letzten 80 Mann. Insgesamt sind es 800 Soldaten, die auf dem Marinefahrprahm Platz finden, der um 04.30 Uhr ablegt. Langsam, am brennenden Kurfürstenbollwerk vorbei, fährt der Prahm nach Neutief.

30 Minuten später, um 05.00 Uhr morgens, besetzen die Russen den Pillauer Hafen. Aber immer noch wird verbissen gekämpft. Etwa 8000 Soldaten sind bis zu diesem Zeitpunkt in Pillau gefallen, etwa 30.000 konnten über das Seetief auf die Nehrung entkommen.

In letzter Stunde formieren sich noch einmal 8000 deutsche Soldaten, um die russischen Gardetruppen und Marine-Infanteristen aufzuhalten. Die ganze Nacht über halten die Kämpfe an. Morgens landen die Sowjets mit Sturmbooten auf der Höhe des Fliegerhorstes Neutief und setzen sich hier fest. Und noch am Abend gelingt es ihnen, über das Seetief eine Pontonbrücke zu schlagen und mit Panzern überzusetzen. Bis zum letzen Augenblick verteidigen sich die Deutschen im Neutief. Dabei findet auch General Henke, der mit seinen Pionieren vielen Menschen das Leben rettete, bei der Verteidigung seines Gefechtsstandes im Neutief den Tod und mit ihm etwa 2000 Soldaten, die die Festung Pillau bis zum letzten Mann und bis zur letzten Patrone verteidigt haben.

Am Abend des 25. April ist die Festung Pillau gefallen.

Sechstausend deutsche Soldaten marschieren am nächsten Morgen in sowjetische Gefangenschaft, die letzten Bilder mitnehmend, die Pillau an diesem Morgen bietet: Bilder toter Soldaten und Flüchtlinge, Frauen und Kinder am Straßenrand und auf Plätzen, Feuer oder schwelende Brände überall, wohin man sehen kann, Trümmer – nichts als Trümmer, freie Sicht über ein Meer von Ruinen.

Pillau ist eine tote Stadt. Ihre Auferstehung dürfte Jahrzehnte dauern, vielleicht ein ganzes Jahrhundert. Und dann wird Pillau nicht mehr das Pillau sein, das es einstmals war.

Es ist ein neues Pillau und heißt jetzt Baltjsk. Die Russen gaben Pillau diesen Namen.

»RETTEN, WAS NOCH ZU RETTEN IST«

In den letzten Apriltagen, nach dem Verlust von Pillau, sieht der Seetra-Chef Konteradmiral Konrad Engelhardt, das Ende des Krieges in greifbarer Nähe. Was ihm Sorge macht, ist die Tatsache, daß in Libau und Windau, auf Hela, in Swinemünde, in Greifswald, Stralsund und Saßnitz noch mehrere hunderttausend Soldaten, Verwundete und Flüchtlinge darauf warten, über die Ostsee gerettet zu werden, um nicht den Russen in die Hände zu fallen und jahrelange Gefangenschaft erleiden zu müssen.

Doch der Seetransport ist schwieriger geworden.

Die ganz großen Schiffe, die zu Beginn der Flucht über die Ostsee mit fünf- bis zehntausend Menschen auf jeder Reise die großen Transportleistungen vollbrachten, liegen in den Häfen fest. Die meisten in Kopenhagen, andere in anderen Häfen. Einige mit defekten Maschinen, andere hatten durch Minen, Luftangriffe oder Artilleriebeschuß nicht mehr reparable Schäden. Oder aber, und das war eine der Hauptursachen des Festliegens: Es gab weder Öl noch Kohle, die Schiffe konnten ohne Brennstoff nicht mehr auslaufen. Außerdem benötigten auch die Sicherungsfahrzeuge der Kriegsmarine Öl.

Bereits am 20. April hatte das MOK Ost in Kiel befohlen:

»Ab sofort Transport von Häftlingen, Kriegsgefangenen und Hilfswilligen einstellen und allen verfügbaren Schiffsraum nur noch für Verwundeten-, Flüchtlings- und Truppentransporte einsetzen«.

Aber welcher Schiffsraum war schon noch verfügbar?

Es waren jetzt fast nur noch kleinere Schiffe, weit unter 10.000 Brutto-Register-Tonnen, die für den Seetransport in der Ostsee eingesetzt werden konnten.

Dazu kam die Schwierigkeit, für die Transporte über die Ostsee noch Anladehäfen zu finden. Die Schleswig-Holsteinischen Häfen waren bereits für die Anladung von Flüchtlingen, Verwundeten und Soldaten gesperrt, und am 24. April schickte Generaloberst Lindemann an Engelhardt einen Funkspruch:

»Kopenhagen überfüllt – Aufnahme weiterer Flüchtlinge, Verwundeter und Soldaten nicht möglich!«

Dies war auch so.

Im Kopenhagener Hafen stauten sich rund 50.000 Flüchtlinge, die sich zum Teil sogar noch auf den Schiffen befanden, da im Land die Flüchtlingslager überfüllt waren. Dasselbe galt auch für die Lazarette. Ein Weitertransport mit der Bahn nach Schleswig-Holstein war ebenfalls nicht mehr möglich, weil keine Züge zur Verfügung standen und Schleswig-Holstein niemanden mehr aufnehmen konnte und wollte.

Der Vorschlag aus Kopenhagen, auf die dänischen Häfen Aarhus und Nyborg auszuweichen, erschien ebenfalls wenig sinnvoll, da auch hier die Flüchtlingslager bereits überfüllt waren und die Menschen wahrscheinlich ebenfalls hätten auf den Schiffen bleiben müssen. Allenfalls konnte man in Nyborg noch einige tausend Menschen unterbringen. Aber auch das schien nur eine Notlösung.

In dieser Situation entschied das Marineoberkommando Ost in Kiel, auch weiterhin Kopenhagen anzulaufen.

Zwischenzeitlich, am 22. und 23. April, hatte der Oberbefehlshaber der Kriegsmarine seine Dienststelle nach Schleswig-Holstein in einen Befehlszug ›Koralle‹ verlegt, der auf einem Eisenbahngleis in Plön abgestellt war. Auch die Seekriegsleitung gab in diesen Tagen Sengwarden auf und quartierte sich in dem Befehlszug ›Koralle‹ in Plön ein.

Konteradmiral Engelhardt ist, wie Korvettenkapitän Eschricht vom MOK Ost in Kiel, über die Lage in den Ostseehäfen gut informiert. Der bereits eingetretene und der vorauszusehende Verlust mehrerer Ostseehä-

Fritz Schwarz, der 18 Jahre Obersteward auf der *Cap Arcona* war, hat die letzten Tage und Stunden des Schiffes in der Neustädter Bucht miterlebt. Den 3. Mai 1945 wird Schwarz zeitlebens nicht vergessen.
(Foto: PR / Ostsee-Archiv Heinz Schön)

Das war die *Cap Arcona*, das Flaggschiff der *Hamburg-Süd*, mit 27.571 Bruttoregistertonnen das größte in der Ostsee eingesetzte ›Flüchtlingsschiff‹ in den Vorkriegsjahren als ›Königin des Südatlantik‹ weltbekannt.
(Foto: ›Hamburg-Süd‹ / Ostsee-Archiv Heinz Schön)

Diese Luxuskabinen I. Klasse auf der *Cap Arcona* bezogen in den ersten Maitagen des Jahres 1945 Häftlinge aus dem Konzentrationslager Neuengamme.
(Foto: ›Hamburg-Süd‹ / Ostsee-Archiv Heinz Schön)

So sah es auf der *Cap Arcona* aus: Festsaal (oben links), Treppenaufgang (oben rechts), Wintergarten (unten links), Salon (unten rechts).
(Foto: ›Hamburg-Süd‹ / Ostsee-Archiv Heinz Schön)

So sah es auf der *Cap Arcona* aus: Rauchsalon (oben rechts), Gymnastik-Raum (oben links), Speisesaal (unten rechts), Loge im Speisesaal I. Klasse (unten links).
(Foto: ›Hamburg-Süd‹ / Ostsee-Archiv Heinz Schön)

Das war die *Cap Arcona:* Das Schwimmbad (oben), Teil des Speisessales (unten links), Durchblick 3. Festsaal (unten rechts).
(Foto: ›Hamburg-Süd‹ / Ostsee-Archiv Heinz Schön)

Als die *Cap Arcona* noch nach Südamerika fuhr, tummelten sich auf dem freien Oberdeck die Fahrgäste. Am 3. Mai 1945 durfte sich keiner der Passagiere, KZ-Häftlinge aus Neuengamme, auf dem Oberdeck aufhalten, sie mußten unter Deck bleiben.
Sie stürmten erst das Oberdeck, als die Bomben fielen und das Schiff zu brennen begann.
(Foto: ›Hamburg-Süd‹ / Ostsee-Archiv Heinz Schön)

Neben der *Cap Arcona* lag am 3. Mai 1945 in der Neustädter Bucht der Dampfer *Thielbek* ebenfalls mit KZ-Häftlingen beladen. Auch dieses Schiff wurde von britischen Flugzeugen in Brand geworfen und sank mit 2414 Menschen.
(Foto: K + N / Ostsee-Archiv Heinz Schön)

Das dritte Opfer des Dramas in der Neustädter Bucht wurde die *Deutschland.* Der Dampfer war noch unbeladen, die Besatzung konnte sich noch retten. In sieben Einsätzen hatte das Schiff zuvor 69.379 Menschen über die Ostsee gerettet.
(Foto: HAL / Ostsee-Archiv Heinz Schön)

Die Reste des ausgebrannten Dampfers *Cap Arcona* werden in der Neustädter Bucht abgwrackt.
(Foto: PR / Ostsee-Archiv Heinz Schön)

Nichts erinnert im Hafen von Neustadt an die Katastrophe des 3. Mai 1945, bei der auf der *Cap Arcona* 5594 und auf dem Dampfer *Thielbek* 2414 Menschen, fast ausschließlich KZ-Häftlinge, im Bombenhagel und in den Geschoßgarben britischer Jagdflugzeuge und Bomber einen sinnlosen Tod starben, während zur gleichen Stunde britische Truppen Stadt und Hafen von Neustadt an der schleswig-holsteinischen Küste besetzten.
(Foto: PR / Ostsee-Archiv Heinz Schön)

Gesunken in der Ostsee am 4. Mai 1945: der Dampfer *Freiburg* (5165 BRT), der nach einem Bombenangriff in der Kieler Bucht auf Strand gesetzt wurde.
(Foto: HAL / Ostsee-Archiv Heinz Schön)

fen bringt Änderungen mit sich, die für den weiteren Transport von Flüchtlingen, Verwundeten und Soldaten über die Ostsee erhebliche Bedeutung haben.

So ist am 26. April Stettin verlorengegangen.

Fregattenkapitän Nicol, der Leiter der Kriegsmarinedienststelle Stettin, konnte mit einer Vielzahl kleinerer Schiffe und mit Hilfe von einigen Kriegsmarineeinheiten in letzter Stunde fast alle Zivilisten und Verwundeten und auch die restlichen Truppenteile aus Stettin herausbringen und nach Westen befördern. Diese Aktion erfolgte in Absprache und in enger Zusammenarbeit mit dem Kommandanten von Stettin, Generalmajor Brühl, und dem Kommandeur der Festungsbrigade, Oberst Woller. Hitler hatte zwar befohlen, die ›Festung Stettin‹ in jedem Fall bis zum letzten Mann zu halten und zu verteidigen, die Kommandeure der Heeresgruppe Weichsel, der 3. Panzer-Armee und des XXXII. Korps beurteilten übereinstimmend mit Generalmajor Brühl und Oberst Woller die Verteidigungslage aber anders als Hitler. Sie waren sich einig, unnötige Opfer zu vermeiden und sich zurückzuziehen. Als russische Truppen der 2. Stoßarmee Stettin besetzten, befanden sich nur noch etwa 7000 bis 8000 Zivilisten, zumeist ältere Menschen, die nicht hatten flüchten wollen, in der Stadt. Vierhunderttausend Menschen hatten früher in Stettin, das nur eineinhalb Schnellzugstunden von Berlin entfernt lag, gewohnt. Eine ganze Stadt war geflohen.

Vor dem Krieg waren 126 Seeschiffe im Hafen dieser pommerschen Provinzialhauptstadt beheimatet.

Der Hafen von Swinemünde ist in den letzten Apriltagen noch immer in deutscher Hand. Aber auch hier ist es bereits fünf Minuten vor zwölf. Bis zuletzt hat der Schwere Kreuzer *Lützow* mit seiner Schiffsartillerie in die Kämpfe um Swinemünde eingegriffen und geholfen, eine Einnahme dieses wichtigen Ostseehafens zu verhindern. Durch einen Angriff der *Royal Air Force* wurde *Lützow* durch mehrere Bombenvolltreffer so schwer beschädigt, daß der Schwere Kreuzer nicht mehr einsatzfähig war. Swinemünde ist völlig eingekesselt und kann sich nur noch wenige Tage halten. Da aber noch immer viele Flüchtlinge und Soldaten im Swinemünder Hafen auf ihren Abtransport warten, befieht Seetransportchef Engelhardt:

»Bevorzugt und unbeschadet anderer Aufgaben aus Swinemünde Verwundete und Flüchtlinge abfahren!«

Aus Swinemünde heraus gibt es nur noch einen einzigen Weg: Den Weg über die Ostsee.

Swinemünde war einer der wichtigsten Anladehäfen im Rahmen der Ostseeflucht. Seit Beginn der Evakuierungsaktion wurden mit Schiffen 579.000 Menschen in Swinemünde angelandet und begaben sich von hier aus weiter nach dem Westen. In den letzten Wochen, als auch die Pommern flüchteten, traten von Swinemünde aus etwa 100.000 Menschen die Flucht über die Ostsee nach Häfen in Schleswig-Holstein und nach Dänemark an.

Das Lazarett Swinemünde wird in den letzten Apriltagen auf den Dampfer *Eberhard Essberger* eingeschifft, der mit 3200 Verwundeten nach Kopenhagen läuft.

Am 29. April versuchen Kapitän Weiss und der Chefarzt des Verwundeten-Transportschiffes *Adler*, Marine-Stabsarzt Dr. Franz Pertl vergeblich, in Swinemünde ihre Verwundeten abzugeben, die sie aus Hela geholt haben. Doch anstatt ihre Verwundeten loszuwerden, müssen sie weitere Menschen an Bord nehmen.

Der Marine-Stabsarzt Dr. Pertl erinnert sich an diese letzte Reise des Verwundeten-Transportschiffes *Adler:*

»In acht Reisen beförderten wir mit unserem kleinen, nur 1486 BRT großen Verwundeten-Transportschiff etwa 13.000 Menschen, davon ein Drittel Flüchtlinge und zwei Drittel Verwundete. Zunächst brachten wir die Flüchtlinge und Verwundeten von Pillau nach Gotenhafen oder Danzig, später waren wir im Transport Gotenhafen-Swinemünde eingesetzt. Zuletzt holten wir Ende April Verwundete und Flüchtlinge aus Hela. Dort herrschten vorher nie gesehene Zustände.

Neben Verwundeten nahmen wir auch Flüchtlinge auf, auf meine Weisung nur Mütter mit kleinen Kindern und Schwangere. Diese mußten zum Teil in Zelten an Deck untergebracht werden, da alle Räume und Gänge mit Verwundeten belegt werden mußten. Die Zustände an Bord waren katastrophal, da wir nicht ausreichend Waschräume und Toiletten für so viele Menschen hatten.

Trotzdem gelang es uns, Ordnung und Disziplin an Bord aufrecht zu halten. Der Untergangs- und Niederlagenstimmung zufolge gab es auch alkoholische Exzesse mit entsprechenden Auswüchsen, denn es befand sich auch weibliches Strandgut an Bord (Nachrichtenhelferinnen, Personal von Parteidienststellen). Vor dem Auslaufen des Schiffes mußten wir Herren der Parteileitung und Gauleitung mit ihrem Gefolge in letzter Minute am Betreten des völlig überfüllten Schiffes hindern. Ein Versuch, das Schiff mit Gewalt zu stürmen, mußte von der Brücke aus durch Warnschüsse aus Pistolen verhindert werden.

In Swinemünde angekommen, wurden wir unsere Verwundeten und Flüchtlinge nicht mehr los, da die Russen schon vor Swinemünde standen. Wir nahmen noch Sanitätsoffiziere, Schwestern, braune Schwestern, Sanitätspersonal und Klinikmaterial aus Swinemünde an Bord und erreichten mit dem völlig überfüllten Schiff den Hafen von Gedser in Dänemark.«

Am gleichen Tage, dem 29. April, liegen in Stralsund noch immer 6500 Verwundete, in Warnemünde 10.000, in Wismar ebenfalls 10.000 und in Greifswald noch 6000. In Swinemünde werden sogar noch 16.000 Verwundete gezählt, die auf ihren Abtransport warten. Vor Greifswald stehen bereits die Russen, in Wolgast weht schon die Rote Fahne.

Am 29. April trifft vor Warnemünde der Transporter *Cometa* (5123 BRT) ein. Der Seetra-Chef hat dieses Schiff von Kopenhagen hierher geschickt, weil es noch genügend Treibstoff hatte und noch fahrbereit war.

Der 2. Offizier Hirschhausen berichtet über diese letzte Fahrt des Transporters *Cometa:*

». . .in etwa zwei Seemeilen Abstand vor dem Strand ankerten wir. Die Signalstation ging in Flammen auf, und plötzlich sahen wir am Strand russische Panzer. Einer oder mehrere von ihnen eröffneten das Feuer auf unser Schiff. Wir beeilten uns, aus der Reichweite zu kommen. Von einem Geleitboot erhielten wir Befehl, bis zur Ansteuerungstonne zu laufen, wo wir erneut ankern sollten. In der folgenden Nacht kamen mehrere große Landungsboote und kleinere Fahrzeuge und brachten uns etwa 2500 Menschen, die wir an Bord nahmen und nach Sonderburg in Dänemark brachten. Für den Dampfer *Cometa* war mit dieser letzten Reise der Krieg zu Ende.«

Als noch am gleichen Tage 1000 Mann der Führernachwuchsschule 14 der Infanterie, von Rostock kommend, in Warnemünde eintrafen und hier nach einem Schiff suchten, das sie nach dem Westen bringen sollte, mußten sie enttäuscht feststellen, daß kein Schiff mehr im Warnemünder Hafen lag, das sie hätte an Bord nehmen können. Und wie die jungen Leute erfuhren, war auch nicht damit zu rechnen, daß noch ein Schiff den Hafen anlaufen würde. Was sie in Warnemünde sahen, waren sowjetische Panzer, die Stadt und Hafen besetzten. Im Eilmarsch machten sich die tausend jungen Männer auf den Weg nach Wismar. Als sie dort ankamen, rollten gerade die Amerikaner an. Noch am Abend erreichten sie aber den kleinen Fischereihafen Timmendorf auf der Insel Poel. Hier nahm sie der Nachschubdampfer *Hörnum* an Bord, um sie nach Kiel zu bringen. Das war Rettung in letzter Sekunde.

So zeigt sich für den Seetra-Chef, Konteradmiral Konrad Engelhardt, in Flensburg die Lage in den Pommernhäfen und den Häfen in Mecklenburg. Er muß damit rechnen, daß auch Swinemünde, Greifswald, Stralsund und Saßnitz in den nächsten Tagen verlorengehen.

IN HELA WARTEN NOCH 200.000

Und wie sah es in den letzten Apriltagen in Hela aus?

Auch hierüber lagen Admiral Engelhardt verläßliche Meldungen vor.

Seit dem Untergang der *Goya,* der sich in Hela schnell herumgesprochen hatte und besonders unter den Flüchtlingen und Soldaten einige Unruhe auslöste, waren nur noch wenige große Schiffe nach Hela gekommen. Während die Zahl der Soldaten, Flüchtlinge und Verwundeten, die auf Hela letzte Zuflucht suchten, immer größer wurde, wurde die Zahl derjenigen, die abtransportiert werden konnten, mangels Schiffsraumes immer geringer. Das war eine beängstigende Entwicklung.

Am 20. April hatte der Dampfer *Eberhard Essberger* auf der Reede von Hela 200 Flüchtlinge, 4500 Soldaten und 15 Verwundete an Bord genommen mit Kurs auf Kopenhagen, um nicht mehr nach Hela zurückzukehren. Es war die 14. Reise dieses Schiffes, das damit insgesamt 66.000 Menschen über die Ostsee beförderte, gemessen an der Zahl, die Bewohner einer größeren Kreisstadt.

Am 21. April traf der Dampfer *Lappland* (7644 BRT) auf Hela-Reede ein. Kapitän Franz Appel hatte es eilig, Flüchtlinge, Verwundete und Soldaten an Bord zu nehmen. Die dauernde Beschießung der Reede und des Hafens durch die Artillerie und die fast pausenlosen Luftangriffe sowjetischer Flieger machten den Kapitän nervös. Fünf Flüchtlingsfahrten hatte er schon hinter sich. Er wollte auch seine sechste Reise glücklich überstehen, und er wußte, daß nach Lage der Dinge es eine siebente Reise für *Lappland* nicht mehr geben würde. Dann hatte er nämlich keine Kohle mehr an Bord. Sie reichte gerade noch für diese Reise.

So schnell wie am 21. April hatte der Dampfer *Lappland* noch nie Menschen an Bord genommen. Greise, Kranke und Verwundete wurden auf Paletten an Bord gehievt. Jeder, der gehen konnte, erreichte das Schiff über Lotsenleitern und Fallreeptreppen. Nur ganze drei Stunden dauerte es, dann waren 7500 Menschen an Bord, mehr als auf der etwa gleichgroßen *Goya* . . .

Kapitän Appel wußte von dieser Katastrophe, aber er wollte nicht daran denken. Schon zwei Tage später, am 23. April, kam der Dampfer *Lappland* wohlbehalten mit seinen 7500 Leuten an Bord in Kopenhagen an, konnte diese aber nicht ausladen, weil Kopenhagen überfüllt war. Da auch in Kopenhagen die Kohlenbunker leer waren, erlebt die *Lappland* die letzten Kriegstage in Kopenhagen. Eine Rückreise nach Hela war nicht mehr möglich.

Jetzt wurde es auf Hela-Reede noch ruhiger. In den nächsten vier Tagen – vom 23. bis zum 27. April – kamen nur noch wenige Schiffe an: Die *Weserberg* aus Libau, sie brachte Soldaten von der Kurlandfront, nahm Flüchtlinge an Bord und lief nach Westen, danach kam der kleine Dampfer *Bischoff*, der Verwundete und Flüchtlinge an Bord nahm und sofort mit Westkurs auslief.

Erst am Morgen des 28. April zeigte sich wieder ein Lichtblick für die auf Hela wartenden Menschen. In der Nacht gegen 05.00 Uhr war ein kleines Geleit, bestehend aus dem Dampfer *Westpreussen* (2877 BRT), der *Ganter* (1770 BRT), der *Nautik* (1127 BRT) und der *Ubena* (9554 BRT) auf Hela-Reede eingetroffen. Auf der *Ubena*, die die letzten Flüchtlinge aus Danzig-

Neufahrwasser herausgeholt hatte, waren die Brücke und auch die Aufbauten noch immer von Granat- und Bombensplittern durchsiebt.

Den ganzen Tag über mußten sich die Schiffe gegen den Artilleriebeschuß wehren und gegen immer wiederkehrende Luftangriffe. Erst nach Anbruch der Dunkelheit liefen die *Ubena* und die anderen Schiffe um die Südspitze Helas herum, ankerten vor der Hafeneinfahrt und übernahmen hier von Booten, Leichtern und Prähmen die Menschen. Der *Ubena*-Kapitän Lankau schickte kurzerhand einige seiner Leute auf die Leichter und Prähme, damit die Beladung schneller ging. In einer Rekordzeit wurde die *Ubena* beladen. Kapitän Lankau wollte in keinem Fall noch bei Tagesanbruch so nahe an Land liegen. Die Artillerie hätte sich sehr rasch auf sein Schiff eingeschossen, das ein lohnendes großes und gut sichtbares Ziel war. Schon vor Morgengrauen lag er wieder auf der Reede von Hela.

Erst am Nachmittag des 28. April setzte sich dann der Geleitzug, bestehend aus den vier Schiffen, gesichert von einem S-Boot und zwei M-Booten, nach Westen in Marsch. Ingesamt befanden sich auf den vier Schiffen rund 10.000 Menschen.

Am gleichen Tage, dem 28. April, tritt auch Vizeadmiral Thiele sein neues Kommando als ›Admiral Östliche Ostsee‹ in Hela an. Er trifft auf Hela ein Heerlager an, das von der Südspitze bis nach Heisternest reicht. Überrascht ist der Admiral von der Disziplin, die unter den Soldaten, aber auch unter den Flüchtlingen auf Hela herrscht. Von einer Weltuntergangsstimmung ist hier noch nichts zu spüren, obwohl alle auf dieser Halbinsel jeden Augenblick von Bomben- oder Granatsplittern getroffen werden können oder damit rechnen müssen, daß morgen der Russe hier ist. Das Leben jedes einzelnen ist hier bedroht, und trotzdem bewahren die Menschen Ruhe und zeigen innere Haltung.

Nach Informationen, die der Admiral am Tage seiner Ankunft auf Hela erhält, befinden sich etwa 200.000 Menschen auf der Halbinsel, darunter auch zwei Gauleiter.

Der Gauleiter und Reichsverteidigungskommissar Erich Koch hatte sich eine Unterkunft gewählt, die nahe der *Rugard* lag. Er hoffte, mit diesem Befehlsschiff der 9. Sicherungs-Division von Hela wegzukommen und wartete nur auf einen günstigen Augenblick. In keinem Fall wollte er vor Forster Hela verlassen.

Der Gauleiter von Danzig-Westpreußen, Forster, war besser dran. Er verfügte über ein eigenes Fluchtschiff, die *Zoppot*, ein kleiner Passagierdampfer der Weichsel-AG. Forster wiederum wartete darauf, daß zunächst Koch Hela verließ. Beide Gauleiter, die seit längerer Zeit auf Hela waren, sich aber aus dem Wege gingen und sich nicht ein einziges Mal begegnet waren, trauten sich gegenseitig nicht.

Als Gauleiter Koch am 29. April erfuhr, daß Berlin endgültig verloren war und Hitler seinen Bunker in der Reichshauptstadt nicht verlassen wollte, sah er den Zeitpunkt seiner Flucht gekommen. An diesem Morgen des 29. April lagen auf der Helaer Reede verschiedene Kriegsschiffe, so die beiden U-Boot-Jäger *U 1222* und *1225*, das Minensuchboot *M 441* und das Minenschiff *Lothringen,* das als Flüchtlingsschiff schon einige tausend Menschen nach dem Westen gebracht hatte. Mit einer Barkasse ließ sich Koch mit neun Mann seines Stabes zur *Lothringen* übersetzen. An Bord befanden sich bereits 123 Soldaten und 1056 Verwundete. Die Parteifunktionäre, an ihrer Spitze Gauleiter Koch, waren die einzigen Zivilisten an Bord des Minenschiffes *Lothringen.* Auf den beiden U-Jägern hatte man 240 Flüchtlinge und 295 Soldaten eingeschifft und auf dem Minensuchboot 49 Flüchtlinge. Am Abend des 29. April verließen diese vier Schiffe der Kriegsmarine die Reede von Hela, liefen am Tage darauf, am 30. April in Flensburg ein, wo Koch sofort nach seiner Ankunft untertauchte.

Auch Gauleiter Forster verließ noch am 29. April die Halbinsel Hela und setzte sich mit seinem kleinen Dampfer *Zoppot* nach Westen ab.

Vizeadmiral Thiele, der neue ›Admiral Östliche Ostsee‹ auf der Halbinsel Hela ließ am Abend des 30. April folgenden Funkspruch an den Seetransportchef Admiral Engelhardt nach Hela und und einen zweiten mit gleichem Text an das MOK Ost in Kiel, Korvettenkapitän Eschricht, absetzen:

»Infolge fast gänzlichen Aufhörens des Ostgeleitverkehrs auf Hela in Kürze 200.000 Menschen massiert. Heraufbeschwört zwangsläufig Zusammenbruchserscheinungen. Erbitte sofort großzügige Inmarschsetzung von Schiffsraum für Abtransport.«

Als Admiral Engelhardt am Abend des 30. April den Funkspruch aus Hela erhält, überfliegt er noch einmal die Liste der noch einsatzfähigen Schiffe, die er nach Hela schicken könnte. Und er stellt fest, daß es nur noch wenige Schiffe sind, die die Letzten aus Hela abholen können. Von Mitte April bis zum heutigen 30. 04. sind wiederum 21 Schiffe verlorengegangen, wenn auch darunter viele kleine Schiffe. Aber auch kleine Schiffe haben oft viele tausend Menschen über die Ostsee gebracht.

Vom 15. bis 30. April gingen verloren: *Simson* (150 BRT), *Goya* (5230 BRT), das Flugsicherungsschiff *Boelke* (1330 BRT), *Hedwig* (1536 BRT), das Zielschiff *Cap Guir* (1536 BRT) das durch Luftangriff bei Libau, wobei 774 Menschen den Tod fanden, der Schlepper *Arcona* (85 BRT), das Troßschiff *Altengamme* (5897 BRT), *Tacuman* (4621 BRT), *Swinemünde II* (177 BRT), das Küstenschiff *Schwarzort,* ferner *Leda* (2415 BRT), *Königsberg* (180 BRT), *Ingrid Leonhardt* (1923 BRT), *Huelva* (1923 BRT), *Emily Sauber* (2615 BRT), *Ulrich Finsterwalder* (2957 BRT), *Möwe* (121 BRT), *Herbert* (216 BRT), *Hanna Cords* (1891 BRT), *Africana* (5869 BRT) und *Artushof* (1478 BRT).

Mit den übrig gebliebenen Handelsschiffen allein würde man die 200.000 wohl kaum noch von Hela retten können. Da mußten Fahrzeuge der Kriegsmarine helfen.

Alle in den Häfen noch fahrbereit liegenden Schiffe, vom kleinsten Frachter bis zum großen Passagierdampfer, mußten schleunigst nach Hela laufen, um noch vor Kriegsende, das Ende April täglich erwartet wurde, die letzten Verwundeten, Soldaten und Flüchtlinge vor Tod und Gefangenschaft über die Ostsee zu retten.

Doch die meisten großen Passagierschiffe der Hamburg-Süd, der Hapag, der Deutschen Afrikan-Linie, des Norddeutschen Lloyd und der vielen anderen großen deutschen Reedereien lagen bereits auf dem Grund der Ostsee, waren durch Bomben- oder Minenschäden nicht mehr einsatzfähig oder lagen ohne Öl am Kai in Kopenhagen.

Die beiden ganz großen Dampfer, die zusammen noch 20.000 Menschen aus Hela hätten retten können, das Flaggschiff der *Hamburg-Süd,* die *Cap Arcona,* und die *Deutschland* von der Hapag, lagen in diesen Tagen in der Neustädter Bucht.

Auf diese beiden Schiffe, den Dampfer *Thielbek* und die *Athen,* wartete eine Katastrophe, die in den ersten Maitagen noch einmal mehr als siebentausend Menschen den Tod bringen sollte. Das Ende der *Cap Arcona* sollte einen grauenhaften Schlußpunkt unter das letzte Kapitel der Ostseeflucht 1945 setzen.

ACHTES KAPITEL

Das Drama in der Neustädter Bucht: Die Versenkung der Cap Arcona

Der tote Kapitän – Das ›entlassene‹ Flüchtlingsschiff – KZ-Häftlinge auf die Cap Arcona *– Sechstausend Menschen haben Hunger – Letzter Auftrag ›Selbstvernichtung‹? – Angriff aus heiterem Himmel – Die* Cap Arcona *brennt – »Ich will raus – ich will raus!« – Ein Russe erlebt den Untergang – Verbrennen oder ertrinken? – Dampfer* Thielbek: *Ein Ende mit Schrecken – Einer der überlebte – Bomben auf den menschenleeren Dampfer* Deutschland *– Am Strand von Neustadt: Tote und Überlebende – Unschuld, Schuld, Verantwortung – Nachklang*

Von den fast 600 Schiffen, die vom Beginn der Flucht über die Ostsee an bereits mehr als eine halbe Million Menschen über das Meer nach Westen gebracht hatten, waren bis Anfang April 1945 etwa 150 Schiffe verlorengegangen und in der Ostsee gesunken. Die meisten dieser Schiffe, darunter mehrere große Passagierschiffe und Frachter, waren durch Bomben, Minen und Torpedos versenkt worden. Alles, was in der Ostsee noch fahrbereit war, wurde für Flüchtlingstransporte eingesetzt, vom Fischdampfer bis zum Fahrgastschiff. Anfang April hatte die ›Rettungsaktion Ostsee‹, eine in der Geschichte einmalige Aktion zur Rettung von Flüchtlingen, Verwundeten und Soldaten über See, ihren Höhepunkt erreicht. Für viele erkennbar, näherte sich der Krieg in Deutschland, im Westen wie im Osten, im Süden wie im Norden, seinem Ende. Und einige hunderttausend Menschen in den Ostseehäfen und vor allem auf der Halbinsel Hela warteten noch auf ihre Rettung, keiner von ihnen wollte in die Hände der roten Armee und damit in möglicherweise jahrelange sowjetische Gefangenschaft geraten. Schiffe blieben die letzte Hoffnung der auf Rettung Wartenden.

Das größte in der Ostsee eingesetzte ›Flüchtlingsschiff‹ war die *Cap Arcona.* Drei ›Flüchtlingsfahrten‹ hatte dieser ehemalige Luxus-Liner der Hamburg-Südamerikanischen Dampfschiffahrts-Gesellschaft, 27.560 BRT groß, 1927 vom Stapel gelaufen, für 1315 Passagiere und 630 Besatzungsmitglieder gebaut, bereits glücklich hinter sich gebracht und dabei 26.000 Menschen aus der Danziger Bucht gerettet. Die erste Reise machte die *Cap Arcona* einen Tag nach dem Untergang der *Wilhelm Gustloff* von Gotenhafen aus und entging mit Glück der Torpedierung. Kaum jemand an Bord der *Cap Arcona,* die mit mehr als 8000 Flüchtlingen aus dem Danziger Raum, aus West- und Ostpreußen beladen war, hatte etwas von der großen Gefahr gespürt. Zweimal versuchte der sowjetische Kommandant des U-Bootes *L-3,* Kapitän 3. Ranges Konovalov, die *Cap Arcona* zu versenken, zweimal scheiterte der Versuch. Die *Cap Arcona* hatte Glück, das dem Schiff auch auf der zweiten und dritten Reise treu blieb.

DER TOTE KAPITÄN

Seit einiger Zeit lag die *Cap Arcona* in Kopenhagen. Hier endete die letzte, die dritte Reise, hier wurden die Flüchtlinge und Verwundeten an Land gegeben.

Doch die dritte sollte nicht die letzte Reise des Schiffes sein.

Der letzte Flüchtling, die letzte Bahre mit Verwundeten, war noch nicht von Bord, als der Kapitän Befehl erhielt, erneut auszulaufen, Hela anzulaufen, dort zehntausend Flüchtlinge, Verwundete und Soldaten an Bord zu nehmen und nach Kopenhagen zu bringen.

Doch die *Cap Arcona* konnte diesem Befehl nicht folgen.

Das Schiff mußte zunächst repariert werden. Vieles war nicht mehr in Ordnung, die Maschine war nicht mehr intakt, und in mehreren Kesseln waren die Überhitzerschlangen undicht geworden. Der Leitende Ingenieur erklärte:

»Das Schiff ist nicht fahrbereit!«

Kapitän Gerdts, der die *Cap Arcona* führte, machte sich große Sorgen und war nicht in bester Verfassung. Das Elend, das er bei den Flüchtlingstransporten der *Cap Arcona* miterleben mußte, die nervliche Belastung der Reise über die Ostsee mit jeweils rund 8000 Menschen, für deren Leben er verantwortlich war, das Flüchtlingselend an Bord und die ungewisse Zukunft belasteten ihn sehr. Und er wußte auch, was ihn auf einer neuerlichen Reise in der Hölle von Hela erwartete; man würde sein Schiff stürmen, und es würde schlimmer werden als je zuvor.

Aber der *Cap Arcona*-Kapitän wußte auch, daß er die auf Hela Wartenden nicht im Stich lassen konnte, und daß man dort auf die *Cap Arcona* wartete, die – wenn dringend erforderlich – zehntausend Menschen an Bord nehmen konnte. Zehntausend – das konnte kein anderes Schiff, das konnte nur die *Cap Arcona*.

Kapitän Gerdts versuchte alles in seinen Kräften stehende, die Reparaturen voranzutreiben, um wieder auslauffähig zu werden, bemühte sich um Öl, ohne das die *Cap Arcona* nicht auslaufen konnte.

Doch alle Mühe war vergeblich.

Die Reparaturarbeiten konnten wegen Personalmangel nur sehr schleppend durchgeführt werden, dann fehlte es an dem nötigen Material, und zu guter Letzt war kein Öl mehr da.

Die *Cap Arcona* konnte nicht mehr auslaufen.

Am Abend des 12. April 1945 wurde dies dem *Cap Arcona*-Kapitän zur Gewißheit.

Einen Tag später.

Das Kalenderblatt zeigt: Freitag, 13. April 1945.

Obersteward Schwarz, seit 18 Jahren, seit der Jungfernreise des Schiffes an Bord der *Cap Arcona*, erinnert sich sehr genau an diesen 13. April des Jahres 1945:

»Als ich an diesem Freitagmorgen, dem 13. April 1945 aufstand und das Kalenderblatt abriß, ahnte ich nicht, was uns dieser Tag an Bord der *Cap Arcona* bringen würde. Ich war nicht abergläubisch und glaubte auch nicht, daß Freitag der 13. unbedingt ein Schwarzer Freitag, ein Unglückstag, sein würde.

Aber er wurde es.

Seit Tagen schwirrten Gerüchte durch das Schiff, daß wir noch einmal nach Hela auslaufen sollten, um Flüchtlinge zu holen. Andererseits wußte aber die Schiffsleitung, daß die *Cap Arcona* nicht auslauffähig war, und daß man das nicht intakte Schiff unmöglich den Gefahren einer vierten Reise aussetzen konnte. Es schien zwar noch genug Öl für die Reise nach Hela an Bord zu sein, aber für die Rückreise reichte es nicht. Was dann, wenn es in Hela kein Öl mehr gab und sich zehntausend Menschen an Bord befanden? Wer sollte und wollte diese Verantwortung übernehmen?

Ich war gespannt, was dieser Tag bringen würde, in jedem Fall eine Entscheidung: Entweder auslaufen oder hier in Kopenhagen bleiben und das Ende des Krieges abwarten, was sicher in einigen Tagen oder Wochen der Fall sein würde.

Doch es kam alles anders an diesem Freitag, dem 13. April 1945.

Den ganzen Tag über herrschte eine ungewöhnliche Unruhe an Bord. Niemand wußte so richtig, was los war.

Ich saß gerade beim Abendbrot in meiner Kabine, als plötzlich die Tür aufgerissen wurde. Mit leichenblassem Gesicht stand der Kapitänsteward vor mir:

»Kommen Sie sofort – der Kapitän hat sich erschossen!«

Mir blieb vor Schreck der Bissen im Halse stecken.

Ich war aufgesprungen aus meinem Sessel und hatte den Steward an der Jacke gefaßt:

»Sagen Sie das noch einmal – – –«

»Der Kapitän ist tot – er hat sich erschossen!«

Jetzt glaubte ich die Nachricht und stand wenige Augenblicke später in der Kapitänskabine.

Kapitän Gerdts lag tot in seiner Kabine. Neben ihm eine Pistole . . .

Der Kapitän der *Cap Arcona* hatte den Freitod gewählt.

»Warum?«

Diese Frage beschäftigte an diesem Abend des 13. April nicht nur mich, sondern auch die Decksoffiziere, die ganze Mannschaft, die Kapitän Gerdts sehr schätzte.

Und das »Warum?« beschäftigte auch die Polizei. Sie war wenige Stunden später an Bord und verhörte einen nach dem anderen. Nutzlos. Niemand konnte Gründe nennen, die den Kapitän veranlaßt haben könnten, den Freitod zu wählen.

»Seelische Depressionen«, vermuteten die einen, »eine unheilbare Krankheit«, die anderen. Doch Genaues wußte niemand. Und auch die Polizei konnte nichts feststellen.

Tage später wurde Kapitän Gerdts in Neustadt an Land gegeben und beigesetzt.

Doch von der Verlegung der *Cap Arcona* von Kopenhagen nach Neustadt wußten wir an diesem Abend des 13. April noch nichts, und wir wußten auch noch nichts von der neuen Aufgabe, dem neuen Auftrag, den die *Cap Arcona* dort erhalten sollte.

Später fragten sie viele von uns: Hat Kapitän Gerdts vielleicht davon schon gewußt? Ist er vielleicht deshalb freiwillig in den Tod gegangen?

Diese Fragen werden aber für immer unbeantwortet bleiben. Der Freitag, der 13. April 1945 aber wurde für die *Cap Arcona* tatsächlich ein rabenschwarzer Tag, ein Unglückstag.

Das Schiff hatte seinen Kapitän verloren.«

Schon am nächsten Morgen, dem 14. April, kommt ein neuer Kapitän an Bord der *Cap Arcona*: Heinrich Bertram, einen Tag zuvor noch Kapitän auf »*Monte Rosa*«, die stark beschädigt im Kopenhagener Hafen liegt.

Kapitän Bertram kennt die *Cap Arcona* aus der Vorkriegszeit, als er als 1. Offizier unter Kommodore Niejahr auf dem Schiff fuhr; er ist also auf der *Cap Arcona* zu Hause.

Und mit Kapitän Bertram erhält die *Cap Arcona* auch einen neuen Befehl, der die gesamte Besatzung überrascht.

»Die *Cap Arcona* wird in die Neustädter Bucht verlegt!«

Und das geschieht sofort.

Noch am gleichen Tag verläßt das Schiff Kopenhagen und ankert am Abend bereits in der Neustädter Bucht.

DAS ›ENTLASSENE‹ FLÜCHTLINGSSCHIFF

Nicht nur Kapitän Bertram und die Decksoffiziere, die ganze Mannschaft der *Cap Arcona* wissen nicht, warum das Schiff von Kopenhagen in die Neustädter Bucht verlegt wurde.

Doch nicht nur deshalb, um in Neustadt den toten Kapitän an Land zu geben?

Doch nicht im Zuge von ›Brennstoffeinsparungen‹, wie man gerüchteweise hört?

Die Ursache muß woanders liegen.

Doch niemand ahnt, daß anderenorts bereits die Würfel über das weitere Schicksal der *Cap Arcona* gefallen sind: In der Dienststelle des ›Reichskommissars für Seeschiffahrt‹ in Hamburg. Reichskommissar für Seeschiffahrt ist der Hamburger Gauleiter Kaufmann.

Der ›Reichskommissar‹ hat für die *Cap Arcona* und einige andere Schiffe eine ›besondere‹ Aufgabe. Hierüber informiert er am 15. April 1945 Seetransportchef Konteradmiral Konrad Engelhardt in Flensburg.

Engelhardt glaubt nicht richtig zu hören, als Gauleiter Kaufmann ihm telefonisch erklärt:

»Die *Cap Arcona* wird in den nächsten Tagen 8000 Häftlinge aus dem Konzentrationslager Neuengamme bei Hamburg an Bord nehmen. Informieren Sie die Schiffsleitung!«

»Das kommt überhaupt nicht in Frage«, antwortet Engelhardt und macht dem Reichskommissar deutlich, daß er als Seetransportchef der Wehrmacht wie auch die Kriegsmarine nicht für den Transport von KZ-Häftlingen zuständig seien. Im übrigen sei die *Cap Arcona* nicht mehr seetüchtig, habe keinen Brennstoff mehr und keinen elektrischen Strom, die Feuerlöschanlagen könnten ebensowenig angestellt werden, und es mangele auf dem Schiff an Frischwasser und Trinkwasser.

Doch das alles störte und interessierte den Reichskommissar wenig.

»Die *Cap Arcona* nimmt 8000 KZ-Häftlinge an Bord. Das ist ein Befehl!«

Doch der Konteradmiral bleibt hart und nimmt diesen Befehl nicht entgegen. Er ist der Kriegsmarine, Großadmiral Dönitz, direkt unterstellt und nicht dem ›Reichskommissar für die Seeschiffahrt‹.

Daraufhin erklärt Gauleiter Kaufmann kurzerhand: »Die *Cap Arcona* untersteht ab sofort nicht mehr der Marine, sondern mir, dem Reichskommissar für die Seeschiffahrt.«

Mit dieser Entscheidung ist die *Cap Arcona* als ›Flüchtlingsschiff‹ zwangsweise ›entlassen‹.

Über diese, für die *Cap Arcona* wichtigen Entscheidungen wußte Kapitän Bertram nichts. Er wartet noch einige Tage, doch nichts geschieht. Was aus und mit der *Cap Arcona* werden soll, weiß anscheinend niemand. Doch Kapitän Bertram will Klarheit. Er läßt sich an Land übersetzen und fährt mit der Bahn nach Hamburg. Vorher hat er das Kommando auf dem Schiff seinem 1. Offizier übergeben.

Sein erster Weg in Hamburg führt zur Reederei, zur Hamburg-Südamerikanischen Dampfschiffahrts-Gesellschaft, die ihr Büro an der Holzbrücke hat; sie ist schließlich Eigentümerin des Schiffes und müßte wissen, wie es weiter geht.

Doch bei der Hamburg-Süd weiß man genauso wenig.

»Wir sind zwar Eigentümer des Schiffes, aber die *Cap Arcona* ist nach unserem Wissen nach wie vor ein Hilfsbeischiff der Kriegsmarine. Die Reederei hat nur für die Betriebsbereitschaft und die Instandhaltung zu sorgen. Über den Einsatz entscheidet allein die Kriegsmarine-Dienststelle!«

Das bringt Kapitän Bertram keinen Schritt weiter.

Bei der Kriegsmarine-Dienststelle in Hamburg sieht man den *Cap Arcona*-Kapitän etwas erstaunt an:

»Was – die *Cap Arcona* existiert noch – wir haben lange nichts mehr davon gehört. Wir haben keinen Einsatzbefehl mehr für das Schiff und sind dafür auch nicht zuständig.

Kapitän Heinrich Bertram war fast verzweifelt. Irgend jemand mußte ihm doch sagen können, was mit der *Cap Arcona* geschehen sollte. Er hatte keine Ahnung davon, daß der ›Reichskommissar für die Seeschiffahrt‹, kurz Reikosee genannt, Gauleiter Kaufmann, längst über das weitere Schicksal der *Cap Arcona* entschieden hatte.

KZ-HÄFTLINGE AUF DIE *CAP ARCONA*

Die Entscheidung ist am 20. April, am Geburtstag des Führers gefallen. Ihr Inhalt:

»Das Konzentrationslager Neuengamme bei Hamburg wird wegen der heranrückenden anglo-amerikanischen Truppen sofort geräumt. Die 10.000 KZ-Insassen werden mit der Bahn nach Lübeck und von da in die Neustädter Bucht gebracht.

Die in der Neustädter Bucht liegenden Schiffe *Cap Arcona, Deutschland, Thielbek* und *Athen*, die sämtlich dem ›Reichskommissar für die Seeschifffahrt‹ unterstehen, nehmen die KZ-Häftlinge an Bord und warten weitere Befehle ab.

Die *Athen* dient als Zubringerschiff für *Cap Arcona* und die *Deutschland*, ebenso die *Thielbek*.

Mit der Anbordnahme ist unverzüglich zu beginnen!«

Das also ist der neue Auftrag für die *Cap Arcona*. Doch der Kapitän weiß noch nichts davon. Er ist immer noch in Hamburg.

Währenddessen trifft die Nachricht von dem neuen Auftrag für die *Cap Arcona* auf dem Schiff ein und schlägt auf der Kommandobrücke fast wie eine Bombe ein. So gewaltig ist das Entsetzen.

Ein Funkspruch des ›Reichskommissars für die Seeschiffahrt‹ ist auf der Brücke der *Cap Arcona* eingetroffen. Der 1. Offizier liest ihn mehrmals laut den Brückenoffizieren vor:

»*Cap Arcona* sofort bereithalten zur Aufnahme einiger tausend Häftlinge aus Konzentrationslagern.«

Elf Worte nur, aber sie verbreiten auf dem ganzen Schiff eine nie gekannte Unruhe, ja Entsetzen. Wie ein Lauffeuer verbreitet sich die Mitteilung über den neuen Auftrag unter der Besatzung.

Die *Cap Arcona* soll ein ›schwimmendes Konzentrationslager‹ werden?

Das kann doch nicht wahr sein!

Der 1. Offizier läßt sich sofort an Land bringen und versucht, Kapitän Heinrich Bertram in Hamburg telefonisch zu erreichen. Nach einiger Mühe gelingt ihm dies auch.

Kapitän Bertram glaubt nicht richtig zu hören, was ihm sein 1. Offizier berichtet:

»Was – die *Cap Arcona* soll KZ-Häftlinge an Bord nehmen? Das kommt überhaupt nicht in Frage! Weder die Schiffsoffiziere, noch die Besatzung, noch das Schiff sind dem Reichskommissar unterstellt.

Warten Sie weitere Weisungen von mir ab. Bis dahin wird niemand an Bord genommen!«

Die Anweisungen von Kapitän Bertram für seinen 1. Offizier und sein Schiff sind klar. Die anschließenden Bemühungen des Kapitäns, bei der Dienststelle des Reichskommissars Näheres über den neuen Auftrag für die *Cap Arcona* zu erfahren und gegen die Anbordnahme von KZ-Häftlingen Protest zu erheben, sind erfolglos.

»Die Anbordnahme der KZ-Häftlinge ist bereits eingeleitet«, erhält er zur Antwort.

Bedeutet dies, daß sich die ersten KZ-Häftlinge bereits auf seinem Schiff befinden? Bertram hat es sehr eilig, wieder auf sein Schiff zu gelangen.

Dort überstürzen sich bereits die Ereignisse.

Am frühen Morgen des 24. April meldet der Wachhabende dem 1. Offizier des in der Neustädter Bucht liegenden Dampfers *Cap Arcona*:

»Dampfer *Athen* nähert sich dem Schiff und will längsseits gehen!«

Sofort sind alle Offiziere auf der Brücke der *Cap Arcona*.Der Dampfer *Athen* ist inzwischen bis auf Rufweite an das Schiff herangekommen. Durch Megaphon teilt der Kapitän der *Athen* mit:

»Habe Befehl, längsseits zu gehen und zweieinhalbtausend KZ-Häftlinge an *Cap Arcona* abzugeben!«

Der 1. Offizier der *Cap Arcona* überlegt keinen einzigen Augenblick:

»Übernahme von KZ-Häftlingen abgelehnt!«

Was wird nun geschehen? Der Dampfer *Athen* stoppt, wartet einige Minuten und läuft nach Lübeck zurück.

Auf der Brücke der *Cap Arcona* herrscht knisternde Spannung. Was wird nun weiter? Wird die *Athen* wiederkommen? Noch heute – oder erst morgen? Vielleicht mit einer SS-Einheit, die das Schiff, die *Cap Arcona*, besetzt und die Schiffsleitung zwingt, die KZ-Insassen aufzunehmen?

24 Stunden geschieht überhaupt nichts.

Auf der *Cap Arcona* atmet man auf. Vielleicht hat Kapitän Bertram in Hamburg eine Rücknahme des Befehls des ›Reichskommissars für Seeschiffahrt‹ erreicht.

Doch das ist nicht so. Die Zeit eilt weiter, und das Schicksal der *Cap Arcona* nimmt seinen Lauf.

Am 26. April 1945 trifft Kapitän Heinrich Bertram, von Hamburg kommend, wieder in Neustadt ein. Er steht im Hafen und wartet auf eine Motorbarkasse, die ihn zu seinem Schiff bringen soll. Was inzwischen auf der *Cap Arcona* geschehen ist, weiß er nicht.

Neben ihm ist plötzlich eine Gruppe von SS-Offizieren aufgetaucht. Ein Hauptsturmführer spricht ihn an:

»Sind Sie Kapitän Bertram von der *Cap Arcona*?«

»Ja – der bin ich«, sagt Bertram.

»Ich habe Befehl, Sie aufzufordern, sofort KZ-Häftlinge an Bord der *Cap Arcona* zu nehmen und jede weitere Weigerung zu unterlassen – – – andernfalls habe ich Befehl, Sie zu erschießen!«

Kapitän Heinrich Bertram weiß jetzt, woran er ist. Er ist jetzt nicht mehr der Kapitän eines Handelsschiffes, sondern Befehlsempfänger der SS. Befehlsverweigerung bedeutet Tod. Und was würde sein Tod den KZ-Insassen nutzen, die er an Bord nehmen soll?

Es dauert einige Augenblicke, bis er dem drängenden SS-Offizier eine Antwort gibt:

»Ich werde mich dem Befehl nicht widersetzen, lehne aber ab sofort jede Verantwortung für das Schiff und die Menschen, die ich befehlsgemäß an Bord nehmen muß, ab!«

Mit dieser Antwort gibt sich der SS-Hauptsturmführer zufrieden. Wenige Augenblicke später besteigt Bertram allein die Motorbarkasse, die ihn zur *Cap Arcona* bringt.

Mit ernstem Gesicht und großen Sorgen betritt er sein Schiff, holt sofort seine Offiziere zusammen und informiert sie umfassend über die unausweichliche Situation.

»Was noch heute oder in den nächsten Tagen auf uns zukommt, wird sicher alles Dagewesene der bisherigen Kriegszeit in den Schatten stellen. Doch wir müssen auch mit diesem Problem fertig werden. Wichtig ist, den KZ-Häftlingen an Bord das Menschenmöglichste zu gewähren und nicht den Eindruck zu vermitteln, sie wären Gefangene an Bord. Wir müssen alles in unseren Kräften stehende tun, diesen Menschen das Leben an Bord zu erleichtern!«

Keiner der Offiziere widerspricht. Man ist sich einig darüber, daß man keine Chance hat, das Schicksal der Anbordnahme von KZ-Häftlingen abzuwenden.

Gespannt harren Offiziere und Besatzung auf die weiteren Ereignisse.

Am nächsten Tag, Kapitän Bertram ist gerade 24 Stunden wieder an Bord, kommt die *Athen* erneut in Sicht und legt an der *Cap Arcona* an. Das Schiff hat etwa 2200 KZ-Häftlinge an Bord und 300 Mann Bewachungsmannschaften.

Die Zweitausendfünfhundert werden an Bord des ehemaligen Luxus-Liners der Hamburg-Süd genommen.

Die Besatzungsmitglieder der *Cap Arcona* haben in den letzten Kriegsmonaten bei den Flüchtlingsfahrten des Schiffes bereits einiges erlebt. Doch was sie jetzt sehen und erleben, übertrifft alle bösen Ahnungen, die sie hatten, als sie erfuhren, daß die *Cap Arcona* KZ-Häftlinge an Bord nehmen müßte.

Obersteward Schwarz sind die Ereignisse dieses Tages und der folgenden unvergeßlich geblieben. Er erinnert sich:

»Achtzehn Jahre war ich bereits an Bord der *Cap Arcona* und hatte viele schöne Jahre vor dem Krieg, viele herrliche Reisen miterlebt. Und ich hatte auch alle Kriegsjahre auf dem Schiff verbracht und in den letzten Monaten auf den drei Flüchtlingstransporten manches Elend gesehen. Was ich aber sehen, hören und erleben mußte, als die KZ-Häftlinge an Bord kamen, überstieg alles Erlebte und Gesehene.

Es waren lebende Tote, die in Lumpen oder Sträflingskleidung gehüllt an Bord der *Cap Arcona* wankten und unsicher über den Laufsteg kamen. Mancher stützte den anderen, weil oft die Kraft fehlte, zu gehen. Nur wenige Häftlinge schienen Deutsche zu sein. Man hörte russisch und polnisch, tschechisch und französisch – und viele andere Sprachen. Es waren jüngere und ältere Menschen und Greise. Oder sahen sie nur so alt aus?

Niemand von uns wußte, wer politischer und wer krimineller KZ-Häftling war und woher die Menschen kamen.

Zu Hunderten strömten sie an Bord.

Und man sah ihnen die Überraschung deutlich an, als sie im Schiffsinneren waren, noch unsicher, ungläubig um sich blickend, kaum die neue veränderte Situation erfassend. Die meisten von ihnen schienen noch nie ein Schiff von innen gesehen zu haben.

Zum ersten Male seit vielen Jahren betraten diese armen Menschen einen Teppich und standen vor lebensgroßen Spiegeln. Mancher blieb einige Augenblicke unbewegt vor den Spiegeln stehen, die unmißverständlich zeigten, was die KZ-Haft aus manchem gemacht hatte.

Was für ein groteskes Bild zeigte sich so manchem, der zerlumpt, abgehärmt, mit bleichem, bärtigem Gesicht, einem Blick, der jeden Glanz verloren hatte, und mit unförmigen Holzschuhen an den Füßen vor dem Spiegel stand. So mancher erkannte sich selbst nicht wieder und murmelte: ›Das bin ich?!‹

Die KZ-Häftlinge kamen aus dem Staunen nicht mehr heraus, als sie zu den Kabinen gebracht wurden, die auf dem Schiff ihre Bleibe werden sollten.

Sie rissen Augen und Mund auf, blieben sprachlos, fassungslos stehen.

Die im C-Deck gelegenen Luxuskabinen der Ersten Klasse bestanden aus jeweils einem Wohnzimmer, einem Schlafzimmer und einem Bad mit WC. Jede dieser Kabinen wurde mit 12 Insassen belegt, zumeist Deutschen.

Die KZ-Häftlinge glaubten ihren Augen nicht zu trauen, als sie die Kabinen betraten. Mit ihren knochigen Fingern strichen sie über die Sessel, die Sofas und die weichen Betten. Sie stürzten sich zu den Waschbecken. Tatsächlich, das Wasser floß, kalt und warm.

Für diese Menschen war das unglaublich.

Am Abend des Tages, als die ersten KZ-Häftlinge an Bord gekommen waren und ich etwas Ruhe gefunden hatte, ging ich in eine dieser Luxus-Kabinen im C-Deck. Ich wollte die Leute ermahnen, die Möbel zu schonen. Man starrte mich an, als ich die Kabine betrat. Das Verbot, mit den Häftlingen zu sprechen, ließ ich ungeachtet. Meine Bitte hielt man für selbstverständlich, und als man erkannte, daß ich zur Zivilbesatzung gehörte, lösten sich die Zungen. Es waren deutsche KZ-Häftlinge, die in dieser Kabine wohnten und mit mir sprachen. Ich sah ihre Augen glänzen, als ich mit ihnen sprach, von Mensch zu Mensch, für mich selbstverständlich, für sie offensichtlich ungewöhnlich. Ich war beeindruckt, als ich die Kabine wieder verließ und fragte mich, warum diese Menschen wohl in KZ-Haft waren.«

Einer der KZ-Häftlinge, der die *Cap Arcona*-Katastrophe überlebte, schrieb später in seinen Lebenserinnerungen über diese Begegnung mit dem Obersteward:

»Als wir uns in unserer Luxuskabine auf der *Cap Arcona* gerade hinlegen wollten, betrat ganz überraschend der Obersteward unsere Kabine und bat uns, die Möbel zu schonen und nicht zu beschädigen. Es berührte uns alle angenehm, endlich, nach langer Zeit, wieder einmal mit einem Menschen sprechen zu können. Er verlieh uns das Gefühl der Sicherheit auf diesem Schiff, denn wir alle waren ungewiß über unser weiteres Schicksal und das Schicksal des Schiffes.«

Am nächsten Tage legt der Dampfer *Athen* noch einmal an der *Cap Arcona* an. Er hat weitere 2500 KZ-Häftlinge aus Lübeck geholt und gibt sie an Bord der *Cap Arcona* ab.

Danach kommen noch weitere SS-Wachmannschaften an Bord und etwa 500 Mann einer Einheit der Marine-Küstenartillerie, die als ›Bewachungsmannschaften‹ auf die *Cap Arcona* abkommandiert wurden und erst an Bord des Schiffes von ihrer Aufgabe erfahren.

Während die KZ-Insassen zumeist in den Kabinen untergebracht werden – mit Ausnahme der Russen – hat die SS-Wachmannschaft ihr Quartier im Restaurant im oberen Schiffsdeck bezogen, und die Männer von der Marine-Küstenartillerie haben einen der großen Speisesäle belegt.

Am Abend des 28. April 1945 ist die Anbordnahme abgeschlossen. Auf der *Cap Arcona* befinden sich exakt 5000 KZ-Häftlinge, 500 Männer von der Küstenartillerie, die SS-Bewachungsmannschaft und 76 Mann der Zivilbesatzung, insgesamt knapp 6000 Personen.

Die Unterbringung der KZ-Häftlinge ist dank des Einsatzes von Kapitän Bertram, seiner Offiziere und Mannschaft menschenwürdig.

Von der SS war befohlen worden, daß die russischen KZ-Häftlinge, die man herausgesucht hatte, im Kartoffelkeller, einem dunklen Raum, in welchem man nicht einmal stehen konnte, untergebracht würden. Das hatte Kapitän Bertram abgelehnt. Die Russen wurden geschlossen im Vorschiff untergebracht.

SECHSTAUSEND MENSCHEN HABEN HUNGER

Tags darauf will die *Athen* noch einmal zweieinhalbtausend Häftlinge an die *Cap Arcona* abgeben. Doch Kapitän Bertram lehnt ab, sein Schiff ist mit fast 6000 Menschen besetzt, mehr kann er nicht aufnehmen, mehr nicht verantworten.

Dem Kapitän des Dampfers *Athen* bleibt nichts anderes übrig, als wieder abzulegen. Aber er weiß, daß er die zweieinhalbtausend Menschen auch nicht an Bord behalten kann. die Bordküche der *Athen* ist nur für zwanzig Menschen eingerichtet. Und die Lebensmittelvorräte an Bord gehen zu Ende. Wie soll er 2500 Menschen verpflegen? Die *Athen* legt sich in der Neustädter Bucht vor Anker und erbittet durch Funkspruch weitere Weisungen.

Auch auf der *Cap Arcona* ergeben sich Versorgungsprobleme. Sechstausend Menschen haben Hunger.

Und die Verpflegungsvorräte nähern sich dem Ende. Es sind meist Suppen, die noch in den Proviantträumen lagern und die erst zubereitet werden müssen, bevor sie ausgegeben werden können. Die Küche der *Cap Arcona* ist nur für 1500 Menschen eingerichtet, und es fehlt auch an Geschirr, um 6000 Menschen auf einmal verpflegen zu können. Vieles ist auf den letzten Reisen kaputtgegangen, und Ersatz gab es nirgendwo. Zudem ist auch das Küchenpersonal auf ein Drittel reduziert worden, denn niemand hatte in Kopenhagen damit gerechnet, daß die *Cap Arcona* noch einmal sechstausend Menschen an Bord nehmen müßte. Brot, Fett, Wurstwaren und Fleisch waren schon vor Tagen ausgegangen. Und wenn die Suppenvorräte aufgebraucht waren, gab es an Bord der *Cap Arcona* für alle, auch für die Wachmannschaften und die Besatzung, nur eines:

Hungern!

Auch das Frischwasser wurde immer knapper. Es mußte mit einem Wasserboot aus Neustadt herübergeholt werden.

Das Versorgungsproblem für 6000 Menschen wird auf der *Cap Arcona* immer ernster. Am 30. April 1945 gibt es auch für die Wachmannschaften und die Besatzung nur noch Hungerrationen. Unter den KZ-Häftlingen hat vor Tagen das große Sterben begonnen. Immer mehr der völlig Entkräfteten sterben.

Und was mit der *Cap Arcona* geschehen soll, weiß niemand.

Im Hafen von Neustadt liegt der 3000-Tonnen-Dampfer *Thielbek*. Kapitän Jacobsen hat die gleichen Probleme wie Kapitän Bertram auf der *Cap Arcona*. An Bord der *Thielbek* befinden sich 2800 KZ-Häftlinge, eine 100 Mann starke Wachmannschaft und 18 Mann Besatzung. Die *Thielbek* ist kein Passagierdampfer, sondern ein Frachter von 2815 BRT, 105 Meter Länge und 14,65 Meter Breite. Die KZ-Häftlinge sind in den vorderen und achteren Laderäumen untergebracht. Die Küche an Bord ist nur für maximal 20 Personen eingerichtet. Verpflegung und Trinkwasser gibt es nicht mehr.

Nur noch der Dampfer *Deutschland*, der wie die *Cap Arcona* in der Neustädter Bucht ankert, ist leer. Er wartet immer noch auf KZ-Häftlinge aus Sachsenhausen und Ravensbrück.

Der 01. Mai 1945 bringt der *Cap Arcona* einige Überraschungen und neuerliche Sorgen und Probleme.

Am frühen Morgen erscheinen an der Steuerbordseite des Schiffes drei tief im Wasser liegende Kähne. Kapitän Bertram und der wachhabende Decksoffizier starren nach unten in das graugrüne Ostseewasser. Die drei Kähne sind vollgepfropft mit Menschen.

Es sind etwa 1000 KZ-Häftlinge aus dem Konzentrationslager Danzig-Stutthof. Der größte Teil sind Frauen. Auch Kinder sind dabei. Alle tragen Häftlingskleider, ob jung oder alt.

Die tausend Menschen sollen von der *Cap Arcona* übernommen werden. In tagelanger Fahrt sind sie in den offenen Kähnen von der Danziger Bucht aus bis hierher gefahren, den Unbilden der Witterung ausgesetzt, ohne Verpflegung, ohne Wasser.

Trotzdem.

Kapitän Bertram muß die Anbordnahme ablehnen.

»Ich kann es nicht verantworten, auch nur noch einen Menschen an Bord zu nehmen«, erklärt er und bleibt auch trotz Drängen bei dieser Entscheidung.

Der Schlepper mit den drei Kähnen dampft ab, nachdem der Schlepperkapitän die Nutzlosigkeit längeren Wartens erkannt hat. Alle drei Kähne sind total überfüll, sind leck und nehmen Wasser. Jeden Augenblick besteht die Gefahr des Sinkens. Deshalb setzt der Schlepper sie unweit der Küste im flachen Wasser auf Grund. Die Wachmannschaften verlassen die Kähne, und der Schlepper läuft nach Neustadt zurück.

Die Häftlinge in den Kähnen bleiben allein zurück, ihrem Schicksal überlassen.

Inzwischen hat der Kapitän der *Cap Arcona* seinen Zweiten Offizier an Land geschickt und ihm den Auftrag erteilt, den in Neustadt weilenden stellvertretenden Lagerkommandanten des KZ's Neuengamme an Bord zu holen. Der Kapitän hofft, diesem höheren SS-Offizier durch eine persönliche Augenscheinnahme der Zustände an Bord davon zu überzeugen, daß es besser sei, mit dem Schiff nach Lübeck einzulaufen und dort das Ende des Krieges, das tagtäglich zu erwarten sei, abzuwarten.

Auch Obersteward Schwarz an Bord der *Cap Arcona* glaubt an diesem Morgen des 01. Mai 1945, daß der Krieg nur noch Stunden dauern kann. Er sitzt in seiner Kabine und hat gerade die Nachrichten gehört.

Die Meldung des Tages lautete:

»Aus dem Führerhauptquartier wird gemeldet: Unser Führer Adolf Hitler ist in seinem Befehlsstand in der Reichskanzlei, bis zum letzten Augenblick gegen den Bolschewismus kämpfend, für Deutschland gefallen.

Der Führer hat Großadmiral Dönitz zu seinem Nachfolger bestimmt!«

Jetzt kann es wirklich nicht mehr lange dauern, denkt nach dieser Nachricht der Obersteward der *Cap Arcona*.

LETZTER AUFTRAG: SELBSTVERSENKUNG?

Aus Gesprächsfetzen der Wachmannschaften und der Mitglieder der Zivilbesatzung erfahren auch die KZ-Häftlinge vom Tod Hitlers.

Für alle ist dies eine Freudenbotschaft. Doch noch immer sind die KZ-Häftlinge von der Sorge befallen, daß mit der *Cap Arcona* noch irgend etwas Entsetzliches geschieht, bevor der Krieg zu Ende ist.

In den Kabinen sitzen sie und diskutieren die Gerüchte, die seit Tagen durch die Decks und Kabinen schwirren und eine immer stärker werdende Unruhe verbreiten.

Die *Cap Arcona* soll in den nächsten Stunden, wahrscheinlich in einer der nächsten Nächte, durch deutsche Unterseeboote, die haufenweise in der Neustädter Bucht liegen, torpediert und versenkt werden.

Das ist eines der Gerüchte. Ein anderes:

Im Schiffsrumpf der *Cap Arcona*, dort wo die Russen untergebracht sind, sind vorher gewaltige Sprengladungen angebracht. Sie werden das Schiff in die Luft fliegen lassen.

Und ein drittes Gerücht:

Nachts sollen an beiden Seiten der *Cap Arcona* Boote mit Sprengladungen festgemacht werden und – nachdem die Besatzung und die Wachmannschaft von Bord sind – soll die *Cap Arcona* versenkt werden.

Das alles sind Gerüchte, die am 01. Mai 1945 unter den KZ-Häftlingen auf der *Cap Arcona* kursieren.

Und was weiß die Schiffsleitung?

Sie weiß überhaupt nichts.

Kapitän Bertram hofft, von dem stellvertretenden Kommandanten des KZ's Neugamme, der am 02. Mai auf die *Cap Arcona* kommen will, Näheres zu erfahren.

Auch auf der Brücke der *Cap Arcona* diskutiert man seit Tagen, was aus dem Schiff und den Menschen, die darauf sind, werden soll, worauf man wartet. Auf das Ende des Krieges? Dann brauchte das Schiff nicht in der Neustädter Bucht zu liegen, es könnte auch im Lübecker Hafen festmachen und dort warten. Warum hier?

Am Mittwoch, dem 02. Mai, am gleichen Tag, an welchem die »Kieler Zeitung« mit der fetten Titelschlagzeile aufmacht: »Der Führer im Kampf gegen den Bolschewismus gefallen – Großadmiral Dönitz als Nachfolger bestimmt!« erhält die *Cap Arcona* den erbetenen Besuch eines höheren SS-Offiziers, der sich über die Zustände an Bord informieren läßt.

Doch was er sieht, beeindruckt ihn nicht. Vielleicht ist er auch ohnmächtig, selbst eine Entscheidung zu treffen. Er trifft nur eine Entscheidung: Die an Bord der *Cap Arcona* inzwischen verstorbenen 126 Häftlinge sollen in der folgenden Nacht einfach über Bord geworfen werden.

Doch Kapitän Bertram entscheidet anders. Er beauftragt am nächsten Morgen den Zweiten Offizier, die Leichen mit einer Motorbarkasse nach Neustadt zu bringen und zu veranlassen, daß sie in der darauffolgenden Nacht in aller Stille auf dem Friedhof in Neustadt beigesetzt werden.

In den frühen Morgenstunden des 03. Mai wird der letzte der Leiber mit einer Schaufel Erde zugedeckt.

Es ist der gleiche Tag, an welchem ein grauenhaftes Schicksal über die *Cap Arcona* und die ›Flotte des Grauens‹ in der Neustädter Bucht hereinbricht.

Deutschland erwartet am 03. Mai das Ende des Krieges. Nachdem Lübeck gefallen ist und die Engländer vor Hamburg stehen, scheint für viele das Ende des Krieges nur noch eine Frage von Stunden zu sein. Wer jetzt noch lebt, kann sich sicher fühlen, den Zweiten Weltkrieg mit all seinen Schrecken überlebt zu haben.

Gilt diese Sicherheit auch für die 6000 auf der *Cap Arcona*, die 2900 auf der *Thielbek* und die 2100 Menschen, die sich noch auf dem Dampfer *Athen* befinden, alles in allem 10.000 Menschen?

»So kann es doch nicht weitergehen«, murmelt Obersteward Schwarz vor sich hin, als er am Morgen des 03. Mai einen Rundgang durch das Schiff macht.

Er kommt am Krankenrevier vorbei, das bereits mit mehr als 600 Häftlingen überfüllt ist und niemanden mehr aufnehmen kann. Und er sieht auf den Gängen einige KZ-Häftlinge, bleich, total abgemagert . . . Er muß wegsehen, weggehen, an Oberdeck, an die frische Luft.

An der Reling stehend, blickt der Obersteward hinüber nach Neustadt. Er hat keine Ahnung, was dort drüben in diesen Morgenstunden des 03. Mai vor sich geht.

In Neustadt herrscht Alarmzustand, kein Bombenalarm – und es brennt auch nicht. Was aber ist geschehen?

In der Nacht vom 02. zum 03. Mai haben die tausend KZ-Häftlinge, Frauen und Kinder, die auf den Strand aufgesetzten halb abgesoffenen Kähne verlassen und sind an Land gewatet. Bettelnd zogen sie in Gruppen und Grüppchen in den frühen Morgenstunden durch die Straßen von Neustadt, rissen die Bewohner aus dem Schlaf, standen plötzlich vor den Haustüren und bettelten:

»Haben Sie ein Stück Brot für mich . . .!«

Von Tür zu Tür zogen sie, klingelten hier, schellten da, und immer dann, wenn ein Mensch erschien und die Tür öffnete, wimmerten sie mit gebrochener Stimme:

Haben Sie ein Stück Brot für mich . . .!«

Bei den meisten Frauen, die die Tür öffneten, Entsetzen im Gesicht. Waren das noch Menschen, die da vor ihnen standen, Frauen mit leeren Blikken, Kinder mit gestreiften Lumpen umhüllt?

Der Bürgermeister von Neustadt, der für die öffentliche Sicherheit der Stadt verantwortlich ist, bittet ein Volkssturmbataillon um Unterstützung, die KZ-Häftlinge einzusammeln.

Doch die Männer lehnen das ab. Es sind auch viel zu viel kleine Gruppen und Grüppchen, die von Haus zu Haus unterwegs sind, hungernd, frierend, bettelnd.

Eine ganze Stadt wird plötzlich und unerwartet mit dem Elend des totalen Krieges konfrontiert, für das es keine Worte mehr gibt.

Erst nach einigen Stunden gelingt es einer herbeigerufenen Einheit der SS, die Häftlinge zu sammeln. Im U-Boot-Schulgebäude findet der Elendszug dieser Entrechteten am späten Vormittag des 03. Mai Unterkunft.

In der Nacht vom 02. zum 03. Mai haben die Häftlinge auf der *Cap Arcona* kaum geschlafen. Zu sehr beunruhigt sind sie von den Gerüchten an Bord, die immer wieder neue Nahrung finden.

Längst hat eine Gruppe von Häftlingen Verbindung zum Kapitän gesucht. Ein persönliches Gespräch ist zwar noch nicht zustande gekommen, doch die Häftlinge sind sicher: Dieser Kapitän wird sein Schiff, die *Cap Arcona*, wenige Stunden vor dem Ende des Krieges nicht versenken.

Und ohne ihn und die Mannschaft auf diesem Schiff wird auch die SS dies nicht tun können.

Und daß das Ende des Krieges vor der Tür steht, wird immer deutlicher. Vor einigen Tagen bereits hörte man nachts Detonationen. Mancher schreckte auf, und nur wenige erfuhren den Grund:

Deutsche U-Boote begannen sich in der Lübecker Bucht selbst zu versenken. Das geschah auch am Vormittag des 03. Mai. Das konnte nur bedeuten: Die Engländer sind in Lübeck und rücken auf Neustadt vor.

Das war die Rettung.

ANGRIFF AUS HEITEREM HIMMEL

In der Mittagszeit stehen einige Besatzungsmitglieder der *Cap Arcona* an Oberdeck, schauen auf die *Thielbek* und die noch immer leere *Deutschland* und auf den Dampfer *Athen*.

Dieser hievt plötzlich die Anker, nimmt Fahrt auf, hißt die weiße Flagge und läuft nach Neustadt.

Die Männer an Deck sehen sich an. Der Kapitän der *Athen* zeigt Mut. Dieser Mut rettet über zweitausend Menschen das Leben.

An der *Cap Arcona* macht eine Motorbarkasse fest. Der Zweite Offizier und das Beerdigungskommando kommen an Bord zurück und berichten von den Ereignissen an Land.

Es ist 14.30 Uhr, halb drei.

Obersteward Schwarz ist an Deck geblieben und in Gedanken versunken. Flugzeuglärm reißt ihn plötzlich in die rauhe Wirklichkeit zurück.

Flugzeuge sind erschienen, eins, zwei, drei, ein ganzes Dutzend und noch mehr.

Obersteward Schwarz sieht die erste Luftrakete fallen. Sie fällt genau zwischen die *Thielbek* und die *Cap Arcona*. Dann fällt die zweite Rakete, trifft die *Thielbek*, die sofort in Brand gerät, dann fallen weitere Raketen und Bomben ein, ein Höllenlärm setzt ein.

Die drei in der Neustädter Bucht liegenden Schiffe sind das Angriffsziel der englischen Jagdbomber: Die *Deutschland,* die *Thielbek* und die *Cap Arcona.*

Zuerst brennt die *Thielbek,* dann die *Deutschland*, und danach konzentriert sich der Angriff auf die *Cap Arcona.* Alles wird eingesetzt: Raketen, Bomben, Bordwaffen. Vieles hat man an Bord der *Cap Arcona* erwartet, nur keinen Angriff feindlicher Flieger fünf Minuten vor dem Ende des Krieges.

Und niemand kann sich wehren. Denn die *Cap Arcona* ist, wie die anderen Schiffe, unbewaffnet. Es gibt keine Flakabwehr mehr. Wehrlos ist das Schiff dem Angriff ausgeliefert. Die gleiche Situation auch auf der *Deutschland* und der *Thielbek.*

Obersteward Schwarz, der rechtzeitig vor Beginn des Angriffes unter Deck gelaufen ist, um nicht vor den Splittern des ersten Treffers an Oberdeck zerfetzt zu werden, berichtet über die Erlebnisse während des Angriffs und den Untergang der *Cap Arcona*:

»Eins, zwei, drei vier, fünf, sechs – oder mehr Raketen und Bomben fielen auf die *Cap Arcona* herab, zerschlugen das Schiff an vielen Stellen. Überall Treffer: Im Vorschiff, im Mittelschiff, im Achterschiff. Krachend explodieren die hochempfindlichen Geschosse, rissen große Löcher, töteten Menschen.

Dann folgte die zweite, dritte, vierte und fünfte Welle. In fünf Anflügen schossen die Engländer die *Cap Arcona* in Brand.

Das Schiff verwandelte sich in weniger als zehn Minuten in eine brennende Hölle.

Wer würde dies überleben?

Würde ich zu den Überlebenden dieser Katastrophe zählen?

Ich fragte mich dies mehrmals an diesem Tage.

Die erste Rakete explodierte in dem großen Speisesaal, in dem die Männer von der Marine-Küstenartillerie untergebracht waren. Sie waren die ersten Opfer.

Die nächsten Opfer waren die Russen im unteren Vorschiff, das lichterloh brannte. Hier dürften nur wenige herausgekommen sein.

Das Bemühen von Kapitän Bertram, eine Panik an Bord zu verhindern, war nutzlos. Löschkommandos zusammenzustellen war zwecklos, da es an Bord kein Wasser mehr gab.

Während an Oberdeck die Situation noch überschaubar schien, konnte man nur ahnen, was sich in diesen Augenblicken in den unteren Decks, dem C-Deck, dem D-Deck und dem E-Deck abspielte.

Hier brannten die Treppen und Aufgänge, die Kabineneinrichtungen und die Teppiche. Das viele Holz war für das sich immer stärker ausbreitende Feuer reichliche Nahrung.

Als ich durch das obere Treppenhaus lief, um an Oberdeck zu gelangen, sah ich vor mir einen brennenden KZ-Häftling laufen. Einige seiner Kameraden stürzten sich auf ihn mit einer Decke, löschten ihn und retteten ihn vor dem Verbrennen.

Durch Hitze und Qualm gelangte ich an Oberdeck. Ich klammerte mich an die Reling, sah zur rettenden Küste hinüber nach Neustadt. Dort drüben an Land war das Leben. Und hier auf der *Cap Arcona* wütete der Tod.

Die *Cap Arcona* brauchte keinen SOS-Ruf abzusetzen. Von Land aus konnte man an diesem Mai-Nachmittag die drei brennenden Schiffe, die *Deutschland*, die *Thielbek* und die *Cap Arcona* gut sehen, und man hörte sicher dort drüben an Land auch die Schreie der Sterbenden, der Verbrennenden.

Ich glaubte zu sehen, daß in Neustadt Boote und Schiffe klargemacht wurden, sicher – um die schon im Wasser treibenden Menschen zu retten. Ich täuschte mich nicht. Aber mir wurde auch klar, daß es soviele Boote und Schiffe in Neustadt überhaupt nicht gab, um die sechstausend Menschen von den brennenden Schiffen zu retten.

Ich dachte an Rettung. Eine Schwimmweste hatte ich nicht mehr. Ich hatte sie auf dem Weg zum Oberdeck verloren.

Und die Rettungsboote? Sie brannten lichterloh!

Da der Wind von vorn kam, versuchte ich, auf das Vorschiff zu gelangen, das noch nicht so stark von den Flammen erfaßt war wie das Mittel- und Achterschiff.

Ich blickte, auf dem Vorschiff angelangt, über die Reling und konnte eine große Menschentraube erkennen, die an der Ankerkette hing. Krampfhaft schienen sich die Häftlinge an den kalten Kettengliedern festzuhalten. Offensichtlich hatten sie Angst vor dem kalten Wasser.

Inzwischen hatte sich das Feuer auf dem Schiff weiter ausgebreitet, eine Treppe nach der anderen war in Brand geraten. Immer stärker wüteten die Flammen unter Deck, und immer mehr schrumpfte für alle, die noch in den unteren Decks waren, die Möglichkeit, an Oberdeck zu gelangen, zusammen.

Einige auf dem Oberdeck befindlichen SS-Männer wurden von KZ-Häftlingen kurzerhand über Bord geworfen.

DIE *CAP ARCONA* BRENNT

Die *Cap Arcona* brannte inzwischen wie eine riesige Fackel. Wie lange würde ich das Feuer, den Qualm und den Rauch noch ertragen können?

Wann würden die Schiffsplanken unter mir zu brennen beginnen?

Alles war eine Frage der Zeit.

Ich wollte nicht auf dem Schiff verbrennen, bei lebendigem Leibe und klarem Verstand.

Ich entschloß mich, von Bord zu gehen, blickte hinüber nach Neustadt, dann nach Pelzerhaken. Pelzerhaken war offensichtlich näher. Also werde ich dorthin schwimmen, dachte ich.

Im nächsten Augenblick sprang ich über die Reling, hatte mir aber vorher über die Höhe überhaupt keine Gedanken gemacht und spürte erst im Fall, daß es eine gewaltige Höhe war.

Ich schlug auf dem Wasser auf, ging einige Meter unter Wasser, bedingt durch die Sprunghöhe, kam wieder an die Oberfläche und spürte dann erst die Kälte des Wassers.

Mit kräftigen Stößen entfernte ich mich von den im Wasser treibenden Menschen und von dem brennenden Schiff, Pelzerhaken vor den Augen.

Hundert, vielleicht auch einhundertfünfzig Meter von dem brennenden Schiff entfernt, blickte ich mich noch einmal um, hielt inne.

Das also war meine *Cap Arcona*, die 18 Jahre mein Zuhause war, mein Schiff. Der 28.000-Tonnen-Riese brannte lichterloh vom Heck bis zum Bug, einer Riesenfackel gleich.

Jetzt erkannte ich erst, daß es für mich höchste Zeit gewesen war, über Bord zu springen, denn das Schiff legte sich immer mehr auf die Seite. Die Außenwand des Schiffskörpers wurde sichtbarer, Teile davon waren rotglühend. Menschen, die noch an Oberdeck gestanden hatten, stürzten über den sicher inzwischen an allen Stellen heißen Schiffskörper ins Wasser. An vielen Stellen klebten Menschen an der Außenwand fest oder klammerten sich an die Reling, um nicht abzustürzen.

Deutlich sah ich vor mir den Namen des Schiffes, der in großen, blanken Messingbuchstaben auf dem Schiffsleib haftete:

Cap Arcona.

Und ich sah auf diesen Buchstaben mehrere Menschen in Sträflingskleidern sitzen, ein Bild, das ich nie vergessen werde.

Dann wandte ich mich vom Anblick der *Cap Arcona* ab und schwamm nach Pelzerhaken, der Rettung entgegen.«

Von den insgesamt sechstausend Menschen, die an Bord der *Cap Arcona* waren, gelingt nur einigen hundert der Sprung in die Ostsee. Mehr als viertausend Menschen sind noch auf dem brennenden Schiff, als der Obersteward Schwarz längst das rettende Ufer erreicht hat.

Von denen, die im Wasser schwimmen, sterben viele, vor allem KZ-Häftlinge, die von der Kälte des Wassers in den Tod gerissen werden. Sie haben keine Kraft mehr, den Kampf mit der Ostsee lebend zu überstehen. Das rettende Ufer vor Augen, nahe der Freiheit, dem Ende des Krieges, sterben sie sinnlos.

»ICH WILL RAUS – ICH WILL RAUS!«

Alfred Knegendorf, zu den Zeugen Jehovas gehörend, war einer der deutschen KZ-Häftlinge aus Neuengamme, der das Ende der *Cap Arcona* in der Neustädter Bucht miterlebte und diese unvergeßlichen Tage und Stunden in einem Bericht aufzeichnete:

»Am 20. April 1945, nachts gegen 24.00 Uhr, wurden wir in Neuengamme in Güterwagen verfrachtet. Das geschah plötzlich und unerwartet. Etwa zwei Stunden später setzte sich der Zug in Richtung Lübeck in Bewegung. Mit mehreren Brüdern – Zeugen Jehovas – gehörte ich zu diesem Transport.

Am 21. April morgens kamen wir in Lübeck an und wurden wenig später an Bord des Handelsschiffes *Thielbek* verladen. Wie die Heringe verstaute man uns in den unteren Schiffsräumen und im Zwischendeck. Fast alle Gefangenen befanden sich in einem bedauernswerten Zustand: Sie schrien nach Wasser, saßen voller Läuse, und durch den Mangel an Sauerstoff hatten sie schrecklich unter Beklommenheit zu leiden.

Das Bild auf der *Thielbek* war grauenerregend, so etwas hatte ich noch nicht gesehen: Eine Fläche von 7 m Breite und 10 m Länge war mit Kot bedeckt, und daneben lagen Menschen, die nicht imstande waren, sich weiter zu bewegen. Aus unserem Raum holte man tags darauf mehr als 80 Tote, und der Rest, der unter Deck war, hatte auch nicht mehr viel Leben in sich. Es waren schreckliche, fürchterliche, unvergeßliche Tage.

Am 27. April kurz nach Mittag wurden wir auf das Handelsschiff *Athen* verladen, das am Abend ablegte und uns von Lübeck in die Neustädter Bucht brachte, wo wir am frühen Morgen ankamen. Noch am Vormittag verlud man uns auf das große Passagierschiff *Cap Arcona*. Mit sieben Brüdern kam ich in eine 1. Klasse-Kabine.

Hier war es herrlich. Wir hatten ein Bad, eine Dusche, ein WC, wie im schönsten Hotel. Nur bekamen wir nichts zu essen. Ich sagte zu meinen Brüdern:

»Mit der wenigen Nahrung, die wir hier bekommen, können wir noch drei bis vier Wochen aushalten, und wenn bis dahin keine Änderung eintritt, sind wir gewesen.«

Mit einem Stück Tau, das ich zu fassen bekommen hatte, habe ich in die Tiefe der See gelotet. Sie war 18 Meter tief. Also hatten wir ausgerechnet: Wenn das Schiff sinkt, bleibt das Wasser unter unserem Bullauge, und wenn es kentert, ragt das Schiff etwa 7 Meter aus dem Wasser, denn es war nur 25 Meter breit.

Es kursierte das Gerücht an Bord, daß die SS das Schiff in die Luft fliegen lassen wollte. Der Zustand unter uns Gefangenen war daher sehr verzweifelt.

Das Promenadendeck war auf einer Länge von 10 Metern und einer Breite von vier Metern innerhalb von sechs Tagen eineinhalb Meter hoch mit Leichen bedeckt. Wiederholt hörte ich, daß die illegale politische Leitung der Gefangenen beabsichtigte, die SS zu überwältigen, jedoch geschah dieses nicht.

Die *Cap Arcona* lag schätzungsweise 1 ½ Seemeilen von der Küste entfernt vor Anker. Und wir rechneten auch damit, daß vielleicht deutsche U-Boote das Schiff torpedieren sollten. Doch auch diese Befürchtung traf nicht ein.

Urplötzlich wurde am 03. Mai, am frühen Nachmittag gegen 14.00 Uhr, die *Cap Arcona* von Bombern angegriffen, mit Raketen beschossen, mit Bordwaffen und Maschinengewehren.

Wir warfen uns sofort auf den Boden, um nicht von Kugeln und Splittern getroffen zu werden. Als die Flugzeuge wieder weg waren, schaute ich durch das Bullauge und sah, wie der Dampfer *Athen*, der nicht weit von uns lag, die weiße Flagge hißte. Als ich dies meinen Brüdern sagte, wollten sie dies ebenfalls sehen und stürzten zum Bullauge unserer Kabine.

Wenig später sah ich weitere Flugzeuge in der Luft.

»Paßt auf, die Bomber kommen wieder!« rief ich meinen Kameraden zu. Ich hatte dies kaum ausgesprochen, da knatterten bereits die Bordwaffen der Flieger, und an die Bullaugen prasselten die Geschoßgarben. Wir lagen alle auf dem Boden.

Mit Raketen, Bomben und Bordwaffen schossen die Flieger unser Schiff in Brand.

Wir wußten nicht, ob es deutsche oder anglo-amerikanische Flieger waren, die die *Cap Arcona* angegriffen hatten.

Augenblicke später rannten wir zu der Tür. Als wir in den Gang kamen, war dieser voller Rauch und voller Gefangener. Eine gewaltige Panik war ausgebrochen. Nur langsam und mühsam kamen wir vorwärts. Gerade noch zur rechten Zeit gelang es uns, an Deck zu kommen. Wären wir einige Minuten länger in dem Rauch des Ganges unter Deck verblieben, wären wir erstickt.

An Deck war ich vollkommen gelassen und ruhig, und mir war, als ginge mich das alles, was um mich herum geschah, überhaupt nichts an. Ich sah, wie neben mir ein Russe und ein Deutscher um eine Schwimmweste rangen. Sie kämpften solange miteinander, bis das Feuer da war und ihre Kleider in Brand setzte. Beide sprangen aus einer Höhe von ca. 15 Metern über Bord, der Deutsche ohne Schwimmweste, der Russe mit Schwimmweste. Ich sah ihnen über die Reling nach. Keiner von beiden tauchte wieder auf.

Das ganze Schiff, von vorn bis hinten, war inzwischen ein einziges Meer von Flammen und Rauch, die Hitze wurde immer unerträglicher, und das Schreien der Verdammten auf diesem Schiff war sicher bis an die Küste zu hören. So laut, so furchterregend, so angstvoll war es.

Ein Offizier hastete an mir vorüber, in jeder Hand einen Koffer. Er sprang über Bord und versank mit seiner Last.

In den unteren Räumen und großen Sälen waren Tausende von Gefangenen zusammengepfercht. Sie streckten die Arme hoch und riefen, jeder für sich:

›Ich will raus – ich will raus!‹

Doch von unten kam niemand mehr heraus. Plötzlich stieg das Feuer mitten aus den Gefangenen, das Fleisch der Menschen fachte das Feuer an, sie wurden zu lodernden Fackeln bis zu 3 Meter hoch.

Im Wasser trieb bereits eine Vielzahl von Menschen, die die Hitze nicht mehr ausgehalten hatten und über Bord gesprungen waren.

Unweit von mir hatte man ein Rettungsboot zu Wasser gelassen. Normalerweise hatten 70 Menschen darin Platz, es saßen aber doppelt so viele darin. Als das Boot das Wasser erreicht hatte und sich einige Meter vom Schiffsleib entfernt hatte, kippte es plötzlich um und begrub die Insassen unter sich. Nur wenige kamen noch hoch, schwammen wieder an der Wasseroberfläche.

Ich war mit meinen Brüdern bis zum Steven des Schiffes vorgedrungen, wo die Flammen und der Rauch uns noch nicht erfaßten. Wir berieten, was wir tun sollten. Einer der Brüder konnte nicht schwimmen, hatte Angst unterzugehen, wenn er ins Wasser springen würde. Ich sagte:

»Ich springe über Bord. Ich sehe zwei Schiffe, die Schwimmende retten, vielleicht werde auch ich gerettet – – –!«

Ein Bruder bat mich: »Alfred, bleib bei mir, für mich ist das zu hoch, ich springe nicht nach unten!«

»Gut«, sagte ich – »ich bleibe bei Dir. Wenn wir gerettet werden, ist es gut, wenn nicht, ist es auch gut.«

Wir fanden uns mit unserem Schicksal ab.

Plötzlich hörten wir im Schiffsinneren eine laute Detonation, den Anlaß wußten wir nicht, spürten nur, daß sich das Schiff immer mehr nach Backbord neigte. Ich schrie:

»Es kippt!«

Mit aller Kraft hielt ich mich an der Reling fest. So wartete ich, bis das Schiff noch weiter kenterte. Danach bin ich nach unten geglitten und habe mich auf den Kiel der *Cap Arcona* gesetzt. Die Bordwand war sehr heiß, aber dies war die beste Möglichkeit, um lebend zu überstehen. Ich war dann auch der einzige der Männer, der nicht naß geworden war. Mit einem Stück Tau habe ich dann versucht, diejenigen, die im Wasser waren, zu retten. So habe ich noch 20 Männer aus dem Wasser geholt.

Erst am Abend gegen 22.00 Uhr wurden wir von einem Seeschlepper abgeholt. Bis zu dieser Stunde harrten wir auf dem Kiel der untergegangen *Cap Arcona* aus. Insgesamt haben rund 300 Männer auf dem Kiel gesessen, von denen aber noch viele am Ufer nach der Rettung vor Erschöpfung gestorben sind.

Am Ufer sahen wir die ersten englischen Panzerwagen. Nun war die grausame Konzentrationslagerzeit vorbei. Ich war frei.«

EIN RUSSE ERLEBT DEN UNTERGANG

Neun Stunden lang hielt es ein russischer KZ-Häftling auf der brennenden *Cap Arcona* aus, bis er endlich gerettet wurde.

Aleksander Nikitowitsch Pjotr Machnew aus Ufa in der Sowjetunion, der aus dem KZ Neuengamme auf die *Cap Arcona* gebracht wurde und das Inferno des Unterganges miterlebte, faßte seine erschütternden Erlebnisse in einem Bericht zusammen, der folgenden Wortlaut hat:

Drei Stunden währte die Fahrt mit der Eisenbahn in unbekannte Richtung. Fest aneinander gepreßt standen wir, ohne uns zu rühren. Und so verbrachten wir die Nacht. Morgens um vier hörten wir die Stimmen der SS-Bewachung. Näher und näher kam das metallische Klirren der Eisenbahnkupplung. Die Begleiter führten die Gefangenen fort. Auch die Tür unseres Wagens öffnete sich. Es kam das grobe Kommando:

»Alles raus!«

Mein Freund Wasja und ich sprangen hinaus und befanden uns in vorderster Reihe. An diesem Morgen war starker Nebel. Die SS-Bewacher bildeten eine doppelte Kette von drei Metern Abstand, durch die wir Gefangenen mußten.

Aus den Gesprächen von den bei den Wachmannschaften Umherstehenden konnte ich entnehmen, daß wir uns im Hafen von Lübeck befanden. Und bald war durch den Nebel die Silhouette eines großen Schiffes zu erkennen. Der sich vor uns öffnende Korridor zwischen unseren Bewachern führte zu diesem Schiff, dem Frachter *Athen.*

Dann befanden wir uns mit etwa 2000 Menschen im Vorderteil eines Schiffsrumpfes. Wir verstanden jetzt, wozu unser Leben verdammt war, es befand sich nahe, nein – in einer Reihe mit dem Tod.

Die ersten drei Tage erhielten wir nichts zu essen, nichts zu trinken. Erst am vierten Tag erhielten wir ein kleines Stückchen Brot. Zum Mittagessen schickten sie in den Schiffsraum einen Kessel mit Suppe, die derart beschaffen war, daß es trotz unseres Hungers kein Vergnügen war, sie zu essen. Während der Zeit unserer Gefangenschaft hatten wir die Leiden des Hungers genügend zu spüren bekommen, aber hier, auf dem Boden des Schiffes, kam dazu noch die Qual des Durstes und der Mangel an Luft. Die SS-Bewachung öffnete mal die Luken, schloß sie wieder. Der Mangel an Sauerstoff wurde immer größer.

Spät am Abend, es mag auch in der Nacht gewesen sein, verabschiedeten sich die Gefangenen, einer von dem anderen, denn sie hatten nicht mehr die Hoffnung, sich am nächsten Morgen lebend wiederzusehen.

Aus Hunger, Durst und Luftmangel begannen die Menschen massenweise zu sterben. Am Morgen, als wir erwachten, begann eine schreckliche Arbeit. Wir banden den Toten einen Strick um den Leib, damit sie auf Deck gezogen werden konnten. Mir ging es wie vielen, ich war von dem Hunger so geschwächt, daß ich keinen Willen mehr spürte, mich zu erheben.

Die Zahl der Opfer war groß. Vielleicht 40 bis 50, und unsere Lage – ohne Trinken und ohne Luft – wurde schlimmer und schlimmer. Ich erinnere mich noch gut daran, als am vierten Tage ein Bottich mit Wasser hinuntergelassen wurde:

»Wasser, Wasser!«

Mit heiserer Stimme wurde das gerufen und mit welcher Ungeduld wurde erwartet, daß der Bottich unten ankommen sollte.

Ein gieriger Haufen, der jede Überlegung verloren hatte, warf sich über den sich nähernden Bottich, kletterte einer über den anderen. Die Schwächsten gerieten den anderen unter die Füße, und das Ende war, daß der Bottich umkippte und das Wasser auf den Boden floß. Die meisten warfen sich auf den Boden, um ihren fürchterlichen Durst zu stillen, sie leckten die schmutzige Feuchtigkeit vom Boden ab.

Ähnlich ging es auch mit der wenigen Nahrung, die für die wenigsten reichte, und viele waren auch zu schwach, sich noch darum zu bemühen. Bald lichtete sich der Schiffsraum, denn es starben zu viele Menschen.

Jetzt wäre es möglich gewesen, sich in dem Schiffsraum zu bewegen, wenn die Kräfte noch dazu gereicht hätten. An einem der nächsten Tage kam von oben das Kommando, wir sollten hinaufkommen. Ich hielt mich an Wasjas Hand und eilte mit ihm zur eisernen Treppe. Oben auf dem Deck fielen die meisten Gefangenen um, weil ihnen schwindelig wurde. Ringsum, nach allen vier Richtungen, breitete sich die unermessene Bläue des Meeres aus.

Hell schien die Aprilsonne. Von Zeit zu Zeit wurden die Sonnenstrahlen für kurze Augenblicke von leichten Wölkchen bedeckt. Direkt vor uns, am Vorderteil des Schiffes mit seinen ungewöhnlich großen Ausmaßen, stand auf weißem Grund der Name des Schiffes:

Cap Arcona.

Hoch nach oben führte im Zickzack eine Steigleiter an Bord. In zwei Reihen, leise, leise, begaben sich die Gefangenen nach oben.

Am Eingang zur *Cap Arcona* saß ein SS-Mann von hohem Rang. Er sah sich die Leute mit ihren Winkeln genau an, fragte nach den Namen und zeichnete etwas auf seinen Listen ab. Lange wanderte ich mit Wasja auf dem Schiff umher und betrachtete alles. Es war unmöglich, von dieser Schönheit nicht beeindruckt zu sein: Die weichen Teppiche, die kristallenen Lüster, die buntbemalten Treppenaufgänge, die uns so in die Augen fielen.

So spazierten alle Gefangenen auf dem Schiff umher. Auf dem dritten Deck befanden sich die Zweibett-Kabinen. Die *Cap Arcona* war eines der größten Schiffe der deutschen Flotte. Vor dem Krieg fuhr zu zur Hauptsache zwischen Hamburg und New York. Mehr als 5000 Menschen befanden sich an Bord, und trotzdem war der Ozeanriese nicht überfüllt.

Auf den Korridoren konnte man sich immer noch frei bewegen. Oben, unter dem Glasdach des Restaurants, befand sich jetzt die SS-Bewachung.

So vergingen vier Tage.

Wir erhielten nichts zu essen. Westlich, im hellen Sonnenschein, waren im bläulichen Dunst, etwa sieben bis acht Meilen entfernt, die Ufer zu erkennen.

In der Mitte des Schiffes, auf dem Platz zum Eingang auf unserem Deck, wuchs und wurde immer größer der Stapel der aufgetürmten Leichen unserer Kameraden, verwandelte sich in einen riesigen Haufen entblößter, verhungerter Körper. Niemand wunderte sich darüber, und niemand von uns war davon ausgenommen, diesen Platz ebenfalls zu füllen.

In der Nacht zum 02. Mai 1945, dem vierten Tage, an dem wir nichts zu essen bekommen hatten, begannen die früheren Matrosen unter uns Gefangenen, ihre Flucht zu organisieren. Sie forderten alle auf, sich daran zu beteiligen, der noch so viel Kraft hatte, daß er sich über Wasser halten konnte. Es gelang ihnen, die große Steigleiter zu erreichen, auf welcher sich elf Helden in der nächtlichen Stille, einer hinter dem anderen, nach oben schlichen, um sich in den Meeresschlund und vielleicht in den Tod zu stürzen.

Am Morgen des Tages befanden sich die SS-Bewacher in großer Aufregung. Sie rannten auf dem Schiff herum, sammelten die Russen und verluden sie auf den Lastdampfer *Athen*. Wir verließen unsere Kajüte und versteckten uns im Vorderteil des vierten Decks. In der zweiten Hälfte des Tages wurde dann nach Russen nicht mehr gesucht. Aber am gleichen Abend wurden die zurückgebliebenen Russen auf dem Vorderteil des Schiffes zusammengejagt. Es kamen zwei von der SS und stießen einen der geflüchteten Gefangenen vor sich her.

Ein SS-Mann fuchtelte mit seiner Pistole und begann zu sprechen:

›Eure Kameraden haben versucht zu flüchten, aber es ist nichts dabei herausgekommen. Alle, bis auf diesen, sind ertrunken. Ich rate Euch, das nicht zu wiederholen. Ihr werdet nur vorzeitig dabei umkommen‹. Sein Ton wurde nachgiebiger: ›Ihr werdet jetzt Brot und Suppe erhalten‹.

Am Abend des fünften Tages erhielten wir tatsächlich 150 bis 200 Gramm Brot und einen halben Liter Suppe. Wie am Tage, so wurden auch des Nachts die Gefangenen nicht mehr bewacht. Nur das Restaurant, wo sich die SS befand, erhielt verstärkte Bewachung. Sie fürchteten offenbar, daß die Gefangenen einen Überfall machen könnten. Zu beiden Seiten des Hauptaufganges nach oben standen die Wachposten, zum Heck und zum Vordersteven waren Maschinengewehre aufgestellt.

Lange standen wir auf dem Halbdeck, und in der nächtlichen Stunde war zu hören, wie die Wellen des Meeres tief unten unheilverkündend gegen das Schiff schlugen. Aber auf dem Schiff herrschte vollkommene Stille.

In einem Deck der *Cap Arcona* hatten sich die Mitglieder der illegalen Organisation auf's neue versammelt. Es stand die Frage, die SS zu überwältigen, das Schiff zu stürmen und die Menschen zu retten, zur Diskussion.

Am Abend des 02. Mai 1945 befanden sich in unserem Kajüten-Deck mehr als 100 Menschen, unter ihnen ein Mann in mittleren Jahren, hochgewachsen, mit dem Namen Iwan Iwanowitsch. Viele nannten ihn den Genossen Oberst, andere meinten, er sei Major, aber ob im Rang höher oder niedriger, war unwichtig. Von Bedeutung war nur, daß dieser Mensch zur illegalen Organisation gehörte.

Voller Spannung hätten wir gerne recht bald mit ihm gesprochen. In einem passenden Augenblick gingen Wasja und ich zu ihm und begannen eine Unterhaltung. Am Ende des Gesprächs fragte Wasja: ›Iwan Iwanowitsch, was denken Sie, lassen uns die Deutschen absaufen oder nicht!‹

Iwan Iwanowitsch machte eine kleine Pause, blickte ringsherum, spürte die Spannung der anderen und fing leise und bedächtig an zu reden: ›Unsere Brüder scheuen keine Opfer. Schulter an Schulter schlagen sie sich an den Fronten. Wenn nicht heute, dann morgen wird Berlin in unseren Händen sein. Wir sind hier von allen Seiten mit Wasser umgeben, ringsherum eingezingelt von der SS. Wir können nicht die Hände falten, sondern müssen uns regen. Die Befreiung kann nur unser eigenes Werk sein.‹

Nach dieser Unterhaltung wurde vom Vorschiff aus unablässig die SS von uns beobachtet.

In der Nacht zum 03. Mai 1945 erhob sich Wasja vom Deck – das Schiff wogte heftig hin und her – und flüsterte erregt: ›Iwan Iwanowitsch, kommen Sie schnell mit uns nach oben.‹ Ohne Zögern begaben wir uns durch den Notausstieg zum Vorderschiff. Wir wagten kaum zu atmen und horchten hinaus. Durch die finstere Stille des Meeres waren die entsetzten Schreie von Frauenstimmen vernehmbar, über die die Vernichtung hereinbrach. Es war nicht schwer festzustellen, daß es Ertrinkende waren. Andere schrien: ›Hilfe! Hilfe – wir sinken!‹ Aber bald wurde es still.

›Das war ganz in unserer Nähe‹, sagte der entsetzte Wasja. ›Diese Unholde‹, knirschte Iwan Iwanowitsch, ›sie versenken unsere Frauen, unsere Mitgefangenen aus den Konzentrationslagern.‹

Am Morgen des 03. Mai war klares, sonniges Wetter. Am Horizont war kein Wölkchen sichtbar. Unbeweglich stand die glatte Wasserfläche, und die Ufer zu unserer Westseite schienen zum Greifen nahe.

Auf der *Cap Arcona* hielt sich unter den Gefangenen das Gerücht, daß in der kommenden Nacht das Schiff auf das offene Meer gebracht werden und dort für immer spurlos versenkt werden sollte.

Dieses Gerücht beunruhigte viele und ließ sie trotz ihrer Erschöpfung keine Ruhe finden. Die Todesangst ist die furchtbarste aller Ängste.

Ich begab mich auf das freie Oberdeck und entdeckte, als ich um mich blickte, am Horizont, daß sich aus der Lübecker Bucht ein ganzes Geschwader von Flugzeugen mit rascher Geschwindigkeit näherte. Plötzlich teilte sich das Geschwader, und in mehreren Gruppen griffen die Flugzeuge die drei in der Bucht liegenden Schiffe an, kamen immer tiefer, und ich fand kaum noch Zeit, unter Deck zu laufen.

Dann krachte es auch schon.

Aus geringer Höhe warfen die Flugzeuge, wobei ich nicht wußte, ob es deutsche Flugzeuge waren, was ich annahm, oder britische, Bomben und Raketen ab, und bei weiteren Anflügen schossen sie auch mit Bordwaffen, wie man deutlich hören konnte.

Im Nu war das Oberdeck der *Cap Arcona* ein Flammenmeer mit Feuer, Qualm und schreienden Menschen überall.

Ich war in meine Kabine geeilt, um meine Kameraden an Deck zu holen, denn mir war klar, daß das Schiff verloren war. Es gab kein Wasser an Bord, man konnte die Brände also nicht löschen. Wir würden alle verbrennen, wenn wir uns nicht rechtzeitig retteten. Während ich meinen Kameraden zurief:

›Nach oben, Kameraden, nach oben, schnell . . .!‹ hörten wir weitere Explosionen von Bomben und Raketen. Es war ein fürchterliches Krachen und Geschrei.

Im Nu waren die Gänge des Schiffes mit Menschen überfüllt, die alle nach oben wollten, aber noch immer zögerten, da noch immer Bomben fielen.

In der nun ausgebrochenen Panik drängte einer den anderen fort. Die übereinander stürzenden Menschenhaufen auf den Treppen, in den Gängen und auf den breiten Fluren versperrten den Ausgang nach oben. Mir gelang es, noch soeben zur Treppe eines Notausganges zu stürzen, aber auch diese Treppe war bereits voller Menschen, die eilig nach oben klommen, um auf die offenen Decks zu gelangen, wo die Rettungsringe lagen. Mein Freund Wasja stürzte ebenfalls dorthin, und hier rief ich ihn zum letzten Male.

›Wasja, nimm einen Ring und folge mir nach!‹

›Nimm ,Pjotr, nimm!‹ hörte ich seine erschrockene Stimme antworten. Mit Mühe gelang es mir, aufs Deck durchzudringen, welches mit Menschen überfüllt war. Das ganze Schiffsinnere war mit Menschen überfüllt und in Flammen gehüllt. Das waren Phosphorbomben, welche bei jedem Aufschlag neue Feuergarben hinterließen. Schwarzer Qualm hüllte das Schiff von allen Seiten ein. Das Atmen wurde unmöglich.

Als einziges war bisher der Vorderteil des Schiffes noch nicht von Bomben getroffen, so daß sich hierher mehr und mehr Menschen flüchteten. Auch die Kapitänsbrücke war vom Feuer verschont geblieben. Ich blickte mich nach allen Seiten um und bemühte mich, das Ufer zu erkennen. Mit Bedauern mußte ich feststellen, daß es viel zu weit entfernt war, als daß ich meinem geschwächten Organismus hätte zumuten können, dorthin zu schwimmen.

In diesem Augenblick sah ich zwei Figuren, beide mit einer Pistole in der Hand, jene, welche aus dem Inneren des Schiffes kamen, alles beiseite stießen und hinauf liefen. Der in Marineuniform war ein Schiffsoffizier der *Cap Arcona*, ihm folgte ein hoher SS-Mann. Für einen Augenblick tauchte bei mir der Gedanke auf, ihnen zu folgen. Vielleicht wußten sie, wie sie sich retten konnten. Aber dann hielt ich mich zurück, sicher würden sie schießen.

Während ich auf meinem Platz stehen blieb, konnte ich beobachten, wohin diese beiden, immerhin wichtigen Figuren, liefen. Jetzt war der Offizier auf die Kommandobrücke gerannt, der SS-Offizier folgte ihm auf dem Fuße. Sie erreichten etwa die Mitte der Kommandobrücke, als sich der Marineoffizier unerwartet umdrehte und auf die Stirn des SS-Offiziers schoß. Dieser, zu Tode getroffen, kippte auf die rechte Seite rüber. Dann richtete der Marine-Offizier die Pistole an seine Schläfe, ein zweiter Schuß knallte, und er fiel tot zur Seite. Er hatte mehr Ehre als der SS-Mann.

Auf Deck waren die großen Rettungsboote in Flammen eingehüllt. Es schmolzen und krümmten sich die metallischen Einrichtungen des Schiffes. Im brennenden Restaurant begannen die von der SS dort hingeworfenen Munitionsvorräte zu explodieren.

VERBRENNEN ODER ERTINKEN

Im nicht brennenden Vorderteil des Schiffes hatten sich die Menschen derart zusammengedrängt, daß es fast unmöglich geworden war, sich von einer zur anderen Bordseite zu begeben. Schweigend standen hier Hunderte von verzweifelten Menschen, aber meinen Freund Wasja konnte ich unter ihnen nicht bemerken. Ich zwängte mich zur linken Seite des Schiffes durch und konnte erkennen, daß tief unten in der Ferne Menschen schwammen. Manche sanken ab, andere griffen nach anderen Schwimmwesten, und so sanken sie gemeinsam in die Tiefe. Von jenem, dem Wasser zugeneigten Bord, hing die einzige Steigleiter hinunter, an welcher sich die Leute hinunterließen und an deren rückwärtiger Seite sich andere wieder nach oben begaben. Das Fünf-Deck-Schiff, vielleicht höher als ein dreistöckiges Haus, flößte den Menschen keine Angst ein.

Ich ließ mich zum Wasser hinab, aber ich konnte mich nicht entschließen, die Steigleiter loszulassen. Ich stand bis zum Gürtel im Wasser. Das Wasser war schrecklich kalt. Krampfhaft zog ich die Füße an, am ganzen Körper vor Kälte und Angst zitternd. Ein Leningrader Landsmann kam herangeschwommen, hängte sich an die Leiter, den Schrecken in allen Gliedern, und sagte zu mir nach einer Pause:

›Klettere wieder nach oben, vielleicht ist es besser zu verbrennen, als zu ertrinken . . .‹

So geschah es.

Schon den Todesgriff spürend, begann ich wieder hinaufzusteigen. Wie diese aus dünnem Tau gemachte Leiter überhaupt hielt, weiß ich nicht. Die Menschen hingen daran von Bord des Schiffes bis zum Wasser, vorne und hinten. Und das war kein kleines Gewicht. Meine Hände waren von den Absätzen der anderen zertreten, aber darauf achtete niemand, und ich selbst gab darauf nicht acht, wohin meine Füße traten.

Nur mit Mühe gelang es mir, wieder zum Vorschiff zu kommen, das mir jetzt vertraut schien. Wie die Ameisen wimmelten die Menschen im Wasser. Die ganze Fläche des Wassers schien mit ihnen bedeckt. Von den Scheinwerfern aller fünf Decks sprangen die Menschen in die Tiefe hinunter und suchten dort vor dem sich immer mehr ausdehnenden Feuer Schutz. Jener Ausgang, aus dem ich mich gerettet hatte, war jetzt vollgepfropft mit Menschen, denn vom unteren Korridor schlugen die Flammen nach oben.

In der jetzt ausgebrochenen Panik war niemand mehr imstande, sich dort hinauszuzwängen, einer hinderte den anderen. Wir warfen von oben ein Tau hinunter, um zu helfen. Aber sofort griffen alle danach, so daß es unmöglich war, die Kameraden dort unten der Reihe nach nach oben zu ziehen. Wir hatten nur einen einzigen Eimer, dessen Tau lang genug war, um ihn mit Wasser gefüllt nach oben zu reichen. Aber schon näherten sich die Flammen dem Ausgang und hunderte, vielleicht waren es noch mehr Kameraden wurden vom Feuer ergriffen. Die wilden Schreie flossen zu einem einzigen Schrei zusammen und wurden nach oben auf das Schiff getragen. Die Kameraden brannten unter den Augen der oben stehenden Kameraden, aber es gab keine Möglichkeit, sie zu retten.

Dann, nach drei oder fünf Minuten, trat Stille ein.

Jetzt wälzten sich von dort her die Flammen, dichter Qualm hinderte das Atmen der im Vorderteil stehenden Kameraden, denen nichts Gutes beschieden war, denn unter ihnen brannten die Kabinen, und die Gefahr rückte immer näher, denn wenn einmal der Boden zu brennen begann, würden wir alle hinunter ins Flammenmeer stürzen.

In diesen für das Leben so entscheidenden Augenblicken gab es nur zwei Möglichkeiten: Man konnte wählen, verbrannt zu werden oder zu ertrinken. Die eine oder die andere Todesart war nicht leichter, und sie standen beide nebeneinander. Und wenn man sich auch wirklich gut auf dem Wasser halten konnte, das eiskalte Maiwasser der Ostsee würde schnell zum Tode führen. Und die meisten starben an einem Herzschlag.

Oben an dem hohlen Mast bis ganz hinter zum Deck und bis zur vor uns sichtbaren Brücke hingen Haufen von Menschen. Unerwartet für alle, erscholl aus dem Maschinenraum eine Explosion. Die dort in der Nähe stehenden Kameraden wurden umgefegt, viele wurden verletzt, und viele erhoben sich nach diesem Schlag nicht mehr. Durch den Ozeanriesen ging nach dieser Explosion nur ein Beben, dann lag er wieder da wie zuvor.

In der Tiefe, über Bord, zwischen den ertrinkenden Menschen, waren zwei Rettungsringe zu sehen, an welchen sich auch im Sturm und Wellengang etwa fünf Menschen festhalten konnten. So, wie die Ringe an der Oberfläche auftauchten, schwammen von allen Seiten die Menschen hinzu in der Hoffnung, sich zu retten. Überbelastet von den sich ballenden Menschenklumpen, die sich an die Ringe klammerten, sanken diese mit ihrer Last hinab. So waren bei dieser Katastrophe zwei kleine Ringe noch imstande, nach und nach einige hundert Menschen in die Tiefe zu ziehen.

Aber am gleichen Abend dieses Tages änderte sich das Wetter. Es blies ein feuchter, kühler Wind. Beim Beginn dieser Katastrophe waren viele Kameraden geneigt, zum Ufer zu schwimmen und hatten sich deshalb ihrer Oberkleidung entledigt. Jetzt ging uns der kalte Wind durch Mark und Bein. Ich nahm mir eine herumliegende Jacke mit einem hohen Kragen und hängte sie mir über die Schultern.

Mein Leningrader Kamerad und ich fanden endlich einen geeigneten Platz zum Unterkriechen in der Klüse der Ankerkette auf der Backbordseite des Schiffes. Die riesige Kette war von der Klüse bis zum Meeresspiegel mit Menschen behängt. Wir beide bewegten uns bis zum Ende der Klüse und blieben lange Zeit auf der Ankerkette sitzen. Von hier oben konnten wir besonders gut die grauenhaften Szenen, die sich dort unten abspielten, beobachten. Immer mehr und mehr Menschen kamen herbeigeschwommen und suchten Halt an den mächtigen Eisenringen der Kette. Erschöpft von Kälte, konnten die erstarrten Hände nichts mehr halten. Einer nach dem anderen ließ los und versank in der Tiefe. Im klaren Meereswasser konnte man noch erkennen, wie weit von den umherverstreuten Menschen als letztes noch die nackten Hände sichtbar waren. Mehr als sechs Stunden waren seit der Katastrophe vergangen; mehr als sechs Stunden brannte das Schiff, die *Cap Arcona*, verbrannten und ertranken erbarmungslos die besten Söhne vieler Länder Europas, viele von ihnen waren russische Kameraden.

Im Südwesten wurden zwei kleine Schnellboote sichtbar, die sich mit größter Schnelligkeit den brennenden Schiffen näherten. Schon waren die Figuren erkennbar. In einer Entfernung von 30 bis 40 Metern sichtbar, meinte mein junger Leningrader Kamerad erregt, wenn diese gekommen wären, uns zu retten, so würde er sich nicht scheuen, aus dieser Höhe nach unten zu springen.

Ich teilte seine Ansicht.

Doch als von Bord des sich nähernden Schiffes etwas durchs Sprachrohr gerufen wurde, da war es eine SS-Stimme: ›Deutsche Kameraden kommt – – –!‹

Die überlebenden Wachmannschaften beeilten sich, diesem Ruf zu folgen. Aber die im Sinken sich befindenden Gefangenen im Wasser umkreisten das Schnellboot und hängten sich, wo sie nur konnten, daran. Die Deutschen schlugen jenen, die sich dort festhielten, auf die Hände und warfen sie erbarmunglos ins Wasser. Aber die Kräfte der Gefangenen wuchsen. Auf einem der Boote entstand ein Handgemenge. Die Deutschen begannen zu feuern. Sie schossen auf die im Wasser treibenden Kameraden. Lautlos versanken die von den automatischen Pistolen Erschossenen im Wasser, aber diejenigen, die sich festhalten konnten, versuchten ihre Absicht zu verwirklichen. Die SS-Männer erkannten, daß das Übergewicht der Kräfte auf Seiten der Häftlinge war, und der Kommandierende gab den Befehl:

›Mit aller Kraft voraus!‹

Das Wasser brodelte, die Boote nahmen Kurs auf Südosten. Sie waren noch keine Meile entfernt, als sich englische Flieger auf sie hinabstürzten und alles in die Luft sprengten. Es war gut zu erkennen, wie die Trümmer in die Luft flogen. Im Augenblick hatte der Abgrund beide Boote verschlungen.

Die kleinen Kriegsschiffe, die bisher in der Bucht gelegen hatten, waren ebenso wie die Schiffe mit unseren Kameraden entweder verschwunden oder untergegangen. Einzig und allein die *Cap Arcona* fuhr fort zu brennen.

In der neunten Stunde nach dem Brandausbruch verlor das Schiff sein Gleichgewicht und begann sich auf die linke Seite zu legen. Während ich zu jener Zeit noch immer am Ende der Klüse auf der Ankerkette saß, war ein metallener Laut zu vernehmen und gleichzeitig ein entsetztes Geschrei der obenstehenden Kameraden.

Die Riesin gewann an Schnelligkeit, wälzte sich auf die linke Seite. Es schien, als kam das Meer entgegengerast und wir, gemeinsam mit dem Schiff, fielen ins Wasser.

›Aus‹, vermochte mein Leningrader Kamerad noch zu rufen, als mich schon das kalte Meerwasser erfaßte. Ich breitete weit die Arme aus und fühlte, wie es mich mit rasender Geschwindigkeit in den Abgrund riß und ich im brodelnden Wirbel trieb. Ab und zu öffnete ich in diesem Unterwasserwirbelreich die Augen.

Unablässig drängte es mich, Atem zu holen. Ich öffnete den Mund und konnte förmlich hören, wie das Wasser mir glucksend in den Magen floß. Meine Anstrengungen, nach oben zu kommen, schienen nutzlos. Aber noch verlor ich nicht die Besinnung. Ein Gedanke jagte den anderen, was jetzt wohl mit mir geschehen würde. Auf einmal blendete die geschlossenen Augen ein helles Licht. Vor Schreck öffnete ich die Augen weit und sah in etwa hundert Meter Entfernung das nicht ganz untergetauchte Deck der *Cap Arcona*. Ich atmete die frische Luft und schwamm hinüber, arbeitete mich an die Kielseite heran. Doch da war nichts zu machen. Ich begab mich an die Heckseite in der Hoffnung, dort etwas zu finden, woran ich mich festhalten konnte. Aber ich fand nichts, nur das niederträchtige Spiel der Wellen.

Es war Ebbe. Mit rasender Geschwindigkeit sank das Wasser, und es war zu sehen, wie mit ihm hunderte Köpfe unserer Gefangenen aufs Meer getrieben wurden. Bald war von ihnen nichts mehr zu sehen. Erbarmungslos waren sie vom Meer verschlungen worden. An den noch nicht ganz abgesunkenen Teil des Schiffes pferchten sich die Menschen zusammen im Zweifel, wird das Schiff nun ganz versinken oder nicht. Niemand konnte dies wissen. Hoffend, daß das Schiff nicht weiter sinken würde, begann man mit Ungeduld darauf zu warten, zu sterben oder gerettet zu werden.

Von den fünftausend Menschen, die sich an Bord der *Cap Arcona* befanden, blieben noch 306 am Leben. Kurz vor Sonnenuntergang näherte sich uns vom Ufer her ein kleines Schiff. Als es dicht herangekommen war und an das große Bord des gesunkenen Schiffes stieß, kletterten die Überlebenden darauf zu. Aus der Halbback kam ein Soldat in englischer Uniform heraus, der uns auf polnisch ansprach:

›Sachte Kameraden, wir holen Euch alle.‹

Das beladene Schiff kehrte rasch um und nahm Kurs dorthin, wo das Ufer sichtbar war. Nach einer halben Stunde befanden wir uns schon am Ufer, wo sich ein kleiner Hafen befand. Das Ufer war besetzt von englischen Soldaten. Auf der Straße standen die Panzer. Die Stadt lag in der Abenddämmerung, doch war nirgends Licht zu sehen. Klar, denn hier ging die vordere Frontlinie vorbei. Die Mimik der englischen Soldaten zeigte uns, daß sie alle von der heutigen Katastrophe wußten. Wir eilten froh durch die Stadt zu unserem Bestimmungsort.

Das Bahnhofsrestaurant, unser Bestimmungsort, war überfüllt. Die Menschen suchten in der Dunkelheit zurechtzukommen. Es wurde gelärmt, gelacht, lebhafte Gespräche wurden geführt. Alle ringsum waren froh gestimmt, und niemand achtete auf den Lärm explodierender Artilleriegeschosse, der sich zu nähern schien, und auch nicht auf das Motorengeräusch der Flugzeuge in der Luft.

Hier waren viele Kameraden, die glücklicher waren als wir. Der Kapitän ihres Schiffes hatte sich nicht um die Befehle der SS gekümmert, sondern aus eigenem Antrieb die *Athen* zum Ufer zurückgeführt. So bewahrte er zweitausend Menschen vor der Vernichtung. Darum begrüßte ihn auch jeder ehemalige Gefangene, der ihm begegnete, mit militärischer Ehrenbezeugung.

Am Morgen des 04. Mai 1945 wurden wir von dem Britischen Befehlshaber in die Marine-U-Boot-Schule eingewiesen. Man öffnete uns die Militärbekleidungsläger. Jeder nahm sich das für seine Figur Passende. Um uns von den anderen zu unterscheiden, hefteten wir Russen einen roten Stern an unser Käppi.

Am 06. Mai 1945 beschloß das illegale Komitee der noch vorhandenen Kameraden, einen gemeinsamen Marsch zur Beisetzung der angeschwemmten Leichen unserer Kameraden zu organisieren. Wir wollten ihnen die letzte Ehre erweisen.

Auf dem Feldweg, entlang dem Ufer der Bucht, kamen die Menschen zu dem vorgesehenen Platz. Viele Russen, Franzosen, Tschechen, Polen, Italiener und russische Mädchen. Diese waren durch ein gütiges Schicksal dem Untergang auf dem Meere entkommen. In der Nacht zum 03. Mai hatten die Deutschen sie in zwei Barken hinaus aufs Meer gebracht, um sie zu versenken. Der hinteren Barke gelang es, sich abzuhängen. Am nächsten Tag trug sie der Wind zum Ufer. Die vordere Barke war versenkt worden. Das waren die Schreckensschreie der Frauen, die wir in jener Nacht auf dem Deck der *Cap Arcona* gehört hatten. Ich ging herum und hörte, wie ein weißlockiges Mädchen, das aus der Ukraine nach Deutschland verschleppt worden war, davon erzählte.

Wir gingen weiter, entlang des Waldes. Eine Halbinsel ragte gleich einem Erdbatzen aus dem Wasser. Hier lagen wahllos nebeneinander die vom Wasser angeschwemmten Leichen. Am Waldrand war ein großes Massengrab ausgeworfen. Man begann mit der Bestattung. Lange eilte ich von Leiche zu Leiche, betrachtete die vom Wasser aufgedunsenen schwarzen Gesichter und hoffte, unter den Toten meinen Freund Wasja zu finden, der in Wirklichkeit Sergey Saposnikow hieß. Ich fand ihn nicht darunter. Sicher trieb er noch irgendwo auf dem Meeresgrund.

So gut, wie wir es vermochten, bauten wir uns aus Steinen ein Ehrenmal. Wir schrieben mit ganz großen schwarzen Buchstaben:

›Ewiges Gedenken den Gefangenen des Konzentrationslagers Neuengamme. Sie verunglückten beim Untergang der *Cap Arcona* am 03. Mai 1945.‹

Dann kam der Salut der englischen Soldaten.

Die entsetzliche Tragödie der *Cap Arcona* am 03. Mai 1945 in der Ostsee in der Bucht von Neustadt, nur wenige Stunden vor dem Einmarsch der englischen Truppen, findet nicht so leicht ihresgleichen in der Geschichte der Menschheit.«

DAMPFER *THIELBEK* – EIN ENDE MIT SCHRECKEN

»Wenn ich im Januar 1945, als ich als 3. Offizier an Bord der *Thielbek* kommandiert wurde, geahnt hätte, daß dieses Schiff eines Tages KZ-Häftlinge an Bord nehmen müßte, hätte ich alles versucht, von diesem Kommando freizukommen. So aber war ich auf diesem Schiff, als es in den letzten Apriltagen des Jahres 1945 ›KZ-Häftlings-Durchgangslager‹ wurde!«

Das sagte Theodor Schotmann, ehemaliger 3. Offizier auf der *Thielbek* heute. Seine stichwortartigen Tagebuchaufzeichnungen aus der damaligen Zeit sind ein erschütterndes Dokument über das Ende von mehr als zweitausend KZ-Häftlingen auf der *Thielbek*. Was er in den letzten Kriegstagen dachte, sah, hörte und erlebte, ist ein Zeitdokument:

»20. April 1945:

Der Geburtstag des Führers. Aber niemand spricht heute davon. Merkwürdig ist das. Scheint man diesen Mann schon vergessen zu haben, denselben Mann, der bei Ausbruch des Krieges den Ausspruch tat:

›Wir werden siegen – oder untergehn.‹

Wir befinden uns bereits mitten im Untergang. Alle. Auch wir auf der *Thielbek*. Wir wissen es nur noch nicht.

Noch liegen wir in der Werft. Der Schaden an der Rudermaschine ist noch immer nicht behoben. Er wird auch nicht mehr zu beheben sein. Es gibt keine Ersatzteile mehr. Die *Thielbek* wird nicht mehr auslaufen. Hier im Lübecker Hafen werden wir das Kriegsende erwarten. Doch wie wird dieses Ende aussehen?

22. April 1945:

Heute hat unser Schiff einen neuen Auftrag erhalten. Wie eine Bombe hat dieser Einsatzbefehl auf der Brücke eingeschlagen. Der ›Alte‹ (Kapitän) war außer sich. Wir sollen ›KZ-Häftlings-Durchgangslager‹ werden, auf gut deutsch: Ein ›schwimmendes Konzentrationslager.‹

Der ›Alte‹ glaubt an Vorahnugen, an den Untergang unseres Schiffes. Es wird nach seiner Meinung eine Katastrophe geben, wenn die KZ-Häftlinge an Bord kommen. Wir haben nur kalte und feuchte Lagerräume, ohne Licht und ohne Toiletten zu bieten. Nichts weiter.

Nach dem vorliegenden Befehl des ›Reichskommissars für die Seeschifffahrt‹ in Hamburg sollen wir 3000 KZ-Häftlinge an Bord nehmen.

Woher sollen wir Verpflegung für dreitausend Menschen bekommen, wie sollen wir diese Menschen verpflegen?

Unmöglich ist das.

Man kann die Menschen doch nicht verhungern und verdursten lassen. Sie werden sterben wie die Fliegen. Und was wird dann mit den Toten? Einfach über Bord werfen? Wer wollte und sollte dies tun und verantworten?

Fragen über Fragen. Probleme über Probleme. Antworten weiß niemand.

Heute wünsche ich mir, ich hätte die *Thielbek* nie im Leben gesehen. Denn was wir in den nächsten Tagen zu erwarten haben, weiß ich schon heute. Die Hölle. Kalt und warum läuft es mir über den Rücken . . .

24. April 1945:

Es ist Mitternacht.

Seitdem ich weiß, daß wir KZ-Häftlinge an Bord nehmen sollen, finde ich keine Ruhe mehr, kann nicht mehr schlafen. Anderen von der Besatzung geht es genau so.

Noch herrscht an Bord eine himmlische Ruhe.

Die Nacht vor dem Sturm ist angebrochen.

Gestern abend sind bereits die Vorboten der KZ-Häftlinge an Bord gekommen: SS-Leute, Bewachungsmannschaften. Ich habe das Gefühl, vielen von ihnen scheint selbst nicht wohl in ihrer Haut zu sein.

Morgen, am 25. sollen die KZ-Häftlinge kommen. Alles an Bord ist dafür vorbereitet. die Laderäume sind sauber, aber kalt und dunkel.

Trotz aller Bemühungen: Verpflegung konnte nicht beschafft werden. Die Lastwagen, die wir losgeschickt hatten, kamen leer wieder. Für KZ-Häftlinge scheint es keine Lebensmittel mehr an Land zu geben.

Von einer menschenwürdigen Unterbringung an Bord der *Thielbek* kann für die Leute, die wir erwarten, kaum die Rede sein.

Wie werden sie wohl aussehen, diese Menschen?

Noch nie im Leben habe ich KZ-Häftlinge gesehen. Bis vor kurzem habe ich noch nicht einmal von ihrer Existenz gewußt. Wer wußte schon etwas darüber? Und wer was wußte, hielt den Mund, um nicht selbst Gefahr zu laufen, als Opfer seiner Gesprächigkeit hinter Gittern oder am nächsten Laternenpfahl zu landen.

Vielleicht war aber alles nicht so schlimm, wie ich mir dies in meinem jungen Alter vorstellte.

25. April 1945:

Es ist viel schlimmer, als ich mir vorgestellt hatte, viel grausamer.

Heute haben wir zweieinhalbtausend KZ-Häftlinge an Bord genommen, vielleicht auch hundert weniger oder mehr. Gezählt hat sie keiner. Und woher sie kommen und wie sie heißen, weiß auch niemand.

Wie wir hörten, kommen sie aus dem Konzentrationslager Neuengamme bei Hamburg.

Als ich die Menschen sah, fragte ich mich, mit welchen Gedanken diese Menschen wohl an Bord der *Thielbek* kamen und mit welchen Hoffnungen für heute und die Zukunft.

Was ich sah, waren völlig abgemagerte, übermüdete, zerschundene, schwankende Gestalten in Sträflingskleidern, an den Ärmeln mit Winkeln versehen, die nur die Wachmannschaften zu deuten verstanden.

Mich schauderte, als ich dies sah.
Ich sah in Augen, die keine Augen mehr waren, ich sah Blicke, die durch mich ins Leere gingen und sich irgendwo verloren.
Grauenhaft dieser Anblick.
Tausend Menschen hätte die *Thielbek* vielleicht in den Laderäumen unterbringen können, aber zweitausend und noch mehr?
Das war heller Wahnsinn. Aber Befehl war Befehl. Wer wollte sich da widersetzen, und wenn, mit welchem Erfolg und welchem Preis? Sicher mit dem eigenen Leben.
Der Kapitän mußte sich diesem Befehl beugen. Was blieb ihm anderes übrig.
Ich hatte heute alle Hände voll zu tun. Die *Thielbek* glich einem Bienenhaus. Alle KZ-Häftlinge hatten strengste Anweisung, unter Deck zu bleiben.
In den Ladeluken lagen sie fast aufeinander: Deutsche, Polen, Tschechen, Russen, Franzosen und Angehörige anderer Länder. In den verschiedensten Sprachen Europas schwirrten menschliche Laute durcheinander, versuchte sich einer dem anderen verständlich zu machen, was fast unmöglich war.
Dazu kam die Qual: Hunger, Durst, Dunkelheit und Gestank.
Der Hunger war die schlimmste Qual.
Unter Deck begann das Sterben.
Über die Reling gebeugt, in frischer Luft habe ich heute darüber nachzudenken versucht, was ein Menschenleben wert ist.
Wenn ich das Leben an Bord der *Thielbek* betrachte – nichts, auch gar nichts – wenn ich daran denke, daß diese Menschen da unten in den Laderäumen Menschen sein sollen wie wir?!
Und ich frage mich, wer jemals für das, was diesen Menschen geschehen ist, ist Verantwortung übernehmen wird.

26. April 1945:
Heute haben die Häftlinge auf der *Thielbek* zum ersten Male eine warme Mahlzeit bekommen: Pro Mann ein Viertelliter Steckrübensuppe.
Wie die Löwen haben sie sich darauf gestürzt.
Ob und wann es die nächste Mahlzeit geben wird, weiß keiner.
Die Lage an Bord wird immer katastrophaler.
Vor allem die sanitären Verhältnisse stinken, fast wörtlich genommen, zum Himmel.
Für die KZ-Häftlinge gibt es kein Wasser an Bord, weder zum Trinken noch zum Waschen.
Und Toiletten gibt es auch nicht für sie.
Aber in den Laderäumen hatte man sich zu helfen gewußt. Aus den Ladeböden hatte man jeweils einige Bohlen herausgenommen, so daß man da-

durch bis auf den Grund des untersten Laderaumes sehen konnte. Das geschah in jeder Etage. Die so geschaffenen Schlitze dienten als Aborte.

Auf dem Schiffsboden, dem Grund des Laderaumes, wuchs der Kot von Tag zu Tag um viele Zentimeter. Es stank fürchterlich, der Gestank zog durch alle Laderäume. Und nur unter Lebensgefahr konnten die Häftlinge diese Notaborte benutzen. Es war in den Laderäumen stockdunkel, und es bestand die Gefahr, durch die Bohlen hindurchzufallen.

Das bedeutete den Tod.

Und viele erlitten ihn auf diese grausame, unmenschliche Art.

So war es kein Wunder, daß die Luft in den Laderäumen der *Thielbek* fürchterlich war und kaum auszuhalten.

Und frische Luft gab es für die Häftlinge ebensowenig wie Wasser und Brot.

04. Mai 1945:

Gestern war der 03. Mai. Und ich war einige Tage nicht fähig, Ereignisse und Beobachtungen, Gedanken und Erlebtes festzuhalten und niederzuschreiben.

Und inzwischen ist viel geschehen.

Die *Thielbek* lebt nicht mehr. Und mit ihr starben über zweitausend Menschen.

Am Mittag des 03. Mai verließ die *Thielbek* den Lübecker Hafen. Wir hatten Befehl, mit Schlepperhilfe und aus eigener Kraft in die Neustädter Bucht zu laufen und etwa 1,5 Seemeilen querab Pelzerhaken, dicht bei der *Cap Arcona* zu ankern.

Ich hatte Mittagswache, als plötzlich aus heiterem Himmel englische Jagdflugzeuge auftauchten und die Schiffe in der Neustädter Bucht mit Raketen, Bomben und Bordwaffen angriffen.

Die erste Rakete fiel zwischen uns und der *Cap Arcona* ins Wasser, aber die nächsten Abwürfe waren Volltreffer.

Fünf Minuten dauerte das dramatische Schauspiel, in fünf Wellen griffen sie an. Es war ein Feuerwerk ohnegleichen.

Ich sah noch, wie aus den Bullaugen der *Cap Arcona* Häftlinge weiße Bettücher flattern ließen, und ich sah die ersten über Bord ins Wasser springen.

Dann erlebte ich den Untergang, das Ende der *Thielbek*. Einige Raketen hatten die *Thielbek* unter der Wasseroberfläche getroffen und waren in den Laderäumen krepiert.

Eine Rakete hatte das Oberdeck getroffen. Das Schiff brannte.

Die *Cap Arcona* hatte zwar das gleiche Schicksal getroffen, aber dieses große Schiff würde nicht sinken, sondern nur kentern.

Die *Thielbek* aber würde untergehen.

Wir ankerten an einer tieferen Stelle. Unter dem Schiffsrumpf der *Thiel-*

bek befanden sich 30 Meter Ostseewasser, und wir hatten einen weit geringeren Tiefgang wie die *Cap Arcona*, die siebenmal größer war als die *Thielbek*.

15 Minuten dauerte das Ende meines Schiffes, fünfzehn unvergeßliche Minuten.

Die meisten Häftlinge starben schon in den ersten Augenblicken. Sie waren in den vier Ladeluken untergebracht, von denen je zwei übereinanderlagen. Die Luken waren durch schmale Leitern miteinander und mit dem Oberdeck verbunden.

Nach den Detonationen der Raketen in den Ladeluken kam das Wasser. Mit unheimlicher Stärke strömte die Ostsee in den Leib des Frachters, die Schlagseite nahm zu und das Geschrei der in den Luken eingeschlossenen Häftlinge. Die Leitern waren schon nach wenigen Augenblicken unter der Last der nach oben Stürmenden zusammengebrochen. Und der Druck des einbrechenden Wassers besorgte den Rest. Die Menschen wälzten sich im Wasser, standen auf, fielen zurück, ertranken. Mit einer ungeheuren Geschwindigkeit stieg das Wasser höher und höher, füllte gurgelnd die Ladeluken, schlug über den Menschen zusammen.

Die Ostsee forderte ihre Opfer.

Hier erfüllten sich grauenhafte menschliche Schicksale.

Dreihundert von mehr als zweitausendfünfhundert mögen es gewesen sein, die vom Deck der *Thielbek* in die Ostsee springen konnten, bevor das Schiff endgültig verloren war.

Ich sprang als einer der Letzten. Rettungsboote gab es nicht, sie waren total zerstört.

Bevor ich über Bord sprang, sprach ich noch mit dem Kapitän. Er herrschte mich an, das Schiff augenblicklich zu verlassen und legte die Hand an die Mütze, als wollte er sagen:

›Leb wohl Kamerad.‹

Ich habe weder ihn noch einen meiner Kameraden wiedergesehen.

Nachdem ich einige Zeit im Wasser umhergetrieben war, nahm mich ein Minensuchboot auf und brachte mich nach Neustadt.

Wieviele gerettet wurden und wieviele beim Untergang des Frachters *Thielbek* den Tod fanden – ich weiß es nicht. Von den KZ-Häftlingen konnten sich nur einige wenige retten.

Doch eines weiß ich sicher: Die letzten Tage und das Ende auf der *Thielbek* werde ich zeitlebens nicht vergessen.«

EINER, DER ÜBERLEBTE

Unvergeßlich blieb auch für Willi L. aus Kiel das Ende der *Thielbek*. Er gehörte zu den KZ-Häftlingen, die aus Neuengamme auf die *Thielbek* kamen, und er ist einer der wenigen Überlebenden. Wie er von Neuengamme auf die *Thielbek* kam, hat er wenige Tage nach Kriegsende niedergeschrieben:

»Das alles ist erst wenige Tage her. Und doch ist es mir, als sei das alles erst gestern geschehen.

Es begann am 20. April 1945 im Konzentrationslager Neuengamme bei Hamburg.

›Antreten auf dem Appellplatz . . .!‹ lautete das Kommando für die deutschen Häftlinge. Wir traten an. Die Furcht, daß die SS unter uns im Lager ein Blutbad anrichten würde, hatte sich gelegt. Wir merkten dies auch daran, daß die SS bestrebt war, das Lager in korrekte Sauberkeit zu bringen. So blieb uns als letztes Bild vom KZ Neuengamme, in dem ich fünf Jahre meines Lebens in Schrecken, Bedrängnis und harter Arbeitsfron verbrachte, der hohe Dreckberg von Häcksel und Stroh auf dem Appellplatz in Erinnerung.

Wir wurden gemustert, genau einzeln angesehen vom Lagerleiter, der plötzlich mitten unter uns stand. Die Bestialität in der SS-Maske, seine von allen gefürchtete Schlägerei mit der bloßen Faust, hatte sich hier nicht wiederholt. Er war nun selbst ein Geschlagener.

Wir bekommen Bescheid, unsere geringen Habseligkeiten zu packen und in wenigen Minuten beim Block der französischen Prominenten anzutreten.

Die Russen und Polen sollen getrennt von uns Deutschen abtransportiert werden.

Gegen Mittag des 20. April 1945 rückte das ganze Lager Neuengamme ab. Nur 500 Häftlinge – Deutsche – hatte man als ›Aufräumkommando‹ zurückgelassen. Wir anderen marschierten zum Lagerbahnhof, wo wir zu jeweils 50 in bereitstehende Waggons kamen. Wir hatten nichts bei uns, nicht einmal eine Decke für etwaige kalte Nächte dieses Transportes.

Kaum waren wir verladen, als auch schon unser Zug abfuhr. Das Ziel war uns allen ein Geheimnis. Die Stimmung bei allen Häftlingen war gehoben, gleich – ob es in die Freiheit oder in den Tod ging. Denn wie oft hatten uns die Lagerparolen bedrückt. Eine Parole ging um, daß die SS vorhatte, uns nach Lübeck zu transportieren, uns dort auf Schiffe zu verladen und mit diesen uns in das neutrale Ausland zu befördern. Noch unterstehen wir der Gewalt und den Befehlen der SS. Bei jedem Häftling sind die Nerven bis zum Zerreißen gespannt. Denn am Ende steht die Ungewißheit unseres weiteren Weges. Wir Häftlinge im grauen Zebrazeug, mit den Blutflecken von hunderten und aberhunderten Prügeln darauf, sind verwelkt und lächeln nur noch ganz müde. Wir dösen kraftlos dem Neuen entgegen in stumpfer Gleichgültigkeit.

An den Wagentüren saßen zwei Posten mit geladenen und entsicherten Maschinenpistolen. Durch den engen Schlitz in unserem Waggon erkannten wir, daß wir in der Nähe von Hamburg-Bergedorf waren. Hier hielt der Zug für einige Stunden auf einem Abstellgleis. Die Lokomotive übernahm Wasser.

Schon ging es weiter, Richtung Lübeck, ohne Halt. Hinter uns war bereits das Schießen der Engländer zu hören. Nur noch wenige der alten Garde der SS waren bei uns. Es sind etwa 9000 Häftlinge, die aus Neuengamme nach Lübeck transportiert wurden.

Stundenlang sind wir gefahren und haben auf der ganzen Fahrt weder etwas Kaltes noch etwas Warmes zu essen bekommen. Unsere Notdurft konnten wir nur an der Stelle im Waggon verrichten, wo unser Platz war. Der Gestank im Waggon war deshalb fürchterlich und kaum auszuhalten. Eine alte, verbeulte Gießkanne in unserem Waggon schwappte über mit stinkigem Urin. Und wir hatten Durst, fürchterlichen Durst. Aber auch zu trinken gab es nichts. Schwache, Kranke, dem Verdursten Nahe unter uns sind haltlos, trinken den Urin aus der Gießkanne und liegen mit verglasten Augen unter uns. Das ganze Elend der Hilflosigkeit . . .

In weitem Bogen fuhren wir an Lübeck vorbei, immer am Hafen entlang. Erst am Ende des Hafens, der langgestreckt daliegt, wurde Halt gemacht am Außenhafen, bei einem großen Getreidesilo.

Keiner von den Häftlingen durfte aussteigen und den Zug verlassen. Nur die SS-Posten stiegen aus zum Proviantfassen. Wir bekamen nichts zu essen oder zu trinken.

Eine ganze Anzahl von Menschen stand in der Nähe des Zuges, staunt über uns. Sie haben offenbar solche Menschen in gestreifter Zebrakleidung noch nie gesehen. Wie ein Lauffeuer sprach es sich herum, wer wir waren. Die SS-Bewacher jagten die Zivilisten weg und zogen eine Postenkette auf. Dann durften auch wir Häftlinge aussteigen und mußten sofort antreten zum Zählappell.

Allein dieser Transport von Neuengamme nach Lübeck-Außenhafen brachte uns über 100 tote Kameraden. Über einhundert Tote, die in den Waggons gestorben waren, wurden aus den Waggons herausgezerrt und in nächster Nähe begraben. Unwürdig, viehisch ihre Behandlung. Es mußte alles sehr schnell gehen.

Die Laufstege auf der *Athen* und auf der *Thielbek* sind auf den Kai gelegt, und das Gros der Häftlinge wird im Gänsemarsch auf diesen beiden Schiffe getrieben. Hier mußten sie sofort unter Deck in den dunklen Laderäumen verschwinden. Voller Furcht gingen die Häftlinge nur widerwillig auf die Schiffe und vor allem in die Tiefe der Laderäume.

Inzwischen war die Postenkette erweitert worden, so daß der Getreidesilo und der Hafenbereich mit den Schiffsliegeplätzen innerhalb der Postenkette lagen.

Ein Kommando von rund 50 Häftlingen wurde ausgesondert und konnte an Land bleiben, während die *Athen* ablegte und mit 2500 Häftlingen seewärts ging. Die *Thielbek*, mit 2600 Häftlingen an Bord, verblieb am Kai. Nach wenigen Stunden erschien die *Athen* wieder am Liegeplatz. In der Neustädter Bucht hatte sie ihre Gefangenenfracht an die dort vor Anker liegende *Cap Arcona* abgegeben. Dem Kapitän des Schiffes, Bertram, war nicht bekannt, was mit den KZ-Häftlingen, die sein Schiff in ein schwimmendes Konzentrationslager verwandelten, geschehen sollte. Es bestand die hartnäckige Parole, daß das Schiff die Häftlinge im neutralen Schweden an Land geben sollte. Das Schiff hatte aber einen Befehl erhalten: »Wenn Schiff in Feindeshand zu fallen droht, ist es sofort zu versenken.«

Mit 6000 Häftlingen an Bord?

Es mochte verständlich sein, daß der Reichsführer SS Himmler einen solchen Funkspruch an die *Cap Arcona* gegeben hat, denn nur so konnte er sich der Tausenden unliebsamer Zeugen der Massaker und vieltausendfältiger Morde in den KZ-Lagern auf eine stille und schnelle Art entledigen. Daß es hierzu nicht kam, daran waren die sich überstürzenden Ereignisse jener Tage und das zögernde Verhalten und Hinhalten des Kapitäns der *Cap Arcona* von Vorteil für die Gesamtheit der Häftlinge.

Gleich nach der Rückkehr in den Lübecker Außenhafen hatte die *Athen* weitere 2500 Häftlinge übernommen und zur *Cap Arcona* gebracht und auch diese Häftlinge noch übergeben.

In einem langen Schleppzug kamen offene Marinefähren von Danzig über die Ostsee nach Lübeck. An Bord befanden sich etwa 1000 Häftlinge vom Lager Stutthof bei Danzig mit Landespolizei-Bewachern. Die Häftlinge sollten von den Schiffen in der Neustädter Bucht übernommen werden. Diese lehnten aber ab, weitere Häftlinge zu übernehmen, weil sie sonst Versorgungsschwierigkeiten hatten.

Wir wir hörten, hatte die *Cap Arcona* genügend Verpflegung an Bord, war aber für höchstens 1500 Passagiere mit warmen Mahlzeiten eingerichtet.

Die *Athen* mit rund 2000 Häftlingen an Bord konnte ebenfalls eine zusätzliche Belastung in der Verpflegung nicht übernehmen, und die *Thielbek* mit ihren 2600 Häftlingen hatte bereits genug Elend an Bord, zumal sie versorgungsmäßig nur für die 18 Mann starke Besatzung eingerichtet war.

Es spielten sich ergreifende Szenen ab, als der Schlepperkapitän, der die Fähren von Danzig hierher gebracht hatte, die offenen Fähren mit den 1000 Stutthofer Kameraden ihrem Schicksal überlassen mußte. Körperlich völlig heruntergekommen, teils in Lumpen gehüllt, waren die Stutthofer Häftlinge tagelang über die Ostsee gefahren, Wind und Wetter preisgegeben. Und ohne Verpflegung, flehten sie die Neuengammener Häftlinge um ein Stückchen Brot an, uns – denen es in diesen Tagen ebenso erging wie ihnen. Ich sah, wie manche von ihnen in ihrer körperlichen Verfassung versuchten, sich aufzurichten, dabei kippten sie jählings über Bord der Fähren und kamen so zu Tode. So war es schon manchen von ihnen auf dem lan-

Am 4. Mai 1945 lief die ›Aktion Knobelbecher‹ an: die Räumung des Swinemünder Hafens, der bis zu diesem Tage gehalten werden konnte. Rund 35.000 Menschen verließen an diesem 4. Mai mit einem letzten Transport von Kriegs- und Handelsschiffen Swinemünde mit Ziel Kopenhagen. *(Foto: PR / Ostsee-Archiv Heinz Schön)*

Alle noch fahrbereiten Schiffe liefen am 5. und 6. Mai aus den Häfen an der schleswig-holsteinischen Küste und aus Kopenhagen aus und nahmen Kurs auf Hela. Hier warteten noch etwa 200.000 Menschen auf ihren Abtransport. *(Foto: PR / Ostsee-Archiv Heinz Schön)*

Eines der letzten Schiffe die auf die Reede von Hela in den letzten Kriegstagen noch Verwundete, Soldaten und Flüchtlinge an Bord nahmen, war der Dampfer *Sachsenwald.* Russische Landartillerie beschoß das Schiff während der Einschiffung, die abgebrochen werden mußte. „Anker auf – wir laufen aus!“ mußte Kapitän Teege befehlen. Gern hätte er noch mehr Menschen an Bord genommen. *(Foto: Hapag-Lloyd)*

Viele Flüchtlingsschiffe legten in den letzten zehn Kriegswochen in Kopenhagen an. Hier wurden die Flüchtlinge ausgeladen. Viele von ihnen saßen ratlos im Hafen und wußten nicht wohin, die Flüchtlingsläger waren überfüllt. Als einziger Aufenthaltsort blieb für mehrere Zehntausend der Hafen. *(Foto: C. Henrich, Traben-Trabach)*

Zu den überlebenden ›Flüchtlingsschiffen‹, die 1945 in der Ostsee eingesetzt waren und irgendwo in einem der schleswig-holsteinischen Häfen oder Buchten wegen Kohle und Ölmangel herumlagen und nicht mehr fahrbereit waren, gehörte auch der Dampfer *Ammon* von der Hamburg-Amerika-Linie. *(Foto: HAL / Ostsee-Archiv Heinz Schön)*

Aus war der Krieg in den ersten Maitagen auch für den Dampfer *IBERIA* (9829 BRT) und für den Dampfer *Kaiser.* Auch diese beiden Flüchtlingsschiffe hatten zuletzt kein Öl und keine Kohlen mehr. *(Fotos: Hapag-Lloyd)*

Großadmiral Dönitz, von Hitler zu seinem Nachfolger bestimmt, hatte für die letzten Tage seiner Regierung nur noch ein aus sechs Worten bestehendes Regierungsprogramm: „Jedes weitere Blutvergießen vermeiden – Menschenleben retten!". Er befahl allen noch fahrbereiten Kriegsschiffen – und auch Handelsschiffen unter Reichsdienstflagge – in der Ostsee, die Kurlandhäfen Windau und Libau und die Halbinsel Hela anzulaufen, um auch noch die letzten Soldaten, Verwundeten und Flüchtlinge vor dem Zugriff der Russen zu retten.
(Foto: Drüppel 4186)

Noch einmal, zum letzten Male, heißt es Kurs Osten. Kriegsschiffe auf dem Marsch nach Hela am 8. Mai 1945.
(Foto: PR / Ostsee-Archiv Heinz Schön)

Auch am letzten Tage des Krieges, dem 8. Mai 1945, mußten die Schiffe noch mit Fliegerangriffen rechnen. Bis zur letzten Stunde dieses 8. Mai 1945 blieben auf den Kriegsschiffen, die nach Osten liefen, die Flakgeschütze besetzt. Die Notwendigkeit zeigte sich bei mehreren Schiffen.
(Foto: PR / Ostsee-Archiv Heinz Schön)

Sowjetische Schlachtflieger- und Jagdfliegerverbände gaben keine Ruhe. Immer und immer wieder griffen sie auf der Reede von Hela die Schiffe an. Ein Frachter erhält einen Bombenvolltreffer mittschiffs und sinkt innerhalb weniger Minuten. Das Schiff war noch leer. Die Besatzung konnte noch über Bord springen.
(Foto: Drüppel 3814)

Auf der Reede von Hela formiert sich am späten Nachmittag des 8. Mai 1945 das letzte Geleit von Flüchtlingsschiffen. Einige Schiffe stehen schon unter Dampf.
(Foto: PR / Ostsee-Archiv Heinz Schön)

Selbst das kleinste Kriegsschiff wurde in Hela im Kriegshafen voll beladen. Überall stehen und sitzen die Menschen, Soldaten haben an Oberdeck Platz gefunden. Man warter jetzt nur noch auf das letzte Schiff. Dann wird das letzte Geleit Hela verlassen.
(Foto: PR / Ostsee-Archiv Heinz Schön)

Das letzte Schiff, das am späten Abend des 8. Mai 1945 Hela verläßt, ist der Ex-Bäderdampfer *Rugard*, das Kommandoschiff des Chefs der 9. Sicherungsdivision, Fregattenkapitän von Blanc. Am nächsten Tag, dem 9. Mai 1945, wird die *Rugard* bei Bornholm in das letzte Seegefecht des Zweiten Weltkriegs in der Ostsee verwickelt. Sowjetische Schnellboote versuchen vergeblich, die *Rugard* zu stoppen und zum Einlaufen in einen sowjetisch besetzten Ostseehafen zu zwingen. *Rugard* eröffnet das Feuer und setzt seine Reise in den Westen fort.
(Foto: Drüppel 1514)

Die *Lisa Essberger* traf in Kopenhagen ein, als hier der Krieg schon zu Ende war. Der Kapitän wurde zwar seine Flüchtlinge los, die er von Hela mitgenommen hatte, nicht aber die Säcke mit den acht Millionen Reichsmark, die man ihm in Libau an Bord gebracht hatte. Da es für Geld keinen Empfänger mehr gab, beschwerte der Kapitän die vier Säcke mit Ankerschäkeln und warf sie kurzerhand über Bord.
(Foto: Drüppel 3544)

Das ›letzte Aufgebot‹ an Flüchtlingsschiffen, vom Fährprahm bis zum Schnellboot, das am 8. Mai die Kurlandhäfen Windau und Libau verließ, bestand aus insgesamt 113 Schiffen. Mancher Soldat starb auf der Fahrt nach dem Westen noch durch Bordwaffenbeschuß sowjetischer Flugzeuge. Zwei Fischkutter wurden von den Russen aufgebracht, weil sie die Fahrtgeschwindigkeit der anderen Schiffe nicht halten konnten und zurückblieben. 111 Schiffa kamen durch und retteten fünf Minuten vor zwölf 25.300 Kurlandkämpfer.
(Foto: PR / Ostsee-Archiv Heinz Schön)

Die Flucht über die Ostsee ist endgültig zu Ende. Am 11. Mai erreichen die letzten Schiffe aus Windau und Libau die schleswig-holsteinischen Häfen. Die Überlebenden der Ostsee-Flucht gehen an Land. Das größte Rettungswerk der Seegeschichte ist abgeschlossen. Mehr als 2 Millionen Menschen wurden von Schiffen der Kriegs- und Handelsmarine über die Ostsee vor den Sowjets gerettet.
(Foto: PR / Ostsee-Archiv Heinz Schön)

gen Seeweg von Danzig über die Ostsee bis in die Lübecker Bucht ergangen. Denn auch bei der Verrichtung der Notdurft mußten sie sich über der Bordkante halten, wobei die meisten das Übergewicht bekamen und über Bord fielen. Zu ihrer Rettung rührte sich keine Hand.

Wir Neuengammer mußten dem allen bei Ankunft dieser Kameraden aus Danzig-Stutthof in Lübeck hilflos zusehen. Wie wir später erfuhren, sind die Fähren mit ihrer Elendsfracht in den Neustädter Hafen gekommen, wo die Häftlinge in der U-Boot-Schule Aufnahme fanden, dort auch versorgt wurden und so dem Schicksal unserer rund 10.000 Kameraden vom KZ Neuengamme auf den Schiffen entgingen.

Ich gehörte zu den 100 Häftlingen, die zunächst im Außenhafen von Lübeck verblieben und hier für verschiedene Arbeiten eingesetzt waren. Da merkwürdigerweise keiner der Köche aus der Häftlingsküche von Neuengamme mit nach Lübeck gekommen war, übernahm ich die Aufgabe, meine hundert Kameraden zu versorgen. Das war nicht einfach und brachte viele Probleme mit sich. In einem Eisenbahnwaggon richteten wir uns häuslich ein und verbrachten so die nächsten Tage, während sich unsere SS-Bewacher im gegenüberliegenden Getreidesilo niedergelassen hatten. Eine Postenkette bewachte uns Tag und Nacht.

So verging ein Tag nach dem anderen.

Inzwischen war der 02. Mai herangekommen.

An diesem Tage kam in den frühen Morgenstunden der Befehl, alles an Proviant mitsamt den Küchenkesseln auf die *Athen* und die *Thielbek* zu bringen. Dann wurde der Befehl wieder zurückgezogen, und nur 6 Kessel mußten wir auf die *Athen* abgeben, auf der nun unter eigener Regie gekocht wurde.

Dann kam plötzlich Unruhe unter die SS-Mannschaft. Alle ausländischen Häftlinge mußten sofort an Bord der *Thielbek* gehen. Nur wenige deutsche Häftlinge durften an Land bleiben.

Darunter auch ich.

Zwei Stunden später war die *Athen* seeklar und lief aus.

Wir letzten deutschen Häftlinge an Land wußten zunächst nicht, was mit uns geschehen sollte. Einige Zeit später wurden auch wir an Bord der *Thielbek* gehetzt, die aber den Hafen noch nicht verließ. Offensichtlich wartete man auf weitere Fracht. Sie trifft am nächsten Vormittag im Lübekker Außenhafen ein.

Es waren unsere Todeskandidaten aus Neuengamme.

Sie konnten nicht mit dem Zug fahren wie wir, sondern mußten den langen Weg von Neuengamme bis nach Lübeck-Außenhafen in einem langen Fußmarsch zurücklegen. Total erschöpft und entkräftet kamen sie an. Es waren jene Kameraden, die mit dem lila Armband ›Torsperre‹ versehen waren. Sie hatten einen halbrasierten Schädel und waren damit auch äußerlich als Todeskandidaten gekennzeichnet. Mit ihnen, den Ärmsten der Armen, kam die gesamte Hundestaffel der SS, die sich im Außenhafen sofort um die Neuankömmlinge gruppierte. Den völlig entkräfteten Kameraden, die meisten dem Verdursten nahe, wurde nicht einmal ein Schluck Wasser gegönnt.

Zwischen den SS-Leuten wurde eifrig diskutiert. Man wollte die ›Torsperre‹-Häftlinge von den anderen Häftlingen sortieren, weil man von ihnen eine Meuterei fürchtete. Zunächst plante man, sie zu Fuß nach Kaltenkirchen zu schicken, doch niemand von der SS-Bewachung wollte die Verantwortung für diesen Weitermarsch übernehmen.

Schließlich wurden die Kameraden nach uns auf die *Thielbek* gejagt.

Unsere Kessel, die sich noch an Land befanden, wurden auf die *Thielbek* gehievt, wo sie vor dem vorderen Laderaum an Oberdeck ihren Platz fanden, sie standen nun ganz nahe am Bug des Schiffes.

Danach legte die *Thielbek* ab, verließ als letztes KZ-Schiff den Außenhafen von Lübeck und steuerte in die Neustädter Bucht.

Ich hielt mich auf dem Vorschiff bei den Küchenkesseln auf und konnte so alles um mich herum gut beobachten. Unter Deck, in den tief gelegenen Laderäumen war es nicht auszuhalten vor Gestank. Fast 10 Meter tief lag der vordere untere Laderaum im Bug des Schiffes. Da nun hausten die Menschen zusammengepfercht wie vorher in den Lagern. Die Kotkübel schwappten über, niemand dachte daran, sie herauszuziehen und über Bord zu entleeren. Was hätte dies auch genutzt? Man hätte es stündlich machen müssen. Wer aber sollte das tun? Um die Öffnung des Laderaumes herum stand eine SS-Wache. Sie ließ keinen Häftling an Deck. Dies galt für den vorderen wie für den hinteren Laderaum

Als die *Thielbek* die Trave hinunterfuhr und bei Travemünde die Brücke passierte, lagen links und rechts an den Ufern Tausende verwundeter Soldaten mit frischen, blutgetränkten Verbänden unter freiem Himmel. Auf Kähnen und Schuten lagen sie, auf Rasen und Sand. Wohin das Auge reichte, Menschen. Auf den Straßen war ein endlos scheinender Heerzug zu erkennen, Soldaten und Zivilisten, die nach Norden flohen. Unabsehbare Lastwagenkolonnen fuhren im Schrittempo über die verstopften Chausseen. Auch an Land drohte anscheinend das Chaos des zu Ende gehenden Krieges, das wir Häftlinge so sehnsüchtig erwarteten.

Inzwischen lief die *Thielbek* in die freie Ostsee. Immer wieder waren Flugzeuge über dem Schiff zu beobachten. Ohne Zweifel: Es waren keine deutschen Flugzeuge, sondern Bomber der *Royal Air Force.* Ihre Angriffe galten den Menschenansammlungen an der Küste. Sie warfen Bomben ab und beschossen in Tiefangriffen die Menschen mit Bordwaffen. Die *Thielbek* ließen sie aber in Ruhe. Wußten sie, daß sich KZ-Häftlinge an Bord befanden?

Etwa einhundert Meter hinter der *Thielbek* lief ein deutsches U-Boot mit uns auf gleichem Kurs. Der Abstand zu uns blieb immer der gleiche. Als die britischen Flugzeuge erschienen, setzte die Bord-Flak des U-Bootes ein. Daraufhin griffen die Flugzeuge das U-Boot im Tiefangriff mit Bordwaffen an und trafen den Turm des U-Bootes, konnten es aber nicht versenken. Das U-Boot blieb in etwa einhundert Meter Entfernung in unserem Heckwasser.

Vor der *Thielbek* breitete sich langsam die Weite der Ostsee aus. Die *Deutschland* wurde sichtbar, die in der Neustädter Bucht leer vor Anker lag. Links voraus kam die mit KZ-Häftlingen voll beladene *Cap Arcona* in Sicht. Das Schiff lag am weitesten von der Küste ab, einige Kilometer von Land entfernt, auf der Höhe von Pelzerhaken.

Die *Thielbek* nahm Kurs auf die *Cap Arcona*, hinter ihr das U-Boot, das immer noch in 100 Meter Abstand folgte. Ebenso wie die *Cap Arcona* führte auch die *Thielbek* die Reichsdienstflagge der Handelsschiffe, die der Kriegsmarine als Hilfsbeischiffe dienten.

Keines der beiden Schiffe, und auch die *Athen* nicht, hat eine Flak an Bord. Alle drei Schiffe sind aber auch keine Lazarettschiffe, die den besonderen Schutz des internationen Roten Kreuzes genießen.

Etwa zweihundert Meter von der *Cap Arcona* entfernt, zwischen der Küste und diesem Ozeanriesen, blieb die *Thielbek* liegen und warf Anker.

Außer der *Cap Arcona*, der *Deutschland*, der *Thielbek* und der *Athen* befand sich eine Vielzahl kleinerer Handelsschiffe und kleinerer Kriegsschiffe in der Neustädter Bucht.

Sie alle warteten auf das Ende des Krieges.

Um die *Thielbek* herum konnte man etwa zwanzig deutsche U-Boote erkennen. Hatten diese U-Boote etwa den Auftrag, die KZ-Schiffe zu torpedieren und uns alle in den Tod zu schicken?

Unsere Befürchtung entbehrte jeder Grundlage. Doch keiner wußte das an diesem Tage. Im Gegenteil – die meisten von uns glaubten immer noch an das Gerücht, Himmler habe die Versenkung der KZ-Schiffe befohlen.

Gegen 09.00 Uhr abends kam ein U-Boot längsseits der *Thielbek*. Ein Toter und zwei Schwerverwundete wurden an uns abgegeben. Es handelte sich um das U-Boot, das uns begleitet hatte und am Turm getroffen wurde. Ein junger Leutnant brachte einen versiegelten Beutel, offensichtlich Geheimpapiere, auf die *Thielbek*. Ich stand an der Reling und konnte dies genau beobachten. Nachher wurde der Beutel, wie ich hörte, im Maschinenraum verbrannt. Das U-Boot lief wieder ab.

Dann begann der 03. Mai 1945.

Er sollte zum Schicksalstag der drei KZ-Schiffe in der Neustädter Bucht werden.

Gegen 10.00 Uhr kreisten wieder Flugzeuge über der Neustädter Bucht, zogen über die *Cap Arcona*, die *Deutschland*, die *Thielbek* und die *Athen* hinweg, drehten in Richtung Land wieder ab. Zu dieser Zeit war die Stadt

Neustadt bereits von den anglo-amerikanischen Truppen umkämpft, ebenso die Marinestation Pelzerhaken.

Da in der Neustädter Bucht Hunderte von kleinen Einheiten der Kriegsmarine lagen, von denen ein Teil von der eigenen Besatzung in Tag- und Nachtsprengungen versenkt wurde, mußten die Engländer vermuten, daß die drei großen Schiffe, die unter Reichsdienstflagge fuhren, Truppentransporter seien. Diese Vermutung konnten die anglo-amerikanischen Angreifer auch haben, weil an Deck der Schiffe nur SS-Soldaten mit ihren Waffen zu sehen waren. Die Häftlinge in Zebrakleidung durften sich nicht an Deck aufhalten.

Ich, der ich mich bei den Kochkesseln auf dem Vorderschiff beschäftigte, war auf der *Thielbek* wohl der einzige Häftling, der ein begründetes Recht hatte, sich an Deck aufzuhalten. Mir oblag ja die Verpflegung der Häftlinge, und in den Kesseln kochte an diesem Mittag des 03. Mai 1945 bereits das Mittagessen.

So konnte ich mit meinen wachen Augen alles beobachten, was auf den zwei anderen Schiffen, die dicht bei uns lagen, der *Cap Arcona* und der *Athen* – die *Deutschland* lag etwas weiter draußen – und vor allem auf der *Thielbek* alles geschah.

Auf der *Thielbek* lagen die Häftlinge in fürchterlicher Enge in den Laderäumen. Sah ich über die Kante des vorderen Laderaumes in die Tiefe, so sah ich in den oberen Laderäumen meine Kameraden teils schlafend, teils vor sich hindösend, völlig apathisch, abgespannt, wartend der Dinge, die kommen sollten. In den vorderen Laderäumen lagen unsere Kranken. Noch im Lübecker Außenhafen hatte man sie hierher herabgelassen. Und hier starben sie auch dahin, ohne jede ärztliche Hilfe, ohne irgendeine Behandlung und Betreuung. Mir selbst blieb nur zu tun, in einem Kessel ständig Tee für sie zu kochen, den ich dann in Gefäßen zu ihnen hinterschickte, um wenigstens ihren Durst zu lindern.

Der Gestank aus dem unteren Laderaum verpestete alles. Hier lagen die schwersten Kranken, die mit Plegmone, Ödemen, blut- und eiterverschmiert. Ihre Exkremente mußten sie unter sich gehen lassen, zu kraftlos, um sich zur Verrichtung ihrer Notdurft auch nur noch einen Zentimeter von ihrer Lagerstelle zu bewegen. Einige gesunde Kameraden stiegen öfter zu ihnen, um sie zu trösten, soweit das überhaupt noch möglich war. Zehn Meter tief lagen die Ärmsten unten im Schiffsleib, wo sie die Sonne nicht mehr zu Gesicht bekamen, wo sie in ständiger Dunkelheit dahinvegetierten. Leben konnte man das nicht mehr nennen. Den Gesunden blieb nur die Kameradenpflicht, jenen, den Kranken, die Mahlzeiten, das Brot zu reichen, soweit sie überhaupt noch imstande waren, einen Bissen herunterzuschlucken. Die Kotkübel, alles große Karbidtrommeln, wurden längst nicht mehr entleert. So – in dieser Umgebung, in diesem Zustand – siechten unsere Kranken auf der *Thielbek* dahin, menschenunwürdig. Sie warteten auf den Tod, der in aller Stille und Ruhe auf jeden einzelnen von ihnen zukam, inmitten der noch Lebenden, und sie in seine Arme nahm, sie erlöste.

Als ich an diesem Mittag des 03. Mai zur *Cap Arcona* hinüberblickte, sah ich Menschen in Motorboote steigen, die Ruderboote in Schlepp nahmen. Sowohl die Motor- als auch die Ruderboote waren besetzt und setzten sich in Richtung Neustadt in Bewegung. Erst später erfuhr ich, daß es einige SS-Bewacher waren, die das Schiff verlassen hatten. Dasselbe geschah auch auf der *Thielbek*, auf der anderen Seite des Schiffes, die ich nicht beobachten konnte.

Zu dieser Zeit sah ich plötzlich, nachdem wieder englische Flugzeuge in der Neustädter Bucht aufgetaucht waren, daß der Dampfer *Athen* den Anker lichtete, weiße Bettücher als Flaggen setzte, die Reichsdienstflagge einholte und in den Neustädter Hafen dampfte. Auf eigene Faust hatte sich der Kapitän der *Athen* hierzu entschlossen. Er rettete damit die auf seinem Schiff befindlichen Häftlinge.

Jetzt, da wir auf der *Thielbek* fast ohne Bewachung waren, von den SS-Bewachern war fast nichts mehr zu sehen, holten wir uns aus den Kisten und Kartons aus der SS-Kantine das Beste heraus, was unser schmachtvolles Leben jahrelang entbehren mußte: Bonbons, Pralinen, Schokolade und Keks. Niemand hinderte uns daran, davon zu nehmen. Unseren Kranken kam das zuerst zugute. Teils gierig danach langend, teils allem Geschehen um sie herum mit schon glasigen Augen zusehend, war hier der gute Wille der Helfenden größer als der Erfolg. Aber gerade jetzt waren die Kameraden auf unsere Hilfe angewiesen.

Das Mittagessen in den Kesseln blieb an diesem Tage unberührt. Es waren andere, bessere Dinge zur Sättigung reichlich da, und die wenigen Marinesoldaten an Bord sahen duldend zu. Lächelnd ließen sie uns gewähren und füllten sich dann selbst die Taschen.

Inzwischen war es 14.00 Uhr, und eine lastende Stille lag mitten unter dem hellen Sonnenlicht dieses Tages in der Neustädter Bucht.

Da kamen plötzlich englische Bomber angeflogen aus nordöstlicher Richtung und nahmen direkten Kurs auf die Schiffe.

Was nun geschah, war ein Inferno, das Drama in der Neustädter Bucht nahm seinen Anfang.

Da ich in der letzten Nacht wieder um 03.00 Uhr aufgestanden war, um die Kessel für den Morgenkaffee anzuheizen, war ich kurz vor zwei Uhr müde und abgespannt durch die Luke in den obersten Laderaum hinabgeklettert, um in einem Winkel bei meinen Kameraden etwas Ruhe zu finden und mich hinzulegen.

Da – Alarm!

Wir hörten dumpf dröhnend die Einschläge von Bomben oder Raketen irgendwo in der Nähe. Es war ein gewaltiges Dröhnen und Krachen. Sofort riß eine wilde Panik die Häftlinge aus ihrer Lethargie von den Plätzen. 2600 Menschen der *Thielbek* begannen plötzlich, die Todesgefahr erkennend, in der sie nun schwebten, um ihr nacktes Leben, ihr Dasein, zu kämpfen. Für Hunderte war es nur noch ein allerletztes Aufbäumen vor dem Tod.

Wahrhaft grausige Bilder boten sich uns in den nächsten Minuten.

Als einer der ersten Häftlinge war ich an die eiserne Steigleiter gelangt, die uns aus dem Laderaum steil nach oben führte. Nun kämpfte jeder darum, auf der steilen Leiter nach oben zu kommen. Rücksichtslos und nur dem Lebenserhaltungstrieb folgend, drang alles, was sich noch auf den Beinen halten konnte, nach oben. Ich griff nach den Sprossen. Meine Hände waren blutverschmiert. Es waren doch einige, die sich über mir retteten und mir auf die Hände traten.

Unter mir, in der Luke, spielten sich schon Todeskämpfe ab, als ich die Leiter nach oben stieg.

Dann war ich an Deck, blickte mich um.

Die *Cap Arcona* brannte lichterloh. Von vorn bis achtern war das Schiff ein großes Flammenmeer.

Und hinten, weiter in der Neustädter Bucht, brannte der Dampfer *Deutschland*.

Und gerade in diesem Augenblick, da ich an Oberdeck gekommen war, stürzten sich die Bomber, von hinten kommend, im Tiefflug auf die *Thielbek*.

Um mich herum brach die Hölle los:

Bersten, Krachen, herumfliegende Eisen- und Holzteile, tosender Lärm – die *Thielbek* schüttelte sich förmlich.

Da – mit jäher Explosion – birst das Vorschiff, die Bordwand wurde von einer Rakete aufgerissen.

Durch ein fast zwei Meter großes Loch stürzte das Wasser in das Schiff, gerade dahin, wo unten unsere rettungslos verlorenen Kranken lagen. Der Tod holte sie alle.

Zu gleicher Zeit schlugen Bomben mittschiffs neben dem Schornstein in den Maschinenraum, eine pechschwarze, riesige Wolke öligen Qualms stieg auf.

Mir wurde in diesem Augenblick bewußt, daß die *Thielbek* verloren war. Das Schiff sank schnell und legte sich nach Backbord auf die Seite.

War nun alles für mich aus, auch mein Leben?

Ich kam nicht zum Denken.

Erneuter Bombenabwurf. Erneute Treffer. Wieder Eisen, das zerriß – Blut, das spritzte – Menschen, deren Schädel barsten – Arme – abgeschlagen durch die Luft fliegend, Beine ohne Körper, die über Bord gefegt wurden – – –

Meine Augen sahen es, mein Verstand registrierte es, doch begreifen konnte ich das alles nicht.

Augenblicke später, als das Inferno des Schreckens vorbei war:

Die *Cap Arcona* begann sich langsam auf die Seite zu legen, langsam wie ein sich wehrender Riese, majestätisch noch im grauenhaften Untergang.

Und die *Thielbek* sank ebenfalls, rascher – immer rascher. Tote und Lebende schwammen bereits neben dem Schiff im Wasser. Die Schlagseite nahm zu. Ich mußte mich an Deck festhalten, um nicht über Bord zu fallen.

Alle losen Sachen, die sich an Deck befanden und nicht festgezurrt waren, schlugen bereits über die Bordwand ins Meer: Kisten, Fässer, Bohlen, Kartons, Türen. Das ganze Schiff schien nur noch ein Trümmerhaufen, nichts war mehr in Ordnung. Zu Hunderten wurden die schon im Wasser neben der Bordwand Treibenden von den über Bord gehenden schweren Gegenständen verletzt oder erschlagen.

Es gab kein Erbarmen auf der untergehenden *Thielbek*. Irgendwer setzte mittschiffs die weiße Flagge zum Zeichen, daß wir nicht kämpften, daß wir aufgaben. Es war viel zu spät.

Als die Flieger die Schiffbrüchigen in ihrer Häftlingskleidung im Wasser sahen, wurde das Bombardement sofort eingestellt.

Doch der Tod raste auf unserem Schiff und in der Ostsee.

Ich hing noch an dem untergehenden Wrack, das mich sicher mit in die Tiefe nehmen würde, wenn ich jetzt noch weiter zögern sollte – – –

Da sprang ich, mir blieb gar keine andere Wahl.

Im Wasser arbeitete ich wie ein Besessener, um vom Schiffsleichnam loszukommen, der mir gefährlich schien, wenn er sank. Der Sog sollte mich nicht noch mit in die Tiefe nehmen.

Ich blickte zum Schiff, dachte an meine Kameraden, die noch darauf waren und sich nicht helfen konnten. Aber wer konnte jetzt daran denken, hilflose Kameraden zu retten, wo jeder selbst genug zu tun hatte, das eigene Leben zu retten?

Die *Thielbek* brannte mittschiffs, vom Schornstein bis hinten zum Maschinenraum, und auf dem Schiff brennende, verbrennende, verbrannte Menschen.

Ich schaute um mich, sah ein endlos scheinendes Trümmerfeld um mich herum, sah Menschen sterben, Schiffe sterben, und suchte, noch immer im Wasser, das Leben, die Freiheit.

Auf der *Thielbek* starben sie in diesen Augenblicken noch zu Hunderten. Aus den Laderäumen waren nur ganz wenige Kameraden nach oben an Deck gelangt. Die meisten waren bereits unten ertrunken, erstickt oder verbrannt. Im Achterschiff schwammen die toten Leiber gleich nach den Raketen- und Bombentreffern in dem eingebrochenen Wasser. Ein paar an

Oberdeck versuchten, die Seile der Rettungsboote zu kappen. Die stark beschädigten Boote, noch leer, stürzten ins Wasser, erschlugen die im Wasser Treibenden.

Auch die Vergeltung sprang in diesen Minuten der Todesangst und des Todeskampfes auf. Ohne Kommando wurden Häftlinge zu Mördern: SS-Leute lagen an Deck in ihrem eigenen Blute, noch ehe sie sich retten konnten. Sie büßten für ihre Kameraden mit.

Von Land aus brausten drei schwarze Marine-Vorpostenboote heran. Wurfleinen wurden ausgeworfen, an die sich eine ganze Kette von Menschen anhing, um sich an Bord der Schiffe ziehen zu lassen, doch viele waren schon zu kraftlos, um selbst auf die Rettungsschiffe zu klettern. Ihre verkrampften Hände ließen plötzlich das Seil los, ein Schrei folgte, ein letztes Aufbäumen – und dann, kurz vor der so ersehnten Freiheit, war wieder ein Leben ausgehaucht, für immer erloschen. Hunderte sind so, von der Kälte des Wassers verkrampft, total erschöpft, abgesunken.

Ich sah sie ertrinken, lautlos, still, teilweise mit röchelndem letztem Aufschrei, sich in Todesnöten noch an andere klammernd, letzte Hilfe suchend, letzten Beistand erbittend in der Sekunde des Abschieds vom Leben.

Ich sah, wie sie zu Paaren miteinander verkrampft, tot auf dem Wasser dahintrieben, sah einige, wie sie zuletzt noch um sich schlagend, nicht verenden wollend, Kameraden mit in die Tiefe rissen. Überall nackte Menschenleiber, schwimmend im Tode, lebend noch andere. All das sah ich.

Wenige nur trugen noch ihre Zebrakleidung im Wasser.

Ich schwamm mitten unter ihnen, immer noch, mit allen nur menschlichen Todesnöten, aber ich hatte den Willen zum Leben in mir, mein Herz klopfte noch, rasend, wild, in Todesangst und Verzweiflung, in Todesnot, die irgendwann doch einmal ein Ende haben mußte.

Es war furchtbar, so allein zu sein, ganz allein mit der Angst zu sterben. Wahnsinn war das alles, was um mich herum vor sich ging, aber es war alles Tatsache, es geschah. Menschenunmögliches, Menschenunwürdiges – das alles geschah und war Wirklichkeit.

Mein Verstand registrierte noch immer die Bilder, die mein Unterbewußtsein aufnahm: Ich sah die anderen um mich herum sinken, mit einem letzten röchelnden Schrei. Ich dachte an alle, die um mich herum schwammen – tot, ewig dem Leben verloren, dachte auch an das ertragene Leid und erlebte dieses schaurige Abschlußdrama in der Ostsee.

Niemand in der Welt wird das eines Tages glauben.

Ich hatte schier übermenschliche Kräfte, denn ich hielt mich noch immer im Wasser, inmitten der Toten und Lebenden und der Trümmer, umschwamm die Hindernisse, sah, wie sich die *Thielbek* auf die Seite legte mit einem fürchterlichen Getöse.

Der Kiel des Schiffes zeigte nach oben. Und an ihn klammerten sich nun die Häftlinge, an diesen glitschigen, von Muscheln und Algen verschmierten Schiffsrumpf.

Sie warteten so auf Rettung, oder auf den Tod. Denn einige von ihnen konnten sich, entkräftet, nach einiger Zeit nicht mehr halten, rutschen ins Wasser und gingen unter.

Auch ich befand mich unter denen, die sich am Kiel des Schiffes festgeklammert hatten. Verzweifelt wehrte ich mich noch immer gegen den Tod.

Plötzlich sah ich nicht weit von mir einige Kameraden in einem Schlauchboot treiben. Sofort löste ich mich von dem Schiffswrack und versuchte, die letzten Kräfte aufbietend, das Schlauchboot zu erreichen. Es gelang mir auch, man zog mich hinein. War das meine endgültige Rettung? Als ich in dem Schlauchboot zwei gute Kameraden, zwei polnische Häftlinge erkannte, faßte ich neuen Mut.

Stundenlang trieben wir in der Ostsee, der Abend brach herein, es wurde zunehmend dunkler.

Langsam, langsam kam das Land näher, immer näher, und mit ihm die Freiheit, die Rettung unseres Lebens.

Es war ein erhebender Augenblick, als wir mit dem Schlauchboot den Kies des rettenden Ufers von Pelzerhaken erreichten. In diesem Augenblick der Rettung schwanden mir die Sinne.

Erst viel später kam ich wieder zu mir, wurde betreut mit allem, was die Menschlichkeit an Gutem zu bieten hatte, ich, der aus der Unmenschlichkeit gekommen war.

Selbst in letzter Stunde war das Glück auf meiner Seite. Wir hörten nach unserer Rettung, daß vor Stunden, kurz nach dem Untergang der Schiffe, ein Offizier den Befehl gegeben hatte, alle an Land kommenden zu erschießen, da dies Verbrecher seien. So fanden noch viele Gefangene am Strand von Pelzerhaken in dem Augenblick der Rettung den Tod.«

BOMBEN AUF DEN MENSCHENLEEREN DAMPFER *DEUTSCHLAND*

Das dritte Schiff in der Neustädter Bucht, das am frühen Nachmittag des 03. Mai 1945 dem Bomben- und Raketenangriff britischer Jagdbomber zum Opfer fiel, war der HAPAG-Dampfer *Deutschland*. In sieben Flüchtlingsfahrten, die in Gotenhafen und zuletzt in Hela begannen und in Saßnitz, danach in Kopenhagen endeten, hatte das 21 046 BRT große Schiff 69.379 Menschen über die Ostsee in Sicherheit gebracht. Auf einigen dieser Reisen befanden sich jeweils mehr als 10.000 Menschen an Bord, und der Dampfer *Deutschland* wurde deshalb oft als ›Musterschiff‹ unter den Flüchtlingsschiffen herausgestellt.

Nachdem Anfang April das Öl immer knapper wurde und schließlich ganz ausging, wurde die *Deutschland* am 13. April 1945 in der Neustädter Bucht an Anker gelegt. Nach den Informationen, die Seetra-Chef Konteradmiral Konrad Engelhardt in Flensburg vorlagen, sollte der Dampfer *Deutschland* in ein stationäres Lazarettschiff umgewandelt werden. Die großen Salons und Säle ließen das ehemalige Passagierschiff dafür auch besonders geeignet erscheinen.

Sofort nach Ankunft in der Neustädter Bucht wurde die Zivilbesatzung des Dampfers *Deutschland* auf 80 Mann reduziert, die Flakgeschütze wurden abgebaut, die Geschützbedienungen abgegeben und die Umrüstung zum Lazarettschiff begonnen.

Rein äußerlich geschah dies dadurch, daß die Schornsteine weiß gestrichen wurden, und es war vorgesehen, in den folgenden Tagen das Schiff als nationales Lazarettschiff zu kennzeichnen.

Doch kaum war der erste Stabsarzt an Bord kommandiert, einiges Sanitätspersonal und 15 DRK-Krankenschwestern, als am 23. April sämtliche Arbeiten abgebrochen wurden. Die Anordnung der Umwandlung in ein stationäres Lazarettschiff wurde zurückgenommen, der Dampfer *Deutschland* aus der Verantwortung der Kriegsmarine entlassen und dem ›Reichskommissar für Seeschiffahrt‹, dem Gauleiter Kaufmann, unterstellt.

Kapitän Steinke auf der *Deutschland* war über diesen ungewöhnlichen Vorgang genau so erstaunt wie sein Kollege auf der *Cap Arcona*, Heinrich Bertram, und seine Entrüstung über die Ankündigung, sein Schiff solle rund 5000 bis 8000 KZ-Häftlinge aufnehmen, war verständlich.

Doch weder am 24. noch am 25. April, noch an den folgenden Tagen wurden KZ-Häftlinge auf die *Deutschland* gebracht. Von der Brücke und dem Oberdeck des Schiffes sah man zwar mit dem Glas, was in der Neustädter Bucht vor sich ging und konnte auch beobachten, daß der Dampfer *Athen* zweimal KZ-Häftlinge an den Dampfer *Cap Arcona* abgab, aber Kapitän Steinke auf der *Deutschland* erhielt weder irgendeine Nachricht noch KZ-Häftlinge zugeteilt. Und er war froh darüber.

Dann kam der 03. Mai 1945, es war ein Donnerstag.

Gegen Mittag, kurz nach 12.00 Uhr, erschienen plötzlich zwei englische Flugzeuge, überflogen die *Deutschland*, kehrten um und warfen einige Brandbomben auf das Schiff.

Bootsmann Wilhelm Ruchert, seit Ende 1931 an Bord der *Deutschland*, war Augenzeuge dieses Geschehens. Er berichtet:

»Ich stand an Oberdeck, als die Flugzeuge erschienen. Zunächst dachte ich, es seien deutsche Maschinen. Als sie dann aber nach wenigen Augenblicken, nachdem sie das Schiff überflogen hatten, zurückkehrten, sah ich an den Kennzeichen, daß es britische Flugzeuge waren. Sofort rannte ich unter Deck.

Das Ganze dauerte nur wenige Minuten. Der Schaden, den die drei Brandbomben angerichtet hatten, war unerheblich, und es gelang uns innerhalb kurzer Zeit, die drei Brandstellen zu löschen.

Auf der Brücke wurde beraten, was zu tun sei, denn man rechnete damit, daß die Flugzeuge wiederkommen und das Schiff noch einmal angreifen würden. Kapitän Steinke befahl, eine weiße Flagge zu setzen als Zeichen dafür, daß das Schiff unbewaffnet sei und kapituliere. Der Kapitän ordnete ferner an, daß bis auf wenige Besatzungsmitglieder alle Mann die Boote besteigen sollten, um an Land zu rudern. Die Absicht des Kapitäns war es, kein einziges Menschenleben unnütz aufs Spiel zu setzen. Diese Gefahr sah er bei einem möglichen zweiten Luftangriff.

Kurz nach 14.00 Uhr saßen wir alle in den Booten und wollten gerade in Richtung Sierksdorf rudern, als der in meinem Boot befindliche Leitende Ingenieur der *Deutschland* Adolf Kolster an Deck des Schiffes Kapitän Steinke stehen sah. Er war auf dem Dampfer zurückgeblieben.

›Den lasse ich nicht allein an Bord‹, erklärte kurzerhand unser Chief (Chefingenieur) und bat, ihn wieder an Bord zu geben.

Wir erfüllten seinen Wunsch, und wenige Augenblicke später kletterte der Leitenden Ingenieur wieder an Bord, während wir nach Sierksdorf ruderten. Ein Boot war noch an Bord, so daß der Kapitän und der L. I. uns ebenfalls nach Sierksdorf folgen konnten. Außer den beiden schien niemand mehr auf der *Deutschland* zu sein.

Als wir uns mit unserem Boot der Küste näherten und ich gerade daran dachte, daß meine Frau, die Stewardess auf der *Wilhelm Gustloff* gewesen war, mit meiner Tochter, die sie bei sich hatte, nach dem überlebten Untergang des Schiffes auch in einem Rettungsboot gesessen hatte, erschien eine ganze Staffel britischer Jagdbomber, die sich auf die *Cap Arcona*, den dicht danebenliegenden Dampfer *Thielbek* und unser Schiff, die *Deutschland*, stürzte.«

Chefingenieur Adolf Kolster berichtet über den zweiten Angriff auf den Dampfer *Deutschland:*

»Ich war kaum wieder an Bord des Schiffes, als trotz der von uns gehißten weißen Flagge der Angriff der englischen Jabos erfolgte – nicht mit kleinen Brandbomben wie beim ersten Angriff, sondern mit Raketen und schweren Bomben. Bevor die ersten Geschosse den Dampfer trafen, begab ich mich mit Kapitän Steinke unter Deck. Zu unserer großen Überraschung erschienen noch einige Stewards, die sich offensichtlich zu lange beim Packen ihrer Sachen aufgehalten hatten und so das Ablegen der Boote versäumten.

Die auf den Dampfer niedergehenden Bomben und Raketen verursachten überall Brandherde. Wir alle, die wir noch auf dem Schiff waren, blieben aber unverletzt.

Als der Angriff vorbei war, das Schiff überall brannte, begaben wir uns auch in ein Boot, weil erkennbar schien, daß das Schiff nicht mehr zu retten war und ausbrennen würde.

Während wir nach Sierksdorf ruderten, was etwa eine Stunde in Anspruch nahm, sah ich plötzlich neben unserem Boot einen Oberfeldwebel im Wasser schwimmen, der von einem der anderen brennenden Schiffe ins Wasser gesprungen sein mußte. Der Mann war total erschöpft und durchgefroren. Wir nahmen in an Bord und setzten ihn an Land ab.

Von Land aus sahen wir später, etwa fünf Stunden nach dem zweiten Luftangriff auf den Dampfer *Deutschland*, wie das Schiffswrack immer mehr kippte. Durch das eindringende Wasser in das sinkende Schiff wurde das Feuer an einigen Stellen gelöscht, und die Schlagseite nahm immer mehr zu. Das 22 Meter breite und 206 Meter lange Schiff legte sich schließlich immer mehr auf die Seite und versank in der Ostsee, die an dieser Stelle 16 Meter tief war.

Das war der letzte Eindruck, der Abschied von meinem Schiff, dem HAPAG-Dampfer *Deutschland*, auf dem ich seit dem Jahre 1932 ununterbrochen als Leitender Ingenieur Dienst getan hatte.«

AM STRAND VON NEUSTADT: TOTE UND ÜBERLEBENDE

Was aber wurde aus den KZ-Häftlingen, die sich mühsam von Bord der brennenden *Cap Arcona* und der in 15 Minuten sinkenden *Thielbek* gerettet hatten?

Viele, die von den Schiffen ins Wasser gesprungen waren, wurden an Bord von Rettungsfahrzeugen genommen und nach Neustadt gebracht.

Viele starben aber auch in der Ostsee, überstanden nicht den Kampf mit dem Wasser, sie waren dafür zu entkräftet.

Viele wurden tot an Land gespült, die meisten von ihnen völlig nackt, manche aber auch noch in Sträflingskleidung.

Der 03. Mai des Jahres 1945 wird für alle Überlebenden aber unvergeßlich bleiben.

Das galt auch für viele in Neustadt, für die Bewohner dieser Stadt, die am gleichen Tage kampflos von englischen Truppen besetzt wurde, aber auch für viele Angehörige der Marine, die in dem völligen Durcheinander, das an diesem Tage in Neustadt herrschte, für Geschehnisse verantwortlich gemacht wurden, für die sie nicht verantwortlich waren.

Den in Neustadt einrückenden englischen Panzertruppen bot sich ein chaotisches Bild: Drei brennende Schiffe in der Neustädter Buch, die *Cap Arcona*, die noch am nächsten Tag brannte, die *Thielbek* und der Dampfer *Deutschland*. Und am Strand tote und zusammengetriebene KZ-Häftlinge vieler Nationen, in Freiheit und Unfreiheit.

Und es gab auch einige KZ-Häftlinge, die am Strand erschossen lagen . . .

Einer, der diese dramatischen Stunden des 03. Mai 1945 in Neustadt miterlebte und vorübergehend fälschlicherweise in den Verdacht geriet, am Tod dieser Menschen mitverantwortlich zu sein, dessen Unschuld sich aber bald eindeutig herausstellte, war Fregattenkapitän Heinrich Schmidt, der Kommandeur der 3. Unterseeboots-Lehrdivision und Wehrmachtskommandant von Neustadt. Er war weder verantwortlich zu machen für den körperlichen Zustand, in welchem sich die KZ-Häftlinge befanden, als die englischen Truppen in Neustadt einrückten, noch trug er irgendeine Schuld an der Versenkung der *Cap Arcona*, der *Deutschland* und der *Thielbek*, weil diese nicht mit einem Genfer Roten Kreuz gekennzeichnet waren, was einen Angriff ausgeschlossen hätte, und er war vor allem auch nicht verantwortlich dafür, daß eine Reihe von KZ-Häftlingen am Morgen des 03. Mai am Strand von Neustadt erschossen wurde.

Fregattenkapitän (Ing.) Heinrich Schmidt nahm zu den Ereignissen am 03. Mai 1945 in Neustadt wie folgt Stellung:

»Ich war Kommandeur der 3. Unterseeboots-Lehrdivision und Wehrmachtskommandant von Neustadt. Ein KZ-Lager und KZ-Häftlinge gab es im Raume Neustadt nicht. Von der Anwesenheit dieser KZ-Häftlinge in der Stadt Neustadt erfuhr ich am 03. Mai 1945 morgens ungefähr 08.00 Uhr durch einen Telefonanruf des Führers des Volkssturms Dr. Käselau. Auf seine eindringliche Bitte, ihm zu helfen, durch die Stadt Neustadt laufende KZ-Häftlinge wieder zu sammeln, sagte ich dieses trotz größter Bedenken zu, da ich mit dieser Angelegenheit nichts zu tun haben wollte, aber allein noch die Mittel besaß, um diese schwierige Angelegenheit in Ordnung zu bringen. Ich ließ die Häftlinge auf den Sportplatz des Marine-Geländes bringen, verpflegte sie dort und beabsichtigte, sie mit dem Dampfer *Athen* zu ihrem Bestimmungsort einzuschiffen. Mir war bekannt, daß das schwedische Rote Kreuz die Schiffe zu übernehmen gedachte.

Die in der Neustädter Bucht liegenden Schiffe *Cap Arcona*, *Deutschland*, *Thielbek* und *Athen* waren aus dem Dienstverhältnis der Marine herausgenommen und dem ›Reichskommissar für die Seeschiffahrt‹ unterstellt worden. Es hatte also weder die Kriegsmarine, noch die dem Hafenkapitän in Neustadt übergeordnete Haka-Stelle Travemünde, noch ich als örtlicher Wehrmachtskommandant irgendwelche Befehlsbefugnis.

In den Mittagsstunden des 03. Mai 1945 erfolgte der Angriff der englischen Flugzeuge, wodurch alle drei Schiffe versenkt wurden.

Noch während des Angriffs veranlaßte ich persönlich mit allen verfügbaren Booten und Fahrzeugen die Rettung der Schiffbrüchigen, die ich gegen 17.00 Uhr abbrechen mußte, da ich nach dem Einmarsch der englischen Truppen sofort in Haft genommen wurde.

Am Vormittag des 03. Mai hatte ich eine Geländefahrt durchgeführt, von der ich gegen 11.30 Uhr zurückkam. Bei meiner Rückkehr wurde mir gemeldet, daß auf dem anderen Ufer eine Schießerei auf KZ-Häftlinge im Gange wäre. Ich habe sofort einen Kapitänleutnant meines Stabes und noch zwei weitere Offiziere beauftragt, mit allen Mitteln, selbst unter Anwendung von Gewalt, diesem Wahnsinn ein Ende zu bereiten. Nach zehn Minuten erhielt ich die Meldung, daß kein Schuß mehr fallen würde. Nach von mir gemachten Feststellungen waren an der Schießerei eine Gruppe von SS-Leuten, eine Reihe von Gendarmeriewachtmeistern der Wachmannschaft und einige Marinesoldaten einer Marineeinheit aus Baracken des Sandberger Weges von Neustadt beteiligt. Für den Schießbefehl verantwortlich war meiner Ansicht nach ein SS-Scharführer Mathiä. Die Marinetruppe unterstand nicht mir als Kommandant der 3. ULD, sie bestand aus ca. 10 Mann und einem Unteroffizier.

Nach einer eingehenden Untersuchung über die Vorfälle, die nach meiner Verhaftung von dem Lagerkommandanten der ersten englischen Besatzung im Gelände der 3. ULD in Neustadt erfolgte, erklärte der englische Major wörtlich:

»Eingehende Zeugenaussagen haben klar bewiesen, daß Sie an den Vorfällen, die die KZ-Häftlinge betreffen, völlig unschuldig sind. Im Gegenteil: Sie haben für diese Menschen nur Gutes getan. Ich erkenne dies an, indem ich Sie entlasse und Ihnen jegliche Fürsorge angedeihen lasse.«

Größere Schwierigkeiten hatte der Kapitän der *Cap Arcona*, Heinrich Bertram, der an der Beladung des Schiffes mit KZ-Häftlingen ebenso unschuldig war wie an der Versenkung, trotzdem aber von den Besatzungsmächten 18 Monate in Haft behalten wurde, bis seine Unschuld eindeutig feststand.

UNSCHULD, SCHULD, VERANTWORTUNG

Ein weiterer Augenzeuge der Ereignisse in Neustadt an dem ereignisreichen 03. Mai des Jahres 1945 war Professor D. Dr. Martin Redeker, Marinestandortpfarrer in Neustadt. Er erstattete folgenden Bericht:

»Ich war in jenen Tagen Marinestandortpfarrer in Neustadt und habe einen großen Teil der Vorgänge aus nächster Nähe erlebt. Ein englisches Kriegsgericht hat mich mehrfach zu den Vorgängen vernommen, weil man deutsche Offiziere für die Vorgänge auf der *Cap Arcona* verantwortlich machen wollte. Auf meine Aussage hin, die klar die Schuld der englischen Luftwaffe an der Versenkung der *Cap Arcona* herausstellte, wurde die Strafverfolgung deutscher Offiziere eingestellt, aber nicht, soweit mir bekannt wurde, etwas gegen die Verantwortlichen auf englischer Seite unternommen. Die deutsche Öffentlichkeit hat nicht erfahren, was sich in jenen Tagen ereignet hat und wer der wahrhaft Schuldige ist.

Die *Cap Arcona* und ihre Besatzung waren mir seit einigen Wochen bekannt. Ich lernte Offiziere und einen großen Teil der Besatzung bei der Beerdigung des Kapitäns Gerdts kennen, der ich in Neustadt beiwohnte.

Die Katastrophe der *Cap Arcona* habe ich von Neustadt aus ganz genau beobachten können. Ich habe gesehen, daß das Schiff achtern und vorn an den Masten große weiße Tuchfetzen hängen hatte. Dasselbe beobachtete ich an der *Deutschland*. Die von mir nach der Katastrophe befragten Offiziere der *Cap Arcona* haben erklärt, daß es sich bei diesen Tuchfetzen um große weiße Tischtücher gehandelt habe, die sie als weiße Flagge bereits vor dem Angriff gehißt hätten. Eine Abwehr der Flieger von Neustadt aus habe ich nicht beobachtet. Neustadt wurde ungefähr gleichzeitig mit dem Fliegerangriff auf die Schiffe von englischen Panzereinheiten kampflos besetzt. Es steht also eindeutig fest, daß englische Fliegereinheiten im Tiefangriff – die Flugzeuge flogen ganz dicht über die Schiffe hinweg – die Schiffe versenkt haben, obwohl sie die weiße Flagge zeigten.

Die einrückenden englischen Panzereinheiten wurden zunächst durch die Angaben von befreiten KZ-Häftlingen unzureichend informiert und glaubten, daß deutsche Dienststellen für die Katastrophe verantwortlich seien. Es kam noch hinzu, daß ein kleines SS-Kommando am Vormittag des 03. Mai 1945 ein schimpfliches Verbrechen begangen hatte, indem eine Handvoll von SS-Leuten unter Führung eines SS-Scharführers ungefähr 70 bis 80 Menschen, meist jüdische Frauen und Kinder, umbrachten. Diese, meist polnische Juden, stammten aus den drei Kähnen. Sie waren in der Nacht und am frühen Morgen an Land gegangen und bettelten am Strand um Essen. Sie wurden dann aber bald von deutschen Kommandos, die meist nur Stöcke als Waffen hatten, wieder eingefangen und in Gewahrsam gebracht. Lediglich eine kleine Gruppe von SS-Leuten, die betrunken war, war mit Schußwaffen versehen und schoß auf die fliehenden Häftlinge, die dann beim Einrücken der Engländer noch am Stand zu finden waren. Dadurch entstand bei den einrückenden englischen Truppen der Eindruck, daß in Neustadt ähnliche Verbrechen an Menschenleben begangen worden seien wie in Belsen. Der englische Panzerkommandeur ordnete daher an, daß sämtliche deutschen Lazarette, in denen sich damals ca. 3000 Schwerverwundete befanden, geräumt würden, um die verwundeten Häftlinge, und zugleich auch diejenigen Schiffbrüchigen, die sich inzwischen von der brennenden *Cap Arcona* an Land gerettet hatten, aufzunehmen. Zu dem deutschen Feldlazarett Mot. 7, das wenige Tage zuvor in Neustadt eingetroffen war, kam die Aufforderung des Engländers, daß ein deutscher Sanitätsoffizier sich sofort zum englischen Kommandeur zu begeben habe, um die entsprechenden Weisungen zur Räumung der Lazarette entgegenzunehmen.

Der Chefarzt des Lazaretts bat mich, gemeinsam mit ihm die Verhandlung beim Engländer zu übernehmen. Als ich auf dem Neustädter Marktplatz ankam, wo die englischen Panzerkolonnen aufgefahren waren, eilte der englische Kommandeur, ein Major, auf mich los und drohte mir Prügel an. Der mich begleitende Stabsarzt wurde, obwohl er eine Rot-Kreuz-Armbinde trug, geschlagen und ausgeplündert. Ich dagegen, weil ich an meinem silbernen Feldkreuz als Geistlicher zu erkennen war, blieb unangetastet.

Es entspann sich dann folgendes Gesprach:

Der Engländer sagte in gebrochenem Deutsch:

›Du bist ein verfluchter Nazi!‹

Ich erwiderte:

›Ich bin ein christlicher Geistlicher.‹

Er entgegnete:

›Wir Engländer sind alle Christen, bei Euch gibt es so etwas nicht!‹

Ich antwortete:

›Gott der Herr allein entscheidet, wer Christ ist.‹

Daraufhin konnte ich ihm sachlich auseinandersetzen, daß die Bevölkerung von Neustadt und die deutsche Wehrmacht an der Katastrophe der *Cap Arcona* und an dem Blutbad am Strande von Neustadt unschuldig seien und bot ihm an, mit deutschem Sanitätspersonal die Schiffbrüchigen und Verwundeten vom Strand zu holen und in deutschen Lazaretten unterzubringen.

Auf meine Vorstellungen hin, daß Verwundete und Schiffbrüchige aller Nationen die gleiche Behandlung erfahren müßten, widerrief der Kommandeur den Befehl der Räumung der deutschen Lazarette und erklärte sich damit einverstanden, daß die deutschen Verwundeten in den Lazaretten verblieben, wenn die KZ-ler entsprechend auch dort untergebracht würden.

Der englische Kommandeur gab mir einen deutschen Personenwagen für die Organisation der Rettung der Schiffbrüchigen. Als Fahrer erhielt ich einen belgischen Polizeimajor, der soeben nach dreijähriger KZ-Haft von den Engländern befreit worden war. Auf unserer Fahrt zu den deutschen Sanitätseinheiten wurden wir mehrfach von englischen Panzerkolonnen angehalten, aus dem Wagen gerissen und mit Erschießen bedroht. Dem Eingreifen des belglischen KZ-lers verdanken wir es, daß wir unseren Auftrag weiter durchführen konnten. Als ein englischer Korvettenkapitän, der durch einen roten Spitzbart kenntlich war, den deutschen Stabsarzt und mich erschießen wollte, weil er meinte, an den ersten beiden gefangenen deutschen Offizieren Vergeltung üben zu müssen, rettete uns dieser Polizeimajor, der wohlgemerkt soeben erst aus langer KZ-Haft befreit war, das Leben, indem er sich in die Schußlinie stellte.

Es gelang uns dann, mit zahlreichem deutschen Sanitätspersonal die

Schiffbrüchigen und die kranken und verwundeten Häftlinge in die deutschen Lazarette zu bringen.

Inzwischen waren auch Motorboote der deutschen Kriegsmarine ausgesandt worden, um – so gut es ging – Schiffbrüchige vom Tode des Ertrinkens zu retten. Leider konnte aber der Großteil der Häftlinge die brennenden Schiffe nicht mehr verlassen. Der größte Teil der geretteten Häftlinge stammte von der *Athen*, die im Hafen von Neustadt gelegen hatte. Der Kommandeur der deutschen U-Boot-Schule hatte diese Häftlinge am Vormittag von der *Athen* heruntergeholt und an Land gebracht, um ihnen dort ein Mittagessen zu verabreichen, so daß beim Eintreffen der Engländer weit über 2000 Häftlinge sich noch an Land befanden.

An und für sich sollten die auf der Reede liegenden drei Schiffe vor dem Eintreffen der Engländer einlaufen. Aber diese Absicht unterblieb, weil anscheinend der Befehlsapparat der Kriegsmarine nicht mehr funktionierte. Daher blieb den Kapitänen der Schiffe nichts anderes übrig, als auf der Reede von Neustadt zu kapitulieren, was sie durch Hißen der weißen Fahne bekundeten.

Verantwortlich dafür, daß also viele Tausende Häftlinge und mehrere Hunderte deutscher Bewachungsmannschaften noch am 03. Mai 1945 einen grausigen Tod in der Hölle von brennenden und untergehenden Schiffen finden mußten, sind die englischen Flugzeuge, die völlig unbewaffnete deutsche Handelsschiffe, die außerdem noch die weiße Flagge zeigten, im Tiefflug angriffen und sogar durch Bordwaffenbeschuß versenkten.

In allem Grausigen dieser Katastrophe und in allem Dunkel menschlicher Schuld leuchtet mir in der Erinnerung hellauf die Handlung des belgischen Polizeimajors, dessen erste Tat nach seiner Freilassung darin bestand, daß er einem deutschen Stabsarzt und einem deutschen Marinepfarrer das Leben rettete, um diese beiden Deutschen in die Lage zu versetzen, Hunderte von Verwundeten und Schiffbrüchigen aus dem Wasser zu ziehen und in ein Lazarett zu bringen. Denn erst die Menschlichkeit dieses Mannes gab uns die Möglichkeit, unser Werk der Nächstenliebe an den armen Opfern einer brutalen Luftkriegsführung zu tun.«

Die Bilanz des Dramas in der Neustädter Bucht am 03. Mai 1945:

Die gesamte Besatzung des Dampfers *Deutschland* konnte sich retten, keiner kam bei dem Angriff um.

Gerettet wurden auch alle KZ-Häftlinge und die Besatzung, die sich auf dem Dampfer *Athen* befanden, der rechtzeitig vor dem Angriff mit weißer Flagge in den Hafen von Neustadt einlief.

6000 Menschen, davon 5000 KZ-Häftlinge, waren auf der *Cap Arcona*, 2518 Menschen, davon 2500 KZ-Häftlinge, auf dem Dampfer *Thielbek*, die insgesamt also 8518 Menschen, als die englischen Jagdbomber diese beiden Schiffe mit Raketen, Bomben und Bordwaffen angriffen. Am Abend des 03. Mai 1945 zählte man in Neustadt 352 überlebende KZ-Häftlinge von beiden Schiffen. Die Zahl der geretteten Wachmannschaften und Besatzungsmitglieder wurde nie genau festgestellt, sie wurde mit 158 angegeben, so daß insgesamt nicht mehr als 510 Menschen die Katastrophe in der Neustädter Bucht überlebten, 510 von 8518.

Von den 8008 Opfern dieser Katastrophe waren 7148 ehemalige Häftlinge des Konzentrationslagers Neuengamme bei Hamburg, Opfer eines sinnlosen Luftangriffs.

NACHKLANG

Deutsche Nachkriegsrecherchen haben ergeben, daß der Angriff auf die *Cap Arcona,* die *Thielbeck* und den Dampfer *Deutschland* am 3. Mai 1945 in der Neustädter Bucht von folgenden Einheiten der britischen Luftwaffe der ›Royal Air Force‹ geflogen wurde:

1. Von der in Ahlhorn, nordöstlich von Cloppenburg, stationierten 263. Staffel unter dem Kommando von Captein Martin Trevor Scott Rumbold. Die Piloten der acht Maschinen dieser Staffel des Typs ›Typhoon‹ waren: Mark Hamilton, Ronnie Poctor, Dave Morgan, Eric Coles, Mikke Luck, Larry Saunders, J. A. Smith und M. T. Scott Rumbold. Jede der acht Maschinen hatte acht Raketen unter den Tragflächen, 63 Raketen trafen die *Cap Arcona* und die *Deutschland,* eine Rakete fiel ins Wasser. Der ›Operationsbefehl Nr. 71‹ für diesen Einsatz der 263. Staffel der ›Royal Air Force‹ lautete: »Luftfotos zeigen ausgedehnte feindliche Schiffsbewegungen, auslaufend aus Häfen Schleswig-Holstein. Das Ziel ist, diese Schiffsansammlungen während des ganzen Tages in einem Gebiet westlich der Insel Poel zu zerstören.« Staffelkapitän Scott Rumbold machte am 3. Mai 1945 folgende Logbucheintragungen: »Flugzeit 1 Stunde und 20 Minuten – Gutes Feuer entwickelte sich nach dem Angriff.«

2. Von der vom Feldflugplatz in Celle gestarteten 197. Staffel unter dem Kommando von Leutnant K. J. Harding. Im ›Operations Record Book‹ der 197. Staffel erfolgte folgender Eintrag für den 3. Mai 1945: »Der Angriff erwies sich als sehr erfolgreich und war auf ein 15.000 bis 20.000-Tonnen-Schiff gerichtet. Das Schiff brannte bereits als Folge eines vorhergehenden Angriffs der 263. Staffel, aber zwei direkte Treffer der 197. machten es zu einem lodernden, kenternden Wrack.3

3. Von der vom Feldflugplatz Plattdünne, zwischen Rheine und Lingen, gestarteten 198. Staffel unter dem Kommando von Captein Johny Baldwin, bestehend aus neun Maschinen. Fünf Maschinen waren ihre Raketen auf den Dampfer *Deutschland,* vier auf den Dampfer *Thielbeck.*

Obwohl der Kapitän der *Cap Arcona,* Heinrich Bertram, im Mai 1945 und den folgenden Monaten vom ›War Crimi‹ in Hamburg zum ›Fall *Cap*

Arcona und dem damit verbundenen Tod der an Bord befindlichen KZ-Häftlinge verhört und 18 Monate in Haft behalten wurde, nahmen britische Stellen die Versenkung der Schiffe *Cap Arcona, Thielbeck* und *Deutschland* bis auf heute offiziell nicht zur Kenntnis. Weder in den Archiven und im Museum der ›Royal Air Force‹, noch im ›Imperial War Museum‹ in London, noch im ›Ministry of Defence – Naval Historical Branch‹ – London, noch im ›Public Record Office‹, London, sind Unterlagen und Berichte über den Angriff britischer Flugzeuge, der am 3. Mai 1945 zum Tod von über 7000 KZ-Häftlingen auf der *Cap Arcona* und der *Thielbeck* führte, vorhanden. Auch in der englischen Kriegsliteratur über den 2. Weltkrieg wie auch in englischen Geschichtsbüchern ist über dieses dunkle Kapitel der letzten Kriegstage nichts zu finden. Dies läßt den Schluß zu, daß die am Angriff auf die drei Schiffe beteiligten Staffelkapitäne der ›Royal Air Force‹ weder zu dem Angriff selbst noch zu der Frage gehört worden sind, ob der Angriff trotz gehißter weißer Fahnen auf allen drei Schiffen, wie dies von Überlebenden und Augenzeugen der Katastrophe mehrfach und glaubwürdig behauptet worden ist, erfolgte.

Mit größter Wahrscheinlichkeit hätten die auf *Cap Arcona* und der *Thielbeck* gegen den Willen der Handelsschiffskapitäne eingeschifften KZ-Häftlinge den Krieg überlebt, wäre der Angriff britischer Flugzeuge am 3. Mai 1945, wenige Tage vor der Kapitulation, nicht erfolgt. Denn nachgewiesenermaßen ist die Versenkung der beiden Schiffe auf deutschen Befehl hin nie geplant gewesen, wie fälschlicherweise mehrfach behauptet.

NEUNTES KAPITEL

Das Ende in der Ostsee: Die letzten Tage von Hela

Hitler tot – Nachfolger Dönitz – Kurland-Soldaten auf verlorenem Posten – Hela, deutsches Dünkirchen der Ostsee – Schiffe unterwegs – Der Rest der deutschen Handelsflotte – Rettung in letzter Stunde – Das Ende naht: Die Kapitulation – Die Flucht des Tankers Julius Rütgers *– Dampfer* Rugard*: Letztes Gefecht in der Ostsee – 175 Schiffe retten 25.300 Kurlandkämpfer – Das letzte Schiff hieß* Hoffnung

HITLER TOT – NACHFOLGER DÖNITZ

Während der Schicksalstage der Dampfer *Cap Arcona, Thielbek, Deutschland* und *Athen* in der Neustädter Bucht hatte sich die militärische wie auch politische Lage in Deutschland entscheidend verändert. Die Stunde Null, das Ende des Krieges, war nähergerückt.

Für das Ende des Krieges hatte Hitler vor seinem Freitod in Berlin bereits die Weichen gestellt. Er hatte Entscheidungen getroffen, die für manchen seiner getreuesten Gefolgsleute in der Partei überraschend waren. Wohl nur wenige hatten erwartet, daß Hitler, der sich am 30. April in seinem Bunker in Berlin mit einer Kugel selbst das Leben nahm, den Oberbefehlshaber der Kriegsmarine, Großadmiral Dönitz, zu seinem Nachfolger bestimmen würde. Selbst Dönitz war von dieser Entscheidung überrascht.

Am frühen Abend des 30. April 1945 um 18.55 Uhr war bei dem Großadmiral folgender Funkspruch aus Berlin eingetroffen:

»FRR Großadmiral Dönitz:
Anstelle des bisherigen Reichsmarschalls Göring setzt der Führer Sie, Herr Großadmiral, als seinen Nachfolger ein. Schriftliche Vollmacht unterwegs. Ab sofort sollen Sie sämtliche Maßnahmen verfügen, die sich aus der gegenwärtigen Lage ergeben. Bormann.«

Als Dönitz den Funkspruch, der aus dem Führerbunker in Berlin verschlüsselt aufgegeben und nach dem Marine-Sonderschlüssel entschlüsselt worden war, gelesen hatte, gab er ihn an Reichsminister Speer weiter, der sich neben dem Adjutanten des Großadmirals, Korvettenkapitän Walter Lüdde-Neurath, zu einer Besprechung bei ihm befand. Keiner der Drei wußte zu dieser Stunde von dem Freitod Hitlers. Dönitz vermutete, Hitler wolle abtreten, um den Weg zur Kapitulation freizumachen, den Hitler selbst wohl kaum beschreiten würde und wollte. Es lag aber auch die Vermutung nahe, Hitler wollte deshalb einen politisch unbelasteten Soldaten als seinen Nachfolger, um bessere Waffenstillstandsbedingungen zu erreichen.

Beide Vermutungen des Großadmirals waren falsch. Noch in der Nacht zum 01. Mai bestellte Dönitz den Reichsführer der SS, Heinrich Himmler, der sich in Lübeck aufhielt, zu sich. In Himmler, der sich ihm gegenüber noch am Vortage als neues Staatsoberhaupt aufgespielt hatte, sah Dönitz die größte Gefahr. Himmler lehnte die Einladung, zu Dönitz zu kommen, die ihm von Lüdde-Neurath telefonisch in die Polizeikaserne Lübeck übermittelt wurde, kategorisch ab. Erst als Dönitz selbst mit ihm telefonierte, kam er. Er kam allerdings nicht allein, sondern war von sechs schwerbewaffneten SS-Offizieren begleitet nach Plön gekommen.

Himmler, der den Funkspruch aus dem Führerbunker in Berlin nicht kannte, erblaßte, als er ihn las.

»Lassen Sie mich in Ihrem Staate der zweite Mann sein«, forderte Himmler den Großadmiral auf. Doch dieser überlegte nicht lange:

»Das kommt überhaupt nicht in Frage! Ich habe keine Verwendung für Sie!«

Mit steinernem Gesicht verließ der Reichsführer der SS Heinrich Himmer das Zimmer von Dönitz. Dieser bat in der gleichen Nacht Generalfeldmarschall Keitel und Generaloberst Jodl zu sich nach Plön. Dönitz wollte sich persönlich ein Bild von der militärischen Lage machen, um danach seine weiteren Entscheidungen zu treffen.

Am Morgen des 01. Mai traf bei Dönitz ein um 07.40 Uhr in der Reichskanzlei in Berlin aufgegebener zweiter Funkspruch ein:

»FRR Großadmiral Dönitz (Chefsache)
Testament in Kraft. Ich werde so schnell wie möglich zu Ihnen kommen. Bis dahin m.E. Veröffentlichung zurückstellen.
Bormann.«

In diesem Funkspruch sah Großadmiral Dönitz eine Bestätigung des Todes von Adolf Hitler. Über Ursache, Zeit und Ort wußte er allerdings in dieser Stunde noch nichts.

Darüber informierte ihn ein dritter Funkspruch, abgesetzt in Berlin am 01. Mai um 14.46 Uhr, aufgenommen in Plön um 15.18 Uhr. Der Wortlaut dieses Funkspruches aus dem Führerhauptquartier in Berlin:

> »FRR Großadmiral Dönitz (Chefsache – Nur durch Offizier!)
> Führer gestern 15.30 Uhr verschieden. Testament vom 29. 04. überträgt Ihnen das Amt des Reichspräsidenten, Reichsminister Dr. Goebbels das Amt des Reichskanzlers, Reichsminister Bormann das Amt des Parteiministers, Reichsminister Seyss-Inquart das Amt des Reichsaußenministers.
> Das Testament wurde auf Anordnung des Führers an Sie, Feldmarschall Schörner und zur Sicherstellung für die Öffentlichkeit aus Berlin herausgebracht.
> Reichsleiter Bormann versucht noch heute zu Ihnen zu kommen, um Sie über die Lage aufzuklären. Form und Zeitpunkt zur Bekanntgabe an die Truppe und die Öffentlichkeit bleibt Ihnen überlassen.
> Eingang bestätigen Goebbels – Bormann.«

Noch am gleichen Abend, um 22.30 Uhr, ließ Dönitz über den Rundfunksender Hamburg bekanntgeben:

»Aus dem Führerhauptquartier wird gemeldet, daß unser Führer Adolf Hitler heute nachmittag in seinem Befehlsstand in der Reichskanzlei, bis zum letzten Atemzug gegen den Bolschewismus kämpfend, für Deutschland gefallen ist. Am 30. April hat der Führer Großadmiral Dönitz zu seinem Nachfolger ernannt.«

In einer zur gleichen Stunde an »Deutsche Männer und Frauen, Soldaten der deutschen Wehrmacht« gerichteten Erklärung von Großadmiral Karl Dönitz hieß es u.a.:

> ». . .Der Führer hat mich zu seinem Nachfolger bestimmt. Im Bewußtsein der Verantwortung übernehme ich die Führung des deutschen Volkes in dieser schicksalsschweren Stunde. Meine erste Aufgabe ist es, deutsche Menschen vor der Vernichtung durch den vordringenden bolschewistischen Feind zu retten. Nur für diesen Zweck geht der militärische Kampf weiter. Soweit und solange die Erreichung dieses Ziels durch die Briten und Amerikaner behindert wird, werden wir uns auch gegen sie weiter verteidigen und weiterkämpfen müssen . . .«

Der Tagesbefehl, den Dönitz am 01. Mai an die Wehrmacht erteilte, hatte folgenden Wortlaut:

»Deutsche Wehrmacht! Meine Kameraden!
Der Führer ist gefallen. Getreu seiner großen Idee, die Völker Europas vor dem Bolschewismus zu bewahren, hat er sein Leben eingesetzt und den Heldentod gefunden. Mit ihm ist einer der größten Helden deutscher Geschichte dahingegangen. In stolzer Ehrfurcht und Trauer senken wir vor ihm die Fahnen.
Der Führer hat mich zu seinem Nachfolger als Staatsoberhaupt und als Oberster Befehlshaber der Wehrmacht bestimmt. Ich übernehme den Oberbefehl über alle Teile der deutschen Wehrmacht mit dem Willen, den Kampf gegen den Bolschewismus so lange fortzusetzen, bis die kämpfende Truppe und die Hunderttausende von Familien des deutschen Ostseeraumes vor der Versklavung oder Vernichtung gerettet sind.
Gegen Engländer und Amerikaner muß ich den Kampf so weit und so lange fortsetzen, wie sie mich in der Durchführung des Kampfes gegen den Bolschewismus hindern.
Die Lage erfordert von Euch, die Ihr schon so große geschichtliche Taten vollbracht habt und die Ihr jetzt das Ende des Krieges herbeisehnt, weiteren bedingungslosen Einsatz. Ich verlange Disziplin und Gehorsam. Nur durch vorbehaltlose Ausführung meiner Befehle werden Chaos und Untergang vermieden. Ein Feigling und Verräter ist, wer sich gerade jetzt seiner Pflicht entzieht und damit deutschen Frauen und Kindern Tod oder Versklavung bringt.
Der dem Führer geleistete Treueeid gilt nunmehr für jeden einzelnen von Euch ohne weiteres mir als dem vom Führer eingesetzten Nachfolger.
Deutsche Soldaten, tut Eure Pflicht. Es gilt das Leben unseres Volkes.«

Dönitz sah seine erste Aufgabe in diesen Stunden darin, weiteres Blutvergießen zu verhindern. Er bat Graf Schwerin-Krosigh zu sich und trug ihm das Amt des Vorsitzenden eines noch zu bildenden Kabinetts der neuen Reichsregierung an. Dönitz hielt Schwerin-Krosigh, der in der Regierung Papen-Schleicher bereits Reichsfinanzminister gewesen war, dafür besonders geeignet. Nach einigen Stunden Bedenkzeit nahm Schwerin-Krosigh das Amt an. Zu sich in das neue Hauptquartier in Plön bestellte Dönitz ferner Generalfeldmarschall Schörner, den Reichskommissar für die Niederlande, Seyss-Inquart, den Reichsbevollmächtigten für Dänemark, Dr. Best, den Oberbefehlshaber für Dänemark, Generaloberst Lindemann, den General der Artillerie Boehme für Norwegen, den Reichsprotektor für die Tschechoslowakei Frank und den Reichskommissar Terboven. Alle Eingeladenen trafen am 01. Mai in Plön ein.

Am Mittwoch, dem 02. Mai, erfuhren Dönitz und die neue Reichsregierung von der Kapitulation in Italien. An diesem Tage wurde Schleswig-Holstein fast vollständig von den Engländern besetzt, was bedeutete, daß jetzt die Zustimmung der Engländer dafür erforderlich wurde, ob Schleswig-Holstein weitere Flüchtlinge und Soldaten, die mit Schiffen aus dem Osten herangebracht wurden, aufnehmen durfte oder nicht. Rasches Handeln war jetzt erforderlich, Dönitz stand unter Zeitzwang, die Kapitulationsbedingungen einzuleiten.

Am Abend des 02. Mai fand nahe bei Kiel, an der Levensauer Hochbrükke über dem Kaiser-Wilhelm-Kanal, ein Gespräch des Generaladmirals von Friedeburg in Anwesenheit von Reichsminister Schwerin-Krosigh und Korvettenkapitän Lüdde-Neurath statt. Dönitz bat in diesem Gespräch von Friedeburg, General Montgomery für den gesamten norddeutschen Raum die Teilkapitulation unter der Voraussetzung anzubieten, daß die Rückführung von Flüchtlingen, Verwundeten und Soldaten aus dem Osten über See und Land durch die Engländer nicht behindert würde.

Am 03. Mai begab sich Dönitz nach Flensburg-Mürwick, wurde dort mit seiner Begleitung von Kapitän zur See Wolfgang Lüth, dem letzten Kommandeur der Marineschule Flensburg-Mürwick, begrüßt, um später auf dem Wohnschiff *Patria* den Reichsminister für die besetzten Ostgebiete, Alfred Rosenberg, zu sprechen.

Nachdem Kapitän zur See Lüth sein eigenes Standortgebäude in der Marineschule geräumt hatte, bezog Dönitz mit seinen Mitarbeitern das Gebäude, das Sitz der neuen Reichsregierung wurde und Sitz des OKM. Gespannt wartete man auf die Rückkehr des Generaladmirals von Friedeburg, der gegen Mitternacht des 03. Mai eintraf.

Am 04. Mai um 09.00 Uhr erstattete der Generaladmiral dem Großadmiral Bericht über die Verhandlungen mit dem Feldmarschall Montgomery. Bei der Berichterstattung waren außer Dönitz Graf Schwerin-Krosigh, Generalfeldmarschall Keitel, Generaloberst Jodl, dessen Adjutant Oberstleutnant i.G. Brudermüller, anwesend. Aus dem Bericht wurde deutlich, daß Montgomery mehr gefordert hatte, als Generaladmiral von Friedeburg annehmbar erschien. Montgomery forderte den Einschluß von Holland und Dänemark in die Teilkapitulation, verlangte, daß keine deutschen Schiffe versenkt werden durften, ließ aber gleichzeitig erkennen, daß die Engländer die Rückführung von Soldaten, Verwundeten und Flüchtlingen aus dem Osten über See und Land nicht behindern würden.

Nach diesem Bericht entschied Großadmiral Dönitz: Verbot der Waffenvernichtung, Aufhebung des Stichwortes »Regenbogen« (nach dem alle Schiffe der Kriegsmarine versenkt werden sollten). Von Friedeburg wurde von Dönitz beauftragt, die Teilkapitulation zu unterzeichnen. Dies geschah am 04. Mai 1945 um 18.30 Uhr im Hauptquartier des britischen Feldmarschalls.

Das Dokument wurde von Generaladmiral von Friedeburg, Generalleutnant Kinzel und den Generalmajoren Wagner, Poleck und Friedel, auf britischer Seite von Feldmarschall Montgomery unterzeichnet. Nach dem Dokument sollte die Kapitulation am 05. Mai 1945 um 08.00 Uhr in Kraft treten.

Zur Sicherstellung der Waffenruhe am 05. 05. – 08.00 Uhr erließ das Oberkommando der Wehrmacht zur Durchführung der Kapitulation im Nordraum an die dortige Truppe folgenden Befehl:

»Ab 05. 05. 45, 08.00 Uhr deutscher Sommerzeit, Waffenruhe gegenüber den Truppen des Feldmarschalls Montgomery. Sie umfaßt alle Verbände des Heeres, der Kriegsmarine, der Luftwaffe und der Waffen-SS im Bereich der Niederlande, Friesland einschließlich der Westfriesischen und Ostfriesischen Inseln und Helgoland, Schleswig-Holstein und Dänemark.

Sofort an sämtliche unterstellten Truppen bekanntgeben.

Eingang des Befehls nachprüfen.

Truppe bleibt mit ihren Waffen in Stellung. In See befindliche Transportbewegungen der Kriegsmarine laufen weiter. Keinerlei Zerstörungen, Schiffsversenkungen und Kundgebungen. Sicherung aller Vorräte. Gehorsam und Disziplin mit eiserner Strenge aufrechterhalten. Weitere Befehle folgen. Gez. Keitel.«

Generaladmiral von Friedeburg, der sich zu diesem Zeitpunkt noch im Hauptquartier Montgomerys befand, flog im Auftrage von Großadmiral Dönitz sofort nach Reims in das Hauptquartier von General Eisenhower weiter. Hier sollte er die Teilkapitulation gegenüber den Amerikanern erreichen. Dies sicherzustellen erschien Dönitz notwendig, um die Sowjets im Osten noch aufzuhalten und damit Zeit zu gewinnen zum Abtransport der Soldaten, Verwundeten und Flüchtlinge aus dem Osten über See nach Westen.

Der Großadmiral war an diesem 05. Mai des Jahres 1945 nicht nur über die Lage im Westen und im norddeutschen Raum und über die Bewegung der sowjetischen Truppen in Mitteldeutschland informiert, er hatte sich auch eingehend Bericht erstatten lassen über die Lage an der Kurlandfront und auf Hela. Er wußte, daß die Marine und die Soldaten auf seine Hilfe, den Sowjets zu entkommen und noch nach Westen zu gelangen, ebenso hofften wie die Flüchtlinge, die noch auf Rettung über See warteten.

KURLAND: SOLDATEN AUF VERLORENEM POSTEN?

Am weitestens von ihrer Rettung über See waren die Kurlandkämpfer entfernt. Auch die sechste Kurlandschlacht hatten sie überstanden und die Russen abgewehrt, die bereits die Masse ihrer Angriffstruppen wieder zurückgezogen hatten. Zwischen dem Rigaischen Meerbusen und Tukkum hatten sie nur noch die 1. Stoßarmee zurückgelassen, westlich von Dzukste die 22. Armee, vor Frauenburg die 42. Armee, beiderseits Windau die 4. Stoßarmee, zwischen Vainode und Skuodas die 6. Gd.-Armee und die 51. Armee südlich von Libau.

Diese Armeen standen in Wartestellung, jederzeit zu einem neuen Angriff, zu einer siebenten Kurlandschlacht bereit. Aber es wird keine siebente Kurlandschlacht mehr geben, und es wird hier an diesem nördlichsten Frontabschnitt der Deutschen auch keinen Sieger geben.

Die Russen warteten auf das Ende des Krieges. Sie hielten es nicht mehr für notwendig, an der Kurlandfront eine militärische Entscheidung zu erzwingen, nachdem sie dies sechsmal erfolglos versucht hatten. Die Russen hatten Zeit, sie warteten auf eine Entscheidung in Deutschland, auf die ›totale Kapitulation‹ nach dem ›totalen Krieg‹ der Deutschen.

Kaum war den deutschen Soldaten bekanntgegeben worden, daß der Führer tot war, ertönte es an der ganzen Kurlandfront aus den sowjetischen Lautsprechern: »Hitler ist tot!«

Das war am 01. Mai, und am 03. Mai dröhnte aus den gleichen Lautsprechern: »Berlin ist unser!«

Jeder Soldat an der Kurlandfront konnte es sich an fünf Fingern, an einer Hand abzählen, wie lange nun der Krieg noch dauern würde, wieviele Tage, und wann kapituliert werden mußte an allen Fronten, auch an der Kurlandfront.

Und noch in der Nacht vom 03. zum 04. Mai erfuhren die Männer in Kurland, wie ernst die Stunde war.

Großadmiral Dönitz hatte am 03. Mai um 19.30 Uhr folgenden Funkspruch an das Hauptquartier Heeresgruppe Kurland, General Hilpert, nach Schloß Pelci durchgeben lassen:

»Die veränderte Lage im Reich erfordert den beschleunigten Abtransport zahlreicher Truppenteile aus den ost- und westpreußischen Räumen sowie aus Kurland. Die Kampfführung der Armee Ostpreußen und der Heeresgruppe Kurland hat sich diesen Forderungen anzupassen.

Von den zurückzuführenden Truppenteilen ist das Personal mit leichten Infanteriewaffen zu verladen. Alles übrige Material, einschließlich Pferde, ist zurückzulassen und zu vernichten. Heeresgruppe Kurland erhält Operationsfreiheit zur Zurücknahme der Hauptkampflinie in vorgeschobene Brückenköpfe um die Häfen Libau und Windau.«

Das war die Situation am 03. Mai abends.

Doch wie sollte ohne Schiffsraum die Heeresgruppe Kurland die Rückführung seiner Soldaten durchführen? General Hilpert befahl der 16. Armee, Tukkum zu räumen und eine rückwärtige Linie zu beziehen – und der 18. Armee, Frontvorsprünge zu begradigen.

Danach blieb der Heeresgruppe Kurland nichts anderes übrig, als auf Schiffe zu warten. Als die Schiffe immer länger auf sich warten ließen und bei den Soldaten bekannt wurde, daß zwischen der deutschen und der britischen Heeresleitung bereits ein Waffenstillstandsabkommen unterzeichnet worden sei und diese Mitteilung viele Soldaten an der Kurlandfront beunruhigte, erließ General Hilpert einen Tagesbefehl:

»Der Krieg im Osten geht weiter!«

Offiziere und Mannschaften müssen ihre Zuversicht bewahren!«

Und das Warten auf die Schiffe schien kein Ende zu nehmen und auch die Parolen nicht, die Gerüchte, die sich wie ein Lauffeuer verbreiteten: Englische Schiffe seien unterwegs, um die Kurlandarmee zu retten, die Amerikaner würden jetzt gegen die Russen kämpfen, und die deutschen Kriegs- und Handelsschiffe hätten keine Kohle und kein Öl mehr, um die Kurlandkämpfer über die Ostsee nach Deutschland zu retten.

Ängste, Zweifel, Hoffnungslosigkeit bemächtigten sich der Männer in Kurland, in Libau und Windau, den beiden Ostseehäfen, die immer noch offen waren für eine Flucht über die Ostsee nach dem Westen.

Wo blieben die Schiffe?

Das war die Situation in Kurland.

Und die Situation auf der Halbinsel Hela, dem letzten ›Sprungbrett nach dem Westen‹, dem ›deutschen Dünkirchen an der Ostsee‹ war nicht viel besser, sie war noch schlechter.

Was die Männer der Marine und des Heeres in den letzten Wochen auf Hela geleistet hatten, war beispielhaft. Aus keinem deutschen Ostseehafen waren so viele Menschen nach dem Westen gerettet worden wie aus Hela.

HELA – DEUTSCHES DÜNKIRCHEN DER OSTSEE

Zu den Offizieren, die in den letzten Kriegswochen auf der Halbinsel Hela fast pausenlos in der Betreuung von Flüchtlingen, Verwundeten und Soldaten tätig waren und für deren Abtransport über See sorgten, gehörte Oberst Eberhardt Schöpfer, dem Zehntausende ihr Leben verdanken. In einem dokumentarischen Bericht hat der Oberst die Ereignisse auf Hela von der Räumung der Oxhöfter Kämpe an bis zur Aufgabe der Halbinsel nach der Kapitulation festgehalten. Der Bericht ist eine eindrucksvolle Schilderung der Verhältnisse auf Hela in den letzten April- und den ersten Mai-Tagen 1945:

»Nach den harten Kampftagen auf der Oxhöfter Kämpe kam ich mit meinem kleinen Stabe nach Hela und erhielt hier von dem damaligen Befehlshaber, General Specht, den Auftrag, die auf Hela landenden Flüchtlingsströme und Verwundetentransporte unterzubringen, zu verpflegen und für möglichst schnellen Abtransport nach dem Westen zu sorgen. Diesselbe Aufgabe hatte ich ebenso für diejenigen Truppen, wie Volkssturm und angeschlagene Verbände, die für den Kampf auf Hela nicht mehr in Frage kamen. Zur Durchführung dieser Aufgabe stand mir eine Anzahl äußerst tatkräftiger Unterstäbe zur Verfügung, denen allein ich es zu verdanken habe, daß das Ziel erreicht wurde.

Es war die Zeit, in der noch im Samland und in der Danziger Niederung mit Verbissenheit gekämpft wurde und in der die im Rücken dieser Kampftruppen zusammengedrängten Flüchtlingsmassen auf Wasserfahrzeugen aller Art und Größe den rettenden Häfen von Hela zustrebten.

Zwei Häfen standen zur Verfügung: Der Fischereihafen für die Zivilbevölkerung und der Kriegshafen für Truppen und Verwundete. Die größeren Schiffe mußten auf der Reede von Hela außerhalb des Hafens ankern der Wasserverhältnisse wegen und um den russischen Luftangriffen besser ausweichen zu können.

Da die Transporte nur in den späten Abendstunden wegen der Feindeinwirkung ihre Abfahrtshäfen verlassen konnten, trafen sie meistens im Laufe der Nacht oder in den frühen Morgenstunden vor Hela ein. Wir konnten deshalb vorher nie erfahren, wieviele Menschen die einzelnen Fahrzeuge an Bord hatten und in Hela absetzten. Es gab Tage, an denen manchmal 60.000 Menschen in Hela gelandet wurden.

Daß bei diesem Massenandrang auf Hela an eine ordnungsgemäße Unterbringung nicht zu denken war, war klar, und es wurde dann nach folgender Anordnung verfahren:

1. Die Lazarette, Schulen, ein Teil der Kasernen, Baracken und größeren Räume wurden den sehr umsichtig arbeitenden Ärzten für die Schwerverwundeten überlassen. Ein besonders dafür ausgesuchter Sanitätsoffizier mit seinem Stabe hatte die Verpflichtung, alle transportfähigen Verwundeten mit dem nächsten Geleitzug nach dem Westen abzuschieben, so daß am Abend möglichst viel Raum für Neuaufnahmen geschaffen wurde. Es war selbstverständlich, daß die Verwundeten den Vorrang auf den Transportschiffen hatten, und dank der Tatkraft des betreffenden Arztes und der starken Willenskraft der Verwundeten ging dieser Abschub auch reibungslos vor sich.

2. Allen Flüchtlingen – mit Ausnahme der Kranken, Greise und Mütter mit kleinen Kindern – wurden Quartiere in den mit Kusseln bestandenen Dünen angewiesen, und ebenso kamen die abzutransportierenden Truppenreste und Volkssturmbataillone in das dünne Waldgelände. Diese Maßnahme erschien anfangs vielen als Härte, sie war aber bei den gewaltigen Zahlen, die nächtlich anfielen, notwendig und erwies sich auch als äußerst zweckmäßig, denn bei den warmen Nächten, die wir in der Zeit hatten, war ein Kampieren unter Zelten und Decken angenehmer als im stickigen, engen Quartier, und vor allem waren die Waldbewohner vor den Luftangriffen der Russen, die regelmäßig bei klarem Sonnenschein einsetzten, viel sicherer, da sie sich besser tarnen und durch Erdlöcher und Bunker vor

Splittereinwirkung schützen konnten. So erlebten wir es, daß die den Greisen und stillenden Müttern zugewiesenen Unterkünfte im Dorf Hela oft leer standen, die Einquartierten in den Wald gezogen waren.

Schwieriger als die Unterbringung war für mich die Durchführung der Verpflegung dieser in der Zahl täglich schwankenden Flüchtlingsmassen. Aber im Laufe weniger Tage wurde auch dieses Problem gelöst dadurch, daß alle auf Hela befindlichen Dienststellen uns unterstützten und die Vertriebenen selbst bei der Zubereitung und Verteilung der Kost halfen. Zunächst wurden alle großen Küchen und Waschkessel beschlagnahmt, in den früh, mittags und abends Suppe gekocht wurde. Ein zufällig im Hafen entdeckter Verpflegungsprahm der Gauleitung Danzig mit drei gewaltigen Kochkesseln mit je 6000 Portionen wurde ebenfalls in den Dienst der Kommandantur gestellt und ist uns wertvoll gewesen.

Die Verpflegungsämter des Heeres und der Marine sorgten für Lieferung von Bohnen, Erbsen, Gemüse und vor allem Frischfleisch, das aus den Schlachthäusern der Danziger Niederung allnächtlich herübergeführt wurde. Dort war ja ein Teil der Trecks aufgelöst und wertvolles Zuchtvieh und Pferde in großen Mengen zum Schlachten freigegeben worden.

Da bei dem strahlenden Frühlingswetter die Russen fast täglich ihre Luftangriffe auf Hela machten und mit einigen Geschützen in unregelmäßigen Zeitabständen den Südzipfel der Halbinsel beschossen, mußten größere Ansammlungen von Menschen an den Ausgabestellen vermieden werden. Das brachte uns auf folgenden Einfall: Aus den Marine- und Privatwohnungen wurden die Badewannen herausgenommen und an geschützten Stellen im Wald verteilt aufgestellt. Dort wurden sie eingemauert und mit einer Feuerung versehen, die es ermöglichte, die in den Kesseln gekochte Suppe warmzuhalten. Es war also nur notwendig, das Essen mit Wagen von den Kesseln in den Wald zu fahren und die Badewannen zu füllen. Das klingt heute alles so einfach, und doch mußten dieser Erfahrungen mit vielen Opfern erkauft werden, denn bei einer Ansammlung von zigtausenden von Menschen gibt es natürlich Unvernünftige, die verlockt durch das schöne Wetter, trotz Verbot ihre Waldläger verließen und an den Kochstellen im Dorf und den Barackenlagern Schlange standen. Wenn dann die russischen Flugzeuge ohne Warnung von See her erschienen und ihre Bomber in diese Ansammlungen warfen, gab es trotz der überall ausgehobenen Splittergräben Verluste, und die Waldbiwacks mit ihren Ausgabestellen wurden wieder geschätzt.

Aber die schwierigste uns gestellte Aufgabe war doch der Abtransport der sich auf Hela stauenden Massen. Sie war eine Sorge, die mit jeder glücklichen Landung neu angekommener Flüchtlinge wuchs und die uns Tag und Nacht nicht verließ. Und dabei war es rührend zu beobachten, mit welchem Sicherheits-, ja fast Glücksgefühl ein großer Teil der von Haus und

Hof Vertriebenen die Küste von Hela betrat. Die armen Menschen waren tage- und wochenlang von der Angst und Sorge um ihr eigener Leben und das ihrer Kinder und kranken Eltern gepeinigt auf den Straßen Ost- und Westpreußens hin und her getrieben worden. Rückblickend hatten sie ihre Heimatdörfer brennen sehen und von ihrer mitgenommenen Habe ein Bündelchen nach dem anderen verloren oder freiwillig geopfert, um schneller vorwärts zu kommen. Im Samland, auf der Frischen Nehrung oder irgendwo in der Danziger Niederung von Panzern und Artillerieeinschlägen gejagt, hatten sie auch ihren Wagen, ihre treuen Pferde, vielleicht den geliebten Hundebegleiter verlassen müssen und waren dann, nur mit dem Nötigsten bekleidet, in die Boote an der Ostseeküste gesprungen. Man muß das Durcheinander der Verbände, das Zerreißen der Trecks und das Umherirren von Kindern und Kranken gesehen haben und sich in die bangen Seelen der Frauen und alten Männer versetzen, um das Gefühl der Geborgenheit zu verstehen, das die Angehörigen einer Familie oder Sippe beim Landen in dem Hafen von Hela empfanden.

Nicht alle, aber ein großer Teil der geflüchteten Familien und Dörfer war noch beieinander. Sie zählten die Häupter ihrer Lieben und waren glücklich, wenn sie nach diesen unruhigen Trecktagen vollzählig die Sanddünen von Hela erreicht hatten. Die Angst vor dem Tode und vor Sibirien verflüchtete sich in einer Nacht, und vor ihnen strahlte die Sonne und belebte die Herzen mit neuem Mut. Der Gedanke: Nun sind wir gerettet und alle Not ist vorbei, beherrscht die Gemüter und ließ manches Ungemach auf Hela besser ertragen. Daß für sehr viele durch den Abtransport nach dem Westen durch russische Bomber und Seeminen noch schwere Gefahren zu überwinden waren und Trauer in viele Familien einzog, ahnten bei der Landung nur wenige.

Der Abtransport von Hela erfolgte auf Schiffen der verschiedensten Größe und Geschwindigkeit. Diese sammelten sich außerhalb der Danziger Bucht, wurden in Geleitzügen zusammengestellt und fuhren bei Einbruch der Dunkelheit, gesichert von Einheiten der Kriegsmarine, ohne Licht und Zeichen.

Das alles erforderte natürlich eine sehr genaue Organisation, denn schon das Herbeiholen der großen und kleinen Seedampfer mußte so geschehen, daß der von den Russen besetzten Pommernküste diese Bewegungen möglichst verborgen blieben und das Sammeln des Geleits sowie das Anbordgehen der Flüchtlinge und Truppen so schnell wie möglich erfolgten. Jeder kleine Fehler auf diesem Gebiet rächte sich furchtbar. Sofort setzten russische Fliegerangriffe ein, die Verwirrung in die zur Verschiffung bereitsgestellten Menschenmassen und in die Flotte brachten. Schwere Verluste an Menschen und Material traten ein und stellten oft den Abtransport vieler Tausender in Frage.

Eine solche umfassende Organisation konnte nur von Sachverständigen der Marine vorgenommen werden, die einen für diesen Zweck besonders geeigneten Stab zusammenstellten. Ich stand mit ihm in dauernder engster Verbindung und kann nur sagen, daß er mustergültig gearbeitet hat und unsere Aufgabe entscheidend unterstützt hat. Da die Schiffe aus Tarnungsgründen ihr Eintreffen auf der Reede von Hela durch Funkspruch nicht melden konnten, wußte der Transportoffizier bis in die Mittagsstunden selbst noch nicht die Anzahl und den Laderaum. Dann wurden diese Zahlen durch Meldung eines Marinefahrzeuges plötzlich bekannt, und schon begann eine fieberhafte Arbeit im Marine- und in meinem Stabe. Es galt, die Flüchtlinge in solchen Mengen zur rechten Zeit an den kleinen Fischerhafen zu bringen, daß die Leichter, die zum Transport vom Hafen zu den Schiffen erforderlich waren, in ununterbrochenen Hin- und Herfahren blieben.

Andererseits durften sich keine großen Menschenansammlungen am Hafen und im Ort Hela wegen der häufig um diese Zeit erfolgenden Flugzeugangriffe zeigen. Ein zügiger Ablauf bei den zigtausenden von Flüchtlingen war nicht leicht. Wie glücklich waren wir, wenn am Abend eines solchen Transporttages die zur Abfahrt alarmierten und bereitgestellten 20.000 Menschen ohne Zwischenfall auf die Dampfer gesetzt waren und die Schiffe in der Dämmerung nach Westen fuhren. Aber welches grauenhafte Schicksal mußten die unglücklichen Menschen erleiden, die während der Verschiffung in einen Bombenangriff hineinkamen. Bei dem schmalen Molensteg, der zu den Leichtern führte, war es unvermeidlich, daß beim Sprung in die kleinen Boote Familien auseinandergerissen wurden. Mütter und Kranke waren unterwegs zu den großen Schiffen, während die Kinder noch auf der Mole auf den nächsten Leichter warteten. Wenn dann der gefürchtete Luftangriff einsetzte und eins dieser überladenen Zubringerboote durch Bomben versenkt wurde oder die Transportflotte durch die Wucht des Angriffs gezwungen wurde, in See zu gehen, und nur mit halber Ladung den Kurs nach Westen nahm, dann war das Elend furchtbar. Kinder liefen umher und suchten ihre Mütter, und Frauen riefen nach ihren Kindern und beklagten den Tod ihrer Angehörigen, die vor ihren Augen den grausamen Tod in den Wellen gefunden hatten. Dann war es schwierig, die enttäuschten, zurückgebliebenen Menschen in ihre Waldquartiere zurückzubringen und sie auf den nächsten Tag zu vertrösten. Und welche Aufgaben mußten von den Dienststellen der Kommandantur außer der Feststellung der Stärken in den einzelnen Unterkünften, der Sicherstellung der Verpflegung für den kommenden Tag, der Bergung der Toten und der Überführung der Kranken und Verwundeten in die Lazarette an den Abenden solcher Unglückstage bewältigt werden.

Da fand z.B. die Streife auf dem Friedhof an der Dorfkirche ein in Windeln und Decken gewickeltes Kind von etwa neun Monaten. Es war kerngesund und schrie nur vor Hunger. Jetzt lag es auf dem Tisch des Kommandanten, der sich die größte Mühe gab, die Mutter ausfindig zu machen. Ein junges Mädchen in Schwesterntracht, das schon alte und kranke Leute betreute, nahm sich auch dieses Kindes an, und da die Mutter auch in den nächsten Tagen nicht zu finden war und die hilfsbereite Schwester mit ihren Schützlingen abtransportiert werden sollte, bat sie mich, das elternlose Kind ohne Namen mitnehmen zu dürfen, und auf ihren Wunsch stellte ich ihr eine Bescheinigung aus, daß sie nicht die Mutter dieses Kindes sei.

Oder ich denke an die junge, verzweifelte Mutter, die ihre beiden halbwüchsigen Kinder bei einem Fliegerangriff verloren hatte und in einem Grabe auf dem Flüchtlingsfriedhof beerdigte. Nacht und Tag saß sie auf diesem kleinen Hügel und weigerte sich auf das entschiedenste, Hela zu verlassen.

So erlebte man bei jedem Rundgang durch die Lager Tragödien, die unbeschreiblich waren und die einem deshalb so nahe gingen, weil man zu schwach war, um wirklich helfen zu können. Denn schon kamen wieder Morgenmeldungen mit den Zahlen der in der Nacht neu gelandeten Flüchtlinge und Verwundeten, und die Aufgaben des anbrechenden Tages mußten gelöst werden. Vielleicht die schwerste Arbeit hatte der pflichttreue und pietätvolle Gräberoffizier mit seinen unermüdlich arbeitenden Männern. In den Sanddünen hinter dem Marinelager hatten wir einen neuen Friedhof angelegt, auf dem von früh bis spät Massengräber ausgeschaufelt wurden. Zweimal am Tage fanden Beerdigungen der in den Lazaretten gestorbenen schwerverwundeten Soldaten und der durch Bombenangriffe gefallenen Flüchlinge und Soldaten statt, nachdem die Namen durch Erkennungsmarken und durch Ermittlungen bei den Angehörigen der Flüchtlinge festgestellt waren. Geistliche sprachen an den Gräbern, und in ruhigen Stunden wurden Kreuze errichtet und die Hügel mit Blumen geschmückt. Dort liegen auch viele meiner getreuen Mitarbeiter, die im Dienst um das Wohl und Wehe ihrer Mitmenschen ihr Leben dahingaben. Da gedenke ich besonders dem Oberstleutnant Fritz mit seinem Stabe, der bei einem Fliegerangriff darum bemüht war, Kinder und Kranke von den Straßen in die Deckungsgräben und Bunker zu bringen. An seine eigene Sicherheit dachten er und seine Männer nicht, und so fiel er mit drei Unteroffizieren seines Stabes durch einen Volltreffer in dem Augenblick, in dem seine Aufgabe erfüllt war.

Mit der Aufgabe des Samlandes und der Einengung des Kampfraumes in der Danziger Niederung flaute der Zustrom der Flüchtlinge und Verwundeten ab. Wir konnten jetzt genaue Bestandsaufnahmen machen und auch einzelnen Menschen mit Rat und Tat zur Seite stehen. Dabei stellte es sich heraus, daß die Zahl derjenigen, die Hela nicht verlassen wollten, nicht gering war. Die Gründe waren verschiedenster Art. Zunächst waren es die eingesessenen Fischer, die nicht zu bewegen waren, Haus und Hof und ihren Beruf aufzugeben. Vielleicht mit einem gewissen Recht sagten sie sich, daß auch die Russen und Polen gerne Fische äßen und sie deshalb hofften, der Gegner würde sie wieder fischen lassen.

Schwieriger waren schon die Fälle, in denen Flüchtlingsfamilien aus Ost- und Westpreußen nach monatelangem Umherirren nun auf Hela in irgendeiner Bretterbude oder in einem Waldbunker Zuflucht gefunden hatten. Sie hatten sich unter primitiven Verhältnissen aber doch ganz behaglich eingerichtet und wollten unter keinen Umständen ihr dürftiges Leben mit der Unruhe eines erneuten Trecks vertauschen. Die Unwissenheit über die militärische Lage und der Glaube an die Menschlichkeit der Sieger unterstützten ihren Willen, auf Hela das Ende des Krieges abzuwarten. Man wollte möglichst bald wieder in die Heimat zurück, denn da diese unschuldigen Menschen von Jalta nie etwas erfahren hatten, konnten und wollten sie nicht glauben, daß rechtlich denkende Christenvölker wie die Engländer und Amerikaner es dulden würden, daß ganze Provinzen, die seit Jahrhunderten von Deutschen besiedelt waren, nun restlos von diesen Deutschen geräumt würden. Wenn man sie auf ihr mögliches Schicksal in Sibirien aufmerksam machte, lachten sie und hielten das für ›Goebbels-Propaganda‹. Es war erschreckend, mit welcher Unkenntnis und mit welchem Vertrauen in den Rechtssinn der Anglo-Amerikaner diese Menschen in ihr grausames Schicksal gingen, das nur durch einen frühen Tod sein Ende fand. Ein zwangsweiser Abtransport war weder beabsichtigt noch durchführbar, denn wer den kurzen Augenblick der Einschiffung verpassen wollte, hatte Gelegenheit genug dazu. Immerhin gelang es, mit ganz wenigen Ausnahmen die meisten Flüchtlinge abzutransportieren. Doch in den letzten April- und den ersten Maitagen kamen weitere Flüchtlinge hinzu.«

Seit dem 30. April war der Leiter der Seeleitstelle Hela, Major Udo Ritgen, fast pausenlos bemüht, Hilferuhe an das OKM, an Seetra-Chef Engelhardt in Flensburg und an das MOK Ost in Kiel, Korvettenkapitän Eschricht, abzusetzen.

Am letzten Apriltag war kein einziges Schiff in Hela eingetroffen, weder auf Reede noch im Marine- oder Fischereihafen. Und 52.000 Menschen warteten an diesem Tage auf Abtransport. Und stündlich wurden es mehr.

An das OKM und das MOK Ost hatte Major Ritgen folgenden Funkspruch absetzen lassen:

»30. April. Auf Hela 3000 Verwundete, 24.000 Soldaten und 25.000 Flüchtlinge. Großer Schiffsraummangel. AOK Ostpreußen i.a.R.«

Um 12.30 Uhr des gleichen Tages hatte Ritgen an den Wehrmachtsführungsstab einen Funkspruch absetzen lassen, der nur aus drei Worten bestand:

»Hela an – Fehlanzeige!« Das bedeutete: Kein Schiff in Hela eingetroffen.

Und pausenlos wurden weitere Menschen auf die Halbinsel gebracht. Von Kahlberg hatte man von der Nehrung noch 1212 Soldaten und

325 Verwundete retten können, von Schievenhorst sogar 8440 Soldaten, 555 Verwundete, 150 Mann Sanitätspersonal, 1660 Flüchtlinge und 35 Verwundete.

Die Zahl der Menschen auf Hela wuchs von Stunde zu Stunde. Und bis zum Abend des 01. Mai war noch immer kein Schiff eingetroffen. Doch die Nacht zum 02. Mai hatte eine neue Hoffnung gebracht, als man auch hier vom Tode Hitlers erfuhr und die Nachricht gehört hatte, Großadmiral Dönitz sei von Hitler als Nachfolger bestimmt. Darin hatten viele der Wartenden auf Hela, besonders die Männer der Marine, einen Hoffnungsschimmer gesehen: Sie vertrauten ihrem Großadmiral, der sie sicher nicht im Stich lassen würde, denn Dönitz würde alles, was in der Ostsee noch fahrbereit war, alle Schiffe mobilisieren, um auch die Letzten noch von Hela zu retten.«

Großadmiral Dönitz, das war die große Hoffnung für viele, die auf Hela auf Rettung warteten.

SCHIFFE UNTERWEGS

Der Mann, der diese Hoffnung nicht enttäuschen konnte und wollte, war Seetra-Chef Konteradmiral Engelhardt, der noch immer die Fäden in der Hand hielt, und nicht nur auf dem Papier, sondern in der Praxis den Seetransport über die Ostsee, die größte Evakuierungsaktion über See, die es jemals in der jüngeren Geschichte gegeben hat, leitete.

Seetra-Chef Konteradmiral Konrad Engelhardt, in dessen Dienstelle auf der *Malaga* im Flensburger Hafen seit Tagen niemand mehr geschlafen hat, und auch Korvettenkapitän Eschricht beim MOK Ost in Kiel, die ständige Verbindung miteinander haben, waren in den letzten zwei Tagen bemüht, Öl und Kohle zu besorgen und jeden noch fahrbaren Untersatz in den Häfen aufzutreiben, um ihn nach Hela, Libau und Windau zu schicken.

Das letzte Aufgebot an Schiffen wird auf die Beine gebracht und auf den Weg geschickt. Von den ganz Großen ist, soweit überhaupt noch auf der Wasseroberfläche, keiner mehr fahrbereit. Es ist eine ›Armada der kleinen Schiffe‹, die in Marsch gesetzt wird – Hauptsache, es sind Schiffe. Nach Größe und Alter fragt niemand mehr.

Nach Hela werden in Marsch gesetzt: *Sachsenwald, Weserstrom, Fangturm, Ganter, Möwe, Westpreußen, Ceuta, Ida Blumenthal, Hans Schulte, Paloma, Hendrik Fisser V* und *Pompeji*, nach Libau: *Weserstrom, Helene Fisser, Olga Traber* und *Betzdorf*, dazu noch eine stattliche Anzahl von Hilfsfahrzeugen, Klein- und Küstenschiffen. Insgesamt sind es mehr als vierzig Fahrzeuge, die der Seetransportchef nach Hela und Kurland auf den Weg schickt.

Er weiß, daß das nicht ausreicht, die inzwischen mehr als 70.000 Menschen von Hela und die vielleicht 30.000 aus Libau zu holen, denn jede Stunde werden des mehr, und vielleicht sind es heute schon 200.000, die auf ihre Rettung über See warten, auf Schiffe hoffen.

So mobilisiert auch die Kriegsmarine noch einmal alle schnellen fahrbaren Einheiten für den Endspurt der Rettungsaktion Ostsee.

Alle schnellen Zerstörer und Torpedoboote in den Ostseehäfen und den Dänenhäfen werden in Marsch gesetzt: *T 17, T 19, T 23, T 28, T 33, T 35,* alles schnelle Torpedoboote, von denen jedes einige hundert Menschen fassen kann und die Zerstörer, die noch mehr Platz bieten: *Z 25, Z 28, Z 39, Karl Galster, Hans Lody, Theodor Riedel* und *Friedrich Ihn.*

Der Funkspruch, den Konteradmiral Engelhardt an die Seeleitstelle Hela absetzt, besteht nur aus zwei Worten:

»Schiffe unterwegs.«

Doch diese zwei Worte bedeuten Rettung für einige zehntausend Menschen.

Es sind zwar noch nicht alle Schiffe auslaufbereit, viele warten noch auf Brennstoff und Verpflegung, doch die ersten Handelsschiffe sind schon unterwegs nach Hela und müßten am 02. Mai dort eintreffen.

So ist es auch. Am Morgen des 02. Mai ankern die Dampfer *Sachsenwald* und *Weserstrom* auf der Reede von Hela und beginnen sofort mit der Beladung. Die Beladung mußte auf See erfolgen. Zunächst wurden nur Verwundete übernommen, für die die Laderäume reserviert waren. Mehr als 8000 Menschen sollten beide Schiffe aufnehmen, davon rund 5000 Verwundete.

Kapitän Teegen von der *Sachsenwald* leitet die Anbordnahme. Leichter um Leichter bringt Verwundete. Den ganzen Tag über. Sein Schiff war 4561 BRT groß und damit mehr als doppelt so groß wie die *Weserstrom,* die nur 1923 Bruttoregistertonnen hatte. *Sachsenwald* muß deshalb mehr Menschen an Bord nehmen. Es ist gegen 22.00 Uhr, als der 5000. Verwundete an Bord gebracht wird.

»Mehr kann ich nicht aufnehmen«, erklärt der Kapitän, läßt aber den letzten Leichter noch entladen. Damit hat er 5150 Verwundete auf seinem Schiff.

»Erbitte Auslaufbefehl« funkt er zur Seeleitstelle.

»Weiterladen!« hieß die Antwort, die kaum drei Minuten auf sich warten ließ. Inzwischen versucht ein weiterer vollbesetzter Leichter festzumachen.

In diesem Moment setzt Artilleriefeuer ein. Russische Landbatterien nehmen die *Sachsenwald* unter Beschuß.

Kapitän Teegen befiehlt:

»Lampen löschen – Anker auf – Leinen los!«

Für den Kapitän der *Sachsenwald* gibt es keine andere Entscheidung, er kann die mehr als 5500 Verwundete auf keinen Fall einem Artilleriebeschuß aussetzen. Und im Morgengrauen werden die russischen Bomber kommen. Dann aber muß das Schiff schon weit weg sein.

In dem Leichter, der an der *Sachsenwald* angelegt hatte, und in den Prähmen auf der anderen Seite des Schiffes, in denen Flüchtlinge auf ihre Anbordnahme warteten, hört man ein furchtbares Geschrei. Von vielen Flüchen begleitet, setzt sich der Dampfer *Sachsenwald* in Bewegung und strebt der offenen See zu. Der Bootsmann ruft noch zu den Leichtern und Prähmen hinunter:

»Wir kommen wieder!«

Doch die *Sachsenwald* kam nicht wieder. Als das Schiff, begleitet vom Dampfer *Weserstrom*, der 300 Flüchtlinge und 400 Mann Sanitätspersonal der Sanitätskompanie von Vahrendorff an Bord genommen hatte, in Kopenhagen eintraf, gab es kein Kilogramm Kohle mehr, und mit der Seefahrt war es für die *Sachsenwald* vorerst zu Ende.

Am späten Vormittag des 03. Mai laufen im Helaer Kriegshafen die Torpedoboote *T 108* und *T 36* ein, nehmen je 150 Flüchtlinge an Bord und laufen sofort wieder mit Westkurs aus.

Am Nachmittag dieses Tages meldet die 9. Sicherungsdivision auf Hela an den Wehrmachts-Führungsstab:

»Im Monat April wurden nach dem Westen abtransportiert 387.076 Menschen. Von Pillau, Kahlberg, Schiewenhorst und Oxhöfter Kämpe nach Hela mit MFP und Sicherungsfahrzeugen 264.787 Menschen.«

Zur gleichen Stunde läßt Vizeadmiral Thiele, seit dem 28. April neuer ›Admiral Östliche Ostsee‹ mit Sitz auf Hela folgenden Funkspruch an den Seetransportchef Konteradmiral Konrad Engelhardt in Flensburg absetzen:

»Aus Bereich AOK Ostpreußen aus Hela und Weichselniederung noch 250.000 Menschen abzutransportieren, 225.00 Soldaten und 25.000 Flüchtlinge.

Erbitte unverzüglich Inmarschsetzung von Schiffen zum Abtransport.«

Dieser Funkspruch des ›Admirals Östliche Ostsee‹ läßt nur ahnen, welche Zustände auf Hela herrschen, die im Augenblick noch in einigermaßen geordneten Bahnen gehalten, die aber zu einer Katastrophe der Verzweiflung werden können, wenn nicht bald eine größere Anzahl von Schiffen eintrifft und die wartenden Soldaten und Flüchtlinge noch eine Chance der Rettung sehen.

DER REST DER DEUTSCHEN HANDELSFLOTTE

Am Abend des 04. Mai hat Konteradmiral Konrad Engelhardt in seiner Dienststelle auf der *Malaga* in Flensburg seine leitenden Mitarbeiter zusammengerufen, um die sich stündlich verändernde Lage zu besprechen. Auf dem Schreibtisch des Admirals häufen sich die Funksprüche, dringende Hilferufe aus Ostseehäfen, aus Windau, Libau, Hela, Swinemünde und einigen mecklenburgischen Häfen. Alles ruft nach Schiffen und Rettung. Aber die Schiffe, über die der Seetra-Chef verfügen kann, werden von Tag zu Tag weniger.

Seit Tagen hat Engelhardt kaum ein Auge zugemacht. Ein Telefont, ein Funkspruch, ein Termin jagte den anderen. Und in allen Gesprächen ging es um Schiffe, um Kohle, um Öl, um Proviant und vor allem um Menschen, die vor der Stunde Null noch in einem westlichen Ostseehafen sein wollten.

Heute, am Abend des 04. Mai, wird zunächst eine Bilanz der letzten Tage gezogen, und danach erfolgt eine Bestandsaufnahme.

Die Sorgenfalten des Seetra-Chefs sind in den letzten Stunden tiefer geworden beim Studium der Verlustmeldungen und beim Anhören der Berichte seiner Mitarbeiter.

Seit dem 01. Mai sind in der westlichen und mittleren Ostsee 32 Handelsschiffe verlorengegangen, wobei die in Kiel gekenterte ausgebrannte *Monte Olivia* und der ebenfalls gekenterte Schwere Kreuzer *Admiral Hipper* in der Verlustbilanz unberücksichtigt blieben.

In den ersten vier Maitagen hat die englische Luftwaffe zugeschlagen. Nach dem Bombardement der Städte hatte sie sich an diesen vier Tagen offensichtlich auf Häfen und Schiffe, die sich noch nicht in ihrem Besitz befanden, konzentriert. In dieses Bombardement von Schiffen eingeschlossen waren auch die mit KZ-Häftlingen beladenen *Cap Arcona* und *Thielbek.* Man machte offensichtlich keine Unterschiede, Schiff blieb Schiff, beladen oder unbeladen. Die ausgegebene Parole war offensichtlich ›Vernichtung‹.

Dabei spielten sich in der Ostsee einige erschütternde Dramen ab, eines davon war der Untergang des Frachters *Inster.*

Am 02. Mai lag der Frachter *Inster* (4747 BRT) im Lübecker Hafen. In den frühen Vormittagsstunden begann er mit der Anbordnahme von etwa 2000 Flüchtlingen. Diese sollten nach Flensburg oder in einen dänischen Hafen transportiert werden. Niemand konnte dem Kapitän sagen, ob in Flensburg überhaupt noch Flüchtlinge angelandet werden konnten.

Im Lübecker Hafen war es am Morgen dieses 02. Mai noch relativ ruhig. Und das, obwohl englische Panzer bereits bis an die Stadtgrenze vorgedrungen waren und man stündlich mit der Besetzung der alten Hansestadt, die kampflos den anrückenden Truppen übergeben werden sollte, rechnen mußte.

Am Nachmittag legte die *Inster* ab und lief traveabwärts. Hier setzten bereits Tieffliegerangriffe ein. Doch die *Inster* kam ohne großen Schaden davon. Am Abend wurde Travemünde passiert, und bei Anbruch der Nacht wurde die offene See erreicht. Bis hierher war alles gut gegangen.

Dann kam der Stop. Minen hinderten den Frachter bei Kiel-Feuerschiff an der Weiterfahrt. Die *Inster* war nicht allein dieser Gefahr ausgesetzt. Es stoppten noch einige weitere Schiffe. Und in der Nacht kamen noch mehr Schiffe hinzu. Keines der Schiffe wollte sich der Minengefahr aussetzen. Die meisten der wartenden Schiffe hatten Flüchtlinge an Bord, die in Flensburg oder in einem dänischen Hafen an Land gegeben werden sollten.

Am Morgen des 03. Mai hatten sich inzwischen etwa 40 Handelsschiffe, kleinere und auch einige größere 5000-Tonner angesammelt. Sie alle warteten auf ein Minengeleit, das ihnen den Weg nach Flensburg freimachen sollte.

Doch statt der Minenräumer kamen gegen acht Uhr morgens englische Aufklärer, und es dauerte nicht lange, da erschienen britische Jagdbomber. 40 Schiffe, der Rest der deutschen Handelsflotte, bot sich den englischen Bombern wie auf einem Präsentierteller, ohne jede Abwehrmöglichkeit, zur Vernichtung an.

Der Frachter *Inster* war eines der größten Schiffe unter den 40. Gleich die erste Bomberwelle stürzte sich auf das Schiff. Die Brücke wurde zerstört, die Maschine beschädigt und die Rettungsmittel vernichtet. Diese Treffer genügten wohl den Angreifern, die jetzt die kleineren Schiffe mit Bomben belegten und mit Bordwaffen beschossen.

Als der Angriff vorbei war, atmeten Besatzung und Flüchtlinge auf der *Inster* auf, man suchte die Schäden festzustellen und wenn es ging, notdürftig zu reparieren. Eines war sicher, die *Inster* würde sich halten und die Fahrt fortsetzen können. Das war das Wichtigste.

Die Mittagsstunde war gerade vorbei, und der Koch hatte die letzte warme Mahlzeit an die Flüchtlinge ausgegeben, wobei viele ihr Essen in der Sonne auf dem Oberdeck einnahmen, da erfolgte der nächste Angriff. Niemand hatte ihn erwartet.

Bordwaffenbeschuß und Bombensplitter töteten mehr als einhundert beim Essen an Oberdeck. Diesmal waren es Brandbomben, die die Engländer geworfen hatten. Die *Inster* brannte und war verloren. Es war auch niemand mehr da, der die Rettung hätte vornehmen und den Brand löschen können. Der Kapitän, der Leitende Ingenieur, die Decksoffiziere und ein großer Teil der Besatzung waren die ersten Toten.

Von den 2000 Flüchtlingen an Bord überlebten nur 560 dieses Inferno.

Das Ganze ging rasend schnell. Wer lebte und noch heile Knochen hatte, mußte so rasch wie möglich von Bord. Viele kleine Fahrzeuge hatten an der brennenden *Inster* angelegt, um Überlebende aufzunehmen.

Nach zehn Minuten kam keiner mehr von Bord. Mit dem Bug nach vorn sank die *Inster* brennend in die Tiefe, die glühenden Aufbauten, total zerfetzt, ragten aus der Ostsee.

Opfer seiner Rettungstat wurde der Wassertanker *Leda* (594 BRT). Er war an dem Frachter *Inster* längsseits gegangen, um von dem brennenden

Frachter Menschen zu retten. Während dieser Rettungstat griffen 18 Jagdbomber das Schiff an. 40 Raketen zerrissen den Tanker buchstäblich im Wasser. Die ins Wasser sprangen, wurden mit Bordwaffen beschossen. Das Ganze dauerte nur fünf Minuten. Dann war der Tanker *Leda* mit seinen 21 Besatzungsmitgliedern von der Wasseroberfläche verschwunden.

Die englischen Bomber verließen den Schauplatz ihrer Tat. Offensichtlich hatten sie noch nicht alle Bomben abgeworfen. Den Rest warfen sie auf den 2301 BRT großen Dampfer *Insterburg*. Das Schiff ging unter, die Besatzung konnte sich retten.

Das nächste Opfer war die *Hörnum*, die sich in den Mittagsstunden des 03. Mai Kiel genähert hatte. An Bord des 1467 BRT großen Schiffes befanden sich junge Soldaten von der Führernachwuchsschule 14 der Infanterie. Sie hatten sich in letzter Stunde auf das Schiff retten können und sollten in Kiel an Land gesetzt werden. Doch nicht alle jungen Männer sollten den Kieler Hafen erreichen. Einige nur als Tote oder Verwundete.

Aus der Mittagssonne heraus stürzten sich die britischen Jagdbomber auf den Transporter. Sieben Bomben trafen das Schiff. Durch Bombentreffer explodierten die im Zwischendeck gelagerten Panzerfäuste. Ein Höllenlärm explodierender Granaten brach los. Die Aufbauten der *Hörnum* standen in Flammen, keine der Maschinen lief mehr, der Kohlenbunker brannte lichterloh, und die Flak wurde das erste Opfer der Bomben und des Bordwaffenbeschusses.

Und trotz dieser Beschädigungen: Die *Hörnum* hielt sich und konnte nach Eckernförde eingeschleppt werden. 70 junge Soldaten und Besatzungsmitglieder fanden bei diesem Angriff den Tod, 152 wurden verletzt.

Zur gleichen Zeit sichteten die englischen Jagdbomber das vor der Ekkernförder Hafeneinfahrt ankernde Walfangmutterschiff *Walter Rau*. Seit Mitte April lag dieser Schiffsriese mit einer Tragfähigkeit von 21.600 ts hier vor Anker. Die britischen Bomber stürzten sich auf dieses Schiff, setzten es in Brand, doch es gelang ihnen nicht, *Walter Rau* zu versenken. Der Kapitän trimmte das Schiff, damit die Bombentreffer über Wasser saßen, verholte in flacheres Wasser. Nach einem erneuten Bombardement und erneuten Bränden wurde das Walfangmutterschiff schließlich auf Strand gesetzt, und die Besatzung ging von Bord.

Auch noch am 03. Mai flog bei Fehmarn der mit Torpedos beladene Dampfer *Irmtraud Cords* nach einem Bombenangriff in die Luft, eine britische Luftrakete versenkte den Tanker *Taifun*, und der Dampfer *Bolkoburg* wurde Opfer des gleichen Luftangriffs englischer Flugzeuge bei Fehmarn. Der Afrika-Dampfer *Swakopmund* (6133 BRT) wurde ebenfalls von Bombern bei Fehmarn angegriffen, kenterte und sank, gefolgt von dem Frachter *Erna Gaulke* und dem kleinen *Jade* (536 BRT).

Pech hatte an diesem 03. Mai auch der ehemalige KdF-Dampfer *Der Deutsche* (11.453 BRT), der zuletzt als Lazarettschiff in Wismar lag, von dort flüchtete, unterwegs aus Booten und Flößen Verwundete und Schiffbrüchige übernahm und dann stoppen mußte, weil man keine Kohle mehr hatte. *Dwarsee* hatte Kohle, gab sie ab, und als man gerade gebunkert hatte, kamen die Bomber. Der Kohlendampfer *Dwarsee* sank nach einem Bombenvolltreffer innerhalb weniger Minuten, der Dampfer *Der Deutsche* konnte nach mehreren Treffern von der Besatzung noch auf Grund gesetzt werden, war aber als Totalverlust zu betrachten.

Das alles war gestern, am 03. Mai geschehen.

Und was bis zu dieser Stunde, heute am 04. Mai geschah, war für Admiral Engelhardt noch weniger ermutigend.

Da standen am frühen Morgen dieses Tages vier kleinere Dampfer ohne jedes Geleit und unbewaffnet vor Fehmarn. Sie kamen von Greifswald und wollten Fehmarn anlaufen. Doch von dort schickte sie der Hafenkapitän weiter nach Flensburg. Bis dahin kamen sie aber nicht. Acht britische Bomber stürzten sich auf die vier Schiffe. *Geheimrat Löffler,* ein Binnenschiff, knapp 100 BRT groß, sank nach Bombenvolltreffer innerhalb von knapp 60 Sekunden. Der Dampfer *Graudenz,* knapp 500 BRT, brauchte acht Minuten, bevor er von der Wasseroberfläche verschwand. Die beiden anderen, *Wehlau* und *Einigkeit,* suchten das Weite und konnten sich aus dem Staube machen.

Weitere Opfer britischer Bomber wurden an diesem 04.Mai außerdem der Dampfer *Freiburg* (5156 BRT), *Ernst Hugo Stinnes* (3295 BRT), *Else Hugo Stinnes* (3291 BRT), *Vega* (7388 BRT), *Wolfgang L. M. Russ* (3000 BRT) und einige kleinere Küstenschiffe.

Alles in allem eine stattliche Schiffsverlustliste der letzten Tage.

Und noch etwas hatte sich an diesem 04. Mai ereignet, was der Konteradmiral schweren Herzens zur Kenntnis hatte nehmen müssen.

Nach dem Verlust von Greifswald, Stralsund und der Insel Rügen mußte der letzte Ostseehafen an der Pommernküste, Swinemünde, aufgegeben werden. Der älteste Seebefehlshaber im Bereich Seekommandant Pommern, Vizeadmiral Kreisch, hatte sich in Übereinstimmung mit dem Armee-Oberkommando 3 dazu entschließen müssen, die Aktion ›Knobelbecher‹ anlaufen zu lassen, die Räumung des Swinemünder Hafens. Mit fünf Dampfern, den Zerstörern *Z 38, Z 39* und *Z 43,* den Torpedobooten *T 33* und *T 36,* dem Tender *Jagd,* dem Hilfskreuzer *Orion* und dem Flakschiff *Hummel,* die insgesamt 35.000 Menschen an Bord nehmen konnten, hatte der Vizeadmiral Swinemünde mit Zielhafen Kopenhagen verlassen. Vorher wurden das Wrack des Linienschiffes *Schlesien* und der Schwere Kreuzer *Lützow* im Swinemünder Hafen gesprengt.

Eines der letzten Schiffe, das Swinemünde kurz vor der Räumung angelaufen hatte, war der kleine Tanker *Lisa Essberger.* Auf dem Wege von Libau nach Kopenhagen hatte sich der Tankerkapitän entschlossen, Swinemünde anzulaufen, um dort noch 150 Flüchtlinge an Bord zu nehmen, denen er die Rettung im letzten Augenblick brachte.

Als die *Lisa Essberger* in Kopenhagen mit den Flüchtlingen ankam, war für alle, die hier waren, der Krieg schon zu Ende. Der Kapitän wurde zwar seine Leute los, nicht aber die Säcke mit den acht Millionen. Er überlegte nicht lange, band die Säcke zusammen, beschwerte sie mit einem Ankerschäkel und warf sie einfach über Bord. Vier Säcke mit acht Millionen Mark sanken in Kopenhagen in die Ostsee. Dort liegen sie noch heute.

Das war's, was die letzten Tage brachten.

Während sich Admiral Engelhardt mit dieser jüngsten Vergangenheitsbewältigung beschäftigt hatte, waren seine Leute dabei, eine Liste derjenigen Schiffe aufzustellen, die noch fahrbereit waren und heute noch nach Hela laufen konnten, nach Libau und nach Windau. Und man konnte auch diejenigen Schiffe einplanen, die noch im Laufe der Nacht oder am frühen Morgen aus Swinemünde eintreffen würden. Man mußte nur dafür sorgen, daß sowohl in Kopenhagen als auch in Flensburg die Flüchtlinge und Soldaten auf Reede ausgeladen wurden; die Schiffe durften keinesfalls in die Häfen einlaufen. Eile war geboten: Ausladen und sofort wieder auslaufen. Bis zum 08. Mai 00.00 Uhr mußten die letzten Schiffe in Hela, Windau und Libau sein.

Das galt auch für die Kriegsschiffe, die noch fahrbereit waren.

In den nächsten Stunden, bis weit nach Mitternacht, werden von der Dienststelle des Seetransportchefs Funksprüche abgesetzt und Telefonate geführt.

Das letzte Aufgebot an Flüchtlingsschiffen wird für die Rettung der Letzten von Hela und den Kurlandhäfen mobilisiert und auf den Weg gebracht.

RETTUNG IN LETZTER STUNDE

Als Geheime Kommandosache deklariert Generalfeldmarschall Keitel am Vormittag des 05. Mai 1945 einen Erlaß des Oberkommandos der Wehrmacht zur Kapitulation im Nordraum. In diesem Fernschreiben an OB Nordwest, Wehrmachtsbefehlshaber Dänemark, Oberbefehlshaber Niederlande, OKM 1/Skl, OKL Luftwaffenführungsstab, nachrichtl. Reichsführer SS, Reichsarbeitsdienstleitung und Reichsminister Speer, lauten die ersten Sätze:

»Wenn wir in Nordwestdeutschland, Dänemark und Holland die Waffen niederlegen, so geschieht es, weil der Kampf gegen die Westmächte seinen Sinn verloren hat.

Im Osten jedoch geht der Kampf weiter, um möglichst viele Menschen vor der Bolschewisierung und Versklavung zu retten . . .«

Zur gleichen Stunde, als dieses Fernschreiben bei den acht Empfänger eintrifft, beendet das Marine-Oberkommando Ost (Qu III) in Kiel seine Tätigkeit. Die letzte Eintragung, die Korvettenkapitän Eschricht über den Seetransport macht, lautet:

»Aus Swinemünde wurden weitere 27.000 Mann abtransportiert. Insgesamt 35.000!«

Der Waffenstillstand hat die Arbeit dieses Marineoffiziers, der den Seetransport über die Ostsee an verantwortlicher Stelle mit organisierte, beendet.

Für alle, die an diesem 05.Mai noch in Windau, Libau und Hela auf ihre Rettung über die Ostsee warten, kann jetzt nur noch die Dienststelle des Seetransportchefs Konteradmiral Engelhardt, die auf dem Dampfer *Malaga* im Flensburger Hafen noch voll funktionsfähig ist, etwas tun. Und der Admiral hat bereits getan, was er tun konnte, er hat alle noch fahrbereiten Schiffe zu ihrem letzten Einsatz losgeschickt.

Engelhardt und seine Leute haben sich auf der *Malaga* gerade ein Essen gegönnt, als der Admiral auf die Uhr blickt.

»01.00 Uhr – jetzt müßten die ersten vor Hela sein!«

Er meint die ersten Schiffe, die er losgeschickt hat. Und er hat recht mit seiner Erwartung. Auf Hela beginnt in diesen Augenblicken die Rettung in letzter Stunde, die erst am 08. Mai um Mitternacht beendet sein wird.

Der 05. Mai wird für die Menschen auf der Halbinsel Hela, auf der sich bis zu diesem Tage 180.000 Menschen, zumeist Soldaten, angesammelt haben, zu einem Tag neuer Hoffnung. Die für den Abtransport Verantwortlichen, vor allem Admiral Burchardi, der sich jetzt ebenfalls auf Hela befindet, Vizeadmiral Thiele, der Chef der 9. Sicherungsdivision, Fregattenkapitän Adalbert von Blanc, Oberst Schöpfer und nicht zuletzt Major Ritgen von der Seeleitstelle Hela, atmen erleichtert auf, als gegen Mittag die ersten Schiffe auf der Reede von Hela sichtbar werden. Nacheinander treffen die Dampfer *Linz, Isar, Ceuta, Pompeji,* das Kadetten-Schulschiff *Hansa-Ostmark* und das Schulschiff *Nautic* ein, begleitet von *V 303, V 2002* und dem Minensuchboot *M 453.* Während die größeren Schiffe auf Reede ankern, laufen die kleineren Fahrzeuge in die beiden Helaer Häfen, den Marinehafen und den Fischereihafen ein.

Als die Schiffe sichtbar werden, droht auf Hela ein Chaos. Soldaten, die seit Tagen in den Dünen schon etwas apathisch und niedergedrückt dahindämmerten, springen plötzlich auf und drängen in Scharen in den Hafen, um auf die Schiffe zu gelangen. Von Minute zu Minute werden es mehr.

General von Saucken hat dies erwartet, er läßt einen Speerkordon um den Ort ziehen und riegelt den Hafen ab. Die Divisionskommandeure haben den Auftrag, die Reihenfolge ihrer Einheiten, die an Bord der Schiffe gehen sollen, selbst zu bestimmen, und die Einheiten stellen eigene Ordnungsdienste auf. Man war auf den Augenblick vorbereitet. Und es zeigte sich am Nachmittag des 05. Mai, wie wichtig dieser Vorbereitungsmaßnahmen waren. Die Einschiffung sowohl in den beiden Häfen als auch der Transport mit kleineren Fahrzeugen zu den auf der Reede liegenden größeren Schiffen verlief in völlig geordneten Bahnen.

Die Ungeduld der Soldaten und auch der Flüchtlinge war verständlich. Viele glaubten, dies seien die letzten Schiffe, die nach Hela gekommen seien, und sie würden nicht ausreichen, alle Menschen aufzunehmen, die hier warteten. Denn die Menge war unübersehbar.

In einem ständigen Hin und Her befördern Boote, Prähme und Leichter die Soldaten auf die auf Reede liegenden Schiffe, die sich im Verlaufe der Beladung immer mehr füllen und die Vermutung zur Gewißheit machen: Es sind zu wenig Schiffe, um alle Menschen von Hela zu retten.

Niemand kann ahnen, daß noch mehr Schiffe unterwegs sind.

Am frühen Morgen des 05. Mai läuft aus dem Hafen der dänischen Hauptstadt, die seit Wochen mit Flüchtlingen, Verwundeten und Soldaten überfüllt ist, eine ganze Flotte kleiner Kriegsschiffe mit Ostkurs, Ziel Hela, aus, vor allem schnelle Zerstörer und Torpedoboote. Zu dieser Rettungsflotte der Kriegsmarine gehören u.a. die Zerstörer *Hans Lody* (Fregattenkapitän Haun), *Friedrich Ihn* (Korvettenkapitän Richter-Oldekop), *Theodor Riedel* (Korvettenkapitän Blöse), *Z 25* (Fregattenkapitän Gohrbandt), und die Torpedoboote *T 17* (Kapitänleutnant Liermann), *T 19* (Kapitänleutnant Frhr. von Luttitz), *T 23* (Kapitänleutnant Weinlig), *T 35* (Kapitänleutnant Buch). Das in Rönne auf Bornholm liegende Torpedoboot *T 28* (Kapitänleutnant Temming) schließt sich befehlsgemäß dem Verband an.

Noch vor Bornholm überfliegt ein britischer Bomberverband den deutschen Flottenverband, der mit Höchstgeschwindigkeit Kurs auf Hela genommen hat. Die Brückenoffiziere blicken nach oben. Die Briten halten sich an die Vereinbarungen. Kein Schuß, keine Bombe fällt.

Östlich von Bornholm nähern sich sowjetische Schnellboote den deutschen Kriegsschiffen. Die Zerstörer und Torpedoboote treiben die Sowjets mit Leuchtraketen davon. Ein sowjetisches Schnellboot gerät in Brand und bleibt liegen, allein, denn die anderen russischen S-Boote sind längst wieder fort. Um das brennende S-Boot kann sich auch keines der deutschen Schiffe kümmern. Man hat es eilig. In Hela wartet man auf sie.

Einige Stunden später, am Abend des 05. Mai, trifft die Kriegsschiff-Rettungsflotte vor Hela ein. Die am Mittag eingetroffenen Handelsschiffe sind fast bis auf die Oberdecks voller Menschen.

An Land ist man über das Eintreffen der Kriegsschiffe sehr froh, und mit der Beladung auch dieser Schiffe wird sofort begonnen. Die Torpedoboote legen sich an die Mole des Kriegshafens, damit die Beladung rascher vor sich geht, als dies auf Reede möglich wäre.

Das Torpedoboot *T 35* erlebt allerdings dabei eine böse Überraschung. Kaum an der Mole angelegt, wird es von Soldaten, die nicht mehr aufzuhalten sind, gestürmt. Hunderte, die an der Mole warten, springen an Deck des Torpedobootes, das sofort Schlagseite bekommt und zu kentern droht. Der Kommandant befiehlt sofort:

»Ablegen!«

T 35 legt sich auf die Reede und wird später dort beladen.

Um Mitternacht ist die Beladung der vielen Schiffe, der großen und der kleinen Handelsschiffe, der zahlreichen anderen Fahrzeuge, der Zerstörer und der Torpedoboote noch nicht abgeschlossen.

Inzwischen ist der 06. Mai angebrochen, die Stunden gehen vorüber, der Morgen graut.

Um 08.00 Uhr morgens sind alle Schiffe beladen, bis aufs äußerste. 43.000 Menschen haben einen Platz gefunden und verlassen Hela. Noch nie wurden an einem Tage so viele Menschen aus Hela abtransportiert. Und doch, es ist erst knapp ein Drittel aller, die in Hela bangen und hoffen.

Auf Hela sind die Verantwortlichen einige Sorgen los, über 40.000 sind gerettet. Doch auf den Rettungsschiffen stellen sich die Kapitäne und Kommandanten jetzt die Frage:

»Wohin mit den 43.000 Geretteten von Hela?«

Es besteht die Gefahr, daß kein deutscher Hafen die Flüchtlinge, Verwundeten und Soldaten mehr aufnimmt, auch Flensburg nicht. So wird als letzte Möglichkeit nur Kopenhagen übrig bleiben. Dort herrschen aber schon seit Wochen unzumutbare Verhältnisee. Alle Hafenschuppen an der Langen Linie in Kopenhagen und den anderen Hafenbecken sind restlos mit Flüchtlingen überfüllt, das Hafengelände ist abgeriegelt, an den Eingängen von dänischen Freiheitskämpfern besetzt, und die Engländer sind in der dänischen Hauptstadt eingerückt. Und auf der Reede von Kopenhagen liegen sogar noch einige deutsche Schiffe, die die Flüchtlinge noch an Bord haben und nicht los werden können.

Trotzdem: Ziel der Flüchtlingsflotte aus Hela ist Kopenhagen.

Auf dem Weg dorthin noch ein Zwischenfall:

Von Hela kommend, gewahrt der Kommandant des Torpedobootes *T 28* das auf dem Hinmarsch in Brand geratene sowjetische Schnellboot, das immer noch brennt und auf dem sich noch einige Besatzungsmitglieder befinden. Er läßt das Torpedoboot stoppen und einen Kutter aussetzen. Die an Deck des Torpedobootes stehenden, aus Hela geretteten Landser erleben die Rettung von vier russischen Soldaten, die seit über 20 Stunden in der Ostsee getrieben sind und ein weißes Laken schwenken. Die vier Russen werden von *T 28* aus Seenot gerettet. Der Kommandant hält dies für eine Selbstverständlichkeit. Vier russische Seeleute treten so – ungewollt – mit einem deutschen Kriegsschiff die Reise nach Kopenhagen an.

Während die schnelleren Kriegsschiffe den langsamen Handelsschiffen auf der Fahrt nach Kopenhagen längst davongelaufen sind, erhält Hela an diesem 06. Mai weiteren Nachschub an Menschen. Mit Marinefahrprähmen werden aus Schiewenhorst und Nickelswalde weitere 12.180 Soldaten, 910 Verwundete und 270 Flüchtlinge nach Hela gebracht.

Um 17.49 Uhr läßt Großadmiral Dönitz folgenden Funkspruch über die deutsche Handelsschiffswelle absetzen:

»Alle deutschen Schiffe, Besatzungen aller Schiffe, die die deutsche Handelsschiffsflagge oder die Reichsdienstflagge führen, haben in den durch die Waffenruhe betroffenen Häfen und Seegebieten jede militärische Handlung zu unterlassen. Sie dürfen die Schiffe weder selbst versenken, noch durch Zerstören von Schiffseinrichtungen unbrauchbar machen. Die Besatzungen bleiben an Bord. Dönitz, Großadmiral.«

Am gleichen Tag um 23.13 Uhr informiert der Seetransportchef, Konteradmiral Engelhardt, die Kapitäne der Handelsschiffe mit folgendem Funkspruch:

»Mit sofortiger Wirkung wird für alle deutschen Handelsschiffe unter Reichsdienst- und Handelsflagge befohlen: Sämtliche Schiffe dürfen ihre augenblicklichen Liegeplätze nicht verlassen, sie dürfen nicht in einen anderen Hafen verlegen oder innerhalb der Häfen verholen, ohne besondere Genehmigung des ObadM oder der Dienststelle der fremden Mächte. Ausgenommen in Lagen, die durch die Wetterlage bedingt sind. Die Besatzungen auf sämtlichen Schiffen bleiben angemustert.

OKM Skl Adm Qu VI.«

Der 07. Mai bricht an. Jetzt geht es nicht mehr um mehrere Tage, jetzt geht es möglicherweise nur noch um Stunden, die genutzt werden können zur Rettung der Menschen aus den Häfen in Kurland und Hela. Die Kapitulation gegenüber der Sowjetunion steht unmittelbar bevor.

DAS ENDE NAHT: DIE KAPITULATION

Am 07. Mai 1945 um 02.41 Uhr fällt die wohl wichtigste und für viele auch schwerste Entscheidung in der Endphase des Zweiten Weltkrieges. Generaloberst Jodl unterzeichnet im Hauptquartiert Eisenhowers in Reims die Gesamtkapitulation der deutschen Streitkräfte zu Wasser, zu Lande und in der Luft, nachdem er zuvor, um 01.00 Uhr, hierzu die Zustimmung des Großadmirals erhalten hatte.

Folgendes war voraufgegangen:

Generaladmiral von Friedeburg, der am Abend des 05. Mai nach Reims geflogen und am 06. Mai im Hauptquartier Eisenhowers verhandelt hatte, war zunächst auf Ablehnung Eisenhowers gestoßen. Dieser hatte zunächst gefordert, daß auch gegenüber den Sowjets bedingungslos kapituliert wird. Diese Forderung schloß ein, daß die deutschen Truppen dort stehenbleiben, wo sie sich zur Zeit befinden, was gleichzeitig auch für alle Kriegs- und Handelsschiffe in der Ostsee gelten sollte. Eine Annahme dieser Bedingungen Eisenhowers am Mittag des 06. Mai 1945 hätte bedeutet, daß sich alle deutschen Truppen im Osten sofort den Russen ergaben und kein Schiff mehr einen unter russischer Besatzung oder in deren Kriegsgebiet liegenden Hafen verläßt. Ein Entrinnen aus den Kurlandhäfen und von Hela wäre damit ausgeschlossen gewesen.

Diese Forderung Eisenhowers, die Großadmiral Dönitz durch Generalleutnant Kinzel aus Reims überbracht wurde, konnten weder Dönitz noch seine Regierung annehmen. Noch am 05. Mai hatte Dönitz nach Beratungen mit Graf Schwerin von Krosigh eine ›Geschäftsführende Reichsregierung‹ gebildet, deren Gesamtleitung Schwerin-Krosigh, der auch die Geschäfte eines Reichsaußenministers und Finanzministers führte, hatte und der u.a. Dr. Stukhardt als Innen- und Kulturminister, Albert Speer als Reichswirtschafts- und Produktionsminister, Dr. Backe als Reichsminister für Ernährung, Landwirtschaft und Forsten, Dr. Seldte als Reichsarbeits- und Sozialminister und Dr. Dorpmüller als Reichsverkehrs- und Postminister angehörten. Diese vorläufige Kabinettsliste war von Dönitz als Reichspräsident auch Feldmarschall Montgomery und General Eisenhower in Reims bekanntgegeben worden. Über die begrenzten Möglichkeiten, aktiv zu werden, waren sich alle Mitglieder dieser ›Geschäftsführenden deutschen Reichsregierung‹ einig.

Sie waren sich aber auch darüber einig, daß man die von General Eisenhower in Reims in den Verhandlungen mit von Friedeburg gestellten Kapitulationsbedingungen so nicht annehmen konnte, weil es in der Absicht der Regierung Dönitz lag, soviele Menschen wie möglich vor den Russen zu retten. Deshalb wurde Generaloberst Jodl beauftragt, am Abend des 06. Mai nach Reims zu fliegen mit der Vollmacht, eine Gesamtkapitulation zu unterzeichnen, falls eine Teilkapitulation nicht erreichbar ist. In diesem Falle aber wollte Dönitz vorher über den Inhalt der Gesamtkapitulation informiert werden.

Dies geschah durch einen Funkspruch, der am 07. 05. in Flensburg-Mürwick eintraf und der folgenden Wortlaut hatte:

> »General Eisenhower besteht darauf, daß wir heute noch unterzeichnen. Andernfalls werden die alliierten Fronten auch gegenüber denjenigen Personen geschlossen werden, die sich einzeln zu ergeben versuchen, und alle Verhandlungen werden abgebrochen. Ich sehe keinen Ausweg als Chaos oder Unterzeichnung. Erbitte sofortige drahtlose Bestätigung, ob ich Vollmacht habe, die Kapitulation zu unterzeichnen. Sie kann sofort wirksam werden. Feindseligkeiten werden dann am 09. Mai 00.00 Uhr aufhören. Jodl.«

Gegen 01.00 Uhr gab Großadmiral Dönitz die Zustimmung zur Unterzeichnung des Kapitulationsvertrages.

Bereits um 10.55 Uhr liegt Dönitz der genaue Wortlaut der Kapitulationsbedingungen vor. Er läßt diese sofort über alle verfügbaren Funk- und Drahtverbindungen allen Teilstreitkräften der Wehrmacht übermitteln.

Minister Schwerin von Krosigh verkündet um 12.45 Uhr über den Sender Flensburg des Reichsrundfunks den Waffenstillstand. Man will mit dieser raschen Bekanntgabe Feindmeldungen über den geschlossenen Waffenstillstand zuvorkommen, was auch gelang.

Die Bekanntmachung über die bedingungslose Kapitulation an das deutsche Volk endete mit dem Satz: »Möge Gott uns im Unglück nicht verlassen und unser schweres Werk segnen.«

Großadmiral Dönitz, in dessen Bemühen es lag, soviel Menschen wie möglich noch aus dem Osten, vor allem auf dem Seewege aus den Kurlandhäfen und von der Halbinsel Hela zu retten, weiß am Morgen des 07. Mai, daß hierfür nur noch knappe 48 Stunden zur Verfügung stehen, denn um Mitternacht vom 08. zum 09. Mai 1945 müssen alle Ostseehäfen, die im Bereich der Sowjets liegen, von Soldaten, Verwundeten und Flüchtlingen geräumt sein. Höchste Eile ist deshalb geboten.

Mit einem Blitzfernschreiben informiert die 1. Abteilung der Seekriegsleitung alle in der Ostsee befindlichen Kriegs- und Handelsschiffe, vor allem auch die 09. und 10. Sicherungsdivision, über die Situation und die zeitlich begrenzte Möglichkeit der Rettung von Soldaten, Flüchtlingen und Verwundeten aus Windau, Libau und Hela. Das über Funk weitergegebene Blitzfernschreiben hat folgenden Wortlaut:

> »An alle in der Ostsee befindlichen Schiffe:
>
> 1. Infolge der durch die Kapitulation veränderten Lage müssen sämtliche See- und Sicherungsstreitkräfte sowie Handelsschiffe bis zum 09. 05. – 01.00 Uhr die Häfen Kurlands und Hela verlassen haben. Schiffe und Boote bis an die Grenze des Fassungsvermögens mit Menschen und kleinstem Gepäck verladen. Zielhäfen sind Kiel, Eckernförde und Neustadt. Zwischenlaufen dänischer Häfen aufgrund der Lageentwicklung ausgeschlossen.
>
> 2. Kriegs- und Handelsschiffe auf Ostmarsch, deren Wiederauslaufen aus den Osthäfen nach Beladen mit Menschen bis 01.00 Uhr nicht gewährleistet ist, machen kehrt und laufen Flensburg an.
>
> 3. In Marsch gesetzte Geleite mit Zahl der geretteten Menschen, getrennt nach Truppen, Verwundeten, Flüchtlingen, zeitgerecht melden. – MOK Ost, Führungsstab F 1, 68 OP.«

Dieser Funkspruch ruft alle noch fahrbaren Schiffe in der Ostsee zum letzten Großeinsatz auf. Dieser Großeinsatz wird sich aber auf Hela beschränken müssen. Denn auch für die schnellen Einheiten der Kriegsmarine ist es unmöglich, in der noch zur Verfügung stehenden Zeit die beiden Kurlandhäfen Windau und Libau zu erreichen, es sei denn, Schiffe befinden sich in der Nähe dieser Häfen. Im wesentlichen wird man sich in Windau und Libau auf die dort noch vorhandenen Schiffe für den Abtransport der Soldaten, Verwundeten und Flüchtlinge beschränken müssen.

Die Frage ist: Sind in der westlichen Ostsee überhaupt noch Schiffe in ausreichender Zahl vorhanden, die sich jetzt noch nach Hela in Marsch setzen können?

Vor der Einfahrt Kopenhagen, auf dem Ankerplatz ›Nanny‹ werden am Morgen des 07. Mai die aus Swinemünde gekommenen Zerstörer *Z 38* (Korvettenkapitän Frhr. von Lyncker), *Z 39* (Korvettenkapitän Loerke) und das Torpedoboot *T 33* (Kapitänleutnant Friebe) gestoppt. Alle drei Schiffe haben Soldaten an Bord. Mit allen möglichen Fahrzeugen werden die Soldaten von dem Torpedoboot und den beiden Zerstörern nach Kopenhagen gebracht. Als die Kriegsschiffe leer sind, laufen sie mit Höchstgeschwindigkeit nach Hela.

Doch das ist nicht alles.

Am späten Nachmittag des 07. Mai trifft die Rettungsflotte aus Hela auf dem Ankerplatz ›Nanny‹ vor Kopenhagen ein: Die Zerstörer *Karl Galster*, *Friedrich Ihn*, *Hans Lody*, *Theodor Riedel* und *Z 25*, die Torpedoboote *T 17*, *T 19*, *T 23* und *T 28*. Sie haben Befehl, so rasch wie möglich zu entladen und sofort nach Hela zurücklaufen.

Dieser Befehl wird auf eine etwas ungewöhnliche, aber rasche Weise sofort ausgeführt.

Kapitän Lankau, der mit der leeren *Ubena* am Ankerplatz ›Nanny‹ liegt, wundert sich nicht schlecht, als Backbord und Steuerbord plötzlich drei Zerstörer und zwei Torpedoboote anlegen wollen, um Soldaten an Bord zu geben. Mit allen verfügbaren Mitteln werden die Soldaten an Bord geholt. Der *Ubena*-Kapitän weiß um das Schicksal der Menschen, die in Ostseehäfen auf Rettung warten, und packt mit seinen wenigen Leuten, die noch auf der *Ubena* sind, kräftig zu. In sieben Stunden sind die fünf Kriegsschiffe leer und nehmen wieder Kurs auf Hela.

Der 07. Mai 1945, ein Montag, wird auf Hela zu einem Tag zwischen Hoffen und Bangen. Werden weitere Schiffe kommen, oder waren die Schiffe, die am gestrigen Tage von Hela mehrere Zehntausend retteten, die letzten?

Den ganzen Tag über wartet man auf weitere Schiffe und wird unruhiger. Am Abend nimmt die Unruhe zu, als bekannt wird, daß die Rettungsaktion am nächsten Tag, dem 08. Mai um Mitternacht endet. Wer dann keinen Schiffsplatz hat und sich noch auf Hela befindet, dem winkt das schwere Los russischer Gefangenschaft.

Aber noch besteht Hoffnung.

Am Morgen des 08. Mai macht sich Oberst Schöpfer auf den Weg zum Stabe des Generals von Saucken. Sein Auftrag auf Hela ist beendet, und er will dem General abschließend Bericht erstatten. Auf dem Weg werden in seinem Gedächtnis zwei Erlebnisse des letzten Tages wieder lebendig, die er nicht so leicht vergessen wird.

Tags zuvor war der Oberst auf dem Weg zu seiner Unterkunft auch an der Volksküche vorbeigekommen, der ›Gauleitervolksküche‹, wie sie offiziell hieß, die seit Wochen unermüdlich die Flüchtlinge und Soldaten versorgte und noch voll im Einsatz war. Einer der Männer, schon weit über fünfzig, hatte den Oberst angesprochen, konnte aber nicht ganz deutlich machen, was er wollte. Er hatte etwas auf dem Herzen, kam aber mit der Sprache nicht heraus.

»Na, Mann, was haben Sie denn, kann ich Ihnen helfen?« hatte der Oberst gefragt. Und erst, als ein zweiter Mann der Volksküche seinen Kameraden anstieß und ihn aufgefordert hatte:

»Nun sag schon –«, hatte der Angesprochene die Katze aus dem Sack gelassen:

»Sehen Sie – Herr Oberst – wir haben hier wochenlang unseren Dienst getan – und wir würden uns über das Kriegsverdienstkreuz sehr freuen – – «

Nun war es heraus.

Der Oberst hatte sich über die Bitte zunächst gewundert, aber er hatte gleichzeitig auch Mitleid mit den Männern, die wohl immer noch an den Führer und Großdeutschland glaubten und noch nicht bewußt in sich aufgenommen hatten, daß der Krieg aus und verloren war. Aber er hatte ihren Wunsch erfüllt und eine Stunde später den zehn alten Männern die Auszeichnung an die schon unansehnlich gewordene Uniformbrust geheftet.

Aber das andere Ereignis, vor zwei Tagen, hatte ihm ebenso zu denken gegeben.

Auf Hela-Reede lag das Kadetten-Schulschiff *Hansa-Ostmark*. 25 16jährige Kadetten hatte man zum ›Landeinsatz‹ abkommandiert. Sie hatten sich mit einer Motorbarkasse in den Hafen bringen lassen und waren von dort auf dem Dünenweg in Richtung Kußfeld marschiert. Jeder schob ein Fahrrad, an dem zwei Panzerfäuste hingen. Ihre Absicht war es, im Panzergraben des Verteidigungsriegels bei Kußfeld Hela verteidigen zu helfen, obwohl es nichts mehr zu verteidigen gab und die Front hier seit Tagen völlig ruhig verlief. Flüchtlinge, die den jungen Kadetten begegneten, zeigten sich nicht nur erstaunt und verwundert, sie hatten die jungen Soldaten auch gewarnt und ihnen zugerufen:

»Geht nach Hause, Jungs – der Krieg ist aus!«

Doch die 25 Jungen schoben ihre Räder mit den Panzerfäusten weiter und ließen sich auch durch den Rat von Soldaten nicht aufhalten, die ihnen ebenfalls geraten hatten, die Uniformen auszuziehen und die Waffen wegzuwerfen.

Keine Warnung hatte genutzt. Unter der Führung eines älteren Feldwebels marschierten die 25 Kadetten auf die schmale Front zu. Dort waren sie in ein russisches Feuer geraten, das sie mit ihren Panzerfäusten erwiderten. In wenigen Minuten bezahlten 22 Kadetten diesen letzten Kriegseinsatz mit ihrem Tod. Nur drei kamen mit dem Leben davon. Als sie im Hafen wieder eingetroffen waren, war die *Hansa-Ostmark* mit 10.000 Menschen an Bord, darunter ihre anderen Kameraden, ausgelaufen. In letzter Minute hatte man die drei 16jährigen noch auf einem im Kriegshafen liegenden Torpedoboot bringen können.

An diese zwei Ereignisse der letzten Tage erinnerte sich Oberst Schöpfer kurz vor dem Betreten der Befehlsstelle des Stabes von General von Saucken auf Hela, dem der Oberst berichten konnte:

»Im April 355.624 Flüchtlinge, Soldaten und Verwundete von Hela mit Schiffen nach Westen befördert. Weitere 50.000 in den ersten Mai-Tagen.«

General von Saucken dankte dem Oberst und entließ ihn nach dem Westen. Fünf seiner Leute durfte Oberst Schöpfer mitnehmen.

Am frühen Nachmittag fand der Oberst noch ein Schiff. Es war die Pillauer Seetief-Fähre, die sie an Bord nahm und in der Kapitänskajüte unterbrachte. Oberst Schöpfer erinnert sich:

»Nachdem mir General von Saucken den Befehl gegeben hatte, mit fünf Leuten meines Stabes Hela zu verlassen, begaben wir uns auf die Suche. Die wenigen noch verfügbaren Schiffe waren mit Soldaten überladen und nahmen niemand mehr an Bord. So blieb uns nur noch die früher zwischen Pillau und Neutief hin und her pendelnde Fähre übrig, die sich im Helaer Hafen eingefunden hatte. Dieses tapfere Boot hat uns trotz Seegang und russischer Fliegerangriffe, ohne Karte und ohne Kompaß und mit einer Besatzung, die weder das Zeugnis für hohe See hatte, noch die Ostsee kannte, sicher in die Kieler Bucht gebracht.«

Am Morgen des 08. Mai jagt ein Funkspruch den anderen. Der Führer der Zerstörer funkt: »An alle im Osttransport eingesetzten Einheiten: Im Sinne der Aufgabe handeln. Beeilt Euch.« Die Zerstörer und Torpedoboote, die in der letzten Nacht noch vor Kopenhagen lagen, empfangen diesen Funkspruch auf dem Wege nach Hela. Sie haben ihren Marsch dorthin um 03.00 Uhr angetreten.

Ein weiteres KR-Blitzfernschreiben und ein Funkspruch ähnlichen Inhalts sind auf allen Ostseewellen an alle abgesetzt worden:

»Transport deutscher Menschen aus dem Osten mit höchster Beschleunigung durchführen – Seekriegsleitung.«

Der Ernst der Lage und die gebotene Eile sind aus einem weiteren im Klartext gegebenen Funkspruch erkennbar:

»An alle!
07. 05. Vorläufige Unterzeichnung der Kapitulation in Reims.
08. 05. Unterschreiben Keitel, Stumpf, Friedeburg in Berlin. Endgültige deutsche bedingungslose Kapitulation. Danach Waffenruhe an allen Fronten am 09. 05. – 00.00 Uhr – Oberbefehlshaber der Marine – Skl.«

Die Sowjets verlangten nach der Unterzeichnung der Kapitulationsurkunde in Reims eine gleiche und offizielle feierliche Unterzeichnung der Gesamtkapitulation in Karlshorst, die einen Tag später stattfand. Für das Oberkommando der Wehrmacht unterzeichneten hier die in englischer, russischer und deutscher Sprache abgefaßte Kapitulationsurkunde von Friedeburg, Keitel und Stumpf, für den Obersten Befehlshaber der Alliierten Expeditionsstreitkräfte Air Marshal Tedder und für das Oberkommando der Roten Armee Marschall Schukow. Der Kommandierende General der Strategischen Luftstreitkräfte der Vereinigten Staaten, General Spaatz, und der Oberkommandierende der ersten französischen Armee, General de Lattre-Tassigny, waren Zeugen dieses Vorganges in Karlshorst.

Auf Hela ist der letzte Tag der Rettung angebrochen. Viele der noch mehr als Einhunderttausend haben in der vergangenen Nacht keinen Schlaf mehr gefunden. Sie wissen: Heute entscheidet sich ihr Schicksal. Heute um Mitternacht werden diejenigen, die sich noch hier befinden, das schwere Los der Gefangenschaft auf sich nehmen müssen. Werden es 50.000 oder 80.000 sein? Und wer wird dabei sein? Werden überhaupt noch Schiffe nach Hela kommen, an diesem letzten Tage der Freiheit auf Hela?

Die ganze Halbinsel gleicht bereits in den frühen Morgenstunden einem großen, im Aufbruch befindlichen Heerlager. Tornister und Taschen sind gepackt, es kann losgehen.

Bei den militärischen Einheiten wird bereits sortiert. Väter mit Kindern erhalten den Vorzug. Junge und unverheiratete Soldaten, ob zur Mannschaft, zu den Unteroffizieren oder den Offizieren gehörend, haben die geringsten Chancen, von hier wegzukommen. Es hängt alles davon ab, ob und wieviele Schiffe kommen.

Im Kriegshafen und auch im Fischereihafen herrscht ein unwahrscheinliches Gedränge, als die ersten Boote, Leichter, Prähme, Fischkutter und anderen Fahrzeuge erscheinen. Alles, was aufzutreiben ist, was schwimmt, wird hierhergebracht und beladen. Den ganzen Tag über kommen kleine Fahrzeuge, niemand weiß, woher diese Boote und Bötchen, diese Nußschalen, aufgetrieben wurden. Im Laufe des Tages werden es immer mehr, 50, 60 und noch mehr.

Doch von größeren Schiffen ist weit und breit nichts zu sehen. Das macht viele unruhiger und nervöser, andere geben die Hoffnung auf, setzen sich irgendwo hin, nehmen von nichts mehr Kenntnis.

Um 18.40 Uhr treffen die ersten Schiffe, die Zerstörer und die Torpedoboote, aus Kopenhagen kommend, in Hela ein und machen im Kriegshafen fest. Sie werden stürmisch begrüßt. An keinem Tage wurden in Hela Schiffe so schnell und so geordnet beladen wie an diesem 08. Mai.

Im Fischereihafen der gleiche Betrieb. Hier hat sich noch eine Vielzahl kleiner Fahrzeuge eingefunden: Boote und Schiffe, die früher im Pendelverkehr in der Danziger Bucht und zuletzt zwischen den Brückenköpfen eingesetzt waren, Marinefahrprähme und Kutter. Das letzte Aufgebot an Schiffen und Schiffchen wird mit Menschen beladen, die noch bis Mitternacht von Hela fliehen wollen.

Und draußen auf Reede liegen einige größere Schiffe und laden, unter ihnen der Ex-Bäderdampfer *Rugard*, der zuletzt dem Chef der 9. Sicherungsdivision, Fregattenkapitän von Blanc, als schwimmender Befehlsstand diente und der mit diesem Schiff als Letzter Hela verlassen wird. Und da ist auch der Tanker *Julius Rüttgers*, nur 854 BRT groß, und der noch kleinere Tanker *Lieselotte Friedrich*, ganze 517 BRT groß.

Was viele an diesem Tage wundert: Der Russe ist still. Weder Flugzeuge erscheinen, noch schickt die Artillerie aus Gotenhafen und von der Oxhöfter Kämpe Grüße herüber. Offensichtlich hoffen die Russen, daß ihnen alle Schiffe, die heute hier beladen werden, mit allen Menschen darauf noch in der folgenden Nacht unbeschädigt in die Hände fallen. Nach den Kapitulationsbedingungen müssen alle Fahrzeuge, auch alle Schiffe, die um Mitternacht dieses Tages noch östlich Bornholm stehen, umkehren und einen russisch besetzten Ostseehafen anlaufen. Und die Russen haben sich auch ausgerechnet, daß die Schiffe aus Hela erst im Schutze der Dunkelheit auslaufen werden, und sicher ist keines der Schiffe so schnell, bis Mitternacht Bornholm zu erreichen.

Und außerdem haben die Russen entlang der Ostseeküste in den besetzten Häfen ihre Schnellboote liegen und ihre Torpedokutter. Man hat es also in der Hand, die Schiffe vor Bornholm zur Umkehr zu zwingen.

Die Zwanzigtausend, Dreißigtausend oder Fünfzigtausend, die sich auf den Schiffen in den beiden Helaer Häfen und auf der Reede befinden, stellen solche Überlegungen wohl kaum an. Für die meisten bedeutet ein Platz auf dem Schiff oder in einem der Boote und Kutter schon die hundertprozentige Rettung.

Doch viele werden sich noch in dieser Nacht und am folgenden Tage eines besseren belehren lassen müssen.

Inzwischen ist die Beladung auf vielen Schiffen bereits abgeschlossen. Die Zeit eilt.

Um 21.30 Uhr sind die Zerstörer und Torpedoboote fertig zum Auslaufen. In knapp drei Stunden wurden die Soldaten an Bord genommen und jeder Platz ausgenutzt.

Ein Beispiel: Torpedoboot *28* hat 1237 Soldaten an Bord genommen. Bei anderen Schiffen sind es einige weniger, bei anderen aber noch mehr, so ein Zerstörer, der weit über 2000 Mann an Bord genommen hat oder *T 33*, das bei 120 Mann Besatzung ebenfalls 2000 Soldaten aufgenommen hat.

Nach und nach verlassen die Schiffe Hela, Boot für Boot legt von der Mole ab. Auch auf Reede heißt es: »Anker auf – wir laufen aus!«

Jetzt wird deutlich, daß einige Zehntausend zurückbleiben müssen.

Als letzter der Zerstörer legt um 22.00 Uhr *Karl Galster* ab, und von der Reede laufen zur gleichen Zeit die beiden Tanker *Julius Rüttgers* und *Lieselotte Friedrich* aus.

Zwischen den Helaer Häfen und der Reede wimmelt es von kleinen und kleinsten Booten, Prähmen und Schiffen, die sich nun auf den Weg über die Ostsee machen.

Nur eines der Schiffe liegt um 22.00 Uhr noch im Hafen: Die *Rugard*. Sie tritt eine Stunde vor Mitternacht den Marsch nach dem Westen an.

Danach ist es still im Helaer Hafen. Die Zurückgebliebenen haben sich mit ihrem Schicksal abgefunden oder abfinden müsssen. Niemand hat an diesem Tage die Menschen gezählt, die von Schiffen an Bord genommen wurden. Waren es 70.000 oder gar 80.000? Realistische Schätzungen liegen bei 65.000 bis 70.000.

60.000 Soldaten und auch ein Rest Flüchtlinge haben die Flucht über die Ostsee nicht mehr geschafft und müssen auf Hela zurückbleiben.

Den meisten militärischen Einheiten, die bis zur letzten Stunde die Brükkenköpfe Hela und Weichselmündung hielten, bleibt das Los russischer Gefangenschaft nicht erspart. Die Flüchtlinge auf Hela werden Zeugen, als am Morgen des nächsten Tages der lange Zug der 60.000 auf Hela in Gefangenschaft marschiert, unter den Soldaten General von Saucken und elf seiner Generale.

In der Nacht vom 08. zum 09. Mai und am Morgen des 09. Mai 1945 ist die Ostsee zwischen Hela und Bornholm übersät mit Schiffen aller Größen und Bauarten: Von der Fähre bis zum Kutter, vom Küstendampfer bis zum Tanker, vom Hafenschlepper bis zum Schulschiff, vom Vorpostenboot bis zum Zerstörer. Und dazwischen schwimmen Leichter und offene Flöße.

Das hat die Ostsee noch nie gesehen, was am 09. Mai in der Morgendämmerung erkennbar wird.

Hier und da stoppt eines der Schiffe, nimmt einen Kutter, ein Boot in Schlepp. Es hatte auch einige Landser gegeben, die buchstäblich auf einem Baumstamm ihre Rettung über See versucht hatten. Man holte sie aus dem Wasser und nahm sie auf.

Der Heerzug über See ist auch von den Russen nicht mehr aufzuhalten. Nur ein einziges Schiff, eines von mehr als einhundert oder noch mehr, der Tanker *Lieselotte Friedrich*, fiel ihnen zum Opfer. Doch auch von diesem Schiff konnten sich noch alle retten. –

DIE FLUCHT DES TANKERS *JULIUS RÜTGERS*

S/T Julius Rütgers, ein 854 Brutto-Register-Tonnen großer Tanker, und die 517 BRT große *Lieselotte Friedrich* gehören zu den letzten Schiffen, die am Abend des 08. Mai 1945 Hela mit Kurs nach Westen verlassen haben. Beide Schiffe sind vollgepackt mit Soldaten und einigen Flüchtlingen.

Unter den Vierhundert, die in allen Ecken und Gängen, den wenigen Kammern, ja überall, wo man einen Platz fand und vor Wetter, Wind und Kälte geschützt war, auf *Julius Rütgers* liegen oder hocken, befindet sich auch der Leiter des Nachschubressors des Kriegsmarine-Arsenals Gotenhafen, ein Korvettenkapitän, der sich mit seinen Leuten nach dem Verlust von Gotenhafen nach Hela abgesetzt hatte. Nachdem er das stark beschädigte Schlachtschiff *Gneisenau* vor der Gotenhafener Hafeneinfahrt gesprengt hatte, hatte sich der Nachschuboffizier mit seinem Stab auf die *Julius Rütgers* begeben, das größte am 08. Mai noch in Hela vorhandene Schiff. Für den Korvettenkapitän war mit dem Einstieg auf den Tanker der Krieg zu Ende. Er hatte nichts mehr zu befehlen, und er war heilfroh, mit seinem halben Dutzend Männern, die seinen Stab bildeten, noch ein Schiff gefunden zu haben, das noch nach Westen lief. Er hatte nur einen Wunsch, mit diesem Schiff ohne Zwischenfälle rechtzeitig mit heilen Knochen nach Kiel zu kommen. Diesen Wunsch hatten übrigens alle an Bord, nicht nur der Korvettenkapitän.

Der wachhabende Decksoffizier denkt in diesem Augenblick das gleiche. Unablässig starrt er durch das Glas der Brücke, sieht auf den vorauslaufenden Tanker *Lieselotte Friedrich* und die beiden backbord und steuerbord danebenlaufenden Artillerieträger, die ebenfalls mit Soldaten beladen sind.

Je mehr der Uhrzeiger vorrückt, desto öfter blickt der Decksoffizier des *Julius Rütgers* auf die große Uhr. Dann ist es soweit:

Der 08. Mai ist vorbei, der 09. Mai 1945 beginnt, es ist ein Mittwoch.

In diesem Augenblick betritt Kapitän Grewe die Brücke.

»Es ist 00.01 Uhr Herr Kapitän – der Krieg ist vorbei!« meldet der wachhabende Offizier.

In der Tat: Vor einer Minute ist der Krieg zu Ende gegangen. Nach den Kapitulationsbedingungen begann um 00.00 Uhr am 09. Mai die Waffenruhe, der Kriegszustand wurde beendet.

Stumm nimmt man auf der Brücke des Tankers dieses wichtige Ereignis zur Kenntnis. Niemand sagt ein Wort.

Auch die Soldaten, die unter Deck liegen, Angehörige einer Luftwaffen-Felddivision, verschlafen die Stunde Null, das Ende des Krieges. Die Männer liegen überall in den Gängen herum oder in den wenigen Kammern, oder gerade dort, wo sie nach dem Anbordkommen einen Platz fanden. Zeltplanen und Decken dienen als Lagerstätten. Man ist anspruchslos geworden. Hier und da hört man ein Schnarchen, dort fragt einer nach der

Uhrzeit, ohne eine Antwort zu erhalten, und aus einer Ecke hört man einen Fluch: »Scheiß kalt – hier!«

Vom Ende des Krieges aber nimmt keiner der Soldaten Notiz.

Auch die Männer von der Flakbedienung tun das nicht. Völlig durchgefroren hocken sie an ihren Zweizentimeter-Geschützen, wissen nicht einmal die Uhrzeit.

»Wir müßten jetzt mit aufgeblendeten Lampen fahren«, unterbricht der Wachoffizier die Stille auf der Brücke.

»Kommt nicht in Frage, solange wir noch mit den Russen rechnen müssen. Wir sind noch nicht weit genug« kommentiert der Kapitän. Grewe hat Sorgen. Der Kompaß funktioniert nicht mehr richtig, die MES-Anlage (Minen-Eigen-Schutz) ist zerstört, und sollte die mit Kohle beheizte Maschine ausfallen, kann *Julius Rütgers* gleich das Testament machen. Solange er die vorauslaufende *Lieselotte Friedrich* im Auge behält, kann er auf den Kompaß verzichten. Und wenn es erst Tag ist, ist man schon weiter.

Mit einem sowjetischen U-Boot-Angriff rechnet Kapitän Grewe nicht mehr. Auch nicht mehr mit sowjetischen Flugzeugen. Der Krieg ist schließlich zu Ende. Das haben auch die Russen akzeptiert.

Und trotzdem ist *Julius Rütgers* auf seiner Flucht noch in Gefahr. Überall in diesem Seegebiet schwimmen sowjetische Minen. Diese habe den Kampf gegen die Schiffe noch nicht eingestellt. Für diese Waffe gibt es keine angeordnete Waffenruhe. *Julius Rütgers* ist zwar auf der Flucht, aber in Sicherheit ist das Schiff mit seinen vierhundert Menschen noch lange nicht.

Kapitän Grewe müßte jetzt auch die Geschützverschlüsse entfernen lassen. Doch er ordnet dies nicht an. Das soll erst im Zielhafen, in Kiel geschehen.

Langsam bricht der Morgen an. Ein herrlicher sonniger Mai-Tag beginnt. Soldaten erscheinen an Oberdeck, die Stimmung ist gut. Aus der kleinen Kombüse wird Kaffee an Deck gebracht. Man ißt das Brot im Stehen oder Sitzen, irgendwo.

Mit dem fortschreitenden Tag kommt die Insel Bornholm in Sicht. *Julius Rütgers* und die anderen Schiffe haben bereits ein gutes Stück des Weges hinter sich gebracht. Das Oberdeck füllt sich. Die Soldaten schauen in Richtung Bornholm. Die Insel kommt näher. »Achter Bornholm« werden die Schiffe entlang den schwedischen Hoheitsgewässern weiterlaufen.

»Ein herrlicher Anblick«, meint einer der an Deck stehenden Soldaten – »jetzt glaube ich auch, daß wir Frieden haben.«

Doch es ist ein trügerischer Friede.

Im nächsten Augenblick schon hört man das Brummen von Flugzeugen und das altgewohnte Kommando:

»Fliegeralarm!«

»Das ist doch eine Sauerei – ich denke, wir haben Frieden!« schreit Kapitän Grewe auf der Brücke.

Die angreifenden sowjetischen Bomber, Marke ›Boston‹ aus einer amerikanischen Leihgabe an die Sowjets, scheinen davon noch nichts gehört zu haben.

Im Tiefflug, aus der Sonne heraus, stürzen sich die Iwans auf die Schiffe. *Julius Rütgers* empfängt die sowjetischen Angreifer in gewohnter Weise, wie im Krieg, obwohl der Krieg seit einigen Stunden vorbei ist. Die Zweizentimeter-Flak schießt aus allen Rohren. Die Männer an Oberdeck werfen sich flach hin, Kapitän Grewe und seine Leute auf der Brücke nehmen hinter dem Splitterschutz Deckung.

Dann bricht ein Höllenlärm los, zerreißt den Frieden dieses Mai-Nachmittags. Die Artillerieträger schießen mit ihren 8,8 cm-Geschützen. Dazwischen hört man Detonationen. Bedingt durch das helle Sonnenlicht, hört man die Flugzeuge nur brummen, man sieht sie kaum, sie jagen sehr niedrig über die Ostsee und die Schiffe dahin.

»Da – Torpedos!« schreit einer auf der Brücke des Tankers.

Man sieht die silbernen Aale fallen, auf das Wasser klatschen, hält die Luft an, weil jeden Augenblick einer dieser Torpedos den Tanker zerreißen könnte – – –.

Doch die *Julius Rütgers* hat Glück. Kapitän Grewe hat diesem Glück nachgeholfen.

Als er eine Torpedolaufbahn bemerkt, die schnurgerade auf den Tanker zulief, befahl er blitzschnell:

»Hart Backbord – – – hart Backbord!«

Während das Ruder herumwirbelte und der Tanker drehte, lief der Torpedo vorbei. Kaum jemand auf dem Schiff hat von dieser großen Gefahr, in der *Julius Rütgers* schwebte, etwas gemerkt. Nur die Männer auf der Brükke blicken sich an. Die Gefahr ist vorbei.

Minuten nur dauerte dieser Angriff. Kapitän Grewe besieht sich den Splitterschutz auf der Brücke. Er ist zerfetzt, doch keiner seiner Leute ist verletzt.

Aber als der Kapitän nach draußen sieht, erschrickt er: Die *Lieselotte Friedrich* hat's erwischt: Torpedotreffer. Während das Schiff, das 300 Menschen an Bord hat, zu sinken beginnt, drehen die Sowjets ab. Stille kehrt ein. Niemand schießt mehr. Doch der Tanker *Lieselotte Friedrich* sinkt immer rascher.

Die Menschen springen von Bord. Haufenweise. Die Artillerieträger fischen sie auf, nehmen sie an Bord, einen nach dem anderen.

Auch der letzte der *Lieselotte Friedrich* kann gerettet werden. Die Geretteten stehen an Deck des Artillerieträgers, von denen einer langsam auf den Tanker *Julius Rütgers* zuläuft und längsseits geht:

»Bitte übernehmen Sie die Leute – habe keinen Platz dafür«, ruft der Kommandant des Artillerieträgers.

Kapitän Grewe antwortet kurz: »Wir übernehmen!«

Dann kommen die Überlebenden der *Lieselotte Friedrich* an Bord. Die Männer sind leichenblaß und total durchnäßt. Sie sprechen kein einziges Wort und scheinen noch verstört unter dem Eindruck des Erlebten.

Nicht alle sind unverletzt. Unter den Geretteten befindet sich etwa ein Dutzend Schwerverletzter, viele mit Durchschüssen. Gottseidank sind einige Ärzte an Bord unter den Soldaten. Sie sind sofort zur Stelle.

Die Verletzten werden unter Deck gebracht.

»Operieren«, ist die einmütige Meinung der Ärzte. Aber wo? Das ist die große Frage. »Bei mir«, sagt der Kapitän.

Seine Kabine wird zweckentfremdet. Schon in den nächsten Minuten ist ein Mahagonitisch ein Operationstisch. Hier muß schnell gehandelt werden, um Menschenleben zu retten.

Grewe ist wieder nach draußen gegangen und trifft dort den Korvettenkapitän.

»Eine Schweinerei ist das. Die Russen scheinen wohl keine Kapitulationsurkunde lesen zu können – – –!«

»Ich glaube schon«, entgegnet der Korvettenkapitän: »Wir sind es, die dagegen verstoßen, wenn wir nach dem Westen ausreißen wollen, das lassen sich die Russen nicht gefallen.«

Damit ist das Thema beendet. Und der Krieg anscheinend auch. Denn die Russen kommen nicht wieder.

Auf der *Julius Rütgers* ist das ganze Oberdeck jetzt voller Soldaten. Man hat den Geretteten von der *Lieselotte Friedrich* die unteren Decks, die Gänge und Kammern überlassen. Sechshundert Menschen sind jetzt auf dem kleinen Schiff, davon zweihundert Schiffbrüchige. Die restlichen hundert Überlebenden befinden sich auf dem zweiten Artillerieträger.

Als Kapitän Grewe später in seinen »Salon«, seine Kabine blickt, glaubt er diese nicht wiederzuerkennen: Es riecht nach Medikamenten, nach Betäubungsmitteln, nach Blut, nach allem Möglichen; er hört Wimmern, Schreien und Stöhnen, sieht die Chirurgen, die alles versuchen, den Verletzten zu helfen, sie zu retten. Die Kapitänskabine ist zu einem kleinen Feldlazarett geworden.

Später trifft der Kapitän einen der Ärzte oben an Deck. Der Mann ist buchstäblich fertig, so hart hat er die letzten drei Stunden gearbeitet.

»Wie sieht's aus?« will der Kapitän wissen.

»Gut, wir bekommen alle durch. Keiner ist gestorben. Aber wir brauchen bald ein Krankenhaus für die Leute. Was glauben Sie, wann wir in Kiel sind?«

»Ich hoffe morgen früh«, antwortet Grewe dem Arzt. »Wir müssen bis Kiel durchhalten. Wir könnten zwar auch Bornholm anlaufen oder Schweden. Aber ich bin nicht sicher, ob man uns da aufnehmen wird. Und das bedeutet Zeitverlust. Den können wir uns nicht leisten, dafür reicht auch unsere Kohle nicht!«

Mühsam bahnt sich *Julius Rütgers* den Weg zum Ziel. Immer noch hat der Kapitän Sorge, daß die Kohle bis nach Kiel reicht. Als die Nacht vorbei ist und der 10. Mai begonnen hat, ist er schon ruhiger.

Doch da bleibt die Maschine plötzlich stehen. Es ist aus. Und wieder hat die *Julius Rütgers* Glück. Zufällig kommt ein Schlepper vorbei. Er nimmt den Tanker auf den Haken und schleppt ihn nach Kiel. Dort warten schon die Krankenwagen, als der Tanker einläuft.

Der Tanker *Julius Rütgers* hat als eines der letzten Schiffe aus Hela die Flucht über die Ostsee überlebt. Sechshundert Menschen verlassen glücklich das Schiff.

Neben den Tankern *Julius Rütgers* und *Lieselotte Friedrich* hat auch der Ex-Bäderdampfer *Rugard* auf seiner Flucht aus Hela über die Ostsee noch ›Feindberührung‹. Seine letzte Reise verläuft dramatisch.

DAMPFER *RUGARD:* LETZTES GEFECHT IN DER OSTSEE

Die Tanker *Julius Rütgers* und *Lieselotte Friedrich* hatten Hela längst verlassen, als am späten Abend des 08. Mai 1945 noch immer ein Dampfer im Kriegshafen von Hela liegt: Der Ex-Bäderdampfer *Rugard*.

Das 1927 von den Oderwerken Stettin für die Stettiner Dampfschifffahrtsgesellschaft J. F. Braeunlich gebaute Schiff, 76,8 Meter lang und 10,9 Meter breit, erfüllte bis zum Kriegsbeginn die ihm zugedachte Aufgabe als Vergnügungsschiff zwischen Stettin und der Insel Rügen. Maximal 1850 Passagiere konnte das 1358 Bruttoregistertonnen große Schiff auf diesen Ausflugsfahrten befördern, 56 Besatzungsmitglieder sorgten für das Wohl der Fahrgäste. Doch der Krieg beendet auch für *Rugard* die Existenz als Bäderdampfer.

In den letzten Kriegsmonaten hatte der Dampfer eine ganz besondere Funktion, er wurde Führerschiff der 9. Sicherungsdivision, die zuletzt in Hela stationiert war und von Fregattenkapitän Adalbert von Blanc geleitet wurde. Die 9. Sicherungsdivision hatte die wichtige Aufgabe zu bewältigen, für die Flüchtlings-, Verwundetentransport- und Truppentransportschiff-Geleite die erforderlichen Sicherungsfahrzeuge bereitzustellen. Die 9. Sicherungsdivision hatte diese immer schwerer werdende Aufgabe hervorragend bewältigt; ihrem Einsatz war es zu verdanken, daß der Verlust an Menschen bei der Flucht über die Ostsee, gemessen an der Zahl der sicher über die Ostsee geleiteten Menschen, sehr gering war.

Am Abend des 08. Mai, einem schönen und sonnigen Tage, war auch für die 9. Sicherungsdivision das Aufgabengebiet erfüllt. Es war 19.00 Uhr und noch sehr hell. In genau fünf Stunden war der Krieg formell zu Ende, trat die Waffenruhe ein. Und bis zu diesem Zeitpunkt mußte auch der

Dampfer *Rugard* Hela verlassen haben. Nicht nur das, er mußte sich zu dieser Zeit bereits in der westlichen Ostsee befinden, um während der Fahrt nach dem Westen nicht noch von den Sowjets aufgebracht zu werden, die mit ihren Schnellbooten und Torpedobootskuttern die östliche und mittlere Ostsee kontrollierten.

Der Ex-Bäderdampfer *Rugard* konnte das schaffen, denn seine zwei 3-zylindrigen Dreifach-Expansionsmaschinen ermöglichten dem Schiff eine Höchstgeschwindigkeit von 15 Seemeilen. Damit war das Schiff bei weitem schneller als jeder Kohlendampfer.

Den ganzen Tag über hatte man Soldaten an Bord genommen, daunter 600 Männer von der Kurlandfront, denen es gelungen war, von Libau mit kleinen Fahrzeugen bis nach Hela zu gelangen und die sich auf die Rückkehr in die Heimat freuten. Auch die weiteren 700 Passagiere auf der *Rugard* waren zumeist Soldaten, vornehmlich der Marine, aber auch anderer Truppenteile. Nur wenige Flüchtlinge, ›Nachzügler‹, die zunächst auf Hela bleiben und hier das Kriegsende erleben wollten, befanden sich an Bord.

Vorgesehen war, daß *Rugard* mit allen noch im Kriegshafen von Hela liegenden Räumbooten der 9. Sicherungsdivision und dem Führerboot der 9. Sicherungsdivision, mit Fregattenkapitän von Blanc an Bord, ebenfalls ein Räumboot, auslaufen sollte.

Hierfür war 20.00 Uhr vorgesehen.

Ungeduldig wartete ein Teil der Männer auf das Ablegen, als 20.00 Uhr überschritten ist.

»Was ist los – warum laufen wir nicht aus?« fragt einer der Soldaten einen Obermaaten, der zur Besatzung gehörte.

»Weiß nicht, aber es wird wohl gleich soweit sein«, erhält er zur Antwort.

Der Dampfer *Rugard* scheint um 20.12 Uhr auch ablegen zu wollen. Da läuft plötzlich ein Schlepper ein. Er hat eine große Schute im Schlepp, die offenbar leck ist und Wasser nimmt, denn sie liegt ziemlich tief im Wasser. Der Schlepper bugsiert die Schute direkte an *Rugard* vorbei, legt sie an die Mole neben den Seebäderdampfer und läuft davon.

Die an Oberdeck der *Rugard* stehenden Männer starren auf die Schute, die offenbar langsam zu sinken beginnt und bis obenhin mit schönen Sachen beladen ist. Die Männer erkennen: Das ist ein Verpflegungskahn, sicher aufgefüllt mit Zigaretten und Schokolade, Konserven und Fleisch, Wurst und Käse, Butter und Brot . . .

Kaum hat einer der Männer diese Vermutung ausgesprochen, stürzen die ersten Soldaten von Bord der *Rugard*, springen einfach über Deck oder rennen über die noch ausgelegte Gangway. Blitzschnell geht das alles, bevor sie irgendein Kommando zurückhalten kann.

Ihre Vermutung bestätigt sich auch im nächsten Augenblick. Alles, was sie in den letzten Monaten und Wochen vermißt haben, alles, wonach sie sich oft sehnten, liegt kistenweise auf diesem sinkenden Kahn.

Die ersten Soldaten kommen bereits, unter jedem Arm eine Kiste, auf die *Rugard* zurück, da springen die nächsten an Land. Hunderte sind es jetzt schon, die den Verpflegungskahn stürmen und ihn total räumen wollen, bevor er in das schmutzige Hafenwasser absäuft.

Auf der *Rugard* fällt in diesen Augenblicken aber das Kommando:

»Wir laufen aus!«

Es ist höchste Zeit, denn die Räumboote sind schon draußen, und das Führerboot mahnt *Rugard* zu folgen. Die Männer auf den Räumbooten ahnen nicht, was im Augenblick an der Mole los ist. Hunderte von Soldaten, Stunden vorher mühsam an Bord gebracht, sind wieder an Land, um Proviant zu organisieren. In diesem Getümmel verhallen auch Kommandos.

Erst als die Männer plötzlich sehen, daß die *Rugard* die Leinen löst und sich anschickt, von der Mole abzulegen, erkennen sie das Risiko ihres Handelns: Entweder sich noch einmal satt essen mit all den schönen Dingen, die der Magen begehrt, dafür aber auf Hela zurückbleiben und in Gefangenschaft zu marschieren, oder aber mit der *Rugard* nach dem Westen zu fliehen. Und es gibt keinen unter den Männern, der sich nicht für das letztere entscheidet.

Viele lassen ihre Kartons und Kisten auf die Steine der Mole fallen und springen im letzten Augenblick auf das Heck der ablegenden *Rugard*, das noch für einige Augenblicke an der Mole klebt.

Nach diesem Zwischenspiel läuft *Rugard* den bereits auf Reede wartenden Räumbooten nach. Gegen 21.00 Uhr setzt sich das ›Restgeleit des Zweiten Weltkrieges‹ nach Westen in Marsch. Es hat den Auftrag zu versuchen, ›achter Bornholm‹, entlang der schwedischen Küste in schwedischen Hoheitsgewässern die Kieler Bucht anzulaufen.

Daß dies nicht ungefährlich ist, wissen nur die Ostsee-Kenner der Marine, nicht aber die seeungewohnten Soldaten an Bord. Denn würde der Dampfer *Rugard* von sowjetischen U-Booten, Torpedokuttern, Schnellbooten oder von Flugzeugen angegriffen, wäre das Schiff diesen Angriffen nahezu wehrlos ausgeliefert. Die ganze Bewaffnung der *Rugard* besteht aus einer auf dem Achterdeck stehenden uralten Oberdeckkanone, Kaliber 7,5 cm, französische Baurt, die eigentlich schon in ein Museum gehörte.

Daß man diese Kanone noch einmal dringend brauchen würde, und daß die letzten Schüse aus ihr den 1300 Menschen auf dem Schiff sogar das Leben retten sollten, ahnten weder die Männer der Geschützbedienung, noch sonst wer an Bord an diesem schönen Mai-Abend.

Es sind einige Hundert, die an Deck stehen und den Abendhimmel bewundern, der über der Halbinsel Hela und der Danziger Bucht liegt.Es ist an diesem Abend wie im tiefsten Frieden.

Da wird die Stille plötzlich und unerwartet durch Geschützfeuer zerrissen. Die Männer, die auf Hela zurückbleiben mußten, weil sie keinen Schiffsplatz mehr fanden, verabschieden sich von ihren Kameraden, die schon auf See sind, mit einem Salut der Verzweiflung. Mit ihren 8,8 cm-Geschützen feuern sie die letzten Granaten in den Himmel. Es ist ein letzter weit hörbarer Gruß der Verlassenen und Verlorenen auf Hela.

Weder die Männer an den Geschützen, noch die Männer auf der *Rugard* können in dieser Stunde des Abschieds wissen, daß noch am späten Abend dieses Tages, rechtzeitig vor Mitternacht, drei Torpedoboote Hela anlaufen werden, um noch einige Tausend vor dem ungewissen Schicksal sowjetischer Gefangenschaft zu bewahren.

Indessen setzt die *Rugard* ihren Marsch nach Westen fort. Viele Männer sind wegen der anbrechenden Kühle der Nacht unter Deck gegangen. Jeder Winkel und jede Kammer auf dem Schiff ist überfüllt. Überall wird diskutiert, denn um Mitternacht werden die Waffen schweigen, wird der Zweite Weltkrieg zu Ende sein.

Erst nach Mitternacht, nach der Stunde Null zwischen dem 08. und 09. Mai 1945, dem Beginn der Waffenruhe, verstummen langsam die Gespräche, und es kehrt Ruhe ein.

Ohne jeden Zwischenfall läuft der Dampfer *Rugard*, begleitet von den Räumbooten der 9. Sicherungsdivision, im sicheren Geleit nach Westen, der Heimat zu.

Auch der nächste Tag, der 09. Mai 1945, verläuft ohne jeden Zwischenfall. Nirgendwo sind Russen zu sehen, weder in der See noch in der Luft.

Inzwischen ist es 17.30 Uhr.

Rugard hat soeben die Insel Bornholm passiert.

»Jetzt kann nicht mehr viel passieren«, sagt der diensttuende Wachoffizier auf der Brücke der *Rugard* zum Steuerer.

Doch das hätte er nicht sagen sollen. Denn im nächsten Augenblick passiert etwas, was sich niemand auf dem Schiff noch hätte träumen lassen.

Der achtere Ausguck bemerkt plötzlich vier Bugwellen, die größer werden und sich rasch nähern. Augenblicke später meldet er:

»Achteraus vier Schnellboote, vermutlich russische!«

Bevor man auf *Rugard* etwas sagen kann, sind die Boote auch schon da. Tatsächlich – es sind vier sowjetische Schnellboote.

Kaum 200 Meter von der *Rugard* entfernt ziehen sie vorbei, um das Führerboot der 9. Sicherungsdivision abzuschneiden und auch die Räumboote. Die Russen wollen anscheinend nur die *Rugard*, die Kriegsschiffe interessieren sie nicht.

Die Männer an Deck des Ex-Bäderdampfers halten den Atem an, als einer der vier Schnellboote direkt am Dampfer anlegt. In gebrochenem Deutsch ruft der S-Boot-Kommandant herauf:

»Schipp sofort zurruck – sonst alles kaputt!«

Danach legt das Russenboot wieder ab. Man ist wohl sicher, daß *Rugard* dem Befehl folgt, also umkehrt und – begleitet von den vier S-Booten – in den nächsten von den Sowjets besetzten Ostseehafen einläuft.

Doch der Führer der *Rugard* denkt nicht daran.

»Beide Maschinen äußerste Kraft voraus!« befiehlt er. Die *Rugard* macht buchstäblich einen Satz nach vorn, läuft mit Höchstgeschwindigkeit ab und versucht, den Schnellbooten zu entkommen. Die Dreimeilenzone ist in unmittelbarer Nähe, und die schwedische Küste mit einer Hafenstadt ist deutlich erkennbar.

Das Bemühen der *Rugard* zu entkommen, ist umsonst. Die sowjetischen S-Boote sind um einiges schneller. Der Ex-Bäderdampfer muß aus dieser Situation allein heraus. Die R-Boote und das Führerboot sind längst am Horizont verschwunden. Es blieb ihnen nichts anderes übrig, als das Weite zu suchen. Die vier Schnellboote hatten sicher genug Torpedos an Bord, dieses ›Restgeleit‹ der Ostseeflucht zu versenken, mit allem, was darauf war.

Und daß die Russen es ernst meinten, merkte in diesem Augenblick der Dampfer *Rugard*.

»Zwei Torpedos . . .!« meldet in dieser Sekunde der Brückenposten. Deutlich kann man die Torpedolaufbahnen in der klaren See erkennen, sie laufen direkt auf *Rugard* zu.

Blitzschnell folgt das Kommando des wachhabenden Offiziers. Das Ausweichen gelingt. Nur um Zentimeter zischen die beiden silbernen Aale an der Bordwand des Bäderdampfers vorbei.

Gleichzeitig beginnen die S-Boote, *Rugard* mit Bordwaffen zu beschießen.

Augenblicklich erhält das Geschütz auf dem Achterdeck Feuererlaubnis.

Die Männer an der alten Kanone haben ein gutes Auge. Der erste Schuß geht direkt neben die Bordwand des vorderen Schnellbootes, die zweite und dritte Salve sind Volltreffer, die das sowjetische Angreiferboot in dichten Qualm hüllen. Es brennt. Das nutzt sich *Rugard* aus, sich – noch immer schießend – mit Höchstgeschwindigkeit vom Schauplatz des Angriffs zu entfernen.

Als sich die dunkle Qualmwand verzieht, sieht man nur noch drei Schnellboote, die sich entfernen. Diesen Widerstand der *Rugard* hatten die Russen wohl nicht erwartet. Die Salven aus der Kanone des Ex-Bäderdampfers *Rugard* waren die letzten Schüsse in der Ostsee im Zweiten Weltkrieg, der zu diesem Zeitpunkt schon ganze runde 16 Stunden vorbei war.

Wenig später setzt *Rugard* folgenden an das OKM gerichteten Funkspruch ab:

»17.30 Uhr 13 Seemeilen westlich von Bornholm *Rugard* durch vier russische Schnellboote angegriffen.

Nach Torpedo- und Bordwaffenbeschuß Feuer eröffnet, worauf Schnellboote abdrehten.

Rugard setzt Marsch fort.«

Mit dieser Meldung wird die letzte Seekampfhandlung im Zweiten Weltkrieg in europäischen Gewässern abgeschlossen.

Auf der *Rugard* dauert es jedoch einige Zeit, bis bei den Männern die Spannung weicht. Einigen ist der gar nicht so friedliche Angriff der russischen S-Boote unter die Haut gegangen, und es sind nicht wenige, die mit dem Gedanken gespielt hatten, die *Rugard* würde dem Befehl des sowjetischen S-Boot-Kommandanten, in den nächsten russisch besetzten Ostseehafen einzulaufen, folgen, und es gab auch einige, die sich schon auf dem Weg in die russsische Gefangenschaft gesehen hatten.

Doch jetzt ist alles gut überstanden, man ist auf dem Weg nach Hause.

Die Spannung löst sich erst vollends, als in der langsam dunkler werdenden Nacht dieses zu Ende gehenden 09. Mai die *Rugard* entlang der Schwedenküste läuft, die im hellen Lichterglanz erstrahlt und erkennen läßt, was Frieden bedeutet: Licht, Helligkeit und Freude. Und in diesen Augenblikken wird für so manchen, der an Deck des Schiffes steht, die Gegenwart heller und freundlicher, man atmet auf, denkt an den nächsten Tag und an die Zukunft, eine Zukunft im Frieden.

Als dann der nächste Tag, der 10. Mai, aus dem Schlaf erwacht, die Sonne aus der Ostsee heraussteigt, läuft der Ex-Bäderdampfer *Rugard* in die Strander Bucht bei Kiel ein. Hela und vieles, was in den letzten Jahren, Monaten und Wochen erlebt wurde, beginnt von dieser Stunde an Vergangenheit zu werden. An die Flucht mit der *Rugard* aber denken viele der 1300, die sie miterlebt haben, noch lange. Es war ihre Rettung über die Ostsee im letzten Augenblick.

175 SCHIFFE RETTEN 25.300 KURLANDKÄMPFER

Am Freitag, dem 04. Mai 1945 wurde auch in den beiden noch immer von deutschen Truppen gehaltenen Kurlandhäfen Windau und Libau mit dem systematischen Abtransport von Soldaten, zunächst der Verwundeten, begonnen.

Es waren nur kleine und kleinste Schiffe, die an diesem Tage zur Verfügung standen, rasch beladen wurden und ausliefen. Für die mehreren zehntausend Soldaten, die noch über die Ostsee nach Westen gerettet werden mußten, um bei einer bevorstehenden Kapitulation nicht in die Hände der Russen zu fallen und in Gefangenschaft zu geraten, fehlte noch der geeignete Schiffsraum und der Befehl, daß die Kriegsschiffe Soldaten an Bord nehmen und nach Westen laufen durften. Bis zum 04. Mai war die Front in Kurland noch völlig intakt und beide Häfen noch fest in deutscher Hand.

Daß sich die Situation für die noch in Kurland befindlichen Soldaten und die in den Häfen und auf Reede liegenden Schiffe innerhalb von 24 Stunden ändern würde, und daß höchste Eile geboten war, alle fahrbereiten Handelsschiffe, Fahrzeuge und Kriegsschiffe für den Abtransport der Kurlandarmee bereitzustellen, machte ein Funkspruch des Oberkommandos der Wehrmacht deutlich, der am Abend des 04. Mai beim Oberbefehlshaber der Heeresgruppe Kurland eintraf.

Er lautete:

»An Windau, Libau, Hela, Bornholm:

Ab 05. Mai, 08.00 Uhr deutscher Sommerzeit, Waffenruhe gegenüber Truppen des Feldmarschalls Montgomery. In See befindliche Transporter laufen jedoch weiter, da Aufgabe der Kriegsmarine, Deutsche aus dem Osten zu retten. Keinerlei Zerstörungen, Schiffsversenkungen oder sonstige Kundgebungen vornehmen. Sicherung aller Vorräte.«

Der Oberbefehlshaber der Heeresgruppe Kurland sah in diesem Text des Funkspruchs das rasche Herannahen der Stunde Null, der Kapitulation auch vor den Russen.

Diese Erkenntnis gewannen auch der Chef der 9. Sicherungsdivision, Fregattenkapitän von Blanc, die Hafenkapitäne, Leiter der Seetransportstellen, aber auch die Kommandanten und Offiziere von Kriegsschiffen und die Kapitäne der Handelsschiffe.

Viele in der östlichen Ostsee befindlichen Schiffe begannen am Abend des 04. Mai den Wettlauf mit der Zeit, um aus Windau, Libau und Hela noch zu retten, was noch zu retten war. Ob Fischkutter, Küstendampfer oder Marinefahrprähme, Tanker, Schlepper, Siebelfähren oder Leichter, Artillerieträger, Schulboote, Bäderdampfer, Motorboote, Flugsicherungsschiffe oder Vorpostenboote, Schnellboote, Minensuchboote oder Räumboote, alles was noch seetüchtig und fahrbereit war, lief die drei Häfen an, um die letzte Aufgabe in letzter Stunde zu erfüllen: Menschenleben über die Ostsee retten!

Noch am Abend des 05. Mai begab sich der Kommandierende Admiral Östliche Ostsee Burchardi nach Hela. Er wollte von hier aus persönlich den Einsatz der letzten Ostsee-Rettungsflotte leiten.

Am Morgen des 06. Mai 1945 setzte die Seekriegsleitung mit einem eiligen Funkspruch den letzten Termin für die Rettung aus den Ostseehäfen Hela, Libau und Windau:

»An alle in der Ostsee befindlichen Schiffe:
Infolge Kapitulation müssen sämtliche See- und Sicherungsstreitkräfte sowie Handelsschiffe die Häfen in Kurland und Hela bis 09. Mai 00.00 Uhr verlassen haben. Transporte deutscher Menschen aus dem Osten daher mit höchster Beschleunigung durchführen.
Seekriegsleitung.«

Das bedeutete auch das Ende der Heeresgruppe Kurland. General Eisenhower hatte offensichtlich dem Waffenstillstand an der Westfront nur unter der Bedingung zugestimmt, wenn auch die deutschen Truppen im Osten kapitulierten.

Dieses bestätigte ein FRR-Funkspruch von Großadmiral Dönitz am 07. Mai, der u.a. auch an den Oberbefehlshaber der Heeresgruppe Kurland, General der Infanterie Hilpert, und den Oberbefehlshaber AOK Ostpreußen, General der Panzertruppen von Saucken, gerichtet war. Hierin hieß es u.a.:

»Am 07. Mai 1945, 02.41 Uhr, Gesamtkapitulation durch Oberkommando der Wehrmacht für alle Streitkräfte zu Lande, zu Wasser und in der Luft an Oberkommando der Alliierten Expeditionsstreitkräfte und gleichzeitig an sowjetisches Oberkommando unterschrieben. Dies war unvermeidlich, um in kurzer Zeit zu erwartende vollständige Vernichtung bestimmter Frontteile zu verhüten und somit noch möglichst viele Menschen für Deutschland zu retten.

Danach ist mit dem 09. Mai 1945, 00.00 Uhr deutscher Sommerzeit jede aktive Kampftätigkeit einzustellen. Alle Dienststellen des Heeres, der Kriegsmarine und der Luftwaffe sowie Truppen aller Wehrmachtsteile und der Waffen-SS verblieben in den zu diesem Zeitpunkt eingenommenen Stellungen.

Ab sofort darf kein Schiffsfahrzeug und kein Flugzeug versenkt oder zerstört, kein Rumpf, keine Maschinenanlage oder Ausrüstung irgendwie beschädigt werden.

Alle weiteren Befehle, die durch das Oberkommando der Alliierten Expeditionsstreitkräfte und durch das sowjetische Oberkommando nach dem 09. Mai 1945, 01.00 Uhr erlassen werden, sind auszuführen. Andernfalls werden das Oberkommando der Alliierten Expeditionsstreitkräfte und das sowjetische Oberkommando Strafmaßnahmen oder andere über die Kapitulationsbedingungen hinausgehende Schritte unternehmen.«

Für die Heeresgruppe Kurland und das Armee-Oberkommando Ostpreußen enthielt der Funkspruch des Oberbefehlshabers der Kriegsmarine und der Wehrmacht, Dönitz, den besonderer Zusatz:

> »Alle bis zum 09. Mai 1945, 01.00 Uhr gegebenen Möglichkeiten zum Abtransport über See sind unter äußerster Anspannung aller Kräfte auszunutzen. Alle Schiffe müssen bis zu diesem Zeitpunkt ausgelaufen sein.«

Nach Eingang dieses Funkspruches bot in den Vormittagsstunden des 07. Mai 1945 der Oberbefehlshaber der Heeresgruppe Kurland, General der Infanterie Hilpert, dem sowjetischen Oberkommando in Kurland die Kapitulation seiner Armeen an und wollte dieses Angebot durch einen höheren Offizier übermitteln lassen. Doch die Russen wollten den Oberbefehlshaber der Heeresgruppe Kurland, der ihnen so lange erbitterten Widerstand mit seinen Truppen geleistet hatte und unbesiegbar geblieben war, offensichtlich demütigen; sie verlangten sein persönliches Erscheinen und lehnten jeden anderen Überbringer des Kapitulationsangebotes ab. So mußte sich General Hilpert zu dem wohl schwersten Gang in seiner militärischen Laufbahn entschließen. Begleitet von einigen Kommandeuren, war er in einem offenen Kraftwagen mit der weißen Fahne am Fahrzeug durch die feindlichen Linien gefahren. Er hat seine Heimat nie wiedergesehen und starb in russischer Gefangenschaft.

Der Funkspruch, der den Oberbefehlshaber der Heeresgruppe Kurland veranlaßte, den Sowjets ein Kapitulationsangebot zu machen, was er befehlsgemäß tun mußte, veranlaßte den Chef der 9. Sicherungsdivision, Fregattenkapitän von Blanc, den Befehl zu erteilen, in den beiden Kurlandhäfen Windau und Libau alle noch verfügbaren Schiffe, ohne Unterschied der Größe, ob Kriegsschiffe oder Handelsschiffe, Flugsicherungsschiffe oder private Fahrzeuge, zu sammeln. Die Kommandanten, Kapitäne und Mannschaften erhielten ferner den Befehl, allen Ballast, alles Überflüssige von Bord der Schiffe zu werfen, um jeden nur möglichen Platz für den Transport von Menschen freizumachen.

Der Befehl für die Marine lautete: Menschen retten. Soviele wie möglich.

Am frühen Morgen des 08. Mai, dem letzten Rettungstage, begann in Windau wie in Libau die Beladung der Schiffe. Es ging dabei um Minuten und Stunden. Bis um 24.00 Uhr an diesem Tage mußten die Schiffe die Häfen verlassen haben. Und niemand war sicher, daß nicht schon vorher die Russen die Häfen besetzten, um die Einschiffung der Soldaten auf die Schiffe zu verhindern. Und niemand war sicher vor möglichen Luftangriffen und vor Artilleriebeschuß auf die Menschen und die Schiffe in den Häfen.

Doch diese Befürchtungen traten nicht ein. Zunächst jedenfalls nicht. In völliger Ruhe und in geordneten Bahnen erfolgte die Einschiffung der Soldaten; sie wurde in Libau vom zweiten Bataillon des Dresdner Panzer-Grenadier-Regiments mit seiner Feldgendarmerie gesichert. Neben einigen Verbänden dieser Einheit wurden von jeder Kurland-Division je 125 Mann, Familienväter oder Verwundete, für den Transport in die Heimat ausgewählt. Die anderen mußten zurückbleiben und traten einen Tag später den schweren Gang in die Gefangenschaft an.

Etwa drei Stunden lief die Einschiffung der Soldaten im Libauer Hafen ungestört. Dann aber überflogen sowjetische Bomber und Jagdflugzeuge Hafen und Kaianlagen. Mit Bomben und Bordwaffen griffen sie die auf dem Kai wartenden Einheiten an. Fürchterliche Szenen spielten sich ab. So mancher Soldat fand kurz vor seiner Anbordnahme durch Bombensplitter und Maschinengewehrkugeln den Tod. Die Russen hatten es offensichtlich nur auf die Menschen und nicht auf die Schiffe abgesehen. Die Schiffe wollten sie unversehrt haben und hofften, daß sie diese noch vor dem Auslaufen, spätestens aber auf der Reede aufbringen konnten.

Am späten Nachmittag des 08. Mai wurde deutlich, daß nur ein Bruchteil der Soldaten auf den Schiffen untergebracht werden konnte, obwohl Offiziere und Mannschaften alles Menschenmögliche versuchten, soviele Soldaten wie nur irgend möglich an Bord zu nehmen. Selbst an Oberdeck standen sie Mann an Mann.

In diesen Stunden zeigte sich die Kameradschaft unter den Soldaten, die sich auch in dieser bittersten Stunde bewährte, als es um die entscheidende Frage ging, an Bord einer der Schiffe in die Freiheit zu fahren oder hier in Libau in die russische Gefangenschaft zu marschieren. Es gab nur ein Entweder/Oder.

Offiziere, Väter von mehreren Kindern, die sich bereits an Bord befanden, gingen wieder an Land zurück zu ihren Mannschaften. Jüngere, leicht verwundete Soldaten gingen von Bord, um älteren Kameraden Platz zu machen. Sie tauschten Freiheit gegen Gefangenschaft, freiwillig, ohne jeden Befehl.

Auf einem der Torpedoboote erschien ein Heeresoffizier, ein Hauptmann. Er hatte eine Liste seiner Einheit zusammengestellt, die er dem Torpedobootskommandanten übergab:

»Nehmen Sie diese Liste mit in die Heimat, damit die Frauen, Eltern und Angehörigen meiner Männer wissen, daß sie in Gefangenschaft sind und noch leben . . .«

Der Torpedobootskommandant bot dem Hauptmann an mitzufahren:

»Bleiben Sie an Bord – ich werde schon noch einen Platz für Sie in meiner Kajüte finden!«

Der Hauptmann, Vater von drei Kindern, lehnte ab:

»Danke – ich gehöre zu meinen Leuten.« Die Hand an die Mütze legend, war er von Bord gegangen. Der Torpedobootskommandant hatte auch keine andere Antwort erwartet.

Ausnahmslos blieben die Kommandierenden Generäle, die Divisionskommandeure und die Offiziere bei ihren Kameraden. Das war in Libau so und auch weiter oben in Windau.

Als sich der Abend dieses Maitages über den Libauer Hafen gesenkt hatte und das letzte Schiff beladen worden war, rief der zurückbleibende Oberbefehlshaber der 18. Armee, General der Infanterie Boege, seinen Kameraden auf den Schiffen zu:

»Grüßen Sie die Heimat von den Kurlandkämpfern!«

Was in Herzen und Hirnen der Männer vorging, die auf dem Kai in Libau zurückbleiben mußten und die auslaufenden Schiffe mit zwei ›Hurra‹-Rufen auf Vaterland und Truppe verabschiedeten, war nur zu ahnen.

Draußen auf See begann dann, drei Stunden vor Mitternacht, vom 08. zum 09. Mai 1945, das große Sammeln der Schiffe und Schiffchen, der

Boote und Bötchen, der Prähme, Kähne und Kutter. Es war ein ganzes Heer von Schiffen, eine ›Armada‹ von Flüchtlingsschiffen. die 113 Fahrzeuge wurden in vier Geleitzüge aufgeteilt.

Das erste Geleit bestand aus dem Vorpostenboot *1450* und 26 Booten der 14. Sicherungsflottille. An Bord dieser 27 zumeist sehr kleinen Schiffe befanden sich 2900 Soldaten.

Das zweite Geleit, das größte unter allen, wurde aus drei Minensuchbooten, 34 Artilleriefahrprähmen, dem Artillerieträger *Nienburg*, acht Fischkuttern, drei Schleppern, einem Tanker, drei Siebelfähren, zwei Marinefahrprähmen, einem Leichter, zwei Fahrprähmen, einem Minenräumboot, einem Motorboot und dem Küstenmotorschiff *Kurland* gebildet. Alles in allem hatten diese 61 Schiffe und Boote 5720 Mann an Bord.

Das dritte Geleit, welches die Reede von Libau gegen 21.00 Uhr verlassen hatte, bestand aus drei Minenräumbooten, zwei Flugsicherungsschiffen und dem S-Boot-Begleitschiff *Tsingtau* mit insgesamt 3780 feldgrauen Soldaten an Bord.

Das vierte und letzte Geleit konnte erst gegen 22.00 Uhr zusammengestellt werden aus 19 Schnellbooten der 1., 2. und 3. Schnellboot-Schulflottille. Zwei Hafenschleppern, die sich diesem Geleit anschließen wollten, gelang dies nicht mehr, sie wurden von den gegen 22.00 Uhr in den Libauer Hafen eingedrungenen motorisierten sowjetischen Einheiten aufgebracht. Die auf den Schnellbooten sich befindenden 2000 Mann aber waren im letzten Augenblick gerettet worden, die Boote erreichten unbehelligt die Reede von Libau.

Nachdem das letzte Schiff den Libauer Hafen verlassen hatte, waren die Russen im Hafen. Gegen 23.15 Uhr war es, als die ersten motorisierten sowjetischen Verbände in den Hafen rollten. Zu diesem Zeitpunkt hatte das vierte Geleit bereits den Seekanal erreicht und befand sich damit außer Gefahr. Trotzdem brachten die Sowjets sofort Flakgeschütze und Maschinengewehre in Stellung und beschossen die Schiffe. Doch diese waren schon zu weit entfernt, und auch die Scheinwerfer der Russen konnten die Ziele nicht mehr voll erfassen.

Dann kam das bittere Schicksal für die zurückgebliebenen deutschen Soldaten. So mancher von ihnen wurde sich jetzt erst voll der Situation bewußt und erkannte das persönliche Schicksal der Stunde, ein Schicksal, das für viele für die nächsten Jahre, fernab der Heimat, entscheidend sein sollte. Während die Glücklichen auf den Schiffen sich jetzt schon auf der Flucht über die Ostsee, der Reise in die Heimat befanden, begann die Sammlung der Verlassenen und Verlorenen. Es war eine fast unübersehbare Zahl von Soldaten, die um die Mitternachtsstunde, in Einheiten und Verbände geordnet, einer in Dunkel gehüllten Zukunft entgegensah.

Die Stunde der Wahrheit war angebrochen. Die dienstältesten Offiziere traten vor die Männer und stellten sie vor die unabdingbaren Tatsachen dieser Schicksalsstunde: Ein Abtransport über die Ostsee war nicht mehr möglich, ebensowenig eine Flucht auf dem Landwege. Über das Memelland, Ostpreußen, Westpreußen und Pommern waren die russischen Truppen bis nach Mecklenburg vorgestoßen. Wer jetzt noch in Libau und in Kurland war, mußte den Weg in sowjetische Gefangenschaft antreten, und zwar noch in dieser Nacht.

Nicht alle, die das hörten, fanden sich mit diesem vom Krieg auferlegten Schicksal ab. Zu groß war bei manchen die Liebe zur Freiheit, zur Heimat, zu den Angehörigen. Wie man erst später hörte, hatten einige Soldaten den Versuch unternommen, in der Dunkelheit der Nacht im Hafen von Libau noch ein Boot oder ein Floß zu finden, mit dem sie dann hinaus in die See trieben. Wieviele davon noch von einem Schiff an Bord genommen wurden und wieviele davon ihr Grab in der Ostsee fanden, wird niemals jemand erfahren. Es gab auch einige, die durch die feindlichen Linien hindurch über Land flohen und nach Wochen oder Monaten in Memel auftauchten oder gar in Insterburg in Ostpreußen. Aber das alles waren Ausnahmen.

Für Zehntausende war am Abend des 08. Mai 1945 in Libau die Sonne der Freiheit für Jahre untergegangen.

Das gleiche Schicksal erlitten die Soldaten der Kurlandarmee an diesem 08. Mai 1945 auch in dem noch nördlicher gelegenen Hafen Windau.

In fieberhafter Eile, aber in völliger Ordnung, waren auch in Windau den ganzen Tag über die Schiffe beladen worden. Bis kurz vor Mitternacht wurden Soldaten an Bord genommen, verließen Schiff um Schiff, Boot um Boot den Hafen.

Um 23.00 Uhr werden die 61 Schiffe, 15 Fischkutter, 45 Pionierlandungsboote und der Tanker *Rudolf Albrecht* mit insgesamt 11.300 Menschen an Bord nach Westen in Marsch gesetzt. Auch hier in Windau blieben Zehntausende zurück, Soldaten der Kurlandarmee, und nahmen das Los der Gefangenschaft auf sich.

Als der Morgen des 09. Mai angebrochen war, befand sich das fünfte und sechste Geleit aus Windau bereits auf dem Wege über die Ostsee in die Heimat.

Weit vor den Flüchtenden aus Windau liefen die vier Geleite aus Libau nach Westen. Und die Sowjets machten, als die Sonne über dem Meer aufging, noch einmal den Versuch, die ›Armada der Flüchtlingsschiffe‹ aus Libau zu stoppen. Mit 25 Bombern griffen sie das aus sechs Schiffen bestehende zweite, danach das vierte aus 19 Schnellbooten bestehende Geleit an. Keines der Schiffe konnte zur Umkehr gezwungen, und auch keines der Schiffe konnte versenkt oder stark beschädigt werden. Aber an Deck der Schiffe starb noch so mancher Soldat unter dem Bordwaffenbeschuß der sowjetischen Flieger, obwohl der Zweite Weltkrieg bereits beendet war und überall die Waffen schweigen sollten.

Ein ähnliches Schicksal widerfuhr den aus Windau kommenden Schiffen, die von sowjetischen Motortorpedobooten angegriffen wurden. Zwei Fischkutter, die die Geschwindigkeit der anderen Schiffe nicht mithalten konnten, wurden von den Sowjets aufgebracht und mußten umkehren.

Mit jeder Stunde des 09. Mai kamen die Schiffe aus Windau und Libau der Heimat um einige Seemeilen näher.

Um 13.00 Uhr an diesem Tage hörten die Männer auf den Schiffen den letzten Bericht des Oberkommandos der Wehrmacht aus dem Hauptquartier des Großadmirals:

> »In Ostpreußen verteidigten die deutschen Divisionen am Dienstag noch bis zum äußersten die Weichselmündung und den westlichen Teil der Frischen Nehmung . . .
> Das Gros unserer Heeresgruppe Kurland, die unter dem Kommando des Generals der Infanterie Hilpert monatelang stark überlegenen sowjetischen Panzer- und Infanterieformationen Widerstand geleistet hat und in sechs großen Schlachten tapfer standhielt, hat sich unsterblichen Ruhm errungen.
> Sie hat jede vorzeitige Kapitulation abgelehnt. Die Offiziere und Stäbe sind bei ihren Truppen geblieben. Um Mitternacht wurden entsprechend den von uns angenommenen Bedingungen die Feindseligkeiten und jede Bewegung eingestellt . . .«

Beim Anhören dieses letzten Wehrmachtsberichtes des Zweiten Weltkrieges hatte so mancher Kurlandkämpfer an die in Windau, Libau und Kurland zurückgebliebenen Kameraden denken müssen.

Doch die Zeit blieb nicht stehen und eilte weiter. Und am Abend des 09. Mai gegen 21.00 Uhr hatte das aus Windau kommende fünfte Geleit das zweite aus Libau ausgelaufenen Geleit erreicht. Die fünfzehn Fischkutter schlossen sich den 61 Schiffen aus Libau an, und die 76 Schiffe liefen weiter gemeinsam nach Westen, ohne noch einen Angriff überstehen zu müssen.

Die Flucht über die Ostsee barg für die Schiffe aber auch noch andere Gefahren.

Am Morgen des 10. Mai trieb ein Leichter, der 500 Soldaten an Bord hatte, ab. Trotz an diesem Tage stürmischer See, gelang es Marineoffizieren und Mannschaften der Kriegsschiffe, unter Einsatz ihres eigenen Lebens die 500 Männer und die Besatzung aus dem Leichter zu retten und an Bord zu nehmen.

Vom Unglück verfolgt waren auch die Soldaten des ersten Bataillons des ostpreußischen Grenadier-Regimentes 44, die auf drei Siebelfähren Platz gefunden hatten. Die drei Fähren konnten das Tempo der anderen Schiffe nicht mithalten und mußten den schwedischen Hafen Trelleborg anlaufen. Sie ahnten nicht, daß die neutralen Schweden sie später an Rußland ausliefern würden und sie damit in sowjetische Gefangenschaft geraten würden, vor der sie sich auf den Siebelfähren hatten retten wollen.

Im Laufe des 11. Mai 1945 erreichten die aus den Kurlandhäfen Windau und Libau kommenden Schiffe die Häfen an der schleswig-holsteinischen Küste. Damit ist der letzte Einsatz deutscher Kriegs- und Handelsschiffe im Rahmen der Rettungsaktion von Flüchtlingen, Verwundeten und Soldaten über die Ostsee erfolgreich beendet. 25.300 Menschen, denen im letzten Augenblick das Leben in Freiheit gerettet wurde, gingen an Land oder wurden von Bord getragen.

Am gleichen Tage, am Abend des 11. Mai, beendeten die Sowjets in Windau, Libau und an der Kurlandfront das große Sammeln der deutschen Gefangenen, die Opfer der bedingungslosen Kapitulation zur Stunde Null am 09. Mai geworden waren. 42 Generälen, 8038 Offizieren, 181.032 Unteroffizieren und Mannschaften und 1400 lettischen Freiwilligen stand ein schweres Schicksal bevor: Der lange Weg in die russische Gefangenschaft bis hinein in die sumpfigen Wälder des Waldai-Gebirges und noch weiter bis nach Sibirien, ein Weg, der für viele der fast 200.000 ein Weg in den Tod wurde, den Tod in Gefangenschaft.

DAS LETZTE SCHIFF HIESS *HOFFNUNG*

Konteradmiral Konrad Engelhardt steht am Sonntag, dem 13. Mai 1945 an der Reling des Dampfers *Malaga* im Flensburger Hafen, als ein Kriegsschiffkutter am Heck anlegt, ein Offizier in dem Kutter die Hand an die Mütze legt und zu dem Admiral heraufruft: »Seetransport Libau meldet sich zurück!« Der Kutter ist voller Menschen: Männer, Frauen und Kinder. Am 08. Mai, abends gegen 23.00 Uhr hat er Libau verlassen. Fünf Tage und Nächte ist der Kutter ohne Kompaß und ohne Navigationsgeräte unterwegs gewesen. Nur den Gestirnen folgend hat er den Weg bis nach Flensburg gefunden.

Der Seetransportchef hatte bereits am 08. Mai 1945 allen ihm unterstellten Seetransportstellen in den Ostseehäfen den ›Absatzbefehl‹ erteilt, doch von keinem seiner Leute hatte er eine Antwort erhalten. Engelhardt wußte aber, daß seine Leute noch einen Weg finden würden, sich in letzter Stunde ›abzusetzen‹, sei es auf einem Schnellboot, einem Torpedoboot, einem Küstendampfer, einem Kutter oder einem Fährprahm. Und er wußte auch, daß seine Leute die letzten sein würden, die die Häfen verlassen. Sein Schiffahrtsreferent auf Hela, der kein Kriegsschiff und kein Handelsschiff mehr fand, das ihn und seinen Adjutanten mitnahm, segelte mit einem Boot über die Ostsee und erreichte die Lübecker Bucht.

Nur einer war dem Absatzbefehl des Admirals nicht gefolgt: Der Kaptiänleutnant d.R. Karl-Ernst Krüger, der nach Abschluß seines Auftrages als Einschiffungsoffizier in Pillau nach Hela gelangte und dort anderen seinen Platz auf einem Schiff überließ. Er gehörte zu den 60.000, die auf Hela in Kriegsgefangenschaft gerieten, aus der er erst zehn Jahre später aus Rußland in die Heimat zurückkehrte.

Glück hatte im letzten Augenblick Kapitän Schuldt, der als Einschiffsoffizier in der Danziger Bucht vielen Zehntausend zur Flucht über die Ostsee verhalf. Er floh mit einem uralten Raddampfer von Hela in die Freiheit.

Admiral Engelhardt hatte an diesem 13. Mai nicht viel Zeit zum Nachdenken. Arbeitsreiche Tage lagen hinter ihm, und noch mehr Arbeit lag vor ihm. Die Ereignisse der ersten zwölf Maitage waren auch an Engelhardt und seiner Aufgabe nicht spurlos vorübergegangen. Nachdem die Engländer Flensburg besetzt hatten, stellte sich bald heraus, daß man die Dienststelle des Admirals auch weiterhin benötigte, benötigte für eine Bestandsaufnahme der Reste der deutschen Handelsflotte. Konteradmiral Engelhardt und seinem Stab auf der *Malaga* wurde diese nicht leichte Aufgabe übertragen, denn es schien nicht leicht feststellbar, wieviele von den 2466 Handelsschiffen mit einer Gesamttonnage von 4,5 Millionen Brutto-Register-Tonnen nun am Ende des Krieges noch übrig waren und irgendwo in den Häfen in Schleswig-Holstein und Dänemark, in Hamburg und den Nordseehäfen lagen. Der Admiral wußte, daß er nach Erfüllung dieser Aufgabe das Los anderer Marineoffiziere teilen würde – die Gefangenschaft.

Der Kutter aus Libau war nicht das letzte ›Flüchtlingsschiff‹ des Zweiten Weltkrieges, das Menschen über die Ostsee gerettet hatte. Das letzte ›Flüchtlingsschiff‹ trug den Namen *Hoffnung* und war nur ein Kahn. Er traf am 14. Mai um 14.00 Uhr im Hafen von Flensburg ein.

Kurz nach Mitternacht vom 08. zum 09. Mai hatte der Kahn mit dem Namen *Hoffnung*, gezogen im Schlepp eines Fischkutters, Hela verlassen. 75 Verwundete, 25 Frauen und Kinder und 35 Soldaten aller Waffengattungen und fast jeden Alters hatten letzte Zuflucht auf diesem in Danzig beheimateten Binnenkahn gefunden, der im Morgengrauen des 09. Mai auf der Reede von Hela seine Fahrt nach Westen allein fortsetzte. Die 135 Menschen legten ihre Hoffnung in einen Schiffsführer und seine vier Matrosen, die weder über einen Kompaß verfügten, noch über sonstige Orientierungsgeräte, Seekarten und Erfahrungen in der großen Ostseefahrt. »Das einzige, was ich habe«, sagte ihnen der Schiffsführer, »ist Gottvertrauen.« Und dieses Gottvertrauen rettete die 135 über die Ostsee. Man teilte das letzte Stückchen Brot, den letzten Schluck Wasser, denn sechs Tage und sechs Nächste wurden lang, sehr lang. Aber nach jeder Stunde war man der Freiheit ein Stück nähergekommen. Und nur das allein zählte.

Die erste, die nach dem Anlegen des Kahns mit dem Namen *Hoffnung* im Flensburger Hafen über ein ausgelegtes Brett an Land ging, war eine 35jährige Mutter mit ihren beiden Kindern. In der einen Hand trug sie eine prall gefüllte Reisetasche mit der letzten persönlichen Habe, die sie noch hatte mitnehmen können, an der anderen Hand hielt sich ihr vierjähriger Sohn Harald fest. Die 12jährige Ilse folgte den beiden.

Dann standen die Drei an Land, spürten nach Tagen wieder festen Boden unter den Füßen und waren glücklich. Sie fühlten weder Hunger noch Durst und sahen in die Sonne. Ein herrlicher Maitag empfing sie in der neuen Heimat.

»Gottseidank – jetzt sind wir gerettet«, sagte die Mutter und strich ihren beiden Kindern über die Haare, als sie ihre Tasche auf den Steinen des Kais abgesetzt hatte.

»Jetzt fehlt uns nur noch unser Papa . . .« fügte sie nach einer Weile hinzu.

»Wo ist denn jetzt unser Papa?« wollte der Junge von der Mutter wissen. Er hatte seinen Vater erst einmal, als er zwei Jahre alt war, während eines Fronturlaubs gesehen.

Die Mutter wußte im ersten Augenblick nicht, was sie ihrem Sohn antworten sollte, denn sie wußte es selbst nicht, wo ihr Mann jetzt war. Die letzte Karte hatte sie im März irgendwo von der Kurlandfront erhalten.

»Das weiß nur der liebe Gott, wo unser Papa jetzt ist – – –«, gab sie nach einer kurzen Pause zur Antwort.

Und dann war es wieder still zwischen den Dreien.

Der kleine Harald konnte nicht ahnen, daß sein Papa einer der 200.000 Kurlandkämpfer war, die mit kahlgeschorenen Köpfen unweit von Libau auf den Marsch in die Gefangenschaft warteten, und daß er seinen Papa erst zehn Jahre später, kurz vor seiner Konfirmation, wiedersehen würde, zum zweitenmal in seinem dann 14jährigen Leben – – –.

Quellen- und Literatur-Verzeichnis

Die Aussagen dieses Buches OSTSEE' 45 stützen sich neben dem eigenen Erleben und den persönlichen Aufzeichnungen des Autors in der Hauptsache auf sein OSTSEE-ARCHIV 1939–1945, das mehr als 2500 Dokumente, zum größtenteil unveröffentlicht, umfaßt, darunter

- Erlebnis- und Augenzeugen-Berichte ehemaliger Angehöriger der Kriegs- und Handelsmarine,
- Kapitäns-Berichte, Berichte von Schiffsoffizieren und Reedereien,
- Erlebnis- und Augenzeugenberichte von Flüchtlingen und Vertriebenen aus dem Memelland, aus Ostpreußen, Danzig-Westpreußen, Pommern und Mecklenburg, die die Flucht über die Ostsee miterlebt haben,
- Berichte von Verwundeten und ehemaligen Angehörigen des Heeres, der Luftwaffe und anderer Truppenteile und Organisationen der deutschen Wehrmacht, die mit Schiffen der Kriegs- und Handelsmarine über die Ostsee gerettet wurden,

ferner

- auf die Auswertung persönlicher Tagebücher und Aufzeichnungen von Wissensträgern, Kriegstagebüchern, Schiffstagebüchern, Tagesbefehlen, Meldungen und Berichte,
- auf die Auswertungen amtlicher, halbamtlicher und privater Archive und Unterlagen von Institutionen und Dienststellen,
- auf die Auswertungen von Büchern, Broschüren, Zeitschriften- und Zeitungsaufsätzen.

Nachstehend sind die wichtigsten Quellen angegeben, die dem Autor zur Verfügung standen:

ARCHIVE

Archiv der Heimatortskartei Danzig-Westpreußen, Lübeck
Archiv des Presse- und Informationsamtes der Bundesregierung, Bonn
Archiv für Publizistische Arbeit, Munzinger-Archiv, Ravensburg/Württ.
Bibliothek für Zeitgeschichte, ehem. Weltkriegsbücherei, Archiv, Stuttgart

Bundesarchiv – Militärarchiv – Koblenz/Freiburg i.Br.
Bundesarchiv – Zentralnachweisstelle – Kornelimünster
Bundesministerium für Vertriebene, Flüchtlinge und Kriegsgeschädigte, Archiv, Bonn
Bundesministerium des Inneren, Archiv, Bonn
Deutsches Rotes Kreuz, Generalsekretariat, Archiv, München
Deutsches Rotes Kreuz, Suchdienst Hamburg, Archiv, Hamburg
Forschungsstelle Ostsee, Die Rettung der Flüchtlinge 1944/45 durch die Kriegs- und Handelsmarine, Archiv, Lüneburg
Hamburger Weltwirtschafts-Archiv, Hamburg
HOK – Heimatortskartei Nordosteuropa – Pommern – Danzig-Westpreußen – Ostpreußen (Archiv) Lübeck
Internationaler Suchdienst – *Comiteé International de la Croix-Rouge*, Arolsen
Internationaler Suchdienst – *Amicale Internationale de Neuengamme*, Archiv, Hamburg
Institut für Zeitgeschichte, Archiv, München
Landsmannschaft Westpreußen, Bundesgeschäftsführung, Archiv, Münster
Landsmannschaft der Westpreußen in Hamburg e.V., Archiv, Hamburg
Marineamt der Bundeswehr, Marinefachbibliothek, Wilhelmshaven
Marineschule der Bundeswehr, Archiv, Flensburg-Mürwik
Militärgeschichtliches Forschungsamt – Archiv – Freiburg/Br.
Ost-Akademie, Zeitgeschichtliche Forschungsstelle, Archiv, Lüneburg
See-Berufsgenossenschaft, Archiv, Hamburg
WAST – Deutsche Dienststelle für die Benachrichtigung der nächsten Angehörigen von Gefallenen der ehemaligen deutschen Wehrmacht, Berlin
Zentralstelle der Heimatortskarteien der kirchlichen Wohlfahrtsverbände, Archiv, München
ferner
Archive der deutschen Schiffs-Reedereien.

BÜCHER

Aleff, E. u.a.: Das dritte Reich, Hannover 1979

Aßmann, Kurt u.a.: Bilanz des Zweiten Weltkrieges, Oldenburg 1953

ders.: Deutsche Seestrategie im Zweiten Weltkrieg, Heidelberg 1957

Aurich, Peter: Der deutsch-polnische September 1939, München 1970

Baasch, Herbert: Handelsschiffe im Kriegseinsatz, Oldenburg 1975

Bagranjan, Ivan: How we Advanced to Victory (Wie wir den Sieg errangen), Moskau 1978

Baronow, O. und *Panow, I.:* Geroi i Podvigi, Band 4, Moskau 1966

Bartel, Walter u.a. (Hrsgb.): Deutschland im Zweiten Weltkrieg, 6 Bände, Köln 1974 ff.

Bauer, M.: Geschichte des Marinesanitätswesens bis 1945, Frankfurt/M. 1958

Bekker, Cajus: Flucht übers Meer, Ostsee-Deutsches Schicksal 1945, Oldenburg 1964

ders.: Verdammte See, Ein Kriegstagebuch der deutschen Marine, Herford 1978

ders.: Kampf und Untergang der Kriegsmarine, Hannover 1953

Bernadotte, Folke: Das Ende, Zürich 1949

Berthold, Willi: Der große Treck, Die

Vertreibung aus den deutschen Ostgebieten, München 1980
Böddecker, Günter: Die Flüchtlinge, Die Vertreibung der Deutschen aus dem Osten, München 1980
Borfe, Karl-Friedrich: Der Abschied, Wiesbaden 1951
Breyer, Siegfried: Die Seerüstung der Sowjetunion, München 1964
Broszat, Martin: Nationalsozialistische Polenpolitik, Frankfurt/M. – Hamburg 1965
Burckhardt, Carl: Meine Danziger Mission, München 1970
Brustal-Naval: Unternehmen Rettung, Letztes Schiff nach Westen, Herford 1970
Cartier, Raymond: Der Zweite Weltkrieg, Band I. und II., München 1967
Chruschtschow, Nikita: Chruschtschow erinnert sich, Hamburg 1971
Ciupa, Heinz: Die deutschen Kriegsschiffe, Flotteneinheiten von 1939–1945, Rastatt 1979
Clappier, Louis: Festung Königsberg, Köln 1952
Churchill, Winston, S.: Der Zweite Weltkrieg, Band 1–6, Bern 1948–1952
Dahms, Hellmuth: Der Zweite Weltkrieg, Tübingen 1960
ders.: Geschichte des Zweiten Weltkrieges, Tübingen 1965
Dieckert/Großmann: Der Kampf um Ostpreußen, Dokumentarbericht über das Kriegsgeschehen in Ostpreußen, Stuttgart 1980
Dmitrijew, Wassilij: Submarines Arrack, U-Boote im Angriff, Moskau 1964
Dönitz, Karl: Mein wechselvolles Leben, Göttingen 1968
ders.: Deutsche Strategie zur See im Zweiten Weltkrieg, Frankfurt/M. 1970
ders.: 10 Jahre und 20 Tage, Erinnerungen, München 1980
Dobson/Miller/Payne: The Grusellest Night, Der Untergang der *Wilhelm Gustloff*, London, Wien, Hamburg 1979
Dwinger, Edwin: Wenn die Dämme brechen, Frankfurt/M. 1950
Ehrenburg, Ilja: Memoiren, Menschen – Jahre – Leben, München 1962
Eickhoff/Pagels/Reschl: Der unvergessene Krieg, Hitler-Deutschland gegen die Sowjetunion 1941–1945, Köln 1981
Fechter, Helmut und *Schiemaker, Günter:* Der Seekrieg 1939–1945 in Karten, Preetz 1967
Franken, Bert: Die große Flucht, Das Kriegsende in Ostdeutschland, Bayreuth 1975
Fredmann, Ernst: Sie kamen übers Meer, Köln 1971
Freund, Michael: Geschichte des Zweiten Weltkrieges in Dokumenten, Band II, Freiburg 1959
Fuller, F. J.: Der Zweite Weltkrieg 1939–1945, Wien 1952
Griscenko, F. D.: Moi druz'ja Podvodnik, Leningrad 1966
Germanow, Viktor: The Feat of the *S 13* (Die Heldentat von *S 13*), Kalingrad 1970
Görlitz, Walter: Der Zweite Weltkrieg, Band II, Stuttgart 1952
Goguel, Rudi: Cap Arcona, Report über den Untergang der Häftlingsflotte, Frankfurt/M. 1956
Golikow, S.: Die Sowjetunion im Großen Vaterländischen Krieg, Berlin-Ost 1954
Golowko, Arsenij: With the Red Fleet (In der Roten Flotte), London 1965
Gorskov, Sergej, G.: Seemacht Sowjetunion, Hamburg 1978
Grischenko, P. F.: My Friends the Submariners (Meine Freunde, die U-Boot-Fahrer), Leningrad 1966
Gröner, Erich: Die Schiffe der deutschen Kriegsmarine und der Luftwaffe 1939–1945 und ihr Verbleib, München 1954
ders.: Die deutschen Kriegsschiffe 1815–1945, München 1966–1968
Grube, Frank und *Richter, Gerhard:*

Flucht und Vertreibung, Deutschland zwischen 1944 und 1946, Hamburg 1980

Guderian, Heinz: Erinnerungen eines Soldaten, Heidelberg 1961

Hart, Basil Liddel: Die Rote Armee, München 1975

Haupt, Werner: Kurland 1944/45, Die vergessene Heeresgruppe, Friedberg 1980

ders.: Heeresgruppe Mitte 1941–1945, Friedberg-Dorheim 1968

Heiber, Helmut (Hrsgb.): Lagebesprechungen im Führerhauptquartier, Protokollfragmente aus Hitlers militärischen Konfenzen 1942–1945, Stuttgart 1962

Herbert, Carl: Kriegsfahrten deutscher Handelsschiffe, Hamburg 1954

Hillgruber, Andreas und *Hümmelchen, Gerhard:* Chronik des Zweiten Weltkrieges, Frankfurt/M. 1966

Hoßbach, Friedrich: Die Schlacht um Ostpreußen, Überlingen 1951

Hubatsch, Walter: Der Admiralstab und die obersten Marinebehörden in Deutschland 1848–1945, Frankfurt/M. 1958

ders.: Hitlers Weisungen für die Kriegsführung 1939–1945, Frankfurt/M. 1962

ders.: Flüchtlingstransporte aus dem Osten über See, Frankfurt/M. 1962

Hubatsch/Hillgruber/Schramm: Das Kriegstagebuch des Oberkommandos der deutschen Wehrmacht, Frankfurt/M. 1961–1963

Irving, David: Hitlers Weg in den Krieg, München–Berlin 1979

Jahn, Hans-Edgar: Pommersche Passion, Preetz 1964

Jacobsen, Hans-Adolf und *Dollinger Hans* (Hrsgb.): Der Zweite Weltkrieg in Bildern und Dokumenten, München–Wien–Basel 1962

Kadelbach, Gerd: Die Stunde Null, München 1962

Karweina, Günter: Der große Treck, Dokumentarbericht über die Flucht und Austreibung von 14 Millionen Deutschen, Stuttgart–Wien 1958

Kieser, Egbert: Danziger Bucht 1945, Dokumentation einer Katastrophe, Esslingen 1978

Klipsch, Peter und *Breyer, Siegfried:* Die fremden Flotten im Zweiten Weltkrieg und ihr Schicksal, München 1966

Kludas, Arnold: Die Schiffe der Hamburg-Süd 1871–1951, Oldenburg 1976

Kopelew, A.,: Aufbewahren für alle Zeit, Hamburg 1976

Kron, Alexander u.a.: Alongside the Hereos (An der Seite der Helden), Moskau 1967

Kurowski, Franz: Der Luftkrieg über Deutschland, Düsseldorf 1977

ders.: Die Schlacht um Deutschland, München 1979

Kühn, Volkmar: Torpedoboote und Zerstörer im Einsatz 1939–1945, Stuttgart 1977

Lasch, Otto: So fiel Königsberg, Kampf und Untergang von Ostpreußens Hauptstadt, Stuttgart 1977

Lass, Edgar Günther: Die Flucht – Ostpreußen 1944/45, Bad Nauheim 1964

Lehndorf, Hans Graf: Ostpreußisches Tagebuch, Aufzeichnungen eines Arztes, München 1961

Linck, Hugo: Königsberg 1945–1948, Leer 1956

Lohmann, Walter und *Hildebrand, Hans:* Die deutsche Kriegsmarine 1939–1945, Gliederung, Einsatz, Stellenbesetzung, Bad Nauheim 1956

Loßberg, Bernhard, von: Im Wehrmachts-Führungsstab, Hamburg 1950

Lüdde-Neurath, Walter: Regierung Dönitz, Die letzten Tage des Dritten Reiches, Göttingen 1953

Macksey, Kenneth: Guderian, der Panzergeneral, Düsseldorf und Wien 1975

Meister, Jürgen: Der Seekrieg in den osteuropäischen Gewässern, 1941–1945, München 1958

Militärgeschichtliches Forschungsamt

Freiburg (Hrsgb.): Das Deutsche Reich und der Zweite Weltkrieg, 10 Bände, Stuttgart 1979
Minz, I. J.: Der große Vaterländische Krieg der Sowjetunion, Berlin-Ost 1947
Montgomery, Bernard: Von der Normandie zur Ostsee, Hamburg 1949
Murawski, Erich: Der Deutsche Wehrmachtsbericht 1939–1945, Boppard 1967
ders.: Die Eroberung Pommerns durch die Rote Armee, Boppard 1969
Nonnemann, H. C.: Wir fragten nicht woher sie kamen, Hamburg 1968
Paul, Wolfgang: Der Endkampf um Deutschland 1945, Esslingen 1976
Piekalkiewicz, Janusz: Seekrieg 1939–1945, München 1980
ders.: Luftkrieg 1939–1945, München 1978
Piterskij, N. A.: Die Sowjetflotte im Zweiten Weltkrieg, Oldenburg 1966
Ploetz, A. G.: Geschichte des Zweiten Weltkrieges, Würzburg 1960
Porten, Edward, P. von der: Die deutsche Kriegsmarine im 2. Weltkrieg, Stuttgart 1975
Prager, Hans Georg: Blohm & Voß, Schiffe und Maschinen für die Welt, Herford 1977
Puttkammer, Karl Jesco von: Die unheimliche See, Hitler und die Kriegsmarine, Wien und München 1952
Raeder, Erich: Mein Leben, Tübingen 1956
Red Flag Baltic Fleet in the Decisive Period of the Grat Patriotic War. (Die Baltische Rotbannerflotte in der entscheidenden Phase des großen Vaterländischen Krieges 1944–1945), Moskau 1975
Reichenberger, E. J.: Ostdeutsche Passion, Düsseldorf 1948
Rendulic, Lothar: Gekämpft – Gesiegt – Geschlagen, Heidelberg 1952
Rohwer, Jürgen und *Hümmelchen, Gerhard:* Chronik des Seekrieges 1939–1945, Oldenburg 1968
Roskill, W. Stephan: Der Seekrieg im Wandel der Zeiten, Tübingen 1964
Ruge, Friedrich: Der Seekrieg 1939–1945, Stuttgart 1962
ders.: Die Sowjetflotte als Gegner im Seekrieg 1941–1945, Stuttgart 1981
Sajer, Guy: Denn dieser Tage Qual war groß, Wien/München/Zürich 1969
Salewski, Michael: Die deutsche Seekriegsleitung 1935–1945, Frankfurt/M. 1970
Saunders, M. G.: Die Rote Flotte, München 1960
Shilin, P. A.: Die wichtigsten Operationen des großen Vaterländischen Krieges 1941–1945, Berlin-Ost 1958
Selle, Götz von: Ostdeutsche Biographien, Würzburg 1955
Schäufler, Hans: So lebten und so starben sie, München 1968
ders.: Der Weg war weit, München 1972
ders.: Die Tragödie an der Weichsel, München 1976
ders.: 1945 Panzer an der Weichsel – Soldaten der letzten Stunde, Stuttgart 1979
Schmelzkopf, Reinhardt: Die deutsche Handelsschiffahrt 1919–1939, Oldenburg 1975
Schmidt, Rudolf und *Kladus, Arnold:* Die deutschen Lazarettschiffe im Zweiten Weltkrieg, Stuttgart 1979
Schön, Heinz: Der Untergang der *Wilhelm Gustloff,* Tatsachenbericht eines Überlebenden, Göttingen 1952
ders.: Die letzte Fahrt der *Wilhelm Gustloff,* Vom Schiff der Lebensfreude zum Schiff des Todes, Rastatt 1960
Schramm, P. E. (Hrsgb.): Kriegstagebuch des Oberkommandos der Wehrmacht – Wehrmachtsführungsstab – 1940–1945, Band 4, Teil 1 und 2, 1944–1945, Frankfurt/M. 1965
ders.: Kriegstagebuch O K W, Januar 1944–22. Mai 1945, Frankurt/M. 1961
Schroeder, Jürgen: Zwischen Hela und Pillau, München 1956
Schukow, Georgi: Erinnerungen und Gedanken, Stuttgart 1969

Schulz-Naumann, Joachim: Die letzten 30 Tage, Stuttgart 1951
Schwadtke, Karl-Heinz: Deutschlands Handelsschiffe 1939–1945, Oldenburg 1974
Schwarberg, Günther: »Angriffsziel *Cap Arcona*«, Hamburg 1983
Stalin, Joseph: Über den großen Vaterländischen Krieg der Sowjetunion, Moskau 1946
Starlinger, Wilhelm: Grenzen der Sowjetmacht, Kitzingen 1954
Steinweg, Günther: Die deutsche Handelsflotte im Zweiten Weltkrieg, Göttingen 1954
Struss, Dieter: Das war 1939, Fakten, Daten, Zahlen, Schicksale, München 1980
ders.: Das war 1945, Fakten, Daten, Zahlen, Schicksale, München 1980
Telpuchowski, Boris Semjonowitsch: Die sowjetische Geschichte des Großen Vaterländischen Krieges 1941–1945, Im Auftrage des Arbeitskreises Wehrforschung Stuttgart, hrsgb. und kritisch erläutert von Andreas Hillgruber und Hans-Adolf Jacobsen, Frankurt/M. 1961
Thorwald, Jürgen: Die große Flucht, Es begann an der Weichsel, Das Ende an der Elbe, Stuttgart 1963
Tieke, Wilhelm: Das Ende zwischen Oder und Elbe, Der Kampf um Berlin, Stuttgart 1981
Tippelskirch, von: Geschichte des Zweiten Weltkrieges, Bonn 1951
Tschuikow, Wassilij: Das Ende des Dritten Reiches, München 1966
Verrier, Anthony: The Bomber Offensive, deutsche Ausgabe: Bomberoffensive gegen Deutschland 1939–1945, London/Frankurt/M. 1970
Wagner, Gerhard (Hrsgb.): Lagevorträge des Oberbefehlshabers der Kriegsmarine vor Hitler 1939–1945, München 1971
Warlimont, Walter: Im Hauptquartier der deutschen Wehrmacht 1939–1945, Frankfurt/M. 1962
Werth, Alexander: Rußland im Krieg, München 1965
Wilkens, Hans-Jürgen von: Die große Not, Hannover-Sarstedt 1957
Witthöft, Hans-Jürgen: HAPAG – Hamburg-Amerika-Linie, Herford 1973
ders.: HAPAG – LLOYD, Herford 1974
Wölfer, Joachim: Cap Arcona, Biographie eines Schiffes und einer Reederei, Herford 1977
Young, Peter: Der große Atlas des II. Weltkrieges, München 1975
Zavlalow, Aleksandr S.: Die Angriffsoperationen der Roten Armee in Ostpommern, Moskau 1960
Zayas, Alfred N. de: Die Anglo-Amerikaner und die Vertreibung der Deutschen, Vorgeschichte – Verlauf – Folgen, München 1970
Zentner, Kurt: Illustrierte Geschichte des Zweiten Weltkrieges, München 1963
ders.: Lexikon des Zweiten Weltkrieges mit einer Chronik der Ereignisse 1939–1945 und ausgewählten Dokumenten, Hamburg 1977
ders.: Der Kriegsausbruch 1. September 1939, Daten, Bilder, Dokumente, Berlin/Wien 1979
Ziemer, Gerhard: Deutscher Exodus – Vertreibung und Eingliederung von 15 Millionen Ostdeutschen, hrsgb. vom Bundesministerium für Vertriebene, Flüchtlinge und Kriegsgeschädigte in Verbindung mit Adolf Diestelkamp, Rudolf Laun, Peter Rassow und Hans Rothfels, bearbeitet von Theodor Schieder, Band I/1, Band I/2, Band I/3, Beiheft 1 und Beiheft 3, Stuttgart 1973

ZEITUNGEN, ZEITSCHRIFTEN

Asmus, Hannelore: Das Drama in der Neustädter Bucht, in ›Lübecker Nachrichten‹ Nr. 101/1963

Braunschweig, Günter: Untergangstage in Königsberg, im Band III des Jahrbuches der Albertus-Universität, Kissingen 1953

Baronow, O. und Panow, I.: Litschnyi Wrag Fjuera (Ein persönlicher Feind des Führers) aus ›Geroi i Podwigt‹, Moskau 1958

Deichelmann, Hans: Ich sah Königsberg sterben, Sonderdruck der ›Aachener Nachrichten‹ 1949

Heidkämper, Otto: Die Abwehrschlacht in Ostpreußen in den Kriegstagen des Januar 1945, in ›Wehrkunde‹, Juli 1954

Hahn, Günter: Der Untergang der *Goya* – größte Schiffskatastrophe, in ›Die Seekiste‹ Heft 1/1957

Hildebrandt, Helmut: Das Bordtagebuch der *Möve*, in ›Elbinger Hefte‹ Heft 24

Kabath, Rudolf: Der Fall *Bremerhaven*, in ›Marine-Rundschau‹, Zeitschrift für Seewesen, 4/1962

Kaffke, E. F.: Wie sich Gauleiter Koch davonstahl, in ›Das Ostpreußenblatt‹, 10/1962

Kerwien, A.: Bericht über die letzten Tage von Königsberg, in ›Die Eintracht‹, Wehrkreis 1, 3, 4, 5, 6, 1954

Peters, Norbert: ›Mit 7000 Flüchtlingen in die Tiefe – Das Ende der *Goya*‹, in ›Buersche Zeitung‹, April 1955

Rohwer, Jürgen: Die sowjetische U-Boot-Waffe in der Ostsee, 1939–1945, in ›Wehrwissenschaftliche Rundschau‹ X/1956

Rohwer, Jürgen: Die Russen als Gegner zur See, in ›Die Rote Flotte‹, Herausgegeben von M. G. Saunders

Ritscher, H.: Das Ende des Schweren Kreuzers *Lützow* in ›Leinen los‹, 6/1955

Rothlübbers, Heinz: Ich überlebte das Ende der *Goya*, in ›Memeler Dampfboot‹, 1950

Schön, Heinz: Die Tragödie der *Wilhelm Gustloff* in der Ostsee, in ›Heim und Welt‹, 3 Forts. 1949

Schön, Heinz: Tot und doch am Leben, die Geschichte des *Gustloff*-Findlings, in ›Heim und Welt‹, 12 Forts. 1951

Schön, Heinz: ›Das Ende des *M/S Goya*‹, in ›Heim und Welt‹, Mai 1970

Schön, Heinz: Mit der *Goya* starben 7000 Menschen in der Ostsee, in ›DIE WELT‹, Hamburg, Mai 1970

Schön, Heinz: Die *Gustloff*-Katastrophe, Zahlen, Daten, Fakten, in ›DAMALS‹, Zeitschrift für geschichtliches Wissen, Januar 1971

Schön, Heinz: Der Untergang des Dampfers *General Steuben*, in ›Giessener Tageblatt‹ u.a., 1970

Scholz, Ulrich: Die Flucht des Gauleiters Koch, in ›BILD AM SONNTAG‹, 1/1980

Schützack, Axel: Die Flucht über die Ostsee, Evakuierung des deutschen Ostens, in ›DIE WELT‹, April 1965

Sudmeier, Wilhelm: Die Retter, die in die Hölle fahren, in ›Kehrwieder‹, o.J.

Thorwald, Jürgen: ›*General Steubens* letzte Fahrt‹, in ›DAS GRÜNE BLATT‹, Nr. 13

Uhlmann, Johannes: ›*Cap Arcona* – das Schiff der Verlorenen‹, in ›Kristall‹, 1960

BERICHTE

Von Erlebnisträgern, Augenzeugen und Wissensträgern

Agnesens, Gertrud: Gerettet beim Untergang der *Wilhelm Gustloff*

Balzer, Heinz: Als Funker auf der *Moltkefels*

Beckmann, Hans: Der Einsatz des Minensuchbootes *M 328* bei der Rettung von Schiffbrüchigen der *Goya*

Beckmann, Karl: Der Untergang der *Goya*

Behrens, Karl: Bericht über den Untergang des Dampfers *Planet*

Berges, Wilhelm: Bericht des Schiffsverwaltungsoffiziers über die letzten Fahrten des Verwundetentransportschiffes *Steuben*

Berger, Horst: Meine Erlebnisse beim Untergang der *Goya*

Bergfeldt, Sigrid: Als Marinehelferin auf der sinkenden *Wilhelm Gustloff*

Bertram, Heinrich: Stellungnahme zum *Fall Cap Arcona*

Besserer, Dr., Gerhard: Als Arzt auf Verwundetentransportschiffen 1944/45 im Ostsee-Einsatz

Biere, Ewald: Meine Erlebnisse auf dem U-Tender *Memel*

Blady, Dora: Ich überlebte den Untergang des Dampfers *Karlsruhe*

Blanc, von, Adalbert: Die Aufgaben der 9. Sicherungsdivision bei der Rückführung von Flüchtlingen, Verwundeten und Soldaten 1945/45 über die Ostsee

Böhmer, Kurt: Die Aufgaben der 9. Sicherungsdivision bei der Räumung Revals.

Bohlen, Wilhelm: Der Einsatz des Dampfers *Mercator* bei der Rettung von Flüchtlingen über die Ostsee

Bollinger, Hans-Egon: Die letzte Fahrt des Dampfers *Goya*

Bonnet, Max: Als Kapitäns-Steward auf *M/S Wilhelm Gustloff*

Büttner, Fred: Wie ich mich von der *Goya* retten konnte

Burgner, Alfred: So überlebte ich den Untergang der *Steuben*

Carstens, Walter: Die letzte Fahrt des *M/S Goya*

Chill, Kurt: Die Ereignisse in Ost- und Westpreußen, Januar bis Mai 1945

Dammann, Kurt: Als Sanitätsmaat auf dem Verwundetentransportschiff *General Steuben*

Detleffsen, Erich: Die Kämpfe der 4. Armee in Ostpreußen im Januar 1945

Dübbert, Helmuth: Meine Rettung beim Untergang des U-Tenders *Memel*

Ehlert, Willy: In Königsberg und Pillau

Feindt, Bruno: Als Kapitän auf dem Dampfer *Deutschland*

Fiedler, Rudolf: Bericht über den Untergang des Dampfers *Moltkefels* in der Ostsee

Freymüller, Hermann: Das Schicksal meines Sohnes Frank-Michael beim Untergang des Dampfers *Wilhelm Gustloff* am 30. Januar 1945

Fürstenberg, Paul: Die Beisetzung von *Gustloff*-Opfern auf dem Friedhof in Pillau

Geiß, Rudolf: Erlebnisse auf der Kommandobrücke der *Wilhelm Gustloff* am 30. Januar 1945

Goering, Erich: Meine Fahrten als 2. Ing. auf der *Wilhelm Gustloff* im Frieden und im Krieg

Grage, Johannes: Meine Erlebnisse beim Untergang des *VTS General Steuben*

Grass, Kapitän: Bericht über den Verlust des Dampfers *Bremerhaven* in der Ostsee

Grewe, Kapitän: Die letzte Fahrt des Tankers *Julius Rüttgers* von Hela nach dem Westen

Großmann, Horst: Das VI. Armeekorps in Ostpreußen

Guderian, Heinz: Ereignisse an der Ostfront, Im Oberkommando des Heeres und Führerhauptquartier Juni 1944 bis 28. März 1945

Hallmann, Dr., Hans-Heinrich usw.: Als Schiffsarzt auf dem Verwundetentransportschiff *Wangoni* im Ostseeeinsatz.

Hanefeld, Helmut: Der Einsatz des Vorpostenbootes *V 1703* bei der Rettung des letzten Überlebenden des Untergangs der *Gustloff*

Hannemann, Joachim: Der Untergang des Frachters *Goya*

Hansen, Kapitän: Bericht über den Totalverlust des Lazarettschiffes *Posen*

Hartwig, Ursula: Der Untergang des Dampfers *Consul Cords* und wie ich ihn überlebte

Harzheim, Kapitän: Der tragische Verlust des Dampfers *Hamburg* auf der Reede von Saßnitz

Henigst, Hans: Der Einsatz des Schweren

Kreuzers *Admiral Hipper* in der Untergangsnacht des *M/S Wilhelm Gustloff* am 30. Januar 1945 in der Ostsee

Hering, Robert: Der Einsatz des Torpedobootes *T 36* und seiner Mannschaft bei der Rettung von 564 Schiffbrüchigen der *Gustloff* in der Nacht vom 30. zum 31. Januar 1945 in der Ostsee.

Hetz, Korvettenkapitän: Der letzte Swinemünde-Einsatz des Zerstörers *Z 34*

Hirschhausen, H.: Der letzte Einsatz des Transporters *Cometa* in der Ostsee

Hoffmann, Werner: 1. Die Räumung Memels, 2. Die Kämpfe um Königsberg

Hoppe, Heinz: Die unvergeßliche Nacht – der Untergang der *Goya*

Hoßbach, Friedrich: Die Kämpfe um Ostpreußen vom 19. Juli 1944 bis 30. Januar 1945

Huber, Paul: Mein Einsatz als Funker auf dem Torpedoboot *Löwe* in der Untergangsnacht des Dampfers *Wilhelm Gustloff*

Huber, Franz: Erlebnisbericht über den Untergang des Verwundetentransportschiffes *General Steuben*

Jennett, R.: Die Todesfahrt des *M/S Füselier*

Jesse, Dr.: Walfangmutterschiff *Walter Rau* – letztes Schiff aus Gotenhafen

Juditzki, Franz: Als Besatzungsmitglied auf dem U-Tender *Memel* bei seiner letzten Fahrt

Knegendorf, Alfred: Die schrecklichen Tage auf dem Dampfer *Cap Arcona* in der Bucht von Neustadt

Karmann, Ernst: An Bord der *Goya*, als sie unterging

Kempkes, Theodor: Bericht über den Untergang des Motorschiffes *Goya* am 16. April 1945 in der Ostsee

Kendell, von: Gauleiter Albert Forster

Kerschies, Erwin: 1. Die Flucht des Gauleiters Koch, 2. Als Funker an Bord des Eisbrechers *Ostpreußen*

Kerwin, Bruno: Die letzten Tage der Festung Königsberg

Klein, Waldemar: Wie ich den Untergang des Dampfers *Steuben* überlebt habe

König, Heinrich: Als Matrose der Stammbesatzung auf der *Goya*

König, Otto: Das Ende des Dampfers *Hansa* in der Ostsee

Könitzer, Gottgard: Auf dem Minensuchboot *M 328* 1944/45 im Ostseeeinsatz

Kolbe: Die Räumung von Stolpmünde, Bericht über Flüchtlingstransporte aus Rügenwalde, Kolberg und Stolpmünde über die Ostsee

Kolwitz, Karl: Ich war an Bord der *Steuben*, als sie unterging

Kolster, Adolf: Mein Leben und meine Fahrten auf dem Dampfer *Deutschland* von der Taufe bis zum Untergang

Krannhals, Dr. Hans von: 1. Der Fall *Cap Arcona* und die Verantwortung dafür, 2. Die Rolle des Gauleiters Kaufmann bei der Belegung der *Cap Arcona, Thielbek* und *Athen* mit KZ-Häftlingen

Krüger, Ingeborg: Meine Erlebnisse als DRK-Schwester auf dem Verwundetentransportschiff *General Steuben*

Küster, G.: Der Einsatz des Dampfers *Göttingen* bei der Rettung *Gustloff*-Schiffbrüchiger

Kuckuck, Eva: Meine zweimalige Flucht mit dem Dampfer *Consul Cords* über die Ostsee

Kupfer, Maria: Die Nacht auf der *Gustloff*, die ich nie vergessen werde

Lange, Henry: Die Bombardierung des Dampfers *Moltkefels* auf der Reede von Hela

Lange, Rudi: Wie ich den Notruf der sinkenden *Gustloff* absetzte

Lassen, E. A.: Der Kampf um Ostpreußen

Lau, Kurt: Das Schicksal des Dampfers *Nordenham*

Leder, Richard: Bericht über Seenot-Einsätze und Erfolgsmeldungen des Seenot-Verbindungskommandos der Luftflotte Reich, soweit sie sich auf die Rückführung von Flüchtlingen, Verwundeten und Soldaten in der Ostsee beziehen

Lenz, Willi: Die letzten Stunden auf dem Dampfer *Thielbek* in der Neustädter Bucht

Lejeune, Hedwig: Meine Flucht mit dem U-Tender *Memel*

Leonhardt, Wolfgang: Der Fall *M/S Wilhelm Gustloff* und die 9. Sicherungsdivision, Zweigstelle Gotenhafen

Leusch, Josef: Meine Rettung beim Untergang des *VTS Steuben*

Lietz, Willy: Die Nacht, in der die *Goya* unterging

Longo, Ernst Wilhelm Franz, Dr.: Meine Beobachtungen beim Untergang der *Cap Arcona* und der *Thielbek* am 3. Mai in der Neustädter Bucht

Lüddecke, Otto: Erlebnisse in Westpreußen 1944/45

Luszynski, Edward: Der Kriegsausbruch am 1. September 1939 auf der Danzigern Westerplatte wie ich ihn als polnischer Soldat erlebte

Machnew, Pjotr: Meine Erlebnisse auf dem KZ-Schiff *Thielbek* in der Neustädter Bucht

Marquardt, O. Dr.: Bericht an die KMD Stettin vom 10. 3. 1945 über Transporte aus Kolberg über die Ostsee

Matzky, G.: Ostpreußen im Januar 1945

Meier, Friedrich: Der Einsatz des Torpedobootes *Panther* bei der letzten Fahrt des U-Tenders *Memel*

Meier, Heinz: Als 1. Wachoffizier auf dem Vorpostenboot *1703*, Einsatz in der Nacht vom 30. zum 31 .Januar 1945

Merten, H. F.: Die Rettung von 6000 Hitlerjungen mit Schiffen aus Memel

Müchler, Karl: Als Bootsmann auf dem Dampfer *Moltkefels*, Letzte Reise und Untergang

Naether, Johannes: 1. Die 2. Armee in Westpreußen, 2. Das Schicksal der westpreußischen Bevölkerung

Natzmer, von, Oldwig: 1. Die Festung Kurland, 2. Ergänzungen zum Kurland-Bericht

Neubert, Otto: Die Beladung der Schiffe *Cap Arcona, Thielbek, Athen* mit KZ-Häftlingen und Gauleiter Kaufmanns Rolle hierbei

Nicol, Ferg. Kapitän: Zur Räumung von Stettin

Oberacker, Wilfried: Der Ostseeeinsatz des Minensuchbootes *M 375* im April 1945

Petersen, Friedrich: 1. Vom Schiffsjungen zum Kapitän, ein persönlicher Bericht, 2. Die *Gustloff*-Katastrophe aus der Sicht des Kapitäns

Pertl, Franz, Dr.: Als Schiffsarzt auf dem Verwundetentransportschiff *Adler*

Pilz, Dr.: Die Verwundetenbetreuung auf dem Flüchtlingsdampfer *Deutschland* im Ostseeeinsatz

Portmann, Karl-Heinz: Die letzte Nacht auf dem Verwundetentransportschiff *General Steuben*

Prahm, Reinhard: Bericht über Flüchtlingstransporte mit den Schiffen *Nordstern, (Minos* und *Hestia)* in den Jahren 1944/45 in der Ostsee

Prüfe, Paul: Der Einsatz des Torpedobootes *Löwe* bei der *Gustloff*-Geleit-Sicherung und der Rettung von *Gustloff*-Schiffbrüchigen

Redeker, Martin, Dr. Prof.: Als Augenzeuge in der Neustädter Bucht bei den Untergängen *Cap Arcona, Thielbek* und *Deutschland* und den Vorgängen nach der Rettungsaktion in Neustadt

Reese, Louis: Wie ich als 1. Offizier den Untergang der *Gustloff* überlebte

Rehfeld, Bertold: Erlebnisbericht über den Untergang der *Goya*

Remien, Walter: Der Auslaufbefehl für die *Gustloff*, aus der Sicht des Geleitreferenten der 9. Sicherungs-Division, Zweigstelle Gotenhafen

Richarz, Hugo: Bemerkungen über das Schicksal der Kurlandarmeen

Richter, Helmut, Dr.: Bericht über meinen Einsatz als leitender Arzt auf der

Gustloff bei der letzten Fahrt und nach der Rettung als Schiffbrüchiger

Rickmers, Henry: Der Einsatz des Minensuchbootes *M 341* bei der Rettung von Schiffbrüchigen des *M/S Wilhelm Gustloff*

Ritgen Udo: Ost-Dokum. 83: Der Flüchtlingstransport von der Halbinsel Hela nach dem Westen

Rosemann, Heinz-Harald: Die Rettungsaktion des Torpedobootes *Panther* beim Untergang des U-Tenders *Memel*

Roosen, Adolf: Das Rettungswerk des Minensuchbootes *M 17* beim Untergang von *Ro 24* in der Ostsee

Roßmüller, Günther: Bericht über die Fahrt des Gauleiters Koch am 27. April 1945 von Schievenhorst nach Hela.

Rothlübbers, Heinrich: Meine Erlebnisse auf dem Dampfer *Goya* auf der letzten Fahrt und beim Untergang des Schiffes

Ruppert, G.: Das Ende des Verwundetentransportschiffes *General Steuben*

Ruchert, Wilhelm: Das Ende des Dampfers *Deutschland* – miterlebt

Sachse, Hans, Dr.: Bericht über meinen Einsatz als leitender Chirurg auf dem Verwundetentransportschiff *General Steuben*

Sandmann, Bernhard: Was ich auf der *Goya* erlebte

Segelken, P.: Kapitänsbericht über den Einsatz des Dampfers *Göttingen* 1944/1945 in der Ostsee

Sigmund, Paul: Bericht über Fahrt, Gefechte, Torpedierung und Untergang des Truppentransporters *Goya* am 16. 4. 1945 in der Ostsee

Silies, Karl, Dr.: Gefechtsberichte der Schnellboote *S 708* und *S 225* beim ›Unfall‹ des Dampfers *Neuwerk* in der Ostsee

Smeilus, Wilhelm: Meine Fahrten als Steurer auf *M/S Wilhelm Gustloff* von der ersten bis zur letzten Reise

Subklew, Egon: Die Ereignisse in Neustadt nach den Untergängen *Cap Arcona, Thielbek* und *Deutschland* am 3. Mai 1945

Schäfer, Karl: Der Untergang des U-Tenders *Memel*

Scheurer, Ilse: Als Frau des Kapitäns an Bord des untergehenden U-Tenders *Memel*

Schieck, Arno: Hitlers Zerstörungsbefehl ›Tote Erde‹

Schimpf, Wilhelm: Meine letzte Fahrt auf dem Truppentransporter *Goya*

Schmidtchen, Max: Bericht über den Untergang des Dampfers *Nordenham* in der Ostsee

Schmidt, Günter:. Der Einsatz des Minensuchbootes *M 328* nach dem Untergang des Dampfers *Goya*

Schmidt, Heinrich: Stellungnahmen zu den Untergängen *Cap Arcona, Thielbek* und *Deutschland* am 3. Mai 1945 in der Neustädter Bucht und den Vorgängen am gleichen Tage in Neustadt

Schmidt, Josef: Der Einsatz des Torpedofangbootes *TF 19* am 30. Januar 1945 in Gotenhafen und der Danziger Bucht

Schön, Arnold: Die letzten Tage und Wochen in Pillau und die Räumung des Pillauer Hafens

Schöpffer, Eberhard: Ost-Dokum. 82, Die Situation der Flüchtlinge auf der Halbinsel Hela im April und Mai 1945

Schotmann, Theodor: Die Bombardierung des Dampfers *Thielbek* am 3. Mai 1945 durch die Engländer in der Neustädter Bucht

Schwarz, Fritz: Der Bombenangriff der Engländer auf die *Cap Arcona* am Mittag des 3. Mai 1945 in der Bucht von Neustadt

Schwarz, Hans: Bericht über den Untergang der Häftlingsflotte am 3. Mai 1945 in der Neustädter Bucht, Die Rolle des Gauleiters Kaufmann als Reichskommissar für Seeschiffahrt bei der Beladung der *Cap Arcona,* der *Thielbek* und der *Athen* mit Häftlingen des Konzentrationslagers Neuengamme bei Hamburg

Schütt, Karl: Wie *Ro 24* in der Ostsee verlorenging
Schumacher, Pfarrer: Erlebnisse in Gotenhafen und auf Hela im März 1945
Schuldt, Heinrich: Die Flüchtlingsschuppen im Danziger Hafen im Februar und März 1945
Schulz, Walter: Mit der *Ubena* in Danzig-Neufahrwasser
Schuster, Josef: Der Dampfer *Göttingen* im Ostseeeinsatz 1944 und 1945
Schwenckhagen, Peter: Erlebnisse in Danzig und Weichseltief im März und April 1945
Schwerin-Krosigh, v.: Die letzten 20 Tage der Reichsregierung; stenografische Mitschrift von Dr. Theo Seidel
Sudmeier, Wilhelm: Persönliches Schiffstagebuch des Kapitäns des *M/S Kurisches Haff*
Szuks, Willy: Die Heeresgruppe Kurland
Steer, Adolf: Bericht über den Untergang des Dampfers *Goya*
Stöbe, H. E., Dr.: Die Torpedierung des Verwundetentransportschiffes *General Steuben*
Stöter, Otto: Die letzte Fahrt der *VTS Steuben*
Streitenfeldt, Hans: Persönlicher Erlebnisbericht über die Kriegsereignisse März–Mai 1945 in Saßnitz
Stutz, E., Dr.: Bericht über den Einsatz des Verwundetentransportschiffes *General San Martin* in der Ostsee 1944/45
Taube, Theodor: Ein 16jähriger erlebt den Untergang der *Wilhelm Gustloff*
Teegen, Kapitän: Der Einsatz des Dampfers *Sachsenwald* als Flüchtlingsschiff in der Ostsee
Thiedemann, von: Der Kampf um Kolberg
Thielemann, Kurt: Die letzten Tage von Pommern
Tippelskirch, Kurt, von: Das Vorrücken der Russen in Ostpreußen
Töppel, Hans: Meine Fahrten als Steward auf der *Goya*
Treptow, Werner: Ostsee-Einsatz 1944/45 – Schiffstagebuch des Fährschiffes *Deutschland*
Twiehaus, Hans: Die letzten Tage von Königsberg
Ulbrich, Hans: Nach dem Auslaufen der *Gustloff* am Kai von Gotenhafen-Oxhöft
Voelger, Otto: Sachbericht zum ›Unfall‹ des Dampfers *Neuwerk* am 09. April 1945 in der Danziger Bucht
Vollrath, Paul: Die letzte Fahrt des *M/S Wilhelm Gustloff*, die Torpedierung und die Frage nach der Vermeidbarkeit der Katastrophe
Voss, Peter: Kapitänsbericht über den Totalverlust des Dampfers *Moltkefels* nach seiner Bombardierung auf der Reede von Hela
Wegener, Martin: 1. Erich Koch, 2. Königsberg im Januar 1945
Wehowski, Paul: Die Leichen von der *Gustloff*
Weitmann, Julius: Als Nachrichten-Referent im Stabe Dönitz von März bis Mai 1945
Wenck, Walther: Die Februar-Offensive in Pommern
Wiese, Joachim: Der Verlust des Dampfers *Moero* in der Ostsee 1944, der Untergang des ersten Flüchtlingsschiffes
Wilhelm, Johann: Meine Rettung beim Untergang des Dampfers *Goya*
Willkehr, Bruno: Meine Reisen als Obersteward auf dem Dampfer *Steuben* bis zum Untergang des Schiffes
Wirsing, Karl-Heinz: Die Operationen der 2. deutschen Armee, Januar bis Mai 1945
Witzendorff, Rehdiger, Gotthard, von: Sammlung von Berichten und eidesstattlichen Erklärungen über Ereignisse östlich von Oder und Neiße im Frühjahr 1945
Wulff, Kapitän: Bericht über den Einsatz des Schulschiffes *Nautik* 1944 und 1945 in der Ostsee bei der Rettung von Flüchtlingen, Verwundeten und Soldaten – Privates Schiffstagebuch der letzten 20 Reisen

Zahn, Wilhelm: Stellungnahme zum Verlust des *M/S Wilhelm Gustloff* am 30. Januar 1945 in der Ostsee und zu Fragen der Geleitsicherung der letzten Fahrt des Schiffes von Gotenhafen nach dem Westen unter Verantwortung der U-Boot-Waffe

ANHANG

Dokumentation: Die Flucht über die Ostsee

Daten – Namen – Zahlen – Fakten

Gliederung:

VORBEMERKUNGEN ZUR DOKUMENTATION:

1. Die Flucht über die Ostsee

Die Flucht über die Ostsee begann nicht erst am 15. Januar 1945, sondern wesentlich früher, im Juni/Juli 1944 mit der Räumung der finnischen Schären und Inseln durch Kleinfahrzeuge der Marine.

Räumungsmaßnahmen waren bereits im Frieden durch die Wehrkreise (verantwortl. stellv. Generalkommandos, Durchführung: Oberpräsident) vorbereitet, für die Provinz Ostpreußen sehr eingehend, realistisch, frühzeitig und gründlich. (Z.B. Rücknahme auf westl. Weichselufer).

Die zu späte Auslösung hat mehrere Gründe: 1. die Schnelligkeit der sowjetischen Offensive gegen den Westteil der Provinz Ostpreußen (eine Woche vom Bug bis nach Elbing), 2. die Sabotage der Vorbereitung durch Gauleiter Koch und 3. die Sabotage der Durchführung durch Gauleiter Koch.

Der ›Räumungsplan Ostpreußen‹ wurde nicht nach unten weitergegeben. Er war ›Geheime Reichssache‹, aber die aus ihm zu treffenden Befehle wurden natürlich erteilt, ihre Ausführung hat Gauleiter Koch vielfach verhindert.

Dem stellv. Generalkommando I / Königsberg war der ›Räumungsplan Ostpreußen‹ bekannt, er stammte von dort. Die Räumungen verlangen (bzw. beantragen) mußte die Heeresgruppe Mitte und die ihr unterstellten AOK bzw. im Fall Memel AK. Für die Räumungsbeantragung waren die ›Oberquartiermeister‹ verantwortlich. Die Durchführung der Räumung war Sache der Zivilverwaltung (Oberpräsident – Regierungspräsident – Landrat – Stadt – und Landkreise).

Mit der Räumung der finnischen Schären und Inseln setzte der Abtransport der Verwundeten, Soldaten und Flüchtlinge zunächst aus Reval, Riga, Windau und Libau ein, wobei die ersten Schiffe verlorengingen. Die erste Räumung von Memel ab 31. 7. 1944 erwies sich ab 9. August 1944 als verfrüht.

Mit dem Beginn der Januar-Offensive begann am 15. Januar 1945 die zweite große Fluchtwelle über die Ostsee.

1081 Schiffe im Einsatz

Die Evakuierung von Flüchtlingen, Verwundeten und Soldaten 1944/45 über die Ostsee war nicht nur das größte Rettungswerk der deutschen Seegeschichte, sondern dürfte in der Seegeschichte der Welt einmalig sein.

Mehr als 1000 Schiffe waren hieran beteiligt: 672 Handelsschiffe von 159 deutschen Reedereien und 409 Kriegsschiffe, vom Marinefährprahm MFP bis zum Schlachtschiff. Den Hauptteil der über die Ostsee zu transportierenden Menschen brachten die Handelsschiffe nach Westen, da sie mehr Platz boten als die Kriegsschiffe. Die Handelsschiffe fuhren zum größten Teil unter der Reichsdienstflagge als Hilfsbeischiffe der Kriegsmarine.

Die meisten Kriegsschiffe wurden in der Ostsee erst in den letzten Kriegsmonaten für den Flüchtlingstransport mit eingesetzt, nach dem bereits eine größere Anzahl von Handelsschiffen durch Feindeinwirkungen verlorengegangen und der Transportraum geringer geworden war.

2.401.367 Menschen gerettet

Die mehr als 1000 Schiffe der Handels- und Kriegsmarine retteten 1944/45 insgesamt 2.401.367 Menschen über die Ostsee. Allein von der Halbinsel Hela wurden 495.810 Menschen, fast eine halbe Million, in Sicherheit gebracht. Die Seestadt Pillau nimmt in der Transportliste den zweiten Platz ein: aus Pillau wurden 441.230 Menschen nach dem Westen über die Ostsee gerettet. Über Gotenhafen verließen 406.817 Menschen mit Schiffen die Danziger Bucht, über den Hafen von Danzig konnten 181.310 Menschen gerettet werden. Die Zahl der tatsächlich über die Ostsee Geretteten dürfte noch höher liegen als die mehr als dreißigjährigen Nachforschungen an Zahlenmaterial geliefert haben. In den letzten Kriegswochen wurden die an Bord genommenen Menschen nur noch überschlagsmäßig gezählt. Da auch viele kleine, nicht erfaßte Schiffe unter 100 BRT an der Rettung von Flüchtlingen aus den Ostseehäfen beteiligt waren, kann davon ausgegangen werden, daß insgesamt rund 2,5 Millionen Menschen 1944/45 mit Schiffen der Handels- und Kriegsmarine über die Ostsee gerettet wurden. Die Bedeutung dieser Leistung des Seetransports wird umso größer, wenn man bedenkt, daß aus den gleichen Gebieten: Ostpreußen, Danzig-Westpreußen und Pommern auf dem Landweg sich 500.000 Menschen retten konnten. Fünfmal soviel Menschen gelang die Flucht über die Ostsee. Eine Landflucht dieser Menschen wäre überhaupt nicht möglich gewesen.

245 Handelsschiffe gingen verloren

Von den 672 1944/45 in der Ostsee eingesetzten Handelsschiffen gingen 245 Schiffe verloren: 130 durch Bombenangriffe, 73 durch Minentreffer, ›nur‹ 17 durch sowjetische Torpedotreffer, 5 durch feindliche Artillerie. 7 Schiffe versenkten sich selbst, ein Schiff ging nach einer Kollission verloren und 12 Schiffe fielen den Russen bei der Besetzung von Ostseehäfen in die Hände, diese Schiffe hatten zum größten Teil kein Öl und keine Kohle mehr um auszulaufen.

Im Jahre 1944 gingen in der Ostsee 84 Schiffe mit insgesamt 179.220 BRT verloren, im Jahre 1945 bis Mitte Mai 161 Schiffe mit insgesamt 559.565 BRT. Die 245 verlorengegangenen Schiffe hatten eine Tonnage von 738.785 BRT.

Die Monate April und Mai waren die verlustreichsten Monate. Im April 1945 sanken in der Ostsee 51 Handelsschiffe und in den wenigen Kriegstagen im Mai 45 Schiffe.

33.082 Opfer – nur 1,3 %

Bei der relativ hohen Verlustzahl von Schiffen (245) ist die Zahl der zu beklagenden Opfer bei Schiffsuntergängen sehr niedrig. Insgesamt fanden 33.082 Menschen bei Schiffsuntergängen in der Ostsee den Tod. Dies entspricht verglichen mit der Zahl der Geretteten 2,4 Millionen Menschen nur einem Prozentsatz von ca. 1,3.

Menschenverluste von mehr als 100 Personen hatten nur 23 der insgesamt 245 untergegangenen Schiffe.

Die meisten Opfer waren beim Untergang der *Goya* (6666) zu beklagen, auf der *Cap Arcona* starben 5594 Menschen, bei der Torpedierung der *Wilhelm Gustloff* kamen 5384 Menschen ums Leben, die *Steuben* sank mit 3608 Menschen und auf dem Dampfer *Thielbek* verbrannten und ertranken 2414 Menschen. Auf den anderen 18 Schiffen waren weniger als jeweils eintausend Opfer zu beklagen.

Kriegsschiffs-Verluste Ostsee 1944/45

Da noch nicht alle KTBs (Kriegstagebücher), das Kriegstagebuch der Seekriegsleitung Skl Adm Qu VI, die Kriegstagebücher der KMDs, die von Kriegsschiffen und anderen Unterlagen ausgewertet wurden, ist ein vollständiger Überblick über die 1944/45 in der Ostsee verlorengegangenen Kriegsschiffe noch nicht vorhanden. Die in der ›*Dokumentation*‹ veröffentlichte Liste erhebt keinen Anspruch auf Vollständigkeit.

Für ergänzende Hinweise zur *Dokumentation ›Die Flucht über die Ostsee‹* ist das *Ostsee-Archiv Heinz Schön, 4902 Bad Salzuflen 1, Auf dem Sepp 19,* jederzeit dankbar.

Heinz Schön

2. Handelsschiffe

die 1944/45 an der Rettung von Flüchtlingen, Verwundeten und Soldaten über die Ostsee beteiligt waren.

Lfd. Nr.	*Name des Schiffes*	BRT	Baujahr	Reederei Inhaber
1	Aalen	6.131		Essberger, John, T., Hamburg
2	*Aarhus*			vermutl. Schlepper
3	*A. C. Heering*	1.500		ex Norweger
4	*Adele Traber*	2.575	1930	Traber, W. & Co., Hamburg
5	*Adler*	1.486	1938	Argo Dampfschiff. Ges., Bremen
6	*Adria*	6.357	1927	Essberger, John, T., Hamburg
7	*Adrian*	1.279	1935	Komrowski, Ernst, Hamburg
8	*Afrikana*	5.869	1919	Schulte & Bruns, Emden
9	*Albatros*	985	1917	Argo Dampfschiff. Ges., Bremen
10	*Albatros*	214	1912	Vereinigte Flensburg-Ekensunder und Sonderburger Dampfsch.-Ges. Flensburg
11	*Albert*	788	1888	Sommer, Arthur, C.V., Hamburg
12	*Albert Jensen*	5.446	1944	Stinnes, Hugo, AG, Hamburg
13	*Allenstein*	999	1913	Kohlen-Import & Poseidon, Königsberg
14	*Aletta Not*	1.990	1944	Haniel, Franz & Cie, Duisburg-Ruhrort
15	*Alexandra*	592	1903	Gribel, Franz, Stettin
16	*Alkaid*	5.485	1937	ex holländisch
17	*Alsterdam*	3.655	1940	ex holländisch

Lfd. Nr.	*Name des Schiffes*	BRT	Baujahr	Reederei Inhaber
18	*Altair*	2.414	1937	Argo Dampfschiff. Ges., Bremen
19	*Altengamme*	5.897	1916	Atlantik-Reederei F. & W. Joch, Hamburg
20	*Amicicia*	1.796	1887	Bolten, August, Wm. Millers NL, Hamburg
21	*Ammerland II*	2.452	1921	Oldenburg-Portugies. Dampfschiff. Ges., Hamburg
22	*Ammon*	7.134	1922	Hamburg-Amerika-Linie, Hamburg
23	*Amrum*	670	1938	KMW Wilhelmshaven
24	*Andreas*			vermutl. Schlepper
25	*Andros*	3.048	1926	Deutsche-Levante-Linie AG, Hamburg
26	*Angelburg*	3.059	1938	Schuldt, Harald, Hamburg
27	*Anna*			Schiff der Luftwaffe
28	*Anna Ohl*	582	1900	Reeder Kapitän Ohl
29	*Anni Ahrens*	899	1904	Ahrens, Erich, Rostock
30	*Antilope*			Schiff der Luftwaffe
31	*Antje Peters*			Schiff der Luftwaffe
32	*Antonio Delfino*	13.589	1921	Hamburg-Südamerik. Dampfschiff. Ges., Hamburg
33	*Ariadne*	952	1899	Arp, Heinrich, F.C., Hamburg
34	*Arkona*	85	1900	KM Eigentum
35	*Arsterturm*			»Hansa«, Deutsche Dampfschiff.-Ges., Bremen
36	*Artushof*	1.478	1919	Gribel, Franz, Stettin
37	*Askari*	4.911	1941	Essberger. John, T., Hamburg
38	*Athen*	4.451	1936	Deutsche Levante-Linie, AG, Hamburg
39	*August*	400	1900	Sartori & Berger, Kiel/Hamburg
40	*August Cords*	900	1910	Cords, August, Rostock
41	*August Schultze*	2.452	1921	Oldenburg-Portugies. Dampfschiff.-R., Hamburg
42	*Ausdauer*	1.847	1941	Bugsier-Reederei & Bergungs-AG., Hamburg
43	*Axenfels*	6.200	1944	»Hansa«, Deutsche Dampfschiff.-Ges., Bremen
44	**B**aggerschute 22			o. A.
45	*Balkan*	2.269	1924	Komrowski, Ernst, Rostock
46	*Baltenland*	3.038	1904	Freymann-Reederei, AG., Danzig
47	*Baumwall*	876	1908	Gehrckens, H. M., Hamburg
48	*Belt*	2.210	1887	Essberger, Joh, T., Hamburg
49	*Belgrand*	6.095	1936	Hamburg-Südamerikanische Dampfschiff.-Ges., Hamburg

Lfd. Nr.	*Name des Schiffes*	BRT	Baujahr	Reederei Inhaber
50	*Berger IV*	393	1928	Bugsier-Reederei & Bergungs-AG., Hamburg
51	*Berger VI*	393	1928	Bugsier-Reederei & Bergungs-AG., Hamburg
52	*Berlebeck*			Fischdampfer
53	*Berlin*	15.286	1925	Norddeutscher Lloyd, Bremen
54	*Berlin*	468	1927	Stettiner DG.J.F. Braeunlich, Stettin
55	*Bern*			vermutl. Schlepper
56	*Bernhard Essberger*			Essberger, John, T., Hamburg
57	*Bernlet*	2.454	1919	Emder Dampfer Kompagnie, Emden
58	*Betzdorf*			Krupp-Reederei AG., Essen
59	*Bille*	665	1920	Bugsier-Reederei & Vergungs-AG., Hamburg
60	*Binz*			Schiff der Luftwaffe
61	*Birgit*	325	1921	Mathies, L., F., & Co., Hamburg
62	*Birka*	1.000	1937	Mathies-Reederei AG., Hamburg
63	*Blexen*	715		Troß-Schiff/Tanker, marineeigen
64	*Bodenbeck*			o. nähere Angaben
65	*Boelke*	1.130	1942	Flugsicherungsschiff der Luftwaffe
66	*Bolkoburg*	3.436	1940	Ostseereederei, Danzig
67	*Boltenhof*	3.307	1911	Bolten, August, Wm. Millers NL, Hamburg
68	*Borbeck*	6.002	1923	Krupp-Reederei AG., Essen
69	*Bore VI*	1.566	1919	Behnke & Sieg, Danzig
70	*Brake*	5.347	1920	Union-Handels- und Schiff. GmbH, Bremen
71	*Brake*	617	1919	Sommer, Arthur, C.V., Hamburg
72	*Brandenburg*	1.112		Gribel, Franz, Stettin
73	*Braunsberg*	2.255	1899	Leth & Co., Reederei, Hamburg
74	*Bremerhaven*	5.356	1936	Union-Handels- und Schiff. GmbH, Bremen
75	*Bru*	572	1919	lett. Schiff
76	*Brunhilde*	2.809	1943	Hamburg-Südamerikanische Dampfschiff.-Ges., Hamburg
77	*Bruno Grammerstorf*	864	1920	Grammerstorff, Karl, Kiel-Holtenau
78	*Bug*	1.289	1916	Fisser, Hendrik, AG., Emden
79	*Bukarest*	4.446	1940	Deutsche Levante-Linie, AG., Hamburg
80	*Butjadingen*	446	1942	Norddeutsche Seekabelwerke, Nordenham

Lfd. Nr.	*Name des Schiffes*	BRT	Baujahr	Reederei Inhaber
81	**C**ammin	1.643	1939	Schiff der Luftwaffe
82	*Canstigall*			vermutl. Schlepper
83	*Cap Arcona*	27.571	1927	Hamburg-Südamerikanische Dampfschiff.-Ges., Hamburg
84	*Cap Guir*	1.536	1927	Horn, Heinrich, C., Schleswig
85	*Capri*	1.846	1927	Sloman, Robert, M., jr., Hamburg
86	*Carl Cords*	905	1910	Cords, August, Rostock
87	*Carl Zeiss*	1.320	1939	Russ, Ernst, Reederei, Hamburg
88	*Caroline*	500		vermutl. Schlepper
89	*Castror*	519	1896	»Neptun«, Dampfschiff.-Ges., Hamburg
90	*Celebres*			Zielschiff der KM
91	*Ceuta*	3.718	1929	Oldenburg-Portugies. Dampfschiff.-Reederei, Hamburg
92	*Charlotte*	4.480	1908	Sloman, Robert, M. jr., Hamburg
93	*Charlotte Cords*	1.779	1924	Cords, August, Rostock
94	*Clara L. M. Russ*	1.600	1927	Russ, Ernst, Reederei, Hamburg
95	*Cleopatra*	1.305	1920	Kirsten, Adolph, Hamburg
96	*Colmar*			vermutl. Schlepper
97	*Cometa*	5.123	1941	Hamburg-Amerika-Linie, Hamburg
98	*Consul Ahrens*			Ahrens, Erich, Rostock
99	*Consul Cords*	951	1921	Cords, August, Rostock
100	*Conoros*			vermutl. Schlepper
101	*Cordillera*	12.055	1933	Hamburg-Amerika-Linie, Hamburg
102	*Corona*	1.569	1922	Grammerstorff, Karl, Kiel-Holtenau
103	*Cranz*	500		Drews-Reederei, Königsberg
104	*Cremon*	935	1922	Gehrckens, H.M., Hamburg
105	**D**albek	2.819	1939	Knöhr & Burchard, Nachf., Hamburg
106	*Danzig*		1938	Bugsier-Reederei & Bergungs-AG., Hamburg
106	*Deike Rickmers*	1.923	1923	Rickmers-Reederei AG., Hamburg
108	*Delfin*			Deutsches Reich, Wasserstraßenverwaltung
109	*Der Deutsche*	11.430	1924	DAF/Norddeutscher Lloyd, Bremen
110	*Desdemona*	1.304	1920	Kirsten, Adolph, Hamburg
111	*Deutschland*	21.046	1923	Hamburg-Amerika-Linie, Hamburg
112	*Deutschland*	2.972	1909	Deutsche Reichsbahn, Fährschiff
113	*Dickbuben*	999	1923	Gehrckens, H., M., Hamburg
114	*Diedenhofen*	5.971	1932	Essberger, John, T., Hamburg
115	*Dieter Hugo Stinnes*	2.545	1924	Stinnes, Hugo, Reederei, Hamburg
116	*Dievenow*			vermutl. kl. Fischdampfer

Lfd. Nr.	*Name des Schiffes*	BRT	Baujahr	Reederei Inhaber
117	*Dirschau*	762	1924	Weichsel-Dampfschiff AG., Danzig
118	*Ditmarschen*	10.850	1937	Essberger, John, T., Hamburg
119	*Ditmar Koel*	670	1935	Deutsches Reich, Wasserstraßenverwaltung
120	*Donau*	1.948	1922	Schuldt, Harald, Hamburg
121	*Doppat*	3.554	1920	Leth & Co., Reederei, Hamburg
122	*Dora Ahrens*	857	1901	Ahrens, Erich, Reederei, Rostock
123	*Dora Christophersen*	1.695	1922	Christophersen, H. W., Flensburg
124	*Dorpat*	3.535	1920	Leth & Co., Reederei, Hamburg
125	*Drache*	790	1915	Ari-Schulschiff der KM
126	*Dragoner*	1.938	1928	–
127	*Drechtdijk*	9.338	1923	Hamburg-Südamerik. Dampfschiff.-Ges., Hamburg
128	*Dronning Alexandrine*			ex. holländisch
129	*Duala*	6.133	1910	Essberger, John, T., Hamburg
130	*Duisburg*	1.080	1936	Haniel, Franz & Cie., Duisburg-Ruhrort
131	*Dwarsee*	552	1920	Schuchmann, W., Geestmünde-Wersermünde
132	Eberhardt	749	1913	Sommer, Arthur, C. V., Hamburg
133	*Eberhardt Essberger*	5.064	1943	Essberger, John, T., Hamburg
134	*Eifel*	1.429	1924	Rabien & Stadtlander, Bremen
135	*Elbe*	1.199	1921	Bugsier-Reederei & Bergungs-AG., Hamburg
136	*Elbing I*	466	1893	Zedler, A., Dampfschiff.-Reederei, Elbing
137	*Elbing IV*	314	1899	Zedler, A., Dampfschiff.-Reederei, Elbing
138	*Elbing VI*	178	1901	Zedler, A., Dampfschiff.-Reederei, Elbing
139	*Elbing VII*	465	1896	Zedler, A., Dampfschiff.-Reederei, Elbing
140	*Elbing X*	491	1892	Zedler, A., Dampfschiff.-Reederei, Elbing
141	*Elie*	1.873	1921	Adresen-Reederei, Aarhus
142	*Elisabeth*	752	1933	Mayhöfer-Reederei, Danzig
143	*Elisabeth*	872	1890	Helmsing & Grimm, Reedereibetrieb, Danzig
144	*Elise Russ*			Russ, Ernst, Reederei, Hamburg
145	*Ella Halm*	984	1929	Halm, Stirn & Co., Reederei, Köln

Lfd. Nr.	*Name des Schiffes*	BRT	Baujahr	Reederei Inhaber
146	*Ellen*	557	1921	Mathies-Reederei AG., Hamburg
147	*Ellen Larsen*	1.938	1900	Ahrens, Erich, Reederei, Rostock
148	*Elmshorn*	839	1940	Atlantik-Reederei, F. & W. Joch, Hamburg
149	*Else*	107	1914	Behnke & Sieg, Reederei, Danzig
150	*Else Hugo Stinnes*	3.291	1927	Stinnes, Hugo, Reederei AG., Hamburg
151	*Emden*			Deutsches Reich Wasserstraßenverwaltung
152	*Emily Sauber*	2.485	1939	Sauber + Co, Reederei, Hamburg
153	*Emmi Friedrich*	5.066	1944	Essberger, John, T., Hamburg
154	*Emsland*	5.170	1901	Kauffahrtei-Seerederei Adolf Wiards, Hamburg
155	*Emsstrom*	4.517	1900	Kauffahrtei-Seerederei Adolf Wiards, Hamburg
156	*Energie*	1.867	1911	Bugsier-Reederei & Bergungs-AG., Hamburg
157	*Erfurt*	4.201	1923	Norddeutscher Lloyd, Bremen
158	*Erika Fritzen*	4.169	1906	Fritzen, Johs. & Sohn, Emden
159	*Erika Schünemann*	1.177	1889	Haubuss, E., Reederei GmbH, Stettin
160	*Ermland*	987	1921	Ivers & Arlt, Reederei, Königsberg
161	*Erna*	751	1904	Ivers & Arlt, Reederei, Königsberg
162	*Erna Gaulke*	400	1919	Gaulke-Gebr. Reederei, Hamburg
163	*Erni*	105	1899	Ivers & Arlt, Reederei, Königsberg
164	*Ernst*	238	1937	Behnke & Sieg, Reederei, Danzig
165	*Ernst Brockelmann*	1.900	1927	Ahrens, Erich, Reederei, Rostock
166	*Ernst Hugo Stinnes*	3.295	1928	Stinnes, Hugo, Reederei, Hamburg
167	*Esaro IV*	327	1929	Schliemann & Menzell, Oelwerke, Hamburg
168	*Espagna*	7.465	1921	Hamburg-Südamerik. Dampfschiff.-Ges., Hamburg
169	*Espagne*	1.759	1911	ex. belgisches Schiff
170	**F**alke	132	1900	Weichsel-Dampfschiff.-AG., Danzig
170	*Falkenstein*	132	1927	Raabe, P., Reederei, Rostock
171	*Fangturm*	1.923	1944	»Hansa«, Deutsche Dampfschiff.-Ges., Bremen
172	*Feodosia*	3.075	1922	Hamburg-Amerika-Linie, Hamburg
173	*Ferdinand*	167	1900	Schlepper
174	*Finnland*	5.281	1940	»Hansa«, Deutsche Dampfschiff.-Ges., Bremen
175	*Flachsee*	757	1927	Schuchmann, W., Reederei, Geestmünde/Wesermünde

Lfd. Nr.	*Name des Schiffes*	BRT	Baujahr	Reederei Inhaber
176	*Florida II*	5.542	1942	Hamburg-Südamerik. Dampfschiff.-Ges., Hamburg
177	*Forelle*	1.205	1920	Norddeutscher Lloyd, Bremen
178	*Fortuna*	513	1893	»Neptun«, Dampfschiff.-Ges., Hamburg
179	*Franken*	10.850	1939	Essberger, John, T., Hamburg
180	*Frankfurt*	1.186	1914	Russ, Ernst, Reederei, Hamburg
181	*Franz-Jürgen*	2.166	1910	Nimtz, Franz, Reederei, Stettin
182	*Freiburg*	5.156	1923	Hamburg-Amerika-Linie, Hamburg
183	*Freiherr von Stein*			vermutl. Fischdampfer
184	*Friederikus Rex*	249	1900	vermutl. Schlepper
185	*Frieda*			Schiff der Luftwaffe
186	*Friedrich*			kleines Binnenschiff
187	*Friedrich*	1.353	1899	Wiggers, Otto, Reederei, Rostock
188	*Friedrich Bischoff*	1.998	1940	Argo-Dampfschiff.-Ges., Bremen
189	*Frigga*	2.972	1924	»Frigga«, Seereederei, Hamburg
190	*Fritz Schoop*	1.598	1925	Kohlenimport & Poseidon AG, Königsberg
191	*Füsilier*	6.157	1941	Hamburg-Amerika-Linie, Hamburg
192	*Fuchs*			Artillerie-Schulschiff der KM
193	*Fulda*	9.492	1924	Norddeutscher Lloyd, Bremen
194	**G**anter	1.770	1927	Argo-Dampfschiff.-Ges., Bremen
195	*Geheimrat Löffler*	100		Binnenschiff
196	*General Osorio*	11.590	1929	Hamburg-Südamerik. Dampfschiff.-Ges., Hamburg
197	*General San Martin*	11.251	1922	Hamburg-Südamerik. Dampfschiff.-Ges., Hamburg
198	*Gorg*	406	1944	Schiff der Luftwaffe
199	*Gerda Vith*	1.312	1903	Vith, H. P., Reederei, Hamburg
200	*Gerdmoor*	800	1940	ex norwegisches Schiff der Luftwaffe
201	*Gerrit Fritzen*	1.761	1922	Fritzen, Johs. & Sohn, Emden
202	*Gertrud*	373	1922	Mathies-Reederei, AG., Hamburg
203	*Gertrud Fritzen*	2.999	1906	Fritzen, Johs. & Sohn, Emden
204	*Glückauf*	1.062	1913	Norddeutscher Lloyd, Bremen
205	*Gorch Fock*	350		Küstenmotorschiff der KM
206	*Gotenhof*	1.454	1914	Gribel, Rudolf, Christ, Reederei, Stettin
207	*Gotenhafen*			Verkehrsdampfer o. A.
208	*Gotenland*	5.266	1942	Norddeutscher Lloyd, Bremen
209	*Gotland*	995	1913	Wiese, Carl & Co., Lübeck / Memel
210	*Göttingen*	6.267	1944	Norddeutscher Lloyd, Bremen

Lfd. Nr.	*Name des Schiffes*	BRT	Baujahr	Reederei Inhaber
211	*Goya*	5.230	1942	Hamburg-Amerika-Linie, Hamburg
212	*Gran Canaria*	3.862	1938	KM-Begleitschiff, U-Tender
213	*Graudenz*	500	1900	Binnenschiff
214	*Gravenstein*	3.505	1909	Hamburg-Amerika-Linie, Hamburg
215	*Greif*	1.617	1909	Gribel, Rudolf, Christ., Stettin
216	*Greif*	1.200	1940	Flugsicherungsschiff, Schiff der Luftwaffe
217	*Greifswald*	132	1912	Reederei Stade, Haren, Greifswald
218	*Grenadier*	2.319	1930	Essberger, John, T., Hamburg
219	*Grenzland Tilsit*			vermutl. Schlepper
220	*Grete*	6.570	1923	Schiff der Luftwaffe
221	*Günter Hartmann*			vermutl. Schlepper
222	*Günther Plüschow*	370	1935	Schiff der Luftwaffe
223	*Günter Russ*	998	1921	Russ, Ernst, Reederei, Hamburg
224	*Gumbinnen*	1.405	1922	Kohlenimport & Poseidon AG, Königsberg
225	**H**abicht	1.377	1938	Argo-Dampfschiff.-Ges., Bremen
226	*Hamburg*	21.691	1925	Hamburg-Amerika-Linie, Hamburg
227	*Hanau*	1.040	1927	Hamburg-Amerika-Linie, Hamburg
228	*Hanna Cords*	1.891	1926	Cords, August, Reederei, Rostock
229	*Hansa*	21.133	1922	Hamburg-Amerika-Linie, Hamburg
230	*Hansa*	493	1936	ex schwedisches Schiff
231	*Hans Albrecht Wedel*	1.335	1938	Flugsicherungsschiff der Luftwaffe
232	*Hans Broge*	2.013	1939	ex dänisches Schiff
233	*Hans Karl*			Matthies, L. F. & Co., Hamburg
234	*Hans Schulte*	985	1920	Schulte & Bruns, Reederei, Emden
235	*Harald*	1.064	1921	Bismarck-Linie, Reederei, Hamburg
236	*Harald Schröder*	922	1900	Schröder, Richard, Reederei, Rostock
237	*Hartmut*	2.713	1902	KM-Eigentum, Hilfsbeischiff
238	*Haussa*	2.819	1943	Essberger, John, T., Hamburg
239	*Hecht*			Weichsel-Dampfschiff.-Ges. AG, Danzig
240	*Hecksee*	865	1926	Schuchmann, G., Reederei, Geestmünde/Wesermünde
241	*Hedwig*	168	1912	Ippen, Hermann, Reederei, Stettin
242	*Hedwigshütte*	2.221	1922	Hedwigshütte, Kohlen + Cokswerke, Stettin
243	*Heidberg*	1.712	1912	Bolten, August, Wm Millers Nachf., Hamburg
244	*Heidelberg*	692	1925	Gribel, Rudolf, Christian, Reederei, Stettin
245	*Heiligenhafen*	1.923	1943	Hamburg-Amerika-Linie, Hamburg

Lfd. Nr.	*Name des Schiffes*	BRT	Baujahr	Reederei Inhaber
246	*Heinrich Arp*	1.428	1923	Arp. Heinrich, F. C., Reederei Hamburg
247	*Heinrich Schmidt*	1.560	1936	Schmidt, Heinrich, Reederei, Flensburg
248	*Heinz Horn*	3.994	1928	Horn, Heinrich, C., Reederei, Schleswig
249	*Hela*	1.174	1902	Gahlenbäck, Reederei, Danzig
250	*Hela*	2.315	1938	Flotten-Tender der Kriegsmarine
251	*Helga Möller*			vermutl. Schlepper
252	*Helga Schröder*	665	1904	Schröder, Richard, Reederei, Rostock
253	*Helios*	2.885	1925	»Neptun«, Dampfschiff.-Ges., Bremen
254	*Heluan*	1.505	1936	Komrowski, Ernst, Hamburg
255	*Hendrik Fisser V*	1.923	1944	Fisser & van Doornum, Reederei, Emden
256	*Hendrik Fisser VI*	1.923	1944	Fisser & van Doornum, Reederei, Emden
257	*Hendrik Fisser VII*	1.942	1944	Fisser & van Doornum, Reederei, Emden
258	*Henriette Schulte*	1.923	1930	Schulte & Bruns, Reederei, Emden
259	*Henier*			marineeigener Schlepper
260	*Henry Lütgens*	1.141	1920	Bugsier-Reederei & Bergungs-AG., Hamburg
261	*Herbert*	216	1900	vermutl. Schlepper
262	*Herbert Schröder*			Schröder, Richard, Reederei, Rostock
263	*Hercules*	2.883	1929	»Neptun«-Dampfschiff.-Ges., Bremen
264	*Herkules*	2.369	1921	Lübeck-Linie, AG., Reederei Lübeck
265	*Hermann Sauber*	2.474	1936	Sauber & Co., Reederei, Hamburg
266	*Hermann von Wissmann*	3.100	1940	Begleitschiff der KM für S-Boote
267	*Hestia*	2.883	1929	»Neptun«-Dampfschiff.-Ges., Bremen
268	*Hiddensee*	643	1937	marineeigenes Schiff
269	*Hilde*	491	1907	Ippen-Linie, Reederei-AG., Hamburg
270	*Hilmar Lau*	2.414		marineeigenes Schiff
271	*Hinrich Peters*	856	1908	Peters, Hinrich, Reederei, Hamburg
272	*Hochmeister*	1.275	1906	Behnke & Sieg, Reederei, Danzig
273	*Hochsee*	2.245	1920	Schuchmann, W., Reederei, Geestmünde/Wesermünde

Lfd. Nr.	*Name des Schiffes*	BRT	Baujahr	Reederei Inhaber
274	*Hohenhörn*	2.997	1924	Hansegesellschaft Aschpurwis & Veltjens, Hamburg
275	*Hoheweg*	1.078	1905	Schuchmann, W., Reederei, Geestmünde/Wesermünde
276	*Holstein*	10.268		Spüler/Deutsches Reich Reichswasserstraßenverwaltung
277	*Holstentor*	370	1905	Lübeck-Oslo-Linie, Reederei, Lübeck
278	*Homburg*	1.261	1938	Haniel, Franz & Cie., Duisburg-Ruhrort
279	*H. C. Horn*	4.132	1932	Horn, Heinrich, C., Hamburg
280	*Hörnum*	1.467	1930	Zerssen & Co., Reederei, Rendsburg
281	*Huelva*	1.923	1944	Oldenburg-Portugiesische Dampfschiff.-Reederei, Hamburg
282	*Hugo Heye*	5.700	1942	Torpedo-Schulschiff der Kriegsmarine
283	*Hummel*	1.818	1889	Leth & Co., Reederei, Hamburg
284	*Hydra*	10.127	1940	Troßschiff/Wassertanker marineeigenes Schiff
285	*H 27*			marineeigenes Schiff
286	Iberia	9.829	1928	Hamburg-Amerika-Linie, Hamburg
287	*Ida Blumenthal*	1.549	1921	Blumenthal, Johann, M. K., Reederei, Hamburg
288	*Iller*	3.290	1938	Norddeutscher Lloyd, Bremen
289	*Ilmenau*	1.201	1922	Norddeutscher Lloyd, Bremen
290	*Inkenturm*	1.923	1945	»Hansa«-Dampfschiff.-Ges., Bremen
291	*Inge Christophersen*	1.353	1905	Christophersen, H. W., Reederei, Flensburg
292	*Inge Johanns*	1.202	1935	marineeigenes Schiff
293	*Ingeborg*	895	1904	Helmsing & Grimm, Reederei, Danzig
294	*Ingrid Horn*	4.006	1927	Horn, Heinrich, C., Reederei, Hamburg
295	*Ingrid Leonhardt*	1.923	1944	Leonhardt & Blumberg, Reederei, Hamburg
296	*Ingrid Sauber*			Sauber & Co., Reederei, Hamburg
297	*Ingrid Traber*	1.883	1926	Traber, W., & Co., Reederei, Hamburg
298	*Inka*	427	1937	Atlantik-Reederei F. & W. Joch, Hamburg
299	*Inster*	4.747	1926	Leth & Co., Reederei, Hamburg

Lfd. Nr.	*Name des Schiffes*	BRT	Baujahr	Reederei Inhaber
300	*Insterburg*	2.301	1919	Kohlenimport & Poseidon AG, Reederei, Königsberg
301	*Irene Oldendorff*	1.923	1944	Oldendorff, Egon, Reederei, Lübeck
302	*Irmtraut Cords*	2.814	1924	Cords, August, Reederei, Rostock
303	*Isar*	9.026	1929	Norddeutscher Lloyd, Bremen
304	**J**ade	536	1912	Bugsier-Reederei & Bergungs-AG., Hamburg
305	*Jägersberg*	225	1936	Kieler Verkehrs-AG., Kiel
306	*Jan Wellem*	11.776	1921	Erste Deutsche Walfang-Gesellschaft, Wesermünde
307	*Jaspis*	6.094	1938	Essberger, John, T., Hamburg
308	*Jasmund*	276	1938	Schlepper
309	*Jattier*			vermutl. Schlepper
310	*Jersbek*	2.804	1938	Knöhr & Burchardt, Nachf., Reederei, Hamburg
311	*Johann*	938	1911	Reinecke & Bremer, Reederei, Hamburg
312	*Johann Ahrens*	873	1903	Ahrens, Erich, Reederei, Rostock
313	*Johanna*	860	1912	Matthies, Reederei, AG., Hamburg
314	*Johannes C. Russ*	998	1921	Russ, Ernst, Reederei, Hamburg
315	*Jürgen Fritzen*	579	1902	Fritzen, Johs. & Sohn, Reederei, Emden
316	*Julianne*	1.352	1921	ex dänisches Schiff, marineeigen
317	*Julius*	553	1939	Warnholtz, Schmidt & Co., Reederei, Hamburg
318	*Julius*			Schiff der Luftwaffe
319	*Julius Rüttgers*	854	1908	Rüttgerswerke AG., Emden
320	*Jupiter*	1.588	1915	»Neptun«-Dampfschiff.-Ges., Bremen
321	**K**ahlberg			marineeigener Schlepper
322	*Kaiser*	1.912	1905	Hamburg-Amerika-Linie, Hamburg
323	*Kanonier*	6.157	1942	Hamburg-Amerika-Linie, Hamburg
324	*Karin K. Bornhofen*	2.563	1942	Bornhofen, Robert, Reederei, Hamburg
325	*Karl Friedrich Geiß*			Geiß, Carl, E., Reederei, Stolpmünde
326	*Karl Peters*	2.900	1939	Begleitschiff der KM für S-Boote
327	*Karlsruhe*	897	1905	Russ, Ernst, Reederei, Hamburg
328	*Karoline*	887	1902	Schmidt, Witte & Co., Reederei, Danzig

Lfd. Nr.	*Name des Schiffes*	BRT	Baujahr	Reederei Inhaber
329	*Kiel*	250		marineeigenes Schiff, Schlepper
330	*Königsberg*	180	1885	Handwerkskammer Königsberg
331	*Königsberg*	178	1900	Ivers & Arlt, Reederei, Königsberg
332	*Koholyt*	844	1920	Kohlenimport & Poseidon, AG, Reederei, Königsberg
333	*Kolberg*	693	1925	Gribel, Rudolf, Christ., Reederei, Stettin
334	*Kolk*			marineeigenes Öl-Schiff
335	*Krefeld*	1.213	1936	Russ, Ernst, Reederei, Hamburg
336	*Kriemhild*	800	1902	Gribel, Rudolf, Christ., Reederei, Stettin
337	*Kronenfels*	2.834	1944	»Hansa«, Deutsche Dampfschiff.-Ges., Bremen
338	*Kürassier*	2.760	1929	Rickmers-Reederei, AG., Hamburg
339	*Kürisches Haff*	356	1928	Görtz, Reederei, Memel
340	*Kurland*	7.636	1940	Norddeutscher Lloyd, Bremen
341	*Kurmark*	7.021	1930	Hamburg-Amerika-Linie, Hamburg
342	*Kurt Ramien*			marineeigenes Schiff
343	Lady Betty			marineeigenes Schiff
344	*Längsee*	998	1925	Schuchmann, W., Reederei, Geestmünde/Wesermünde
345	*Lappland*	7.644	1942	Norddeutscher Lloyd, Bremen
346	*Lech*	3.850	1930	Begleitschiff der Kriegsmarine U-Tender
347	*Leda*	2.415	1920	Laeisz, Ferdinand, Reederei, Hamburg
348	*Leda*	594	1904	»Neptun«-Dampfschiff.-Ges., Bremen
349	*Lene Oldendorf*			Oldendorff, Egon, Reederei, Lübeck
350	*Leverkusen*	1.273	1937	Russ, Ernst, Reederei, Hamburg
351	*Libau*	591	1882	Mathies-Reederei, AG., Hamburg
352	*Licentia*	1.923	1944	Brink & Wölffel, Reederei, Danzig
353	*Liselotte Friedrich*	517	1927	Essberger, John, T., Hamburg
354	*Lina Fisser*	1.497	1912	Fisser & van Doornum, Reederei, Emden
355	*Lindenau*	997	1915	Bugsier-Reederei & Bergungs-AG, Hamburg
356	*Linz*	3.374	1944	Norddeutscher Lloyd, Bremen
357	*Lisa Essberger*	1.172	1930	Essberger, John, T., Hamburg
358	*Lisa Olstmann*			vermutl. Schlepper
359	*Lome*	1.854	1927	Hamburg-Amerika-Linie, Hamburg
360	*Lothringen*	2.275	1943	marineeigenes Schiff

Lfd. Nr.	*Name des Schiffes*	BRT	Baujahr	Reederei Inhaber
361	*Lotte*	2.115	1905	Reinecke, J. A., Reederei, Hamburg
362	*Lotte Leonhardt*	4.167	1937	Leonhardt & Blumberg, Reederei, Hamburg
363	*Lütjehörn*	1.953	1883	Hansegesellschaft Aschpurwis & Veltjens, Hamburg
364	*Luise Schröder*	1.327	1905	Richard Schröder, Reederei, Rostock
365	*Luna*	1.185	1938	»Neptun«-Dampfschiff.-Ges., Bremen
366	*Lya*			vermutl. Schlepper, marineeigen
367	*Lyss*	1.609	1908	marineeigenes Schiff
368	**M**agarth			marineeigenes Schiff vermutl. Schlepper
369	*Magdalene Vinnen*	6.594	1922	Vinnen, F. A. & Co., Reederei, Bremen
370	*Main*	964	1927	Gribel, Rudolf, Christ., Reederei, Stettin
371	*Malaga*	2.146	1938	Sloman, Robert, M., jr., Reederei, Hamburg
372	*Malgache*	6.903	1939	Leth & Co., Reederei, Hamburg
373	*Marburg*	1.618	1912	marineeigenes Schiff Lazarettschiff
374	*Mar de la Plata*	5.650	1937	Hamburg-Südamerik. Dampfschiff.-Ges., Hamburg
375	*Margarete Cords*	1.912	1927	Cords, August, Reederei, Rostock
376	*Marie Fisser*	1.235	1937	Fisser & van Doornum, Reederei, Emden
377	*Maria Siedler*	438	1920	Reinhold, F. G., Reederei, Danzig
378	*Marina von Tolkemit*			Schoner, Reederei Otto Gurk, Danzig
379	*Marienburg*	6.200	1939	Reederei R V M, Stettin
380	*Markobrunner*	8.150	1915	»Hansa«, Deutsche Dampfschiff.-Ges., Bremen
381	*Marks Stig*	1.107	1940	dänisches Fährschiff, KM Hilfsschiff
382	*Mars*	2.469	1939	»Neptun«, Dampfschiff.-Ges., Bremen
383	*Martha*	514	1900	Ippen, Hermann, Reederei, Stettin
384	*Martha Geiss*	531	1909	Geiss, Karl, E., Reederei, Stolpmünde
385	*Martha Halm*	984	1927	Halm, Dtirn & Co., Reederei, Köln
386	*Masuren*	2.383	1935	Kohlenimport & Poseidon, Königsberg

Lfd. Nr.	*Name des Schiffes*	BRT	Baujahr	Reederei Inhaber
387	*Mathias Stinnes*	5.537	1937	Stinnes, Hugo, AG., Hamburg
388	*Mecklenburg*	1.547	1903	Deutsche Reichsbahn, Rostock
389	*Memel*	1.157	1925	U-Boot-Begleitschiff der Kriegsmarine
390	*Memelland*	6.236	1936	Essberger, John, T., Hamburg
391	*Memphis*	1.996	1918	Offen, Emil & Co., Reederei, Hamburg
392	*Mendoza*	5.193	1919	Hamburg-Südamerik. Dampfschiff.-Ges., Hamburg
393	*Mercator*	4.661	1920	»Atlas«-Reederei-AG., Emden
394	*Messina*	2.192	1937	Sloman, Robert, M., jr., Reederei, Hamburg
395	*Meteor*	3.717	1904	marineeigenes Schiff Lazarettschiff
396	*Mexphalte*	2.578	1910	marineeigenes Schiff Tanker
397	*Meyerlegde*	868		marineeigenes Schiff
398	*Michael Ferdinand*	1.923	1944	Ferdinand, Hugo, Reederei, Rostock
399	*Mimi Horn II*	4.007	1928	Horn, Heinrich, C., Reederei, Schleswig
400	*Minden*	4.737	1943	Norddeutscher Lloyd, Bremen
401	*Minna Cords*	951	1921	Cords, August, Reederei, Hamburg
402	*Minos*	1.127	1939	»Neptun«-Dampfschiff.-Ges., Bremen
403	*Mittelmeer*	6.370	1927	Essberger, John, T., Hamburg
404	*Moero*	5.277	1940	Leonhardt & Blumberg, Reederei, Hamburg
405	*Möwe*	189	1933	Görtz, Reedereibetrieb, Memel
406	*Möwe*	121	1909	Krohn, Reederei, Wismar
407	*Möwe*	1.310	1936	Argo, Dampfschiffahrts-Gesellschaft, Bremen
408	*Moltkefels*	7.862	1939	»Hansa«, Deutsche Dampfschiff.-Ges., Bremen
409	*Mombaldo*	6.214	1902	Kauffahrtei AG, Reederei, Adolf Wiards, Hamburg
410	*Monte Olivia*	13.750	1924	Hamburg-Südamerik. Dampfschiff.-Ges., Hamburg
411	*Monte Rosa*	13.882	1930	Hamburg-Südamerik. Dampfschiff.-Ges., Hamburg
412	*Morsum*	968	1936	Zerssen & Co., Reederei, Rendsburg
413	*Mosel*	8.428	1927	Norddeutscher Lloyd, Bremen
414	*MRS 11 Osnabrück*	5.095	1935	Norddeutscher Lloyd, Bremen
415	*MRS 12 Nürnberg*	5.635	1936	Norddeutscher Lloyd, Bremen

Lfd. Nr.	*Name des Schiffes*	BRT	Baujahr	Reederei Inhaber
416	*Mungo*	1.923	1944	Deutsche Afrika-Linien, Hamburg
417	*Musketier*	2.762	1926	Hamburg-Amerika-Linie, Hamburg
418	**N**adir	842	1920	Argo, Dampfschiffahrts-gesellschaft, Bremen
419	*Nautik*	1.127	1937	»Neptun«, Dampfschiffahrts-gesellschaft, Hamburg
420	*Neidenfels*	7.838	1938	»Hansa«, Deutsche Dampfschiff.-Ges., Bremen
421	*Neiße*	3.177	1925	Horn, Heinrich, C., Reederei, Schleswig
422	*Neptun*	1.594	1928	Schmidt, Heinrich, Reederei, Flensburg
423	*Nettelbeck*	580		marineeigenes Schiff
424	*Netzleger I*			»Argo«, Dampfschiffahrts-gesellschaft, Bremen
425	*Netzleger IV*	1.246		»Neptun«, Dampfschiffahrts-Gesellschaft, Hamburg
426	*Netzleger IX*			marineeigenes Schiff
427	*Netzleger 24*			marineeigenes Schiff
428	*Neufahrwasser*	139	1910	Bugsier-Reederei & Bergungs AG, Hamburg
429	*Neuss*	1.243	1935	Russ, Ernst, Reederei, Hamburg
430	*Neuwerk*	807	1912	Wenkendorf, Karl, Reederei, Wismar
431	*New York*	22.337	1927	Hamburg-Amerika-Linie, Hamburg
432	*Njong*	1.923	1944	Deutsche Afrika-Linien, Hamburg
433	*Nogat*	210	1937	Ivers & Arlt, Reederei, Königsberg
434	*Nordenham*	4.592	1914	»Midgard«, Deutsche Seever-kehrs-AG., Nordenham
435	*Nordfahrt*	2.543	1911	Norddeutsche Kohlen & Cokes-Werke, Hamburg
436	*Nordland*	1.905	1924	Gribel, Rudolf, Christ., Reederei, Stettin
437	*Nordpol*	500	1941	marineeigenes Schiff
438	*Nordstern*	1.500	1939	»Neptun«, Dampfschiffahrts-Gesellschaft, Hamburg
439	*Nordstern*	870	1893	Zoeke, Paul, Reederei, Friedeberg/Ostfriesland
440	*Nina*	1.371	1917	marineeigenes Schiff
441	*Nürnberg*	745	1912	Gribel, Rudolf, Christ., Reederei, Stettin

Lfd. Nr.	*Name des Schiffes*	BRT	Baujahr	Reederei Inhaber
442	**O**berhausen	1.261	1939	Haniel, Franz & Cie; Reederei, Duisburg, Ruhrort
443	*Oceana*	8.791	1917	Deutsche Arbeitsfront ehem. KFD-Schiff
444	*Odermünde*	572	1896	Mathies-Reederei AG., Hamburg
445	*Odin*	1.137	1902	Stettiner Dampfschiff.-Ges., J. F. Braeunlich, Stettin
446	*Oktant*	800		marineeigenes Schiff Navigationsschiff
447	*Olga Traber*	3.132	1921	Traber, W. & CO., Reederei, Hamburg
448	*Orange*			marineeigenes Schiff
449	*Oranjefontein*	10.937	1940	Essberger, John, T., Hamburg
450	*Orestes*	652	1906	»Neptun«, Dampfschiffahrts-Gesellschaft, Hamburg
451	*Orestes*	2.650	1918	Bock, G., Reedereigesellschaft, Danzig
452	*Orion*	1.722	1914	Deutsche Afrika-Linien, Hamburg
453	*Oslo*	1.412	1912	marineeigenes Schiff
454	*Ostfriesland*	6.135	1943	marineeigenes Schiff
455	*Ostmark*	1.234	1889	Neue Dampfer Compagnie, Stettin
456	*Ostmark*			Schiff der Luftwaffe
457	*Ostpreußen*	567	1937	marineeigenes Schiff Eisbrecher
458	*Otterberg*	1.293	1917	Bolten, August, Reederei, Wm Millers NL, Hamburg
459	*Otillie*	638	1913	Sommer, Arthur, C. V., Hamburg
460	*Otto Alfred Müller*	1.598	1935	Müller, Otto, A., Reederei, Hamburg
461	**P**allas	627	1904	»Neptun«, Dampfschiffahrts-Gesellschaft, Hamburg
462	*Paloma*	557	1942	Laeisz, Ferdinand, Reederei, Hamburg
463	*Paul Bennecke*	343	1906	Weichsel-Dampfschiffahrts-AG., Danzig
464	*Paul Harneit*	13.320	1936	Waried, Tankschiff-Reederei, Hamburg
465	*Peter Bornhofen*	1.349	1919	Bornhofen, Robert, Reederei, Hamburg
466	*Peter von Danzig*	841	1916	Reinhold, F. G., Reederei, Danzig
467	*Peter Wessel*			marineeigenes Schiff vermutlich Schlepper

Lfd. Nr.	*Name des Schiffes*	BRT	Baujahr	Reederei Inhaber
468	*Phantom*			marineeigenes Schiff vermutlich Schlepper
469	*Phönix*	180	1916	Weichsel-Dampfschiffahrts-AG., Danzig
470	*Phönix*	999	1913	Argo, Dampfschiffahrts-Gesellschaft, Bremen
471	*Phönix*	189		Schiff der Luftwaffe Flugsicherungsschiff
472	*Pieta*	962	1902	Gehrckens, H. M., Reederei, Hamburg
473	*Pillau*	1.308	1923	Kohlen-Import & Poseidon AG., Königsberg
474	*Pinnau*	1.200	1922	Bugsier-Reederei & Bergungs-AG., Hamburg
475	*Pitler*			marineeigenes Schiff kleines Lazarettschiff
476	*Planet*	5.821	1922	Laeisz, Ferdinand, Reederei, Hamburg
477	*Pliintow*			Schiff der Luftwaffe
478	*Pömitz*			marineeigenes Schiff
479	*Pollux*	3.161	1905	Schmidt, Heinrich, Reederei, Flensburg
480	*Pollux*	518	1903	marineeigenes Schiff, Eisbrecher
481	*Polycarp*	6.405	1931	marineeigenes Schiff
482	*Pompeji*	2.916	1940	Deutsche Levante-Linie, AG., Hamburg
483	*Pontos*	3.410	1935	Laisz, Ferdinand, Reederei, Hamburg
484	*Portia*	968	1911	Kirsten, Adolph, Reederei, Hamburg
485	*Posen*	1.062	1925	Matthies-Reederei-AG., Hamburg
486	*Possehl*	2.369	1921	Lübeck-Linie, Reederei, Lübeck
487	*Postdam*	17.528	1935	Norddeutscher Lloyd, Bremen
488	*Prahm 977*			marineeigenes Schiff
489	*Pregel*	186	1936	Ivers & Arlt, Reederei, Königsberg
490	*Pregel*			marineeigenes Schiff Eisbrecher
491	*Pretoria*	16.662	1936	Deutsche Afrika-Linien, Hamburg
492	*Preußisch Holland*	1.978	1908	Seeberg, Schiffahrtsgesellschaft Stettin
493	*Prinz Adalbert*	137	1903	Lotsenschoner, marineeigenes Schiff
494	*Prinzessin Beatrix*	360	1920	marineeigenes Schiff

Lfd. Nr.	*Name des Schiffes*	BRT	Baujahr	Reederei Inhaber
495	Ravensburg	1.069	1922	marineeigenes Schiff
496	*Regina*	1.304	1911	Gribel, Rudolf, Christ., Reederei, Stettin
497	*Regulus*	1.821	1921	ex holländisches Schiff, Navigationsschiff KM
498	*Reiher*	1.045	1938	Argo, Dampfschiffahrts-Gesellschaft, Bremen
499	*Reinhard L. M. Russ*	1.478	1923	Russ, Ernst, Reederei, Hamburg
500	*Renate*	2.339	1939	marineeigenes Schiff
501	*Renate*	218		marineeigenes Schiff Küstenmotorschiff
502	*Reporter*			marineeigenes Schiff, Zollboot
503	*Rhein*	3.259	1928	Stinnes, Hugo, Reederei, Hamburg
504	*Rheinfels*	7.762	1939	»Hansa«, Deutsche Dampfschiff.-Ges., Bremen
505	*Rheinland*	2.570	1920	Kohlenimport & Poseidon, AG., Königsberg
506	*Riga*	999	1925	Lübeck-Linie, AG., Lübeck
507	*Rigel*	453	1924	marineeigenes Schiff
508	*Rincete*			marineeigenes Schiff kleines Lazarettschiff
509	*Rixhöft*	5.378	1928	KM-Arsenal Gotenhafen, Schlepper
510	*Ro 1*			marineeigenes Schiff
511	*Ro 22*			marineeigenes Schiff
512	*Ro 23*			marineeigenes Schiff
513	*Ro 24*	4.499	1928	Hamburg-Südamerik. Dampfschiff.-Ges., Hamburg
514	*Robert Bornhofen*	2.645	1944	Bornhofen, Robert, Hamburg
515	*Robert Ley*	27.288	1938	Deutsche Arbeitsfront, ehem. KDF-Schiff
516	*Robert Möhring*	3.344	1927	Norddeutscher Lloyd, Bremen
517	*Robert Moritz*			vermutlich Schlepper
518	*Robert Müller IV*	339	1936	Müller, Robert, Reederei, Hamburg
519	*Robert Müller VI*	399	1936	Müller, Robert, Reederei, Hamburg
520	*Robert Müller VII*	985	1938	Müller, Robert, Reederei, Hamburg
521	*Robert Müller VIII*	985	1938	Müller, Robert, Reederei, Hamburg
522	*Robert Sauber*	2.515	1910	Sauber & Co., Reederei, Hamburg
523	*Rodendek*	1.923	1944	Knöhr & Burchardt, Nachf. Reederei, Hamburg
524	*Rose*	1.530	1930	Gribel, Franz, Reederei, Stettin
525	*Rosenberg*	1.964	1944	marineeigenes Schiff
526	*Rostock*	2.541	1922	Cords, August, Reederei, Rostock
527	*Rudolf*	821	1905	Sartori & Berger, Reederei, Kiel/Hamburg

Lfd. Nr.	Name des Schiffes	BRT	Baujahr	Reederei Inhaber
528	*Rudolf Albrecht*	3.817	1922	Albrecht, Dr. Max & Co., Mineralölwerke, Hamburg
529	*Rugard*	1.358	1927	Stettiner Dampfschiff.-Gesellschaft, J. F. Braeunlich, Stettin
530	*Ruhr*	1.029	1938	Gribel, Rudolf, Christian, Reederei, Stettin
531	*Ruth Geiss*		1937	Geiß, Carl, E., Reederei, Stolpmünde
532	*Rügen*	2.170	1914	Gribel, Rudolf, Christian, Reederei, Stettin
533	*Rügen*	250		Deutsche Reichsbahn Stettin, Fährschiff
534	*Rügenwalde*	152	1881	Geiß, Carl, E., Reederei, Stolpmünde
535	**S**aar	1.026	1937	Gribel, Rudolf, Christian, Reederei, Stettin
536	*Sachsenwald*	4.561	1910	Hamburg-Amerika-Linie, Hamburg
537	*Samland*	771	1896	Ivers & Arlt, Reederei, Königsberg
538	*San Marko*			vermutlich Schlepper
539	*Sankt Lorenz*	641	1924	Sommer, Arthur, C. V., Reederei, Hamburg
540	*Sankt Malo*			marineeigenes Schiff vermutlich Schlepper
541	*Saßnitz*	400		marineeigenes Schiff, Troß-Schiff
542	*Saspe*	89	1904	Bugsier-Reederei & Bergungs AG., Hamburg
543	*Satander*	1.923	1943	Oldenburg-Portugiesische Dampfschiff. Reederei, Hamburg
544	*Seeadler I*	141	1887	Steinhagen, Reederei, Rostock
545	*Seeburg*	12.181	1940	Hamburg-Amerika-Linie, Hamburg
546	*Seefalke*	570	1920	Schuchmann, W., Reederei, Geestmünde/Wesermünde
547	*Segeberg*	350		Knöhr & Burchardt, Nachf. Reederei, Hamburg
548	*Seglerhaus*	227	1895	Ostseetransport, Danzig
549	*Sextant*			marineeigenes Schiff Navigationsschiff
550	*Siegfried*	563	1901	Gribel, Rudolf, Christian, Reederei, Stettin
551	*Simson*	105	1882	Wischke & Reimer, Reederei, Königsberg
552	*Söderhamn*	1.499	1899	Gehrckens, H. M., Reederei, Hamburg

Lfd. Nr.	*Name des Schiffes*	BRT	Baujahr	Reederei Inhaber
553	*Sperber*	889	1922	Argo, Dampfschiffahrts-Gesellschaft, Bremen
554	*Sperrbrecher 27*			marineeigenes Schiff
555	*Sperrbrecher 172*			marineeigenes Schiff
556	*Spica*	1.385	1904	Ahrens, Erich, Reederei, Rostock
557	*Spree*	500		Ivers & Arlt, Reederei, Königsberg
558	*Spreeufer*	216		marineeigenes Schiff vermutlich Schlepper
559	*Süd 5*	300		Deutsches Walfang-Kontor, Hamburg
560	*Südpol*			marineeigenes Schiff Navigationsschiff
561	*Südsee*	1.761	1898	Schuchmann, W., Reederei, Geestmünde/Wesermünde
562	*Sumatra*	10.439	1939	Hamburg-Amerika-Linie, Hamburg
563	*Swakopmund*	6.133	1939	Deutsche Afrika-Linien, Hamburg
564	*Swinemünde I*	225	1891	Stettiner Dampfschiff.-Gesellschaft J. F. Braeunlich, Stettin
565	*Swindemünde II*	177	1888	Industrie- und Handelskammer, Stettin
566	*S W 31*			Polizeiboot, Polizei Swinemünde
567	*Sylt*	787	1908	Wendenhof-Reederei, GmbH, Wismar
568	**Sch**afstedt			marineeigenes Schiff vermutlich Schlepper
569	*Schauenburg*	1.923	1944	Schuldt, Harald, Reederei, Hamburg
570	*Schichau*	199	1926	Schichau-Werft, Danzig
571	*Schiffbek*	2.158	1930	Knöhr & Burchardt, Nachf. Reederei, Hamburg
572	*Schwan*	983	1907	Weichsel, Dampfschiff. AG, Danzig
573	*Schwan*	1.312	1938	Argo, Dampfschiffahrts-Gesellschaft, Bremen
574	*Schwarzort*			marineeigenes Schiff, Küstenschiff
575	*Schwerin*	3.133	1926	Deutsches Reich, Deutsche Reichsbahn, Stettin
576	**S**tahleck	1.663	1923	»Hansa«, Deutsche Dampfschiff.-Ges., Bremen
577	*Steinbock*	317	1939	Norddeutscher Lloyd, Bremen
578	*Steinburg*	1.319	1923	Nimtz, Franz, Reederei, Stettin
579	*Stettin*	836	1933	Industrie- und Handelskammer, Stettin

Lfd. Nr.	*Name des Schiffes*	BRT	Baujahr	Reederei Inhaber
580	*Steuben*	14.660	1930	Norddeutscher Lloyd, Bremen
581	*Stollergund*	692	1936	marineeigenes Schiff vermutlich Schlepper
582	*Stolpe*			marineeigenes Schiff vermutlich Schlepper
583	*Strassburg*	898	1920	Gribel, Rudolf, Christian, Reederei, Stettin
584	*Strauß*	1.756	1927	Argo, Dampfschiffahrts-Gesellschaft, Bremen
585	*Strunda*	2.414	1918	Seebirsch, Carl, Reederei, Lübeck
586	*Stubenhuk*	934	1925	Gehrckens, H. M., Reederei, Hamburg
587	*Sturmvogel*	238		marineeigenes Schiff vermutlich Schlepper
588	**T**anga	5.722	1918	Deutsche Afrika-Linien, Hamburg
589	*Tatti*	579	1891	Matthies-Reederei AG., Hamburg
590	*Taube*	964	1922	Argo, Dampfschiffahrts-Gesellschaft, Bremen
591	*Taunus*	281	1921	Atlantic-Reederei F. & W. Joch, Hamburg
592	*Thalatta*	3145	1921	Atlantic-Reederei F. & W. Joch, Hamburg
593	*Thann*	7.412	1926	Friedrich, Eugen, Reederei, Bremen
594	*Theodor*	797	1898	Gribel, Rudolf, Christian, Reederei, Stettin
595	*Therese Russ*	1.694	1927	Russ, Ernst, Reederei, Hamburg
596	*Theresia L. M. Russ*	1.694	1927	Russ, Ernst, Reederei, Hamburg
597	*Theseus*	956	1900	»Neptun«, Dampfschiffahrts-Gesellschaft, Bremen
598	*Thielbeck*	2.815	1927	Knöhr & Burchardt, Nachf. Reederei, Hamburg
599	*Thomas*			marineeigenes Schiff vermutlich Schlepper
600	*Togo*	5.042	1938	Deutsche Afrika-Linien, Hamburg
601	*Tolina*	1.284	1943	Hamburg-Amerika-Linie, Hamburg
602	*Tolkemit*	500		Gurk, Otto, Reederei, Danzig
603	*Terra*	1.533	1935	Hansa-Tank-Reederei, GmbH, Hamburg
604	*Travemünde*	1.756	1907	Lübeck-Linie, Reederei, Lübeck
605	*Trude Schünemann*	1.259	1906	Haubuss, E., Reederei, GmbH, Stettin
606	*Tübingen*	5.452	1920	Deutsche Afrika-Linien, Hamburg
607	*Tucumann*	4.621	1918	Hamburg-Südamerik. Dampfschiff.-Ges., Hamburg

Lfd. Nr.	*Name des Schiffes*	BRT	Baujahr	Reederei Inhaber
608	**U**bena	9.554	1928	Essberger, John, T., Hamburg
609	*Uerdingen*	1.273	1937	Russ, Ernst, Reederei, Hamburg
610	*Ulrich Finsterwalde*	2.947	1941	Lübberl & Co., Reederei, Stettin
611	*Unitas*	21.846	1937	Unitas – Deutsche Walfang GmbH, Hamburg
612	*Ursula Heinemeier*	493	1942	Bertling, F. H. Reederei, Lübeck
613	*Urundi*	5.791	1927	Essberger, John, T., Hamburg
614	*Usambara*	8.690	1922	Deutsche Afrika-Linien, Hamburg
615	**V**acuum	622	1939	Deutsche Vacuum-Oel-AG., Hamburg
616	*Vale*	5.950	1939	»Frigga«-Seereederei, Hamburg
617	*Vega*	7.388	1938	marineeigenes Schiff U-Boot-Begleitschiff
618	*Venersborg*	1.044	1936	ex schwedisches Schiff
619	*Venus*	261		marineeigenes Schiff vermutlich Schlepper
620	*Venus*	5.407	1931	»Neptun«, Dampfschiffahrts-Gesellschaft, Bremen
621	*Versailles*	2.156	1921	marineeigenes Schiff ex französisches Schiff
622	*Viadra*	947	1899	Gribel, Rudolf. Christian, Reederei, Stettin
623	*Viktor*	777	1904	Sommer, Arthur, V. C., Hamburg
624	*Vineta*	513	1899	Gribel, Rudolf. Christian, Reederei, Stettin
625	*Vorsetzen*			Petersen & Alpers, Reederei, Danzig
626	**W**adai	4.996	1922	Deutsche Afrika-Linien, Hamburg
627	*Waldemar Kophamel*	4.700	1939	marineeigenes Schiff U-Boot-Begleitschiff
628	*Walter Körte*	350		Staatliches Wasserstraßenamt Swinemünde
629	*Walter Rau*	13.752	1937	Rau, Walter, Neußer Oelwerke, Neuß/Rhein
630	*Wangoni*	7.848	1920	Deutsche Afrika-Linien, Hamburg
631	*Warburg*			marineeigenes Schiff
632	*Warthe*	4.922	1939	Hamburg-Amerika-Linie, Hamburg
633	*Wartheland*	6.500	1943	marineeigenes Schiff
634	*Wartburg*	888	1920	Gribel, Rudolf. Christian, Reederei, Stettin
635	*Wega*	3.219	1924	Horn, Heinrich, C., Reederei, Schleswig

Lfd. Nr.	*Name des Schiffes*	BRT	Baujahr	Reederei Inhaber
636	*Weichsel*	3.200	1923	marineeigenes Schiff U-Boot-Begleitschiff
637	*Weichsel*	476	1922	Behnke & Sieg, Reederei, Danzig
638	*Weichselriff*			Schiff der Luftwaffe
639	*Weilburg*	1.923	1926	Krupp Reederei- und Kohlenhandelsges., Essen – Bremen
640	*Welf*	500	1900	Steffens, Reederei, Danzig
641	*Welheim*	5.455	1939	Stinnes, Hugo, AG für Seeschiffahrt, Hamburg
642	*Werner Mathies*	875	1909	Mathies-Reederei-AG., Hamburg
643	*Weser*	999	1910	Bugsier-Reederei & Bergungs-AG., Hamburg
644	*Weserberg*	1.923	1944	Norddeutscher Lloyd, Bremen
645	*Weserstein*	1.923	1944	Norddeutscher Lloyd, Bremen
646	*Weserstrand*	1.923	1944	Norddeutscher Lloyd, Bremen
647	*Weserstrom*	1.923	1944	Norddeutscher Lloyd, Bremen
648	*Westflandern*	345		marineeigenes Schiff vermutlich Schlepper
649	*Westpreußen*	2.877	1905	Reinhold, P. G., Reederei, Danzig
650	*Wiegand*	5.869	1922	Norddeutscher Lloyd, Bremen
651	*Wiking*	907	1935	Lübeck-Linie AG., Reederei, Lübeck
652	*Wikinger*	14.772	1929	Hamburger Walfang-Kontor, GmbH, Hamburg
653	*Wilhelm Bauer*	4.700	1938	marineeigenes Schiff U-Boot-Begleitschiff
654	*Wilhelm Gustloff*	25.484	1937	Hamburg-Südamerik. Dampfschiff.-Ges., Hamburg
655	*Wilhelmine Essberger*			Essberger, John, T., Hamburg
656	*Wille*	999	1919	Bugsier-Reederei & Bergungs-AG., Hamburg
657	*Wilma*	185	1929	Sixdorf, Reederei, Hamburg
658	*Winrich von Kniprode*	10.123	1922	Hamburg-Amerika-Linie, Hamburg
659	*Wischhafen*	1.923	1944	Hamburg-Amerika-Linie, Hamburg
660	*Wismar*			marineeigenes Schiff vermutlich Schlepper
661	*Wolfgang L. M. Russ*	3.000	1939	Russ, Ernst, Reederei, Hamburg
662	*Wolgast*	164	1901	Ippen-Linie, Reederei-AG., Hamburg
663	*Wollmacher*			marineeigenes Schiff vermutlich Schlepper
664	*Wollweber*			marineeigenes Schiff vermutlich Schlepper
665	*Wolta*	7.183	1941	Essberger, John, T., Hamburg

Lfd. Nr.	*Name des Schiffes*	BRT	Baujahr	Reederei Inhaber
666	*Wotan*	337	1901	Ivers & Arlt, Reederei, Königsberg
667	*Wotan*	357	1940	Bugsier-Reederei & Bergungs-AG., Hamburg
668	*Würzburg*	1.337	1930	marineeigenes Schiff ex dänisches Schiff
669	*Wullenweber*			marineeigenes Schiff
670	**Z**enith	557	1925	marineeigenes Schiff Navigationsschiff
671	*Zoppot*	500	1909	Weichsel-Dampfschiff.-AG., Danzig
672	*Schiffe insgesamt*	mit	1.686.359	Brutto-Registertonnen

* Schiffe und Fahrzeuge unter 100 BRT sind i.d.R. in der Aufstellung *nicht* enthalten.

Zusammenstellung: *Ostsee-Archiv Heinz Schön.*

Reedereien

deren Schiffe bei der Evakuierung von Flüchtlingen, Verwundeten und Soldaten 1944/45 in der Ostsee eingesetzt waren:

A

AHR *Ahrens, Erich;* Rostock
ALM *Albrecht, Mineralölwerke,*
– Dr. Max & Co., Hamburg
– *Albrecht, Carl W.;* Hamburg
– *Andersen, C.;* Hamburg
– *Andresen, K.*, Arhus/ Dänemark
ARGO *Argo Dampfschiffahrts-Gesellschaft,* Richard Adler & Söhne; Bremen
ARP *Arp, Heinrich F. C.;* Hamburg
ATL *Atlantic-Reederei,* F. & W. Joch, Hamburg
ALL *Atlas-Levante-Linie;* Hamburg
ATT ›*Atlas*‹-Reederei AG; Emden

B

BET *Bertling, F. H.;* Lübeck
BIS *Bismarck-Linie* GmbH; Hamburg
BLJ *Blumenthal, Johann M. K.;* Hamburg
Bock, G.; Danzig
BOH *Bolten, August,* Wm. Millers Nachf.; Hamburg
BOR *Bornhofen;* Hamburg
– *Bremer, Friedrich;* Rostock
BRT *»Brenntag«*, Brennstoffe-, Chemikalien- & Transport AG; Hamburg
– *Brink & Wölffel;* Danzig
BUG *Bugsier-Reederei* & Bergungs AG; Hamburg
– *Busecke, A. L.;* Wismar

C

CHR	*Christophersen, H. W.;* Flensburg
COR	*Cords, August;* Rostock

D

DAF	*Deutsche Arbeitsfront,* KDF-Schiffe, Hamburg
DOAL	*Deutsche Afrika-Linien;* Hamburg
DLL	*Deutsche Levante-Linie AG;* Hamburg
–	*Deutsche Vacuum-Oel AG;* Hamburg
DRB	*Deutsche Reichsbahn* Fährschiffe – BRD Stettin
DRP	*Deutsches Reich* – Reichskommissar für die Seeschiffahrt – Hamburg
DRW	*Deutsches Reich,* Reichswasserstraßenverwaltung, Danzig, Stettin
–	*Dreewe-Reederei;* Königsberg

E

EMDK	*Emder Dampfer Kompagnie;* Emden
EMWG	*Erste Deutsche Walfang-Gesellschaft;* Wesermünde
ESS	*Essberger, John T.;* Hamburg-Altona

F

FER	*Ferdinand, Hugo;* Rostock
–	*Feuerlich, Carl;* Stettin
FIS	*Fisser, Hendrik, AG;* Emden
FIVD	*Fisser & van Doornum* Emden
–	*Flensburg-Stettiner Dampfschiffahrts-Ges.;* Hamburg
–	*Fresmann-Reederei AG;* Danzig
FRE	*Friedrich, Eugen;* Bremen
FRS	*›Frigga‹, Seerederei* Hamburg
FRZ	*Fritzen, Johs. & Sohn,* Emden

G

–	*Gahlenbäck;* Danzig
–	*Gaulke, Gebr.;* Hamburg
HMG	*Gehrckens, H. M.;* Hamburg
–	Geiss, Carl, E.; Stoplmünde
GLO	*»Glückauf«*-Kohlenhandels-Ges.; Rostock
–	*Görtz,* Memel
GRA	*Grammerstorff, Karl;* Kiel-Holtenau
GRF	*Gribel, Franz;* Stettin
RCG	*Gribel, Rudolf Christian;* Stettin

H

HDAG	*Hafen-Dampfschiffahrt AG;* Hamburg
HALT	*Haltermann, Johann;* Hamburg
HAL	*Hamburg-Amerika-Linie;* Hamburg
–	*Hamburg-Danzig-Linie;* Hamburg-Danzig
HSDG	*Hamburg-Südamerikanische Dampfschiffahrts-Gesellschaft;* Hamburg
–	*Hamburger Walfang-Kontor GmbH;* Hamburg
–	*Handwerkskammer* Königsberg
HANF	*Haniel, Franz & Cie.;* Duisburg-Ruhrort
HDD	*»Hansa« Deutsche Dampfschiffahrts-Gesellschaft;* Bremen
HARG	*Hanseatische Reederei Emil Offen & Co.,* Hamburg
HASD	*Hansegesellschaft Aschpurwis & Veltjens;* Hamburg
HAU	*Haubuss, E. GmbH;* Stettin
HED	*Hedwigshütte;* Kohlen-, Antracit- und Coceswerke; Stettin
–	*Helmsing & Grimm;* Danzig
–	*Heinrich, Franz;* Lübeck
HORN	*Horn, Heinrich C.;* Schleswig

I

ICH	*Ick, Johannes;* Hamburg
IHKK	*Industrie- und Handelskammer;* Königsberg
IHKS	*Industrie- und Handelskammer;* Stettin
IPH	*Ippen, Hermann;* Stettin
IPL	*Ippen-Linie,* Reederei AG; Hamburg
IVA	*Ivers & Arlt;* Königsberg
–	*Ivers, F., & Co.;* Stettin

J

JOE	*Joerk, Wilhelm, Kapitän;* Rostock

K

KAG	*Kauffahrtei-Seerederei Adolf Wiards;* Hamburg
KIR	*Kirsten, Adolph;* Hamburg
KLB	*Kleyenstüber, Robert;* Königsberg
KNÖ	*Knöhr & Burchard Nachf.;* Hamburg
KIAG	*Kohlenimport & Poseidon AG.;* Königsberg
KÖLR	*Kölner Reederei AG Heinrich Halm;* Köln
KOM	*Komorwski, Ernst;* Hamburg
–	*Königsberger Dampfer Compagnie AG;* Königsberg
–	*Krohn;* Wismar
KRU	*Krupp-Reederei* & Kohlen handels-Gesellschaft mbH., Essen-Bremen
–	*»Kurland«* – Dampfschifffahrts-AG.; Stettin

L

LAE	*Laeisz, Ferdinand;* Hamburg
LB	*Leonhardt & Blumberg;* Hamburg
LETH	*Leth & Co.;* Hamburg
–	*Lübberl & Co.;* Stettin
–	*Lübeck-Oslo-Linie;* Lübeck
LÜL	*Lübeck-Linie AG;* Lübeck

M

MALF	*Mathies, L. F. & Co.;* Hamburg
MAR	*Mathies-Reederei AG;* Hamburg
MID	»Midgard«, Deutsche Seeverkehrs-AG.; Nordenham
MÜH	*Müller, Otto, A.;* Hamburg
MÜR	*Müller, Robert;* Hamburg

N

NB	*»Neptun«, Dampfschifffahrts-Ges.;* Hamburg
NIM	*Nimtz, Franz;* Stettin
NKO	*Norddeutsche Kohlen & Coces-Werke;* Hamburg
NO	*Norddeutsche Seekabelwerke;* Nordenham
NDL	*Norddeutscher Lloyd;* Bremen

O

OPDR	*Oldenburg-Portugiesische Dampfschiffahrts-Reederei;* Hamburg
OLD	*Oldendorff, Egon;* Lübeck
ORS	*Orion-Schiffahrts-Gesellschaft;* Rostock
–	*Ostsee-Reederei* & Handels-Gesellschaft; Hamburg

P

PEH	*Peters, Hinrich;* Hamburg
PEW	*Peters, Werner;* Flensburg
–	*Petersen & Alpers;* Danzig
–	Preußenlinie Arlt & Co.; Königsberg

R

–	*Raabe, P.;* Rostock
RAB	*Rabien & Stadtlander;* Bremen
–	*Rau, Walter, Neußer Oelwerke;* Neuß am Rhein

REIB	*Reinecke & Bremer;* Hamburg
REIJ	*Reinecke, J. A.;* Hamburg
REIN	*Reinhold, F. G.;* Danzig
RICK	*Rickmers-Reederei AG;* Hamburg
RUSS	*Russ, Ernst;* Hamburg
–	*Rütterswerke AG;* Emden

S

SAR	*Sartori & Berger;* Kiel/Hamburg
SAU	*Sauber & Co;* Hamburg
–	*Schichau, F.;* Danzig
–	*Schliemann & Menzell, Oelwerke;* Hamburg
SMCF	*Schmidt, Heinrich;* Flensburg
–	*Schmidt, Witte & Cie;* Danzig
SCRR	*Schröder, Richard;* Rostock
SCUG	*Schuchmann, W.;* Geestmünde-Wesermünde
SCUH	*Schuldt, Harald;* Hamburg
SCUL	*Schulte & Bruns; Emden*
SHW	*Schwedersky, A. H.;* Memel
–	*Seeberg;* Stettin
–	*Seebirsch, Carl;* Lübeck
SEE	*Seedienst Ostpreußen;* Swinemünde
SIEG	*Sieg & Co;* Danzig
–	*Sixdorf;* Hamburg
SLO	*Sloman, Robert M. jr.;* Hamburg
SOM	*Sommer, Arthur, C. V.;* Hamburg

St

–	*Stade-Reederei, H.;* Greifswald
–	*Steffens-Reederei;* Danzig
–	*Steinhagen;* Rostock
STEB	*Stettiner Dampfschiffahrts-Gesellschaft* J. F. Braeunlich1 Stettin
STIN	*Stinnes, Hugo, AG für Seeschiffahrt;* Hamburg

T

TRA	*Traber, W. & Co.;* Hamburg

U

UNH	*Union-Handels & Schiff-fahrts-GmbH;* Bremen
UNW	*Unitas – Deutsche Walfang GmbH;* Hamburg

V

VFA	*Vinnen, F. A. & Co.;* Bremen
VITH	*Vith, H. P.;* Flensburg

W

WAR	*WARIED-Tankschiff-Reederei;* Hamburg
–	*Warnholtz, Schmidt & Co.;* Hamburg
WEI	*Weichsel-Dampfschiffahrts-AG.;* Danzig
WEN	*Wendenhof-Reederei GmbH;* Wismar
–	*Wenkendorf, Karl;* Wismar
–	Wiese, Carl & Co; Memel-Lübeck
–	*Wiggers, Otto;* Rostock
–	*Wischke & Reimer;* Königsberg

Z

ZAE	*Zedler, A., Dampfschiff-fahrts-Reederei;* Elbing
ZER	*Zerssen & Co.;* Rendsburg
–	*Zoeke, Paul;* Friedeberg/Ostfriesland

Zusammenstellung: *Ostsee-Archiv Heinz Schön.*

4. Kriegsschiffe

die 1944/45 an der Rettung von Flüchtlingen, Verwundeten und Soldaten in der Ostsee beteiligt waren:

Art:	Anzahl der Einheiten:
Schlachtschiffe	2 Einheiten
Panzerschiffe	2 Einheiten
Kreuzer	3 Einheiten
Zerstörer	12 Einheiten
Torpedoboote	17 Einheiten
Schnellboote	19 Einheiten
Minensuchboote	31 Einheiten
Minenräumboote	28 Einheiten
Vorpostenboote	18 Einheiten
Schulschiffe	15 Einheiten
Linienschiffe	2 Einheiten
Zielschiffe	19 Einheiten
Begleitschiffe	6 Einheiten
Führerschiffe	3 Einheiten
Flugsicherungsschiffe	4 Einheiten
U-Tender	14 Einheiten
Netzleger	5 Einheiten
Sperrbrecher	4 Einheiten
Hilfskreuzer	5 Einheiten
SAT	7 Einheiten
MNL	21 Einheiten
Fischdampfer	30 Einheiten
KFK Kriegsfischkutter	80 Einheiten
MFP Marinefahrprähme	62 Einheiten
Gesamt	409 Einheiten

Zusammenstellung:
Ostsee-Archiv Heinz Schön.

5. Transporte

aus Ostseehäfen 1944/45 (Flüchtlinge, Verwundete, Soldaten u.a.) mit Schiffen der Handels- und Kriegsmarine

Finnische Ostseehäfen	41.420
Reval	186.000
Riga	72.120
Windau	47.211
Libau	63.118
Memel	42.318
Königsberg	51.000
Pillau	441.230
Danzig	181.310
Elbing	6.800
Gotenhafen	406.817
Hela	495.810
Stolpmünde	33.260
Rügenwalde	5.556
Kolberg	128.582
Swinemünde	133.661
Stettin	3.650
Greifswald	2.200
Warnemünde	8.931
Stralsund	15.643
Saßnitz	20.658
Rostock	7.950
Wismar	6.142
Gesamt	2.401.387

Zusammenstellung:
Ostsee-Archiv Heinz Schön.

6. Transportleistungen

einiger deutscher Handelsschiffe (Spitzenleistungen)

1.	*Deutschland*	21.046 BRT	7 Fahrten	69.379 Menschen
2.	*Eberhard Essberger*	5.064 BRT	12 Fahrten	66.550 Menschen
3.	*Postdam*	17.528 BRT	7 Fahrten	53.891 Menschen
4.	*General San Martin*	11.352 BRT	13 Fahrten	35.111 Menschen
5.	*Pretoria*	16.662 BRT	8 Fahrten	35.044 Menschen
6.	*Der Deutsche*	11.430 BRT	6 Fahrten	34.474 Menschen
7.	*Lappland*	7.644 BRT	6 Fahrten	34.233 Menschen
8.	*Hestia*	2.883 BRT	14 Fahrten	32.806 Menschen
9.	*Urundi*	5.791 BRT	7 Fahrten	32.716 Menschen
10.	*Neidenfels*	7.838 BRT	5 Fahrten	30.100 Menschen
11.	*Ubena*	9.554 BRT	7 Fahrten	27.170 Menschen
12.	*Cap Arcona*	27.571 BRT	3 Fahrten	25.795 Menschen
13.	*Hamburg*	22.117 BRT	3 Fahrten	23.057 Menschen
14.	*Herkules*	2.369 BRT	9 Fahrten	21.500 Menschen
15.	*Antonio Delfino*	13.589 BRT	5 Fahrten	20.552 Menschen
16.	*Goya*	5.230 BRT	4 Fahrten	19.785 Menschen
17.	*Södenhamn*	1.499 BRT	9 Fahrten	19.350 Menschen
18.	*Walter Rau*	13.752 BRT	3 Fahrten	18.888 Menschen
19.	*Nautik*	1.127 BRT	20 Fahrten	18.413 Menschen
20.	*Deike Rickmers*	1.923 BRT	4 Fahrten	16.950 Menschen
21.	*Homberg*	1.261 BRT	2 Fahrten	11.338 Menschen
22.	*Karoline*	887 BRT	10 Fahrten	6.518 Menschen

* Angaben lt. Akten ›Forschungsstelle Ostsee‹ und Ermittlungen *Ostsee-Archiv Heinz Schön.* Bei der Beurteilung der Transportleistungen ist die Schiffsgröße (BRT) zu berücksichtigen.

7. Schiffs-Verluste

Ostsee 1944/45 – Handelsschiffe

Verlust-Ursachen: (M) = Minentreffer, (T) = Torpedotreffer, (B) Bombentreffer, (LT) = Luft-Torpedo-Treffer, (A) = Artilleriebeschuß, (S) = Schnellboot-Angriff, (SV) = Selbstversenkung, (KO) = Kollission, (RB) = Russische Beute.

Lfd. Nr.	Verlust-Tag	Schiffsname	BRT	Verlust-Ursache und Verlust-Position	Tote
	Januar – Dezember 1944				
1	01.Jan. 1944	*Hecksee* ex *Schleswig*	865	(M) Anholt	keine
2	06. Jan. 1944	*Helios* Artillerieschulschiff	2.885	(B) Stettin	keine
3	20. Jan. 1944	*Emsland* ex *Heinrich Hugo Stinnes*	5.170	(B) Stadtlanest	keine
4	30. Jan. 1944	*Hanau*	1.040	(M) Östersolm	keine
5	16. Febr. 1944	*Emsstrom* ex *Fritz Hugo Stinnes*	4.517	(B) Kur. Nehrung	1
6	04. März 1944	*Desdemona*	1.304	(M) Südschwed. Küste	keine
7	15. März 1944	*Ruth Geiß*		(M) vor Swinemünde	keine
8	20. März 1944	*Erfurt*	4.201	(M) vor Küste Fehmarn	keine
9	11. April 1944	*Altair*	2.414	(B) Stettin	keine
10	26. April 1944	*Lotte Leonhardt*	4.167	(A) Bodö russ. Kst.-Ari	keine
11	17. Mai 1944	*Ingeborg*	895	(M) bei Domsenäs	keine
12	27. Mai 1944	*Anni Ahrens* ex *Ursula Fischer*	899	(M) vor Riga	keine
13	15. Juli 1944	*Hochsee*	2.245	(B) bei Steinort	keine
14	24. Juli 1944	*Gran Canaria* U-Tender *Erwin Wassner*	3.862	(B) Kiel	keine
15	24. Juli 1944	*Ingrid Horn* Sperrbrecher	4.006	(B) Kiel	keine
16	07. Aug. 1944	*Odin* ex *Nordby*	1.137	bei Schießübungen b. Pillau versenkt	keine
17	17. Aug. 1944	*Viadra*	947	(B) Stettin	keine
18	17. Aug. 1944	*Hanna Cords*	1.891	(B) Stettin	keine
19	17. Aug. 1944	*Rügenwalde*	152	(B) Stettin	keine
20	17. Aug. 1944	*Otto Alfred Müller*	1.589	(B) Stettin	keine

Lfd. Nr.	Verlust-Tag	Schiffsname	BRT	Verlust-Ursache und Verlust-Position	Tote
21	17. Aug. 1944	*Karl Friedrich Geiß*		(B) Stettin	keine
22	27. Aug. 1944	*Grenadier*	2.319	(B) Kiel	keine
23	30. Aug. 1944	*Alexandra*	592	(B) Stettin	keine
24	02. Sept. 1944	*Weilburg*	1.923	(M) Kieler Bucht	keine
25	22. Sept. 1944	*Moero*	5.277	(B) Baltischport	655
26	23. Sept. 1944	*Greifswald*	132	(SV) Reval	keine
27	27. Sept. 1944	*Meyerlegde*	868	(B) Hanisch (Kurl.)	keine
28	28. Sept. 1944	*Oslo*	1.412	(M) Pommern-Bucht	keine
29	29. Sept. 1944	*Anne Ohl*	582	(B) Ösel	keine
30	30. Sept. 1944	*Hartmut*	2.713	(M) Anholt	keine
31	06. Okt. 1944	*Nordstern* ex *Minos* ex *Minna*	1.127	(T) Westl. Memel Sowj. U-Boot SC 407	531
32	06. Okt. 1944	*Forelle* ex *Castrop*	1.205	(B) Stralsund	keine
33	06. Okt. 1944	*Neptun*	1.594	(M) bei Memel	keine
34	07. Okt. 1944	*RO 24*	4.499	(M) U-Boot-Mine v. SC 310 bei Windau	10
35	09. Okt. 1944	*Iller*	3.290	(B) vor Ösel	keine
36	09. Okt. 1944	*Elbing I*	466	(B) vor Ösel	keine
37	09. Okt. 1944	*Maria Siedler*	438	(B) bei Ösel	keine
38	09. Okt. 1944	*Inge Christopjersen*	1.353	(B) bei Ösel	keine
39	10. Okt. 1944	*Roland L. M. Russ* Navigationsschiff *Carl Zeiss*	1.320	vor Dünemünde als Blockschiff versenkt	keine
40	12. Okt. 1944	*Taunus* Fischdampfer	218	(M) nördl. Rixhöft 55° N, 18° Ost	keine
41	13. Okt. 1944	*Hilmar Lau*	2.414	(T) 55°20′ N – 15°20′ O	keine
42	13. Okt. 1944	*Siegfried*	563	(T) nördl. Hela Danziger Bucht, sowj. U-Boot S 13	keine
43	13. Okt. 1944	*Terra* Tanker-Troßschiff	1.533	(T) nördl. Rixhödt sowj. U-Boot	keine
44	15. Okt. 1944	*Inge Johanns*	1.202	(B) östl. Ostsee bei Justow	keine
45	18. Okt. 1944	*Finnland* Zielschiff	5.281	(B) vor Libau	keine
46	21. Okt. 1944	*Hohenhörn*	2.997	(M) schwed. Küste vor Göteborg-Vinga	keine
47	23. Okt. 1944	*Aalen* ex *Ida*	6.131	nördl. Daarserort auf Wrack gelaufen und gesunken	keine
48	23. Okt. 1944	*Vacuum* Tanker	622	(B) bei Libau	keine
49	27. Okt. 1944	*Nina*	1.371	(M) mittlere Ostsee	keine

Lfd. Nr.	Verlust-Tag	Schiffsname	BRT	Verlust-Ursache und Verlust-Position	Tote
50	29. Okt. 1944	*Thann* Tanker-Troßschiff	7.412	(B) mittlere Ostsee	keine
51	31. Okt. 1944	*Bremerhaven*	5.356	(B) bei Hela 55° 3,8 M. Nord 18° 24.5 Ost	410
52	06. Nov. 1944	*Schiffbek*	2.158	(M) Ansteuerungs-tonne Libau	keine
53	10. Nov. 1944	*Carl Cords*	905	(T) sowj. U-Boot SC 309 57°30 Nord, 20° 23′ O	keine
54	20. Nov. 1944	*Füselier* Zielschiff	6.157	(A) 11 sm. nördl. Memel sowj. Ari	287
55	22. Nov. 1944	*Phönix*	999	Im Hafen von Memel aufelaufen und gesunken	keine
56	24. Nov. 1944	*Spreeufer*	216	(M) nordw. Elbing U-Boot-Mine	keine
57	24. Nov. 1944	*Hansa*	493	(M) östl. Ostsee	keine
58	25. Nov. 1944	*Elie*	1.873	(M) nördl. Stilo	keine
59	29. Nov. 1944	*Gerda Vith*	1.312	(M) östl. Ostsee bei Pillau	keine
60	30. Nov. 1944	*Strunda*	2.414	(RB) Bal. Hafen	keine
61	02. Dez. 1944	*Dirschau*	762	(T) östl. Ostsee zw. Danzig – Riga	keine
62	04. Dez. 1944	*Seeburg*	12.181	(M) Putziger Bucht 54°39′ Nord, 18°39′ O	keine
63	07. Dez. 1944	*Nordenham*	4.592	(M) U-Boot-Mine SC 309 57°24′ Nord 21°20′ Ost	9
64	10. Dez. 1944	*Holstentor*	370	östl. Ostsee bei Falkenberg gekenntert	keine
65	12. Dez. 1944	*Habicht*	1.377	(B) vor Libau	keine
66	13. Dez. 1944	*Reporter* Zollboot		(B) Libau-Hafen	keine
67	14. Dez. 1944	*Clara L. M. Russ*	1.600	(B) Libau-Hafen (später gehoben)	keine
68	14. Dez. 1944	*Erika Schünemann*	1.177	(B) Libau-Hafen	keine
69	14. Dez. 1944	*Otterberg*	1.293	(B) Libau-Hafen (später gehoben)	keine
70	14. Dez. 1944	*Minna Cords*	951	(B) Libau-Hafen	keine
71	14. Dez. 1944	*Inka* Tanker-Troßschiff	427	(B) Libau-Hafen	keine
72	18. Dez. 1944	*Blexen*	715	(B) Gotenhafen Hafen	keine

Lfd. Nr.	Verlust-Tag	Schiffsname	BRT	Verlust-Ursache und Verlust-Position	Tote
73	18. Dez. 1944	*Leverkusen*	1.273	(B) Gotenhafen Hafen	keine
74	18. Dez. 1944	*Theresa Russ* Netzleger	1.694	(B) Gotenhafen Hafen	keine
75	18. Dez. 1944	*Trude Schünemann*	1.259	(B) Gotenhafen Hafen	keine
76	18. Dez. 1944	*Warthe* ex Bratland	4.922	(B) Gotenhafen Hafen	keine
77	22. Dez. 1944	*Friderikus Rex*	249	(M) bei Usedom	keine
78	22. Dez. 1944	*Eberhardt*	749	(M) Danziger Bucht	keine
79	23. Dez. 1944	*SW 31* Polizeiboot		(B) Libau-Hafen	keine
80	25. Dez. 1944	*Baltenland*	3.038	(T) sowj. U-Boot bei Scholpin	keine
81	28. Dez. 1944	*Walter Körte* Seezeichendampfer	350	(M) vor Swinemünde	keine
82	30. Dez. 1944	*Fulda*	9.492	(B) östl. Ostsee	keine
83	31. Dez. 1944	*Boltenhof*	3.307	(B) vor Rostock mittl. Ostsee	keine
84	31. Dez. 1944	*Castor*	519	(B) mittlere Ostsee	keine
84	Schiffe Januar bis Dezember 1944 = BRT		179.220		
	Januar 1945				
85	04. Jan. 1945	*Lütjehörn*	1.953	(M) 14 sm vor Warnemünde	keine
86	04. Jan. 1945	*Belgrand*	6.095	(M) Flensburger Fjörde	keine
87	14. Jan. 1945	*Mimi Horn II*	4.007	(B) östliche Ostsee	keine
88	15. Jan. 1945	*Ferdinand*	167	(B) Danziger Bucht	keine
89	16. Jan. 1945	*Nettelbek*	580	Auf Hela gestrandet	keine
90	17. Jan. 1945	*Steinburg*	1.319	(M) vor Libau	5
91	17. Jan. 1945	*Henriette Schulte*	1.923	(M) vor Memel	keine
92	26. Jan. 1945	*Fritz Schoop*	1.598	(A) vor Memel durch russ. Ari versenkt	keine
93	29. Jan. 1945	*Henry Lütgens*	1.141	(M) vor Windau 57°20′ Nord 21°20′ Ost	keine
94	30. Jan. 1945	*Wilhelm Gustloff*	25.484	(T) sowj. U-Boot S-13, 12 sm querab Stolpmünde	5.384
95	31. Jan. 1945	*Berlin*	15.286	(M) vor Swinemünde	1
96	31. Jan. 1945	*Memel*	1.157	(M) vor Swinemünde	600
12	Schiffe Januar 1945	BRT	60.710		5.990

Lfd. Nr.	Verlust-Tag	Schiffsname	BRT	Verlust-Ursache und Verlust-Position	Tote
	Februar 1945				
97	02. Febr. 1945	*Planet*	5.821	(M) vor Swinemünde 54°08′ Nord 14°32′ Ost	keine
98	04. Febr. 1945	*Hiddensee*	*643*	*(T) Baltik-Küste sowj. U-Boot, 50*°14′ Nord 20°23′ Ost Versenkt durch SC318	*keine*
99	05. Febr. 1945	*Canstigall* Schlepper		(B) bei Pillau	keine
100	07. Febr. 1945	*Pollux* Eisbrecher	518	(B) bei Pillau	keine
101	10. Febr. 1945	*Steuben* ex *General von Steuben*	14.660	(T) sowj. U-Boot S-13, Höhe Stolpmünde 55°09′ Nord 16°37′ Ost	3608
102	10. Febr. 1945	*August Schule* Lazarettschiff *Ammerland II*	2.452	(KO) bei Libau mit VP-Boot 56°26′ Nord 20°30′ Ost	keine
103	13. Febr. 1945	*Hedwigshütte*	2.221	(M) bei Langeland	96
104	15. Febr. 1945	*Holstein* Spüler	10.268	bei Stolpmünde auf Strand gesetzt	keine
105	15. Febr. 1945	*MRS 11* ex *Osnabrück*	5.095	(M) vor Swinemünde	keine
106	16. Febr. 1945	*Dieter Hugo Stinnes*	2.545	(M) vor Swinemünde	14
107	17. Febr. 1945	*Eifel*	1.429	(B) bei Libau	785
108	19. Febr. 1945	*Consul Cords*	951	(M) vor Swinemünde	106
109	23. Febr. 1945	*Göttingen*	6.267	(T) Sowj. Torpedoboot S-4 vor Libau	500
110	24. Febr. 1945	*Ellen Larsen*	1.938	(M) bei Warnemünde	keine
111	25. Febr. 1945	*Erika Fritzen*	4.169	(B) bei Warnemünde	keine
112	27. Febr. 1945	*Gotenhafen* Verkehrsdampfer		(M) Danziger Bucht	keine
113	27. Febr. 1945	*Elbing VI*	178	(M) bei Tolkemit	keine
17	Schiffe Februar 1945		59.155		5.109

Lfd. Nr.	Verlust-Tag	Schiffsname	BRT	Verlust-Ursache und Verlust-Position	Tote
	März 1945				
114	06. März 1945	*Robert Möhring* ex *Orotawa*	3.344	(B) Saßnitz Hafen	353
115	06. März 1945	*Hansa*	21.133	(M) vor Warnemünde	keine
116	07. März 1945	*Hamburg*	21.691	(M) vor Saßnitz	keine
117	07. März 1945	*Peter von Danzig* ex *Laura* ex *Isebek*	841	(M) vor schwed. Küste	keine
118	09. März 1945	*Meteor* Lazarettschiff	3.717	(B) vor Pillau	24
119	10. März 1945	*Nordfahrt* ex *Hammonia*	2.543	(M) Kieler Bucht	keine
120	11. März 1945	*Borbeck*	6.002	(M) Fahrt Libau – Danzig	keine
121	12. März 1945	*Ravensburg*	1.069	(M) vor Swinemünde	keine
122	12. März 1945	*Androß*	3.048	(B) Swinemünde	570
123	12. März 1945	*Heiligenhafen*	1.923	(B) vor Swinemünde	keine
124	12. März 1945	*Hilde*	491	(B) Swinemünde	keine
125	12. März 1945	*Jasmund*	276	(B) Swinemünde	keine
126	12. März 1945	*Tolina*	2.000	(B) Swinemünde	keine
127	12. März 1945	*Cordillera*	12.055	(B) Swinemünde	keine
128	12. März 1945	*Gerrit Fritzen*	1.761	(M) nördlich Hela	keine
129	13. März 1945	*Erni*	105	(T) sowj. U-Boot östl. Bornholm 55°21′ Nord, 15°55′ Ost	keine
130	14. März 1945	*Hugo Zeye* Torpedoschulschiff	5.700	(M) westlich Fehmarn	keine
131	17. März 1945	*Margarete Cords*	1.912	(T) Torpedokutter K 53 und Ari bei Bornholm 54°48′ Nord 15°00′ Ost	2
132	17. März 1945	*Rixhöft*	5.378	(M) vor Warnemünde	10
133	18. März 1945	*Robert Müller IV* SAT VII	399	(T) Sowj. U-Boot L-3 bei Pillau	keine
134	18. März 1945	*Orion* ex. holl.	1.722	(M) Danzinger Bucht	keine
135	18. März 1945	*Kiel*	250	(M) Danziger Bucht	keine
136	21. März 1945	*Renate* Küstenmotorschiff	218	(M) Stettiner Haff	52
137	22. März 1945	*Robert Müller VII*	985	(M) östliche Ostsee U-Boot-Mine	keine
138	22. März 1945	*Frankfurt*	1.186	(M) Danziger Bucht vor Hela	keine

Lfd. Nr.	Verlust-Tag	Schiffsname	BRT	Verlust-Ursache und Verlust-Position	Tote
139	24. März 1945	*Mombaldo*	6.214	(B) bei Stettin	keine
140	25. März 1945	*Else* Leichter	107	(SV) in Danzig gesprengt	keine
141	25. März 1945	*Bille*	665	(B) Danzig-Neufahrwasser	keine
142	25. März 1945	*Weser*	999	(B) Danzig-Neufahrwasser	250
143	26. März 1945	*Saßnitz*	400	(B) 30 sm vor Libau	keine
144	27. März 1945	*Venus*	261	(M) vor Arkona	keine
145	27. März 1945	*Gravenstein* ex *H. C. Horn*	3.505	(SV) in Gotenhafen gesprengt	keine
146	30. März 1945	*Jersbek*	2.804	(M) bei Pillau	keine
147	31. März 1945	*Cleopatra*	1.305	(RB) russ. Beute in Königsberg	keine
148	31. März 1945	*Elbing IV*	314	(B) bei Pillau	keine
149	31. März 1945	*Tolkemit*	500	(RB) russ. Beute in Königsberg	keine
36	Schiffe März 1945		116.823		1.261

April 1945

150	03. April 1945	*Afrikana*	5.869	(B) Danziger Bucht	keine
151	03. April 1945	*Franz Jürgen*	2.166	(B) Kieler Bucht	keine
152	03. April 1945	*Monte Olivia*	13.750	(B) Kiel	keine
153	03. April 1945	*New York*	22.337	(B) Kieler Hafen	keine
154	03. April 1945	*Mexphalte* Tanker	2.578	(B) Kieler Hafen	keine
155	03. April 1945	*Seefalke* Bergungsschlepper	570	(B) Kieler Hafen	keine
156	04. April 1945	*Feodosia*	3.075	(B) westliche Ostsee	keine
157	05. April 1945	*Julius*	553	(B) bei Pillau	keine
158	06. April 1945	*Wilma*	185	(RB) in Pillau	keine
159	08. April 1945	*Franken* Troßschiff	10.850	(M) vor Hela	gering
160	08. April 1945	*Wilhelm Bauer* U-Boot-Begleit-schiff	5.600	(M) vor Travemünde	keine
161	08. April 1945	*Hans Albrecht Wedel* Flugsicherungsschiff	1.335	(B) bei Hela	keine
162	08. April 1945	*Mendoza*	5.193	(B) bei Pillau	keine
163	09. April 1945	*Längsee* ex *Borkum*	998	(B) Kieler Hafen	keine

Lfd. Nr.	Verlust-Tag	Schiffsname	BRT	Verlust-Ursache und Verlust-Position	Tote
164	09. April 1945	*Albert Jensen*	5.446	(B) Hela-Reede	gering
165	09. April 1945	*Falkenstein*	132	(B) Kieler Hafen	keine
166	09. April 1945	*Vale*	5.950	(B) bei Pillau	250
167	09. April 1945	*Schafstedt*		(B) Kieler Hafen	keine
168	09. April 1945	*General Osorio*	11.590	(B) Kieler Hafen	keine
169	10. April 1945	*Kurt Ramien*		(B) Kieler Hafen	keine
170	10. April 1945	*Ilmenau*	1.201	(T) russ. U-Boot S-310 vor Libau	18
171	10. April 1945	*Neuwerk* ex *Ostsee*	803	(T) deutsches S-Boot Danziger Bucht	956
172	11. April 1945	*Moltkefels*	7.862	(B) vor Hela (Reede)	500
173	11. April 1945	*Posen* ex *Danzig*	1.062	(B) vor Hela (Reede)	300
174	13. April 1945	*Karlsruhe*	897	(B) vor Hela	970
175	13. April 1945	*Weserstein*	1.923	(B) vor Pillau	gering
176	14. April 1945	*Wotan*	357	(M) 7 sm nordw. Sjaellands	gering
177	14. April 1945	*Huelva*	1.923	(B) 80 sm vor Libau	1
178	15. April 1945	*Simson*	150	(B) vor Pillau	keine
179	15. April 1945	*Amicizia*	1.796	(B) vor Libau	keine
180	15. April 1945	*Dietmar Koel*	670	(M) bei Saßnitz	keine
181	16. April 1945	*Boelke*	1.330	(B) vor Hela	50
182	16. April 1945	*Hedwig*	168	(B) 80 sm vor Libau	keine
183	16. April 1945	*Goya*	5.230	(T) Sowj. U-Boot L 3 Höhe Stolpmünde 55°13′ Nord 18°20′ Ost	6666
184	16. April 1945	*Cap Guir*	1.536	(B) bei Libau	774
185	17. April 1945	*Arkona*	86	(B) bei Pillau	gering
186	17. April 1945	*Lotte* ex *Helene Blumenfeld*	2.115	(B) bei Kolberg	keine
187	17. April 1945	*Artushof*	1.478	(B) Stettin	keine
188	19. April 1945	*Altengamme* Troßschiff	5.897	(B) Saßnitz	keine
189	19. April 1945	*Tucumann*	4.261	(B) Kieler Hafen	keine
190	20. April 1945	*Usambra*	8.690	(B) Stettin Hafen	keine
191	20. April 1945	*Schwarzort* Küstenschiff		(B) Kurisches Haff	keine
192	20. April 1945	*Leda*	2.415	(A) bei Stettin russ. Ari	20
193	20. April 1945	*Swinemünde II*	177	(B) Stettin Hafen	keine
194	20. April 1945	*Königsberg*	180	(B) südl. Hela	gering
195	22. April 1945	*Ingrid Leonhardt*	1.923	(M) vor Fehmarn	keine
196	25. April 1945	*Emily Sauber*	2.485	(B) vor Hela	50

Lfd. Nr.	Verlust-Tag	Schiffsname	BRT	Verlust-Ursache und Verlust-Position	Tote
197	30. April 1945	*Hanna Cords*	1.891	(SV) vor Stettin als Hafensperre versenkt	keine
198	30. April 1945	*Herbert*	216	(RB) Russ Beute in Stettin	keine
199	30. April 1945	*Ulrich Finsterwalde*	2.947	(SV) Kaiserfahrt Swinemünde gesprengt	keine
200	30. April 1945	*Möwe*	121	(M) westliche Ostsee	keine
51	Schiffe April 1945		159.967		10.555

Mai 1945

201	01. Mai 1945	*Berger IV*	393	(B) Rostock Hafen	keine
202	01. Mai 1945	*Berger VI*	393	(RB) Russ. Beute in Rostock	keine
203	01. Mai 1945	*August Cords*	900	(RB) Russ. Beute in Rostock	keine
204	01. Mai 1945	*Rose*	1.530	(RB) Russ. Beute in Stettin	keine
205	01. Mai 1945	*Ruhr*	1.029	(RB) Russ. Beute in Stettin	keine
206	01. Mai 1945	*Prinzeß Beatrix*	360	(B) bei Bornholm	keine
207	01. Mai 1945	*Westflandern*	345	(B) bei Bornholm	keine
208	02. Mai 1945	*Florida II*	5.542	(B) vor Grömitz 54°05′ Nord 11°05′ Ost	gering
209	03. Mai 1945	*Insterburg*	2.301	(M) Kieler Bucht	keine
210	03. Mai 1945	*Wolgast*	164	(B) Kieler Bucht	gering
211	03. Mai 1945	*Inster*	4.747	(B) Kiel Feuerschiff	119
212	03. Mai 1945	*Leda* Wassertanker Troßschiff	594	(B) Kiel Feuerschiff	21
213	03. Mai 1945	*Irmtraut Cords*	2.814	(B) Kieler Bucht	gering
214	03. Mai 1945	*Neiße*	3.177	(B) Kieler Bucht	keine
215	03. Mai 1945	*Energie* Bergungsschlepper	1.867	(B) Kieler Bucht	keine
216	03. Mai 1945	*Swakopmund*	6.133	(B) bei Fehmarn	keine
217	03. Mai 1945	*Dwarsee*	562	(B) bei Fehmarn	keine
218	03. Mai 1945	*Musketier*	2.762	(B) bei Fehmarn	keine
219	03. Mai 1945	*Der Deutsche*	11.430	(B) bei Fehmarn	keine
220	03. Mai 1945	*Erna Gaulke*	400	(B) bei Fehmarn	keine
221	03. Mai 1945	*Jade*	536	(B) bei Fehmarn	keine
222	03. Mai 1945	*Dorpat* ex *engl. Dido*	3.535	(B) südl. Belt	keine

Lfd. Nr.	Verlust-Tag	Schiffsname	BRT	Verlust-Ursache und Verlust-Position	Tote
223	03. Mai 1945	*Polycarp* ex *Passat* ex *Taifun*	6.405	(B) Großer Belt	keine
224	03. Mai 1945	*Pallas*	627	(B) bei Langeland	20
225	03. Mai 1945	*Cap Arcona*	27.571	(B) Neustädter Bucht	5594
226	03. Mai 1945	*Thielbek*	2.815	(B) Neustädter Bucht	2414
227	03. Mai 1945	*Deutschland*	21.046	(B) Neustädter Bucht	keine
228	04. Mai 1945	*Freiburg*	5.156	(B) Kieler Bucht	gering
229	04. Mai 1945	*Vega* Zielschiff	7.388	(B) bei Fehmarn	1
230	04. Mai 1945	*Bolkoburg* ex *Ostwind*	3.436	(B) bei Fehmarn	gering
231	04. Mai 1945	*Esaoro IV*	327	(RB) Russ. Beute in Libau	keine
232	04. Mai 1945	*Ernst Hugo Stinnes*	3.295	(B) bei Arö	gering
233	04. Mai 1945	*Else Hugo Stinnes*	3.291	(B) bei Arö	keine
234	04. Mai 1945	*Kurmark* ex *Orion* ex *Hektor*	7.021	(B) vor Swinemünde	50
235	04. Mai 1945	*Wolfgang L. M. Russ*	3.000	(B) Flensburger Fjörde	keine
236	04. Mai 1945	*Graudenz* Binnenschiff	500	(B) bei Kiel-Feuer-schiff	17
237	05. Mai 1945	*Geheimrat Löffler*	100	(B) bei Kiel Feuerschiff	28
238	06. Mai 1945	*Seeadler I*	141	(B) vor Timmendorf	keine
239	08. Mai 1945	*Neufahrwasser* Bergungsdampfer	139	(RB) Russ. Beute in Hela	keine
240	08. Mai 1945	*Axenfels*	6.000	(B) nach Bomben-treffern in Kiel 4.5 am 8. 5. gesunken	keine
241	08. Mai 1945	*Saspe*	89	(RB) Russ. Beute in Hela	keine
242	09. Mai 1945	*Marienburg*	6.200	(RB) Russ. Beute in Stettin	keine
243	09. Mai 1945	*Jaspis*	6.094	(M) vor Fehmarn	keine
244	09. Mai 1945	*Sturmvogel*	238	(M) westl. Ostsee	keine
245	09. Mai 1945	*Lieselotte Friedrich*	517	(B) bei Bornholm	keine
45	Schiffe Mai 1945		162.910		8.264

Zusammenstellung: *Ostsee-Archiv Heinz Schön.*

8. Schiffs-Verluste

Ostsee 1944/45 mit größeren Menschenverlusten

Schiffsname BRT (Größe)	Verlust-Tag	Verlust-Ursache und Position	Verlust an Menschen
Goya 5.230 BRT	16. April 1945	Torpedotreffer, Sowj. U-Boot L 3, Höhe Stolpmünde, 55°13′ Nord 18°20′ Ost	6666
Cap Arcona 27.571 BRT	03. Mai 1945	Bomben und Raketen, Britische Flieger, Neustädter Bucht	5594
Wilhelm Gustloff 25.494 BRT	30. Januar 1945	Torpedotreffer, Sowj. U-Boot S 13 Höhe Stolpmünde, 55°7,5′ Nord, 17°42′ Ost	5384
Steuben 14.660 BRT	10. Februar 1945	Torpedotreffer, Sowj. U-Boot, Höhe Stolpmünde 55°09′ Nord, 16°37′ Ost	3608
Thielbek 2.815 BRT	03. Mai 1945	Bomben und Raketen, Britische Flieger, Neustädter Bucht	2414
Karlsruhe 897 BRT	13. April 1945	Bomben, Sowjetische Flugzeuge Hela – Reede	970
Neuwerk 803 BRT	10. April 1945	Torpedotreffer Deutsches S-Boot Danziger Bucht	956
Eifel 1.429 BRT	17. Februar 1945	Bomben, Sowjetische Flugzeuge, vor Libau	785
Cap Guir 1.536 BRT	16. April 1945	Bomben, Sowjetische Flugzeuge, vor Libau	774
Moreo 5.277 BRT	22. Sept. 1945	Bomben, Sowjetische Flugzeuge, bei Baltischport	655
Memel 1.157 BRT	31. Januar 1945	Minentreffer vor Swinemünde	600
Andros 3.048	12. März 1945	Bomben, Sowjetische Flugzeuge, vor Swinemünde	570

Lfd. Nr.	Verlust-Tag	Schiffsname	BRT	Verlust-Ursache und Verlust-Position	Tote
Nordstern 1.127 BRT		06. Okt. 1945	Torpedotreffer, Sowjetische U-Boot SC 407 Westlich Memel		531
Moltkefels 7.862 BRT		11. April 1945	Bomben, Sowjetische Flugzeuge, Hela – Reede		500
Göttingen 6.267 BRT		23. Febr. 1945	Torpedotreffer, Sowjetisches U-Boot S 4, vor Libau		500
Bremerhaven 5.356 BRT		31. Okt. 1945	Bomben, Sowjetische Flugzeuge, bei Hela 55°3,8′ Nord, 18°24,5′ Ost		410
Robert Möhring 3.344 BRT		06. März 1945	Bomben und Luft-Minen Saßnitz, Hafen		353
Posen 1.062 BRT		11. April 1945	Bomben, Sowjetische Flugzeuge, Hela – Reede		300
Füsilier 6.157		20. Nov. 1945	Sowjetische Artillerie, 11 sm nördl. Memel		287
Weser 999 BRT		25. März 1945	Bomben, Sowjetische Flugzeuge, Hafen Danzig – Neufahr- wasser		250
Vale 5.950 BRT		09. April 1945	Bomben, Sowjetische Flugzeuge, bei Pillau		250
Inster 4.747 BRT		03. Mai 1945	Bomben, Britische Flugzeuge Kiel – Feuerschiff		119
Consul Cords 951 BRT		19. Febr. 1945	Minentreffer vor Swinemünde		106

Zusammenstellung: *Ostsee-Archiv Heinz Schön.*

9. Schiffs-Verluste – Ursachen der Verluste

Ostsee 1944/45 Handelsschiffe

M = Minentreffer, T = Torpedotreffer, B = Bombentreffer, A = Artillerietreffer, SV = Selbstvernichtung, KO = Kollission, RB = Russische Beute.

Monat und Jahr	M	T	B	A	SV	KO	RB	Gesamtzahl der Schiffe
Jan. – Dez. 1944	29	7	42	3	3	–	–	84
Januar 1945	8	1	2	1	–	–	–	12
Februar 1945	10	3	3	–	–	1	–	17
März 1945	17	3	12	–	2	–	2	36
April 1945	6	3	37	1	2	–	2	51
Mai 1945	3	–	34	–	–	–	8	45
Gesamt im Jahre 1944	29	7	42	3	3	–	–	84
Gesamt im Jahre 1945	44	10	88	2	4	1	12	161
Gesamt 1944/45	73	17	130	5	7	1	12	245

1944 gingen verloren:

durch Minentreffer	73	Schiffe	durch Artilleriebeschuß	5	Schiffe
durch Bombentreffer	130	Schiffe	durch Selbstversenkung	7	Schiffe
durch Torpedotreffer	17	Schiffe	durch Kollission	1	Schiff
			Russische Beute	12	Schiffe

10. Schiffs-Verluste – Zeit-Tafel

Ostsee 1944/45 Handelsschiffe

Monat und Jahr	Anzahl der Verluste	BRT Verluste	Verluste an Menschen
Januar bis Dezember 1944	84	179.220	1.903
Januar 1945	12	60.710	5.990
Februar 1945	17	59.155	5.109
März 1945	36	116.823	1.261
April 1945	51	159.967	10.555
Mai 1945	45	162.910	8.264
Gesamt 1944	84	179.220	1.903
Gesamt 1945	161	559.565	31.179
Gesamt 1944 + 1945	245	738.785	33.082

Zusammenstellung: *Ostsee-Archiv Heinz Schön.*

11. Kriegsschiff-Verluste

Ostsee 1944/45

Schiffsname	Verlusttag, Ursache und Position
Schlachtschiff *Gneisenau*	Im Juli 1942 nach Fliegerangriff außer Dienst gestellt, am 28. März 1945 vor Gotenhafen selbst gesprengt
Panzerschiff *Admiral Scheer*	Am 9. April 1945 nach einem Fliegerangriff in Kiel gekentert
Panzerschiff *Lützow* ex *Deutschland*	Am 3. Mai 1945 in der Swine nach einem Fliegerangriff versenkt
Schwerer Kreuzer *Admiral Hipper*	Am 3. Mai 1945 im Kieler Dock vernichtet
Leichter Kreuzer *Nürnberg*	Russische Kriegsbeute (Sowjetischer Name *Admiral Makarow*)
Leichter Kreuzer *Emden*	Im April 1945 auf Kieler Werft durch Fliegerbomben schwer beschädigt, später abgewrackt
Schulschiff, Linienschiff *Schlesien*	Am 3. Mai 1945 vor Swinemünde versenkt
Schulschiff, Linienschiff *Schleswig-Holstein*	Am 18. Dezember 1944 bei einem Bombenangriff auf Gotenhafen schwer beschädigt, später vor Gotenhafen nach einem Fliegerangriff gesunken
Schulschiff *Pollux*	Am 7. Februar 1945 nach Minentreffer südwestlich Pillau gesunken
Torpedo-Schulschiff *Hugo Zeye*	Am 14. März 1945 nach Minentreffer nordwestlich Fehmarn gesunken
Begleitschiff *Waldemar Kophamel*	Am 8. April 1945 nach Luftangriff vor Travemünde gesunken
Troßschiff *Franken*	Am 8. April 1945 nach Luftangriff bei Hela gesunken
Flugsicherungsschiff *Hans Albrecht Wedel*	Am 8. April 1945 durch Fliegerbomben in der Danziger Bucht versenkt
Flugsicherungsschiff *Boelke*	Am 10. April 1945 nach Minentreffer vor der Insel Rügen gesunken
Flugsicherungsschiff *Hans Rolshofen*	Am 18. März 1945 durch Fliegerbomben bei Saßnitz versenkt
Flugsicherungsschiff *Bernard von Tschirschky*	Am 7. Januar 1944 nach Luftangriff in Kiel gesunken
Flugsicherungsschiff *Krischau*	Am 7. Januar 1944 nach Luftangriff in Kiel gesunken
Handels-Störkreuzer *Hektor*	Am 4. Mai 1945 nach Bombenangriff vor Swinemünde gesunken

Schiffsname	Verlusttag, Ursache und Position
Handels-Störkreuzer *Hansa* Schiff 5 ex *Meersburg*	Am 4. Mai 1945 in der östl. Ostsee durch Bombenangriff versenkt
Zerstörer *Z 36*	Am 12. Dezember 1944 im Finnischen Meerbusen gesunken
Zerstörer *Z 28*	Am 6. März 1945 nach Bombenangriff auf der Reede von Saßnitz gesunken
Torpedoboot *T 36*	Am 4. Mai in der mittleren Ostsee nach Bomben- und Minentreffer gesunken
Torpedoboot *T 34*	Am 20. November 1944 durch Minentreffer östlich Arkona versenkt
Torpedoboot *T 32*	Am 18. August 1944 nach Minentreffer im Finnischen Meerbusen gesunken
Torpedoboot *T 31*	Am 20. Juni 1944 durch Torpedotreffer sowj. Schnellboote im Finnischen Meerbusen gesunken
Torpedoboot *T 30*	Am 18. August 1944 nach Minentreffer im Finnischen Meerbusen gesunken
Torpedoboot *T 22*	Am 18. August 1944 nach Minentreffer im Finnischen Meerbusen gesunken
Torpedoboot *T 18*	Am 17. September 1944 durch Fliegerbomben nordwestlich Baltischport versenkt
Torpedoboot *T 10*	Am 18. Dezember 1944 durch Bombenangriff in Gotenhafen (Dock) versenkt
Torpedoboot *T 9*	Am 3. Mai 1945 in der Strander Bucht bei Kiel nach Bombentreffer gesunken
Torpedoboot *T 8*	Am 3. Mai 1945 in der Strander Bucht bei Kiel nach Bombentreffer gesunken
Torpedoboot *T 5*	Am 14. März 1945 durch Minentreffer östlich Hela versenkt
Torpedoboot *T 3*	Am 14. März 1945 nach Minentreffer nördlich Hela gesunken
Minentransporter *Irben*	Am 3. April 1945 durch Fliegerbomben in Kiel versenkt
Minenschiff *M 14*	Am 3. Mai 1945 nach Minentreffer vor Swinemünde gesunken
Minenschiff *M 16*	Am 20. März 1945 durch Fliegerbomben in Kiel versenkt
Minenschiff *M 18*	Am 20. März 1945 durch Fliegerbomben in Kiel versenkt
Minenschiff *M 19*	Am 20. März nach Bombenangriff in Kiel gesunken

Schiffsname	Verlusttag, Ursache und Position
Minenschiff *M 36*	Am 4. Mai nach Fliegerangriff im Großen Belt gesunken
Minenschiff *M 37*	Am 4. Juni 1944 durch sowj. Schnellboote in der Narva-Bucht versenkt
Minenschiff *M 266*	Am 11. März 1945 durch Fliegerbomben in Kiel versenkt
Minenschiff *M 372* ex *TS 3*	Am 12. Mai 1944 in der östlichen Ostsee nach Minentreffer gesunken
Minenschiff *M 376* ex *TS 10*	Am 11. April 1945 durch Fliegerbomben vor Hela versenkt
Minenschiff *M 377* ex *TS 2*	Am 2. Mai in Lübeck verlorengegangen
Minenschiff *M 413*	Am 21. Juli 1944 nach Bombenangriff in der Narvabucht gesunken
Minenschiff *M 421*	Am 13. Februar 1945 nach Minentreffer vor Kolberg gesunken
Minenschiff *M 459*	Am 10. April 1944 nach Bombenangriff in der Narvabucht gesunken
Minenschiff *M 504* ex *M 104*	Am 9. April 1945 nach Bombenangriff in Kiel gesunken
Minenschiff *M 515* ex *Arkona* ex *M 115*	Am 22. Mai 1944 nach Minentreffer westlich Fehmarn gesunken
Minenschiff *M 522* ex *M 122*	Am 20. März 1945 nach Bombenangriff in Kiel gesunken
Minenschiff *M 538*	Am 18. Dezember 1944 durch Bombenangriff gesunken
Minenschiff *M 802*	Am 3. april 1945 durch Fliegerbomben in Kiel versenkt
Minenschiff *M 804*	Am 11. März 1945 nach Bombenangriff in Kiel gesunken
Minenschiff *M 805*	Am 11. März 1945 nach Bombenangriff in Kiel gesunken
Räumboot *R 29*	Am 15. September 1944 nach sowj. Torpedotreffer im Finnischen Meerbusen gesunken
Räumboot *R 59*	Am 3. April 1945 nach Bombenangriff in Kiel gesunken
Räumboot *R 69*	Am 10. April 1945 nach Bombentreffern vor Hela gesunken
Räumboot *R 70*	Am 11. August 1944 nach Minentreffer im Finnischen Meerbusen gesunken
Räumboot *R 72*	Am 3. April 1945 nach Bombenangriff in Kiel gesunken

Schiffsname	Verlusttag, Ursache und Position
Räumboot *R 73*	Am 15. Juni in der östlichen Ostsee nach Minentreffer gesunken
Räumboot *R 75*	Am 22. Januar 1944 nach Kollission mit *M 370* in der Danziger Bucht gesunken
Räumboot *R 119*	Am 3. April 1945 nach Bombenangriff in Kiel gesunken
Räumboot *R 126*	Am 14. April 1945 nach Minentreffer im Großen Belt gesunken
Räumboot *R 145*	Am 20. März 1945 nach sowj. Lufttorpedotreffer vor Libau gesunken
Räumboot *R 177*	Am 28. Februar nach Minentreffer in der östlichen Ostsee gesunken
Räumboot *R 193*	Am 20. August 1944 nach Bombentreffern in Stettin gesunken
Räumboot *R 227*	Am 18. März 1945 nach Bombentreffern auf der Stolpebank gesunken
Räumboot *R 256*	Am 2. April 1945 durch Fliegerangriff bei Bornholm versenkt
Räumboot *R 261*	Am 3. April 1945 nach Bombentreffern in Kiel gesunken
Räumboot *R 273*	Am 12. März 1945 durch Fliegerbomben auf Helling in Swinemünde versenkt
Räumboot *R 274*	Am 12. März 1945 durch Fliegerbomben auf Helling in Swinemünde vernichtet
Räumboot *R 275*	Am 12. März 1945 durch Fliegerbomben auf Helling in Swinemünde vernichtet
Räumboot *R 276*	Am 12. März 1945 durch Fliegerbomben auf Helling in Swinemünde vernichtet
Räumboot *R 201*	Am 3. Mai 1945 durch Bombenangriff in Kiel versenkt
Schulboot *T 111*	Am 3. Mai 1945 durch Bombenangriff in Kiel versenkt
Schulboot *TF 155*	Am 3. Mai 1945 durch Fliegerangriff in Kiel versenkt
Schulboot *TF 156*	Am 3. Mai 1945 durch Fliegerangriff in Kiel versenkt
Schulboot *TF 157*	Am 3. Mai 1945 durch Fliegerangriff in Kiel versenkt
Torpedofangboot *TF 1*	Am 7. Mai 1945 durch Fliegerbomben in Flensburg versenkt
Torpedofangboot *TF 3*	Am 7. Mai 1945 durch Fliegerbomben in Flensburg versenkt

Schiffsname	Verlusttag, Ursache und Position
Torpedofangboote *TF 5, TF 6, TF 7, TF 8, TF 10, TF 11, TF 12, TF 13, TF 14, TF 18, TF 19, TF 20, TF 21, TF 22, TF 23, TF 24*	In den letzten Kriegstagen im Mai 1945 in der östlichen Ostsee durch Feindeinwirkung oder Selbstversenkung im Rahmen des Befehls »Regenbogen« verlorengegangen.

* Da noch nicht alle Kriegstagebücher ausgewertet werden konnten, erhebt die Verlustliste Kriegsschiffe 1944/45 Ostsee keinen Anspruch auf Lückenlosigkeit und Vollständigkeit. In der Aufstellung nicht enthalten sind die verlorengegangen U-Boote, U-Jäger und Kleinfahrzeuge der KM.

Zusammenstellung: *Ostsee-Archiv Heinz Schön.*